에듀윌과 함께 시작하면,
당신도 합격할 수 있습니다!

오랜 직장 생활을 마감하며 찾아온 앞날에 대한 [illegible] 두려움
에듀윌만 믿고 공부해 합격의 길에 올라선 50대 은퇴자

출산한지 얼마 안돼 독박 육아를 하며 시작한 도전!
새벽 2~3시까지 공부해 8개월 만에 동차 합격한 아기엄마

만년 가구기사 보조로 5년 넘게 일하다, 달리는 차 안에서도
포기하지 않고 공부해 이제는 새로운 일을 찾게 된 합격생

누구나 합격할 수 있습니다.
시작하겠다는 '다짐' 하나면 충분합니다.

마지막 페이지를 덮으면,

에듀윌과 함께
공인중개사 합격이 시작됩니다.

6년간 아무도 깨지 못한 기록

합격자 수 1위

에듀윌

합격자 모임 실제 현장 (서울 강남 코엑스)

KRI 한국기록원 2016, 2017, 2019년 공인중개사 최다 합격자 배출 공식 인증
(2022년 현재까지 업계 최고 기록)

에듀윌
합격자 오찬
기적에서 전설로
합격자 수가
선택의 기준!
OPEN

에듀윌
합격자 모임
에듀윌과 함께하면 꿈은 현실이 됩니다
기적에서 전설로

합격자 수가 많은 이유는 분명합니다

6년간 합격자 수

1 위

에듀윌 합격생 10명 중 9명

1년 내 합격

베스트셀러 1위

12 년간

합격률

4.5 배

에듀윌 공인중개사를 선택하면
합격은 현실이 됩니다.

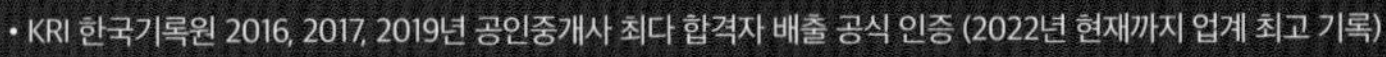

- KRI 한국기록원 2016, 2017, 2019년 공인중개사 최다 합격자 배출 공식 인증 (2022년 현재까지 업계 최고 기록)
- 2020년 에듀윌 공인중개사 연간반 수강생 중 최종합격자 기준
- YES24 수험서 자격증 공인중개사 베스트셀러 1위 (2011년 12월, 2012년 1월, 12월, 2013년 1월~5월, 8월~12월, 2014년 1월~5월, 7월~8월, 12월, 2015년 2월~4월, 2016년 2월, 4월, 6월, 12월, 2017년 1월~12월, 2018년 1월~12월, 2019년 1월~12월, 2020년 1월~12월, 2021년 1월~12월, 2022년 1월~11월 월별 베스트, 매월 1위 교재는 다름)
- YES24 국내도서 해당분야 월별, 주별 베스트 기준
- 2020년 공인중개사 접수인원 대비 합격률 한국산업인력공단 12.8%, 에듀윌 57.8% (에듀윌 직영학원 2차 합격생 기준)

합격 후 성공까지!
최대 규모의 동문회

그 해 합격자로 가득 찬 인맥북을
매년 발행합니다!

전담 부서가 1만 8천* 명 규모의
동문회를 운영합니다!

* 2022 대한민국 브랜드만족도 공인중개사 교육 1위 (한경비즈니스)
* 에듀윌 인맥북 2011년(22회) ~ 2021년(32회) 누적 등재 인원 수

합격자 수 1위 에듀윌 4만* 건이 넘는 후기

부알못, 육아맘도 딱 1년 만에 합격했어요.

고○희 합격생

저는 부동산에 관심이 전혀 없는 '부알못'이었는데, 부동산에 관심이 많은 남편의 권유로 공부를 시작했습니다. 남편 지인들이 에듀윌을 통해 많이 합격했고, '합격자 수 1위'라는 광고가 좋아 에듀윌을 선택하게 되었습니다. 교수님들이 커리큘럼대로만 하면 된다고 해서 믿고 따라갔는데 정말 반복 학습이 되더라고요. 아이 둘을 키우다 보니 낮에는 시간을 낼 수 없어서 밤에만 공부하는 게 쉽지 않아 포기하고 싶을 때도 있었지만 '에듀윌 지식인'을 통해 합격하신 선배님들과 함께 공부하는 동기들의 위로가 큰 힘이 되었습니다.

군복무 중에 에듀윌 커리큘럼만 믿고 공부해 합격

이○용 합격생

에듀윌이 합격자가 많기도 하고, 교수님이 많아 제가 원하는 강의를 고를 수 있는 점이 좋았습니다. 또, 커리큘럼이 잘 짜여 있어서 잘 따라만 가면 공부를 잘 할 수 있을 것 같아 에듀윌을 선택했습니다. 에듀윌의 커리큘럼대로 꾸준히 따라갔던 게 저만의 합격 비결인 것 같습니다.

5개월 만에 동차 합격, 낸 돈 그대로 돌려받았죠!

안○원 합격생

저는 야쿠르트 프레시매니저를 하다 60세에 도전하여 합격했습니다. 심화 과정부터 시작하다 보니 기본이 부족했는데, 교수님들이 하라는 대로 기본 과정과 책을 더 보면서 정리하며 따라갔던 게 주효했던 것 같습니다. 합격 후 100만 원 가까이 되는 큰 돈을 환급받아 남편이 주택관리사 공부를 한다고 해서 뒷받침해 줄 생각입니다. 저는 소공(소속 공인중개사)으로 활동을 하고 싶은 포부가 있어 최대 규모의 에듀윌 동문회 활동도 기대가 됩니다.

다음 합격의 주인공은 당신입니다!

더 많은 합격 비법

* 에듀윌 홈페이지 게시 건수 기준 (2022년 10월 기준)

강의와 함께 든든하게 끝낸다!

기본이론 강의 합격플래너

나의 강의실

공부한 날짜와 출제포인트를 적으세요!

기본이론 1강 공부한 출제포인트 월 일	기본이론 2강 공부한 출제포인트 월 일	기본이론 3강 공부한 출제포인트 월 일	기본이론 4강 공부한 출제포인트 월 일
기본이론 5강 공부한 출제포인트 월 일	기본이론 6강 공부한 출제포인트 월 일	기본이론 7강 공부한 출제포인트 월 일	기본이론 8강 공부한 출제포인트 월 일
기본이론 9강 공부한 출제포인트 월 일	기본이론 10강 공부한 출제포인트 월 일	기본이론 11강 공부한 출제포인트 월 일	기본이론 12강 공부한 출제포인트 월 일
기본이론 13강 공부한 출제포인트 월 일	기본이론 14강 공부한 출제포인트 월 일	기본이론 15강 공부한 출제포인트 월 일	기본이론 16강 공부한 출제포인트 월 일
기본이론 17강 공부한 출제포인트 월 일	기본이론 18강 공부한 출제포인트 월 일	기본이론 19강 공부한 출제포인트 월 일	기본이론 20강 공부한 출제포인트 월 일
기본이론 21강 공부한 출제포인트 월 일	기본이론 22강 공부한 출제포인트 월 일	기본이론 23강 공부한 출제포인트 월 일	기본이론 24강 공부한 출제포인트 월 일
기본이론 25강 공부한 출제포인트 월 일	기본이론 26강 공부한 출제포인트 월 일	기본이론 27강 공부한 출제포인트 월 일	기본이론 28강 공부한 출제포인트 월 일
기본이론 29강 공부한 출제포인트 월 일	기본이론 30강 공부한 출제포인트 월 일	기본이론 31강 공부한 출제포인트 월 일	기본이론 32강 공부한 출제포인트 월 일
기본이론 33강 공부한 출제포인트 월 일	기본이론 34강 공부한 출제포인트 월 일	기본이론 35강 공부한 출제포인트 월 일	기본이론 36강 공부한 출제포인트 월 일
기본이론 37강 공부한 출제포인트 월 일	기본이론 38강 공부한 출제포인트 월 일	기본이론 39강 공부한 출제포인트 월 일	기본이론 40강 공부한 출제포인트 월 일

※ 최종 강의 수는 달라질 수 있습니다.

나의 목표

- 매일 강의 듣기 ☐
- ☐
- ☐
- ☐
- ☐
- ☐
- ☐
- ☐
- ☐
- ☐
- ☐

출제포인트

1	2	3	4
5	6	7	8
9	10	11	12
13	14	15	16
17	18	19	20
21	22	23	24
25	26	27	28
29	30	31	32
33	34	35	36
37	38	39	40
41	42	43	44
45	46	47	48
49	50	51	52
53	54	55	56
57	58	59	60
61	62	63	64
65	66	67	68
69	70	71	72
73	74	75	76
77	78	79	80
81	82	83	84
85	86	87	88
89	90	91	92
93	94	95	96
97			

학습한 출제포인트를 색칠하세요!

내 흐름에 맞게 직접 계획하여 끝낸다!

셀프 합격플래너

PART 1 민법총칙			PART 2 물권법			PART 3 계약법			PART 4 민사특별법		
출제 포인트	학습한 날짜	완료	출제 포인트	학습한 날짜	완료	출제 포인트	학습한 날짜	완료	출제 포인트	학습한 날짜	완료
001	/	☐	037	/	☐	070	/	☐	084	/	☐
002	/	☐	038	/	☐	071	/	☐	085	/	☐
003	/	☐	039	/	☐	072	/	☐	086	/	☐
004	/	☐	040	/	☐	073	/	☐	087	/	☐
005	/	☐	041	/	☐	074	/	☐	088	/	☐
006	/	☐	042	/	☐	075	/	☐	089	/	☐
007	/	☐	043	/	☐	076	/	☐	090	/	☐
008	/	☐	044	/	☐	077	/	☐	091	/	☐
009	/	☐	045	/	☐	078	/	☐	092	/	☐
010	/	☐	046	/	☐	079	/	☐	093	/	☐
011	/	☐	047	/	☐	080	/	☐	094	/	☐
012	/	☐	048	/	☐	081	/	☐	095	/	☐
013	/	☐	049	/	☐	082	/	☐	096	/	☐
014	/	☐	050	/	☐	083	/	☐	097	/	☐
015	/	☐	051	/	☐	판례집	/	☐	판례집	/	☐
016	/	☐	052	/	☐						
017	/	☐	053	/	☐						
018	/	☐	054	/	☐						
019	/	☐	055	/	☐						
020	/	☐	056	/	☐						
021	/	☐	057	/	☐						
022	/	☐	058	/	☐						
023	/	☐	059	/	☐						
024	/	☐	060	/	☐						
025	/	☐	061	/	☐						
026	/	☐	062	/	☐						
027	/	☐	063	/	☐						
028	/	☐	064	/	☐						
029	/	☐	065	/	☐						
030	/	☐	066	/	☐						
031	/	☐	067	/	☐						
032	/	☐	068	/	☐						
033	/	☐	069	/	☐						
034	/	☐	판례집	/	☐						
035	/	☐									
036	/	☐									
판례집	/	☐									

ENERGY

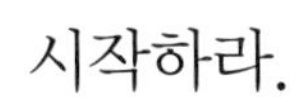

그 자체가 천재성이고,
힘이며, 마력이다.

– 요한 볼프강 폰 괴테(Johann Wolfgang von Goethe)

공인중개사 다 합격하는 방법

에듀윌 공다방

합격자 수 일등 에듀윌의
합격 노-하우 모음집!

· 공인중개사 큐-앤 에이 ·

공인중개사에 대한 의문과 궁금증에 답해 드립니다.

· 시험 안내 ·

시험에 대한 정보를 안내해 드립니다.

· 합격 전략 길잡이 ·

과목별 성격 및 특징을 정리하여 합격에 필요한 전략을 제시해 드립니다.

· 에듀윌 합격 솔루션 ·

에듀윌 커리큘럼과 각 단계별 사용되는 교재 및 학습 방법을 안내해 드립니다.

· 에듀윌 개정법령 원스톱 서비스 ·

에듀윌에서는 시험 직전까지 책임지고 교재별 개정법령을 정리하여 안내해 드립니다.

공인중개사 큐-앤 에이

한 눈에 보는 공인중개사

1위

국가전문자격시험 중 접수인원 1위

※ 1, 2차 합산 접수인원 408,492명
(한국산업인력공단, 2021)

누구나

남녀노소 누구나
시험응시 가능

전망 좋음

일자리전망, 발전가능성, 고용평등성 높음

※ 부동산중개인 직업정보 (커리어넷, 2021)

평생자격

한 번 취득하면
정년 없이 평생 활동 가능

1, 2차 같은 날

시험 시행

평균 60점

절대평가 합격 커트라인 :
과락(40점) 없이 평균 60점 이상 합격

Q 공인중개사란?

A

법에 의한 중개대상물을 의뢰인의 의뢰에 의하여 일정한 보수를 받고 중개하며, 부동산의 이용 · 개발, 경매 · 공매, 부동산의 권리 분석과 취득 알선 등 다양하고 폭넓은 업무를 수행하는 사람을 말합니다. 이러한 공인중개사 자격을 취득하려면 매년 실시되는 공인중개사 시험에 합격해야 합니다!

Q 공인중개사가 주목받는 이유?

정년이 없는 평생 자격증	• 한 번 취득하면 갱신 없이 쭉! • 정년이 없어서 실질적인 노후 대비 가능
전문직 취업&재테크 가능!	• 변호사나 법무사만이 할 수 있었던 경매 · 공매 행위를 직접 대행할 수 있어 업무영역이 더 넓어짐
나이, 성별, 경력, 학력 상관 無	• 별도의 응시자격 없으므로 누구나 도전 가능! • 결혼과 출산 후에도 경력 단절 걱정 No!
절대평가! 1년 이내 누구나 합격 가능!	• 절대평가로 평균 60점 이상만 맞으면 합격! • 누구나 열심히 노력하면 합격 가능!

Q 공인중개사 전망은?

공인중개사 사무실을 열어 창업을 하거나 취업을 할 수도 있고, 창업 외에도 경매 · 공매 및 부동산 관련 기업에 취업할 수도 있습니다.

창 업 지역, 규모, 입지, 경쟁, 시장 경기에 따라 편차가 있지만, 자신의 영업력과 노하우만 있다면 수억대의 연봉을 벌 수도 있습니다. 또한, 수입이 순매출이 되기 때문에(유지비 제외) 투자 대비 경제성이 높다고 할 수 있습니다.

창업 외 창업 외에도 부동산 컨설팅 업무, 부동산 관리 대행, 주택 및 상가 분양 대행, 법원 경 · 공매 대행이 가능하고 부동산과 관련된 일반 기업에 취업할 수 있습니다. 또한, 한국토지주택공사, 한국부동산원과 같은 공기업 취업 시 가산점을 얻을 수 있습니다.

시험 안내

시험일정 연 1회, 1·2차 동시 시행

구 분	인터넷 원서 접수기간		시험시행일
2023년도 제34회 제1 · 2차 시험 (동시접수·시행)	정기(5일간)	매년 8월 2번째 월요일부터 금요일까지	매년 10월 마지막 주 토요일
	빈자리(2일간)	매년 10월 2번째 목요일부터 금요일까지	

※ 정확한 시험 일정은 큐넷 홈페이지(www.Q-Net.or.kr)에서 확인이 가능합니다.

응시자격 제한 없음

※ 단, ① 공인중개사법 제4조의3에 따라 공인중개사 시험 부정행위로 처분받은 날로부터 시험시행일 전일까지 5년이 경과되지 않은 자, ② 법 제6조에 따라 공인중개사 자격이 취소된 후 3년이 경과되지 않은 자, ③ 시행규칙 제2조에 따른 기자격취득자는 응시할 수 없음

시험과목 및 방법

구 분	시험과목	문항 수	시험시간	시험방법
제1차 시험 1교시 (2과목)	1. 부동산학개론(부동산감정평가론 포함) 2. 민법 및 민사특별법 중 부동산 중개에 관련되는 규정	과목당 40문항 (1번~80번)	100분 (09:30~11:10)	객관식 5지선택형
제2차 시험 1교시 (2과목)	1. 공인중개사의 업무 및 부동산 거래신고 등에 관한 법령 및 중개실무 2. 부동산공법 중 부동산 중개에 관련되는 규정	과목당 40문항 (1번~80번)	100분 (13:00~14:40)	
제2차 시험 2교시 (1과목)	1. 부동산공시에 관한 법령(부동산등기법, 공간정보의 구축 및 관리 등에 관한 법률) 및 부동산 관련 세법	40문항 (1번~40번)	50분 (15:30~16:20)	

※ 답안은 시험시행일에 시행되고 있는 법령을 기준으로 작성

합격기준

구 분	합격결정기준
제1차 시험	매 과목 100점을 만점으로 하여 매 과목 40점 이상, 전 과목 평균 60점 이상 득점한 자
제2차 시험	매 과목 100점을 만점으로 하여 매 과목 40점 이상, 전 과목 평균 60점 이상 득점한 자

※ 1차 · 2차 시험 동시 응시 가능하나, 1차 시험에 불합격하고 2차만 합격한 경우 2차 성적은 무효로 함

공인중개사 시험과목 및 출제비율

구 분	시험과목	시험범위	출제비율
제1차 시험 1교시 (2과목)	① 부동산학개론	1. 부동산학개론	85% 내외
		2. 부동산감정평가론	15% 내외
	② 민법 및 민사특별법 중 부동산 중개에 관련되는 규정	1. 민법	85% 내외
		2. 민사특별법	15% 내외
제2차 시험 1교시 (2과목)	① 공인중개사의 업무 및 부동산 거래신고 등에 관한 법령 및 중개실무	1. 공인중개사법 2. 부동산 거래신고 등에 관한 법률	70% 내외
		3. 중개실무	30% 내외
	② 부동산공법 중 부동산 중개에 관련되는 규정	1. 국토의 계획 및 이용에 관한 법률	30% 내외
		2. 도시개발법 3. 도시 및 주거환경정비법	30% 내외
		4. 주택법 5. 건축법 6. 농지법	40% 내외
제2차 시험 2교시 (1과목)	① 부동산공시에 관한 법령(부동산등기법, 공간정보의 구축 및 관리 등에 관한 법률) 및 부동산 관련 세법	1. 부동산등기법	30% 내외
		2. 공간정보의 구축 및 관리 등에 관한 법률 제2장 제4절 및 제3장	30% 내외
		3. 부동산 관련 세법 (상속세, 증여세, 법인세, 부가가치세 제외)	40% 내외

합격 전략 길잡이

과목별 성격 & 학습 TIP

학습할 양이 많아 득점이 어려운 과목	고득점이 가능한 전략과목

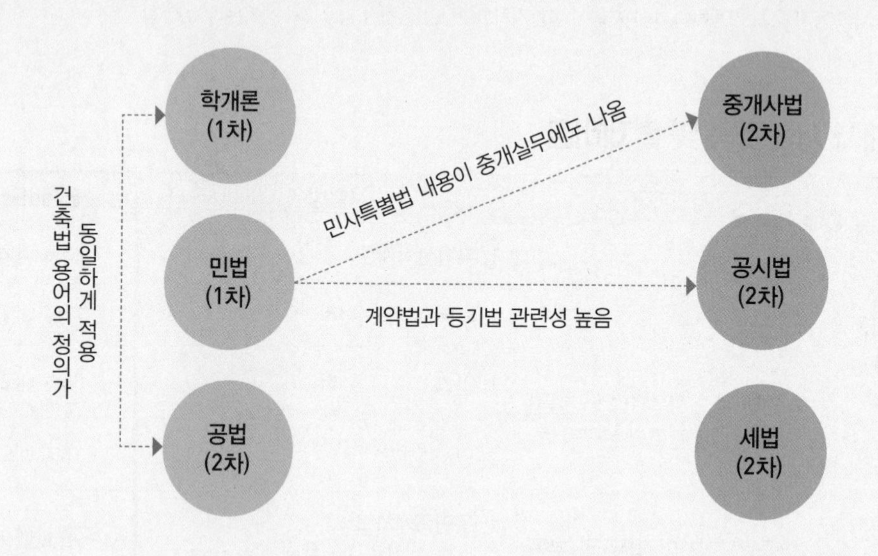

TIP 조급한 마음은 버리고, 반복하여 암기하면 체계가 잡힙니다.

TIP 출제가 잦았던 단원에 집중하여 전략적으로 학습하시기 바랍니다.

과목별 합격전략점수 & 학습비중

1차		
과 목	합격전략점수/만점	학습비중
학개론	70 / 100	40%
민 법	65 / 100	60%

※ 합격전략점수는 최근 10년간 합격자 평균 점수를 기준으로 함

2차		
과 목	합격전략점수/만점	학습비중
중개사법	80 / 100	30%
공 법	60 / 100	30%
공시법	40 / 60	20%
세 법	25 / 40	20%

과목별 학습전략

1차

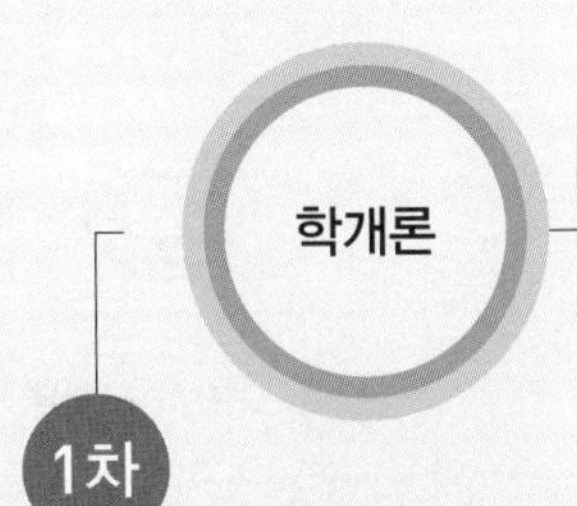

- 공인중개사 시험의 다른 과목들과 달리 법이 아닌 사회과학을 다룸
- 시험에 나오는 용어(표현)를 정확히 이해하는 것이 중요
- 부동산학 각론의 전 범위가 고르게 출제되므로 체계를 이해하며 학습

민법

- 모든 법 관련 과목의 기초가 됨
- 시험의 85%(약 34문제) 이상이 판례문제이므로 판례 학습 필수!
- 사례를 다각도로 묻는 문제에서 당락이 결정되므로 이를 충분히 익히고 연습해야 함

2차

- 2차 과목 중 시험 범위가 가장 넓고 분량이 많아 고득점이 어려움
- 기출분석을 통해 주로 출제되는 부분 위주로 학습 필요
- '국토의 계획 및 이용에 관한 법률'의 출제비중이 약 30%로 비교적 높고, 각각 출제율 약 15%인 '도시개발법', '도시 및 주거환경정비법'과의 관련성도 매우 높으므로 우선 학습

중개사법

- 2차 과목 중 고득점의 가능성이 가장 높음
- 70점 이상을 목표로 2차 과목 전체 평균을 높이는 데 활용
- 약 12문제 출제되는 실무보다 28문제 정도 출제되는 법령에 치중하여 학습

- '공시법'과 '세법' 2과목이 하나로 묶여 출제
- 공시법은 약 24문제로, '공간정보의 구축 및 관리 등에 관한 법률'에서 12문제, '부동산등기법'에서 12문제 출제
- 암기만 잘 하면 점수를 얻기 쉬운 '공간정보의 구축 및 관리 등에 관한 법률에서 고득점'을 노려야 함

- '공시법'과 '세법' 2과목이 하나로 묶여 출제
- 세법은 약 16문제 출제됨
- 세법은 납세자의 입장이 아닌, 과세 관청의 입장에서 이해하고 판단해야 함

※ 위 전략은 일반적인 예시로 절대적인 기준이 아닙니다. 본인의 상황과 수준에 맞게 전략을 수립하여 학습하세요.

에듀윌 합격 솔루션

합격의 4법칙!

이론 평균
3회독 이상 반복

과목당
문제풀이 2~3권

기출문제 풀이
평균 3회 반복

모의고사 시험은
3회 이상 응시

※ 에듀윌 공인중개사 동차 합격자 24,048명의 빅데이터를 수집 및 분석한 결과를 바탕으로 함

따라만 가면 합격하는 **에듀윌 정규 학습 플랜**

하루 2시간 올인원 패스 교재 올인원 전용 교재

1 기초이론

11월~12월

용어 해설 및
기초 개념 정리를 통해
수험 준비의 기틀을 마련

교재 기초입문서

2 기본이론

1월~3월

과목별 기본 개념을
꼼꼼히 살펴보며
체계적으로 정리하는
이론 필수 강의

교재 기본서

3 핵심이론& 기출문제

3월~5월

중요 기출문제와 함께
핵심이론을 정리하고
최신 출제경향 파악

교재 기출문제집

※ 해당 커리큘럼의 과정명, 기간 및 교재명 등은 변경될 수 있습니다.

합격

6 족집게 100선&
동형 모의고사

5 단원별
모의고사

4 기출응용&
요약정리

9월~10월

엄선된 이론+문제 100선과
실제 시험과 유사한
모의고사를 통해
실전 능력 강화

교재 PDF 교안

8월

단원별로 출제된
모의고사를 통해
실력 점검

교재 PDF 교안

6월~7월

핵심이론 압축정리 및
기출응용 문제풀이를
통해 실전에 대비

교재 문제집

에듀윌 개정법령 원스톱 서비스

법령 개정이 잦은 공인중개사 시험, 일일이 찾아보지 마세요!
에듀윌에서는 필요한 개정법령만을 빠르게! 한 번에! 제공해 드립니다.

❶ 에듀윌 도서몰 접속(book.eduwill.net)

QR코드로
바로 접속하기!

우측 정오표
아이콘 클릭

❷ 카테고리 '공인중개사' 설정 후 교재명 검색하기

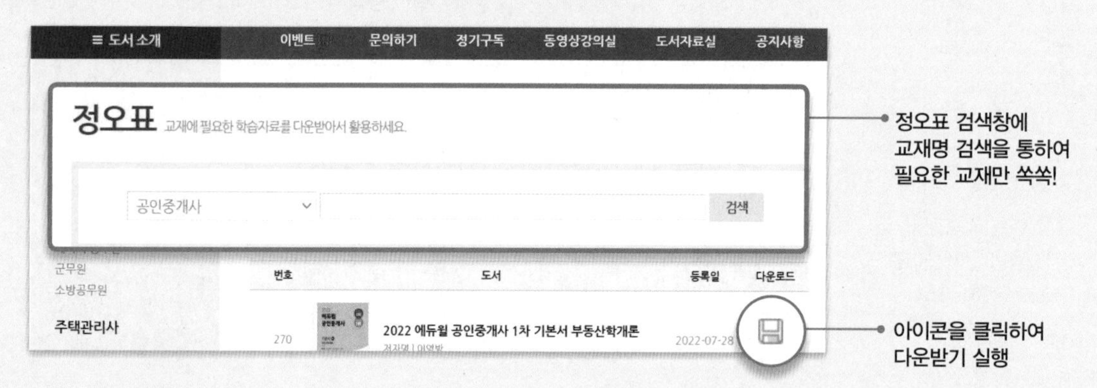

정오표 검색창에
교재명 검색을 통하여
필요한 교재만 쏙쏙!

아이콘을 클릭하여
다운받기 실행

❸ 개정법령 확인하기

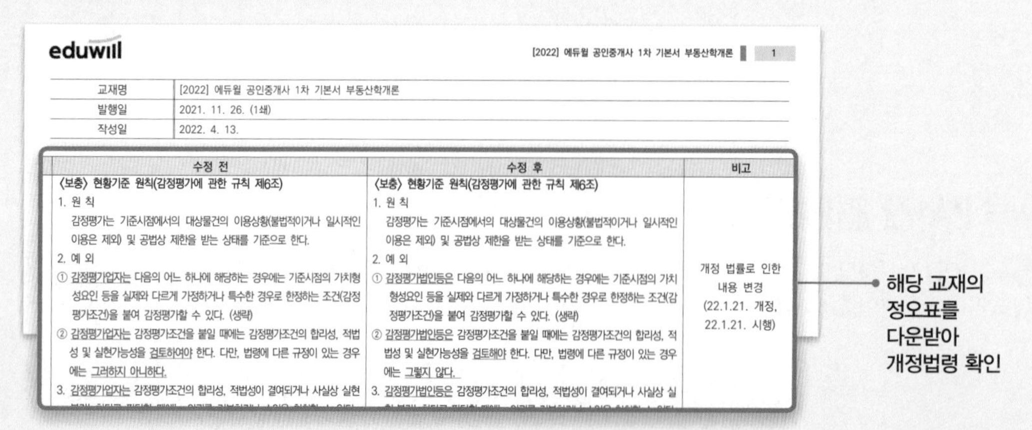

eduwill [2022] 에듀윌 공인중개사 1차 기본서 부동산학개론 1

교재명	[2022] 에듀윌 공인중개사 1차 기본서 부동산학개론
발행일	2021. 11. 26. (1쇄)
작성일	2022. 4. 13.

수정 전	수정 후	비고
〈보충〉 현황기준 원칙(감정평가에 관한 규칙 제6조) 1. 원 칙 감정평가는 기준시점에서의 대상물건의 이용상황(불법적이거나 일시적인 이용은 제외) 및 공법상 제한을 받는 상태를 기준으로 한다. 2. 예 외 ① 감정평가업자는 다음의 어느 하나에 해당하는 경우에는 기준시점의 가치형성요인 등을 실제와 다르게 가정하거나 특수한 경우로 한정하는 조건(감정평가조건)을 붙여 감정평가할 수 있다. (생략) ② 감정평가업자는 감정평가조건을 붙일 때에는 감정평가조건의 합리성, 적법성 및 실현가능성을 검토하여야 한다. 다만, 법령에 다른 규정이 있는 경우에는 그러하지 아니하다. 3. 감정평가업자는 감정평가조건의 합리성, 적법성이 결여되거나 사실상 실현	〈보충〉 현황기준 원칙(감정평가에 관한 규칙 제6조) 1. 원 칙 감정평가는 기준시점에서의 대상물건의 이용상황(불법적이거나 일시적인 이용은 제외) 및 공법상 제한을 받는 상태를 기준으로 한다. 2. 예 외 ① 감정평가법인등은 다음의 어느 하나에 해당하는 경우에는 기준시점의 가치형성요인 등을 실제와 다르게 가정하거나 특수한 경우로 한정하는 조건(감정평가조건)을 붙여 감정평가할 수 있다. (생략) ② 감정평가법인등은 감정평가조건을 붙일 때에는 감정평가조건의 합리성, 적법성 및 실현가능성을 검토해야 한다. 다만, 법령에 다른 규정이 있는 경우에는 그렇지 않다. 3. 감정평가법인등은 감정평가조건의 합리성, 적법성이 결여되거나 사실상 실	개정 법률로 인한 내용 변경 (22.1.21. 개정, 22.1.21. 시행)

해당 교재의
정오표를
다운받아
개정법령 확인

2023

에듀윌 공인중개사

쉬운민법

왜 <쉬운민법>인가요?

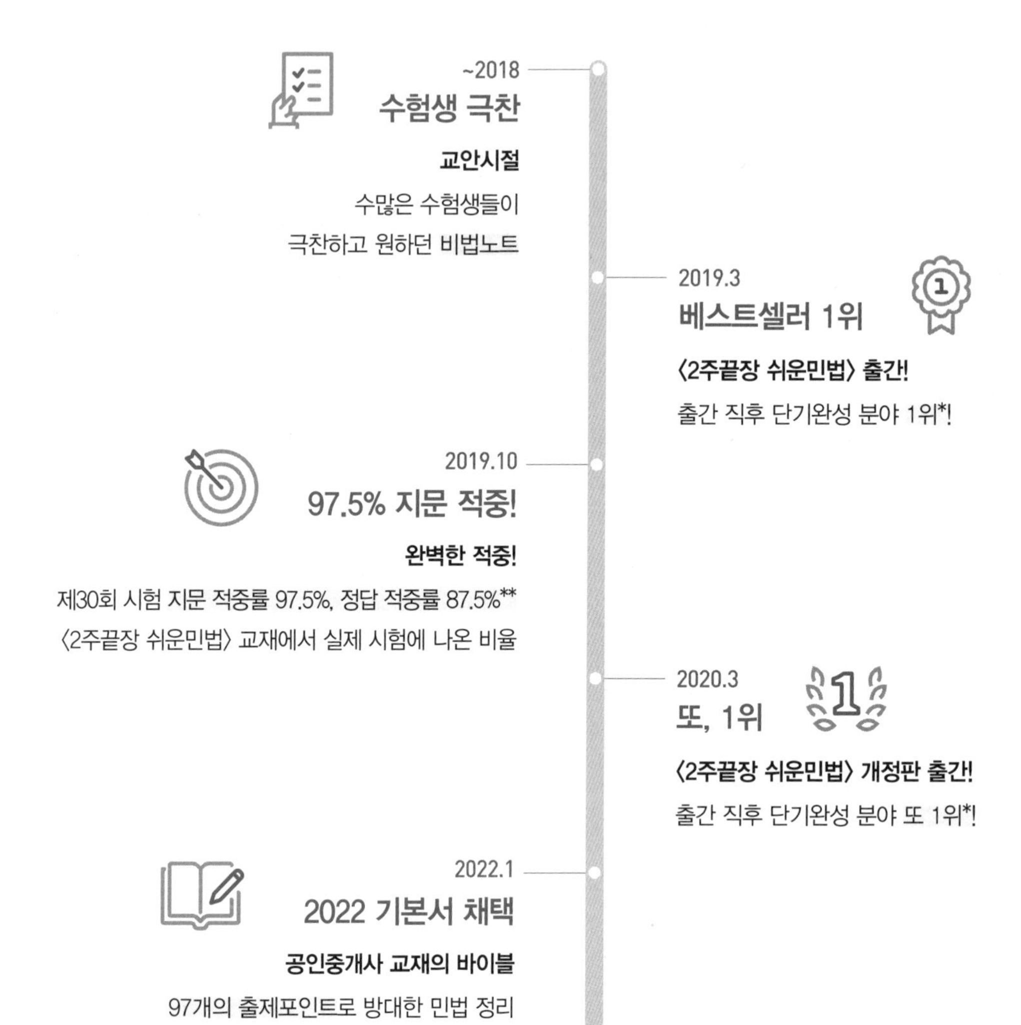

2023 쉬운민법
더 쉬워지고, 더 든든해졌습니다!

* YES24 수험서 자격증 공인중개사 단기완성 분야 2019년 5월~12월 1위, 2020년 1월, 3월, 5월~7월 1위

** 2019년 제30회 공인중개사 민법 과목과 〈2주끝장 쉬운민법〉 교재 대조 결과

어려운 민법 과목,이 교재 한 권이면 충분히 합격할 수 있습니다.

최근 공인중개사 시험 중 민법 과목은 깊이 있는 공부를 요구하는 상당히 어려운 과목이 되었습니다. 저는 수험생분들이 쉽고 빠르게 합격할 수 있도록 〈2023 에듀윌 공인중개사 쉬운민법〉 교재를 집필하게 되었습니다. 민법을 조금 더 쉽고 재미있게 공부하길 기대하며 법조문과 이론을 논리적으로 정리하고, 일상 사례를 많이 인용하였습니다.

본 교재의 특징은 다음과 같습니다.

첫째, 시작이 쉬운 길잡이

포인트별로 본격적인 학습을 시작하기 전에 먼저 이해하기 쉬운 일상사례를 그림과 함께 제시하여 법 제도에 조금 더 쉽게 접근할 수 있도록 기술했습니다.

둘째, 포인트별 정리

시험에 합격하기 위해서는 중요한 부분 위주로 반복학습을 하여 정확성을 키워야 합니다. 따라서 이 교재는 시험에 출제될 가능성이 높은 부분을 선별하여 '출제포인트'로 정리했습니다.

셋째, 판례

공인중개사 민법 시험의 80~90%가 판례와 관련된 문제입니다. 따라서 시험에 자주 나오는 판례들을 엄선해서 각 파트에 논리적으로 배열했고, 더 중요한 것에는 수험생분들이 이해하기 쉽도록 해설을 달았습니다.

넷째, 최신 출제경향과 개정법령 반영

최근에 출제되는 각종 고시와 전문자격시험, 그리고 공인중개사 자격시험을 분석하여 최신 출제경향을 반영했으며, 개정법령 또한 완벽하게 반영하였습니다.

공인중개사 민법 과목이 어렵다고는 하지만 이 교재 한 권이면 충분히 합격할 수 있도록 판례와 법조문, 그리고 법이론을 완벽하게 정리했다고 확신합니다. 아무쪼록 이 교재가 수험생 여러분들의 합격에 큰 도움이 되길 진심으로 바랍니다.

마지막으로 에듀윌 회장님, 대표님, 출판사업본부 직원 분들, 제 인생의 스승이신 부모님, 그리고 사랑하는 아내와 딸 지아에게 감사의 인사를 드립니다.

에듀윌 쉬운민법 **신대운**

이 책의 활용법

공부 시작 전, 학습방향 잡기!

만화로 보는 쉬운 PART 소개

만화를 통해 각 PART별 특징을 쉽게 이해할 수 있습니다.

PART 개관 체계도

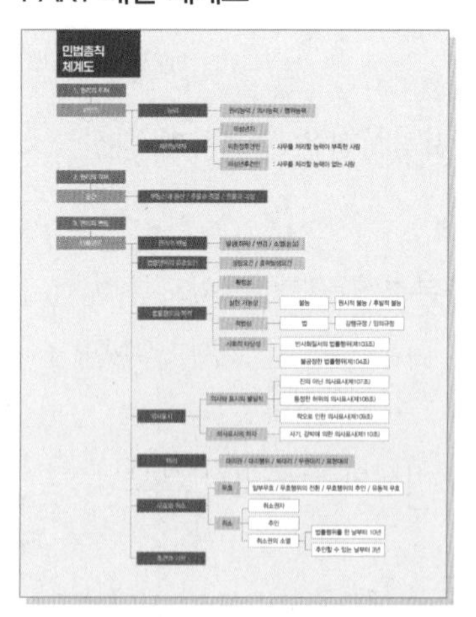

체계도로 PART의 전체적인 흐름을 먼저 파악한 후 학습하세요!

쉽게 이해하는 구성

- 실생활에서 일어날 만한 예시를 그림과 함께 수록하여 학습 전에 중요한 부분을 쉽게 파악할 수 있습니다.

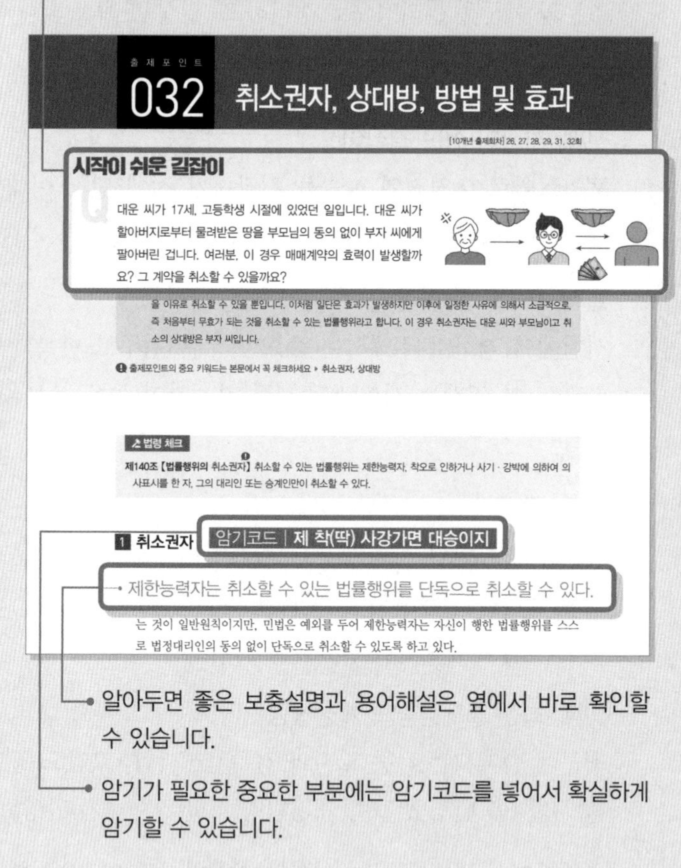

출제포인트 032 취소권자, 상대방, 방법 및 효과

[10개년 출제회차] 26, 27, 28, 29, 31, 32회

시작이 쉬운 길잡이

대운 씨가 17세, 고등학생 시절에 있었던 일입니다. 대운 씨가 할아버지로부터 물려받은 땅을 부모님의 동의 없이 부자 씨에게 팔아버린 겁니다. 여러분, 이 경우 매매계약의 효력이 발생할까요? 그 계약을 취소할 수 있을까요?

을 이유로 취소할 수 있을 뿐입니다. 이처럼 일단은 효과가 발생하지만 이후에 일정한 사유에 의해서 소급적으로, 즉 처음부터 무효가 되는 것을 취소할 수 있는 법률행위라고 합니다. 이 경우 취소권자는 대운 씨와 부모님이고 취소의 상대방은 부자 씨입니다.

출제포인트의 중요 키워드는 본문에서 꼭 체크하세요 ▸ 취소권자, 상대방

법령 체크

제140조【법률행위의 취소권자】 취소할 수 있는 법률행위는 제한능력자, 착오로 인하거나 사기·강박에 의하여 의사표시를 한 자, 그의 대리인 또는 승계인만이 취소할 수 있다.

1 취소권자 암기코드 | 제 착(딱) 사강가면 대승이지

제한능력자는 취소할 수 있는 법률행위를 단독으로 취소할 수 있다.

는 것이 일반원칙이지만, 민법은 예외를 두어 제한능력자는 자신이 행한 법률행위를 스스로 법정대리인의 동의 없이 단독으로 취소할 수 있도록 하고 있다.

- 알아두면 좋은 보충설명과 용어해설은 옆에서 바로 확인할 수 있습니다.
- 암기가 필요한 중요한 부분에는 암기코드를 넣어서 확실하게 암기할 수 있습니다.

2 중간생략등기 금지규정

중간생략등기 금지규정은 단속규정인가?

... 제1호) 조세포탈과 부동산투기 등을 방지하기 위하여 위 법률 제2조 제2항 및 제8조 제1호에서 등기하지 아니하고 이로써 순차매도한 당사자 사이의 중간생략등기합의에 관한 사법상 효력까지 무효로 한다는 취지는 아니다(대판 1993.1.26, 92다39112).

- 중요한 이론은 이해하기 쉽도록 질문형으로 구성했습니다.

기출문제 점검까지 확실하게!

포인트별로 출제예상 OX지문과 대표기출을 수록하였습니다.

기출로 포인트 정리

출제예상 OX지문

❶ 하나의 법률행위가 가분적이거나 그 목적물의 일부가 특정될 수 있고, 그 나머지는 부분을 유지하려는 당사자의 가정적 의사가 인정되는 경우, 그 일부만의 취소도 가능하다. (O | X) 20회

❷ 취소권은 추인할 수 있는 날로부터 3년 내에, 법률행위를 한 날로부터 10년 내에 행사해야 한다. (O | X) 32회

대표기출

취소할 수 있는 법률행위에 관한 설명으로 틀린 것은? 29회

PART의 내용과 연관된 각종 전문직 기출문제를 풀어보며 더욱 든든하게 마무리할 수 있습니다.

PART 1 민법총칙 신유형 대비

쉽지 않은 전문직 기출문제

001 감정평가사 ★

물건의 승계취득에 해당하는 것은? (다툼이 있으면 판례에 따름)

① 무주물 선점에 의한 소유권 취득

② 상속에 의한 소유권 취득

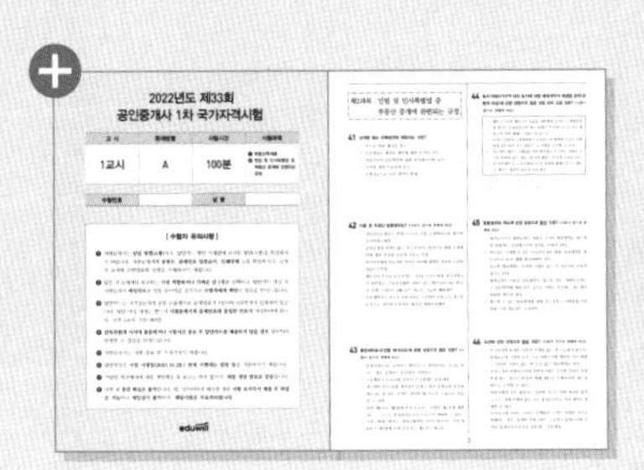

2022년에 실시된 제33회 최신 기출문제를 풀어보며 최신 경향을 파악할 수 있습니다.

민법 학습에 꼭 필요한 합격부록!

2종 합격플래너

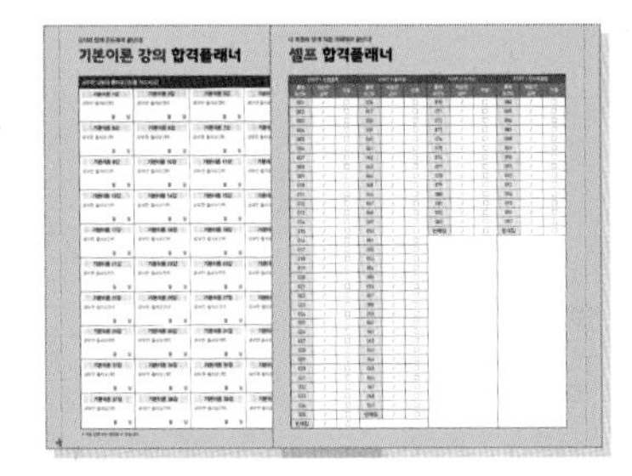

강의/셀프 합격플래너를 필요한 상황에 맞게 사용하세요!

회독! 필수판례 100선

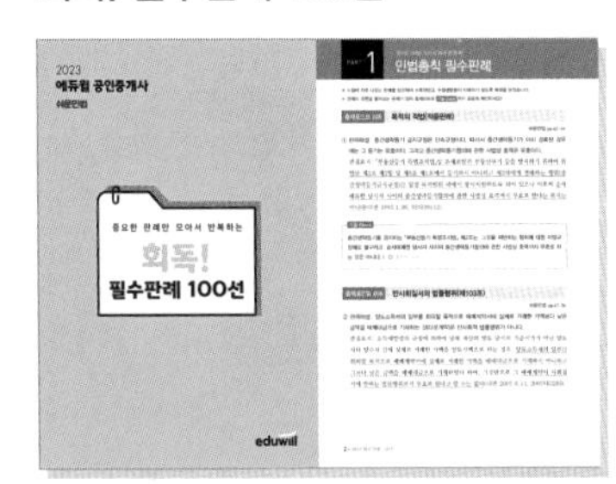

시험에 자주 나오는 판례를 엄선하여 '필수판례 100선'을 수록하였습니다.

민법 및 민사특별법 조문집

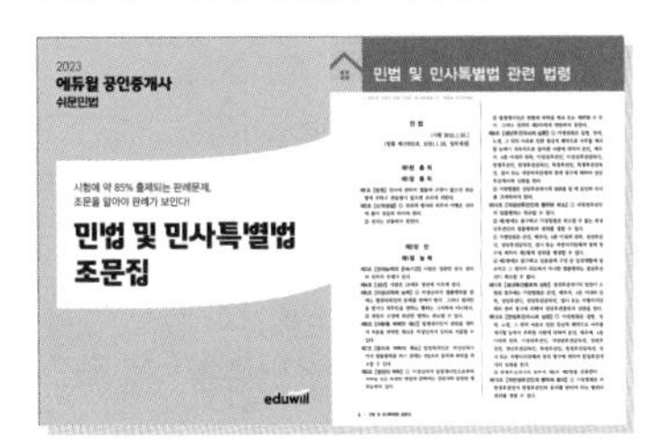

조문집을 교재 옆에 두고 필요할 때마다 찾아보세요.

차례

10개년 출제비중 24.8%

PART 1 민법총칙 출제포인트

표시는 최근 10개년 동안 모두 출제된 출제포인트입니다.

10개년 출제비중 35.5%

PART 2 물권법 출제포인트

10개년 출제비중 25%

PART 3 계약법 출제포인트

10개년 출제비중 14.7%

PART 4 민사특별법 출제포인트

CH 1 | 주택임대차보호법

CH 2 | 상가건물 임대차보호법

CH 3 | 가등기담보 등에 관한 법률

CH 4 | 집합건물의 소유 및 관리에 관한 법률

CH 5 | 부동산 실권리자명의 등기에 관한 법률

+ 합격부록

- 제33회 기출문제
- 2종 합격플래너
- 회독! 필수판례 100선
- 민법 및 민사특별법 조문집

PART

01

민법총칙

10개년 출제비중

24.8%

만화로 보는
쉬 운
민법총칙

민법총칙은 물권법과 채권법의 공통적이고 일반적인 규정을 모아 놓은 PART입니다. 사람과 사람 사이의 권리와 의무관계인 법률관계를 이해하고 법률행위, 의사와 표시의 불일치, 대리, 무효와 취소, 조건과 기한을 중점적으로 학습해야 합니다.

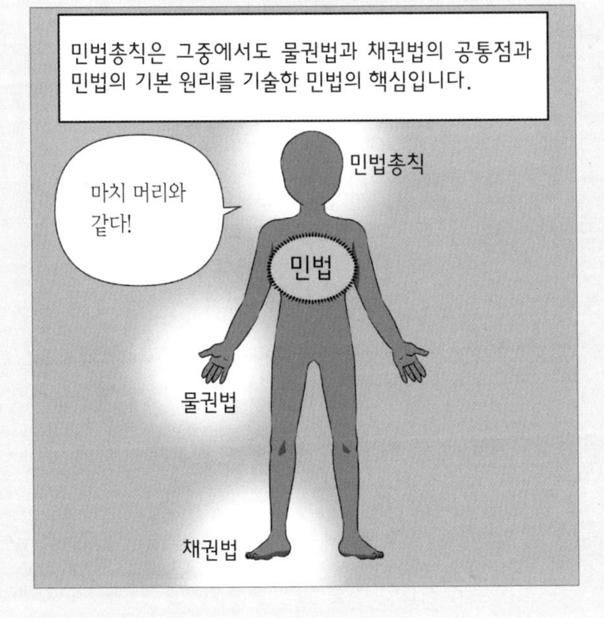

민법총칙 체계도

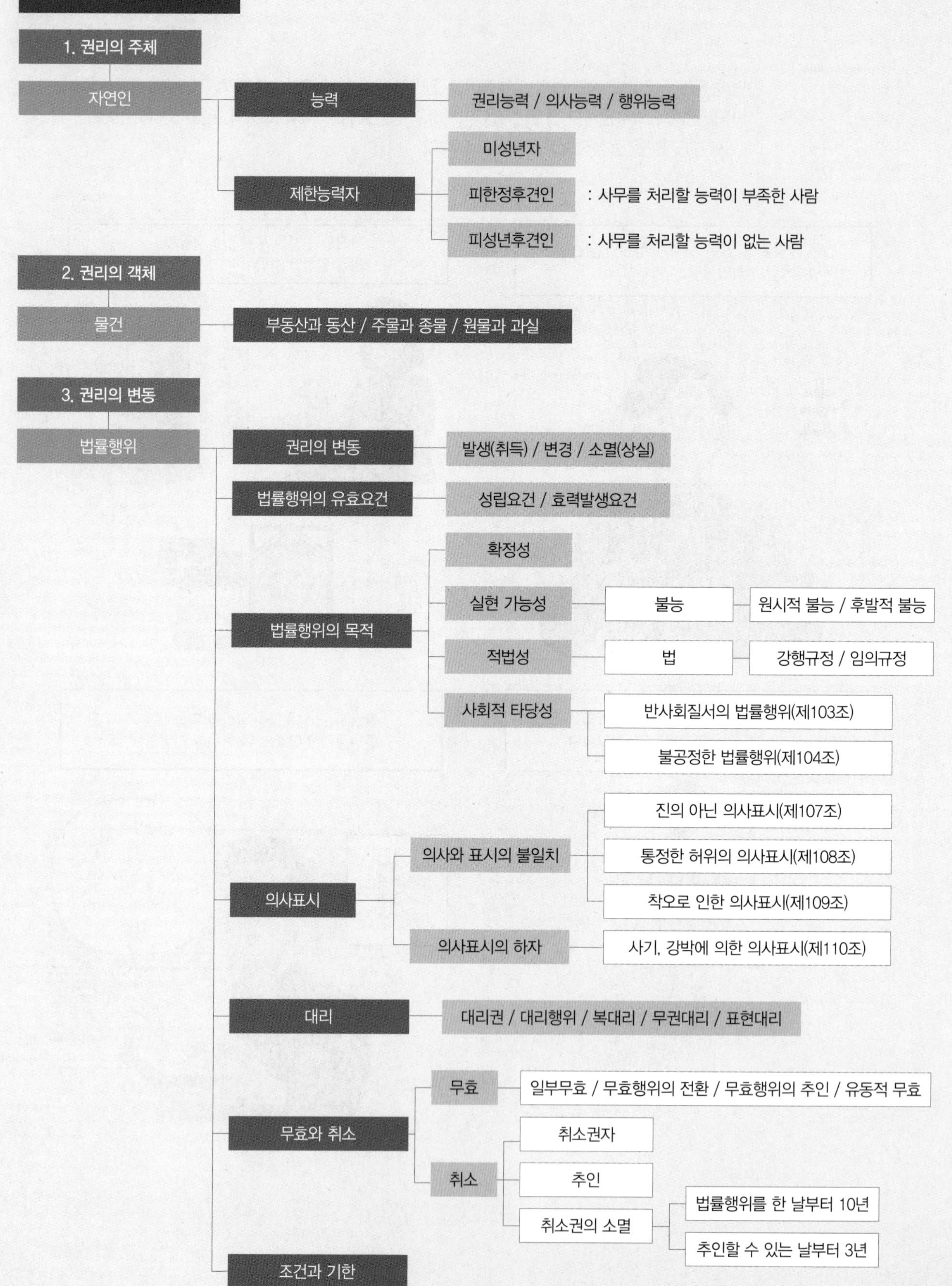

1. 권리의 주체
자연인
능력
권리능력 / 의사능력 / 행위능력
제한능력자
미성년자
피한정후견인
: 사무를 처리할 능력이 부족한 사람
피성년후견인
: 사무를 처리할 능력이 없는 사람
2. 권리의 객체
물건
부동산과 동산 / 주물과 종물 / 원물과 과실
3. 권리의 변동
법률행위
권리의 변동
발생(취득) / 변경 / 소멸(상실)
법률행위의 유효요건
성립요건 / 효력발생요건
법률행위의 목적
확정성
실현 가능성
불능
원시적 불능 / 후발적 불능
적법성
법
강행규정 / 임의규정
사회적 타당성
반사회질서의 법률행위(제103조)
불공정한 법률행위(제104조)
의사표시
의사와 표시의 불일치
진의 아닌 의사표시(제107조)
통정한 허위의 의사표시(제108조)
착오로 인한 의사표시(제109조)
의사표시의 하자
사기, 강박에 의한 의사표시(제110조)
대리
대리권 / 대리행위 / 복대리 / 무권대리 / 표현대리
무효와 취소
무효
일부무효 / 무효행위의 전환 / 무효행위의 추인 / 유동적 무효
취소
취소권자
추인
취소권의 소멸
법률행위를 한 날부터 10년
추인할 수 있는 날부터 3년
조건과 기한

반드시 출제되는 출제포인트

출제포인트

001 권리의 변동

[10개년 출제회차] 28회

시작이 쉬운 길잡이

Q

1 친절한 대운 씨는 전원생활이 꿈입니다. 경기도 양평의 남한강 뷰가 있는 대지를 매입하고 자신이 원하는 단독주택을 신축했습니다. 여러분, 여기서 대운 씨가 취득한 권리는 무엇일까요?

2 그렇게 전원생활을 하던 대운 씨! 하지만 출근이 너무 힘들어서 다시 서울로 이사를 가게 되었습니다. 빈 전원주택을 부자 씨에게 빌려주는데, 전세금을 받기로 하고 전세계약을 했습니다. 여러분, 부자 씨는 어떤 권리를 취득했을까요?

3 부자 씨가 살다보니 너무 마음에 든다며 본인에게 팔 것을 요청해서 대운 씨는 부자 씨에게 전원주택을 팔았습니다. 여러분, 부자 씨는 어떤 권리를 취득했을까요?

A

1 먼저 대지를 매수했기 때문에 대지의 소유권을 취득하는데 전 주인이 가지고 있던 소유권을 이어받은 것이므로 이것을 승계취득이라고 합니다. 그리고 주택에 대한 소유권을 취득하는데 전에는 없던 주택의 소유권을 새롭게 취득하는 것이고 이것을 원시취득이라고 합니다.

2 부자 씨가 취득하는 권리를 전세권이라고 하며 부자 씨는 전원주택의 사용 · 수익권만을 대운 씨로부터 이어받은 것입니다. 이것을 승계취득이라고 하며 대운 씨가 부자 씨에게 사용 · 수익권을 건네주었다고 해서 설정적 승계라고 합니다.

3 부자 씨가 취득하는 권리를 소유권이라고 하며, 부자 씨는 대운 씨가 가지고 있던 소유권 자체를 대운 씨로부터 이어받은 것입니다. 이것을 승계취득이라고 하며, 대운 씨가 가지고 있던 소유권 자체가 부자 씨에게 이전되었다고 해서 이전적 승계라고 합니다.

❗ 출제포인트의 중요 키워드는 본문에서 꼭 체크하세요 ▸ **원시취득, 승계취득, 이전적 승계, 설정적 승계**

1 권리의 발생(취득)

→ 권리를 취득하는 모습은 원시취득과 승계취득으로 구별된다.

1. 원시취득

원시취득이란 어떠한 권리가 타인의 권리에 기초함이 없이 특정인에게 새롭게 발생하는 것을 말한다. 예컨대 건물의 신축, 시효취득, 선의취득, 무주물 선점, 유실물 습득, 매장물 발견, 부합, 혼화, 가공 등이 이에 해당한다.

2. 승계취득

승계취득이란 어떠한 권리가 타인의 권리에 기초하여 특정인에게 승계되는 것을 말한다.

(1) 이전적 승계

이전적 승계란 권리가 동일성을 유지하면서 권리의 주체가 바뀌는 것을 말한다. 즉, 구권리자에게 속하고 있었던 권리가 동일성을 유지하면서 그대로 신권리자에게 이전되는 것이다. 이전적 승계는 다시 특정승계와 포괄승계로 구별된다.

① **특정승계**: 하나(특정)의 법률상 원인에 의해서 하나(특정)의 권리가 이전하는 것을 말한다.

② **포괄승계**: 하나의 법률상 원인에 의해서 수 개의 권리(의무)가 포괄적으로 이전하는 것을 말한다. 상속, 포괄유증, 회사의 합병 등이 있다. 여기서 주의할 점은 포괄승계에 대해서는 제187조가 적용되기 때문에 등기를 요하지 않는다는 점이다.

(2) 설정적 승계

설정적 승계란 권리의 주체는 바뀌지 않고 권리의 일부가 이전되는 것을 말한다. 예컨대 저당권의 설정, 전세권의 설정 등이 해당한다.

2 권리의 변경

권리의 변경이란 권리가 그 동일성을 유지하면서 그 주체 · 내용 · 작용에 변경이 생기는 것을 말한다.

1. 주체의 변경

주체의 변경은 권리의 이전적 승계에 해당한다.

2. 내용의 변경

내용의 변경은 질적 변경과 양적 변경으로 구별된다. 질적 변경은 권리가 질적으로 변경되는 것이고, 양적 변경은 권리의 양이 증가하거나 감소하는 것을 말한다. 예컨대, 물건의 인도를 목적으로 하는 재산권이전청구권이 당사자 일방의 채무불이행을 원인으로 손해배상청구권으로 변하는 것이 질적 변경이고, 소유권에 제한물권이 설정되는 경우가 양적 변경이다.

3. 작용의 변경

작용의 변경이란 권리가 가진 힘, 즉 효력의 세기가 변경되는 것이므로 효력의 변경이라고 한다. 예컨대, 甲 소유 토지에 대해서 乙에게 먼저 저당권이 설정되었고 이후에 丙에게 저당권이 설정된 경우, 乙이 1번 저당권을 취득했고 丙이 2번 저당권을 취득한 이후 甲이 乙에게 채무를 변제했다면 乙은 더 이상 甲에게 채권이 없으므로 부종성에 의해서 乙의 1번 저당권도 소멸한다. 이 경우 순위승진의 원칙에 의해서 丙의 2번 저당권은 1번 저당권으로 순위가 올라가므로 효력이 강해진다. 또한 임대차관계가 등기가 된 경우, 임차권은 채권이지만 등기가 되면 물권과 같은 효력이 발생하므로 효력이 강해진다.

3 권리의 소멸(상실)

→ 권리의 소멸은 절대적 · 객관적 소멸과 상대적 · 주관적 소멸로 구별된다.

1. 절대적 · 객관적 소멸

목적물이 멸실되는 경우처럼 권리가 세상에서 사라지는 경우를 말한다. 예컨대 甲이 전원주택을 가지고 있는데 천재지변으로 전원주택이 멸실된 경우, 전원주택에 대한 甲의 소유권은 소멸한다.

2. 상대적 · 주관적 소멸

이전적 승계의 경우처럼 권리가 세상에 존재는 하지만 구권리자로부터 이탈하여 신권리자에게 이전된 경우, 즉 구권리자의 입장에서 권리가 소멸되는 것을 말한다. 예컨대 甲 소유 주택에 대해서 乙과 매매계약을 체결하고 乙이 소유권이전등기를 경료한 경우, 甲이 가지고 있던 소유권이 乙에게 이전됨으로써 甲의 입장에서 보면 소유권은 소멸된 것이라고 볼 수 있다.

기출로 **포인트 정리**

출제예상 OX지문

❶ 저당권의 설정은 이전적 승계에 해당한다. (O | X) 28회

❷ 무주물의 선점은 원시취득에 해당한다. (O | X) 28회

대표기출

권리변동에 관한 설명 중 틀린 것은? 18회

① 건물을 신축한 경우, 이는 원시취득에 해당한다.
② 甲이 乙 소유의 토지를 저당잡은 경우, 이는 설정적 승계에 해당한다.
③ 1순위 저당권이 소멸되어 2순위 저당권이 순위승진을 한 경우, 이는 권리의 내용상 변경이다.
④ 甲이 소유하는 가옥을 乙에게 매각하여 그 소유권을 상실한 경우, 이는 권리의 상대적 소멸이다.
⑤ 상속에 의하여 피상속인이 가지고 있던 권리가 상속인에게 승계된 경우, 이는 권리의 이전적 승계이다.

쉬운 해설

출제예상 OX 지문

❶ X 저당권의 설정은 이전적 승계가 아니라 설정적 승계에 해당한다.
❷ O 무주물의 선점은 주인 없는 물건을 새롭게 취득하는 것으로 원시취득에 해당한다.

대표기출 정답 ③

③ 1순위 저당권이 소멸되면 순위승진의 원칙에 의해서 2순위 저당권이 1순위로 순위가 승진하므로 그만큼 효력이 강화되는데 이것은 효력의 변경, 즉 작용의 변경이다.
① 건물을 신축하면 보존등기 없이도 소유권을 취득하는데 타인의 권리에 기초한 것이 아니라 신축자가 새롭게 소유권을 취득한 것이므로 승계취득이 아니라 원시취득에 해당한다.
② 만약 乙 소유의 토지를 甲이 매수했다면 乙의 소유권이 甲에게 이전되므로 이전적 승계에 해당한다. 그러나 甲이 乙로부터 저당권을 설정받았다면 여전히 乙이 소유권자이고 乙이 甲에게 사용·수익·처분권능 중 일부인 처분권능만 이전해 주었으므로 설정적 승계에 해당한다.
④ 甲이 소유하는 가옥을 乙에게 매각하여 甲이 소유권을 상실한 경우, 甲의 입장에서는 소유권을 상실한 것, 즉 소멸한 것이므로 권리의 상대적 소멸이다. 만약 가옥이 멸실했다면 소유권 자체가 이 세상에서 사라진 것이므로 절대적 소멸이 된다.
⑤ 상속에 의하여 피상속인이 가지고 있던 권리가 상속인에게 승계된 경우, 권리의 주체가 피상속인에게서 상속인으로 이전되었으므로 권리의 이전적 승계(포괄승계)이다.

출 제 포 인 트

002 법률행위의 종류

[10개년 출제회차] 24, 26, 28, 32, 33회

시작이 쉬운 길잡이

Q

대운 씨, 유치원생인 산하가 얼마나 많은 단어를 알고 있는지 궁금해서 질문을 했습니다. 산하야, 이것은 뭐지? 배. 그럼 이것은? 복숭아. 이것도 알아? 사과. 산하는 막힘이 없이 신나게 대답했습니다. 이어서 대운 씨가 마지막으로 한 가지를 더 물어보려고 합니다. 이 질문은 여러분이 대답해 보세요. 배, 복숭아, 사과를 합쳐서 한 단어로 뭐라고 할까요?

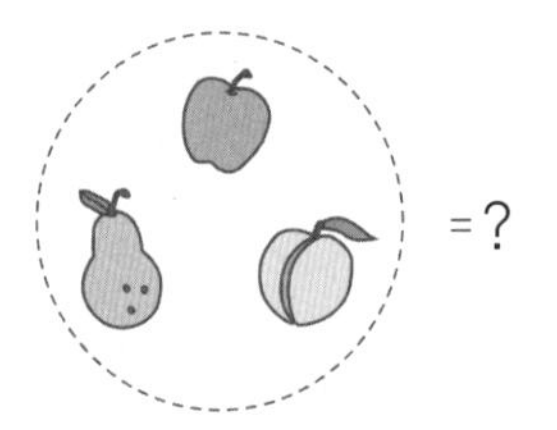

A

너무나 쉽죠. 당연히 과일이라고 합니다. 배, 복숭아, 사과를 모아서 편리하게 부르기 위해서 이름을 하나 만들어 준 것입니다. 법률행위도 동일하게 이해하시면 됩니다. 의사표시를 필수요소로 하는 것들을 모아서 '법률행위'라는 이름을 만들어준 것입니다.

출제포인트의 중요 키워드는 본문에서 꼭 체크하세요 ▸ **단독행위, 법률행위, 물권행위, 준물권행위**

1 단독행위

단독행위란 권리주체가 행하는 하나의 의사표시만으로 성립하는 법률행위이다. 이러한 단독행위는 상대방 있는 단독행위와 상대방 없는 단독행위로 구별된다.

(1) 상대방 있는 단독행위 → 도달주의를 취한다.

상대방 있는 단독행위란 의사표시가 효력을 발생하기 위해서는 상대방에게 도달해야 하는, 즉 의사표시의 수령자가 특정되어 있는 법률행위를 말한다. 예컨대 동의, 철회, 상계, 추인, 취소, 해제, 해지, 채무면제, 제한물권의 포기, 수권행위, 공유지분의 포기, 합유지분의 포기, 취득시효 이익의 포기 등이 있다. **암기코드 | 동철이가 상추 먹고 취해해 공합취포의 채무면제했다.**

(2) 상대방 없는 단독행위 → 표백주의를 취한다.

상대방 없는 단독행위란 의사표시가 효력을 발생하기 위해서 상대방에게 도달할 필요가 없는, 즉 의사표시의 수령자가 특정되지 않은 법률행위를 말한다. 예컨대 유언(유증), 재단법인 설립행위, 권리의 포기(소유권의 포기), 상속의 포기 등이 있다. **암기코드 | 유재포**

2 의무부담행위와 처분행위

의무부담행위란 당사자에게 일정한 급부의무를 발생시키는 법률행위로서 채권행위가 대표적인 예이다. 그리고 처분행위란 직접적으로 권리의 발생, 변경, 소멸, 즉 권리의 변동을 일으키는 법률행위로서 물권행위와 준물권행위가 있다.

(1) 채권행위(의무부담행위)

① 매매계약, 교환계약, 임대차계약 등과 같이 채권·채무관계를 발생시키는 법률행위를 채권행위라고 한다. 예컨대, 부동산 매매계약에서 매도인과 매수인 사이에 매매계약이 체결되면 단지 매도인은 재산권이전의무를 부담하고 매수인은 대금 지급의무를 부담하게 될 뿐이다. 즉, 매매계약 자체만으로 소유권이라는 물권이 매수인에게 이전되지는 않는다.

② 채권행위만으로 직접 물권의 변동이 일어나는 것은 아니고 매도인과 매수인이 의도하는 목적(소유권이전과 대금이전)이 달성되기 위해서는 각자 부담하고 있는 의무를 이행해야 한다. 요컨대, 당사자 사이에 채권·채무관계를 발생시키고 이행의 문제를 남기는 법률행위를 채권행위라고 한다.

③ 채권행위만으로 물권이 변동되는 것은 아니므로 행위자에게 처분권한이나 능력이 없더라도 무방하다. 다시 말해서 처분권한이나 능력이 없는 자가 채권행위를 했을지라도 그 행위 자체는 유효하다. 따라서 타인권리매매계약은 유효하다.

(2) 물권행위(처분행위)

① 물권의 발생·변경·소멸, 즉 직접 물권의 변동을 가져오는 법률행위를 물권행위라고 한다. 예컨대 소유권이전행위, 제한물권의 설정행위, 즉 지상권·전세권의 설정행위, 저당권의 설정행위 등이 있다. 그리고 이행의 문제를 남기지 않는 법률행위로서(등기나 인도가 필요한 경우에는 등기나 인도를 해야 한다) 이행의 문제를 남기는 채권행위와 구별된다.

② 직접 물권의 변동을 가져오기 때문에 물권행위가 유효하기 위해서는 행위자에게 처분권한과 처분능력이 있어야 한다. 따라서 타인소유물건에 대한 소유권이전행위는 행위자에게 처분권한이 없으면 무효이다.

(3) 준(準)물권행위

물권 이외의 권리의 발생·변경·소멸, 즉 권리의 변동을 가져오는 법률행위를 준물권행위라고 한다. 준물권행위도 물권행위처럼 이행의 문제를 남기지 않는 법률행위이다. 예컨대 채권양도, 채무면제, 지식재산권의 양도 등이 있다.

3 주된 행위와 종된 행위

(1) 매매계약과 계약금계약, 금전소비대차계약과 저당권설정계약과 같이 법률행위가 유효하게 성립하기 위해서 다른 법률행위를 전제로 하는 경우가 있는데, 그 전제가 되는 법률행위가 주된 행위이고, 다른 법률행위의 존재를 전제로 하는 행위가 종된 행위이다.

(2) 예컨대, 甲과 乙이 1억원의 금전소비대차계약을 체결하고 금전채권을 담보하기 위해서 甲 소유 아파트에 대해서 저당권설정계약이 체결된 경우, 저당권은 채권을 담보하기 위해서 존재하므로 채권을 발생시키는 금전소비대차계약이 주된 계약이고 저당권설정계약은 종된 계약이다. 특별한 사정이 없는 한 주된 행위와 종된 행위는 법률적인 운명을 함께 한다. 따라서 채권이 소멸하면 저당권도 당연히 소멸한다.

(3) 매매계약이 무효이거나 취소되면 계약금계약의 효력은 소멸한다.

기출로 포인트 정리

출제예상 OX지문

❶ 교환계약은 채권행위에 해당한다. (O | X) 24회

❷ 지상권설정행위는 처분행위에 해당한다. (O | X) 24회

❸ 채권양도는 의무부담행위에 해당한다. (O | X) 23회

❹ 손자에 대한 부동산의 유증은 상대방 없는 단독행위에 해당한다. (O | X) 33회

❺ 이행불능으로 인한 계약의 해제는 상대방 없는 단독행위에 해당한다. (O | X) 33회

대표기출

1. 단독행위가 아닌 것은? 22회

① 합의해제
② 청약의 철회
③ 의사표시의 취소
④ 법정대리인의 동의
⑤ 무권대리행위에 대한 본인의 추인

2. 상대방 있는 단독행위에 해당하지 않는 것은? (다툼이 있으면 판례에 따름) 32회

① 공유지분의 포기
② 무권대리행위의 추인
③ 상계의 의사표시
④ 취득시효 이익의 포기
⑤ 재단법인의 설립행위

기출로 포인트 정리

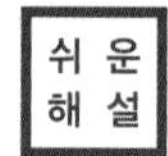

출제예상 OX지문

❶ O 교환계약을 체결했다고 해서 바로 소유권이 이전되지는 않는다. 교환계약을 체결하면 채무(의무)가 발생하고 서로에게 소유권을 이전해 주어야 하는 이행의 문제가 발생하기 때문에 채권행위에 해당한다.

❷ O 직접 권리변동을 가져오는 법률행위를 처분행위라고 한다. 지상권을 설정해주면 상대방은 지상권을 취득하게 되어 권리가 변동되므로 지상권설정행위는 처분행위에 해당한다.

❸ X 채권을 양도하면 채권이 양수인에게 이전, 즉 직접 권리변동을 가져오기 때문에 채권양도는 의무부담행위가 아니라 처분행위(준물권행위)에 해당한다.

❹ O 손자에 대한 부동산의 유증은 상대방 없는 단독행위에 해당한다.

❺ X 이행불능으로 인한 계약의 해제는 상대방 있는 단독행위에 해당한다.

대표기출 정답 1. ① 2. ⑤

1. ① 합의해제는 계약의 당사자가 서로 합의에 의해서 기존의 계약을 해제하는 새로운 계약이다. 따라서 합의해제는 단독행위가 아니라 계약에 해당한다.
   ② 청약의 철회는 청약의 의사표시가 효력을 발생하기 전에 일방적 의사표시에 의해서 청약의 의사표시를 다시 회수하는 것이다. 철회자의 의사표시만 있으면 되므로 단독행위이다.
   ③ 의사표시의 취소는 취소권자의 일방적 의사표시에 의해서 법률행위를 소급적으로 무효로 하는 것인데 취소권자의 의사표시만 있으면 되므로 단독행위이다.
   ④ 예컨대 미성년자가 단독으로 유효한 법률행위를 하기 위해서는 법정대리인의 동의를 얻어야 하는데 동의는 법정대리인의 의사표시만 있으면 되므로 단독행위이다.
   ⑤ 대리인이 대리권이 없음에도 불구하고 본인을 위해서 대리행위를 한 경우를 무권대리라고 하는데 대리권이 없으므로 본인에게 효력이 발생하지 않는 것이 원칙이다. 그러나 본인이 효과발생을 원하면 효과를 받겠다는 의사를 표시하면 되는데 이것이 추인의 의사표시이고 본인의 의사표시만 있으면 되므로 단독행위이다.

2. ⑤ 재단법인의 설립행위는 상대방 없는 단독행위에 해당한다.
   ①②③④ 모두 상대방 있는 단독행위에 해당한다.

출 제 포 인 트

003 법률행위의 유효요건

[10개년 출제회차] 24회

시작이 쉬운 길잡이

Q 전원주택을 가지고 있는 대운 씨. 급전이 필요해서 동철 씨와 5억원에 매매계약을 했습니다. 여러분, 대운 씨와 동철 씨의 매매계약이 성립하기 위해서는 무엇이 필요할까요?

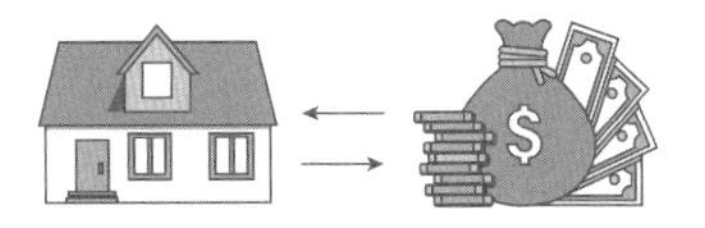

A 대운 씨와 동철 씨 사이의 매매가 성립하기 위해서는 혼자서 계약할 수는 없으므로 일단 대운 씨와 동철 씨는 반드시 있어야 합니다. 이때 서로가 매매를 통해서 의도하는 목적이 있을 것이고, 또한 서로에 대해서 의사표시(합치)를 해야 합니다.

이처럼 매매가 성립하기 위해서는 일정한 요건이 필요한데 이것을 법률행위의 성립요건이라고 합니다. 그리고 매매의 효과가 그대로 발생해야만 대운 씨는 매매대금을 청구할 수 있는 권리를 취득합니다. 동철 씨는 소유권이전등기를 청구할 수 있는 권리를 취득하기 위해서 또 다른 요건이 필요한데, 이를 법률행위의 효력발생요건이라고 합니다.

❗ 출제포인트의 중요 키워드는 본문에서 꼭 체크하세요 ▸ **성립요건, 효력발생요건**

1 법률행위의 성립요건❗

(1) 일반적 성립요건

모든 법률행위가 성립하기 위해서 공통적으로 요구되는 최소한의 요건을 말하는데, 그 법률행위가 성립하기 위해서는 당사자, 목적, 의사표시가 존재해야 한다.

(2) 특별 성립요건

법률행위가 성립하기 위해서 개개의 법률행위에 특별히 요구되는 요건을 말한다. 예컨대, 요식행위가 성립하기 위해서는 일정한 방식(혼인에서 혼인신고, 유언에서 법정의 방식)이 구비되어야 하고, 요물계약이 성립하기 위해서는 그 계약에서 요구하는 일정한 행위의 완료나 기타의 급부가 있어야 한다.

2 법률행위의 효력발생요건❗

→ 농지거래계약에서 농지취득자격증명은 법률행위의 효력발생요건이 아니다(대판 2005.7.29, 2003다14133 · 14140).

(1) 일반적 효력발생요건

① 일단 성립한 법률행위가 효력을 발생하기 위해서 모든 법률행위에 공통적으로 요구되는 요건을 말한다.

② 당사자에게 권리능력과 의사능력, 행위능력이 있어야 한다. 만약 권리능력이나 의사능력이 없다면 무효인 법률행위가 되고, 권리능력과 의사능력은 있는데 행위능력이 없다면 취소할 수 있는 법률행위가 된다.

③ 법률행위의 내용인 목적은 확정성과 실현 가능성, 적법성과 사회적 타당성이 인정되어야 한다. 만약 위 요건이 충족되지 않으면 그 법률행위는 무효가 된다.

④ 의사표시는 의사와 표시가 일치해야 하고 의사표시에 하자가 없어야 한다.

(2) 특별 효력발생요건

① 일단 성립한 법률행위가 효력을 발생하기 위해서 개개의 법률행위에 특별히 요구되는 요건을 말한다.

② 예컨대, 대리에서 대리행위의 효력이 발생하기 위해서는 대리인에게 대리권이 존재해야 하고, 조건(특히 정지조건)과 기한(특히 시기)이 부가된 법률행위에서 법률행위의 효력이 발생하기 위해서는 조건이 성취되어야 하고 기한이 도래해야 한다. 그리고 유언에서 유언의 효력이 발생하려면 유언자가 사망해야 하고, 토지거래허가구역 내의 토지매매계약의 효력이 발생하기 위해서는 관할 관청의 허가를 요한다.

기출로 포인트 정리

출제예상 OX지문

❶ 의사표시는 법률행위의 유일한 요건은 아니며, 의사표시 이외에 다른 법률사실이 요구되는 법률행위도 있다. (O | X) 11회

❷ 법률행위가 당사자가 뜻한 대로의 효과를 발생하기 위하여는 법률행위가 성립하고, 또 유효하여야 한다. (O | X) 11회

❸ 사기, 강박에 의한 법률행위는 법률행위가 아니다. (O | X) 11회

❹ 법률행위가 준법률행위와 다른 점은 행위자가 원하는 대로의 효과가 발생한다는 데 있다. (O | X) 11회

❺ 법률행위가 효력요건을 갖추지 않더라도 당사자가 의도한 법률효과는 발생한다. (O | X) 17회

대표기출

법률행위의 효력이 발생하기 위한 요건이 아닌 것은? (다툼이 있으면 판례에 따름)

24회

① 대리행위에서 대리권의 존재
② 정지조건부 법률행위에서 조건의 성취
③ 농지거래계약에서 농지취득자격증명
④ 법률행위 내용의 적법성
⑤ 토지거래허가구역 내의 토지거래계약에 관한 관할 관청의 허가

기출로 **포인트 정리**

쉬운 해설

출제예상 OX지문

❶ O 법률행위는 의사표시를 필수요건으로 한다. 다만, 의사표시 이외에 다른 법률사실이 요구되는 법률행위도 있다. 예컨대, 혼인계약에서 혼인계약이 성립하기 위해서는 청혼의 의사표시와 승낙의 의사표시가 합치되어야 하고, 혼인신고가 있어야 혼인계약이 성립한다.

❷ O 법률행위의 당사자가 원하는 대로 효과가 발생하기 위해서는 일단 법률행위가 성립해야 하고 효력발생요건이 충족(유효)되어야 한다.

❸ X 사기를 당해서 법률행위를 한 경우와 강박을 당해서 법률행위를 한 경우에도 일단 법률행위는 성립하기 때문에 법률행위에 해당한다. 다만, 의사결정의 자유에 침해를 받았기 때문에 그 법률행위를 취소할 수 있다.

❹ O 법률행위는 당사자가 효과발생을 원하기 때문에 당사자가 원하는 대로, 즉 의욕하는 대로 효과가 발생한다. 그러나 준법률행위는 당사자가 원하는 대로 효과가 발생하는 것이 아니고 효과를 법에서 규정하고 있기 때문에 법률의 규정에 의해서 효과가 발생한다는 차이가 있다.

❺ X 법률행위가 성립했을지라도 효력발생요건을 충족하지 못하면 당사자가 의도하는 효과는 발생하지 않는다.

대표기출 정답 ③

③ 농지거래계약에서 농지취득자격증명은 법률행위의 효력발생요건이 아니다(대판 2005.7.29, 2003다14133 · 14140). 다만, 농지를 취득할 자격이 있다는 증명에 불과하다.

①②⑤ 특별 효력발생요건

④ 일반적 효력발생요건

출제포인트

004 목적의 실현 가능성

[10개년 출제회차] 31회

시작이 쉬운 길잡이

Q

여행을 좋아하는 대운 씨. 친구들과 오랜만에 제주도로 여행을 갔습니다. 그날 밤 텐트를 치고 모두 누웠는데, 산하 씨가 수많은 별 중에서 가장 반짝이는 북극성을 콕 찍어서 대운 씨에게 따달라고 하였습니다. 대운 씨가 웃더니 그렇게 해주겠다고 하였습니다. 여러분, 이것은 과연 계약일까요? 산하 씨는 법적으로 북극성을 따달라고 요구할 수 있는 권리를 취득했을까요?

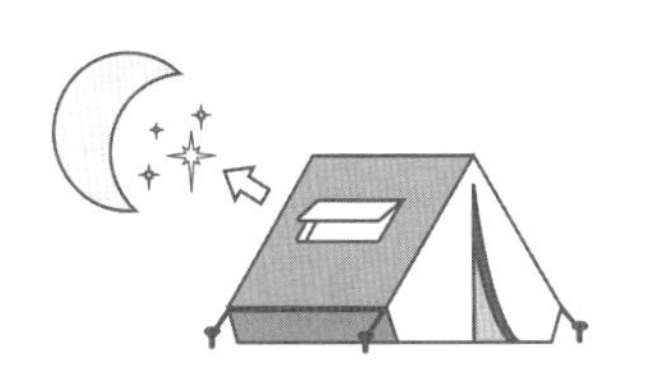

A

대운 씨와 산하 씨 사이에 의사표시의 합치가 있으므로 일단 계약은 성립합니다. 즉, 이것도 계약에 해당합니다. 다만, 실현 불가능한 계약을 했으므로 법적인 효과를 부여할 필요가 없습니다. 이처럼 계약은 성립했지만 효과가 없는 것을 무효라고 합니다. 따라서 산하 씨가 대운 씨에게 북극성을 따달라고 요구할 수 있는 권리는 없습니다.

❗ 출제포인트의 중요 키워드는 본문에서 꼭 체크하세요 ▸ **원시적 불능, 후발적 불능**

1 실현 가능성의 판단기준

(1) 법률행위가 효력을 발생하기 위해서는 법률행위의 목적이 실현 가능성이 인정되어야 한다. 즉, 법률행위의 목적은 그 실현이 가능한 것이어야 법이 힘을 부여할 수 있다.

(2) 당사자가 의도하는 목적이 실현 가능한 일인지 또는 실현 불가능한 일인지를 언제를 기준으로 판단해야 할까? 확정성과는 달리 법률행위 성립 당시를 기준으로 판단한다.

(3) 당사자가 의도하는 목적이 불가능한 경우를 불능이라고 하며, 불능은 여러 기준에 의해서 분류되는데 불능사유의 발생시점에 따라서 원시적 불능과 후발적 불능으로, 불능의 범위에 따라서 전부불능과 일부불능으로, 누가 불가능한지에 따라서 객관적 불능과 주관적 불능으로 구별된다.

2 원시적(객관적, 전부) 불능 → 무효

당사자가 의도하는 법률행위의 목적이 법률행위 성립 당시에 이미 불가능한 경우를 원시적 불능❗이라고 한다. 원시적 불능인 법률행위는 원칙적으로 무효이다. 따라서 계약에 따른 이행청구권은 발생하지 않으며 채무불이행 문제도 발생하지 않는다. 다만, 예외적으로 그 계약이 무효일지라도 일정한 요건하에서 계약체결상의 과실책임(제535조, 손해배상책임)이 발생할 수 있다.

3 후발적 불능 ⟶ 유효

당사자가 의도하는 법률행위의 목적이 법률행위 성립 이후 그 이행 전에 불가능한 경우를 후발적 불능이라고 한다. 다만, 후발적 불능인 법률행위는 법률행위 성립 당시에는 실현 가능했으므로 무효가 아니라 유효이다.

(1) 채무자에게 귀책사유가 있는 경우

채무불이행의 문제가 발생한다. 따라서 해제권과 손해배상청구권이 발생한다.

(2) 채무자에게 귀책사유가 없는 경우

특히 쌍무계약에서 위험부담(제537조, 제538조)의 문제가 발생한다.

기출로 포인트 정리

출제예상 OX지문

❶ 계약이 체결된 후 매매목적 건물이 전소된 경우, 그 매매계약은 무효이다. (O | X) 20회

❷ 원시적 · 객관적 전부불능인 임대차계약은 취소 원인이 있는 법률행위이다. (O | X) 31회

대표기출

법률행위의 목적에 관한 설명 중 틀린 것만으로 묶은 것은? 10회

㉠ 법률행위의 목적은 법률행위 성립 시에 확정되어 있지 않으면 무효이다.
㉡ 원시적 불능인 법률행위는 무효이나, 계약체결상의 과실책임이 문제될 수 있다.
㉢ 당사자의 귀책사유 없이 후발적 불능이 된 법률행위는 무효이다.
㉣ 일부불능인 법률행위는 원칙적으로 법률행위 전부가 무효이다.

① ㉠, ㉡ ② ㉠, ㉢
③ ㉡, ㉢ ④ ㉡, ㉣
⑤ ㉠, ㉣

쉬운 해설

출제예상 OX지문

❶ X 당사자가 의도하는 법률행위의 목적은 실현 가능하면 유효이고 그 실현 가능성의 판단시기는 법률행위 시, 즉 계약체결 시를 기준으로 판단하므로 후발적 불능인 법률행위는 계약체결 당시에는 실현 가능했으므로 무효가 아니라 유효이다.

❷ X 원시적 · 객관적 전부불능인 임대차계약은 무효이다.

대표기출 정답 ②

㉠ 법률행위의 목적은 반드시 법률행위 성립 당시에 확정될 필요는 없고 늦어도 이행기까지 확정할 수 있으면 충분하다.
㉢ 후발적 불능은 법률행위 당시에는 실현 가능했으므로 무효가 아니라 유효이다.
㉡ 계약체결 당시부터 목적이 불가능한 경우를 원시적 불능이라고 한다. 처음부터 불가능했기 때문에 무효이다. 다만, 일정한 요건하에서 계약체결상의 과실책임이 문제될 수 있다.
㉣ 일부불능인 법률행위는 일부무효의 법리에 따라서 원칙적으로 법률행위 전부가 무효이다.

출 제 포 인 트

005 목적의 적법(적중판례)

[10개년 출제회차] 28, 32회

시작이 쉬운 길잡이

Q

외식사업을 해보고 싶은 대운 씨. 친한 친구인 산하 씨의 상가를 빌리기로 합의를 했고, 그 계약서에 특약사항으로 계약이 종료하면 원상복구하기로 정했습니다. 이후 대운 씨가 상가에 보존비용(필요비)과 개량비용(유익비)을 지출했습니다. 여러분, 대운 씨는 친구 산하 씨를 상대로 지출한 비용에 대해서 상환을 청구할 수 있을까요?

A

민법 제626조에 따르면 임차인이 임차물에 비용을 지출한 경우에는 임대인을 상대로 비용상환을 청구할 수 있다고 합니다. 그러나 이 규정의 성격은 임의적인 규정(임의규정)에 불과하므로 이 규정이 적용되는 것을 대운 씨와 산하 씨가 원하지 않으면 특약을 통해서 적용을 배제할 수 있습니다. 따라서 둘 사이에 원상복구 특약이 있고, 이 특약은 유효이므로 대운 씨가 비용상환을 청구하는 것을 포기한 것으로 보아 산하 씨를 상대로 비용상환을 청구하지 못합니다. 이처럼 당사자 간의 특약을 통해서 그 법 규정이 적용되는 것을 배제시킬 수 있는 규정을 임의규정이라고 하고, 특약으로 그 법 규정이 적용되는 것을 배제시킬 수 없어서 그 규정이 적용되는 것이 강제되는 규정을 강행규정이라고 합니다.

❗ 출제포인트의 중요 키워드는 본문에서 꼭 체크하세요 ▸ **강행규정, 임의규정**

1 총설

(1) 법률행위가 효력을 발생하기 위해서는 당사자가 의도하는 법률행위의 목적이 적법해야 한다. 즉, 강행규정에 위반하지 않아야 한다. 만약 강행규정에 위반된다면 법률행위는 무효이다.

(2) 법률행위가 효력을 발생하기 위해서 적법성이 요구되는 것은 사적자치의 원칙에 의해서 각자는 자유의사에 의해서 자유롭게 법률관계를 형성해 갈 수 있지만 무한정 인정되는 것이 아니라 법질서가 허용하는 범위 안에서만 인정하겠다는 입법자의 의지라고 할 수 있다.

(3) 강행규정

① 의의: 법령 중 선량한 풍속 기타 사회질서와 관계있는 규정을 강행규정이라고 하며, 법령 중 선량한 풍속 기타 사회질서와 관계없는 규정을 임의규정이라고 한다. 어떤 법 규정이 강행규정이라면 당사자의 의사에 의해서도 그 적용을 배제할 수 없지만 임의규정이라면 당사자의 의사에 의해서 그 적용을 배제할 수 있다는 구별의 실익이 있다.

② **효력규정과 단속규정:** 강행규정 중에서 효력규정을 위반하면 사법상의 효과는 무효이지만 단속규정을 위반한 경우에는 사법상 효과는 유효이다. 따라서 어떤 법 규정이 효력규정인지 아니면 단속규정인지를 구별하는 것이 중요하다.

2 적중판례

(1) 중간생략등기 금지규정은 단속규정인가?

정답 | 단속규정에 불과하다. 따라서 이미 중간생략등기가 경료되었다면 그 등기는 유효하다.

판례 | 「부동산등기 특별조치법」상 조세포탈과 부동산투기 등을 방지하기 위하여 위 법률 제2조 제2항 및 제8조 제1호에서 등기하지 아니하고 제3자에게 전매하는 행위를 일정 목적범위 내에서 형사처벌하도록 되어 있으나 이로써 순차매도한 당사자 사이의 중간생략등기합의에 관한 사법상 효력까지 무효로 한다는 취지는 아니다(대판 1993.1.26, 92다39112).

(2) 중개사무소 개설등록에 관한 (구) 부동산중개업법 관련 규정들은 단속규정인가?

정답 | 강행법규(효력규정)에 해당한다. 따라서 이에 위반한 약정은 무효이다.

판례 | 공인중개사 자격이 없어 중개사무소 개설등록을 하지 아니한 채 부동산중개업을 한 자에게 형사적 제재를 가하는 것만으로는 부족하고 그가 체결한 중개수수료 지급약정에 의한 경제적 이익이 귀속되는 것을 방지하여야 할 필요가 있고, 따라서 중개사무소 개설등록에 관한 (구) 부동산중개업법 관련 규정들은 공인중개사 자격이 없는 자가 중개사무소 개설등록을 하지 아니한 채 부동산중개업을 하면서 체결한 중개수수료 지급약정의 효력을 제한하는 이른바 강행법규에 해당한다(대판 2010.12.23, 2008다75119). 즉, 효력규정에 해당한다.

(3) 중개수수료(보수) 상한규정은 단속규정인가?

정답 | 강행법규(효력규정)에 해당한다. 따라서 상한을 초과하는 보수약정은 무효인데, 전부 무효가 아니라 초과부분만 무효이다.

판례 | 부동산중개업법 제15조 제2호는 중개업자가 같은 법 제20조 제3항의 규정에 의한 수수료를 초과하여 금품을 받거나 그 외에 사례·증여 기타 어떠한 명목으로라도 금품을 받는 행위를 할 수 없도록 금지하고… 위와 같은 규정들은 부동산중개의 수수료 약정 중 소정의 한도액을 초과하는 부분에 대한 사법상의 효력을 제한함으로써 국민생활의 편의를 증진하고자 함에 그 목적이 있는 것이므로 이른바, 강행법규에 속하는 것으로서 그 한도액을 초과하는 부분은 무효라고 보아야 한다(대판 2002.9.4, 2000다54406·54413).

(4) 증권회사 또는 그 임·직원의 부당권유행위를 금지하는 규정은 단속규정인가?

정답 | 강행법규(효력규정)에 해당한다. 따라서 이에 위반한 투자수익보장약정은 무효이다.

판례 | 증권회사 또는 그 임·직원의 부당권유행위를 금지하는 증권거래법 제52조 제1호는 공정한 증권거래질서의 확보를 위하여 제정된 강행법규로서 이에 위배되는 주식거래에 관한 투자수익보장약정은 무효이다(대판 1996.8.23, 94다38199).

(5) 「부동산 실권리자명의 등기에 관한 법률」상 명의신탁약정에 기초한 물권변동에 관한 규정은 강행법규(효력규정)이다.

(6) 「부동산 거래신고 등에 관한 법률」상 일정한 구역 내의 토지매매에 대하여 허가를 요하는 규정은 강행법규(효력규정)이다.

(7) 「주택법」상 전매금지규정은 단속법규에 해당하므로 전매행위제한을 위반하여 한 전매약정은 유효이다.

(8) 「공인중개사법」상 개업공인중개사 등이 중개의뢰인과 직접 거래를 하는 행위를 금지하는 규정은 단속법규에 해당한다(대판 2017.2.3, 2016다259677).

(9) 국유재산에 관한 사무에 종사하는 직원이 타인의 명의로 국유재산을 취득하는 행위는 무효인가?

정답 | 위 법률에서 직접 금지한 것이 아니라고 보더라도 강행법규인 위 규정들의 적용을 잠탈하기 위한 탈법행위로서 무효이다.

판례 | 국유재산에 관한 사무에 종사하는 직원이 타인의 명의로 국유재산을 취득하는 행위는 위 법률에서 직접 금지한 것이 아니라고 보더라도 강행법규인 위 규정들의 적용을 잠탈하기 위한 탈법행위로서 무효이다. 나아가 이 법률이 거래안전의 보호 등을 위하여 그 무효를 주장할 수 있는 상대방을 제한하는 규정을 따로 두고 있지 않은 이상 그 무효는 원칙적으로 누구에게나 주장할 수 있으므로, 그 규정을 위반하여 취득한 국유재산을 제3자가 전득하는 행위도 당연 무효이다(대판 2017.12.22, 2015다205086).

기출로 포인트 정리

출제예상 OX지문

❶ 「주택법」의 전매행위제한을 위반하여 한 전매약정은 무효이다. (O | X) 28회

❷ 관할 관청의 허가 없이 한 학교법인의 기본재산 처분행위는 무효이다. (O | X) 28회

대표기출

1. 다음 중 효력규정이 아닌 것은? (다툼이 있으면 판례에 따름) 21회

① 「부동산등기 특별조치법」상 중간생략등기를 금지하는 규정

② 「이자제한법」상 최고이자율을 초과하는 부분을 규율하는 규정

③ 「공익법인의 설립·운영에 관한 법률」상 공익법인이 하는 기본재산의처분에 주무관청의 허가를 요하는 규정

④ 「부동산 실권리자명의 등기에 관한 법률」상 명의신탁약정에 기초한 물권변동에 관한 규정

⑤ 「부동산 거래신고 등에 관한 법률」상 일정한 구역 내의 토지매매에 대하여 허가를 요하는 규정

2. 효력규정이 아닌 것을 모두 고른 것은? (다툼이 있으면 판례에 따름) 32회

㉠ 「부동산등기 특별조치법」상 중간생략등기를 금지하는 규정

㉡ 「공인중개사법」상 개업공인중개사가 중개의뢰인과 직접 거래를 하는 행위를 금지하는 규정

㉢ 「공인중개사법」상 개업공인중개사가 법령에 규정된 중개보수 등을 초과하여 금품을 받는 행위를 금지하는 규정

① ㉠ ② ㉡

③ ㉢ ④ ㉠, ㉡

⑤ ㉡, ㉢

기출로 포인트 정리

출제예상 OX지문

❶ X (구) 주택건설촉진법(1992.12.8. 법률 제4530호로 개정되기 전의 것)에 의하면 국민주택에 관하여는 분양한 때로부터 일정한 기간 동안 전매행위가 금지되어 있기는 하나 이는 매수인이 분양 사업주체에게 그 전매 사실로써 대항할 수 없다는 것이지 전매 당사자 사이의 전매계약의 사법상의 효력까지 무효로 한다는 취지는 아니다(대판 1997.6.27, 95다47343). 즉, 전매약정은 유효하다.

❷ O 학교법인이 기본재산을 양도함에 있어서는 이사회의 결의를 거쳐 감독청의 허가를 받도록 하고 있는바, 이사회의 결의나 감독청의 허가가 없이 양도된 경우에는 그것이 학교법인의 의사에 기한 것이든 강제경매절차에 기한 것이든 무효라고 할 것이다(대판 1994.9.27, 93누22784).

대표기출 정답 1. ① 2. ④

1. ① 「부동산등기 특별조치법」상 중간생략등기를 금지하는 규정은 순차매도한 당사자 사이의 중간생략등기합의에 관한 사법상 효력까지 무효로 한다는 취지는 아니다. 즉, 단속규정에 해당하기 때문에 적법한 원인행위가 있고 이미 중간생략등기가 경료되었다면 그 등기는 유효하다(대판 1993.1.26, 92다39112).
   ④ 「부동산 실권리자명의 등기에 관한 법률」상 명의신탁약정에 기초한 물권변동은 무효로 한다는 규정은 강행규정에 해당한다.
   ⑤ 「부동산 거래신고 등에 관한 법률」상 일정한 구역 내의 토지매매에 대하여 허가를 요하는 규정은 강행규정에 해당한다.

2. ㉠, ㉡은 단속규정에 해당하고 ㉢은 효력규정에 해당한다.

출제포인트

006 반사회질서의 법률행위(제103조)

[10개년 출제회차] 24, 25, 26, 27, 28, 30, 31회

시작이 쉬운 길잡이

Q

바람이 난 유부남 부자 씨. 불륜관계인 그래 씨와 첩 관계를 맺으면서 그 대가로 강남의 아파트 한 채를 무상으로 주겠다고 유혹을 했고, 그래 씨는 그 유혹에 넘어가 "그래."라고 답했습니다. 여러분, 이때 유부남 부자 씨가 약속을 지키지 않을 경우(소유권을 이전해주지 않음), 그래 씨는 부자 씨에게 소유권을 이전해 달라고 요구할 수 있을까요?

A

유부남 부자 씨와 그래 씨 사이에 체결된 계약을 증여계약이라고 하며, 이는 첩 관계를 유지하는 대가입니다. 첩 관계를 유지하는 행위는 인륜에 반하는 반사회적인 행위이므로 보호가치가 없어서 증여계약은 무효가 됩니다. 즉, 증여의 효과는 없기 때문에 그래 씨는 부자 씨에게 소유권이전을 청구할 수 없습니다. 이처럼 사회질서에 반하는 법률행위를 반사회질서 법률행위라고 하고 법질서 유지를 위해서 무효로 합니다.

! 출제포인트의 중요 키워드는 본문에서 꼭 체크하세요 ▸ **반사회질서 법률행위**

법령 체크

제103조【반사회질서의 법률행위】 선량한 풍속 기타 사회질서에 위반한 사항을 내용으로 하는 법률행위는 무효로 한다.

1 의의

판례에 따르면, 반사회질서 법률행위에 대해서 다음과 같이 정의하고 있다.

(1) 민법 제103조에 의하여 무효로 되는 반사회질서 행위는 법률행위의 목적인 권리의무의 내용이 선량한 풍속 기타 사회질서에 위반되는 경우뿐만 아니라, 그 내용 자체는 반사회질서적인 것이 아니라고 하여도 법률적으로 이를 강제하거나 법률행위에 반사회질서적인 조건 또는 금전적인 대가가 결부됨으로써 반사회질서적 성질을 띠게 되는 경우 및 표시되거나 상대방에게 알려진 법률행위의 동기가 반사회질서적인 경우를 포함한다(대판 2005.7.28, 2005다23858). 즉, 상대방에게 표시되거나 알려진 법률행위의 동기가 반사회적인 경우, 그 법률행위는 무효이다.

(2) 따라서 단지 법률행위의 성립과정에 강박이라는 불법적 방법이 사용된 데에 불과한 때에는 강박에 의한 의사표시의 하자나 의사의 흠결을 이유로 효력을 논의할 수는 있을지언정 반사회질서의 법률행위로서 무효라고 할 수는 없다(대판 2002.12.27, 2000다47361).

2 유형

1. 인륜에 반하는 행위와 관련된 판례

(1) 피고가 원고와의 부첩관계를 해소하기로 하는 마당에 그동안 원고가 피고를 위하여 바친 노력과 비용 등의 희생을 배상 내지 위자하고 또 원고의 장래 생활대책을 마련해 준다는 뜻에서 금원을 지급하기로 약정한 것이라면 부첩관계를 해소하는 마당에 위와 같은 의미의 금전지급약정은 공서양속에 반하지 않는다(대판 1980.6.24, 80다458). 즉, 부첩관계를 종료하면서 위자료, 양육비, 생활비 등을 지급하기로 하는 약정은 불법의 영역에서 적법의 영역으로 들어오는 것이므로 허용되어 유효이다.

(2) 부부(부첩)관계의 종료를 해제조건으로 하는 증여계약은 그 조건만이 무효인 것이 아니라 증여계약 자체가 무효이다(대판 1966.6.21, 66다530). 즉, 해제조건이 결부되어 있어서 부첩관계를 유지하는 기능을 하므로 증여계약은 무효이다.

(3) 부정행위를 용서받는 대가로 손해를 배상함과 아울러 가정에 충실하겠다는 서약의 취지에서 처에게 부동산을 양도하되, 부부관계가 유지되는 동안에는 처가 임의로 처분할 수 없다는 제한을 붙인 약정은 선량한 풍속 기타 사회질서에 위반되는 것이라고 볼 수 없다(대판 1992.10.27, 92므204·211).

(4) 부당이득의 반환청구가 금지되는 사유로 민법 제746조가 규정하는 불법원인이라 함은 그 원인되는 행위가 선량한 풍속 기타 사회질서에 위반하는 경우를 말하는 것인바, 윤락행위 및 그것을 유인·강요하는 행위는 선량한 풍속 기타 사회질서에 위반되므로, 윤락행위를 할 자를 고용·모집하거나 그 직업을 소개·알선한 자가 윤락행위를 할 자를 고용·모집함에 있어 성매매의 유인·강요의 수단으로 이용되는 선불금 등 명목으로 제공한 금품이나 그 밖의 재산상 이익 등은 불법원인급여에 해당하여 그 반환을 청구할 수 없다(대판 2004.9.3, 2004다27488).

(5) 피보험자를 살해하여 보험금을 편취할 목적으로 체결한 생명보험계약은 사회질서에 위배되는 행위로서 무효이고, 따라서 피보험자를 살해하여 보험금을 편취할 목적으로 피보험자의 공동상속인 중 1인이 상속인을 보험수익자로 하여 생명보험계약을 체결한 후 피보험자를 살해한 경우, 다른 공동상속인은 자신이 고의로 보험사고를 일으키지 않았다고 하더라도 보험자에 대하여 보험금을 청구할 수 없다(대판 2000.2.11, 99다49064).

(6) 다수의 보험계약을 통하여 보험금을 부정취득할 목적으로 체결한 보험계약은 반사회질서의 법률행위에 해당한다(대판 2005.7.28, 2005다23858).

2. 정의관념에 반하는 행위와 관련된 판례

(1) 소송사건에서 일방당사자를 위하여 증인으로 출석하여 증언하였거나 증언할 것을 조건으로 어떤 대가를 받을 것을 약정한 경우, 증인은 법률에 의하여 증언거부권이 인정되지 않은 한 진실을 진술할 의무가 있는 것이므로 그 대가의 내용이 통상적으로 용인될 수 있는 수준(예컨대, 증인에게 일당과 여비가 지급되기는 하지만 증인이 법원에 출석함으로써 입게 되는 손해에는 미치지 못하는 경우 그러한 손해를 전보해 주는 정도)을 초과하는 경우에는 그와 같은 약정은 금전적 대가가 결부됨으로써 선량한 풍속 기타 사회질서에 반하는 법률행위가 되어 민법 제103조에 따라 효력이 없다(대판 1999.4.13, 98다52483). 즉, 무효이다.

(2) 수사기관에서 참고인으로 진술하면서 자신이 잘 알지 못하는 내용에 대하여 허위의 진술을 하는 경우에 그 허위 진술행위가 범죄행위를 구성하지 않는다고 하여도 이러한 행위 자체는 국가사회의 일반적인 도덕관념이나 국가사회의 공공질서이익에 반하는 행위라고 볼 것이니, 그 급부의 상당성 여부를 판단할 필요 없이 허위 진술의 대가로 작성된 각서에 기한 급부의 약정은 민법 제103조 소정의 반사회적 질서행위로 무효이다(대판 2001.4.24, 2000다71999).

(3) 당사자의 일방이 상대방에게 공무원의 직무에 관한 사항에 관하여 특별한 청탁을 하게 하고 그에 대한 보수로 돈을 지급할 것을 내용으로 한 약정은 사회질서에 반하는 무효의 계약이다(대판 1995.7.14, 94다51994).

(4) 행정기관에 진정서를 제출하여 상대방을 궁지에 빠뜨린 다음 이를 취하하는 조건으로 거액의 급부를 제공받기로 약정한 경우, 민법 제103조 소정의 반사회질서의 법률행위에 해당한다(대판 2000.2.11, 99다56833).

(5) 전통사찰의 주지직을 거액의 금품을 대가로 양도·양수하기로 하는 약정이 있음을 알고도 이를 묵인 혹은 방조한 상태에서 한 종교법인의 주지임명행위는 민법 제103조 소정의 반사회질서의 법률행위에 해당하지 않는다(대판 2001.2.9, 99다38613).

(6) 양도소득세의 일부를 회피할 목적으로 매매계약서에 실제로 거래한 가액을 매매대금으로 기재하지 아니하고 그보다 낮은 금액을 매매대금으로 기재하였다 하여, 그것만으로 그 매매계약이 사회질서에 반하는 법률행위로서 무효로 된다고 할 수는 없다(대판 2007.6.14, 2007다3285).

(7) 대리인이 본인을 대리하여 매매계약을 체결함에 있어서 매매대상 토지에 관한 저간의 사정을 잘 알고 그 배임행위에 가담하였다면, 대리행위의 하자 유무는 대리인을 표준으로 판단하여야 하므로, 설사 본인이 미리 그러한 사정을 몰랐거나 반사회성을 야기한 것이 아니라고 할지라도 반사회질서 법률행위에 해당하므로 본인은 소유권을 취득하지 못한다(대판 1998.2.27, 97다45532).

3. 개인의 자유를 극도로 제한하는 행위와 관련된 판례

(1) 해외파견된 근로자가 귀국일로부터 일정기간 소속회사에 근무하여야 한다는 사규나 약정은 근로계약기간이 아니라 경비반환채무면제기간을 정한 것이므로 민법 제103조 또는 제104조에 위반된다고 할 수 없다(대판 1982.6.22, 82다카90).

(2) 과도한 위약벌약정은 반사회적 법률행위에 해당하여 무효이다(대판 1993.3.23, 92다46905).

4. 생존의 기초가 되는 재산의 처분행위와 관련된 판례

사찰의 존립과 존재의의를 상실케 하는 임야의 증여행위는 공서양속에 위반되는 무효의 행위이다(대판 1970.3.31, 69다2293; 대판 1991.8.27, 90다19848).

5. 도박 등 사행행위와 관련된 판례

(1) 도박자금에 제공할 목적으로 금전의 대차를 한 때에는 그 대차계약은 민법 제103조의 반사회질서의 법률행위로 무효이다(대판 1973.5.22, 72다2249).

(2) 도박채무의 변제를 위하여 채무자로부터 부동산의 처분을 위임받은 채권자가 그 부동산을 제3자에게 매도한 경우, 도박채무 부담행위 및 그 변제약정은 민법 제103조의 선량한 풍속 기타 사회질서에 위반되어 무효이다. 단, 부동산처분을 위한 대리권을 채권자에게 수여한 행위부분까지 무효라고 볼 수는 없다(대판 1995.7.14, 94다40147).

6. 기타의 경우

(1) 매매계약체결 당시에 정당한 대가를 지급하고 목적물을 매수하는 계약을 체결하였다면, 비록 그 후 목적물이 범죄행위로 취득된 것을 알게 되었다고 하더라도, 민법 제103조의 공서양속에 반하는 행위라고 단정할 수 없다(대판 2001.11.9, 2001다44987). 즉, 반사회성의 판단시기는 법률행위 당시를 기준으로 한다.

(2) 반사회적 행위에 의하여 조성된 재산인 이른바 비자금을 소극적으로 은닉하기 위하여 임치한 것이 사회질서에 반하는 법률행위라고 볼 수 없다(대판 2001.4.10, 2000다49343).

(3) 강제집행을 면할 목적으로 부동산에 허위의 근저당권설정등기를 경료하는 행위는 민법 제103조의 선량한 풍속 기타 사회질서에 위반한 사항을 내용으로 하는 법률행위로 볼 수 없다(대판 2004.5.28, 2003다70041).

3 반사회질서 법률행위의 효과 – 무효

(1) 당사자가 의도하는 법률행위의 목적이 사회질서에 반하는 경우에는 법이 조력할 수 없으므로 효력을 발생할 수 없다. 즉, 무효이다.

(2) 무효는 절대적이므로, 즉 절대적 무효이므로 무효행위의 추인에 의해서도 유효로 인정될 수 없으며 제3자가 선의이더라도 보호받지 못한다.

(3) 법률행위의 일부만이 사회질서에 반하는 경우에도 일부무효의 법리가 적용될 수 있다(판례).

(4) 법률행위가 사회질서에 반하여 무효인 경우, 이행하기 전이면 이행할 필요가 없다. 그런데 이미 이행한 경우에는 과연 급여자는 부당이득반환청구권을 행사할 수 있을까?

정답 | 행사할 수 없다.

판례 | 판례에 따르면, 급여를 한 사람은 그 원인행위가 법률상 무효라 하여 상대방에게 부당이득반환청구를 할 수 없음은 물론 급여한 물건의 소유권은 여전히 자기에게 있다고 하여 소유권에 기한 반환청구도 할 수 없고 따라서 급여한 물건의 소유권은 급여를 받은 상대방에게 귀속된다(대판 전합체 1979.11.13, 79다483).

4 적중판례

(1) 사업자와 상대방 사이의 약정이 경제력의 차이로 인하여 우월한 지위에 있는 사업자가 그 지위를 이용하여 자기는 부당한 이득을 얻고 상대방에게는 과도한 반대급부 또는 기타의 부당한 부담을 지우는 것으로 평가할 수 있는 경우에는 선량한 풍속 기타 사회질서에 위반한 법률행위로서 무효이다(대판 2017.9.7, 2017다229048).

(2) 어떠한 위임계약이 행정청의 허가 등을 목적으로 하는 신청행위를 대상으로 하는 경우에 신청행위 자체에는 전문성이 크게 요구되지 않고 허가에는 공무원의 재량적 판단이 필요하며, 신청과 관련된 절차에 필수적으로 필요한 비용은 크지 않은 데 반하여 약정보수액은 지나치게 다액으로서, 수임인이 허가를 얻기 위하여 공무원의 직무 관련 사항에 관하여 특별한 청탁을 하면서 뇌물공여 등 로비를 하는 자금이 보수액에 포함되어 있다고 볼 만한 특수한 사정이 있는 때에는 위임계약은 반사회질서적인 조건이 결부됨으로써 반사회질서적 성질을 띠고 있어 민법 제103조에 따라 무효이다(대판 2016.2.18, 2015다35560).

(3) 거래 상대방이 배임행위를 유인·교사하거나 배임행위의 전 과정에 관여하는 등 배임행위에 적극 가담하는 경우에는 실행행위자와 체결한 계약이 반사회적 법률행위에 해당하여 무효로 될 수 있고, 선량한 풍속 기타 사회질서에 위반한 사항을 내용으로 하는 법률행위의 무효는 이를 주장할 이익이 있는 자는 누구든지 무효를 주장할 수 있다. 따라서 반사회질서 법률행위를 원인으로 하여 부동산에 관한 소유권이전등기를 마쳤더라도 그 등기는 원

인무효로서 말소될 운명에 있으므로 등기명의자가 소유권에 기한 물권적 청구권을 행사하는 경우에, 권리 행사의 상대방은 법률행위의 무효를 항변으로서 주장할 수 있다(대판 2016.3.24, 2015다11281).

(4) 형사사건에서의 성공보수약정은 수사·재판의 결과를 금전적인 대가와 결부시킴으로써, 기본적 인권의 옹호와 사회정의의 실현을 사명으로 하는 변호사 직무의 공공성을 저해하고, 의뢰인과 일반 국민의 사법제도에 대한 신뢰를 현저히 떨어뜨릴 위험이 있으므로, 선량한 풍속 기타 사회질서에 위배되는 것으로 평가할 수 있다. 다만, 선량한 풍속 기타 사회질서는 부단히 변천하는 가치관념으로서 어느 법률행위가 이에 위반되어 민법 제103조에 의하여 무효인지는 법률행위가 이루어진 때를 기준으로 판단하여야 한다(대판 전합체 2015.7.23, 2015다200111).

기출로 포인트 정리

출제예상 OX지문

❶ 부동산에 대한 강제집행을 면할 목적으로 그 부동산에 허위의 근저당권을 설정하는 행위는 반사회적 법률행위에 해당하여 무효이다. (O | X) 25회

❷ 양도소득세를 회피할 목적으로 실제 거래대금보다 낮은 금액으로 계약서를 작성하여 매매계약을 체결한 행위는 반사회적 법률행위에 해당하지 않는다. (O | X) 22회

❸ 반사회질서의 법률행위에 해당하는지 여부는 해당 법률행위가 이루어진 때를 기준으로 판단해야 한다. (O | X) 30회

❹ 상대방에게 표시되거나 알려진 법률행위의 동기가 반사회적인 경우, 그 법률행위는 무효이다. (O | X) 31회

대표기출

반사회질서의 법률행위로서 무효인 것을 모두 고른 것은? (다툼이 있으면 판례에 따름)

26회

> ㉠ 무허가 건물의 임대행위
> ㉡ 처음부터 보험사고를 가장하여 보험금을 취할 목적으로 체결한 보험계약
> ㉢ 변호사가 민사소송의 승소 대가로 성공보수를 받기로 한 약정
> ㉣ 수사기관에서 참고인으로서 자신이 잘 알지 못하는 내용에 대한 허위진술을 하고 대가를 제공받기로 하는 약정

① ㉠, ㉡
② ㉡
③ ㉡, ㉣
④ ㉢
⑤ ㉢, ㉣

기출로 **포인트 정리**

쉬운 해설

출제예상 OX지문

❶ X 부동산에 대한 강제집행을 면할 목적으로 그 부동산에 허위의 근저당권을 설정하는 행위는 반사회적 법률행위에 해당하지 않는다.

❷ O 양도소득세의 일부를 회피할 목적으로 매매계약서에 실제로 거래한 가액을 매매대금으로 기재하지 아니하고 그보다 낮은 금액을 매매대금으로 기재하였다 하여, 그것만으로 그 매매계약이 사회질서에 반하는 법률행위로서 무효로 된다고 할 수는 없다.

❸ O 법률행위 시를 기준으로 판단한다. 따라서 이후 사정은 고려하지 않는다.

❹ O 동기의 불법으로 반사회적 동기가 표시되거나 상대방에게 알려진 경우에는 상대방 보호가치가 없기 때문에 무효이다.

대표기출 정답 ③

㉡㉣ 처음부터 보험사고를 가장하여 보험금을 취할 목적으로 체결한 보험계약이나 수사기관에서 참고인으로서 자신이 잘 알지 못하는 내용에 대한 허위진술을 하고 대가를 제공받기로 하는 약정은 정의 관념에 반하는 법률행위로써 반사회질서 법률행위에 해당하여 무효이다.

㉠㉢ 무허가 건물의 임대행위, 변호사가 민사소송의 승소 대가로 성공보수를 받기로 한 약정은 반사회적 법률행위에 해당하지 않는다. 다만, 변호사가 형사소송의 승소 대가로 성공보수를 받기로 한 약정은 반사회적 법률행위에 해당하여 무효이다.

007 이중매매에서의 법률관계

[10개년 출제회차] 24, 25, 26, 28, 30, 32회

시작이 쉬운 길잡이

Q 강남 소재 아파트를 소유하고 있는 대운 씨는 동철 씨와 매매계약을 체결했습니다. 다만, 아직 동철 씨 앞으로 소유권이전등기는 하지 않은 상황입니다. 그리고 자신의 명의로 등기가 있음을 이용하여 대운 씨는 부자 씨와 매매계약을 하고 부자 씨 앞으로 소유권이전등기를 해주었습니다. 여러분, 대운 씨와 부자 씨 사이의 매매는 효과가 있을까요? 부자 씨는 소유권을 취득할까요?

A 대운 씨는 동철 씨와 매매를 했음에도 다시 부자 씨와 매매를 했습니다. 즉, 동일한 아파트를 가지고 두 번 매매를 한 것이죠. 이런 매매를 이중매매라고 합니다. 그리고 대운 씨가 법적으로 소유자이고 자신의 아파트를 매매한 것이기 때문에 대운 씨와 부자 씨와의 매매계약도 유효입니다. 따라서 부자 씨 앞으로 소유권이전등기가 경료되어 있기 때문에 부자 씨는 원칙적으로 소유권을 취득합니다. 결국 이중매매는 반사회적 법률행위에 해당하지 않기 때문에 유효입니다.

! 출제포인트의 중요 키워드는 본문에서 꼭 체크하세요 ▸ **이중매매**

1 이중매매에서 문제의 제기

(1) 매도인이 제1매수인과 매매계약을 체결하고 계약금만 지급받은 상태에서 또다시 제2매수인과 매매계약을 체결하고 이전등기까지 경료된 경우에는 매도인에게는 계약금에 기한 해제가 인정되므로 특별히 문제되지 않을 것이다.

(2) 제2매수인 앞으로 이전등기가 경료되지 않은 경우라면 제1매수인이 먼저 이전등기를 경료하면 제1매수인이 소유권을 취득하기 때문에 특별히 문제되지 않을 것이다.

(3) 결론적으로 매도인이 제1매수인과 매매계약을 체결하고 그 매매계약에 구속되어서 여전히 재산권이전의무(소유권이전등기의무)를 부담하고 있는 상태(매도인이 제1매매계약을 해소할 수 없는 상태)에서, 즉 재산권이전의무(소유권이전등기의무)를 이행해야 하는 상태에서 또다시 제2매수인과 매매계약을 체결하고 제2매수인 앞으로 소유권이전등기를 경료한 경우가 이중매매에서의 법률관계이다.

2 효과

원칙은 유효(제2매수인 선·악의를 불문)이지만, 예외적으로 매도인의 배임행위에 제2매수인이 적극 가담한 경우에는 무효이다.

3 유효와 무효

1. 이중매매가 유효인 경우 → 제2매수인 명의로 소유권이전등기가 경료되었다면 제2매수인이 소유권을 취득한다.

(1) 제1매수인과 매도인 사이의 법률관계

제1매수인은 매도인에게 채무불이행책임을 물을 수 있다. 따라서 최고 없이 해제할 수 있고, 손해배상을 청구할 수 있다. → 불능 당시 시가 기준, 이행이익배상청구

(2) 제1매수인과 제2매수인 사이의 법률관계

① 채권자취소권: 제1매수인은 단순히 특정채권자에 불과하므로 매도인과 제2매수인 사이에 체결된 매매계약에 대해서 채권자취소권을 행사할 수 없다.

② 불법행위책임: 매도인과 제2매수인 사이에 체결된 매매계약은 특별한 사정이 없는 한 반사회질서 법률행위에 해당하지 않으므로, 즉 불법행위가 아니므로 제1매수인은 제2매수인을 상대로 불법행위에 의한 손해배상청구권을 행사할 수 없다.

③ 유치권: 제1매수인은 제2매수인을 상대로 유치권을 행사할 수 없다.

2. 이중매매가 무효인 경우 → 매도인의 배임행위에 제2매수인이 적극 가담한 경우에 무효이고, 제2매수인은 소유권을 취득하지 못한다.

(1) 제1매수인과 매도인 사이의 법률관계

제1매수인은 매도인에게 채무불이행책임을 물을 수 있다(해제, 손해배상청구).

(2) 제1매수인과 제2매수인 사이의 법률관계

① 불법행위책임: 제2매수인의 행위는 반사회질서 법률행위로서 불법행위에 해당하므로 제1매수인은 제2매수인에게 직접 불법행위로 인한 손해배상청구권을 행사할 수 있다.

② 채권자대위권: 제1매수인은 단순히 채권자에 불과하므로 직접 말소등기를 청구하지는 못하고 매도인의 말소등기나 이전등기청구권을 대위행사한 후 순차적으로 이전등기청구권을 행사해서 이전등기를 경료할 수 있다.

③ 채권자취소권: 매도인과 제2매수인 사이에 체결된 매매계약에 대해서 제1매수인은 단순히 특정채권자에 불과하므로 채권자취소권을 행사할 수 없다.

(3) 제2매수인과 거래한 선의의 제3자

제2매수인의 무효등기가 말소되지 않고 있는 사이에 매매계약을 체결하고 이전등기까지 경료한 제3자가 선의라고 한다면 보호받을 수 있을까?

정답 | 반사회질서 법률행위는 절대적 무효이므로 제3자가 선의이더라도 보호받지 못한다. 즉, 선의의 제3자가 이중매매계약의 유효를 주장할 수 없다.

(4) 대리인이 이중매매를 한 경우, 적극 가담의 기준이 되는 자는 본인이 아니라 대리인이다. 따라서 대리인이 본인을 대리하여 매매계약을 체결함에 있어서 매매대상 토지에 관한 저간의 사정을 잘 알고 그 배임행위에 가담하였다면, 대리행위의 하자 유무는 대리인을 표준으로 판단하여야 하므로, 설사 본인이 미리 그러한 사정을 몰랐거나 반사회성을 야기한 것이 아니라고 할지라도 반사회질서 법률행위에 해당하므로 본인은 소유권을 취득하지 못한다(대판 1998.2.27, 97다45532).

기출로 포인트 정리

대표기출

1. 甲이 자신의 부동산을 乙에게 매도하였는데, 그 사실을 잘 아는 丙이 甲의 배임행위에 적극 가담하여 그 부동산을 매수하여 소유권이전등기를 받은 경우에 관한 설명으로 틀린 것은? (다툼이 있으면 판례에 따름) 25회

① 甲 · 丙 사이의 매매계약은 무효이다.
② 乙은 丙에게 소유권이전등기를 청구할 수 없다.
③ 乙은 甲을 대위하여 丙에게 소유권이전등기의 말소를 청구할 수 있다.
④ 丙으로부터 그 부동산을 전득한 丁이 선의이면 소유권을 취득한다.
⑤ 乙은 甲 · 丙 사이의 매매계약에 대하여 채권자취소권을 행사할 수 없다.

2. 甲은 자신의 X부동산을 乙에게 매도하고 계약금과 중도금을 지급받았다. 그 후 丙이 甲의 배임행위에 적극 가담하여 甲과 X부동산에 대한 매매계약을 체결하고 자신의 명의로 소유권이전등기를 마쳤다. 다음 설명으로 틀린 것은? (다툼이 있으면 판례에 따름) 28회

① 乙은 丙에게 소유권이전등기를 직접 청구할 수 없다.
② 乙은 丙에 대하여 불법행위를 이유로 손해배상을 청구할 수 있다.
③ 甲은 계약금 배액을 상환하고 乙과 체결한 매매계약을 해제할 수 없다.
④ 丙 명의의 등기는 甲이 추인하더라도 유효가 될 수 없다.
⑤ 만약 선의의 丁이 X부동산을 丙으로부터 매수하여 이전등기를 받은 경우, 丁은 甲과 丙의 매매계약의 유효를 주장할 수 있다.

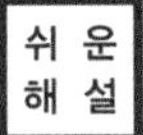

대표기출 정답 1. ④ 2. ⑤

1. ④ 甲의 배임행위에 제2매수인 丙이 적극 가담했으므로 甲과 丙 사이 매매계약은 무효이고 이는 절대적 무효이므로 제3자 丁은 선의인 경우에도 보호받지 못한다.
   ① 丙이 甲의 배임행위(범죄)에 적극 가담했기 때문에 무효이다.
   ②③ 제1매수인 乙은 단순히 채권자에 불과하므로 丙에게 직접 소유권이전등기를 청구할 수 없다. 단지 매도인 甲을 대위해서 말소등기나 이전등기를 청구할 수 있다(판례).
   ⑤ 채권자취소권은 금전채권자에 한하여 인정된다. 그런데 乙은 금전채권자가 아니라 특정물에 대한 채권자에 불과하기 때문에 乙은 甲 · 丙 사이의 매매계약에 대하여 채권자취소권을 행사할 수 없다(판례).

2. ⑤ 반사회적 법률행위는 절대적 무효이기 때문에 선의의 丁이 X부동산을 丙으로부터 매수하여 이전등기를 받은 경우에도 소유권을 취득하지는 못한다. 즉, 丁은 甲과 丙의 매매계약의 유효를 주장할 수 없다.
   ① 乙은 채권자에 불과하기 때문에 丙에게 소유권이전등기를 직접 청구할 수 없다.
   ② 丙이 甲의 배임행위에 적극 가담한 행위는 반사회적 법률행위, 즉 불법행위에 해당하기 때문에 乙은 丙에 대하여 불법행위를 이유로 손해배상을 청구할 수 있다.
   ③ 계약금에 기한 해제는 중도금을 지급받기 전까지 인정되기 때문에 甲은 계약금 배액을 상환하더라도 乙과 체결한 매매계약을 해제할 수 없다.
   ④ 반사회적 법률행위는 절대적 무효이기 때문에 추인이 인정되지 않는다. 따라서 丙 명의의 등기는 甲이 추인하더라도 유효가 될 수 없다.

출 제 포 인 트

008 불공정한 법률행위

[10개년 출제회차] 24, 25, 28, 29, 31회

시작이 쉬운 길잡이

Q

팔순 씨는 시골에서 본인이 소유한 토지에 농사를 지으며 살아가고 있습니다. 다만, 팔순 씨는 사회생활 경험이 전혀 없고, 문맹이면서 약간의 치매 기운도 있는데요. 이 사실을 모두 알고 있는 이용 씨는 팔순 씨에게 접근하여 토지매매를 했습니다. 토지의 시가는 1억원 정도였지만 매매대금은 1,500만원에 체결되었고, 당일 계약금으로 500만원을 지급한 후 다음 날에는 중도금으로 600만원을 지급했습니다. 여러분, 이 매매는 과연 정상적인 매매계약으로 유효일까요?

A

시세는 1억원인데 매매대금이 1,500만원이면 현저한 불균형이 있다고 볼 수 있고, 경험이 없는 팔순 씨와 매매를 한 이용 씨는 이 사실을 알고 이용의사를 가지고 접근하여 매매를 한 것으로 볼 수 있습니다. 따라서 팔순 씨를 보호하고, 이용 씨는 보호가치가 없기 때문에 매매는 무효로 볼 수 있습니다.

출제포인트의 중요 키워드는 본문에서 꼭 체크하세요 ▸ **불공정한 법률행위**

법령 체크

제104조 【불공정한 법률행위】 당사자의 궁박, 경솔 또는 무경험으로 인하여 현저하게 공정을 잃은 법률행위는 무효로 한다.

1 의의

(1) 불공정한 법률행위란 법률행위의 당사자 일방이 상대방의 궁박, 경솔, 무경험을 이용하여 자기급부에 비해서 현저히 균형을 잃은 반대급부를 하게 함으로써 부당하게 재산적 이득을 취하는 행위를 말한다.

(2) 제104조의 불공정한 법률행위의 제정취지는 무엇일까?

정답 | 약자적 지위에 있는 자의 궁박, 경솔 또는 무경험을 이용한 폭리행위를 규제하려는 데에 그 목적이 있다.

판례 | 민법 제104조에 규정된 불공정한 법률행위는 객관적으로 급부와 반대급부 사이에 현저한 불균형이 존재하고, 주관적으로 그와 같이 균형을 잃은 거래가 피해 당사자의 궁박, 경솔 또는 무경험을 이용하여 이루어진 경우에 성립하는 것으로서, 약자적 지위에 있는 자의 궁박, 경솔 또는 무경험을 이용한 폭리행위를 규제하려는 데에 그 목적이 있다(대판 2002.10.22, 2002다38927).

2 반사회질서 법률행위(제103조)와의 관계

현재의 통설과 판례의 견해에 따르면, 불공정한 법률행위는 반사회질서 법률행위의 일종이므로 제104조는 제103조의 하나의 예시 규정에 불과하다고 한다. 따라서 어떠한 법률행위가 불공정한 법률행위의 성립요건을 충족하지 못했을지라도 반사회질서 법률행위에 해당하여 무효가 될 수 있다.

3 객관적 요건

(1) 급부와 반대급부 사이에 현저한 불균형이 존재해야 한다.

증여계약(무상행위, 기부행위)에 대해서 불공정한 법률행위가 적용될 수 있을까?

정답 | 적용될 수 없다. 증여계약과 같이 아무런 대가관계 없이 당사자 일방이 상대방에게 일방적인 급부를 하는 법률행위는 불공정한 법률행위에 해당하여 무효가 될 수 없다. 즉, 불공정한 법률행위에 관한 규정은 부담 없는 증여의 경우에는 적용될 수 없다.

(2) 급부와 반대급부 사이에 현저한 불균형의 판단기준 및 시기

불공정한 법률행위에 해당하는지는 법률행위가 이루어진 시점(계약체결 당시)을 기준으로 약속된 급부와 반대급부 사이의 객관적 가치를 비교 평가하여 판단하여야 할 문제이다(대판 2013.9.26, 2010다42075). 따라서 급부와 반대급부 사이에 현저한 불균형이 존재하는지는 특별한 사정이 없는 한 법률행위 당시를 기준으로 판단하여야 한다. 그리고 급부와 반대급부 사이의 현저한 불균형은 피해자의 궁박, 경솔, 무경험의 정도가 고려되어야 하고, 당사자의 주관적 가치에 따라 판단하는 것이 아니다.

4 주관적 요건

(1) 피해자에게 궁박, 경솔, 무경험 중 어느 하나가 존재해야 한다. 즉, 모두 존재할 필요는 없고 궁박, 경솔, 무경험 중 어느 하나만 존재하면 충분하다.

(2) 궁박과 무경험의 의미

① 궁박은 경제적·물질적 궁박뿐만이 아니라 정신적·심리적 궁박도 포함한다. 그리고 무경험은 거래일반의 무경험을 의미한다.

② 판례: 궁박이라 함은 '급박한 곤궁'을 의미하는 것으로서 경제적 원인에 기인할 수도 있고 정신적 또는 심리적 원인에 기인할 수도 있으며, '무경험'이라 함은 일반적인 생활체험의 부족을 의미하는 것으로서 어느 특정영역에 있어서의 경험부족이 아니라 거래일반에 대한 경험부족을 의미한다(대판 2002.10.22, 2002다38927).

③ 대리인에 의하여 법률행위가 이루어진 경우, 누구를 기준으로 궁박, 경솔, 무경험의 존재에 대해서 판단할까?

정답 | 경솔과 무경험은 대리인을 기준으로 하여 판단하고, 궁박은 본인을 기준으로 판단한다.

판례 | 대리인에 의하여 법률행위가 이루어진 경우 그 법률행위가 민법 제104조의 불공정한 법률행위에 해당하는지 여부를 판단함에 있어서 경솔과 무경험은 대리인을 기준으로 하여 판단하고, 궁박은 본인의 입장에서 판단하여야 한다(대판 2002.10.22, 2002다38927).

④ 불공정한 법률행위가 성립하기 위해서는 폭리행위의 악의가 필요할까?

정답 | 폭리행위의 악의, 즉 이용의사가 필요하다.

판례 | 당사자 일방(폭리행위자)이 상대방(피해자)의 궁박, 경솔, 무경험 중 어느 하나를 인식하고 그리고 이를 이용하려는 의사, 즉 폭리행위의 악의까지 있어야 불공정한 법률행위가 성립한다. 따라서 폭리행위의 악의가 없었다면 불공정한 법률행위는 성립하지 않는다(대판 2002.10.22, 2002다38927; 대판 1988.9.13, 86다카563).

5 입증책임

객관적 요건과 주관적 요건을 누가 입증해야 할까?

정답 | 무효를 주장하는 자가 입증해야 한다.

판례 | 객관적 요건이 존재한다고 해서 주관적 요건이 당연히 추정되지는 않으며, 급부와 반대급부의 현저한 불균형이 존재하더라도 당사자의 궁박, 경솔, 무경험의 존재가 추정되지 않는다(판례). 따라서 법률행위의 무효를 주장하는 자가 객관적 요건과 주관적 요건을 모두 입증해야 한다.

6 적용범위

(1) 부제소합의에 대해서 제104조가 적용될 수 있을까?

정답 | 부제소합의에 대해서도 특별한 사정이 없는 한 적용될 수 있다.

판례 | 매매계약과 같은 쌍무계약이 급부와 반대급부와의 불균형으로 말미암아 민법 제104조에서 정하는 '불공정한 법률행위'에 해당하여 무효라고 한다면, 그 계약으로 인하여 불이익을 입는 당사자로 하여금 위와 같은 불공정성을 소송 등 사법적 구제수단을 통하여 주장하지 못하도록 하는 부제소합의 역시 다른 특별한 사정이 없는 한 무효이다(대판 2010.7.15, 2009다50308). 즉, 부제소합의에 대해서도 특별한 사정이 없으면 불공정한 법률행위가 적용될 수 있다.

(2) 불공정한 법률행위로 무효인 경우에도 무효행위의 전환에 관한 제138조가 적용될 수 있을까?

정답 | 불공정한 법률행위에 무효행위 전환의 법리가 적용될 수 있다.

판례 | 매매계약이 약정된 매매대금의 과다로 말미암아 민법 제104조에서 정하는 '불공정한 법률행위'에 해당하여 무효인 경우에도 무효행위의 전환에 관한 민법 제138조가 적용될 수 있다. 따라서 당사자 쌍방이 위와 같은 무효를 알았더라면 대금을 다른 액으로 정하여 매매계약에 합의하였을 것이라고 예외적으로 인정되는 경우에는, 그 대금액을 내용으로 하는 매매계약이 유효하게 성립한다(대판 2010.7.15, 2009다50308).

(3) 경매에 대해서 불공정한 법률행위가 적용될 수 있을까?

정답 | 경매에 대해서는 불공정한 법률행위가 적용되지 않는다(대결 1980.3.21, 80마77). 따라서 경매절차에서 매각대금이 시가보다 현저히 저렴하더라도 불공정한 법률행위를 이유로 그 무효를 주장할 수 없다.

7 효과 – 무효

(1) 이행 전

불공정한 법률행위는 무효이기 때문에 법률행위의 당사자 사이에는 처음부터 권리(채권)와 의무(채무)는 발생하지 않는다. 따라서 이행하기 전이면 이행할 필요가 없다.

(2) 이행 후

이행할 필요가 없음에도 불구하고 이미 이행한 경우에는 법률상 적법한 원인관계가 없는 이익이므로 부당이득반환 문제가 발생하는데, 과연 당사자는 서로에 대해서 부당이득반환청구권을 행사할 수 있을까?

정답 | ① 피해자: 피해자는 보호가치가 있으므로 부당이득반환청구권을 행사할 수 있다.
② 폭리행위자: 폭리행위자는 보호가치가 없으므로 부당이득반환청구권을 행사할 수 없다.

판례 | 불공정한 법률행위는 불법원인급여이므로 제746조(불법원인급여) 규정이 적용되는데, 주의할 점은 피해자와 폭리행위자를 구별하여 피해자에게는 불법원인이 없으므로 제746조 단서가 적용되어 폭리행위자에게 부당이득반환청구권을 행사할 수 있다. 그러나 폭리행위자에게는 불법원인이 있으므로 제746조 본문이 적용되어 피해자에게 부당이득반환청구권을 행사할 수 없다.

(3) 무효행위의 추인 → 인정되지 않는다.

① 불공정한 법률행위는 절대적 무효이므로 추인하더라도 추인의 효과는 발생하지 않는다.

② 판례: 불공정한 법률행위로서 무효인 경우에는 추인에 의하여 무효인 법률행위가 유효로 될 수 없다(대판 1994.6.24, 94다10900).

기출로 포인트 정리

출제예상 OX지문

❶ 무경험이란 거래일반의 경험부족을 말하는 것이 아니라 해당 특정영역에서의 경험부족을 말한다. (O | X) 24회

❷ 법률행위가 현저하게 공정을 잃었다고 하여 곧 그것이 궁박, 경솔 또는 무경험으로 이루어진 것으로 추정되지 않는다. (O | X) 24회

❸ 불공정한 법률행위로 불이익을 입는 당사자가 불공정성을 소송 등으로 주장할 수 없도록 하는 부제소합의는 특별한 사정이 없으면 무효이다. (O | X) 24회

❹ 무효행위 전환에 관한 규정은 불공정한 법률행위에 적용될 수 있다. (O | X) 31회

❺ 경매에는 불공정한 법률행위에 관한 규정이 적용되지 않는다. (O | X) 31회

대표기출

불공정한 법률행위에 관한 설명으로 틀린 것은? (다툼이 있으면 판례에 따름) 25회

① 궁박은 심리적 원인에 의한 것을 포함한다.
② 불공정한 법률행위에 관한 규정은 부담 없는 증여의 경우에도 적용된다.
③ 불공정한 법률행위에도 무효행위 전환의 법리가 적용될 수 있다.
④ 대리인에 의한 법률행위에서 무경험은 대리인을 기준으로 판단한다.
⑤ 경매절차에서 매각대금이 시가보다 현저히 저렴하더라도 불공정한 법률행위를 이유로 그 무효를 주장할 수 없다.

쉬운 해설

출제예상 OX지문

❶ X 무경험은 거래일반에 대한 경험부족을 의미한다.

❷ O 요건은 추정되지 않기 때문에 급부와 반대급부가 현저히 불균형을 이룬다고 해서 궁박, 경솔 또는 무경험으로 이루어진 것으로 추정되지는 않는다.

❸ O 피해자가 구제받기 위해서는 소송을 제기할 수 있어야 하기 때문에 부제소합의는 무효이다.

❹ O 매매대금과다로 불공정한 법률행위에 해당하여 무효인 경우에도 무효행위 전환에 관한 민법 제138조가 적용될 수 있다.

❺ O 적법한 절차에 의하여 이루어진 경매에 있어서는 불공정한 법률행위에 관한 민법 제104조는 적용될 여지가 없다(대결 1980.3.21, 80마77).

대표기출 정답 ②

② 불공정한 법률행위는 급부와 반대급부의 현저한 불균형이 존재해야 하기 때문에 급부만 있고 반대급부가 없는 증여계약에 대해서 적용되지 않는다.

① 궁박은 경제적·물질적 궁박뿐만 아니라 정신적·심리적 궁박을 포함한다.

③ 매매대금의 과다로 불공정한 법률행위에 해당하여 무효인 경우에도 당사자가 무효임을 알았더라면 대금을 다른 금액으로 정하여 매매를 했을 것이라고 인정되는 경우에는 그 대금을 내용으로 매매계약이 유효하게 성립한다. 즉, 무효행위 전환의 법리가 적용될 수 있다.

④ 대리인에 의한 법률행위에서 궁박은 본인을 기준으로, 경솔과 무경험은 대리인을 기준으로 판단한다.

⑤ 불공정한 법률행위가 성립하기 위해서는 폭리행위의 악의가 있어야 하는데 경매에 대해서는 국가기관에 의해서 행해지기 때문에 폭리행위의 악의가 개입될 수 없다. 따라서 경매에 대해서는 불공정한 법률행위는 적용될 수 없다.

출 제 포 인 트

009 오표시무해의 원칙

[10개년 출제회차] 27회

시작이 쉬운 길잡이

Q 甲토지와 乙토지 2필지 토지를 소유하고 있는 대운 씨는 행복합니다. 甲토지는 시세차익을 얻기 위해서 매매를 할 생각이고, 乙토지에는 본인이 전원주택을 신축할 생각을 가지고 있습니다. 마침 전원생활을 하고 싶은 동철 씨와 甲토지를 함께 둘러보고, 동철 씨와 甲토지를 팔고 사는 매매에 합의를 했습니다. 그런데 계약서를 작성하는 과정에서 깜박하고 乙토지 매매계약서를 작성하고 말았습니다. 여러분, 이 경우 대운 씨와 동철 씨 사이에 甲토지 매매가 성립할까요? 乙토지 매매가 성립할까요?

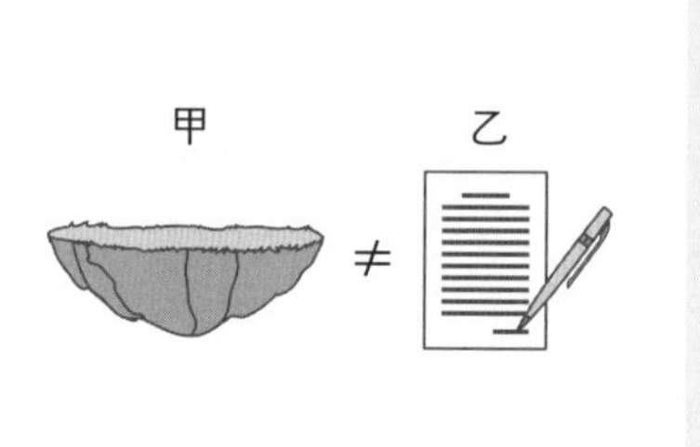

A 대운 씨와 동철 씨는 甲토지를 팔고 사기로 이미 합의를 했기 때문에 설령 표시를 잘못했을지라도 합의된 대로 甲토지 매매가 성립합니다. 이렇게 표시를 잘못했지만 합의된 대로 甲토지 매매가 성립한다면 서로 원했던 매매가 성립한 것이기 때문에 대운 씨와 동철 씨에게는 전혀 손해가 없습니다. 이것을 오표시무해(誤表示無害)의 원칙이라고 합니다.

❗ 출제포인트의 중요 키워드는 본문에서 꼭 체크하세요 ▸ **자연적 해석, 오표시무해의 원칙, 규범적 해석**

1 총설(법률행위의 해석)

1. 의의

법률행위의 해석이란 당사자가 의도하는 법률행위의 목적 내지 내용을 명확하게 확정하는 것을 말한다. 그리고 법률행위는 의사표시를 필수요소로 하므로 법률행위의 해석은 곧 의사표시의 해석으로 귀착된다.

2. 해석의 방법

(1) 자연적 해석

① 의의: 자연적 해석이란 표의자의 실제의 의사, 즉 내심적 효과의사를 밝히는 것을 말한다. 이는 표의자의 시각에서 행해지는 해석방법이므로 표의자의 이익만이 고려되고 상대방의 이익은 고려되지 않으므로 표시행위가 가지는 객관적 의미는 문제되지 않는다.

② 자연적 해석의 전형적인 예로서 오표시무해의 원칙이 있다.

(2) 규범적 해석

① 의의: 규범적 해석이란 표의자의 내심적 효과 의사(진의)가 아니라 표시행위가 가지고 있는 객관적 의미를 탐구하는 것을 말한다.

② 적용범위: 표의자는 고려하지 않고 상대방의 이익만을 고려하므로 주로 상대방 있는 법률행위의 해석방법이다.

③ 판례는 규범적 해석을 원칙으로 삼고 있다. 판례에 따르면 의사표시 해석에 있어서 당사자의 진정한 의사를 알 수 없다면, 의사표시의 요소가 되는 것은 표시행위로부터 추단되는 효과의사, 즉 표시상의 효과의사이고 표의자가 가지고 있던 내심적 효과의사가 아니므로, 당사자의 내심의 의사보다는 외부로 표시된 행위에 의하여 추단된 의사를 가지고 해석함이 상당하다고 한다(대판 2002.2.26, 2000다48265).

(3) 보충적 해석

① 의의: 법률행위 특히 주로 계약에서 당사자가 정하지 않은 사항(법률행위의 내용에 관한 약정의 공백이 있는 경우)에 관하여 분쟁이 생겼을 경우, 당사자의 가정적 의사를 통해 보충하는 해석방법이다. 즉, 법률행위가 성립한 이후에 법률행위의 내용에 틈(흠결)이 있는 경우에 이를 보충하는 해석방법이다.

② 적용범위: 보충적 해석은 주로 계약에서의 해석방법이다.

3. 해석의 기준

민법에는 법률행위 해석의 표준 내지 기준에 관한 일반적 규정을 두고 있지 않으며, 다만 제106조의 규정이 있을 뿐이다. 따라서 학설은 제106조를 근거로 ① 당사자가 의도한 목적, ② 사실인 관습, ③ 임의 규정, ④ 신의성실의 원칙을 표준으로 들고 있다.

2 의사표시의 합치가 있다면 합치된 대로 계약이 성립한다.

부동산의 매매계약에 있어 쌍방당사자 모두 특정의 甲토지를 계약의 목적물로 삼았으나, 그 목적물의 지번 등에 관하여 착오를 일으켜 계약을 체결함에 있어서는 계약서상 그 목적물을 甲토지와는 별개인 乙토지로 표시하였다 하여도 甲토지에 관하여 이를 매매의 목적물로 한다는 쌍방당사자의 의사합치가 있은 이상, 위 매매계약은 甲토지에 관하여 성립한 것으로 보아야 할 것이고, 乙토지에 관하여 매매계약이 체결되는 것으로 보아서는 안 될 것이며 만일 乙토지에 관하여 위 매매계약을 원인으로 하여 매수인 명의로 소유권이전등기가 경료되었다면 이는 원인 없이 경료된 것으로서 무효이다(대판 1993.10.26, 93다2629·2636).

위 판례를 기초로 사례문제를 구성하고 쟁점을 정리해 보자.

⊕ 이해가 쉬운 사례

A와 B는 특정의 甲토지를 계약의 목적물로 삼았으나 목적물의 지번 등에 관하여 착오를 일으켜 계약을 체결함에 있어서는 계약서상 그 목적물에 관하여 甲토지와는 별개인 乙토지로 표시하였다. 이후에 매매대금을 전액 지급하고 B는 A로부터 乙토지의 이전등기를 경료하였다.

1. A와 B 사이에 어느 토지에 대해서 매매계약이 성립할까?

   정답 | 쌍방당사자의 진정한 의사의 합치가 있는 甲토지에 대해서 성립한다.

2. 이미 성립한 甲토지 매매계약을 착오를 이유로 취소할 수 있을까?

   정답 | 표시는 잘못되었을 지라도 쌍방당사자의 진정한 의사의 합치가 있고 합치된 대로 매매계약이 성립한다면 서로 원하던 매매계약이 성립했으므로 경제적 불이익이 없다. 따라서 착오를 이유로 취소하지 못한다.

3. A와 B 사이에 甲토지 매매계약이 성립하고, B는 甲토지의 소유권까지 취득했는가?

   정답 | 오표시무해의 원칙에 의해서 단지 甲토지 매매계약이 성립했을 뿐이다. 따라서 소유권을 취득하기 위해서는 甲토지에 대해서 소유권이전등기를 경료해야 한다.

4. 이미 경료되어 있는 乙토지에 대한 등기는 유효인가?

   정답 | A와 B 사이에 甲토지 매매계약이 성립한 것이지 乙토지 매매계약은 성립하지 않았으므로 乙토지에 대한 등기는 원인무효의 등기이다. 따라서 A는 B에게 乙토지에 대한 등기의 말소를 청구할 수 있다.

5. 무효인 乙토지 등기를 믿고 거래한 선의의 제3자는 보호받는가?

   정답 | 무권리자로부터 취득했으므로 소유권을 취득하지 못한다. 설령, 등기를 믿고서 거래했을 지라도 등기에 공신력이 인정되지 않으므로 소유권을 취득할 수 없다.

3 쌍방당사자의 의사의 합치

일반적으로 계약을 해석할 때에는 형식적인 문구에만 얽매여서는 안 되고 쌍방당사자의 진정한 의사가 무엇인가를 탐구하여야 한다. 계약 내용이 명확하지 않은 경우 계약서의 문언이 계약 해석의 출발점이지만, 당사자들 사이에 계약서의 문언과 다른 내용으로 의사가 합치된 경우에는 의사에 따라 계약이 성립한 것으로 해석하여야 한다.

계약당사자 쌍방이 모두 동일한 물건을 계약 목적물로 삼았으나 계약서에는 착오로 다른 물건을 목적물로 기재한 경우 계약서에 기재된 물건이 아니라 쌍방당사자의 의사합치가 있는 물건에 관하여 계약이 성립한 것으로 보아야 한다. 이러한 법리는 계약서를 작성하면서 계약상 지위에 관하여 당사자들의 합치된 의사와 달리 착오로 잘못 기재하였는데 계약당사자들이 오류를 인지하지 못한 채 계약상 지위가 잘못 기재된 계약서에 그대로 기명날인이나 서명을 한 경우에도 동일하게 적용될 수 있다(대판 2018.7.26, 2016다242334). 즉, 쌍방당사자의 의사의 합치가 있는 계약상 지위에 관하여 계약이 성립한다.

기출로 포인트 정리

대표기출

甲은 乙 소유의 X토지를 임차하여 사용하던 중 이를 매수하기로 乙과 합의하였으나, 계약서에는 Y토지로 잘못 기재하였다. 다음 설명 중 옳은 것은? (다툼이 있으면 판례에 따름) 27회

① 매매계약은 X토지에 대하여 유효하게 성립한다.
② 매매계약은 Y토지에 대하여 유효하게 성립한다.
③ X토지에 대하여 매매계약이 성립하지만, 당사자는 착오를 이유로 취소할 수 있다.
④ Y토지에 대하여 매매계약이 성립하지만, 당사자는 착오를 이유로 취소할 수 있다.
⑤ X와 Y 어느 토지에 대해서도 매매계약이 성립하지 않는다.

쉬운 해설

대표기출 정답 ①

① 甲과 乙은 X토지에 대해서 매매를 하기로 합의를 했기 때문에 X토지에 대해서 매매가 성립한다.
② Y토지에 대해서는 매매의 합의가 없기 때문에 Y토지에 대한 매매는 성립하지 않는다.
③ X토지에 대하여 매매계약이 성립하고, 서로 원했던 대로 계약이 성립했기 때문에 당사자는 착오를 이유로 취소할 수 없다.
④ 착오는 계약이 성립한 이후에 발생하는 문제이다. 따라서 Y토지에 대해서는 매매계약이 성립하지 않았기 때문에 착오를 이유로 취소할 수 없다.
⑤ X토지에 대하여 매매계약이 성립한다.

출제포인트

010 진의 아닌 의사표시(제107조)

[10개년 출제회차] 25, 27, 32회

시작이 쉬운 길잡이

Q

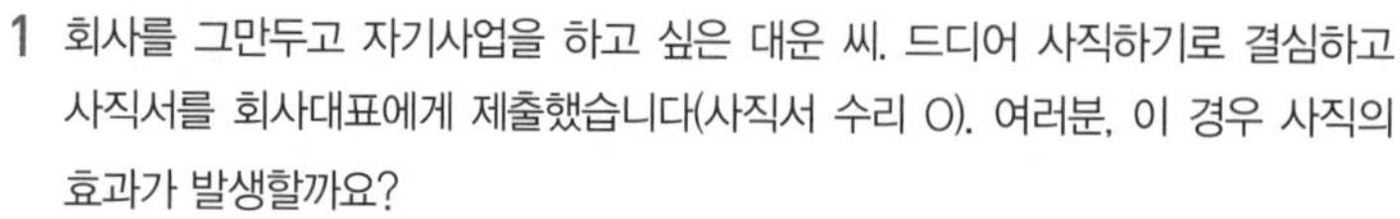

1 회사를 그만두고 자기사업을 하고 싶은 대운 씨. 드디어 사직하기로 결심하고 사직서를 회사대표에게 제출했습니다(사직서 수리 O). 여러분, 이 경우 사직의 효과가 발생할까요?

2 회사를 그만둘 마음이 없는 대운 씨에게 회사대표가 그만두라고 해서 사직서를 제출했습니다. 여러분, 이 경우 사직의 효과가 발생할까요?

A

1 대운 씨는 자유의사에 의해서 사직서를 제출했으므로 대운 씨는 사직의사가 있고, 사직서를 제출했다는 것은 사직의사가 있다고 표시된 것이므로 의사와 표시가 일치합니다. 따라서 사직의 효과는 그대로 발생합니다.

2 대운 씨는 자유의사에 의해서 사직서를 제출한 것이 아니므로 대운 씨는 사직의사가 없습니다. 이 경우 대운 씨의 사직의 의사표시는 거짓 의사표시, 즉 거짓말을 한 것이고, 회사대표도 이미 그 사실을 알고 있었으므로 사직의 효과는 발생하지 않습니다.

❗ 출제포인트의 중요 키워드는 본문에서 꼭 체크하세요 ▸ **진의 아닌 의사표시**

법령 체크

제107조【진의 아닌 의사표시】 ① 의사표시는 표의자가 진의 아님을 알고 한 것이라도 그 효력이 있다. 그러나 상대방이 표의자의 진의 아님을 알았거나 이를 알 수 있었을 경우에는 무효로 한다.
② 전항의 의사표시의 무효는 선의의 제3자에게 대항하지 못한다.

1 의의

(1) 진의 아닌 의사표시란 자신의 의사(진의)와 표시가 불일치한다는 사실을 표의자 스스로 알면서 하는 의사표시를 말한다. 즉, 표시행위의 객관적인 의미가 표의자 자신의 진의와 다르게 이해된다는 것을 표의자 스스로 알면서 하는 의사표시이며 비진의표시, 단독허위표시, 심리유보와 동일한 개념으로 사용되고 있다.

(2) 의사와 표시의 불일치에 대해서 상대방과 통정이 없다는 점에서 통정허위표시와 구별되며 의사와 표시의 불일치에 대해서 표의자 스스로 알고 있다는 점에서 착오와 구별된다.

(3) 진의의 의미

비진의 의사표시에 있어서의 진의란 특정한 내용의 의사표시를 하고자 하는 표의자의 생각을 말하는 것이지 표의자가 진정으로 마음속에서 바라는 사항을 뜻하는 것은 아니라고 할 것이므로, 비록 재산을 강제로 뺏긴다는 것이 표의자의 본심으로 잠재되어 있었다 하여도 표의자가 강박에 의하여서나마 증여를 하기로 하고 그에 따른 증여의 의사표시를 한 이상 증여의 내심의 효과의사가 결여된 것이라고 할 수는 없다(대판 2002.12.27, 2000다47361; 대판 1993.7.16, 92다41528). 따라서 재산을 강제로 뺏긴다는 것이 표의자의 본심으로 잠재되어 있었다 하여도 표의자가 마지못해 증여의 의사표시를 한 이상 그 의사표시는 비진의표시가 아니다.

2 요건

(1) 의사표시가 존재하고 있어야 한다.

(2) 의사(진의)와 표시가 일치하지 않아야 한다. 의사(진의)와 표시의 불일치, 즉 표시행위에 상응하는 내심의 효과의사가 없어야 한다.

(3) 의사(진의)와 표시의 불일치를 표의자가 알고 있어야 한다.

(4) 상대방과 통정이 없다는 점에서 통정허위표시와 구별된다.

3 효과

(1) 원칙: 유효

거짓표의자는 보호가치가 없고 표시행위를 믿고 법률행위를 한 상대방을 보호하기 위해서 진의 아닌 의사표시는 표시된 대로 효력이 발생한다(제107조 제1항 본문). 즉, 유효이다. 요컨대, 상대방이 표의자의 진의 아님을 몰랐고 모르는 데 과실이 없는 경우, 즉 상대방이 선의 그리고 무과실인 경우에 한하여 유효하다.

(2) 예외: 무효

상대방이 표의자의 진의 아님을 알았거나 이를 알 수 있었을 경우에는 무효이다(제107조 제1항 단서). 즉, 상대방이 악의 또는 과실이 있는 경우에는 상대방 보호가치가 없으므로 무효이다. 따라서 상대방이 표의자의 진의 아님을 알았을 경우, 표의자는 진의 아닌 의사표시의 무효를 주장할 수 있다.

4 입증책임과 선의의 제3자 보호

(1) 상대방이 알았거나(악의) 또는 알 수 있었을 사정(과실)은 누가 입증해야 할까? (입증책임)

정답 | 무효를 주장하는 자가 입증해야 한다.

판례 | 상대방이 표의자의 진의 아님을 알았거나 알 수 있었다는 것은 무효를 주장하는 자가 증명하여야 한다.

(2) 선의의 제3자는 보호받을 수 있을까?

정답 | 보호받는다.

판례 | 진의 아닌 의사표시가 무효가 되는 경우에도 이는 상대적 무효이므로 제3자가 선의인 경우에는 보호받는다(제107조 제2항). 즉, 표의자는 선의의 제3자에게 무효를 주장할 수 없다. 따라서 진의 아닌 의사표시의 효력이 없는 경우, 법률행위의 당사자는 진의 아닌 의사표시를 기초로 새로운 이해관계를 맺은 선의의 제3자에게 대항하지 못한다.

5 적용범위

(1) 단독행위

① 상대방 있는 단독행위: 비진의표시에 관한 규정은 원칙적으로 상대방 있는 단독행위에 적용된다. 즉, 상대방 있는 단독행위에도 비진의표시에 관한 규정이 적용될 수 있다.

② 제107조 제1항이 상대방 없는 단독행위에 대해서 적용될 수 있을까?

정답 | ㉠ 제107조 제1항 본문(유효): 적용된다.
㉡ 제107조 제1항 단서(무효): 적용되지 않는다.

판례 | 현재의 통설에 따르면, 제107조 제1항 본문은 적용되지만 표의자의 진의 아님을 알았거나 알 수 있을 상대방이 없으므로 제107조 제1항 단서는 적용되지 않는다고 한다. 즉, 상대방 없는 단독행위에 대해서는 제107조 제1항 본문만 적용되므로 상대방 없는 단독행위에 대해서 진의 아닌 의사표시가 행해졌다면 언제나 유효이다.

(2) 계약

계약에 대해서 제107조가 적용된다.

(3) 가족법상의 법률행위

적용되지 않는다. 즉, 가족법상의 법률행위는 당사자의 진의가 존중되어야 하기 때문에 제107조는 적용되지 않는다. 따라서 가족법상의 법률행위에 대해서 진의 아닌 의사표시가 행해지면 언제나 무효이다.

(4) 공법상의 법률행위에 대해서 제107조가 적용될 수 있을까?

정답 | 적용되지 않는다. 따라서 언제나 유효이다.

판례 | 공무원이 사직의 의사표시를 하여 의원면직처분을 하는 경우 그 사직의 의사표시는 그 법률관계의 특수성에 비추어 외부적 · 객관적으로 표시된 바를 존중하여야 할 것이므로, 비록 사직원 제출자의 내심의 의사가 사직할 뜻이 아니었다고 하더라도 진의 아닌 의사표시에 관한 민법 제107조는 그 성질상 사직의 의사표시와 같은 사인의 공법행위에는 준용되지 아니하므로 그 의사가 외부에 표시된 이상 그 의사는 표시된 대로 효력을 발한다(대판 1997.12.12, 97누13962). 따라서 공법상의 행위에 대해서 진의 아닌 의사표시가 행해진 경우, 표시가 중요하므로 표시된 대로 효력이 있다. 즉, 언제나 유효이다.

6 적중판례

의원면직의 형식을 취하였으나 사직의 의사 없는 근로자로 하여금 어쩔 수 없이 사직서를 작성 · 제출하게 한 경우, 해고에 해당한다(대판 2005.11.25, 2005다38270). 따라서 사용자가 사직의 의사 없는 근로자로 하여금 사직서를 작성 · 제출(사용자의 지시)하게 한 후 이를 수리하여 근로계약관계를 종료시키는 경우 진의 아닌 의사표시가 성립할 수 있다. 그러나 자의로 사직서를 제출하여 한 중간퇴직의 의사표시는 비진의표시가 아니다.

기출로 **포인트 정리**

출제예상 OX지문

❶ 상대방이 표의자의 진의 아님을 알았을 경우, 표의자는 진의 아닌 의사표시를 취소할 수 있다. (O | X) 27회

❷ 대리행위에 있어서 진의 아닌 의사표시인지 여부는 대리인을 표준으로 결정한다. (O | X) 27회

❸ 진의 아닌 의사표시는 상대방과 통정이 없다는 점에서 통정허위표시와 구별된다. (O | X) 27회

❹ 비진의 의사표시는 상대방이 표의자의 진의 아님을 알 수 있었을 경우 취소할 수 있다. (O | X) 32회

대표기출

비진의표시에 관한 설명으로 틀린 것은? (다툼이 있으면 판례에 따름) 25회

① 대출절차상 편의를 위하여 명의를 빌려준 자가 채무부담의 의사를 가졌더라도 그 의사표시는 비진의표시이다.
② 비진의표시에 관한 규정은 원칙적으로 상대방 있는 단독행위에 적용된다.
③ 매매계약에서 비진의표시는 상대방이 선의이며 과실이 없는 경우에 한하여 유효하다.
④ 사직의사 없는 사기업의 근로자가 사용자의 지시로 어쩔 수 없이 일괄사직서를 제출하는 형태의 의사표시는 비진의표시이다.
⑤ 상대방이 표의자의 진의 아님을 알았다는 것은 무효를 주장하는 자가 증명하여야 한다.

쉬운 해설

출제예상 OX지문

❶ X 상대방이 표의자의 진의 아님을 알았거나 알 수 있었을 경우에는 취소가 아니라 무효이다.

❷ O 대리행위에서 행위자는 대리인이기 때문에 진의 아닌 의사표시인지 여부는 대리인을 표준으로 결정한다.

❸ O 진의 아닌 의사표시는 표의자가 의사와 표시의 불일치를 초래하는 것이고, 통정허위표시는 의사와 표시의 불일치가 있고 상대방과 짜고, 즉 통정하는 것을 말한다.

❹ X 비진의 의사표시는 상대방이 표의자의 진의 아님을 알 수 있었을 경우에는 무효이다.

대표기출 정답 ①

① 명의대여사건이다. 대출절차상 편의를 위하여 명의를 빌려준 자가 채무부담의 의사가 있고 대출계약서에 서명·날인했다면, 즉 표시를 했다면 채무부담의사가 있는 것으로 표시한 것이므로 의사와 표시가 일치하므로 비진의표시에 해당하지 않는다. 즉, 명의대여자가 책임을 지게 된다.

② 비진의표시는 표의자가 의사와 표시의 불일치를 알고 하는 의사표시이기 때문에 단독행위에 대해서도 적용된다. 즉, 비진의표시에 관한 규정은 원칙적으로 상대방 있는 단독행위에 적용된다.

③ 비진의표시는 상대방의 보호가치가 있으면 유효이다. 따라서 상대방이 선의이며 과실이 없는 경우에 한하여 유효이다.

④ 사직의사 없는 근로자가 사용자의 지시로 어쩔 수 없이 일괄사직서를 제출한 경우, 사직의 의사가 있다고 표시한 셈이다. 이는 의사와 표시가 불일치하고 있고 표의자(근로자)가 알고 한 것이므로 비진의표시이다. 다만, 상대방인 사용자의 지시가 있었으므로 비진의표시임을 알고 있었다고 볼 수 있으므로 무효이다.

⑤ 상대방이 표의자의 진의 아님을 알았거나 알 수 있었을 경우에는 무효인데 이는 무효를 주장하는 자가 증명하여야 한다.

출 제 포 인 트

011 통정한 허위의 의사표시(제108조)

[10개년 출제회차] 26, 27, 29, 30, 31, 32, 33회

시작이 쉬운 길잡이

Q 은행으로부터 많은 빚을 지고 있는 대운 씨. 대출금을 상환하지 못해서 은행에서 현재 살고 있는 아파트에 경매가 들어올 상황입니다. 대운 씨는 강제집행을 피하기 위해서 매매를 가장하여 본인의 친한 친구 부자 씨 앞으로 소유권이전등기를 해두었습니다. 여러분, 이 경우 부자 씨는 소유권을 취득할까요?

A 대운 씨와 친구 부자 씨 사이의 매매는 진짜가 아니라 가짜, 즉 가장매매입니다. 따라서 매매는 무효이므로 부자 씨 명의의 등기도 무효등기입니다. 따라서 부자 씨는 소유권을 취득하지 못합니다.

출제포인트의 중요 키워드는 본문에서 꼭 체크하세요 ▸ **통정한 허위의 의사표시, 은닉행위**

법령 체크

제108조【통정한 허위의 의사표시】 ① 상대방과 통정한 허위의 의사표시는 무효로 한다.
② 전항의 의사표시의 무효는 선의의 제3자에게 대항하지 못한다.

1 의의

통정한 허위의 의사표시란 상대방과 짜고(통정)하는 진의 아닌 의사표시를 말한다. 즉, 표의자가 자신의 진의와 다른 의사표시에 대해서 상대방과 합의(통정)에 의해서 가장의 외관을 창출하는 것이다.

2 은닉행위

1. 의의

어떤 법률행위를 숨기기 위해서 허위의 외관을 창출하는 허위표시가 있는데 은닉행위란 허위표시에 의해서 숨겨진 법률행위를 말한다. 즉, 가장행위 속에 실제로 다른 법률행위를 할 의사가 숨겨진 경우 그 숨겨진 법률행위를 은닉행위라고 한다.

2. 효과

(1) 당사자 간의 효과

은닉행위의 효력은 그 법률행위 자체에 관한 규정에 의해서 결정되어야 하므로 가장행위가 무효이더라도 은닉행위는 유효가 될 수 있다. 예컨대, 아버지가 아들에게 토지를 증여하면서 증여세를 면탈하기 위해서 매매를 가장한 경우, 매매는 무효이지만 증여는 은닉행위에 해당하고 증여도 법률행위이므로 유효요건을 충족하면 증여는 유효가 될 수 있다. 결론적으로 당사자가 통정하여 증여를 매매로 가장한 경우, 매매는 무효이지만 증여는 유효하다.

(2) 제3자에 대한 효과

① 은닉행위가 유효인 경우: 제3자는 선의·악의를 불문하고 보호받는다.

② 은닉행위가 무효인 경우: 제3자는 선의인 경우에 한하여 보호받는다.

3 허위표시의 성립요건

(1) 의사표시가 존재하고 있어야 한다.

(2) 의사(진의)와 표시가 일치하지 않아야 한다. 즉, 불일치해야 한다.

(3) 의사(진의)와 표시의 불일치를 표의자가 알고 있어야 한다.

(4) 의사(진의)와 표시의 불일치에 대해서 상대방과의 통정(양해)이 있어야 한다. 즉, 상대방과 합의가 있어야 한다.

(5) 허위표시를 하게 된 이유나 동기의 유무는 불문한다.

4 효과

1. 채권자에 대한 관계

(1) 채권자의 무효주장권

채권자는 허위표시의 무효를 주장할 수 있다.

(2) 채권자는 대위권을 행사할 수 있을까?

정답 | 채권자대위권을 행사할 수 있다.

해설 | 예컨대, 甲은 乙에 대해서 1억원의 금전채권을 보유하고 있고 이후 채무자 乙이 丙과 가장매매를 하고 丙 앞으로 소유권이전등기를 한 경우, 채권자 甲은 丙 명의의 무효등기에 대해서 직접 말소등기를 청구할 수 없고 채무자 乙이 丙에 대해서 가지고 있는 말소등기청구권을 대위행사할 수 있다.

(3) 채권자취소권

허위표시에 대해서도 제406조 요건을 충족하면 채권자취소권이 인정될까? 즉, 허위표시도 채권자취소권의 대상이 될 수 있을까?

정답 | 허위표시도 채권자취소권의 대상이 된다. 즉, 채권자는 허위표시에 대해서 채권자취소권을 행사할 수 있다.

판례 | 채무자의 법률행위가 통정허위표시인 경우에도 채권자취소권의 대상이 되고, 한편 채권자취소권의 대상으로 된 채무자의 법률행위라도 통정허위표시의 요건을 갖춘 경우에는 무효라고 할 것이다(대판 1998.2.27, 97다50985). 즉, 통정허위표시로서 무효인 경우에도 채권자취소권의 대상이 될 수 있다.

2. 허위표시의 당사자 간 법률관계

(1) 허위표시는 무효이다.

표의자에게 일정한 법률효과를 의욕하는 의사가 없으므로, 즉 거짓표시를 했고 상대방도 처음부터 그 의사표시가 거짓표시임을 알고 통정(합의)했으므로 효과는 처음부터 발생하지 않는다. 즉, 무효이다. 그리고 누구든지 그 무효를 주장할 수 있는 것이 원칙이다(대판 2000.7.6, 99다51258).

(2) 무효이므로 권리는 변동되지 않는다. → 물권은 변동되지 않는다.

무효이므로 허위표시의 당사자 사이에 계약상의 권리와 의무가 발생하지 않기 때문에 이행하기 전이라면 이행할 필요가 없다. 그리고 이미 이행한 경우에도 권리는 변동되지 않는다.

(3) 부당이득반환청구권(제746조)과의 관계

① 가장매수인은 법률상의 원인행위 없이 이득을 취득했기 때문에 가장매도인이 가장매수인에게 부당이득반환청구권을 행사할 수 있을까?

정답 | 통정한 허위의 의사표시는 불법이 아니므로 불법원인급여(제746조) 규정이 적용되지 않기 때문에 부당이득반환청구권이 인정된다(판례).

② 강제집행을 면할 목적으로 부동산에 허위의 근저당권설정등기를 경료하는 행위는 민법 제103조의 선량한 풍속 기타 사회질서에 위반한 사항을 내용으로 하는 법률행위로 볼 수 없다(대판 2004.5.28, 2003다70041). 즉, 통정한 허위의 의사표시는 반사회적 법률행위가 아니므로 불법원인급여가 아니다.

3. 제3자와의 관계

(1) 제3자에 대한 쟁점

제3자에 해당하기 위해서는 다음의 세 가지 요건이 충족되어야 한다.

① 허위표시에 의하여 가짜의 외형이 형성되어야 한다.

② 허위표시에 의하여 외형상 형성된 법률관계, 즉 가짜의 외형을 기초로 해서 별개의 법률원인에 의하여 실질적으로 새로운 법률상 이해관계를 맺어야 한다.

③ 허위표시의 당사자와 포괄승계인 이외의 자이어야 한다.

(2) 제3자에 해당하는 자

① 가장양수인으로부터 목적부동산을 양수(매수)한 자

② 가장양수인으로부터 소유권이전등기청구권 보전을 위한 가등기를 경료받은 자

③ 가장양수인으로부터 저당권을 설정받은 자

④ 가장양수인에 대한 압류채권자

⑤ 가장저당권설정행위에 의한 저당권의 실행에 의해서 부동산을 경락받은 자

⑥ 가장소비대차의 대주가 파산선고를 받은 경우에 그 파산관재인[파산채권자 모두가 악의가 되지 않는 한 파산관재인은 선의의 제3자에 해당한다. 따라서 파산관재인은 파산채권자 일부가 선의라면 선의로 다루어진다(대판 2006.11.10, 2004다10299)]

⑦ 통정한 허위표시에 의하여 외형상 형성된 법률관계로 생긴 채권을 가압류한 경우, 그 가압류권자는 허위표시에 기초하여 새로운 법률상 이해관계를 가지게 되므로 제108조 제2항의 제3자에 해당한다.

⑧ 가장채권을 가압류한 자

⑨ 가장전세권에 저당권을 취득한 자

(3) 제3자에 해당하지 않는 자

① 가장매매에 의한 손해배상청구권의 양수인

② 채권의 가장양도에서 채무자

③ 채권의 가장양수인으로부터 추심을 위한 채권양수인

④ 저당권의 가장 포기 시 기존의 후순위저당권자

⑤ 주식이 가장 양도된 경우에 회사

⑥ 가장양수인의 상속인

⑦ 가장의 제3자를 위한 계약에서 수익자

⑧ 가장양수인의 일반채권자

(4) 제3자의 선의에 대한 쟁점

① 제3자가 보호받기 위해서는 선의만으로는 부족하고 무과실까지 인정되어야 할까?

정답 | 제3자는 선의이면 족하고 무과실은 요건이 아니다(대판 2004.5.28, 2003다70041). 즉, 선의이면 충분하고 무과실까지 요하지 않는다. 따라서 민법 제108조 제2항에 따라 통정허위표시의 무효로 대항할 수 없는 제3자는 선의이면 족하고 무과실은 그 요건이 아니다.

② 제3자가 보호받기 위해서는 선의임을 요하는데 스스로 선의임을 입증해야 할까? (입증책임)

정답 | 제3자의 선의는 추정되므로 제3자가 스스로 선의임을 입증할 책임은 없고 무효 주장자가 제3자의 악의를 입증해야 한다. 즉, 제3자는 특별한 사정이 없는 한 선의로 추정할 것이므로, 제3자가 악의라는 사실에 관한 주장·입증책임은 그 허위표시의 무효를 주장하는 자에게 있다(대판 2006.3.10, 2002다1321). 따라서 가장매매인 경우에는 가장양도인이 제3자의 악의를 입증해야 한다(판례).

(5) 선의의 제3자가 적극적으로 허위표시의 무효를 주장할 수 있을까?

정답 | 선의의 제3자가 적극적으로 허위표시의 무효를 주장할 수 있다(통설).

4. 전득자에 대한 관계

(1) 선의의 제3자로부터 매수한 전득자는 선의·악의를 불문하고 보호받는다.

(2) 악의의 제3자로부터 매수한 전득자는 선의인 경우에 선의의 제3자로 보호받는다.

5 적용범위

(1) 계약, 상대방 있는 단독행위

통정허위표시가 성립하기 위해서는 상대방과 통정(합의)을 해야 하므로 상대방 있는 법률행위에 대해서만 적용된다. 따라서 계약뿐만 아니라 상대방 있는 단독행위에 대해서도 적용된다.

(2) 상대방 없는 단독행위에도 적용될까?

정답 | 상대방 없는 단독행위는 통정의 상대방이 없으므로 적용되지 않는다.

(3) 가족법상의 법률행위에 대해서 적용될까?

정답 | 가족법상의 법률행위(혼인이나 입양 등)는 본인의 진의가 절대적으로 존중되어야 하기 때문에 적용되지 않는다. 따라서 혼인, 입양에 관한 의사표시가 허위표시인 경우 당사자 사이에서뿐만 아니라 제3자에 대해서도 언제나 무효이다.

(4) 소송행위와 공법행위에 대해서 적용될까?

정답 | 원칙적으로 적용되지 않는다.

기출로 포인트 정리

출제예상 OX지문

❶ 통정허위표시가 성립하기 위해서는 진의와 표시의 불일치에 관하여 상대방과 합의가 있어야 한다. (O | X) 30회

❷ 통정허위표시로서 무효인 법률행위라도 채권자취소권의 대상이 될 수 있다. (O | X) 30회

❸ 가장채권을 가압류한 자는 제3자에 해당한다. (O | X) 31회

❹ 채권의 가장양도에서 변제 전의 채무자는 제3자에 해당한다. (O | X) 31회

대표기출

1. 甲은 자신의 부동산에 관하여 乙과 통정한 허위의 매매계약에 따라 소유권이전등기를 乙에게 해주었다. 그 후 乙은 이러한 사정을 모르는 丙과 위 부동산에 대한 매매계약을 체결하고 그에게 소유권이전등기를 해주었다. 다음 설명 중 틀린 것은? (다툼이 있으면 판례에 따름) 27회

① 甲과 乙은 매매계약에 따른 채무를 이행할 필요가 없다.
② 甲은 丙을 상대로 이전등기의 말소를 청구할 수 없다.
③ 丙이 부동산의 소유권을 취득한다.
④ 甲이 자신의 소유권을 주장하려면 丙의 악의를 증명해야 한다.
⑤ 丙이 선의이더라도 과실이 있으면 소유권을 취득하지 못한다.

2. 甲은 자신의 X토지를 乙에게 증여하고, 세금을 아끼기 위해 이를 매매로 가장하여 乙 명의로 소유권이전등기를 마쳤다. 그 후 乙은 X토지를 丙에게 매도하고 소유권이전등기를 마쳤다. 다음 설명 중 옳은 것을 모두 고른 것은? (다툼이 있으면 판례에 따름) 29회

> ㉠ 甲과 乙 사이의 매매계약은 무효이다.
> ㉡ 甲과 乙 사이의 증여계약은 유효이다.
> ㉢ 甲은 丙에게 X토지의 소유권이전등기말소를 청구할 수 없다.
> ㉣ 丙이 甲과 乙 사이에 증여계약이 체결된 사실을 알지 못한 데 과실이 있더라도 丙은 소유권을 취득한다.

① ㉠ ② ㉠, ㉢
③ ㉡, ㉣ ④ ㉡, ㉢, ㉣
⑤ ㉠, ㉡, ㉢, ㉣

쉬운 해설

출제예상 OX지문

❶ O 통정허위표시는 거짓표시에 대해서 상대방과 짜고 하는 의사표시이므로 상대방과 통정, 즉 합의가 있어야 한다.

❷ O 무효인 법률행위도 채권자취소권의 대상이 될 수 있기 때문에 통정허위표시로서 무효인 법률행위라도 채권자취소권의 대상이 될 수 있다.

❸ O 가장행위가 있고 가장행위를 기초로 가압류, 즉 새로운 이해관계를 맺었기 때문에 보호받는 제3자에 해당한다.

❹ X 가장행위 전에 이미 채무자가 존재하고 있었기 때문에 채무자는 가장행위를 기초로 이해관계를 맺은 제3자에 해당하지 않는다.

대표기출 정답 1. ⑤ 2. ⑤

1. ⑤ 제3자는 선의이면 보호받는다. 그리고 선의이면 충분하므로 과실이 있는 경우에도 보호받는다. 따라서 丙은 소유권을 취득한다.
   ① 甲과 乙 사이의 매매는 무효이기 때문에 계약에 따른 채무가 발생하지 않는다. 따라서 甲과 乙은 매매계약에 따른 채무를 이행할 필요가 없다.
   ② 선의의 丙이 소유권을 취득했고 유효등기이므로 甲은 丙을 상대로 이전등기의 말소를 청구할 수 없다.
   ③ 선의의 제3자 보호규정에 의해서 선의의 丙은 부동산의 소유권을 취득한다.
   ④ 제3자의 선의는 추정되기 때문에 甲이 자신의 소유권을 주장하려면 丙의 악의를 증명해야 한다.

2. ㉠ 甲과 乙 사이의 매매계약은 가장매매이기 때문에 무효이다.
   ㉡ 증여에 대해서 합의가 있었기 때문에 甲과 乙 사이의 증여계약은 유효이다.
   ㉢ 증여는 유효이기 때문에 乙은 소유권을 취득한다. 그리고 丙은 소유권자 지위를 승계하기 때문에 丙은 소유권을 취득하고 유효등기이다. 따라서 甲은 丙에게 X토지의 소유권이전등기말소를 청구할 수 없다.
   ㉣ 증여는 유효이기 때문에 乙은 소유권을 취득한다. 그리고 丙은 소유권자 지위를 승계하므로 丙은 선의·악의를 불문하고 소유권을 취득한다.

출제포인트

012 착오로 인한 의사표시(제109조)

[10개년 출제회차] 25, 26, 28, 31, 32회

시작이 쉬운 길잡이

Q

2필의 토지를 소유하고 있는 대운 씨. 1필을 X토지(100번지)라고 하고 나머지 1필을 Y토지(101번지)라고 해봅시다. 동철 씨가 X토지(100번지)를 매수하겠다고 마음을 먹고 대운 씨에게 왔는데, 지번에 착오를 일으켜 Y토지(101번지)를 매수하겠다고 잘못 말했습니다. 그런데 대운 씨도 급전이 필요해서 승낙했습니다. 여러분, 이 경우 대운 씨와 동철 씨 사이에 Y토지(101번지) 매매계약이 성립할까요?

A

대운 씨와 동철 씨는 Y토지(101번지)에 대해서 매매의 합의를 했으므로 Y토지(101번지) 매매계약이 성립합니다. 다만, 동철 씨는 X토지(100번지)를 매수할 의사였지만, Y토지(101번지)를 매수하겠다고 잘못 표시한 것입니다. 즉, 의사와 표시의 불일치가 있고 불일치에 대해서 동철 씨가 몰랐으므로 착오이고, 일정한 요건이 충족되면 동철 씨는 Y토지(101번지) 매매계약을 취소할 수 있습니다.

출제포인트의 중요 키워드는 본문에서 꼭 체크하세요 ▸ **착오, 중대한 과실**

법령 체크

제109조【착오로 인한 의사표시】 ① 의사표시는 법률행위의 내용의 중요부분에 착오가 있는 때에는 취소할 수 있다. 그러나 그 착오가 표의자의 중대한 과실로 인한 때에는 취소하지 못한다.
② 전항의 의사표시의 취소는 선의의 제3자에게 대항하지 못한다.

1 의의

착오로 인한 의사표시란 표시상의 효과의사와 내심적 효과의사의 불일치를 표의자가 모르고서 하는 의사표시를 말한다. 즉, 착각에 빠져서 한 의사표시를 말한다.

2 착오의 종류

1. 표시상의 착오 ⟶ 오기(誤記)

표시상의 착오란 표시행위를 잘못하는 것을 말한다. 즉, 표의자가 원하지 않은 표시부호를 사용한 경우이다. 예컨대 매매계약의 청약서에 69만원이라고 표시한 것이 나중에 알고 보니 96만원이라고 표시된 경우이다.

2. 내용의 착오

내용의 착오란 표의자가 자신이 표시하려는 바를 표시하였으나 표시의 의미를 잘못 이해한 것을 말한다. 예컨대 매매계약의 청약서에 미화 100달러라고 표시하려는데 홍콩달러와 가치가 동일하다고 생각하고 홍콩달러 100달러라고 표시한 경우이다.

3. 표시기관의 착오

표시기관의 착오란 표의자가 보조자 또는 기계를 통해서 의사표시를 했는데 그 중개적 표시기관이 잘못하여 표의자의 진의와 다른 의사표시를 한 경우를 말한다. 학설은 표시상의 착오와 동일하게 취급하여 일정한 요건이 충족되면 취소할 수 있다고 한다.

4. 법률의 착오

법률의 착오란 법률의 규정의 유무 또는 그 의미에 관한 착오를 말한다. 판례에 따르면 법률의 착오에 대해서도 제109조 착오에 해당한다고 본다.

5. 서명날인의 착오 ⟶ 서명의 착오

(1) 의의

서명날인의 착오란 법률효과를 발생시키는 서면을 읽지 않거나 잘못 이해하고서 기명날인 또는 서명하는 것을 말한다.

(2) 적중판례

신원보증서류에 서명날인한다는 착각에 빠진 상태로 연대보증의 서면에 서명날인한 경우, 결국 위와 같은 행위는 강학상 기명날인의 착오(또는 서명의 착오), 즉 어떤 사람이 자신의 의사와 다른 법률효과를 발생시키는 내용의 서면에, 그것을 읽지 않거나 올바르게 이해하지 못한 채 기명날인을 하는 이른바 표시상의 착오에 해당하므로, 비록 위와 같은 착오가 제3자의 기망행위에 의하여 일어난 것이라 하더라도 그에 관하여는 사기에 의한 의사표시에 관한 법리, 특히 민법 제110조 제2항의 규정을 적용할 것이 아니라, 착오에 의한 의사표시에 관한 법리만을 적용하여 취소권 행사의 가부를 가려야 한다(대판 2005.5.27, 2004다43824). 즉, 신원보증서류에 서명날인한다는 착각에 빠진 상태로 연대보증의 서면에 서명날인한 경우, 그 착오가 제3자의 기망행위에 의하여 야기되었을 지라도 사기에 의한 의사표시에 관한 규정은 적용되지 않고 착오에 관한 규정만 적용된다.

6. 동기의 착오 → 의사결정의 원인인 동기에 착오가 있는 경우

(1) 원칙: 취소할 수 없다.

법률행위 내용이 아닌 동기에 착오가 있는 경우에는 의사와 표시가 일치하고 동기를 고려하면 상대방이 보호받지 못하기 때문에 상대방을 보호하기 위해서, 즉 거래안전을 보호하기 위해서 취소하지 못하는 것이 원칙이다.

(2) 예외: 취소할 수 있다.

동기의 착오일지라도 상대방 보호가치가 없는 경우라면 예외적으로 취소가 인정된다.

① 동기가 표시된 경우: 판례에 따르면, 동기의 착오가 법률행위 내용의 중요부분의 착오에 해당함을 이유로 표의자가 법률행위를 취소하려면 그 동기를 당해 의사표시의 내용으로 삼을 것을 상대방에게 표시하고 의사표시의 해석상 법률행위의 내용으로 되어 있다고 인정되면 충분하고 당사자들 사이에 별도로 그 동기를 의사표시의 내용으로 삼기로 하는 합의까지 이루어질 필요는 없지만, 그 법률행위의 내용의 착오는 보통 일반인이 표의자의 입장에 섰더라면 그와 같은 의사표시를 하지 아니하였으리라고 여겨질 정도로 그 착오가 중요한 부분에 관한 것이어야 한다(대판 2000.5.12, 2000다12259; 대판 2010.7.22, 2010다1456). 즉, 동기가 표시되어 법률행위 내용이 되었고 중요부분의 착오인 경우에는 취소할 수 있다.

② 동기의 착오가 상대방에 의해서 유발된 경우(유발된 동기의 착오)

㉠ 상대방에 의해 유발된 동기의 착오는 동기가 표시되지 않았더라도 중요부분의 착오가 될 수 있다.

㉡ 동기의 착오가 상대방에 의해서 제공되거나 유발된 경우에는 상대방 보호가치가 없으므로 동기가 표시되지 않은 경우에도 취소할 수 있다. 따라서 토지소유자가 공무원의 법령오해에 따른 설명으로 착오에 빠져 토지를 국가에 증여한 경우, 이를 취소할 수 있다(대판 1990.7.10, 90다카7460).

3 취소권 발생의 요건 → 착오자를 보호하기 위해서 취소권을 인정한다.

1. 법률행위(의사표시) 내용에 착오가 있어야 한다.

즉, 의사와 표시가 불일치하고 표의자가 이를 몰라야 한다.

2. 법률행위 내용의 중요부분에 착오가 있어야 한다.

주관적 현저성과 객관적 현저성이 있어야 한다.

(1) 경제적 불이익(재산상 손해)이 있어야 한다.

착오로 인하여 표의자가 무슨 경제적인 불이익을 입은 것이 아니라고 한다면 이를 법률행위 내용의 중요부분의 착오라고 할 수 없다(대판 1999.2.23, 98다47924). 따라서 착오에 의한 의사표시로 표의자가 경제적 불이익을 입지 않은 경우에는 착오를 이유로 그 의사표시를 취소할 수 없다.

(2) 중요부분 착오의 구체적인 유형에 관한 적중판례

중요부분의 착오와 관련하여 토지의 현황 및 경계에 관한 착오, 채무자란이 백지로 된 근저당설정계약에서 채무자의 동일성에 대한 착오, 재건축 설계용역계약에서 재건축조합 측의 건축사 자격 유무에 관한 착오, 목적물의 동일성에 관한 착오 등은 중요부분의 착오에 해당한다. 그러나 시가에 관한 착오, 지적이나 지분의 근소한 부족은 동기의 착오에 불과하고 중요부분의 착오에 해당하지 않는다.

3. 표의자에게 중대한 과실이 없어야 한다.

중대한 과실과 관련하여 공장 부지를 매입하면서 공장을 건축할 수 있는지 여부를 관할 관청에 알아보지 않은 것, 금융기관이 대출금이 전액 상환되지 않았음에도 조사하지 않고 보증계약을 해지한 경우 등은 중대한 과실이 인정되기 때문에 취소권이 인정되지 않는다. 그러나 설계용역계약에서 재건축조합 측에서 건축사 자격 유무에 관해서 확인하지 않은 것, 고려청자인 줄 알고 매수했는데 모조품인 경우 등은 중대한 과실이 인정되지 않기 때문에 취소권이 인정된다.

(1) 의의

중대한 과실이란 표의자의 직업, 행위의 종류, 목적 등에 비추어 보통 요구되는 주의를 현저히 결여하는 것을 말한다(대판 2000.5.12, 2000다12259).

(2) 중대한 과실이 있는 경우

① 원칙: 취소할 수 없다.

② 예외: 취소할 수 있다. 즉, 상대방이 표의자의 착오를 알면서 이용한 경우에는 표의자에게 중대한 과실이 있더라도 취소가 인정된다(대판 2014.11.27, 2013다49794). 따라서 상대방이 표의자의 착오를 알고 이용한 경우에는 의사표시에 중대한 과실이 있는 표의자도 착오에 의한 의사표시를 취소할 수 있다.

(3) 경과실이 있는 경우

표의자에게 단지 경과실만 있는 경우에는 취소권이 인정된다.

4. 임의규정이므로 취소권 배제사유가 없어야 한다.

(1) 제109조는 임의규정이므로 당사자가 특약을 통해서 취소권을 배제할 수 있으므로 취소권이 발생하기 위해서는 취소권 배제사유가 없어야 한다. 따라서 당사자가 착오를 이유로 의사표시를 취소하지 않기로 약정한 경우, 표의자는 의사표시를 취소할 수 없다.

(2) 법률행위 이후에 표의자가 의욕한 내용을 상대방이 알고 표의자의 진의에 따른 법률효과를 양해한 경우에도 취소권은 발생하지 않는다. 따라서 상대방이 착오자의 진의에 동의한 경우에는 착오자는 의사표시를 취소할 수 없다.

4 착오의 대상과 입증책임

1. 착오의 대상

현재의 사실뿐만이 아니라 장래사실도 대상이 된다(판례).

2. 입증책임

(1) 중요부분의 착오 → 착오자가 입증해야 한다.

착오가 존재한다는 사실, 그 착오가 법률행위 내용의 중요부분에 해당한다는 사실은 취소권 발생의 적극적 요건이므로 취소권을 행사하기를 원하는, 즉 효과발생을 원하지 않는 표의자(법률행위의 효력을 부인하는 자)가 증명해야 한다.

(2) 중대한 과실 → 상대방이 입증해야 한다.

표의자에게 중대한 과실이 존재한다는 사실은 취소권 발생의 저지사유이므로 취소당하기를 원하지 않는, 즉 효과발생을 원하는 상대방이 증명해야 한다.

5 착오의 효과

1. 취소권의 발생

(1) 취소권의 발생요건이 모두 충족되면 취소권이 발생한다.

(2) 취소권은 권리이지 의무가 아니므로 취소권 행사에 대한 자유가 인정된다. 따라서 취소권자는 취소권을 행사할 수 있지만 일정한 요건하에서 취소하지 않고 유효인 법률행위로 인정하는 것, 즉 추인도 가능하다.

(3) 취소하기 전까지는 일단 유효인 법률행위로 인정된다. 즉, 취소할 수 있는 법률행위는 유동적 유효인 상태이다.

2. 취소권 행사에 따른 효과

(1) 법률행위의 소급적 무효

취소하면 법률행위는 처음부터 무효로 간주된다.

(2) 선의의 제3자

의사표시의 취소는 선의의 제3자에게 대항하지 못한다. 즉, 선의의 제3자는 보호받는다.

(3) (경)과실로 인하여 착오에 빠져 의사표시를 한 표의자가 의사표시를 취소한 경우 선의 그리고 무과실의 상대방은 예상하지 못한 손해를 입게 되므로 착오자가 상대방에게 손해배상책임을 져야 할까?

정답 | 착오자가 착오를 이유로 취소하는 것은 적법행위이므로 상대방에 대해서 불법행위로 인한 손해배상책임을 지지 않는다. 따라서 표의자가 착오를 이유로 의사표시를 취소한 경우, 취소된 의사표시로 인해 손해를 입은 상대방은 불법행위를 이유로 손해배상을 청구할 수 없다.

판례 | 착오자가 취소하는 것은 법률의 규정(제109조)에 의해서 허용되는 것으로 위법성이 없으므로 불법행위에 의한 손해배상책임을 인정할 수 없다(대판 1997.8.22, 97다13023 참조).

6 다른 제도와의 관계

1. 제110조 사기와의 관계

착오와 사기는 서로 다른 별개의 제도이므로 표의자는 어느 하나를 선택하여 주장할 수 있다.

2. 제109조 착오와 담보책임과의 관계 → 선택할 수 있다.

착오와 담보책임은 별개의 제도이므로 매매계약 내용의 중요부분에 착오가 있는 경우 매수인은 매도인의 하자담보책임이 성립하는지와 상관없이 착오를 이유로 매매계약을 취소할 수 있다(대판 2018.9.13, 2015다78703).

3. 해제와 착오취소와의 관계

(1) 판례

매도인이 매수인의 중도금 지급채무 불이행을 이유로 매매계약을 적법하게 해제한 후라도 매수인으로서는 상대방이 한 계약해제의 효과로서 발생하는 손해배상책임을 지거나 매매계약에 따른 계약금의 반환을 받을 수 없는 불이익을 면하기 위하여 착오를 이유로 한 취소권을 행사하여 매매계약 전체를 무효로 돌리게 할 수 있다(대판 1996.12.6, 95다24982). 즉, 계약이 적법하게 해제된 후에도 착오를 원인으로 계약을 취소할 수 있다.

(2) 매도인이 계약을 적법하게 해제한 후에도 매수인은 계약해제에 따른 불이익을 면하기 위하여 중요부분의 착오를 이유로 취소권을 행사하여 계약 전체를 무효로 할 수 있다.

기출로 **포인트 정리**

출제예상 OX지문

❶ 농지의 상당 부분이 하천임을 사전에 알았더라면 농지매매계약을 체결하지 않았을 것이 명백한 경우, 법률행위 내용의 중요부분의 착오에 해당될 수 있다. (O | X) 25회

❷ 착오에 의한 의사표시로 표의자가 경제적 불이익을 입지 않더라도 착오를 이유로 그 의사표시를 취소할 수 있다. (O | X) 26회

❸ 표의자의 중대한 과실 유무는 착오에 의한 의사표시의 효력을 부인하는 자가 증명하여야 한다. (O | X) 26회

❹ 당사자가 착오를 이유로 의사표시를 취소하지 않기로 약정한 경우, 표의자는 의사표시를 취소할 수 없다. (O | X) 28회

❺ 매수인의 채무불이행을 이유로 매도인이 계약을 적법하게 해제했다면, 착오를 이유로 한 매수인의 취소권은 소멸한다. (O | X) 32회

대표기출

착오에 관한 설명으로 옳은 것을 모두 고른 것은? (다툼이 있으면 판례에 따름) 31회

> ㉠ 매도인의 하자담보책임이 성립하더라도 착오를 이유로 한 매수인의 취소권은 배제되지 않는다.
> ㉡ 경과실로 인해 착오에 빠진 표의자가 착오를 이유로 의사표시를 취소한 경우, 상대방에 대하여 불법행위로 인한 손해배상책임을 진다.
> ㉢ 상대방이 표의자의 착오를 알고 이용한 경우, 표의자는 착오가 중대한 과실로 인한 것이더라도 의사표시를 취소할 수 있다.
> ㉣ 매도인이 매수인의 채무불이행을 이유로 계약을 적법하게 해제한 후에는 매수인은 착오를 이유로 취소권을 행사할 수 없다.

① ㉠, ㉡
② ㉠, ㉢
③ ㉠, ㉣
④ ㉡, ㉢
⑤ ㉡, ㉣

기출로 **포인트 정리**

출제예상 OX지문

❶ O 토지의 현황에 관한 착오는 중요부분의 착오에 해당한다(대판 1968.3.26, 67다2160).

❷ X 착오가 중요부분의 착오에 해당하기 위해서는 착오로 인하여 착오자에게 경제적 불이익, 즉 손해가 발생해야 한다(대판 1999.2.23, 98다47924). 따라서 표의자가 경제적 불이익을 입지 않은 경우, 착오를 이유로 그 의사표시를 취소할 수 없다.

❸ X 착오자에게 중대한 과실이 있으면 취소하지 못하므로, 즉 효과가 그대로 발생하기 때문에 착오자에게 중대한 과실이 있다는 사실은 효과발생을 원하는 사람, 즉 상대방이 입증을 해야 한다.

❹ O 착오에 관한 규정은 임의규정이므로 당사자의 특약으로 취소권을 포기할 수 있다. 따라서 취소하지 않기로 약정, 즉 취소권을 포기한 경우에는 표의자는 취소권이 없기 때문에 의사표시를 취소할 수 없다.

❺ X 매수인의 채무불이행을 이유로 매도인이 계약을 적법하게 해제한 경우에도 매수인이 착오에 빠진 경우에는 착오를 이유로 취소할 수 있다(대판 1996.12.6, 95다24982 · 24999).

대표기출 정답 ②

㉠ 담보책임과 착오제도는 별개의 제도이다. 따라서 매도인의 하자담보책임이 성립하더라도 착오를 이유로 한 매수인의 취소권은 배제되지 않는다. 즉, 착오를 이유로 취소할 수 있다.

㉢ 상대방이 표의자의 착오를 알고 이용한 경우에는 상대방은 보호가치가 없기 때문에 표의자는 착오가 중대한 과실로 인한 것이더라도 의사표시를 취소할 수 있다.

㉡ 착오를 이유로 취소하는 행위는 제109조에서 허용하고 있는 적법행위에 해당하기 때문에 경과실로 인해 착오에 빠진 표의자가 착오를 이유로 의사표시를 취소한 경우, 착오자는 상대방에 대하여 불법행위로 인한 손해배상책임을 지지 않는다.

㉣ 매도인이 매수인의 채무불이행을 이유로 계약을 적법하게 해제한 후에도 매수인이 계약체결 시에 착오가 있었다면 매수인은 착오를 이유로 취소권을 행사할 수 있다.

출 제 포 인 트

013 사기, 강박에 의한 의사표시(제110조)

[10개년 출제회차] 25, 27회

시작이 쉬운 길잡이

Q

1 전원주택에 살고 있는 대운 씨. 친구로부터 사기를 당해서 매매계약을 체결했습니다. 여러분, 이 경우 매매계약이 성립할까요?

2 전원주택에 살고 있는 대운 씨. 친구로부터 강박(협박)을 당해서 매매계약을 체결했습니다. 여러분, 이 경우 매매계약이 성립할까요?

A

1 사기를 당했을지라도 청약과 승낙의 합치가 있으면 일단 매매계약은 성립합니다. 다만, 의사결정의 자유에 침해가 있기 때문에 취소의 문제가 발생합니다. 따라서 대운 씨는 일정한 요건하에서 매매를 취소할 수 있습니다.

2 강박을 당했을지라도 청약과 승낙의 합치가 있으면 일단 매매계약은 성립합니다. 다만, 의사결정의 자유에 침해가 있기 때문에 취소의 문제가 발생합니다. 따라서 대운 씨는 일정한 요건하에서 매매를 취소할 수 있습니다.

출제포인트의 중요 키워드는 본문에서 꼭 체크하세요 ▸ **사기, 강박, 기망행위**

법령 체크

제110조【사기, 강박에 의한 의사표시】 ① 사기나 강박에 의한 의사표시는 취소할 수 있다.

② 상대방 있는 의사표시에 관하여 제3자가 사기나 강박을 행한 경우에는 상대방이 그 사실을 알았거나 알 수 있었을 경우에 한하여 그 의사표시를 취소할 수 있다.

③ 전2항의 의사표시의 취소는 선의의 제3자에게 대항하지 못한다.

1 총설

(1) 의사표시가 유효하게 효력을 발생하는 것은 각 개인의 자유로운 의사결정에 의해서 일정한 법률효과를 의욕하는 의사를 표시하기 때문이다. 따라서 표의자는 외부로부터 부당한 간섭을 받지 않고 자유로운 의사에 의해서 법률행위를 해야 한다. 그러한 자유로운 의사표시에 법이 조력을 함으로써 그에 따르는 법률행위의 효과가 발생하는 것이다.

(2) 그런데 외부로부터 부당한 간섭에 의해서 법률행위를 하는 경우가 있다. 예컨대 상대방으로부터 기망을 당하거나 위협을 받아서 법률행위를 하는 경우가 있는데 이런 경우를 사기·강박에 의한 의사표시라고 한다.

(3) 자유롭지 못한 상태에서 의사표시를 한 표의자를 보호할 필요가 있으므로 표의자에게 그 법률행위를 소멸시킬 수 있는 취소권을 부여하고 있다.

2 사기에 의한 의사표시

1. 사기자의 고의

기망행위를 통해서 표의자를 착오에 빠지게 하려는 고의와 착오에 빠진 상태에서 의사표시를 하게 하려는 고의가 필요하다. 즉, 2단계의 고의가 필요하다. 따라서 고의가 아닌 과실이 개입되었다면 사기에 의한 의사표시는 성립하지 않는다. 즉, 사기를 이유로 취소할 수 없다.

2. 기망행위

(1) 의의

기망행위란 표의자에게 사실과 다른 잘못된 관념을 가지게 하거나 이를 유지 또는 강화시키는 일체의 행위를 말한다. 이러한 기망행위는 적극적인 행위(작위)를 통해서 이루어지는 것이 일반적이지만 일정한 경우에는 소극적인 행위(부작위), 특히 침묵도 기망행위를 구성할 수 있다. → 법적으로 고지의무가 있음에도 고지하지 않은 경우

(2) 교환계약의 당사자가 목적물의 시가를 묵비한 경우

고지의무가 없으므로 기망행위가 아니다. 판례에 따르면, 교환계약의 당사자가 목적물의 시가를 묵비한 경우 기망에 해당하는지 여부에 대하여 어느 일방이 교환 목적물의 시가나 그 가액 결정의 기초가 되는 사항에 관하여 상대방에게 설명 내지 고지를 할 주의의무를 부담한다고 할 수 없고, 일방당사자가 자기가 소유하는 목적물의 시가를 묵비하여 상대방에게 고지하지 아니하거나 혹은 허위로 시가보다 높은 가액을 시가라고 고지하였다 하더라도 이는 상대방의 의사결정에 불법적인 간섭을 한 것이라고 볼 수 없다(대판 2002.9.4, 2000다54406 · 54413). 즉, 일방당사자가 자기가 소유하는 목적물의 시가를 묵비하여 상대방에게 고지하지 아니하거나 혹은 허위로 시가보다 높은 가액을 시가라고 고지하더라도 위법한 기망행위가 아니다. 그리고 교환계약의 당사자 일방이 자기소유 목적물의 시가를 묵비한 것은 특별한 사정이 없는 한 기망행위가 아니다.

(3) 아파트분양자가 아파트단지 인근에 공동묘지가 조성되어 있다는 사실을 분양계약자에게 고지하지 않은 경우, 쓰레기매립장이 건립된다는 것을 고지하지 않은 경우에는 기망행위에 해당한다(판례).

(4) 기망행위의 위법성

신의칙 및 거래관념에 비추어 용인될 수 있는 범위를 초과한 기망행위는 위법한 것으로 평가된다.

3. 착오

기망행위를 통해서 착오에 빠져야 한다. 그리고 기망행위로 인한 착오는 주관적인 것으로도 족하고, 그 착오는 동기의 착오라도 무방하다.

4. 인과관계

(1) 기망행위와 착오 사이, 그리고 착오와 의사표시 사이에 인과관계가 인정되어야 한다. 즉, 기망행위가 원인이 되어서 착오에 빠지고 착오가 원인이 되어서 의사표시를 하게 되는 인과관계가 필요하다.

(2) 그리고 인과관계는 피기망자를 기준으로 하면 충분하므로 주관적인 것으로 족하다. 즉, 피기망자의 인식을 기준으로 원인과 결과관계가 인정되면 된다.

5. 재산상 손해는 필요 없다.

의사결정의 자유가 침해를 받았으면 충분하므로 재산상의 손해를 입히려고 하는 의사가 기망행위를 하는 자에게 있을 것을 요하지는 않는다.

6. 입증책임

위의 요건들은 취소를 주장하는 자가 모두 입증해야 한다.

3 강박에 의한 의사표시

1. 강박자의 고의

표의자를 강박행위를 통해서 공포심에 빠지게 하려는 고의와 공포심에 빠진 상태에서 의사표시를 하게 하려는 고의가 필요하다. 즉, 2단계의 고의가 필요하다.

2. 강박행위

(1) 강박행위란 강박자가 영향력을 미칠 수 있는 불이익이나 해악을 고지하여 표의자에게 공포심을 가지게 하는 행위를 말한다. 강박의 종류나 방법은 불문하고 재산적·비재산적인 것도 불문한다.

(2) 강박에 의해서 표의자의 의사결정의 자유가 제한된 경우를 의미한다. 판례에 따르면, 상대방 또는 제3자의 강박에 의하여 의사결정의 자유가 완전히 박탈된 상태에서 이루어진 의사표시는 효과의사에 대응하는 내심의 의사가 결여된 것이므로 무효라고 볼 수밖에 없으나, 강박이 의사결정의 자유를 완전히 박탈하는 정도에 이르지 아니하고 이를 제한하는 정도에 그친 경우에는 그 의사표시는 취소할 수 있음에 그치고 무효라고까지 볼 수 없다(대판

1984.12.11, 84다카1402). 따라서 강박으로 의사결정의 자유가 완전히 박탈되어 법률행위의 외형만 갖춘 의사표시는 무효이다.

3. 강박행위의 위법성

강박의 수단이 위법하거나 강박에 의해서 달성하려고 하는 목적이 위법하면 강박행위의 위법성이 인정된다.

4. 인과관계

강박행위가 원인이 되어서 공포심에 빠지고 공포심이 원인이 되어서 의사표시를 하는 인과관계가 인정되어야 한다.

4 효과 —• 취소권이 발생한다.

1. 상대방에 의한 사기 · 강박(제110조 제1항)

표의자에게 사기 · 강박을 행한 상대방은 보호가치가 없지만 의사결정의 자유를 침해받은 표의자는 보호되어야 하기 때문에 표의자에게 취소권을 인정하고 있다.

2. 제3자에 의한 사기 · 강박(제110조 제2항)

(1) 상대방 없는 의사표시에 대해서 제3자가 사기 · 강박을 행한 경우

상대방 없는 의사표시에 대해서 제3자가 사기 · 강박을 행한 경우에는 보호해 줄 상대방은 존재하지 않고 사기 · 강박을 당한 표의자만 보호하면 되므로 표의자는 언제나 취소할 수 있다.

(2) 상대방 있는 의사표시에 대해서 제3자가 사기 · 강박을 행한 경우

상대방이 제3자의 사기 · 강박사실에 대해서 선의 그리고 무과실이라면 표의자에게 취소권이 인정되지 않고 상대방이 제3자의 사기 · 강박사실에 대해서 알았거나(악의) 또는 알 수 있었을 경우(과실)에는 상대방 보호의 필요성이 없으므로 표의자에게 취소권이 인정된다. 따라서 제3자의 강박에 의해 의사표시를 한 경우, 상대방이 그 사실을 알았다면 표의자는 자신의 의사표시를 취소할 수 있다.

(3) 제3자에 의한 사기 · 강박에서 제3자에 해당하는 자

① 의사표시의 상대방이 아닌 자로서 기망행위를 하였으나 민법 제110조 제2항에서 정한 제3자에 해당되지 아니한다고 볼 수 있는 자란 그 의사표시에 관한 상대방의 대리인 등 상대방과 동일시할 수 있는 자만을 의미하고, 단순히 상대방의 피용자이거나 상대방이

사용자책임을 져야 할 관계에 있는 피용자에 지나지 않는 자는 상대방과 동일시할 수는 없어 이 규정에서 말하는 제3자에 해당한다(대판 1998.1.23, 96다41496).

② 기망행위를 한 자가 상대방의 피용자(상호신용금고의 기획감사실 과장)인 경우에도 민법 제110조 제2항 소정의 제3자에 의한 기망행위로 볼 수 있다(대판 1998.1.23, 96다41496).

(4) 제3자에 의한 사기 · 강박에서 제3자에 해당하지 않는 자

① 상대방 있는 의사표시에 관하여 제3자가 사기나 강박을 한 경우에는 상대방이 그 사실을 알았거나 알 수 있었을 경우에 한하여 그 의사표시를 취소할 수 있으나, 상대방의 대리인 등 상대방과 동일시할 수 있는 자의 사기나 강박은 제3자의 사기·강박에 해당하지 아니한다(대판 1999.2.23, 98다60828). 따라서 대리인의 기망행위에 의해 계약이 체결된 경우, 계약의 상대방은 본인이 선의이더라도 계약을 취소할 수 있다.

② 은행의 출장소장이 어음할인을 부탁받자 그 어음이 부도날 경우를 대비하여 담보조로 받아두는 것이라고 속이고 금전소비대차 및 연대보증 약정을 체결한 후 그 대출금을 자신이 인출하여 사용한 사안에서, 위 출장소장의 행위는 은행 또는 은행과 동일시할 수 있는 자의 사기일 뿐 제3자의 사기로 볼 수 없으므로, 은행이 그 사기사실을 알았거나 알 수 있었을 경우에 한하여 위 약정을 취소할 수 있는 것은 아니라고 한다(대판 1999.2.23, 98다60828).

5 다른 제도와의 관계

1. 제110조와 제109조(착오)와의 관계

(1) 착오와 사기는 서로 다른 별개의 제도이므로 표의자는 어느 하나를 선택하여 주장할 수 있다. 따라서 착오가 타인의 기망행위에 의하여 발생한 경우 표의자는 그 요건을 입증하여 착오 또는 사기를 이유로 의사표시를 취소할 수 있다.

(2) 기망행위로 인하여 법률행위의 중요부분에 관하여 착오를 일으킨 경우뿐만 아니라 법률행위의 내용으로 표시되지 아니한 의사결정의 동기에 관하여 착오를 일으킨 경우에도 표의자는 그 법률행위를 사기에 의한 의사표시로서 취소할 수 있다(대판 1985.4.9, 85도167). 기망행위자는 보호가치가 없으므로 단순히 동기의 착오일지라도 표의자는 사기를 이유로 취소할 수 있다.

2. 제110조와 불법행위책임과의 관계

(1) 취소와 손해배상청구권

사기 · 강박에 의한 의사표시가 불법행위 요건을 충족하게 되면 표의자는 취소권과 불법행위로 인한 손해배상청구권을 취득하게 된다. 따라서 취소하고도 손해가 남아 있다면 손해배상을 청구할 수 있다. 즉, 취소와 손해배상청구권을 함께 행사할 수 있다.

(2) 판례

법률행위가 사기에 의한 것으로서 취소되는 경우에 그 법률행위가 동시에 불법행위를 구성하는 때에는 취소의 효과로 생기는 부당이득반환청구권과 불법행위로 인한 손해배상청구권은 경합하여 병존하는 것이므로, 채권자는 어느 것이라도 선택하여 행사할 수 있지만 중첩적으로 행사할 수는 없다(대판 1993.4.27, 92다56087). 부당이득반환청구권과 불법행위로 인한 손해배상청구권은 함께 행사하는 것이 아니라 하나를 선택해서 행사하는 것이다.

(3) 제3자에 의한 사기행위로 계약을 체결한 경우, 그 계약을 취소하지 않고 제3자에 대하여 불법행위로 인한 손해배상청구권을 행사할 수 있을까?

정답 | 제3자의 사기로 계약을 체결한 경우, 피해자는 그 계약을 취소하지 않고 그 제3자에게 불법행위로 인한 손해배상청구권을 행사할 수 있다. 즉, 제3자의 사기로 인하여 매매계약을 체결하여 손해를 입은 자가 제3자에 대해 손해배상을 청구하기 위해서는 먼저 매매계약을 취소할 필요는 없다.

판례 | 제3자의 사기행위로 인하여 피해자가 주택건설사와 사이에 주택에 관한 분양계약을 체결하였다고 하더라도 제3자의 사기행위 자체가 불법행위를 구성하는 이상, 제3자로서는 그 불법행위로 인하여 피해자가 입은 손해를 배상할 책임을 부담하는 것이므로, 피해자가 제3자를 상대로 손해배상청구를 하기 위하여 반드시 그 분양계약을 취소할 필요는 없다(대판 1998.3.10, 97다55829). 따라서 제3자의 사기로 계약을 체결한 경우, 피해자는 그 계약을 취소하지 않고 그 제3자에게 불법행위책임을 물을 수 있다.

3. 제110조와 담보책임과의 관계

(1) 선택할 수 있다.

매매목적물에 하자가 있음에도 이를 속이고 매도한 경우, 담보책임과 사기에 의한 취소가 문제되는데 매수인(사기를 당한 자)은 담보책임 또는 사기취소 중 어느 하나를 자유롭게 선택하여 행사할 수 있다. 즉, 매매의 목적물에 대한 흠이 있음에도 이를 속이고 매도한 경우, 사기에 의한 의사표시와 매도인의 하자담보책임이 경합한다.

(2) 판례

민법 제569조가 타인의 권리의 매매를 유효로 규정한 것은 선의의 매수인의 신뢰 이익을 보호하기 위한 것이므로, 매수인이 매도인의 기망에 의하여 타인의 물건을 매도인의 것으로 알고 매수한다는 의사표시를 한 것은 만일 타인의 물건인 줄 알았더라면 매수하지 아니하였을 사정이 있는 경우에는 매수인은 민법 제110조에 의하여 매수의 의사표시를 취소할 수 있다(대판 1973.10.23, 73다268).

4. 강박과 소송행위

강박에 의해 이루어진 소송행위는 원칙적으로 취소할 수 없다(대판 1997.10.10, 96다35484).

기출로 포인트 정리

출제예상 OX지문

❶ 기망에 의하여 하자 있는 물건을 매수한 경우, 매수인은 담보책임만을 주장할 수 있고 사기를 이유로 한 취소권을 행사할 수 없다. (O | X) 15회

❷ 타인의 과실 있는 기망행위로 인하여 착오에 빠져서 한 의사표시는 사기를 이유로 취소할 수 있다. (O | X) 15회 추가

❸ 사기에 의한 의사표시의 상대방의 포괄승계인은 사기를 이유로 한 법률행위의 취소로써 대항할 수 없는 선의의 제3자에 포함된다. (O | X) 19회

❹ 아파트분양자가 아파트단지 인근에 공동묘지가 조성되어 있다는 사실을 분양계약자에게 고지하지 않은 경우에는 기망행위에 해당한다. (O | X) 27회

❺ 제3자의 사기에 의해 의사표시를 한 표의자는 상대방이 그 사실을 알았거나 알 수 있었을 경우에 그 의사표시를 취소할 수 있다. (O | X) 27회

대표기출

사기 · 강박에 의한 의사표시에 관한 설명으로 틀린 것은? (다툼이 있으면 판례에 따름)

25회

① 사기나 강박에 의한 소송행위는 원칙적으로 취소할 수 없다.
② 대리인의 기망행위로 계약을 체결한 상대방은 본인이 선의이면 계약을 취소할 수 없다.
③ 강박으로 의사결정의 자유가 완전히 박탈되어 법률행위의 외형만 갖춘 의사표시는 무효이다.
④ 교환계약의 당사자 일방이 자기소유 목적물의 시가를 묵비한 것은 특별한 사정이 없는 한 기망행위가 아니다.
⑤ 제3자의 사기로 계약을 체결한 경우, 피해자는 그 계약을 취소하지 않고 그 제3자에게 불법행위책임을 물을 수 있다.

쉬운 해설

출제예상 OX지문

❶ X 제110조와 담보책임은 요건이 둘 다 충족된 경우에는 어느 하나를 자유롭게 선택할 수 있다. 따라서 기망에 의하여 하자 있는 물건을 매수한 경우, 매수인은 담보책임을 주장하거나 또는 사기를 이유로 취소권을 행사할 수 있다(판례).

❷ X 사기가 성립하기 위해서는 2단계의 고의가 필요하다. 따라서 타인의 과실 있는 기망행위로 인하여 착오에 빠져서 한 의사표시는 사기가 아니므로 사기를 이유로 취소할 수 없다.

❸ X 포괄승계인은 당사자의 지위를 그대로 승계하므로 제3자에 포함되지 않는다.

❹ O 아파트단지 인근에 공동묘지가 조성되어 있는지는 분양계약에서 중요내용이기 때문에 법적으로 고지의무가 있다. 따라서 고지하지 않았다면 기망행위에 해당한다.

❺ O 제3자의 사기에 의해 의사표시를 한 표의자는 상대방을 보호할 필요가 없는 경우에만 취소할 수 있기 때문에 상대방이 그 사실을 알았거나 알 수 있었을 경우에 한하여 그 의사표시를 취소할 수 있다.

대표기출 정답 ②

② 상대방이 사기나 강박을 당한 경우, 본인과 대리인은 동일시 취급되기 때문에 대리인의 기망행위로 계약을 체결한 상대방은 본인이 선의이더라도 계약을 취소할 수 있다.

① 제110조는 사법상의 법률행위에 대해서 적용되고 공법상의 법률행위나 소송행위에 대해서는 적용되지 않는다. 따라서 사기나 강박에 의한 소송행위는 원칙적으로 취소할 수 없다.

③ 의사결정의 자유가 침해를 받은 경우에는 취소할 수 있다. 그러나 강박으로 의사결정의 자유가 완전히 박탈된 경우에는 의사능력이 없으므로 의사표시는 무효이다.

④ 교환계약의 당사자는 서로에 대해서 시가를 고지할 의무가 없다. 따라서 교환계약의 당사자 일방이 자기소유 목적물의 시가를 묵비한 것은 특별한 사정이 없는 한 기망행위가 아니다. 즉, 위법성이 인정되지 않는다(대판 2002.9.4, 2000다54406).

⑤ 사기가 불법행위를 구성하는 이상, 계약을 취소하지 않고 불법행위를 원인으로 손해배상을 청구할 수 있다(대판 1998.3.10, 97다55829).

에듀윌이
너를
지지할게

ENERGY

대부분의 사람은 마음먹은 만큼 행복하다.

– 에이브러햄 링컨(Abraham Lincoln)

출 제 포 인 트

014 의사표시의 효력발생

[10개년 출제회차] 24, 27, 30회

시작이 쉬운 길잡이

Q

전원주택을 소유하고 있는 대운 씨. 친구 부자 씨와 매매계약을 체결하고 계약금을 지급받았습니다. 그런데 부자 씨가 중도금 지급일자에 중도금을 지급하지 않아서 대운 씨는 채무불이행으로 매매계약을 해제하고자 합니다. 여러분, 이 경우 대운 씨는 어떻게 하면 될까요?

A

우선 대운 씨는 부자 씨에게 중도금지급을 독촉하고, 그래도 중도금지급이 없을 경우 대운 씨는 해제권을 취득합니다. 그리고 해제는 상대방 있는 의사표시이므로 상대방에 대해서 의사표시를 하면 됩니다. 또한, 해제의 의사표시가 효과가 발생하려면 상대방에게 도달해야 합니다. 따라서 대운 씨는 부자 씨에게 해제의 의사표시를 하고 이 의사표시가 부자 씨에게 도달하면 매매계약은 해제, 즉 소멸합니다.

❗ 출제포인트의 중요 키워드는 본문에서 꼭 체크하세요 ▸ **도달주의, 공시송달**

1 의사표시의 효력발생시기에 대한 입법주의

의사표시의 완성만 있으면 곧 효력을 발생하는 것으로 보는 표백주의, 의사표시의 발송이 있어야 효력이 발생하는 것으로 보는 발신주의, 의사표시가 상대방에게 도달되어야 효력이 발생하는 것으로 보는 도달주의❗, 의사표시의 내용을 상대방이 알았을 때 효력이 발생하는 것으로 보는 요지주의가 있다.

2 상대방 있는 의사표시의 효력발생시기

1. 서설

상대방 있는 의사표시에서 의사표시를 행하는 시간적 흐름은 일반적으로 표의자에 의한 의사표시의 완성 및 표명(표백), 그리고 의사표시의 발송(발신), 그리고 상대방에게 도달, 마지막으로 상대방의 요지의 단계를 거치게 된다. 이때 어느 시기에 의사표시의 효력이 발생할 것인가의 문제가 발생한다.

2. 민법의 태도

법령 체크

제111조【의사표시의 효력발생시기】 ① 상대방이 있는 의사표시는 상대방에게 도달한 때에 그 효력이 생긴다.
② 의사표시자가 그 통지를 발송한 후 사망하거나 제한능력자가 되어도 의사표시의 효력에 영향을 미치지 아니한다.

(1) 도달주의의 원칙

민법은 의사표시가 상대방에게 도달한 때 그 효력이 발생한다고 한다(제111조). 즉, 도달주의를 취하고 있다.

(2) 도달주의 원칙은 대화자 간이든 격지자 간이든 적용된다. 즉, 대화자 간의 계약이든 격지자 간의 계약이든 의사표시가 효력을 발생하기 위해서는 상대방에게 도달되어야 한다.

(3) 도달주의에 대한 민법 제111조의 성격

임의규정이므로 의사표시의 효력발생시기에 대해서 당사자가 다르게 정할 수 있다.

(4) 도달의 개념 및 판례

① 도달의 개념: 채권양도의 통지는 채무자에게 도달됨으로써 효력을 발생하는 것이고, 여기서 도달이라 함은 사회관념상 채무자가 통지의 내용을 알 수 있는 객관적 상태에 놓여졌다고 인정되는 상태를 지칭한다고 해석되므로, 채무자가 이를 현실적으로 수령하였다거나 그 통지의 내용을 알았을 것까지는 필요로 하지 않는다(대판 1997.11.25, 97다31281). 따라서 상대방이 의사표시 내용을 현실적으로 알았을 것까지는 요하지 않는다.

② 채권양도의 통지서가 들어 있는 우편물을 채무자의 가정부가 수령한 직후 한집에 거주하고 있는 통지인인 채권자가 그 우편물을 바로 회수해 버렸다면 그 통지는 피고에게 도달되었다고 볼 수 없을 것이다(대판 1983.8.23, 82다카439).

③ 채권양도통지서가 채무자의 주소나 사무소가 아닌 동업자의 사무소에서 그 신원이 분명치 않은 자에게 송달된 경우에는 사회관념상 채무자가 통지의 내용을 알 수 있는 객관적 상태에 놓여졌다고 인정할 수 없다(대판 1997.11.25, 97다31281).

④ 내용증명우편물이 발송되고 반송되지 아니하면, 특단의 사정이 없는 한, 그 무렵에 송달되었다고 볼 것이다(대판 1980.1.15, 79다1498).

⑤ 내용증명우편이나 등기우편과는 달리, 보통우편의 방법으로 발송되었다는 사실만으로는 그 우편물이 상당기간 내에 도달하였다고 추정할 수 없고 송달의 효력을 주장하는 측에서 증거에 의하여 도달사실을 입증하여야 한다(대판 2002.7.26, 2000다25002).

(5) 도달의 효과

① 의사표시가 상대방에게 도달하기 전에는 효력이 발생하기 전이므로 표의자는 자신의 의사표시를 철회할 수 있다. 그러나 의사표시가 상대방에게 도달한 이후에는 이미 효력이 발생했으므로 표의자는 자신의 의사표시를 철회하지 못한다.

② 의사표시자가 그 통지를 발송한 후 사망하거나 제한능력자가 되어도 의사표시의 효력에 영향을 미치지 아니한다. 즉, 그대로 효력이 발생한다.

③ 민법은 도달주의를 취하고 있으므로 의사표시의 불착 또는 연착에 따른 불이익은 모두 표의자가 부담한다. 즉, 의사표시가 상대방에게 도달되어야 비로소 효력이 발생하므로 도달되기 전까지의 불이익은 스스로 부담한다.

(6) 도달주의 예외로서 발신주의를 취하고 있는 것

① 제한능력자 상대방의 촉구에 대한 제한능력자 측의 확답(제15조 제2항)

② 무권대리인의 상대방 최고에 대한 본인의 확답(제131조)

③ 채무인수 승낙 여부의 최고에 대한 채권자의 확답(제455조 제2항)

④ 격지자 간 계약에서 승낙의 의사표시의 효력발생시기, 즉 격지자 간의 계약의 성립시기(제531조)

⑤ 사단법인의 사원총회의 소집통지(제71조)

3 의사표시 효력발생에 대한 쟁점

1. 의사표시의 수령능력

법령 체크

제112조【제한능력자에 대한 의사표시의 효력】 의사표시의 상대방이 의사표시를 받은 때에 제한능력자인 경우에는 의사표시자는 그 의사표시로써 대항할 수 없다. 다만, 그 상대방의 법정대리인이 의사표시가 도달한 사실을 안 후에는 그러하지 아니하다.

(1) 의의

의사표시의 수령능력이란 의사표시의 내용을 알 수 있는 능력을 의미한다.

(2) 상대방은 수령능력이 있어야 한다.

의사표시 효력발생시기에 대해서 우리 민법은 도달주의를 취하고 있으므로 의사표시가 효력을 발생하기 위해서는 상대방은 의사표시의 내용을 알 수 있는 수령능력이 있어야 한다. 만약 상대방이 제한능력자인 경우 상대방을 보호하기 위해서 표의자는 의사표시의 도달을 주장할 수 없다. 다만, 제한능력자 측에서 의사표시의 도달 및 효력발생을 주장하는 것은 무방하다.

(3) 법정대리인이 도달을 안 경우

상대방에게 수령능력이 없을지라도 법정대리인이 도달을 안 후에는 표의자는 의사표시의 도달을 주장할 수 있다.

① 의사표시가 효력을 발생하기 위해서는 상대방에게 도달되어야 하고, 도달이란 그 내용을 알 수 있는 객관적 상태에 놓이는 것을 말하므로 의사표시의 상대방은 의사표시를 수령할 능력을 요한다. 즉, 의사표시 내용을 알 수 있는 능력이 있어야 한다. 민법은 제한능력자에게 수령능력이 없는 것으로 규정하고 있다.

② 예컨대, 주택을 소유하고 있는 甲이 착오에 빠져서 乙과 매매계약을 체결한 경우, 甲이 착오를 이유로 취소의 의사표시를 乙에게 통지했고 乙에게 도달한 경우,

㉠ 만약 乙이 제한능력자라면 수령능력이 없으므로 甲은 의사표시가 乙에게 도달했음을 주장할 수 없다.

㉡ 수령무능력자제도는 제한능력자를 보호하기 위한 제도이므로 제한능력자인 乙이 도달을 주장하는 것은 무방하다.

㉢ 만약 의사표시가 도달한 사실을 법정대리인이 안 경우에는 甲은 의사표시의 도달을 주장할 수 있는데, 주의할 점은 도달한 날로 소급하는 것이 아니라 법정대리인이 도달을 안 그날 도달되었음을 주장할 수 있다.

2. 의사표시의 공시송달

법령 체크

제113조 【의사표시의 공시송달】 표의자가 과실 없이 상대방을 알지 못하거나 상대방의 소재를 알지 못하는 경우에는 의사표시는 「민사소송법」 공시송달의 규정에 의하여 송달할 수 있다.

(1) 의의

표의자가 과실 없이 상대방을 알지 못하거나 상대방의 소재를 알지 못하는 경우 의사표시를 상대방에게 도달시킬 수 있는 방법이 필요한데, 이것이 공시송달에 의한 의사표시의 도달이다. 즉, 공시송달에 의해서 의사표시의 효력을 발생할 수 있도록 하고 있다.

(2) 요건

표의자가 의사표시의 상대방을 알지 못하거나 상대방의 소재를 알지 못하고 그리고 과실이 없어야 한다.

(3) 절차

공시송달은 법원사무관 등이 송달할 서류를 보관하고 그 사유를 법원게시판에 게시하거나, 그 밖에 대법원규칙이 정하는 방법에 따라서 하여야 한다(민사소송법 제195조).

(4) 효과

① 공시송달에 의한 의사표시는 실시한 날부터 2주가 지나야 상대방에게 도달한 것으로 간주하여 그 효력이 발생한다. 다만, 같은 당사자에게 하는 그 뒤의 송달은 실시한 다음 날부터 효력이 생긴다(민사소송법 제196조 제1항).

② 외국에서 할 송달에 대한 공시송달은 실시한 날부터 2월이 지나야 상대방에게 도달한 것으로 간주하여 그 효력이 발생한다(민사소송법 제196조 제2항).

기출로 **포인트 정리**

출제예상 OX지문

❶ 의사표시의 도달이란 사회관념상 상대방이 그 내용을 알 수 있는 객관적 상태에 있음을 뜻한다. (O | X) 16회

❷ 격지자 간의 계약 성립에 있어 승낙의 통지는 발신주의가 적용된다. (O | X) 20회

❸ 상대방 있는 의사표시는 특별한 사정이 없으면 상대방에게 도달한 때에 그 효력이 생긴다. (O | X) 24회

❹ 상대방이 정당한 사유 없이 통지의 수령을 거절한 경우에도 그가 통지의 내용을 알 수 있는 객관적 상태에 놓인 때에 의사표시의 효력이 생긴다. (O | X) 27회

대표기출

의사표시의 효력발생에 관한 설명으로 틀린 것은? (다툼이 있으면 판례에 따름) 22회

① 과실 없이 상대방의 소재를 알지 못하는 표의자는 공시송달에 의하여 의사표시의 효력을 발생시킬 수 있다.

② 표의자가 의사표시 발신 후 제한능력자가 되더라도 그 의사표시의 효력에는 영향이 없다.

③ 표의자는 의사표시가 도달하기 전에는 그 의사표시를 철회할 수 있다.

④ 우편물이 등기우편의 방법으로 발송되었다는 사실만으로는 상당기간 내에 도달하였다고 추정할 수 없다.

⑤ 내용증명우편물이 반송되지 않았다면 특별한 사정이 없는 한 그 무렵에 송달되었다고 보아야 한다.

기출로 **포인트 정리**

쉬운 해설

출제예상 OX지문

❶ O 현실적으로 그 내용을 알 것까지는 필요 없다.

❷ O 청약자와 승낙자가 모두 계약체결의사가 있기 때문에 되도록 빠른 시기에 계약이 성립하는 것으로 본다. 따라서 발신주의를 취한다.

❸ O 우리 민법은 의사표시의 효력발생시기에 대해서 도달주의를 원칙으로 한다.

❹ O 통지의 내용을 알 수 있는 객관적 상태에 놓였기 때문에 도달로 볼 수 있어서 효력이 발생한다.

대표기출 정답 ④

④ 우편물이 등기우편의 방법으로 발송되었고 반송되지 않았다면 특별한 사정이 없는 이상 상당기간 내에 도달한 것으로 추정된다(대판 1992.3.27, 91누3819).

① 공시송달이 인정되기 위해서는 표의자가 의사표시의 상대방을 알지 못하거나 상대방의 소재를 알지 못하고 과실이 없어야 한다. 따라서 과실 없이 상대방의 소재를 알지 못하는 표의자는 공시송달에 의하여 의사표시의 효력을 발생시킬 수 있다(제113조).

② 행위능력이 있는 상태에서 의사표시를 발송했다면 이후의 사정은 고려하지 않는다. 따라서 표의자가 의사표시 발신 후 제한능력자가 되더라도 그 의사표시의 효력에는 영향이 없다. 즉, 그대로 효력이 발생한다(제111조 제2항).

③ 상대방 있는 의사표시에 대해서 도달주의를 취하고 있으므로 도달된 이후에는 철회하지 못하지만 도달하기 전에는 그 의사표시를 철회할 수 있다.

⑤ 내용증명우편물이 반송되지 않았다면 특별한 사정이 없는 한 그 무렵에 송달된 것으로 본다(대판 1980.1.15, 79다1498).

015 임의대리인의 대리권의 범위

[10개년 출제회차] 24, 25, 27, 28, 29, 30, 31, 33회

시작이 쉬운 길잡이

Q 아파트를 소유하고 있는 대운 씨. 시세가 많이 올라 차익을 실현하기 위해서 처분하려고 합니다. 그런데 친구인 동철 씨가 부동산 전문가라서 동철 씨에게 일을 맡기고 싶은데요. 여러분, 대운 씨는 반드시 스스로 계약을 체결해야 할까요?

A 매매계약을 대운 씨가 스스로 체결할 수도 있지만 전문가인 동철 씨에게 일을 맡겨 얼마든지 매매계약을 체결할 수 있습니다. 여기서 대운 씨를 본인이라고 하고 대운 씨의 계약을 대신 체결하는 동철 씨를 대리인이라고 합니다. 이때 동철 씨는 대운 씨가 맡긴 권한범위 내에서 일을 하면 됩니다.

❗ 출제포인트의 중요 키워드는 본문에서 꼭 체크하세요 ▸ 법정대리, 임의대리, 대리권, 보존행위, 이용행위, 개량행위

※ 1. 본인: 일(법률행위)을 맡기는 사람
 2. 대리인: 본인의 일(법률행위)을 대신하는 사람

1 법정대리(法定代理)와 임의대리(任意代理) → 대리권의 발생 원인에 따른 구별

1. 법정대리

법정대리란 본인의 의사와는 상관없이 법률의 규정에 의해 일정한 자에게 대리권이 부여되는 경우를 말한다. 가령 제한능력자의 친권자, 후견인 등이 있다.

2. 임의대리

임의대리란 본인의 의사에 의한 대리권 수여, 즉 수권행위를 통해서 발생한 대리를 말한다.

2 대리권

1. 대리권의 의의 및 성질

(1) 의의

대리권이란 타인(대리인)이 본인의 이름으로 의사표시를 하거나 또는 제3자(상대방)의 의사표시를 수령함으로써 그 법률효과를 직접 본인에게 귀속시킬 수 있는 법률상의 지위 또는 자격을 말한다.

(2) 성질

권리는 자기 자신을 위해서 법률행위를 할 수 있는 법률상의 힘인데 권한은 타인을 위해서 즉, 법률행위의 효과를 자신이 받는 것이 아니라 타인에게 귀속시킬 수 있는 자격이다. 따라서 대리권은 권리가 아니라 권한이다.

2. 대리권의 발생원인

(1) 법정대리권의 발생원인

법정대리권은 본인의 의사와는 관계없이 직접 법률의 규정에 의해 발생한다. 그 유형에는 다음의 세 가지가 있다.

① **법률의 규정**: 본인과 일정한 신분관계에 있는 자가 당연히 대리인으로 되는 경우이다. 예컨대 일상가사대리권을 가지는 부부(제827조), 친권자(제911조, 제920조) 등이 있다.

② **지정권자의 지정행위**: 일정한 자의 지정으로 대리인이 되는 경우이다. 예컨대 지정후견인(제931조), 지정유언집행자(제1093조, 제1094조) 등이 있다.

③ **법원의 선임행위**: 법원(가정법원)에 의해 선임된 자가 대리인이 되는 경우이다. 예컨대 부재자재산관리인(제22조, 제23조), 상속재산관리인(제1023조, 제1040조 등), 유언집행자(제1096조) 등이 있다.

(2) 임의대리권의 발생원인(수권행위)

① 의의

㉠ 임의대리권은 본인이 대리인에게 대리권을 수여하는 행위, 즉 수권행위에 의해서 발생한다. 예컨대 아파트를 소유하고 있는 甲이 급전이 필요해서 아파트를 매각하는 경우 자신이 직접 매매계약을 체결할 수도 있지만 가까운 친구가 자신보다 많은 경험을 가지고 있어서 친구 乙에게 자신을 대신해서 아파트를 매각할 수 있는 대리권한을 수여할 수 있는데, 이처럼 본인이 대리인에게 대리권을 수여하는 행위를 수권행위라고 한다.

㉡ 수권행위는 대리권을 수여하게 된 원인관계인 기초적 내부관계(원인된 법률관계, 주로 위임계약)와 구별된다. 즉, 일반적으로 위임계약관계(원인된 법률관계)에는 수권행위가 따르는 것이 보통이지만, 그렇다고 하여 위임계약이 있다고 해서 언제나 수권행위가 수반되는 것은 아니다. 예컨대, 주택의 소유권자가 친구에게 자신을 대신해서 그 주택을 매도해 줄 것을 청약했고 친구가 승낙을 했지만 아직 매각의 대리권을 수여하지 않은 경우, 둘 사이에 위임계약이 성립했지만 수권행위가 없으므로 친구에게 대리권은 없다.

② **수권행위의 법적 성질**: 수권행위는 상대방의 동의나 승낙을 요하지 않는 상대방 있는 단독행위이다.

③ 수권행위의 방식

㉠ 수권행위는 민법상 불요식행위이다. 즉, 특별한 방식을 요하지 않는다.

㉡ 방식에 특별한 제한이 없으므로 명시적 의사표시에 의해서도 가능하지만 묵시적 의사표시에 의해서도 가능하다.

④ 수권행위의 하자(瑕疵): 대리행위의 하자 유무는 제116조 제1항에 의해 본인이 아니라 대리인을 기준으로 판단하지만 수권행위는 본인이 행하는 법률행위(의사표시)이므로 수권행위의 하자 유무는 본인을 기준으로 판단한다. 따라서 본인이 제한능력자인 경우에는 제한능력을 이유로 수권행위를 취소할 수 있다.

3. 대리권의 유무

(1) 대리권이 있는 경우

① 임의대리권은 그 권한에 부수하여 필요한 한도에서 상대방의 의사표시를 수령하는 수령대리권을 포함한다(대판 1994.2.8, 93다39379).

② 부동산의 소유자로부터 매매계약을 체결할 대리권을 수여받은 대리인은 특별한 사정이 없는 한 그 매매계약에서 약정한 바에 따라 중도금이나 잔금을 수령할 권한도 있다(대판 1994.2.8, 93다39379).

③ 매매계약의 체결과 이행에 관하여 포괄적으로 대리권을 수여받은 대리인은 특별한 다른 사정이 없는 한 상대방에 대하여 약정된 매매대금 지급기일을 연기하여 줄 권한도 가진다(대판 1992.4.14, 91다43107).

(2) 대리권이 없는 경우

① 어떠한 계약의 체결에 관한 대리권을 수여받은 대리인이 수권된 법률행위를 하게 되면 그것으로 대리권의 원인된 법률관계는 원칙적으로 목적을 달성하여 종료하는 것이고, 법률행위에 의하여 수여된 대리권은 그 원인된 법률관계의 종료에 의하여 소멸하는 것이므로(민법 제128조), 그 계약을 대리하여 체결하였던 대리인이 체결된 계약의 해제 등 일체의 처분권과 상대방의 의사를 수령할 권한까지 가지고 있다고 볼 수는 없다(대판 2008.6.12, 2008다11276). 따라서 본인을 대리하여 매매계약을 체결한 대리인은 매매계약의 해제에 관한 상대방의 의사표시를 수령할 권한은 없다. 그리고 매수인을 대리하여 부동산을 매수할 권한을 수여받은 대리인에게는 특별한 사정이 없는 한 그 부동산을 제3자에게 매도할 권한은 없다.

② 예금계약의 체결을 위임받은 자가 가지는 대리권에 당연히 그 예금을 담보로 하여 대출을 받거나 이를 처분할 수 있는 대리권이 포함되어 있는 것은 아니다(대판 1995.8.22, 94다59042).

③ 특별한 다른 사정이 없는 한, 본인을 대리하여 금전소비대차 내지 그를 위한 담보권설정계약을 체결할 권한을 수여받은 대리인에게 본래의 계약관계를 해제할 대리권까지 있다고 볼 수 없다(대판 1993.1.15, 92다39365).

④ 대여금의 영수권한만을 위임받은 대리인이 그 대여금 채무의 일부를 면제하려면 그에 관한 특별수권이 있어야 한다(대판 1981.6.23, 80다3221). 즉, 일부면제에 대한 대리권은 없다.

4. 대리권의 범위가 불분명한 경우의 민법의 보충규정 암기코드 | 보이개

법령 체크

제118조【대리권의 범위】 권한을 정하지 아니한 대리인은 다음 각 호의 행위만을 할 수 있다.

1. 보존행위
2. 대리의 목적인 물건이나 권리의 성질을 변하지 아니하는 범위에서 그 이용 또는 개량하는 행위

임의대리에서 대리인은 대리권 범위 내에서 대리행위를 할 수 있는데, 이러한 대리권의 범위는 수권행위해석을 통해서 확정이 된다. 그런데 민법은 수권행위의 해석을 통해서도 대리권의 범위를 명백히 확정할 수 없는 경우를 위하여 보충적 규정을 두고 있다. 즉, 대리인에게 대리권이 있다는 것은 명백하나 그 범위가 불분명한 경우에는 보충규정으로서 제118조가 적용된다.

(1) 보존행위 → 무제한 허용되므로 특별수권행위는 필요 없다.

보존행위란 재산가치를 현상대로 유지하는 것을 목적으로 하는 행위를 말한다. 본인에게 이익이 되는 행위이므로 특별한 제한 없이 무제한 허용된다. 예컨대 주택의 수선, 소멸시효의 중단, 미등기부동산의 보존등기, 기한이 도래한 채무의 변제, 부패하기 쉬운 물건의 처분(매각) 등이 있다. 따라서 대리권의 범위를 정하지 않은 경우, 대리인은 보존행위를 할 수 있다. 그리고 권한을 정하지 아니한 임의대리인은 본인의 미등기부동산에 관한 보존등기를 할 수 있는데, 이 경우 본인에 의한 특별수권이 없어도 가능하다.

(2) 이용행위와 개량행위

① 이용행위란 재산상 이익을 도모하는 행위, 즉 수익을 창출하는 행위를 말한다. 예컨대, 주택을 임대하거나 금전을 이자부로 대여하는 경우이다.

② 개량행위란 재산의 사용가치나 교환가치를 증가시키는 행위를 말한다. 예컨대, 무이자 금전대여를 이자부로 변경하는 경우이다.

③ **이용행위와 개량행위의 제한**: 대리인이 이용행위와 개량행위를 함에는 일정한 제한을 받는다. 즉, 대리인은 이용행위와 개량행위를 무제한으로 할 수는 없고 대리의 목적인 물건이나 권리의 성질이 변하지 아니하는 범위에서만 할 수 있다. 따라서 은행예금을 찾아 보다 높은 금리로 개인에게 빌려주는 행위는 할 수 없다.

(3) 처분행위

본인의 특별수권행위가 없다면 처분행위는 허용되지 않는다.

기출로 **포인트 정리**

출제예상 OX지문

❶ 매매계약의 체결과 이행에 관하여 포괄적으로 대리권을 수여받은 대리인은 중도금이나 잔금을 수령할 권한은 있지만, 특별한 사정이 없는 한 상대방에 대하여 약정된 매매대금 지급기일을 연기하여 줄 권한은 없다. (O | X) 20회

❷ 매매계약체결에 관한 대리권은 특별한 사정이 없는 한 상대방과의 계약을 해제할 권한을 포함한다. (O | X) 31회

대표기출

1. 대리권의 범위와 제한에 관한 설명으로 틀린 것은? (다툼이 있으면 판례에 따름)

27회

① 대리인에 대한 본인의 금전채무가 기한이 도래한 경우 대리인은 본인의 허락 없이 그 채무를 변제하지 못한다.

② 금전소비대차계약과 그 담보를 위한 담보권설정계약을 체결할 권한이 있는 임의대리인은 특별한 사정이 없는 한 계약을 해제할 권한까지 갖는 것은 아니다.

③ 매매계약체결의 대리권을 수여받은 대리인은 특별한 사정이 없는 한 중도금과 잔금을 수령할 권한이 있다.

④ 대리인이 수인인 때에는 각자가 본인을 대리하지만, 법률 또는 수권행위에서 달리 정할 수 있다.

⑤ 권한을 정하지 않은 대리인은 보존행위를 할 수 있다.

2. 대리권의 범위가 명확하지 않은 임의대리인이 일반적으로 할 수 있는 행위가 아닌 것은?

22회

① 미등기부동산을 등기하는 행위

② 부패하기 쉬운 물건의 매각행위

③ 소의 제기로 소멸시효를 중단시키는 행위

④ 무이자 금전소비대여를 이자부로 변경하는 행위

⑤ 은행예금을 찾아 보다 높은 금리로 개인에게 빌려주는 행위

쉬운 해설

출제예상 OX지문

❶ × 계약체결뿐만이 아니라 이행에 관해서도 포괄적 대리권을 수여받았기 때문에 대금 지급기일을 연장해 줄 권한도 있다(대판 1992.4.14, 91다43107).

❷ × 단지 매매계약체결대리권을 수여받았기 때문에 체결한 계약을 해제할 권한은 없다(대판 2008.6.12, 2008다11276).

대표기출 정답 1. ① 2. ⑤

1. ① 단순한 채무이행은 새로운 이해관계가 발생하지 않으므로 자기계약이나 쌍방대리가 허용된다. 따라서 대리인에 대한 본인의 금전채무가 기한이 도래한 경우에는 대리인은 본인의 허락이 없더라도 채무를 변제할 수 있다.

② 계약을 체결할 권한을 수여받은 대리인은 체결할 권한만 있고, 체결한 계약을 해제할 권한은 없다.

③ 본인이 대리인에게 매각대리권을 수여했다는 것은 매도하고 대금도 수령해오라는 의사가 있다고 볼 수 있으므로 매매계약체결의 대리권을 수여받은 대리인은 특별한 사정이 없는 한 중도금과 잔금을 수령할 권한이 있다.

④ 대리인이 수인인 경우에는 각자가 대리한다(제119조). 다만, 임의규정이므로 법률 또는 수권행위에서 달리 정할 수 있다.

⑤ 권한을 정하지 않은 대리인도 본인을 위해서 보존행위를 할 수 있고 물건이나 권리의 성질이 변하지 아니하는 범위에서 이용 또는 개량행위를 할 수 있다(제118조).

2. ⑤ 은행예금을 찾아 보다 높은 금리로 개인에게 빌려주는 행위는 권리의 성질을 변화시키는 행위이므로 허용되지 않는다.

①②③④ 대리인에게 대리권이 있다는 것은 명백하나 그 범위가 불분명한 경우에는 보충규정으로서 제118조가 적용된다. 따라서 보존행위는 무제한 허용되고 대리의 목적인 물건이나 권리의 성질을 변하지 아니하는 범위에서 그 이용 또는 개량하는 행위도 허용된다.

① 미등기부동산을 등기하는 행위, ② 부패하기 쉬운 물건의 매각행위, ③ 소의 제기로 소멸시효를 중단시키는 행위는 보존행위이고, ④ 무이자 금전소비대여를 이자부로 변경하는 행위는 개량행위이므로 허용된다.

출제포인트

016 대리권의 남용

[10개년 출제회차] 25, 28회

시작이 쉬운 길잡이

Q

은행에 근무하는 대운 씨. 고객들로부터 예금을 받아서 그 돈을 모두 주식으로 날려 버렸습니다. 여러분, 고객들은 은행을 상대로 예금반환을 청구할 수 있을까요?

A

대운 씨는 은행의 예금계약을 대신해서 체결하는 대리인입니다. 따라서 은행을 위해서 대리행위를 해야 하는데 은행이 아니라 자기 자신을 위해서 예금계약을 체결했습니다. 이것을 대리권의 남용이라고 합니다. 이때 고객들(거래상대방)을 보호하기 위해서 예금계약은 유효입니다. 따라서 고객들은 은행을 상대로 예금반환을 청구할 수 있는 것이 원칙입니다.

출제포인트의 중요 키워드는 본문에서 꼭 체크하세요 ▸ 대리권의 남용

1 의의

(1) 대리권의 남용이란 대리인이 대리권의 범위 내에서 대리행위를 하였지만, 그 행위가 실질적으로는 본인을 위한 것이 아니라 오직 대리인 자신이나 또는 제3자의 이익을 위하여 행해진 경우를 말한다.

(2) **유권대리**

대리권 범위 내에서 대리행위를 하는 것이기 때문에 유권대리이다. 즉, 무권대리가 아니다.

2 효과

(1) **원칙**: 유효

대리인이 대리권을 남용한 경우에도 상대방을 보호하기 위해서 대리행위의 효과는 본인에게 귀속한다. 즉, 유효이다.

(2) **예외**: 무효 → 제107조 제1항 단서 유추적용

상대방이 대리권 남용사실을 알았거나 알 수 있었을 경우에는 상대방 보호가치가 없어 무효이므로 본인에게 효과가 귀속하지 않는다. 즉, 대리인의 대리권 남용을 상대방이 알았거나 알 수 있었을 경우, 대리행위는 본인에게 효력이 없다. 따라서 대리인이 자기의 이익을

위한 배임적 의사표시를 하였고 상대방도 이를 안 경우, 본인은 그 대리인의 행위에 대하여 책임이 없다.

(3) 판례의 입장

제107조 제1항 단서 유추적용설에 의해서 대리권 남용문제를 해결한다. 즉, 대리인이 본인의 이익이나 의사에 반하여 자기 또는 제3자의 이익을 위한 배임적 대리행위를 한 경우에, 그 상대방이 그 사정을 알았거나 알 수 있었을 경우에는 제107조 제1항 단서를 유추하여 그 대리인의 행위는 본인의 행위로 성립할 수 없다(대판 1996.4.26, 94다29850).

(4) 적중판례

법정대리인인 친권자의 대리행위가 객관적으로 볼 때 미성년자 본인에게는 경제적인 손실만을 초래하는 반면, 친권자나 제3자에게는 경제적인 이익을 가져오는 행위(대리권 남용)이고 행위의 상대방이 이러한 사실을 알았거나 알 수 있었을 때에는 민법 제107조 제1항 단서의 규정을 유추적용하여 행위의 효과가 자(子)에게는 미치지 않는다고 해석함이 타당하나, 그에 따라 외형상 형성된 법률관계를 기초로 하여 새로운 법률상 이해관계를 맺은 선의의 제3자에 대하여는 같은 조 제2항의 규정을 유추적용하여 누구도 그와 같은 사정을 들어 대항할 수 없으며, 제3자가 악의라는 사실에 관한 주장 · 증명책임은 무효를 주장하는 자에게 있다(대판 2018.4.26, 2016다3201).

기출로 **포인트 정리**

출제예상 OX지문

❶ 대리인이 오직 자기 이익을 꾀할 목적으로 대리권을 남용한 경우, 비진의표시에 관한 규정이 유추적용될 수 있다. (O | X) 16회

대표기출

대리에 관한 설명으로 틀린 것은? (다툼이 있으면 판례에 따름) 25회

① 대리인이 파산선고를 받아도 그의 대리권은 소멸하지 않는다.

② 대리인이 수인인 때에는 원칙적으로 각자가 본인을 대리한다.

③ 대리인은 본인의 허락이 있으면 당사자 쌍방을 대리할 수 있다.

④ 대리인의 대리권 남용을 상대방이 알았거나 알 수 있었을 경우, 대리행위는 본인에게 효력이 없다.

⑤ 매매계약을 체결할 대리권을 수여받은 대리인은 특별한 사정이 없는 한 중도금과 잔금을 수령할 권한이 있다.

쉬운 해설

출제예상 OX지문

❶ O 대리인이 대리권을 남용한 경우, 비진의표시에 관한 규정이 유추적용될 수 있다. 따라서 상대방이 표의자의 진의 아님을 알았거나 알 수 있었을 경우에는 무효이다.

대표기출 정답 ①

① 대리권의 소멸사유로서 본인의 사망, 대리인의 사망, 성년후견의 개시, 파산선고가 있다(제127조). 따라서 대리인이 파산선고를 받으면 그의 대리권은 소멸한다.

② 각자대리가 원칙이다.

③ 자기계약과 쌍방대리는 본인의 이익을 해할 염려가 있기 때문에 원칙적으로 금지된다. 다만, 예외적으로 본인의 허락이 있거나 채무의 이행은 허용된다.

④ 대리권을 남용한 경우에도 상대방을 보호하기 위해서 유효임이 원칙이다. 그러나 예외적으로 상대방이 대리권 남용사실을 알았거나 알 수 있었을 경우에는 상대방 보호가치가 없으므로 무효이다. 따라서 대리행위는 본인에게 효력이 없다.

⑤ 매매계약을 체결할 대리권을 수여받은 대리인은 특별한 사정이 없는 한 그 매매계약에서 약정한 바에 따라 중도금과 잔금을 수령할 권한이 있다(대판 1994.2.8, 93다39379).

출제포인트

017 대리권의 제한

[10개년 출제회차] 24, 25, 27, 28, 29, 30, 31, 33회

시작이 쉬운 길잡이

Q 대운 씨가 본인 소유의 아파트를 매도하도록 친구 산하 씨에게 대리권을 주었습니다. 아파트가 마음에 든 산하 씨! 산하 씨는 그 아파트를 매수할 수 있을까요?

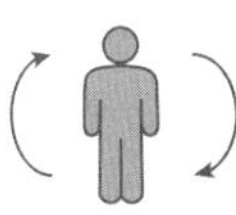

A 친구 산하 씨는 매도인인 대운 씨의 대리인이면서 동시에 자신이 매수인으로서 혼자서 매매계약을 체결하는 경우를 자기계약이라고 합니다. 하지만 이는 대운 씨의 이익을 침해할 수 있기 때문에 원칙적으로 금지됩니다.

출제포인트의 중요 키워드는 본문에서 꼭 체크하세요 ▶ **자기계약, 쌍방대리, 각자대리**

1 자기계약, 쌍방대리

법령 체크

제124조【자기계약, 쌍방대리】 대리인은 본인의 허락이 없으면 본인을 위하여 자기와 법률행위를 하거나 동일한 법률행위에 관하여 당사자 쌍방을 대리하지 못한다. 그러나 채무의 이행은 할 수 있다.

1. 의의

(1) 자기계약

자기계약이란 대리인이 한편으로는 본인을 대리하고, 다른 한편으로는 자기 자신의 자격으로, 자기 혼자서 본인과 대리인 사이의 계약을 체결하는 것을 말한다. 즉, 대리인이 본인의 이름으로 제3자(상대방)와 대리행위를 하지 않고 대리인 자기 혼자서 자신과 계약을 체결하는 것을 자기계약이라고 한다.

(2) 쌍방대리

쌍방대리란 대리인이 한편으로는 본인을 대리하고, 다른 한편으로는 상대방을 대리하여 자기 혼자서 쌍방의 계약을 체결하는 것을 말한다. 즉, 동일한 법률행위에 대해서 당사자 쌍방을 대리하는 것을 쌍방대리라고 한다. 판례에 따르면, 민법 제124조는 "대리인은 본인의 허락이 없으면 본인을 위하여 자기와 법률행위를 하거나 동일한 법률행위에 관하여 당사자 쌍방을 대리하지 못한다."고 규정하고 있으므로 부동산 입찰절차에서 동일물건에 관하여 이해관계가 다른 2인 이상의 대리인이 된 경우에는 그 대리인이 한 입찰은 무효이다(대결 2004.2.13, 2003마44).

2. 효과

(1) 원칙: 금지

자기계약과 쌍방대리는 원칙적으로 금지된다(제124조). 왜냐하면 본인의 이익을 해할 위험이 있기 때문이다.

(2) 예외: 허용

자기계약과 쌍방대리를 금지하는 이유는 본인의 이익을 해할 위험이 있기 때문이므로 당사자 사이에 이해관계의 충돌이 없다면, 즉 본인의 이익을 해할 위험이 없다면 예외적으로 허용된다.

① 본인의 허락: 본인이 자기계약, 쌍방대리를 허락한 경우에는 허용된다. 즉, 대리인은 본인의 허락이 있으면 당사자 쌍방을 대리할 수 있다. 이 경우 본인이 허락했다는 것은 대리권을 수여한 것이므로 그러한 대리행위는 유효이다.

② 채무의 이행

㉠ 채무의 이행은 그것에 의하여 새로운 이해관계가 생기는 것이 아니고, 이미 성립하고 있는 이해관계의 결제에 지나지 않기 때문에 본인의 이익을 해할 위험이 없으므로 허용된다.

㉡ 따라서 채무의 이행과 동일한 것으로 볼 수 있는 경우에도 예외적으로 허용된다. 예컨대, 금전출납권이 있는 대리인이 본인에 대하여 금전채권이 있고 그 기한이 도래한 경우에 본인의 통장에서 출금하여 변제에 충당하는 행위(대리인에 대한 본인의 금전채무가 기한이 도래한 경우 대리인은 본인의 허락 없이 그 채무를 변제할 수 있다) 또는 법무사가 등기권리자와 등기의무자의 쌍방을 대리하여 등기를 신청하는 행위는 허용된다(부동산 매도인과 매수인 쌍방을 대리한 등기신청행위는 허용된다).

㉢ 그러나 채무이행이더라도 새로운 이해관계를 생기게 하는 다툼이 있는 채무의 이행이나 대물변제(제466조)나 경개(제500조), 기한이 도래하지 않은 채무이행 등은 성질상 허용되지 않는다.

(3) 적용범위

자기계약, 쌍방대리의 금지에 관한 제124조는 법정대리, 임의대리 모두에 적용된다.

(4) 위반의 효과: 무권대리

자기계약, 쌍방대리의 금지에 위반하는 행위는 무효가 아니라, 대리권이 없는 행위를 한 것이므로 무권대리행위이다. 따라서 본인에 대하여 효력이 발생하지는 않는다. 다만, 본인이 이를 사후에 추인하면 본인에게 효과가 발생할 수 있다. 즉, 본인의 허락이 없는 자기계약이라도 본인이 추인하면 유효한 대리행위로 될 수 있다.

2 공동대리

법령 체크

제119조【각자대리】 대리인이 수인인 때에는 각자가 본인을 대리한다. 그러나 법률 또는 수권행위에 다른 정한 바가 있는 때에는 그러하지 아니하다.

1. 의의 암기코드 | 수각대리

대리인이 수인인 때에는 각자가 본인을 대리한다(제119조 본문). 즉, 각자대리가 원칙이다. 다만, 예외적으로 법률 또는 수권행위에서 달리 정한 때, 즉 수인의 대리인이 공동으로만 대리하도록 본인이 정한 경우에는 공동으로만 대리하여야 한다(제119조 단서). 즉, 대리인이 수인인 때에는 각자가 본인을 대리하지만, 법률 또는 수권행위에서 달리 정할 수 있다.

2. 공동의 의미

공동대리에 있어 공동은 의사표시의 공동이 아니라 의사결정의 공동을 의미한다. 따라서 공동대리인 간에 의사의 합치가 있는 이상 반드시 전원이 공동으로 의사표시를 할 필요는 없고 각자가 할 수 있다.

3. 적용범위

능동대리에 대해서만 공동대리 제한을 받는다. 수동대리에 대해서는 상대방의 보호와 거래상의 편익을 위하여 각 대리인이 공동으로 상대방의 의사표시를 수령할 필요는 없고 단독으로 의사표시를 수령할 수 있다.

4. 위반의 효과 → 무권대리

공동대리의 제한이 있음에도 이에 위반하여 대리인 각자가 단독으로 대리행위를 한 경우에는 무권대리에 해당하고, 다만 권한을 넘는 표현대리가 성립할 수 있다.

5. 임의규정

특약을 통해서 다르게 정할 수 있으므로 임의규정에 해당한다.

기출로 **포인트 정리**

출제예상 OX지문

❶ 대리인이 여럿인 경우, 대리인은 원칙적으로 공동으로 대리해야 한다. (O | X) 31회

❷ 부동산 매도인과 매수인 쌍방을 대리한 등기신청행위는 허용된다. (O | X) 20회

대표기출

임의대리에 관한 설명으로 틀린 것을 모두 고른 것은? (다툼이 있으면 판례에 따름)

30회

㉠ 대리인이 여러 명인 때에는 공동대리가 원칙이다. ㉡ 권한을 정하지 아니한 대리인은 보존행위만을 할 수 있다. ㉢ 유권대리에 관한 주장 속에는 표현대리의 주장이 포함되어 있다.

① ㉠
② ㉡
③ ㉠, ㉢
④ ㉡, ㉢
⑤ ㉠, ㉡, ㉢

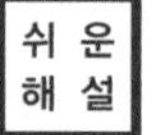

출제예상 OX지문

❶ X 대리인이 여러 명인 경우에는 각자대리가 원칙이다.

❷ O 법무사가 본인의 위임을 받아 등기권리자와 등기의무자의 쌍방을 대리하여 등기를 신청하는 행위는 허용된다.

대표기출 정답 ⑤

㉠ 대리인이 여러 명인 때에는 각자대리가 원칙이다(제119조).

㉡ 권한을 정하지 아니한 대리인은 보존행위뿐만이 아니라 이용행위, 개량행위도 할 수 있다(제118조).

㉢ 표현대리는 무권대리에 해당하기 때문에 유권대리에 관한 주장 속에는 표현대리의 주장이 포함되어 있지 않다(대판 전합체 1983.12.13, 83다카1489).

출 제 포 인 트

018 대리권의 소멸

[10개년 출제회차] 24, 25, 30, 31, 33회

시작이 쉬운 길잡이

Q

대운 씨가 친구 부자 씨에게 아파트를 매도할 수 있는 대리권한을 수여했습니다. 만약 부자 씨가 교통사고로 사망할 경우, 부자 씨의 대리권은 소멸할까요?

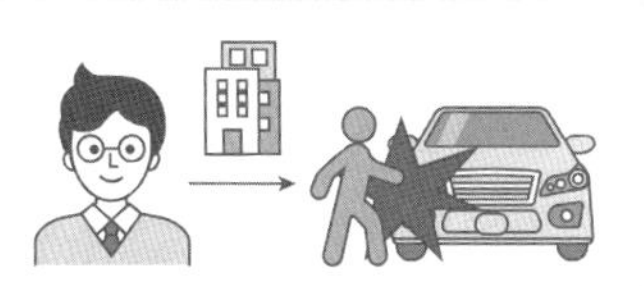

A

대운 씨의 일을 처리해야 할 부자 씨가 사망했기 때문에 더 이상 대리행위를 할 수 없습니다. 따라서 부자 씨의 대리권은 소멸합니다.

출제포인트의 중요 키워드는 본문에서 꼭 체크하세요 ▸ 대리권의 소멸

1 임의대리와 법정대리의 공통된 소멸사유

법령 체크

제127조【대리권의 소멸사유】 대리권은 다음 각 호의 어느 하나에 해당하는 사유가 있으면 소멸된다.

1. 본인의 사망
2. 대리인의 사망, 성년후견의 개시 또는 파산

(1) 본인의 사망 암기코드 | 본사가면 대성파사(죽인다)

본인이 사망하면 대리권은 소멸한다.

(2) 대리인의 사망

대리인이 사망하면 대리권도 소멸한다.

(3) 대리인의 성년후견의 개시 또는 파산

① 대리인은 행위능력자임을 요하지 않으므로 제한능력자인 피성년후견인이나 파산자도 대리인이 될 수 있다(제117조).

② 문제는 대리인으로 선임된 후에 성년후견이 개시되거나 또는 파산선고를 받는 경우이다. 이 경우 대리권 발생의 기초가 되는 본인과 대리인 사이의 신뢰관계가 깨지거나 대리인의 경제적 신용이 사라지기 때문에 대리권 소멸사유가 되는 것이다. 따라서 대리인에 대하여 성년후견이 개시되거나 파산선고를 받으면 그의 대리권은 소멸한다. 다만, 대리인이 한정후견개시의 심판을 받은 경우, 대리권은 소멸하지 않는다.

2 임의대리의 특유한 소멸사유

법령 체크

제128조 【임의대리의 종료】 법률행위에 의하여 수여된 대리권은 전조의 경우 외에 그 원인된 법률관계의 종료에 의하여 소멸한다. 법률관계의 종료 전에 본인이 수권행위를 철회한 경우에도 같다.

(1) 원인된 법률관계의 종료

임의대리권은 본인이 대리인에게 대리권을 수여하게 된 원인관계, 즉 원인된 법률관계(기초적 내부관계)의 종료에 의하여 소멸한다. 예컨대, 위임계약관계가 종료되면 수임인의 대리권도 함께 소멸한다.

(2) 수권행위의 철회

① 원인된 법률관계가 종료하지 않았더라도 본인은 수권행위만을 철회하여 대리권을 소멸시킬 수 있다.

② 본인은 특별한 사정이 없는 한 언제든지 대리인에 대한 수권행위를 철회할 수 있다.

③ 방식의 자유가 있으므로, 즉 수권행위는 불요식행위로서 묵시적 방법에 의해서도 가능하다.

기출로 **포인트 정리**

출제예상 OX지문

❶ 대리인이 파산선고를 받아도 그의 대리권은 소멸하지 않는다. (O | X) 25회

❷ 원인된 법률관계가 종료하기 전에는 본인은 수권행위를 철회하여 대리권을 소멸시킬 수 없다. (O | X) 31회

대표기출

대리에 관한 설명으로 틀린 것은? (다툼이 있으면 판례에 따름) 25회 변형

① 매매계약을 체결할 대리권을 수여받은 대리인은 특별한 사정이 없는 한 계약금을 수령할 권한이 있다.

② 대리인이 수인인 때에는 원칙적으로 각자가 본인을 대리한다.

③ 대리인은 본인의 허락이 있으면 당사자 쌍방을 대리할 수 있다.

④ 대리인의 대리권 남용을 상대방이 알았거나 알 수 있었을 경우, 대리행위는 본인에게 효력이 없다.

⑤ 대리인에 대해서 한정후견의 개시가 있으면 대리권은 소멸한다.

출제예상 OX지문

❶ X 대리권의 소멸사유로서 본인의 사망, 대리인의 사망, 성년후견의 개시, 파산선고가 있다(제127조). 따라서 대리인이 파산선고를 받으면 그의 대리권은 소멸한다.

❷ X 임의대리권의 소멸사유로 원인된 법률관계의 종료와 수권행위의 철회가 있다(제128조). 따라서 수권행위를 철회하면 대리권은 소멸한다.

대표기출 정답 ⑤

⑤ 대리권의 소멸사유로서 본인의 사망, 대리인의 사망, 성년후견의 개시, 파산선고가 있다(제127조). 따라서 대리인에 대해서 한정후견의 개시가 있으면 대리권은 소멸하지 않는다.

② 대리인이 수인인 때에는 원칙적으로 각자가 본인을 대리하는 것이 원칙이다(제119조).

④ 대리권을 남용한 경우에도 상대방을 보호하기 위해서 유효임이 원칙이다. 그러나 상대방이 알았거나 알 수 있었을 경우에는 상대방 보호가치가 없으므로 무효이다. 따라서 대리행위는 본인에게 효력이 없다.

출제포인트

019 현명주의(顯名主義)

[10개년 출제회차] 24, 29회

시작이 쉬운 길잡이

Q

대운 씨로부터 아파트 매각의 대리권을 수여받은 친구 동철 씨가 부자 씨와 매매계약을 체결하려고 합니다. 이때 동철 씨는 대운 씨의 존재를 부자 씨에게 표시해야 할까요?

A

동철 씨는 대운 씨의 매매계약을 대신 체결하는 사람에 불과하기 때문에 매도인은 대운 씨라는 사실을 부자 씨에게 표시해야 합니다. 이것을 현명이라고 합니다.

❗ 출제포인트의 중요 키워드는 본문에서 꼭 체크하세요 ▶ **현명주의**

1 현명의 의의

대리인은 본인을 위해서 대리행위를 하는 것이므로 상대방과 대리행위를 하는 경우에는 그 의사표시(법률행위)가 본인을 위한 것임을 표시해야 한다. 즉, 대리적 효과의사를 상대방에게 표시해야 한다는 것이 현명주의이다.

2 현명의 방식

(1) 현명은 불요식행위이므로 방식에 제한이 없다. 따라서 명시적 · 묵시적으로 또는 위임장이나 구두에 의해서도 가능하다.

(2) 현명은 보통 '甲의 대리인 乙'이라고 표시하지만 반드시 형식을 갖추어야 하는 것은 아니다. 판례에 따르면, 본인의 이름이 명시되지 않았더라도 주위 사정으로 본인이 누구인지를 알 수 있으면 충분하고 또한 대리인이 반드시 대리인임을 표시하여 의사표시를 하여야 하는 것은 아니고 '본인 명의'로도 할 수 있다고 한다. 따라서 대리인이 매매계약서에 본인의 이름을 기재하고 본인의 인장을 날인한 때에도 유효한 대리행위가 될 수 있다.

(3) 매매위임장을 제시하고 매매계약을 체결하면서 매매계약서에 대리인의 이름만을 기재하더라도, 그것은 소유자를 대리하여 매매계약을 체결한 것으로 보아야 한다(대판 1982.5.25, 81다1349). 따라서 매매위임장을 제시하고 자기의 이름으로 매매계약을 체결하는 자는 특별한 사정이 없는 한 본인을 대리하여 매매행위를 하는 것으로 보아야 한다.

(4) 본인을 특정할 필요도 없고, 본인의 이름을 명시할 필요도 없다. 즉, 법률행위가 대리인을 위한 것이 아니라 타인을 위한 것(법률행위의 타인성)이라는 것만 표시하면 충분하다(통설, 판례).

3 현명을 한 경우

법령 체크

제114조 【대리행위의 효력】 ① 대리인이 그 권한 내에서 본인을 위한 것임을 표시한 의사표시는 직접 본인에게 대하여 효력이 생긴다.
② 전항의 규정은 대리인에게 대한 제3자의 의사표시에 준용한다.

대리인이 현명을 한 경우에는 대리행위의 모든 효과가 직접 본인에게 귀속한다. 따라서 대리행위에 취소사유나 해제사유가 있는 경우 취소권과 해제권은 본인에게 귀속한다. 그리고 원상회복의무나 손해배상의무도 본인이 부담하기 때문에 상대방은 대리인에게 원상회복이나 손해배상을 청구할 수 없다.

4 현명하지 않은 대리행위의 효력

법령 체크

제115조 【본인을 위한 것임을 표시하지 아니한 행위】 대리인이 본인을 위한 것임을 표시하지 아니한 때에는 그 의사표시는 자기를 위한 것으로 본다. 그러나 상대방이 대리인으로서 한 것임을 알았거나 알 수 있었을 때에는 전조 제1항의 규정을 준용한다.

(1) **원칙**: 대리인에게 효과 귀속
대리인이 본인을 위한 것임을 표시하지 않고 의사표시를 한 경우에는 대리인 자신을 위한 것으로 본다(제115조 본문). 따라서 대리인이 매매계약을 체결하면서 본인을 위한 것임을 표시하지 않은 경우, 특별한 사정이 없으면 그 의사표시는 자기를 위한 것으로 본다. 그리고 대리제도의 신용을 위해서 대리인은 자신을 위해서 법률행위를 할 의사가 없었음을 이유로, 착오를 이유로 취소할 수 없다.

(2) **예외**: 본인에게 효과 귀속
대리인이 형식상 현명을 하지 않은 경우에도 대리인의 자격으로 행위한 것임을 상대방이 알았거나 알 수 있었을 때에는 보통의 대리와 마찬가지로 대리행위의 효력은 본인에게 발생한다.

기출로 **포인트 정리**

출제예상 OX지문

❶ 대리인이 매매계약을 체결하면서 본인을 위한 것임을 표시하지 않은 경우, 특별한 사정이 없으면 그 의사표시는 자기를 위한 것으로 본다. (O | X) 24회

대표기출

통설과 판례에 의하는 경우, 대리행위에 관한 다음 설명 중 틀린 것은? 12회 변형

① 대리인이 본인을 위한 것임을 표시하지 않고 한 대리행위의 효과는 대리인 자신을 위한 것으로 본다. 다만, 대리인은 착오를 주장하여 대리행위를 취소할 수 있다.
② 대리인이 본인의 이익을 위하지 아니하고 자기의 이익을 위하여 대리행위를 한 경우에, 상대방이 악의인 경우에는 그 효력이 생기지 않는다.
③ 상행위의 대리에 관해서는 현명주의(顯名主義)가 적용되지 않는다.
④ 대리인이 계약서 등의 서면에 본인의 이름만을 적고 본인의 인장을 찍는 방법으로 대리행위를 하더라도 대리행위로서 유효하다.
⑤ 대리인이 사기나 강박을 당하지 않는 한, 본인이 사기나 강박을 당했다 할지라도 본인은 대리행위를 취소할 수 없다.

출제예상 OX지문

❶ O 대리인이 현명을 하지 않은 경우에는 대리인 자신을 위한 것으로 본다(제115조).

대표기출 정답 ①

① 대리인이 본인을 위한 것임을 표시하지 않고 한 대리행위의 효과는 대리인 자신을 위한 것으로 본다(115조). 다만, 대리행위를 착오를 이유로 취소할 수 있다면 대리제도의 신용이 깨지므로 대리인은 착오를 주장하여 대리행위를 취소할 수 없다.
② 대리인이 본인의 이익을 위하지 아니하고 자기의 이익을 위하여 대리행위를 한 경우, 즉 대리권을 남용한 경우에도 상대방이 대리권 남용사실을 알았거나 알 수 있었을 경우에는 무효이다. 따라서 악의인 경우에는 그 효력이 생기지 않는다(무효).
③ 거래의 신속을 위해서 상행위의 대리에 관해서는 현명주의가 적용되지 않는다.
④ 대리인이 계약서 등의 서면에 본인의 이름만을 적고 본인의 인장을 찍는 방법으로 대리행위를 하더라도 대리의사가 있다면 대리행위로서 유효하다.
⑤ 사기·강박을 당했는지의 판단은 대리인을 기준으로 판단한다. 따라서 대리인이 사기나 강박을 당하지 않는 한, 본인이 사기나 강박을 당했다 할지라도 대리행위에 하자가 없기 때문에 본인은 대리행위를 취소할 수 없다.

출제포인트

020 대리행위의 하자

[10개년 출제회차] 24, 26, 31, 33회

시작이 쉬운 길잡이

Q 대운 씨로부터 아파트 매각에 관한 대리권을 수여받은 친구 동철 씨가 부자 씨로부터 사기를 당해서 매매계약을 체결하였습니다. 이때, 과연 사기를 당하지 않은 대운 씨가 매매계약을 취소할 수 있을까요?

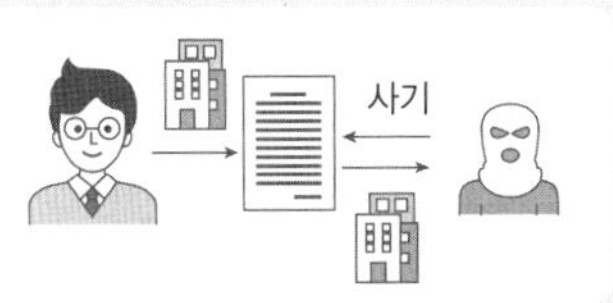

A 사기를 당했는지 여부는 실제 매매를 하는 사람을 기준으로 판단해야 합니다. 따라서 동철 씨가 사기를 당했으면 그 매매는 문제가 있는 것이기 때문에 대운 씨는 매매를 취소할 수 있습니다.

출제포인트의 중요 키워드는 본문에서 꼭 체크하세요 ▶ 하자

법령 체크

제116조【대리행위의 하자】 ① 의사표시의 효력이 의사의 흠결, 사기, 강박 또는 어느 사정을 알았거나 과실로 알지 못한 것으로 인하여 영향을 받을 경우에 그 사실의 유무는 대리인을 표준하여 결정한다.
② 특정한 법률행위를 위임한 경우에 대리인이 본인의 지시에 좇아 그 행위를 한 때에는 본인은 자기가 안 사정 또는 과실로 인하여 알지 못한 사정에 관하여 대리인의 부지를 주장하지 못한다.

1 원칙 → 대리인을 기준으로 판단한다.

(1) 진의 아닌 의사표시, 통정한 허위의 의사표시, 착오에 의한 의사표시, 사기·강박에 의한 의사표시에 있어서의 의사표시의 하자의 기준은 본인이 아니라 대리인을 기준으로 판단한다. 그리고 어느 사정을 알았거나 과실로 알지 못한 것으로 인하여 영향을 받을 경우에도 대리에 있어서 효과의사는 대리인이 결정하고 행위자가 대리인이기 때문에 그 사실 유무는 본인이 아니라 대리인을 기준으로 판단한다. 따라서 대리인이 상대방의 기망행위로 매매계약을 체결한 경우, 본인은 이를 취소할 수 있다.

(2) 판례

대리인이 본인을 대리하여 매매계약을 체결함에 있어서 매매대상 토지에 관한 저간의 사정을 잘 알고 그 배임행위에 가담하였다면, 대리행위의 하자 유무는 대리인을 표준으로 판단하여야 하므로, 설사 본인이 미리 그러한 사정을 몰랐거나 반사회성을 야기한 것이 아니라고 할지라도 반사회질서 법률행위에 해당한다(대판 1998.2.27, 97다45532). 즉, 사회질서에 반해서 무효이므로 본인은 소유권을 취득하지 못한다.

2 예외 ──• 본인의 사정이 고려된다.

특정한 법률행위를 위임한 경우에 대리인이 본인의 지시에 좇아 그 행위를 한 때에는 본인은 자기가 안 사정 또는 과실로 인하여 알지 못한 사정에 관하여 대리인의 부지를 주장하지 못한다.

3 구체적인 사례

⊕ 이해가 쉬운 사례

(1) 대리인이 상대방으로부터 사기 · 강박을 당한 경우, 본인은 대리행위를 취소할 수 있다.

(2) 대리인은 사기 · 강박을 당하지 않았지만 본인이 상대방으로부터 당한 경우, 본인은 대리행위를 취소할 수 없다.

(3) 상대방이 대리인으로부터 사기 · 강박을 당한 경우, 설령 본인이 그 사실에 대해서 선의 그리고 무과실이라도 상대방은 법률행위를 취소할 수 있다.

(4) 상대방이 본인으로부터 사기 · 강박을 당한 경우, 설령 대리인이 그 사실에 대해서 선의 그리고 무과실이라도 상대방은 법률행위를 취소할 수 있다.

기출로 **포인트 정리**

출제예상 OX지문

❶ 대리인이 상대방의 기망행위로 매매계약을 체결한 경우, 본인은 이를 취소할 수 있다.
(O | X) 24회

❷ 대리행위의 하자로 인한 취소권은 원칙적으로 대리인에게 귀속된다. (O | X) 33회

대표기출

임의대리에 관한 설명으로 옳은 것은? (다툼이 있으면 판례에 따름) 31회 변형

① 원인된 법률관계가 종료하기 전에는 본인은 수권행위를 철회하여 대리권을 소멸시킬 수 없다.
② 권한을 넘은 표현대리의 경우, 기본대리권이 표현대리행위와 동종 내지 유사해야 한다.
③ 복대리인은 대리인이 자기의 명의로 선임하므로 대리인의 대리인이다.
④ 대리인이 여럿인 경우, 대리인은 원칙적으로 공동으로 대리해야 한다.
⑤ 대리인의 기망행위로 계약을 체결한 상대방은 본인이 그 기망행위를 알지 못한 경우에도 사기를 이유로 계약을 취소할 수 있다.

쉬운 해설

출제예상 OX지문

❶ O 사기를 당했는지 여부는 대리인을 기준으로 판단하므로 대리인이 사기를 당했으므로 취소권이 발생하고 대리행위의 모든 효과는 본인이 취득하므로 본인이 취소할 수 있다.

❷ X 대리행위의 모든 효과는 본인에게 귀속된다. 따라서 대리행위의 하자로 인한 취소권은 원칙적으로 본인에게 귀속된다.

대표기출 정답 ⑤

⑤ 본인과 대리인은 동일시 취급되기 때문에 대리인의 기망행위가 있다면 상대방을 보호하기 위해서 상대방은 본인이 그 기망행위를 알지 못한 경우에도 사기를 이유로 계약을 취소할 수 있다.
① 수권행위의 철회는 대리권의 소멸사유에 해당한다. 따라서 원인된 법률관계가 종료하기 전에도 본인은 수권행위를 철회하여 대리권을 소멸시킬 수 있다(제128조).
② 권한을 넘은 표현대리의 경우, 기본대리권이 표현대리행위와 동종 내지 유사할 필요는 없다.
③ 복대리인은 본인의 법률행위를 대리하기 위해서 선임했기 때문에 대리인의 대리인이 아니라 본인의 대리인이다(제123조 제1항).
④ 대리인이 여럿인 경우, 각자대리가 원칙이다(제119조).

출 제 포 인 트

021 대리인의 능력

[10개년 출제회차] 24, 29, 31회

시작이 쉬운 길잡이

Q 대운 씨가 같은 아파트에 살고 있는 미성년자 산하 씨에게 아파트를 팔아달라고 대리권을 수여했고, 산하 씨가 부자 씨와 매매를 하였습니다. 이때 대운 씨는 산하 씨가 미성년자임을 이유로 매매를 취소할 수 있을까요?

A 매도인은 대운 씨이고 매매의 효과는 대운 씨가 받기 때문에 특별히 미성년자인 산하 씨를 보호할 만한 이유가 없습니다. 따라서 대운 씨는 산하 씨가 미성년자임을 이유로 매매를 취소할 수 없습니다.

! 출제포인트의 중요 키워드는 본문에서 꼭 체크하세요 ▸ **의사능력, 행위능력**

법령 체크

제117조【대리인의 행위능력】 대리인은 행위능력자임을 요하지 아니한다.

1 대리인의 능력

(1) 권리능력, 의사능력은 필요하다.

대리행위에 있어서 효과의사를 결정하는 자는 대리인이다. 따라서 대리인에게 의사능력은 있어야 한다.

(2) 행위능력은 요하지 않는다.

대리인은 행위능력자임을 요하지 않는다(제117조). 즉, 제한능력자라도 유효하게 대리행위를 할 수 있으므로 본인은 대리인이 대리행위를 할 당시 제한능력자였음을 이유로 대리행위를 취소할 수 없다. 따라서 미성년자인 대리인이 매매를 한 경우에도 본인은 대리인이 제한능력자임을 이유로 매매계약을 취소할 수 없다. 그리고 제한능력자인 대리인이 법정대리인의 동의 없이 대리행위를 하더라도 법정대리인은 그 대리행위를 취소할 수 없다.

2 본인의 능력

(1) 수권행위 시

① **의사능력:** 본인 스스로 효과의사를 결정해야 하므로 본인에게 의사능력이 있어야 한다.

② **행위능력:** 수권행위도 법률행위이므로 본인에게 행위능력이 있어야 한다. 따라서 수권행위 시에 본인에게 행위능력이 없었다면 본인은 수권행위를 취소할 수 있다.

③ **수권행위의 하자 유무에 대한 판단기준:** 수권행위는 본인이 대리인에게 대리권을 수여하는 행위이므로, 즉 본인의 행위이므로 수권행위의 하자 유무는 본인을 기준으로 판단한다.

(2) 효과귀속 시

대리인이 법률행위(대리행위)를 하고 본인은 효과만 귀속받으면 되므로 행위능력과 의사능력은 요하지 않고 권리능력만 있으면 된다.

기출로 포인트 정리

출제예상 OX지문

❶ 제한능력자인 대리인이 법정대리인의 동의 없이 대리행위를 하더라도 법정대리인은 그 대리행위를 취소할 수 없다. (O | X) 29회

❷ 대리인이 미성년자인 경우, 본인은 대리인이 제한능력자임을 이유로 계약을 취소할 수 있다. (O | X) 31회

대표기출

甲의 대리인 乙은 甲 소유의 부동산을 丙에게 매도하기로 약정하였다. 다음 설명 중 틀린 것은? (다툼이 있으면 판례에 따름) 24회

① 乙은 특별한 사정이 없으면 丙으로부터 계약금을 수령할 권한이 있다.

② 乙이 丙의 기망행위로 매매계약을 체결한 경우, 甲은 이를 취소할 수 있다.

③ 乙이 매매계약서에 甲의 이름을 기재하고 甲의 인장을 날인한 때에도 유효한 대리행위가 될 수 있다.

④ 乙이 매매계약을 체결하면서 甲을 위한 것임을 표시하지 않은 경우, 특별한 사정이 없으면 그 의사표시는 자기를 위한 것으로 본다.

⑤ 만일 乙이 미성년자인 경우, 甲은 乙이 제한능력자임을 이유로 매매계약을 취소할 수 있다.

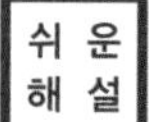

출제예상 OX지문

❶ O 제한능력자인 대리인이 법정대리인의 동의 없이 대리행위를 하더라도 그 대리행위는 유효이므로 법정대리인은 그 대리행위를 취소할 수 없다.

❷ X 제한능력자의 대리행위도 유효이므로 본인은 대리행위를 취소할 수 없다.

대표기출 정답 ⑤

⑤ 대리인은 행위능력자임을 요하지 않으므로 제한능력자도 유효하게 대리행위를 할 수 있다. 따라서 본인은 대리인의 제한능력을 이유로 대리행위를 취소할 수 없다.

① 부동산 매각의 대리권을 수여받은 대리인은 계약금은 물론이고, 중도금과 잔금을 수령할 권한도 있다.

② 사기를 당했는지 여부는 대리인을 기준으로 판단한다. 따라서 대리인 乙이 사기를 당했으므로 취소권이 발생하고 대리행위의 모든 효과는 본인이 취득하므로 본인 甲이 취소할 수 있다.

③ 대리인은 본인 명의로 할 수 있는데, 이것을 서명대리라고 하고 유효한 대리행위에 해당한다.

④ 대리인이 현명을 하지 않은 경우에는 대리인 자신을 위한 것으로 본다(제115조).

출제포인트

022 복대리

[10개년 출제회차] 24, 29, 30, 31, 32, 33회

시작이 쉬운 길잡이

Q 대운 씨가 친구 동철 씨에게 아파트를 팔아달라고 대리권을 수여했습니다. 그런데 동철 씨가 일이 너무 바빠서 다시 부자 씨에게 대리권을 수여하려고 합니다. 가능할까요?

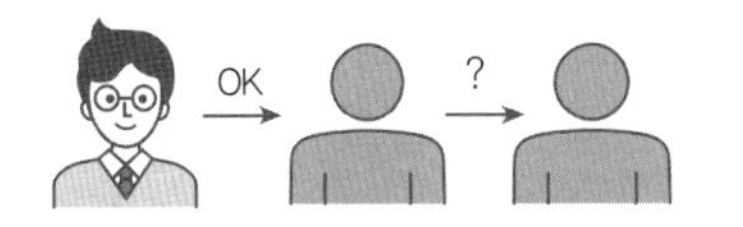

A 대운 씨는 동철 씨를 믿고 일을 맡긴 것이므로, 동철 씨는 그 믿음을 깰 수 없습니다. 따라서 동철 씨는 부자 씨에게 대리권을 수여할 수 없는 것이 원칙입니다.

출제포인트의 중요 키워드는 본문에서 꼭 체크하세요 ▸ **복대리인, 복임권**

1 의의

(1) 복대리인은 대리인 자신의 권한 범위 내에서 대리인 자신의 이름으로 선임한 본인의 대리인이다.

(2) 복대리인을 선임할 수 있는 권한을 복임권이라고 하고, 복임권에 의해서 복대리인을 선임하는 행위를 복임행위라고 한다.

(3) 복대리인도 역시 본인의 대리인이다. 따라서 복대리인은 그 권한 내에서 대리인이 아니라 본인을 대리한다.

(4) 복대리인은 대리인이 자신의 이름으로 선임한 자이므로 복대리인을 선임하는 행위는 대리행위가 아니다.

2 임의대리인의 복임권과 책임범위

(1) 복임권

법령 체크

제120조【임의대리인의 복임권】 대리권이 법률행위에 의하여 부여된 경우에는 대리인은 본인의 승낙이 있거나 부득이한 사유 있는 때가 아니면 복대리인을 선임하지 못한다.

① 원칙: 복임권이 없다.

임의대리인은 원칙적으로 복임권이 없다. 본래 임의대리인은 본인과의 신뢰관계에 의해서 선임된 자이므로 스스로 법률행위를 해야 하고 언제든지 사임할 수 있기 때문이다.

② 예외: 복임권이 있다.

본인의 승낙이 있거나 부득이한 사유가 있는 때에는 예외적으로 복대리인을 선임할 수 있다. 여기서 승낙은 명시적이든 묵시적이든 상관이 없다. 즉, 묵시적 승낙도 포함한다.

(2) 책임범위

법령 체크

제121조【임의대리인의 복대리인 선임의 책임】 ① 전조의 규정에 의하여 대리인이 복대리인을 선임한 때에는 본인에게 대하여 그 선임감독에 관한 책임이 있다.

② 대리인이 본인의 지명에 의하여 복대리인을 선임한 경우에는 그 부적임 또는 불성실함을 알고 본인에게 대한 통지나 그 해임을 태만한 때가 아니면 책임이 없다.

① 원칙: 선임 · 감독상의 책임은 져야 한다.

임의대리인이 본인의 승낙을 얻어 복대리인을 선임한 경우에는 본인에 대하여 선임 · 감독에 관한 책임이 있다.

② 예외: 책임이 경감된다.

본인의 지명에 의하여 복대리인을 선임한 경우에는 책임이 경감된다. 즉, 그가 부적임자 또는 불성실한 자라는 사실을 알면서도 본인에게 통지를 하지 않았거나 해임을 게을리한 경우에만 책임을 진다.

3 법정대리인의 복임권과 책임범위

법령 체크

제122조【법정대리인의 복임권과 그 책임】 법정대리인은 그 책임으로 복대리인을 선임할 수 있다. 그러나 부득이한 사유로 인한 때에는 전조 제1항에 정한 책임만이 있다.

(1) 복임권

법정대리인은 언제나 복임권이 있다. 법정대리인의 권한은 대단히 넓고 그 사임도 쉽지 않을 뿐만 아니라, 본래 본인의 신임을 받아서 대리인이 된 자가 아니기 때문이다.

(2) 책임범위

① 원칙: 무과실책임을 진다.

법정대리인은 권한이 크기 때문에 책임도 무겁다. 따라서 복대리인의 행위에 대해서 자신의 선임 · 감독의 과실 여부를 떠나서 모든 책임을 지는 것이 원칙이다. 즉, 무과실책임을 진다.

② 예외: 책임이 경감된다.

부득이한 사유로 복대리인을 선임한 경우 선임 · 감독상의 과실이 있는 때에만 책임을 진다.

4 복대리인은 언제나 임의대리인이다.

복대리인은 수권행위를 통해서 발생한 대리인이므로 언제나 임의대리인이다. 따라서 임의대리인과 동일한 방법으로 다시 복대리인을 선임할 수 있다.

5 복대리인의 대리권 범위, 존속 및 현명

(1) 복대리인은 대리인이 선임했으므로 선임한 대리인의 대리권 범위에 구속된다. 따라서 복대리인의 대리권은 대리인의 대리권 범위를 초과하지 못한다.

(2) 선임한 대리인의 대리권 존재에 의존한다. 따라서 대리인의 대리권이 소멸하면 복대리인의 대리권도 소멸한다.

(3) 대리인이 선임했으므로 대리인의 지시 · 감독을 받는다.

(4) 복대리인은 본인의 대리인이므로 대리행위를 할 때 본인의 이름을 현명한다. 따라서 복대리인은 그 권한 내에서 대리인의 이름이 아니라 본인의 이름으로 법률행위를 한다.

(5) 복대리인도 대리인이므로 본인이나 제3자에 대하여 대리인과 동일한 권리 · 의무가 있다.

(6) 복대리인도 대리인이므로 일정한 요건하에서 표현대리가 성립할 수 있다. 즉, 복대리인의 대리행위에 대하여도 표현대리에 관한 규정이 적용될 수 있다.

6 복대리권의 소멸사유

(1) 복대리인도 본인의 대리인이므로 대리권의 일반적 소멸사유(본인의 사망 또는 복대리인의 사망, 성년후견의 개시, 파산)에 의해서 소멸한다.

(2) 대리인의 대리권 존재에 의존하므로 대리인의 대리권 소멸사유(제127조, 제128조)에 의해서 복대리권은 소멸한다. 따라서 대리인이 복대리인을 선임한 후 사망, 성년후견의 개시, 파산선고를 받은 경우 특별한 사정이 없는 한 그 복대리권도 소멸한다.

(3) 복대리인은 대리인의 수권행위에 의해서 선임되었으므로 임의대리인이다. 따라서 대리인과 복대리인 사이에서 수권행위 철회 또는 원인된 법률관계 종료로 복대리권은 소멸한다(제128조).

7 적중판례

대리의 목적인 법률행위의 성질상 대리인 자신에 의한 처리가 필요하지 아니한 경우에는 본인이 복대리 금지의 의사를 명시하지 아니하는 한 복대리인의 선임에 관하여 묵시적인 승낙이 있는 것으로 보는 것이 타당하다(대판 1996.1.26, 94다30690).

기출로 포인트 정리

출제예상 OX지문

❶ 복대리인은 대리인이 자기의 명의로 선임하므로 대리인의 대리인이다. (O | X) 31회

❷ 복대리인은 그 권한 내에서 대리인을 대리한다. (O | X) 21회

❸ 임의대리인은 본인의 승낙이 있으면 복대리인을 선임할 수 있다. (O | X) 21회

대표기출

복대리에 관한 설명으로 틀린 것은? (다툼이 있으면 판례에 따름) 30회

① 복대리인은 본인의 대리인이다.
② 임의대리인이 본인의 승낙을 얻어서 복대리인을 선임한 경우, 본인에 대하여 그 선임·감독에 관한 책임이 없다.
③ 대리인이 복대리인을 선임한 후 사망한 경우, 특별한 사정이 없는 한 그 복대리권도 소멸한다.
④ 복대리인의 대리행위에 대하여도 표현대리에 관한 규정이 적용될 수 있다.
⑤ 법정대리인은 부득이한 사유가 없더라도 복대리인을 선임할 수 있다.

쉬운 해설

출제예상 OX지문

❶ X 복대리인은 본인의 법률행위를 대리하기 때문에 본인의 대리인이다.
❷ X 복대리인은 본인의 대리인이기 때문에 본인을 대리한다.
❸ O 임의대리인은 본인과의 신뢰관계가 있기 때문에 원칙적으로 복대리인을 선임할 수 없다. 다만, 본인의 승낙이 있거나 승낙을 받을 수 없는 부득이한 사유가 있다면 복대리인을 선임할 수 있다.

대표기출 정답 ②

② 임의대리인이 본인의 승낙을 얻어서 복대리인을 선임한 경우, 본인에 대하여 그 선임·감독에 관한 책임을 진다. 즉, 부적임자를 선임했거나 감독을 잘못했다면 본인에게 책임을 져야 한다.
① 복대리인은 본인의 법률행위를 대리하기 때문에 본인의 대리인이다.
③ 복대리권은 대리권에 의존한다. 따라서 대리인이 복대리인을 선임한 후 사망한 경우, 대리권이 소멸하므로 특별한 사정이 없는 한 그 복대리권도 소멸한다.
④ 복대리인의 법률행위도 대리행위에 해당하므로 복대리인의 대리행위에 대하여도 표현대리에 관한 규정이 적용될 수 있다.
⑤ 법정대리인은 본인과의 신뢰관계가 없기 때문에 법정대리인은 부득이한 사유가 없더라도 복대리인을 선임할 수 있다.

출제포인트

023 (계약의)무권대리

[10개년 출제회차] 24, 25, 26, 27, 28, 29, 30, 31, 32, 33회

시작이 쉬운 길잡이

Q 아버지로부터 아파트 처분의 대리권을 수여받지 않은 대운 씨. 아버지 사업의 유동성 문제를 해결하기 위해서 산하 씨에게 아버지 소유 아파트를 매도했습니다. 여러분, 이 경우 산하 씨는 아파트의 소유권을 취득할 수 있을까요?

A 대운 씨는 아파트를 매도할 수 있는 대리권이 없음에도 아버지를 대신해서 매도했습니다. 대운 씨는 대리의사는 있지만 대리권이 없습니다. 이것을 무권대리라고 합니다. 무권대리행위는 일단 무효이므로 산하 씨는 소유권을 취득하지 못합니다.

출제포인트의 중요 키워드는 본문에서 꼭 체크하세요 ▸ **무권대리, 추인, 최고, 철회**

1 총설

1. 의의

(1) 무권대리란 대리인이 대리권이 없음에도 불구하고 행한 대리행위, 즉 대리인이 상대방과 대리행위를 했는데 대리행위의 다른 요건을 모두 충족했으나 대리권만이 없는 행위를 말한다.

(2) 법 이론상 무권대리는 대리인에게 대리권 없음에도 상대방과 행한 대리행위이므로, 그 행위의 법률효과를 본인에게 귀속시킬 수 없다. 그리고 대리인도 자신이 아닌 본인을 위한다는 대리의사를 가지고 행위를 했으므로 대리인에게도 그 법률효과를 귀속시킬 수 없게 된다.

(3) 그러나 대리권은 본인과 대리인 사이의 내부적이고 관념적인 권한이므로 대리권의 유무 및 범위를 제3자가 쉽게 알 수는 없을 것이다. 따라서 본인에게 효과가 귀속하지 않고 대리인에게도 효과가 귀속하지 않는다면 대리제도의 신용은 유지될 수 없을 것이고 대리인과 거래하는 제3자(상대방)의 지위도 불안해 질 수 있기 때문에 민법은 본인의 이익과 상대방의 이익을 고려하여 무권대리를 규율하고 있다.

2. 민법의 규정

(1) 광의의 무권대리는 일반적으로 표현대리와 협의의 무권대리로 구분한다.

(2) 광의의 무권대리 중 표현대리에 해당하지 않는 것을 (협의의)무권대리라고 한다. (협의의) 무권대리에 대해 우리 민법은 당연히 무효로 하지 않고, 본인의 의사와 상대방 의사에 의해 법률효과를 맡기고 있다. 즉, 유동적 무효상태에 있다.

2 본인의 권리

1. 본인의 추인권(追認權)

(1) 의의

추인이란 본인이 무권대리행위의 효과를 귀속받기를 원하는 경우에 그 효과를 본인 자신이 받겠다는 의사표시를 말한다. 즉, 무권대리행위의 효과를 유효로 인정(승인)하겠다는 의사를 표시하는 것이 추인이다. 무권대리행위는 유동적 무효이기 때문에 본인이 추인하지 않으면 특별한 사정이 없는 한 본인에 대하여 효력이 없다.

(2) 추인의 법적 성질 → 의사표시, 상대방 있는 단독행위, 형성권

판례에 따르면, 무권대리행위의 추인은 무권대리인에 의하여 행하여진 불확정한 행위에 관하여 그 행위의 효과를 자기에게 직접 발생케 하는 것을 목적으로 하는 의사표시이며, 무권대리인 또는 상대방의 동의나 승낙을 요하지 않는 단독행위라고 한다(대판 1982.1.26, 81다카549).

(3) 추인의 상대방 → 특별한 제한이 없다. 즉 무권대리인, 상대방, 승계인

판례에 따르면, 추인의 상대방은 특별한 제한이 없으므로 무권대리인, 무권대리행위의 직접의 상대방 및 그 무권대리행위로 인한 권리 또는 법률관계의 승계인에 대하여도 할 수 있다(대판 1981.4.14, 80다2314). 따라서 무권대리인과 계약을 체결한 상대방은 본인의 추인의 상대방이 될 수 있다.

① 무권대리인의 상대방에게 추인한 경우

㉠ **확정적 유효**: 본인이 무권대리인과 거래한 상대방에게 추인의 의사를 표시했다면 상대방이 본인의 추인사실을 알고 있으므로 추인의 효과는 발생한다. 즉, 유동적 무효는 확정적 유효가 된다. 따라서 본인과 상대방은 서로에 대해서 계약의 이행을 청구할 수 있다.

㉡ 확정적 유효가 되었으므로 상대방은 더 이상 철회하지 못한다.

② 무권대리인에게 추인한 경우

㉠ **원칙**: 본인이 무권대리인에게 추인한 경우에 상대방이 추인이 있었던 사실을 알지 못한 때에는 본인은 상대방에게 추인의 효과를 주장하지 못한다. 따라서 본인이 무권대리행위의 효과를 받겠다는 추인의 의사표시를 무권대리인에게만 표시했다면 상

대방은 추인사실을 모르기 때문에 추인의 의사표시로서 상대방에게 대항하지 못하므로 추인사실을 모르는 선의의 상대방은 무권대리행위를 철회할 수 있다.

ⓛ 예외: 본인이 무권대리행위의 효과를 받겠다는 추인의 의사표시를 무권대리인에게만 표시한 경우에도 만약 상대방이 추인사실을 알았다면 상대방을 보호할 필요가 없으므로 추인의 효과는 발생한다. 즉, 확정적 유효가 된다. 따라서 상대방은 더 이상 철회할 수 없다.

(4) 추인의 방법

특별한 제한은 없다.

① 특별한 제한은 없으므로 명시적·묵시적으로 추인할 수 있다.

② 묵시적 추인 관련 적중판례

㉠ 무권대리인에 의한 매매계약의 매매대금을 본인이 무권대리인으로부터 전부 또는 일부를 받은 경우에는 추인한 것으로 본다.

ⓛ 무권대리인이 처분한 토지의 매매대금으로 본인이 다른 토지를 매수한 경우에는 추인한 것으로 본다.

㉢ 무권대리인이 차용한 금원의 변제기일에 채권자가 본인에게 그 변제를 독촉하자 본인이 기한의 유예를 요청한 경우에는 추인한 것으로 본다.

㉣ 본인이 상대방에게 토지를 인도하고 10년간 아무런 이의를 제기하지 않은 경우에는 추인한 것으로 본다.

㉤ 그러나 무권대리행위에 대해서 본인이 단순히 이의제기 없이 방치한 경우에는 묵시적 추인을 부정한다.

③ **법률행위의 전부에 대해서 추인해야 추인의 효과가 있다**: 판례에 따르면, 추인은 의사표시의 전부에 대하여 행하여져야 하고, 그 일부에 대하여 추인을 하거나 그 내용을 변경하여 추인을 하였을 경우에는 상대방의 동의를 얻지 못하는 한 무효이다(대판 1982.1.26, 81다카549).

(5) 추인의 행사시기

무권대리인에게 대리권이 없다는 사실을 몰랐던 선의의 상대방이 무권대리행위를 철회하기 전까지 본인은 추인할 수 있다.

(6) 추인의 효과

무권대리행위의 추인은 다른 의사표시가 없는 한, 소급효가 인정된다.

① 본인의 추인이 있으면 무권대리행위는 처음부터 유효한 대리행위를 한 것으로 본다. 따라서 유효인 대리행위와 동일한 법률효과가 발생한다.

② 본인의 추인이 있으면 유동적 무효는 확정적 유효가 된다. 따라서 상대방은 더 이상 최고권이나 철회권을 행사하지 못한다.

③ 그러나 추인은 무권대리행위의 효과를 인정하는 것에 불과할 뿐이고 사후의 대리권 수여는 아니므로 추인했다고 해서 무권대리인이 유권대리인으로 전환되는 것은 아니다.

(7) 적중판례

① 무권대리의 추인규정을 무권리자의 처분행위에 관한 권리자의 추인에 유추적용할 수 있다.

㉠ 무권리자가 타인의 권리를 처분한 경우에는 특별한 사정이 없는 한 권리가 이전되지 않는다. 그러나 이러한 경우에 권리자가 무권리자의 처분을 추인하는 것도 자신의 법률관계를 스스로의 의사에 따라 형성할 수 있다는 사적 자치의 원칙에 따라 허용된다. 이러한 추인은 무권리자의 처분이 있음을 알고 해야 하고, 명시적으로 또는 묵시적으로 할 수 있으며, 그 의사표시는 무권리자나 그 상대방 어느 쪽에 해도 무방하다(대판 2017.6.8, 2017다3499).

㉡ 권리자가 무권리자의 처분을 추인하면 무권대리에 대해 본인이 추인을 한 경우와 당사자들 사이의 이익상황이 유사하므로, 무권대리의 추인에 관한 민법 제130조, 제133조 등을 무권리자의 추인에 유추적용할 수 있다. 따라서 무권리자의 처분이 계약으로 이루어진 경우에 권리자가 이를 추인하면 원칙적으로 계약의 효과가 계약을 체결했을 때에 소급하여 권리자에게 귀속된다(대판 2017.6.8, 2017다3499).

② 무효행위 또는 무권대리 행위의 추인을 묵시적인 방법으로 할 수 있다(대판 2017.11.14, 2014다21021 · 21038).

2. 본인의 추인거절권

(1) 의의

본인이 추인의사가 없음을 적극적으로 표시해서 무권대리행위의 효과를 확정적으로 무효로 만드는 것을 추인거절권이라고 한다.

(2) 효과

본인이 추인거절권을 행사하면 확정적 무효가 되므로 이후에 다시 추인할 수 없으며, 상대방도 더 이상 최고권이나 철회권을 행사하지 못한다.

3 상대방의 권리

1. 상대방의 최고권(催告權)

→ 유동적 무효상태에서만 인정된다.

(1) 의의

무권대리행위의 효과는 본인의 의사에 달려 있다. 즉, 본인이 추인하면 확정적 유효이고 추인거절하면 확정적 무효가 된다. 따라서 무권대리행위의 상대방은 본인의 추인권 또는 추인거절권 행사에 의해서 본인에게 무권대리의 효과를 주장할 수도 있고 주장하지 못할 수도 있다. 이런 불안정한 지위에 있는 상대방은 본인이 추인할지 또는 거절할지 궁금하기 때문에 확답을 해달라고 독촉(촉구)할 수 있는데, 이것을 최고라고 한다.

(2) 요건 → 선의 · 악의를 불문한다.

최고는 상대방에 의해서 효과가 좌우되는 것이 아니라 단순히 본인에게 추인 또는 추인거절에 대해서 촉구하는 것에 불과하므로 무권대리인에게 대리권이 없다는 사실을 안 경우든 모르는 경우든 불문하고 최고할 수 있다. 즉, 선의 · 악의를 불문하고 최고할 수 있다.

(3) 상대방 → 본인에게 최고한다.

추인권과 추인거절권을 가진 자에게 최고하는 것이므로 본인에 대해서만 최고할 수 있다. 따라서 무권대리인에게는 최고하지 못한다.

(4) 행사시기

본인이 추인권이나 추인거절권을 행사하기 전까지 인정된다. 즉, 유동적 무효상태에서만 행사할 수 있다.

(5) 최고의 효과 → 당사자의 의사가 아니라 법률의 규정에 의한 효과가 발생한다.

① 상대방이 상당한 기간을 정해서 본인에게 최고했음에도 그 기간 내에 본인이 아무런 확답을 발하지 않으면(발신주의를 취한다) 추인거절로 본다. 즉, 유동적 무효가 확정적 무효가 된다.

② 따라서 본인에게 대리행위의 효과가 발생하지 않으므로 본인이나 상대방은 서로에게 계약에 따른 이행을 청구할 수 없다.

2. 상대방의 철회권(撤回權)

(1) 의의

무권대리행위의 효과발생을 원하지 않는 상대방이 적극적으로 무권대리인과 거래한 계약을 확정적으로 무효로 하는 의사표시를 철회라고 한다.

(2) 요건 → 선의인 경우에만 인정된다.

철회는 상대방이 적극적으로 무권대리행위의 효과를 무효로 만드는 의사표시이므로 대리인에게 대리권이 없다는 사실을 알았던 상대방은 보호가치가 없으므로 몰랐던 상대방에게만 철회권이 인정된다. 즉, 선의의 상대방만 철회권을 행사할 수 있다.

(3) 상대방 → 본인, 무권대리인

철회권의 행사는 의사표시로 하면 되는데, 본인뿐만 아니라 무권대리인에게도 행사할 수 있다.

(4) 행사시기

무권대리행위의 효과가 유효이든 무효이든 이미 확정되었다면 철회권을 인정할 이유가 없으므로 본인이 추인권이나 추인거절권을 행사하기 전까지 인정된다. 즉, 유동적 무효상태에서만 행사할 수 있다.

(5) 효과

유동적 무효 / 확정적 무효

선의의 상대방이 철회권을 행사하면 불확정한 법률행위는 무효로 확정된다. 따라서 본인은 더 이상 추인하지 못한다.

3. 상대방에 대한 무권대리인의 책임(제135조)

제135조에서의 책임은 무과실책임이므로 무권대리행위가 무권대리인의 과실 없이 제3자의 기망 등 위법행위로 야기된 경우에도, 특별한 사정이 없는 한 무권대리인은 상대방에게 책임을 진다.

(1) 상대방이 무권대리인에게 책임을 주장하기 위한 요건

① 본인의 추인을 얻지 못해야 한다: 만약 본인의 추인이 있다면 본인에게 법률효과가 귀속되어 상대방이 의도하는 목적은 달성된다. 따라서 처음에 의도했던 목적이 달성된다면 무권대리인에게 책임을 물을 수 없다.

② 상대방은 철회권을 행사하지 않아야 한다: 선의의 상대방이 무권대리행위를 철회한 경우에는 무권대리인에게 책임을 물을 수 없다.

③ 상대방이 대리인에게 대리권이 없음을 알지 못하고, 또한 알지 못하는 데 과실이 없어야 한다. 즉, 선의 그리고 무과실이어야 한다.

④ 대리인이 대리권이 있음을 입증하지 못해야 한다.

⑤ 대리인은 제한능력자가 아닐 것, 즉 행위능력자이어야 한다: 만약 대리인이 제한능력자라고 한다면 제한능력자 보호가 상대방 보호보다 더 중요하므로 제한능력자가 무거운 책임을 지는 것은 바람직하지 않다. 따라서 제한능력자가 아닌 경우에만, 즉 무권대리인은 행위능력이 있는 경우에만 책임을 진다. → 미성년자는 책임을 지지 않는다.

⑥ 표현대리가 성립하지 않아야 한다: 표현대리가 성립하면 대리행위의 효과가 본인에게 귀속되어 상대방이 의도하는 목적은 달성되므로 무권대리인에게 책임을 물을 수 없다.

(2) 효과

① 상대방은 무권대리인에게 계약의 이행 또는 손해배상을 청구할 수 있다. 즉, 함께 청구하는 것이 아니라 어느 하나를 선택하는 것이므로 선택채권이다. 주의할 점은 무권대리인이 선택하는 것이 아니라 상대방이 선택한다는 점이다.

② 손해배상을 청구하는 경우에 손해배상의 범위는 이행이익의 배상이다.

(3) 적중판례

① 다른 자의 대리인으로서 계약을 맺은 자가 그 대리권을 증명하지 못하고 또 본인의 추인을 받지 못한 경우에는 그는 상대방의 선택에 따라 계약을 이행할 책임 또는 손해를 배상할 책임이 있다(제135조 제1항). 이때 상대방이 계약의 이행을 선택한 경우 무권대리인은 계약이 본인에게 효력이 발생하였더라면 본인이 상대방에게 부담하였을 것과 같은 내용의 채무를 이행할 책임이 있다. 무권대리인은 마치 자신이 계약의 당사자가 된 것처럼 계약에서 정한 채무를 이행할 책임을 지는 것이다. 무권대리인이 계약에서 정한 채무를 이행하지 않으면 상대방에게 채무불이행에 따른 손해를 배상할 책임을 진다(대판 2018.6.28, 2018다210775).

② 상대방이 대리권이 없음을 알았다는 사실 또는 알 수 있었는데도 알지 못하였다는 사실에 관한 주장·증명책임은 무권대리인에게 있다(대판 2018.6.28, 2018다210775).

4 무권대리인의 지위와 본인의 지위가 동일인에게 귀속되는 경우

1. 무권대리인이 본인의 지위를 승계(상속)한 경우

(1) 추인거절권을 주장할 수 있을까?

정답 | 추인거절권, 즉 무효를 주장하지 못한다.

판례 | 상속은 포괄승계이므로 무권대리인은 본인의 재산권뿐만이 아니라 본인의 추인권과 추인거절권도 함께 상속한다. 따라서 무권대리인이 무권대리행위의 대상이 된 재산에 대해서 소유권을 취득했으므로 상대방에게 이전해 주는 것이 가능하게 되었다. 그럼에도 불구하고 무권대리인이 추인거절권을 주장하여 무권대리행위의 무효를 주장하는 것은 신의칙에 반하여 허용되지 않는다(대판 1994.9.27, 94다20617). 즉, 무권대리인이 본인을 단독상속한 경우, 무권대리인은 본인의 지위에서 추인거절권을 행사할 수 없다.

(2) 말소등기나 부당이득반환청구권을 행사할 수 있을까?

정답 | 이미 상대방에게 소유권이전등기가 경료된 경우에 그 등기는 실체적 권리관계에 부합하여 유효이므로, 무권대리인이 상대방에게 말소등기를 청구하거나 또는 상대방이 점유하여 사용하고 있는 경우에 점유로 인한 부당이득반환을 청구하는 것은 신의칙에 반하여 허용되지 않는다. 즉, 말소등기나 부당이득반환청구권을 행사할 수 없다.

2. 본인이 무권대리인의 지위를 승계(상속)한 경우

본인은 추인권과 추인거절권을 보유하고 있으며 또한 상속을 통해서 무권대리인의 지위(제135조 책임)를 보유한다. 이 경우 본인이 무권대리행위를 한 것이 아니므로 본인이 추인거절권을 행사하더라도 신의칙에 반하지 않는다.

기출로 **포인트 정리**

출제예상 OX지문

❶ 무권대리인의 계약상대방은 계약 당시 대리권 없음을 안 경우에도 본인에 대해 계약을 철회할 수 있다. (O | X) 26회

❷ 상대방이 계약 당시에 대리인에게 대리권 없음을 알았던 경우에는 상대방의 본인에 대한 최고권이 인정되지 않는다. (O | X) 30회

❸ 본인이 추인하면, 특별한 사정이 없는 한 무권대리행위는 계약 시에 소급하여 효력이 생긴다. (O | X) 30회

대표기출

대리권 없는 乙이 甲을 대리하여 丙에게 甲 소유의 토지를 매도하였다. 다음 설명 중 옳은 것은? (다툼이 있으면 판례에 따름) 21회

① 丙이 甲에게 상당한 기간을 정하여 매매계약의 추인 여부의 확답을 최고하였으나 甲의 확답이 없었던 경우, 甲이 이를 추인한 것으로 본다.
② 乙이 甲을 단독상속한 경우, 乙은 본인 甲의 지위에서 추인을 거절할 수 있다.
③ 甲이 매매계약의 내용을 변경하여 추인한 경우, 丙의 동의가 없더라도 추인의 효력이 있다.
④ 乙이 대리권을 증명하지 못한 경우, 자신의 선택에 따라 丙에게 계약을 이행하거나 손해를 배상할 책임을 진다.
⑤ 甲이 丙에게 추인한 후에는 丙은 매매계약을 철회할 수 없다.

쉬운 해설

출제예상 OX지문

❶ X 철회권은 선의의 상대방에게만 인정된다. 따라서 무권대리인의 계약상대방은 계약 당시 대리권 없음을 안 경우에는 본인에 대해 계약을 철회할 수 없다.

❷ X 최고는 상대방이 본인에게 추인할지 또는 추인을 거절할지에 대해서 단순히 독촉을 하는 것이므로 선의·악의를 불문하고 최고할 수 있다.

❸ O 과거의 대리행위에 대해서 효과를 인정하는 것이므로 소급해서 효력이 생긴다.

대표기출 정답 ⑤

⑤ 철회권은 추인의 효과가 발생하기 전까지만 인정되므로 본인 甲이 상대방 丙에게 추인을 했으면 추인의 효과가 발생하여 확정적 유효가 되었으므로 상대방 丙은 더 이상 매매계약을 철회할 수 없다(제134조).

① 상대방은 선의·악의를 불문하고 최고권을 가지고 있으므로 상당한 기간을 정해서 본인에게 최고할 수 있다. 이 경우 본인이 아무런 확답을 발하지 않으면 추인거절로 본다. 따라서 상대방 丙이 본인 甲에게 상당한 기간을 정하여 최고하였으나 본인 甲의 확답이 없었다면 효과를 받을 의사가 없다고 판단되므로 추인이 아니라 추인거절한 것으로 본다(제131조).

② 무권대리인이 본인의 지위를 상속한 경우, 무권대리인이 본인의 지위에서 추인거절하는 것은 신의칙에 반하므로 무권대리인 乙은 본인 甲의 지위에서 추인을 거절할 수 없다(대판 1994.9.27, 94다20617).

③ 추인은 법률행위 전부에 대해서 행해져야 그 효과가 있다. 따라서 본인 甲이 무권대리행위인 매매계약의 내용을 변경하여 추인하거나 일부에 대해서만 추인한 경우에는 상대방 丙의 동의가 없으면 추인의 효력은 없다(대판 1982.1.26, 81다카549).

④ 제135조 무권대리인의 상대방에 대한 책임내용이다. 무권대리인 자신이 선택하는 것이 아니라 상대방이 선택한다.

출제포인트

024 표현대리에서 기본 쟁점

[10개년 출제회차] 26, 28, 29, 30, 31, 32회

시작이 쉬운 길잡이

Q 아버지로부터 아파트 임대, 관리의 권한을 수여받고 아파트 처분의 대리권은 수여받지 않은 대운 씨. 아버지 사업의 유동성 문제를 해결하기 위해서 친구 동철 씨에게 아버지 소유의 아파트를 매도했습니다. 매도할 때 위임장과 등기서류를 보여주면서 매매를 했는데요. 여러분, 이 경우 동철 씨는 아파트의 소유권을 취득할 수 있을까요?

A 만약 동철 씨가 대운 씨에게 대리권이 있다고 믿었고, 과실이 없다면(선의, 그리고 무과실이라면) 대운 씨 아버지에게 매매의 효과를 물을 수 있습니다. 즉, 소유권을 취득할 수 있습니다.

출제포인트의 중요 키워드는 본문에서 꼭 체크하세요 ▸ **표현대리**

1 표현대리는 무권대리의 성질을 가진다.

(1) 표현대리는 어디까지나 상대방의 보호와 거래의 안전을 위하여 본인을 구속하는 제도에 지나지 않으며 실제로 대리인에게 대리권이 없으므로 어디까지나 무권대리로서 성질을 가지고 있어 본인은 추인권과 추인거절권을 가지며 상대방도 최고권과 철회권을 가진다. 따라서 본인이 유효한 대리행위로서 효과받기를 원한다면 상대방이 무권대리행위를 철회하기 전에 먼저 추인하면 된다.

(2) 표현대리의 성질은 무권대리이므로 상대방의 유권대리 주장에는 표현대리의 주장은 포함되지 않는다(대판 전합체 1983.12.13, 83다카1489).

(3) 본인이 효과받기를 원하지 않으면 추인거절하면 되는데, 주의할 점은 본인이 추인거절하더라도 상대방은 표현대리 성립을 주장하여 본인에게 책임을 물을 수 있다는 점이다.

(4) 요컨대, 상대방의 철회와 본인의 추인 중 어느 권리를 먼저 행사했느냐에 따라서 표현대리행위의 운명이 결정된다.

2 대리행위 → 대리의사가 있어야 한다. 본인의 이름을 현명해야 한다.

(1) 대리인의 행위가 대리행위로 인정되어야 한다.

① 표현대리가 성립하기 위해서는 대리인의 행위가 대리행위로 인정되어야 한다. 따라서 대리인의 행위가 대리행위로 인정받지 못하면, 즉 대리행위가 아니라면 표현대리는 성립하지 않는다.

② 담보권설정의 대리권을 수여받은 대리인이 X토지를 매도한 경우, 매매계약을 본인 명의가 아니라 대리인 자신의 명의로 상대방과 체결한 경우, 상대방이 선의·무과실이더라도 표현대리가 성립할 수 없다.

(2) 대리행위에 무효사유가 없어야 한다.

대리인에게 대리권이 없다는 것 이외의 다른 무효사유가 없어야 한다. 따라서 대리행위가 강행법규에 위반하여 무효가 된 경우에는 표현대리는 적용되지 아니한다(대판 1996.8.23, 94다38199).

(3) 대리인에게 대리의사가 없는 경우 또는 대리인이 법률행위가 아니라 사실행위를 한 경우에는 표현대리는 성립할 수 없다(판례).

3 표현대리 성립의 효과 → 본인에게 대리행위의 효과가 귀속한다.

(1) 상대방만 표현대리 성립을 주장할 수 있다.

표현대리의 성립요건이 충족되었다 하더라도 상대방이 표현대리의 성립을 주장하지 않으면 표현대리의 효과는 발생하지 않는다. 즉, 상대방이 주장하는 경우에 한하여 표현대리의 효과가 발생하는 것이다. 따라서 상대방이 표현대리의 성립을 주장하지 않으면 본인이나 무권대리인은 표현대리 성립을 주장하지 못한다.

(2) 상대방이 표현대리 성립을 주장하지 않는 경우

표현대리도 대리인에게 대리권이 없으므로 법적 성질은 무권대리이므로 본인은 추인권을 가지고 있고 상대방도 철회권을 가지고 있다. 따라서 본인이 효과받기를 원하면 추인하면 되고, 상대방이 본인에게 효과를 주장하는 것을 원하지 않으면 본인이 추인하기 전에 철회하면 된다.

(3) 과실상계의 법리 적용 여부 → 적용할 수 없다.

표현대리행위가 성립하는 경우에 그 본인은 표현대리행위에 의하여 전적인 책임을 져야 하고, 상대방에게 과실이 있다고 하더라도 과실상계의 법리를 유추적용하여 본인의 책임을 경감할 수 없다(대판 1996.7.12, 95다49554).

중요 쟁점 한눈에 파악하기

1. 무권대리 : 표현대리의 성질은 무권대리이므로 상대방의 유권대리 주장에는 표현대리의 주장이 포함 X

2. 대리행위

- 대리인의 행위가 대리행위로 인정되어야 함
- 대리행위에 무효사유가 없어야 함
  - ➡ 강행법규에 위반하여 무효인 경우 표현대리 성립 X
- 대리인에게 대리의사가 없는 경우(현명 X)
  - : 표현대리 성립 X
- 대리인이 법률행위가 아니라 사실행위를 한 경우
  - : 표현대리 성립 X

3. 표현대리의 효과

- **상대방만** 표현대리 성립을 주장 O
- 상대방이 표현대리 주장 X(무권대리 주장 O)
  - : 무권대리(본인: 추인 O / 상대방: 철회권 O)
- 과실상계의 법리 적용 X
  - : 본인은 표현대리행위에 의하여 전적인 책임 O / 상대방에게 과실이 있다고 하더라도 과실상계의 법리를 유추적용하여 본인의 책임을 경감 X

기출로 **포인트 정리**

출제예상 OX지문

❶ 대리행위가 강행법규에 위반하여 무효인 경우에는 표현대리의 법리가 적용되지 않는다. (O | X) 32회

대표기출

표현대리에 관한 설명으로 옳은 것은? (다툼이 있으면 판례에 따름) 26회

① 상대방의 유권대리 주장에는 표현대리의 주장도 포함된다.
② 권한을 넘은 표현대리의 기본대리권은 대리행위와 같은 종류의 행위에 관한 것이어야 한다.
③ 권한을 넘은 표현대리의 기본대리권에는 대리인에 의하여 선임된 복대리인의 권한도 포함된다.
④ 대리권 수여표시에 의한 표현대리에서 대리권 수여표시는 대리권 또는 대리인이라는 표현을 사용한 경우에 한정된다.
⑤ 대리권 소멸 후의 표현대리가 인정되고 그 표현대리의 권한을 넘는 대리행위가 있는 경우, 권한을 넘은 표현대리가 성립할 수 없다.

쉬운 해설

출제예상 OX지문

❶ O 대리행위가 강행법규에 위반하여 무효인 경우에는 표현대리는 성립할 수 없다.

대표기출 정답 ③

③ 권한을 넘은 표현대리가 성립하기 위해서는 기본대리권이 있어야 하는데 사자의 권한이나 복대리인의 권한도 기본대리권이 될 수 있다(대판 1998.3.27, 97다48982)는 것이 판례의 태도이다.
① 표현대리의 성질은 무권대리이므로 상대방의 유권대리 주장에는 표현대리의 주장은 포함되지 않는다(대판 전합체 1983.12.13, 83다카1489).
② 기본대리권과 대리행위 사이에는 동종류, 유사할 필요가 없다(대판 1963.8.31, 63다326).
④ 본인에 의한 대리권 수여의 표시는 반드시 대리권 또는 대리인이라는 말을 사용하여야 하는 것이 아니라 사회통념상 대리권을 추단할 수 있는 직함이나 명칭 등의 사용을 승낙 또는 묵인한 경우에도 대리권 수여의 표시가 있은 것으로 볼 수 있다(대판 1998.6.12, 97다53762).
⑤ 표현대리권을 기본대리권으로 권한을 넘은 표현대리가 성립할 수 있으므로 대리권 소멸 후의 표현대리가 인정되고 그 표현대리의 권한을 넘는 대리행위가 있는 경우, 권한을 넘은 표현대리가 성립할 수 있다(대판 1979.3.27, 79다234).

출제포인트

025 대리권 수여표시에 의한 표현대리(제125조)

[10개년 출제회차] 26, 32회

시작이 쉬운 길잡이

Q 대운 씨는 같은 아파트에 살고 있는 아들에게 아파트 매매에 관한 대리권을 수여하였다고 표시를 했습니다. 그런데 아파트 앞에 GTX역이 신설된다는 뉴스를 듣고, 대운 씨는 아들에게 대리권을 수여하지는 않았습니다. 이후에 아들은 대운 씨의 사업자금을 위해서 친구 산하 씨와 매매를 했습니다. 이 경우 매매의 효과가 대운 씨에게 있을까요?

A 만약 산하 씨가 대운 씨의 아들에게 대리권이 있다고 믿었고, 과실이 없다면 매매의 효과가 대운 씨에게 발생할 수 있습니다.

❗ 출제포인트의 중요 키워드는 본문에서 꼭 체크하세요 ▸ 대리권 수여

1 의의

본인이 타인(대리인)에게 실제로 대리권을 수여하지 않았음에도 대리권을 수여하였다는 취지를 표시함으로써 대리권 성립의 외관이 존재하여 상대방은 대리인에게 대리권이 있다고 오신하고 대리인과 거래행위를 한 경우에 외관을 믿고서 거래한 상대방을 보호하기 위해서 본인에게 법률효과를 귀속시키는 제도이다.

2 성립요건

(1) 대리권 수여❗(수권행위)의 표시가 있어야 한다. 즉, 본인이 제3자에 대하여, 어떤 사람에게 대리권을 준다는 것을 표시(통지)하여야 한다. 그리고 본인에 의한 대리권 수여의 표시는 반드시 대리권 또는 대리인이라는 말을 사용하여야 하는 것이 아니라, 사회통념상 대리권을 추단할 수 있는 직함이나 명칭 등의 사용을 승낙 또는 묵인한 경우에도 대리권 수여의 표시가 있은 것으로 볼 수 있다(대판 1998.6.12, 97다53762).

(2) 표시된 대리권 범위 내에서 대리행위를 해야 한다. 만약 범위를 넘게 되면 제126조 권한을 넘은 표현대리가 성립할 수 있다.

(3) 대리행위의 상대방

① 상대방은 대리권 수여의 통지를 받은 자이어야 한다.

② 대리권 수여의 통지를 받지 않은 사람에 대해서는 보호할 만한 외관의 존재를 인정할 수 없으므로 제125조 표현대리는 적용되지 않는다.

(4) 상대방은 선의 그리고 무과실이어야 한다. 대리인에게 대리권이 없음에도 불구하고 대리권이 있다고 믿었고 믿는 데 과실이 없어야 한다.

3 효과

표현대리가 성립하면 대리행위의 효과는 본인에게 귀속한다. 즉, 본인이 대리행위에 대해서 책임을 져야 한다.

4 입증책임

표현대리는 외관을 믿고 거래한 상대방을 보호하는 제도이므로 상대방 스스로 선의 그리고 무과실을 입증하는 것이 아니라 본인이 책임을 면하기 위해서 상대방의 악의 또는 과실이 있다는 사실을 입증해야 한다.

5 적용범위

대리권 수여의 표시가 있어야 하므로 임의대리에서만 적용되고 법정대리에서는 적용되지 않는다.

기출로 **포인트 정리**

출제예상 OX지문

❶ 대리권 수여표시에 의한 표현대리에서 대리권 수여표시는 대리권 또는 대리인이라는 표현을 사용한 경우에 한정된다. (O | X) 26회

대표기출

표현대리에 관한 설명으로 옳은 것을 모두 고른 것은? (다툼이 있으면 판례에 따름)

15회

㉠ 건물의 관리를 위임받은 대리인이 건물을 양도하는 매매계약을 체결한 경우는 권한을 넘은 표현대리가 될 수 있다.
㉡ 대리행위의 상대방으로부터 직접 전득한 자는 대리인에게 권한이 있다고 믿을 만한 정당한 이유가 있는 경우 권한을 넘은 표현대리를 주장할 수 있다.
㉢ 사회통념상 대리권을 추단할 수 있는 직함이나 명칭 등의 사용을 승낙 또는 묵인한 사정만으로는 대리권 수여의 표시가 있은 것으로 볼 수 없다.
㉣ 인감증명서의 교부만으로는 대리권의 수여가 있다고 보기는 어렵다.

① ㉠, ㉣　　② ㉢, ㉣
③ ㉠, ㉢　　④ ㉡, ㉢
⑤ ㉡, ㉣

쉬운 해설

출제예상 OX지문

❶ X 본인에 의한 대리권 수여의 표시는 반드시 대리권 또는 대리인이라는 말을 사용하여야 하는 것이 아니라 사회통념상 대리권을 추단할 수 있는 직함이나 명칭 등의 사용을 승낙 또는 묵인한 경우에도 대리권 수여의 표시가 있은 것으로 볼 수 있다(대판 1998.6.12, 97다53762).

대표기출 정답 ①

㉠ 건물의 관리를 위임받은 대리인이 건물을 양도하는 매매계약을 체결한 경우는 기본대리권이 있기 때문에 권한을 넘은 표현대리가 성립할 수 있다(대판 1993.2.23, 92다52436).
㉣ 단순히 인감증명서의 교부만으로는 대리권의 수여가 있다고 볼 수는 없다(대판 1978.10.10, 78다75).
㉡ 대리행위의 상대방만 표현대리를 주장할 수 있으므로 전득한 자는 권한을 넘은 표현대리를 주장할 수 없다.
㉢ 사회통념상 대리권을 추단할 수 있는 직함이나 명칭 등의 사용을 승낙 또는 묵인한 경우에도 대리권 수여의 표시가 있은 것으로 볼 수 있다(대판 1998.6.12, 97다53762).

출제포인트

026 권한을 넘은 표현대리(제126조)

[10개년 출제회차] 26, 29, 31, 32, 33회

시작이 쉬운 길잡이

사업을 하는 대운 씨는 돈이 필요해서 아들에게 대출을 받으면서 아파트에 저당권설정에 관한 대리권을 수여했습니다. 아들은 친구 부자 씨에게 아파트를 매도했습니다. 이 경우 매매의 효과가 대운 씨에게 있을까요?

A 만약 부자 씨가 대운 씨 아들에게 대리권이 있다고 믿었고, 정당한 이유가 있다면 매매의 효과가 대운 씨에게 발생할 수 있습니다.

❗ 출제포인트의 중요 키워드는 본문에서 꼭 체크하세요 ▸ 권한을 넘은 표현대리

1 의의

본인과 대리인 사이의 기본적 법률관계에 의해서 대리인이 대리권을 가지고 있고 기존에 가지고 있던 그 대리권(기본대리권)의 범위를 초과해서 대리행위를 한 경우, 실제로 행해진 대리행위에 대해서 대리권이 없음에도 불구하고 대리권이 있다고 믿을 만한 대리권 범위의 외관이 존재하는 경우 이 외관을 믿고서 거래한 상대방을 보호하기 위해서 본인에게 효과를 귀속시키는 제도이다.

2 성립요건

(1) 대리인에게 일정한 대리권(기본대리권)이 있을 것

복대리인의 권한

① 사자의 권한이나 복대리권: 사자의 권한이나 복대리권을 기본대리권으로 권한을 넘은 표현대리가 성립할 수 있다. 즉, 권한을 넘은 표현대리의 기본대리권에는 대리인에 의하여 선임된 복대리인의 권한도 포함된다.

② 임의대리와 법정대리: 임의대리뿐만 아니라 법정대리에 대해서도 성립할 수 있다. 따라서 법정대리권을 기본대리권으로 권한을 넘은 표현대리가 성립할 수 있다.

③ 일상가사대리권: 일상가사대리권을 기본대리권으로 권한을 넘은 표현대리가 성립할 수 있다.

④ **공법상의 대리권:** 판례는 공법상의 대리권을 기본대리권으로 사법상의 법률행위를 한 경우에도 권한을 넘은 표현대리가 성립할 수 있다고 한다. 따라서 기본대리권이 등기신청행위(공법상의 행위)라 할지라도 표현대리인이 그 권한을 유월하여 대물변제라는 사법행위를 한 경우에도 권한을 넘은 표현대리는 성립할 수 있다. 따라서 기본대리권의 내용과 대리행위가 동종이 아니더라도 상대방이 그 권한이 있다고 믿을 만한 정당한 이유가 있으면 표현대리가 성립할 수 있다. 요컨대, 기본대리권과 권한을 넘는 대리행위 사이에는 동종 또는 유사할 필요가 없다.

⑤ 처음부터 대리권이 전혀 없는 사람의 행위에 관하여는 본 조의 표현대리는 성립하지 않는다.

⑥ **표현대리권:** 표현대리권을 기본대리권으로 하여 권한을 넘은 표현대리가 성립할 수 있다. 판례는 대리권 수여표시의 표현대리(제125조)에서 대리인이 그 표시된 대리권의 범위를 초과해서 대리행위를 한 경우와 대리권 소멸 후의 표현대리(제129조)에서 대리인이 소멸 전의 대리권 범위를 초과해서 대리행위를 한 경우에도 권한을 넘는 표현대리(제126조)가 성립할 수 있다고 한다. 즉, 대리권 소멸 후 그 대리권을 초과하여 대리행위를 한 경우에도 권한을 넘은 표현대리가 성립할 수 있다(소멸한 대리권을 기본대리권으로 해서 권한을 넘은 표현대리가 성립할 수 있다).

(2) 기본대리권을 넘는 대리행위가 있을 것

→ 대리인에게 대리의사는 있어야 한다.

① 대리인이 기존에 가지고 있던 기본대리권을 넘어서는 대리행위를 해야 한다. 따라서 대리인의 행위가 대리행위로 인정받지 못한다면 권한을 넘은 표현대리는 성립할 수 없다.

② 담보권설정의 대리권을 수여받은 자가 그 부동산을 자신의 명의로 소유권이전등기를 한 후 제3자에게 다시 소유권이전등기를 경료한 경우, 권한을 넘은 표현대리는 성립할 수 없다(대판 1991.12.27, 91다3208). 왜냐하면 대리의사가 없으므로 대리행위가 아니기 때문이다.

③ 민법 제126조의 표현대리는 대리인이 본인을 위한다는 의사를 명시 혹은 묵시적으로 표시하거나 대리의사를 가지고 권한 외의 행위를 하는 경우에 성립하고, 사술을 써서 위와 같은 대리행위의 표시를 하지 아니하고 단지 본인의 성명을 모용하여 자기가 마치 본인인 것처럼 기망하여 본인 명의로 직접 법률행위를 한 경우에는 특별한 사정이 없는 한 위 법조 소정의 표현대리는 성립될 수 없다(대판 2002.6.28, 2001다49814).

(3) 상대방은 대리인에게 대리권이 있다고 믿었고 믿는 데 정당한 이유가 있을 것

① 정당한 이유는 선의 그리고 무과실을 의미하며, 정당한 이유 유무의 판단시기는 대리행위 시를 기준으로 판단한다. 판례에 따르면, 권한을 넘은 표현대리에 있어서 정당한 이유의 유무는 대리행위 당시를 기준으로 하여 판정하여야 하고 대리행위 성립 후의 사정은 고려할 것이 아니다(대판 1987.7.7, 86다카2475).

② 상대방에게 정당한 이유가 인정되지 않아서 권한을 넘은 표현대리가 성립하지 않는 경우에도 대리인에게는 기본대리권이 존재하므로 기본대리권 범위 내에서는 유효한 대리행위로 인정된다.

③ 제126조의 규정에서 보호받는 제3자라 함은 당해 표현대리행위의 직접 상대방이 된 자만을 의미한다. 왜냐하면 외관을 믿고 거래하는 자는 직접 상대방에 한정되기 때문이다. 따라서 승계인은 보호받는 제3자가 아니다.

3 효과

(1) 권한을 넘은 표현대리가 성립하면 외관을 믿고 거래한 상대방을 보호하기 위해서 대리행위 전부의 효과가 본인에게 귀속한다.

(2) 설령 권한을 넘은 표현대리가 성립하지 않더라도 대리인에게 기본대리권은 있으므로 기본대리권 범위 내의 대리행위에 대해서는 유효이므로 본인에게 효과가 귀속한다.

4 입증책임

표현대리는 외관을 믿고 거래한 상대방을 보호하는 제도이므로 상대방 스스로 정당한 이유의 존재에 대해서 입증하는 것이 아니라 본인이 책임을 면하기 위해서 상대방에게 정당한 이유가 없다는 사실을 입증해야 한다는 것이 다수설이다. 그러나 판례는 상대방이 스스로 선의 그리고 무과실을 입증해야 한다고 한다.

5 적용범위

임의대리뿐만이 아니라 법정대리에 대해서도 성립할 수 있다(판례).

기출로 **포인트 정리**

출제예상 OX지문

❶ 권한을 넘은 표현대리의 경우, 기본대리권이 표현대리행위와 동종 내지 유사할 필요는 없다. (O | X) 31회

❷ 권한을 넘은 표현대리의 기본대리권에는 대리인에 의하여 선임된 복대리인의 권한도 포함된다. (O | X) 26회

❸ 정당한 이유의 유무는 대리행위 당시를 기준으로 하여 판단하는 것이 원칙이다. (O | X) 22회

❹ 민법 제129조의 표현대리를 기본대리권으로 하는 민법 제126조의 표현대리는 성립될 수 없다. (O | X) 32회

❺ 기본대리권이 처음부터 존재하지 않는 경우에도 표현대리는 성립할 수 있다. (O | X) 33회

대표기출

甲은 乙에게 자신의 X토지에 대한 담보권설정의 대리권만을 수여하였으나, 乙은 X토지를 丙에게 매도하는 계약을 체결하였다. 다음 설명 중 옳은 것은? (다툼이 있으면 판례에 따름) 29회

① 乙은 표현대리의 성립을 주장할 수 있다.

② 표현대리가 성립한 경우, 丙에게 과실이 있으면 과실상계하여 甲의 책임을 경감할 수 있다.

③ 丙은 계약체결 당시 乙에게 그 계약을 체결할 대리권이 없음을 알았더라도 계약을 철회할 수 있다.

④ X토지가 토지거래허가구역 내에 있는 경우, 토지거래허가를 받지 못해 계약이 확정적 무효가 되더라도 표현대리가 성립할 수 있다.

⑤ 乙이 X토지에 대한 매매계약을 甲 명의가 아니라 자신의 명의로 丙과 체결한 경우, 丙이 선의·무과실이더라도 표현대리가 성립할 여지가 없다.

쉬운 해설

출제예상 OX지문

❶ O 권한을 넘은 표현대리의 경우, 기본대리권이 표현대리행위와 동종 내지 유사할 필요는 없다(대판 1969.7.22, 69다548).

❷ O 권한을 넘은 표현대리가 성립하기 위해서는 기본대리권이 있어야 하는데 사자의 권한이나 복대리인의 권한도 기본대리권이 될 수 있다(대판 1998.3.27, 97다48982).

❸ O 권한을 넘은 표현대리가 성립하기 위해서는 상대방은 대리인에게 대리권이 있다고 믿었고 믿는데 정당한 이유가 있어야 하는데 이는 대리행위 시를 기준으로 판단한다.

❹ X 표현대리권도 기본대리권에 해당할 수 있다. 따라서 민법 제129조의 표현대리를 기본대리권으로 하는 민법 제126조의 표현대리가 성립할 수 있다.

❺ X 권한을 넘은 표현대리가 성립하기 위해서는 반드시 기본대리권이 존재해야 한다.

대표기출 정답 ⑤

⑤ 표현대리가 성립하기 위해서는 대리행위로 인정되어야 하기 때문에 현명을 해야 한다. 따라서 乙이 자신의 명의로 丙과 체결한 경우에는 대리의사가 없기 때문에 표현대리가 성립할 여지가 없다.

① 표현대리는 상대방보호제도이기 때문에 상대방만 주장할 수 있다. 따라서 乙은 표현대리의 성립을 주장할 수 없다.

② 표현대리가 성립한 경우에는 상대방을 보호하기 위해서 본인은 모든 책임을 져야 한다. 따라서 본인 甲의 책임을 경감할 수 없다(대판 1994.12.22, 94다24985).

③ 철회권은 선의의 상대방에게만 인정된다(제134조).

④ 토지거래허가와 관련된 규정은 강행규정에 해당하고 강행규정에 위반한 대리행위에 대해서는 표현대리가 성립할 수 없다.

출제포인트

027 대리권 소멸 후의 표현대리(제129조)

[10개년 출제회차] 26회

시작이 쉬운 길잡이

Q 중소기업을 경영하고 있는 대운 씨는 관리부장인 동철 씨에게 100만원 이하의 물품매매를 할 수 있는 권한을 수여했고, 거래처와 물품매매를 수년간 해왔습니다. 이후 동철 씨는 회사를 퇴사했음에도 물품매매를 하였는데 이때 매매의 효과가 대운 씨에게 있을까요?

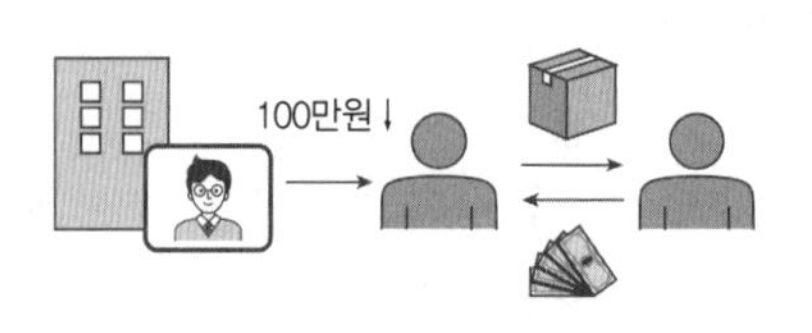

A 만약 거래처 대표가 퇴사한 동철 씨에게 대리권이 있다고 믿었고, 과실이 없었다면 매매의 효과가 대운 씨에게 발생할 수 있습니다.

! 출제포인트의 중요 키워드는 본문에서 꼭 체크하세요 ▸ 대리권 소멸

1 의의

대리인에게 이전에는 대리권이 있었으나 대리행위를 할 당시에는 대리권이 소멸하고 없음에도 현재도 대리권이 있다고 믿을 만한 대리권 존속의 외관이 존재하여 상대방은 이 외관을 믿고 법률행위를 한 경우, 여전히 대리권이 있다고 믿고 거래한 상대방을 보호하기 위해서 본인에게 효과를 귀속시키는 제도이다.

2 성립요건

(1) 대리행위 시에 이전에 존재했던 대리권이 소멸하고 없어야 한다.

대리인에게 과거에 대리권이 존재했어야 한다. 그러므로 대리인에게 처음부터 대리권이 전혀 없었던 경우에는 대리권 소멸 후의 표현대리는 성립하지 않는다.

(2) 이전에 존재했던 대리권 범위 내의 대리행위를 해야 한다.

대리인이 과거에 가지고 있었던 대리권 범위 내에서 대리행위를 해야 한다. 따라서 그 대리권 범위를 초과한 경우에는 권한을 넘은 표현대리가 성립할 수 있다.

(3) 상대방은 대리인에게 대리권이 있다고 믿었고, 믿는 데 과실이 없어야 한다.

대리인이 과거에 대리권을 가지고 있었기 때문에 대리행위 시에도 여전히 대리권이 있다고 믿었고, 믿는 데 과실이 없어야 한다. 즉, 선의 그리고 무과실이어야 한다.

3 효과

대리행위의 효과는 본인에게 귀속한다. 즉, 본인이 책임을 지게 된다.

4 입증책임

표현대리는 외관을 믿고 거래한 상대방을 보호하는 제도이므로 상대방 스스로 선의 그리고 무과실을 입증하는 것이 아니라, 본인이 책임을 면하기 위해서 상대방의 악의 또는 과실이 있다는 사실을 입증해야 한다.

5 적용범위

임의대리뿐만이 아니라 법정대리에도 적용된다.

6 입증책임 및 적용범위

구분	제125조	제126조	제129조
입증책임(다수설)	본인	본인	본인
적용범위	임의대리	임의 · 법정대리	임의 · 법정대리

7 적중판례

대리인이 대리권 소멸 후 직접 상대방과 사이에 대리행위를 하는 경우는 물론 대리인이 대리권 소멸 후 복대리인을 선임하여 복대리인으로 하여금 상대방과 사이에 대리행위를 하도록 한 경우에도, 상대방이 대리권 소멸 사실을 알지 못하여 복대리인에게 적법한 대리권이 있는 것으로 믿었고 그와 같이 믿은 데 과실이 없다면 민법 제129조에 의한 표현대리가 성립할 수 있다(대판 1998.5.29, 97다55317).

기출로 **포인트 정리**

출제예상 OX지문

❶ 대리권 소멸 후의 표현대리가 인정되고 그 표현대리의 권한을 넘는 대리행위가 있는 경우, 권한을 넘은 표현대리가 성립할 수 없다. (O | X) 26회

대표기출

표현대리에 관한 설명으로 옳은 것은? (다툼이 있으면 판례에 따름) 20회

① 소멸한 대리권을 기본대리권으로 하는, 권한을 넘은 표현대리는 성립할 수 없다.
② 일상가사대리권은 권한을 넘은 표현대리의 기본대리권이 될 수 없다.
③ 등기신청대리권을 기본대리권으로 하여 사법상의 법률행위를 한 경우에도 권한을 넘은 표현대리가 성립할 수 있다.
④ 복대리인의 법률행위에 대해서는 표현대리의 법리가 적용되지 않는다.
⑤ 표현대리가 성립한 경우, 상대방에게 과실이 있으면 이를 이유로 본인의 책임을 감경할 수 있다.

쉬운 해설

출제예상 OX지문

❶ X 표현대리권을 기본대리권으로 권한을 넘은 표현대리가 성립할 수 있으므로 대리권 소멸 후의 표현대리가 인정되고 그 표현대리의 권한을 넘는 대리행위가 있는 경우, 권한을 넘은 표현대리가 성립할 수 있다(대판 1979.3.27, 79다234).

대표기출 정답 ③

③ 기본대리권과 실제로 행해진 권한을 넘은 대리행위 사이에는 동종류이거나 유사할 필요도 없으므로 등기신청대리권이라는 공법상의 대리권을 기본대리권으로 하여 사법상의 법률행위를 한 경우에도 권한을 넘은 표현대리가 성립할 수 있다(대판 1978.3.28, 78다282 · 283).

① 과거에 가졌던 대리권이 소멸되어 민법 제129조에 의하여 표현대리로 인정되는 경우에 그 표현대리의 권한을 넘는 대리행위가 있을 때에는 민법 제126조에 의한 표현대리가 성립할 수 있다(대판 2008.1.31, 2007다74713). 따라서 소멸한 대리권을 기본대리권으로 해서 권한을 넘은 표현대리가 성립할 수 있다.

② 권한을 넘은 표현대리가 성립하기 위해서는 최소한 기본대리권이 존재하고 그 권한을 넘는 대리행위가 있어야 하는데 부부간의 일상가사대리권도 권한을 넘은 표현대리의 기본대리권이 될 수 있다(판례). 따라서 일상가사대리권을 기본대리권으로 해서 권한을 넘은 표현대리가 성립할 수 있다.

④ 사자의 권한이나 복대리인의 권한을 기본대리권으로 해서 권한을 넘는 표현대리가 성립할 수 있다(판례). 따라서 복대리인의 법률행위에 대해서도 표현대리의 법리가 적용될 수 있다.

⑤ 표현대리는 상대방을 보호하기 위한 제도이다. 따라서 표현대리가 성립하면 본인은 표현대리행위에 대해서 전적인 책임을 져야 한다. 설령 상대방에게 과실이 있을지라도 이를 이유로 본인의 책임을 감경할 수 없다(대판 1994.12.22, 94다24985). 즉, 과실상계할 수 없다.

출 제 포 인 트

028 무효

[10개년 출제회차] 29, 31, 33회

시작이 쉬운 길잡이

Q

어느 날 6살 산하가 부모의 허락도 없이 자전거 판매점에서 자전거를 사가지고 왔습니다. 여러분, 이 경우 자전거 매매계약은 성립했을까요?

A

일단 청약과 승낙의 합치가 있으면 매매는 성립하므로 자전거 매매계약은 성립했습니다. 그리고 자전거 매매의 효과가 발생하기 위해서는 매매계약의 당사자인 산하에게 의사능력이 있어야 하는데 산하에게는 자신의 행위의 의미나 결과를 판단할 수 있는 정신적 능력이 없습니다. 즉, 의사능력이 없으므로 매매계약의 효과는 발생하지 않습니다. 처음부터 전혀 효과가 발생하지 않는 것으로 이를 '무효'라고 합니다.

❗ 출제포인트의 중요 키워드는 본문에서 꼭 체크하세요 ▸ 무효, 취소

1 총설

1. 무효와 취소의 의미

(1) 법률행위가 성립요건과 효력발생요건을 충족하여 당사자가 원하는 대로 효력을 발생하는 것을 유효라고 한다. 그러나 법률행위가 성립요건을 충족했지만 효력발생요건을 충족하지 못한 경우에 이것을 무효와 취소라고 한다.

(2) 무효는 법률행위 성립 당시부터, 즉 처음부터 전혀 효과가 발생하지 않는 것으로 확정된 것을 말하고, 취소는 일단 효과는 발생하지만 취소권자의 취소권 행사에 의해서 처음부터 무효가 되는 경우이다.

(3) 무효인 경우와 취소할 수 있는 경우

① 의사무능력자의 법률행위, 원시적 불능의 법률행위, 강행규정에 위반한 법률행위, 반사회질서의 법률행위, 불공정한 법률행위, 상대방이 진의 아님을 알았거나 알 수 있었을 경우의 비진의표시, 통정한 허위의 의사표시 등은 무효인 법률행위에 해당한다.

② 제한능력자의 법률행위, 착오에 의한 의사표시, 사기·강박에 의한 의사표시 등은 취소할 수 있는 법률행위에 해당한다.

(4) 무효와 취소의 이중효

하나의 법률행위에 무효사유와 취소사유가 동시에 존재하는 경우, 당사자는 무효와 취소 그 각각의 요건을 증명함으로써 무효를 주장하거나 취소를 주장할 수 있다. 즉, 무효와 취소의 경합을 긍정하는데, 이를 무효와 취소의 이중효라고 한다. 예컨대 甲이 乙과 매매계약을 체결했는데 甲이 미성년자이면서 동시에 의사능력이 없다고 한다면 매매계약에 취소사유와 무효사유가 동시에 존재하게 된다. 이때 甲은 취소를 주장하거나 무효를 주장할 수 있다.

2. 무효와 취소의 구별

(1) 기본적인 효과

① 무효는 특정인의 주장을 기다리지 않고 처음부터 당연히 효력이 발생하지 않는다.

② 취소는 취소권자의 취소라는 적극적인 행위가 있어야 비로소 소급적으로 무효가 되고 취소권을 행사하기 전에는 유효한 법률행위이다.

(2) 주장권자

① 무효는 누구라도 주장할 수 있다.

② 취소권은 취소권자에 한하여 행사할 수 있다.

(3) 주장기간

① 무효는 행사기간의 제한이 없다. 즉, 언제라도 무효를 주장할 수 있다.

② 취소는 단기제척기간이 있다. 즉, 추인할 수 있는 날부터 3년 또는 법률행위한 날부터 10년 이내에 취소권을 행사하지 않으면 취소권은 소멸한다.

(4) 방치한 경우

① 무효원인은 치유되지 않는다. 즉, 무효의 효과에 변동이 없다.

② 취소원인은 제척기간이 경과하면 치유되어, 즉 취소권은 소멸해서 더 이상 취소하지 못하므로 유동적 유효가 확정적으로 유효가 된다.

(5) 추인

① 무효행위는 추인이 있어도 추인의 효력이 없는 것이 원칙이다.

② 취소는 추인이 있으면 확정적으로 유효가 된다. 그리고 더 이상 취소하지 못한다.

2 법률행위 불성립과 구별

(1) 법률행위의 성립요건을 충족하지 못해서 법률행위가 성립조차 못한 경우를 법률행위의 불성립(부존재)이라고 하고, 법률행위의 성립요건은 충족했지만 효력발생요건을 충족하지 못하여 처음부터 효력을 발생하지 못하는 것을 무효라고 한다.

(2) 법률행위가 성립조차 못한 경우에는 무효 문제는 발생하지 않는다. 따라서 일부무효, 무효행위의 전환, 무효행위의 추인은 법률행위가 성립한 이후의 문제이므로 법률행위의 불성립의 경우에는 발생하지 않는다.

3 무효의 종류

1. 당연무효와 재판상 무효

(1) 당연무효란 어떤 특별한 행위나 절차를 필요로 하지 않고 법률상 당연히 무효인 경우를 말한다. 민법상의 무효는 당연 무효가 원칙이다.

(2) 재판상 무효란 무효를 소송에 의해서만 주장할 수 있는 경우를 말한다.

2. 절대적 무효와 상대적 무효

(1) 절대적 무효(원칙)

절대적 무효란 법률행위의 당사자뿐만 아니라 제3자에게도 언제나 무효인 경우를 말한다. 즉, 무효의 내용을 누구에 대해서나 주장할 수 있는 무효를 말한다. 가령 의사무능력자의 법률행위, 반사회질서 법률행위, 불공정한 법률행위, 강행법규 위반의 법률행위를 말한다.

(2) 상대적 무효(예외)

상대적 무효란 당사자 사이에서는 무효이지만 그 무효를 가지고 선의의 제3자에게 대항하지 못하는 경우를 말한다. 즉, 선의의 제3자 보호규정이 있는 경우의 무효를 말한다. 가령 진의 아닌 의사표시 무효, 통정허위표시에서 무효를 말한다.

3. 확정적 무효와 유동적 무효

(1) 확정적 무효(원칙)

확정적 무효란 확정적으로 효과가 발생하지 않는 것으로 사후에 어떤 요건이 갖추어진 경우라도 소급적으로 유효하게 되지 않고 여전히 무효인 경우를 말한다.

(2) 유동적 무효(예외)

① 법률행위의 효력이 현재로서는 발생하지 않으나 추후에 관청의 허가나 추인 또는 조건의 성취 등에 의하여 소급적으로 유효한 것으로 될 수 있는 법적 상태를 유동적 무효 또는 불확정적 무효라고 한다.

② 판례는 (구) 국토이용관리법상 토지거래허가구역 내에 있는 토지에 관하여 허가받을 것을 전제로 하는 거래계약은 허가를 받을 때까지는 법률상 미완성의 법률행위로서 소유권 등 권리의 이전 또는 설정에 관한 거래의 효력이 전혀 발생하지 않으나 일단 허가를 받으면 그 계약은 소급하여 유효한 계약이 되고, 이와 달리 불허가가 된 때에 무효로 확정되므로 허가를 받기까지는 유동적 무효의 상태에 있다(대판 1997.7.25, 97다4357 · 4364)고 한다.

4 일반적인 효과

1. 급부를 이행하기 전인 경우

성립한 법률행위가 무효이면 당사자가 의욕한 법률행위의 효과는 처음부터 당연히 발생하지 않으므로 그에 따른 급부를 이행하기 전이면 이행할 필요가 없다.

2. 급부를 이미 이행한 경우

(1) 성립한 법률행위가 무효이면 급부의무 자체가 없으므로 이행할 필요가 없다. 그럼에도 불구하고 이미 급부를 이행한 경우에는 부당이득반환청구권 행사의 문제가 발생한다.

(2) 불법원인급여에 해당한다면 불법원인급여자는 보호가치가 없으므로 부당이득반환청구권을 행사할 수 없다. 그러나 불법원인급여가 아니라면 부당이득반환청구권을 행사할 수 있다.

기출로 **포인트 정리**

출제예상 OX지문

❶ 착오로 체결한 매매계약은 무효인 법률행위에 해당한다. (O | X) 29회

❷ 사회질서에 위반한 조건이 붙은 법률행위는 무효인 법률행위에 해당한다. (O | X) 29회

대표기출

무효와 취소에 관한 설명으로 옳은 것은? (다툼이 있으면 판례에 따름) 19회

① 계약이 불성립하였다면, 무효행위의 전환이나 무효행위의 추인 규정이 적용되지 않는다.

② 甲과 乙이 무효인 가등기를 유효한 등기로 전용하기로 약정하였다면 이 가등기는 소급하여 유효한 등기로 전환된다.

③ 甲이 乙의 강박에 의해 乙에게 부동산을 매도하고 乙이 丙에게 전매했다면, 甲은 丙에게 의사표시를 취소할 수 있다.

④ 甲과 乙 사이의 매매계약이 적법하게 취소되면 계약은 장래에 향하여 소멸하므로 甲과 乙은 이행된 것을 반환할 필요가 없다.

⑤ 甲이 행위능력자 乙과 체결한 계약을 행위무능력을 이유로 적법하게 취소한 경우, 乙은 자신이 받은 이익이 현존하는 한도에서만 상환할 책임이 있다.

쉬운 해설

출제예상 OX지문

❶ X 착오로 체결한 매매계약은 취소할 수 있는 법률행위에 해당한다(제109조 제1항).

❷ O 사회질서에 위반한 조건이 붙은 법률행위는 무효이다(제151조 제1항).

대표기출 정답 ①

① 무효행위의 전환이나 무효행위의 추인은 최소한 법률행위가 성립했는데 효력발생요건을 충족하지 못해서 무효인 경우에 발생하는 것이다. 따라서 계약이 불성립하였다면, 무효행위의 전환이나 무효행위의 추인 규정이 적용되지 않는다.

② 무효행위임을 알고 추인하면 그때부터 유효인 법률행위가 된다. 즉, 소급효는 없다. 따라서 甲과 乙이 무효인 가등기를 유효한 등기로 전용하기로 약정하였다면, 즉 무효등기를 유효등기로 전환하기로 합의했다면 이 가등기는 소급하여 유효한 등기로 전환되는 것이 아니라 추인한 때부터 유효인 등기가 된다(대판 1992.5.12, 91다26546).

③ 취소는 상대방에 대한 의사표시로 한다. 따라서 甲이 乙의 강박에 의해 乙에게 부동산을 매도하고 乙이 丙에게 전매했다면, 甲은 취소의 의사표시를 丙에게 하는 것이 아니라 乙에게 해야 한다.

④ 법률행위를 취소하면 소급적으로 무효가 되므로 이미 이행한 것이 있다면 서로에 대해서 부당이득반환의무가 발생한다. 따라서 甲과 乙 사이의 매매계약이 적법하게 취소되면 계약은 소급해서 소멸하고 甲과 乙은 서로에 대해서 이행된 것을 반환해야 한다.

⑤ 법률행위가 취소된 경우 부당이득반환범위와 관련해서 행위능력자는 선의와 악의를 구별한다. 그러나 제한능력자는 선의·악의를 불문하고 현존이익만 반환하면 된다. 따라서 乙은 행위능력자이므로 선의일 때와 악의일 때를 구별해야 한다.

출제포인트

029 토지거래허가와 관련한 유동적 무효에 대한 쟁점

[10개년 출제회차] 26, 28, 29, 30, 31, 33회

시작이 쉬운 길잡이

Q 토지거래허가구역 내의 토지를 소유하고 있는 대운 씨는 친구 부자 씨와 매매계약을 체결했지만, 아직 허가를 받기 전입니다. 여러분, 이 경우 대운 씨는 부자 씨에게 매매대금을 달라고 청구할 수 있을까요?

A 허가구역 내의 토지매매계약의 효과가 발생하기 위해서는 관할 관청의 허가가 있어야 합니다. 이처럼 허가를 받기 전이면 매매계약의 효과는 발생하지 않으므로 대운 씨는 매매대금을 청구하지 못합니다. 이런 상태를 유동적 무효라고 합니다.

출제포인트의 중요 키워드는 본문에서 꼭 체크하세요 ▸ **유동적 무효**

※ 허가구역 내의 거래는 허가를 받기 전까지는 유동적 무효이고, 「부동산 거래신고 등에 관한 법률」에 규정되어 있다.

1 토지거래허가와 관련한 유동적 무효에 대한 쟁점

(1) 계약상의 이행청구권이 발생할까?

정답 | 허가받기 전에는 무효이므로 이행청구권은 발생하지 않는다.

해설 | ① 유동적 무효도 무효의 일종이므로 매매계약의 효과는 발생하지 않으며 서로에 대한 계약상의 이행청구권은 발생하지 않는다. 즉, 무효이므로 권리와 의무 자체가 발생하지 않는다.

② 채무 자체가 발생하지 않으므로 이행하지 않아도 채무불이행이 성립하지 않는다. 따라서 채무불이행을 원인으로 계약의 해제, 손해배상을 청구하지 못한다.

(2) 허가신청절차에 협력할 의무가 발생할까?

정답 | 협력의무가 있다. 따라서 매도인은 매수인의 매매대금 이행제공이 없음을 이유로 토지거래허가신청에 대한 협력의무의 이행을 거절할 수 없다.

해설 | ① 매매계약의 당사자는 서로에게 허가신청절차에 협력할 의무가 있으므로 상대방에 대해서 협력의무 이행을 청구할 수 있고 협력의무 불이행 시(협력하지 않으면) 법원에 소구(訴求)할 수 있다. 그리고 협력의무 불이행을 원인으로 손해배상을 청구할 수 있다. 그러나 협력의무는 주된 의무가 아니라 단순히 부수적 의무에 불과하므로 매매계약 자체를 해제하지는 못한다.

② 토지거래허가구역 내의 토지매매계약을 체결하면서 당사자 일방의 협력의무 불이행 시 손해를 배상해 주기로 하는 손해배상액의 예정도 유효하다. 3자 간에 중간생략등기의 합의가 존재하는 경우에도 최종양수인은 최초양도인에게 직접 협력의무이행을 청구할 수 없고 중간매수인의 협력청구권을 대위할 수 있을 뿐이다.

(3) 토지거래허가를 받기 전의 유동적 무효상태인 매매계약에 있어서 매도인이 계약금의 배액을 상환하고 계약을 해제할 수 있을까? 즉, 계약금에 기한 해제가 인정될까?

정답 | 계약금에 기한 해제가 인정된다.

판례 | ① 특별한 사정이 없는 한 (구) 국토이용관리법상의 토지거래허가를 받지 않아 유동적 무효상태인 매매계약에 있어서도 당사자 사이의 매매계약은 매도인이 계약금의 배액을 상환하고 계약을 해제함으로써 적법하게 해제된다(대판 1997.6.27, 97다9369).

② 허가를 받은 경우에도 이행의 착수가 아니므로 계약금에 기한 해제는 인정된다. 판례에 따르면, 계약금만 수수한 상태에서 당사자가 토지거래허가신청을 하고 이에 따라 관할 관청으로부터 그 허가를 받았다 하더라도, 그러한 사정만으로는 아직 이행의 착수가 있다고 볼 수 없어 매도인으로서는 민법 제565조에 의하여 계약금의 배액을 상환하여 매매계약을 해제할 수 있다(대판 2009.4.23, 2008다62427).

(4) 유동적 무효상태에서 이미 지급한 계약금이나 매매대금에 대해서 부당이득반환청구가 인정될까?

정답 | 유동적 무효상태에서는 부당이득반환청구권이 인정되지 않는다. 다만, 확정적 무효가 되면 부당이득반환청구권이 인정된다.

판례 | 허가를 배제하거나 잠탈하는 내용이 아닌 유동적 무효상태의 매매계약을 체결하고 매수인이 이에 기하여 임의로 지급한 계약금은 그 계약이 유동적 무효상태로 있는 한 이를 부당이득으로 반환을 구할 수는 없고 유동적 무효상태가 확정적으로 무효로 되었을 때 비로소 부당이득으로 그 반환을 구할 수 있다(대판 1995.4.28, 93다26397).

(5) 유동적 무효인 계약이 확정적으로 무효가 된 경우, 그에 관해 귀책사유가 있는 당사자도 계약의 무효를 주장할 수 있을까?

정답 | 무효를 주장할 수 있다.

판례 | 거래계약이 확정적으로 무효가 된 경우에는 거래계약이 확정적으로 무효로 됨에 있어서 귀책사유가 있는 자라고 하더라도 그 계약의 무효를 주장할 수 있다(대판 1997.7.25, 97다4357). 따라서 토지거래허가구역 내의 토지거래계약이 확정적으로 무효가 된 경우, 그 계약이 무효로 되는 데 책임 있는 사유가 있는 자도 무효를 주장할 수 있다.

(6) 토지거래허가구역 내의 토지매매계약에 대해서도 비진의표시나 허위표시, 그리고 착오나 사기 · 강박 등이 있는 경우에는 그대로 적용될까?

정답 | 적용된다. 따라서 무효나 취소를 주장하고 협력의무를 면할 수 있다.

해설 | 무효나 취소가 인정되면 유동적 무효가 확정적 무효가 되므로 더 이상 허가신청절차에 협력할 의무는 없다.

(7) (구) 국토이용관리법상 규제구역 내의 토지와 지상건물을 일괄하여 매매한 경우 토지에 대한 매매거래허가가 있기 전에 건물만에 대해서 소유권이전등기를 청구할 수 있을까?

정답 | 허가받기 전에는 건물만에 대해서 소유권이전등기를 청구할 수 없다.

판례 | 일반적으로 토지와 그 지상의 건물은 법률적인 운명을 같이 하게 하는 것이 거래의 관행이고 당사자의 의사나 경제의 관념에도 합치되므로 토지거래규제구역 내의 토지와 지상건물을 일괄하여 매매한 경우 매수인이 토지에 관한 당국의 거래허가가 없으면 건물만이라도 매수하였을 것이라고 볼 수 있는 특별한 사정이 인정되는 경우를 제외하고는 토지에 대한 매매거래허가를 받기 전의 상태에서는 지상건물에 대하여도 그 거래계약 내용에 따른 이행청구 내지 채무불이행으로 인한 손해배상청구를 할 수 없다(대판 1994.1.11, 93다22043). 즉, 허가를 받기 전에는 건물만에 대해서 소유권이전등기를 청구하지 못하고 허가를 받으면 토지와 함께 건물에 대해서 소유권이전등기를 청구할 수 있다.

(8) 유동적 무효상태에서 허가구역이 지정해제되었거나 지정기간이 만료되었음에도 재지정을 하지 않으면 여전히 유동적 무효일까?

정답 | 확정적 유효이다.

판례 | 허가구역 지정기간 중에 허가구역 안의 토지에 대하여 토지거래허가를 받지 아니하고 토지거래계약을 체결한 후 허가구역 지정해제 등이 된 때에는 그 토지거래계약이 허가구역 지정이 해제되기 전에 확정적으로 무효로 된 경우를 제외하고는, 더 이상 관할 행정청으로부터 토지거래허가를 받을 필요가 없이 확정적으로 유효로 되어 거래당사자는 그 계약에 기하여 바로 토지의 소유권 등 권리의 이전 또는 설정에 관한 이행청구를 할 수 있고, 상대방도 반대급부의 청구를 할 수 있다고 보아야 할 것이지, 여전히 그 계약이 유동적 무효상태에 있다고 볼 것은 아니다(대판 전합체 1999.6.17, 98다40459).

2 확정적 무효가 되는 경우(판례)

(1) 토지거래허가구역 내의 토지매매계약은 관할 관청의 불허가처분이 있으면 확정적 무효이다.

(2) 처음부터 토지거래허가를 잠탈하거나 배제할 목적의 계약인 경우

(3) 오로지 전매차익을 얻을 목적으로 계약한 경우, 불허가처분이 확정된 경우

(4) 당사자 쌍방이 허가신청절차에 협력할 의무의 이행거절의사를 명백히 표시한 경우

(5) 정지조건부 계약이었는데, 그 조건이 토지거래허가를 받기 전의 상태에서 이미 불성취로 확정된 경우

(6) 매도인이 매수인에게 채무불이행을 이유로 해약통지를 하자 매수인이 계약금 상당액을 청구금액으로 하여 위 토지에 대한 가압류를 경료한 경우에는 확정적으로 무효가 될 수 있다.

중요 쟁점 한눈에 파악하기

1. 계약상의 이행청구권 발생 여부

- 이행청구권 **발생** X(채권, 채무 X)
- **채무불이행** X : 해제, 손해배상청구권 X

2. 허가신청절차에 협력할 의무 발생 여부

- **협력의무** O : 협력의무 이행청구 O
- 협력의무 **불이행 시 효과**
  - 법원에 소구 O
  - 손해배상청구 O
  - 매매계약 해제 X
- 협력의무 불이행 시 손해를 배상해 주기로 하는 **손해배상액의 예정** : 유효

3. 매도인이 계약금의 배액을 상환하고 계약을 해제할 수 있는지 여부

- **계약금에 기한 해제** O
- 매도인이 **계약금의 배액을 상환하고 매매계약을 해제** : 적법하게 해제 O
- 허가 O : 이행의 착수 X, 계약금에 기한 해제 인정 O

4. 유동적 무효상태에서 이미 지급한 계약금이나 매매대금에 대해서 부당이득반환청구가 인정되는지 여부

- **유동적** 무효 : 부당이득반환청구권 인정 X
- **확정적 무효** : 부당이득반환청구권 인정 O

5. 확정적 무효가 된 경우, 귀책사유가 있는 당사자도 계약의 무효를 주장할 수 있는지 여부

: 계약의 무효를 주장 O

6. 비진의 의사표시, 통정한 허위의 의사표시, 착오 · 사기 · 강박에 의한 의사표시 규정의 적용 여부

- **적용 O**
- **무효나 취소 O(확정적 무효)** : 허가신청절차 협력의무 X

7. 허가구역이 지정해제되었거나 지정기간이 만료되었음에도 재지정을 하지 않으면 여전히 유동적 무효인지 여부

: 확정적 유효(허가 필요 X)

8. 확정적 무효

- **불허가처분 O**
- 처음부터 토지거래**허가를 잠탈하거나 배제**할 목적의 계약
- 당사자 **쌍방** : 허가신청절차에 협력할 의무의 이행거절의사를 명백히 한 경우
- **정지조건부** 계약 : 허가를 받기 전의 상태에서 불성취가 확정된 경우
- **매도인**이 매수인에게 채무불이행을 이유로 **해약통지 / 매수인**이 계약금 상당액을 청구금액으로 **토지에 대한 가압류 O**

기출로 포인트 정리

출제예상 OX지문

❶ 토지거래허가구역 내의 토지매매계약은 관할 관청의 불허가처분이 있으면 확정적 무효이다. (O | X) 28회

❷ 토지거래허가구역 내의 토지거래계약이 확정적으로 무효가 된 경우, 그 계약이 무효로 되는데 책임 있는 사유가 있는 자도 무효를 주장할 수 있다. (O | X) 29회

❸ 토지거래허가구역 내의 토지에 대한 매매계약이 체결된 경우(유동적 무효) 해약금으로서 계약금만 지급된 상태에서 당사자가 관할관청에 허가를 신청하였다면 이는 이행의 착수이므로 더 이상 계약금에 기한 해제는 허용되지 않는다. (O | X) 33회

대표기출

甲은 토지거래허가구역 내 자신의 토지를 乙에게 매도하였고 곧 토지거래허가를 받기로 하였다. 다음 설명 중 옳은 것을 모두 고른 것은? (다툼이 있으면 판례에 따름) 26회

ㄱ 甲과 乙은 토지거래허가신청절차에 협력할 의무가 있다.
ㄴ 甲은 계약상 채무불이행을 이유로 계약을 해제할 수 있다.
ㄷ 계약이 현재 유동적 무효상태라는 이유로 乙은 이미 지급한 계약금 등을 부당이득으로 반환청구할 수 있다.
ㄹ 乙은 토지거래허가가 있을 것을 조건으로 하여 甲을 상대로 소유권이전등기절차의 이행을 청구할 수 없다.

① ㄱ, ㄴ, ㄹ
② ㄱ, ㄷ
③ ㄱ, ㄹ
④ ㄴ, ㄷ
⑤ ㄴ, ㄹ

기출로 **포인트 정리**

출제예상 OX지문

❶ O 허가받기 전까지는 유동적 무효이지만 허가를 받으면 확정적 유효이고 불허가처분이 있으면 확정적 무효이다.

❷ O 무효는 누구라도 주장할 수 있기 때문에 무효로 되는데 책임 있는 사유가 있는 자도 무효를 주장할 수 있다.

❸ X 관할관청에 허가를 신청한 것만으로는 이행의 착수로 볼 수 없다. 따라서 계약금에 기한 해제가 인정된다.

대표기출 정답 ③

㉠ 당사자가 의도하는 목적이 달성되기 위해서는 매매계약의 효력이 발생해야 하는데 효력이 발생하기 위해서는 허가를 받아야 하므로 허가신청절차에 협력할 의무가 발생한다.

㉣ 허가받기 전까지는 소유권이전등기청구권은 발생하지 않으므로 乙은 토지거래허가가 있을 것을 조건으로 하여 甲을 상대로 소유권이전등기절차의 이행을 청구할 수 없다.

㉡ 허가를 받기 전까지는 유동적 무효로서 채무가 발생하지 않으므로 채무불이행은 발생하지 않는다. 따라서 甲은 계약상 채무불이행을 이유로 계약을 해제할 수 없다.

㉢ 확정적 무효가 된 경우에 한하여 부당이득반환을 청구할 수 있다. 따라서 유동적 무효상태에서는 乙은 이미 지급한 계약금 등을 부당이득으로 반환청구할 수 없다.

출제포인트

030 일부무효의 법리

[10개년 출제회차] 32회

시작이 쉬운 길잡이

Q 사과를 좋아하는 대운 씨! 마트에서 사과 2박스를 박스당 3만원에 총 6만원을 주고 샀습니다. 그런데 배달된 사과박스를 열어보니 1박스에 있던 사과가 거의 모두 썩어 있었습니다. 이 경우 매매계약은 전부무효일까요? 1박스에 대해서만 무효일까요?

A 매매계약의 일부에 무효사유가 있는 경우에는 매매계약 전부가 무효임이 원칙입니다. 다만, 1박스만 무효임을 알고 나머지 1박스만이라도 매매했을 것이라고 인정되는 경우에는 1박스는 매매, 즉 유효가 되고 나머지 1박스는 무효가 될 수 있는데 이것을 일부무효라고 합니다.

❗ 출제포인트의 중요 키워드는 본문에서 꼭 체크하세요 ▸ 일부무효

법령 체크

제137조【법률행위의 일부무효】 법률행위의 일부분이 무효인 때에는 그 전부를 무효로 한다. 그러나 그 무효부분이 없더라도 법률행위를 하였을 것이라고 인정될 때에는 나머지 부분은 무효가 되지 아니한다.

1 의의

법률행위의 일부가 무효인 때에는 원칙적으로 그 전부가 무효이다. 다만, 예외적으로 그 무효부분이 없었더라도 법률행위를 하였을 것이라는 가정적 의사가 인정되는 경우에 한하여 일부만 무효이고 나머지 부분은 유효이다.

2 일부무효의 요건

(1) 법률행위의 일체성

당사자가 법률행위의 여러 부분을 법률효과의 발생을 위한 일체로 의욕한 경우이어야 한다.

(2) 분할 가능성(가분성)

법률행위의 내용이 불가분인 경우에는 그 일부분이 무효일 때에도 일부무효의 문제는 생기지 아니하나, 분할이 가능한 경우에는 민법 제137조의 규정에 따라 그 전부가 무효로 될 때도 있고, 그 일부만 무효로 될 때도 있다(대판 1994.5.24, 93다58332). 즉, 가분성이 없는 경우에는 일부무효의 문제는 생기지 않는다.

(3) 가정적 의사

일부분이 무효임을 알았더라면 나머지 부분만으로도 법률행위를 하였을 것이라는 가정적 의사가 필요하다. 실재하는 의사가 아니라는 점에서 무효행위의 추인과 다르다.

3 효과

무효부분을 제외한 나머지 부분은 독립된 법률행위로서 유효하게 존속한다.

기출로 포인트 정리

출제예상 OX지문

❶ 법률행위의 일부가 무효인 경우, 민법은 원칙적으로 그 해당부분만을 무효로 취급한다. (O | X) 13회

❷ 법률행위의 일부분이 무효일 때, 그 나머지 부분의 유효성을 판단함에 있어 나머지 부분을 유효로 하려는 당사자의 가정적 의사는 고려되지 않는다. (O | X) 32회

대표기출

법률행위의 무효 또는 취소에 관한 설명으로 틀린 것은? (다툼이 있으면 판례에 따름)

21회

① 취소할 수 있는 법률행위를 추인한 후에는 취소하지 못한다.
② 법률행위의 일부분이 무효인 때는 원칙적으로 그 전부를 무효로 한다.
③ 비진의표시로 무효인 법률행위를 당사자가 그 무효임을 알고 추인한 때에는 새로운 법률행위로 본다.
④ 법정대리인은 취소의 원인이 종료하기 전에는 취소할 수 있는 법률행위를 추인할 수 없다.
⑤ 무효인 법률행위가 다른 법률행위의 요건을 구비하고 당사자가 그 무효를 알았더라면 다른 법률행위를 하는 것은 의욕하였으리라고 인정될 때에는 다른 법률행위로서 효력을 가진다.

쉬운 해설

출제예상 OX지문

❶ X 법률행위의 일부가 무효인 경우 전부무효가 원칙이다(제137조).

❷ X 일부무효가 인정되기 위해서는 법률행위의 일체성, 가분성, 가정적 의사가 모두 인정되어야 한다.

대표기출 정답 ④

④ 법정대리인은 취소의 원인이 종료하기 전에도 취소할 수 있는 법률행위를 추인할 수 있다(제144조 제2항).
① 제143조 제1항
② 제137조
③ 무효행위의 추인은 당사자가 그 무효임을 알고 추인한 때에는 추인한 때로부터 새로운 법률행위로 본다(제139조).
⑤ 이것을 무효행위의 전환이라고 한다(제138조).

출제포인트

031 무효행위의 추인

[10개년 출제회차] 24, 25, 28, 29, 31, 32회

시작이 쉬운 길잡이

Q 대운 씨는 경매를 피하기 위해서 자기소유 아파트에 대해 친구 동철 씨와 가짜매매를 하여 동철 씨 앞으로 소유권이전등기를 해주었습니다. 이후에 대운 씨와 동철 씨는 유효인 진짜 매매로 인정받을 수 있을까요?

A 대운 씨와 동철 씨의 매매는 가짜매매이므로 무효입니다. 다만, 무효임을 알고 진짜매매를 할 의사가 있으면 진짜매매로 인정할 수 있는데, 이것을 무효행위의 추인이라고 합니다.

출제포인트의 중요 키워드는 본문에서 꼭 체크하세요 ▸ 무효행위의 추인

법령 체크

제139조【무효행위의 추인】 무효인 법률행위는 추인하여도 그 효력이 생기지 아니한다. 그러나 당사자가 그 무효임을 알고 추인한 때에는 새로운 법률행위로 본다.

1 의의

무효인 법률행위는 효력이 발생하지 않음이 확정적이므로 당사자가 임의로 유효인 법률행위로 인정할 수 없는 것이 원칙이다. 그러나 당사자가 무효임을 알고 유효로 하려는 의사가 있는 경우에는 추인에 의해서 그때부터 새로운 법률행위로 인정할 수 있는데, 이를 무효행위의 추인이라고 한다.

2 요건

(1) 무효인 법률행위가 존재해야 한다. 따라서 비진의표시로 무효인 법률행위를 당사자가 그 무효임을 알고 추인한 때에는 새로운 법률행위로 본다.

(2) 추인

당사자는 성립한 법률행위가 무효임을 알고서 추인해야 하고 무효원인이 소멸한 후에 해야 효력이 있다. 그리고 무효인 법률행위의 추인은 명시적으로 뿐만 아니라 묵시적인 방법으로도 할 수 있다(대판 2011.2.10, 2010다83199).

(3) 당사자가 추인 시에 새로운 법률행위의 유효요건이 존재해야 한다.

3 효과

(1) 무효행위를 추인함으로써 그때부터 새로운 법률행위가 성립한 것으로 본다. 따라서 무효인 법률행위를 추인하면 특별한 사정이 없는 한 처음부터가 아니라 그때부터 새로운 법률행위를 한 것으로 본다.

(2) 원칙

① **소급효가 없다:** 무효행위의 추인은 무효인 행위 그 자체를 사후에 유효로 하는 것이 아니라 새로운 의사표시에 의하여 새로운 행위가 있는 것이고, 추인한 그때부터 새로운 법률행위가 유효하게 되는 것이다. 즉, 소급효는 인정되지 않는다. 따라서 매도인이 통정한 허위의 매매를 추인한 경우, 다른 약정이 없으면 계약을 체결한 때로부터 유효가 아니라 추인한 때부터 유효가 된다.

② 무효인 가등기를 유효인 등기로 전용키로 한 약정에 의하여 그 가등기가 소급하여 유효한 등기로 전환될까?

정답 | 소급하지 않는다. 따라서 무효인 가등기를 유효한 등기로 전용하기로 약정하면 그 가등기는 소급하여 유효한 등기가 되는 것이 아니라 그때부터 유효가 된다.

판례 | 무효인 법률행위는 당사자가 무효임을 알고 추인할 경우 새로운 법률행위를 한 것으로 간주할 뿐이고 소급효가 없는 것이므로 무효인 가등기를 유효한 등기로 전용키로 한 약정은 그때부터 유효하고 이로써 위 가등기가 소급하여 유효한 등기로 전환될 수 없다(대판 1992.5.12, 91다26546).

(3) 예외

특약으로 소급하여 유효로 할 수 있다.

4 무효행위 추인의 한계 – 추인이 인정되지 않는 경우

(1) 강행규정에 위반한 법률행위, 반사회질서 법률행위(제103조), 불공정한 법률행위(제104조)로 무효인 경우에는 추인이 있더라도 추인의 효과가 없다. 즉, 유효로 되지 않는다.

(2) 사회질서의 위반으로 무효인 법률행위는 추인의 대상이 되지 않는다.

반사회질서 법률행위의 무효는 절대적 무효이므로 추인하더라도 추인의 효과는 없다. 판례에 따르면, 취득시효완성 후 경료된 무효인 제3자 명의의 등기에 대하여 시효완성 당시의 소유자가 무효행위를 추인하여도 그 제3자 명의의 등기는 그 소유자의 불법행위에 제3자가 적극 가담하여 경료된 것으로서 사회질서에 반하여 무효이다(대판 2002.3.15, 2001다77352).

기출로 **포인트 정리**

출제예상 OX지문

❶ 무효인 법률행위를 추인하면 특별한 사정이 없는 한 처음부터 새로운 법률행위를 한 것으로 본다. (O | X) 24회

❷ 사회질서의 위반으로 무효인 법률행위는 추인의 대상이 되지 않는다. (O | X) 24회

대표기출

무효와 취소에 관한 설명으로 틀린 것은? (다툼이 있으면 판례에 따름) 28회

① 무효인 가등기를 유효한 등기로 전용하기로 약정하면 그 가등기는 소급하여 유효한 등기가 된다.

② 취소권은 추인할 수 있는 날로부터 3년 내에, 법률행위를 한 날로부터 10년 내에 행사하여야 한다.

③ 무효인 법률행위를 사후에 적법하게 추인한 때에는 다른 정함이 없으면 새로운 법률행위를 한 것으로 보아야 한다.

④ 무권리자가 甲의 권리를 자기의 이름으로 처분한 경우, 甲이 그 처분을 추인하면 처분행위의 효력이 甲에게 미친다.

⑤ 무효행위의 추인은 그 무효원인이 소멸한 후에 하여야 그 효력이 있다.

쉬운 해설

출제예상 OX지문

❶ X 무효인 법률행위를 추인하면 특별한 사정이 없는 한 추인한 때부터 새로운 법률행위를 한 것으로 본다(제139조). 즉, 특약이 없으면 소급효가 없는 것이 원칙이다.

❷ O 절대적 무효인 법률행위에 대해서는 추인이 인정되지 않는다.

대표기출 정답 ①

① 무효인 가등기를 유효한 등기로 전용하기로 약정하는 것은 무효행위의 추인에 해당하고 소급효가 인정되지 않는다. 따라서 그 가등기는 소급하여 유효한 등기가 될 수 없다(대판 1992.5.12, 91다26546).

② 제146조

③ 무효행위의 추인은 추인한 때부터 새로운 법률행위를 한 것으로 본다(제139조).

④ 무권리자의 처분행위에 대해서 무권대리행위의 추인규정이 유추적용되기 때문에 본인이 그 처분을 추인하면 처분행위의 효력이 본인에게 미친다(대판 1988.10.11, 87다카2238).

⑤ 대판 1997.12.12, 95다38240

출제포인트

032 취소권자, 상대방, 방법 및 효과

[10개년 출제회차] 26, 27, 28, 29, 31, 32, 33회

시작이 쉬운 길잡이

Q

대운 씨가 17세, 고등학생 시절에 있었던 일입니다. 대운 씨가 할아버지로부터 물려받은 땅을 부모님의 동의 없이 부자 씨에게 팔아버린 겁니다. 여러분, 이 경우 매매계약의 효력이 발생할까요? 그 계약을 취소할 수 있을까요?

A

17세이면 미성년자, 즉 제한능력자입니다. 제한능력자가 한 법률행위도 일단은 효과가 발생합니다. 다만, 제한능력을 이유로 취소할 수 있을 뿐입니다. 이처럼 일단은 효과가 발생하지만 이후에 일정한 사유에 의해서 소급적으로, 즉 처음부터 무효가 되는 것을 취소할 수 있는 법률행위라고 합니다. 이 경우 취소권자는 대운 씨와 부모님이고 취소의 상대방은 부자 씨입니다.

출제포인트의 중요 키워드는 본문에서 꼭 체크하세요 ▸ **취소권자, 상대방**

법령 체크

제140조【법률행위의 취소권자】 취소할 수 있는 법률행위는 제한능력자, 착오로 인하거나 사기 · 강박에 의하여 의사표시를 한 자, 그의 대리인 또는 승계인만이 취소할 수 있다.

1 취소권자 암기코드 | 제 착(딱) 사강가면 대승이지

1. 제한능력자 → 제한능력자는 취소할 수 있는 법률행위를 단독으로 취소할 수 있다.

취소도 법률행위이므로 제한능력자가 취소하기 위해서는 법정대리인의 동의가 있어야 하는 것이 일반원칙이지만, 민법은 예외를 두어 제한능력자는 자신이 행한 법률행위를 스스로 법정대리인의 동의 없이 단독으로 취소할 수 있도록 하고 있다.

2. 착오로 인하거나 사기 · 강박에 의하여 의사표시를 한 자

3. 대리인

대리인은 제한능력자, 착오로 인하거나 사기 · 강박에 의하여 의사표시를 한 자의 대리인을 의미하고 법정대리인과 임의대리인으로 구별된다.

(1) 법정대리인

법정대리인은 제한능력자가 자신의 동의 없이 행한 법률행위에 대해서 취소할 수 있는데, 이는 제한능력자가 가지고 있는 취소권을 대신 행사하는 것이 아니라 자신이 가지고 있는 취소권을 행사하는 것이다.

(2) 임의대리인

임의대리인이 행한 대리행위의 모든 효과는 직접 본인에게 귀속하므로 대리행위에 취소사유가 있다면 취소권도 본인에게 귀속한다. 따라서 임의대리인은 원칙적으로 대리행위를 취소하지 못하고 본인으로부터 취소권 행사에 관한 별도의 대리권 수여, 즉 수권행위가 있어야 비로소 취소할 수 있다.

4. 승계인

(1) 제한능력자, 착오로 인하거나 사기·강박에 의하여 의사표시를 한 자로부터 취소권을 승계한 자를 의미한다. 즉, 취소할 수 있는 법률행위로부터 발생한 법률관계의 승계인으로서 포괄승계인과 특정승계인 모두를 포함한다.

(2) 법률관계의 승계 없이 취소권만의 승계는 인정되지 않는다. 왜냐하면 취소권은 취소에 의하여 보호하려는 법률상의 지위를 떠나서 독립하여 존재할 수는 없기 때문이다.

2 상대방

법령 체크

제142조【취소의 상대방】 취소할 수 있는 법률행위의 상대방이 확정한 경우에는 그 취소는 그 상대방에 대한 의사표시로 하여야 한다.

(1) 취소할 수 있는 법률행위의 상대방이 확정된 경우에는 그 취소는 그 상대방에 대한 의사표시로 하여야 한다.

(2) 법률행위에 의하여 취득된 권리가 제3자에게 이전된 경우에도 취소의 의사표시는 원래의 상대방에게 해야 하고, 제3자에 대해서 하는 것이 아니다.

3 취소의 방법

(1) 상대방에 대해서 의사표시를 하면 된다. 그리고 법률행위의 취소를 당연한 전제로 한 소송상의 이행청구에는 취소의 의사표시가 포함되어 있다고 볼 수 있다.

(2) 일부취소가 인정될까?

정답 | 일정한 요건하에서 일부무효가 인정되는 것처럼 일부취소가 인정된다.

판례 | ① 하나의 법률행위의 일부분에만 취소사유가 있는 경우에 그 법률행위가 가분적이거나 그 목적물의 일부가 특정될 수 있다면, 그 나머지 부분이라도 이를 유지하려는 당사자의 가정적 의사가 인정되는 경우 그 일부만의 취소도 가능하고, 또 그 일부의 취소는 법률행위의 일부에 관하여 효력이 생긴다고 할 것이나, 이는 어디까지나 어떤 목적 혹은 목적물에 대한 법률행위가 존재함을 전제로 한다(대판 1999.3.26, 98다56607).

② 법률행위가 성립하지 않은 경우에는 취소의 문제는 발생하지 않는다. 즉, 취소할 수 없다. 매매계약 체결 시 토지의 일정 부분을 매매대상에서 제외시키는 특약을 한 경우, 이는 매매계약의 대상 토지를 특정하여 그 일정 부분에 대하여는 매매계약이 체결되지 않았음을 분명히 한 것으로써 그 부분에 대한 어떠한 법률행위가 이루어진 것으로는 볼 수 없으므로, 그 특약만을 기망에 의한 법률행위로서 취소할 수는 없다(대판 1999.3.26, 98다56607).

4 취소의 효과

법령 체크

제141조【취소의 효과】 취소된 법률행위는 처음부터 무효인 것으로 본다. 다만, 제한능력자는 그 행위로 인하여 받은 이익이 현존하는 한도에서 상환(償還)할 책임이 있다.

1. 소급적 무효

(1) 취소된 법률행위는 처음부터 무효인 것으로 본다. 즉, 법률행위가 취소되면 취소한 때부터 무효가 되는 것이 아니라 소급적으로 무효가 된다.

(2) 적중판례

근로계약도 사법상의 계약이므로 취소할 수 있는데, 소급효는 없고 장래에 관해서 소멸된다. 근로계약은 근로자가 사용자에게 근로를 제공하고 사용자는 이에 대하여 임금을 지급하는 것을 목적으로 체결된 계약으로서(근로기준법 제2조 제1항 제4호), 기본적으로 그 법적 성질이 사법상 계약이므로 계약체결에 관한 당사자들의 의사표시에 무효 또는 취소의 사유가 있으면 상대방은 이를 이유로 근로계약의 무효 또는 취소를 주장하여 그에 따른 법률효과의 발생을 부정하거나 소멸시킬 수 있다. 다만, 취소의 의사표시 이후 장래에 관하여만 근로계약의 효력이 소멸된다고 보아야 한다(대판 2017.12.22, 2013다25194·25200).

2. 이행한 급부의 반환문제(부당이득반환의무)

(1) 의의

급부를 이행한 경우에는 불법원인급여가 아닌 한, 받은 급부를 서로에게 반환해야 할 의무가 있다. 이것을 부당이득반환의무라고 한다.

(2) 부당이득반환 범위의 일반원칙

법령 체크

제748조【수익자의 반환범위】 ① 선의의 수익자는 그 받은 이익이 현존한 한도에서 전조의 책임이 있다.
② 악의의 수익자는 그 받은 이익에 이자를 붙여 반환하고 손해가 있으면 이를 배상하여야 한다.

법률행위에 취소사유가 있음을 몰랐던 선의의 수익자는 보호가치가 있으므로 받은 이익이 현존하는 한도(현존이익한도)에서 반환의무를 부담한다. 그러나 악의의 수익자는 보호가치가 없으므로 그 받은 이익에 이자를 붙여 반환하고 손해가 있으면 이를 배상하여야 한다.

(3) 제한능력자에 대한 특별규정(제141조 단서)

① 선의·악의를 불문하고 현존이익의 반환: 제한능력을 원인으로 법률행위가 취소된 경우에는 제한능력자를 보호하기 위해서 부당이득반환 범위의 일반원칙인 제748조의 특별예외규정을 두어 취소사유에 대한 선의·악의를 불문하고 그 행위로 인하여 받은 이익이 현존하는 한도에서 상환할 책임만 진다. 따라서 제한능력을 이유로 법률행위가 취소된 경우 악의의 제한능력자는 받은 이익에 이자를 붙여서 반환할 책임은 없다.

② 제한능력자의 책임을 제한하는 제141조 단서 규정이 의사능력의 흠결을 이유로 법률행위가 무효가 되는 경우에도 유추적용될 수 있을까?

정답 | 의사능력의 흠결을 이유로 법률행위가 무효가 되는 경우에도 유추적용되어야 한다.

판례 | 제한능력자의 책임을 제한하는 민법 제141조 단서는 부당이득에 있어 수익자의 반환범위를 정한 민법 제748조의 특칙으로서 제한능력자의 보호를 위해 그 선의·악의를 묻지 아니하고 반환범위를 현존 이익에 한정시키려는 데 그 취지가 있으므로, 의사능력의 흠결을 이유로 법률행위가 무효가 되는 경우에도 유추적용되어야 한다(대판 2009.1.15, 2008다58367). 따라서 의사능력이 없는 자도 선의·악의를 불문하고 그 행위로 인하여 받은 이익이 현존하는 한도에서 상환할 책임만 진다.

5 취소권의 제척기간(권리행사기간) → 형성권

법령 체크

제146조【취소권의 소멸】 취소권은 추인할 수 있는 날로부터 3년 내에 법률행위를 한 날로부터 10년 내에 행사하여야 한다.

1. 취지

취소할 수 있는 법률행위는 취소하기 전까지는 그대로 효과가 발생하지만(유동적 유효), 취소권자가 취소하면 소급해서 무효가 되는 불확정한 법률행위이므로 이런 불확정한 법률관계를 가능한 한 빨리 확정하여 상대방이나 이해관계 있는 제3자가 불안정한 지위에서 벗어날 수 있도록 하기 위하여 민법은 취소권은 추인할 수 있는 날로부터 3년 내에, 법률행위를 한 날로부터 10년 내에 행사하여야 한다는 규정을 두고 있다.

2. 행사기간

취소권은 추인할 수 있는 날로부터 3년 내에 법률행위를 한 날로부터 10년 내에 행사하여야 한다. 두 기간 중에서 어느 하나의 기간이 먼저 경과하면 취소권은 소멸한다.

3. 성질에 대한 적중판례

(1) 민법 제146조에 규정된 취소권의 존속기간은 제척기간이라고 보아야 할 것이지만, 그 제척기간 내에 소를 제기하는 방법으로 권리를 재판상 행사하여야만 되는 것은 아니고, 재판 외에서 의사표시를 하는 방법으로도 권리를 행사할 수 있다고 보아야 한다(대판 1993.7.27, 92다52795).

(2) 민법 제146조는 취소권은 추인할 수 있는 날로부터 3년 내에 행사하여야 한다고 규정하고 있는바, 이때의 3년이라는 기간은 일반 소멸시효기간이 아니라 제척기간으로서 제척기간이 도과하였는지 여부는 당사자의 주장에 관계없이 법원이 당연히 조사하여 고려하여야 할 사항이다(대판 1996.9.20, 96다25371).

기출로 포인트 정리

출제예상 OX지문

❶ 하나의 법률행위가 가분적이거나 그 목적물의 일부가 특정될 수 있고, 그 나머지는 부분을 유지하려는 당사자의 가정적 의사가 인정되는 경우, 그 일부만의 취소도 가능하다. (O | X) 20회

❷ 취소권은 추인할 수 있는 날로부터 3년 내에, 법률행위를 한 날로부터 10년 내에 행사해야 한다. (O | X) 32회

대표기출

취소할 수 있는 법률행위에 관한 설명으로 틀린 것은? 29회

① 취소된 법률행위는 처음부터 무효인 것으로 본다.
② 제한능력자는 취소할 수 있는 법률행위를 단독으로 취소할 수 있다.
③ 제한능력자의 법률행위에 대한 법정대리인의 추인은 취소의 원인이 소멸된 후에 하여야 그 효력이 있다.
④ 제한능력자가 취소의 원인이 소멸된 후에 이의를 보류하지 않고 채무 일부를 이행하면 추인한 것으로 본다.
⑤ 취소할 수 있는 법률행위의 상대방이 확정된 경우에는 그 취소는 그 상대방에 대한 의사표시로 하여야 한다.

쉬운 해설

출제예상 OX지문

❶ O 판례에 따르면 일정한 요건하에서 일부무효를 인정하고 있는데 동일한 논리에 의해서 일부취소도 인정하고 있다(대판 2002.9.10, 2002다21509).

❷ O 제146조

대표기출 정답 ③

③ 제한능력자의 법률행위에 대한 법정대리인의 추인은 제한이 없다(제144조 제2항).
① 취소의 효과는 소급효가 있다. 따라서 처음부터 무효인 것으로 본다(제141조).
② 제한능력자도 취소권자로서 단독으로 취소할 수 있다(제140조).
④ 제한능력자가 취소의 원인이 소멸된 후에 이의를 보류하지 않고 채무 일부를 이행하면 효과를 받을 의사가 있는 것으로 보아서 추인한 것으로 본다(제145조).
⑤ 취소권의 행사는 상대방에 대한 의사표시로 한다(제142조).

출 제 포 인 트

033 취소할 수 있는 법률행위의 추인

[10개년 출제회차] 27, 29, 31, 32, 33회

시작이 쉬운 길잡이

Q 대운 씨가 17세, 고등학생 시절에 있었던 일입니다. 대운 씨가 할아버지로부터 물려받은 땅을 부모님의 동의 없이 부자 씨에게 팔아버린 겁니다. 하지만 대운 씨의 부모님은 좋은 가격에 매매를 했기 때문에 매매의 효과를 인정받고 싶습니다. 이때 대운 씨의 부모님은 매매의 효과를 그대로 인정받을 수 있을까요?

A 제한능력자의 법률행위는 취소할 수 있는 법률행위라고 합니다. 즉, 효과를 원하지 않으면 취소할 수 있습니다. 다만, 효과를 받고 싶다면 취소권을 포기하고 매매를 유효로 인정할 수 있는데 이것을 추인이라고 합니다.

❗ 출제포인트의 중요 키워드는 본문에서 꼭 체크하세요 ▸ **취소할 수 있는 법률행위의 추인**

1 의의

(1) 취소할 수 있는 법률행위의 추인이란 취소할 수 있는 법률행위에 대해서 취소권자가 취소하지 않고 적극적으로 유효로 하겠다는 의사를 표시하는 것을 말한다.

(2) 취소권자가 취소권 포기라는 소극적인 측면을 갖는 동시에 확정적으로 유효로 하겠다는 적극적인 측면을 갖는다. 따라서 추인에 의해서 유동적 유효인 법률행위는 확정적으로 유효가 되고 더 이상 취소하지 못한다.

2 요건

(1) 취소권자

추인은 취소권을 포기하는 것이므로 취소할 수 있는 법률행위를 추인할 수 있는 자는 취소권자이다.

(2) <u>추인은 취소원인이 종료한 이후에 해야 한다.</u>

법령 체크

제144조 【추인의 요건】 ① 추인은 취소의 원인이 소멸된 후에 하여야만 효력이 있다.

② 제1항은 법정대리인 또는 후견인이 추인하는 경우에는 적용하지 아니한다.

① 추인은 취소원인이 종료한 이후에 해야 효력이 있으므로 제한능력자는 능력자가 된 후에 추인할 수 있고, 착오 또는 사기·강박에 의한 의사표시를 한 자는 착오 또는 사기·강박상태에서 벗어난 후에 추인할 수 있다. 그러나 법정대리인 또는 후견인이 추인하는 경우에는 이러한 제한이 없으므로 취소원인 소멸 전에도 추인할 수 있다. 따라서 제한능력자의 법률행위에 대한 법정대리인의 추인은 취소의 원인이 소멸되기 전에 한 경우에도 그 효력이 있다.

② 제한능력자 중에서 미성년자나 피한정후견인은 법정대리인의 동의를 받아 취소원인 종료 전에도 유효하게 추인할 수 있다.

(3) 취소할 수 있는 법률행위임을 알고 추인해야 한다.

추인은 취소권의 포기이므로 취소권자가 취소할 수 있는 법률행위임을 알고서 추인해야 한다. 즉, 취소할 수 있는 법률행위의 추인은 추인권자가 취소할 수 있는 행위임을 알고서 하여야 한다.

3 방법

추인의 방법에는 특별한 방식의 제한이 없으므로 명시적이든 묵시적이든 관계없으나, 추인은 상대방 있는 단독행위이므로 상대방에 대한 의사표시로 한다.

4 효과

(1) 확정적 유효

취소할 수 있는 법률행위의 추인이 있으면 취소권의 포기이므로 추인한 때부터 유효로 확정된다.

(2) 취소할 수 있는 법률행위를 추인한 후에는 취소하지 못한다.

기출로 포인트 정리

출제예상 OX지문

❶ 취소할 수 있는 법률행위의 추인은 추인권자가 취소할 수 있는 행위임을 알고서 하여야 한다. (O | X) 20회

❷ 취소할 수 있는 법률행위에 대해 취소권자가 적법하게 추인하면 그의 취소권은 소멸한다. (O | X) 33회

대표기출

법률행위의 취소에 관한 설명으로 옳은 것은? 27회

① 취소권은 취소할 수 있는 날로부터 3년 내에 행사하여야 한다.
② 취소권은 취소사유가 있음을 안 날로부터 10년 내에 행사하여야 한다.
③ 제한능력을 이유로 법률행위가 취소된 경우 악의의 제한능력자는 받은 이익에 이자를 붙여서 반환해야 한다.
④ 법정대리인의 추인은 취소의 원인이 소멸한 후에 하여야만 효력이 있다.
⑤ 취소할 수 있는 법률행위는 추인할 수 있는 후에 취소권자의 이행청구가 있으면 이의를 보류하지 않는 한 추인한 것으로 본다.

쉬운 해설

출제예상 OX지문

❶ O 취소권자는 효과받기를 원하지 않으면 그 법률행위를 취소할 수 있고, 또한 효과받기를 원하면 추인할 수 있는데 추인은 추인권자, 즉 취소권자가 취소할 수 있는 행위임을 알고서 하여야 한다.

❷ O 추인은 취소하지 않고 효과는 받겠다는 의미이다. 따라서 취소할 수 있는 법률행위에 대해 취소권자가 적법하게 추인하면 더 이상 취소의사가 없다는 것이므로 취소권은 소멸한다.

대표기출 정답 ⑤

⑤ 취소할 수 있는 법률행위는 추인할 수 있는 후에 취소권자의 이행청구가 있으면 취소의사가 없는 것으로 인정하기 때문에 이의를 보류하지 않는 한 추인한 것으로 본다.
① 취소권은 취소가 아니라 추인할 수 있는 날로부터 3년 내에 행사하여야 한다(제146조).
② 취소권은 법률행위를 한 날로부터 10년 내에 행사하여야 한다(제146조).
③ 제한능력자는 선의·악의를 불문하고 현존이익의 한도에서 반환하면 된다(제141조 단서).
④ 법정대리인은 취소의 원인이 소멸되기 전에도 추인할 수 있다(제144조 제2항).

출제포인트

034 법정추인

[10개년 출제회차] 25, 27, 29, 30, 32회

시작이 쉬운 길잡이

Q 대운 씨는 사기꾼 산하 씨로부터 사기를 당해 아파트를 매도하였습니다. 따라서 대운 씨는 매매를 취소할 수 있는 상황입니다. 그런데 대운 씨가 사기를 당한 사실을 알고도 사기꾼 산하 씨에게 중도금 지급을 청구하고 있습니다. 이후에 대운 씨는 매매를 취소할 수 있을까요?

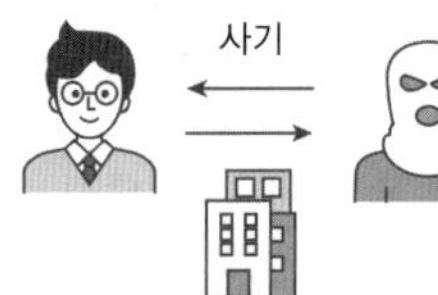

A 대운 씨는 매매를 취소할 수 있음에도 중도금 지급 청구, 즉 이행을 청구했다는 것은 더 이상 취소할 의사가 없음을 표시한 것으로 보아서 추인한 것으로 봅니다. 이것을 법정추인이라고 합니다. 따라서 추인한 대운 씨는 더 이상 취소할 수 없습니다.

❗ 출제포인트의 중요 키워드는 본문에서 꼭 체크하세요 ▸ **법정추인**

법령 체크

제145조 【법정추인】 취소할 수 있는 법률행위에 관하여 전조의 규정에 의하여 추인할 수 있는 후에 다음 각 호의 사유가 있으면 추인한 것으로 본다. 그러나 이의를 보류한 때에는 그러하지 아니하다.
1. 전부나 일부의 이행
2. 이행의 청구
3. 경개
4. 담보의 제공
5. 취소할 수 있는 행위로 취득한 권리의 전부나 일부의 양도
6. 강제집행

1 의의

(1) 추인은 방식에 제한이 없으므로 반드시 명시적으로 행해져야 하는 것은 아니며 묵시적으로도 할 수 있으므로 현실에서는 추인이 있었는지 여부가 명백하지 않은 경우도 있을 것이다. 따라서 취소할 수 있는 법률행위에 일반적으로 추인이라고 인정할 수 있는 일정한 사유들이 있는 경우에는 취소권자에게 추인의 의사가 있었는지 여부를 불문하고 당연히 추인이 있었던 것으로 간주하는 제도의 필요성이 있다.

(2) 민법은 취소권자의 취소권포기의 의사표시가 없더라도 일정한 사유가 발생하면 취소권자의 의사와는 상관없이 당연히 추인한 것으로 간주함으로써 법률행위의 효력을 확정적으로 유효로 할 수 있도록 했는데, 이를 법정추인이라고 한다. 즉, 취소권자의 취소권을 법률의 규정에 의해서 배제시키는 것이다.

2 법정추인의 요건

(1) 취소원인이 종료한 이후(추인할 수 있는 후)이어야 한다.

취소할 수 있는 법률행위는 추인할 수 있는 후에 취소권자의 일정한 행위가 있으면 이의를 보류하지 않는 한 추인한 것으로 본다.

(2) 다음 사유 중 어느 하나가 발생해야 한다. 암기코드 | 이청경은 담양강에 산다.

① **전부나 일부의 이행**: 취소할 수 있는 법률행위로부터 발생한 채무에 대해서 취소권자가 상대방에게 채무를 이행한 경우뿐만이 아니라 취소권자가 상대방으로부터 채무이행을 받은 경우도 포함한다. 따라서 제한능력자가 취소의 원인이 소멸된 후에 이의를 보류하지 않고 채무 일부를 이행하면 추인한 것으로 본다.

② **이행의 청구**: 취소할 수 있는 법률행위로부터 발생한 채무에 대해서 취소권자가 상대방에게 채무를 이행할 것을 청구하는 경우에만 이에 해당한다. 즉, 취소권자가 상대방에게 이행을 청구하는 경우에만 법정추인사유에 해당한다. 따라서 상대방이 본인에게 이행을 청구하는 것은 법정추인사유가 아니다.

③ **경개**: 취소할 수 있는 행위에 의하여 생긴 채권 또는 채무를 소멸시키고, 즉 구채무를 소멸시키고 그에 갈음하여 다른 채권이나 채무를 발생케 하는, 즉 신채무를 발생시키는 계약이 경개계약이다. 이 경우 취소권자가 상대방에게 청약을 하든 상대방으로부터 청약을 받든 관계없다. 즉, 취소권자가 청약을 한 경우뿐만 아니라 취소권자가 청약을 받은 경우도 포함된다.

④ **담보의 제공**: 여기서 담보는 인적·물적 담보 모두 포함하고 취소권자가 상대방으로부터 담보를 제공받든 취소권자가 상대방에게 담보를 제공하든 관계없다. 즉, 취소권자가 담보를 제공하는 것뿐만 아니라 제공받는 것도 포함된다.

⑤ **취소할 수 있는 행위로 취득한 권리의 전부나 일부의 양도**: 취소권자가 취소할 수 있는 법률행위로부터 취득한 권리의 전부나 일부를 양도하는 경우만 해당한다. 즉, 취소권자가 양도하는 경우에만 법정추인사유에 해당한다. 따라서 상대방이 양도하는 것은 법정추인사유가 아니다. 그리고 취소할 수 있는 행위로 취득한 권리 위에 제한물권을 설정하는 것도 포함된다.

⑥ 강제집행: 취소권자가 채권자로서 강제집행을 하는 경우뿐만이 아니라 채무자로서 강제집행을 받는 경우에도 소송상 이의를 제기할 수 있었음에도 불구하고 이의를 제기하지 않는 경우이므로 포함된다.

(3) 이의를 보류하지 않을 것

(4) 취소권 존재에 대한 인식은 요건이 아니다.

취소권자가 취소권의 존재를 인식할 필요는 없다.

3 효과 → 확정적 유효(취소권은 소멸)

(1) 위 요건이 충족되면 취소할 수 있는 법률행위의 추인에서와 동일한 효과가 발생한다.

(2) 유동적 유효인 법률행위는 유효로 확정된다. 즉, 확정적 유효가 되고 이후에는 다시 취소할 수 없다.

기출로 **포인트 정리**

출제예상 OX지문

❶ 취소할 수 있는 법률행위는 추인할 수 있는 후에 취소권자의 이행청구가 있으면 이의를 보류하지 않는 한 추인한 것으로 본다. (O | X) 27회

대표기출

법정추인이 인정되는 경우가 아닌 것은? (단, 취소권자는 추인할 수 있는 상태이며, 행위자가 취소할 수 있는 법률행위에 관하여 이의보류 없이 한 행위임을 전제함) 30회

① 취소권자가 상대방에게 채무를 이행한 경우
② 취소권자가 상대방에게 담보를 제공한 경우
③ 상대방이 취소권자에게 이행을 청구한 경우
④ 취소할 수 있는 행위로 취득한 권리를 취소권자가 타인에게 양도한 경우
⑤ 취소권자가 상대방과 경개계약을 체결한 경우

출제예상 OX지문

❶ O 취소할 수 있는 법률행위는 추인할 수 있는 후에 취소권자의 이행청구가 있으면 취소의사가 없는 것으로 인정하기 때문에 이의를 보류하지 않는 한 추인한 것으로 본다. 즉, 법정추인사유에 해당한다.

대표기출 정답 ③

③ 취소권자가 상대방에게 이행을 청구한 경우에는 취소의사가 없는 것으로 인정되기 때문에 추인한 것으로 본다. 그러나 상대방이 취소권자에게 이행을 청구한 경우는 법정추인이 아니다.
① 취소권자가 취소할 수 있음에도 상대방에게 채무를 이행한 경우에는 취소의사가 없는 것으로 보아서 추인한 것으로 본다.
② 취소권자가 상대방에게 담보를 제공한 경우에는 취소의사가 없는 것으로 보아서 추인한 것으로 본다.
④ 취소할 수 있는 행위로 취득한 권리를 취소권자가 타인에게 양도한 경우에는 취소의사가 없는 것으로 보아서 추인한 것으로 본다.
⑤ 취소권자가 상대방과 경개계약을 체결한 경우에는 취소의사가 없는 것으로 보아서 추인한 것으로 본다.

출 제 포 인 트

035 조건

[10개년 출제회차] 25, 28, 29, 30, 31, 32, 33회

시작이 쉬운 길잡이

Q

마음씨 좋은 대운 씨. 공인중개사 자격시험을 준비 중인 후배 동철 씨에게 시험에 합격하면 현재 본인이 타고 있는 고급 외제차를 무상으로 주겠다고 약속했습니다. 여러분, 이 경우 후배 동철 씨는 즉시 대운 씨에게 자동차를 넘겨달라고 청구할 수 있을까요?

A

무상으로 주기로 했으므로 증여계약입니다. 그런데 아직 시험에 합격하지 못했으므로 자동차를 넘겨달라고 청구하지 못하고, 시험에 합격하면 그때 자동차 인도를 청구할 수 있습니다. 그런데 시험에 합격할지, 불합격할지는 불확실합니다. 이처럼 불확실한 사실에 의해서 증여계약의 효력발생 여부가 좌우되고 있는데 이것을 조건이라고 합니다. 결국 조건은 불확실한 사실에 의존하게 됩니다.

❗ 출제포인트의 중요 키워드는 본문에서 꼭 체크하세요 ▸ **법률행위의 부관, 조건**

1 법률행위의 부관

(1) 의의

① 일반적으로 법률행위가 성립요건을 충족하면, 즉 성립하면 특별한 사정이 없는 한 곧바로 법률행위의 효력이 발생한다. 그런데 법률행위의 당사자가 법률행위를 하면서 장래 일정한 사실이 발생한 경우에만 효력이 발생하거나 소멸하는 것으로 정할 수 있을 것이다.

② 법률행위 당사자가 법률행위의 효력의 발생 또는 소멸을 장래의 일정한 사실에 의존하게 하기 위해서 법률행위의 일부로서 부가하는 약관을 법률행위의 부관❗이라고 한다.

③ 장래의 일정한 사실의 발생이 불확실한 경우를 조건❗이라고 하고 확실한 경우를 기한이라고 한다.

(2) 종류

법률행위의 부관에는 조건, 기한, 부담의 세 가지가 있다. 민법은 조건과 기한에 관하여서는 총칙에 일반적 규정을 두고, 부담에 관하여는 부담부증여와 부담부유증에 관한 특별규정(제561조, 제1088조)을 두고 있다.

2 조건의 의의와 쟁점

(1) 의의

조건이란 법률행위의 효력의 발생 또는 소멸을 장래의 불확실한 사실의 성부(成否)에 의존케 하는 법률행위의 부관을 말한다.

(2) 기본 쟁점

① 조건은 당해 법률행위를 구성하는 의사표시의 일체적인 내용을 이루는 것이므로, 의사표시의 일반원칙에 따라 조건을 붙이고자 하는 의사, 즉 조건의사와 그 표시가 필요하다. 따라서 조건의사가 있더라도 그것이 외부에 표시되지 않으면 법률행위의 동기에 불과할 뿐이며, 조건이 되지 않는다(대판 2003.5.13, 2003다10797). 즉, 조건으로 인정되기 위해서는 조건을 붙이고자 하는 의사, 즉 조건의사와 그 표시가 필요하다.

② 조건은 법률행위의 효력의 문제이지 성립의 문제가 아니다.

③ 조건은 장래의 사실이어야 하므로 과거나 현재의 사실은 조건이 될 수 없다.

④ 조건은 불확실한 사실이어야 하므로 확실한 사실은 조건이 될 수 없다. 단지, 기한이 될 수 있을 뿐이다.

⑤ 조건은 당사자가 임의로 부가한 것이어야 한다. 따라서 법정조건은 엄밀한 의미에서 조건이 아니다.

3 조건과 친하지 않은 법률행위

(1) 조건과 친하지 않은 법률행위에 조건을 붙이면 그 법률행위는 전부가 무효로 된다.

(2) 단독행위

단독행위에 조건을 부가하면 당사자의 일방적인 의사표시에 의해서 상대방 지위가 불안정해지므로 원칙적으로 조건을 붙일 수 없다. 다만, 예외적으로 상대방의 동의가 있거나 채무의 면제나 유증처럼 상대방에게 이익만 주는 경우는 조건을 붙일 수 있다.

(3) 가족법상의 법률행위

혼인, 이혼, 인지, 입양 등 가족법상의 법률행위에 조건을 붙이는 것은 가족질서를 불안정하게 하고, 상속의 포기와 승인 등에 조건을 붙이는 것은 사회의 거래질서를 혼란하게 하므로 원칙적으로 조건을 붙일 수 없다. 다만, 예외적으로 유언에는 조건을 붙일 수 있다.

(4) 어음, 수표행위

어음, 수표행위는 객관적 획일성이 요구되므로 조건을 붙이면 사회의 거래질서를 혼란하게 하므로 원칙적으로 조건을 붙일 수 없다. 다만, 예외적으로 어음보증에 조건을 붙인 경우 어음거래의 안전성을 해하는 것이 아니므로 그 조건은 유효하다(대판 1986.3.25, 84다카2438).

4 조건의 종류

(1) 정지조건과 해제조건

법령 체크

제147조 【조건성취의 효과】 ① 정지조건 있는 법률행위는 조건이 성취한 때로부터 그 효력이 생긴다.

② 해제조건 있는 법률행위는 조건이 성취한 때로부터 그 효력을 잃는다.

③ 당사자가 조건성취의 효력을 그 성취 전에 소급하게 할 의사를 표시한 때에는 그 의사에 의한다.

(2) 가장조건

가장조건이란 형식적으로는 조건처럼 보이지만 실질적으로는 조건으로서의 요건을 충족하지 못해서 조건으로 인정받지 못하는 경우의 조건을 말한다.

법령 체크

제151조 【불법조건, 기성조건】 ① 조건이 선량한 풍속 기타 사회질서에 위반한 것인 때에는 그 법률행위는 무효로 한다.

절대적 무효

② 조건이 법률행위의 당시 이미 성취한 것인 경우에는 그 조건이 정지조건이면 조건 없는 법률행위로 하고 해제조건이면 그 법률행위는 무효로 한다.

③ 조건이 법률행위의 당시에 이미 성취할 수 없는 것인 경우에는 그 조건이 해제조건이면 조건 없는 법률행위로 하고 정지조건이면 그 법률행위는 무효로 한다.

5 신의칙 위반에 의한 조건의 성취와 불성취의 의제

법령 체크

제150조 【조건성취, 불성취에 대한 반신의행위】 ① 조건의 성취로 인하여 불이익을 받을 당사자가 신의성실에 반하여 조건의 성취를 방해한 때에는 상대방은 그 조건이 성취한 것으로 주장할 수 있다.

② 조건의 성취로 인하여 이익을 받을 당사자가 신의성실에 반하여 조건을 성취시킨 때에는 상대방은 그 조건이 성취하지 아니한 것으로 주장할 수 있다.

6 조건부 법률행위의 효력

(1) 조건성취 전의 효력

법령 체크

제148조 【조건부권리의 침해금지】 조건 있는 법률행위의 당사자는 조건의 성부가 미정한 동안에 조건의 성취로 인하여 생길 상대방의 이익을 해하지 못한다.

제149조 【조건부권리의 처분 등】 조건의 성취가 미정한 권리의무는 일반규정에 의하여 처분, 상속, 보존 또는 담보로 할 수 있다.

(2) 조건성취 후의 효력

① 원칙: 소급효가 없다.

조건이 성취가 되면 불확정한 법률행위의 효력은 성취한 그때부터 발생(유효)하거나 또는 소멸(무효)로 확정된다. 이 경우 정지조건 있는 법률행위는 조건이 성취한 때로부터 그 효력이 발생하고 해제조건 있는 법률행위는 조건이 성취한 때로부터 그 효력을 상실한다.

② 예외: 소급효가 인정된다.

당사자가 소급하게 할 의사를 표시한 때에는 소급효가 인정된다. 즉, 특약에 의해서 소급효를 인정하는 것이 가능하다.

7 정지조건부 법률행위에서 입증책임

(1) 조건이 성취되었다는 사실은 효과발생을 원하는 자가 입증해야 한다.

정지조건부 법률행위에 있어서 조건이 성취되었다는 사실은 이에 의하여 권리를 취득하고자 하는 측에서 그 입증책임이 있다 할 것이므로, 정지조건부 채권양도에 있어서 정지조건이 성취되었다는 사실은 채권양도의 효력을 주장하는 자에게 그 입증책임이 있다(대판 1983.4.12, 81다카692).

(2) 정지조건부 법률행위에 해당한다는 사실은 효과발생을 다투는 자(원하지 않는 자)가 입증해야 한다.

어떠한 법률행위가 조건의 성취 시 법률행위의 효력이 발생하는 소위 정지조건부 법률행위에 해당한다는 사실은 그 법률행위로 인한 법률효과의 발생을 저지하는 사유로서 그 법률효과의 발생을 다투려는 자에게 주장입증책임이 있다(대판 1993.9.28, 93다20832).

8 적중판례

(1) 조건을 붙이고자 하는 의사의 표시는 그 방법에 관하여 일정한 방식이 요구되지 않으므로 묵시적 의사표시나 묵시적 약정으로도 할 수 있다. 이를 인정하려면, 법률행위가 이루어진 동기와 경위, 법률행위에 의하여 달성하려는 목적, 거래의 관행 등을 종합적으로 고려하여 법률행위 효력의 발생 또는 소멸을 장래의 불확실한 사실의 발생 여부에 따라 좌우되게 하려는 의사가 인정되어야 한다(대판 2018.6.28, 2016다221368).

(2) 조건은 법률행위 효력의 발생 또는 소멸을 장래의 불확실한 사실의 성부에 의존하게 하는 법률행위의 부관이다. 반면, 장래의 사실이더라도 그것이 장래 반드시 실현되는 사실이면 실현되는 시기가 비록 확정되지 않더라도 이는 기한으로 보아야 한다(대판 2018.6.28, 2018다201702).

기출로 **포인트 정리**

출제예상 OX지문

❶ 상대방이 동의하면 채무면제에 조건을 붙일 수 있다. (O | X) 28회

❷ 당사자가 조건성취의 효력을 그 성취 전에 소급하게 할 의사를 표시한 때에는 그 의사에 의한다. (O | X) 28회

❸ 조건부 법률행위는 조건이 성취되었을 때에 비로소 그 법률행위가 성립한다. (O | X) 32회

❹ 조건성취의 효력은 특별한 사정이 없는 한 소급하지 않는다. (O | X) 33회

대표기출

법률행위의 조건과 기한에 관한 설명으로 <u>틀린</u> 것은? (다툼이 있으면 판례에 따름)

31회

① 조건부 법률행위에서 불능조건이 정지조건이면 그 법률행위는 무효이다.
② 조건부 법률행위에서 기성조건이 해제조건이면 그 법률행위는 무효이다.
③ 법률행위에 조건이 붙어 있다는 사실은 그 조건의 존재를 주장하는 자가 증명해야 한다.
④ 기한이익 상실특약은 특별한 사정이 없으면 정지조건부 기한이익 상실특약으로 추정된다.
⑤ 종기(終期) 있는 법률행위는 기한이 도래한 때로부터 그 효력을 잃는다.

쉬운 해설

출제예상 OX지문

❶ O 채무면제는 상대방에게 이익을 주기 때문에 조건을 붙일 수 있다.

❷ O 조건성취의 효력은 소급효가 없는 것이 원칙이다. 다만, 특약을 통해서 소급효를 인정할 수 있다. 따라서 당사자가 소급하게 할 의사를 표시한 때에는 그 의사에 의한다.

❸ X 조건은 법률행위의 성립의 문제가 아니라 효력의 문제이다. 따라서 조건부 법률행위는 조건이 성취되었을 때에 그 법률행위의 효력이 발생하거나 소멸한다.

❹ O 조건성취의 효력은 특별한 사정이 없는 한 소급하지 않는다(제147조).

대표기출 정답 ④

④ 기한이익 상실특약은 특별한 사정이 없으면 정지조건부 기한이익 상실특약(기한이익 상실사유가 발생하면 채권자의 청구 등이 없이도 당연히 기한이익이 상실되어 이행기가 도래하는 것)이 아니라 형성권적 기한이익 상실특약(기한이익 상실사유가 발생하면 채권자의 청구 등 채권자의 의사행위를 기다려 비로소 이행기가 도래하는 것)으로 추정된다(대판 2002.9.4, 2002다28340).

① 정지조건은 조건이 성취되어야 효력이 발생하는데 조건을 성취할 수 없기 때문에 무효이다(제151조 제3항).

② 해제조건은 조건이 성취되면 무효이기 때문에 기성조건이 해제조건이면 그 법률행위는 무효이다(제151조 제2항).

③ 일반적인 법률행위는 조건이 없기 때문에 법률행위에 조건이 붙어 있다는 사실은 그 조건의 존재를 주장하는 자가 증명해야 한다(대판 2006.11.24, 2006다35766).

⑤ 시기는 도래하면 효력이 생기지만 종기(終期) 있는 법률행위는 기한이 도래한 때로부터 그 효력을 잃는다(제152조 제2항).

출 제 포 인 트

036 기한

[10개년 출제회차] 29, 31회

시작이 쉬운 길잡이

Q

아파트를 소유하고 있는 대운 씨. 후배 동철 씨와 임대차계약을 체결했습니다. 사용기한은 2023년 2월 23일부터 2025년 2월 23일까지로 했습니다. 현재는 2023년 2월 5일입니다. 여러분, 이 경우 동철 씨는 즉시 사용할 수 있을까요?

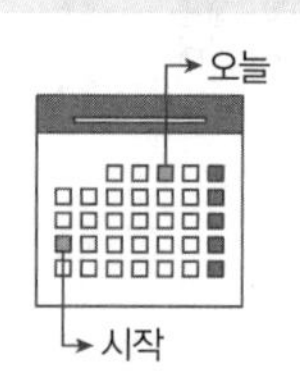

A

사용기한이 아직 도래하지 않았으므로 사용할 수 없습니다. 동철 씨가 사용하기 위해서는, 즉 임대차의 효력이 발생하기 위해서는 2월 23일이 도래해야 합니다. 그리고 2월 23일이 도래하는 것은 확실한 사실입니다. 이처럼 확실한 사실에 의해서 임대차계약의 효력발생 여부가 좌우되고 있는데 이것을 기한이라고 합니다. 결국 기한은 확실한 사실에 의존하게 됩니다.

출제포인트의 중요 키워드는 본문에서 꼭 체크하세요 ▸ **기한, 기한의 이익**

1 의의

(1) 기한은 법률행위의 당사자가 그 효력의 발생, 소멸 또는 채무의 이행을 장래에 발생하는 것이 확실한 사실에 의존하게 하는 부관을 말한다.

(2) 기한이 되는 사실은 장래의 사실이라는 점에서는 조건과 같지만, 그 사실이 확실하게 발생한다는 점에서 조건과 다르다.

2 종류(시기와 종기)

법령 체크

제152조【기한도래의 효과】 ① 시기 있는 법률행위는 기한이 도래한 때로부터 그 효력이 생긴다.
② 종기 있는 법률행위는 기한이 도래한 때로부터 그 효력을 잃는다.

기한이 도래하면 법률행위의 효력이 발생하는 것이 시기이고, 기한이 도래하면 법률행위의 효력이 소멸하는 것이 종기이다. 그리고 신분행위, 취소, 상계의 의사표시에는 시기를 붙일 수 없다.

3 기한부 법률행위의 효력

법령 체크

제152조【기한도래의 효과】 ① 시기 있는 법률행위는 기한이 도래한 때로부터 그 효력이 생긴다.
② 종기 있는 법률행위는 기한이 도래한 때로부터 그 효력을 잃는다.
제154조【기한부권리와 준용규정】 제148조와 제149조의 규정은 기한 있는 법률행위에 준용한다.

(1) 기한도래 전의 효력

민법에 의해서 조건부 권리가 보호를 받는 것처럼 확정적인 기한부 권리도 당연히 민법의 보호를 받아야 한다. 따라서 민법은 조건부 권리의 침해 금지에 관한 제148조와 조건부 권리의 처분에 관한 제149조는 기한부 법률행위에 준용된다(제154조).

(2) 기한도래 후의 효력 → 언제나 소급효가 없다.

법률행위에 기한이 붙은 경우에는 기한이 도래한 때로부터 그 효력이 발생하거나 소멸한다. 즉, 소급효가 인정되지 않는다. 이것은 절대적이며 당사자의 특약에 의해서도 소급효를 인정할 수 없다.

4 기한의 이익

법령 체크

제153조【기한의 이익과 그 포기】 ① 기한은 채무자의 이익을 위한 것으로 추정한다.
② 기한의 이익은 이를 포기할 수 있다. 그러나 상대방의 이익을 해하지 못한다.

(1) 의의

① 기한의 이익이란 기한이 아직 도래하지 않음으로써 그동안 당사자가 받는 이익을 말한다. 즉, 기한이 존재하고 있음으로써 당사자에게 생기는 이익이다. 당사자 중 누가 기한의 이익을 가지는 지는 각각의 법률행위에 따라 다르다. 가령 무상임치에서는 채권자만이 기한의 이익을 가지며, 무이자 소비대차에서는 채무자만이 기한의 이익을 가진다. 그리고 이자부 소비대차에서는 채권자와 채무자 쌍방이 기한의 이익을 가진다.

② 그러나 일반적으로 채무자가 기한의 이익을 가지므로 민법은 당사자의 특약이나 법률행위의 성질상 반대의 취지가 없으면 기한은 채무자의 이익을 위한 것으로 추정한다(제153조 제1항).

(2) 기한의 이익의 포기

① 기한의 이익은 포기할 수 있다. 그러나 상대방의 이익을 해하지 못한다(제153조 제2항).

② 기한의 이익이 당사자 일방, 즉 한쪽만을 위하여 존재하는 경우에는 스스로 이익을 포기할 수 있다는 점은 명확하다. 예컨대 무이자 소비대차 계약에서 차주, 즉 채무자는 기한의 이익을 포기하고 대주(채권자)에게 언제든지 반환할 수 있으며, 무상임치계약에서 무상임치인(채권자)은 기한의 이익을 포기하고 수치인을 상대로 언제든지 그 물건의 반환을 청구할 수 있다.

(3) 기한의 이익의 상실

법령 체크

제388조【기한의 이익의 상실】 채무자는 다음 각 호의 경우에는 기한의 이익을 주장하지 못한다.

1. 채무자가 담보를 손상, 감소 또는 멸실하게 한 때
2. 채무자가 담보제공의 의무를 이행하지 아니한 때

기한이익 상실의 특약은 그 내용에 의하여 일정한 사유가 발생하면 채권자의 청구 등을 요함이 없이 당연히 기한의 이익이 상실되어 이행기가 도래하는 것으로 하는 정지조건부 기한이익 상실의 특약과 일정한 사유가 발생한 후 채권자의 통지나 청구 등 채권자의 의사행위를 기다려 비로소 이행기가 도래하는 것으로 하는 형성권적 기한이익 상실의 특약의 두 가지로 대별할 수 있고, 기한이익 상실의 특약이 위의 양자 중 어느 것에 해당하느냐는 당사자의 의사해석의 문제이지만 일반적으로 기한이익 상실의 특약이 채권자를 위하여 둔 것인 점에 비추어 명백히 정지조건부 기한이익 상실의 특약이라고 볼 만한 특별한 사정이 없는 이상 형성권적 기한이익 상실의 특약으로 추정하는 것이 타당하다(대판 2002.9.4, 2002다28340).

기출로 **포인트 정리**

출제예상 OX지문

❶ 시기(始期) 있는 법률행위는 기한이 도래한 때부터 그 효력을 잃는다. (O | X) 20회

❷ 기한이익 상실특약은 특별한 사정이 없으면 정지조건부 기한이익 상실특약으로 추정된다. (O | X) 31회

대표기출

법률행위의 조건과 기한에 관한 설명으로 옳은 것은? 29회

① 정지조건 있는 법률행위는 조건이 성취한 때로부터 그 효력을 잃는다.
② 기한은 채권자의 이익을 위한 것으로 추정하며, 기한의 이익은 포기할 수 있다.
③ 기한의 도래가 미정한 권리의무는 일반규정에 의하여 처분하거나 담보로 할 수 없다.
④ 조건이 법률행위 당시 이미 성취한 것인 경우, 그 조건이 해제조건이면 그 법률행위는 무효로 한다.
⑤ 당사자가 조건성취의 효력을 그 성취 전에 소급하게 할 의사를 표시한 경우에도 그 효력은 조건이 성취된 때부터 발생한다.

쉬운 해설

출제예상 OX지문

❶ X 시기는 도래하면 효력이 생긴다.
❷ X 기한이익 상실특약은 특별한 사정이 없으면 형성권적 기한이익 상실특약으로 추정된다.

대표기출 정답 ④

④ 해제조건은 조건이 성취되면 무효이기 때문에 조건이 법률행위 당시 이미 성취한 것인 경우, 그 조건이 해제조건이면 그 법률행위는 무효로 한다(제151조 제2항).
① 정지조건 있는 법률행위는 조건이 성취한 때로부터 그 효력이 발생한다(제147조 제1항).
② 기한은 채권자가 아니라 채무자의 이익을 위한 것으로 추정되며, 기한의 이익은 포기할 수 있다(제153조).
③ 기한의 도래가 미정한 권리의무는 일반규정에 의하여 처분, 상속, 보존, 담보로 할 수 있다(제149조).
⑤ 조건성취의 효력은 특약으로 소급하게 할 수 있기 때문에 당사자가 조건성취의 효력을 그 성취 전에 소급하게 할 의사를 표시한 경우에는 그 의사에 의한다(제147조 제3항). 즉, 소급한다.

쉽지 않은 전문직 기출문제

001

감정평가사 ★

물건의 승계취득에 해당하는 것은? (다툼이 있으면 판례에 따름)

① 무주물 선점에 의한 소유권 취득
② 상속에 의한 소유권 취득
③ 환지처분에 의한 국가의 소유권 취득
④ 건물 신축에 의한 소유권 취득
⑤ 공용징수에 의한 토지 소유권 취득

해설

② 상속에 의한 소유권 취득은 피상속인의 권리를 승계하는 승계취득에 해당한다.
①③④⑤ 모두 원시취득에 해당한다.

시험명	감정평가사 2021년 제32회
출제포인트	001 권리의 변동
핵심 키워드	원시취득, 승계취득

002

감정평가사 ★★

반사회적 법률행위에 관한 설명으로 옳지 않은 것은? (다툼이 있으면 판례에 따름)

① 어느 법률행위가 사회질서에 반하는지 여부는 특별한 사정이 없는 한 법률행위 당시를 기준으로 판단해야 한다.
② 강제집행을 면할 목적으로 부동산에 허위의 근저당권을 설정하는 행위는 특별한 사정이 없는 한 반사회적 법률행위라고 볼 수 없다.
③ 대리인이 매도인의 배임행위에 적극 가담하여 이루어진 부동산의 이중매매의 경우, 본인인 매수인이 그러한 사정을 몰랐다면 반사회적 법률행위가 되지 않는다.
④ 법률행위의 성립과정에서 단지 강박이라는 불법적 방법이 사용된 것에 불과한 때에는 반사회적 법률행위로 볼 수 없다.
⑤ 반사회적 법률행위임을 이유로 하는 무효는 선의의 제3자에게 대항할 수 있다.

해설

③ 행위자가 대리인이기 때문에 어떤 사정에 대한 유무는 대리인을 기준으로 판단한다. 따라서 대리인이 매도인의 배임행위에 적극 가담하여 이루어진 부동산의 이중매매는 설령 본인인 매수인이 그러한 사정을 모른 경우에도 반사회적 법률행위에 해당한다.

시험명	감정평가사 2021년 제32회
출제포인트	006 반사회질서의 법률행위
핵심 키워드	반사회질서의 법률행위

① 반사회적 법률행위에 해당하는지의 여부는 특별한 사정이 없는 한 법률행위 당시를 기준으로 판단한다.
② 단순히 강제집행을 면할 목적으로 부동산에 허위의 근저당권을 설정하는 행위는 특별한 사정이 없는 한 반사회적 법률행위라고 볼 수 없다.
④ 단지 법률행위의 성립과정에서 강박이라는 불법적 방법이 사용된 것에 불과한 때에는 의사표시의 하자나 흠결을 이유로 효력을 논의할 수 있을지언정 반사회적 법률행위로 볼 수 없다.
⑤ 반사회적 법률행위임을 이유로 하는 무효는 모든 자에게 주장할 수 있는 절대적 무효이므로 선의의 제3자에게 대항할 수 있다.

003

감정평가사 ★★

불공정한 법률행위에 관한 설명으로 옳은 것은? (다툼이 있으면 판례에 따름)

① 불공정한 법률행위로 무효가 된 행위의 전환은 인정되지 않는다.
② 불공정한 법률행위라도 당사자가 무효임을 알고 추인한 경우 유효로 될 수 있다.
③ 불공정한 법률행위에 해당하는지 여부는 그 행위를 한 때를 기준으로 판단한다.
④ 불공정한 법률행위의 요건을 갖추지 못한 법률행위는 반사회질서행위가 될 수 없다.
⑤ 증여와 같이 아무런 대가관계 없이 당사자 일방이 상대방에게 일방적인 급부를 하는 행위도 불공정한 법률행위가 될 수 있다.

해설

③ 불공정한 법률행위에 해당하는지 여부는 법률행위를 한 때를 기준으로 판단한다.
① 불공정한 법률행위에 해당하여 무효인 경우에도 무효행위의 전환에 관한 제138조가 적용될 수 있다.
② 불공정한 법률행위의 무효는 절대적 무효이기 때문에 추인은 인정되지 않는다. 따라서 추인한 경우에도 유효로 될 수 없다.
④ 불공정한 법률행위는 반사회적 법률행위의 하나의 예시에 해당하기 때문에 불공정한 법률행위의 요건을 갖추지 못한 법률행위라도 반사회질서행위가 될 수 있다.
⑤ 불공정한 법률행위는 급부와 반대급부의 현저한 불균형이 존재해야 한다. 따라서 급부만 있고 반대급부가 없는 증여에 대해서는 불공정한 법률행위가 적용될 수 없다.

시험명	감정평가사 2020년 제31회
출제포인트	008 불공정한 법률행위
핵심 키워드	불공정한 법률행위

정답 | 001 ② 002 ③ 003 ③

004

감정평가사 ★★

통정허위표시에 의하여 외형상 형성된 법률관계를 기초로 하여 '새로운 법률상 이해관계를 맺은 제3자'에 해당하지 않는 자는? (다툼이 있으면 판례에 따름)

① 가장전세권에 관하여 저당권을 취득한 자
② 가장소비대차에 기한 대여금채권을 양수한 자
③ 가장저당권 설정행위에 기한 저당권의 실행에 의하여 목적부동산을 경락받은 자
④ 가장의 채권양도 후 채무가 변제되지 않고 있는 동안 채권양도가 허위임이 밝혀진 경우에 있어서의 채무자
⑤ 가장소비대차의 대주(貸主)가 파산한 경우, 파산자와는 독립한 지위에서 파산채권자 전체의 공동의 이익을 위하여 직무를 행하게 된 파산관재인

해설

④ 통정허위표시에서 보호받는 제3자에 해당하기 위해서는 통정허위표시를 기초로 이해관계를 맺어야 하는데 채무자는 통정허위표시 전에 이미 존재했으므로 제3자에 해당하지 않는다.

시험명	감정평가사 2021년 제32회
출제포인트	011 통정한 허위의 의사표시
핵심 키워드	통정한 허위의 의사표시, 제3자

005

감정평가사 ★★

사기·강박에 의한 의사표시에 관한 설명으로 옳은 것은? (다툼이 있으면 판례에 따름)

① 교환계약의 당사자가 자기소유 목적물의 시가를 묵비하였다면 특별한 사정이 없는 한, 위법한 기망행위가 성립한다.
② 강박에 의해 자유로운 의사결정의 여지가 완전히 박탈되어 그 외형만 있는 법률행위라고 하더라도 이를 무효라고 할 수는 없다.
③ 토지거래허가를 받지 않아 유동적 무효상태에 있는 법률행위라도 사기에 의한 의사표시의 요건이 충족된 경우 사기를 이유로 취소할 수 있다.
④ 대리인의 기망행위로 계약을 체결한 상대방은 본인이 대리인의 기망행위에 대해 선의·무과실이면 계약을 취소할 수 없다.
⑤ 강박행위의 목적이 정당한 경우에는 비록 그 수단이 부당하다고 하더라도 위법성이 인정될 여지가 없다.

해설

③ 의사표시에 관한 규정(107조~제110조)은 허가구역 내의 계약에 대해서도 적용되기 때문에 토지거래허가를 받지 않아 유동적 무효상태에 있는 법률행위라도 사기에 의한 의사표시의 요건이 충족된 경우 사기를 이유로 취소할 수 있다.

시험명	감정평가사 2021년 제32회
출제포인트	013 사기, 강박에 의한 의사표시
핵심 키워드	사기, 강박

① 교환계약의 당사자는 상대방에 대해서 시가를 고지할 의무가 없기 때문에 자기 소유 목적물의 시가를 묵비한 경우에도 특별한 사정이 없는 한, 위법한 기망행위라고 볼 수 없다.
② 강박에 의해 의사결정의 자유가 완전히 박탈된 상태에서 이루어진 의사표시는 무효이다.
④ 본인과 대리인은 동일시 취급되기 때문에 대리인의 기망행위로 계약을 체결한 상대방은 본인이 대리인의 기망행위에 대해 선의 · 무과실이더라도 계약을 취소할 수 있다.
⑤ 강박행위의 목적이 정당한 경우에도 그 수단이 부당하다면 위법성이 인정될 수 있다.

006

변리사 ★★

甲 소유의 X토지를 매도하는 계약을 체결할 대리권을 甲으로부터 수여받은 乙은 甲의 대리인임을 현명하고 丙과 매매계약을 체결하였다. 이에 관한 설명으로 옳지 않은 것은? (다툼이 있으면 판례에 따름)

① 乙은 특별한 사정이 없는 한 매매계약을 해제할 권한이 없다.
② 乙이 미성년자인 경우, 甲은 乙의 제한능력을 이유로 X토지에 대한 매매계약을 취소할 수 없다.
③ 丙과의 매매계약이 불공정한 법률행위에 해당하는지 여부가 문제된 경우, 매도인의 무경험은 甲을 기준으로 판단한다.
④ 乙이 丙으로부터 매매대금을 수령한 경우, 甲에게 이를 아직 전달하지 않았더라도 특별한 사정이 없는 한 丙의 매매대금채무는 소멸한다.
⑤ 甲이 乙에게 매매계약의 체결과 이행에 관한 포괄적 대리권을 수여한 경우, 특별한 사정이 없는 한 乙은 약정된 매매대금 지급기일을 연기하여 줄 권한을 가진다.

해설

③ 대리인을 통해서 법률행위를 한 경우에는 궁박은 본인 기준, 경솔과 무경험은 대리인을 기준으로 판단한다. 따라서 무경험은 乙을 기준으로 판단한다.
① 대리행위에 따른 모든 효과는 본인에게 귀속한다. 따라서 대리인 乙은 특별한 사정이 없는 한 매매계약을 해제할 권한이 없다.
② 대리인은 행위능력자임을 요하지 않기 때문에 미성년자도 대리행위를 유효하게 할 수 있다. 따라서 甲은 乙의 제한능력을 이유로 X토지에 대한 매매계약을 취소할 수 없다.
④ 대리인은 매매대금을 수령할 권한이 있기 때문에 乙이 丙으로부터 매매대금을 수령한 경우에는 丙은 대금 지급의무를 이행한 것으로 본다. 따라서 특별한 사정이 없는 한 丙의 매매대금채무는 소멸한다.
⑤ 乙은 매매계약의 체결과 이행에 관한 포괄적 대리권이 있으므로 특별한 사정이 없는 한 乙은 약정된 매매대금 지급기일을 연기하여 줄 권한을 가진다.

시험명	변리사 2021년 제58회
출제포인트	015 임의대리인의 대리권의 범위
핵심 키워드	대리권

정답 | 004 ④ 005 ③ 006 ③

007

변리사 ★★

甲의 무권대리인 乙이 丙에게 甲 소유의 부동산을 매도하여 소유권이전등기를 경료해주었고, 그 후 丙은 이 부동산을 丁에게 매도하고 소유권이전등기를 경료해주었다. 이에 관한 설명으로 옳지 않은 것은? (다툼이 있으면 판례에 따름)

① 丙은 甲에게 상당한 기간을 정하여 추인 여부의 확답을 최고할 수 있고, 그 기간 내에 甲이 확답을 발하지 않으면 추인을 거절한 것으로 본다.

② 丙이 계약 당시 乙에게 대리권이 없음을 안 경우, 丙은 乙에게 한 매수의 의사표시를 철회할 수 없다.

③ 甲이 丁에게 추인의 의사를 표시하더라도 무권대리행위에 대한 추인의 효과가 발생하지 않는다.

④ 甲이 乙에게 추인의 의사를 표시한 경우, 추인 사실을 알게 된 丙은 乙에게 한 매수의 의사표시를 철회할 수 없다.

⑤ 甲의 추인을 얻지 못한 경우, 丙이 무권대리에 관하여 선의이더라도 과실이 있으면 乙은 계약을 이행할 책임을 부담하지 않는다.

해설

③ 추인의 상대방은 특별한 제한이 없으므로 무권대리인, 상대방 및 상대방의 승계인에 대해서도 할 수 있다. 따라서 甲이 丁에게 추인의 의사를 표시한 경우, 추인의 효과가 발생한다.

① 본인 甲이 추인하면 본인 甲에게 효과가 발생하기 때문에 丙은 甲에게 상당한 기간을 정하여 추인 여부의 확답을 최고(독촉)할 수 있고, 그 기간 내에 甲이 확답을 발하지 않으면 추인을 거절한 것으로 본다.

② 선의의 상대방만 철회할 수 있다. 따라서 丙이 계약 당시 乙에게 대리권이 없음을 안 경우, 丙은 乙에게 한 매수의 의사표시를 철회할 수 없다.

④ 甲이 乙에게 추인의 의사를 표시한 경우에도 丙이 추인 사실을 안 경우에는 대리행위는 유효로 확정되었기 때문에 丙은 더 이상 철회할 수 없다.

⑤ 무권대리인의 상대방에 대한 책임(제135조)은 상대방이 선의 그리고 무과실이어야 한다. 따라서 상대방 丙이 무권대리에 관하여 선의이더라도 과실이 있으면 乙은 계약을 이행할 책임을 부담하지 않는다.

시험명	변리사 2020년 제57회
출제포인트	023 (계약의)무권대리
핵심 키워드	추인

008

변리사 ★★

甲은 토지거래허가구역 내에 있는 그 소유의 X토지에 대하여 토지거래허가를 받을 것을 전제로 乙과 매매계약을 체결하였다. 이에 관한 설명으로 옳지 않은 것은? (다툼이 있으면 판례에 따름)

① 甲이 허가신청절차에 협력하지 않으면 乙은 甲에 대하여 협력의무의 이행을 소구할 수 있다.

② 甲이 허가신청절차에 협력할 의무를 이행하지 않더라도 특별한 사정이 없는 한 乙은 이를 이유로 계약을 해제할 수 없다.

③ 甲과 乙이 허가신청절차 협력의무의 이행거절의사를 명백히 표시한 경우, 매매계약은 확정적으로 무효가 된다.

④ 매매계약이 乙의 사기에 의해 체결된 경우, 甲은 토지거래허가를 신청하기 전에 사기를 이유로 계약을 취소함으로써 허가신청절차의 협력의무를 면할 수 있다.

⑤ X토지가 중간생략등기의 합의에 따라 乙로부터 丙에게 허가 없이 전매된 경우, 丙은 甲에 대하여 직접 허가신청절차의 협력의무 이행청구권을 가진다.

해설

⑤ 허가구역 내의 토지매매에 대해서는 각각의 매매에 대해서 허가를 받아야 하므로 乙은 甲에게 협력청구권이 있고 丙은 乙에게 협력청구권을 가지고 있다. 따라서 丙이 甲에 대하여 직접 허가신청절차의 협력의무 이행을 청구할 수는 없다.

① 허가를 받아야 효과가 발생하기 때문에 협력하지 않으면 乙은 甲에 대하여 협력의무의 이행을 소구(訴求)할 수 있다.

② 협력의무는 주된 의무가 아니기 때문에 甲이 허가신청절차에 협력할 의무를 이행하지 않더라도 특별한 사정이 없는 한 乙은 이를 이유로 계약을 해제할 수 없다.

③ 甲과 乙이 허가신청절차 협력의무의 이행거절의사를 명백히 표시한 경우에는 서로 이행할 의사가 없기 때문에 매매계약은 확정적으로 무효가 된다.

④ 사기를 이유로 계약을 취소하면 확정적 무효가 되어 더 이상 계약을 이행할 필요가 없기 때문에 허가신청절차의 협력의무를 면할 수 있다.

시험명	변리사 2021년 제58회
출제포인트	029 토지거래허가와 관련한 유동적 무효에 대한 쟁점
핵심 키워드	허가신청절차의 협력의무, 이행청구권

009

변리사 ★★

법률행위의 취소에 관한 설명으로 옳지 않은 것은? (다툼이 있으면 판례에 따름)

① 제한능력자의 법률행위에 대한 법정대리인의 추인은 취소의 원인이 소멸된 후에 하여야 그 효력이 있다.

② 취소할 수 있는 법률행위로 취득한 권리를 취소권자의 상대방이 제3자에게 양도한 경우, 법정추인이 되지 않는다.

③ 법률행위의 취소를 전제로 한 소송상의 이행청구나 이를 전제로 한 이행거절에는 취소의 의사표시가 포함되어 있다고 볼 수 있다.

④ 취소할 수 있는 법률행위는 취소권자가 추인할 수 있는 후에 이의를 보류하지 않고 이행청구를 하면 추인한 것으로 본다.

⑤ 취소권자가 취소할 수 있는 법률행위를 적법하게 추인한 경우, 그 법률행위를 다시 취소할 수 없다.

해설

① 취소할 수 있는 법률행위의 추인은 취소원인이 소멸한 이후에 해야 한다. 그러나 법정대리인이 추인하는 경우에는 제한이 없기 때문에 취소의 원인이 소멸되기 전에 추인한 경우에도 효력이 있다(제144조 제2항).

② 취소할 수 있는 법률행위로 취득한 권리를 취소권자가 양도한 경우에는 법정추인에 해당하지만 상대방이 양도한 경우에는 법정추인이 되지 않는다.

시험명	변리사 2021년 제58회
출제포인트	032 취소권자, 상대방, 방법 및 효과
핵심 키워드	법률행위의 취소

정답 | 007 ③ 008 ⑤ 009 ①

③ 법률행위의 취소를 전제로 소송을 제기했다는 것은 취소하겠다는 의미이므로 취소의 의사표시가 포함되어 있다고 볼 수 있다.
④ 취소할 수 있는 법률행위는 취소권자가 추인할 수 있는 후에 이의를 보류하지 않고 이행청구를 하면 취소할 의사가 없는 것으로 보아서 추인한 것으로 본다.
⑤ 취소권자가 취소할 수 있는 법률행위를 적법하게 추인한 경우에는 확정적 유효가 되므로 그 법률행위를 다시 취소할 수 없다.

010

변리사 ★★

조건에 관한 설명으로 옳은 것은? (다툼이 있으면 판례에 따름)

① 당사자가 조건성취의 효력을 그 성취 전에 소급하게 할 의사를 표시하였더라도 특별한 사정이 없는 한 소급하지 않는다.
② 조건부 법률행위에서 조건이 선량한 풍속에 위반되면 당사자의 의도를 살리기 위하여 그 조건만이 무효이고 법률행위는 유효한 것이 원칙이다.
③ 조건부 권리는 조건의 성부가 미정인 상태에서는 그 가치에 대한 평가가 곤란하므로 담보제공은 할 수 없다.
④ 해제조건부 법률행위의 조건이 법률행위의 당시에 이미 성취할 수 없는 것인 경우에는 조건 없는 법률행위로 한다.
⑤ 상계의 의사표시에는 조건을 붙일 수 있다.

해설

④ 해제조건은 조건이 성취되면 무효가 된다. 따라서 해제조건부 법률행위의 조건이 법률행위의 당시에 이미 성취할 수 없는 것인 경우에는 무효가 될 수 없기 때문에 유효, 즉 조건 없는 법률행위로 한다(제151조 제3항).
① 조건성취의 효과는 소급효가 없는 것이 원칙이지만 특약을 통해서 소급효가 인정될 수 있다. 따라서 당사자가 조건성취의 효력을 그 성취 전에 소급하게 할 의사를 표시한 경우에는 특별한 사정이 없는 한 소급한다(제147조 제3항).
② 조건과 법률행위는 일체이다. 따라서 불법조건이 붙어 있는 법률행위는 전부무효가 된다(제151조 제1항).
③ 조건부 권리도 권리이기 때문에 처분, 상속, 보존, 담보로 할 수 있다(제149조).
⑤ 단독행위에는 조건을 붙일 수 없는 것이 원칙이기 때문에 상계의 의사표시에는 조건을 붙일 수 없다.

시험명	변리사 2020년 제57회
출제포인트	035 조건
핵심 키워드	조건, 해제조건, 불법조건

정답 | 010 ④

성공으로 가는 엘리베이터는 고장입니다.
당신은 계단을 이용해야만 합니다.

한 계단, 한 계단씩.

– 조 지라드(Joe Girard)

PART

02

물권법

10개년 출제비중

35.5%

만화로 보는 쉬운 물권법

채권은 특정인이 특정인에게 일정한 행위를 청구하는 권리이고, 물권은 사람이 물건을 직접적이고 배타적으로 지배하는 권리입니다. 여기서 사람이 물건을 지배하는 물권관계를 규율한 법이 물권법입니다.

물권법 체계도

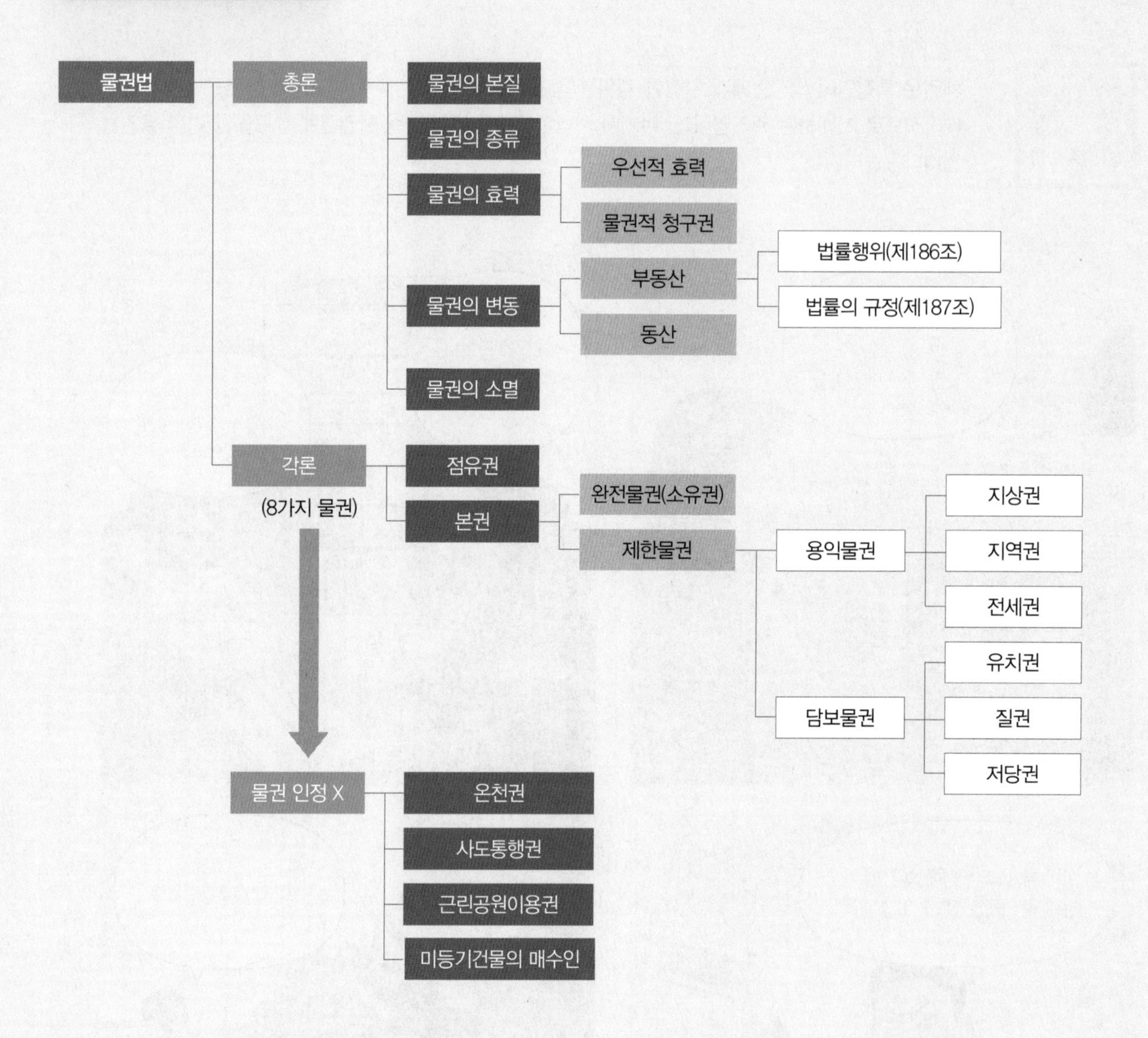
물권법
총론
물권의 본질
물권의 종류
물권의 효력
우선적 효력
물권적 청구권
물권의 변동
부동산
법률행위(제186조)
법률의 규정(제187조)
동산
물권의 소멸
각론
(8가지 물권)
점유권
본권
완전물권(소유권)
제한물권
용익물권
지상권
지역권
전세권
담보물권
유치권
질권
저당권
물권 인정 X
온천권
사도통행권
근린공원이용권
미등기건물의 매수인

반드시 출제되는 출제포인트

출제포인트

037 물권의 객체 및 종류

[10개년 출제회차] 27, 32, 33회

시작이 쉬운 길잡이

Q

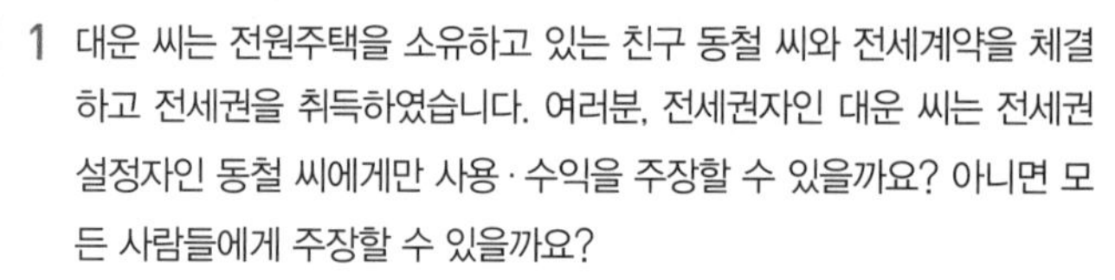

1 대운 씨는 전원주택을 소유하고 있는 친구 동철 씨와 전세계약을 체결하고 전세권을 취득하였습니다. 여러분, 전세권자인 대운 씨는 전세권설정자인 동철 씨에게만 사용·수익을 주장할 수 있을까요? 아니면 모든 사람들에게 주장할 수 있을까요?

2 물권이란 사람이 물건을 직접적이고 배타적으로 지배할 수 있는 권리를 말합니다. 따라서 물권이 성립하기 위해서는 반드시 지배대상이 있어야 하는데, 지배대상을 물권의 객체나 대상 또는 목적물이라고 합니다. 여러분, 대운 씨가 서울특별시 강남구 소재 부자아파트 101호를 소유하고 있다면 대운 씨가 가지고 있는 권리는 무엇일까요? 그리고 그 권리의 객체는 무엇일까요?

A

1 물권은 특정인뿐만 아니라 세상 모든 사람들에게 주장할 수 있는 권리이고, 채권은 특정인에 대해서만 주장할 수 있는 권리를 말합니다. 여기서 대운 씨가 가진 전세권은 전세권설정자인 동철 씨뿐만 아니라 모든 사람들에게 주장할 수 있는 물권이라고 합니다. 즉, 물권법에 규정되어 있습니다.

2 대운 씨는 101호 아파트에 대해서 소유권을 가지고 있습니다. 따라서 대운 씨가 가지고 있는 권리는 소유권이고, 그 소유권의 객체는 101호 아파트입니다.

❗ 출제포인트의 중요 키워드는 본문에서 꼭 체크하세요 ▸ 물권, 객체

1 물권의 의의

물권이란 사람이 물건을 직접적이고 배타적으로 지배할 수 있는 권리, 즉 특정된 물건을 타인의 협력 없이 직접 지배해서 이익을 얻는 배타적인 권리를 말한다.

2 물권의 특징

1. 물권의 객체는 물건(원칙)과 권리(예외)이다.

(1) 물권이 성립하기 위해서는 지배할 수 있는 객체(목적물, 대상)가 있어야 하는데, 그 객체는 원칙적으로 현존하고 특정되고 독립한 물건이어야 한다.

(2) 물권의 객체는 원칙적으로 물건이어야 하는데, 물건이란 유체물 및 전기 기타 관리할 수 있는 자연력을 말한다. 다만, 예외적으로 지상권과 전세권을 목적으로 하는 저당권(제371조)이 성립할 수 있다.

(3) 모든 물건이 물권의 객체가 되는 것은 아니고 물권의 객체인 물건으로 인정받기 위해서는 일정한 요건, 즉 현존성, 독립성 그리고 특정성이 모두 충족되어야 한다.

2. 독립한 물건(독립성)

독립성의 유무는 사회통념 또는 거래관념에 의해서 판단한다.

(1) 원칙

물권의 객체는 하나의 독립한 물건이어야 한다. 따라서 물건의 일부나 구성부분은 원칙적으로 하나의 물권의 객체가 될 수 없다.

(2) 예외

① 1필의 토지 일부: 1필의 토지 일부에 대해서 용익물권(지상권, 지역권, 전세권)이 성립할 수 있다.

② 1동의 건물 일부: 1동의 건물 일부 위에 전세권이나 구분소유권이 성립할 수 있다.

(3) 건물

토지 위의 건물은 토지에 부합하지 않는다. 즉, 별개의 독립한 물건에 해당한다.

(4) 수목의 집단

일반적으로 토지의 부합물이다. 다만, 별도의 공시방법을 갖춘 경우에는 토지와는 별개의 독립한 물건에 해당한다. 따라서 입목등기를 한 수목(입목)은 토지와는 별개의 소유권이나 저당권의 객체가 될 수 있고, 관습법상의 명인방법을 갖춘 수목은 토지와는 별개의 소유권의 객체가 될 수 있다.

(5) 농작물

농작물은 토지에 부합하지 않는다. 즉, 독립한 소유권의 객체가 될 수 있다. 따라서 별도의 공시방법, 즉 명인방법이 없어도 언제나 경작자 소유에 해당한다.

(6) 미분리과실

명인방법을 갖춘 경우에는 토지와는 별개의 독립한 소유권의 객체가 될 수 있다.

3. 특정된 물건(특정성)

물권은 물건을 지배할 수 있는 권리이므로 수많은 물건들 중에서 지배대상이 특정되어야 한다. 그러므로 현존하지 않는 물건이나 특정되지 않은 불특정물 위에는 물권이 성립할 수 없다.

3 물권의 종류

1. 민법이 인정하는 물권

(1) 점유권과 본권

점유권은 물건을 지배할 수 있는 법률상의 권원이 있는지를 묻지 않고 현재 그 물건을 사실상 지배하고 있기 때문에 인정되는 권리이다. 즉, 현재 사실상 지배하고 있는 상태 그 자체를 보호하여 하나의 권리로 인정하는데, 이 권리를 점유권이라고 한다. 다만, 본권은 물건을 현재 사실상 지배하고 있는지는 불문하고 그 물건을 지배할 수 있는 권리를 말한다.

(2) 완전물권(소유권)과 제한물권

본권은 다시 완전물권과 제한물권으로 구별된다. 완전물권(소유권)은 물건의 사용가치와 교환가치를 전면적으로 지배하는 권리이다. 다만, 용익물권은 사용가치로, 담보물권은 교환가치로 제한된다는 점에서 제한물권이라고 한다.

(3) 적중판례

① 물건에 대한 배타적인 사용·수익권은 소유권의 핵심적 권능이므로, 소유자가 소유물에 대한 사용·수익의 권능을 대세적·영구적으로 포기하는 것은 허용되지 않는다(대판 2013.8.22, 2012다54133).

② 소유권의 핵심적 권능인 처분권능이 없는 소유권은 인정되지 않는다(판례).

2. 민법 이외의 법률이 인정하는 물권

(1) 「상법」이 인정하는 물권

「상법」에서 상사유치권, 상사질권, 주식질권, 선박저당권, 선박채권자의 우선특권 등이 인정된다.

(2) 기타 특별법이 인정하는 물권

입목저당권, 공장저당권, 공장재단저당권, 광업재단저당권, 자동차저당권, 항공기저당권 등이 인정된다.

3. 판례에 의해서 인정된 관습법상의 물권

제185조에 따르면 법률(국회가 제정한 형식적 의미의 법률) 이외에 관습법에 의해서도 물권이 성립할 수 있다고 규정하고 있다. 판례에 의해서 인정되는 관습법상의 물권은 분묘기지권, 관습법상의 법정지상권, 동산의 양도담보권 등이다.

4. 판례에 의해서 물권으로 인정받지 못한 경우

온천권, 사도통행권, 근린공원이용권은 관습법상의 물권이 아니다.

기출로 **포인트 정리**

출제예상 OX지문

❶ 타인의 임야에 권원 없이 식재한 수목의 소유권은 임야소유자에게 귀속한다.
(O | X) 21회

❷ 사용 · 수익 권능을 대세적 · 영구적으로 포기한 소유권도 존재한다. (O | X) 32회

❸ 온천에 관한 권리를 관습법상의 물권이라고 볼 수는 없다. (O | X) 32회

대표기출

민법상 물권에 관한 설명으로 틀린 것은? (다툼이 있으면 판례에 따름) 27회

① 토지의 일부에 대하여도 점유취득시효로 소유권을 취득할 수 있다.
② 1동 건물의 일부도 구조상 · 이용상 독립성이 있으면 구분행위에 의하여 독립된 부동산이 될 수 있다.
③ 미분리의 과실은 명인방법을 갖추면 독립된 소유권의 객체로 된다.
④ 토지에서 벌채되어 분리된 수목은 독립된 소유권의 객체로 된다.
⑤ 농지 소유자의 승낙 없이 농작물을 경작한 경우 명인방법을 갖추어야만 토지와 별도로 독립된 소유권의 객체로 된다.

쉬운 해설

출제예상 OX지문

❶ O 타인의 임야에 권원 없이 식재한 수목은 토지에 부합하므로 임야의 소유권자가 수목의 소유권을 취득한다.

❷ X 소유권은 사용, 수익, 처분권이 모두 인정되는 완전물권이다. 따라서 사용 · 수익 권능을 대세적 · 영구적으로 포기한 소유권은 존재하지 않는다.

❸ O 공원이용권, 온천권은 관습법상의 물권으로 인정되지 않는다(판례).

대표기출 정답 ⑤

⑤ 농작물은 별도의 공시방법을 갖추지 않아도 토지와는 독립한 소유권의 객체가 된다(판례).
① 토지의 일부도 점유취득시효의 대상이 될 수 있으므로 점유취득시효를 통해서 소유권을 취득할 수 있다.
② 1동 건물의 일부도 구조상 · 이용상 독립성이 있고 구분행위가 있으면 독립된 부동산이 될 수 있다. 즉, 구분소유권이 성립할 수 있다.
③ 미분리의 과실도 명인방법을 갖추면 토지와는 독립된 소유권의 객체가 될 수 있다.
④ 토지에서 벌채되어 분리된 수목은 토지와는 독립된 소유권의 객체가 될 수 있다.

출제포인트

038 물권 상호간의 우선적 효력

시작이 쉬운 길잡이

Q 아파트를 소유하고 있는 산하 씨. 급전이 필요해서 은행으로부터 대출받으면서 저당권을 설정해 주었고, 이후에 대운 씨가 그 아파트에 살고 싶다고 해서 대운 씨에게 전세권을 설정해 주었습니다. 산하 씨가 대출금을 상환하지 못해서 은행에서 경매가 들어올 경우, 전세권자인 대운 씨의 운명은 어떻게 될까요?

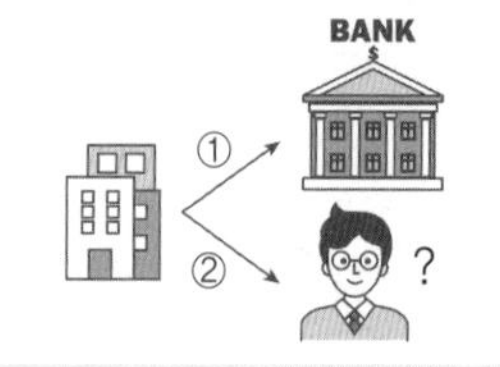

A 물권 상호간의 효력은 성립 순위에 의하는 것입니다. 따라서 저당권이 선순위이고 전세권은 후순위이므로 경매가 들어오면 전세권은 소멸하므로 대운 씨는 아파트에 계속 살겠다고 경락인에게 주장할 수 없습니다. 즉, 대운 씨는 이사를 가야 합니다.

❗ 출제포인트의 중요 키워드는 본문에서 꼭 체크하세요 ▶ 성립 순위

1 물권 상호간의 우선적 효력

(1) 동일한 물건 위에 함께 성립한 물권 상호간의 효력은 시간적으로 먼저 성립한 물권이 후에 성립한 물권보다 우선한다. 즉, 성립 순위에 의한다. 따라서 저당권보다 후에 성립한 전세권(용익물권)은 경매 시에 소멸하지만 저당권보다 먼저 성립한 용익물권은 소멸하지 않는다.

(경락인이 인수하지 않음 / 경락인이 인수함)

(2) 예컨대, 甲 소유 건물 위에 먼저 乙에게 저당권이 설정된 후에 그 건물 위에 다시 丙에게 전세권이 설정된 경우, 만약 乙이 저당권 실행에 의한 경매에 들어가면 丙의 전세권은 乙의 저당권보다 후순위여서 저당권자에게 대항할 수 없으므로 소멸한다. 즉, 전세권자 丙은 경락인에게 전세권을 가지고 대항할 수 없다.

2 배타성

(1) 물권은 하나의 독립한 물건을 배타적(독점적)으로 지배하는 권리이므로 동일한 물건 위에 동일한 내용의 물권이 함께 성립할 수는 없다.

(2) 예컨대, 甲 소유 건물에 대해서 乙에게 먼저 전세권이 설정되었다면 이후에 丙은 甲 소유의 동일한 건물에 대해서는 전세권을 취득할 수 없다.

3 관념성

(1) 저당권은 그 물건을 현실적으로 지배하는 권리가 아니라 관념적으로 지배하는 권리이므로, 동일한 물건 위에 두 개 이상의 저당권이 함께 성립할 수 있다.

(2) 예컨대, 甲 소유 건물에 대해서 먼저 乙에게 저당권이 설정되었고 이후에 다시 丙에게 저당권이 설정된 경우, 乙의 저당권이 丙의 저당권보다 선순위로 보호받는다. 즉, 경매가 들어가면 저당권자 乙과 丙은 배당에 참가해서 순위에 따라서 배당을 받게 되므로 선순위인 乙이 먼저 배당을 받고 나머지가 있으면 丙이 배당을 받게 된다.

기출로 **포인트 정리**

출제예상 OX지문

❶ 저당권설정 전에 지상권이 설정된 토지가 그 저당권 실행으로 매각된 경우 그 지상권은 소멸한다. (O | X) 21회

대표기출

저당목적물이 경매되는 경우, 권리 상호간의 순위에 대한 설명으로 틀린 것은? 16회

① 저당권보다 먼저 설정된 지상권은 저당권자의 경매신청에 따른 매각으로 매수인에게 인수되지만, 저당권보다 나중에 설정된 지상권은 매각으로 소멸한다.

② 가압류등기가 먼저 된 후 저당권이 설정된 경우, 물권자인 저당권자는 가압류채권자에 우선하여 변제받는다.

③ 저당권보다 먼저 설정된 전세권이 있는 경우, 저당권자가 신청한 경매절차에서 전세권자가 배당요구를 하였다면 그 전세권은 매각으로 소멸한다.

④ 경매신청등기 전에 대항요건을 구비한 「주택임대차보호법」 제8조의 보증금 중 일정액은 저당권자에게 우선하여 변제된다.

⑤ 최종 3개월분의 임금은 저당권에 의해 담보된 채권보다 우선하여 변제된다.

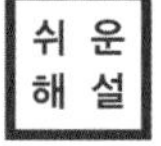

출제예상 OX지문

❶ X 저당권설정 후에 설정된 지상권은 소멸하지만, 저당권설정 전에 설정된 지상권은 소멸하지 않는다.

대표기출 정답 ②

② 가압류등기가 먼저 된 후 저당권이 설정된 경우, 저당권자가 가압류채권자에 우선하여 변제받는 것이 아니라 동순위로 안분 배당한다(판례).

① 저당권과 지상권의 효력은 성립 순위, 즉 등기 선후에 의한다. 따라서 저당권보다 먼저 설정된 지상권은 저당권자의 경매신청에 따른 매각으로 소멸하지 않으므로 매수인(경락인)에게 인수되지만, 저당권보다 나중에 설정된 지상권은 매각으로 소멸한다.

③ 전세권이 저당권보다 선순위인 경우에는 선순위전세권자의 용익권이 보장되어야 하므로 경매 시에 소멸하지 않는 것이 원칙이다. 그러나 전세권자가 배당을 요구한 경우에는 사용 · 수익의사가 없는 것이므로 용익권을 보장해줄 이유가 없으므로 선순위전세권도 소멸한다.

④ 소액임차인의 최우선변제, 즉 보증금 중 일정액의 보호가 인정되기 위해서는 최소한 경매신청등기 전에 대항요건을 구비해야 한다(주택임대차보호법 제8조 제1항).

⑤ 「근로기준법」 제38조 제2항

출제포인트

039 물권적 청구권

[10개년 출제회차] 26, 27, 29, 30, 31, 32, 33회

시작이 쉬운 길잡이

Q 경기도 양평에 전원주택지를 가지고 있는 대운 씨. 1년 만에 가봤더니 이웃주민 동철 씨가 무단점유해서 건물을 신축하여 거주하고 있습니다. 여러분, 이 경우 대운 씨는 어떻게 해야 할까요?

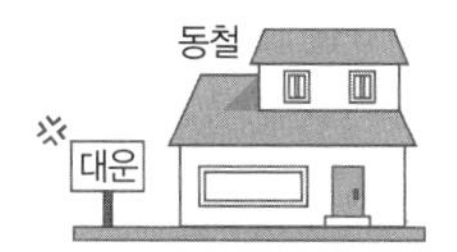

A 대운 씨는 대지에 대해서 소유권을 가지고 있는데 이웃주민으로부터 침해를 받았습니다. 이 경우 대운 씨는 이웃주민 동철 씨를 상대로 건물철거를 청구하고 대지반환을 청구할 수 있습니다. 이 권리를 물권적 청구권이라고 합니다.

출제포인트의 중요 키워드는 본문에서 꼭 체크하세요 ▶ 물권적 청구권

1 의의

(1) 물권적 청구권이란 물권의 내용을 실현하는 것이 침해받거나 침해받을 염려가 있는 경우, 물권자가 침해자를 상대로 침해의 제거 또는 예방을 청구할 수 있는 권리를 말한다. 이 권리는 물권의 실효성을 위해서 인정되는 권리이다.

(2) 예컨대, 甲 소유 토지를 乙이 불법으로 점유하고 있다면 甲이 소유권의 내용(사용, 수익, 처분)을 실현하는 것을 침해받고 있으므로 甲은 乙에게 토지반환을 청구할 수 있어야 하는데, 이 권리를 물권적 청구권이라고 한다.

2 민법의 규정

구분	물권의 객체(대상)	반환청구권	방해제거청구권	방해예방청구권
점유권	동산, 부동산	○(제204조)	○(제205조)	○(제206조)
소유권	동산, 부동산	○(제213조)	○(제214조)	○(제214조)
지상권	토지	○	○	○
지역권	토지	×	○	○
전세권	부동산(토지, 건물)	○	○	○
유치권	동산, 부동산, 유가증권	○	○	○
		근거: 유치권이 아니라 점유권에 기한 물권적 청구권		
질권	동산, 권리	○	○	○
저당권	부동산, 지상권, 전세권	×	○	○

물권적 청구권에 대한 일반규정은 없고, 점유권에 기한 물권적 청구권(제204조~제206조) 규정과 소유권에 기한 물권적 청구권(제213조, 제214조) 규정을 두고 그중에서 소유권에 기한 물권적 청구권 규정을 다른 물권에 준용하는 방식을 취하고 있다.

(1) 소유권에 기한 방해제거 · 예방청구권(제214조)

① **비용청구**: 민법 제214조의 규정에 의하면, 소유자는 소유권을 방해하는 자에 대하여 그 방해제거 행위를 청구할 수 있고, 소유권을 방해할 염려가 있는 행위를 하는 자에 대하여 그 방해예방 행위를 청구하거나 소유권을 방해할 염려가 있는 행위로 인하여 발생하리라고 예상되는 손해의 배상에 대한 담보를 지급할 것을 청구할 수 있으나, 소유자가 침해자에 대하여 방해제거 행위 또는 방해예방 행위를 하는 데 드는 비용을 청구할 수 있는 권리는 위 규정에 포함되어 있지 않으므로, 소유자가 민법 제214조에 기하여 방해배제 비용 또는 방해예방 비용을 청구할 수는 없다(대판 2014.11.27, 2014다52612).

② **방해배제청구** ⟶ 방해원인을 제거

민법 제214조의 소유권에 기한 방해배제청구는 현재 계속되고 있는 방해의 원인을 제거하는 것을 내용으로 하여야 하므로, 방해자에 대하여 그 방해행위를 장래를 향하여 무력화할 것을 요구하는 방식으로 행사되어야 한다(대판 2014.11.13, 2009다3494 · 3500).

③ **손해배상청구(금전청구)** ⟶ 방해결과의 제거

현재 계속되고 있는 방해의 원인을 제거하는 방해배제청구와 이미 발생한 방해결과의 제거 또는 청산을 내용으로 하는 부당이득 또는 손해배상 등의 금전청구는 그 요건을 달리하는 별개의 청구이므로, 별도로 주장되어야 한다(대판 2014.11.13, 2009다3494 · 3500). 즉, 물권적 방해배제청구권의 요건으로 요구되는 방해는 개념상 손해와 구별된다.

④ **방해와 손해**: 방해는 현재에도 지속되고 있는 침해를 의미하고 손해는 법익침해가 과거에 일어나서 이미 종결된 경우를 말한다.

(2) 지상권 · 전세권에 기한 물권적 청구권

소유권에 기한 물권적 청구권(제213조, 제214조) 규정을 준용한다. 따라서 지상권이나 전세권이 침해를 받거나 침해받을 염려가 있다면 지상권자나 전세권자에게 물권적 반환청구권, 물권적 방해제거청구권, 물권적 방해예방청구권이 모두 인정된다.

(3) 지역권 · 저당권에 기한 물권적 청구권 암기코드 | 저지역은 반환 못해

지역권자나 저당권자에게는 배타적인 점유권이 인정되지 않으므로 지역권이나 저당권에는 소유권에 기한 물권적 청구권(제213조, 제214조) 규정 중에서 제214조만 준용된다. 따라서 지역권이나 저당권이 침해를 받거나 침해받을 염려가 있는 경우에도 물권적 반환청구권은 인정되지 않고, 물권적 방해제거청구권과 물권적 방해예방청구권만 인정된다.

(4) 유치권과 질권에 대해서는 물권적 청구권을 준용하는 규정이 없기 때문에 과연 물권적 청구권이 인정될 수 있는지가 문제된다.

유치권에 대해서는 준용규정이 없기 때문에 유치권 자체에 기한 물권적 청구권은 인정되지 않는다. 하지만 유치권자에게는 점유권이 있으므로 점유권에 기한 물권적 청구권을 행사해서 점유를 회복하면 되기 때문에 문제될 것은 없다. 즉, 유치권자는 점유권에 기한 물권적 청구권을 행사할 수 있다.

(5) 임차권

① 대항력 ○: 임차권에 기한 물권적 청구권이 인정된다.

② 대항력 ×

㉠ 점유 ○: 점유권에 기한 물권적 청구권이 인정된다.

㉡ 점유 ×: 임대인의 소유권에 기한 물권적 청구권을 대위행사할 수 있다.

3 물권적 청구권의 발생 및 행사요건

(1) 청구권자 → 물권자

① 물권적 청구권을 행사할 수 있는 청구권자는 현재의 물권자이므로 물권이 이전되면 물권적 청구권도 이전하므로 소유권을 상실한 종전 소유자는 더 이상 물권적 청구권을 행사할 수 없다(판례). 따라서 소유권에 기한 물권적 청구권이 발생한 후 소유자가 소유권을 상실한 경우에는 물권적 청구권을 행사할 수 없다.

② 소유권과 물권적 청구권은 운명을 함께 하므로 분리해서 양도하지 못하고 함께 이전, 소멸한다. 즉, 물권과 물권적 청구권은 언제나 운명을 함께 하므로 물권적 청구권만 따로 존속한다거나 물권적 청구권만을 독립하여 양도할 수는 없다(판례).

③ 점유보조자는 물권자가 아니므로 청구권자에 해당하지 않는다.

(2) 상대방 ── 현재의 무단점유자(직접점유자, 간접점유자)

① 물권적 청구권의 상대방은 현재의 무단점유자(직접점유자, 간접점유자)로서 방해상태를 현재 지배하고 있는 자이므로 판례는 불법점유자라 하더라도 그 건물을 다른 사람에게 인도하여 현실적으로 점유(직접 · 간접점유)를 하고 있지 않는 이상, 그자를 상대로 한 인도 또는 명도청구는 부적법하다고 한다. 즉, 허용되지 않는다.

② 점유보조자는 점유자가 아니므로 상대방이 되지 않는다.

(3) 물권의 내용을 실현하는 것이 침해되었거나 침해될 염려가 있어야 한다.

물권적 청구권은 물권의 존재로부터 당연히 발생하는 권리가 아니라 물권이 침해받았거나 또는 침해받을 염려가 있어야 한다. 즉, 일정한 상황이 발생했을 때 비로소 물권적 청구권도 발생한다.

(4) 침해자의 고의 또는 과실은 불문하고 손해발생도 불문한다.

침해자(상대방)의 귀책사유는 물권적 청구권의 행사요건이 아니다. 물권적 청구권을 행사하기 위해서는 물권의 침해가 있거나 침해받을 염려만 있으면 충분하고 침해자의 고의 또는 과실은 불문하고 손해발생도 불문한다. 이 점이 불법행위와의 차이점이다. 즉, 불법행위로 인한 손해배상청구권이 인정되기 위해서는 침해자의 고의 또는 과실을 요하며 손해발생도 요한다.

(5) 소유권에 기한 물권적 청구권이 소멸시효에 걸릴까?

정답 | 소멸시효의 대상이 되지 않는다.

판례 | 부동산매매계약이 합의해제된 경우에도 매수인에게 이전되었던 소유권은 당연히 매도인에게 복귀하는 것이므로, 합의해제에 따른 매도인의 원상회복청구권(말소등기청구권)은 소유권에 기한 물권적 청구권이라고 할 것이고, 따라서 이는 소멸시효의 대상이 되지 않는다(대판 1982.7.27, 80다2968).

(6) 퇴거청구

건물이 그 존립을 위한 토지사용권을 갖추지 못하여 토지의 소유자가 건물의 소유자에 대하여 당해 건물의 철거 및 그 대지의 인도를 청구할 수 있는 경우에라도 건물소유자가 아닌 사람이 건물을 점유하고 있다면 토지소유자는 그 건물 점유를 제거하지 아니하는 한 위의 건물 철거 등을 실행할 수 없다. 따라서 토지소유자는 자신의 소유권에 기한 방해배제로서 건물점유자에 대하여 건물로부터의 퇴출(퇴거)을 청구할 수 있다. 그리고 이는 건물점유자가 건물소유자로부터의 임차인으로서 그 건물임차권이 이른바 대항력을 가진다고 해서 달라지지 아니한다(대판 2010.8.19, 2010다43801).

4 적중판례

(1) 방해제거청구권

① 미등기, 무허가건물의 양수인이라도 소유권이전등기를 마치지 않는 한 건물의 소유권을 취득할 수 없고, 소유권에 준하는 관습상의 물권이 있다고도 할 수 없으므로, 미등기, 무허가건물의 양수인은 소유권에 기한 방해제거청구를 할 수 없다(대판 2016.7.29, 2016다214483 · 214490).

② 민법 제205조에 의하면, 점유자가 점유의 방해를 받은 때에는 방해의 제거 및 손해의 배상을 청구할 수 있고(제1항), 제1항의 청구권은 방해가 종료한 날로부터 1년 내에 행사하여야 하는데(제2항), 민법 제205조 제2항이 정한 '1년의 제척기간'은 재판 외에서 권리행사하는 것으로 족한 기간이 아니라 반드시 그 기간 내에 소를 제기하여야 하는 이른바 출소기간으로 해석함이 타당하다. 그리고 기산점이 되는 '방해가 종료한 날'은 방해 행위가 종료한 날을 의미한다(대판 2016.7.29, 2016다214483 · 214490).

(2) 현재 등기명의인이 아닌 자를 상대로 진정한 등기명의회복을 위한 소유권이전등기를 청구할 수 없다. 진정한 등기명의의 회복을 위한 소유권이전등기청구는 이미 자기 앞으로 소유권을 표상하는 등기가 되어 있었거나 법률에 따라 소유권을 취득한 자가 진정한 등기명의를 회복하기 위한 방법으로서, 현재의 등기명의인을 상대로 하여야 하고 현재의 등기명의인이 아닌 자는 피고적격이 없다(대판 2017.12.5, 2015다240645).

(3) 합유재산을 합유자 1인의 단독소유로 소유권보존등기를 한 경우에는 소유권보존등기가 실질관계에 부합하지 않는 원인무효의 등기이므로, 다른 합유자는 등기명의인인 합유자를 상대로 소유권보존등기 말소청구의 소를 제기하는 등의 방법으로 원인무효의 등기를 말소시킨 다음 새로이 합유의 소유권보존등기를 신청할 수 있다(대판 2017.8.18, 2016다6309).

기출로 **포인트 정리**

출제예상 OX지문

❶ 타인 토지에 무단으로 신축된 미등기건물을 매수하여 대금을 지급하고 점유하는 자는 건물철거청구의 상대방이 될 수 있다. (O | X) 31회

❷ 소유자는 물권적 청구권에 의하여 방해제거비용 또는 방해예방비용을 청구할 수 없다. (O | X) 29회

❸ 소유권에 기한 물권적 청구권이 발생한 후에는 소유자가 소유권을 상실하더라도 그 청구권을 행사할 수 있다. (O | X) 29회

대표기출

1. 물권적 청구권에 관한 설명으로 틀린 것은? (다툼이 있으면 판례에 따름) 30회

① 소유권에 기한 물권적 청구권은 소멸시효에 걸리지 않는다.
② 상대방의 귀책사유는 물권적 청구권의 행사요건이 아니다.
③ 물권적 방해배제청구권의 요건으로 요구되는 방해는 개념상 손해와 구별된다.
④ 임차인은 임차목적물에 관한 임대인의 소유권에 기한 물권적 청구권을 대위행사할 수 없다.
⑤ 유치권자는 점유권에 기한 물권적 청구권을 행사할 수 있다.

2. 물권적 청구권에 관한 설명으로 옳은 것은? (다툼이 있으면 판례에 따름) 32회

① 소유권을 양도한 전 소유자가 물권적 청구권만을 분리, 유보하여 불법점유자에 대해 그 물권적 청구권에 의한 방해배제를 할 수 있다.
② 물권적 청구권을 행사하기 위해서는 그 상대방에게 귀책사유가 있어야 한다.
③ 소유권에 기한 방해배제청구권에 있어서 방해에는 과거에 이미 종결된 손해가 포함된다.
④ 소유권에 기한 물권적 청구권은 그 소유권과 분리하여 별도의 소멸시효의 대상이 된다.
⑤ 소유권에 기한 물권적 청구권은 그 소유자가 소유권을 상실하면 더 이상 인정되지 않는다.

쉬운 해설

출제예상 OX지문

❶ ○ 건물철거청구권의 상대방이 되기 위해서는 그 건물에 대한 처분권한이 있어야 한다. 따라서 타인 토지에 무단으로 신축된 미등기건물을 매수하여 대금을 지급하고 점유하는 자는 그 건물의 처분권한이 있기 때문에 건물철거청구의 상대방이 될 수 있다.

❷ ○ 물권적 청구권은 물권의 침해를 제거하거나 예방을 청구하는 권리이지 비용을 청구하는 권리가 아니다. 따라서 소유자는 물권적 청구권에 의하여 방해제거비용 또는 방해예방비용을 청구할 수 없다.

❸ X 소유권에 기한 물권적 청구권이 발생한 후에 소유자가 소유권을 상실한 경우에는 더 이상 물권자가 아니기 때문에 물권적 청구권을 행사할 수 없다.

대표기출 정답 1. ④ 2. ⑤

1. ④ 임차물에 대해서 제3자가 무단점유하고 있는 경우, 대항력이 있는 임차인은 임차권에 의한 물권적 청구권을 직접 행사할 수 있지만 대항력이 없는 임차인은 임차목적물에 관한 임대인의 소유권에 기한 물권적 청구권을 대위행사할 수 있다.
   ① 소유권은 소멸시효에 걸리지 않으므로 소유권의 내용인 소유권에 기한 물권적 청구권도 소멸시효에 걸리지 않는다.
   ② 물권적 청구권의 행사는 상대방의 귀책사유를 요하지 않는다.
   ③ 방해는 현재에도 지속되고 있는 침해를 의미하고, 손해는 법익침해가 과거에 일어나서 이미 종결된 경우에 해당되는 개념이다(대판 2003.3.28, 2003다5917).
   ⑤ 유치권자는 점유권이 있으므로 점유권에 기한 물권적 청구권을 행사할 수 있다.

2. ⑤ 물권과 물권적 청구권은 운명을 함께한다. 따라서 소유권에 기한 물권적 청구권은 그 소유자가 소유권을 상실하면 더 이상 물권, 즉 소유권이 없기 때문에 인정되지 않는다.
   ① 소유권을 양도한 전 소유자는 더 이상 물권, 즉 소유권이 없으므로 물권적 청구권을 행사할 수 없다. 따라서 불법점유자에 대해 그 물권적 청구권에 의한 방해배제를 청구할 수 없다.
   ② 물권적 청구권은 물권의 침해만 있으면 충분하고 그 상대방(침해자)의 귀책사유는 요하지 않는다.
   ③ 소유권에 기한 방해배제청구권에 있어서 '방해'라 함은 현재에도 지속되고 있는 침해를 의미하고, 법익침해가 과거에 일어나서 이미 종결된 경우에 해당하는 '손해'의 개념과는 다르다 할 것이어서, 소유권에 기한 방해배제청구권은 방해결과의 제거를 내용으로 하는 것이 되어서는 아니 되며(이는 손해배상의 영역에 해당한다 할 것이다) 현재 계속되고 있는 방해의 원인을 제거하는 것을 내용으로 한다(대판 2003.3.28, 2003다5917).
   ④ 소유권은 소멸시효에 걸리지 않는다. 그리고 소유권에 기한 물권적 청구권은 소유권의 내용이므로 그 소유권과 분리하여 별도로 소멸시효의 대상이 되지 않는다.

출 제 포 인 트

040 법률의 규정에 의한 부동산물권변동

[10개년 출제회차] 24, 25, 26, 27, 28, 30, 31회

시작이 쉬운 길잡이

Q 경매에 관심이 있는 대운 씨는 자신이 원하던 양평 소재 전원주택지가 경매물건으로 나오자 경매에 참가해서 경락받았고, 대금을 모두 완납했습니다. 다만, 아직 소유권이전등기를 하지 않은 상태입니다. 여러분, 대운 씨는 소유권을 취득했을까요?

A 경매를 통한 소유권의 취득을 법률의 규정에 의한 부동산물권의 취득이라고 하며, 대운 씨는 등기 없이도 매각대금 완납 시에 소유권을 취득하게 됩니다.

출제포인트의 중요 키워드는 본문에서 꼭 체크하세요 ▸ **물권변동의 원인, 공시의 원칙, 상속, 공용징수, 판결, 경매**

1 물권변동의 원인

물권이 변동되기 위해서는 일정한 요건이 충족되어야 하는데 이 요건을 물권변동의 원인이라고 한다. 물권변동의 원인은 다음의 2가지가 있다.

1. 법률행위에 의한 물권변동

법률행위를 통해서 물권이 변동될 수 있는데 이는 당사자의 의사에 의해서 물권이 변동되는 경우이다. 법률행위를 통한 부동산의 물권이 변동되기 위해서는 등기를, 법률행위를 통한 동산의 물권이 변동되기 위해서는 인도를 하여야 한다.

2. 법률의 규정에 의한 물권변동

법률행위에 의하지 않은 물권의 변동을 통틀어 법률의 규정에 의한 물권변동이라고 한다. 즉, 당사자의 의사에 의하지 않고 일정한 요건이 충족되면 당연히 물권이 변동되는 경우이다. 예컨대 상속, 공용징수, 판결, 경매, 기타 법률의 규정에 의한 물권변동 등이 있고 기타 법률의 규정에 의한 물권의 변동에는 무주물 선점, 유실물 습득, 매장물 발견, 부합, 혼화 가공, 혼동 등이 있다. 이러한 법률의 규정에 의한 물권의 변동은 공시방법인 등기나 인도가 없어도 효력이 발생한다.

2 물권변동과 공시 · 공신의 원칙

1. 공시(公示)의 원칙

공시의 원칙이란 물권은 제3자에게도 이해관계를 미치는 배타적인 권리이므로 물권의 존재와 그 내용 또는 물권의 변동을 외부에서 인식할 수 있는 일정한 표상(공시방법)을 갖추어야 한다는 원칙을 말한다. 즉, 어떤 물건 위에 어떤 물권이 존재하고 있는지, 물권의 변동이 어떤 과정으로 이루어졌는지에 대해서 외부에 알려주는 것을 말한다.

2. 공신(公信)의 원칙

(1) 공신의 원칙이란 물권의 존재를 추측하게 하는 공시방법이 있고 그 공시방법을 신뢰하여 거래를 한 자가 있는 경우 설령 그 공시방법이 진실한 권리관계에 합치하지 않더라도(공시된 자가 처분권 없는 자라 할지라도) 공시된 대로 권리가 존재하는 것으로 의제하여 그 자의 권리취득을 인정해 주자는 원칙을 말한다. 즉, 진정한 권리자를 희생시키면서 거래안전을 보호하자는 원칙이다.

(2) 현행법은 부동산물권의 공시방법인 등기의 공신력을 인정하지 않으므로 진정한 권리자를 보호한다.

3 부동산물권의 변동

1. 법률행위에 의한 부동산물권의 변동(형식주의)

법령 체크

제186조【부동산물권변동의 효력】 부동산에 관한 법률행위로 인한 물권의 득실변경은 등기하여야 그 효력이 생긴다.

(1) 제186조

① 제186조는 부동산에 관한 법률행위로 인한 물권의 득실변경은 등기하여야 그 효력이 생긴다고 규정함으로써, 법률행위를 원인으로 부동산의 물권이 변동되기 위해서는 등기라는 일정한 형식을 요구하고 있으므로 우리 민법은 형식주의(성립요건주의)를 채택하고 있음을 보여주고 있다.

② 제186조 규정에 따르면, 법률행위를 원인으로 부동산의 물권이 변동되기 위해서는 법률행위(물권행위)와 등기라는 두 가지 요건만 충족되면 충분하고 목적부동산의 인도는 물권변동의 요건이 아니다.

(2) 제186조 적용의 한계(특수문제)

제186조에 따르면 등기를 요하고, 제187조에 따르면 등기를 요하지 않는다. 다음의 경우에는 제186조의 법률행위로 인한 부동산의 물권변동인지 또는 제187조의 법률의 규정에 의한 부동산물권변동인지 문제가 된다.

① 원인행위 실효에 의한 물권의 복귀

㉠ 매매계약, 교환계약, 증여계약과 같은 원인행위(채권행위)에 실효원인(무효, 취소, 해제, 합의해제)이 있으나 물권행위에는 실효원인이 없어 유효인 경우 원인행위(채권행위)가 실효되면 이전되었던 물권은 등기(말소등기) 없이도 당연히 복귀하는지 아니면 등기를 경료해야 복귀하는지가 문제가 되는데, 말소등기 없이도 당연히 물권이 회복된다(판례).

㉡ 매매계약이 합의해제된 경우에도 매수인에게 이전되었던 소유권은 당연히 매도인에게 복귀하는 것이므로 합의해제에 따른 매도인의 원상회복청구권은 소유권에 기한 물권적 청구권이라고 할 것이고 이는 소멸시효의 대상이 되지 아니한다(대판 1982.7.27, 80다2968).

② 재단법인의 설립에 있어서 출연재산의 귀속: 출연재산이 부동산인 경우에도 출연자와 법인 사이에는 법인의 성립 외에 등기를 필요로 하는 것은 아니지만, 제3자에 대한 관계에 있어서, 출연행위는 법률행위이므로 출연재산의 법인에의 귀속에는 부동산의 권리에 관한 것일 경우 등기를 필요로 한다(대판 전합체 1979.12.11, 78다481·482). 즉, 판례는 소유권의 상대적 귀속을 인정해서 출연자와 재단법인관계에서는 등기 없이 물권이 변동되지만 재단법인과 제3자에 대한 관계에서는 등기를 요한다.

③ 전세권의 법정갱신: 전세권이 법정갱신된 경우 이는 법률의 규정에 의한 물권의 변동이므로 전세권갱신에 관한 등기를 필요로 하지 아니하고, 전세권자는 등기 없이도 전세권설정자나 그 목적물을 취득한 제3자에 대하여 갱신된 권리를 주장할 수 있다(대판 2010.3.25, 2009다35743). 즉, 등기 없이 당연히 전세권이 갱신되고 제3자에게 대항할 수 있다.

④ 전세권이 기간만료로 종료된 경우: 전세권이 기간만료로 종료된 경우 전세권은 전세권설정등기의 말소등기 없이도 당연히 소멸한다(대판 1999.9.17, 98다31301).

⑤ 물권의 포기: 물권의 포기는 법률행위(단독행위)이므로 등기를 요한다.

2. 법률의 규정에 의한 부동산물권의 변동

법령 체크

제187조 【등기를 요하지 아니하는 부동산물권 취득】 상속, 공용징수, 판결, 경매 기타 법률의 규정에 의한 부동산에 관한 물권의 취득은 등기를 요하지 아니한다. 그러나 등기를 하지 아니하면 이를 처분하지 못한다.

제187조는 부동산에 관한 물권의 취득은 등기를 요하지 않는다고 규정하고 있으나, 물권의 취득에 한정되지 않고 물권의 변경, 소멸까지 포함한다. 즉, 물권의 변동에 대해서 규정한 것으로 본다. 그리고 제187조에 의하여 부동산물권을 취득하였더라도 이를 다시 처분하기 위해서는 등기를 요하므로 먼저 물권의 취득을 등기하고 그 후에 처분에 따른 등기를 하면 된다.

(1) 상속

상속에 의한 부동산물권의 변동은 이전등기 시가 아니라 피상속인의 사망 시에 발생한다.

① 상속은 피상속인의 사망으로 개시되므로 상속에 의한 부동산물권의 변동은 등기 없이도 피상속인이 사망한 때 즉시 발생한다. 즉, 피상속인의 사망 시에 등기 없이도 그가 소유하고 있던 부동산물권은 당연히 상속인에게 이전된다.

② 포괄적 유증이나 합병도 포괄승계에 의한 부동산물권의 취득이므로 등기를 요하지 않는다.

(2) 공용징수 → 국가의 권력행위에 의한 물권변동

① **협의수용**: 사업시행자와 토지소유자 간의 협의에 의하는 협의수용의 경우에는 협의에서 정한 시기에 물권이 변동된다.

② **재결수용**: 협의가 되지 않아 토지수용위원회의 재결에 의하는 재결수용인 경우에는 보상금 지급을 정지조건으로 하여 재결에서 정한 수용개시일에 물권이 변동된다.

(3) 판결 → 국가의 권력행위에 의한 물권변동

① 판결은 그 내용에 따라 이행판결, 확인판결, 형성판결(→ 판결 자체만으로 물권변동을 가져오는 판결)로 나눌 수 있는데, 등기를 요하지 않는 판결은 형성판결만을 의미한다(→ 형성판결 ○ / 확인판결, 이행판결 ×). 예컨대, 공유물 분할판결, 상속재산 분할판결 등이 있다.

② 형성판결에 의한 물권변동의 시기는 등기 시가 아니라 판결이 확정된 때이다.

③ 소유권이전등기절차를 이행하라는 이행판결이 확정된 때에는 판결확정 시에 부동산물권이 변동되는 아니라 이전등기 시에 부동산물권이 변동된다.

(4) 경매 → 국가의 권력행위에 의한 물권변동

① 여기에서 말하는 경매는 국가기관이 행하는 공경매를 의미하며, 「민사집행법」상의 경매에 한하지 않고 「국세징수법」상의 체납처분에 의한 공매를 포함한다.

② 경매에 의한 부동산물권변동은 이전등기 시가 아니라 매수인(경락인)이 매각대금(경락대금)을 완납한 때 발생한다. 즉, 매수인은 매각대금 완납 시에 부동산물권을 취득한다.

(5) 기타 법률의 규정에 의한 물권변동 → 등기 없이 물권변동 O

① 건물의 신축(등기 없이도 신축자가 원시취득)

② 법정지상권, 관습법상 법정지상권의 취득, 관습법상 분묘기지권의 취득

③ 원인행위 실효(무효, 취소, 해제, 합의해제, 해제조건부 법률행위에서 해제조건의 성취)에 의한 물권의 복귀

④ 피담보채권의 소멸로 인한 저당권의 소멸

⑤ 목적물의 멸실, 소멸시효, 혼동에 의한 물권의 소멸

⑥ 존속기간 만료로 인한 용익물권의 소멸

⑦ 부합, 혼화, 가공에 의한 소유권의 취득

⑧ 건물전세권에서 법정갱신의 효과

⑨ **구분소유권의 취득(원시취득)**: 구분건물이 구조상·이용상 독립성이 있고 구분행위가 인정된다면 구분등기 없이도 구분소유권은 성립한다. 다만, 구분소유권의 특정승계(매매)는 등기를 요한다.

⑩ 출연부동산 소유권의 법인의 귀속(출연자와 법인 사이)

⑪ 법정저당권의 취득

(6) 제187조의 예외

부동산 소유권의 점유취득시효는 법률의 규정(제245조 제1항)에 의한 부동산물권의 변동이지만, 소유권을 취득하기 위해서는 등기를 요한다.

기출로 **포인트 정리**

출제예상 OX지문

❶ 법률행위를 원인으로 하여 소유권이전등기를 명하는 판결에 따른 소유권의 취득에는 등기를 요하지 않는다. (O | X) 26회

❷ 피담보채권이 소멸하더라도 저당권의 말소등기가 있어야 저당권이 소멸한다. (O | X) 26회

대표기출

법률행위에 의하지 않은 부동산물권의 변동에 관한 설명으로 틀린 것은? (다툼이 있으면 판례에 따름) 31회

① 관습상 법정지상권은 설정등기 없이 취득한다.

② 이행판결에 기한 부동산물권의 변동시기는 확정판결 시이다.

③ 상속인은 등기 없이 상속받은 부동산의 소유권을 취득한다.

④ 경매로 인한 부동산소유권의 취득시기는 매각대금을 완납한 때이다.

⑤ 건물의 신축에 의한 소유권취득은 소유권보존등기를 필요로 하지 않는다.

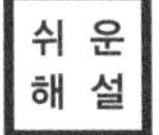

출제예상 OX지문

❶ X 법률행위를 원인으로 하여 소유권이전등기를 명하는 판결은 이행판결이므로 소유권의 취득에는 등기를 요한다.

❷ X 피담보채권이 소멸하면 부종성에 의해서 말소등기 없이도 저당권은 당연히 소멸한다.

대표기출 정답 ②

② 이행판결에 기한 부동산물권의 변동시기는 확정판결 시가 아니라 이전등기 시이다.

① 관습상 법정지상권의 취득은 법률의 규정에 의한 부동산물권의 취득이므로 설정등기 없이 취득한다.

③ 상속은 법률의 규정에 의한 부동산물권의 취득이므로 상속인은 등기 없이 상속받은 부동산의 소유권을 취득한다.

④ 경매는 법률의 규정에 의한 부동산물권의 취득이므로 경락인은 매각대금을 완납한 때 소유권을 취득한다.

⑤ 건물의 신축에 의한 소유권취득은 법률의 규정에 의한 부동산물권의 취득이므로 소유권보존등기를 필요로 하지 않는다.

출제포인트

041 등기청구권의 성질

[10개년 출제회차] 30, 32회

시작이 쉬운 길잡이

Q 대운 씨가 동철 씨 소유 아파트를 매수한 경우, 대운 씨가 소유권을 취득하기 위해서는 어떻게 해야 할까요?

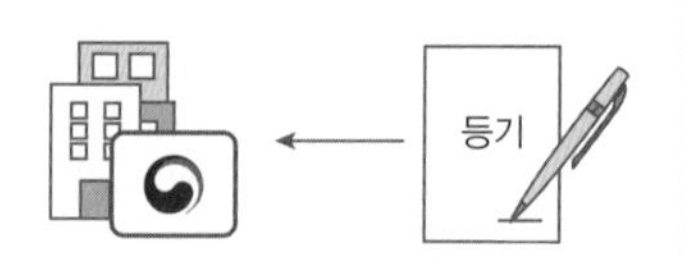

A 대운 씨는 매수인(등기권리자)으로 소유권을 취득하기 위해서는 소유권이전등기를 해야 합니다. 따라서 대운 씨는 매도인(등기의무자)인 동철 씨를 상대로 소유권이전등기절차에 협력해 달라고 청구해서 등기를 하면 됩니다. 이처럼 등기권리자가 등기의무자를 상대로 등기신청절차에 협력할 것을 청구할 수 있는 권리를 등기청구권이라고 합니다.

출제포인트의 중요 키워드는 본문에서 꼭 체크하세요 ▸ **등기청구권, 등기신청권, 물권적 청구권, 채권적 청구권**

1 총설

(1) 등기청구권과 등기신청권

① 등기청구권이란 등기권리자가 등기신청에 협력하지 않는 등기의무자에 대해 등기신청절차에 협력할 것을 청구할 수 있는 권리이다. 이는 등기의 진정을 담보하기 위해 「부동산등기법」상 등기신청에 대해서 공동신청주의를 취하고 있는 결과이다. 현행 「부동산등기법」상 등기가 경료되기 위해서는 등기권리자와 등기의무자가 등기소에 출석하여 이를 신청하는 공동신청주의를 원칙으로 하고 있다. 따라서 공동신청이 아닌 단독신청을 할 수 있는 경우와 촉탁에 의한 등기의 경우는 등기청구권의 문제가 발생하지 않는다.

② 등기청구권은 국가기관인 등기관에 대해서 등기를 신청하는 등기신청권과 구별된다. 즉, 등기청구권은 개인에게 청구를 하는 사법상의 권리이지만, 등기신청권은 국가기관에 대해서 청구하는 공법상의 권리이다.

③ 부동산의 소유자(등기의무자)가 세금 등 공과금을 피하기 위하여 등기를 이전해가지 않는 등기권리자를 상대로 등기청구권을 행사할 수 있는데, 이를 등기인수청구권이라고 한다. 판례는 등기인수청구권을 인정하고 있다.

(2) 물권적 청구권과 채권적 청구권

등기청구권은 발생 원인에 따라서 물권적 청구권과 채권적 청구권으로 구별된다. 만약 이 청구권이 물권적 청구권이라면 물권으로서 효력이 있으므로 특히 소유권에 기한 물권적 청구권은 소멸시효에 걸리지 않는다. 그러나 채권적 청구권이라면 채권으로서의 효력이 있으므로 일반적으로 10년의 소멸시효에 걸리게 된다.

2 법률행위에 의한 등기청구권 → 채권적 청구권

(1) 법률행위에 의해서 발생하는 등기청구권은 법률행위라는 채권행위에서 발생하므로 채권적 청구권이라고 한다.

(2) 예컨대, 甲 소유 아파트에 대해서 乙과 매매계약을 체결한 경우 매수인 乙은 매도인 甲에 대해서 소유권이전등기청구권을 취득하는데, 매매계약이라는 채권행위를 통해서 발생했으므로 매수인이 취득한 소유권이전등기청구권은 채권적 청구권에 해당한다.

3 부동산 점유취득시효완성에 의한 등기청구권 → 채권적 청구권

시효완성자는 시효완성만으로 소유권을 취득하는 것이 아니라 단지 시효완성 당시 소유자를 상대로 소유권이전등기청구권을 취득하는 것이고, 이는 특정인에 대한 권리이므로 채권적 청구권에 해당한다. 따라서 소유권이전등기청구권은 통상의 채권양도법리에 따라 양도될 수 있다. 즉, 양도를 위해서 시효완성 당시의 등기명의인의 동의는 요하지 않는다.

4 실체관계와 등기가 일치하지 않는 경우 → 물권적 청구권

(1) 예컨대, 甲 소유 토지를 乙이 적법한 원인행위가 없음에도 등기 관련 서류를 위조하여 乙 앞으로 소유권이전등기를 경료한 경우 이는 원인무효등기이므로 여전히 소유권자는 甲이다. 따라서 甲은 乙을 상대로 말소등기청구권을 행사할 수 있는데, 이는 소유권에 기한 방해제거청구권에 해당하므로 물권적 청구권에 해당한다.

(2) 매매계약이 합의해제된 경우, 매수인에게 이전되었던 소유권은 당연히 매도인에게 복귀하는 것이므로, 합의해제에 따른 매도인의 원상회복청구권은 소유권에 기한 물권적 청구권에 해당한다. 따라서 소멸시효의 대상이 되지 아니한다(대판 1982.7.27, 80다2968).

(3) 진정소유자의 진정등기명의의 회복을 위한 소유권이전등기청구권과 말소등기청구권

① 말소등기에 갈음하여 허용되는 진정명의회복을 원인으로 한 소유권이전등기청구권과 무효등기의 말소청구권은 어느 것이나 진정한 소유자의 등기명의를 회복하기 위한 것

으로서 실질적으로 그 목적이 동일하고, 두 청구권 모두 소유권에 기한 방해배제청구권으로서 그 법적 근거와 성질이 동일하다(대판 전합체 2001.9.20, 99다37894). 즉, 말소등기에 갈음하여 허용되는 진정명의회복을 원인으로 한 소유권이전등기청구권과 무효등기의 말소청구권은 모두 물권적 청구권에 해당한다.

② 동일한 소송이므로 말소등기소송에서 패소했다면 이전등기소송을 제기할 수 없다.

(4) 근저당권이 설정된 후에 그 부동산의 소유권이 제3자에게 이전된 경우에는 현재의 소유자가 자신의 소유권에 기하여 피담보채무의 소멸을 원인으로 그 근저당권설정등기의 말소를 청구할 수 있음은 물론이지만, 근저당권설정자인 종전의 소유자도 근저당권설정계약의 당사자로서 근저당권 소멸에 따른 원상회복으로 근저당권자에게 근저당권설정등기의 말소를 구할 수 있는 계약상 권리가 있으므로 이러한 계약상 권리에 터잡아 근저당권자에게 피담보채무의 소멸을 이유로 하여 그 근저당권설정등기의 말소를 청구할 수 있다(대판 전합체 1994.1.25, 93다16338). 즉, 현재의 소유자뿐만 아니라 종전 소유자도 말소등기를 청구할 수 있는데, 현재 소유자가 행사하는 말소등기청구권은 물권적 청구권에 해당하지만 종전 소유자가 행사하는 말소등기청구권은 채권적 청구권에 해당한다.

5 부동산임차권 → 채권적 청구권

부동산임차인은 당사자 간에 반대약정이 없으면 임대인에 대하여 그 임대차등기절차에 협력할 것을 청구할 수 있다(제621조 제1항). 따라서 이 규정에 의해 임차인은 등기청구권을 취득하고 그 성질은 채권적 청구권에 해당한다.

6 부동산환매권 → 채권적 청구권

매매의 목적물이 부동산인 경우에 매매등기와 동시에 환매권의 보류를 등기한 때에는 제3자에 대하여 그 효력이 있다(제592조). 따라서 환매등기에 있어서의 등기청구권은 당사자 사이의 약정에 의하여 발생하므로 채권적 청구권에 해당한다.

7 법정지상권 → 물권적 청구권

법정지상권은 법률의 규정에 의한 물권의 취득이므로 등기 없이 즉시 법정지상권을 취득한다. 따라서 이미 법정지상권을 취득한 권리자가 토지소유자를 상대로 법정지상권설정등기청구권을 행사하는 경우에는 물권적 청구권에 해당한다.

기출로 **포인트 정리**

출제예상 OX지문

❶ 가등기에 기한 소유권이전등기청구권이 시효완성으로 소멸된 후 그 부동산을 취득한 제3자가 가등기권자에 대해 갖는 등기말소청구권은 채권적 청구권이다. (O | X) 30회

❷ 등기청구권이란 등기권리자와 등기의무자가 함께 국가에 등기를 신청하는 공법상의 권리이다. (O | X) 32회

❸ 취득시효완성으로 인한 소유권이전등기청구권은 시효완성 당시의 등기명의인이 동의해야만 양도할 수 있다. (O | X) 32회

대표기출

등기청구권의 법적 성질이 다른 것은? (다툼이 있으면 판례에 따름) 22회

① 매수인의 매도인에 대한 등기청구권
② 청구권 보전을 위한 가등기에 기한 본등기청구권
③ 매매계약의 취소로 인한 매도인의 매수인에 대한 등기청구권
④ 시효취득에 기한 등기청구권
⑤ 중간생략등기에 있어서 최종양수인의 최초양도인에 대한 등기청구권

쉬운 해설

출제예상 OX지문

❶ X 소유권에 기한 방해제거로서 말소등기를 청구하는 것이기 때문에 물권적 청구권에 해당한다.

❷ X 등기청구권이란 등기권리자가 등기의무자에게 등기신청절차에 협력할 것을 청구하는 사법상의 권리이다.

❸ X 취득시효완성으로 인한 소유권이전등기청구권의 양도의 경우에는 매매로 인한 소유권이전등기청구권에 관한 양도제한의 법리가 적용되지 않는다(대판 2018.7.12, 2015다36167). 즉, 취득시효완성으로 인한 소유권이전등기청구권의 양도에는 시효완성 당시의 등기명의인의 동의는 요하지 않는다.

대표기출 정답 ③

③ 매매계약이 취소되면 말소등기 없이 당연히 소유권은 매도인에게 다시 회복되므로 매매계약의 취소로 인한 매도인의 매수인에 대한 말소등기청구권이나 이전등기청구권은 물권적 청구권이다.
①②④⑤ 등기 전에는 물권자가 아니므로 모두 채권적 청구권이다.

출제포인트

042 중간생략등기

[10개년 출제회차] 29, 30, 31회

시작이 쉬운 길잡이

Q

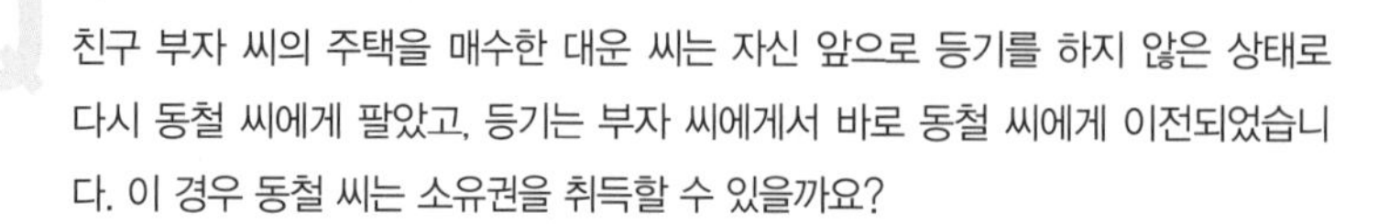
친구 부자 씨의 주택을 매수한 대운 씨는 자신 앞으로 등기를 하지 않은 상태로 다시 동철 씨에게 팔았고, 등기는 부자 씨에게서 바로 동철 씨에게 이전되었습니다. 이 경우 동철 씨는 소유권을 취득할 수 있을까요?

A

대운 씨는 등기를 하지 않은 상태로 다시 팔았습니다. 이것을 미등기전매(중간생략등기)라고 하는데, 동철 씨가 매수인이고 매수인 명의로 등기가 되어 있어 현재의 권리상태를 나타내주고 있기 때문에 그 등기는 유효입니다. 따라서 동철 씨는 소유권을 취득합니다.

출제포인트의 중요 키워드는 본문에서 꼭 체크하세요 ▸ **중간생략등기**

(1) 당사자 사이에 적법한 원인행위가 성립하여 이미 중간생략등기가 경료된 경우, 중간생략등기에 관한 합의가 없어도 유효등기일까?

정답 | 실체관계에 부합하므로 유효등기이다.

판례 | 최종양수인이 중간생략등기의 합의를 이유로 최초양도인에게 직접 중간생략등기를 청구하기 위하여는 관계당사자 전원의 의사합치가 필요하지만, 당사자 사이에 적법한 원인행위가 성립되어 일단 중간생략등기가 이루어진 이상 중간생략등기에 관한 합의가 없었다는 이유만으로는 중간생략등기가 무효라고 할 수는 없다(대판 2005.9.29, 2003다40651).

해설 | 이미 중간생략등기가 경료된 경우에는 중간생략등기에 대한 합의 유무를 불문하고 실체관계에 부합하므로 유효등기가 된다. 따라서 당사자 사이에 적법한 등기원인이 성립되어 중간생략등기가 이루어진 경우에는 그 등기는 유효등기이므로 그 중간생략등기에 관한 합의가 없었음을 이유로 그 등기의 말소청구를 할 수 없다.

(2) 토지거래허가구역 내의 토지를 토지거래허가 없이 순차로 매매한 후, 최종매수인이 중간생략등기의 합의하에 자신과 최초매도인을 매매 당사자로 하는 토지거래허가를 받아 경료한 소유권이전등기는 유효등기일까?

정답 | 무효등기이다.

판례 | 토지거래허가구역 내의 토지가 토지거래허가 없이 소유자인 최초매도인으로부터 중간매수인에게, 다시 중간매수인으로부터 최종매수인에게 순차로 매도되었다면 각 매매계약의 당사자는 각각의 매매계약에 관하여 토지거래허가를 받아야 하며, 위 당사자들 사이에 최초의 매도인이 최종매수인 앞으로 직접 소유권이전등기를 경료하기로 하는 중간생략등기의 합의가 있었다고 하더라도 이러한 중간생략등기의 합의란 부동산이 전전매도된 경우 각 매매계약이 유효하게 성립함을 전제로 그 이행의 편의상 최초의 매도인으로부터 최종의 매수인 앞으로 소유권이전등기를 경료하기로 한다는 당사자 사이의 합의에 불과할 뿐, 그러한 합의가 있었다고 하여 최초의 매도인과 최종의 매수인 사이에 매매계

약이 체결되었다는 것을 의미하는 것은 아니므로 최초의 매도인과 최종매수인 사이에 매매계약이 체결되었다고 볼 수 없고, 설사 최종매수인이 자신과 최초매도인을 매매 당사자로 하는 토지거래허가를 받아 자신 앞으로 소유권이전등기를 경료하였다고 하더라도 이는 적법한 토지거래허가 없이 경료된 등기로서 무효이다(대판 1997.11.11, 97다33218).

해설 | 이미 등기가 경료되어 있는 경우(중간생략등기가 경료)에도 실체권리관계에 부합하지 않으므로 무효등기이다.

(3) 중간생략등기의 합의가 있으면 최종양수인이 최초양도인에게 직접 소유권이전등기청구권을 행사할 수 있을까?

정답 | 3자 간의 중간생략등기의 합의가 있으면 직접 청구할 수 있다.

판례 | 부동산의 양도계약이 순차 이루어져 최종양수인이 중간생략등기의 합의를 이유로 최초양도인에게 직접 그 소유권이전등기청구권을 행사하기 위하여는 관계당사자 전원의 의사합치, 즉 중간생략등기에 대한 최초양도인과 중간자의 동의가 있는 외에 최초양도인과 최종양수인 사이에도 그 중간등기생략의 합의가 있었음이 요구된다(대판 1994.5.24, 93다47738).

해설 | 만약 3자 간에 중간생략등기의 합의가 없다면 최종양수인은 최초양도인에게 직접 소유권이전등기를 청구하지는 못하고 중간매수인의 소유권이전등기청구권을 대위행사할 수 있을 뿐이다.

(4) 중간생략등기의 합의가 있으면 중간매수인의 첫 매도인에 대한 소유권이전등기청구권은 소멸될까?

정답 | 중간생략등기의 합의가 있어도 매매계약의 효력에는 영향이 없으므로, 즉 매매계약은 여전히 유효이므로 소멸되지 않는다.

판례 | 중간생략등기의 합의가 있었다 하더라도 이러한 합의는 중간등기를 생략하여도 당사자 사이에 이의가 없겠고 또 그 등기의 효력에 영향을 미치지 않겠다는 의미가 있을 뿐이지, 그러한 합의가 있었다 하여 중간매수인의 소유권이전등기청구권이 소멸된다거나 첫 매도인의 그 매수인에 대한 소유권이전등기의무가 소멸되는 것은 아니라 할 것이다(대판 1991.12.13, 91다18316).

(5) 중간생략등기의 합의가 있으면 최초의 매도인이 매수인인 중간자에 대하여 가지고 있는 매매대금청구권의 행사가 제한될까?

정답 | 제한되지 않는다. 따라서 중간생략등기의 합의가 있어도 매매계약의 효력에는 영향이 없으므로, 즉 매매계약은 여전히 유효이므로 매매대금청구권을 행사할 수 있다.

판례 | 중간생략등기의 합의가 있다고 하여 최초의 매도인이 자신이 당사자가 된 매매계약상의 매수인인 중간자에 대하여 갖고 있는 매매대금청구권의 행사가 제한되는 것은 아니다(대판 2005.4.29, 2003다66431).

(6) 중간생략등기의 합의가 있는 경우, 매도인은 매수인에게 동시이행의 항변권을 행사할 수 있을까?

정답 | 행사할 수 있다. 따라서 중간생략등기의 합의가 있어도 매매계약의 효력에는 영향이 없으므로, 즉 매매계약은 여전히 유효이므로 매도인은 매수인으로부터 매매대금을 지급받을 때까지 동시이행의 항변권에 의해서 소유권이전을 거절할 수 있다.

판례 | 최초매도인과 중간매수인, 중간매수인과 최종매수인 사이에 순차로 매매계약이 체결되고 이들 간에 중간생략등기의 합의가 있은 후에 최초매도인과 중간매수인 간에 매매대금을 인상하는 약정이 체결

된 경우, 최초매도인은 인상된 매매대금이 지급되지 않았음을 이유로 최종매수인 명의로의 소유권이전등기의무의 이행을 거절할 수 있다(대판 2005.4.29, 2003다66431). 즉, 중간생략등기를 합의한 최초매도인은 그와 거래한 매수인의 대금미지급을 들어 최종매수인 명의로의 소유권이전등기의무의 이행을 거절할 수 있다.

(7) 부동산이 전전양도된 경우, 최종양수인이 중간자로부터 소유권이전등기청구권을 양도받아 직접 최초양도인에 대하여 소유권이전등기청구권을 행사할 수 있을까?

정답 | 양수인은 최초의 양도인에게 직접 소유권이전등기를 청구할 수 없다.

판례 | 최종양수인이 중간자로부터 소유권이전등기청구권을 양도받았다고 하더라도 최초양도인이 그 양도에 대하여 동의하지 않고 있다면 최종양수인은 최초양도인에 대하여 채권양도를 원인으로 하여 소유권이전등기절차 이행을 청구할 수 없다(대판 1995.8.22, 95다15575).

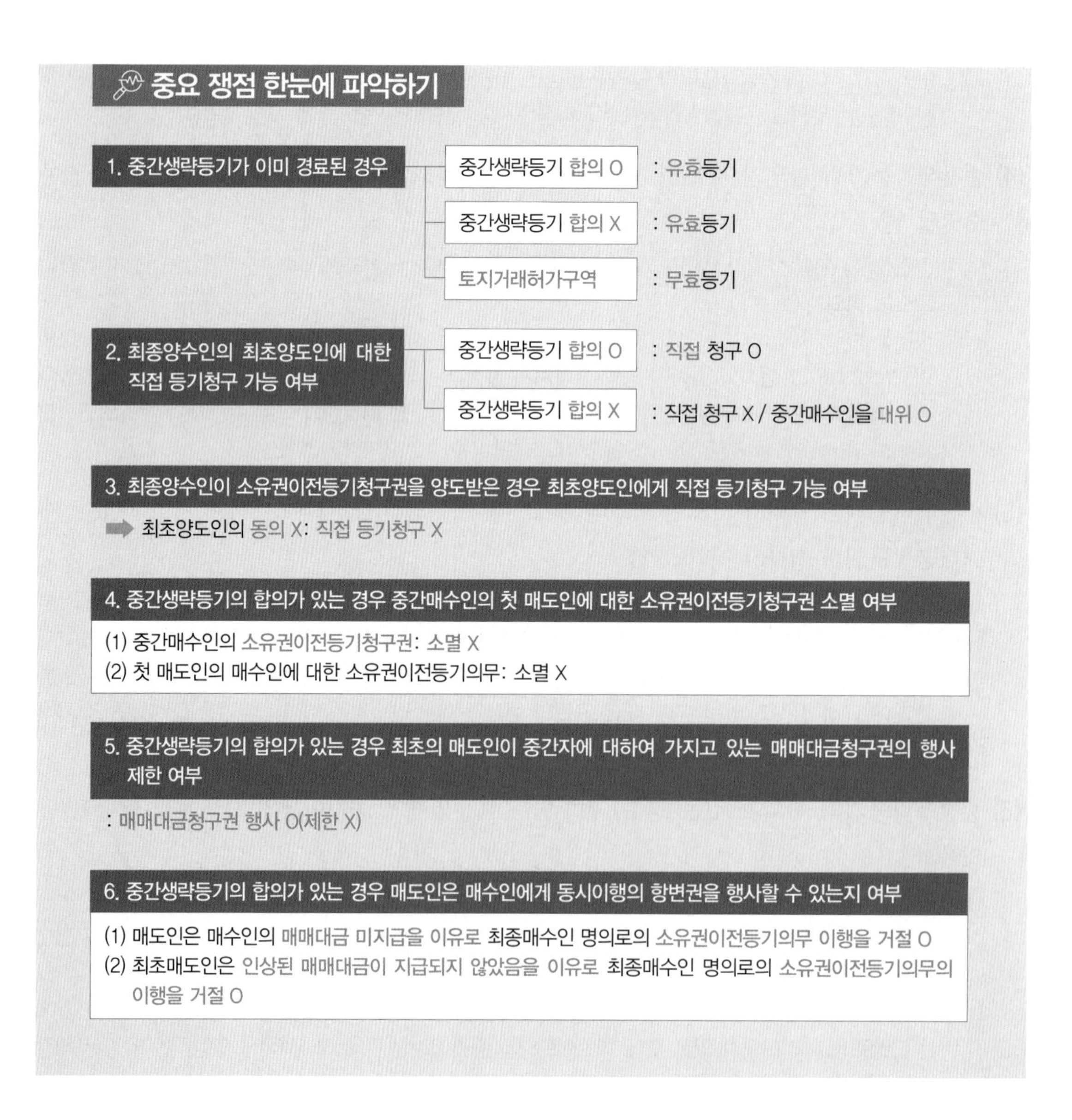

기출로 **포인트 정리**

출제예상 OX지문

❶ 3자 간에 중간생략등기의 합의가 있다면 최종매수인은 직접 최초매도인에게 소유권이전등기청구권을 행사할 수 있다. (O | X) 20회

❷ 최초매도인으로부터 최종매수인 명의로 경료된 소유권이전등기는 유효하다. (O | X) 20회

대표기출

X토지는 甲 ⇨ 乙 ⇨ 丙으로 순차 매도되고, 3자 간에 중간생략등기의 합의를 하였다. 이에 대한 설명으로 틀린 것은? (다툼이 있으면 판례에 따름) 31회

① 丙은 甲에게 직접 소유권이전등기를 청구할 수 있다.

② 乙의 甲에 대한 소유권이전등기청구권은 소멸하지 않는다.

③ 甲의 乙에 대한 매매대금채권의 행사는 제한받지 않는다.

④ 만약 X토지가 토지거래허가구역에 소재한다면, 丙은 직접 甲에게 허가신청절차의 협력을 구할 수 없다.

⑤ 만약 중간생략등기의 합의가 없다면, 丙은 甲의 동의나 승낙 없이 乙의 소유권이전등기청구권을 양도받아 甲에게 소유권이전등기를 청구할 수 있다.

기출로 **포인트 정리**

쉬운 해설

출제예상 OX지문

❶ O 3자 간에 중간생략등기의 합의(중간매수인의 등기를 생략한다는 합의)가 있기 때문에 최종매수인은 최초매도인에게 직접 소유권이전등기를 청구할 수 있다.

❷ O 이미 최종매수인에게 등기가 경료되었다면 그 등기는 실체관계에 부합하므로 유효등기에 해당한다.

대표기출 정답 ⑤

⑤ 최종양수인이 최초양도인을 상대로 직접등기를 청구하기 위해서는 3자 간에 중간생략등기의 합의가 필요하다. 따라서 만약 중간생략등기의 합의가 없다면, 丙은 甲의 동의나 승낙 없이 乙의 소유권이전등기청구권을 양도받아 甲에게 직접 소유권이전등기를 청구할 수 없다(대판 1995.8.22, 95다15575).

① 3자 간에 중간생략등기의 합의(중간매수인의 등기를 생략한다는 합의)가 있기 때문에 丙은 甲에게 직접 소유권이전등기를 청구할 수 있다(대판 1994.5.24, 93다47738).

② 3자 간에 중간생략등기의 합의는 절차상 단지 중간매수인의 등기를 생략한다는 합의에 불과하고 매매는 유효이기 때문에 중간생략등기 합의가 있다고 해서 乙의 甲에 대한 소유권이전등기청구권은 소멸하지 않는다(대판 1991.12.13, 91다18316).

③ ②와 동일한 논리에 의해서 甲의 乙에 대한 매매대금채권의 행사는 제한받지 않는다. 즉, 매매대금 지급을 청구할 수 있다(대판 2005.4.29, 2003다66431).

④ 만약 X토지가 토지거래허가구역에 소재한다면, 각각의 매매에 대해서 허가를 받아야 하기 때문에 乙은 甲에게 丙은 乙에게 허가신청협력을 청구할 수 있다. 따라서 丙은 직접 甲에게 허가신청절차의 협력을 구할 수는 없다.

출제포인트

043 가등기와 무효등기의 유용

[10개년 출제회차] 25, 26, 32회

시작이 쉬운 길잡이

Q 동철 씨와 주택 매매계약을 체결한 대운 씨는 혹시 동철 씨가 또 매매를 할 것을 걱정하여 소유권이전등기청구권을 보전하기 위한 가등기를 해두었습니다. 이후에 예상대로 동철 씨는 부자 씨와 매매를 통해서 부자 씨에게 소유권이전등기가 경료되었습니다. 이 경우 대운 씨가 소유권을 취득할 수 있는 방법이 있을까요?

A 대운 씨는 자신의 순위를 보전하기 위해서 가등기를 해두었고, 이후에 본등기를 해서 소유권이전등기를 경료하면 소유권을 취득할 수 있습니다. 이처럼 순위를 보전하기 위해서 하는 등기를 가등기라고 합니다.

출제포인트의 중요 키워드는 본문에서 꼭 체크하세요 ▸ **가등기, 무효등기의 유용**

1 본등기 전의 효력

(1) 본등기가 행해지기 전이면 가등기만으로는 아무런 실체법상의 효력이 인정되지 않는다.

① 소유권이전청구권 보전을 위한 가등기가 있다 하여, 소유권이전등기를 청구할 어떤 법률관계가 있다고 추정되지 아니한다(대판 1979.5.22, 79다239).

② 가등기는 「부동산등기법」 제6조 제2항의 규정에 의하여 그 본등기 시에 본등기의 순위를 가등기의 순위에 의하도록 하는 순위보전적 효력만이 있을 뿐이고, 가등기만으로는 아무런 실체법상 효력을 갖지 아니하고 그 본등기를 명하는 판결이 확정된 경우라도 본등기를 경료하기까지는 마찬가지이므로, 중복된 소유권보존등기가 무효이더라도 가등기권리자는 그 말소를 청구할 권리가 없다(대판 2001.3.23, 2000다51285).

(2) 가등기에 의하여 순위보전의 대상이 되어 있는 물권변동청구권이 양도된 경우, 그 가등기상의 권리의 이전등기를 가등기에 대한 부기등기의 형식으로 경료할 수 있을까?

정답 | 경료할 수 있다.

판례 | 가등기는 원래 순위를 확보하는 데에 그 목적이 있으나, 순위보전의 대상이 되는 물권변동의 청구권은 그 성질상 양도될 수 있는 재산권일 뿐만 아니라 가등기로 인하여 그 권리가 공시되어 결과적으로 공시방법까지 마련된 셈이므로, 이를 양도한 경우에는 양도인과 양수인의 공동신청으로 그 가등기상의 권리의 이전등기를 가등기에 대한 부기등기의 형식으로 경료할 수 있다고 보아야 한다(대판 전합체 1998.11.19, 98다24105).

2 본등기 후의 효력

(1) 만약 가등기 이후에 소유권자가 변동되었다면 가등기권리자는 본등기를 현재의 등기명의인(양수인)에게 청구하는 것이 아니라 가등기의무자였던 가등기 당시의 소유자(양도인)에게 청구한다. 그리고 본등기가 경료되면 가등기 후에 경료된 등기는 등기관이 직권으로 말소한다. 따라서 양수인은 소유권을 상실한다. 이 경우 본등기를 경료해 소유권을 취득한 가등기권리자는 소유권을 상실한 양수인에게 부당이득반환청구권을 행사할 수 없다.

(2) 본등기가 경료되면 본등기의 순위와 물권변동의 시기를 구별해야 한다.

① 판례: 가등기는 본등기 순위보전의 효력만이 있고, 후일 본등기가 마쳐진 때에는 본등기의 순위가 가등기한 때로 소급함으로써 가등기 후 본등기 전에 이루어진 중간처분이 본등기보다 후순위로 되어 실효될 뿐이고, 본등기에 의한 물권변동의 효력이 가등기한 때로 소급하여 발생하는 것은 아니다(대판 1981.5.26, 80다3117).

② 결론: 일단 본등기가 경료되면 가등기는 순위보전적 효력이 있으므로 본등기의 순위는 가등기 시로 소급한다. 그러나 물권변동의 효력은 가등기 시로 소급하는 것이 아니라 본등기 시에 발생한다.

3 적중판례

(1) 부동산에 관한 소유권이전청구권 보전을 위한 가등기 경료 이후에 다른 가압류등기가 경료되었다면, 그 가등기에 기한 본등기절차에 의하지 아니하고 별도로 가등기권자 명의의 소유권이전등기가 경료되었다고 하여 가등기권리자와 의무자 사이의 가등기 약정상의 채무의 본지에 따른 이행이 완료되었다고 할 수는 없으니, 특별한 사정이 없는 한, 가등기권자는 가등기의무자에 대하여 그 가등기에 기한 본등기 절차의 이행을 구할 수도 있다(대판 1995.12.26, 95다29888).

(2) 「부동산등기법」 제3조에서 말하는 청구권이란 물권 또는 부동산임차권의 변동을 목적으로 하는 청구권을 말하는 것이라 할 것이므로 「부동산등기법」상의 가등기는 위와 같은 청구권을 보전하기 위해서만 가능하고 이같은 청구권이 아닌 물권적 청구권을 보존하기 위해서는 할 수 없다(대판 1982.11.23, 81다카1110).

4 무효등기의 유용

(1) 의의

① 무효등기의 유용이란 등기원인이 부존재하거나 무효, 취소 또는 해제됨으로써 무효등기가 존재하고 있는 경우, 후에 그에 상응하는 등기원인이 발생했다면 그 무효인 등기를 유효인 등기로써 다시 이용하는 것을 말한다.

② 예컨대 甲 소유 아파트의 소유권이 매매를 원인으로 乙에게 소유권이전등기가 경료되어 있는데 매매가 가장매매(허위표시)로서 무효인 경우 乙 명의 등기는 원인무효등기이지만 후에 甲과 乙이 적법한 매매계약을 체결했다면 유효인 소유권이전등기로 유용하는 것이다. 그리고 甲 소유 아파트에 대해서 乙에게 저당권(채권은 1억원)이 설정되었고 이후에 甲이 1억원을 모두 변제했다면 乙 명의의 저당권등기는 무효등기이다. 이후에 다시 甲과 乙 사이에 1억원의 채권이 발생했다면 그 채권 담보로 유효인 저당권등기로 유용하는 것이다.

(2) 표제부 등기의 유용 → 인정되지 않는다.

멸실된 건물과 신축된 건물이 위치나 기타 여러 가지 면에서 서로 같다고 하더라도 그 두 건물이 동일한 건물이라고는 할 수 없으므로 신축건물의 물권변동에 관한 등기를 멸실건물의 등기부에 등재하여도 그 등기는 무효이고 가사 신축건물의 소유자가 멸실건물의 등기를 신축건물의 등기로 전용할 의사로써 멸실건물의 등기부상 표시를 신축건물의 내용으로 표시변경등기를 하였다고 하더라도 그 등기가 무효임에는 변함이 없다(대판 1980.11.11, 80다441).

(3) 사항란 등기의 유용

당사자 간에 무효등기 유용 합의 전에 등기부상 새로운 이해관계인이 없는 경우, 즉 제3자의 권리를 해치지 않는 범위 내에서 무효등기의 유용을 인정한다.

기출로 포인트 정리

출제예상 OX지문

❶ 소유권이전청구권 보전을 위한 가등기가 있으면, 소유권이전등기를 청구할 어떠한 법률관계가 있다고 추정된다. (O | X) 25회

❷ 기존 건물 멸실 후 건물이 신축된 경우, 기존 건물에 대한 등기는 신축건물에 대한 등기로서 효력이 없다. (O | X) 26회

대표기출

甲 소유의 토지에 乙 명의로 소유권이전청구권 보전을 위해 가등기가 경료되어 있다. 다음 설명 중 틀린 것은? (다툼이 있으면 판례에 따름) 21회 변형

① 가등기가 있다고 해서 乙이 甲에게 소유권이전등기를 청구할 법률관계의 존재가 추정되지 않는다.

② 乙이 가등기에 기한 본등기를 하면 乙은 본등기를 경료한 때부터 토지에 대한 소유권을 취득한다.

③ 乙이 가등기에 기한 본등기를 하면 乙의 본등기의 순위가 가등기 시로 소급한다.

④ 甲이 토지에 대한 소유권을 丙에게 이전한 경우, 乙은 甲이 아니라 丙을 상대로 본등기를 청구해야 한다.

⑤ 乙은 가등기된 소유권이전청구권을 가등기에 대한 부기등기의 방법으로 타인에게 양도할 수 있다.

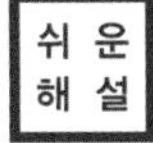

출제예상 OX지문

❶ X 본등기 전까지의 가등기는 실체법상 아무런 효력이 없으므로 추정력이 인정되지 않는다(판례).

❷ O 표제부등기의 유용은 인정되지 않기 때문에 멸실된 건물의 보존등기를 신축건물의 보존등기로 유용할 수는 없다(판례).

대표기출 정답 ④

④ 甲이 토지에 대한 소유권을 제3자 丙에게 이전한 경우, 가등기권리자 乙은 현재의 소유자 丙이 아니라 종전 소유자, 즉 가등기의무자인 甲을 상대로 본등기를 청구해야 한다(판례).

① 본등기 전까지는 가등기 자체만으로는 실체법상 아무런 효력이 없으므로 추정력도 인정되지 않는다. 따라서 가등기가 있다고 해서 乙이 甲에게 소유권이전등기를 청구할 법률관계의 존재가 추정되지 않는다(판례).

② 물권변동의 시기는 본등기 시이다. 따라서 乙이 가등기에 기한 본등기를 하면 乙은 본등기를 경료한 때부터 토지에 대한 소유권을 취득한다(판례).

③ 본등기의 순위는 가등기 시로 소급한다. 따라서 乙이 가등기에 기한 본등기를 하면 乙의 본등기의 순위가 가등기 시로 소급한다(판례).

⑤ 장래 발생할 소유권이전등기청구권이 공시가 되어 있으므로 양도할 수 있다. 따라서 乙은 가등기된 소유권이전청구권을 가등기에 대한 부기등기의 방법으로 타인에게 양도할 수 있다(판례).

출제포인트

044 등기의 추정력

[10개년 출제회차] 25, 30, 31회

시작이 쉬운 길잡이

Q

대운 씨가 등기서류를 위조해서 친구 부자 씨 소유의 주택에 대해서 소유권이전등기(등기원인: 매매)를 경료했습니다. 이 경우 대운 씨는 적법한 매매를 통해서 소유권을 취득한 것으로 추정될까요?

A

일단 공적 장부인 등기부상에 등기원인은 매매, 소유권자는 대운 씨라고 기재되어 있다면, 원인행위 없이 위조를 했다는 사실이 밝혀질 때까지는 대운 씨는 적법한 매매를 통해서 소유권을 취득한 것으로 평가받게 됩니다. 이것을 추정이라고 합니다.

출제포인트의 중요 키워드는 본문에서 꼭 체크하세요 ▸ 추정

1 의의

등기가 있으면 그에 상응하는 실체적 권리관계의 존재가 추정된다. 즉, 등기가 형식적으로 존재하기만 하면, 무효인 등기라도 그 원인무효가 입증되기 전까지는 그에 상응하는 실체적 권리관계가 존재하는 것으로 추정된다.

2 추정력의 물적 범위

(1) 등기원인과 절차의 적법 추정

어느 부동산에 관하여 등기가 경료되어 있는 경우 특별한 사정이 없는 한 그 원인과 절차에 있어서 적법하게 경료된 것으로 추정된다(대판 1995.4.28, 94다23524).

(2) 등기부상 권리의 존재 추정

근저당권설정등기가 경료되어 있으면 근저당권의 존재가 추정된다. 그러나 기본계약의 존재는 추정되지 않는다.

(3) 대리권의 추정

매매를 등기원인으로 한 소유권이전등기의 명의인은 본인이 직접 또는 대리인에 의하여 적법하게 매수한 것으로 추정된다(대판 1993.10.12, 93다18914). 따라서 대리에 의한 매매계약을 원인으로 소유권이전등기가 이루어진 경우, 대리권의 존재는 추정된다.

(4) 등기가 원인 없이 부적법하게 말소(불법말소)된 경우, 그 회복등기가 마쳐지기 전이라도 말소된 등기의 등기명의인은 적법한 권리자로 추정될까?

정답 | 등기는 물권의 효력발생요건이고 존속요건은 아니므로 등기가 불법 말소된 경우에도 물권(권리)은 소멸하지 않으며 말소된 등기의 최종명의인은 그 회복등기가 경료되기 전이라도 적법한 권리자로 추정된다. 즉, 권리소멸은 추정되지 않는다.

판례 | 등기는 물권의 효력발생요건이고 존속요건은 아니어서 등기가 원인 없이 말소된 경우에는 그 물권의 효력에 아무런 영향이 없고, 그 회복등기가 마쳐지기 전이라도 말소된 등기의 등기명의인은 적법한 권리자로 추정되므로 원인 없이 말소된 등기의 효력을 다투는 쪽에서 그 무효사유를 주장·입증하여야 한다(대판 1997.9.30, 95다39526).

(5) 등기명의자가 등기원인 행위의 태양이나 과정을 다소 다르게 주장하는 경우에는 그 추정력이 깨질까?

정답 | 추정력은 깨지지 않는다.

판례 | 부동산등기는 현재의 진실한 권리상태를 공시하면 그에 이른 과정이나 태양을 그대로 반영하지 아니하였어도 유효한 것으로서, 등기명의자가 전 소유자로부터 부동산을 취득함에 있어 등기부상 기재된 등기원인에 의하지 아니하고 다른 원인으로 적법하게 취득하였다고 하면서 등기원인 행위의 태양이나 과정을 다소 다르게 주장한다고 하여 이러한 주장만 가지고 그 등기의 추정력이 깨어진다고 할 수는 없을 것이므로, 이러한 경우에도 이를 다투는 측에서 등기명의자의 소유권이전등기가 전 등기명의인의 의사에 반하여 이루어진 것으로서 무효라는 주장·입증을 하여야 한다(대판 2000.3.10, 99다65462).

(6) 소유권이전등기의 원인으로 주장된 계약서가 진정하지 않은 것으로 증명된 경우, 그 등기의 적법 추정력이 깨질까?

정답 | 추정력은 깨진다.

판례 | 소유권이전등기의 원인으로 주장된 계약서가 진정하지 않은 것으로 증명된 이상 그 등기의 적법 추정은 복멸되는 것이고 계속 다른 적법한 등기원인이 있을 것으로 추정할 수는 없다(대판 1998.9.22, 98다29568).

3 추정력의 인적 범위

(1) 등기의 추정력이 물권변동의 당사자 사이에도 미칠까?

정답 | 등기의 추정력은 제3자뿐만이 아니라 물권변동의 당사자 사이에도 미친다.

판례 | 소유권이전등기가 경료되어 있는 경우에는 그 등기명의자는 제3자에 대하여서 뿐만 아니라 그 전 소유자에 대하여도 적법한 등기원인에 의하여 소유권을 취득한 것으로 추정된다(대판 2004.9.24, 2004다27273).

(2) 등기의 추정력은 등기명의인(권리변동의 당사자)뿐만 아니라 제3자도 원용할 수 있다.

(3) 등기명의인의 이익을 위해서는 물론 불이익을 위해서도 추정된다.

(4) 사자명의등기

① 사망자 명의로 신청하여 이루어진 이전등기에는 특별한 사정이 없는 한 추정력이 인정되지 않는다. 다만, 사망 전에 이미 등기원인이 존재했거나 등기신청이 이루어진 경우에는 추정력이 인정된다.

② 사망자 명의의 신청으로 이루어진 이전등기는 원인무효의 등기로서 등기의 추정력을 인정할 여지가 없으므로 등기의 유효를 주장하는 자가 현재의 실체관계와 부합함을 증명할 책임이 있다(대판 2017.12.22, 2017다360 · 377).

(5) 원인무효인 소유권보존등기를 기초로 마친 소유권이전등기는 그것이 특별조치법에 의하여 이루어진 등기라고 하더라도 원인무효이다(대판 2018.1.25, 2017다260117).

4 일반소유권 보존등기의 추정력(적중판례)

(1) 보존등기는 소유권이 진실하게 보존되어 있다는 사실(원시취득)에 관하여만 추정력이 있고, 이와 다른 권리변동의 사실은 추정되지 않는다. 따라서 보존등기명의인이 원시취득한 것이 아니라는 사실이 밝혀진 경우에는 보존등기의 추정력은 깨진다(대판 2007.10.25, 2007다46138).

(2) 보존등기의 명의인이 전 소유자로부터 매수하였다고 주장하는 데 대하여 전 소유자가 매도사실을 부인하는 경우 보존등기의 추정력은 깨진다. 따라서 부동산 소유권보존등기가 경료되어 있는 이상 그 보존등기 명의자에게 소유권이 있음이 추정된다 하더라도 그 보존등기 명의자가 보존등기하기 이전의 소유자로부터 부동산을 양수한 것이라고 주장하고 전 소유자는 양도사실을 부인하는 경우에는 그 보존등기의 추정력은 깨어지고 그 보존등기 명의자 측에서 그 양수사실을 입증할 책임이 있다(대판 1982.9.14, 82다카707).

(3) 건물보존등기 명의자 이외의 자가 그 건물을 신축한 사실이 드러나는 경우 추정력이 깨진다. 따라서 신축된 건물의 소유권은 이를 건축한 사람이 원시취득하는 것이므로, 건물 소유권보존등기의 명의자가 이를 신축한 것이 아니라면 그 등기의 권리추정력은 깨어지고, 등기명의자가 스스로 적법하게 그 소유권을 취득한 사실을 입증하여야 한다(대판 1996.7.30, 95다30734).

(4) 신축건물의 보존등기를 건물 완성 전에 하였더라도 그 후 건물이 완성된 이상 등기를 무효라고 볼 수 없다. 이러한 법리는 1동 건물의 일부분이 구분소유권의 객체로서 적합한 구조상 독립성을 갖추지 못한 상태에서 구분소유권의 목적으로 등기되고 이에 기초하여 구분소유권의 객체가 된 경우에도 마찬가지이다(2016.1.28, 2013다59876).

5 등기의 추정력의 부수적 효과

(1) 점유의 추정력과의 관계

점유자의 권리추정의 규정(제200조)은 특별한 사정이 없는 한 부동산물권에 대하여는 적용되지 아니하고 다만 그 등기에 대하여서만 추정력이 부여된다(대판 1982.4.13, 81다780). 따라서 등기명의인과 점유자가 불일치하는 경우에는 등기명의인이 적법한 권리자로 추정된다.

(2) 등기를 신뢰한 자의 무과실의 추정

① 등기에 추정력이 인정되므로 등기를 신뢰하고 거래한 제3자의 선의·무과실이 추정된다(대판 1982.5.11, 80다2881).

② 다만, 부동산물권을 취득하려는 자는 등기부를 열람하면 등기내용을 알 수 있으므로 등기되어 있는 내용을 알고 있었던 것으로 추정된다(악의로 추정). 즉, 등기내용에 대해서는 악의로 추정된다.

기출로 포인트 정리

출제예상 OX지문

❶ 소유권이전등기가 불법 말소된 경우, 말소된 등기의 최종명의인은 그 회복등기가 경료되기 전이라도 적법한 권리자로 추정된다. (O | X) 25회

대표기출

등기의 추정력에 관한 설명으로 옳은 것은? (다툼이 있으면 판례에 따름) 23회 변형

① 원인 없이 부적법 말소된 등기에는 권리소멸의 추정력이 인정되지 않는다.
② 등기부상 물권변동의 당사자 사이에는 등기추정력이 원용될 수 없다.
③ 등기된 부동산에 관하여도 점유의 추정력이 인정된다.
④ 건물 소유권보존등기의 명의자가 이를 신축한 것이 아니라도 그 등기의 권리추정력은 인정된다.
⑤ 소유권이전등기가 된 경우에도 등기명의인은 전 소유자에 대하여 적법한 등기원인에 의해서 소유권을 취득한 것으로 추정되지 않는다.

쉬운 해설

출제예상 OX지문

❶ O 등기는 물권변동의 효력발생요건이지 존속요건은 아니므로 소유권이전등기가 불법 말소된 경우, 물권은 소멸하지 않으므로 말소된 등기의 최종명의인은 그 회복등기가 경료되기 전이라도 적법한 권리자로 추정된다(대판 1997.9.30, 95다39526).

대표기출 정답 ①

① 등기는 물권의 효력발생요건이고 존속요건은 아니어서 등기가 원인 없이 말소된 경우에는 그 물권의 효력에 아무런 영향이 없고, 그 회복등기가 마쳐지기 전이라도 말소된 등기의 등기명의인은 적법한 권리자로 추정된다(대판 1997.9.30, 95다39526).
② 소유권이전등기가 경료되어 있는 경우에는 그 등기명의자는 제3자에 대하여서 뿐만 아니라 그 전 소유자(물권변동의 당사자)에 대하여도 적법한 등기원인에 의하여 소유권을 취득한 것으로 추정된다(대판 2004.9.24, 2004다27273).
③ 권리 적법 추정 규정(제200조)은 동산에 대해서만 인정된다. 따라서 등기된 부동산에 관하여는 등기의 추정력이 인정되므로 점유의 추정력이 인정되지 않는다.
④ 신축된 건물의 소유권은 이를 건축한 사람이 원시취득하는 것이므로, 건물 소유권보존등기의 명의자가 신축한 것이 아니라면 그 등기의 권리추정력은 깨어진다(대판 1996.7.30, 95다30734).
⑤ 소유권이전등기가 된 경우에는 등기명의인은 제3자뿐만이 아니라 전 소유자에 대하여도 적법한 등기원인에 의해서 소유권을 취득한 것으로 추정된다.

출제포인트

045 등기를 갖추지 않은 부동산 매수인의 법적 지위

[10개년 출제회차] 30, 31, 32회

시작이 쉬운 길잡이

Q 친구 동철 씨로부터 전원주택을 매수한 대운 씨는 대금을 모두 완납했고 주택을 인도받아 살고 있지만 아직 소유권이전등기를 경료하지 않았습니다. 이 경우 동철 씨는 대운 씨를 상대로 전원주택의 반환을 청구할 수 있을까요?

A 법률상의 소유자는 동철 씨가 맞지만 대운 씨가 매수했기 때문에 대운 씨가 실질적인 소유자로서 점유할 권한이 있습니다. 즉, 대운 씨의 점유는 적법점유에 해당하기 때문에 동철 씨는 주택의 반환을 청구할 수 없습니다.

출제포인트의 중요 키워드는 본문에서 꼭 체크하세요 ▶ 점유 · 사용권, 부당이득반환청구권

(1) 미등기매수인에게 점유 · 사용권이 있을까?

정답 | 매매목적물을 인도받았다면 실제 소유권자로서 점유 · 사용권한이 생긴다.

판례 | 토지의 매수인이 아직 소유권이전등기를 경료받지 아니하였다 하여도 매매계약의 이행으로 그 토지를 인도받은 때에는 매매계약의 효력으로서 이를 점유 · 사용할 권리가 생기게 된 것으로 보아야 하고, 또 매수인으로부터 위 토지를 다시 매수한 자는 위와 같은 토지의 점유 · 사용권을 취득한 것으로 봄이 상당하므로 매도인은 매수인으로부터 다시 위 토지를 매수한 자에 대하여 토지소유권에 기한 물권적 청구권을 행사하거나 그 점유 · 사용을 법률상 원인이 없는 이익이라고 하여 부당이득반환청구를 할 수는 없다(대판 2001.12.11, 2001다45355).

(2) 소유권이전등기를 경료받기 전에 토지를 인도받은 매수인으로부터 다시 토지를 매수하여 점유 · 사용하고 있는 자에 대하여 매도인이 토지소유권에 기한 물권적 청구권을 행사하여 토지반환을 청구할 수 있을까? 그리고 부당이득반환청구권을 행사할 수 있을까?

정답 | 미등기매수인은 실제 소유권자로서 점유 · 사용권한이 있으므로 매도인은 미등기매수인에게 물권적 청구권을 행사하지 못한다. 그리고 점유 · 사용권에 의한 정당한 이득이므로 부당이득반환청구권을 행사할 수 없다.

판례 | 토지의 매수인이 아직 소유권이전등기를 경료받지 아니하였다 하여도 매매계약의 이행으로 그 토지를 인도받은 때에는 매매계약의 효력으로서 이를 점유 · 사용할 권리가 생기게 된 것으로 보아야 하고, 또 매수인으로부터 위 토지를 다시 매수한 자는 위와 같은 토지의 점유 · 사용권을 취득한 것으로 봄이 상당하므로 매도인은 매수인으로부터 다시 위 토지를 매수한 자에 대하여 토지소유권에 기한 물권적 청구권을 행사할 수 없다(대판 1998.6.26, 97다42823).

(3) 매수인이 취득한 소유권이전등기청구권이 소멸시효에 걸릴까?

정답 | 매수인이 목적물을 인도받아 점유하고 있는 경우나 제3자에게 다시 처분하는 경우나 모두 권리행사로 볼 수 있으므로 소멸시효에 걸리지 않는다.

판례 | ① 매수인이 점유 · 사용하고 있는 경우: 부동산에 관하여 인도, 등기 등의 어느 한쪽만에 대하여서라도 권리를 행사하는 자는 전체적으로 보아 그 부동산에 관하여 권리 위에 잠자는 자라고 할 수 없다 할 것이므로, 매수인이 목적부동산을 인도받아 계속 점유하는 경우에는 그 소유권이전등기청구권의 소멸시효가 진행하지 않는다(대판 전합체 1999.3.18, 98다32175).

② 제3자에게 처분하여 점유를 승계해 준 경우: 부동산의 매수인이 그 부동산을 인도받은 이상 이를 사용 · 수익하다가 그 부동산에 대한 보다 적극적인 권리 행사의 일환으로 다른 사람에게 그 부동산을 처분하고 그 점유를 승계하여 준 경우에도 그 이전등기청구권의 행사 여부에 관하여 그가 그 부동산을 스스로 계속 사용 · 수익만 하고 있는 경우와 특별히 다를바 없으므로 위 두 어느 경우에나 이전등기청구권의 소멸시효는 진행되지 않는다(대판 전합체 1999.3.18, 98다32175).

기출로 포인트 정리

출제예상 OX지문

❶ 매매계약의 이행으로 토지를 인도받은 매수인이 이전등기를 마치지 않고 제3자에게 전매하여 인도한 경우, 매도인은 제3자에게 소유권에 기한 물권적 청구권을 행사할 수 없다.

(O | X) 20회

❷ 부동산 매수인이 그 목적물을 인도받아 이를 사용 · 수익하고 있는 이상 그 매수인의 등기청구권은 시효로 소멸하지 않는다. (O | X) 32회

대표기출

등기청구권에 관한 설명으로 옳은 것은? (다툼이 있으면 판례에 따름) 30회

① 점유취득시효의 완성으로 점유자가 소유자에 대해 갖는 소유권이전등기청구권은 통상의 채권양도 법리에 따라 양도될 수 있다.

② 부동산을 매수하여 인도받아 사용·수익하는 자의 매도인에 대한 소유권이전등기청구권은 소멸시효에 걸린다.

③ 부동산 매수인이 매도인에 대해 갖는 소유권이전등기청구권은 물권적 청구권이다.

④ 가등기에 기한 소유권이전등기청구권이 시효완성으로 소멸된 후 그 부동산을 취득한 제3자가 가등기권자에 대해 갖는 등기말소청구권은 채권적 청구권이다.

⑤ 등기청구권과 등기신청권은 동일한 내용의 권리이다.

기출로 **포인트 정리**

쉬운 해설

출제예상 OX지문

❶ O 매매계약의 이행으로 토지를 인도받은 매수인이 이전등기를 마치지 않고 제3자에게 전매하여 인도한 경우, 제3자는 실질적인 소유자로서 점유 · 사용권이 있으므로 매도인은 제3자에게 소유권에 기한 물권적 청구권을 행사할 수 없다(판례).

❷ O 부동산 매수인이 그 목적물을 인도받아 이를 사용 · 수익하고 있다면 권리의 행사에 해당하기 때문에 그 매수인의 등기청구권은 시효로 소멸하지 않는다(판례). 즉, 소멸시효에 걸리지 않는다.

대표기출 정답 ①

① 매매로 인한 소유권이전등기청구권의 양도는 특별한 사정이 없는 이상 양도가 제한되고 양도에 채무자의 승낙이나 동의를 요한다. 그러나 취득시효완성으로 인한 소유권이전등기청구권의 양도의 경우에는 매매로 인한 소유권이전등기청구권에 관한 양도제한의 법리가 적용되지 않는다(대판 2018.7.12, 2015다36167).

② 부동산을 매수하여 인도받아 사용 · 수익하는 자의 매도인에 대한 소유권이전등기청구권은 소멸시효에 걸리지 않는다(대판 전합체 1976.11.6, 76다148).

③ 부동산 매수인이 매도인에 대해 갖는 소유권이전등기청구권은 채권적 청구권이다(대판 2001.10.9, 2000다51216).

④ 소유권에 기한 방해배제청구로서 말소등기를 청구하는 것이므로 물권적 청구권이다.

⑤ 등기청구권은 등기권리자가 등기의무자에게 등기신청절차에 협력할 것을 청구하는 사법상의 권리이지만 등기신청권은 국가기관인 등기관을 상대로 등기를 신청하는 공법상의 권리이다.

출제포인트

046 물권의 소멸

[10개년 출제회차] 24회

시작이 쉬운 길잡이

Q 친구 동철 씨의 전원주택에서 임차인으로 살고 있는 대운 씨. 최근에 동철 씨가 주택을 팔겠다고 해서 이를 매수했고, 소유권이전등기를 경료했습니다. 이 경우 대운 씨가 가지고 있던 임차권은 여전히 존재하고 있을까요?

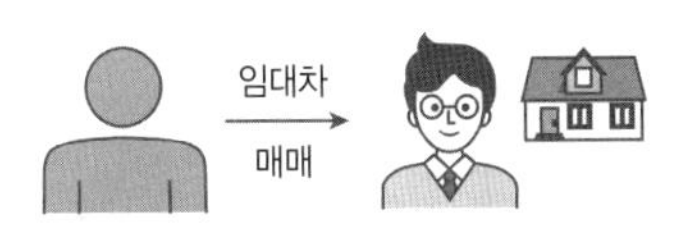

A 대운 씨가 소유권을 취득했으므로 임차권은 더 이상 존재할 이유가 없기 때문에 소멸합니다. 이처럼 두 개 이상의 법률상의 지위가 동일인에게 귀속된 경우, 존재 의미가 없는 권리가 소멸하는 것을 혼동이라고 합니다.

! 출제포인트의 중요 키워드는 본문에서 꼭 체크하세요 ▸ 멸실, 소멸시효, 포기, 혼동

1. 목적물의 멸실

(1) 물권은 물건을 직접적이고 배타적으로 지배하는 권리이므로 지배대상인 목적물(물건)이 존재해야 한다. 따라서 지배대상인 목적물이 멸실하면 물권도 소멸하는 것이 원칙이다.

(2) 다만, 예외적으로 목적물인 물건이 멸실했을지라도 그 물건의 물리적인 변형물이 존재하고 있다면, 가령 목재건물이 붕괴된 경우에 그 목재가 남아 있는 경우, 그 물리적 변형물에 미친다.

(3) 그 물건에 대신하는 가치적 변형물이 존재하고 있다면, 가령 건물이 멸실한 경우에 보험금 청구권이나 손해배상청구권이 발생한 경우, 그 가치적 변형물에 대해서 담보물권(질권, 저당권)의 효력이 미친다(물상대위성).

2. 소멸시효의 완성

(1) 소유권은 소멸시효의 대상이 되지 않으므로 소멸시효에 걸리지 않는다. 그리고 점유권과 유치권은 점유가 그 성립 및 존속요건이므로 따로 소멸시효가 적용될 여지가 없다. 또한, 질권과 저당권은 피담보채권이 존속하는 한 질권과 저당권만이 독립하여 소멸시효에 걸리지 않는다.

(2) 결국 물권 중에서 소멸시효(20년)에 의해서 소멸하는 물권은 지상권, 지역권, 전세권뿐이다(다수설).

3. 물권의 포기

(1) 물권의 포기는 물권을 소멸시킬 목적으로 행하는 하나의 의사표시만으로 성립하는 단독행위이다. 소유권과 점유권의 포기는 상대방 없는 단독행위이지만 제한물권의 포기는 상대방 있는 단독행위이다. 어느 경우에나 부동산물권의 포기는 법률행위이므로 등기를 하여야 물권의 소멸의 효과가 생긴다. 또한, 점유를 수반하는 물권인 소유권, 지상권, 전세권, 질권 등은 포기의 의사표시와 함께 점유도 포기하여야 한다. 다만, 분묘기지권의 포기는 포기의 의사표시만 있으면 점유의 포기가 없더라도 소멸한다.

(2) 물권의 포기는 권리자의 자유이므로 물권자가 자유롭게 포기할 수 있는 것이 원칙이다. 그러나 지상권 또는 전세권이 저당권의 목적이 된 경우처럼 그 물권이 제3자의 권리의 목적이 된 경우에는 그 포기로 인하여 제3자(저당권자)의 이익을 해할 수 있으므로 제3자(저당권자)의 동의가 필요하다(제371조 제2항).

4. 혼동에 의한 물권의 소멸

법령 체크

제191조【혼동으로 인한 물권의 소멸】 ① 동일한 물건에 대한 소유권과 다른 물권이 동일한 사람에게 귀속한 때에는 다른 물권은 소멸한다. 그러나 그 물권이 제3자의 권리의 목적이 된 때에는 소멸하지 아니한다.
② 전항의 규정은 소유권 이외의 물권과 그를 목적으로 하는 다른 권리가 동일한 사람에게 귀속한 경우에 준용한다.
③ 점유권에 관하여는 전2항의 규정을 적용하지 아니한다.

5. 혼동의 의의

서로 대립하는 두 개의 법률상 지위 또는 자격이 동일인에게 귀속되는 것을 혼동이라고 한다. 두 개의 지위를 존속시키는 것이 무의미할 경우 하나의 지위가 한쪽에 흡수되어 소멸된다.

6. 혼동의 구체적인 유형

(1) 소유권과 다른 물권이 동일한 사람에게 귀속한 때에는 다른 물권은 소멸한다(제191조 제1항). 예컨대, 甲 소유 건물에 대해서 乙이 저당권을 가지고 있고 이후에 저당권자 乙이 저당 건물의 소유권을 취득한 경우 저당권을 존속시키는 것은 무의미하므로 저당권은 소멸한다.

(2) 본인이나 제3자의 이익을 위해서 존속할 필요가 있는 경우에는 혼동으로 소멸하지 않는다. 예컨대, 甲 소유 건물에 대해서 乙이 1번 저당권을, 그리고 丙이 2번 저당권을 가지고 있는 경우 이후에 1번 저당권자 乙이 소유권을 취득하더라도 乙의 1번 저당권은 혼동으로 소멸하지 않는다. 다만, 2번 저당권자 丙이 소유권을 취득한 경우라면 丙의 2번 저당권은 소멸한다.

(3) 소유권과 제한물권이 동일인에게 귀속되면 제한물권은 혼동으로 소멸한다. 그러나 제한물권이 제3자의 권리의 목적인 때에는 혼동으로 소멸하지 않는다. 예컨대, 甲 소유 건물에 대해 乙이 전세권을 가지고 있고 그 전세권에 대해 丙에게 저당권이 설정된 경우, 이후 전세권자가 건물의 소유권을 취득하더라도 저당권자 丙을 보호하기 위해 전세권은 소멸하지 않는다.

(4) 소유권 이외의 물권과 그를 목적으로 하는 다른 권리가 동일인에게 귀속한 경우에는 그 다른 권리는 소멸한다(제191조 제2항). 예컨대, 甲 소유 건물에 대해서 乙이 전세권을 가지고 있고 그 전세권에 대해서 丙에게 저당권이 설정된 경우 이후에 저당권자가 전세권을 취득하면 저당권을 존속시키는 것은 무의미하므로 저당권은 소멸한다.

(5) 부동산에 대한 소유권과 임차권이 동일인에게 귀속하게 되는 경우 임차권은 혼동에 의하여 소멸하는 것이 원칙이지만, 그 임차권이 대항요건을 갖추고 있고 또한 그 대항요건을 갖춘 후에 저당권이 설정된 때에는 혼동으로 인한 물권 소멸 원칙의 예외 규정인 민법 제191조 제1항 단서를 준용하여 임차권은 소멸하지 않는다(대판 2001.5.15, 2000다12693).

7. 권리의 성질상 혼동되지 않는 경우 → 혼동의 예외

(1) 점유권

혼동으로 물권이 소멸하기 위해서는, 동일한 물건 위에 양립할 수 없는 두 개의 물권이 한 사람에게 귀속하는 것을 요건으로 하기 때문에 점유권은 본권과 서로 양립할 수 있는 물권이므로 혼동으로 소멸하지 않는다.

(2) 광업권

광업권도 토지소유권과의 관계에서 혼동으로 소멸하지 않는다. 즉, 점유권과 광업권은 혼동의 법리가 적용되지 않는다.

8. 혼동의 효과

(1) 혼동에 의한 물권 소멸의 효과는 절대적이므로, 어떤 사유로 혼동 이전의 상태로 복귀하더라도 일단 소멸한 물권은 부활하지 않는다.

(2) 그러나 혼동을 가져온 원인행위가 처음부터 부존재하거나 또는 무효, 소급적으로 실효되면 혼동은 생기지 않았던 것으로 된다. 즉, 혼동을 생기게 한 원인행위가 부존재하거나 무효, 취소, 해제 등으로 실효된 경우에는 소멸된 물권은 부활한다.

(3) 판례에 따르면, 근저당권자가 소유권을 취득하면 그 근저당권은 혼동에 의하여 소멸하지만 그 뒤 그 소유권 취득이 무효인 것이 밝혀지면 소멸하였던 근저당권은 당연히 부활한다(대판 1971.8.31, 71다1386).

기출로 **포인트 정리**

출제예상 OX지문

❶ 소유권과 저당권은 소멸시효에 걸리지 않는다. (O | X) 24회

대표기출

혼동에 의한 물권 소멸에 관한 설명으로 옳은 것을 모두 고른 것은? (다툼이 있으면 판례에 따름) 22회

> ㉠ 甲의 토지 위에 乙이 1번 저당권, 丙이 2번 저당권을 가지고 있다가 乙이 증여를 받아 토지소유권을 취득하면 1번 저당권은 소멸한다.
> ㉡ 乙이 甲의 토지 위에 지상권을 설정받고, 丙이 그 지상권 위에 저당권을 취득한 후 乙이 甲으로부터 그 토지를 매수한 경우, 乙의 지상권은 소멸한다.
> ㉢ 甲의 토지를 乙이 점유하다가 乙이 이 토지의 소유권을 취득하더라도 乙의 점유권은 소멸하지 않는다.
> ㉣ 甲의 토지 위에 乙이 지상권, 丙이 저당권을 가지고 있는 경우, 丙이 그 소유권을 취득하면 丙의 저당권은 소멸한다.

① ㉠, ㉡ ② ㉡, ㉢
③ ㉢, ㉣ ④ ㉠, ㉣
⑤ ㉠, ㉢

쉬운 해설

출제예상 OX지문

❶ O 소유권은 타인이 시효취득을 하지 않는 이상 소멸하지 않는다. 그리고 저당권은 채권을 위해서 존재하기 때문에 채권이 존재하고 있다면 저당권만 별도로 소멸시효에 걸리지 않는다.

대표기출 정답 ③

㉢ 점유권은 본권과는 전혀 별개의 물권이므로 혼동으로 소멸하지 않는다.

㉣ 저당권자가 그 저당물에 대해서 소유권을 취득하면 자기소유 부동산에 대해서 저당권은 의미가 없기 때문에 저당권은 혼동으로 소멸한다. 따라서 저당권자 丙이 그 소유권을 취득하면 저당권은 소멸한다.

㉠ 甲의 토지 위에 乙이 1번 저당권, 丙이 2번 저당권을 가지고 있다가 乙이 증여를 받아 토지소유권을 취득한 경우, 후순위저당권이 없다면 자기소유 부동산에 저당권은 무의미하므로 1번 저당권은 소멸한다. 그러나 후순위저당권이 있다면 1번 저당권은 소멸하지 않는다.

㉡ 乙이 甲의 토지 위에 지상권을 설정받고, 丙이 그 지상권 위에 저당권을 취득한 후 乙이 甲으로부터 그 토지를 매수한 경우, 乙의 지상권이 소멸한다면 저당권자 丙의 이익이 침해되므로 지상권은 소멸하지 않는다.

출제포인트

047 점유의 관념화

[10개년 출제회차] 28, 29, 30회

시작이 쉬운 길잡이

Q 물건을 현재 사실상 지배하고 있을 때 인정되는 권리를 점유권이라고 합니다. 여러분이 아파트 임대를 준 임대인이라고 한다면, 여러분은 그 아파트에 대해서 점유권이 있을까요?

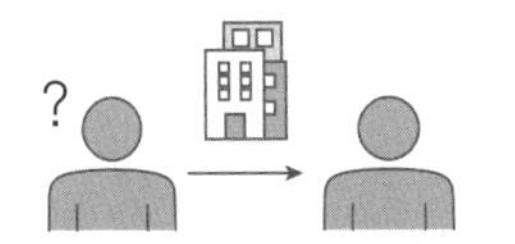

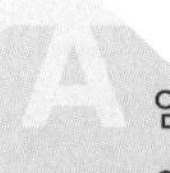

A 임차인이 직접 지배하고 있고(직접점유자) 임대인도 관념적으로 지배하고 있기 때문에 임대인에게도 간접점유권을 인정하고 있습니다. 이처럼 현실적인 지배가 아닌 관념적 지배를 인정하는 것을 점유의 관념화라고 합니다.

출제포인트의 중요 키워드는 본문에서 꼭 체크하세요 ▶ 점유권, 점유의 관념화, 점유보조자, 간접점유

1 의의

(1) 점유제도란 사실적인 지배상태를 법적으로 보호하기 위해서 어떤 자가 어떤 물건을 현재 사실상 지배하고 있다면 법률상 정당한 권원(본권)이 있는지의 여부나 그 원인이 무엇인지를 불문하고 그 사실상의 지배상태에 대해서 일정한 법률효과를 부여하는 제도를 말한다. 즉, 물건에 대한 사실상의 지배를 점유라고 하고 그 사실상의 지배에 대해서 법적으로 하나의 권리를 부여하는데 이 권리를 점유권이라고 한다.

(2) 점유권이란 현재 물건에 대한 사실상 지배를 하고 있기 때문에 인정되는 권리이다. 그런데 현재 사실상 지배하고 있음에도 불구하고 점유권이 인정되지 않는 경우(점유보조자)가 있고, 현재 사실상 지배하고 있지 않음에도 불구하고 점유권이 인정되는 경우(간접점유자, 상속인의 점유)가 있다. 이것을 관념적 점유, 즉 점유의 관념화라고 한다.

2 상속인의 점유

법령 체크

제193조【상속으로 인한 점유권의 이전】 점유권은 상속인에 이전한다.

(1) 상속은 포괄승계이므로 상속개시가 되면 피상속인의 재산은 모두 상속인에게 승계된다. 이 경우 피상속인이 가지고 있던 물건의 점유권도 당연히 상속인에게 승계된다.

(2) 상속인의 점유를 인정하기 위해서 상속인이 그 물건을 현재 사실상 지배를 하고 있어야 할까?

정답 | 상속인을 보호하기 위해서 현재 사실상 지배를 하지 않아도 점유권은 상속인에게 당연히 인정된다. 즉, 상속인 점유로 인정된다.

(3) 상속인이 상속개시 사실을 알아야 할까?

정답 | 상속개시 사실을 알든 모르든 관계없이 점유권은 상속인에게 당연히 인정된다. 즉, 상속인 점유로 인정된다.

3 점유보조자(占有補助者)

법령 체크

제195조 【점유보조자】 가사상, 영업상 기타 유사한 관계에 의하여 타인의 지시를 받아 물건에 대한 사실상의 지배를 하는 때에는 그 타인만을 점유자로 한다.

(1) 의의

점유보조자란 어떠한 물건에 대해서 사실상 지배를 하고 있음에도 불구하고 점유를 인정받지 못하는 자를 말한다. 예컨대, 甲 소유 편의점에서 乙이 종업원으로 일하고 있는 경우에 乙은 편의점 안에 있는 물건들은 사실상 지배하고 있지만 甲으로부터 지시나 감독을 받고 있으므로 乙(점유보조자)에게 점유권이 인정되지 않고 甲(점유주)에게만 점유권이 인정된다. 요컨대, 지시나 감독을 받기 때문에 점유권을 인정받지 못하는 자를 점유보조자라고 하고, 지시나 감독을 하는 자를 점유주라고 한다.

(2) 효과

① 점유보조자는 점유자가 아니다. 점유주만이 점유자이다.

② 점유보조자는 점유자가 아니므로 점유권이 인정되지 않는다. 따라서 점유보호청구권을 행사할 수 없다.

③ 점유보조자에게 점유권이 인정되지 않지만, 점유주를 위해서 자력구제권은 행사할 수 있다. 예컨대, 편의점에 도둑이 들었을 경우 종업원은 도둑이 물건을 훔쳐가는 것을 방어할 수 있다.

4 간접점유(間接占有)

법령 체크

제194조【간접점유】 지상권, 전세권, 질권, 사용대차, 임대차, 임치 기타의 관계로 타인으로 하여금 물건을 점유하게 한 자는 간접으로 점유권이 있다.

(1) 의의

① 간접점유란 어떤 물건에 대해서 타인의 직접점유에 의해 매개되는 점유를 말한다. 즉, 甲이 乙과의 일정한 법률관계(점유매개관계)에 의해서 어떤 물건의 점유를 乙에게 이전해 준 경우 甲에게 인정되는 점유를 간접점유라고 하고, 乙에게 인정되는 점유를 직접점유라고 한다.

② 간접점유는 사실상 지배하지 않음에도 점유가 인정되는, 즉 점유가 관념화된 모습이라고 할 수 있다. 예컨대, 甲 소유 주택에 대해서 乙과 임대차계약이 체결되어 임차인 乙이 주택을 점유·사용하고 있는 경우에 임차인 乙에게 직접점유권이 인정되고 임대인 甲도 임차인 乙의 점유를 매개로 하여 점유하고 있는 것으로 인정하여 임대인 甲에게 간접으로 점유권을 인정하고 있다.

(2) 성립요건

① 점유매개관계가 있어야 한다. 예컨대, 임대인 甲이 임차인 乙을 매개로 하여 주택에 대해서 지배를 미치고 있다고 인정되는 관계(임대차가 점유매개관계이다)가 있어야 한다. 이러한 점유매개관계는 반드시 유효할 필요가 없다. 즉, 무효라 하더라도 간접점유는 인정될 수 있다. 그리고 점유매개관계는 중첩적으로 발생할 수 있다.

② 직접점유의 존재: 점유매개자의 직접점유가 있어야 한다. 이 경우 점유매개관계의 직접점유자는 타주점유자에 해당한다.

③ 간접점유자는 점유매개자인 직접점유자에게 채권적 반환청구권을 가지고 있어야 한다.

(3) 효과

직접점유자뿐만 아니라 간접점유자에게도 점유권이 인정되므로 점유매개자(직접점유자)의 점유가 제3자에 의해서 침탈당한 경우에는 간접점유자도 점유보호청구권을 행사할 수 있다. 그러나 점유매개자의 점유가 침해된 경우 간접점유자는 자력구제권을 행사할 수 없다.

기출로 **포인트 정리**

출제예상 OX지문

❶ 乙의 점유보조자 甲은 원칙적으로 점유물반환청구권을 행사할 수 없다. (O | X) 21회

대표기출

간접점유에 관한 설명으로 틀린 것은? (다툼이 있으면 판례에 따름) 30회

① 「주택임대차보호법」상의 대항요건인 인도(引渡)는 임차인이 주택의 간접점유를 취득하는 경우에도 인정될 수 있다.

② 점유취득시효의 기초인 점유에는 간접점유도 포함된다.

③ 직접점유자가 그 점유를 임의로 양도한 경우, 그 점유이전이 간접점유자의 의사에 반하더라도 간접점유가 침탈된 것은 아니다.

④ 간접점유자에게는 점유보호청구권이 인정되지 않는다.

⑤ 점유매개관계를 발생시키는 법률행위가 무효라 하더라도 간접점유는 인정될 수 있다.

쉬운 해설

출제예상 OX지문

❶ O 점유물반환청구권을 행사하기 위해서는 최소한 점유권이 있어야 한다. 그런데 점유보조자는 점유자가 아니므로 점유물반환청구권을 행사할 수 없다.

대표기출 정답 ④

④ 간접점유자도 점유권이 있으므로 간접점유자에게 점유보호청구권이 인정된다(제207조 제1항).

① 점유는 직접점유뿐만이 아니라 간접점유도 포함된다. 따라서 대항요건인 인도(引渡), 즉 점유는 임차인이 주택의 간접점유를 취득하는 경우에도 인정될 수 있다.

② 점유는 직접점유뿐만이 아니라 간접점유도 포함된다. 따라서 간접점유를 통해서도 점유취득시효가 인정될 수 있다.

③ 직접점유자가 그 점유를 임의로 양도한 경우, 직접점유자의 자신의 의사에 의한 것이기 때문에 침탈에 해당하지 않는다(대판 1993.3.9, 92다5300).

⑤ 점유매개관계를 발생시키는 법률행위, 예컨대 임대차계약이 무효인 경우에도 임차인이 점유하고 있다면 간접점유는 인정될 수 있다.

출제포인트

048 점유의 종류

[10개년 출제회차] 26, 29, 33회

시작이 쉬운 길잡이

전원주택에 소유자로 살고 있는 대운 씨는 급전이 필요해서 친구 산하 씨에게 전원주택을 팔았습니다. 다만, 대운 씨는 현재까지 계속 그 전원주택에 살고 있습니다. 이 경우 대운 씨에게 소유의사가 있을까요?

A 대운 씨는 처음에는 소유의사로 점유하고 있었기 때문에 자주점유였습니다. 그런데 전원주택을 팔았기 때문에 더 이상 소유의사가 없습니다. 이처럼 소유의사가 없는 점유를 타주점유라고 합니다.

출제포인트의 중요 키워드는 본문에서 꼭 체크하세요 ▸ **자주점유, 타주점유**

1 자주점유(自主占有)와 타주점유(他主占有)

1. 의의

(1) 자주점유

자주점유는 어떤 물건을 소유의사로써 점유하는 경우를 말한다. 즉, 소유자와 동일한 지배를 사실상 행사하려는 의사를 가지고 하는 점유를 의미하는 것이지, 법률상 그러한 지배를 할 수 있는 권한, 즉 소유권을 가지고 있거나 소유권이 있다고 믿고서 하는 점유를 의미하는 것은 아니다. 예컨대, 甲 소유 주택을 乙이 매수하여 점유하고 있는 경우 乙은 이 주택을 소유의사로 점유하고 있는 것이므로 자주점유라고 볼 수 있다.

(2) 타주점유

타주점유는 어떤 물건을 소유의사 없이 점유하는 경우를 말한다. 즉, 타인이 소유권을 가지고 있음을 전제하고 점유하고 있는 경우를 말한다. 예컨대, 甲 소유 주택에 대해서 乙과 임대차계약이 체결되어 임차인 乙이 이 주택을 점유하여 사용하고 있다면 乙은 甲이 소유권을 가지고 있음을 전제로 점유하고 있는 것이므로 임차인의 점유는 타주점유이다. 지상권자 · 전세권자 · 임차인 · 수치인의 점유는 점유권원의 객관적 성질상 타주점유이다.

2. 소유의사 유무의 판단기준

점유자의 점유가 소유의 의사 있는 자주점유인지 아니면 소유의 의사 없는 타주점유인지의 여부는 점유자의 내심의 의사에 의하여 결정되는 것이 아니라, 점유 취득의 원인이 된 권원의 성질이나 점유와 관계가 있는 모든 사정에 의하여 외형적 · 객관적으로 결정되어야 한다(대판 2002.2.26, 99다72743). 즉, 점유자에게 소유의사가 있는지의 판단은 점유자의 주관적 의사가 아니라 일반인들의 시각에서 객관적으로 판단한다.

3. 자주점유를 인정한 판례

(1) 점유의 원인이 자주점유인지 타주점유인지 분명하지 않을 경우 그 점유자는 소유의 의사로써 점유하는 것으로 추정한다(대판 2000.9.29, 99다50705). 즉, 자주점유가 추정된다.

(2) 부동산을 매수하여 이를 점유하게 된 자는 그 매매가 무효가 된다는 사정이 있음을 알았다는 등의 특단의 사정이 없는 한 그 점유의 시초에 소유의 의사로 점유한 것이며, 나중에 매도자에게 처분권이 없었다는 등의 사유로 그 매매가 무효인 것이 밝혀졌다 하더라도 그와 같은 점유의 성질이 변하는 것은 아니다(대판 1996.5.28, 95다40328). 즉, 매매계약이 무효인 경우에도 매수인의 점유는 특별한 사정이 없는 이상 자주점유이다. 다만, 매수인이 무효를 알았다면 타주점유가 된다.

(3) 매수인의 점유

① 토지의 매수인이 매매계약에 의하여 목적 토지의 점유를 취득한 경우 설사 그것이 타인의 토지의 매매에 해당하여 그에 의하여 곧바로 소유권을 취득할 수 없다고 하더라도 자주점유로 추정된다(대판 전합체 2000.3.16, 97다37661). 즉, 타인토지 매매계약에서 매수인 점유도 자주점유로 추정된다.

② 매도인에게 처분권한이 없다는 것을 잘 알면서 이를 매수하였다는 등의 다른 특별한 사정이 입증되지 않는 한, 자주점유는 추정된다(대판 전합체 2000.3.16, 97다37661). 즉, 매도인에게 처분권한이 없는 경우에도 매수인의 점유는 원칙적으로 자주점유로 추정된다. 다만, 매수인이 매도인에게 처분권한이 없다는 사실을 알았다면 타주점유가 된다.

③ 민법 제197조 제1항이 규정하고 있는 점유자에게 추정되는 소유의 의사는 사실상 소유할 의사가 있는 것으로 충분한 것이지 반드시 등기를 수반하여야 하는 것은 아니므로 등기를 수반하지 아니한 점유임이 밝혀졌다고 하여 이 사실만 가지고 바로 점유권원의 성질상 소유의 의사가 결여된 타주점유라고 할 수 없다(대판 전합체 2000.3.16, 97다37661). 따라서 소유권이전등기를 경료하지 않은 매수인의 점유도 자주점유로 추정된다.

④ 착오로 인접토지의 일부를 그가 매수 취득한 대지에 속하는 것으로 믿고 인접토지의 일부를 현실적으로 인도받아 점유하여 왔다면 특별한 사정이 없는 한 인접토지에 대한 점유 역시 소유의 의사가 있는 자주점유라고 보아야 한다(대판 1999.6.25, 99다5866).

(4) 점유의 승계가 있는 경우 전 점유자의 점유가 타주점유라 하여도 점유자의 승계인이 자기의 점유만을 주장하는 경우에는 현 점유자의 점유는 자주점유로 추정된다(대판 2002.2.26, 99다72743).

(5) 점유자가 스스로 매매 또는 증여와 같이 자주점유의 권원을 주장하였으나 이것이 인정되지 않는 경우에도, 원래 자주점유의 권원에 관한 입증책임이 점유자에게 있지 아니한 이상 그 주장의 점유권원이 인정되지 않는다는 사유만으로 자주점유의 추정이 번복된다거나 또는 점유권원의 성질상 타주점유라고 볼 수 없다(대판 2002.2.26, 99다72743). 즉, 자주점유에 해당한다.

4. 타주점유로 인정한 판례

권원의 성질상 타주점유인 경우, 타주점유로 전환된 경우

① 매매계약이 적법하게 해제된 경우에 있어서 매수인의 점유
② 토지를 매도하여 소유권을 이전한 후의 매도인의 점유
③ 임대차, 사용대차, 전세권, 유치권 행사에 의한 점유
④ 지상권자, 분묘기지권자의 점유
⑤ 경매로 인하여 경락인이 소유권을 취득한 후의 종전 소유자의 점유
⑥ 명의수탁자의 점유
⑦ 공유자 중 1인이 공유물 전부를 점유하고 있는 경우, 다른 공유자의 지분 범위 내의 점유

(1) 매매대상 건물 부지의 면적이 등기부상의 면적을 상당히 초과하는 경우에는 특별한 사정이 없는 한 그 점유는 권원의 성질상 타주점유에 해당한다(대판 1999.6.25, 99다5866·5873; 대판 2009.10.15, 2007다83632). 즉, 매매대상 토지의 면적이 등기부상의 면적을 상당히 초과하는 경우에는 특별한 사정이 없는 한 초과부분에 대한 매수인의 점유는 타주점유에 해당한다.

(2) 처분권한이 없는 자로부터 그 사실을 알면서 부동산을 취득하거나 어떠한 법률행위가 무효임을 알면서 그 법률행위에 의하여 부동산을 취득하여 점유를 시작한 때에는 그 점유의 시작에 있어 이미 자신이 그 부동산의 진정한 소유자의 소유권을 배제하고 마치 자기의 소유물처럼 배타적 지배를 할 수 없다는 것을 알면서 점유하는 자이므로 점유 시작 당시에 소유의 의사가 있다고 할 수 없는 것이다(대판 2000.9.29, 99다50705). 즉, 악의의 무단점유는 타주점유에 해당한다.

(3) 공유부동산은 공유자 1인이 전부를 점유하고 있다고 하여도 다른 특별한 사정이 없는 한 권원의 성질상 다른 공유자의 지분비율의 범위 내에서는 타주점유라고 볼 수밖에 없다(대판 1995.1.12, 94다19884).

(4) 등기명의가 신탁되었다면 특별한 사정이 없는 한 명의수탁자의 부동산에 관한 점유는 그 권원의 성질상 자주점유라고 할 수 없다(대판 1996.6.11, 96다7403). 즉, 명의수탁자의 점유는 타주점유에 해당한다. 따라서 취득시효는 인정되지 않는다.

(5) 선대의 점유가 타주점유인 경우, 선대로부터 상속에 의하여 점유를 승계한 자의 점유도 상속 전과 그 성질 내지 태양을 달리하는 것이 아니어서, 특단의 사정이 없는 한, 그 점유가 자주점유로는 될 수 없다(대판 1995.1.12, 94다19884). 즉, 피상속인의 점유가 타주점유이면 상속인의 점유도 타주점유에 해당한다.

(6) 타인의 토지 위에 분묘를 설치 또는 소유하는 자는 그 분묘의 보존 및 관리에 필요한 범위 내에서만 타인의 토지를 점유하는 것이므로, 점유권원의 성질상 소유의 의사가 추정되지 아니한다(대판 1994.11.8, 94다31549). 즉, 타주점유에 해당한다.

(7) 점유자가 점유 개시 당시에 소유권 취득의 원인이 될 수 있는 법률행위 기타 법률요건이 없이 그와 같은 법률요건이 없다는 사실을 잘 알면서 타인소유의 부동산을 무단점유한 것임이 입증된 경우, 특별한 사정이 없는 한 점유자는 타인의 소유권을 배척하고 점유할 의사를 갖고 있지 않다고 보아야 할 것이므로 이로써 소유의 의사가 있는 점유라는 추정은 깨어졌다고 할 것이다(대판 전합체 1997.8.21, 95다28625). 즉, 악의의 무단점유는 타주점유에 해당한다.

(8) 점유매개관계의 직접점유자는 타주점유자이다.

5. 자주점유에서 타주점유로 전환되는 경우

(1) 토지 매도 후의 매도인의 점유가 타주점유로 변경될까?

정답 | 매도인은 매수인에게 목적물을 인도해 주어야 할 의무가 있으므로 타주점유로 전환된다.

판례 | 부동산을 타인에게 매도하여 그 인도의무를 지고 있는 매도인의 점유는 특별한 사정이 없는 한 타주점유로 변경된다(대판 1997.4.11, 97다5824).

(2) 경락결정 후의 종전 소유자의 점유가 타주점유로 변경될까?

정답 | 종전 소유자는 경락인에게 목적물을 인도해 주어야 할 의무가 있으므로 타주점유로 전환된다.

판례 | 부동산에 설정된 저당권에 기하여 임의경매가 개시된 이래 부동산의 소유자가 경매의 실행을 저지하지 아니한 채 절차가 진행되어 그 부동산이 제3자에게 경락되고 대금이 납부되어 종전 소유자의 소유권이 상실되었다면, 종전 소유자가 제3자의 소유로 귀속된 부동산을 계속 점유하고 있다고 하더라도 그 점유는 달리 특별한 사정이 없는 한 타주점유로 봄이 상당하다(대판 1996.11.26, 96다29335 · 29342). 즉, 종전 소유자는 경락인에게 경락부동산을 인도할 의무가 있으므로 종전 소유자의 점유는 자주점유에서 타주점유로 전환된다.

6. 자주점유의 입증책임

민법 제197조 제1항에 의하면, 물건의 점유자는 소유의 의사로 점유한 것으로 추정되므로 점유자가 취득시효를 주장하는 경우에 있어서 스스로 소유의 의사를 입증할 책임은 없고, 오히려 그 점유자의 점유가 소유의 의사가 없는 점유임을 주장하여 점유자의 취득시효의 성립을 부정하는 자에게 그 입증책임이 있다(대판 전합체 1997.8.21, 95다28625). 즉, 취득시효를 부정하는 자가 점유자의 점유는 타주점유라는 사실을 입증해야 한다.

2 적중판례

1. 자주점유

(1) 물건의 점유자는 소유의 의사로 점유한 것으로 추정된다(제197조 제1항). 따라서 점유자가 취득시효를 주장하는 경우 스스로 소유의 의사를 증명할 책임은 없고, 그 점유자의 점유가 소유의 의사가 없는 점유임을 주장하여 취득시효의 성립을 부정하는 자에게 그 증명책임이 있다(대판 전합체 1997.8.21, 95다28625).

(2) 점유자의 점유가 자주점유인지 아니면 타주점유인지는 점유자의 마음속에 있는 의사에 따라 결정되는 것이 아니라, 점유 취득의 원인이 된 권원의 성질이나 점유와 관련된 모든 사정에 따라 외형적 · 객관적으로 결정되어야 한다(대판 2002.2.26, 99다72743).

(3) 점유자가 스스로 매매나 증여와 같이 자주점유의 권원을 주장하였는데, 이것이 인정되지 않는다는 사유만으로는 자주점유의 추정이 깨진다고 볼 수 없다(대판 2017.12.22, 2017다360 · 377).

2. 악의의 무단점유

점유자가 점유 개시 당시에 소유권 취득의 원인이 될 수 있는 법률행위 기타 법률요건이 없이 그와 같은 법률요건이 없다는 사실을 잘 알면서 다른 사람 소유의 부동산을 무단으로 점유한 것이라면 특별한 사정이 없는 한 점유자는 타인의 소유권을 배척하고 점유할 의사를 갖고 있지 않다고 보아야 하고, 이로써 소유의 의사가 있는 점유라는 추정은 깨어진 것이다. 이러한 법리는 국가나 지방자치단체가 점유하는 경우에도 적용된다. 국가나 지방자치단체가 자신의 부담이나 기부의 채납 등 「국유재산법」 또는 「지방재정법」 등에 정한 공공용 재산의 취득절차를 밟거나 소유자들의 사용승낙을 받는 등 토지를 점유할 수 있는 일정한 권원 없이 사유토지를 점유 · 사용하였다면 특별한 사정이 없는 한 자주점유의 추정은 깨어진다(대판 2017.9.7, 2017다228342).

기출로 포인트 정리

출제예상 OX지문

❶ 물건을 매수하여 점유하고 있으나 매매가 무효인 것을 모르는 매수인은 자주점유자이다.
(O | X) 19회

❷ 권원의 성질상 자주점유인지 타주점유인지 불분명한 점유는 자주점유로 추정된다.
(O | X) 19회

대표기출

점유에 관한 설명으로 옳은 것은? (다툼이 있으면 판례에 따름) 29회

① 점유매개관계의 직접점유자는 타주점유자이다.
② 점유자는 소유의 의사로 과실 없이 점유한 것으로 추정한다.
③ 甲이 乙로부터 임차한 건물을 乙의 동의 없이 丙에게 전대한 경우, 乙만이 간접점유자이다.
④ 甲이 乙과의 명의신탁약정에 따라 자신의 부동산 소유권을 乙 명의로 등기한 경우, 乙의 점유는 자주점유이다.
⑤ 실제 면적이 등기된 면적을 상당히 초과하는 토지를 매수하여 인도받은 때에는 특별한 사정이 없으면 초과부분의 점유는 자주점유이다.

쉬운 해설

출제예상 OX지문

❶ O 물건을 매수하여 점유하고 있으나 매매가 무효인 것을 모르는 매수인은 자주점유자이다. 다만, 매매가 무효임을 알고 있다면 매수인의 점유는 보호가치가 없으므로 타주점유이다(판례).

❷ O 권원의 성질상 자주점유인지 타주점유인지 불분명한 경우에도 점유자를 보호하기 위해서 일단 그 점유는 자주점유로 추정된다(판례).

대표기출 정답 ①

① 점유매개관계의 직접점유자, 예컨대 임차인은 소유의사가 없으므로 타주점유자이다.
② 점유하고 있다면 소유의사는 추정되지만 무과실은 추정되지 않는다.
③ 甲이 乙로부터 임차한 건물을 乙의 동의 없이 丙에게 전대한 경우, 丙은 직접점유자이고 乙과 甲이 간접점유자이다.
④ 수탁자는 신탁자인 소유자가 있음을 알고 점유하기 때문에 소유의사가 없다. 따라서 수탁자 乙의 점유는 타주점유이다.
⑤ 실제 면적이 등기된 면적을 상당히 초과하는 토지를 매수하여 인도받은 때에는 초과부분에 대해서는 자기소유라고 믿을 만한 정당한 사유가 없기 때문에 특별한 사정이 없으면 초과부분의 점유는 타주점유이다(대판 1999.6.25, 99다5866 · 5873).

출제포인트

049 점유의 추정력

[10개년 출제회차] 24, 28, 29, 31, 32, 33회

시작이 쉬운 길잡이

Q 전원주택에 살고 있는 대운 씨는 텃밭에서 농사를 짓는 취미가 있습니다. 그런데 그 땅의 일부가 이웃주민 부자 씨의 토지를 침범하였습니다. 이 경우 대운 씨의 점유는 무단점유라는 사실을 알고 있는 악의의 점유일까요?

A 일단 점유하고 있으면 악의의 점유라는 사실이 밝혀질 때까지는 무단점유라는 사실을 몰랐던 것으로 평가를 받게 됩니다. 즉, 선의의 점유로 추정됩니다.

출제포인트의 중요 키워드는 본문에서 꼭 체크하세요 ▸ 점유계속, 권리의 적법

1 자주, 평온, 공연, 선의점유의 추정 암기코드 | 소공평은 선추

법령 체크

제197조【점유의 태양】 ① 점유자는 소유의 의사로 선의, 평온 및 공연하게 점유한 것으로 추정한다.
② 선의의 점유자라도 본권에 관한 소에 패소한 때에는 그 소가 제기된 때로부터 악의의 점유자로 본다.

(1) 자주, 평온, 공연, 선의점유가 추정되므로 점유자 스스로 입증할 책임은 없다. 다만, 무과실은 추정되지 않으므로 점유자 스스로 무과실을 입증해야 한다.

(2) 선의점유자의 악의점유자로의 전환
선의의 점유자라도 본권에 관한 소에 패소한 때에는 그 소가 제기된 때로부터 악의의 점유자로 본다. 즉, 선의의 점유자라도 본권에 관한 소에서 패소하면 더 이상 보호가치가 없으므로 악의의 점유자로 전환된다.

(3) 예컨대, 甲 소유 토지에 대해서 乙이 점유할 수 있는 정당한 권원이 없음에도 불구하고 있다고 믿고 점유하고 있는 경우 乙의 점유는 일단 선의점유이다. 이후에 진정소유자 甲이 무단점유자 乙을 상대로 소유권에 기한 토지반환청구소송(본권에 관한 소송)을 제기했고 점유자 乙이 패소판결을 받은 경우 더 이상 乙을 보호할 필요가 없으므로 본권에 관한 소가 제기된 때부터 乙의 점유는 악의점유자로 전환된다.

2 점유계속의 추정

법령 체크

제198조【점유계속의 추정】 전후양시에 점유한 사실이 있는 때에는 그 점유는 계속한 것으로 추정한다.

판례에 따르면, 민법 제198조 소정의 점유계속 추정은 동일인이 전후 양 시점에 점유한 것이 증명된 때에만 적용되는 것이 아니고 전후 양 시점의 점유자가 다른 경우에도 점유의 승계가 입증되는 한 점유계속은 추정된다(대판 1996.9.20, 96다24279 · 24286).

3 점유의 분리, 병합

법령 체크

제199조【점유의 승계의 주장과 그 효과】 ① 점유자의 승계인은 자기의 점유만을 주장하거나 자기의 점유와 전 점유자의 점유를 아울러 주장할 수 있다.

② 전 점유자의 점유를 아울러 주장하는 경우에는 그 하자도 계승한다.

(1) 점유의 분리, 병합의 선택

점유자의 승계인은 자기의 점유만을 주장하거나 자기의 점유와 전 점유자의 점유를 아울러 주장할 수 있다.

(2) 병합 시 하자의 승계

전 점유자의 점유를 아울러 주장하는 경우에는 그 하자도 계승한다. 따라서 피상속인의 점유가 타주점유이면 상속인의 점유도 타주점유에 해당한다.

4 권리의 적법 추정

법령 체크

제200조【권리의 적법의 추정】 점유자가 점유물에 대하여 행사하는 권리는 적법하게 보유한 것으로 추정한다.

(1) 의의

부동산물권에 대해서는 등기를, 동산물권에 대해서는 점유를 공시방법으로 하고 있으므로, 그러한 공시방법을 갖추고 있다면 그에 상응하는 물권이 존재하는 것으로 일단 추정할 수 있을 것이다. 따라서 공시된 대로 물권이 존재한다는 사실에 대해서 이를 부정하는 자가 그 물권이 존재하지 않는다는 점에 대해서 입증하는 것이 공평하다.

(2) 추정되는 권리의 범위 및 한계

① 추정되는 범위: 제200조에 의해서 추정되는 권리는 점유자가 점유물에 대하여 행사하는 권리이면 충분하므로 물권뿐만 아니라 점유할 수 있는 권원을 포함하는 모든 권리(임차권)를 포함한다. 예를 들어, 어떤 자전거가 있고 그 자전거에 대해서 甲이 점유하고 있는 경우 점유자 甲이 자전거에 대해서 소유권이나 임차권을 가지고 있다고 주장하면 그러한 권리를 적법하게 보유한 것으로 추정된다.

② 동산의 점유: 제200조 권리의 적법 추정규정은 점유를 공시방법으로 하는 동산물권에 대해서만 적용된다. 즉, 동산을 점유하고 있는 경우에 적용된다.

③ 추정의 한계: 제200조 권리의 적법 추정규정은 동산물권에 대해서만 적용되므로 등기를 공시방법으로 하는 부동산물권에 대해서는 적용되지 않는다. 즉, 등기된 부동산에 관하여는 그 등기에 추정력이 인정되므로 제200조는 적용되지 않는다. 예컨대, 101동 101호 아파트의 등기부를 보니 甲이 전세권자로 등기가 되어 있는데 乙이 점유하고 있고 乙이 전세권자라고 주장하는 경우, 일단 甲이 전세권자로 추정되고 乙은 전세권자로 추정되지 않는다.

5 건물 부지에 대한 점유

건물 소유자가 현실적으로 건물이나 그 부지를 점거하지 않더라도 특별한 사정이 없는 한 건물부지에 대한 점유가 인정된다(대판 2003.11.13, 2002다57935). 따라서 특별한 사정이 없는 한, 건물의 부지가 된 토지는 그 건물의 소유자가 점유하는 것으로 보아야 한다.

기출로 **포인트 정리**

출제예상 OX지문

❶ 전후양시에 점유한 사실이 있는 때에는 그 점유는 계속한 것으로 추정한다.

(O | X) 28회

❷ 선의의 점유자가 본권에 관한 소에 패소한 경우, 그 자는 패소가 확정된 때부터 악의의 점유자로 본다. (O | X) 33회

대표기출

민법상 점유에 관한 설명으로 틀린 것은? (다툼이 있으면 판례에 따름) 24회 변형

① 점유자는 소유의사로 평온 · 공연하게 점유한 것으로 추정한다.

② 점유계속 추정은 동일인이 전후 양 시점에 점유한 것이 증명된 때에만 적용되는 것이고 전후 양 시점의 점유자가 다른 경우에는 인정되지 아니한다.

③ 점유자가 점유물에 대하여 행사하는 권리는 적법하게 보유한 것으로 추정한다.

④ 악의의 점유자는 그의 잘못 없이 과실을 훼손 또는 수취하지 못한 경우, 그 과실의 대가를 보상할 필요가 없다.

⑤ 점유자의 특정승계인은 자기의 점유와 전(前) 점유자의 점유를 아울러 주장할 수 있다.

출제예상 OX지문

❶ O 전후양시에 점유한 사실이 있는 때에는 그 점유는 계속한 것으로 추정한다(제198조).

❷ X 선의의 점유자가 본권에 관한 소에 패소한 경우, 소가 제기된 때로부터 악의의 점유자로 본다(제197조 제2항).

대표기출 정답 ②

② 민법 제198조 소정의 점유계속 추정은 동일인이 전후 양 시점에 점유한 것이 증명된 때에만 적용되는 것이 아니고 전후 양 시점의 점유자가 다른 경우에도 점유의 승계가 입증되는 한 점유계속은 추정된다(대판 1996.9.20, 96다24279 · 24286).

① 제197조 제1항

③ 제200조

④ 악의의 점유자는 과실로 인하여 훼손 또는 수취하지 못한 경우 과실의 대가를 보상해야 한다(제201조 제2항). 따라서 악의의 점유자에게 잘못이 없다면 과실을 훼손 또는 수취하지 못한 때에도 그 과실의 대가를 보상할 필요가 없다.

⑤ 점유자의 특정승계인은 점유의 승계를 주장할 수 있다(제199조 제1항).

출 제 포 인 트

050 점유자와 회복자의 관계

[10개년 출제회차] 24, 25, 26, 27, 28, 29, 31, 32, 33회

시작이 쉬운 길잡이

대운 씨는 과수원을 점유해서 사과농사를 짓고 사과를 수확했습니다. 그런데 대운 씨의 과수원 점유는 무단점유였음이 밝혀졌습니다. 이 경우 대운 씨는 수확한 사과를 가질 수 있을까요?

무단점유였을지라도 만약 무단점유라는 사실을 몰랐다면, 즉 선의였다면 선의의 무단점유자인 대운 씨는 사과의 소유권을 취득할 수 있습니다.

출제포인트의 중요 키워드는 본문에서 꼭 체크하세요 ▸ **과실취득권, 필요비, 유익비**

1 총설

(1) 본권에 의하여 타인의 물건을 점유하던 자가 그 물건을 반환하는 경우에는 그들 사이의 법률관계는 그 본권을 발생시킨 법률관계에 따라서 해결하면 된다. 예컨대 甲 소유 아파트에 대해서 乙에게 전세권이 설정되어 그 아파트를 전세권자 乙이 사용·수익하다가 전세권의 존속기간이 만료된 경우 전세권설정자 甲은 전세금을 반환해야 하고 전세권자 乙은 그 아파트를 전세권설정자 甲에게 반환해야 하는데 甲과 乙 사이의 법률관계는 전세권에 규정이 있으므로 그 규정들에 의하면 된다. 따라서 이 경우 제317조에 의하여 전세권설정자 甲은 전세권자 乙로부터 그 목적물인 아파트의 인도 및 전세권설정등기의 말소등기에 필요한 서류의 교부를 받는 동시에 전세금을 반환하면 된다.

(2) 그러나 본권자와 점유자 사이에 법률상의 원인관계가 처음부터 존재하지 않은 경우나 그 원인관계가 무효이거나 취소된 경우에는 일반적으로 부당이득반환의 법리가 적용될 것이다. 그리고 점유할 권원이 없음에도 점유하고 있는 점유자와 본권을 가지고 있는 자 사이의 법률관계에 대해서는 선의의 점유자를 보호하기 위해서 특별히 제201조 내지 제203조를 정하여 그들 사이의 법률관계를 규율하고 있다. 즉, 점유자와 회복자의 관계인 제201조~제203조는 점유자와 회복자 사이에 계약관계 등 적법한 법률관계가 있는 경우에는 적용되지 않고 진정소유자가 무단점유자를 상대로 본권에 기한 소송(소유권에 기한 반환소송)을 제기해서 점유를 회복하는 관계에서 적용되며 점유자와 회복자 사이의 이해관계를 조정하는 기능을 한다.

2 선의점유자의 과실(果實)취득권

법령 체크

제201조【점유자와 과실】 ① 선의의 점유자는 점유물의 과실을 취득한다.
② 악의의 점유자는 수취한 과실을 반환하여야 하며 소비하였거나 과실(過失)로 인하여 훼손 또는 수취하지 못한 경우에는 그 과실의 대가를 보상하여야 한다.
③ 전항의 규정은 폭력 또는 은비에 의한 점유자에 준용한다.

(1) 무단점유라는 사실을 모르고 점유하고 있는 선의점유자에게는 과실취득권이 인정되고 악의점유자에게는 과실취득권이 인정되지 않는다.

(2) 과실을 수취한 자가 선의의 점유자로 보호받기 위해서는 권원이 있다고 오신할 만한 정당한 근거가 있어야 한다(대판 1992.12.24, 92다22114).

(3) 선의점유자가 취득할 수 있는 과실에 대해서는 제한이 없으므로 천연과실이든 법정과실이든 불문한다. 즉, 선의점유자는 천연과실과 법정과실을 포함해서 모두 취득할 수 있다.

(4) 판례에 따르면, 건물을 사용함으로써 얻는 이득은 그 건물의 과실에 준하는 것이므로, 선의의 점유자는 그 점유·사용으로 인한 이득을 반환할 의무는 없다(대판 1996.1.26, 95다44290).

(5) 부당이득반환의무

① 선의점유자에게 과실취득권이 있으므로 수취한 과실이 부당이득이 아니어서 회복자에 대해서 부당이득반환의무가 없다. 따라서 선의의 점유자는 회복자에 대하여 점유·사용으로 인한 이익을 반환할 의무가 없다.

② 판례에 따르면, 선의의 점유자는 점유물로부터 생기는 과실을 취득할 수 있으므로 비록 선의의 점유자가 과실을 취득함으로 인하여 타인에게 손해를 입혔다 할지라도 그 과실취득으로 인한 이득을 그 타인에게 반환할 의무는 없다(대판 1978.5.23, 77다2169). 즉, 선의점유자에게 설령 과실(過失)이 있는 경우에도 과실취득권이 인정되므로 부당이득반환의무는 없다.

③ 그러나 회복자에게 손해가 발생한 경우 불법행위책임을 져야 한다. 즉, 선의의 점유자가 과실취득권이 있다 하여 불법행위로 인한 손해배상책임이 배제되는 것은 아니다(대판 1966.7.19, 66다994). 따라서 선의점유자에게 설령 과실(過失)이 있을지라도 과실취득권이 인정되므로 부당이득반환의무는 없다. 그러나 회복자에게 손해가 발생하고 불법행위요건이 충족되었다면 부당이득반환의무는 없을지라도 불법행위책임은 져야 한다.

(6) 계약관계가 해제된 경우에는 점유자와 회복자의 관계(제201조~제203조) 규정은 적용되지 않는다. 즉, 계약해제의 효과로서의 원상회복의무를 규정한 민법 제548조 제1항 본문은 부당이득에 관한 특별 규정의 성격을 가진 것이라 할 것이어서, 그 이익반환의 범위는 이익의 현존 여부나 선의·악의에 불문하고 특단의 사유가 없는 한 받은 이익의 전부라고 할 것이다(대판 1998.12.23, 98다43175). 따라서 이행지체로 인해 매매계약이 해제된 경우에는 선의의 점유자인 매수인에게 과실취득권이 인정되지 않는다.

(7) 악의점유자의 과실반환의무

① 악의의 점유자는 수취한 과실을 반환하여야 하며 소비하였거나 과실(過失)로 인하여 훼손 또는 수취하지 못한 경우에는 그 과실의 대가를 보상하여야 한다(제201조 제2항). 따라서 훼손 또는 수취하지 못한 경우에도 점유자에게 과실(過失)이 없다면 과실의 대가를 보상할 의무는 없다.

② 악의의 점유자는 받은 이익에 이자를 붙여 반환하여야 하고, 그 이자의 이행지체로 인한 지연손해금도 지급하여야 한다(대판 2003.11.14, 2001다61869).

③ 악의의 점유자가 점유물의 사용에 따른 이익을 반환하여야 하는 경우 자신의 노력으로 점유물을 활용하여 얻은 초과이익은 반환할 의무가 없다(판례).

3 점유물의 멸실·훼손에 대한 책임

법령 체크

제202조【점유자의 회복자에 대한 책임】 점유물이 점유자의 책임 있는 사유로 인하여 멸실 또는 훼손한 때에는 악의의 점유자는 그 손해의 전부를 배상하여야 하며 선의의 점유자는 이익이 현존하는 한도에서 배상하여야 한다. 소유의 의사가 없는 점유자는 선의인 경우에도 손해의 전부를 배상하여야 한다.

(1) 선의점유자의 책임범위

① 소유의사가 있는 선의점유자, 즉 선의의 자주점유자는 이익이 현존하는 한도에서 현존이익배상책임을 진다. 그러나 선의점유자에게 소유의사가 없다면, 즉 선의의 타주점유자는 손해 전부를 배상해야 한다. 따라서 점유물이 점유자의 책임 있는 사유로 멸실된 경우, 소유의 의사가 없는 점유자는 선의인 경우에도 손해의 전부를 배상해야 한다.

② 선의점유자는 자주점유일 때와 타주점유일 때의 손해배상의 범위가 다르므로 선의점유자의 점유가 자주점유인지 또는 타주점유인지 구별의 실익이 있다.

(2) 악의점유자의 책임범위

① 악의점유자는 처음부터 점유할 수 있는 정당한 권원(본권)이 없음을 알고 점유를 했으므로 보호가치가 없어서 자주점유, 타주점유를 불문하고 언제나 손해 전부를 배상해야 한다. 따라서 악의의 점유자가 책임 있는 사유로 점유물을 멸실한 때에는 현존이익의 범위가 아니라 손해 전부를 배상하여야 한다.

② 악의점유자의 점유가 자주점유인지 타주점유인지는 구별의 실익이 없다.

4 점유자의 비용상환청구권 → 선의·악의를 불문하고 인정

법령 체크

제203조【점유자의 상환청구권】 ① 점유자가 점유물을 반환할 때에는 회복자에 대하여 점유물을 보존하기 위하여 지출한 금액 기타 필요비의 상환을 청구할 수 있다. 그러나 점유자가 과실을 취득한 경우에는 통상의 필요비는 청구하지 못한다.

② 점유자가 점유물을 개량하기 위하여 지출한 금액 기타 유익비에 관하여는 그 가액의 증가가 현존한 경우에 한하여 회복자의 선택에 좇아 그 지출금액이나 증가액의 상환을 청구할 수 있다.

③ 전항의 경우에 법원은 회복자의 청구에 의하여 상당한 상환기간을 허여할 수 있다.

(1) 필요비(必要費)

① 점유자는 그의 무단점유에 대한 선의·악의 또는 소유의 의사 유무를 불문하고 점유물을 회복자에게 반환할 때에 필요비 상환을 청구할 수 있다.

② 점유자로서 과실을 취득한 경우에는 통상의 필요비는 청구하지 못하고 특별필요비와 유익비만을 청구할 수 있을 뿐이다.

③ 가액증가가 현존할 필요는 없다.

④ 상환기간을 허여할 수 없다.

(2) 유익비(有益費) → 물건의 가치를 증가시키는 비용

① 점유자는 그의 무단점유에 대한 선의·악의 또는 소유의 의사 유무를 불문하고 점유물을 회복자에게 반환할 때에 점유물을 개량하기 위하여 지출한 금액 기타 유익비에 관하여, 그 가액의 증가가 현존한 경우에 한하여 회복자의 선택에 좇아 그 지출금액이나 증가액의 상환을 청구할 수 있다.

② 법원은 회복자의 청구에 의하여 상당한 상환기간을 허여할 수 있다.

(3) 상대방 → 회복 당시의 소유자

민법 제203조 제2항에 의한 점유자의 회복자에 대한 유익비상환청구권은 점유자가 계약관계 등 적법하게 점유할 권리를 가지지 않아 소유자의 소유물반환청구에 응하여야 할 의무가 있는 경우에 성립되는 것으로서, 이 경우 점유자는 그 비용을 지출할 당시의 소유자가 누구이었는지 관계없이 점유회복 당시의 소유자, 즉 회복자에 대하여 비용상환청구권을 행사할 수 있는 것이나, 점유자가 유익비를 지출할 당시 계약관계 등 적법한 점유의 권원을 가진 경우에 그 지출비용의 상환에 관하여는 그 계약관계를 규율하는 법조항이나 법리 등이 적용되는 것이어서, 점유자는 그 계약관계 등의 상대방에 대하여 해당 법조항이나 법리에 따른 비용상환청구권을 행사할 수 있을 뿐 계약관계 등의 상대방이 아닌 점유회복 당시의 소유자에 대하여 민법 제203조 제2항에 따른 지출비용의 상환을 구할 수는 없다(대판 2003.7.25, 2001다64752).

(4) 비용상환청구권의 발생시기 → 점유물의 반환을 청구받거나 회복자에게 점유물을 반환한 때

민법 제203조 제1항·제2항에 의한 점유자의 필요비 또는 유익비상환청구권은 점유자가 회복자로부터 점유물의 반환을 청구받거나 회복자에게 점유물을 반환한 때에 비로소 회복자에 대하여 행사할 수 있다(대판 1994.9.9, 94다4592). 따라서 반환청구를 받거나 반환한 때 이행기가 도래한다.

(5) 선의·악의를 불문하고 인정되기 때문에 선의·악의를 구별할 실익이 없다.

(6) 유치권

필요비나 유익비상환청구권은 목적물 자체로부터 발생한 채권이므로, 즉 목적물과 채권 사이에 견련성이 인정되므로 점유자는 비용상환청구권(채권)으로 유치권을 행사할 수 있다. 주의할 점은 유익비에 대해서는 회복자의 청구에 의해서 법원에서 상당한 상환기간을 허여(연장)하면 유치권을 주장하지 못한다. 그리고 점유자의 점유가 불법점유라면 유치권을 주장하지 못한다.

(7) 적중판례

① 점유자가 유익비를 지출할 당시 계약관계 등 적법한 점유의 권원을 가진 경우에 점유자는 그 계약관계 등의 상대방에 대하여 해당 법조항이나 법리에 따른 비용상환청구권을 행사할 수 있을 뿐 계약관계 등의 상대방이 아닌 점유회복 당시의 소유자에 대하여 민법 제203조 제2항에 따른 지출비용의 상환을 구할 수는 없다. 따라서 임차인이 임대차계약에 의하여 건물을 적법하게 점유하고 있으면서 건물에 유익비를 지출한 경우, 임차인은 임대인에 대하여 민법 제626조 제2항에 의한 임대차계약상의 유익비상환청구를 할 수 있을 뿐이고, 매각허가결정에 의하여 소유권을 취득한 매수인(경락인)에 대

하여 그와 별도로 민법 제203조 제2항에 의한 유익비의 상환청구를 할 수는 없다(대판 2003.7.25, 2001다64752).

② 유익비의 상환범위는 '점유자가 유익비로 지출한 금액'과 '현존하는 증가액' 중에서 회복자가 선택하는 것으로 정해진다. 위와 같은 실제 지출금액 및 현존 증가액에 관한 증명책임은 모두 유익비의 상환을 구하는 점유자에게 있다(대판 2018.6.15, 2018다206707).

5 적중판례

(1) 점유자의 점유가 권원 없는 것으로 밝혀진 경우, 그동안의 점유에 대한 선의의 추정이 깨어지지 않는다.

(2) 선의의 점유자가 본권에 관한 소에서 패소한 경우, 그를 악의의 점유자로 보는 시점인 '소가 제기된 때'의 의미는 '소장 부본이 피고에게 송달된 때'이다.

(3) 선의의 점유자가 법률상 원인 없이 타인의 토지를 점유·사용하여 타인에게 손해를 입힌 경우, 토지의 점유·사용에 따른 이득을 반환할 의무는 없다(대판 2016.12.29, 2016다242273).

기출로 포인트 정리

출제예상 OX지문

❶ 점유자가 유익비를 지출한 경우, 점유자의 선택에 좇아 그 지출금액이나 증가액의 상환을 청구할 수 있다. (O | X) 31회

❷ 무효인 매매계약의 매수인이 점유목적물에 필요비 등을 지출한 후 매도인이 그 목적물을 제3자에게 양도한 경우, 점유자인 매수인은 양수인에게 비용상환을 청구할 수 있다. (O | X) 31회

❸ 적법하게 과실을 취득한 선의의 점유자는 회복자에게 통상의 필요비의 상환을 청구하지 못한다. (O | X) 32회

❹ 악의의 점유자가 점유물의 과실을 수취하여 소비한 경우, 특별한 사정이 없는 한 그 점유자는 그 과실의 대가를 보상하여야 한다. (O | X) 33회

대표기출

점유자와 회복자의 관계에 관한 설명으로 틀린 것은? 27회

① 선의의 점유자는 점유물의 과실을 취득하면 회복자에 대하여 통상의 필요비 상환을 청구하지 못한다.

② 점유물이 점유자의 책임 있는 사유로 멸실된 경우 소유의 의사가 없는 선의의 점유자는 손해의 전부를 배상해야 한다.

③ 점유물에 관한 필요비상환청구권은 악의의 점유자에게도 인정된다.

④ 필요비상환청구권에 대하여 회복자는 법원에 상환기간의 허여를 청구할 수 있다.

⑤ 악의의 점유자가 과실(過失)로 인하여 점유물의 과실(果實)을 수취하지 못한 경우 그 과실(果實)의 대가를 보상해야 한다.

기출로 **포인트 정리**

쉬운 해설

출제예상 OX지문

❶ X 점유자가 유익비를 지출한 경우, 점유자의 선택이 아니라 회복자의 선택에 좇아 그 지출금액이나 증가액의 상환을 청구할 수 있다(제203조 제2항).

❷ ○ 비용상환청구권은 비용을 지출할 당시 소유자를 상대로 청구하는 것이 아니라 회복 당시의 소유자를 상대로 청구한다. 따라서 필요비 등을 지출한 후 그 목적물이 제3자에게 양도된 경우에는 점유자는 회복 당시의 소유자인 양수인에게 비용상환을 청구할 수 있다.

❸ ○ 선의의 점유자가 과실을 취득한 경우에는 회복자에게 통상의 필요비는 청구하지 못한다(제203조 제1항).

❹ ○ 악의의 점유자가 점유물의 과실을 수취하여 소비한 경우, 특별한 사정이 없는 한 그 점유자는 그 과실의 대가를 보상하여야 한다(제201조 제2항).

대표기출 정답 ④

④ 필요비가 아니라 유익비에 대해서만 회복자는 법원에 상환기간의 허여를 청구할 수 있다(제203조 제3항).

① 선의의 점유자가 점유물의 과실을 취득하면 이익을 취득했기 때문에 별도로 통상의 필요비는 청구하지 못한다. 다만, 특별필요비와 유익비에 대해서는 청구할 수 있다(제203조 제1항).

② 선의의 자주점유는 현존이익의 한도에서 배상하지만 소유의 의사가 없는 선의의 점유자, 즉 선의의 타주점유자는 손해의 전부를 배상해야 한다(제202조).

③ 비용상환청구권은 선의·악의를 불문하고 인정된다.

⑤ 악의의 점유자가 과실(過失)로 인하여 점유물의 과실(果實)을 수취하지 못한 경우 점유자에게 잘못이 있기 때문에 그 과실(果實)의 대가를 보상해야 한다(제201조 제2항).

출 제 포 인 트

051 점유물반환청구권

[10개년 출제회차] 28, 32, 33회

시작이 쉬운 길잡이

Q 단독주택에 살고 있는 대운 씨는 자전거를 점유하고 있습니다. 그런데 이웃주민 동철 씨가 자전거를 훔쳐갔고, 대운 씨는 다음 날 자전거를 훔쳐간 사실을 알게 되었습니다. 여러분, 대운 씨는 동철 씨를 상대로 자전거의 반환을 청구할 수 있을까요?

A 대운 씨의 자전거에 대한 점유권이 침해를 받았기 때문에 대운 씨는 동철 씨를 상대로 자전거의 반환을 청구할 수 있습니다. 이 권리를 점유물반환청구권이라고 합니다.

❗ 출제포인트의 중요 키워드는 본문에서 꼭 체크하세요 ▸ **점유물반환청구권, 침탈**

법령 체크

제204조【점유의 회수】 ① 점유자가 점유의 침탈을 당한 때에는 그 물건의 반환 및 손해의 배상을 청구할 수 있다.
② 전항의 청구권은 침탈자의 특별승계인에 대하여는 행사하지 못한다. 그러나 승계인이 악의인 때에는 그러하지 아니하다.
③ 제1항의 청구권은 침탈을 당한 날로부터 1년 내에 행사하여야 한다.

1 의의

(1) 점유권도 물권의 일종으로서 다른 물권처럼 보호되어야 한다. 따라서 점유권이 침해받거나 침해받을 염려가 있는 경우에 점유권의 실효성을 확보하기 위해서 점유보호청구권이 인정되는데 이는 일종의 물권적 청구권이다.

(2) 점유자의 점유가 침탈당한 경우에 점유자를 보호하기 위해서 점유자에게 점유물반환청구권을 인정하고 있다.

2 요건

1. 점유의 침탈이 있어야 한다.

(1) 침탈이란 점유자의 의사에 반하여, 즉 점유자의 의사에 의하지 않고 점유를 상실하는 것을 말한다. 따라서 침탈이 아닌 경우에는 점유물반환청구권을 행사할 수 없다.

(2) 판례

① 사기의 의사표시에 의해 건물을 명도해 준 것이라면 건물의 점유를 침탈당한 것이 아니므로 피해자는 점유회수의 소권을 가진다고 할 수 없다(대판 1992.2.28, 91다17443). 즉, 사기를 당한 경우는 침탈이 아니므로 점유물반환청구권을 행사할 수 없다.

② 직접점유자가 임의로 점유를 타에 양도한 경우에는 점유이전이 간접점유자의 의사에 반한다 하더라도 간접점유자의 점유가 침탈된 경우에 해당하지 않는다(대판 1993.3.9, 92다5300). 즉, 임의양도는 침탈이 아니므로 간접점유자는 점유물반환청구권을 행사할 수 없다.

2. 침탈자의 고의 · 과실

침탈자의 고의 또는 과실은 행사요건이 아니다. 즉, 침탈자의 고의 또는 과실을 불문하고 행사할 수 있다.

3. 청구권자

점유권에 기한 반환청구권을 행사할 수 있는 자는 점유자이면 충분하므로 직접점유자뿐만 아니라 간접점유자도 청구권자에 포함된다. 그러나 점유권이 없는 점유보조자는 점유자가 아니므로 청구권자가 아니다. 따라서 점유보조자는 점유물반환청구권을 행사할 수 없다.

4. 상대방

(1) 현재 점유를 침해하는 상태에 있는 자에게 청구하는 것이므로 침탈자나 침탈자의 포괄승계인 또는 악의의 특별승계인은 상대방이 될 수 있다.

(2) 선의의 특별승계인은 상대방이 될 수 없다. 뿐만 아니라 선의의 특별승계인으로부터 승계한 악의의 전득자도 상대방이 될 수 없다. 따라서 점유자는 악의의 전득자를 상대로 점유물반환청구권을 행사하지 못한다.

5. 행사기간의 제한

침탈당한 날로부터 1년 이내에 행사해야 하며, 1년은 출소기간이다. 판례에 따르면, 민법 제204조 제3항과 제205조 제2항에 의하면 점유를 침탈당하거나 방해를 받은 자의 침탈자 또는 방해자에 대한 청구권은 그 점유를 침탈당한 날 또는 점유의 방해행위가 종료된 날로부터 1년 내에 행사하여야 하는 것으로 규정되어 있고 위의 제척기간은 재판 외에서 권리행사하는 것으로 족한 기간이 아니라 반드시 그 기간 내에 소를 제기하여야 하는 이른바 출소기간이다(대판 2002.4.26, 2001다8097 · 8103).

3 내용

(1) 점유를 침탈당한 점유자는 점유물의 반환 및 손해배상을 청구할 수 있다.

(2) 점유물의 반환을 청구하는 것은 물권적 청구권의 행사이므로 침탈자의 고의 또는 과실을 불문하고 손해발생도 불문한다. 그러나 손해배상청구는 불법행위가 원인이므로 침탈자의 고의 또는 과실이 요구되고 손해발생을 요한다.

4 간접점유자의 점유물반환청구권

법령 체크

제207조 【간접점유의 보호】 ① 전3조의 청구권은 제194조의 규정에 의한 간접점유자도 이를 행사할 수 있다.
② 점유자가 점유의 침탈을 당한 경우에 간접점유자는 그 물건을 점유자에게 반환할 것을 청구할 수 있고 점유자가 그 물건의 반환을 받을 수 없거나 이를 원하지 아니하는 때에는 자기에게 반환할 것을 청구할 수 있다.

예컨대, 甲 소유 자전거에 대해서 乙과 임대차계약을 체결하고 乙이 자전거를 직접 점유·사용하고 있는데 丙이 자전거를 훔쳐간 경우, 간접점유자인 甲도 丙을 상대로 자전거를 乙에게 반환할 것을 丙에게 청구할 수 있다.

5 점유물방해제거청구권(점유보유청구권)

법령 체크

제205조 【점유의 보유】 ① 점유자가 점유의 방해를 받은 때에는 그 방해의 제거 및 손해의 배상을 청구할 수 있다.
② 전항의 청구권은 방해가 종료한 날로부터 1년 내에 행사하여야 한다.
③ 공사로 인하여 점유의 방해를 받은 경우에는 공사착수 후 1년을 경과하거나 그 공사가 완성한 때에는 방해의 제거를 청구하지 못한다.

(1) 점유침탈 이외의 방법으로 점유의 방해가 있어야 한다.

(2) 공사로 인하여 점유의 방해를 받은 경우에는 공사착수 후 1년을 경과하거나 그 공사가 완성한 때에는 방해제거를 청구하지 못한다. 이때는 1년 이내에 손해배상만을 청구할 수 있다.

(3) 방해제거 및 손해배상을 청구할 수 있다.

(4) 1년의 행사기간은 출소기간이다(판례).

6 점유물방해예방청구권(점유보전청구권)

법령 체크

제206조【점유의 보전】 ① 점유자가 점유의 방해를 받을 염려가 있는 때에는 그 방해의 예방 또는 손해배상의 담보를 청구할 수 있다.
② 공사로 인하여 점유의 방해를 받을 염려가 있는 경우에는 전조 제3항의 규정을 준용한다.

점유권이 현실적으로 침해받지 않았지만 침해받을 염려가 있다면 방해예방 또는 손해배상의 담보 중 어느 하나를 선택해서 청구할 수 있다. 따라서 방해예방과 함께 손해배상을 청구할 수 있는 것은 아니다.

기출로 포인트 정리

출제예상 OX지문

❶ 점유자가 상대방의 사기에 의해 물건을 인도한 경우 점유침탈을 이유로 한 점유물반환청구권은 발생하지 않는다. (O | X) 32회

대표기출

점유물반환청구권에 관한 설명으로 틀린 것은? 21회

① 乙의 점유보조자 甲은 원칙적으로 점유물반환청구권을 행사할 수 없다.

② 乙이 甲을 기망하여 甲으로부터 점유물을 인도받은 경우, 甲은 乙에게 점유물반환청구권을 행사할 수 있다.

③ 甲이 점유하는 물건을 乙이 침탈한 경우, 甲은 침탈당한 날로부터 1년 내에 점유물의 반환을 청구하여야 한다.

④ 직접점유자 乙이 간접점유자 甲의 의사에 반하여 점유물을 丙에게 인도한 경우 甲은 丙에게 점유물반환청구권을 행사할 수 없다.

⑤ 甲이 점유하는 물건을 乙이 침탈한 후 乙이 이를 선의의 丙에게 임대하여 인도한 경우, 甲은 丙에게 점유물반환청구권을 행사할 수 없다.

쉬운 해설

출제예상 OX지문

❶ O 점유자가 상대방의 사기에 의해 물건을 인도한 경우에는 침탈에 해당하지 않기 때문에 점유물반환청구권은 발생하지 않는다(대판 1992.2.28, 91다17443).

대표기출 정답 ②

② 점유물반환청구권이 인정되기 위해서는 점유가 침탈되어야 하는데(제204조), 사기는 침탈이 아니므로 사기에 의해 물건을 인도한 자는 점유물반환청구권을 행사할 수 없다.

① 점유물반환청구권을 행사하기 위해서는 최소한 점유권이 있어야 한다. 그런데 점유보조자는 점유자가 아니므로 점유물반환청구권을 행사할 수 없다.

③ 점유물반환청구권은 행사기간의 제한이 있는데 침탈당한 날로부터 1년 이내 행사해야 한다. 따라서 甲은 침탈당한 날로부터 1년 내에 점유물의 반환을 청구하여야 한다.

④ 점유물반환청구권이 인정되기 위해서는 점유가 침탈되어야 하는데(제204조), 직접점유자 乙이 간접점유자 甲의 의사에 반하여 점유물을 丙에게 인도한 경우에는 침탈이 아니므로 甲은 丙에게 점유물반환청구권을 행사할 수 없다(대판 1993.3.9, 92다5300).

⑤ 침탈자의 선의의 특별승계인에 대해서는 점유물반환청구권을 행사할 수 없다. 丙은 선의의 특별승계인이므로 甲은 丙에게 점유물반환청구권을 행사할 수 없다(제204조).

출 제 포 인 트

052 상린관계

[10개년 출제회차] 24, 25, 26, 27, 28, 32, 33회

시작이 쉬운 길잡이

Q

대운 씨는 단독주택에서 살고 싶습니다. 여러분, 대운 씨는 단독주택을 건축하기 위해서 이웃토지의 사용을 청구할 수 있을까요?

A

대운 씨가 건물을 신축하기 위해서 이웃토지의 사용을 청구할 수 있고, 승낙이 없을 경우 소송을 통해서 판결을 받으면, 판결이 승낙을 대신하기 때문에 토지를 사용할 수 있습니다. 이 권리를 인지사용청구권이라고 하고 상린관계(서로 인접한 부동산 소유자 상호간의 이용을 조절하는 것)에서 나오는 권리입니다.

출제포인트의 중요 키워드는 본문에서 꼭 체크하세요 ▸ **상린관계, 인지사용청구권, 주위토지통행권**

1 총설

1. 의의

(1) 서로 인접한 부동산 소유자 간의 이용관계를 조절할 필요성이 있고 또한 조절하기 위하여 제216조 내지 제244조에서 서로 인접한 부동산 소유자 상호간의 이용관계(법률관계)를 규율하고 있는데, 이것을 상린관계라고 한다.

(2) 상린관계로부터 발생하는 권리를 상린권이라고 하는데, 이러한 상린권은 독립된 권리가 아니라 소유권의 내용이다. 소유권이 소멸시효에 걸리지 않으므로 상린권도 소멸시효에 걸리지 않는다. 그리고 상린관계에 관한 규정은 임의규정이라는 것이 판례이다.

(3) 상린관계에 관한 규정은 서로 인접한 부동산 소유자 상호간의 이용관계를 규율하는 것인데, 지상권·전세권에도 준용된다(제290조, 제319조). 따라서 지상권자와 지상권자 사이 또는 지상권자와 인지소유자 사이에도 적용되며(제290조 제1항), 전세권자와 전세권자 사이 또는 전세권자와 인지소유자 사이, 그리고 전세권자와 지상권자 사이에도 적용된다(제319조). 그리고 명문규정은 없지만 토지 임대차에 대해서도 유추적용된다는 것이 다수설이다.

2. 상린관계와 지역권의 비교

(1) 인접성이 필요한지 여부

① 상린관계는 서로 인접하는 부동산 소유자 상호간의 이용관계 조절이다.

② 지역권에서는 승역지와 요역지는 인접하고 있을 필요가 없다.

(2) 발생

① 상린관계는 법률의 규정에 의해 당연히 인정되므로 등기는 요하지 않는다.

② 지역권은 법률행위(계약)에 의해서 인정되므로 등기해야 취득한다.

(3) 소멸시효

① 상린관계는 소멸시효와 무관하다.

② 지역권은 20년의 소멸시효에 걸린다.

2 인지(隣地)사용청구권

법령 체크

제216조【인지사용청구권】 ① 토지소유자는 경계나 그 근방에서 담 또는 건물을 축조하거나 수선하기 위하여 필요한 범위 내에서 이웃토지의 사용을 청구할 수 있다. 그러나 이웃사람의 승낙이 없으면 그 주거에 들어가지 못한다.

② 전항의 경우에 이웃사람이 손해를 받은 때에는 보상을 청구할 수 있다.

1. 의미

인지사용청구권이란 토지소유자가 경계나 그 근방에서 담 또는 건물을 축조하거나 수선하기 위하여 필요한 범위 내에서 이웃토지를 임의로 사용하는 것이 아니라 이웃토지소유자에게 토지사용을 청구할 수 있다는 것을 의미한다. 이 경우 토지소유자의 승낙이 있으면 토지를 사용할 수 있고 만약 승낙이 없다면 임의로 사용하지는 못하고 법원에 소를 제기해서 승낙에 갈음하는 판결을 받으면 비로소 토지를 사용할 수 있다. 다만, 이웃사람의 주거에 들어가기 위해서는 주거(주택)의 소유자(전세권자, 임차인)의 승낙이 있어야 한다. 만약 이웃사람의 승낙을 받지 못하면 주거에 들어가지 못하고 이때는 법원의 판결로도 승낙에 갈음할 수 없다.

2. 보상

토지소유자가 이웃토지를 사용하거나 이웃 주거를 출입함으로써 이웃사람이 손해를 입었다면 손해보상을 청구할 수 있다.

3 주위토지통행권(周圍土地通行權)

주위토지통행권이란 어느 토지와 공로 사이에 그 토지의 용도에 필요한 통로가 없는 경우에 그 토지소유자가 주위의 토지를 통행 또는 통로로 하지 아니하면 공로에 출입할 수 없거나 과다한 비용을 요하는 때에 그 주위의 토지를 통하여 공로로 출입할 수 있는 권리를 말한다.

1. 유상 주위토지통행권(원칙)

법령 체크

제219조【주위토지통행권】 ① 어느 토지와 공로 사이에 그 토지의 용도에 필요한 통로가 없는 경우에 그 토지소유자는 주위의 토지를 통행 또는 통로로 하지 아니하면 공로에 출입할 수 없거나 과다한 비용을 요하는 때에는 그 주위의 토지를 통행할 수 있고 필요한 경우에는 통로를 개설할 수 있다. 그러나 이로 인한 손해가 가장 적은 장소와 방법을 선택하여야 한다.
② 전항의 통행권자는 통행지소유자의 손해를 보상하여야 한다.

어느 토지와 공로 사이에 그 토지의 용도에 필요한 통로가 없는 경우에 그 토지소유자는 주위의 토지를 통행 또는 통로로 하지 아니하면 공로에 출입할 수 없거나 과다한 비용을 요하는 때에는 그 주위의 토지를 통행할 수 있고 필요한 경우에는 통로를 개설할 수 있다. 이 경우 통행권자는 통행지소유자에게 손해를 보상해야 한다. 즉, 통행권자는 유상의 통행권을 취득하는 것이 원칙이다.

2. 무상 주위토지통행권(예외)

법령 체크

제220조【분할, 일부양도와 주위통행권】 ① 분할로 인하여 공로에 통하지 못하는 토지가 있는 때에는 그 토지소유자는 공로에 출입하기 위하여 다른 분할자의 토지를 통행할 수 있다. 이 경우에는 보상의 의무가 없다.
② 전항의 규정은 토지소유자가 그 토지의 일부를 양도한 경우에 준용한다.

(1) 분할로 인하여 공로에 통하지 못하는 토지가 있는 때에는 그 토지소유자는 공로에 출입하기 위하여 다른 분할자의 토지를 통행할 수 있다. 그리고 토지소유자가 그 토지의 일부를 양도함으로써 양수인이 취득한 토지가 공로에 출입하기 위한 통로가 없는 때에는 양수인은 공로에 출입하기 위해서 양도인의 토지를 통행할 수 있다. 이 경우 보상의무가 없는 무상통행권이 인정된다.

(2) 판례에 따르면, 무상의 주위토지통행권을 인정하는 민법 제220조의 규정은 직접 분할자 또는 일부 양도의 당사자 사이에만 적용되고, 포위된 토지 또는 피통행지의 특정승계인에게는 적용되지 않는다(대판 1991.7.23, 90다12670 · 90다12678).

3. 적중판례

(1) 주위토지통행권은 그 소유 토지와 공로 사이에 그 토지의 용도에 필요한 통로가 없는 경우에 한하여 인정되는 것이므로, 이미 그 소유 토지의 용도에 필요한 통로가 있는 경우에는 그 통로를 사용하는 것보다 더 편리하다는 이유만으로 다른 장소로 통행할 권리를 인정할 수 없다(대판 1995.6.13, 95다1088 · 95다1095).

(2) 주위토지통행권은 어느 토지가 타인 소유의 토지에 둘러싸여 공로에 통할 수 없는 경우뿐만 아니라, 이미 기존의 통로가 있더라도 그것이 당해 토지의 이용에 부적합하여 실제로 통로로서의 충분한 기능을 하지 못하고 있는 경우에도 인정된다(대판 2003.8.19, 2002다53469).

(3) 다른 사람의 소유 토지에 대하여 상린관계로 인한 통행권을 가지고 있는 사람은 그 통행권의 범위 내에서 그 토지를 사용할 수 있을 뿐이고 그 통행지에 대한 통행지 소유자의 점유를 배제할 권능까지 있는 것은 아니므로 통행지 소유자는 그 통행지를 전적으로 점유하고 있는 주위토지통행권자에 대하여 그 통행지의 인도를 구할 수 있다(대판 2003.8.19, 2002다53469). 즉, 통행권자가 통행함에 그치지 않고 통행지를 배타적으로 점유하고 있다면 통행지 소유자는 통행권자에 대하여 토지의 인도를 청구할 수 있다.

(4) 주위토지통행권자는 필요한 경우에는 통행지상에 통로를 개설할 수 있으므로, 모래를 깔거나, 돌계단을 조성하거나, 장해가 되는 나무를 제거하는 등의 방법으로 통로를 개설할 수 있으며 통행지 소유자의 이익을 해하지 않는다면 통로를 포장하는 것도 허용된다(대판 2003.8.19, 2002다53469).

(5) 주위토지통행권의 본래적 기능발휘를 위하여 그 통행에 방해가 되는 담장과 같은 축조물도 위 통행권의 행사에 의하여 철거되어야 하는 것이고, 그 담장이 비록 당초에는 적법하게 설치되었던 것이라 하더라도 그 철거의 의무에는 영향이 없다(대판 1990.11.13, 90다5238). 따라서 통행권자는 철거를 청구할 수 있는 권리가 있기 때문에 방해자는 철거의무가 있다.

(6) 주위토지통행권의 범위는 통상적으로는 사람이 주택에 출입하여 다소의 물건을 공로로 운반하는 등의 일상생활을 영위하는 데 필요한 범위의 노폭까지 인정되고, 또 현재의 토지의 용법에 따른 이용의 범위에서 인정되는 것이지 더 나아가 장차의 이용상황까지 미리 대비하여 통행로를 정할 것은 아니다(대판 1996.11.29, 96다33433 · 33440).

(7) 「건축법」에 건축과 관련하여 도로에 관한 폭 등의 제한규정이 있다 하더라도 이는 건물 신축이나 증 · 개축허가 시 그와 같은 범위의 도로가 필요하다는 행정법규에 불과할 뿐 위 규정만으로 당연히 포위된 토지소유자에게 그 반사적 이익으로서 「건축법」에서 정하는 도로의 폭이나 면적 등과 일치하는 주위토지통행권이 바로 생긴다고 할 수 없다(대판 1991.6.11, 90다12007).

(8) 주위토지통행권은 어느 토지와 공로 사이에 그 토지의 용도에 필요한 통로가 없어서 주위의 토지를 통행하거나 통로를 개설하지 않고서는 공로에 출입할 수 없는 경우 또는 통로가 있더라도 당해 토지의 이용에 부적합하여 실제로 통로로서의 충분한 기능을 하지 못하는 경우에 인정되는 것이므로, 일단 주위토지통행권이 발생하였다고 하더라도 나중에 그 토지에 접하는 공로가 개설됨으로써 주위토지통행권을 인정할 필요성이 없어진 때에는 그 통행권은 소멸한다(대판 1998.3.10, 97다47118).

4 경계에 관한 상린관계

1. 경계표 및 담에 관한 상린관계

어느 한쪽의 토지소유자가 담의 설치에 협력할 것을 청구하면 다른 토지의 소유자는 이에 응해야 할 의무가 있다.

법령 체크

제237조【경계표, 담의 설치권】 ① 인접하여 토지를 소유한 자는 공동비용으로 통상의 경계표나 담을 설치할 수 있다. → 따라서 상대방은 협력의무를 부담한다.
② 전항의 비용은 쌍방이 절반하여 부담한다. 그러나 측량비용은 토지의 면적에 비례하여 부담한다.
③ 전2항의 규정은 다른 관습이 있으면 그 관습에 의한다.

제238조【담의 특수시설권】 인지소유자는 자기의 비용으로 담의 재료를 통상보다 양호한 것으로 할 수 있으며 그 높이를 통상보다 높게 할 수 있고 또는 방화벽 기타 특수시설을 할 수 있다.

제239조【경계표 등의 공유추정】 경계에 설치된 경계표, 담, 구거 등은 상린자의 공유로 추정한다. 그러나 경계표, 담, 구거 등이 상린자 일방의 단독비용으로 설치되었거나 담이 건물의 일부인 경우에는 그러하지 아니하다.

2. 경계를 넘는 수지(樹枝)·목근(木根)의 제거에 관한 상린관계

법령 체크

제240조【수지, 목근의 제거권】 ① 인접지의 수목가지가 경계를 넘은 때에는 그 소유자에 대하여 가지의 제거를 청구할 수 있다.
② 전항의 청구에 응하지 아니한 때에는 청구자가 그 가지를 제거할 수 있다.
③ 인접지의 수목뿌리가 경계를 넘은 때에는 임의로 제거할 수 있다.

3. 적중판례

지적도를 작성함에 있어서 기술적 착오로 말미암아 지적도상의 경계선이 진실한 경계선과 다르게 작성되었다는 등의 특별한 사정이 없는 한 그 토지소유권의 범위는 현실의 경계에 관계없이 지적공부상의 경계에 의하여 확정되어야 한다(대판 1996.2.9, 95다2333). 즉, 그 토지의 경계는 실제의 경계(지적공부상의 경계)에 따른다.

5 경계선 부근의 공작물 설치에 관한 상린관계

1. 토지의 심굴 금지

법령 체크

제241조 【토지의 심굴 금지】 토지소유자는 인접지의 지반이 붕괴할 정도로 자기의 토지를 심굴하지 못한다. 그러나 충분한 방어공사를 한 때에는 그러하지 아니하다.

2. 경계선 부근의 건축

법령 체크

제242조 【경계선 부근의 건축】 ① 건물을 축조함에는 특별한 관습이 없으면 경계로부터 반미터 이상의 거리를 두어야 한다.

② 인접지소유자는 전항의 규정에 위반한 자에 대하여 건물의 변경이나 철거를 청구할 수 있다. 그러나 건축에 착수한 후 1년을 경과하거나 건물이 완성된 후에는 손해배상만을 청구할 수 있다.

(1) 경계로부터 반미터는 경계로부터 그 건물의 가장 돌출된 부분까지의 거리를 말한다(대판 2011.7.28, 2010다108883).

(2) 경계선 부근의 건축 시 경계로부터 반미터 이상의 거리를 두어야 하는데 이를 위반한 경우, 건물이 완성된 후에는 건물의 철거를 청구할 수 없다.

3. 차면시설의무

법령 체크

제243조 【차면시설의무】 경계로부터 2미터 이내의 거리에서 이웃 주택의 내부를 관망할 수 있는 창이나 마루를 설치하는 경우에는 적당한 차면시설을 하여야 한다.

4. 지하시설 등에 대한 제한

법령 체크

제244조 【지하시설 등에 대한 제한】 ① 우물을 파거나 용수, 하수 또는 오물 등을 저치할 지하시설을 하는 때에는 경계로부터 2미터 이상의 거리를 두어야 하며 저수지, 구거 또는 지하실 공사에는 경계로부터 그 깊이의 반 이상의 거리를 두어야 한다.

② 전항의 공사를 함에는 토사가 붕괴하거나 하수 또는 오액이 이웃에 흐르지 아니하도록 적당한 조처를 하여야 한다.

기출로 포인트 정리

출제예상 OX지문

❶ 인접지의 수목뿌리가 경계를 넘은 때에는 임의로 제거할 수 있다. (O | X) 28회

❷ 경계선 부근의 건축 시 경계로부터 반미터 이상의 거리를 두어야 하는데 이를 위반한 경우, 건물이 완성된 후에도 건물의 철거를 청구할 수 있다. (O | X) 28회

대표기출

주위토지통행권에 관한 설명으로 옳은 것은? (다툼이 있으면 판례에 따름) 24회

① 주위토지통행권자는 담장과 같은 축조물이 통행에 방해가 되더라도 그 철거를 청구할 수 없다.

② 토지분할로 무상 주위토지통행권을 취득한 분할토지의 소유자가 그 토지를 양도한 경우, 양수인에게는 무상 주위토지통행권이 인정되지 않는다.

③ 소유 토지의 용도에 필요한 통로가 이미 있더라도 그 통로를 사용하는 것보다 더 편리하다면 다른 장소로 통행할 권리가 인정된다.

④ 기존의 통로가 있으면, 그것이 당해 토지의 이용에 부적합하여 실제로 통로로서의 충분한 기능을 하지 못할 때에도 주위토지통행권은 인정되지 않는다.

⑤ 주위토지통행권은 일단 발생하면 나중에 그 토지에 접하는 공로가 개설되어 그 통행권을 인정할 필요가 없어지더라도 소멸하지 않는다.

쉬운 해설

출제예상 OX지문

❶ O 인접지의 수목가지가 경계를 넘은 때에는 임의로 제거할 수 없지만 수목뿌리가 경계를 넘은 때에는 임의로 제거할 수 있다(제240조 제3항).

❷ X 경계선 부근의 건축 시 경계로부터 반미터 이상의 거리를 두어야 하는데 이를 위반한 경우, 건물이 완성된 후에는 건물의 철거를 청구할 수는 없고 손해배상만 청구할 수 있다.

대표기출 정답 ②

② 무상의 통행권은 직접 분할자 상호간에 인정된다. 따라서 양수인(승계인)에게는 무상의 주위토지통행권이 인정되지 않는다(대판 1991.7.23, 90다12670 · 90다12678).

① 방해가 된다면 철거를 청구할 수 있고, 방해자는 철거의무가 있다(대판 1990.11.13, 90다5238).

③ 이미 통행로가 있으므로 통행권은 인정되지 않는다(대판 1995.6.13, 95다1088 · 95다1095).

④ 기존의 통행로가 실제 통로로서 기능을 하지 못하고 있다면 통행권을 인정해야 한다(판례).

⑤ 공로가 개설되었다면 더 이상 통행권을 인정할 이익이 없으므로 통행권은 소멸한다(판례).

출 제 포 인 트

053 부동산소유권의 점유취득시효 일반론

[10개년 출제회차] 24, 26, 30, 31, 32, 33회

시작이 쉬운 길잡이

Q 대운 씨는 국가 소유 토지를 20년간 소유의사로 평온·공연히 점유하고 있습니다. 여러분, 대운 씨가 소유권을 취득할 수 있는 방법이 있을까요?

A 만약 그 토지가 행정재산이 아닌 일반재산이라면 대운 씨는 소유권이전등기를 해서 소유권을 취득할 수 있습니다.

출제포인트의 중요 키워드는 본문에서 꼭 체크하세요 ▶ 취득시효

법령 체크

제245조【점유로 인한 부동산소유권의 취득기간】 ① 20년간 소유의 의사로 평온, 공연하게 부동산을 점유하는 자는 등기함으로써 그 소유권을 취득한다.

1 취지

부동산에 대한 취득시효 제도의 존재 이유는 부동산을 점유하는 상태가 오랫동안 계속된 경우 권리자로서의 외형을 지닌 사실상태를 존중하여 이를 진실한 권리관계로 높여 보호함으로써 법질서의 안정을 기하고, 장기간 지속된 사실상태는 진실한 권리관계와 일치될 개연성이 높다는 점을 고려하여 권리관계에 관한 분쟁이 생긴 경우 점유자의 증명곤란을 구제하려는 데에 있다(대판 2016.10.27, 2016다224596).

2 취득시효의 객체 —• 대상, 취득시효가 인정되는 범위

(1) 자기소유 부동산에 대해서도 취득시효가 인정될 수 있을까?

정답 | 자기소유 부동산에 대해서도 취득시효는 인정될 수 있다.

판례 | ① 시효취득의 목적물은 타인의 부동산임을 요하지 않고 자기소유의 부동산이라도 시효취득의 목적물이 될 수 있다(대판 2001.7.13, 2001다17572).

② 그러나 부동산에 관하여 적법·유효한 등기를 마치고 소유권을 취득한 사람이 자기소유의 부동산을 점유하는 경우에는 특별한 사정이 없는 한 사실상태를 권리관계로 높여 보호할 필요가 없고, 부동산의 소유명의자는 부동산에 대한 소유권을 적법하게 보유하는 것으로 추정되어 소유권에 대한 증명의 곤란을 구제할 필요 역시 없으므로, 그러한 점유는 취득시효의 기초가 되는 점유라고 할 수 없다. 즉, 취득시효는 인정되지 않는다(대판 2016.10.27, 2016다224596).

(2) 1필의 토지 일부에 대해서도 점유취득시효가 인정될 수 있을까?

정답 | 1필의 토지 일부에 대해서도 점유취득시효가 인정된다. 다만, 그 일부분에 대해서 소유권을 취득하기 위해서는 등기를 해야 하는데, 분필절차를 통해서 등기를 경료해야 한다. 그러나 1필의 토지 일부에 대한 등기부 취득시효는 인정되지 않는다.

(3) 국유재산에 대해서도 취득시효가 인정될 수 있을까?

정답 | 국유재산은 원칙적으로 취득시효의 대상이 되지 않는다. 다만, 예외적으로 국유재산 중 일반재산(종전에는 잡종재산이라고 했음)은 취득시효의 대상이 된다(판례).

판례 | 원래 잡종재산이던 것이 행정재산으로 된 경우 잡종재산일 당시에 취득시효가 완성되었다고 하더라도 행정재산으로 된 이상 이를 원인으로 하는 소유권이전등기를 청구할 수 없다(대판 1997.11.14, 96다10782). 즉, 일반재산에 대해서는 취득시효가 인정되지만 등기 전에 다시 행정재산으로 전환된 경우에는 취득시효를 주장할 수 없다.

(4) 공유지분에 대해서도 취득시효가 가능하다.

(5) 집합건물의 공용부분은 취득시효에 의한 소유권 취득의 대상이 될 수 없다(대판 2013.12.12, 2011다78200·78217).

(6) 성명불상자의 소유물에 대하여 시효취득을 인정할 수 있다(대판 1992.2.25, 91다9312).

(7) 취득시효가 인정되는 권리

소유권, 지상권, 지역권(계속되고 표현된 지역권), 분묘기지권은 취득시효가 인정된다.

(8) 취득시효가 인정되지 않는 권리

점유권, 유치권, 저당권은 취득시효의 대상이 아니다.

3 점유취득시효의 기산점

점유취득시효가 완성되기 위해서는 점유자가 20년간을 점유해야 하는데, 여기서 문제가 되는 점은 과연 시효완성자가 기산점을 임의로 선택할 수 있을까?

정답 | 임의로 선택할 수 없는 것이 원칙이다. 다만, 점유기간 중에 소유자 변동이 없는 경우에는 임의로 선택할 수 있다.

판례 | 자기의 점유개시일 또는 전 점유자의 점유개시일을 임의로 선택할 수 있을 뿐, 계속된 점유기간 중 임의의 시점을 취득시효의 기산점으로 선택할 수는 없다. 즉, 점유개시 시를 기산점으로 삼아야 하고 점유기간 중의 임의의 시점을 선택할 수 없는 것이 원칙이다. 즉, 현재를 기준으로 역산할 수는 없다. 그러나 예외적으로 점유기간 중에 소유자 변동이 없다면 임의로 선택할 수 있다(판례).

4 점유를 해야 한다.

직접점유뿐만이 아니라 간접점유를 통해서도 취득시효가 가능하다.

5 취득시효완성자가 소유권을 취득하기 위해서는 등기를 경료해야 한다.

(1) 등기를 경료해야 소유권을 취득한다.

부동산의 점유취득시효는 제245조 제1항에 의한 물권의 취득이지만, 부동산 점유취득시효가 완성되면 즉시 소유권을 취득하는 것이 아니라 등기를 경료해야 비로소 소유권을 취득한다(제187조의 예외).

(2) 소급효가 인정된다.

소유권 취득의 효과는 점유를 개시한 때로 소급한다.

(3) 미등기부동산의 점유자가 점유취득시효기간의 완성만으로 등기 없이 그 부동산의 소유권을 취득할 수 있을까?

정답 | 등기 없이는 소유권을 취득할 수 없다. 즉, 등기해야 소유권을 취득한다.

판례 | 민법 제245조 제1항의 취득시효기간의 완성만으로는 소유권 취득의 효력이 바로 생기는 것이 아니라, 다만 이를 원인으로 하여 소유권 취득을 위한 등기청구권이 발생할 뿐이고, 미등기부동산의 경우라고 하여 취득시효기간의 완성만으로 등기 없이도 점유자가 소유권을 취득한다고 볼 수 없다(대판 2006.9.28, 2006다22074).

(4) 채권적 청구권

① 시효완성자는 소유권을 취득하는 것이 아니라 시효완성 당시의 소유자를 상대로 소유권이전등기청구권을 취득하고, 법적 성질은 물권적 청구권이 아니라 채권적 청구권에 불과하다(판례).

② 소유권이전등기청구권은 원소유자 동의 없이도 제3자에게 양도할 수 있다(판례).

6 적중판례

점유자가 스스로 매매 또는 증여와 같이 자주점유의 권원을 주장하였으나 이것이 인정되지 않는 경우에도, 원래 자주점유의 권원에 관한 입증책임이 점유자에게 있지 아니한 이상 그 주장의 점유권원이 인정되지 않는다는 사유만으로 자주점유의 추정이 번복된다거나 또는 점유권원의 성질상 타주점유라고 볼 수 없다(대판 2002.2.26, 99다72743).

기출로 포인트 정리

출제예상 OX지문

❶ 저당권에 대해서도 취득시효가 인정될 수 있다. (O | X) 26회

❷ 집합건물의 공용부분은 별도로 취득시효의 대상이 되지 않는다. (O | X) 30회

❸ 점유취득시효에 따른 부동산소유권 취득의 효력은 시효취득자가 이전등기를 한 이후부터 발생한다. (O | X) 33회

대표기출

취득시효에 관한 설명으로 틀린 것은? (다툼이 있으면 판례에 따름) 31회

① 국유재산 중 일반재산은 취득시효의 대상이 된다.
② 중복등기로 인해 무효인 소유권보존등기에 기한 등기부취득시효는 부정된다.
③ 취득시효완성으로 인한 소유권이전등기청구권은 원소유자의 동의가 없어도 제3자에게 양도할 수 있다.
④ 취득시효완성 후 등기 전에 원소유자가 시효완성된 토지에 저당권을 설정하였고, 등기를 마친 시효취득자가 피담보채무를 변제한 경우, 원소유자에게 부당이득반환을 청구할 수 있다.
⑤ 취득시효완성 후 명의신탁 해지를 원인으로 명의수탁자에서 명의신탁자로 소유권이전등기가 된 경우, 시효완성자는 특별한 사정이 없는 한 명의신탁자에게 시효완성을 주장할 수 없다.

쉬운 해설

출제예상 OX지문

❶ X 점유취득시효가 인정되기 위해서는 점유를 해야 한다. 그런데 저당권은 점유를 요건으로 하지 않기 때문에 취득시효가 인정되지 않는다.

❷ O 공용부분은 전유부분과 운명을 함께하기 때문에 집합건물의 공용부분은 별도로 취득시효의 대상이 되지 않는다.

❸ X 점유취득시효에 따른 부동산소유권 취득의 효력은 점유를 개시한 때로 소급한다(제247조 제1항).

대표기출 정답 ④

④ 취득시효완성 후 등기 전에 원소유자가 시효완성된 토지에 저당권을 설정하였고, 등기를 마친 시효취득자가 피담보채무를 변제한 경우, 시효완성자는 자신을 위해서 변제를 한 것이기 때문에 원소유자에게 부당이득반환을 청구할 수 없다(대판 2006.5.12, 2005다75910).

① 국유재산은 취득시효가 인정되지 않는 것이 원칙이다. 다만, 일반재산은 취득시효의 대상이 된다(대판 2010.11.25, 2010다58957).

② 무효등기를 통해서도 등기부취득시효가 인정되지만 최소한 1부동산 1등기기록주의에 부합해야 한다. 따라서 중복등기로 인해 무효인 소유권보존등기에 기한 등기부취득시효는 인정되지 않는다(대판 전합체 1996.10.17, 96다12511).

③ 취득시효완성으로 인한 소유권이전등기청구권은 채권자(시효완성자)와 채무자(시효완성 당시의 소유자) 사이에 아무런 계약관계나 신뢰관계가 없기 때문에 원소유자(채무자)의 동의가 없어도 제3자에게 양도할 수 있다(대판 2018.7.12, 2015다36167).

⑤ 취득시효완성 후 명의신탁 해지를 원인으로 명의수탁자에서 명의신탁자로 소유권이전등기가 된 경우, 시효완성 후에 소유자가 변경된 경우에 해당하기 때문에 시효완성자는 특별한 사정이 없는 한 명의신탁자에게 시효완성을 주장할 수 없다(대판 2001.10.26, 2000다8861).

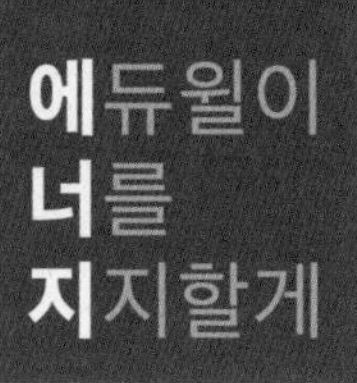

내 비장의 무기는 아직 손 안에 있다.
그것은 희망이다.

– 나폴레옹(Napoleon)

출제포인트

054 부동산 점유취득시효의 유형별 쟁점정리

[10개년 출제회차] 24, 25, 31, 32, 33회

시작이 쉬운 길잡이

Q 서로 인접한 토지를 소유하고 있는 대운 씨와 친구 부자 씨. 부자 씨 소유 토지 일부를 대운 씨가 침범했고, 자신 소유의 토지라고 믿고 20년간 소유의사로 평화롭고 공연히 점유를 했습니다. 여러분, 대운 씨는 부자 씨를 상대로 소유권이전등기를 청구해서 소유권을 취득할 수 있을까요?

A 만약 대운 씨가 소유의사로 평온·공연히 점유를 했다는 것이 인정된다면 소유권이전등기를 청구해서 이전등기를 하면 소유권을 취득할 수 있습니다. 이 제도를 점유취득시효라고 합니다.

출제포인트의 중요 키워드는 본문에서 꼭 체크하세요 ▸ 시효완성, 점유취득시효

※ 소유자 甲, 점유자 乙, 제3자 丙

1 시효완성자(乙)와 시효완성 당시 소유자(甲) 사이의 법률관계

(1) 시효완성 당시 소유자 甲은 시효완성자 乙에게 소유권을 이전해줘야 할 의무가 있고 또한 취득시효는 법률의 규정(제245조 제1항)에 의한 소유권의 취득으로 부당이득이 아니므로, 甲은 乙에게 20년간의 점유·사용에 대한 이익에 대해서 부당이득반환청구권을 행사할 수 없다(대판 1993.5.25, 92다51280).

(2) 시효완성자 乙의 점유는 위법성이 없으므로 甲은 乙에게 불법행위로 인한 손해배상청구권을 행사할 수 없다.

(3) 乙은 甲에게 소유권이전등기절차의 이행을 청구할 수 있고 甲은 이에 응할 의무가 있으므로 甲이 乙에 대하여 그 대지에 대한 불법점유임을 이유로 그 지상건물의 철거와 대지의 인도를 청구할 수는 없다(대판 1988.5.10, 87다카1979).

(4) 점유취득시효완성을 원인으로 한 소유권이전등기청구는 시효완성 당시의 소유자를 상대로 하여야 하므로 시효완성 당시의 소유권보존등기 또는 이전등기가 무효라면 원칙적으로 그 등기명의인은 시효취득을 원인으로 한 소유권이전등기청구의 상대방이 될 수 없고, 이 경우 시효취득자는 소유자를 대위하여 위 무효등기의 말소를 구하고 다시 위 소유자를 상대로 취득시효완성을 이유로 한 소유권이전등기를 구하여야 한다(대판 2005.5.26, 2002다43417).

2 시효완성 전에 소유자의 변경

시효완성 전에 소유자(甲)가 제3자(丙)에게 처분하여 이전등기까지 경료된 경우, 즉 시효 진행 중에 부동산이 전전양도된 경우에도 점유한 때로부터 20년이 경과했다면 시효완성을 주장할 수 있을까?

정답 | 시효완성을 주장할 수 있다. 즉, 소유권이전등기를 청구할 수 있다.

판례 | 취득시효기간의 만료 전에 등기부상의 소유명의가 변경되었다 하더라도 이로써 종래의 점유상태의 계속이 파괴되었다고 할 수 없으므로 이는 취득시효의 중단사유가 될 수 없다(대판 1997.4.25, 97다6186).

해설 | 시효완성 전에 甲이 제3자 丙에게 처분하여 제3자 丙이 소유권을 취득한 경우에도 丙이 乙을 상대로 권리를 행사하지 않는 이상 점유자 乙의 취득시효는 중단되지 않으므로 20년이 경과하면 취득시효는 완성되는 것이고 시효완성자 乙은 제3자 丙에게 시효완성을 주장할 수 있다. 즉, 시효기간 만료 전에 제3자가 등기명의를 넘겨받은 경우, 점유자는 시효기간완성 후에 그 제3자를 상대로 취득시효를 원인으로 소유권이전등기를 청구할 수 있다.

3 시효완성 후 등기 전에 소유자(甲)가 제3자(丙)에게 처분하여 이전등기까지 경료된 경우

1. 시효완성자(乙)와 제3자(丙) 사이의 법률관계

(1) 원칙

시효완성자 乙은 등기 전에는 채권자에 불과하고 제3자는 물권을 취득한 물권자이므로 시효완성자 乙은 제3자 丙에게 시효완성을 주장할 수 없다.

(2) 예외

① 제3자 등기가 무효인 경우

㉠ 제3자 丙이 시효완성 당시의 소유자 甲의 배임행위에 적극 가담한 경우 또는 甲과 丙이 가장매매를 한 경우에는 제3자 丙의 등기는 무효등기이고 더 이상 보호가치가 없으므로 시효완성자 乙은 제3자 丙에게 취득시효완성을 주장할 수 있다. 이 경우 취득시효완성자는 취득시효완성 당시의 소유자 甲을 대위하여 제3자 丙 명의의 원인무효등기를 말소하고 아울러 소유자 甲에게 취득시효완성을 원인으로 한 소유권이전등기를 청구할 수 있다.

㉡ 판례: 취득시효가 완성된 후 점유자가 그 등기를 하기 전에 제3자가 소유권이전등기를 경료한 경우에는 점유자는 그 제3자에 대하여는 시효취득을 주장할 수 없는 것이 원칙이기는 하지만, 이는 어디까지나 그 제3자 명의의 등기가 적법 유효함을 전제로 하는 것으로서 위 제3자 명의의 등기가 원인무효인 경우에는 점유자는 취득시효완성 당시의 소유자를 대위하여 위 제3자 앞으로 경료된 원인무효인 등기의 말소를 구

함과 아울러 위 소유자에게 취득시효완성을 원인으로 한 소유권이전등기를 구할 수 있다(대판 2002.3.15, 2001다77352 · 77369).

② 재취득시효

㉠ 부동산 점유취득시효완성 후 제3자 명의의 소유권이전등기가 마쳐진 경우, 그 소유권 변동 시를 새로운 기산점으로 삼아 2차 취득시효의 완성을 주장할 수 있을까?

정답 | 취득시효완성 후 토지소유자에 변동이 있고, 소유자가 변동된 시점을 새로운 기산점으로 삼아도 다시 취득시효기간이 완성되는 경우 취득시효의 완성을 주장할 수 있다.

판례 | 부동산에 대한 점유취득시효가 완성된 후 취득시효완성을 원인으로 한 소유권이전등기를 하지 않고 있는 사이에 그 부동산에 관하여 제3자 명의의 소유권이전등기가 경료된 경우라 하더라도 당초의 점유자가 계속 점유하고 있고 소유자가 변동된 시점을 기산점으로 삼아도 다시 취득시효의 점유기간이 경과한 경우에는 점유자로서는 제3자 앞으로의 소유권 변동 시를 새로운 점유취득시효의 기산점으로 삼아 2차의 취득시효의 완성을 주장할 수 있다(대판 전합체 2009.7.16, 2007다15172 · 15189).

㉡ 새로이 2차 점유취득시효가 개시되었고 그 취득시효기간이 경과하기 전에 등기부상 소유명의자가 변경된 경우, 그 취득시효완성 당시의 등기부상 소유명의자에게 시효취득을 주장할 수 있을까?

정답 | 2차 점유취득시효가 개시되었고 그 취득시효기간이 경과하기 전에 등기부상 소유명의자가 변경된 경우에도 시효는 중단되지 않으므로 취득시효를 주장할 수 있다.

판례 | 취득시효기간이 경과하기 전에 등기부상의 소유명의자가 변경된다고 하더라도 그 사유만으로는 점유자의 종래의 사실상태의 계속을 파괴한 것이라고 볼 수 없어 취득시효를 중단할 사유가 되지 못하므로, 새로운 소유명의자는 취득시효완성 당시 권리의무 변동의 당사자로서 취득시효완성으로 인한 불이익을 받게 된다 할 것이어서 시효완성자는 그 소유명의자에게 시효취득을 주장할 수 있는바, 이러한 법리는 새로이 2차의 취득시효가 개시되어 그 취득시효기간이 경과하기 전에 등기부상의 소유명의자가 다시 변경된 경우에도 마찬가지로 적용된다고 봄이 상당하다(대판 전합체 2009.7.16, 2007다15172 · 15189).

③ 취득시효완성 후 그 등기 전에 제3자에게 소유권이전등기가 경료되었다가 그 후 취득시효완성 당시의 소유자에게로 소유권이 회복된 경우 시효취득을 주장할 수 있을까?

정답 | 취득시효완성 후 그 등기 전에 제3자에게 소유권이전등기가 경료된 경우에도 여전히 시효완성 당시의 소유자에게 소유권이전등기청구권을 가지고 있으므로 후에 취득시효완성 당시의 소유자에게로 소유권이 회복되었다면 이미 가지고 있던 소유권이전등기청구권을 행사하면 된다. 즉, 시효취득을 주장할 수 있다.

④ 대상청구권

㉠ 점유취득시효가 완성되었으나 소유권이전등기의무가 이행불능이 된 경우(수용), 그 불능 전에 등기명의자에 대하여 시효취득자가 부동산소유권 취득시효가 완성되었음을 이유로 그 권리를 주장한 경우에만 대상청구권을 인정한다. 따라서 이행불능 전에 권리를 행사하지 않았던 경우에는 대상청구권이 인정되지 않는다.

ⓛ 판례: 대상청구권을 행사하기 위하여는, 그 이행불능 전에 등기명의자에 대하여 점유로 인한 부동산 소유권 취득기간이 만료되었음을 이유로 그 권리를 주장하였거나 그 취득기간 만료를 원인으로 한 등기청구권을 행사하였어야 하고, 그 이행불능 전에 그와 같은 권리의 주장이나 행사에 이르지 않았다면 대상청구권을 행사할 수 없다(대판 1996.12.10, 94다43825).

2. 시효완성자(乙)와 시효완성 당시 소유자(甲) 사이의 법률관계

(1) 채무불이행책임

부동산 점유자에게 시효취득으로 인한 소유권이전등기청구권이 있다고 하더라도 이로 인하여 부동산 소유자와 시효취득자 사이에 계약상의 채권·채무관계가 성립하는 것은 아니므로 그 부동산을 처분한 소유자에게 채무불이행책임을 물을 수 없다(대판 1995.7.11, 94다4509).

(2) 불법행위책임

① 甲이 乙의 시효완성 사실을 모르고 제3자 丙에게 처분한 경우: 시효완성자 乙은 시효완성 당시의 소유자 甲에게 불법행위책임을 물을 수 없다.

② 甲이 乙의 시효완성 사실을 알고 처분한 경우: 시효완성자 乙은 시효완성 당시의 소유자 甲에게 불법행위책임을 물을 수 있다.

4 시효완성 전에 점유의 승계가 있는 경우

시효완성 전에 점유의 승계가 있고 점유기간을 합산하여 20년을 경과한 경우, 즉 점유자 乙이 시효를 완성하기 전에 그 점유를 제3자 丙에게 승계해 준 경우에는 점유의 승계인인 제3자 丙은 시효완성을 주장할 수 있다. 즉, 제3자 丙은 시효완성 당시 소유자 甲에게 직접 소유권이전등기청구권을 행사할 수 있다.

5 시효완성 후 등기 전에 시효완성자 乙이 제3자 丙에게 처분하고 점유를 승계해 준 경우

(1) 점유를 승계한 丙은 甲을 상대로 소유권이전등기청구권을 직접 행사할 수 있을까?

정답 | ① 점유승계인 丙이 자신의 취득시효가 아니라 전 점유자 乙의 취득시효완성의 효과를 주장하는 경우: 점유승계인 丙은 취득시효의 효과까지 승계하는 것은 아니므로 乙의 취득시효완성의 효과를 주장하여 甲에게 직접 이전등기청구권을 행사할 수는 없고 단지 시효완성자 乙의 소유권이전등기청구권을 대위행사할 수 있을 뿐이다.

② 점유승계인 丙이 자신의 취득시효완성을 주장하는 경우: 전(全) 점유기간 중에 소유자의 변동이 없다면 기산점을 임의로 선택할 수 있으므로 취득시효가 완성된 이후에 시효완성자로부터 점유를 승계한 현재의 점유자 丙은 현재의 시점으로부터 역산하여 20년 전의 시점을 기산점으로 삼아 자신의 취득시효를 주장할 수 있다. 즉, 시효완성 당시 소유자 甲을 상대로 직접 소유권이전등기를 청구할 수 있다.

(2) 시효완성자 乙이 취득한 소유권이전등기청구권의 소멸시효가 진행할까?

정답 | ① 시효완성자가 계속 점유·사용하고 있는 경우: 시효완성자 乙이 계속 점유·사용하고 있는 경우에는 권리행사로 볼 수 있으므로 소멸시효는 진행하지 않는다.

② 시효완성자가 제3자에게 처분하여 점유를 상실한 경우: 시효완성자 乙이 제3자 丙에게 처분하여 그 점유를 제3자 丙이 승계하고 乙이 점유를 상실한 경우에는 그때부터 소멸시효는 진행한다. 그러나 점유를 상실했다고 해서 이미 취득한 소유권이전등기청구권이 즉시 소멸하는 것은 아니고 10년이 경과하면 소멸한다.

6 적중판례

원소유자가 취득시효의 완성 이후 그 등기가 있기 전에 그 토지를 제3자에게 처분하거나 제한물권의 설정, 토지의 현상 변경 등 소유자로서의 권리를 행사하였다 하여 시효취득자에 대한 관계에서 불법행위가 성립하는 것이 아님은 물론 위 처분행위를 통하여 그 토지의 소유권이나 제한물권 등을 취득한 제3자에 대하여 취득시효의 완성 및 그 권리취득의 소급효를 들어 대항할 수도 없다 할 것이니, 이 경우 시효취득자로서는 원소유자의 적법한 권리행사로 인한 현상의 변경이나 제한물권의 설정 등이 이루어진 그 토지의 사실상 혹은 법률상 현상 그대로의 상태에서 등기에 의하여 그 소유권을 취득하게 된다. 따라서 시효취득자가 원소유자에 의하여 그 토지에 설정된 근저당권의 피담보채무를 변제하는 것은 시효취득자가 용인하여야 할 그 토지상의 부담을 제거하여 완전한 소유권을 확보하기 위한 것으로서 그 자신의 이익을 위한 행위라 할 것이니, 위 변제액 상당에 대하여 원소유자에게 대위변제를 이유로 구상권을 행사하거나 부당이득을 이유로 그 반환청구권을 행사할 수는 없다(대판 2006.5.12, 2005다75910).

중요 쟁점 한눈에 파악하기

1. 시효완성자(乙)와 시효완성 당시의 소유자(甲)의 법률관계

- **甲이 乙에게 부당이득반환청구** 가능 여부 : 청구 X / 취득시효기간 중 임대, 임료는 乙 취득 O
- **甲이 乙에게 불법행위 손해배상청구** 가능 여부 : 청구 X
- **甲이 乙에게 토지인도와 건물철거청구** 가능 여부 : 청구 X
- 甲 명의의 등기가 **무효등기**인 경우
  (1) 甲은 소유권이전등기청구의 상대방 X: 乙은 甲(진정소유자 X)을 상대로 소유권이전등기청구 X
  (2) 乙은 소유자를 대위해서 말소등기청구 O(직접 말소청구 X)
- 甲이 무단으로 담장을 설치한 경우 : 乙은 담장철거청구 O(점유권에 근거)

2. 시효완성 전에 소유자가 변경된 경우의 법률관계

- 乙이 새로운 소유자에게 취득시효 주장 가능 여부 : 주장 O
- 취득시효기간 만료 전 소유자변경이 시효중단사유인지 여부 : 취득시효중단 X
- **시효진행 중 부동산이 전전양도된 후 시효완성된 경우** : 시효완성한 자는 최종등기명의인에게 소유권이전등기청구 O

3. 시효완성 후에 소유자가 변경된 경우의 법률관계

(1) 시효완성자(乙)와 제3자(丙)의 법률관계

- 원칙 : 乙은 丙에게 취득시효 주장 X
- 예외 : 취득시효 주장 O
  ① 제3자의 등기가 무효등기인 경우: 乙은 직접말소 X, 甲을 대위말소 O
  ② 제3자가 상속인인 경우: 乙은 직접 소유권이전등기청구 O
  ③ 甲이 다시 소유권을 회복한 경우: 乙은 甲에게 소유권이전등기청구 O
  ④ 재취득시효: 乙은 소유권이전등기청구 O

(2) **대상청구권** — 인정 O : 불능 전(수용 전)에 권리를 주장한 경우

— 시효완성 후 등기 전에 수용된 경우 : 시효완성자는 보상금청구권의 양도청구 O

(3) 시효완성자(乙)와 시효완성 당시의 소유자(甲)의 법률관계

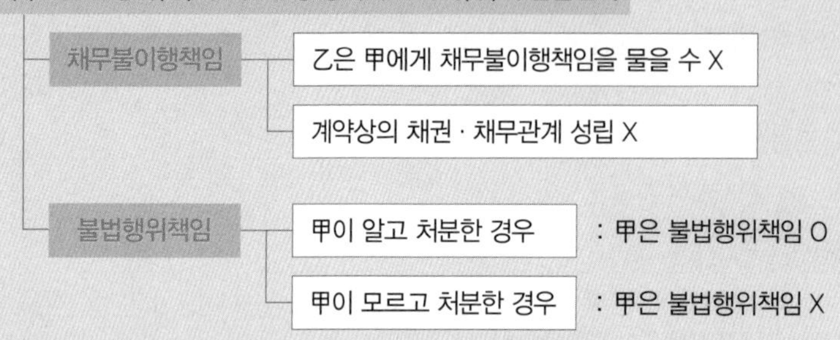

4. 시효완성 전에 점유자가 변경된 경우의 법률관계

: 점유를 승계한 사람은 시효완성 주장 O

5. 시효완성 후 점유자의 변경(제3자 丙이 점유승계)

- 丙이 甲에게 **직접등기청구** 가능 여부
  - 丙이 乙의 취득시효완성의 효과 주장 : 丙은 직접 X, 乙을 대위청구 O
  - 丙이 자신의 취득시효완성의 효과 주장 : 丙은 甲에게 직접 등기청구 O
- 소유권이전등기청구권의 **소멸시효진행** 여부
  - 乙이 계속 점유, 사용하고 있는 경우 : 소멸시효 진행 X
  - 乙이 점유를 상실한 경우 : 소멸시효 진행 O(점유를 상실한 때부터) / 즉시소멸 X, 10년 후에 소멸

6. 관련 중요판례

시효완성 후, 甲이 제3자에게 근저당권을 설정하고 이후 시효완성자 乙이 채무를 변제한 경우, 乙은 甲에게 구상권을 행사하거나 부당이득반환을 청구할 수 있는지 여부 ➡ 乙 자신을 위한 행위이기 때문에 甲에게 구상권이나 부당이득반환청구권 행사 X

기출로 포인트 정리

출제예상 OX지문

❶ 취득시효로 인한 소유권취득의 효과는 점유를 개시한 때에 소급한다. (O | X) 22회

❷ 취득시효완성 후 이전등기 전에 제3자 앞으로 소유권이전등기가 경료되면 시효취득자는 등기명의자에게 시효취득을 주장할 수 없음이 원칙이다. (O | X) 22회

❸ 취득시효완성 후 등기 전에 원소유자가 시효완성된 토지에 저당권을 설정하였고, 등기를 마친 시효취득자가 피담보채무를 변제한 경우, 원소유자에게 부당이득반환을 청구할 수 있다. (O | X) 31회

❹ 취득시효완성 후 소유권이전등기를 마치지 않은 시효완성자는 소유자에 대하여 취득시효 기간 중의 점유로 발생한 부당이득의 반환의무가 없다. (O | X) 32회

대표기출

부동산의 점유취득시효에 관한 설명으로 틀린 것은? (다툼이 있으면 판례에 따름)

24회

① 시효취득자는 취득시효의 완성으로 바로 소유권을 취득할 수 없고, 이를 원인으로 소유권이전등기청구권이 발생할 뿐이다.

② 시효취득자의 점유가 계속되는 동안 이미 발생한 소유권이전등기청구권은 시효로 소멸하지 않는다.

③ 시효취득으로 인한 소유권이전등기청구권이 발생하면 부동산소유자와 시효취득자 사이에 계약상의 채권관계가 성립한 것으로 본다.

④ 등기부상 소유명의자가 진정한 소유자가 아니면 원칙적으로 그를 상대로 취득시효의 완성을 원인으로 소유권이전등기를 청구할 수 없다.

⑤ 취득시효 완성 후 시효취득자가 소유권이전등기절차 이행의 소를 제기하였으나 그 후 상대방의 소유를 인정하여 합의로 소를 취하한 경우, 특별한 사정이 없으면 이는 시효이익의 포기이다.

기출로 포인트 정리

쉬운 해설

출제예상 OX지문

❶ O 취득시효로 인한 소유권취득의 효력은 점유를 개시한 때에 소급한다(제247조 제1항).

❷ O 채권자는 물권자에게 대항할 수 없기 때문에 취득시효완성 후 이전등기 전에 제3자 앞으로 소유권이전등기가 경료되면 시효취득자(채권자)는 등기명의자(물권자)에게 시효취득을 주장할 수 없음이 원칙이다.

❸ X 시효취득자가 원소유자에 의하여 그 토지에 설정된 근저당권의 피담보채무를 변제하는 것은 시효취득자가 용인하여야 할 그 토지상의 부담을 제거하여 완전한 소유권을 확보하기 위한 것으로서 그 자신의 이익을 위한 행위라 할 것이니, 위 변제액 상당에 대하여 원소유자에게 대위변제를 이유로 구상권을 행사하거나 부당이득을 이유로 그 반환청구권을 행사할 수는 없다(대판 2006.5.12, 2005다75910).

❹ O 시효완성은 법률의 규정에 의해서 인정되는 정당한 행위이다. 따라서 시효완성자는 소유자에 대하여 취득시효 기간 중의 점유로 발생한 부당이득의 반환의무가 없다.

대표기출 정답 ③

③ 시효완성자가 시효완성 당시의 소유자를 상대로 소유권이전등기청구권을 취득하는 것은 법률의 규정(245조 제1항)에 의해 취득하는 권리이다. 이 경우 시효완성자와 시효완성 당시 소유자 사이에 계약관계가 성립하지는 않는다(대판 1995.7.11, 94다4509).

① 시효를 완성하면 소유권이전등기청구권이 발생하고 등기를 해야 비로소 소유권을 취득한다.

② 시효를 완성하면 소유권이전등기청구권이 발생하고 이 권리는 채권에 해당하므로 일반적으로 소멸시효에 걸린다. 다만, 시효취득자의 점유가 계속되고 있다면 그 자체가 권리의 행사이기 때문에 소멸시효는 진행하지 않는다. 따라서 소유권이전등기청구권은 시효로 소멸하지 않는다.

④ 시효완성 당시의 소유자의 등기가 무효등기라면 그를 상대로 직접 등기를 청구할 수는 없다. 이 경우 진정소유자의 말소등기청구권을 대위하고 순차적으로 소유권이전등기를 경료하여 소유권을 취득할 수 있다.

⑤ 상대방의 소유를 인정하여 합의로 소를 취하한 경우, 특별한 사정이 없으면 이는 시효이익의 포기이다.

출 제 포 인 트

055 등기부취득시효

[10개년 출제회차] 31회

시작이 쉬운 길잡이

Q 산하 씨 소유의 토지를 원인행위 없이 위조하여 소유권이전등기를 경료한 부자 씨가 아무것도 모르는 대운 씨에게 매도했고, 대운 씨 앞으로 이전등기가 되어 있습니다. 대운 씨는 소유의사로 10년간 평화롭고 공연히, 그리고 무단점유라는 사실을 모르고 과실 없이 점유하여 사용했습니다. 이 경우 대운 씨는 소유권을 취득할 수 있을까요?

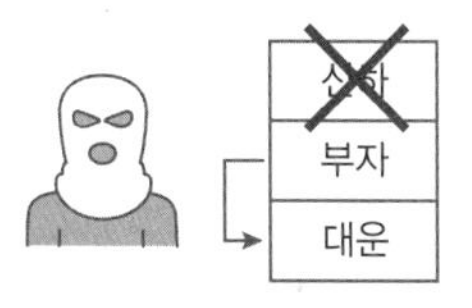

A 대운 씨는 10년이 지나면 즉시 소유권을 취득합니다. 이 제도를 등기부취득시효라고 합니다.

출제포인트의 중요 키워드는 본문에서 꼭 체크하세요 ▸ **등기부취득시효**

법령 체크

제245조【점유로 인한 부동산소유권의 취득기간】 ② 부동산의 소유자로 등기한 자가 10년간 소유의 의사로 평온, 공연하게 선의이며 과실 없이 그 부동산을 점유한 때에는 소유권을 취득한다.

1 점유자(시효취득자) 명의로 등기가 경료되어 있어야 한다.

(1) 점유자 명의의 등기는 유효한 등기여야 할까?

정답 | 무효등기를 기초로 등기부취득시효가 인정된다.

판례 | 등기부취득시효의 요건으로서의 소유자로 등기한 자라 함은 적법·유효한 등기를 마친 자일 필요는 없고 무효의 등기를 마친 자라도 상관없다(대판 1994.2.8, 93다23367). 즉, 무효등기를 통해서 등기부취득시효가 가능하다.

(2) 무효인 이중소유권보존등기나 이에 기초한 소유권이전등기를 근거로 등기부취득시효를 주장할 수 있을까?

정답 | 이중의 무효등기, 즉 무효인 중복등기를 기초로 해서는 등기부취득시효를 주장할 수 없다.

판례 | 어느 부동산에 관하여 등기명의인을 달리하여 소유권보존등기가 2중으로 경료된 경우 먼저 이루어진 소유권보존등기가 원인무효가 아니어서 뒤에 된 소유권보존등기가 무효로 되는 때에는, 뒤에 된 소유권보존등기나 이에 터잡은 소유권이전등기를 근거로 하여서는 등기부취득시효의 완성을 주장할 수 없다(대판 전합체 1996.10.17, 96다12511). 즉, 중복등기 중 선등기가 원인무효가 아니어서 후등기가 무효로 된 경우, 말소되지 않은 후등기를 근거로 등기부취득시효의 완성을 주장할 수 없다.

해설 | 무효등기를 통해서 등기부취득시효가 가능하지만 최소한 1부동산 1등기기록주의에는 위반하지 않아야 하므로, 이중등기여서 무효인 경우에는 그 등기를 기초로 등기부취득시효는 인정되지 않는다.

2 10년 동안의 점유와 등기

등기의 승계가 인정될까?

정답 | 등기의 승계가 인정된다.

판례 | 등기부취득시효에 관한 민법 제245조 제2항의 규정에 위하여 소유권을 취득하는 자는 10년간 반드시 그의 명의로 등기되어 있어야 하는 것은 아니고 앞 사람의 등기까지 아울러 그 기간 동안 부동산의 소유자로 등기되어 있으면 된다(대판 전합체 1989.12.26, 87다카2176). 즉, 부동산을 점유한 기간과 소유자로 등기된 기간은 각각 10년 이상이어야 하며, 점유의 승계와 마찬가지로 등기의 승계가 인정된다.

3 선의 그리고 무과실의 점유

(1) 점유취득시효에서는 선의 그리고 무과실의 점유는 요건이 아니었지만, 등기부취득시효에서는 선의 그리고 무과실의 점유가 요구(추가)된다.

(2) 선의 · 무과실의 점유는 점유개시 시에만 있으면 충분하고 전 시효기간 동안 계속되어야 하는 것은 아니다(대판 1986.5.27, 86다카280).

4 효과

(1) 위에서 살펴본 요건들이 충족되면 점유자는 즉시 소유권을 취득한다. 이미 등기가 경료되어 있으므로 소유권을 취득하기 위해서 별도로 등기할 필요는 없다. 그리고 점유취득시효와 동일하게 소유권 취득의 효과는 점유개시 시로 소급한다.

(2) 등기부취득시효가 완성된 후 점유자 명의의 등기가 말소되거나 적법한 원인 없이 다른 사람 앞으로 소유권이전등기가 경료된 경우, 점유자는 취득한 소유권을 상실하게 될까?

정답 | 이미 취득한 소유권을 상실하지 않는다.

판례 | 등기는 물권의 효력발생요건이고 효력존속요건이 아니므로 물권에 관한 등기가 원인 없이 말소된 경우에 그 물권의 효력에는 아무런 영향을 미치지 않는 것이므로, 등기부취득시효가 완성된 후에 그 부동산에 관한 점유자 명의의 등기가 말소되거나 적법한 원인 없이 다른 사람 앞으로 소유권이전등기가 경료되었다 하더라도, 그 점유자는 등기부취득시효의 완성에 의하여 취득한 소유권을 상실하는 것은 아니다(대판 2001.1.16, 98다20110).

해설 | 등기부취득시효가 완성되면 즉시 소유권을 취득한다. 그리고 시효완성 후 그 부동산의 소유권등기가 불법 말소되거나 적법한 원인 없이 제3자 명의로 소유권이전등기가 된 경우, 말소등기나 이전등기는 실체관계에 부합하지 않는 무효등기이고, 등기는 물권(소유권)의 효력존속요건은 아니므로 이미 취득한 소유권을 상실하지 않는다.

중요 쟁점 한눈에 파악하기

1. 점유자 명의의 등기 O
   - 유효등기, 무효등기 O
   - 이중의 무효등기 : 등기부취득시효 인정 X

2. 소유의사, 10년 동안 점유, 등기 : 등기의 승계 인정 O

3. 선의 그리고 무과실점유 : 점유개시 시에만 있으면 충분함

4. 시효완성 후 점유자 명의의 등기가 원인 없이 말소등기나 이전등기 : 소유권 상실 X

기출로 **포인트 정리**

출제예상 OX지문

❶ 부동산의 등기부취득시효를 주장하려면 당해 부동산의 점유자가 소유자는 아니지만 소유자로 등기되어 있어야 하는데, 여기서 등기기간은 반드시 10년간 그의 명의로 등기되어 있어야 하는 것은 아니고 전자(前者)명의의 등기기간까지 포함하여 10년이면 충분하다. (O | X) 11회

❷ 중복등기로 인해 무효인 소유권보존등기에 기한 등기부취득시효는 부정된다. (O | X) 31회

대표기출

甲 소유 부동산에 대한 점유자 乙의 시효취득에 관한 설명으로 틀린 것은? (다툼이 있으면 판례에 따름) 19회

① 乙의 점유취득시효가 완성되더라도 乙은 등기를 하여야 소유권을 취득한다.

② 등기부취득시효가 완성되기 위해서는 乙이 과실 없이 점유를 개시하여야 한다.

③ 乙이 등기부취득시효의 완성으로 시효취득한 후에 그 부동산에 관한 乙 명의의 등기가 불법 말소된 경우 乙은 소유권을 상실한다.

④ 점유취득시효완성 후 아직 乙 명의로 소유권이전등기가 경료되지 아니한 경우, 甲은 乙에 대하여 점유로 인한 부당이득반환을 청구할 수 없다.

⑤ 점유취득시효완성 후 일시적으로 丙에게 소유권이전등기가 되었다가 甲이 다시 소유권을 회복한 경우, 乙은 甲에게 시효완성을 주장할 수 있다.

출제예상 OX지문

❶ O 현재 점유자 명의의 등기기간과 전 점유자 명의의 등기기간을 합쳐서 10년이면 충분하다. 즉, 등기의 승계를 인정한다.

❷ O 등기부취득시효가 인정되기 위해서는 점유자 명의로 소유권등기가 되어야 하는데, 1부동산 1등기 기록주의에 부합해야 한다. 따라서 중복등기를 통해서는 등기부취득시효가 인정되지 않는다(대판 전합체 1996.10.17, 96다12511).

대표기출 정답 ③

③ 등기는 물권의 취득요건일 뿐 존속요건은 아니다. 따라서 시효완성자인 乙이 등기부취득시효의 완성으로 소유권을 취득한 이후에 그 부동산에 관한 乙 명의의 등기가 불법 말소된 경우에도 말소등기는 실체관계에 부합하지 않으므로 무효이다. 즉, 乙은 소유권을 상실하지 않는다(대판 2001.1.16, 98다20110).

① 부동산의 점유취득시효가 완성된 경우 시효완성자는 소유권을 취득하는 것이 아니라 단지 소유권이전등기청구권을 취득한다. 따라서 소유권을 취득하기 위해서는 등기를 경료해야 한다(제245조 제1항).

② 등기부취득시효가 완성되기 위해서는 선의 그리고 무과실이 요구된다. 따라서 乙이 과실 없이 점유를 개시하여야 한다(제245조 제2항).

④ 점유취득시효가 완성되면 시효완성자는 시효완성 당시 소유자에게 소유권이전등기청구권을 취득하며 시효완성 당시 소유자는 시효완성자에게 소유권이전등기의무를 부담하므로 의무자가 권리자를 상대로 부당이득반환을 청구하지는 못한다(판례). 따라서 甲은 시효완성자인 乙에게 점유로 인한 부당이득반환을 청구할 수 없다.

⑤ 시효완성자 乙은 甲에게 소유권이전등기청구권을 가지고 있고 甲은 여전히 乙에게 소유권이전 의무를 부담하고 있다. 따라서 점유취득시효완성 후 일시적으로 丙에게 소유권이전등기가 되었다가 甲이 다시 소유권을 회복한 경우, 시효완성자인 乙은 甲에게 시효완성을 주장할 수 있다. 즉, 소유권이전등기를 청구할 수 있다(판례).

출 제 포 인 트

056 무주물 선점, 유실물 습득, 매장물 발견

[10개년 출제회차] 33회

시작이 쉬운 길잡이

Q

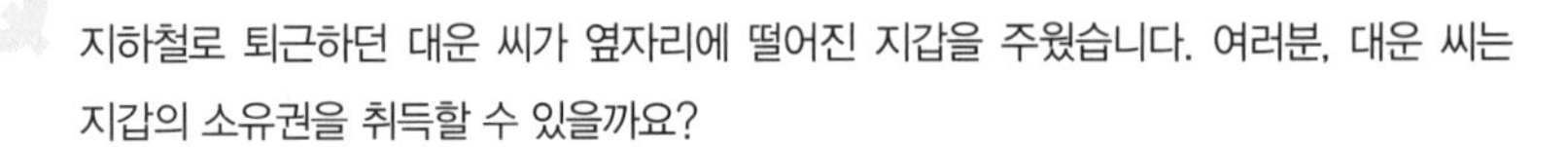
지하철로 퇴근하던 대운 씨가 옆자리에 떨어진 지갑을 주웠습니다. 여러분, 대운 씨는 지갑의 소유권을 취득할 수 있을까요?

A

타인이 잃어버린 물건을 유실물이라고 합니다. 이 유실물을 습득했다고 해서 즉시 소유권을 취득할 수는 없고 신고를 하고 공고 후 6개월 이내에 소유자가 없다면 대운 씨가 소유권을 취득합니다.

출제포인트의 중요 키워드는 본문에서 꼭 체크하세요 ▸ 무주물 선점, 유실물 습득, 매장물 발견

1 무주물 선점

법령 체크

제252조 【무주물의 귀속】 ① 무주의 동산을 소유의 의사로 점유한 자는 그 소유권을 취득한다.
② 무주의 부동산은 국유로 한다.
③ 야생하는 동물은 무주물로 하고 사양하는 야생동물도 다시 야생상태로 돌아가면 무주물로 한다.

(1) 요건

무주의 동산을 소유의 의사로 점유한 자는 그 소유권을 취득한다(제252조 제1항).

① **무주물이어야 한다**: 무주물이란 현재 소유자가 없는 물건을 말한다.

② **동산이어야 한다**: 선점의 대상이 되는 물건은 동산으로 한정된다. 즉, 무주의 동산만 선점의 대상이 된다. 그리고 무주의 부동산은 국유가 되므로 선점의 대상이 될 수 없다(제252조 제2항).

③ **소유의 의사로 점유해야 한다(자주점유)**: 무주의 동산을 소유의 의사로 점유해야 한다. 그리고 점유보조자나 점유매개자(직접점유자)를 통한 점유도 인정된다.

(2) 효과

① 위의 요건이 충족되면 선점자는 그 동산의 소유권을 취득하고(제252조 제1항), 이는 원시취득이다.

② 다만, 학술, 기예 또는 고고의 중요한 재료가 되는 동산은 선점의 대상이 되지 않으며 국유가 된다(제255조 제1항).

2 유실물 습득

법령 체크

제253조【유실물의 소유권 취득】 유실물은 법률에 정한 바에 의하여 공고한 후 6개월 내에 그 소유자가 권리를 주장하지 아니하면 습득자가 그 소유권을 취득한다.

(1) 요건

① 유실물일 것: 유실물이란 점유자의 의사에 의하지 않고 점유가 이탈된 물건으로 도품이 아닌 것을 말한다.

② 습득하였을 것: 습득은 유실물의 점유를 취득하는 것을 말하고 습득자에게 소유의 의사는 요하지 않는다. 그리고 습득자가 그 물건이 유실물이라는 사실을 인식하고 있을 필요도 없다.

③ 법률에 정한 바에 의하여 공고한 후 6개월의 경과: 「유실물법」이 정하는 바에 따라 공고하고 6개월 내에 그 소유자가 권리를 주장하지 않아야 한다.

(2) 효과

① 위 요건이 충족되면 습득자는 유실물의 소유권을 취득한다(제253조). 그러나 습득자가 습득일로부터 7일 이내에 경찰서에 제출하지 않으면, 소유권을 취득할 권리를 잃는다(유실물법 제9조).

② 습득한 유실물이 학술, 기예 또는 고고의 중요한 재료가 되는 동산, 즉 문화재인 경우에는 국유가 되므로 습득자가 소유권을 취득할 수 없다(제255조 제1항). 이때 습득자는 국가에 대하여 적당한 보상을 청구할 수 있다(제255조 제2항).

3 매장물 발견

법령 체크

제254조【매장물의 소유권 취득】 매장물은 법률에 정한 바에 의하여 공고한 후 1년 내에 그 소유자가 권리를 주장하지 아니하면 발견자가 그 소유권을 취득한다. 그러나 타인의 토지 기타 물건으로부터 발견한 매장물은 그 토지 기타 물건의 소유자와 발견자가 절반하여 취득한다.

(1) 요건

① 매장물일 것: 매장물이란 토지 그 밖의 물건(포장물) 속에 묻혀 있어서 외부에서 쉽게 발견할 수 없는 상태이고 현재 소유권자나 그의 상속인이 존재하지만 그 물건의 소유권이 누구에게 속하는지 분명하지 않은 물건을 말한다.

② 발견하였을 것: 발견했으면 충분하고 점유의 취득을 요하지 않는다.

③ 법률에 정한 바에 의하여 공고한 후 1년 내에 그 소유자가 권리를 주장하지 않아야 한다. 매장물에 대해서 「유실물법」이 준용되므로 법률이란 「유실물법」을 말한다.

(2) 효과

① 위 요건이 충족되면 발견자는 매장물의 소유권을 취득한다(제254조 본문). 매장물이 발견자의 소유물인 때에는 발견자가 매장물의 전부를 취득하나, 매장물이 타인의 소유물인 때에는 발견자와 매장물의 소유자가 절반하여 소유권을 취득한다(제254조 단서).

② 발견한 매장물이 학술, 기예 또는 고고의 중요한 재료, 즉 문화재인 경우에는 국유가 되므로 발견자가 소유권을 취득할 수 없다(제255조 제1항). 이때 발견자와 매장물의 소유자는 국가에 대하여 적당한 보상을 청구할 수 있다(제255조 제2항).

기출로 **포인트 정리**

출제예상 OX지문

❶ 무주(無主)의 부동산을 점유한 자연인은 그 부동산의 소유권을 즉시 취득한다.

(O | X) 33회

대표기출

자주점유와 타주점유에 관한 설명으로 틀린 것은? (다툼이 있으면 판례에 따름) 19회

① 자주점유는 무주물 선점에 의한 소유권 취득의 요건이 아니다.

② 권원의 성질상 자주점유인지 타주점유인지 불분명한 점유는 자주점유로 추정된다.

③ 피상속인의 점유가 소유의 의사가 없는 경우 그 상속으로 인한 점유도 타주점유이다.

④ 물건을 매수하여 점유하고 있으나 매매가 무효인 것을 모르는 매수인은 자주점유자이다.

⑤ 타주점유자가 새로운 권원에 기하여 소유의 의사를 가지고 점유를 시작했으면 그때부터 자주점유자가 된다.

출제예상 OX지문

❶ X 무주(無主)물 선점을 통한 소유권의 취득은 동산으로 한정된다(제252조).

대표기출 정답 ①

① 무주물을 선점함으로써 소유권을 취득하기 위해서는 소유의사로 점유를 해야 한다. 따라서 자주점유는 무주물 선점에 의한 소유권취득의 요건이다(제252조 제1항).

② 권원의 성질상 자주점유인지 타주점유인지 불분명한 경우에도 점유자를 보호하기 위해서 일단 그 점유는 자주점유로 추정된다(대판 2000.9.29, 99다50705).

③ 상속은 포괄승계이므로 상속인은 피상속인의 점유를 그대로 승계한다. 따라서 피상속인의 점유가 소유의 의사가 없는 타주점유라면 상속으로 인한 점유도 타주점유이다(판례).

④ 매수인의 점유는 특별한 사정이 없는 이상 자주점유이다. 따라서 물건을 매수하여 점유하고 있으나 매매가 무효인 것을 모르는 매수인은 자주점유자이다. 다만, 매매가 무효임을 알고 있다면 매수인의 점유는 보호가치가 없으므로 타주점유이다(판례).

⑤ 타주점유가 자주점유로 전환되기 위하여는 새로운 권원에 의하여 다시 소유의 의사로 점유하거나 자기에게 점유시킨 자에게 소유의 의사가 있음을 표시하면 된다(대판 1989.4.11, 88다카95).

출제포인트

057 부합

[10개년 출제회차] 28, 29, 30, 32회

시작이 쉬운 길잡이

Q 동철 씨 소유의 토지에 대운 씨가 동철 씨의 승낙 없이 무단으로 소나무를 심었습니다. 여러분, 대운 씨는 소나무의 소유권을 취득할 수 있을까요?

A 대운 씨가 무단으로 소나무를 심었기 때문에 소나무는 토지의 일부가 됩니다. 따라서 토지의 소유자인 동철 씨가 소나무의 소유권을 취득합니다. 이 경우 소나무는 토지에 부합되었다고 합니다.

출제포인트의 중요 키워드는 본문에서 꼭 체크하세요 ▸ 부합

1 의의

부합이란 소유자를 달리하는 수개의 물건이 결합하여 분리하는 것이 사회관념상 불가능하거나 어려운 경우에 이를 분리하지 않고 하나의 물건으로 인정하여 어느 특정인 소유로 인정하는 것을 말한다. 예컨대, 甲 소유 대지를 乙이 불법 점유하여 나무를 식재한 경우 나무는 토지에 부합하므로 甲이 나무의 소유권을 취득한다. 부합에는 부동산에 부합(제256조)과 동산 간의 부합(제257조)이 있다.

2 부동산에의 부합

법령 체크

제256조【부동산에의 부합】 부동산의 소유자는 그 부동산에 부합한 물건의 소유권을 취득한다. 그러나 타인의 권원에 의하여 부속된 것은 그러하지 아니하다.

1. 서설

부동산의 소유자는 그 부동산에 부합한 물건의 소유권을 취득한다(제256조 본문). 여기서 부합이란 결합한 물건을 분리하지 않고 하나의 부동산으로 인정하는 것을 말한다.

2. 요건

(1) 부합되는 물건

① 부합의 주된 물건은 토지나 건물 등 부동산이어야 한다. 그리고 이 부동산에 부합되는 물건이 동산으로 제한되는지 아니면 부동산도 포함되는지가 문제인데, 판례에 따르면 부동산에 부합하는 물건은 동산으로 제한되지 않고 부동산도 포함된다. 즉, 부동산 간에도 부합이 인정될 수 있다. 예컨대, 甲이 기존의 건물을 증축했고 증축부분이 구조상·이용상 독립성이 없다면 증축부분은 기존의 건물에 부합하여 하나의 건물로 인정된다(판례).

② 건물은 토지에 부착되어 있으나 토지와 별개의 독립된 부동산으로 토지의 부합물이 아니다.

(2) 부착의 정도

① 주된 물건인 부동산 또는 부합된 물건을 훼손하지 않으면 분리할 수 없거나 분리하는 데 많은 비용을 요하는 정도여야 한다. 그리고 판례에 따르면, 분리하게 되면 경제적 가치를 심히 감소시키는 경우도 포함한다.

② 판례: 주유소의 지하에 매설된 유류저장탱크를 토지로부터 분리하는 데 과다한 비용이 들고 이를 분리하여 발굴할 경우 그 경제적 가치가 현저히 감소할 것이 분명하다는 이유로, 그 유류저장탱크는 토지에 부합되었다. 즉, 부합물로 본다. 그리고 주유소의 주유기가 비록 독립된 물건이기는 하나 유류저장탱크에 연결되어 유류를 수요자에게 공급하는 기구로서 주유소 영업을 위한 건물이 있는 토지의 지상에 설치되었고 그 주유기가 설치된 건물은 당초부터 주유소 영업을 위한 건물로 건축되었다는 점 등을 종합하여 볼 때, 그 주유기는 계속해서 주유소 건물 자체의 경제적 효용을 다하게 하는 작용을 하고 있으므로 주유소 건물의 상용에 공하기 위하여 부속시킨 종물이다(대판 1995.6.29, 94다6345). 즉, 유류저장탱크는 주유소 부지의 부합물이지만 주유기는 독립성이 있으므로 부합물이 아니라 주유소 건물의 종물이다.

3. 효과

(1) 원칙

부동산의 소유자는 그의 부동산에 부합한 물건의 소유권을 취득하고(제256조 본문), 이것은 소유권을 새롭게 취득하는 원시취득이다. 그리고 부합되는 물건이 동산인 경우 그 동산의 가격이 주된 물건인 부동산의 가격을 초과하더라도 동산 소유자가 그 부합물(부동산)의 소유권을 취득하지는 못한다. 즉, 부동산 소유자가 합성물의 소유권을 취득한다. 따라서 동산의 소유권은 부동산의 소유자에게 귀속된다.

(2) 예외

① 부동산에 부합되는 물건이 타인의 권원에 의하여 부속된 것인 때에는, 그 부속물은 부동산 소유자의 소유가 아니라 부속시킨 자의 소유가 된다(제256조 단서). 여기서 권원이란 지상권, 전세권, 임차권 등과 같이 그 부동산을 점유하여 사용할 수 있는 권리를 의미한다. 따라서 지상권자가 지상권에 기하여 토지에 부속시킨 물건은 지상권자의 소유로 된다.

② 판례에 따르면, 민법 제256조 단서 소정의 '권원'이라 함은 지상권, 전세권, 임차권 등과 같이 타인의 부동산에 자기의 동산을 부속시켜서 그 부동산을 이용할 수 있는 권리를 뜻하므로, 그와 같은 권원이 없는 자가 토지소유자의 승낙을 받음이 없이 그 임차인의 승낙만을 받아 그 부동산 위에 나무를 심었다면 특별한 사정이 없는 한 토지소유자에 대하여 그 나무의 소유권을 주장할 수 없다(대판 1989.7.11, 88다카9067). 즉, 타인의 임야에 권한 없이(무단점유) 심은 수목은 임야에 부합하므로 임야소유자가 수목의 소유권을 취득한다.

③ 권원에 의해서 부속시킨 경우 부속시킨 자의 소유로 인정되기 위해서는 그 부속물은 독립성이 있어야 하므로 권원에 의해서 어느 부동산에 물건을 부속시켰을 지라도 그 부속물이 부동산과 일체를 이루는 구성부분이 된 때, 즉 독립성이 없는 경우에는 그 부속물은 부속시킨 자의 소유가 아니라 부합의 주된 물건인 부동산의 소유자가 소유권을 취득한다.

4. 부합의 특수문제

(1) 건물의 부합

토지와 건물은 서로 독립한 별개의 부동산이므로 건물이 토지에 부합하는 경우는 없다. 설령, 甲 소유 토지를 乙이 무단점유해서 건물을 신축한 경우에도 그 건물은 토지에 부합되지 않고 신축한 자인 乙 소유가 된다.

(2) 건물의 증축

건물을 증축한 경우 그 증축부분이 기존의 건물에 부합될까?

정답 | 증축부분이 구조상·이용상 독립성이 있는 경우에는 구분소유의사(구분행위)가 있다면 증축부분은 기존 건물에 부합하지 않는다. 그러나 구분소유의사(구분행위)가 없다면 증축부분은 기존 건물에 부합한다. 그리고 만약 구조상·이용상 독립성이 없다면 증축부분은 기존 건물에 부합한다.

① 독립성이 있는 경우

판례 | 1동의 건물 중 구분된 각 부분이 구조상·이용상 독립성을 가지고 있는 경우에 그 각 부분을 1개의 구분건물로 하는 것도 가능하고, 그 1동 전체를 1개의 건물로 하는 것도 가능하기 때문에, 이를 구분건물로 할 것인지 여부는 특별한 사정이 없는 한 소유자의 의사에 의하여 결정된다고 할 것이므로, 구분건물이 되기 위하여는 객관적·물리적인 측면에서 구분건물이 구조상·이용상의

독립성을 갖추어야 하고, 그 건물을 구분소유권의 객체로 하려는 의사표시, 즉 구분행위가 있어야 하는 것으로서, 소유자가 기존 건물에 증축을 한 경우에도 증축부분이 구조상·이용상의 독립성을 갖추었다는 사유만으로 당연히 구분소유권이 성립된다고 할 수는 없고, 소유자의 구분행위가 있어야 비로소 구분소유권이 성립된다고 할 것이며, 이 경우에 소유자가 기존 건물에 마쳐진 등기를 이와 같이 증축한 건물의 현황과 맞추어 1동의 건물로서 증축으로 인한 건물표시변경등기를 경료한 때에는 이를 구분건물로 하지 않고 그 전체를 1동의 건물로 하려는 의사였다고 봄이 상당하다(대판 1999.7.27, 98다35020).

② 독립성이 없는 경우: 기존 건물에 부합된 증축부분이 기존 건물에 대한 경매절차에서 경매목적물로 평가되지 아니한 경우 경락인이 증축부분의 소유권을 취득할 수 있을까?

정답 | 건물의 증축부분이 기존 건물에 부합하여 기존 건물과 분리하여서는 별개의 독립물로서의 효용을 갖지 못하는 이상 기존 건물에 대한 근저당권은 민법 제358조에 의하여 부합된 증축부분에도 효력이 미치는 것이므로, 기존 건물에 대한 경매절차에서 경매목적물로 평가되지 아니하였다고 할지라도 경락인은 부합된 증축부분의 소유권을 취득한다(대판 2002.10.25, 2000다63110).

③ 기존 건물에 저당권이 설정되어 있었고 이후에 건물을 증축한 경우 저당권의 효력이 증축부분에도 미칠까?

정답 | 만약 증축부분이 기존 건물에 부합되었다면 하나의 건물로 볼 수 있으므로 저당권의 효력은 증축부분에도 미칠 것이다. 그러나 증축부분이 기존 건물에 부합되지 않았다면 증축부분은 별개의 독립된 부동산이므로 저당권의 효력은 증축부분에 대해서는 미치지 않는다.

(3) 농작물의 부합

→ 성숙하여 독립한 물건으로서의 존재를 갖춘 농작물은 토지에 부합되지 않으므로 언제나 경작자 소유이다.

① 경작권 없이 경작한 입도의 소유권자는 누구일까?

→ 베기 전에 논에 세워 둔 벼

정답 | 적법한 경작권 없이 타인의 토지를 경작하였더라도 그 경작한 입도가 성숙하여 독립한 물건으로서의 존재를 갖추었으면 명인방법을 갖출 필요 없이 입도의 소유권은 경작자에게 귀속한다(대판 1979.8.28, 79다784).

② 수확되지 아니한 농작물(쪽파)을 거래행위로 소유권을 취득하기 위해서 명인방법을 갖추어야 할까?

정답 | 농작물의 경작자가 농작물의 소유권을 원시취득하는 경우에는 명인방법을 요하지 않지만, 매매 등(법률행위)으로 소유권을 취득하기 위해서는 명인방법을 요한다.

판례 | 물권변동에 있어서 형식주의를 채택하고 있는 현행 민법하에서는 소유권을 이전한다는 의사 외에 부동산에 있어서는 등기를, 동산에 있어서는 인도를 필요로 함과 마찬가지로 이 사건 쪽파와 같은 수확되지 아니한 농작물에 있어서는 명인방법을 실시함으로써 그 소유권을 취득한다(대판 1996.2.23, 95도2754).

(4) 수목 등의 부합

타인의 토지에 수목을 식재한 경우에 그 수목이 토지에 부합할까?

정답 | 정당한 권원에 의해서 수목을 심은 경우, 예컨대 임차인이 임차권에 의해서 수목을 심은 경우에는 토지에 부합하지 않으므로 수목의 소유권자는 임차인이지만, 정당한 권원 없이 무단으로 점유해서 수목을 심은 경우에는 그 수목은 토지에 부합하므로 토지소유자가 수목의 소유권을 취득한다. 즉, 적법한 권원 없이 타인의 토지에 식재한 수목의 소유권은 토지소유자에게 속한다.

3 동산 간의 부합

법령 체크

제257조【동산 간의 부합】 동산과 동산이 부합하여 훼손하지 아니하면 분리할 수 없거나 그 분리에 과다한 비용을 요할 경우에는 그 합성물의 소유권은 주된 동산의 소유자에게 속한다. 부합한 동산의 주종을 구별할 수 없는 때에는 동산의 소유자는 부합 당시의 가액의 비율로 합성물을 공유한다.

1. 요건

소유자가 다른 수개의 동산이 부합해서 훼손하지 아니하면 분리할 수 없거나 그 분리에 과다한 비용을 요하는 경우이다.

2. 효과

부합한 동산에서 어느 물건이 주된 동산이고 종된 동산인지 구별할 수 있을 때에는 주된 동산의 소유자가 합성물의 소유권을 취득한다(제257조 전단). 그러나 부합한 동산에서 어느 물건이 주된 동산이고 종된 동산인지 구별할 수 없을 때에는 각각의 동산소유자가 부합 당시의 가액의 비율로 합성물을 공유한다(제257조 후단).

기출로 포인트 정리

출제예상 OX지문

❶ 건물에 부합된 증축부분이 경매절차에서 경매목적물로 평가되지 않은 때에는 매수인은 그 소유권을 취득하지 못한다. (O | X) 29회

❷ 증축된 부분이 기존의 건물과 구조상·이용상 독립성이 없는 경우, 그 부분은 기존의 건물에 부합한다. (O | X) 32회

대표기출

부합에 관한 설명으로 옳은 것을 모두 고른 것은? (다툼이 있으면 판례에 따름) 28회

㉠ 지상권자가 지상권에 기하여 토지에 부속시킨 물건은 지상권자의 소유로 된다.
㉡ 적법한 권원 없이 타인의 토지에 경작한 성숙한 배추의 소유권은 경작자에게 속한다.
㉢ 적법한 권원 없이 타인의 토지에 식재한 수목의 소유권은 토지소유자에게 속한다.
㉣ 건물임차인이 권원에 기하여 증축한 부분은 구조상·이용상 독립성이 없더라도 임차인의 소유에 속한다.

① ㉠
② ㉡, ㉣
③ ㉠, ㉡, ㉢
④ ㉡, ㉢, ㉣
⑤ ㉠, ㉡, ㉢, ㉣

기출로 **포인트 정리**

쉬운 해설

출제예상 OX지문

❶ X 증축부분이 기존의 건물에 부합하면 건물과 하나로 볼 수 있으므로 설령 증축부분이 경매절차에서 경매목적물로 평가되지 않은 때에도 매수인(경락인)은 그 소유권을 취득한다.

❷ O 증축된 부분이 기존의 건물과 구조상·이용상 독립성이 없는 경우, 그 부분은 하나의 독립된 건물로 볼 수 없기 때문에 기존의 건물에 부합한다.

대표기출 정답 ③

㉠ 권원에 의해서 부속시킨 경우에는 부속시킨 자의 소유이다(제256조). 따라서 지상권자가 지상권에 기하여 토지에 부속시킨 물건은 지상권자의 소유로 된다.

㉡ 농작물은 적법 점유인지 무단점유인지를 불문하고 토지에 부합하지 않고 언제나 경작자 소유이다.

㉢ 적법한 권원 없이 타인의 토지에 식재한 수목은 토지에 부합하기 때문에 수목의 소유권은 토지소유자에게 속한다(대판 1970.11.30, 68다1995).

㉣ 건물임차인이 권원에 기하여 증축한 부분이라도 구조상·이용상 독립성이 없으면 건물에 부합하기 때문에 임대인의 소유에 속한다.

출 제 포 인 트

058 소유권에 기한 물권적 청구권

[10개년 출제회차] 26회

시작이 쉬운 길잡이

Q 경기도 양평에 전원주택지를 소유하고 있는 대운 씨가 1년만에 가봤더니 이웃주민 동철 씨가 무단점유해서 사용하고 있었습니다. 여러분, 이 경우 대운 씨는 어떻게 해야 할까요?

A 대운 씨의 소유권이 침해를 받았기 때문에 대운 씨는 소유권에 근거해서 토지의 반환을 청구할 수 있어야 합니다. 이 권리를 소유권에 기한 반환청구권이라고 합니다.

❗ 출제포인트의 중요 키워드는 본문에서 꼭 체크하세요 ▸ **소유물반환청구권, 방해제거청구권, 방해예방청구권**

1 소유물반환청구권

법령 체크

제213조【소유물반환청구권】 소유자는 그 소유에 속한 물건을 점유한 자에 대하여 반환을 청구할 수 있다. 그러나 점유자가 그 물건을 점유할 권리가 있는 때에는 반환을 거부할 수 있다.

예컨대, 甲 소유 토지를 乙이 불법으로 점유하고 있는 경우 甲의 소유권의 내용실현이 침해받고 있으므로 이 침해로부터 회복하기 위해서 甲은 乙 상대로 토지반환을 청구할 수 있다. 그러나 乙이 임차권에 기해서 토지를 점유하고 있다면 乙은 토지를 점유할 권리가 있으므로 乙은 甲에게 토지 반환을 거부할 수 있다.

1. 의의

소유권자는 자기소유 물건을 정당한 권원 없이 무단으로 점유하고 있는 점유자를 상대로 그 물건의 반환을 청구할 수 있다.

2. 요건

(1) 청구권자(주체)

① 소유물반환청구권을 행사할 수 있는 자는 소유자이고 법적 의미의 소유자이면 충분하다. 예컨대, 甲 소유 토지를 乙이 경락받아 매각대금을 완납했지만 소유권이전등기를 경료하지 않은 상태에서 제3자 丙이 그 토지를 무단으로 점유한 경우 乙은 등기를 경료

하지 않았지만 법적으로 이미 소유권을 취득했으므로 丙을 상대로 소유권에 기한 반환 청구권을 행사할 수 있다.

② 신축 건물을 매수하였으나 아직 소유권이전등기를 갖추지 못한 자가 그 건물의 불법점유자에 대하여 직접 자신의 소유권 등에 기하여 명도를 청구할 수 있을까? 즉, 등기를 경료하지 않은 부동산 매수인이 불법점유자에게 직접 소유물반환청구권을 행사할 수 있을까?

정답 | 매매를 통해서 부동산의 소유권을 취득하기 위해서는 매수인이 소유권이전등기를 경료해야 하므로 등기를 경료하지 않은 부동산 매수인은 법적 의미의 소유자가 아니므로, 무단점유자를 상대로 소유권에 기한 반환청구권을 직접 행사하지 못하고 매도인(법적 의미의 소유자)이 가지고 있는 소유물반환청구권을 대위행사할 수밖에 없다.

판례 | 건물을 신축하여 그 소유권을 원시취득한 자로부터 그 건물을 매수하였으나 아직 소유권이전등기를 갖추지 못한 자는 그 건물의 불법 점거자에 대하여 직접 자신의 소유권 등에 기하여 명도를 청구할 수는 없다(대판 2007.6.15, 2007다11347).

③ 유효인 명의신탁약정에서 신탁자가 수탁자를 대위함이 없이 제3자에 대하여 직접 신탁재산에 대한 침해의 배제를 구할 수 있을까?

정답 | 명의신탁약정이 유효인 경우에는 대외적으로 수탁자가 소유권자이므로 수탁자가 침해자를 상대로 물권적 청구권을 행사할 수 있고, 신탁자는 소유자가 아니므로 직접 행사하지 못하고 수탁자를 대위할 수밖에 없다.

④ 무효인 명의신탁약정에서 소유권에 기한 물권적 청구권을 행사할 수 있는 자는 누구일까?

정답 | 명의신탁약정이 무효이면 물권변동자체가 무효이므로 대내적으로 대외적으로 모두 명의신탁자가 소유자이다. 따라서 명의신탁자가 물권적 청구권을 행사할 수 있다.

(2) 상대방

① 소유물반환청구권 행사의 상대방은 현재의 무단점유자(직접점유자, 간접점유자)이다.

② 목적물을 현실적으로 점유하고 있지 않은 자를 상대로 불법점유를 이유로 명도 또는 인도청구를 할 수 있을까?

정답 | 인도청구를 하지 못한다.

판례 | 불법점유를 이유로 하여 그 명도 또는 인도를 청구하려면 현실적으로 그 목적물을 점유하고 있는 자를 상대로 하여야 하고 불법점유자라 하여도 그 물건을 다른 사람에게 인도하여 현실적으로 점유를 하고 있지 않은 이상, 그 자를 상대로 한 인도 또는 명도청구는 부당하다(대판 1999.7.9, 98다9045).

③ 점유보조자가 퇴거청구의 상대방이 될 수 있을까?

정답 | 점유보조자는 점유자가 아니므로 소유물반환청구권의 상대방이 될 수 없다.

④ 간접점유자도 점유자이므로 소유물반환청구권의 상대방이 될 수 있다.

⑤ 점유자가 그 물건을 점유할 권리가 있는 때에는 적법점유로서 반환을 거부할 수 있다. 예컨대, 점유자가 지상권, 전세권, 임차권, 유치권, 질권, 동시이행의 항변권 등을 가지고 있는 경우에는 소유자의 소유물반환청구에 대해서 거절할 수 있다.

⑥ 점유자의 고의 또는 과실 등의 귀책사유는 불문한다.

2 소유물 방해제거청구권

법령 체크

제214조【소유물방해제거, 방해예방청구권】 소유자는 소유권을 방해하는 자에 대하여 방해의 제거를 청구할 수 있고 소유권을 방해할 염려 있는 행위를 하는 자에 대하여 그 예방이나 손해배상의 담보를 청구할 수 있다.

1. 요건

(1) 청구권자

청구권자는 소유권의 내용의 실현이 점유의 상실 이외의 방법으로 방해받고 있는 현재의 소유자이다. 따라서 소유권을 상실한 전 소유자는 물권적 청구권을 행사할 수 없다.

(2) 상대방

① 방해제거청구권의 상대방은 소유권의 내용실현을 현재 방해하고 있는 자이다. 여기서 방해는 현재에도 지속되고 있는 침해를 의미(현재 계속되어야 한다)하기 때문에 과거에 방해를 한 자이더라도 현재 그 방해상태를 지배하고 있지 않으면 상대방이 되지 않는다.

② 판례에 따르면 건물철거는 그 소유권의 종국적 처분에 해당하는 사실행위이므로 원칙적으로는 그 소유자(등기명의자)에게만 그 철거처분권이 있다고 할 것이나 그 건물을 매수하여 점유하고 있는 자는 등기부상 아직 소유자로서의 등기명의가 없다 하더라도 그 권리의 범위 내에서 그 점유 중인 건물에 대하여 법률상 또는 사실상 처분을 할 수 있는 지위에 있으므로 그 건물의 건립으로 불법점유를 당하고 있는 토지소유자는 위와 같은 지위에 있는 건물 점유자에게 그 철거를 구할 수 있다(대판 1986.12.23, 86다카1751).

③ 말소등기에 갈음하여 허용되는 진정명의회복을 원인으로 한 소유권이전등기청구권과 무효등기의 말소청구권은 어느 것이나 진정한 소유자의 등기명의를 회복하기 위한 것으로서 실질적으로 그 목적이 동일하고, 두 청구권 모두 소유권에 기한 방해배제청구권으로서 그 법적 근거와 성질이 동일하다(대판 전합체 2001.9.20, 99다37894)

④ 방해자의 고의 또는 과실 등의 귀책사유는 불문한다.

2. 효과

위의 요건이 모두 충족되면 소유자는 현재 소유권을 방해하고 있는 자에 대해서 방해의 제거를 청구할 수 있다. 예컨대 甲 소유 토지를 乙이 무단으로 점유해서 건물을 신축한 경우, 甲의 소유권의 내용실현이 乙에 의해서 방해를 받고 있으므로 甲은 乙을 상대로 건물철거를 청구할 수 있다.

3 소유물 방해예방청구권

법령 체크

제214조【소유물방해제거, 방해예방청구권】 소유자는 소유권을 방해하는 자에 대하여 방해의 제거를 청구할 수 있고 소유권을 방해할 염려 있는 행위를 하는 자에 대하여 그 예방이나 손해배상의 담보를 청구할 수 있다.

1. 요건

(1) 청구권자

청구권자는 소유권 행사에 방해받을 염려가 있는 소유권자이다.

(2) 상대방

현재는 소유권의 내용실현을 방해하고 있지는 않지만 장차 방해하는 행위를 할 염려가 있는 자이다.

(3) 방해의 염려

현재는 방해상태가 발생하지 않았지만 장래에 방해상태가 생길 염려가 있어야 한다. 판례에 따르면, 소유물 방해예방청구권은 방해의 발생을 기다리지 않고 현재 예방수단을 취할 것을 인정하는 것이므로, 그 방해의 염려가 있다고 하기 위하여는 방해예방의 소에 의하여 미리 보호받을 만한 가치가 있는 것으로서 객관적으로 근거 있는 상당한 개연성을 가져야 할 것이고 관념적인 가능성만으로는 이를 인정할 수 없다(대판 1995.7.14, 94다50533).

2. 효과

(1) 소유자는 방해의 예방 또는 손해배상의 담보를 청구할 수 있다(제214조 후문). 주의할 점은 위의 권리를 함께 행사할 수는 없고 방해의 예방 또는 손해배상의 담보의 청구 중 어느 하나를 선택적으로 행사할 수 있다는 점이다.

(2) 방해의 예방은 방해의 염려를 생기게 할 원인을 미리 제거해서 장래 발생할 수 있는 방해를 방지하는 것이다. 예컨대 甲이 토지 위에 건물을 건축하기 위해서 지반공사를 하는데 이웃집의 붕괴를 막기 위해서 축대를 쌓는 경우이다.

기출로 **포인트 정리**

출제예상 OX지문

❶ 소유물의 점유를 침탈당한 소유자는 본권을 이유로 반환청구하거나 점유회수를 청구할 수 있다. (O | X) 20회

대표기출

소유권에 기한 물권적 청구권에 관한 설명으로 옳은 것은? (다툼이 있으면 판례에 따름) 21회

① 미등기건물의 매수인은 건물의 매매대금을 전부 지급한 경우에는 불법점유자에 대해 직접 소유물반환청구를 할 수 있다.

② 소유자 아닌 자의 명의로 무효인 소유권보존등기가 경료된 후 이에 기초하여 저당권이 설정된 경우, 소유자는 보존등기의 말소를 청구할 수 없다.

③ 甲이 자신의 토지 위에 무단으로 건축한 乙을 상대로 건물철거소송을 제기한 후 甲이 丙에게 토지소유권을 이전했더라도, 甲이 소유물 방해배제청구권을 상실하는 것은 아니다.

④ 乙이 소유자 甲으로부터 토지를 매수하고 인도받았으나 등기를 갖추지 않고 다시 丙에게 이를 전매하고 인도한 경우, 甲은 丙에게 소유물반환청구를 할 수 있다.

⑤ 甲 소유의 건물에 乙 명의의 저당권설정등기가 불법으로 경료된 후 丙에게 저당권이전등기가 경료되었다면, 甲은 丙을 상대로 저당권설정등기의 말소를 청구할 수 있다.

기출로 **포인트 정리**

출제예상 OX지문

❶ O 소유자가 점유하고 있는 경우에는 소유권과 점유권이 있고 서로 별개의 물권이므로 소유물의 점유를 침탈당한 소유자는 본권을 이유로 반환청구하거나 점유회수를 청구할 수 있다.

대표기출 정답 ⑤

⑤ 甲 소유의 건물에 乙 명의의 저당권설정등기가 불법으로 경료되었다면 무효등기이고 丙에게 저당권이전등기가 경료된 경우에도 무효등기이다. 따라서 소유자 甲은 물권적 방해배제청구권으로 丙을 상대로 저당권설정등기의 말소를 청구할 수 있다.

① 미등기건물의 매수인은 건물의 매매대금을 전부 지급한 경우에도 소유권이 없기 때문에 불법점유자에 대해 직접 소유물반환청구를 할 수 없다.

② 무효인 보존등기에 기초한 저당권등기도 무효등기이기 때문에 소유자는 무효인 보존등기의 말소를 청구할 수 있다.

③ 소유권을 상실한 전 소유자는 더 이상 물권자가 아니기 때문에 물권적 청구권을 행사할 수 없다. 따라서 甲은 더 이상 소유자가 아니기 때문에 소유물 방해배제청구권을 상실한다.

④ 매수인 乙이 소유자 甲으로부터 매수하고 인도받았으나 등기를 갖추지 않고 다시 丙에게 이를 전매하고 인도한 경우, 丙은 매수인으로 점유·사용권이 있는 적법점유자에 해당하기 때문에 甲은 丙에게 소유물반환청구를 할 수 없다.

출제포인트

059 공유

[10개년 출제회차] 24, 25, 27, 28, 29, 30, 31, 32, 33회

시작이 쉬운 길잡이

Q 부모님이 돌아가시고 3형제가 전원주택을 상속받았습니다. 여러분, 전원주택은 누가 소유하게 될까요?

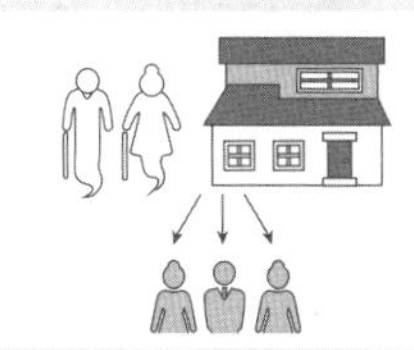

A 3형제가 동일한 지분(몫)을 가지고 공동으로 소유하게 되는데 이런 소유형태를 공유라고 합니다.

출제포인트의 중요 키워드는 본문에서 꼭 체크하세요 ▸ **공유, 합유, 총유**

1 총설

1. 공동소유의 의의

하나의 물건을 1인이 소유하는 경우를 단독소유라고 하고 하나의 물건을 2인 이상의 다수인이 공동으로 소유하는 경우를 공동소유라고 한다.

2. 공동소유의 유형(모습)

민법이 규정하는 공동소유의 유형은 공유, 합유, 총유 3가지가 있다. 이들의 구별은 하나의 물건을 2인 이상의 다수인이 공동으로 소유할 때에 그들 사이의 인적 결합관계의 정도에 따른 분류이다.

(1) 공유

공유는 그들 사이에 아무런 공동의 목적이 없이(인적 결합관계가 없음) 단지 지분을 가지고 하나의 물건을 공동으로 소유하는 형태를 말한다. 공동의 목적이 없으므로 공동소유하고 있는 목적물에 대한 각 공유자의 지배권한은 서로 완전히 자유롭고 독립적이다. 따라서 각 공유자는 자신의 지분을 자유롭게 처분할 수 있다(지분처분의 자유). 또한, 각 공유자는 자유롭게 공유물 분할을 청구할 수 있으므로 언제든지 공유관계를 소멸시키고 각자의 단독소유로 전환시킬 수 있다.

(2) 합유

합유는 2인 이상이 공동의 목적으로 하나의 물건을 지분의 형태로 소유하는 경우를 말한다. 즉, 조합의 소유형태를 의미한다. 공동의 목적이 있으므로 각 구성원에게 지분처분의 자유는 인정되지 않고 또한 조합관계가 종료할 때까지는 각 구성원들은 합유물의 분할을 청구하지도 못한다. 즉, 공유와 달리 합유물 분할의 자유는 인정되지 않는다.

(3) 총유

총유는 권리능력 없는 사단의 소유형태를 말한다. 단체가 총유물의 관리, 처분권한을 가지고 단체의 구성원은 단지 그 물건의 사용·수익권능만 가지게 된다.

2 공유지분

1. 지분의 비율

법령 체크

제262조【물건의 공유】 ② 공유자의 지분은 균등한 것으로 추정한다.

(1) 각 공유자가 가지는 지분의 비율은 각 공유자 사이의 의사표시의 합치(약정) 또는 법률의 규정에 의해 정해지는데, 만약 지분의 비율이 불분명하다면 공유자의 지분은 균등한 것으로 추정된다.

(2) 등기부상의 지분과 실제의 지분이 다른 경우의 기준

제3자에 대한 관계에서는 등기부상의 지분을 기준으로 하므로 실제 지분을 가지고 제3자에게 대항하지 못한다. 그러나 등기부상 지분과 실제의 지분이 다른 경우 원래의 공유자들 사이에서는 실제 지분을 기준으로 한다.

2. 지분의 처분 → 공유지분에 대한 처분의 자유가 있다.

법령 체크

제263조【공유지분의 처분과 공유물의 사용, 수익】 공유자는 그 지분을 처분할 수 있고 공유물 전부를 지분의 비율로 사용, 수익할 수 있다.

(1) 지분의 처분

지분은 하나의 개별적이고 독립적인 소유 비율을 의미하므로 각 공유자는 지분 처분의 자유가 있다. 따라서 다른 공유자의 동의 없이 자유롭게 지분을 처분(양도, 담보제공, 포기)할 수 있다.

(2) 공유물의 처분

각 공유자가 다른 공유자의 동의 없이 단독으로 자유롭게 지분을 처분할 수 있지만 지분이 아닌 공유물 자체를 처분(공유물에 대한 저당권설정행위)하기 위해서는 다른 공유자의 동의, 즉 전원의 동의를 요한다. 따라서 공유자는 다른 공유자의 동의 없이 공유물을 처분하지 못한다.

3. 지분의 탄력성

법령 체크

제267조【지분포기 등의 경우의 귀속】 공유자가 그 지분을 포기하거나 상속인 없이 사망한 때에는 그 지분은 다른 공유자에게 각 지분의 비율로 귀속한다.

(1) 공유자가 그 지분을 포기하거나 상속인 없이 사망한 경우

지분은 다른 공유자에게 각 지분의 비율로 귀속한다.

(2) 상속인이 있는 경우

위 규정(제267조)은 적용되지 않고 상속인이 공유지분을 상속받는다는 점이 합유와 차이점이다. 즉, 합유에서는 지분의 상속이 인정되지 않는다.

(3) 공유지분의 포기는 등기를 하여야 포기에 따른 물권변동의 효력이 발생한다(대판 2016.10.27, 2015다52978).

3 공유자 간의 내부적 법률관계

1. 공유물의 사용 · 수익

법령 체크

제263조【공유지분의 처분과 공유물의 사용, 수익】 공유자는 그 지분을 처분할 수 있고 공유물 전부를 지분의 비율로 사용, 수익할 수 있다.

각 공유자는 공유물 전부를 지분의 비율로 사용 · 수익할 수 있다.
→ 공유물의 특정부분이 아니다.

2. 공유물의 보존행위 → 단독으로 할 수 있다.

법령 체크

제265조【공유물의 관리, 보존】 공유물의 관리에 관한 사항은 공유자의 지분의 과반수로써 결정한다. 그러나 보존행위는 각자가 할 수 있다.

(1) 보존행위란 공유물의 멸실 또는 훼손을 방지하고 현상을 유지하기 위해서 하는 일체의 행위, 즉 공유물의 보관, 수선, 유지행위뿐만이 아니라 공유물에 대한 반환청구, 방해제거청구, 건물철거청구, 무효등기에 대한 말소등기 청구 등의 행위를 의미한다.

(2) 공유물의 보존행위는 각 공유자가 단독으로 할 수 있다. 왜냐하면 보존행위는 다른 공유자에게도 이익이 되는 행위이기 때문이다.

3. 공유물의 관리행위

→ 지분의 과반수로 결정한다.

법령 체크

제266조【공유물의 부담】 ① 공유자는 그 지분의 비율로 공유물의 관리비용 기타 의무를 부담한다.

② 공유자가 1년 이상 전항의 의무이행을 지체한 때에는 다른 공유자는 상당한 가액으로 지분을 매수할 수 있다.

(→ 관리: 이용행위나 개량행위를 의미)

(1) 공유물에 대한 관리에 관한 사항, 즉 관리행위는 공유자의 지분의 과반수로 결정한다.

(2) 과반수 공유지분권자가 그 공유물의 전부 또는 특정 부분을 배타적으로 사용·수익할 것을 정하는 것이 공유물의 관리방법으로서 적법할까?

정답 | 공유물의 관리방법으로 적법하다.

판례 | 과반수의 지분을 가진 공유자가 그 공유물의 특정 부분(공유물 전부)을 배타적으로 사용·수익하기로 정하는 것은 공유물의 관리방법으로서 적법하므로 과반수 지분권자가 공유물 전부나 일부를 배타적으로 점유·사용하고 있을지라도 나머지 공유자는 과반수 지분권자를 상대로 공유물반환을 청구할 수 없다. 나아가 과반수 지분권자로부터 임대받은 임차인을 상대로 공유물반환을 청구할 수 없다. 이 경우 나머지 공유자는 과반수 지분권자를 상대로 지료 상당액에 대한 부당이득반환을 청구할 수 있을 뿐이다(판례).

(3) 「상가건물 임대차보호법」이 적용되는 상가건물의 공유자인 임대인이 같은 법 제10조 제4항에 의하여 임차인에게 갱신거절의 통지를 하는 것이 공유물의 관리행위일까?

정답 | 관리행위에 해당한다.

판례 | 공유물을 임대하는 행위도 관리행위이고 임대차계약을 해지하는 행위도 관리행위이므로, 계약에 대해서 갱신거절하는 것은 임대차계약을 해지하는 행위이므로 관리행위에 해당한다. 따라서 지분 과반수로 결정하므로 과반수 지분권자는 단독으로 갱신거절할 수 있다. 공유자는 특약이 없는 한 지분비율로 공유물의 관리비용을 부담한다.

(4) 공유자 간의 공유물에 대한 사용·수익·관리에 관한 특약은 공유자의 특정승계인에 대하여도 당연히 승계된다. 다만, 특약 후에 공유자에 변경이 있고 특약을 변경할 만한 사정이 있는 경우에는 공유자의 지분의 과반수의 결정으로 기존특약을 변경할 수 있다(대판 2005.5.12, 2005다1827).

4. 공유물의 처분 · 변경 → 전원의 동의를 요한다.

공유자는 다른 공유자의 동의 없이 공유물을 처분(공유물의 양도나 공유물 자체에 저당권을 설정해 주는 행위)하거나 변경(물리적 변화)하지 못한다. 즉, 공유물을 처분하거나 변경하기 위해서는 공유자 전원의 동의가 있어야 한다.

5. 공유지분권의 주장(대외관계)

(1) 원인행위 없이 제3자에게 이전등기가 경료된 경우 각 공유자는 단독으로 말소등기를 청구할 수 있을까?

정답 | 제3자 명의등기는 원인무효등기이므로 말소등기를 청구할 수 있는데 각 공유자 1인은 자신의 지분비율에 따라 말소등기를 청구할 수도 있고, 보존행위를 원인으로 해서 단독으로 등기 전부에 대해서 말소등기를 청구할 수 있다.

(2) 제3자가 불법으로 공유물을 점유하여 소유권 행사를 방해하고 있는 경우 공유물의 반환이나 방해제거를 청구할 수 있을까?

정답 | ① 공유물의 반환이나 방해제거를 청구하는 행위는 보존행위에 해당하므로, 각 공유자는 보존행위를 근거로 단독으로 공유물 전부에 대해서 반환을 청구할 수 있고 방해배제청구권을 행사할 수 있다. 이때 자신에게 공유물 전부를 반환할 것을 청구할 수 있다.

② 각 공유자는 제3자에게 불법행위를 원인으로 손해배상청구권이나 부당이득반환청구권을 행사할 수 있는데, 이때 손해배상액이나 부당이득액 전부에 대해서 청구할 수는 없고 각 지분비율 범위 내에서 청구할 수 있다.

6. 공유지분권의 주장(대내관계)

(1) 공유자 중 1인의 단독명의로 이전등기가 경료되어 있는 경우, 나머지 공유자 중 1인은 등기 전부에 대해서 말소등기를 청구할 수 있을까?

정답 | 나머지 공유자 중 1인은 등기 전부에 대해서 말소등기를 청구할 수는 없다. 왜냐하면 공유자 중 1인의 단독등기도 그의 지분만큼은 실체관계에 부합하기 때문이다. 따라서 나머지 공유자 중 1인은 자신의 지분비율 범위 내에서만 말소등기를 청구하거나 현재의 등기명의자의 지분을 뺀 나머지 전부에 대해서 말소등기를 청구할 수 있다(대판 1988.2.23, 87다카961).

(2) 공유자 중 1인이 공유물 전부를 배타적으로 점유하여 사용 · 수익하고 있는 경우, 나머지 공유자가 공유물 전부에 대해서 반환을 청구할 수 있을까?

정답 | ① 현재 점유자의 지분이 과반수 지분에 미달하는 공유자인 경우: 공유물의 소수지분권자가 다른 공유자와 협의하지 않고 공유물의 전부 또는 일부를 배타적으로 점유하는 경우, 다른 소수지분권자가 공유물의 인도를 청구할 수는 없다. 다만, 자신의 지분권에 기초하여 공유물에 대한 방해상태를 제거하거나 공동 점유를 방해하는 행위의 금지 등을 청구할 수 있다(대판 2020.5.21, 2018다287522).

② 현재 점유자의 지분이 과반수 지분의 공유자인 경우: 과반수 지분의 공유자가 공유물 전부를 배타적으로 점유·사용하고 있다면 이는 관리방법으로서 적법하므로, 과반수에 미달하는 나머지 공유자는 과반수 지분권자에게 공유물의 반환이나 방해배제를 청구할 수 없다. 다만, 각자의 지분비율 범위 내에서 부당이득반환청구권을 행사할 수 있다.

7. 공유물의 분할

(1) 분할청구의 자유 및 분할의 제한, 분할청구권의 법적 성질

① 분할청구의 자유: 공유자 사이에 아무런 공동 목적(인적 결합관계)이 없으므로 각 공유자는 언제든지 자유롭게 공유물의 분할을 청구할 수 있다. 이로 인해서 공유물이 분할되면 공유관계는 종료된다.

② 분할의 제한(분할금지 특약): 공유자는 5년 내의 기간으로 분할하지 아니할 것을 약정할 수 있다. 다만, 공유물 분할금지의 약정은 갱신할 수 있는데, 그 기간은 갱신한 날로부터 5년을 넘지 못한다.

③ 분할청구권의 법적 성질

㉠ 공유자의 분할청구권은 형성권이다. 그러나 분할청구라는 일방적 의사표시에 의하여 바로 분할의 효과가 발생하는 것은 아니고, 각 공유자 사이에는 구체적으로 분할을 실현할 법률관계가 발생된다(판례). 그리고 주의할 점은 공유물 분할절차(협의분할, 재판상 분할)에 공유자 전원이 참여해야 하므로 공유자 중 어느 한사람이라도 분할절차에 참여하지 않고 한 공유물 분할은 무효이다.

㉡ 공유물분할청구권도 채권자대위권의 목적이 될 수 있다. 다만, 극히 예외적인 경우가 아니라면 금전채권자는 부동산에 관한 공유물분할청구권을 대위행사할 수 없다.

㉢ 공유관계가 존속하는 한 공유물분할청구권만이 독립하여 시효로 소멸될 수 없다(판례).

(2) 분할의 방법

공유물의 분할은 각 공유자 간의 협의를 통해서 분할하는 것이 원칙이나 협의가 이루어지지 않는 경우에는 예외적으로 법원의 재판을 통해서 분할하는 것이 허용된다.

① 협의분할(원칙): 공유자 간의 협의를 통해서 분할하는 것이 원칙이다. 그리고 분할의 방법은 제한이 없으므로 협의를 통해서 자유롭게 정할 수 있다. 그 방법은 공유물 그 자체를 그대로 분할하는 현물분할, 공유물을 매각해서 그 대금으로 분할하는 대금분할, 공유자 중 한 사람이 나머지 공유자에게 지분의 가격을 배상하고 그 지분을 매수하여 단독으로 소유하는 가격배상분할이 있다.

② 재판에 의한 분할(예외)

㉠ 협의가 성립하지 않을 것: 공유자 간에 분할의 방법에 관하여 협의가 성립되지 아니한 경우에 한해서 공유자는 법원에 그 분할을 청구할 수 있다. 즉, 공유물 분할소송을 제기해서 법원의 판결을 통해서 분할할 수 있다. 따라서 공유자 간에 이미 분할의 협의가 성립한 경우에는 더 이상 공유물 분할 소는 허용되지 않는다.

㉡ 필수적 공동소송: 공유물 분할절차에는 공유자 전원이 참여해야 한다. 협의분할이든 재판상 분할이든 동일하다. 따라서 공유물 분할소송은 공유자 전원이 소송의 당사자로 참여해야 하는 필요적 공동소송이다.

㉢ 현물분할이 원칙: 재판에 의하여 공유물을 분할하는 경우에는 법원은 현물로 분할하는 것이 원칙이고, 현물로 분할할 수 없거나 현물로 분할을 하게 되면 현저히 그 가액이 감손될 염려가 있는 때에 비로소 물건의 경매를 명하여 대금분할을 할 수 있는 것이다(대판 2004.7.22, 2004다10183 · 10190). 즉, 현물분할이 원칙이고 예외적으로 대금분할이 허용된다.

(3) 분할의 효과

① 협의분할의 경우에는 법률행위로 인한 물권의 변동이므로 등기 시에 소유권의 변동이 생기고(제186조), 재판상 분할의 경우에는 공유물 분할판결은 형성판결이므로 판결확정 시에 소유권의 변동이 생긴다(제187조). 그리고 분할의 효과는 소급하지 않는다.

② 분할로 인한 담보책임

법령 체크

제270조 【분할로 인한 담보책임】 공유자는 다른 공유자가 분할로 인하여 취득한 물건에 대하여 그 지분의 비율로 매도인과 동일한 담보책임이 있다.

③ 공유자의 1인이 그 지분에 저당권을 설정한 후 공유물이 분할된 경우, 다른 약정이 없으면 저당권은 저당권설정자 앞으로 분할된 부분으로 집중되지 않는다.

기출로 **포인트 정리**

출제예상 OX지문

❶ 소수지분권자 甲이 공유지분을 포기한 경우, 등기를 하여야 포기에 따른 물권변동의 효력이 발생한다. (O | X) 31회

❷ 소수지분권자 甲은 특별한 사정이 없는 한 X토지를 배타적으로 점유하는 소수지분권자 丙에게 보존행위로서 X토지의 인도를 청구할 수 없다. (O | X) 31회

❸ 공유자끼리 그 지분을 교환하는 것은 지분권의 처분이므로 이를 위해서는 교환당사자가 아닌 다른 공유자의 동의가 필요하다. (O | X) 33회

대표기출

甲은 3/5, 乙은 2/5의 지분으로 X토지를 공유하고 있다. 다음 설명 중 틀린 것은? (다툼이 있으면 판례에 따름) 28회

① 甲이 乙과 협의 없이 X토지를 丙에게 임대한 경우, 乙은 丙에게 X토지의 인도를 청구할 수 없다.

② 甲이 乙과 협의 없이 X토지를 丙에게 임대한 경우, 丙은 乙의 지분에 상응하는 차임 상당액을 乙에게 부당이득으로 반환할 의무가 없다.

③ 乙이 甲과 협의 없이 X토지를 丙에게 임대한 경우, 甲은 丙에게 X토지의 인도를 청구할 수 있다.

④ 乙은 甲과의 협의 없이 X토지 면적의 2/5에 해당하는 특정부분을 배타적으로 사용·수익할 수 있다.

⑤ 甲이 X토지 전부를 乙의 동의 없이 매도하여 매수인 명의로 소유권이전등기를 마친 경우, 甲의 지분 범위 내에서 등기는 유효하다.

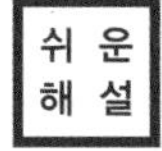

출제예상 OX지문

❶ O 甲이 공유지분을 포기한 경우, 법률행위에 의한 물권의 변동이기 때문에 등기를 하여야 포기에 따른 물권변동의 효력이 발생한다(대판 2016.10.27, 2015다52978).

❷ O 소수지분권자 甲은 특별한 사정이 없는 한 X토지를 배타적으로 점유하는 소수지분권자 丙에게 보존행위로서 X토지의 인도를 청구할 수 없다. 다만, 방해배제를 청구할 수 있다(대판 전합체 2020.5.21, 2018다287522).

❸ X 지분처분의 자유가 있기 때문에 다른 공유자의 동의는 요하지 않는다.

대표기출 정답 ④

④ 공유물의 전부 또는 일부를 배타적으로 점유하여 사용하기 위해서는 과반수 지분을 요구한다. 따라서 乙은 소수지분권자에 불과하기 때문에 甲과의 협의 없이 X토지 면적의 2/5에 해당하는 특정부분을 배타적으로 사용 · 수익할 수 없다.

① 과반수 지분권자는 단독으로 공유물을 임대할 권한이 있기 때문에 甲이 乙과 협의 없이 X토지를 丙에게 임대한 경우, 임차인 丙의 점유는 적법점유이기 때문에 乙은 丙에게 X토지의 인도를 청구할 수 없다.

② 甲이 乙과 협의 없이 X토지를 丙에게 임대한 경우에는 甲은 乙의 지분만큼 부당하게 이득을 취하고 있기 때문에 甲은 乙에게 부당이득반환의무를 부담한다. 하지만 임차인 丙의 점유는 적법점유에 해당하기 때문에 乙에게 부당이득으로 반환할 의무가 없다.

③ 소수지분권자 乙은 단독으로 공유물을 임대할 권한이 없기 때문에 甲과 협의 없이 X토지를 丙에게 임대한 경우, 甲은 무단점유자 丙에게 X토지의 인도를 청구할 수 있다.

⑤ 甲이 X토지 전부를 乙의 동의 없이 매도하여 매수인 명의로 소유권이전등기를 마친 경우, 매도인 甲에게 지분이 있기 때문에 지분 범위 내에서 그 등기는 유효하다.

출제포인트

060 지상권

[10개년 출제회차] 25, 26, 28, 29, 31, 32회

시작이 쉬운 길잡이

Q

소나무를 좋아하는 대운 씨! 조경사업 목적으로 소나무를 키우고 싶은데 토지가 없습니다. 여러분, 대운 씨에게 방법이 없을까요?

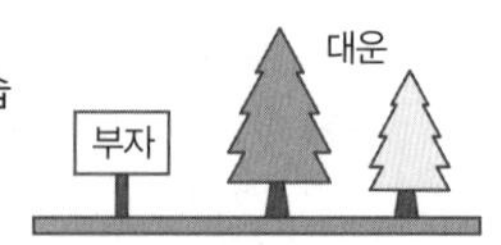

A

타인의 토지를 빌려서 소나무를 키우면 됩니다. 여기서 소나무를 소유하기 위해서 타인의 토지를 빌리는 방법은 민법에 두 가지가 규정되어 있습니다. 하나는 토지소유자와 지상권설정계약을 통해서 지상권을 취득하여 소나무를 키우는 방법, 다른 하나는 토지소유자와 임대차계약을 통해서 임차권을 취득하여 소나무를 키우는 방법입니다.

출제포인트의 중요 키워드는 본문에서 꼭 체크하세요 ▸ **지상권, 계약갱신청구권, 지상권소멸청구권, 지상물매수청구권**

1 총설

지상권은 일정한 목적으로 타인의 토지를 사용·수익하는 용익물권이다. 지상권은 발생원에 따라서 다음과 같이 구별해 볼 수 있다. 첫째, 당사자 간에 지상권설정계약을 통해서 발생하는 (약정)지상권, 둘째, 당사자의 의사와 관계없이 법률의 규정에 의해서 당연히 성립하는 법정지상권, 셋째, 법정지상권이 성립하는 법정사유 이외 사유를 통해서 발생하는 관습법상의 법정지상권, 넷째, 관습법상 분묘의 소유자가 분묘를 수효하고 봉사하기 위해서 취득하는 분묘기지권, 다섯째, 일정한 목적을 가지고 토지의 상하의 특정 층에 대해서만 사용하는 구분지상권이 있다.

지상권에서는 (약정)지상권, 즉 일반 지상권과 특수한 지상권으로 관습법상의 법정지상권, 분묘기지권, 구분지상권에 대해서 기술하고, 법정지상권에 대해서는 해당 파트에서(전세권, 저당권, 가담법, 입목법) 기술한다.

1. 지상권의 의의와 법적 성질

(1) 의의

법령 체크

제279조【지상권의 내용】 지상권자는 타인의 토지에 건물 기타 공작물이나 수목을 소유하기 위하여 그 토지를 사용하는 권리가 있다.

지상권이란 타인의 토지 위에 건물 기타 공작물이나 수목을 소유하기 위하여 그 타인의 토지를 사용할 수 있는 권리를 말한다.

(2) 법적 성질

① 타인의 토지에 대한 권리 → 타물권

㉠ 지상권은 타인의 토지에 대해서만 성립하는 권리이다. 즉, 자기소유 토지에 대해서는 지상권이 성립할 수 없다. 따라서 甲 소유 토지에 대해서 乙이 지상권을 가지고 있고 이후에 지상권자 乙이 甲으로부터 토지를 매수해서 소유권을 취득한 경우, 즉 지상권과 토지소유권이 동일인에게 귀속한 때에는 지상권은 혼동으로 소멸한다(제191조 제1항).

㉡ 지상권의 대상(객체)인 토지는 반드시 1필의 토지임을 요하지 않는다. 따라서 1필의 토지이든 1필의 토지 일부이든 관계없다(1물 1권주의의 예외). 그리고 지상권의 효력이 미치는 범위는 토지 소유권의 효력이 미치는 범위와 동일하므로 지표뿐만이 아니라 지상, 지하에도 미친다.

㉢ 지상권은 물권이므로 당연히 양도할 수 있고(양도성) 상속이 된다(상속성).

② 토지의 사용 · 수익권 → 용익물권

㉠ 지상권은 일정한 목적을 가지고 토지를 점유하여 배타적으로 사용하는 용익물권이다. 그리고 현재 공작물이나 수목(지상물)이 없더라도 지상권은 유효하게 성립하고 또한 기존의 공작물이나 수목(지상물)이 멸실하더라도 지상권은 계속 존속할 수 있다.

㉡ 지상권은 토지를 배타적으로 점유할 수 있는 권리이므로 지상권자는 지상권뿐만 아니라 점유권도 가지고 있으므로 지상권 자체에 기한 물권적 청구권뿐만이 아니라 점유권에 기한 점유보호청구권을 행사할 수 있다.

㉢ 서로 인접한 토지소유자와 지상권자 사이에서도 토지의 이용조절의 문제가 발생할 수 있으므로 지상권에도 상린관계에 관한 규정이 준용된다(제290조).

2. 지상권의 취득(성립)

(1) 법률행위에 의한 취득

① 토지소유자와 지상권을 취득하려는 자 사이에 지상권설정계약과 등기가 있으면 지상권을 취득한다.

② 당사자 간에 지상권설정계약을 통해서 지상권을 취득하는 것이 일반적이나 유언을 통해서 또는 지상권 처분의 자유가 있으므로 지상권자로부터 지상권을 양수해서 취득하는 방법도 있다. 물론 이러한 경우도 법률행위를 통해서 취득하는 경우이므로 등기를 해야 한다.

(2) 법률의 규정에 의한 취득

① 지상권도 부동산 물권이므로 제187조, 즉 상속, 공용징수, 판결, 경매, 기타 법률의 규정에 의하여 취득될 수 있으며 법률의 규정에 의한 지상권의 취득은 등기를 요하지 아니한다.

② **법정지상권**: 당사자 간에 지상권설정계약이 없었지만 법에서 정하고 있는 일정한 사유로 인해서 토지와 지상물의 소유자가 달라진 경우, 토지소유자가 지상물의 소유자에게 지상권을 설정한 것으로 간주하는 제도이다. 법률의 규정에 의한 지상권의 취득이므로 등기를 요하지 않는다. 즉, 등기 없이도 법정지상권을 취득한다. 법정지상권이 성립하는 모습은 다음 4가지로 한정된다.

㉠ **전세권에서 법정지상권**: 제305조 제1항(건물의 전세권과 법정지상권)
대지와 건물이 동일한 소유자에 속한 경우에 건물에 전세권을 설정한 때에는 그 대지소유권의 특별승계인은 전세권설정자에 대하여 지상권을 설정한 것으로 본다. 그러나 지료는 당사자의 청구에 의하여 법원이 이를 정한다.

㉡ **저당권에서 법정지상권**: 제366조(법정지상권)
저당물의 경매로 인하여 토지와 그 지상건물이 다른 소유자에 속한 경우에는 토지소유자는 건물소유자에 대하여 지상권을 설정한 것으로 본다. 그러나 지료는 당사자의 청구에 의하여 법원이 이를 정한다.

㉢ **「가등기담보 등에 관한 법률」에서 법정지상권**: 「가등기담보 등에 관한 법률」 제10조(법정지상권)
토지와 그 위의 건물이 동일한 소유자에게 속하는 경우 그 토지나 건물에 대하여 제4조 제2항에 따른 소유권을 취득하거나 담보가등기에 따른 본등기가 행하여진 경우에는 그 건물의 소유를 목적으로 그 토지 위에 지상권이 설정된 것으로 본다. 이 경우 그 존속기간과 지료는 당사자의 청구에 의하여 법원이 정한다.

㉣ **「입목에 관한 법률」에서 법정지상권**: 「입목에 관한 법률」 제6조(법정지상권)
ⓐ 입목의 경매나 그 밖의 사유로 토지와 그 입목이 각각 다른 소유자에게 속하게 되는 경우에는 토지소유자는 입목소유자에 대하여 지상권을 설정한 것으로 본다.
ⓑ 위 ⓐ의 경우에 지료에 관하여는 당사자의 약정에 따른다.

③ **관습법상의 법정지상권**: 토지와 건물소유자가 위에서 살펴본 법정사유(4가지) 이외 사유, 즉 매매 기타 사유로 달라진 경우 사회 경제적 관점에서 건물철거를 방지하기 위해서 토지소유자가 건물소유자에게 지상권을 설정해 준 것으로 간주하는 제도이다. 법률의 규정에 의한 지상권의 취득이므로 등기를 요하지 않는다. 즉, 등기 없이도 관습법상의 법정지상권을 취득한다.

(3) 담보지상권

① 저당권이 설정된 나대지의 담보가치하락을 막기 위해 저당권자 명의의 지상권이 설정된 경우, 피담보채권이 변제 등으로 저당권이 소멸하면 더 이상 담보할 채권이 없으므로 담보목적으로 설정된 지상권도 소멸한다(대판 2011.4.14, 2011다6342).

② 채권담보를 위하여 토지에 저당권과 함께 무상의 담보지상권을 취득한 채권자는 특별한 사정이 없는 한 제3자가 토지를 불법점유하더라도 임료 상당의 손해배상청구를 할 수 없다(대판 2008.1.17, 2006다586).

2 존속기간

(1) 최단존속기간에 관한 제한규정

최단존속기간의 제한규정(30년, 15년, 5년)이 있으므로, 당사자가 존속기간에 대해서 약정을 하는 경우에는 최단기 제한을 받게 된다.

(2) 최장존속기간에 관한 제한규정

민법은 최단존속기간의 제한규정을 두고 있을 뿐 최장존속기간의 제한규정은 없다.

(3) 영구무한의 지상권도 허용된다.

민법상 지상권의 존속기간은 최단기만이 규정되어 있을 뿐 최장기에 관하여는 아무런 제한이 없으며, 특히 구분지상권의 경우에는 존속기간이 영구라고 할지라도 대지의 소유권을 전면적으로 제한하지 아니한다는 점 등에 비추어 보면, 지상권의 존속기간을 영구로 약정하는 것도 허용된다(대판 2001.5.29, 99다66410).

(4) 건물소유목적이 아니라 기존 건물의 사용을 목적으로 지상권이 설정된 경우, 지상권의 최단존속기간에 관한 제280조 제1항 제1호가 적용될까?

정답 | 소유목적이 아니라 기존 건물의 사용을 목적으로 지상권이 설정된 경우에는 지상권의 최단존속기간의 제한규정은 적용되지 않는다.

3 지상권설정계약의 갱신

법령 체크

제283조【지상권자의 갱신청구권, 매수청구권】 ① 지상권이 소멸한 경우에 건물 기타 공작물이나 수목이 현존한 때에는 지상권자는 계약의 갱신을 청구할 수 있다.

② 지상권설정자가 계약의 갱신을 원하지 아니하는 때에는 지상권자는 상당한 가액으로 전항의 공작물이나 수목의 매수를 청구할 수 있다.

1. 합의에 의한 갱신(약정갱신)

지상권의 존속기간이 만료된 경우 당사자는 서로 합의(계약)를 통해서 종전의 지상권계약을 갱신할 수 있다. 이 경우 존속기간에 대해서 최단존속기간의 제한을 받게 되지만 최장존속기간의 제한은 없으므로 이보다 장기간으로 정하는 것은 가능하다.

2. 지상권자의 계약갱신청구권(제283조)

지상권자를 보호하기 위한 편면적 강행규정이므로 지상권자에게 불리한 특약은 효력이 없다. 즉, 무효이다.

(1) 계약갱신청구권이 발생하기 위한 요건

① 지상권이 존속기간의 만료로 소멸해야 한다. 만약 존속기간의 만료로 소멸한 것이 아니라 지상권자의 채무불이행으로 소멸한 경우, 즉 판례에 따르면 지상권자가 2년 이상의 지료를 연체했기 때문에 지상권설정자가 지상권 소멸을 청구하여 지상권이 소멸한 경우에는 지상권자 보호가치가 없으므로 지상권자에게 계약갱신청구권은 인정되지 않는다. 즉, 지상권 소멸사유가 존속기간 만료로 소멸한 경우로 제한된다.

② 지상권 소멸 당시, 즉 지상권의 존속기간 만료 당시 토지 위에 지상물이 현존하고 있어야 한다.

(2) 계약갱신청구권 행사와 효과

① 계약갱신청구권은 지상권이 존속기간 만료로 소멸한 경우, 지체 없이 행사해야 하므로 지체 없이 행사하지 않으면 소멸되어 더 이상 행사하지 못한다. 이 경우 지상물매수청구권도 행사하지 못한다.

② 계약갱신청구권은 지상권자가 지상권설정자에게 계약을 갱신해 달라고 요구하는 청구권에 불과하기 때문에 곧바로 계약이 갱신되는 것이 아니라 지상권설정자가 응하면, 즉 승낙하면 비로소 계약이 갱신되는 것이다. 만약 지상권자가 계약갱신청구권을 행사했을지라도 지상권설정자가 승낙하지 않으면 계약은 갱신되지 않는다. 즉, 갱신의 효과는 발생하지 않는다. 이때 계약갱신을 거절당한 지상권자는 지상물매수청구권을 행사할 수 있다.

4 지상권자의 토지사용권 → 지상권의 본질적 효력

(1) 지상권자의 점유권과 물권적 청구권

지상권자는 지상권에 기해서 물권적 청구권을 행사할 수 있고 점유권에 기해서도 물권적 청구권을 행사할 수 있다.

(2) 상린관계 규정의 준용

서로 인접한 부동산 소유자 간에 발생하는 상린관계의 규정이 지상권에도 준용된다(제290조).

(3) 토지양수인이 지상권자에게 토지 인도를 청구할 수 있을까?

정답 | 지상권이 설정된 토지를 양수한 자는 지상권의 존속 중에 지상권자에게 그 토지의 인도를 청구할 수 없다. 토지양수인보다 지상권자가 선순위이므로 지상권자는 토지양수인에게 대항할 수 있다.

5 지상권의 처분 → 지상권자에게 지상권 처분의 자유가 인정된다.

법령 체크

제282조【지상권의 양도, 임대】 지상권자는 타인에게 그 권리를 양도하거나 그 권리의 존속기간 내에서 그 토지를 임대할 수 있다.

1. 지상권의 양도 및 토지임대

(1) 지상권자는 타인에게 그 권리를 양도하거나 그 권리의 존속기간 내에서 그 토지를 임대할 수 있다(제282조). 따라서 지상권자는 자유롭게 지상권을 양도할 수 있으며 존속기간 범위 내에서 토지를 임대할 수 있다. 그리고 지상권자에게 지상권 처분의 자유는 절대적으로 보장된다. 따라서 지상권설정자의 의사에 반해서도 양도할 수 있다.

(2) 지상권 처분의 자유에 관한 제282조는 지상권자를 보호하기 위한 편면적 강행규정이므로 지상권자에게 불리한 특약은 효력이 없으므로 처분금지특약(양도, 임대금지특약)은 무효이다.

(3) 지상권을 지상물과 분리해서 처분할 수 있다. 판례에 따르면, 지상권자는 지상권을 유보한 채 지상물 소유권만을 양도할 수도 있고 지상물 소유권을 유보한 채 지상권만을 양도할 수도 있는 것이어서 지상권자와 그 지상물의 소유권자가 반드시 일치하여야 하는 것은 아니다(대판 2006.6.15, 2006다6126 · 6133).

2. 지상권의 담보제공

지상권자는 지상권 위에 저당권을 설정할 수 있다(제371조). 원래 저당권의 대상은 부동산이지만(물건) 물건이 아닌 권리, 즉 지상권이나 전세권에 대해서도 저당권이 성립할 수 있다.

3. 지료의 지급

(1) 지상권자에게 지료 지급의무가 있을까?

지료의 지급은 지상권의 성립요소가 아니므로 당사자 간에 지료의 지급에 대해서 약정이 없을지라도 지상권은 성립하지만 무상의 지상권이 성립하므로 지상권자는 지료 지급의무를 부담하지 않는다. 그러나 당사자 간에 지료 지급에 대해서 약정이 있으면 유상의 지상권이 성립하므로 지상권자는 지료 지급의무를 부담한다.

(2) 지료액 및 지급시기에 대해서 등기를 해야 제3자에게 대항할 수 있다. 즉, 등기가 대항요건이다.

(3) 지상권이 제3자에게 이전된 경우 지료의 지급

① 지료에 관한 약정이 등기된 경우: 지료에 관한 약정이 등기되어 있고 지상권이 제3자에게 이전된 경우에는 지료 지급의무도 제3자에게 함께 이전하므로 토지소유자는 제3자에게 지료 지급을 청구할 수 있다. 예컨대 甲 소유 토지에 대해서 乙과 지상권설정계약을 체결하고 지료 지급의 약정에 대해서 등기까지 되어 있는 경우 이후 乙이 제3자 丙에게 지상권을 양도하면 지상권양수인 丙은 지상권뿐만 아니라 지료 지급의무도 승계하게 된다.

② 지료에 관한 약정이 등기되지 않은 경우: 지료에 관한 약정이 등기되지 않았고 이후 지상권이 제3자에게 이전된 경우, 지료 지급의무는 제3자에게 이전되지 않으므로 토지소유자는 제3자(새로운 지상권자)에게 지료 지급을 청구할 수 없다.

(4) 지료연체의 효과

법령 체크

제287조【지상권소멸청구권】 지상권자가 2년 이상의 지료를 지급하지 아니한 때에는 지상권설정자는 지상권의 소멸을 청구할 수 있다.

제288조【지상권 소멸청구와 저당권자에 대한 통지】 지상권이 저당권의 목적인 때 또는 그 토지에 있는 건물, 수목이 저당권의 목적이 된 때에는 전조의 청구는 저당권자에게 통지한 후 상당한 기간이 경과함으로써 그 효력이 생긴다.

① 지상권자가 2년 이상의 지료를 지급하지 아니한 때에는 지상권설정자는 지상권의 소멸을 청구할 수 있다(제287조). 그리고 지상권소멸청구권은 형성권이므로 지상권설정자가 지상권 소멸을 청구하면 지상권자의 승낙이 없어도 지상권은 소멸한다.

② 관습법상의 법정지상권에서도 지상권자가 2년 이상의 지료를 지급하지 아니한 때에는 토지소유자가 지상권의 소멸을 청구할 수 있을까?

정답 | 민법의 지상권에 관한 규정이 관습법상의 지상권에도 준용되므로 지상권의 소멸을 청구할 수 있다.

③ 지료연체가 토지소유권 양도 전후에 걸쳐서 이루어진 경우 토지의 양수인이 지상권자의 지료 지급이 2년 이상 연체되었음을 이유로 지상권 소멸청구를 함에 있어서 종전 소유자에 대한 연체기간의 합산을 주장할 수 있을까?

정답 | 종전 소유자에 대한 연체기간의 합산을 주장할 수 없고 양수인(특정인)에 대한 관계에서 2년분 이상이 되어야 지상권 소멸을 청구할 수 있다(대판 2001.3.13, 99다17142).

④ 법정지상권에 관한 지료가 결정되지 않은 경우, 지료 지급이 2년 이상 연체되었다는 이유로 지상권 소멸청구를 할 수 있을까?

정답 | 법정지상권의 경우 지상권자에게 지료 지급의무가 있는데 아직 지료액이 결정되지 않았다면 지상권자는 지료를 지급할 방법이 없고 따라서 지상권자가 지료를 지급하지 않더라도 지료연체로 볼 수 없다(대판 2001.3.13, 99다17142).

⑤ **지상권이 저당권의 목적인 경우의 지상권 소멸청구의 효력발생시기:** 지상권이 저당권의 목적인 경우, 지료연체를 이유로 한 지상권 소멸청구는 저당권자에게 통지하면 즉시 그 효력이 생기는 것이 아니라 저당권자에게 통지한 후 상당한 기간이 경과함으로써 그 효력이 생긴다.

⑥ 지상권설정자가 지상권의 소멸을 청구하지 않고 있는 동안 지상권자로부터 연체된 지료 일부를 받고 이의 없이 수령하여 연체된 지료가 2년 미만으로 된 경우, 지상권설정자가 종전에 2년분의 지료를 연체하였다는 사유를 들어 지상권의 소멸을 청구할 수 있을까? 그리고 이러한 법리가 토지소유자와 법정지상권자 사이에도 마찬가지일까?

정답 | 현재는 연체액이 2년 미만이기 때문에 지상권 소멸을 청구할 수 없다. 이러한 법리는 법정지상권이 성립한 경우 토지소유자와 법정지상권자 사이에서도 동일하므로, 법정지상권자가 2년 이상 지료를 연체했는데 토지소유자가 지상권의 소멸을 청구하지 않고 있는 동안 법정지상권자로부터 연체된 지료 일부를 받고 이의 없이 수령하여 연체된 지료가 2년 미만으로 된 경우에도 지상권 소멸을 청구할 수 없다.

판례 | 지상권자가 2년 이상의 지료를 지급하지 아니한 때에는 지상권설정자는 지상권의 소멸을 청구할 수 있으나(제287조), 지상권설정자가 지상권의 소멸을 청구하지 않고 있는 동안 지상권자로부터 연체된 지료의 일부를 지급받고 이를 이의 없이 수령하여 연체된 지료가 2년 미만으로 된 경우에는 지상권설정자는 종전에 지상권자가 2년분의 지료를 연체하였다는 사유를 들어 지상권자에게 지상권의 소멸을 청구할 수 없으며, 이러한 법리는 토지소유자와 법정지상권자 사이에서도 마찬가지이다(대판 2014.8.28, 2012다102384).

(5) 지료증감청구권

지상권자를 보호하기 위한 편면적 강행규정이므로 지상권자에게 불리한 특약은 효력이 없다. 즉, 무효이다.

법령 체크

제286조【지료증감청구권】 지료가 토지에 관한 조세 기타 부담의 증감이나 지가의 변동으로 인하여 상당하지 아니하게 된 때에는 당사자는 그 증감을 청구할 수 있다.

① 지료가 토지에 관한 조세 기타 부담의 증감이나 지가의 변동으로 인하여 상당하지 아니하게 된 때에는 당사자는 그 증감을 청구할 수 있다(제286조). 즉, 지상권설정자는 지료증액청구권을 행사할 수 있고 지상권자는 지료감액청구권을 행사할 수 있다. 그리고 지료증감청구권은 형성권이기 때문에 지상권설정자(토지소유자)가 지료증액을 청구하면 지상권자는 당연히 증액된 지료를 지급해야 할 의무가 생긴다.

② 상대방이 지료액에 대해서 다투는 경우에는 당사자의 청구에 의해서 법원에서 지료를 결정하는데 지료결정의 효과는 지료증액, 감액청구 시로 소급한다.

6 지상권 소멸의 효과

1. 지상권자의 지상물매수청구권

법령 체크

제283조【지상권자의 갱신청구권, 매수청구권】 ① 지상권이 소멸한 경우에 건물 기타 공작물이나 수목이 현존한 때에는 지상권자는 계약의 갱신을 청구할 수 있다.

② 지상권설정자가 계약의 갱신을 원하지 아니하는 때에는 지상권자는 상당한 가액으로 전항의 공작물이나 수목의 매수를 청구할 수 있다.

(1) 계약갱신청구권

지상권이 소멸한 경우에 건물 기타 공작물이나 수목이 현존한 때에는 지상권자는 계약의 갱신을 청구할 수 있다(제283조 제1항). 이 권리는 청구권에 불과하므로 지상권설정자가 거절하면, 즉 승낙하지 않으면 갱신되지 않는다.

(2) 지상물매수청구권

지상권자가 계약갱신청구권을 행사했는데 갱신거절당한 경우, 지상권설정자에게 지상물매수청구권을 행사할 수 있다. 이 권리는 형성권이므로 지상권설정자의 승낙이 없어도 당연히 지상물매매계약이 성립한다. 이때 매매대금은 지상물매수청구권 행사 당시(매매계약 성립 시)의 지상물의 시가 기준이다.

(3) 지상물은 지상권설정자의 동의를 얻어 설치하였거나 설정자로부터 매수한 것으로 제한될까?

정답 | 특별한 제한이 없으므로 지상권설정자의 동의를 얻어 설치하였거나 설정자로부터 매수한 것일 필요는 없다.

(4) 지상권이 존속기간 만료로 소멸하고 지상물이 현존하고 있는 경우 지상권자는 계약갱신청구권을 행사하지 않고 바로(즉시) 지상권설정자에게 지상물매수청구권을 행사할 수 있을까?

정답 | 지상권자는 계약갱신청구권을 행사하지 않고 바로 지상물매수청구권을 행사할 수 없다. 즉, 먼저 계약갱신청구권을 행사하고 거절당하면 보충적으로 지상물매수청구권을 행사할 수 있다. 따라서 처음부터 계약갱신청구권이 인정되지 않는 경우, 즉 지상권자에게 계약갱신청구권이 없는 경우에는 지상물매수청구권도 인정되지 않는다.

(5) 지상권자의 지료연체로 지상권이 소멸한 경우에는 지상권자에게 계약갱신청구권이 인정되지 않으므로 당연히 지상물매수청구권도 행사할 수 없다.

2. 지상권자의 지상물 수거의무와 지상권설정자의 지상물매수청구권

법령 체크

제285조 【수거의무, 매수청구권】 ① 지상권이 소멸한 때에는 지상권자는 건물 기타 공작물이나 수목을 수거하여 토지를 원상에 회복하여야 한다.
② 전항의 경우에 지상권설정자가 상당한 가액을 제공하여 그 공작물이나 수목의 매수를 청구한 때에는 지상권자는 정당한 이유 없이 이를 거절하지 못한다.

(1) 지상권이 소멸한 때에는 지상권자는 건물 기타 공작물이나 수목을 수거하여 토지를 원상에 회복하여야 한다(제285조 제1항). 그러나 지상권설정자가 상당한 가액을 제공하여 그 공작물이나 수목의 매수를 청구한 때에는 지상권자는 정당한 이유 없이 이를 거절하지 못한다(제285조 제2항). 이 권리는 형성권이므로 지상권자의 승낙이 없어도 둘 사이에 지상물 매매계약이 성립한다.

(2) 지상권이 소멸하면 지상권설정자는 지상권 소멸사유가 무엇인지를 불문하고 지상물매수청구권을 행사할 수 있다. 이 점이 지상권자의 지상물매수청구권과의 차이점이다.

기출로 포인트 정리

출제예상 OX지문

❶ 지료의 지급은 지상권의 성립요소이다. (O | X) 31회

❷ 지료체납 중 토지소유권이 양도된 경우, 양도 전·후를 통산하여 2년에 이르면 지상권 소멸청구를 할 수 있다. (O | X) 31회

대표기출

乙은 甲의 X토지에 건물을 소유하기 위하여 지상권을 설정받았다. 다음 설명 중 옳은 것은? (다툼이 있으면 판례에 따름) 26회

① 乙은 甲의 의사에 반하여 제3자에게 지상권을 양도할 수 없다.
② X토지를 양수한 자는 지상권의 존속 중에 乙에게 그 토지의 인도를 청구할 수 없다.
③ 乙이 약정한 지료의 1년 6개월분을 연체한 경우, 甲은 지상권의 소멸을 청구할 수 있다.
④ 존속기간의 만료로 지상권이 소멸한 경우, 건물이 현존하더라도 乙은 계약의 갱신을 청구할 수 없다.
⑤ 지상권의 존속기간을 정하지 않은 경우, 甲은 언제든지 지상권의 소멸을 청구할 수 있다.

출제예상 OX지문

❶ X 지료의 지급은 지상권의 성립요소가 아니다.

❷ X 지료체납 중 토지소유권이 양도된 경우, 합산을 주장할 수 없다. 따라서 양도 전·후를 통산하여 2년에 이르더라도 지상권 소멸청구를 할 수 없다(대판 2001.3.13, 99다17142).

대표기출 정답 ②

② 乙은 지상권을 취득했고 제3자에게 대항력이 있으므로 X토지를 양수한 자는 지상권의 존속 중에 乙에게 그 토지의 인도를 청구할 수 없다.
① 지상권자에게 지상권 처분의 자유가 있다.
③ 지상권자가 2년분의 지료를 연체한 경우, 지상권설정자는 지상권의 소멸을 청구할 수 있다. 따라서 乙이 약정한 지료의 1년 6개월분을 연체한 경우, 甲은 지상권의 소멸을 청구할 수 없다.
④ 존속기간의 만료로 지상권이 소멸하고 건물이 현존하고 있는 경우 지상권자는 계약갱신을 청구할 수 있고 갱신거절당하면 지상물매수를 청구할 수 있다.
⑤ 지상권의 존속기간을 정하지 않은 경우에는 최단존속기간을 존속기간으로 하므로(제281조), 甲이 언제든지 지상권의 소멸을 청구할 수는 없다.

출 제 포 인 트

061 구분지상권

[10개년 출제회차] 25, 28회

시작이 쉬운 길잡이

Q

한국전력공사에서 송전탑을 설치하고, 대운 씨의 토지 위 50미터 상공으로 송전선을 연결하려고 합니다. 여러분, 한국전력공사는 어떻게 해야 할까요?

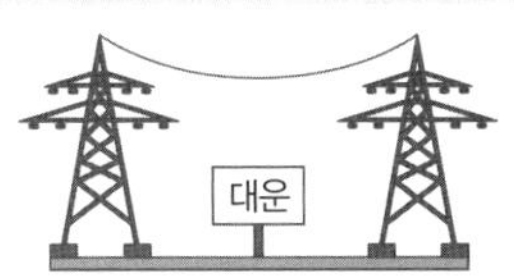

A

한국전력공사는 대운 씨 소유의 토지 상공 50미터 부분을 특정해서 토지사용계약을 체결하고 토지를 사용하면 됩니다. 이처럼 토지의 특정부분만을 사용하는 권리를 구분지상권이라고 합니다.

출제포인트의 중요 키워드는 본문에서 꼭 체크하세요 ▸ 구분지상권

법령 체크

제289조의2 【구분지상권】 ① 지하 또는 지상의 공간은 상하의 범위를 정하여 건물 기타 공작물을 소유하기 위한 지상권의 목적으로 할 수 있다. 이 경우 설정행위로써 지상권의 행사를 위하여 토지의 사용을 제한할 수 있다.
② 제1항의 규정에 의한 구분지상권은 제3자가 토지를 사용·수익할 권리를 가진 때에도 그 권리자 및 그 권리를 목적으로 하는 권리를 가진 자 전원의 승낙이 있으면 이를 설정할 수 있다. 이 경우 토지를 사용·수익할 권리를 가진 제3자는 그 지상권의 행사를 방해하여서는 아니 된다.

1 의의

구분지상권이란 건물 기타 공작물을 소유하기 위해서 타인토지의 지상이나 지하의 특정 층만을 사용할 수 있는 권리를 말한다. 지상권자는 특정 층만을 사용하므로 토지소유자는 나머지 부분을 사용할 수 있다.

2 성립

(1) 합의와 등기

토지소유자와 구분지상권을 취득하려는 자 사이에, 즉 당사자 사이에 구분지상권설정에 관한 합의(계약)와 등기가 있어야 성립한다.

(2) 토지의 상하

구분지상권의 객체는 토지의 특정 층으로 한정되므로 구분지상권이 성립하는 토지의 특정 층을 등기해야 한다. 즉, 토지의 상하의 범위를 정해서 반드시 등기해야 한다(부동산등기규칙 제126조 제2항).

(3) 수목 소유 목적

구분지상권의 설정 목적은 건물 기타 공작물 소유 목적으로 제한되므로 수목 소유 목적의 구분지상권은 성립할 수 없다.

3 효과

(1) 구분지상권도 지상권의 일종이므로 지상권에 관한 규정 중 제279조만 제외하고 모두 준용된다(제290조 제2항). 즉, 제279조(지상권의 내용)를 제외한 지상권 규정이 구분지상권에도 준용된다. 따라서 물권적 청구권, 상린관계에 관한 규정이 구분지상권에도 적용된다.

(2) 구분지상권이 성립하면 구분지상권자는 토지의 상하의 특정 층만을 사용하므로 나머지 부분에 대해서는 토지소유자(지상권설정자)가 사용권을 가지게 되는데, 특약을 통해서 토지소유자의 토지 사용을 제한할 수 있다.

기출로 **포인트 정리**

출제예상 OX지문

❶ 지상의 공간은 상하의 범위를 정하여 공작물을 소유하기 위한 지상권의 목적으로 할 수 있다. (O | X) 28회

대표기출

지상권에 관한 설명으로 틀린 것은? (다툼이 있으면 판례에 따름) 25회

① 지료의 지급은 지상권의 성립요건이 아니다.
② 지상권에 기하여 토지에 부속된 공작물은 토지에 부합하지 않는다.
③ 지상권자는 토지소유자의 의사에 반하여 지상권을 타인에게 양도할 수 없다.
④ 구분지상권은 건물 기타 공작물의 소유를 위해 설정할 수 있다.
⑤ 저당권설정자가 담보가치의 하락을 막기 위해 저당권자에게 지상권을 설정해 준 경우, 피담보채권이 소멸하면 그 지상권도 소멸한다.

쉬운 해설

출제예상 OX지문

❶ O 지상의 공간은 상하의 범위를 정하여 건물 기타 공작물을 소유하기 위한 지상권의 목적으로 할 수 있다(제289조의2 제1항). 이것을 구분지상권이라고 한다.

대표기출 정답 ③

③ 지상권자는 지상권 처분의 자유가 있고 이는 절대적으로 보장된다(제282조). 따라서 지상권자는 토지소유자의 의사에 반하여도 지상권을 타인에게 양도할 수 있다.
① 지료의 지급은 지상권의 성립요건이 아니므로 당사자 간에 지료의 지급에 대해서 약정이 없어도 지상권은 성립한다.
② 지상권에 기하여 토지에 부속된 공작물은 권원에 의한 부속이므로 토지에 부합하지 않는다.
④ 구분지상권은 건물 기타 공작물의 소유를 위해 설정할 수 있고 수목 소유를 위해서는 설정할 수 없다.
⑤ 저당권설정자가 담보가치의 하락을 막기 위해 저당권자에게 지상권을 설정해 준 경우, 피담보채권이 소멸하면 부종성에 의해서 저당권도 소멸하고 그 지상권도 소멸한다.

출제포인트

062 관습법상의 법정지상권

[10개년 출제회차] 24, 28, 33회

시작이 쉬운 길잡이

Q

토지 위에 있는 전원주택을 소유하고 있는 친구 동철 씨로부터 대운 씨가 건물만 매수했습니다. 여러분, 동철 씨는 대운 씨에게 건물철거를 청구할 수 있을까요?

A

동철 씨는 대운 씨에게 건물철거를 청구할 수 없습니다. 대운 씨는 법률의 규정에 의해서 토지사용권인 지상권을 취득했기 때문입니다. 이 경우 대운 씨가 취득한 지상권을 관습법상의 법정지상권이라고 합니다.

❗ 출제포인트의 중요 키워드는 본문에서 꼭 체크하세요 ▸ **관습법상의 법정지상권**

1 의의

토지와 건물이 동일인 소유자에게 속하였다가 매매 기타 원인(교환, 증여, 대물변제, 강제경매, 공매, 공유물 분할) 등으로 인하여 토지소유자와 건물소유자가 달라진 경우 당사자 간에 건물을 철거한다는 특약이 없다면 토지소유자가 건물소유자에 대해서 지상권을 설정해 준 것으로 보고 있는데, 이것을 관습법상의 법정지상권❗이라고 한다.

2 성립요건

1. 처분 당시 토지와 건물이 동일인 소유이어야 한다.

(1) 관습법상의 법정지상권이 성립되기 위하여는 토지와 건물 중 어느 하나가 처분될 당시에 토지와 그 지상건물이 동일인의 소유에 속하였으면 족하고 원시적으로 동일인의 소유였을 필요는 없다(대판 1995.7.28, 95다9075).

(2) 미등기(보존등기) 또는 무허가건물을 위해서 관습법상의 법정지상권이 성립할 수 있을까?

정답 | 처분 당시 토지 위에 건물이 존재하면 충분하고 그 건물이 미등기(건물을 신축한 경우), 무허가 건물이라도 관습법상의 법정지상권은 성립할 수 있다.

(3) 미등기건물을 그 대지와 함께 매도하였다면 비록 매수인에게 그 대지에 관하여만 소유권이전등기가 경료되고 건물에 관하여는 등기가 경료되지 아니하여 형식적으로 대지와 건물이 그 소유 명의자를 달리하게 되었다 하더라도 매도인에게 관습법상의 법정지상권을 인정할 이유가 없다(대판 전합체 2002.6.20, 2002다9660).

2. 토지와 건물의 소유자가 법정사유 이외의 사유로 달라져야 한다.

(1) 토지와 건물의 소유자가 법정사유[민법 제305조(건물의 전세권과 법정지상권), 민법 제366조(법정지상권), 가등기담보 등에 관한 법률 제10조(법정지상권), 입목에 관한 법률 제6조(법정지상권)]에 의해서 달라진 경우에는 법정지상권이 성립하므로 법정사유 이외의 사유로 달라져야 한다. 그러한 사유로 매매, 증여, 대물변제, 강제경매, 공매, 공유물 분할 등이 있다.

(2) 환지처분으로 인하여 토지와 그 지상건물의 소유자가 달라진 경우에는 관습법상의 법정지상권은 성립하지 않는다(대판 2001.5.8, 2001다4101).

(3) 나대지상에 환매특약의 등기가 마쳐진 상태에서 대지소유자가 그 지상에 건물을 신축하고 환매권의 행사에 따라 토지와 건물의 소유자가 달라진 경우, 건물소유자는 관습상의 법정지상권을 취득하지 못한다(대판 2010.11.25, 2010두16431).

3. 당사자 간에 건물철거 특약 등 관습법상의 법정지상권 포기특약이 없어야 한다.

(1) 배제특약이 없어야 한다.

① 관습법상의 법정지상권은 특약으로 배제할 수 있으므로 배제특약이 없어야 성립한다. 따라서 관습법상의 법정지상권이 성립할 수 있음에도 건물철거 특약을 했다는 것은 토지사용권을 포기한 것으로 볼 수 있으므로 관습법상의 법정지상권은 성립하지 않는다.

② 대지상의 건물만을 매수하면서 대지에 관한 임대차계약을 체결한 경우 관습법상의 법정지상권이 성립할까?

정답 | 토지에 대해서 임대차계약을 체결해서 임차권을 취득하면 토지에 대한 점유는 적법점유이므로 건물철거문제는 발생하지 않는다. 따라서 관습법상의 법정지상권은 포기한 것으로 보아서 성립하지 않는다.

(2) 등기는 요하지 않는다.

① 관습법상의 법정지상권은 관습법상 성립이 인정되는, 법률의 규정에 의한 부동산물권의 취득이므로 등기를 요하지 않는다. 즉, 등기 없이도 취득한다. 그러나 처분하기 위해서는 등기를 요한다.

② 등기 없이 취득하고 등기 없이도 제3자에게 대항할 수 있다.

3 효과

(1) 지료 지급의무가 있을까?

정답 | ① 일반지상권에서는 지료의 지급이 성립요소가 아니므로 당사자 간에 지료 지급의 약정이 없다면 지상권자는 지료 지급의무를 부담하지 않는다(무상의 지상권).

② 관습법상의 법정지상권이 성립하는 경우 그 지료에 관하여는 당사자의 청구에 의하여 법원이 이를 정한다고 규정한 민법 제366조를 준용하기 때문에(대판 1996.2.13, 95누11023) 관습법상의 법정지상권자는 지료 지급의무가 있고 그 지료는 당사자 간의 합의 또는 당사자의 청구에 의해서 법원에서 결정한다.

(2) 관습법상의 법정지상권이 성립한 이후 토지소유자가 변경된 경우 관습법상의 법정지상권자는 등기 없이도 새로운 토지소유자에게 대항할 수 있을까?

정답 | 관습법상의 법정지상권은 물권으로서의 효력에 의하여 이를 취득할 당시의 토지소유자나 이로부터 소유권을 전득한 제3자에게 대하여도 등기 없이 위 지상권을 주장할 수 있다(대판 1988.9.27, 87다카279). 즉, 관습법상의 법정지상권은 등기 없이도 취득하고, 물권이므로 등기 없이도 제3자에게 대항할 수 있다.

기출로 **포인트 정리**

출제예상 OX지문

❶ 토지와 건물을 소유하고 있는 甲이 건물만 乙에게 매도하고 소유권이전등기를 해주었다면 乙은 관습법상 법정지상권을 등기 없이 취득한다. (O | X) 28회

대표기출

관습법상 법정지상권에 관한 설명으로 틀린 것은? (다툼이 있으면 판례에 따름) 24회

① 법정지상권을 양도하기 위해서는 등기하여야 한다.

② 법정지상권자는 그 지상권을 등기하여야 지상권을 취득할 당시의 토지소유자로부터 토지를 양수한 제3자에게 대항할 수 있다.

③ 법정지상권자는 건물의 유지·사용에 필요한 범위에서 지상권이 성립된 토지를 자유로이 사용할 수 있다.

④ 지료에 관하여 토지소유자와 협의가 이루어지지 않으면 당사자의 청구에 의하여 법원이 이를 정한다.

⑤ 동일인 소유의 건물과 토지가 매매로 인하여 서로 소유자가 다르게 되었으나, 당사자가 그 건물을 철거하기로 합의한 때에는 관습법상 법정지상권이 성립하지 않는다.

쉬운 해설

출제예상 OX지문

❶ O 관습법상 법정지상권은 법률의 규정에 의한 물권의 취득에 해당하기 때문에 등기 없이도 취득한다.

대표기출 정답 ②

② 관습법상의 지상권은 법률의 규정에 의한 물권의 취득이므로 등기 없이도 취득하고, 등기 없이도 물권을 취득했기 때문에 등기 없이도 제3자에게 대항할 수 있다.

① 법정지상권은 법률의 규정에 의한 취득이므로 등기 없이도 취득하지만 양도(처분)하기 위해서는 등기를 요한다.

③ 법정지상권도 지상권의 일종이므로 법정지상권자는 건물의 유지·사용에 필요한 범위에서 지상권이 성립된 토지를 자유로이 사용할 수 있다.

④ 관습법상 지상권이 성립하면 지료 지급의무가 있고 지료는 협의에 의해서 정하고 토지소유자와 협의가 이루어지지 않으면 당사자의 청구에 의하여 법원이 이를 정한다.

⑤ 관습법상의 법정지상권은 특약으로 포기할 수 있다. 따라서 건물철거특약은 토지사용권을 포기한 것으로 볼 수 있으므로 관습법상 법정지상권이 성립하지 않는다.

출제포인트

063 분묘기지권

[10개년 출제회차] 26, 32회

시작이 쉬운 길잡이

Q 본인 소유 토지 위에 아버지 묘를 설치한 동철 씨는 토지를 친구 부자 씨에게 매도했습니다. 다만, 분묘를 다른 곳으로 이장한다는 특약은 없었습니다. 토지의 소유권을 취득한 부자 씨는 토지를 전원주택지로 개발하고 싶습니다. 여러분, 부자 씨는 동철 씨에게 분묘의 이장을 청구할 수 있을까요?

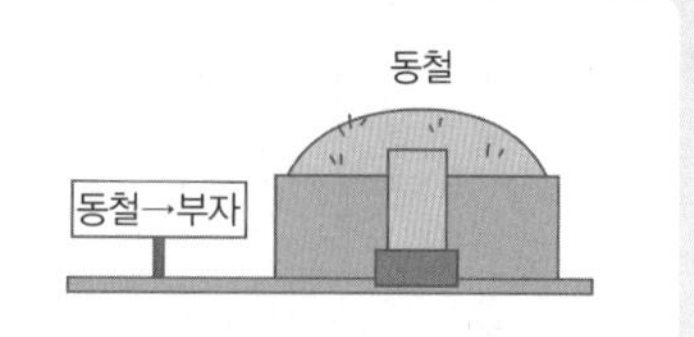

A 부자 씨는 동철 씨에게 분묘의 이장을 청구할 수 없습니다. 왜냐하면 동철 씨는 이미 토지에 대해서 분묘기지권이라는 토지사용권을 취득했기 때문입니다.

출제포인트의 중요 키워드는 본문에서 꼭 체크하세요 ▸ **분묘기지권**

1 의의

분묘기지권이란 타인의 토지 위에 분묘를 소유하기 위하여 그 분묘의 기지부분(분묘가 차지하고 있는 토지)과 주위의 토지를 사용할 수 있는 지상권에 유사한 일종의 관습법상 물권이다. 그리고 분묘기지권자의 점유는 타주점유이다.

2 성립요건(취득)

1. 취득원인

분묘기지권이 성립(발생)하는 모습은 다음의 3가지가 있다.

(1) 토지소유자의 승낙을 얻어서 타인의 토지 위에 분묘를 설치한 경우(대판 2000.9.26, 99다14006)

(2) 자기소유 토지 위에 분묘를 설치하고 이후에 분묘이장의 특약 없이 그 토지를 양도한 경우(대판 1967.10.12, 67다1920)

(3) 분묘기지권을 시효취득하는 경우

① 타인소유의 토지에 소유자의 승낙 없이 분묘를 설치한 경우에는 20년간 평온·공연하게 그 분묘의 기지를 점유함으로써 분묘기지권을 시효로 취득한다(대판 1995.2.28, 94다37912).

② 주의할 점은 분묘기지권을 시효취득하는 것이지 분묘기지의 소유권을 시효취득하는 것이 아니다.

③ 분묘기지권을 취득한 경우, 지료 지급의무가 있을까?

㉠ **분묘기지권을 시효취득한 경우**: 분묘기지권자는 토지소유자가 분묘기지에 관한 지료를 청구하면 그 청구한 날부터의 지료를 지급할 의무가 있다(대판 전합체 2021.4.29, 2017다228007).

㉡ **양도형 분묘기지권을 취득한 경우**: 분묘기지권자는 분묘기지권이 성립한 때부터 토지소유자에게 그 분묘의 기지에 대한 토지사용의 대가로서 지료를 지급할 의무가 있다(대판 2021.5.27, 2020다295892).

④ 「장사 등에 관한 법률」 시행일인 2001년 1월 13일 이후에 설치한 분묘에 대해서는 분묘기지권의 시효취득이 인정되지 않는다(동법 제27조 및 부칙 제2조).

(4) 위에 언급한 세 가지 요건 중 하나에 해당하고 분묘로서 다음의 요건을 갖추고 있어야 한다.

① 봉분이 있어야 한다.

② 시신이 있어야 한다.

2. 평장이나 암장된 경우의 분묘기지권 → 인정되지 않는다.

평장이나 암장되어 있는 경우 분묘기지권은 성립할 수 있을까?

정답 | 분묘기지권을 취득하기 위해서는 분묘의 요건을 갖추고 있어야 한다. 따라서 봉분(공시기능)과 시신이 존재해야 하므로 평장이나 암장 또는 시신이 안장되지 않은 봉분(가묘)으로는 분묘기지권을 취득할 수 없다. 그리고 봉분 자체가 공시기능을 하므로 등기 없이도 취득한다.

3 분묘기지권의 효력이 미치는 범위

(1) 분묘기지권은 분묘의 기지 자체뿐만 아니라 그 분묘의 설치목적인 분묘의 수호 및 제사에 필요한 범위 내에서 분묘의 기지 주위의 공지를 포함한 지역에까지 미치는 것이다(대판 1994.12.23, 94다15530). 즉, 분묘기지 자체뿐만 아니라 주위 공지에도 미친다.

(2) 분묘기지권의 효력이 미치는 범위 내에서 기존의 분묘에 단분(單墳) 형태로 합장하여 새로운 분묘를 설치할 수 있을까?

정답 | 분묘기지권의 효력이 미치는 범위 내에서 단분이든 쌍분의 형태이든 또 다른 분묘를 설치할 수는 없다.

4 존속기간

분묘기지권의 존속기간에 관하여는 민법의 지상권에 관한 규정에 따를 것이 아니라 당사자 사이에 약정이 있는 등 특별한 사정이 있으면 그에 따를 것이며, 그러한 사정이 없는 경우에는 권리자가 분묘의 수호와 봉사를 계속하며 그 분묘가 존속하고 있는 동안은 분묘기지권은 존속한다고 해석함이 타당하므로 민법 제281조에 따라 5년간이라고 보아야 할 것은 아니다(대판 1994.8.26, 94다28970).

5 적중판례

1. 분묘기지권의 취득시효

(1) 타인소유의 토지에 소유자의 승낙 없이 분묘를 설치하여 20년간 평온·공연하게 분묘의 기지를 점유한 경우, 분묘기지권을 시효로 취득한다.

(2) 분묘기지권은 등기하지 않아도 제3자에게 대항할 수 있다.

2. 분묘가 멸실된 경우

분묘가 멸실되었더라도 유골이 존재하여 분묘의 원상회복이 가능하고 일시적인 멸실에 불과한 경우, 이미 인정된 분묘기지권이 소멸하지 않고 존속한다(대판 2017.3.30, 2016다231358).

3. 지료 연체 시 소멸청구

자기소유의 토지 위에 분묘를 설치한 후 토지의 소유권이 경매 등으로 타인에게 이전되면서 분묘기지권을 취득한 자가, 판결에 따라 분묘기지권에 관한 지료의 액수가 정해졌음에도 판결확정 후 책임 있는 사유로 상당한 기간 동안 지료의 지급을 지체하여 지체된 지료가 판결확정 전후에 걸쳐 2년분 이상이 되는 경우에는 민법 제287조를 유추적용하여 새로운 토지소유자는 분묘기지권자에 대하여 분묘기지권의 소멸을 청구할 수 있다. 분묘기지권자가 판결확정 후 지료 지급청구를 받았음에도 책임 있는 사유로 상당한 기간 지료의 지급을 지체한 경우에만 분묘기지권의 소멸을 청구할 수 있는 것은 아니다(대판 2015.7.23, 2015다206850).

기출로 **포인트 정리**

출제예상 OX지문

❶ 분묘기지권자가 분묘기지권을 포기하는 의사를 표시한 경우 점유의 포기가 없더라도 분묘기지권이 소멸한다. (O | X) 26회

❷ 분묘기지권을 시효취득한 자는 토지소유자가 지료를 청구한 날부터의 지료를 지급할 의무가 있다. (O | X) 32회

대표기출

분묘기지권에 관한 설명으로 옳은 것은? (다툼이 있으면 판례에 따름) 17회 변형

① 토지소유자의 승낙 없이 분묘를 설치한 후 20년간 평온·공연하게 분묘기지를 점유한 자는 그 기지의 소유권을 시효취득한다.
② 타인토지에 분묘를 설치·소유하는 자에게는 그 토지에 대한 소유의 의사가 추정된다.
③ 등기는 분묘기지권의 취득요건이다.
④ 분묘기지권을 시효취득한 자는 토지소유자로부터 지료 지급청구를 받으면 그때부터 지료지급의무가 있다.
⑤ 존속기간에 관한 약정이 없는 분묘기지권의 존속기간은 5년이다.

쉬운 해설

출제예상 OX지문

❶ O 분묘의 기지에 대한 지상권 유사의 물권인 관습상의 법정지상권이 점유를 수반하는 물권으로서 권리자가 의무자에 대하여 그 권리를 포기하는 의사표시를 하는 외에 점유까지도 포기하여야만 그 권리가 소멸하는 것은 아니다(대판 1992.6.23, 92다14762).

❷ O 시효로 분묘기지권을 취득한 사람은 토지소유자가 분묘기지에 관한 지료를 청구하면 그 청구한 날부터의 지료를 지급하여야 한다(대판 전합체 2021.4.29, 2017다228007).

대표기출 정답 ④

④ 시효로 분묘기지권을 취득한 사람은 토지소유자가 분묘기지에 관한 지료를 청구하면 그 청구한 날부터의 지료를 지급하여야 한다고 봄이 타당하다(대판 전합체 2021.4.29, 2017다228007).
① 분묘기지권도 취득시효의 대상이 되므로 토지소유자의 승낙 없이 분묘를 설치한 후 20년간 평온·공연하게 분묘기지를 점유한 자는 분묘기지권을 시효취득한다.
② 토지소유자가 있음을 전제로 분묘의 기지를 점유하는 것이므로 타주점유로 추정된다.
③ 등기는 분묘기지권의 취득요건이 아니다. 현실적으로 등기방법도 없다.
⑤ 존속기간의 약정이 없는 경우, 그 분묘가 존속하고 있는 동안은 분묘기지권은 존속한다고 해석함이 타당하므로 민법 제281조에 따라 5년간이라고 보아야 할 것은 아니다(판례).

출 제 포 인 트

064 지역권

[10개년 출제회차] 24, 25, 26, 27, 28, 29, 30, 31, 32, 33회

시작이 쉬운 길잡이

Q 공로로 통하는 도로가 없는 대지를 소유하고 있는 대운 씨. 전원주택을 지어서 살고 싶은데 도로가 없어서 고민입니다. 여러분, 대운 씨는 어떻게 하면 될까요?

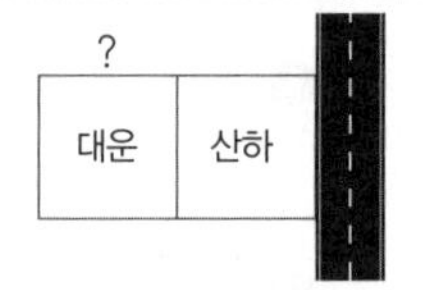

A 대운 씨는 인접토지를 빌려서 공로로 통행하면 되는데 토지를 빌리는 방법은 민법에 두 가지로 규정되어 있습니다. 하나는 대운 씨가 인접지 소유자 산하 씨와 지역권설정계약을 통해서 공로로 통행하는 방법, 다른 하나는 임대차계약을 체결하고 공로로 통행하는 방법입니다. 여기서 대운 씨는 공로로 통행함으로써 자신의 토지의 이용가치를 높일 수가 있는데, 이처럼 자신의 토지 자체의 편리함과 이익을 위해서 타인의 토지를 이용하는 권리를 지역권이라고 합니다.

출제포인트의 중요 키워드는 본문에서 꼭 체크하세요 ▸ **지역권, 요역지, 승역지, 통행지역권**

1 총설

1. 의의

법령 체크

제291조 【지역권의 내용】 지역권자는 일정한 목적을 위하여 타인의 토지를 자기토지의 편익에 이용하는 권리가 있다.

(1) 지역권은 일정한 목적을 위하여 타인의 토지를 자기의 토지의 편익에 이용하는 부동산 용익물권이다. 따라서 지역권이 성립하기 위해서는 요역지와 승역지가 있어야 한다.
(요역지의 편익을 위해서 승역지를 이용할 수 있는 물권 / 편익을 받는 토지 / 편익을 제공하는 토지)

(2) 예컨대 甲이 자신의 토지의 이용가치를 높이기 위해서 乙과 통행지역권설정계약을 체결하고 乙의 토지를 통행해서 공로로 출입하는 경우이다.

(3) 지역권은 요역지의 편리함과 이익을 위해서 승역지를 이용하는 물권이므로 승역지 위에 성립한다. 즉, 지역권의 대상(객체)은 승역지이다.

2. 기본 쟁점

(1) 요역지와 승역지는 반드시 1필의 토지이어야 할까?

정답 | 요역지는 반드시 1필의 토지이어야 하지만 승역지는 1필의 토지 전부 또는 일부라도 관계없다. 따라서 1필의 토지 일부를 위해서는 지역권은 성립할 수 없지만 1필의 토지 일부 위에 지역권은 성립할 수 있다.

(2) 토지 자체가 아닌 사람의 편익을 위해서도 지역권이 성립할 수 있을까?

정답 | 지역권은 토지 자체의 편리함과 이익을 위해서 성립하는 것이므로 사람의 편리함과 이익을 위해서는 성립할 수 없다.

(3) 지료의 지급이 지역권의 성립요소일까?

정답 | ① 지료의 지급은 지역권의 성립요소가 아니므로 토지소유자와 지역권을 취득하려는 자 사이에, 즉 당사자 간에 지료 지급의 약정(합의)이 없을지라도 지역권은 성립한다. 따라서 당사자 간에 지료 지급의 약정이 있으면 지료 지급의무가 있는 유상의 지역권이 성립하고 지료 지급의 약정이 없으면 지료 지급의무가 없는 무상의 지역권이 성립한다.

② 지역권은 유상의 지역권뿐만 아니라 무상의 지역권도 성립할 수 있다. 설령 지료 지급의 약정이 있어도 「부동산등기법」상에 아무런 규정이 없으므로 등기할 방법이 없다.

2. 존속기간

존속기간에 대해서는 명문규정이 없으므로 영구무한의 지역권설정도 가능하다는 것이 통설이다.

2 법적 성질

1. 비배타성

지역권은 요역지 소유자가 요역지 자체의 편리함과 이익을 위해서 승역지를 단지 이용하는 권리이다. 즉, 지역권은 배타적 점유권이 아니다. 따라서 지역권이 성립한 이후에도 승역지 소유자는 지역권 행사에 방해가 되지 않는 범위 내에서 승역지를 사용할 수 있으므로 제3자에게 다시 지역권을 설정해 주는 것도 가능하다.

2. 부종성

법령 체크

제292조 【부종성】 ① 지역권은 요역지 소유권에 부종하여 이전하며 또는 요역지에 대한 소유권 이외의 권리의 목적이 된다. 그러나 다른 약정이 있는 때에는 그 약정에 의한다.
② 지역권은 요역지와 분리하여 양도하거나 다른 권리의 목적으로 하지 못한다.

(1) 지역권은 요역지와 분리하여 양도하거나 다른 권리의 목적으로 하지 못한다.

(2) 요역지와 분리하여 지역권만을 저당권의 목적으로 할 수 없다.

(3) 요역지의 지상권자나 전세권자는 특별한 사정이 없으면 자신의 용익권 범위 내에서 지역권을 행사할 수 있다.

3. 불가분성

(1) 취득상의 불가분성

법령 체크

제295조【취득과 불가분성】 ① 공유자의 1인이 지역권을 취득한 때에는 다른 공유자도 이를 취득한다.
② 점유로 인한 지역권 취득기간의 중단은 지역권을 행사하는 모든 공유자에 대한 사유가 아니면 그 효력이 없다.

요역지의 공유자 1인이 지역권을 취득한 경우에는 다른 공유자도 지역권을 취득한다.

(2) 소멸상의 불가분성

법령 체크

제296조【소멸시효의 중단, 정지와 불가분성】 요역지가 수인의 공유인 경우에 그 1인에 의한 지역권 소멸시효의 중단 또는 정지는 다른 공유자를 위하여 효력이 있다.

요역지가 수인의 공유인 경우에 공유자 1인에 의한 지역권 소멸시효의 중단이나 정지는 다른 공유자를 위하여 효력이 있다.

3 지역권의 취득(발생)

1. 지역권설정계약

토지소유자와 지역권을 취득하기를 원하는 자 사이에, 즉 당사자 간에 지역권설정계약과 등기를 하게 되면 지역권이 성립한다.

2. 취득시효

법령 체크

제294조【지역권 취득기간】 지역권은 계속되고 표현된 것에 한하여 제245조의 규정을 준용한다.

(1) 소유권뿐만 아니라 지역권에 대해서도 취득시효가 인정되는데, 모든 지역권이 아니라 계속되고 표현된 지역권에 대해서만 취득시효가 인정된다(제294조).

(2) 취득시효를 통해서 지역권을 취득하기 위해서는 등기를 해야 한다(제187조의 예외).

(3) 통행지역권의 시효취득(적중판례)

① 민법 제294조는 지역권은 계속되고 표현된 것에 한하여 같은 법 제245조의 규정을 준용한다고 규정하고 있으므로, 점유로 인한 지역권 취득기간의 만료로 통행지역권을 시효취득하려면 요역지의 소유자가 타인의 소유인 승역지 위에 통로를 개설하여 그 통로를 사용하는 상태가 위 제245조에 규정된 기간(20년) 동안 계속되어야 한다(대판 1991.10.22, 90다16283).

② 요역지의 불법점유자가 통행지역권의 시효취득을 주장할 수 있을까?

정답 | 요역지의 불법점유자는 통행지역권의 시효취득 주장을 할 수 없다. 즉, 통행지역권을 시효취득할 수 없다.

판례 | 통행지역권은 토지의 소유자 또는 지상권자, 전세권자 등 토지사용권을 가진 자에게 인정되는 권리라 할 것이므로 위와 같은 권리자가 아닌 토지의 불법점유자는 통행지역권의 시효취득 주장을 할 수 없다(대판 1976.10.29, 76다1694). 따라서 지상권자는 인접한 토지에 통행지역권을 시효취득할 수 있다.

③ 통행지역권을 시효취득한 경우 승역지 소유자에게 손해를 보상해 주어야 할까?

판례 | 주위토지통행권이나 통행지역권은 유사하기 때문에 승역지에 대한 도로설치 및 사용에 의하여 승역지 소유자가 입은 손해를 보상해 주어야 한다(대판 2015.3.20, 2012다17479).

3. 상속

지역권은 상속에 의해서 등기 없이 취득할 수 있다.

4 지역권의 효력

1. 지역권자의 권리

(1) 지역권자는 지역권의 내용에 따라 승역지를 자기토지의 편익을 위해서 이용할 수 있다.

(2) 지역권에 기한 물권적 청구권

지역권의 내용실현이 방해를 받으면, 즉 지역권이 침해받거나 침해받을 염려가 있는 경우 지역권자는 물권적 청구권을 행사할 수 있다. 주의할 점은 방해제거청구권과 방해예방청구권은 인정되지만(제214조가 준용된다) 반환청구권은 인정되지 않는다는 점이다.

(3) 지역권의 범위

지역권의 내용은 그 지역권의 내용을 달성하는 데 필요하고 또한 승역지 이용자에게 가장 부담이 적은 범위로 한정되어야 한다. 민법은 이러한 취지에서 다음과 같은 규정을 두고 있다.

① 용수지역권

법령 체크

제297조 【용수지역권】 ① 용수승역지의 수량이 요역지 및 승역지의 수요에 부족한 때에는 그 수요정도에 의하여 먼저 가용에 공급하고 다른 용도에 공급하여야 한다. 그러나 설정행위에 다른 약정이 있는 때에는 그 약정에 의한다.
② 승역지에 수개의 용수지역권이 설정된 때에는 후순위의 지역권자는 선순위의 지역권자의 용수를 방해하지 못한다.

② 공작물의 공동사용

법령 체크

제300조 【공작물의 공동사용】 ① 승역지의 소유자는 지역권의 행사를 방해하지 아니하는 범위 내에서 지역권자가 지역권의 행사를 위하여 승역지에 설치한 공작물을 사용할 수 있다.
② 전항의 경우에 승역지의 소유자는 수익정도의 비율로 공작물의 설치, 보존의 비용을 분담하여야 한다.

2. 승역지 소유자의 의무

(1) 승역지 소유자(승역지의 용익권자 포함)는 지역권자의 토지이용 행위를 허용하고 일정한 이용을 하지 않을 부작위의무를 부담한다.

(2) 공작물의 설치 또는 수선의무

법령 체크

제298조 【승역지 소유자의 의무와 승계】 계약에 의하여 승역지 소유자가 자기의 비용으로 지역권의 행사를 위하여 공작물의 설치 또는 수선의 의무를 부담한 때에는 승역지 소유자의 특별승계인도 그 의무를 부담한다.

(3) 위기(委棄)

법령 체크

제299조 【위기에 의한 부담면제】 승역지의 소유자는 지역권에 필요한 부분의 토지소유권을 지역권자에게 위기(委棄)하여 전조의 부담을 면할 수 있다.

위기란 승역지 소유권자가 승역지의 토지소유권을 지역권자에게 이전한다는 일방적 의사표시를 말하며 지역권자에게 소유권이전등기를 하여야 그 효력이 생긴다(제186조). 따라서 위기가 있으면 지역권자가 승역지의 소유권을 취득한다. 이 경우 승역지의 소유권을 지역권자가 취득했으므로 더 이상 자신의 토지에 대해서 지역권은 존재의미가 없으므로 지역권은 혼동으로 소멸한다(제191조).

5 지역권의 소멸

1. 일반적 소멸사유

지역권은 요역지나 승역지의 멸실, 지역권의 포기, 혼동, 존속기간의 만료, 약정소멸사유의 발생, 승역지의 수용 등으로 소멸한다.

2. 승역지의 시효취득에 의한 소멸

승역지가 제3자에 의해 시효취득되는 경우, 시효취득은 원시취득이므로 승역지 위에 존재했던 지역권은 소멸하는 것이 원칙이다. 그러나 승역지의 점유자가 지역권의 존재를 인용하면서 점유를 계속한 경우에는 그 점유는 지역권의 제한을 받는 것이 되므로 승역지가 시효취득되더라도 지역권은 소멸하지 않는다.

3. 지역권의 소멸시효

지역권은 20년의 소멸시효에 걸린다(제162조 제2항). 즉, 20년간 지역권을 행사하지 않으면 지역권은 소멸한다.

기출로 포인트 정리

출제예상 OX지문

❶ 지역권은 요역지와 분리하여 양도하거나 처분하지 못한다. (O | X) 29회

❷ 1필의 토지의 일부에는 지역권을 설정할 수 없다. (O | X) 32회

대표기출

지역권에 관한 설명으로 틀린 것은? (다툼이 있으면 판례에 따름) 31회

① 요역지의 소유권이 양도되면 지역권은 원칙적으로 이전되지 않는다.

② 공유자의 1인이 지역권을 취득한 때에는 다른 공유자도 이를 취득한다.

③ 점유로 인한 지역권 취득기간의 중단은 지역권을 행사하는 모든 공유자에 대한 사유가 아니면 그 효력이 없다.

④ 어느 토지에 대하여 통행지역권을 주장하려면 그 토지의 통행으로 편익을 얻는 요역지가 있음을 주장 · 증명해야 한다.

⑤ 승역지에 관하여 통행지역권을 시효취득한 경우, 특별한 사정이 없는 한 요역지 소유자는 승역지 소유자에게 승역지의 사용으로 입은 손해를 보상해야 한다.

쉬운 해설

출제예상 OX지문

❶ O 지역권은 요역지의 편익을 위해서 존재하므로 요역지와 운명을 함께한다. 따라서 지역권만 분리해서 처분할 수 없다(제292조 제2항).

❷ X 지역권은 1필의 일부에 대해서도 성립할 수 있다. 따라서 1필의 토지(승역지)의 일부에 지역권을 설정할 수 있다.

대표기출 정답 ①

① 지역권은 요역지의 편익을 위해서 존재하므로 요역지와 운명을 함께한다. 따라서 요역지의 소유권이 양도되면 지역권도 원칙적으로 이전된다(제292조 제2항).

② 취득상의 불가분성에 의해서 공유자의 1인이 지역권을 취득한 때에는 다른 공유자도 이를 취득한다(제295조 제1항).

③ 취득시효를 중단시키기 위해서 승역지 소유자는 지역권을 행사하는 모든 공유자에게 권리를 행사해야 한다(제295조 제2항).

④ 지역권은 요역지를 위해서 존재하기 때문에 어느 토지에 대하여 통행지역권을 주장하려면 그 토지의 통행으로 편익을 얻는 요역지가 있음을 주장 · 증명해야 한다(대판 1992.12.8, 92다22725).

⑤ 종전의 승역지 사용이 무상으로 이루어졌다는 등의 다른 특별한 사정이 없다면 요역지 소유자는 승역지 소유자에게 승역지의 사용으로 입은 손해를 보상해야 한다(대판 2015.3.20, 2012다17479).

출제포인트

065 전세권

[10개년 출제회차] 24, 25, 26, 27, 28, 29, 30, 31, 32, 33회

시작이 쉬운 길잡이

Q

전원주택으로 이사를 가고싶은 대운 씨, 전원주택을 매수하기에는 여러 가지 사정상 부담스러워서 빌리는 방법을 생각하고 있습니다. 여러분, 어떤 방법이 있을까요?

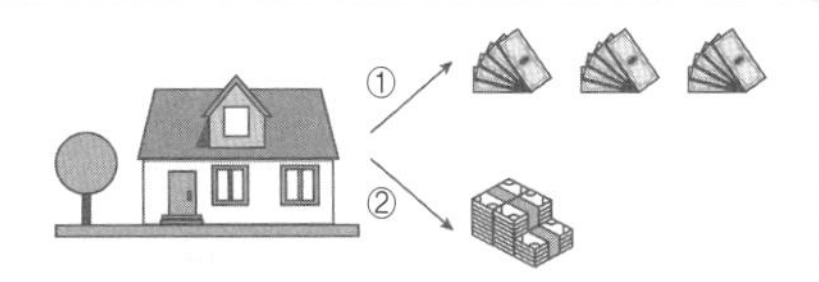

A

대운 씨가 전원주택을 빌리는 방법은 두 가지가 있습니다. 하나는 목돈을 한꺼번에 지급하고 매달 월차임은 지급하지 않는 방법(전세권), 다른 하나는 매달 월차임을 지급하는 방법(임대차)입니다. 여기서 목돈을 한꺼번에 지급하고 매달 월차임은 지급하지 않으면서 전원주택을 빌리는 방법이 바로 전세입니다. 물론 대운 씨가 전세권을 취득하기 위해서는 전세권설정등기가 되어 있어야 합니다. 만약 등기를 하지 않았다면 이것은 채권적 전세라고 하며 전세권이 아니라 임대차로 취급됩니다.

출제포인트의 중요 키워드는 본문에서 꼭 체크하세요 ▸ **전세권, 존속기간, 전전세**

1 전세권의 의의 및 법적 성질

1. 의의

법령 체크

제303조【전세권의 내용】 ① 전세권자는 전세금을 지급하고 타인의 부동산을 점유하여 그 부동산의 용도에 좇아 사용·수익하며, 그 부동산 전부에 대하여 후순위권리자 기타 채권자보다 전세금의 우선변제를 받을 권리가 있다.
② 농경지는 전세권의 목적으로 하지 못한다.

전세권은 전세금을 지급하고 타인의 부동산을 점유하여 그 부동산의 용도에 좇아 사용·수익하는 용익물권이고, 전세권이 소멸하면 그 목적부동산 전부의 매각대금으로부터 전세금의 우선변제를 받을 수 있는 담보물권의 성질도 가지고 있다. 즉, 전세권은 용익물권의 성질(→ 주된 성질)과 담보물권의 성질(→ 종된 성질)을 함께 가지고 있다.

2. 법적 성질

(1) 물권

전세권자는 전세권을 자유롭게 양도할 수 있는 것이 원칙이며 물권이므로 제3자에 대항할 수 있다.

(2) 용익물권

① 타인의 부동산을 점유하여 그 부동산의 용도에 좇아 사용·수익하는 용익물권이다.

② 전세권은 배타적인 점유·사용권이므로 점유할 권리를 포함하고 상린관계에 관한 규정이 전세권에도 준용된다(제319조).

(3) 담보물권

법령 체크

제318조 【전세권자의 경매청구권】 전세권설정자가 전세금의 반환을 지체한 때에는 전세권자는 「민사집행법」의 정한 바에 의하여 전세권의 목적물의 경매를 청구할 수 있다.

제303조 【전세권의 내용】 ① 전세권자는 전세금을 지급하고 타인의 부동산을 점유하여 그 부동산의 용도에 좇아 사용·수익하며, 그 부동산 전부에 대하여 후순위권리자 기타 채권자보다 전세금의 우선변제를 받을 권리가 있다.

① 민법의 규정: 전세권자에게 경매신청권과 우선변제권을 인정하여 담보물권의 성질이 있음을 보여주고 있다. 그리고 판례에 따르면, 전세권설정등기를 마친 민법상의 전세권은 그 성질상 용익물권적 성격과 담보물권적 성격을 겸비한 것으로서, 전세권의 존속기간이 만료되면 전세권의 용익물권적 권능은 전세권설정등기의 말소 없이도 당연히 소멸하고 단지 전세금반환채권을 담보하는 담보물권적 권능의 범위 내에서 전세금의 반환시까지 그 전세권설정등기의 효력이 존속하고 있다(대판 2005.3.25, 2003다35659). 즉, 존속기간이 만료되면 전세권(용익물권)은 말소등기 없이도 당연히 소멸하고 전세금반환채권을 피담보채권으로 하는 전세권(담보물권)으로 전환된다.

② 전세권이 전세금반환채권을 담보하는 담보물권의 성질을 가지고 있으므로 전세권에도 부종성, 수반성, 불가분성, 물상대위성이 인정된다.

2 전세권의 취득(발생, 성립)

전세권은 상속, 양도 등을 통해서도 취득할 수 있으나 일반적으로 전세권설정계약을 통해서 취득한다.

1. 전세권설정계약

(1) 부동산 소유자와 전세권을 취득하기를 원하는 자 사이에, 즉 당사자 간에 전세권설정계약과 등기 그리고 전세금 지급에 의해서 전세권은 성립한다. 주의할 점은 전세금 지급은 전세권의 성립요건이나 목적부동산의 인도는 전세권의 성립요건이 아니다.

(2) 전세권 존속기간이 시작되기 전에 마친 전세권설정등기도 특별한 사정이 없는 한 유효한 것으로 추정된다(대결 2018.1.25, 2017마1093).

2. 전세권의 객체(목적물)

전세권은 타인의 부동산(건물, 토지)에 대해서 성립하며 부동산 일부에 대해서도 전세권이 성립할 수 있다(1물 1권주의의 예외). 따라서 1필의 토지 일부 또는 1동의 건물 일부에 대해서도 전세권이 성립할 수 있다.

3. 전세금 지급

전세금 지급이 전세권의 성립요소일까?

정답 | ① 전세권은 전세금 지급이 성립요소이다. 따라서 전세금 지급이 없는 한 전세권은 성립할 수 없다. 그리고 전세금을 지급하지 않는다는 특약은 무효이다.
② 전세금의 지급은 전세권 성립의 요소가 되는 것이지만 그렇다고 하여 전세금의 지급이 반드시 현실적으로 수수되어야만 하는 것은 아니고 기존의 채권으로 전세금의 지급에 갈음할 수도 있다(대판 1995.2.10, 94다18508).
③ 전세금은 등기하여야 한다. 등기된 금액에 한하여 제3자에게 대항할 수 있다.

4. 전세금증감청구권

법령 체크

제312조의2 【전세금증감청구권】 전세금이 목적부동산에 관한 조세·공과금 기타 부담의 증감이나 경제사정의 변동으로 인하여 상당하지 아니하게 된 때에는 당사자는 장래에 대하여 그 증감을 청구할 수 있다. 그러나 증액의 경우에는 대통령령이 정하는 기준에 따른 비율을 초과하지 못한다.

5. 적중판례

전세권 존속기간이 시작되기 전에 마친 전세권설정등기도 특별한 사정이 없는 한 유효한 것으로 추정된다. 한편, 「부동산등기법」 제4조 제1항은 "같은 부동산에 관하여 등기한 권리의 순위는 법률에 다른 규정이 없으면 등기한 순서에 따른다."라고 정하고 있으므로, 전세권은 등기부상 기록된 전세권설정등기의 존속기간과 상관없이 등기된 순서에 따라 순위가 정해진다(대결 2018.1.25, 2017마1093).

3 전세권의 존속기간

법령 체크

제312조 【전세권의 존속기간】 ① 전세권의 존속기간은 10년을 넘지 못한다. 당사자의 약정기간이 10년을 넘는 때에는 이를 10년으로 단축한다.
② 건물에 대한 전세권의 존속기간을 1년 미만으로 정한 때에는 이를 1년으로 한다.
③ 전세권의 설정은 이를 갱신할 수 있다. 그 기간은 갱신한 날로부터 10년을 넘지 못한다.

1. 약정을 하는 경우

(1) 최장기간의 제한이 있다.

최장존속기간 10년의 제한을 받는다. 따라서 토지전세와 건물전세 모두 10년을 넘지 못하고 10년을 넘은 경우에는 10년으로 단축된다.

(2) 최단기간의 제한

건물에 대한 전세권의 존속기간을 1년 미만으로 정한 때에는 이를 1년으로 한다(제312조 제2항). 건물전세권에 대해서만 1년의 최단기간의 제한이 있다. 즉, 토지전세에서는 최단기간의 제한을 받지 않는다.

2. 약정하지 않은 경우

법령 체크

제313조【전세권의 소멸통고】 전세권의 존속기간을 약정하지 아니한 때에는 각 당사자는 언제든지 상대방에 대하여 전세권의 소멸을 통고할 수 있고 상대방이 이 통고를 받은 날로부터 6월이 경과하면 전세권은 소멸한다.

3. 전세권의 갱신

지상권과 달리 전세권에서는 계약갱신청구권과 지상물매수청구권은 인정되지 않는다.

(1) 합의갱신

전세권에서는 지상권과 같은 계약갱신청구권은 인정되지 않고 당사자 간의 합의로 전세권을 갱신할 수 있는데 최장기 10년의 제한을 받으므로 10년을 넘지 못한다. 그리고 법률행위를 통한 부동산물권의 변동이므로 갱신합의는 등기해야 효력이 발생한다.

(2) 법정갱신

법령 체크

제312조【전세권의 존속기간】 ④ 건물의 전세권설정자가 전세권의 존속기간 만료 전 6월부터 1월까지 사이에 전세권자에 대하여 갱신거절의 통지 또는 조건을 변경하지 아니하면 갱신하지 아니한다는 뜻의 통지를 하지 아니한 경우에는 그 기간이 만료된 때에 전전세권과 동일한 조건으로 다시 전세권을 설정한 것으로 본다. 이 경우 전세권의 존속기간은 그 정함이 없는 것으로 본다.

① 건물전세에 대해서만 인정된다: 법정갱신은 토지전세에서는 인정되지 않고 건물전세에서만 인정되며, 법정갱신되면 존속기간은 전전세와 동일한 것이 아니라 정함이 없는 것으로 본다. 따라서 제313조에 의해서 각 당사자는 언제든지 전세권 소멸을 통고할 수 있고 통고를 받은 날로부터 6월이 경과하면 전세권은 소멸한다.

② 전세권이 법정갱신된 경우, 전세권자가 등기 없이도 전세권설정자나 그 목적물을 취득한 제3자에 대하여 갱신된 권리를 주장할 수 있을까?

정답 | 등기 없이 갱신의 효과가 발생하고, 즉 등기 없이 전세권이라는 물권을 취득하고 물권이므로 등기 없이도 제3자에게 대항할 수 있다.

4. 최장기간과 최단기간의 비교

구분	지상권	지역권	전세권	임대차	주택임대차	상가임대차
최장기제한	규정 없음	규정 없음	10년	규정 없음	규정 없음	규정 없음
최단기제한	30, 15, 5년	규정 없음	건물 1년	규정 없음	2년	1년

4 전세권의 효력

1. 건물전세권, 토지지상권, 임차권에 대한 효력

법령 체크

제304조【건물의 전세권, 지상권, 임차권에 대한 효력】 ① 타인의 토지에 있는 건물에 전세권을 설정한 때에는 전세권의 효력은 그 건물의 소유를 목적으로 한 지상권 또는 임차권에 미친다.
② 전항의 경우에 전세권설정자는 전세권자의 동의 없이 지상권 또는 임차권을 소멸하게 하는 행위를 하지 못한다.

2. 법정지상권

법령 체크

제305조【건물의 전세권과 법정지상권】 ① 대지와 건물이 동일한 소유자에 속한 경우에 건물에 전세권을 설정한 때에는 그 대지소유권의 특별승계인은 전세권설정자에 대하여 지상권을 설정한 것으로 본다. 그러나 지료는 당사자의 청구에 의하여 법원이 이를 정한다.
② 전항의 경우에 대지소유자는 타인에게 그 대지를 임대하거나 이를 목적으로 한 지상권 또는 전세권을 설정하지 못한다.

주의할 점은 법정지상권을 취득하는 자는 전세권자가 아니라 전세권설정자라는 점이다. 왜냐하면 지상권은 지상물을 소유하기 위한 권리로서 지상물의 소유권자가 취득하는 권리이기 때문이다.

3. 전세권자의 목적물 유지, 수선의무

법령 체크

제309조【전세권자의 유지, 수선의무】 전세권자는 목적물의 현상을 유지하고 그 통상의 관리에 속한 수선을 하여야 한다.

전세권에서 목적물의 현상유지와 통상 관리에 속한 수선의무를 부담하는 자는 전세권설정자가 아니라 전세권자이다. 따라서 전세권자는 특별한 사정이 없는 한 전세목적물의 현상유지를 위해 지출한 통상필요비의 상환을 전세권설정자에게 청구할 수 없다.

4. 전세권자의 물권적 청구권

전세권이 침해받거나 침해받을 염려가 있는 경우에 물권적 청구권이 인정되는데 전세권에 기한 물권적 청구권으로 반환청구권, 방해제거청구권, 방해예방청구권 모두 인정된다(제213조, 제214조 준용). 뿐만 아니라 전세권자는 점유권도 있으므로 점유권에 기한 물권적 청구권(점유보호청구권)도 행사할 수 있다. 따라서 전세권자는 그의 점유가 침해당한 때에는 점유보호청구권을 행사할 수 있다.

5. 상린관계

상린관계의 규정은 전세권에도 준용된다(제319조).

6. 전세권의 처분

법령 체크

제306조【전세권의 양도, 임대 등】 전세권자는 전세권을 타인에게 양도 또는 담보로 제공할 수 있고 그 존속기간 내에서 그 목적물을 타인에게 전전세 또는 임대할 수 있다. 그러나 설정행위로 이를 금지한 때에는 그러하지 아니하다.

전세권자에게 전세권 처분의 자유가 인정된다. 다만, 특약을 통해서 이를 금지할 수 있다(특약이 등기된 경우 제3자에게 대항할 수 있다)는 점에서 지상권과 구별된다.

7. 전세권설정자 지위 승계에 따른 전세금반환의무

존속기간 중에 목적물의 소유권이 이전되었고 이후 전세권이 소멸한 경우, 목적물의 신소유자가 전세권설정자의 지위에서 전세금반환의무를 부담할까?

정답 | 전세권설정자 지위를 신소유자가 승계했으므로, 즉 신소유자에게 이전했으므로 전세금반환의무도 당연히 신소유자가 부담한다. 이 경우 구소유자는 전세권설정자 지위를 상실했으므로 더 이상 전세금반환의무도 부담하지 않는다.

8. 담보제공

전세권자는 전세권을 담보로 제공할 수 있는데, 전세권을 목적으로 할 수 있는 담보물권은 저당권뿐이다. 즉, 전세권에 대해서 저당권이 성립할 수 있다.

(1) 전세권이 기간만료로 종료된 경우, 전세권을 목적으로 한 저당권은 소멸할까?

정답 | 전세권이 기간만료로 종료된 경우 전세권은 전세권설정등기의 말소등기 없이도 당연히 소멸하고, 저당권의 목적물인 전세권이 소멸하면 저당권도 당연히 소멸하는 것이므로 전세권을 목적으로 한 저당권자는 전세권의 목적물인 부동산의 소유자에게 더 이상 저당권을 주장할 수 없다. 즉, 더 이상 전세권 자체에 대하여 저당권을 실행할 수 없다.

(2) 전세권에 대하여 저당권이 설정되어 있는데 전세권이 기간만료로 종료된 경우, 전세금반환채권에 대한 제3자의 압류 등이 없는 한 전세권설정자는 전세권자에 대하여만 전세금반환의무를 부담할까?

정답 | 전세권에 저당권이 설정된 경우, 전세권이 기간만료로 소멸되면 전세권설정자는 전세금반환채권에 대한 제3자의 압류 등이 없는 한 전세권자에 대하여만 전세금반환의무를 부담한다.

판례 | 전세권에 대하여 저당권이 설정된 경우 그 저당권의 목적물은 물권인 전세권 자체이지 전세금반환채권은 그 목적물이 아니고, 전세권의 존속기간이 만료되면 전세권은 소멸하므로 더 이상 전세권 자체에 대하여 저당권을 실행할 수 없게 되고, 이러한 경우에는 민법 제370조, 제342조 및 「민사소송법」 제733조에 의하여 저당권의 목적물인 전세권에 갈음하여 존속하는 것으로 볼 수 있는 전세금반환채권에 대하여 압류 및 추심명령 또는 전부명령을 받거나 제3자가 전세금반환채권에 대하여 실시한 강제집행절차에서 배당요구를 하는 등의 방법으로 자신의 권리를 행사하여 비로소 전세권설정자에 대해 전세금의 지급을 구할 수 있게 된다는 점, 전세권에 저당권이 설정된 경우에도 전세권이 기간만료로 소멸되면 전세권설정자는 전세금반환채권에 대한 제3자의 압류 등이 없는 한 전세권자에 대하여만 전세금반환의무를 부담한다고 보아야 한다(대판 1999.9.17, 98다31301).

9. 전전세(轉傳貰)

(1) 의의

전전세란 전세권자가 전세권의 존속기간 범위 내에서 전세목적물의 전부 또는 일부에 대하여 제3자에게 다시 전세권을 설정해 주는 것을 말한다. 전세권 양도와 달리 전세권자는 여전히 전세권자 지위를 유지하고 있다.

(2) 성립요건

① 원전세권자(전전세권설정자)와 전전세권자 간의 전전세권설정의 합의와 등기, 전전세금의 지급이 있으면 전전세권은 성립한다.

② 전세권 처분의 자유가 있으므로 전세권설정자의 동의는 요하지 않는다.

③ 전전세권은 원전세권을 기초로 하므로 목적물의 범위, 존속기간, 전세금 등은 원전세권의 범위를 초과할 수 없다.

(3) 효과

① 전전세권이 설정되더라도 원전세권은 소멸하지 않고 존속하지만 전전세권에 의해서 제한을 받으므로 원전세권자는 제한받는 범위 내에서 목적부동산을 사용할 수 없고 전전세권이 존속하는 동안 전세권자는 전전세권의 기초가 되는 전세권을 처분하지 못한다.

② 전전세권자가 목적부동산을 점유하여 사용·수익하는 등 전세권자로서의 모든 권능을 가진다. 그리고 직접적인 계약관계가 없는 원전세권설정자에 대해서는 의무를 부담하지 않는다.

③ 특약으로 금지하지 않는 한 전세권자는 자유롭게 전전세할 수 있지만, 그에 상응하여 책임도 무거워진다. 즉, 전세권의 목적물을 전전세 또는 임대한 경우에는 전세권자는 전전세 또는 임대하지 아니하였으면 면할 수 있는 불가항력으로 인한 손해에 대하여 그 책임을 부담한다(제308조).

④ 전전세권이 소멸하면 전전세권자는 전전세권설정자(원전세권자)에게 목적부동산의 인도 및 전전세권설정등기의 말소에 필요한 서류를 교부하면서 동시에 전전세금반환을 청구할 수 있다(제317조). 만약 전전세권설정자(원전세권자)가 전전세금의 반환을 지체하고 있다면 전전세권자는 전전세금을 회수하기 위해서 일정한 요건하에서 목적부동산을 경매할 수 있고 배당에 참가해서 우선변제권을 행사할 수 있다. 다만, 전전세권은 원전세권을 기초로 하기 때문에 전전세권자가 경매를 청구하는 경우 다음과 같은 제한을 받는다.

㉠ 전세권이 소멸해야 경매를 청구할 수 있으므로 원전세권이 존속기간의 만료로 소멸하고 전전세권도 존속기간의 만료로 소멸해야 한다. 따라서 전전세권이 존속기간의 만료로 소멸했을지라도 원전세권의 존속기간이 만료하기 전이라면 경매를 청구할 수 없다.

㉡ 전세금의 반환을 지체한 때에 경매를 청구할 수 있으므로 원전세권설정자가 전세금 반환을 지체하고, 전전세권설정자(원전세권자)가 전전세금반환을 지체하고 있는 경우에 경매신청권이 인정된다. 따라서 원전세권설정자가 이미 전세금을 반환했음에도 불구하고 전전세권설정자가 전세금반환을 지체하고 있는 경우에는 경매를 청구할 수 없다.

(4) 전세목적물의 임대

당사자 간에 반대약정이 없으면 전세권자는 전세권설정자의 동의 없이도 전세권의 존속기간 범위 내에서 목적부동산을 제3자에게 임대할 수 있다.

5 전세권 소멸 후의 법률관계

1. 동시이행의 관계

전세권설정자의 전세금반환의무와 전세권자의 목적물 인도 및 전세권설정등기의 말소등기 의무는 동시이행의 관계에 있다.

2. 동시이행항변권에 의한 전세금반환 거부 시 부당이득반환의무 → 의무가 없다.

전세권자로부터 전세권 목적물을 인도받은 전세권설정자가 전세권자에 대하여 전세권설정등기의 말소와 동시이행을 주장하면서 전세금의 반환을 거부하는 경우, 전세권설정자에게 전세금에 대한 이자상당액의 부당이득반환의무가 있을까?

정답 | 전세권자가 말소등기에 필요한 서류를 교부하지 않아서 전세권설정자가 동시이행의 항변권에 의해서 전세금반환을 거부하고 있으므로 이것은 정당하게 평가를 받으므로 전세금에 대한 이자상당액을 부당이득으로 반환할 의무는 없다.

판례 | 전세권설정자는 전세권이 소멸한 경우 전세권자로부터 그 목적물의 인도 및 전세권설정등기의 말소등기에 필요한 서류의 교부를 받는 동시에 전세금을 반환할 의무가 있을 뿐이므로, 전세권자가 그 목적물을 인도하였다고 하더라도 전세권설정등기의 말소등기에 필요한 서류를 교부하거나 그 이행의 제공을 하지 아니하는 이상, 전세권설정자는 전세금의 반환을 거부할 수 있고, 이 경우 다른 특별한 사정이 없는 한 그가 전세금에 대한 이자상당액의 이득을 법률상 원인 없이 얻는다고 볼 수 없다(대판 2002.2.5, 2001다62091).

3. 경매청구권

전세권자의 전세목적물 인도의무 및 전세권설정등기 말소등기의무와 전세권설정자의 전세금반환의무는 서로 동시이행의 관계에 있으므로 전세권자인 채권자가 전세목적물에 대한 경매를 청구하려면 우선 전세권설정자에 대하여 전세목적물의 인도의무 및 전세권설정등기 말소의무의 이행제공을 완료하여 전세권설정자를 이행지체에 빠뜨려야 한다(대결 1977.4.13, 77마90).

4. 부동산(건물) 일부에 대해서만 전세권이 설정된 경우, 전세권자의 우선변제권과 경매청구권에 관한 쟁점

(1) 우선변제권

건물 일부에 대한 전세권자도 건물 전부에 대한 매각대금으로부터 우선변제를 받을 수 있을까?

정답 | 건물의 일부에 대하여 전세권이 설정되어 있는 경우 그 전세권자는 민법 제303조 제1항의 규정에 의하여 그 건물 전부에 대하여 후순위권리자 기타 채권자보다 전세금의 우선변제를 받을 권리가 있다(대결 2001.7.2, 2001마212).

(2) 건물 일부에 대해서만 전세권을 가지는 자가 그 건물 전부에 대해서 경매를 청구할 수 있을까?

정답 | 전세권이 설정된 부분에 대해서만 경매를 신청할 수 있고 전세권이 설정되지 않은 부분에 대해서는 경매를 신청할 수 없다. 즉, 건물 전부에 대해서 경매를 신청할 수는 없다.

(3) 요컨대, 건물 일부에 대한 전세권자는 건물 전부에 대한 매각대금으로부터 우선변제를 받을 수 있지만 그 건물 전부를 경매 신청할 수는 없다.

5. 원상회복의무와 부속물매수청구권 → 전세권설정자와 전세권자 모두에게 인정된다.

법령 체크

제316조【원상회복의무, 매수청구권】 ① 전세권이 그 존속기간의 만료로 인하여 소멸한 때에는 전세권자는 그 목적물을 원상에 회복하여야 하며 그 목적물에 부속시킨 물건은 수거할 수 있다. 그러나 전세권설정자가 그 부속물건의 매수를 청구한 때에는 전세권자는 정당한 이유 없이 거절하지 못한다.

② 전항의 경우에 그 부속물건이 전세권설정자의 동의를 얻어 부속시킨 것인 때에는 전세권자는 전세권설정자에 대하여 그 부속물건의 매수를 청구할 수 있다. 그 부속물건이 전세권설정자로부터 매수한 것인 때에도 같다.

6. 비용상환청구권(유익비상환청구권)

법령 체크

제310조【전세권자의 상환청구권】 ① 전세권자가 목적물을 개량하기 위하여 지출한 금액 기타 유익비에 관하여는 그 가액의 증가가 현존한 경우에 한하여 소유자의 선택에 좇아 그 지출액이나 증가액의 상환을 청구할 수 있다.

② 전항의 경우에 법원은 소유자의 청구에 의하여 상당한 상환기간을 허여할 수 있다.

(1) 유익비상환청구권 → 인정된다.

전세권자가 목적물을 개량하기 위하여 지출한 금액 기타 유익비에 관하여는 그 가액의 증가가 현존한 경우에 한하여 소유자의 선택에 좇아 그 지출액이나 증가액의 상환을 청구할 수 있다.

(2) 필요비상환청구권 → 인정되지 않는다.

목적물의 현상유지 및 통상관리에 속한 수선을 하는 데 들어가는 비용(보존비용)을 필요비라고 하는데, 전세권자는 스스로 목적물의 현상유지 및 통상관리에 속한 수선의무를 부담한다. 따라서 전세권자가 필요비를 지출한 경우, 그것은 자신이 부담해야 할 비용을 지출한 것이므로 전세권설정자에게 필요비의 상환을 청구할 수는 없다.

기출로 포인트 정리

출제예상 OX지문

❶ 존속기간의 만료로 전세권이 소멸하면, 전세권의 용익물권적 권능은 소멸한다.
(O | X) 28회

❷ 전세권을 목적으로 한 저당권은 전세권 존속기간이 만료되더라도 그 전세권 자체에 대하여 저당권을 실행할 수 있다. (O | X) 23회

❸ 건물의 일부에 대한 전세에서 전세권설정자가 전세금의 반환을 지체하는 경우, 전세권자는 전세권에 기하여 건물 전부에 대해서 경매청구할 수 있다. (O | X) 32회

❹ 토지전세권의 설정은 갱신할 수 있으나 그 기간은 갱신한 날로부터 10년을 넘지 못한다.
(O | X) 33회

대표기출

甲은 자신의 X건물에 관하여 乙과 전세금 1억원으로 하는 전세권설정계약을 체결하고 乙 명의로 전세권설정등기를 마쳐주었다. 이에 관한 설명으로 틀린 것은? (다툼이 있으면 판례에 따름) 31회

① 전세권 존속기간을 15년으로 정하더라도 그 기간은 10년으로 단축된다.
② 乙이 甲에게 전세금으로 지급하기로 한 1억원은 현실적으로 수수될 필요 없이 乙의 甲에 대한 기존의 채권으로 전세금에 갈음할 수도 있다.
③ 甲이 X건물의 소유를 위해 그 대지에 지상권을 취득하였다면, 乙의 전세권의 효력은 그 지상권에 미친다.
④ 乙의 전세권이 법정갱신된 경우, 乙은 전세권갱신에 관한 등기 없이도 甲에 대하여 갱신된 전세권을 주장할 수 있다.
⑤ 합의한 전세권 존속기간이 시작되기 전에 乙 앞으로 전세권설정등기가 마쳐진 경우, 그 등기는 특별한 사정이 없는 한 무효로 추정된다.

기출로 **포인트 정리**

쉬운 해설

출제예상 OX지문

❶ O 전세권은 존속기간 동안 사용·수익하는 물권이기 때문에 존속기간의 만료로 전세권이 소멸하면, 전세권의 용익물권적 권능은 당연히 소멸한다.

❷ X 전세권을 목적으로 한 저당권은 전세권 자체가 저당권의 목적물이므로 전세권이 소멸하면 저당권의 목적물이 소멸했으므로 저당권도 소멸한다. 따라서 전세권 자체에 대해서 더 이상 저당권을 실행할 수 없다(판례).

❸ X 건물의 일부에 대해서 전세권이 설정되고 전세권설정자가 전세금의 반환을 지체하는 경우, 전세권자는 전세권이 설정된 건물의 일부에 대해서 경매를 청구할 수 있고 건물 전부에 대해서 경매를 청구할 수 없다(판례).

❹ O 최장존속기간 10년의 제한이 있기 때문에 갱신한 날로부터 10년을 넘지 못한다(제312조 제3항).

대표기출 정답 ⑤

⑤ 합의한 전세권 존속기간이 시작되기 전에 乙 앞으로 전세권설정등기가 마쳐진 경우, 그 등기는 특별한 사정이 없는 한 무효가 아니라 유효로 추정된다(대결 2018.1.25, 2017마1093).

① 최장기제한은 10년이다. 따라서 전세권 존속기간을 15년으로 정하더라도 그 기간은 10년으로 단축된다.

② 전세금 지급은 전세권의 성립요소이다. 다만, 기존의 채권이 있다면 기존의 채권으로 전세금 지급에 갈음(대신)할 수 있다.

③ 건물에 전세권이 설정된 경우 전세권의 효력은 그 건물의 소유를 목적으로 한 지상권에 미친다(제304조 제1항).

④ 전세권이 법정갱신된 경우, 법률의 규정에 의한 물권의 변동이므로 전세권갱신에 관한 등기를 필요로 하지 아니하고 전세권자는 그 등기 없이도 전세권설정자나 그 목적물을 취득한 제3자에게 대항할 수 있다(대판 1989.7.11, 88다카21029).

출제포인트

066 유치권

[10개년 출제회차] 24, 25, 26, 27, 28, 29, 30, 31, 32, 33회

시작이 쉬운 길잡이

Q

자동차 수리센터를 운영하고 있는 대운 씨. 이웃주민인 동철 씨가 찾아와 자동차 수리를 요청하여 수리를 했고, 수리비는 총 100만원이 나왔습니다. 그런데 다음 날 동철 씨가 찾아와서 수리비는 다음 달에 줄 테니 자동차를 먼저 출고해 달라고 합니다. 여러분, 이 경우 대운 씨는 어떻게 해야 할까요?

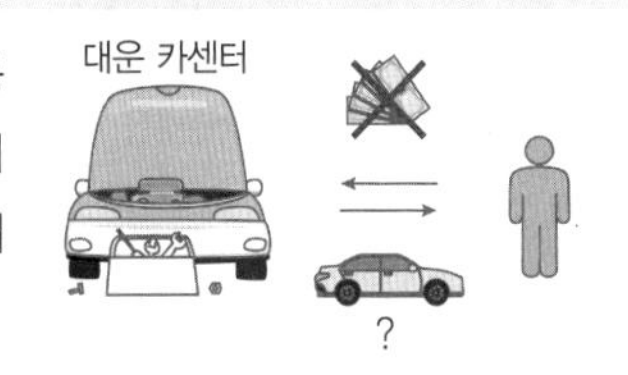

A

대운 씨는 자동차를 수리했으므로 자동차로부터 수리비채권을 취득했습니다. 즉, 자동차와 수리비채권 사이에는 서로 연관성이 있습니다. 이 사례에서 만약 수리비를 지급받지 못한 상태에서 자동차를 먼저 인도해주어야 한다면 대운 씨에게 불리합니다. 따라서 대운 씨는 수리비를 받을 때까지 자동차 인도를 거절할 수 있어야 공평합니다. 이처럼 채권자인 대운 씨가 채무자인 동철 씨로부터 채권변제를 받을 때까지 자동차 인도를 거절할 수 있는 권리를 유치권이라고 합니다.

출제포인트의 중요 키워드는 본문에서 꼭 체크하세요 ▸ **담보물권, 물상대위성, 유치권, 선관주의의무**

1 담보물권

1. 담보제도의 의의

사회생활을 하다보면 돈을 빌려주고 빌리는 경우가 빈번하고 돈을 빌려주고 제때에 받지 못하는 경우도 많이 발생한다. 예컨대 甲과 乙이 금전소비대차계약을 체결하여 1억원의 채권, 채무가 발생하고 변제기(돈을 갚기로 한 날)에 甲이 乙에게 변제하면 乙은 채권의 만족을 얻었으므로 乙이 甲에게 가지고 있던 채권은 소멸하게 되고 이 경우 별다른 문제는 발생하지 않는다.

그러나 변제기에 甲이 乙에게 변제하지 않는다면 乙은 돈을 받기 위해서 일정한 수단을 강구하게 된다. 즉, 乙은 甲을 상대로 대여금반환청구소송을 제기하여 법원으로부터 확정판결을 받은 후 甲의 일반재산에 강제집행, 즉 경매를 들어가서 자신의 채권을 회수하게 된다.

그런데 문제는 채무자 甲의 재산이 시간에 따라서 증·감 변동하고 다수의 채권자 사이에 우열이 없다는 점이다. 따라서 설령 금전소비대차계약 당시에 甲에게 많은 재산이 있었고 현재 재산이 많이 있더라도 채권자가 다수인 경우, 일반채권자 간에는 우열이 없기 때문에 채권자 乙이 채권 전액을 회수할 수 있다는 보장이 없다. 그리고 계약체결 이후에 만약 채무자 甲이 사업에 실패하여 무자력 상태가 된다면 채권자 乙은 채권회수가 어려울 것이다.

위와 같은 문제점들이 장래에 충분히 발생할 수 있으므로 채권자 乙은 채무자 甲이 변제기에 변제하지 않을 경우에 대비할 필요가 있고 다른 채권자들보다 우선해서 채권을 회수할 수 있는 방법을 생각해야 할 것이다. 따라서 채무자 甲이 변제기에 변제하지 않으면 채권자 乙은 미리 확보해둔 물건을 경매하여 다른 채권자보다 우선해서 변제받을 수 있는(채권의 확실한 만족을 위한) 방법을 원하게 될 것이다. 이것이 바로 담보제도(물적 담보)이다. 물권법에는 유치권, 질권, 저당권의 3가지 담보물권이 있다.

2. 담보물권의 특성(통유성)

(1) 부종성(附從性)

① 담보물권이 피담보채권의 존재를 전제로 해서만 존재할 수 있다는, 즉 담보물권이 피담보채권에 의존하는 성질을 부종성이라 한다. 따라서 채권이 존재하지 않으면 담보물권도 성립할 수 없고 피담보채권이 소멸시효완성 기타 사유로 소멸하면 담보물권도 소멸한다.

② 예컨대 甲과 乙이 금전소비대차계약(1억원)을 체결하고 1억원의 채권을 담보하기 위해서 甲 소유 아파트에 대해서 乙에게 저당권을 설정해 준 경우, 저당권은 1억원의 채권을 담보하기 위해서 발생한 것이므로 이후에 甲이 乙에게 채무를 변제함으로써 채권이 소멸했다면 저당권도 더 이상 존재이유가 없으므로 소멸한다.

(2) 수반성(隨伴性)

① 수반성이란 피담보채권이 동일성을 유지하면서 상속, 양도 기타 사유로 이전하게 되면 담보물권도 그에 따라 이전하는 것을 말한다. 즉, 채권이 이전하면 담보물권도 함께 이전하는 성질을 말한다.

② 예컨대 甲과 乙이 1억원의 금전소비대차계약을 체결하고 1억원의 채권을 담보하기 위해서 甲 소유 아파트에 대해서 乙에게 저당권을 설정해 준 경우, 이후 저당권자 乙이 1억원의 채권을 제3자 丙에게 양도하면 저당권도 채권에 수반하여 丙에게 이전된다. 물론 제3자 丙(채권양수인)이 저당권을 취득하기 위해서는 저당권 이전의 부기등기를 해야 한다.

(3) 불가분성(不可分性)

① 불가분성이란 담보물권의 효력이 피담보채권의 전부변제가 있을 때까지 목적물 전부에 대해서 미치는 성질을 말한다.

② 예컨대 甲과 乙이 1억원의 금전소비대차계약을 체결하고 1억원의 채권을 담보하기 위해서 甲 소유 아파트에 대해서 乙에게 저당권을 설정해 주었고 이후 甲이 乙에게 채무를 일부 변제(5천만원)한 경우에도 乙의 저당권의 효력은 甲 소유 아파트 전부에 대해서 미치므로 저당권자 乙은 아파트 전부에 대해서 경매를 청구할 수 있다.

(4) 물상대위성(物上代位性)

① 담보물권은 목적물이 가지고 있는 교환가치를 파악하는 것이므로 담보목적물이 멸실, 훼손, 공용징수로 목적물에 갈음하는 금전 기타 물건으로 변한 경우(가령 제3자의 불법행위에 의한 손해배상청구권, 수용보상금청구권)에도 담보물권의 효력이 그 목적물에 갈음하는 금전, 기타 물건에 대해서도 미치는데 이를 물상대위성이라고 한다.

예컨대 甲과 乙이 1억원의 금전소비대차계약을 체결하고 1억원의 채권을 담보하기 위해서 甲 소유 단독주택(화재보험에 가입되어 있음)에 대해서 乙에게 저당권을 설정해 주었고 이후 주택이 전소가 된 경우, 乙의 저당권의 효력은 甲이 주택에 갈음해서 취득한 보험금청구권에 미치게 된다.

② 물상대위성은 우선변제적 효력이 있는 담보물권에서만 인정되므로 질권이나 저당권에는 물상대위성이 인정되지만 유치권에는 물상대위성이 인정되지 않는다.

3. 담보물권의 비교정리

구분	유치권	질권	저당권
성립	법정담보물권	약정담보물권	약정담보물권
객체(목적물)	동산, 부동산, 유가증권	동산, 권리	부동산, 권리(지상권, 전세권)
우선변제적 효력	×	○	○
경매권	○ (우선변제를 위한 경매가 아니라 환가를 위한 경매)	○ (우선변제를 위한 경매)	○ (우선변제를 위한 경매)
유치적 효력	○	○	×
간이변제충당	○(법원의 허가)	○(법원의 허가)	×
물상대위성	×	○	○
부종성	○	○	○
수반성	○	○	○
불가분성	○	○	○

2 유치권의 의의 및 법적 성질

1. 유치권의 의의 → 인도거절권

유치권이란 타인의 물건 또는 유가증권으로부터 채권이 발생했고 그 채권이 변제기에 있는 경우, 채권자가 그 물건 또는 유가증권을 점유하고 있다면 채권의 변제를 받을 때까지 그 물건 또는 유가증권을 인도하는 것을 거절할 수 있는 권리, 즉 유치할 수 있는 권리를 말한다. 즉, 채권자가 채무자로부터 채권변제를 받을 때까지 그 물건 또는 유가증권을 유치(인도거절)함으로써 채무자의 변제를 강제하는 담보물권이다.

2. 법적 성질 → 타물권

(1) 유치권은 물권이므로 모든 자에게 주장할 수 있다. 즉, 채무자뿐만 아니라 소유자, 양수인, 경락인에 대해서도 대항할 수 있다.

(2) 점유가 유치권의 성립요소이자 존속요건이다. 따라서 점유를 상실하면 유치권은 소멸한다.

(3) 저당권은 약정담보물권임에 반해 유치권은 법에서 정하고 있는 일정한 요건이 갖추어지면 당연히 성립하는 법정담보물권이다. 따라서 부동산에 대해서 유치권이 성립하기 위해서 등기를 요하지 않으며 등기할 방법도 없다.

(4) 유치권은 법정담보물권이지만 특약으로 포기할 수 있다. 따라서 유치권 발생의 배제특약은 유효이다.

(5) 유치권 이외의 다른 담보물권에서는 피담보채권의 변제기 도래는 담보물권의 실행(경매)을 위한 요건에 불과하지만 유치권에 있어서는 성립요건이다.

(6) 유치권도 담보물권이므로 부종성, 수반성, 불가분성은 인정된다. 그러나 우선변제권이 없으므로 물상대위성은 인정되지 않는다. 다만, 유치권자는 유치물의 과실을 수취하여 다른 채권보다 먼저 그 채권의 변제에 충당할 수 있다.

(7) 다세대주택의 창호 등의 공사를 완성한 하수급인이 공사대금채권 잔액을 변제받기 위하여 위 다세대주택 중 한 세대를 점유하여 유치권을 행사하는 경우, 그 유치권은 위 한 세대에 대하여 시행한 공사대금만이 아니라 다세대주택 전체에 대하여 시행한 공사대금채권의 잔액 전부를 피담보채권으로 하여 성립한다(대판 2007.9.7, 2005다16942).

(8) 저당권자에게 인정되는 경매신청권은 우선변제를 위한 경매신청권이지만, 유치권자에게 인정되는 경매신청권은 우선변제를 위한 경매가 아니라 환가를 위한 경매에 불과하다.

3 유치권의 성립요건

1. 목적물에 관한 요건

유치권은 타인소유에 속하는 동산, 부동산, 유가증권에 대해서 성립할 수 있다. 타인은 반드시 채무자를 의미하는 것이 아니므로 채무자 이외의 자 소유에 속하는 물건에 대해서도 유치권은 성립할 수 있다. 다만, 유치권은 타물권이므로 자기소유 물건에 대해서는 유치권이 성립할 수 없다.

2. 채권에 관한 요건

(1) 채권의 존재

① 유치권도 담보물권이므로 유치권이 성립하기 위해서는 채권이 발생하고 존재해야 한다. 그리고 유치권 행사 중에 발생한 채권이라도 상관없다.

② 임대차 종료 시에 임차인이 건물을 원상으로 복구하여 임대인에게 명도하기로 약정한 경우에 임차인이 유치권을 주장할 수 있을까?

정답 | 유치권이 성립하기 위해서는 최소한 채권이 발생하고 존재해야 하는데, 원상복구특약이 있는 경우에는 비용상환청구권의 포기특약으로서 채권 자체가 없으므로 임차인은 유치권을 주장할 수 없다.

(2) 변제기 도래

① 채권은 변제기가 도래해야 한다.

② 변제기가 도래하지 않은 채권에 대해서는 유치권을 주장할 수 없다. 따라서 유익비에 대해서 법원에서 상환기간을 허여한 경우 유치권을 주장할 수 없다.

(3) 목적물과 채권 사이에 견련성이 인정되어야 한다. → 공사대금채권, 수리대금채권, 비용상환채권

목적물로부터 채권이 발생해야 한다. 다만, 채권과 목적물의 점유와의 견련성은 유치권의 성립요소가 아니므로 채권이 목적물의 점유 중에 발생할 필요는 없다. 따라서 목적물에 관한 채권이 먼저 발생하였고 후에 점유를 취득한 경우에도 유치권은 성립한다. 그리고 먼저 점유를 취득한 이후에 채권이 발생한 경우에도 유치권은 성립한다(판례).

3. 견련성을 부정하고 있는 경우 → 유치권이 성립하지 않는 경우

(1) 임차인의 임차보증금반환청구권이나 손해배상청구권이 목적물과 견련성이 인정될까?

정답 | 임차인의 임차보증금반환청구권이나 사람의 배신행위에 의해서 발생한 손해배상청구권은 목적물 자체로부터 발생한 채권이 아니므로, 즉 견련성이 인정되지 않으므로 유치권은 성립하지 않는다.

(2) 임차인이 권리금반환청구권을 가지고 임차물에 대해서 유치권을 행사할 수 있을까?

정답 | 임차인의 권리금반환청구권은 목적물 자체로부터 발생한 채권이 아니므로, 즉 견련성이 인정되지 않으므로 유치권은 성립하지 않는다.

(3) 甲이 건물 신축공사 수급인인 乙 주식회사와 체결한 약정에 따라 공사현장에 시멘트와 모래 등의 건축자재를 공급한 사안에서, 甲의 건축자재대금채권이 건물과 견련성이 인정될까?

정답 | 건축자재대금채권은 건물과 견련성이 없으므로, 건물에 대해서 유치권을 행사할 수 없다.

판례 | 甲이 건물 신축공사 수급인인 乙 주식회사와 체결한 약정에 따라 공사현장에 시멘트와 모래 등의 건축자재를 공급한 사안에서, 甲의 건축자재대금채권은 매매계약에 따른 매매대금채권에 불과할 뿐 건물 자체에 관하여 생긴 채권이라고 할 수는 없다(대판 2012.01.26, 2011다96208).

4. 채권자가 목적물을 점유하고 있어야 한다.

(1) 유치권의 본질은 목적물을 점유하는 것이므로 유치권이 성립하기 위해서는 채권자가 목적물을 점유해야 한다. 이때의 점유는 직접점유이든 간접점유이든 불문한다. 따라서 간접점유를 통해서도 유치권은 성립할 수 있다.

(2) 채무자를 직접점유자로 하여 채권자가 간접점유하는 경우에도 유치권이 성립할 수 있을까?

정답 | 채권자가 간접점유하고 있고 제3자가 아닌 채무자가 직접점유를 하는 경우에는 채무자가 이미 점유하고 있으므로 채무변제가 심적으로 강제되지 않으므로 유치권은 성립하지 않는다. 즉, 제3자가 아닌 채무자의 직접점유를 통해서는 간접점유자인 채권자는 유치권을 주장할 수 없다.

(3) 적법점유이어야 한다.

채권자의 점유는 적법점유이어야 하므로 불법점유자에게는 유치권이 인정되지 않는다.

(4) 압류의 효력이 발생한 이후에 유치권이 성립한 경우 유치권자는 경락인에게 대항할 수 있을까?

정답 | 유치권은 성립 순위를 불문하고 경매 시에 소멸하지 않으므로 경락인에게 유치권을 주장할 수 있는데, 최근의 판례에 따르면 유치권의 주장에 대해서 제한을 가하고 있다. 따라서 목적물에 대해서 이미 압류의 효력이 발생한 이후에 비로소 유치권이 성립한 경우에는 유치권자는 경락인에게 대항할 수 없다. 다만, 유치권이 성립한 이후에 압류가 된 경우에는 유치권자는 경락인에게 대항할 수 있다(판례).

5. 배제특약이 없을 것

(1) 당사자 간에 유치권 배제특약이 없어야 한다. 따라서 당사자 간에 유치권 배제특약이 있다면 이 특약은 유효이므로 유치권은 성립하지 않는다.

(2) 적중판례

① 유치권 배제특약

㉠ 유치권은 채권자의 이익을 보호하기 위한 법정담보물권으로서, 당사자는 미리 유치권의 발생을 막는 특약을 할 수 있고 이러한 특약은 유효하다. 유치권 배제특약이 있는 경우 다른 법정요건이 모두 충족되더라도 유치권은 발생하지 않는데, 특약에 따른 효력은 특약의 상대방뿐 아니라 그 밖의 사람도 주장할 수 있다(대판 2018.1.24, 2016다234043).

㉡ 유치권 배제특약에도 조건을 붙일 수 있는데, 조건을 붙이고자 하는 의사가 있는지는 의사표시에 관한 법리에 따라 판단하여야 한다(대판 2018.1.24, 2016다234043).

② 입증책임: 유치권 부존재 확인소송에서 유치권의 요건사실인 유치권의 목적물과 견련관계 있는 채권의 존재에 대해서는 피고(유치권주장자)가 주장 · 증명하여야 한다(대판 2016.3.10, 2013다99409).

4 유치권의 효력

1. 유치권자의 권리

(1) 목적물을 유치할 권리 → 인도거절권, 점유할 권리

① 유치권자는 채무자로부터 채권변제를 받을 때까지 점유를 계속하여 목적물의 인도를 거절할 수 있다. 즉, 인도거절권이 있다.

② 유치권은 물권이므로 채무자뿐만 아니라 모든 사람에게 유치권을 주장할 수 있다. 즉, 목적물의 인도를 거절할 수 있다.

③ 유치권자가 경락인에 대하여 피담보채권의 변제를 청구할 수 있을까?

정답 | 유치권자는 경락인에게 목적물의 인도를 거절할 수 있다. 다만, 경락인은 채무자가 아니므로 유치권자는 경락인에게 적극적으로 피담보채권의 변제를 청구할 수는 없다(판례).

④ **소송법상의 효과(원고일부승소판결, 상환이행판결)**: 판례에 따르면, 물건의 인도를 청구하는 소송에 있어서 피고의 유치권 항변이 인용되는 경우에는 그 물건에 관하여 생긴 채권의 변제와 상환으로 그 물건의 인도를 명하여야 한다(대판 1969.11.25, 69다1592). 즉, 상환이행판결을 내린다.

(2) 경매권과 간이변제충당권: 인정 ○

법령 체크

제322조【경매, 간이변제충당】 ① 유치권자는 채권의 변제를 받기 위하여 유치물을 경매할 수 있다.
② 정당한 이유 있는 때에는 유치권자는 감정인의 평가에 의하여 유치물로 직접 변제에 충당할 것을 법원에 청구할 수 있다. 이 경우에는 유치권자는 미리 채무자에게 통지하여야 한다.

(3) 과실수취권: 인정 ○

법령 체크

제323조【과실수취권】 ① 유치권자는 유치물의 과실을 수취하여 다른 채권보다 먼저 그 채권의 변제에 충당할 수 있다. 그러나 과실이 금전이 아닌 때에는 경매하여야 한다.
② 과실은 먼저 채권의 이자에 충당하고 그 잉여가 있으면 원본에 충당한다.

(4) 비용상환청구권: 인정 ○

법령 체크

제325조【유치권자의 상환청구권】 ① 유치권자가 유치물에 관하여 필요비를 지출한 때에는 소유자에게 그 상환을 청구할 수 있다.
② 유치권자가 유치물에 관하여 유익비를 지출한 때에는 그 가액의 증가가 현존한 경우에 한하여 소유자의 선택에 좇아 그 지출한 금액이나 증가액의 상환을 청구할 수 있다. 그러나 법원은 소유자의 청구에 의하여 상당한 상환기간을 허여할 수 있다.

유치권자가 유치권 행사 중에 비용을 투입한 경우에도 비용상환을 청구할 수 있다.

(5) 유치물의 사용권

유치권자는 채권을 담보하기 위해서, 즉 채무자로부터 채권을 변제받기 위해서 단지 채무자 소유물건을 점유하고 있는 것에 불과하므로 유치물을 사용할 권리가 없는 것이 원칙이다. 다만, 예외적으로 다음의 경우에는 유치물을 사용할 수 있다.

① 보존에 필요한 사용: 유치권자는 채무자의 승낙이 없어도 유치물의 보존에 필요한 사용은 할 수 있다. 다만, 유치권자가 보존을 위한 사용으로 이익을 얻은 경우에 그 이익을 어떻게 처리할 것인가의 문제가 남는다.

㉠ 공사대금채권에 기하여 유치권을 행사하는 자가 스스로 유치물인 주택에 거주하며 사용하는 것이 유치물의 보존에 필요한 사용에 해당할까? 채무자가 의무위반을 이유로 유치권 소멸을 청구할 수 있을까?

정답 | 유치권자가 유치물인 주택에 거주하며 사용하는 것은 주택의 보존에 도움이 되는 행위이므로 보존에 필요한 사용에 해당한다. 따라서 채무자는 의무위반을 이유로 채권자에게 유치권 소멸을 청구할 수 없다.

㉡ 유치권자가 점유 중에 유치물의 보존을 위한 사용을 한 경우, 차임상당액을 부당이득으로 반환해야 할까?

정답 | 유치권자가 그가 점유한 건물에 거주·사용하는 경우, 설령 그것이 보존에 필요한 행위이더라도 유치권자에게 유치물의 사용·수익권은 없으므로 차임에 상당한 이득을 소유자에게 반환해야 한다. 다만, 유치권자는 채권이 있기 때문에 채권에서 공제하면 된다. 보존을 위한 사용이므로 의무위반을 이유로 유치권 소멸을 청구하지는 못한다.

② 채무자의 승낙이 있는 경우: 채무자의 승낙이 있다면 유치권자는 유치물을 사용할 수 있다.

2. 유치권자의 의무

법령 체크

제324조【유치권자의 선관의무】 ① 유치권자는 선량한 관리자의 주의로 유치물을 점유하여야 한다.

② 유치권자는 채무자의 승낙 없이 유치물의 사용, 대여 또는 담보제공을 하지 못한다. 그러나 유치물의 보존에 필요한 사용은 그러하지 아니하다.

③ 유치권자가 전2항의 규정에 위반한 때에는 채무자는 유치권의 소멸을 청구할 수 있다.

(1) 선량한 관리자의 주의의무

유치권자는 선량한 관리자의 주의로 유치물을 점유해야 한다(제324조 제1항). 즉, 유치권자는 자신의 물건과 동일한 주의가 아니라 타인소유 물건이므로 조금 더 주의를 가지고 그 물건을 점유해야 한다는 의미이다. 이를 선관주의의무라고 한다. 따라서 자기소유 물건을 점유하고 있는 소유권자는 선관주의의무를 부담하지 않는다.

(2) 무단 사용, 대여, 담보제공금지 의무

유치물이 자기소유의 물건이 아니므로 유치권자는 채무자의 승낙이 없으면 유치물을 사용하거나 대여 또는 담보제공을 하지 못한다. 그러나 유치물의 보존에 필요한 사용은 그러하지 아니하다(제324조 제2항). 즉, 보존을 위한 사용은 채무자의 승낙이 없어도 가능하다.

(3) 유치권자가 의무를 위반한 경우 유치권은 당연히 소멸할까?

정답 | 당연히 소멸하는 것이 아니라 채무자가 유치권 소멸을 청구하면 유치권은 비로소 소멸된다.

(4) 소유자의 승낙 없이 유치권자가 유치물을 임대한 경우 임차인은 임차권으로 소유자에게 대항할 수 있을까?

정답 | 소유자의 승낙이 없다면 유치권자는 유치물을 임대할 권한이 없으므로 임대할 권한이 없는 유치권자로부터 유치물을 임차한 자는 소유자에게 그 임대의 효력을 주장할 수 없다.

3. 경매 시 경락인에게 대항 여부(판례)

(1) 유치권이 먼저 성립한 이후에 목적물이 압류가 된 경우에는 유치권자는 경락인에게 대항할 수 있다.

(2) 압류 후에 유치권이 성립한 경우에는 유치권자는 경락인에게 대항할 수 없다.

(3) 목적물을 점유한 이후에 압류가 되었고 이후 채권이 발생한 경우에도 유치권은 성립하지만 유치권자는 경락인에게 대항할 수 없다.

5 유치권의 소멸

1. 소멸시효

법령 체크

제326조【피담보채권의 소멸시효】 유치권의 행사는 채권의 소멸시효의 진행에 영향을 미치지 아니한다.

(1) 유치권은 소멸시효에 걸릴까?

정답 | 유치권은 일정한 요건하에서 점유를 취득하면 유치권을 취득하고 점유를 상실하면 바로 소멸하므로 성질상 소멸시효가 문제되지 않는다. 즉, 채권과 독립해서 소멸시효는 진행되지 않는다.

(2) 유치권을 행사하고 있으면 피담보채권의 소멸시효는 중단될까?

정답 | 유치권자가 유치권을 행사하고 있을지라도 그 자체를 채권 행사라고 볼 수 없으므로 별도로 피담보채권에 대해서 권리를 행사하고 있지 않은 이상 피담보채권의 소멸시효는 진행한다는 것이다. 즉, 유치권자가 유치권을 행사하고 있을지라도 별도로 채권에 대해서 권리를 행사하지 않으면 채권의 소멸시효는 진행한다.

2. 소멸사유

유치권의 포기, 목적물의 멸실, 채권의 소멸, 혼동에 의하여 소멸한다.

3. 유치권의 특유한 소멸사유

(1) 유치권자의 의무위반 시 채무자의 유치권 소멸청구

위에서 설명한 것처럼 유치권자가 선관주의의무를 위반하거나 채무자의 승낙 없이 사용·대여 또는 담보제공하지 않을 의무를 위반한 경우에 채무자가 유치권소멸청구권을 행사하면 유치권은 소멸한다.

(2) 타담보 제공에 의한 유치권 소멸청구(제327조) → 유치권자의 권리가 아니라 채무자의 권리이다.

① 채무자는 상당한 담보를 제공하고 유치권 소멸을 청구할 수 있다(제327조). 즉, 채무자는 채권자가 유치하고 있는 물건 대신 다른 담보를 제공하고 처음의 물건에 대한 유치권 소멸을 청구할 수 있다.

② 채무자가 타담보를 제공하고 유치권 소멸을 청구할 수 있는 권리는 형성권이 아니라 청구권에 불과하므로, 채무자가 다른 담보를 제공하고 유치권 소멸을 청구하는 경우 유치권자의 승낙이 있어야만 유치권이 소멸한다.

③ 채무자가 제공하는 담보가 상당한 담보인지 여부에 대한 판단은 채권액에 상당하면 충분하고 유치물의 가액에 상당할 필요는 없으며, 당해 유치물에 관하여 이해관계를 가지고 있는 자인 채무자나 유치물의 소유자는 상당한 담보가 제공되어 있는 이상 유치권 소멸청구의 의사표시를 할 수 있다(대판 2001.12.11, 2001다59866).

(3) 점유의 상실(제328조)

① 유치권의 본질은 목적물을 점유하는 것이므로, 즉 목적물의 점유가 유치권의 성립요건이자 존속요건이므로 만약 유치권자가 점유를 상실했다면 유치권은 소멸한다. 주의할 점은 점유는 채권자가 직접점유하고 있든 간접점유하고 있든 상관없기 때문에 점유매개관계에 의해서 채권자가 간접점유하고 있고 제3자가 직접점유하고 있는 경우에는 점유의 상실이 아니므로 유치권은 소멸하지 않는다는 것이다.

② 점유의 상실로 유치권은 일단 소멸한다. 그러나 유치물의 점유가 제3자에 의하여 침탈된 경우, 유치권자가 점유물반환청구권을 행사하여 점유를 회수하면 유치권은 소멸하지 않은 것으로 된다.

기출로 **포인트 정리**

출제예상 OX지문

❶ 유치권이 인정되기 위한 유치권자의 점유는 직접점유이든 간접점유이든 관계없다.
(O | X) 31회

❷ 임차인은 임대인과의 약정에 의한 권리금반환채권으로 임차건물에 유치권을 행사할 수 없다.
(O | X) 31회

❸ 유치권자는 유치물의 과실인 금전을 수취하여 다른 채권보다 먼저 피담보채권의 변제에 충당할 수 있다.
(O | X) 33회

대표기출

유치권에 관한 설명으로 옳은 것은? (다툼이 있으면 판례에 따름) 26회

① 목적물에 대한 점유를 취득한 뒤 그 목적물에 관하여 성립한 채권을 담보하기 위한 유치권은 인정되지 않는다.
② 채권자가 채무자를 직접점유자로 하여 간접점유하는 경우에도 유치권은 성립할 수 있다.
③ 유치권자가 점유를 침탈당한 경우 점유보호청구권과 유치권에 기한 반환청구권을 갖는다.
④ 유치권자는 유치물의 보존에 필요하더라도 채무자의 승낙 없이는 유치물을 사용할 수 없다.
⑤ 임대차 종료 후 법원이 임차인의 유익비상환청구권에 유예기간을 인정한 경우, 임차인은 그 기간 내에는 유익비상환청구권을 담보하기 위해 임차목적물을 유치할 수 없다.

기출로 포인트 정리

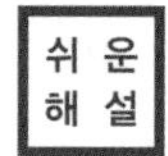

출제예상 OX지문

❶ O 유치권이 성립하기 위해서는 채권자가 점유를 해야 하는데 점유는 직접점유와 간접점유를 모두 포함한다.

❷ O 권리금반환청구권은 건물에 관하여 생긴 채권이라 할 수 없으므로, 즉 목적물과 견련성이 인정되지 않기 때문에 유치권이 성립하지 않는다(대판 1994.10.14, 93다62119).

❸ O 유치권자는 유치물의 과실인 금전을 수취하여 다른 채권보다 먼저 피담보채권의 변제에 충당할 수 있다(제323조).

대표기출 정답 ⑤

⑤ 유치권이 성립하기 위해서는 채권의 변제기가 도래해야 한다. 따라서 임대차 종료 후 법원이 임차인의 유익비상환청구권에 유예기간을 인정한 경우에는 변제기가 도래하지 않은 것이므로 유치권을 행사할 수 없다.

① 반드시 점유 중에 채권이 발생할 필요는 없으므로 채권이 먼저 발생하고 이후에 목적물을 점유한 경우에도 유치권은 성립한다(판례).

② 유치권이 성립하기 위해서는 채권자가 목적물을 점유해야 하는데 점유는 직접점유이든 간접점유이든 불문한다. 다만, 채권자가 채무자를 직접점유자로 하여 간접점유하는 경우에는 유치권은 성립할 수 없다(대판 2008.4.11, 2007다27236).

③ 물권적 청구권에 관한 규정이 유치권에는 준용되지 않으므로 유치권자가 점유를 침탈당한 경우 점유보호청구권을 행사할 수 있지만 유치권에 기한 반환청구권을 행사할 수는 없다.

④ 유치권자는 채무자의 승낙이 없이도 유치물의 보존에 필요한 사용은 할 수 있다(제324조 제2항).

출제포인트

067 저당권

[10개년 출제회차] 24, 25, 26, 27, 28, 29, 30, 31, 32, 33회

시작이 쉬운 길잡이

Q 아파트를 매수하기 위해서 은행에서 돈을 빌리고 싶은 대운 씨. 은행에서 담보를 요구하고 있습니다. 여러분, 대운 씨는 대출을 받기 위해서 어떻게 해야 할까요?

A 대운 씨는 자기소유 아파트를 은행에 잡히고 대출을 받으면 됩니다. 이처럼 은행은 채권을 위해서 대운 씨로부터 담보물권을 설정받게 되는데, 이것을 저당권이라고 합니다.

출제포인트의 중요 키워드는 본문에서 꼭 체크하세요 ▸ **저당권, 법정지상권, 일괄경매청구권, 제3취득자, 저당권의 침해**

1 저당권의 기본 쟁점

1. 의의

(1) 저당권이란 채권자가 채무자 또는 제3자(물상보증인)로부터 채무의 담보로 제공받은 부동산 기타 목적물을 인도받지 않고 관념적으로만 지배하다가 변제기에 채무의 변제가 없으면 그 목적물로부터 우선변제를 받을 수 있는 담보물권을 말한다.

(2) 이러한 저당권은 목적물의 점유를 채권자에게 이전하지 않기 때문에 담보로 제공했음에도 불구하고 저당권설정자가 종전처럼 저당목적물을 사용·수익할 수 있고 저당권자는 저당목적물을 점유(보관)하지 않으므로 보관비용을 부담하지 않으면서도 저당물에 대한 교환가치를 파악(처분권능을 취득)하여 채무자가 변제기에 변제하지 않으면 그 저당목적물을 경매해서 그 매각대금으로부터 자신의 채권을 우선변제를 받을 수 있다는 특징이 있으므로 현대사회에서 빈번하게 활용되고 있다.

이해가 쉬운 사례

예컨대 甲이 은행으로부터 1억원의 대출을 받는 경우, 즉 甲과 은행이 금전소비대차계약을 체결하고 은행은 甲에게 1억원의 금전채권을 취득했다. 그리고 1억원의 금전채권을 담보하기 위해서 또다시 채무자 甲 소유 아파트에 대해서 은행과 저당권설정계약을 체결한 경우, 은행은 甲 소유 아파트에 대해서 저당권을 취득했다. 이 사례에서 저당권설정자(채무자) 甲은 자신의 아파트를 담보로 제공했지만 여전히 그 아파트에 거주, 즉 사용 · 수익할 수 있고 저당권자(채권자)인 은행은 담보물인 아파트를 점유하지 않고 있지만 후에 저당권설정자인 채무자인 甲이 채무를 변제하지 않으면 아파트를 경매해서 자신의 채권을 후순위권리자 기타 채권자보다 우선해서 배당을 받게 된다.

2. 우리 민법상 저당권의 특징

(1) 공시의 원칙

저당권은 점유를 수반하지 않으므로 거래계의 수많은 사람들은 저당권의 존재에 대해서 알기 어려워 자칫 거래안전을 침해할 염려가 있으므로 외부에 저당권의 존재를 명확하게 알려줘야 할 필요성이 있다. 따라서 저당권의 존재는 반드시 등기·등록에 의해서 공시가 되어야 하는데, 이를 공시의 원칙이라고 한다. 저당권은 등기나 등록에 의해서 공시할 수 있는 물건에 대해서만 성립할 수 있으므로 공시할 수 없는 물건에 대해서는 저당권이 성립할 수 없다.

(2) 특정의 원칙

저당권은 현존하는 특정의 목적물 위에만 성립할 수 있다는 원칙이다.

(3) 순위승진의 원칙

저당권의 순위는 등기 선후에 따르고 선순위저당권이 소멸하면 후순위저당권이 선순위로 순위가 승진한다. 이를 순위승진의 원칙이라고 한다. 예컨대 甲 소유 건물에 대해서 乙이 1번 저당권을 丙이 2번 저당권을 가지고 있고 이후 甲이 乙에게 채무를 변제함으로써 부종성에 의해서 乙의 1번 저당권이 소멸한 경우 丙의 2번 저당권이 1번 순위로 승진한다.

3. 저당권의 성립

(1) 저당권은 일반적으로 저당권설정계약(약정담보물권)에 의해서 성립하지만 예외적으로 법률의 규정에 의해서도 성립할 수 있다(법정저당권).

(2) 저당권설정계약과 등기

저당권은 약정담보물권이므로 당사자 간에 저당권설정계약과 설정등기에 의해서 성립하는 것이 원칙이다. 그리고 저당권은 채권을 담보하기 위해서 존재하는 담보물권이므로 저당권설정계약은 채권을 발생시키는 계약의 종된 계약이다.

4. 저당권의 성질

(1) 우선변제권이 있다.

(2) 약정담보물권이므로 등기가 되어야 한다.

(3) 저당권설정행위는 저당권자에게 처분권능을 주는 것이므로 저당권설정자에게 처분권한이 있어야 한다.

(4) 저당권의 객체

부동산뿐만 아니라 지상권, 전세권에 대해서도 저당권이 성립할 수 있다.

(5) 부종성과 수반성

① 저당권은 그 담보한 채권과 분리하여 타인에게 양도할 수 없다.

② 저당권으로 담보한 채권이 시효완성으로 소멸하면 저당권도 소멸한다.

(6) 저당권설정계약

조건이나 기한을 붙일 수 있다.

(7) 타물권

저당권은 타인소유 부동산에 대해서 성립하는 타물권이므로 자기소유 부동산에 대해서는 저당권이 성립할 수 없다. 즉, 소유자저당권은 원칙적으로 성립할 수 없다. 다만, 혼동의 예외로서 자기소유 부동산에 대해서 저당권이 성립할 수 있다.

2 저당권설정계약의 당사자

근저당권에서도 동일

1. 저당권설정자

(1) 저당권설정자는 채무자가 되든 제3자가 되든 상관없다.

저당권자에게 처분권능을 주는 것이다.

(2) 저당권을 설정하는 행위는 처분행위이므로 저당권설정자에게 그 목적물에 대한 처분권한이나 대리권한이 있어야 한다. 따라서 처분권한이 없는 자가 저당권을 설정했다면 무효가 된다.

2. 저당권자

(1) 원칙

저당권자는 채권자가 되는 것이 원칙이다. 왜냐하면 저당권에는 부종성과 수반성이 있으므로 채권과 저당권을 분리할 수 없기 때문이다. 따라서 채권자가 아닌 제3자 명의로 저당권의 등기가 경료되었다면 그 제3자 명의의 저당권등기는 무효임이 원칙이다.

(2) 예외

채권자 아닌 제3자 명의로 설정된 저당권등기가 유효일까?

정답 | 저당권은 채권을 담보하기 위해서 존재하고 채권과 운명을 함께 하므로 저당권을 채권과 분리할 수 없다. 따라서 저당권자는 채권자가 되는 것이 원칙이므로 채권자가 아닌 제3자 명의로 경료된 저당권등기는 무효이다. 그러나 예외적으로 제3자를 저당권자로 하기로 하는 저당권설정자와 저당권자, 그리고 제3자 사이에 합의가 있고 제3자에게 채권이 실질적으로 귀속되었다고 볼 수 있는 특별한 사정이 있는 경우에는 제3자 명의의 저당권등기도 유효이다.

3 등기 관련 쟁점(판례)

(1) 저당권설정등기가 불법으로 말소된 경우 과연 저당권은 소멸할까?

정답 | 소멸하지 않는다.

판례 | 등기는 물권의 효력발생요건이고, 그 존속요건은 아니므로 물권에 관한 등기가 원인 없이 말소된 경우에도 그 물권의 효력에는 아무런 변동이 없다. 따라서 저당권설정등기가 불법으로 말소가 된 경우 저당권은 소멸하지 않으므로 저당권자는 말소된 등기의 회복을 청구할 수 있다(대판 1988.12.27, 87다카2431).

(2) 저당권설정등기가 불법으로 말소된 경우, 회복등기가 마쳐지기 전이라도 말소된 등기의 등기명의인이 적법한 권리자로 추정될까?

정답 | 적법한 권리자로 추정된다.

판례 | 등기는 물권의 효력발생요건이고 존속요건은 아니어서 등기가 원인 없이 말소된 경우에는 그 물권의 효력에 아무런 영향이 없고, 그 회복등기가 마쳐지기 전이라도 말소된 등기의 등기명의인은 적법한 권리자로 추정된다(대판 2002.10.22, 2000다59678).

4 범위

1. 저당권의 효력이 미치는 피담보채권의 범위 암기코드 | 원이위가 손실

(1) 원본, 이자(무제한), 위약금은 등기된 경우에만 저당권의 효력이 미친다. 즉, 담보된다.

(2) 채무불이행으로 인한 손해배상청구권(지연배상, 1년분)과 저당권 실행비용은 등기하지 않아도 저당권의 효력이 미친다.

(3) 보존비용에 대해서는 저당권의 효력이 미치지 않는다.

2. 저당권의 효력이 미치는 목적물의 범위 암기코드 | 부종때문에 미친다 임마

(1) 부합물

법령 체크

제358조【저당권의 효력의 범위】 저당권의 효력은 저당부동산에 부합된 물건과 종물에 미친다. 그러나 법률에 특별한 규정 또는 설정행위에 다른 약정이 있으면 그러하지 아니하다.

① 원칙: 저당권의 효력은 저당부동산에 부합된 물건, 즉 부합물에 대해서 미친다.

② 예외: 법률에 특별한 규정(제256조 단서, 권원에 의해서 부속시킨 경우)이 있거나 설정행위에 다른 약정, 즉 특약이 있고 그 특약을 등기한 경우(부동산등기법 제75조)에는 부합물에 미치지 않는다.

③ 부합물로 된 시기는 문제되지 않으므로 저당권설정 전의 부합물이든 이후의 부합물이든 상관없이 저당권의 효력이 미친다. 즉, 저당권설정 전후를 불문한다.

④ 부합물의 예

㉠ 건물의 엘리베이터, 냉난방시설, 주유소 부지의 지하에 설치된 유류저장탱크, 가스공급업자가 아파트에 설치한 가스공급시설 등은 부동산의 부합물이다.

㉡ **건물의 증축**: 건물의 증축부분이 기존 건물에 부합하여 기존 건물과 분리하여서는 별개의 독립물로서의 효용을 갖지 못하는 이상 기존 건물에 대한 근저당권은 민법 제358조에 의하여 부합된 증축부분에도 효력이 미치는 것이므로 기존 건물에 대한 경매절차에서 경매목적물로 평가되지 아니하였다고 할지라도 경락인은 부합된 증축부분의 소유권을 취득한다(대판 2002.10.25, 2000다63110).

⑤ **임의규정**: 제358조 규정은 임의규정이므로 특약을 통해서 배제할 수 있다.

⑥ **토지저당권의 효력**: 토지에 설정된 저당권의 효력은 토지 위의 건물, 입목등기나 명인방법을 갖춘 수목의 집단에 미치지 않는다.

(2) 종물

① **원칙**: 주물에 대해서 저당권이 설정된 경우 저당권의 효력은 종물에도 미친다(제358조 본문). 예컨대, 甲이 자기소유 주유소 건물(주물)을 乙에게 저당권을 설정해 준 경우, 저당권의 효력은 주유소 건물뿐만 아니라 주유기(종물)에 대해서도 미친다.

② **예외**: 법률에 특별한 규정이 있거나 설정행위에 다른 약정, 즉 특약이 있고 그 특약을 등기한 경우(부동산등기법 제75조)에는 제3자에게 대항할 수 있다.

③ 종물로 된 시기는 문제되지 않으므로, 저당권설정 전의 종물이든 이후의 종물이든 상관없이 저당권의 효력이 미친다. 즉, 저당권설정 전후를 불문한다.

④ **종물로 인정된 예**: 주유소 건물과 주유기, 횟집과 수족관, 백화점 건물과 지하에 설치된 전화교환설비, 주택에 딸린 광, 화장실, 연탄창고의 관계는 주물과 종물의 관계이다.

⑤ 종된 권리에 대해서도 저당권의 효력이 미칠까?

정답 | 종된 권리에도 미친다.

판례 | 종물에 준하여 취급해서 종된 권리에 대해서도 저당권의 효력이 미친다. 예컨대, 甲 소유 토지에 대해서 乙과 건물소유목적으로 지상권이 설정되어 지상권자 乙이 건물을 소유하고 있고 이후 건물에 대해서 丙에게 저당권을 설정해 준 경우 丙의 저당권의 효력은 건물뿐만 아니라 종된 권리인 지상권에 대해서도 미친다(대판 1992.7.14, 92다527).

⑥ 판례에 의해서 인정된 예(종된 권리)

㉠ 건물소유목적으로 지상권, 전세권이 설정되어 지상권자, 전세권자가 건물을 소유하고 있고 건물에 대해서 저당권이 설정된 경우, 저당권의 효력은 건물뿐만 아니라 종된 권리인 지상권, 전세권에 대해서도 미친다(대판 1996.4.26, 95다52864).

㉡ 건물소유목적으로 임대차계약을 체결했고 임차권에 의해서 건물을 소유하고 있는 임차인이 건물에 대해서 저당권을 설정해 준 경우, 저당권의 효력은 건물뿐만 아니라 종된 권리인 임차권에 대해서도 미친다(대판 1993.4.13, 92다24950).

㉢ 구분건물의 전유부분에 대한 소유권이전등기만 경료되고 대지지분에 대한 소유권이전등기가 경료되기 전에 전유부분에만 저당권이 설정된 경우 저당권의 효력이 대지사용권(대지권)에 대해서 미칠까?

정답 | 전유부분을 소유하기 위해서 대지사용권이 존재하는 것이므로 주와 종의 관계이고 운명을 함께한다. 따라서 전유부분에 저당권이 설정되었다면 저당권의 효력은 대지사용권(대지권)에도 미친다.

(3) 과실

법령 체크

제359조 【과실에 대한 효력】 저당권의 효력은 저당부동산에 대한 압류가 있은 후에 저당권설정자가 그 부동산으로부터 수취한 과실 또는 수취할 수 있는 과실에 미친다. 그러나 저당권자가 그 부동산에 대한 소유권, 지상권 또는 전세권을 취득한 제3자에 대하여는 압류한 사실을 통지한 후가 아니면 이로써 대항하지 못한다.

① **원칙**: 저당권이 설정된 경우 저당목적물에 대한 사용·수익권은 저당권설정자에게 있으므로 과실에 대해서는 저당권의 효력이 미치지 않는다. 여기서의 과실은 천연과실, 법정과실을 불문한다.

② **예외**: 저당권의 효력은 저당부동산에 대한 압류가 있은 후에 저당권설정자가 그 부동산으로부터 수취한 과실 또는 수취할 수 있는 과실에 미친다. 따라서 저당부동산에 대한 압류가 있으면 압류 이후의 저당권설정자의 저당부동산에 관한 차임채권 등에도 저당권의 효력이 미친다.

(4) 물상대위(物上代位)(제342조, 제370조) → 우선변제권을 행사하는 것이다.

1. 대위할 물건이 제3자에 의하여 압류된 경우에도 물상대위성이 인정된다.
2. 전세권을 저당권의 목적으로 한 경우 저당권자에게 물상대위권이 인정된다.
3. 저당권설정자에게 대위할 물건이 인도된 후에 저당권자가 그 물건을 압류한 경우 물상대위권을 행사할 수 없다.
4. 저당권자는 저당목적물의 소실로 인하여 저당권설정자가 취득한 화재보험금청구권에 대하여 물상대위권을 행사할 수 있다.
5. 저당권이 설정된 토지가 「공익사업을 위한 토지 등의 취득 및 보상에 관한 법률」에 따라 협의취득된 경우, 저당권자는 그 보상금에 대하여 물상대위권을 행사할 수 없다.

① 저당권은 목적물이 가지고 있는 교환가치를 파악하는 것이므로 저당목적물이 멸실, 훼손, 공용징수로 목적물에 갈음하는 금전 기타 물건으로 변한 경우(가령 제3자의 불법행위에 의한 손해배상청구권, 수용보상금청구권, 보험금청구권)에도 담보물권의 효력이 그 목적물에 갈음하는 금전, 기타 물건에 대해서도 미치는데 이를 물상대위성이라고 한다. 예컨대, 甲과 乙이 1억원의 금전소비대차계약을 체결하고 1억원의 채권을 담보하기 위해서 甲은 자기소유 토지에 대해서 乙에게 저당권을 설정해 주었다. 그런데 이

후에 토지가 수용된 경우, 乙의 저당권의 효력은 甲이 토지에 갈음해서 취득한, 즉 토지의 교환가치인 수용보상금청구권에 미치게 된다. 다만, 「공익사업을 위한 토지 등의 취득 및 보상에 관한 법률」상 협의수용인 경우에는 물상대위가 인정되지 않는다(대판 1981.5.26, 80다2109).

② 물상대위권을 행사하기 위해서는 담보목적물에 갈음하는 금전, 기타 물건이 지급 또는 인도되기 전에 압류하여야 하는데 압류로 대위물의 특정성이 유지되므로, 압류는 반드시 저당권자 자신에 의해서 행해질 필요가 없고 제3자(다른 채권자)가 압류한 경우에도 특정성이 유지되므로 물상대위가 인정된다.

③ 가령 甲 소유 건물에 대해서 乙에게 저당권이 설정되어 있고 이후 甲이 그 건물을 제3자 丙에게 매도한 경우, 그 매매대금에 대해서는 물상대위가 인정되지 않는다. 왜냐하면 여전히 저당권의 효력은 그 건물에 미치기 때문에 변제기에 변제가 없으면 저당권자 乙은 그 건물을 경매해서 채권을 회수하면 되기 때문이다.

④ 저당목적물에 갈음하는 금전의 인도청구권에 대하여 저당권자가 압류하기 전에 그 금전이 물상보증인에게 지급된 경우, 물상대위권을 행사할 수는 없지만 저당권자는 물상보증인에게 부당이득반환을 청구할 수 있다(대판 2009.5.14, 2008다17656)

⑤ 저당권자가 물상대위권을 행사하지 않아서 우선변제권을 상실한 이상, 다른 채권자가 그 보상금으로부터 이득을 얻었다고 하더라도 저당권자는 이를 부당이득으로서 반환청구할 수 없다(대판 2002.10.11, 2002다33137).

5 법정지상권

법령 체크

강행규정

제366조【법정지상권】 저당물의 경매로 인하여 토지와 그 지상건물이 다른 소유자에 속한 경우에는 토지소유자는 건물소유자에 대하여 지상권을 설정한 것으로 본다. 그러나 지료는 당사자의 청구에 의하여 법원이 이를 정한다.

1. 의의와 법적 성질

(1) 의의

① 제366조에 정한 법정지상권이란 동일인 소유인 토지와 건물이 있고 건물이나 토지의 어느 한쪽에 저당권이 설정되거나 또는 건물과 토지 위에 모두 저당권이 설정된 경우 이후 저당권 실행으로, 즉 저당권자가 경매를 신청하여 토지와 건물의 소유자가 달라진 경우, 토지소유자가 건물소유자에게 지상권을 설정해 준 것으로 보아 건물소유자가 토지에 대해서 취득하는 지상권을 말한다.

② 토지 위에 건물이 존재하고 있고 모두 甲이 소유하고 있는데 이후 甲이 乙에게 건물에 대해서 저당권을 설정해 주었고 변제기에 변제가 없어서 저당권자 乙이 건물에 경매를 신청하여 丙이 건물을 경락받은 경우, 토지소유자 甲이 건물소유자 丙에게 지상권을 설정해 준 것으로 보아 건물소유자 丙은 甲 소유 토지에 대해서 법정지상권을 취득한다.

(2) 법적 성질

판례에 따르면, 민법 제366조는 가치권과 이용권의 조절을 위한 공익상의 이유로 지상권의 설정을 강제하는 것이므로 저당권설정 당사자 간의 특약으로 저당목적물인 토지에 대하여 법정지상권을 배제하는 약정을 하더라도 그 특약은 효력이 없다(대판 1988.10.25, 87다카1564). 즉, 제366조의 법정지상권은 건물철거라는 사회경제적 손실을 방지하려는 공익상의 요청에 의하여 인정되는 규정으로 강행규정이다. 따라서 특약을 통해서도 배제하지 못한다.

2. 성립요건

(1) 저당권설정 당시 토지 위에 건물이 존재해야 한다.

여기서 주의할 점은 여러 개의 저당권이 존재하는 경우 경매를 신청하는 저당권 기준이 아니라 최선순위 저당권 기준이므로 최선순위 저당권설정 당시 토지 위에 건물이 존재해야 한다.

① 나대지에 저당권이 설정된 후 저당권설정자가 그 위에 건물을 건축하고 경매로 인하여 그 토지와 건물의 소유자가 달라진 경우, 법정지상권이 성립할 수 있을까?

정답 | 법정지상권이 성립하기 위해서는 저당권설정 당시 토지 위에 건물이 존재하고 있어야 한다. 따라서 나대지 상태에서 저당권이 설정되었다는 것은 저당권설정 당시 토지 위에 건물이 존재하지 않았다는 것이므로 법정지상권은 성립하지 않는다.

② 토지에 관한 저당권설정 당시 토지소유자에 의하여 그 지상에 건물이 건축 중이었던 경우, 법정지상권이 성립할 수 있을까? 그리고 미등기, 무허가건물에 대해서도 법정지상권이 성립할 수 있을까?

정답 | 토지에 저당권설정 당시 건물이 건축 중이었다면 저당권설정 당시 토지 위에 건물은 존재한 것으로 보아 일정한 요건하에서 법정지상권은 성립하며, 그 건물은 존재하기만 하면 되므로 미등기(보존등기), 무허가건물에 대해서도 성립한다.

(2) 저당권설정 당시 토지와 건물이 동일인 소유이어야 한다.

① 토지에 저당권을 설정할 당시 그 지상에 건물이 존재하였고 그 양자가 동일인의 소유였다가 그 후 저당권의 실행으로 토지가 낙찰되기 전에 건물이 제3자에게 양도된 경우, 건물을 양수한 제3자가 법정지상권을 취득할 수 있을까?

정답 | 법정지상권이 성립하기 위해서는 저당권설정 당시 토지와 건물이 동일인 소유이면 되므로 법정지상권은 성립한다.

② 미등기건물을 대지와 함께 매수하였으나 대지에 관하여만 소유권이전등기를 넘겨받고 대지에 대하여 저당권을 설정한 후 저당권이 실행된 경우, 제366조 소정의 법정지상권이 성립할 수 있을까?

정답 | 토지와 건물을 일괄해서 매수한 매수인이 대지에 대해서만 이전등기를 경료(대지의 소유권을 취득)하고 건물에 대해서는 이전등기를 경료하지 못한 상태(건물에 대해서는 소유권을 취득하지 못함)에서 대지에 대해서만 저당권이 설정되었다면, 저당권설정 당시 대지와 건물이 동일인 소유가 아니었으므로 법정지상권은 성립하지 않는다.

(3) 토지나 건물의 어느 한쪽 또는 양쪽에 저당권이 설정되어야 한다.

(4) 경매로 토지와 건물 소유자가 달라져야 한다.

저당물의 경매에 의해서 토지와 건물의 소유자가 달라져야 한다. 여기서의 경매는 담보권 실행을 위한 경매, 즉 임의경매를 의미한다. 만약 담보권 실행을 위한 경매가 아닌 강제경매를 통해서 달라졌다면 관습법상의 법정지상권은 성립할 수 있지만 법정지상권은 성립할 수 없다.

3. 성립시기와 등기

(1) 법정지상권은 언제 성립할까?

정답 | 법정지상권은 타인의 토지 위에 건물을 소유하기 위해서 필요한 권리이므로 저당물의 경매, 즉 담보권 실행을 위한 경매로 토지와 건물의 소유자가 달라졌을 때 성립한다. 따라서 매수인(경락인)이 매각대금을 완납했을 때 법정지상권이 성립한다.

(2) 법정지상권을 취득하기 위해서 등기를 해야 할까?

정답 | 법정지상권은 제366조에 의해서 성립하므로, 즉 법률의 규정에 의한 물권의 취득이므로 등기를 요하지 않는다(제187조). 따라서 법정지상권은 등기 없이도 취득한다.

4. (관습법상) 법정지상권이 성립한 이후에 토지소유자가 변경된 경우와 건물소유자가 변경된 경우에서 법률관계

(1) 관습법상의 법정지상권이 성립한 이후 토지소유자가 변경된 경우

관습법상의 법정지상권이 성립한 이후 토지소유자가 변경된 경우, 관습법상의 법정지상권자는 등기 없이도 토지양수인에게 대항할 수 있을까?

정답 | 관습법상의 법정지상권의 취득은 법률의 규정에 의한 물권의 취득이므로 등기 없이도 취득하고 또한 물권이므로 등기 없이도 당연히 토지양수인에게 대항할 수 있다.

(2) (관습법상) 법정지상권이 성립한 이후 그 건물을 제3자에게 양도한 경우

① 건물양수인이 건물에 대해서는 이전등기를 경료했지만 (관습법상) 법정지상권에 대해서는 이전등기를 경료하지 않은 경우, 건물양수인은 (관습법상) 법정지상권을 취득했을까?

정답 | 건물양수인은 등기 전까지는 (관습법상) 법정지상권을 취득하지 못한다. 지상권양도에 관한 명시적인 합의 없이 건물에 관한 양도계약만 있는 경우라도 지상권양도합의는 주된 계약인 건물양도계약에 포함되어 있다. 그러나 성립요건주의 원칙상 양도합의가 인정된다고 하더라도 지상권이전등기가 없으면 지상권이 양수인에게 이전된 것으로 볼 수는 없다. 요컨대, 법정지상권의 취득은 법률의 규정에 의한 물권의 취득이므로 등기를 요하지 않는다. 그러나 제3자에게 처분하기 위해서는, 즉 처분은 법률행위이므로 등기를 해야 한다. 그러나 건물양수인이 건물을 매수한 것이 아니라 경매받은 것이라면 경매의 경우에는 물권변동에 등기가 불필요하므로 경락인은 (관습법상) 법정지상권에 관한 이전등기 없이도 당연히 취득한다.

② 건물양수인은 대지소유자에게 직접 (관습법상) 법정지상권설정등기를 청구할 수 있을까?

정답 | 건물양수인은 양도인에게 법정지상권설정등기를 청구할 수 있는 단순 채권자에 불과하므로 토지소유자에 대해서 직접 청구하지는 못하고, 건물양도인이 대지소유자에게 가지고 있는 법정지상권설정등기청구권을 대위행사하고 건물양도인에게 법정지상권의 등기가 경료되면 법정지상권이전등기를 청구하면 된다.

③ 대지소유자는 (관습법상) 법정지상권설정등기를 경료하지 않은 건물양수인에 대해서 건물철거를 청구할 수 있을까?

정답 | 건물양수인은 (관습법상) 법정지상권을 취득할 수 있는 권리가 있고 대지소유자는 (관습법상) 법정지상권을 설정해 주어야 할 의무가 있으므로, 대지소유자가 장차 (관습법상) 법정지상권을 취득할 지위에 있는 건물양수인에게 건물철거를 청구하는 것은 신의칙상 인정될 수 없다.

④ 대지소유자는 (관습법상) 법정지상권설정등기를 경료하지 않은 건물양수인에 대해서 대지인도청구 또는 부당이득반환청구권을 행사할 수 있을까?

정답 | 대지소유자는 건물양수인에게 (관습법상) 법정지상권을 설정해 주어야 할 의무가 있으므로 건물철거나 대지인도를 청구할 수 없다. 그러나 타인의 토지를 점유·사용하고 있다면 부당이득이므로 대지소유자는 지료상당액에 대해서 부당이득반환을 청구할 수 있다.

권리 ○ / 의무 X

6 저당권이 설정된 토지 위의 건물에 대한 일괄경매청구권

법령 체크

제365조【저당지상의 건물에 대한 경매청구권】 토지를 목적으로 저당권을 설정한 후 그 설정자가 그 토지에 건물을 축조한 때에는 저당권자는 토지와 함께 그 건물에 대하여도 경매를 청구할 수 있다. 그러나 그 건물의 경매대가에 대하여는 우선변제를 받을 권리가 없다.

1. 의의

(1) 일괄경매청구권이란 토지를 목적으로 저당권을 설정한 후, 즉 나대지 상태에서 저당권이 설정된 후 저당권설정자가 그 토지 위에 건물을 축조한 때에는 저당권자는 토지와 함께 그 건물에 대하여도 경매를 청구할 수 있는 권리를 말한다.

예컨대, 甲 소유 토지에 대해서 乙에게 저당권이 설정되었고 이후 甲이 토지 위에 건물을 축조한 경우 甲이 乙에게 채무를 변제하지 않으면 乙은 경매를 신청할 수 있는데, 저당권자 乙은 토지에 대해서뿐만 아니라 건물까지 함께 일괄해서 경매를 청구할 수 있다.

(2) 일괄경매청구권은 권리이지 의무가 아니므로 일괄경매청구권을 행사할 것인가의 여부는 저당권자의 자유이므로, 일괄경매청구권을 행사하지 않고 토지에 대해서만 경매를 청구하더라도 특별한 사정이 없는 한 신의칙에 반하지 않는다.

(3) 토지의 경락대금으로부터 채권 전부의 변제를 받을 수 있더라도 일괄경매청구권이 인정될까?

정답 | 일괄경매청구권은 건물철거방지라는 공익상의 목적을 위해서 인정되므로 설령 토지의 경락대금만으로 채권 전부의 변제가 가능하더라도 일괄경매를 청구할 수 있다.

2. 요건

(1) 저당권설정 당시 토지 위에 건물이 존재하지 않았어야 한다.

즉, 나대지 상태에서 저당권이 설정되어야 한다. 따라서 저당권설정 당시 토지 위에 건물이 존재하고 있었다면 일괄경매청구권은 인정되지 않는다.

(2) 저당권설정자가 건물을 축조하여 소유하고 있어야 한다.

① 저당권이 설정된 이후 저당권설정자가 건물을 축조하여 소유하고 있어야 하므로, 제3자가 축조한 경우나 저당권설정자가 축조했을지라도 제3자에게 처분하여 경매 당시 제3자가 소유하고 있다면 일괄경매청구권은 인정되지 않는다.

② 저당권설정자로부터 저당토지에 대한 용익권을 설정받은 자에 의하여 축조된 건물의 소유권을 저당권설정자가 취득한 경우, 일괄경매청구권이 인정될까?

정답 | 제3자나 용익물권자가 건물을 축조했을지라도 경매 전에 저당권설정자가 건물의 소유권을 취득했다면 일괄경매청구권은 인정된다.

3. 효과

(1) 위의 요건이 충족되면 저당권자는 토지와 건물을 함께 일괄해서 경매를 청구할 수 있다.

(2) 일괄경매청구권이 인정되는 경우에도 토지와 건물은 각 별개의 독립된 부동산이므로 저당권의 효력은 토지에 대해서만 미치고 건물에 대해서는 미치지 않는다. 따라서 토지 매각대금으로부터만 우선변제권이 인정되고 건물의 매각대금으로부터는 우선변제권이 인정되지 않는다.

7 제3취득자의 지위

1. 제3취득자의 의의 암기코드 | 소지전

(근)저당권이 설정된 후 저당목적물의 소유권, 지상권 또는 전세권을 취득한 자를 제3취득자라고 한다. 따라서 후순위저당권자나 물상보증인은 제3취득자에 해당하지 않는다. 예컨대, 甲 소유 토지에 대해서 乙에게 저당권(피담보채권 1억원)이 설정되었고 이후 丙이 토지를 매수하여 소유권을 취득한 경우 丙을 제3취득자라고 한다.

2. 제3취득자의 보호

(1) 경매인이 될 수 있는 지위

제3취득자도 경매절차에서 매수인(경락인)이 될 수 있다(제363조 제2항). 즉, 저당물의 소유권을 취득한 제3자는 그 저당물의 경매에서 경매인이 될 수 있다.

(2) 제3취득자의 변제권

법령 체크

제364조【제3취득자의 변제】 저당부동산에 대하여 소유권, 지상권 또는 전세권을 취득한 제3자는 저당권자에게 그 부동산으로 담보된 채권을 변제하고 저당권의 소멸을 청구할 수 있다.

① 제3취득자의 변제기 전의 변제가 인정될까?

정답 | 저당부동산에 대하여 소유권, 지상권 또는 전세권을 취득한 제3자는 저당권자에게 그 부동산으로 담보된 채권을 변제하고 저당권 소멸을 청구할 수 있다. 다만, 변제기 전의 변제는 허용되지 않으므로 최소한 변제기가 도래해야 변제할 수 있다(판례).

② 모든 채무를 변제할 필요 없이 지연배상은 1년분에 대해서만 변제하면 충분하다고 하여 제3취득자를 보호하고 있다.

③ 제3취득자의 변제에 의하여 저당권은 말소등기 없이 당연히 소멸할까?

정답 | 변제에 의하여 채권이 소멸하므로 저당권은 부종성에 의하여 당연히 소멸한다.

④ 채무자에 대해서 구상권을 행사할 수 있을까?

정답 | 제3취득자는 채무자가 아님에도 불구하고 변제를 했으므로 채무자에 대해서 구상권을 행사할 수 있다.

(3) 제3취득자의 비용상환청구권

법령 체크

제367조【제3취득자의 비용상환청구권】 저당물의 제3취득자가 그 부동산의 보존, 개량을 위하여 필요비 또는 유익비를 지출한 때에는 제203조 제1항, 제2항의 규정에 의하여 저당물의 경매대가에서 우선상환을 받을 수 있다.

① 제3취득자가 부동산에 보존비용이나 개량비용을 지출한 경우, 즉 필요비나 유익비를 지출한 경우에는 점유자의 비용상환청구권(제203조 제1항 · 제2항) 규정에 의해 저당물의 경매대가에서 우선상환받을 수 있다.

② 주의할 점은 제203조 제3항은 적용되지 않으므로 유익비에 대해서 법원은 상당한 기간을 허여하지 못한다는 점이다.

8 적중판례

1. 물상보증인의 구상범위

(1) 물상보증인은 '그 채무를 변제'한 경우 외에 '담보권의 실행으로 인하여 담보물의 소유권을 잃은 때'에도 채무자에 대한 구상권이 있다(제341조, 제390조).

(2) 물상보증인이 담보권의 실행으로 타인의 채무를 담보하기 위하여 제공한 부동산의 소유권을 잃은 경우 물상보증인이 채무자에게 구상할 수 있는 범위는 특별한 사정이 없는 한 담보권의 실행으로 부동산의 소유권을 잃게 된 때, 즉 매수인이 매각대금을 다 낸 때의 부동산 시가를 기준으로 하여야 하고, 매각대금을 기준으로 할 것이 아니다(대판 2018.4.10, 2017다283028).

2. 압류 후 과실

민법 제359조 전문은 "저당권의 효력은 저당부동산에 대한 압류가 있은 후에 저당권설정자가 그 부동산으로부터 수취한 과실 또는 수취할 수 있는 과실에 미친다."라고 규정하고 있는데, 위 규정상 '과실'에는 천연과실뿐만 아니라 법정과실도 포함되므로, 저당부동산에 대한 압류가 있으면 압류 이후의 저당권설정자의 저당부동산에 관한 차임채권 등에도 저당권의 효력이 미친다(대판 2016.7.27, 2015다230020).

3. 동시배당

공동저당권이 설정되어 있는 수개의 부동산 중 일부는 채무자 소유이고 일부는 물상보증인 소유인 경우 각 부동산의 경매대가를 동시에 배당하는 때에는 민법 제368조 제1항은 적용되지 아니하고, 채무자 소유 부동산의 경매대가에서 공동저당권자에게 우선적으로 배당을 하고, 부족분이 있는 경우에 한하여 물상보증인 소유 부동산의 경매대가에서 추가로 배당을 하여야 한다(대판 2016.3.10, 2014다231965).

4. 압류 전의 물상대위

근저당권자는 근저당권의 목적이 된 토지의 공용징수 등으로 토지의 소유자가 받을 금전이나 그 밖의 물건에 대하여 물상대위권을 행사할 수 있으나, 다만 그 지급이나 인도 전에 압류하여야 하고(민법 제370조, 제342조), 근저당권자가 금전이나 물건의 인도청구권을 압류하기 전에 토지의 소유자가 인도청구권에 기하여 금전 등을 수령한 경우 근저당권자는 더 이상 물상대위권을 행사할 수 없다(대판 2015.9.10, 2013다216273).

9 저당권의 침해에 대한 구제

1. 저당권 침해의 의의

예컨대, 저당권의 목적물을 멸실·훼손하거나 멸실·훼손되는 것을 부당히 방치하는 행위 등으로 저당권자가 저당목적물의 교환가치로부터 우선변제받는 것을 어렵게 만드는 일체의 행위를 저당권의 침해라고 한다.

2. 침해에 대한 구제방법 암기코드 | 물에 손담기

(1) 물권적 청구권

① 저당권의 침해가 있으면 저당권자는 그 침해에 대해서 방해제거 또는 방해예방을 청구할 수 있다. 다만, 반환청구권은 인정되지 않는다.

② 요건: 침해자의 고의 또는 과실을 요하지 않으며 손해의 발생도 불문하므로 설령 저당목적물의 잔존가치로부터 피담보채권 전부의 만족을 얻을 수 있는 경우에도, 즉 손해가 발생하지 않은 경우에도 물권적 청구권을 행사할 수 있다.

③ 무효등기에 대한 말소등기청구권

㉠ 예컨대, 甲 소유 아파트에 대해서 乙에게 1번 저당권, 丙에게 2번 저당권이 설정되었고 이후 甲이 乙에게 채무를 변제하여 乙의 1번 저당권이 소멸했지만 말소등기를 하지 않아 여전히 乙의 저당권이 남아있는 경우, 과연 丙은 乙 명의의 무효등기에 대해서 말소등기를 청구할 수 있을까?

정답 | 乙의 1번 저당권이 소멸했으므로 순위승진의 원칙에 의해 丙이 1번 저당권자이다. 하지만 등기부상에는 乙이 1번 저당권자로 공시가 되어 있어 丙이 저당권 행사에 방해를 받고 있으므로 방해제거청구권에 의해 저당권자 丙은 乙의 무효등기에 대해 말소등기를 청구할 수 있다.

㉡ 예컨대, 甲 소유 아파트에 대해서 乙에게 저당권이 설정되어 있고 이후 丙이 등기서류를 위조하여 丙 앞으로 소유권이전등기가 경료된 경우, 과연 乙은 丙 명의의 무효등기에 대해서 말소등기를 청구할 수 있을까?

정답 | 甲에서 丙 앞으로 소유권이전등기가 경료되어 있어도 이미 저당권이 설정되어 있는 상태에서 丙 앞으로 이전등기가 경료되어 乙의 저당권은 아무런 영향을 받지 않으므로 저당권의 침해로 볼 수 없다. 따라서 乙은 丙 명의의 무효등기에 대해서 말소등기를 청구할 수 없다.

(2) 손해배상청구권

① 저당권이 침해된 경우 저당권자는 침해자를 상대로 손해배상을 청구할 수 있다. 여기서 주의할 점은 손해배상을 청구하는 근거는 불법행위라는 점이다. 따라서 침해자의 고의 또는 과실을 요하므로 고의 또는 과실이 없다면 물권적 청구권 행사는 가능하지만 손해배상을 청구하지는 못한다.

② 손해가 발생해야 손해배상을 청구할 수 있으므로 만약 저당권의 침해로 인해서 저당부동산의 교환가치가 감소되었더라도 피담보채권의 변제에 충분하다면, 즉 손해가 없다면 손해배상을 청구할 수 없다. 요컨대, 침해자의 고의 또는 과실이 있고 손해가 발생한 경우에만 불법행위를 원인으로 손해배상을 청구할 수 있는데 이 점이 물권적 청구권과의 차이점이다.

(3) 담보물보충청구권

저당권설정자의 책임 있는 사유로 인하여 저당물의 가액이 현저히 감소된 때에는 저당권자는 저당권설정자에 대하여 그 원상회복 또는 상당한 담보제공을 청구할 수 있다(제362조).

① 만약 저당물의 가액이 현저히 감소가 되었을지라도 저당권설정자에게 귀책사유가 없다면(책임 없는 사유) 저당권자는 저당권설정자에 대하여 그 원상회복 또는 상당한 담보제공을 청구할 수 없다.

② 저당권자는 원상회복을 청구하거나 또는 상당한 담보제공을 청구할 수 있다. 즉, 하나를 선택하는 것이다.

③ 저당권자가 담보물보충청구권을 행사한 경우에는 별도로 손해배상청구권이나 즉시변제청구권은 행사하지 못한다.

(4) 기한의 이익의 상실(즉시변제청구권)

법령 체크

제388조【기한의 이익의 상실】 채무자는 다음 각 호의 경우에는 기한의 이익을 주장하지 못한다.

1. 채무자가 담보를 손상, 감소 또는 멸실하게 한 때
2. 채무자가 담보제공의 의무를 이행하지 아니한 때

① 채무자의 책임 있는 사유로 저당권의 침해가 있다면 더 이상 채무자 보호가치가 없어 채무자는 기한의 이익을 상실하므로, 저당권자는 채무자를 상대로 즉시변제를 청구할 수 있고 변제가 없으면 즉시 저당권을 실행할 수 있다.

② 저당권자는 즉시변제를 청구하면서 손해배상을 함께 청구할 수 있다.

기출로 **포인트 정리**

출제예상 OX지문

❶ 저당권의 효력은 저당권설정 전에 목적부동산에 권원 없이 부합된 물건에 미치지 않는다. (O | X) 22회

❷ 저당권의 효력은 특별한 사정이 없는 한 저당부동산의 종물에도 미친다. (O | X) 28회

❸ 저당부동산에 대하여 지상권을 취득한 제3자는 저당권자에게 피담보채권을 변제하고 저당권의 소멸을 청구할 수 있다. (O | X) 23회

❹ 저당부동산의 제3취득자는 저당권을 실행하는 경매에 참가하여 매수인이 될 수 있다. (O | X) 32회

❺ 피담보채권을 변제하고 저당권의 소멸을 청구할 수 있는 제3취득자에는 경매신청 후에 소유권, 지상권 또는 전세권을 취득한 자도 포함된다. (O | X) 32회

대표기출

저당권에 관한 설명으로 틀린 것은? (다툼이 있으면 판례에 따름) 29회 변형

① 저당권설정행위는 처분행위이므로 처분의 권리 또는 권한을 가진 자만이 저당권을 설정할 수 있다.

② 채권자, 채무자와 제3자 사이에 합의가 있고 채권이 실질적으로 제3자에게 귀속되었다고 볼 수 있는 사정이 있으면 제3자 명의의 저당권설정등기는 유효하다.

③ 저당권은 그 담보한 채권과 분리하여 타인에게 양도할 수 있다.

④ 저당부동산에 대한 압류가 있으면 압류 이후에 저당권설정자의 저당부동산에 관한 차임채권에도 저당권의 효력이 미친다.

⑤ 저당권설정자가 대지에 저당권설정 후 건물을 축조하였으나 경매 당시 제3자가 그 건물을 소유하는 경우, 일괄경매청구권이 인정되지 않는다.

쉬운 해설

출제예상 OX지문

❶ X 부합물에 대해서는 저당권설정 전후를 불문하고 저당권의 효력이 미친다.

❷ O 저당권의 효력은 특별한 사정이 없는 한 저당부동산의 부합된 물건과 종물에도 미친다(제358조).

❸ O 저당부동산에 대하여 지상권을 취득한 제3자, 즉 제3취득자는 저당권자에게 피담보채권을 변제하고 저당권의 소멸을 청구할 수 있다(제364조).

❹ O 저당물의 소유권을 취득한 제3자도 경매인이 될 수 있다(제363조 제2항).

❺ O 제3취득자에는 경매신청 후에 소유권, 지상권 또는 전세권을 취득한 자도 포함된다.

대표기출 정답 ③

③ 저당권은 채권을 위해서 존재하기 때문에 운명을 함께한다. 따라서 저당권을 그 담보한 채권과 분리하여 타인에게 양도할 수 없다(제361조).

① 저당권설정행위는 처분권을 이전해 주는 처분행위이므로 처분의 권리 또는 권한을 가진 자만이 저당권을 설정할 수 있다.

② 채권자 명의로 저당권등기가 되는 것이 원칙이지만 예외적으로 채권자, 채무자와 제3자 사이에 합의가 있고 채권이 실질적으로 제3자에게 귀속되었다고 볼 수 있는 특별한 사정이 있으면 제3자 명의의 저당권설정등기는 유효하다.

④ 저당권의 효력은 과실에 대해서는 미치지 않는 것이 원칙이지만 저당부동산이 압류된 이후에는 미친다(제359조). 따라서 차임채권도 과실에 해당하므로 저당부동산 압류 이후의 차임채권에 대해서도 미친다.

⑤ 일괄경매청구권이 인정되기 위해서는 경매 시에 저당권설정자가 건물을 소유하고 있어야 한다. 따라서 제3자가 소유하고 있는 경우에는 일괄경매청구권이 인정되지 않는다.

출 제 포 인 트

068 근저당

[10개년 출제회차] 24, 26, 28, 31, 33회

시작이 쉬운 길잡이

Q 돌산 갓김치를 제조·판매하는 사업을 하는 대운 씨. 유통업자인 부자 씨와 1년간 외상거래를 하기로 하고 결제는 수시로 하기로 했습니다. 이 경우 1년 뒤에 외상금액이 얼마가 될 지는 알 수 없지만 채무자인 부자 씨가 변제하지 않으면 대운 씨는 손해를 입게 되겠죠. 여러분, 이 경우 대운 씨는 어떻게 하면 될까요?

A 채무를 담보하기 위해서 저당권을 설정받으면 되는데, 확정된 채권이 아니므로 일반저당권은 설정할 수 없습니다. 이처럼 계속적 거래관계를 통해서 증감이 변동하는 장래 불특정채권을 담보하기 위한 저당권이 바로 근저당권입니다. 따라서 대운 씨는 유통업자인 부자 씨가 소유하고 있는 부동산에 담보물권을 설정받으면 되는데, 이것을 근저당권이라고 합니다.

출제포인트의 중요 키워드는 본문에서 꼭 체크하세요 ▸ **근저당권, 채권최고액**

1 의의 및 특징

1. 의의

근저당권이란 계속적인 거래관계로부터 발생·소멸하는 장래 불특정 다수의 채권을 장래의 결산기에 일정액 한도 내에서 담보하기 위한 저당권이다. 여기서 담보되는 한도액, 즉 우선변제받을 수 있는 한도액을 채권최고액이라고 한다.

2. 특징

(1) 장래의 불특정채권의 담보

근저당권은 현재 또는 장래의 특정채권을 담보하는 것이 아니라 장래의 증감·변동하는 불특정채권을 담보한다.

(2) 부종성의 완화

피담보채권이 확정될 때까지 부종성이 적용되지 않는다. 따라서 근저당권에 있어서는 채무액이 일시적으로 존재하지 않는다고 하여, 즉 채무가 0인 경우에도 근저당권은 소멸하지 않고 채권이 다시 발생하면 근저당권은 동일성을 유지하면서 채권을 담보한다. 단, 근저당권을 실행하기 위해서는 피담보채권이 확정되어야 하고, 확정된 후에는 일반저당권으로 전환되어 이때부터는 부종성도 있고 일반저당권과 동일한 것이 된다.

(3) 기본계약의 존재

근저당권은 채권을 담보하기 위해서 존재하므로 채권이 존재하지 않으면 근저당권은 존재할 수 없으므로 근저당권이 유효하기 위해서는 근저당권설정행위와는 별도로 근저당권의 피담보채권을 성립시키는 법률행위, 즉 기본계약이 있어야 한다(대판 2004.5.28, 2003다70041).

(4) 필요적 등기사항

채권최고액, 근저당이라는 취지, 채무자는 반드시 등기해야 하는 필요적 등기사항이다.

2 근저당권의 효력

1. 채권최고액 → 반드시 등기해야 한다.

(1) 채권최고액이란 근저당권자가 근저당목적물로부터 우선변제를 받을 수 있는 한도액을 말한다. 따라서 결산기에 확정된 채권액이 채권최고액을 초과하는 경우에는 채권최고액까지만 우선변제를 받을 수 있다. 주의할 점은 채권최고액은 「민사집행법」 제148조에 따라 배당받을 채권자나 저당목적 부동산의 제3취득자보다 우선변제를 받을 수 있는 한도액을 의미하는 것에 불과하고 책임의 한도액을 의미하는 것은 아니다(대판 1992.5.26, 92다1896).

(2) 적중판례

① 근저당권자의 채권 총액이 채권최고액을 초과하는 경우, 근저당권자와 채무자 겸 근저당권설정자 사이에서 근저당권의 효력이 미치는 범위는 어디까지일까?

정답 | 근저당권자와 제3취득자나 후순위권리자에 대한 관계에서는 최고액 범위 내에서만 근저당권에 의해서 담보된다. 그러나 근저당권자와 채무자인 근저당권설정자와의 관계에서는 최고액과 관계없이 초과부분에 대해서도 근저당권의 효력은 미친다. 즉, 초과부분도 근저당권에 의해서 담보된다.

② 근저당권설정자와 채무자가 동일하고 「민사집행법」 제148조에 따라 배당받을 채권자나 제3취득자가 없는 상황에서 근저당권자의 채권액이 근저당권의 채권최고액을 초과하는 경우, 매각대금 중 근저당권의 채권최고액을 초과하는 부분은 어떻게 처리할까?

정답 | 제3취득자나 후순위권리자(채권자)에 대한 관계에서는 최고액 범위 내에서만 근저당권에 의해서 담보되므로 초과부분에 대해서는 우선변제를 받지 못한다. 그러나 제3취득자나 후순위권리자(채권자)가 없다면 초과부분에 대해서도 근저당권의 효력이 미치므로, 매각대금 중 최고액을 초과하는 금액이 있다면 부동산소유자(근저당권설정자)에게 반환하지 않고 근저당권자의 채무변제에 충당한다.

(3) 근저당권의 효력이 미치는 피담보채권의 범위는 지연배상은 1년분에 한정되지 않고 채권최고액 범위 내에서 무제한 담보되며 이자도 채권최고액에 포함된다. 채권최고액 범위 내에서 무제한 담보되더라도 후순위권리자의 이익을 해하지 않기 때문이다. 그리고 근저당권의 실행비용은 계속적 거래관계를 통해서 발생한 채권이 아니므로 채권최고액에 포함되지 않지만 별도로 우선변제를 받을 수 있다.

2. 피담보채권의 확정

채무가 더 이상 발생할 가능성이 없어지면 그때까지 발생한 잔존채무가 피담보채권으로 확정된다. 따라서 이후에 발생한 채권은 근저당권에 의해서 담보되지 않는다.

(1) 계속적 거래관계가 종료된 경우

→ 존속기간의 만료, 결산기 도래, 기본계약의 해지

① 근저당권의 피담보채권은 계속적 거래관계가 종료된 경우 그때까지 발생한 잔존채무가 피담보채권으로 확정된다. 예컨대 근저당권의 존속기간이 만료가 된 경우(결산기의 도래)에는 그때까지 발생한 채무가 피담보채권으로 확정된다. 그리고 존속기간의 정함이 없는 경우에도 근저당권설정자가 근저당권자를 상대로 언제든지 해지의 의사표시를 함으로써 피담보채무를 확정시킬 수 있다.

② 판례에 따르면, 피담보채무는 근저당권설정계약에서 근저당권의 존속기간을 정하거나 근저당권으로 담보되는 기본적인 거래계약에서 결산기를 정한 경우에는 원칙적으로 존속기간이나 결산기가 도래한 때에 확정되지만, 이 경우에도 근저당권에 의하여 담보되는 채권이 전부 소멸하고 채무자가 채권자로부터 새로이 금원을 차용하는 등 거래를 계속할 의사가 없는 경우에는, 그 존속기간 또는 결산기가 경과하기 전이라 하더라도 근저당권설정자는 계약을 해지하고 근저당권설정등기의 말소를 구할 수 있고, 한편 존속기간이나 결산기의 정함이 없는 때에는 근저당권의 피담보채무의 확정방법에 관한 다른 약정이 있으면 그에 따르되 이러한 약정이 없는 경우라면 근저당권설정자가 근저당권자를 상대로 언제든지 해지의 의사표시를 함으로써 피담보채무를 확정시킬 수 있다(대판 2002.5.24, 2002다7176).

(2) 경매신청을 한 경우

① 후순위근저당권자가 경매를 신청한 경우, 선순위근저당권자의 피담보채권액이 확정되는 시기는 언제일까?

정답 | 후순위근저당권자가 경매를 신청한 경우, 경매를 신청했다는 것은 더 이상 거래할 의사가 없음을 표시한 것이므로 경매를 신청한 후순위근저당권자의 피담보채권은 경매신청 시에 확정된다. 그러나 경매를 신청하지 않은 선순위근저당권자의 피담보채권은 매수인이 매각대금을 완납한 때에 확정된다.

② 근저당권자가 피담보채무의 불이행을 이유로 경매신청을 한 경우, 경매를 신청한 그 근저당권의 피담보채권은 언제 확정될까?

정답 | 근저당권자가 피담보채무의 불이행을 이유로 경매를 신청한 경우, 경매를 신청한 근저당권자의 피담보채권액은 경매신청 시에 확정되고 이후에는 근저당권은 보통의 저당권과 같이 취급된다. 따라서 이후에 발생한 채권은 더 이상 근저당권에 의해서 담보되지 않는다.

(3) 경매개시결정이 있은 후 경매신청이 취하되면 채무확정의 효과가 번복될까?

정답 | 근저당권자가 피담보채무의 불이행을 이유로 경매신청을 한 경우에는 경매신청 시에 근저당 채무액이 확정되고, 그 이후부터 근저당권은 부종성을 가지게 되어 보통의 저당권과 같은 취급을 받게 되는바, 위와 같이 경매신청을 하여 경매개시결정이 있은 후에 경매신청이 취하되었다고 하더라도 채무확정의 효과가 번복되는 것은 아니다(대판 2002.11.26, 2001다73022).

(4) 요컨대, 근저당에서 피담보채권의 확정시기에 대한 판단은 선순위인지 후순위인지는 문제되지 않고 누가 경매를 신청했는지가 중요하다. 즉, 경매를 신청했다는 것은 더 이상 거래할 의사가 없음을 표시한 것이므로 경매신청 시까지 발생한 채권이 피담보채권으로 확정된다.

① 선순위근저당권자가 경매를 신청한 경우: 경매를 신청한 선순위근저당권자의 피담보채권은 경매신청 시에 확정되고 경매를 신청하지 않은 후순위근저당권자의 피담보채권은 매각대금 완납 시에 확정된다.

② 후순위근저당권자가 경매를 신청한 경우: 경매를 신청한 후순위근저당권자의 피담보채권은 경매신청 시에 확정되고 경매를 신청하지 않은 선순위근저당권자의 피담보채권은 매각대금 완납 시에 확정된다.

3. 근저당권의 변경

(1) 채권최고액 또는 존속기간의 변경

당사자는 합의에 의해서 근저당권설정계약으로 정한 채권최고액 또는 존속기간을 변경할 수 있다. 주의할 점은 채권최고액의 증액은 근저당권 자체의 변경에 해당하므로 그 효력이 발생하기 위해서는 변경등기를 경료해야 한다는 점과 변경등기를 경료하기 전에 이해관계를 맺은 후순위권리자에게는 증액부분에 대해서는 대항하지 못한다는 것이다.

(2) 채권자 또는 채무자의 변경

① 예컨대 상속이나 회사의 합병 등의 포괄승계사유가 발생하면 근저당권은 기본계약상의 지위와 함께 당연히 포괄승계인, 즉 상속인이나 합병 후의 법인에게 이전된다.

② 근저당설정계약에서 정한 채권자 또는 채무자는 기본계약의 특정승계에 의해서 변경될 수 있다. 즉, 기본계약의 특정승계도 인정된다.

(3) 기본계약의 추가 또는 변경

기본계약에 의해서 근저당권이 성립한 이후 당사자는 합의에 의해서 피담보채권을 발생시키는 기본계약을 추가하거나 변경할 수 있다.

(4) 근저당권의 양도

근저당권은 피담보채권과 분리하여 근저당권만 처분하지 못하는데 이 경우 피담보채권의 처분이 있으면 당연히 근저당권도 함께 이전할까?

① 피담보채권이 확정된 경우

정답 | 피담보채권이 확정된 경우 근저당권은 보통의 저당권과 동일하게 취급되므로 피담보채권이 양도되면 부종성에 의해서 근저당권도 함께 이전된다.

② 피담보채권이 확정되기 전의 경우

정답 | 피담보채권이 확정되지 않은 상태에서 채권의 소멸이나 이전은 근저당권에 아무런 영향이 없다. 즉, 채권에 근저당권이 수반하지 않는다.

4. 결산기의 채무총액이 채권최고액을 초과하는 경우

결산기의 채무총액이 채권최고액을 초과하는 경우 어느 범위까지 변제를 하고 근저당권등기의 말소를 청구할 수 있을까?

정답 | ① 근저당권설정자가 채무자인 경우: 채무자는 채무총액을 변제하고 말소등기를 청구할 수 있다. 따라서 채무자의 채무액이 근저당권의 채권최고액을 초과하는 경우, 채무자가 그 채무의 일부인 채권최고액을 변제하였더라도 그 변제로써 근저당권의 말소를 청구할 수 없다(대판 2001.10.12, 2000다59081).

② 물상보증인: 근저당권의 물상보증인은 민법 제357조에서 말하는 채권의 최고액만을 변제하면 근저당권설정등기의 말소청구를 할 수 있고 채권최고액을 초과하는 부분의 채권액까지 변제할 의무가 있는 것이 아니다(대판 1974.12.10, 74다998). 따라서 확정된 피담보채권이 채권최고액을 초과한 경우, 물상보증인이 채권최고액을 변제한 때에도 근저당권설정등기의 말소를 청구할 수 있다.

③ 제3취득자: 채권최고액까지만 변제하고 말소등기를 청구할 수 있다. 근저당부동산에 대하여 소유권을 취득한 제3자는 피담보채무가 확정된 이후에 그 확정된 피담보채무를 채권최고액의 범위 내에서 변제하고 근저당권의 소멸을 청구할 수 있다(대판 2002.5.24, 2002다7176).

기출로 **포인트 정리**

출제예상 OX지문

❶ 물상보증인은 채권최고액까지만 변제하면 근저당권등기의 말소를 청구할 수 있다.
(O | X) 22회

❷ 근저당권자가 피담보채무의 불이행을 이유로 경매신청을 하여 경매개시결정이 있는 후에 경매신청이 취하된 경우에는 채무확정의 효과가 번복된다. (O | X) 22회

대표기출

근저당권에 관한 설명으로 틀린 것은? (다툼이 있으면 판례에 따름) 제20회

① 채무자가 아닌 제3자도 근저당권을 설정할 수 있다.
② 채권자가 아닌 제3자 명의의 근저당권설정등기는 특별한 사정이 없는 한 무효이다.
③ 근저당권에 의해 담보될 채권최고액에 채무의 이자는 포함되지 않는다.
④ 근저당권설정자가 적법하게 기본계약을 해지하면 피담보채권은 확정된다.
⑤ 근저당권자가 피담보채무의 불이행을 이유로 경매신청을 한 경우에는 경매신청 시에 피담보채권액이 확정된다.

쉬운 해설

출제예상 OX지문

❶ O 물상보증인은 채무자가 아니므로 채권최고액까지만 변제하면 근저당권등기의 말소를 청구할 수 있다(대판 1974.12.10, 74다998).

❷ X 근저당권자가 피담보채무의 불이행을 이유로 경매신청을 한 경우에는 경매신청 시에 피담보채권은 확정되었으므로 경매개시결정이 있은 후에 경매신청이 취하되었다 하더라도 채무확정의 효과가 번복되지 않는다(대판 2002.11.26, 2001다73022).

대표기출 정답 ③

③ 채권최고액에 이자도 포함된다.
① 제3자도 저당권설정자가 될 수 있다.
② 부종성에 의해서 채권자가 근저당권자가 되는 것이 원칙이다. 따라서 제3자 명의의 근저당권설정등기는 특별한 사정이 없는 한 무효이다.
④ 기본계약이 해지되면 해지 당시 잔존채무가 피담보채권으로 확정된다.
⑤ 경매신청은 더 이상 거래할 의사가 없음을 표시한 것으로 경매신청 시에 피담보채권이 확정된다.

출제포인트

069 공동저당

[10개년 출제회차] 27회

시작이 쉬운 길잡이

Q

급히 돈이 필요한 대운 씨. 은행에 갔더니 담보를 요구합니다. 대출받고자 하는 금액은 5억원인데, 대운 씨가 가지고 있는 물건은 아파트(2억원), 토지(1억원), 전원주택(2억원)입니다. 은행에서는 감정가 최소 5억원 이상의 담보물을 요구하고 있습니다. 여러분, 마음 급한 대운 씨는 어떻게 해야 할까요?

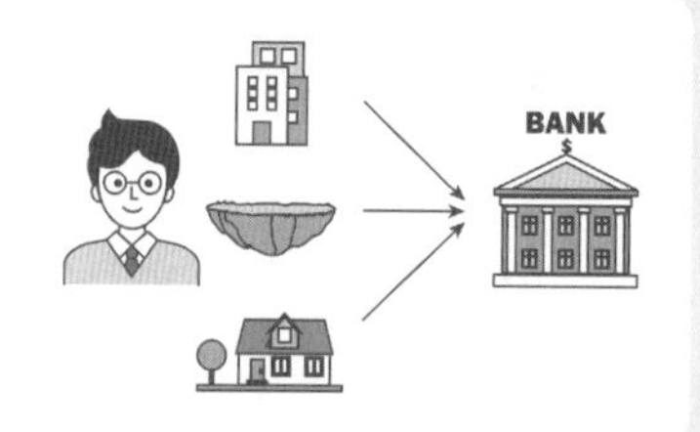

A

대운 씨는 이렇게 하면 됩니다. 5억원의 동일한 채권을 담보하기 위해서 소유하고 있는 모든 물건을 담보로 제공하는 겁니다. 즉, 5억원이라는 동일한 채권을 담보하기 위해서 아파트, 토지, 전원주택을 모두 담보로 제공하면 됩니다. 결론적으로 5억원이라는 채권을 담보하기 위해서 채무자인 대운 씨는 아파트, 토지, 전원주택에 각각 저당권을 설정해주면 됩니다. 이것을 공동저당권이라고 합니다.

❗ 출제포인트의 중요 키워드는 본문에서 꼭 체크하세요 ▸ **공동저당권, 동시배당, 이시배당**

1 의의 및 성질

1. 의의

공동저당권이란 동일한 채권을 담보하기 위해서 수개의 부동산을 담보로 제공하여 수개의 부동산에 설정된 저당권을 말한다. 예컨대 甲이 乙로부터 3억원을 빌리면서 3억원이라는 동일한 채권을 담보하기 위해서 아파트(2억원)와 토지(2억원)를 담보로 제공하여 아파트와 토지에 대해서 각각 저당권을 설정하는 경우이다.

2. 성질

(1) 주의할 점은 공동저당권은 수개의 부동산 위에 1개의 저당권이 성립하는 것이 아니라, 담보로 제공된 각각의 부동산마다 별개의 저당권이 성립한다는 점이다.

(2) 공동저당권은 채무자와 채권자 모두에게 유리한 측면이 있어서 실생활에서 빈번하게 이용되고 있다. 예컨대 채무자 입장에서 보면 甲이 아파트 5채를 가지고 있지만 모두 소형평형이라서 가치가 낮아 각각의 아파트 가치가 하나의 피담보채권에 미치지 못하는 경우 5채의 아파트를 모두 담보로 제공하고 대출받으면 된다. 즉, 가치가 낮은 담보물을 합쳐서 동일한 피담보채권을 담보하고 원하는 액수의 돈을 빌릴 수 있다.

그리고 채권자 입장에서 보면 은행은 수개의 부동산을 담보로 잡아 둠으로써 수개의 부동산 중 멸실, 훼손 또는 가치하락 등의 위험을 분산시킬 수 있는 장점이 있다.

(3) 실생활에서 주로 대지와 건물을 함께 공동저당권으로 설정하는 경우가 많다.

2 공동저당권의 성립

1. 공동저당권설정계약(합의)

(1) 당사자 간에 동일한 채권의 담보로써 수개의 부동산 위에 저당권을 설정하려는 합의가 있어야 한다.

(2) 공동저당권은 반드시 동시에 성립해야 하는 것은 아니므로 각 저당권은 다른 시기에 설정되거나 순위가 다르거나 각 부동산 소유자가 달라도 무방하다.

2. 등기

(1) 공동저당권이라고 해서 일반저당권과 다르게 어떤 특별한 공시방법이 있는 것은 아니다. 따라서 담보로 제공되는 각각의 부동산에 대해서 일반원칙에 따라 저당권설정등기를 요한다.

(2) 등기관이 동일한 채권에 관하여 여러 개의 부동산에 관한 권리를 목적으로 하는 저당권설정의 등기를 할 때에는 각 부동산의 등기기록에 그 부동산에 관한 권리가 다른 부동산에 관한 권리와 함께 저당권의 목적으로 제공된 뜻을 기록하여야 하며 등기관은 공동담보부동산이 5개 이상일 때에는 공동담보목록을 작성하여야 한다(부동산등기법 제78조 제1항 · 제2항). 그리고 공동담보목록은 등기기록의 일부로 본다(부동산등기법 제78조 제3항).

3 공동저당권의 효력

법령 체크

제368조 【공동저당과 대가의 배당, 차순위자의 대위】 ① 동일한 채권의 담보로 수개의 부동산에 저당권을 설정한 경우에 그 부동산의 경매대가를 동시에 배당하는 때에는 각 부동산의 경매대가에 비례하여 그 채권의 분담을 정한다.

② 전항의 저당부동산 중 일부의 경매대가를 먼저 배당하는 경우에는 그 대가에서 그 채권 전부의 변제를 받을 수 있다. 이 경우에 그 경매한 부동산의 차순위저당권자는 선순위저당권자가 전항의 규정에 의하여 다른 부동산의 경매대가에서 변제를 받을 수 있는 금액의 한도에서 선순위자를 대위하여 저당권을 행사할 수 있다.

1. 공동저당권의 실행

공동저당권자인 채권자는 채무자가 변제기에 변제하지 않으면 담보물을 경매해서 후순위 권리자 기타 채권자보다 우선변제를 받을 수 있는데 담보물 전부를 경매해서 배당받을 수도 있고 담보물의 일부에 대해서만 경매해서 배당받을 수도 있다.

2. 후순위저당권자와의 관계

(1) 동시배당

① 동시배당이란 담보로 제공된 부동산 전부의 경매 대가를 동시에 배당하는 것을 말한다.

② 동시배당하는 경우에는 일정한 제한을 받는다. 즉, 각 부동산의 경매대가에 비례하여 채권의 부담이 정해진다.

이해가 쉬운 사례

예컨대 甲이 乙에 대해서 3억원의 채권을 가지고 있고 이 채권을 담보하기 위해서 채무자 乙 소유 X(3억원), Y(2억원), Z(1억원) 부동산에 대해서 각각 저당권이 설정되었다. 이후 변제기에 변제가 없으므로 채권자 甲이 X, Y, Z 부동산을 모두 경매했고 경매대가를 동시에 배당하는 경우, 채권자 甲은 X, Y, Z 부동산으로부터 얼마씩 배당을 받을 수 있을까?

정답 | 각 부동산 경매대가에 비례하므로 비례식을 세우면 X(3억원) : Y(2억원) : Z(1억원) = 3 : 2 : 1 = $\frac{3}{6}:\frac{2}{6}:\frac{1}{6}$이 된다. 따라서 채권자 甲은 X부동산에서 3억원 × $\frac{3}{6}$ = 1억 5천만원을 배당받고, Y부동산에서 3억원 × $\frac{2}{6}$ = 1억원을 배당받고, Z부동산에서 3억원 × $\frac{1}{6}$ = 5천만원을 배당받게 된다.
이 경우 채권자가 먼저 배당을 받고 각 부동산에 나머지가 있으면 후순위저당권자가 배당을 받으며, 만약 후순위저당권자가 없으면 소유자에게 배당된다.

(2) 이시배당

① 저당부동산 중 일부의 경매대가를 먼저 배당하는 경우를 이시배당이라고 하는데 이 경우 그 경매대가에서 그 채권 전부의 변제를 받을 수 있다. 즉, 동시배당하는 경우에 존재했던 각 부동산의 경매대가에 비례한다는 제한을 받지 않는다. 따라서 위 사례에서 X부동산(3억원)의 경매대가를 먼저 배당한다면 채권자 甲은 X부동산의 경매대가에서 3억원 전부를 배당받을 수 있다.

② 이시배당의 경우 후순위저당권자(차순위저당권자)의 대위

㉠ 저당부동산 중 일부의 경매대가를 먼저 배당하는 경우, 즉 이시배당을 하는 경우, 그 대가에서 그 채권 전부의 변제를 받을 수 있다. 이 경우에 그 경매한 부동산의 차순위저당권자는 선순위저당권자가 전항의 규정(동시배당)에 의하여 다른 부동산의 경매대가에서 변제를 받을 수 있는 금액의 한도에서 선순위자를 대위하여 저당권을 행사할 수 있다.

㉡ 예컨대 위 사례에서 X부동산(3억원)에 후순위저당권자 丙(채권 1억 5천만원)이 있고 동시배당을 했다면 X부동산 경매대가에서 1순위 저당권자 甲이 먼저 1억 5천만원을 배당받는다. 甲이 배당받고 남은 나머지가 1억 5천만원이고 2번 저당권자 丙의 채권이 1억 5천만원이므로 丙도 1억 5천만원을 배당받게 된다. 그런데 이시배당을 한 경우, 즉 위 사례에서 X부동산(3억원)의 경매대가를 먼저 배당했다면 1순위 저당권자 甲은 X부동산의 경매대가에서 3억원 전부를 배당받을 수 있다. 甲이 먼저 배당을 받고 남은 나머지가 없으므로 2번 저당권자 丙은 배당을 받지 못하게 되는 불이익을 받게 된다. 분명 동시배당을 했을 경우에는 2번 저당권자도 채권을 회수했는데 이시배당을 했더니 채권을 회수하지 못하는 문제가 남게 된다.

㉢ 이 경우 2번 저당권자 丙은 동시배당했더라면 1번 저당권자 甲이 배당받았을 금액을 한도로 1번 저당권자의 권리를 대위한다. 따라서 2번 저당권자 丙은 1순위 저당권자를 대위해서 Y부동산(2억원)과 Z부동산(1억원)에 저당권의 실행을 들어갈 수 있게 된다. 이 경우 Y부동산에서 1억원, Z부동산에서 5천만원을 배당받게 된다.

3. 물상보증인이 존재하는 경우

(1) 동시배당

위에서 검토한 바와 같이 동시배당하는 경우에는 각 부동산의 경매대가에 비례한다는 제한이 있었다. 그런데 담보를 제공한 사람이 채무자뿐만 아니라 제3자, 즉 물상보증인이 존재하는 경우에도 각 부동산의 경매대가에 비례해서 배당을 해야 할까? 즉, 공동저당권의 목적물인 채무자 소유의 부동산과 물상보증인 소유의 부동산이 함께 경매되어 그 경매대가를 동시에 배당하는 경우, 제368조 제1항이 적용되어 각 부동산의 경매대가에 비례해서 배당을 해야 할까?

정답 | 동시배당에서 각 부동산의 경매대가에 비례한다는 제한은 담보로 제공된 부동산이 모두 채무자 소유인 경우에 한한다. 따라서 채무자뿐만이 아니라 물상보증인이 있다면 먼저 채무자 소유 부동산에 대해서 배당을 하고 배당받지 못한 부족분이 있을 경우 비로소 물상보증인 부동산에 대해서 집행을 들어가 배당한다.

판례 | 공동저당권이 설정되어 있는 수개의 부동산 중 일부는 채무자 소유이고 일부는 물상보증인의 소유인 경우 위 각 부동산의 경매대가를 동시에 배당하는 때에는, 물상보증인이 민법 제481조, 제482조의 규정에 의한 변제자대위에 의하여 채무자 소유 부동산에 대하여 담보권을 행사할 수 있는 지위에 있는 점 등을 고려할 때, "동일한 채권의 담보로 수개의 부동산에 저당권을 설정한 경우에 그 부동산의 경매대가를 동시에 배당하는 때에는 각 부동산의 경매대가에 비례하여 그 채권의 분담을 정한다."고 규정하고 있는 민법 제368조 제1항은 적용되지 아니한다고 봄이 상당하다. 따라서 이러한 경우 경매법원으로서는 채무자 소유 부동산의 경매대가에서 공동저당권자에게 우선적으로 배당을 하고, 부족분이 있는 경우에 한하여 물상보증인 소유 부동산의 경매대가에서 추가로 배당을 하여야 한다(대판 2010.4.15, 2008다41475).

(2) 이시배당

① 물상보증인 소유의 부동산에 대하여 먼저 경매가 이루어져 그 경매대금의 교부에 의하여 1번 저당권자가 변제를 받은 때에는 물상보증인은 1번 저당권을 대위취득하고, 그 물상보증인 소유의 부동산의 후순위저당권자는 1번 저당권에 대하여 물상대위를 할 수 있을까?

정답 | 물상보증인 부동산에 대해서 먼저 집행을 들어와서 저당권자가 배당을 받았다면 물상보증인은 채무자를 대신해서 채무를 변제한 것이므로 저당권자가 가지고 있던 저당권이 물상보증인에게 이전하므로 물상보증인이 채무자 소유 부동산에 대해서 집행을 들어가면 된다. 그리고 물상보증인 부동산에 후순위저당권자가 있다면 후순위저당권자는 물상보증인이 취득한 대위권을 다시 대위할 수 있다.

판례 | 공동저당의 목적인 채무자 소유의 부동산과 물상보증인 소유의 부동산에 각각 채권자를 달리하는 후순위저당권이 설정되어 있는 경우, 물상보증인 소유의 부동산에 대하여 먼저 경매가 이루어져 그 경매대금의 교부에 의하여 1번 저당권자가 변제를 받은 때에는 자기소유의 부동산이 먼저 경매되어 1번 저당권자에게 대위변제를 한 물상보증인은 1번 저당권을 대위취득하고, 그 물상보증인 소유의 부동산의 후순위저당권자는 1번 저당권에 대하여 물상대위를 할 수 있다(대판 1994.5.10, 93다25417).

② 공동저당의 목적인 채무자 소유의 부동산과 물상보증인 소유의 부동산 중 채무자 소유의 부동산에 대하여 먼저 경매가 이루어져 그 경매대금의 교부에 의하여 1번 공동저당권자가 변제를 받은 경우, 채무자 소유의 부동산에 대한 후순위저당권자는 1번 공동저당권자를 대위하여 물상보증인 소유의 부동산에 대하여 저당권을 행사할 수 있을까?

정답 | 물상보증인은 후순위 저당권자를 위해서 담보를 제공한 것이 아니므로 채무자 소유 부동산의 후순위저당권자는 1번 공동저당권자를 대위하여 물상보증인 소유의 부동산에 대하여 저당권을 행사할 수 없다. 요컨대 채무자 소유 부동산의 후순위저당권자와 물상보증인이 충돌하면 물상보증인이 우선하고, 채무자 소유 부동산의 후순위저당권자와 물상보증인 소유 부동산의 후순위저당권자가 충돌하면 물상보증인 소유 부동산의 후순위저당권자가 우선한다.

판례 | 공동저당의 목적인 채무자 소유의 부동산과 물상보증인 소유의 부동산 중 채무자 소유의 부동산에 대하여 먼저 경매가 이루어져 그 경매대금의 교부에 의하여 1번 공동저당권자가 변제를 받더라도, 채무자 소유의 부동산에 대한 후순위저당권자는 민법 제368조 제2항 후단에 의하여 1번 공동저당권자를 대위하여 물상보증인 소유의 부동산에 대하여 저당권을 행사할 수 없다(대결 1995.6.13, 95마500).

③ 이시배당에서 후순위저당권자의 대위가 인정되기 위해서는 담보로 제공된 부동산이 모두 채무자 소유 부동산이어야 한다. 그리고 담보로 제공된 물건이 모두 부동산이어야 한다. 만약 동일한 채권의 담보로 부동산과 선박에 대하여 저당권이 설정된 경우에도 차순위자의 대위가 인정될까?

정답 | 차순위자 대위가 인정되기 위해서는 담보로 제공된 물건이 모두 부동산이어야 하므로 선박에 대하여 먼저 담보권 실행절차가 진행되어 선순위저당권자가 선박에 대한 경매대가에서 피담보채권 전액을 배당받은 경우 선박은 동산에 불과하므로 선박에 대한 후순위저당권자는 선순위저당권자의 저당권을 대위행사할 수 없다.

판례 | 동일한 채권의 담보로 부동산과 선박에 대하여 저당권이 설정된 경우에는 민법 제368조 제2항 후문의 규정이 적용 또는 유추적용되지 아니하므로 동일한 채권을 담보하기 위하여 부동산과 선박에 선순위저당권이 설정된 후 선박에 대하여서만 후순위저당권이 설정된 경우 먼저 선박에 대하여 담보권 실행절차가 진행되어 선순위저당권자가 선박에 대한 경매대가에서 피담보채권 전액을 배당받음으로써 선박에 대한 후순위저당권자가 부동산과 선박에 대한 담보권 실행절차가 함께 진행되어 동시에 배당을 하였더라면 받을 수 있었던 금액보다 적은 금액만을 배당받게 되었다고 하더라도 선박에 대한 후순위저당권자는 민법 제368조 제2항 후문의 규정에 따라 부동산에 대한 선순위저당권자의 저당권을 대위할 수 없다(대판 2002.7.12, 2001다53264).

4. 공동저당법리의 유추적용 —— 동시배당에서 각 부동산 경매대가에 비례한다는 제한

주택임차인이 소액보증금에 대하여 대지와 건물 모두로부터 배당을 받는 경우 공동저당에 관한 제368조 제1항(각 부동산의 경매대가에 비례한다)이 유추적용될까?

정답 | 「주택임대차보호법」은 주택뿐만이 아니라 대지에 대해서도 적용되므로 대지와 건물이 동시에 매각되어 주택임차인에게 그 경매대가를 동시에 배당하는 때에는 공동저당에 관한 민법 제368조 제1항을 유추적용하여 대지와 건물의 경매대가에 비례하여 그 채권의 분담을 정해야 한다.

판례 | 「주택임대차보호법」 제8조에 규정된 소액보증금반환청구권은 임차목적 주택에 대하여 저당권에 의하여 담보된 채권, 조세 등에 우선하여 변제받을 수 있는 이른바 법정담보물권으로서, 주택임차인이 대지와 건물 모두로부터 배당을 받는 경우에는 마치 그 대지와 건물 전부에 대한 공동저당권자와 유사한 지위에 서게 되므로 대지와 건물이 동시에 매각되어 주택임차인에게 그 경매대가를 동시에 배당하는 때에는 민법 제368조 제1항을 유추적용하여 대지와 건물의 경매대가에 비례하여 그 채권의 분담을 정하여야 한다(대판 2003.9.5, 2001다66291).

기출로 포인트 정리

대표기출

甲은 乙에 대한 3억원의 채권을 담보하기 위하여 乙 소유의 X토지와 Y건물에 각각 1번 공동저당권을 취득하고, 丙은 X토지에 피담보채권 2억 4천만원의 2번 저당권을, 丁은 Y건물에 피담보채권 1억 6천만원의 2번 저당권을 취득하였다. X토지와 Y건물이 모두 경매되어 X토지의 경매대가 4억원과 Y건물의 경매대가 2억원이 동시에 배당되는 경우, 丁이 Y건물의 경매대가에서 배당받을 수 있는 금액은? (경매비용이나 이자 등은 고려하지 않음) 27회

① 0원
② 4천만원
③ 6천만원
④ 1억원
⑤ 1억 6천만원

대표기출 정답 ④

각 부동산 경매대가에 비례하므로 비례식을 세우면 X(4억원) : Y(2억원) = 4 : 2 = $\frac{4}{6}$: $\frac{2}{6}$가 된다.

따라서 채권자 甲은 X토지에서 3억원 × $\frac{4}{6}$ = 2억원을 배당받고, Y건물에서 3억원 × $\frac{2}{6}$ = 1억원을 배당받는다. 그리고 X토지의 매각대금 4억원에서 1번 저당권자 甲이 2억원을 먼저 배당받았기 때문에 2번 저당권자 丙은 나머지 2억원을 배당받는다. 또한, Y건물의 매각대금 2억원에서 1번 저당권자 甲이 1억원을 먼저 배당받았기 때문에 2번 저당권자 丁은 나머지 1억원을 배당받는다.

쉽지 않은 전문직 기출문제

001

감정평가사 ★★

물권에 관한 설명으로 옳지 않은 것은? (다툼이 있으면 판례에 따름)

① 특별한 사정이 없으면, 물건의 일부는 물권의 객체가 될 수 없다.

② 권원 없이 타인의 토지에 심은 수목은 독립한 물권의 객체가 될 수 없다.

③ 종류, 장소 또는 수량지정 등의 방법으로 특정할 수 있으면 수량이 변동하는 동산의 집합도 하나의 물권의 객체가 될 수 있다.

④ 소유권을 비롯한 물권은 소멸시효의 적용을 받지 않는다.

⑤ 소유권을 상실한 전(前) 소유자는 물권적 청구권을 행사할 수 없다.

해설

④ 소유권은 소멸시효에 걸리지 않지만 이외의 물권(지상권, 지역권, 전세권)은 소멸시효의 적용을 받는다.

① 물권의 객체는 하나의 독립한 물건이다. 따라서 특별한 사정이 없으면, 물건의 일부는 물권의 객체가 될 수 없다.

② 권원 없이 타인의 토지에 심은 수목은 토지에 부합되기 때문에 독립한 물권의 객체가 될 수 없다.

③ 물권이 성립하기 위해서는 특정되어야 하므로 종류, 장소 또는 수량지정 등의 방법으로 특정할 수 있으면 수량이 변동하는 동산의 집합도 하나의 물권의 객체가 될 수 있다.

⑤ 소유권을 상실한 전(前) 소유자는 더 이상 물권이 없기 때문에 물권적 청구권을 행사할 수 없다.

시험명	감정평가사 2020년 제31회
출제포인트	037 물권의 객체 및 종류
핵심 키워드	물권의 객체, 물권적 청구권

정답 | 001 ④

002

감정평가사 ★★

부동산등기에 관한 설명으로 옳지 않은 것은? (다툼이 있으면 판례에 따름)

① 전부 멸실한 건물의 보존등기를 신축한 건물의 보존등기로 유용하는 것은 허용된다.
② 물권에 관한 등기가 원인 없이 말소되었더라도 특별한 사정이 없는 한 그 물권의 효력에는 아무런 영향을 미치지 않는다.
③ 소유권이전청구권 보전의 가등기가 있더라도 소유권이전등기를 청구할 어떤 법률관계가 있다고 추정되지 않는다.
④ 가등기권리자가 가등기에 기한 소유권이전의 본등기를 한 경우에는 등기공무원은 그 가등기 후에 한 제3자 명의의 소유권이전등기를 직권으로 말소하여야 한다.
⑤ 소유권이전등기가 마쳐지면 그 등기명의자는 제3자는 물론이고 전 소유자에 대해서도 적법한 등기원인에 의하여 소유권을 취득한 것으로 추정된다.

해설

① 전부 멸실한 건물의 보존등기를 신축한 건물의 보존등기로 유용하는 것은 허용되지 않는다.
② 등기는 물권변동의 효력발생요건이지 존속요건은 아니다. 따라서 물권에 관한 등기가 원인 없이 말소된 경우에는 특별한 사정이 없는 한 그 물권의 효력에는 아무런 영향이 없다.
③ 가등기는 예비등기로 소유권이전청구권 보전의 가등기가 있더라도 소유권이전등기를 청구할 어떤 법률관계가 있다고 추정되지 않는다.
④ 가등기와 본등기 중간에 경료된 등기는 직권으로 말소한다.
⑤ 등기의 추정력에 의해서 소유권이전등기가 마쳐지면 그 등기명의자는 제3자는 물론이고 전 소유자에 대해서도 적법한 등기원인에 의하여 소유권을 취득한 것으로 추정된다.

시험명	감정평가사 2021년 제32회
출제포인트	043 가등기와 무효등기의 유용
핵심 키워드	무효등기의 유용, 추정

003

감정평가사 ★★

물권적 청구권에 관한 설명으로 옳지 않은 것은? (다툼이 있으면 판례에 따름)

① 물권적 청구권은 물권과 분리하여 양도하지 못한다.
② 물권적 청구권을 보전하기 위하여 가등기를 할 수 있다.
③ 미등기건물을 매수한 사람은 소유권이전등기를 갖출 때까지 그 건물의 불법점유자에게 직접 자신의 소유권에 기하여 인도를 청구하지 못한다.
④ 토지소유자는 권원 없이 그의 토지에 건물을 신축·소유한 사람으로부터 건물을 매수하여 그 권리의 범위에서 점유하는 사람에게 건물의 철거를 청구할 수 있다.
⑤ 소유권에 기한 말소등기청구권은 소멸시효의 적용을 받지 않는다.

해설

② 물권변동을 가져오는 청구권을 보전하기 위해서 가등기를 한다. 따라서 물권적 청구권을 보전하기 위해서 가등기를 할 수는 없다.
① 물권(주)과 물권적 청구권(종)은 운명을 함께한다. 따라서 물권적 청구권은 물권과 분리하여 양도하지 못한다.
③ 물권적 청구권을 행사하기 위해서는 물권이 있어야 한다. 따라서 매수인은 등기 전까지는 소유권, 즉 물권이 없기 때문에 그 건물의 불법점유자에게 직접 자신의 소유권에 기하여 인도를 청구하지 못한다.
④ 토지소유자는 무단건물의 매수인에게 건물철거를 청구할 수 있다.
⑤ 소유권이 소멸시효에 걸리지 않는 것처럼 소유권의 내용인 소유권에 기한 물권적 청구권도 소멸시효에 걸리지 않는다. 따라서 소유권에 기한 말소등기청구권은 소멸시효의 적용을 받지 않는다.

시험명	감정평가사 2020년 제31회
출제포인트	039 물권적 청구권
핵심 키워드	물권적 청구권

004

감정평가사 ★★★

부동산물권변동에 관한 설명으로 옳지 않은 것은? (다툼이 있으면 판례에 따름)

① 소유권이전등기를 마친 등기명의인은 제3자에 대하여 적법한 등기원인으로 소유권을 취득한 것으로 추정되지만 그 전(前) 소유자에 대하여는 그렇지 않다.
② 미등기건물의 원시취득자는 그 승계인과 합의하여 승계인 명의로 소유권보존등기를 하여 건물소유권을 이전할 수 있다.
③ 등기는 물권의 존속요건이 아니므로 등기가 원인 없이 말소되더라도 그 권리는 소멸하지 않는다.
④ 미등기건물의 소유자가 건물을 그 대지와 함께 팔고 대지에 관한 소유권이전등기를 마친 때에는 매도인에게 관습법상 법정지상권이 인정되지 않는다.
⑤ 저당권설정등기가 원인 없이 말소된 때에도 그 부동산이 경매되어 매수인이 매각대금을 납부하면 원인 없이 말소된 저당권은 소멸한다.

해설

① 등기의 추정력에 의해서 소유권이전등기가 마쳐지면 그 등기명의자는 제3자는 물론이고 전 소유자에 대해서도 적법한 등기원인에 의하여 소유권을 취득한 것으로 추정된다.
② 건물을 신축한 사람이 보존등기 전에 매도했고 이미 매수인 명의로 보존등기가 된 경우에도 그 등기는 실체관계에 부합하므로 유효이다. 즉, 매수인은 소유권을 취득한다.
③ 등기는 물권의 효력발생요건이지 존속요건이 아니므로 등기가 원인 없이 말소되더라도 그 권리는 소멸하지 않는다.
④ 매수인이 대지뿐만이 아니라 건물까지 매수한 경우에는 건물철거의 문제가 발생하지 않기 때문에 관습법상 법정지상권이 인정되지 않는다.

시험명	감정평가사 2020년 제31회
출제포인트	044 등기의 추정력
핵심 키워드	물권변동, 등기

정답 | 002 ① 003 ② 004 ①

⑤ 저당권설정등기가 원인 없이 말소된 때에도 저당권은 소멸하지 않는다. 다만, 그 부동산이 경매되어 매수인이 매각대금을 납부하면 원인 없이 말소된 저당권은 소멸한다.

005

감정평가사 ★★★

점유에 관한 설명으로 옳지 않은 것은? (다툼이 있으면 판례에 따름)

① 점유매개자의 점유를 통한 간접점유에 의해서도 점유에 의한 시효취득이 가능하다.
② 사기의 의사표시에 의해 건물을 명도해 준 자는 점유회수의 소권을 행사할 수 없다.
③ 미등기건물을 양수하여 건물에 관한 사실상의 처분권을 보유한 양수인은 그 건물부지의 점유자이다.
④ 간접점유의 요건이 되는 점유매개관계는 법률행위가 아닌 법령의 규정에 의해서는 설정될 수 없다.
⑤ 상속에 의하여 점유권을 취득한 상속인은 새로운 권원에 의하여 자기 고유의 점유를 개시하지 않는 한 피상속인의 점유를 떠나 자기만의 점유를 주장할 수 없다.

해설

④ 간접점유가 성립하기 위해서는 점유매계관계가 있어야 하는데 점유매계관계는 법률행위뿐만이 아니라 법률의 규정에 의해서도 성립할 수 있다.
① 시효취득이 인정되기 위해서는 점유를 해야 하는데, 점유는 직접점유와 간접점유를 포함한다. 따라서 간접점유에 의해서도 점유에 의한 시효취득이 가능하다.
② 사기는 침탈이 아니기 때문에 사기의 의사표시에 의해 건물을 명도해 준 자는 점유회수의 소권(점유물반환청구권)을 행사할 수 없다.
③ 건물은 부지 없이 존재할 수 없으므로 미등기건물을 양수하여 건물에 관한 사실상의 처분권을 보유한 양수인은 그 건물부지의 점유자이다.
⑤ 상속은 포괄승계에 해당한다. 따라서 상속인은 새로운 권원에 의하여 자기 고유의 점유를 개시하지 않는 한 피상속인의 점유를 떠나 자기만의 점유를 주장할 수 없다.

시험명	감정평가사 2021년 제32회
출제포인트	047 점유의 관념화
핵심 키워드	간접점유

006

감정평가사 변형 ★★

점유자와 회복자의 관계에 관한 설명으로 옳은 것은? (다툼이 있으면 판례에 따름)

① 선의의 점유자가 취득하는 과실에 점유물의 사용이익은 포함되지 않는다.
② 악의의 점유자가 점유물의 사용에 따른 이익을 반환하여야 하는 경우, 자신의 노력으로 점유물을 활용하여 얻은 초과이익도 반환하여야 한다.
③ 점유물이 점유자의 귀책사유로 훼손된 경우, 선의의 점유자는 소유의 의사가 없더라도 이익이 현존하는 한도에서 배상책임이 있다.
④ 회복자로부터 점유물의 반환을 청구받은 점유자는 유익비의 상환을 청구할 수 있다.
⑤ 점유물의 소유자가 변경된 경우, 점유자는 유익비 지출 당시의 전 소유자에게 비용의 상환을 청구해야 한다.

해설

④ 필요비와 유익비는 회복자로부터 반환청구를 받은 때에 청구할 수 있다. 따라서 회복자로부터 점유물의 반환을 청구받은 점유자는 유익비의 상환을 청구할 수 있다.

① 건물의 사용이익도 과실에 포함된다.

② 악의의 점유자는 과실취득권이 없기 때문에 수취한 과실은 반환해야 한다. 다만, 자신의 노력으로 점유물을 활용하여 얻은 초과이익은 반환할 필요가 없다.

③ 선의의 자주점유자는 현존이익의 반환이지만 선의의 타주점유자는 손해 전부에 대한 배상책임이 있다.

⑤ 비용을 지출할 당시의 소유자가 누구인지 상관없이 회복 당시의 소유자를 상대로 비용상환을 청구할 수 있다.

시험명	감정평가사 2021년 제32회
출제포인트	050 점유자와 회복자의 관계
핵심 키워드	과실취득권, 비용상환청구권

007

변리사 ★★

부동산 소유권의 점유취득시효에 관한 설명으로 옳지 않은 것은? (다툼이 있으면 판례에 따름)

① 시효완성자는 취득시효완성에 따른 등기를 하지 않더라도 시효완성 당시의 등기명의인에 대하여 취득시효를 주장할 수 있다.

② 취득시효가 완성되기 전에 등기명의인이 바뀐 경우에는 시효완성자는 취득시효완성 당시의 등기명의인에게 취득시효를 주장할 수 있다.

③ 취득시효완성 후 등기명의인이 변경되면 설사 등기원인이 취득시효완성 전에 존재하였더라도, 시효완성자는 변경된 등기명의인에게 취득시효를 주장할 수 없다.

④ 취득시효기간이 진행하는 중에 등기명의인이 변동된 경우, 취득시효기간의 기산점을 임의로 선택하거나 소급하여 20년 이상 점유한 사실만을 내세워 시효완성을 주장할 수 없다.

⑤ 취득시효완성 후 등기명의인이 바뀐 경우, 등기명의가 바뀐 시점으로부터 다시 취득시효기간이 경과하더라도 취득시효완성을 주장할 수 없다.

해설

⑤ 취득시효완성 후 등기명의인이 바뀐 경우, 등기명의가 바뀐 시점으로부터 다시 취득시효기간이 경과한 경우에는 취득시효완성을 주장할 수 있다. 이것을 재취득시효라고 한다.

① 시효완성자가 소유권을 취득하기 위해서는 등기를 해야 한다. 따라서 시효완성자는 시효완성 당시의 등기명의인에 대하여 취득시효를 주장할 수 있다. 즉, 소유권이전등기를 청구할 수 있다.

② 취득시효가 완성되기 전에 등기명의인이 바뀐 경우에도 취득시효 중단사유가 아니기 때문에 시효완성자는 취득시효완성 당시의 등기명의인에게 취득시효를 주장할 수 있다.

시험명	변리사 2021년 제58회
출제포인트	054 부동산 점유취득시효의 유형별 쟁점정리
핵심 키워드	점유취득시효

정답 | 005 ④ 006 ④ 007 ⑤

③ 취득시효완성 후 등기명의인이 변경된 경우, 시효완성자(채권)는 변경된 등기명의인(물권)에게 취득시효를 주장할 수 없다.
④ 기산점은 원칙적으로 임의로 선택할 수 없다.

008

감정평가사 ★★

공유관계에 관한 설명으로 옳지 않은 것은? (다툼이 있으면 판례에 따름)

① 부동산 공유자의 공유지분 포기의 의사표시가 다른 공유자에게 도달하더라도 이로써 곧바로 공유지분 포기에 따른 물권변동의 효력이 발생하는 것은 아니다.
② 소수지분권자는 공유물의 전부를 협의 없이 점유하는 다른 소수지분권자에게 공유물의 인도를 청구할 수 있다.
③ 과반수 지분권자는 공유물의 관리에 관한 사항을 단독으로 결정할 수 있다.
④ 토지공유자 사이에서는 지분비율로 공유물의 관리비용을 부담한다.
⑤ 공유자는 특별한 사정이 없는 한 언제든지 공유물의 분할을 청구할 수 있다.

해설

② 소수지분권자는 공유물의 전부를 협의 없이 점유하는 다른 소수지분권자에게 공유물의 인도를 청구할 수 없다. 다만, 방해배제는 청구할 수 있다.
① 공유지분의 포기는 법률행위에 해당하기 때문에 물권변동의 효력이 발생하기 위해서는 등기를 해야 한다.
③ 공유물에 대한 관리에 관한 사항, 즉 관리행위는 공유자의 지분의 과반수로 결정한다. 따라서 과반수 지분권자는 공유물의 관리에 관한 사항을 단독으로 결정할 수 있다.
④ 공유자는 지분비율로 공유물의 관리비용을 부담한다.
⑤ 분할의 자유가 있다. 따라서 공유자는 특별한 사정이 없는 한 언제든지 공유물의 분할을 청구할 수 있다.

시험명	감정평가사 2021년 제32회
출제포인트	059 공유
핵심 키워드	공유물의 관리, 분할

009

변리사 ★★

지상권에 관한 설명으로 옳은 것은? (다툼이 있으면 판례에 따름)

① 지상권은 1필 토지의 전부가 아닌 일부에 대해서는 성립할 수 없다.
② 지상권자는 존속기간이 만료한 때에 지상물이 현존하는 경우, 지상권설정자에 대해 선택적으로 지상권의 갱신청구 또는 지상물의 매수청구를 할 수 있다.
③ 지상권은 지상물의 소유를 목적으로 토지를 사용하는 권리이므로, 지상권자는 지상권을 유보한 채 지상물 소유권만을 양도할 수 없다.
④ 지상권의 지료 지급 연체가 토지소유권의 양도 전후에 걸쳐 이루어진 경우, 토지양수인에 대한 연체기간이 2년 이상이면 토지양수인은 지상권의 소멸을 청구할 수 있다.

⑤ 금융기관이 토지에 저당권과 함께 지료 없는 지상권을 설정받으면서 채무자의 사용 수익권을 배제하지 않은 경우, 금융기관은 그 토지의 무단점유자에 대해 지상권 침해를 근거로 임료 상당의 손해배상을 청구할 수 있다.

해설

시험명	변리사 2019년 제56회
출제포인트	060 지상권
핵심 키워드	지상권, 지료

④ 지상권의 지료 지급 연체가 토지소유권의 양도 전후에 걸쳐 이루어진 경우, 토지양수인(특정인)에 대한 연체기간이 2년 이상이면 토지양수인은 지상권의 소멸을 청구할 수 있다.

① 지상권은 1필 토지의 전부, 일부에 대해서 성립할 수 있다.

② 존속기간이 만료하고 지상물이 현존하는 경우, 지상권자는 먼저 계약갱신청구권을 행사하고 갱신거절당한 경우 지상물매수청구권을 행사할 수 있다.

③ 지상권과 지상물의 소유권은 별개의 권리이기 때문에 지상권자는 지상권을 유보한 채 지상물 소유권만을 양도할 수 있다.

⑤ 금융기관이 토지에 저당권과 함께 지료 없는 지상권을 설정받으면서 채무자의 사용 수익권을 배제하지 않은 경우에는, 금융기관은 사용 수익권은 없기 때문에 그 토지의 무단점유자에 대해 지상권 침해를 근거로 임료 상당의 손해배상을 청구할 수 없다.

010

감정평가사 ★★

지역권에 관한 설명으로 옳은 것은? (다툼이 있으면 판례에 따름)

① 지역권은 점유를 요건으로 하는 물권이다.

② 지역권은 독립하여 양도 · 처분할 수 있는 물권이다.

③ 통행지역권은 지료의 약정을 성립요건으로 한다.

④ 통행지역권의 시효취득을 위하여 지역권이 계속되고 표현되면 충분하고 승역지 위에 통로를 개설할 필요는 없다.

⑤ 통행지역권을 시효취득한 요역지 소유자는, 특별한 사정이 없으면 승역지의 사용으로 그 소유자가 입은 손해를 보상하여야 한다.

해설

시험명	감정평가사 2020년 제31회
출제포인트	064 지역권
핵심 키워드	통행지역권, 보상

⑤ 통행지역권을 시효취득한 경우 승역지 소유자가 입은 손해를 보상해 주어야 한다.

① 지역권은 단지 승역지를 이용하는 물권이다. 즉, 점유를 요건으로 하는 물권이 아니다.

② 지역권은 요역지의 편익을 위해서 존재하는 물권이기 때문에 요역지와 운명을 함께한다. 따라서 독립하여 양도 · 처분할 수 없다.

③ 지역권은 지료가 성립요소가 아니다.

정답 | 008 ② 009 ④ 010 ⑤

④ 통행지역권을 시효취득하기 위해서는 20년간 계속되고 표현되어야 한다. 따라서 승역지 위에 통로를 개설해야 한다.

011

감정평가사 ★★

전세권에 관한 설명으로 옳은 것은? (다툼이 있으면 판례에 따름)

① 전세권이 성립한 후 목적물의 소유권이 이전되더라도 전세금반환채무가 당연히 신소유자에게 이전되는 것은 아니다.
② 전세권의 존속기간이 시작되기 전에 마친 전세권설정등기는 특별한 사정이 없는 한 그 기간이 시작되기 전에는 무효이다.
③ 전세권을 설정하는 때에는 전세금이 반드시 현실적으로 수수되어야 한다.
④ 건물의 일부에 전세권이 설정된 경우 전세권의 목적물이 아닌 나머지 부분에 대해서도 경매를 신청할 수 있다.
⑤ 전세권자가 통상의 필요비를 지출한 경우 그 비용의 상환을 청구하지 못한다.

해설

⑤ 전세권자는 스스로 목적물의 현상유지와 통상관리에 속한 수선을 해야 하기 때문에 필요비 상환을 청구하지 못한다.
① 전세권이 성립한 후 목적물의 소유권이 이전된 경우, 전세권설정자 지위가 신소유자에게 이전하기 때문에 전세금반환채무도 당연히 신소유자에게 이전된다.
② 전세권의 존속기간이 시작되기 전에 마친 전세권설정등기도 특별한 사정이 없는 한 유효이다.
③ 전세금 지급이 전세권의 성립요소이지만 반드시 현실적으로 지급될 필요는 없다. 즉, 기존의 채권으로 전세금 지급에 갈음할 수 있다.
④ 전세권이 설정된 부분에 대해서만 경매를 청구할 수 있기 때문에 건물의 일부에 전세권이 설정된 경우 전세권의 목적물이 아닌 나머지 부분에 대해서는 경매를 신청할 수 없다.

시험명	감정평가사 2021년 제32회
출제포인트	065 전세권
핵심 키워드	전세권

012

감정평가사 ★★★

유치권에 관한 설명으로 옳지 않은 것은? (다툼이 있으면 판례에 따름)

① 건물의 임차인이 임대인에게 지급한 임차보증금반환채권은 그 건물에 관하여 생긴 채권이 아니다.
② 임대인이 건물시설을 하지 않아 임차인이 건물을 임차목적대로 사용하지 못하였음을 이유로 하는 손해배상청구권은 그 건물에 관하여 생긴 채권이다.
③ 수급인의 재료와 노력으로 건축되었고 독립한 건물에 해당되는 기성부분에 대하여는 특별한 사정이 없는 한 수급인은 유치권을 가질 수 없다.
④ 채권자가 채무자를 직접점유자로 하여 간접점유하는 경우에는 유치권이 성립하지 않는다.

⑤ 유치권자가 점유침탈로 유치물의 점유를 상실한 경우, 유치권은 원칙적으로 소멸한다.

해설

시험명	감정평가사 2021년 제32회
출제포인트	066 유치권
핵심 키워드	유치권에서 견련성

② 사람의 배상행위를 통해서 발생한 채권은 견련성이 인정되지 않는다. 따라서 임대인이 건물시설을 하지 않아 임차인이 건물을 임차목적대로 사용하지 못하였음을 이유로 하는 손해배상청구권은 그 건물에 관하여 생긴 채권이 아니다. 즉, 견련성이 인정되지 않는다.

① 임차보증금반환채권은 견련성이 인정되지 않는다.

③ 유치권은 타인소유 물건에 대해서 성립하는 물권에 해당한다. 따라서 수급인의 재료와 노력으로 건축되었고 독립한 건물에 해당되는 기성부분은 수급인 자기 소유이기 때문에 특별한 사정이 없는 한 수급인은 유치권을 가질 수 없다.

④ 유치권이 성립하기 위한 점유는 직접점유 · 간접점유를 불문하지만, 채권자가 채무자를 직접점유자로 하여 간접점유하는 경우에는 유치권이 성립하지 않는다.

⑤ 점유는 유치권의 성립요건이자 존속요건에 해당한다. 따라서 유치권자가 점유를 상실한 경우에는 유치권은 원칙적으로 소멸한다.

013

변리사 ★★

민사유치권에 관한 설명으로 옳은 것은? (다툼이 있으면 판례에 따름)

① 유치권자는 유치물의 과실(果實)이 금전인 경우, 이를 수취하여 다른 채권보다 먼저 유치권으로 담보된 채권의 변제에 충당할 수 있다.

② 유치권자가 유치물의 보존에 필요한 사용을 한 경우에는 특별한 사정이 없는 한, 차임 상당의 이득을 소유자에게 반환할 의무가 없다.

③ 건물공사대금의 채권자가 그 건물에 대하여 유치권을 행사하는 동안에는 그 공사대금채권의 소멸시효가 진행하지 않는다.

④ 임대인과 임차인 사이에 임대차 종료에 따른 건물명도 시에 권리금을 반환하기로 약정한 경우, 임차인은 권리금반환청구권을 가지고 건물에 대한 유치권을 행사할 수 있다.

⑤ 유치권자가 경매개시결정등기 전에 부동산에 관하여 유치권을 취득하였더라도 그 취득에 앞서 저당권설정등기가 먼저 되어 있었다면, 경매절차의 매수인에게 자기의 유치권으로 대항할 수 없다.

해설

시험명	변리사 2021년 제58회
출제포인트	066 유치권
핵심 키워드	유치권자의 권리 · 의무

① 유치권자에게 과실취득권이 인정된다. 따라서 유치권자는 유치물의 과실(果實)을 수취하여 다른 채권보다 먼저 유치권으로 담보된 채권의 변제에 충당할 수 있다(제323조 제1항).

② 유치권자가 유치물의 보존에 필요한 사용을 한 경우에도 특별한 사정이 없는 한, 차임 상당의 이득을 소유자에게 반환할 의무가 있다.

정답 | 011 ⑤ 012 ② 013 ①

③ 유치권은 단지 목적물을 점유하고 있는 것에 불과하기 때문에 유치권행사를 채권행사로 볼 수는 없다. 따라서 유치권을 행사하는 동안에도 그 공사대금채권의 소멸시효는 진행한다.
④ 권리금반환청구권은 견련성이 없기 때문에 유치권을 행사할 수 없다.
⑤ 유치권자가 경매개시결정등기 전에 부동산에 관하여 유치권을 취득한 경우에는 경매절차의 매수인(경락인)에게 유치권으로 대항할 수 있다.

014

감정평가사 ★★★

저당권에 관한 설명으로 옳지 않은 것은? (다툼이 있으면 판례에 따름)

① 저당부동산에 대한 압류 후에는 저당권설정자의 저당부동산에 관한 차임채권에도 저당권의 효력이 미친다.
② 저당목적물의 변형물에 대하여 이미 제3자가 압류하였더라도 저당권자가 스스로 이를 압류하지 않으면 물상대위권을 행사할 수 없다.
③ 저당권은 그 담보한 채권과 분리하여 타인에게 양도하거나 다른 채권의 담보로 하지 못한다.
④ 저당권의 효력은 원칙적으로 저당부동산에 부합된 물건에 미친다.
⑤ 저당부동산에 대하여 지상권을 취득한 제3자는 저당권자에게 그 부동산으로 담보된 채권을 변제하고 저당권의 소멸을 청구할 수 있다.

해설

② 물상대위가 인정되기 위해서는 압류를 해야 하는데 압류는 저당권자가 하든 제3자가 하든 상관이 없다. 따라서 저당목적물의 변형물에 대하여 제3자가 압류했다면 저당권자는 물상대위권을 행사할 수 있다.
① 저당권의 효력은 과실에 대해서는 미치지 않는 것이 원칙이다. 다만, 저당부동산을 압류한 이후에는 미친다. 따라서 저당부동산에 대한 압류 후에는 저당권설정자의 저당부동산에 관한 차임채권(과실)에도 저당권의 효력이 미친다.
③ 저당권은 채권을 위해서 존재하기 때문에 운명을 함께한다. 따라서 그 담보한 채권과 분리하여 타인에게 양도하거나 다른 채권의 담보로 하지 못한다.
④ 저당권의 효력은 원칙적으로 부합물과 종물에 미친다.
⑤ 제3취득자는 저당권자에게 그 부동산으로 담보된 채권을 변제하고 저당권의 소멸을 청구할 수 있다.

시험명	감정평가사 2021년 제32회
출제포인트	067 저당권
핵심 키워드	물상대위에서 압류

정답 | 014 ②

우리는 기회를 기다리는 사람이 되기 전에
기회를 얻을 수 있는 실력을 갖춰야 한다.
일에 더 열중하는 사람이 되어야 한다.

– 안창호

PART

03

계약법

10개년 출제비중

25%

만화로 보는
쉬 운
계 약 법

사적자치를 실현하는 전형적인 수단이 계약이고, 이러한 계약관계를 규율하는 법이 계약법입니다. 계약총론과 각론으로 구성되어 있으며, 전반적으로 거의 모든 영역에서 출제되고 있으니 골고루 학습해야 합니다.

계약법 체계도

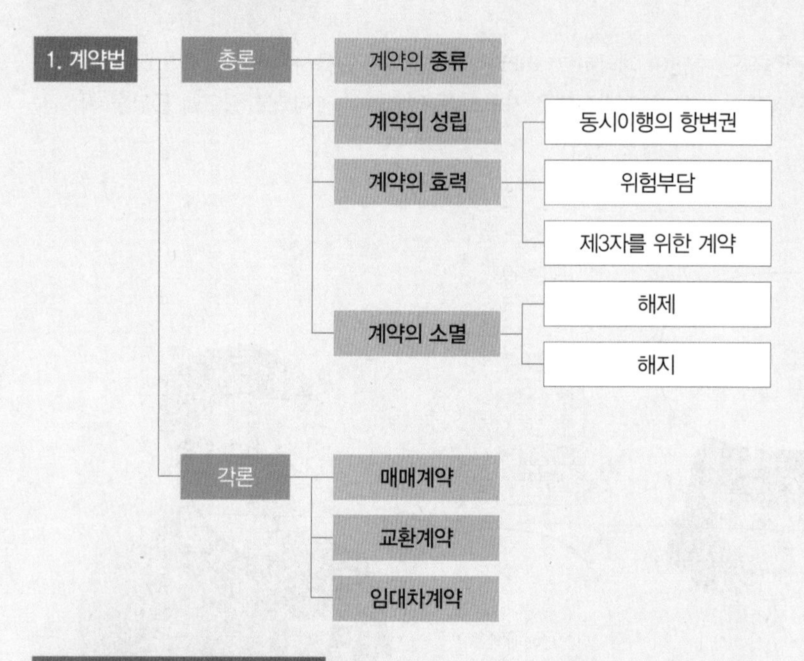

2. 유상계약과 쌍무계약의 관계 : 유상계약 = 쌍무계약 + 현상광고계약(유상, 편무)

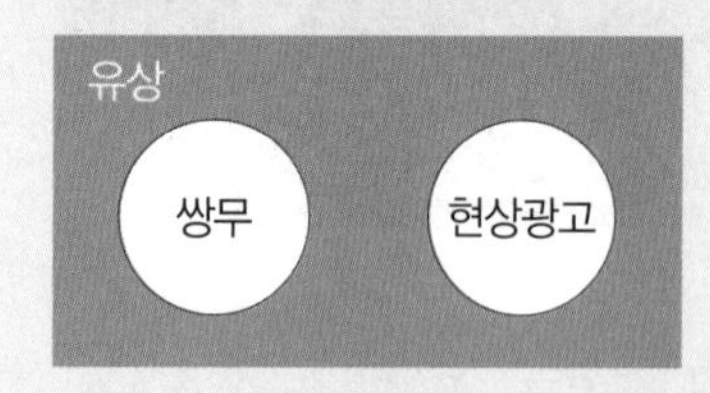

3. 편무계약과 무상계약의 관계 : 편무계약 = 무상계약 + 현상광고계약(편무, 유상)

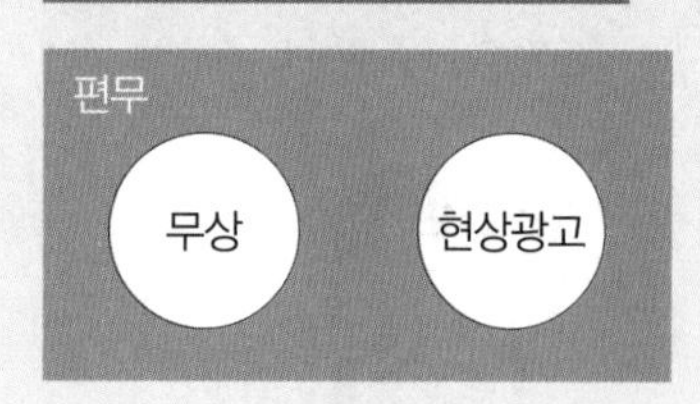

반드시 출제되는 출제포인트

출 제 포 인 트

070 계약의 종류

[10개년 출제회차] 26, 28, 31, 33회

시작이 쉬운 길잡이

Q

1 아파트를 2채 소유하고 있는 대운 씨. 그중 한 채를 친한 후배 공무원 동철 씨와 만나 전세를 설정하기로 합의를 했습니다. 과연 계약일까요?

2 급전이 필요한 대운 씨. 살고 있는 전원주택을 처분하기 위해서 부자 씨와 만나서 팔고 사기로 합의를 했습니다. 과연 계약일까요?

3 결혼하고 싶은 총각 민호 씨. 드디어 사랑하는 산하 씨를 만나 청혼을 했고 승낙을 받아냈습니다. 과연 계약일까요?

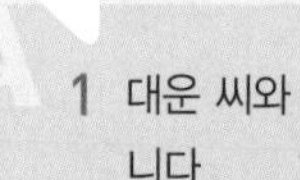

1 대운 씨와 동철 씨가 서로 합의를 했으므로 계약입니다. 계약 중에서도 전세권은 물권이므로 물권계약이라고 합니다.

2 대운 씨가 부자 씨와 만나 서로 합의를 했으므로 계약입니다. 계약 중에서도 매매계약은 채권법에 규정이 되어있으므로 채권계약이라고 합니다. 그리고 청약과 승낙의 합치만으로 성립하기 때문에 낙성계약이라고 합니다.

3 민호 씨와 산하 씨가 서로 합의를 했으므로 계약입니다. 계약 중에서도 가족법에 규정이 되어있으므로 가족법상의 계약이라고 합니다.

결론적으로 서로 의사표시의 합치만 있으면 계약입니다.

❗ 출제포인트의 중요 키워드는 본문에서 꼭 체크하세요 ▸ **계약, 쌍무계약, 편무계약, 낙성계약, 요물계약**

1 계약의 의의

1. 광의의 계약과 협의의 계약

(1) 계약은 일정한 법률효과의 발생을 목적으로 서로 대립하는 의사표시의 합치로 성립하는 법률행위를 말한다.

(2) 광의의 계약

계약은 채권(채무)의 발생을 목적으로 하는 계약인 채권계약과 물권의 변동을 목적으로 하는 계약인 물권계약, 그리고 가족법상의 법률관계의 변동을 목적으로 하는 계약인 가족법상의 계약 등이 있는데 광의의 계약은 이 모두를 포함한다.

(3) 협의의 계약

일정한 채권(채무)의 발생을 목적으로 서로 대립하는 의사표시의 합치로 성립하는 법률행위, 즉 채권계약만을 말한다. 그리고 보통 계약이라고 하면 채권계약을 말한다.

2. 계약자유의 원칙

(1) 의의

근대민법의 근간을 이루고 있는 사적자치의 원칙은 각 개인들은 스스로 자신의 법률관계를 자유의사에 의해서 자유롭게 형성해 갈 수 있다는 원칙이다. 즉, 개인들 사이의 문제는 그들 상호간의 자유로운 합의, 즉 계약을 통해서 해결하도록 하자는 원칙이다. 그리고 개인들 사이의 법률관계는 대부분 계약을 통해서 형성되므로 사적자치의 원칙의 핵심은 바로 계약자유의 원칙이다.

(2) 내용

계약자유의 원칙은 계약체결의 자유, 상대방 선택의 자유, 내용결정의 자유, 방식의 자유를 그 내용으로 한다.

① **계약체결의 자유**: 계약체결이 강제되지 않으므로 계약을 체결할지, 안할지는 자유이다. 즉, 청약과 승낙의 자유가 인정된다.

② **상대방 선택의 자유**: 계약을 체결하기로 결정했다면 누구와 계약을 체결할지 상대방을 자유롭게 선택할 수 있다. 즉, 자신이 원하는 상대방과 계약을 체결할 수 있다.

③ **내용결정의 자유**: 상대방이 선택되었다면 그 상대방과 어떤 내용의 계약을 할지 그 계약의 내용에 대해서 서로 자유롭게 결정할 수 있다.

④ **방식의 자유**: 계약의 방식에는 특별한 제한이 없으므로 자유로운 방식으로 계약을 하면 된다.

2 전형계약과 비전형계약

1. 전형계약

민법전에 규정하고 있는 15종의 계약을 말한다(매매, 교환, 임대차, 고용, 도급, 조합, 화해, 유무상의 소비대차 · 위임 · 임치, 증여, 사용대차, 현상광고, 여행계약, 종신정기금).

2. 비전형계약

전형계약 외의 계약을 말한다.

3 쌍무계약과 편무계약

쌍무계약	매매, 교환, 임대차, 고용, 도급, 조합, 화해, 유상의 소비대차·위임·임치
	채무 간의 견련성이 인정되므로 동시이행의 항변권과 위험부담문제가 발생한다.
편무계약	증여, 사용대차, 현상광고, 무상의 소비대차·위임·임치

쌍무계약과 유상계약 그리고 편무계약과 무상계약의 관계

(1) 쌍무계약은 모두 유상계약이지만, 모든 유상계약이 쌍무계약인 것은 아니다. 왜냐하면 현상광고계약은 유상계약이지만 편무계약이기 때문이다.

(2) 무상계약은 모두 편무계약이지만, 모든 편무계약이 무상계약인 것은 아니다. 왜냐하면 현상광고계약은 편무계약이지만 유상계약이기 때문이다.

서로 대가적 의미 있는 출연이 있는 계약(계약의 전과정)

4 유상계약과 무상계약

유상계약	쌍무계약 + 현상광고계약
	구별실익은 유상계약에는 매매에 관한 규정, 특히 담보책임 규정이 준용된다.
무상계약	증여, 사용대차계약

5 낙성계약(諾成契約)과 요물계약(要物契約) 암기코드 | 현대가에 계보

낙성계약	당사자 간에 청약과 승낙의 합의만 있으면 성립하는 계약을 말한다. 전형계약 중에서 현상광고계약을 제외한 나머지 14가지 계약이 모두 낙성계약이다.
요물계약	① 청약과 승낙의 합치 이외에 물건의 인도 또는 지정행위를 완료해야 성립하는 계약을 말한다. 15가지 전형계약 중에서는 현상광고계약만이 요물계약이다. ② 요물계약에는 현상광고계약, 대물변제계약, 계약금계약, 보증금계약이 있다.

6 예약과 본계약

1. 예약

(1) 예약이란 장래 일정한 계약을 체결할 것을 미리 약정하는 계약을 말한다.

(2) 예약은 장차 본계약을 체결할 의무(채무)를 발생시키는 계약이므로 언제나 채권계약이다.

2. 본계약

본계약이란 예약에 의하여 장차 맺어질 계약을 말한다.

7 요식계약과 불요식계약

(1) 일정한 방식을 구비해야 성립하는 계약을 요식계약, 일정한 방식을 구비하지 않아도 성립하는 계약을 불요식계약이라고 한다.

(2) 계약자유원칙상 방식의 자유가 있으므로 불요식계약이 원칙이다. 그리고 15가지 전형계약은 모두 불요식계약에 해당한다.

8 일시적 계약과 계속적 계약

(1) 일시적 계약이란 채무이행이 시간적 계속성을 요하지 않는 계약을 말한다(예 매매, 교환 등).

(2) 계속적 계약이란 채무이행이 시간적 계속성을 요하는 계약을 말한다(예 임대차, 사용대차 등).

기출로 포인트 정리

출제예상 OX지문

❶ 임대차계약은 쌍무, 유상계약이다. (O | X) 28회

❷ 부동산매매계약은 유상, 요물계약이다. (O | X) 28회

❸ 교환계약은 무상계약이다. (O | X) 33회

대표기출

계약의 종류와 그에 해당하는 예가 잘못 짝지어진 것은? 31회

① 쌍무계약 – 도급계약
② 편무계약 – 무상임치계약
③ 유상계약 – 임대차계약
④ 무상계약 – 사용대차계약
⑤ 낙성계약 – 현상광고계약

쉬운 해설

출제예상 OX지문

❶ O 임대차계약은 임대인과 임차인이 서로 대가관계에 있는 채무(임대인은 사용·수익하게 할 의무와 임차인은 차임을 지급할 의무가 있음)를 부담하기 때문에 쌍무, 그리고 서로 대가를 주고받기 때문에 유상계약이다.

❷ X 부동산매매계약은 매도인과 매수인이 서로 대가를 주고받기 때문에 유상계약이고, 청약과 승낙의 합치만으로 성립하기 때문에 낙성계약이다.

❸ X 교환계약은 유상계약이다.

대표기출 정답 ⑤

⑤ 현상광고계약은 요물계약에 해당한다.

출 제 포 인 트

071 계약의 성립

[10개년 출제회차] 24, 25, 26, 27, 28, 29, 31, 32, 33회

시작이 쉬운 길잡이

Q

급전이 필요한 대운 씨. 전원주택을 팔기 위해서 동철 씨를 만났습니다. 대운 씨가 동철 씨에게 5억원에 팔겠다고 했더니 동철 씨는 4억원이면 당장 사겠다고 합니다. 과연 계약은 성립했을까요?

A

계약이 성립하기 위해서는 두 사람 사이에 의사의 합치가 있어야 합니다. 즉, 대운 씨와 동철 씨 사이에 청약과 승낙의 합치가 있어야 합니다. 그런데 청약(5억원)과 승낙(4억원)의 합치가 없으므로 매매대금을 5억원으로 하는 매매계약은 성립하지 않습니다. 물론 이 경우 대운 씨가 마음을 바꿔 4억원에 팔겠다고 하면 매매대금 4억원으로 하는 매매계약이 성립합니다.

❗ 출제포인트의 중요 키워드는 본문에서 꼭 체크하세요 ▶ **합치, 청약, 승낙**

1 계약성립의 요건

1. 당사자 간의 합의

(1) 계약은 당사자 쌍방의 대립되는 의사표시의 합치❗, 즉 합의에 의해서 성립한다.

(2) 계약이 성립하기 위해서는 객관적 합의와 주관적 합의가 모두 인정되어야 한다.

2. 합의(합치) ―• 객관적 합치 + 주관적 합치

(1) 객관적 합치

객관적 합치란 당사자 쌍방의 의사표시가 내용적으로 일치하는 것을 말한다. 즉, 내용상의 합치를 말한다. 예컨대 아파트 한 채를 소유하고 있는 甲이 乙에게 5억원에 아파트를 팔겠다고 청약을 한 경우, 청약을 받은 乙이 청약자 甲에게 그대로 5억원에 사겠다고 응한 경우, 계약의 내용인 5억원에 대해서 합의가 있다. 이를 객관적 합치라고 한다.

(2) 주관적 합치

① 주관적 합치란 당사자 쌍방의 의사표시가 서로 상대방에 대해서 일치하는 것을 말한다. 즉, 상대방에 대한 일치를 말한다(상대방에 대해서 잘못이 없는 경우).

② 예컨대 아파트 한 채를 소유하고 있는 甲이 乙에게 5억원에 아파트를 팔겠다고 청약을 한 경우, 청약을 받은 乙이 청약자 甲에게 그대로 5억원에 사겠다고 응한 경우, 객관적 합치와 주관적 합치가 있으므로 계약은 성립한다. 그러나 청약을 받지도 않은 丙이 甲

에게 5억원에 사겠다고 한 경우 甲은 乙에게 청약을 한 것이지 丙에게 청약을 한 것이 아니므로 상대방에 대해서 합치가 없으므로 계약은 성립하지 않는다.

3. 불합의와 착오

(1) 불합의

① 위에서 검토한 바와 같이 계약이 성립하기 위해서는 당사자 간의 서로 대립하는 의사표시의 합치(객관적 · 주관적 합치)가 있어야 한다. 따라서 의사표시의 합치가 없으면 계약은 성립하지 않는데 여기서 의사표시가 합치되지 않은 경우를 불합의라고 한다.

② 불합의에는 의식적 불합의와 무의식적 불합의(숨은 불합의)가 있다.

㉠ 의식적 불합의란 당사자가 불합의를 인식하고 의식적(의도적)으로 불일치를 초래하는 경우를 말한다. 가령 청약에 대하여 조건을 붙이거나 변경을 가하여 승낙한 경우이다. 예컨대 아파트를 소유하고 있는 甲이 아파트를 처분하기 위해서 乙에게 5억원에 팔겠다고 청약을 했는데 乙은 4억원이면 사겠다고 의식적으로 불합치를 초래한 경우이다. 이처럼 의식적 불합의가 있으면 과연 계약은 성립할까? 계약이 성립하기 위해서는 내용상의 합치가 필요한데 내용상의 합치가 없으므로, 즉 불합의이므로 계약은 성립하지 않는다.

㉡ 무의식적 불합의란 당사자 간에 합의가 되어 계약이 성립했다고 믿고 있으나 실제는 어떤 점에 대해서 불합의가 있는 경우를 말한다. 즉, 불합치에 대해서 당사자가 모르는 경우를 말한다.

㉢ 의식적 불합의와 무의식적 불합의는 모두 합의가 없으므로 계약은 성립하지 않는다.

(2) 무의식적 불합의와 착오의 구별

① 무의식적 불합의는 당사자 간의 서로 대립하는 두 개의 의사표시 사이에 불일치가 있는 경우이고, 반면 착오는 한 개의 의사표시에서 의사와 표시 사이에 불일치가 있는 경우를 말한다.

② 착오의 경우에는 일단 계약은 성립하고 표의자가 법률행위의 중요부분에 착오를 일으킨 때에는 그 법률행위를 취소할 수 있게 된다. 그러나 무의식적 불합의는 그것이 아무리 경미한 것이더라도 합의 자체가 없으므로 그 입증만 있으면 계약은 처음부터 성립하지 않았던 것이 된다. 따라서 불합의는 계약 자체가 성립하지 않으므로 착오취소의 문제는 나올 수 없다. 왜냐하면 착오취소의 문제는 최소한 계약이 성립한 이후에 발생하기 때문이다.

2 청약

1. 의의

청약이란 그에 대응하는 상대방의 의사표시, 즉 승낙과 결합하여 일정한 내용의 계약을 성립시킬 것을 목적으로 하는 일방적·확정적 의사표시를 말한다.

2. 청약의 요건

(1) 청약은 장래에 계약의 당사자가 될 특정인에 의해서 행해지는 의사표시이지만 청약자가 반드시 명시되어야 하는 것은 아니다.

(2) 청약의 상대방 → 특정인, 불특정다수인

청약의 상대방은 특정인이든 불특정다수인이든 관계없다. 즉, 특정인, 불특정다수인을 불문한다. 따라서 불특정다수인에 대한 청약도 유효하다.

(3) 계약이 성립하기 위한 법률요건인 청약은 그에 응하는 승낙만 있으면 곧 계약이 성립하는 구체적·확정적 의사표시여야 하므로, 청약은 계약의 내용을 결정할 수 있을 정도의 사항을 포함시키는 것이 필요하다(대판 2005.12.8, 2003다41463).

3. 청약의 유인

청약의 유인이란 상대방이 자기에게 청약을 해 오도록 유인하는 행위를 말한다. 예컨대, 물품판매광고, 단순한 상품의 진열, 구인광고, 열차시간표 게시 등이 이에 해당한다. 그리고 아파트 분양광고는 청약의 유인의 성질을 갖는 것이 일반적이다. 다만, 자동판매기의 설치, 정찰가격이 붙은 상품의 진열은 청약에 해당한다.

4. 청약의 효력

법령 체크

제111조【의사표시의 효력발생시기】 ① 상대방이 있는 의사표시는 상대방에게 도달한 때에 그 효력이 생긴다.
② 의사표시자가 그 통지를 발송한 후 사망하거나 제한능력자가 되어도 의사표시의 효력에 영향을 미치지 아니한다.

제527조【계약의 청약의 구속력】 계약의 청약은 이를 철회하지 못한다.

(1) 청약의 효력발생시기

청약은 상대방 있는 의사표시이므로 의사표시의 효력발생시기에 관한 일반원칙인 제111조에 의해서 상대방에게 도달한 때에 효력이 발생한다.

(2) 청약의 구속력(비철회성)

청약의 의사표시가 상대방에게 도달하여 청약의 효력이 발생하면 청약자는 원칙적으로 청약의 의사표시를 마음대로 철회할 수 없다. 이것을 청약의 구속력이라고 한다. 다만, 예외적으로 청약자가 처음부터 미리 철회의 자유를 유보해 둔 경우 또는 상대방에게 도달하기 전에는 철회가 인정된다.

3 승낙

1. 의의

승낙이란 청약을 받은 상대방이 청약에 대응하여 계약을 성립시킬 목적으로 청약자, 즉 특정인에게 행하는 의사표시를 말한다.

2. 승낙의 자유

(1) 청약을 받은 사람은 승낙을 할지 안할지에 대해서 자유가 있으므로 당연히 회답해야 할 의무도 없다.

(2) 청약자가 미리 정한 기간 내에 이의를 하지 아니하면 승낙한 것으로 간주한다는 뜻을 청약 시 표시하였다고 하더라도 이는 상대방을 구속하지 아니하고, 그 기간은 경우에 따라 단지 승낙기간을 정하는 의미를 가질 수 있을 뿐이다(대판 1999.1.29, 98다48903). 따라서 청약자가 청약에 "일정기간 내에 이의를 제기하지 않으면 승낙한 것으로 본다."는 뜻을 표시한 경우, 이의 없이 그 기간이 경과해도 그 계약은 성립하지 않는다.

3. 승낙의 상대방 → 특정인(청약자)

승낙의 의사표시는 반드시 청약자, 즉 특정인에게 행해져야 하므로 승낙의 상대방은 특정인이다. 왜냐하면 계약이 성립하기 위해서는 청약과 승낙의 합치가 있어야 하기 때문이다.

4. 승낙적격

법령 체크

제528조【승낙기간을 정한 계약의 청약】 ① 승낙의 기간을 정한 계약의 청약은 청약자가 그 기간 내에 승낙의 통지를 받지 못한 때에는 그 효력을 잃는다.

② 승낙의 통지가 전항의 기간 후에 도달한 경우에 보통 그 기간 내에 도달할 수 있는 발송인 때에는 청약자는 지체 없이 상대방에게 그 연착의 통지를 하여야 한다. 그러나 그 도달 전에 지연의 통지를 발송한 때에는 그러하지 아니하다.

③ 청약자가 전항의 통지를 하지 아니한 때에는 승낙의 통지는 연착되지 아니한 것으로 본다.

제529조【승낙기간을 정하지 아니한 계약의 청약】 승낙의 기간을 정하지 아니한 계약의 청약은 청약자가 상당한 기간 내에 승낙의 통지를 받지 못한 때에는 그 효력을 잃는다.

(1) 승낙기간을 정한 경우

① 청약은 승낙기간까지 효력이 있으므로 승낙기간 내에 승낙의 통지를 받으면 청약과 승낙의 합치가 있으므로 계약은 성립한다.

② 청약은 승낙기간까지 존재하므로 승낙기간 내에 승낙의 통지를 받지 못한 경우, 청약은 효력을 상실한다.

(2) 충분히 일찍 발송했는데 연착된 경우

① 승낙의 통지가 보통의 경우라면 승낙기간 내에 도달할 수 있는 발송인 때에는, 즉 승낙자가 승낙의 통지를 승낙기간 내에 도달하도록 충분히 일찍 발송했는데 승낙기간이 지난 후에 도달한 경우, 승낙자는 자신이 보낸 승낙의 통지가 승낙기간 내에 도달했을 것이고 계약은 성립했다고 믿고 있을 것이다. 따라서 청약자는 지체 없이 계약이 성립했다고 믿고 있는 상대방, 즉 승낙자에게 승낙의 통지가 연착되었다는 사실을 알려주어야 하는데 이를 연착의 통지라고 한다.

② 연착통지를 한 경우: 청약자가 연착의 통지를 한 경우에는 승낙의 통지는 그대로 연착된 것이므로 계약은 성립하지 않는다. 다만, 새로운 청약으로 볼 수 있다.

③ 연착통지를 하지 않은 경우: 청약자가 연착의 통지를 하지 않았다면 더 이상 보호가치가 없고 충분히 일찍 발송한 승낙자는 보호가치가 있으므로 연착되지 않은 것으로 보아 계약은 그대로 성립하는데 승낙의 통지를 발송한 때 성립한다.

(3) 승낙기간을 정하지 않은 경우

청약자가 상당한 기간 내에 승낙의 통지를 받지 못한 때에는 청약은 효력을 상실한다. 따라서 계약은 성립하지 않는다.

5. 연착된 승낙

법령 체크

제530조【연착된 승낙의 효력】 전2조의 경우에 연착된 승낙은 청약자가 이를 새 청약으로 볼 수 있다.

연착된 승낙이란 승낙기간을 정한 경우에는 승낙기간이 지나서 도착한 승낙을 말하고, 승낙기간을 정하지 않는 경우에는 상당한 기간이 지나서 도착한 승낙을 말한다. 승낙기간이 지나서 도착했으므로 승낙으로서 효력은 없다. 다만, 승낙했다는 것은 계약을 체결할 의사가 있었던 것으로 보이므로 청약자가 연착된 승낙을 새로운 청약으로 보아 승낙하면 계약은 성립할 수 있다.

6. 변경을 가한 승낙

법령 체크

제534조【변경을 가한 승낙】 승낙자가 청약에 대하여 조건을 붙이거나 변경을 가하여 승낙한 때에는 그 청약의 거절과 동시에 새로 청약한 것으로 본다.

(1) 청약을 받은 자가 청약에 대하여 그대로 승낙하지 않고 그 청약에 대해서 조건을 붙이거나 변경을 가하여 승낙한 때에는 그 청약의 거절과 동시에 새로 청약한 것으로 본다.

(2) 예컨대, 아파트를 소유하고 있는 甲이 아파트를 처분하기 위해서 乙에게 5억원에 팔겠다고 청약을 했는데 乙은 4억원이면 사겠다고 한 경우, 과연 계약은 성립할까?

정답 | 계약이 성립하기 위해서는 내용상의 합치가 필요한데, 내용상의 합치가 없으므로 계약은 성립하지 않는다.

해설 | 乙은 甲의 청약을 받아들일 의사가 없으므로 청약거절로 보아 甲의 청약은 효력을 상실하고 매매대금 4억원으로 하는 새로운 청약이 된다. 따라서 甲이 4억원에 팔겠다고 하면 이는 승낙이 되어 매매대금을 4억원으로 하는 매매계약은 성립한다.

7. 계약의 성립시기

(1) 대화자 간의 계약

승낙의 의사표시가 상대방에게 도달하면 청약과 승낙의 합치가 있으므로 계약은 성립한다. 즉, 승낙의 의사표시가 상대방에게 도달한 때 계약은 성립한다.

(2) 격지자 간의 계약 암기코드 | 격승발

법령 체크

제531조【격지자 간의 계약성립시기】 격지자 간의 계약은 승낙의 통지를 발송한 때에 성립한다.

격지자 간의 계약에서 청약의 의사표시는 도달주의를 취하지만, 승낙의 통지는 발신주의를 취한다.

8. 의사실현에 의한 계약의 성립

법령 체크

제532조【의사실현에 의한 계약성립】 청약자의 의사표시나 관습에 의하여 승낙의 통지가 필요하지 아니한 경우에는 계약은 승낙의 의사표시로 인정되는 사실이 있는 때에 성립한다.

의사실현에 의한 계약은 의사실현의 사실이 있는 때에 성립하는 것이고, 청약자가 의사실현 사실이 있었다는 것을 안 때가 아니다.

9. 교차청약에 의한 계약의 성립 → 도달주의(발송 아님)

법령 체크

제533조【교차청약】 당사자 간에 동일한 내용의 청약이 상호 교차된 경우에는 양 청약이 상대방에게 도달한 때에 계약이 성립한다.

4 적중판례

1. 광고와 청약

광고는 일반적으로 청약의 유인에 불과하지만 내용이 명확하고 확정적이며 광고주가 광고의 내용대로 계약에 구속되려는 의사가 명백한 경우에는 이를 청약으로 볼 수 있다. 나아가 광고가 청약의 유인에 불과하더라도 이후의 거래과정에서 상대방이 광고의 내용을 전제로 청약을 하고 광고주가 이를 승낙하여 계약이 체결된 경우에는 광고의 내용이 계약의 내용으로 된다(대판 2018.2.13, 2017다275447).

2. 의사의 합치

(1) 계약이 성립하기 위해서는 당사자 사이에 의사의 합치가 있을 것이 요구되고 이러한 의사의 합치는 당해 계약의 내용을 이루는 모든 사항에 관하여 있어야 하는 것은 아니지만 그 본질적 사항이나 중요사항에 관하여는 구체적으로 의사의 합치가 있거나 적어도 장래 구체적으로 특정할 수 있는 기준과 방법 등에 관한 합의는 있어야 하고, 그러한 정도의 의사의 합치나 합의가 이루어지지 아니한 경우에는 특별한 사정이 없는 한 계약은 성립하지 아니한 것으로 보는 것이 타당하다(대판 2017.10.26, 2017다242867).

(2) 계약이 성립하기 위한 법률요건인 청약은 그에 응하는 승낙만 있으면 곧 계약이 성립하는 구체적, 확정적 의사표시여야 하므로, 청약은 계약의 내용을 결정할 수 있을 정도의 사항을 포함시키는 것이 필요하다(대판 2017.10.26, 2017다242867).

3. 의사의 불합치

계약이 의사의 불합치로 성립하지 아니한 경우, 상대방이 계약이 성립되지 아니할 수 있다는 것을 알았거나 알 수 있었음을 이유로 민법 제535조를 유추적용하여 계약체결상의 과실로 인한 손해배상청구를 할 수는 없다(대판 2017.11.14, 2015다10929).

4. 견적서 제출과 청약의 유인

대규모 건설하도급공사에 있어서는 공사금액 외에 구체적인 공사시행 방법과 준비, 공사비 지급방법 등과 관련된 제반 조건 등 중요한 사항에 관한 합의까지 이루어져야 비로소 하도급계약이 체결된 것으로 볼 수 있다. 따라서 하도급계약의 체결을 위하여 교섭당사자가 견적서, 이행각서, 하도급보증서 등의 서류를 제출하였다는 것만으로는 하도급계약이 체결되었다고 볼 수 없다(대판 2001.6.15, 99다40418). 즉, 하도급계약을 체결하려는 교섭당사자가 견적서를 제출하는 행위는 청약의 유인에 해당한다.

5 계약체결상의 과실책임

1. 의의

계약체결상의 과실책임이란 계약체결을 위한 준비과정이나 계약의 성립과정에서 당사자 일방의 책임 있는 사유로 인해서 상대방에게 손해를 준 경우에는 당사자 일방이 상대방에 대해서 손해를 배상해야 할 책임을 진다는 것을 말한다.

2. 민법상의 계약체결상의 과실책임

법령 체크

제535조【계약체결상의 과실】 ① 목적이 불능한 계약을 체결할 때에 그 불능을 알았거나 알 수 있었을 자는 상대방이 그 계약의 유효를 믿었음으로 인하여 받은 손해를 배상하여야 한다. 그러나 그 배상액은 계약이 유효함으로 인하여 생길 이익액을 넘지 못한다.
(신뢰이익배상) (이행이익배상)
② 전항의 규정은 상대방이 그 불능을 알았거나 알 수 있었을 경우에는 적용하지 아니한다.

(1) 의의

계약의 목적이 원시적, 전부불능으로 인하여 계약이 무효인 경우, 그 불능을 알았거나 알 수 있었던 자가 상대방이 그 계약의 유효를 믿었음으로 인하여 받은 손해(신뢰이익)를 배상해야 하는 책임을 말한다. 예컨대 별장을 소유하고 있는 甲이 乙과 별장매매계약을 체결한 경우, 만약 계약체결 전에 이미 별장이 멸실된 사실을 甲은 이미 알고 있었고 상대방 乙은 몰랐고 과실까지 없다면 乙은 甲에게 손해배상을 청구할 수 있는데, 이를 계약체결상의 과실책임이라고 한다.

(2) 요건

① 상대방은 계약이 성립했다고 믿은 것이므로 계약체결행위가 있어야 한다.

② 계약의 목적이 원시적 불능이기 때문에 계약이 무효이어야 한다. 그리고 일부불능인 경우에는 특별규정인 담보책임의 문제가 발생하므로 전부불능이어야 한다. 요컨대 원시적 불능이고 전부불능이기 때문에 그 계약이 무효인 경우이어야 한다.

③ 당사자 일방(매도인)은 불능에 대해서 악의 또는 과실이 있어야 한다.

④ 상대방(매수인)은 불능에 대해서 선의 그리고 무과실이어야 한다.

⑤ 불능으로 인해서 상대방에게 손해가 발생해야 한다.

(3) 효과

위의 요건이 충족되면 귀책사유 있는 당사자(매도인)는 상대방이 그 계약의 유효를 믿었기 때문에 받은 손해, 즉 신뢰이익(조사비용, 대출이자 등)을 배상하여야 한다. 그러나 그 손해액은 계약이 유효함으로 인하여 생길 이익액, 즉 이행이익을 넘지 못한다. 따라서 만약 신뢰이익이 이행이익을 초과한 경우에는 이행이익의 한도에서 배상한다.

(4) 인정범위

① 계약체결의 준비단계에서 상대방의 생명, 신체, 재산에 침해를 준 경우 또는 착오에 의한 의사표시를 취소하는 경우(착오자에게 경과실이 있는 경우)에도 계약체결상의 과실책임을 인정해야 한다는 것이 다수설이다. 그러나 판례는 제535조 이외에 계약체결상의 과실책임을 인정하지 않는다.

② 계약교섭 자체가 당사자의 일방에 의해 부당하게 파기된 경우 판례는 계약체결상의 과실책임을 부정하고 불법행위책임(신뢰이익배상)을 인정한다.

㉠ 어느 일방이 교섭단계에서 계약이 확실하게 체결되리라는 정당한 기대 내지 신뢰를 부여하여 상대방이 그 신뢰에 따라 행동하였음에도 상당한 이유 없이 계약의 체결을 거부하여 손해를 입혔다면 이는 신의성실의 원칙에 비추어 볼 때 계약자유원칙의 한계를 넘는 위법한 행위로서 불법행위를 구성한다(대판 2003.4.11, 2001다53059). 즉, 계약책임을 물을 수 없다.

㉡ 계약교섭의 부당한 중도파기가 불법행위를 구성하는 경우 그러한 불법행위로 인한 손해는 일방이 신의에 반하여 상당한 이유 없이 계약교섭을 파기함으로써 계약체결을 신뢰한 상대방이 입게 된 상당인과관계 있는 손해로서 계약이 유효하게 체결된다고 믿었던 것에 의하여 입었던 손해, 즉 신뢰손해에 한정된다(대판 2003.4.11, 2001다53059).

기출로 포인트 정리

출제예상 OX지문

❶ 청약은 불특정다수인을 상대로 할 수 있다. (O | X) 29회

❷ 격지자 간의 계약은 다른 의사표시가 없으면 승낙의 통지를 발송한 때에 성립한다. (O | X) 29회

❸ 당사자 간에 동일한 내용의 청약이 상호교차된 경우, 양 청약이 상대방에게 발송된 때에 계약이 성립한다. (O | X) 32회

❹ 하도급계약을 체결하려는 교섭당사자가 견적서를 제출하는 행위는 청약의 유인에 해당한다. (O | X) 32회

대표기출

甲은 승낙기간을 2020.5.8.로 하여 자신의 X주택을 乙에게 5억원에 팔겠다고 하고, 그 청약은 乙에게 2020.5.1. 도달하였다. 이에 관한 설명으로 틀린 것은? (다툼이 있으면 판례에 따름) 31회

① 甲의 청약은 乙에게 도달한 때에 그 효력이 생긴다.
② 甲이 청약을 발송한 후 사망하였다면, 그 청약은 효력을 상실한다.
③ 甲이 乙에게 "2020.5.8.까지 이의가 없으면 승낙한 것으로 본다."고 표시한 경우, 乙이 그 기간까지 이의하지 않더라도 계약은 성립하지 않는다.
④ 乙이 2020.5.15. 승낙한 경우, 甲은 乙이 새로운 청약을 한 것으로 보고 이를 승낙함으로써 계약을 성립시킬 수 있다.
⑤ 乙이 5억원을 5천만원으로 잘못 읽어, 2020.5.8. 甲에게 5천만원에 매수한다는 승낙이 도달하더라도 계약은 성립하지 않는다.

출제예상 OX지문

❶ O 청약은 특정인뿐만이 아니라 불특정다수인을 상대로 할 수 있다.

❷ O 청약자와 승낙자가 모두 계약성립을 원하고 있기 때문에 되도록 빠른 시기에 계약이 성립하도록 하고 있다. 따라서 격지자 간의 계약은 다른 의사표시가 없으면 승낙의 통지를 발송한 때에 성립한다(제531조).

❸ X 당사자 간에 동일한 내용의 청약이 상호교차된 경우, 양 청약이 상대방에게 도달된 때에 계약이 성립한다(제533조). 즉, 발송이 아니라 도달한 때에 성립한다.

❹ O 하도급계약의 체결을 위하여 교섭당사자가 견적서, 이행각서, 하도급보증서 등의 서류를 제출하였다는 것만으로는 하도급계약이 체결되었다고 볼 수 없다. 즉, 하도급계약을 체결하려는 교섭당사자가 견적서를 제출하는 행위는 통상 주문자의 발주를 권유하는 영업행위의 수단으로서 계약체결의 준비 · 교섭행위, 즉 청약의 유인에 해당한다(대판 2001.6.15, 99다40418).

대표기출 정답 ②

② 甲이 청약을 발송한 후 사망한 경우에도 사망 전에 의사표시를 발송한 것이기 때문에 그 청약은 효력을 상실하지 않는다(제111조 제2항). 즉, 청약은 효력이 있다.

① 상대방 있는 의사표시는 상대방에게 도달해야 효력이 발생한다(제111조 제1항). 따라서 甲의 청약은 乙에게 도달한 때에 그 효력이 생긴다.

③ 甲이 乙에게 "2020.5.8.까지 이의가 없으면 승낙한 것으로 본다."라고 표시한 경우, 청약을 받은 乙은 승낙의 자유가 있으므로 그 기간까지 이의하지 않더라도 계약은 성립하지 않는다.

④ 연착된 승낙은 청약자가 새로운 청약으로 볼 수 있다(제530조). 따라서 乙이 2020.5.15. 승낙한 경우(연착된 승낙), 甲은 乙이 새로운 청약을 한 것으로 보고 이를 승낙함으로써 계약을 성립시킬 수 있다.

⑤ 乙이 5억원을 5천만원으로 잘못 읽어, 2020.5.8. 甲에게 5천만원에 매수한다는 승낙이 도달하더라도 청약과 승낙의 합치가 없으므로 계약은 성립하지 않는다.

출제포인트

072 동시이행의 항변권(제536조)

[10개년 출제회차] 25, 26, 29, 31, 32, 33회

시작이 쉬운 길잡이

Q

전원주택을 지을 수 있는 택지를 소유하고 있는 동철 씨. 이를 사고 싶은 대운 씨는 동철 씨를 만나서 매매계약을 체결하고 계약금을 즉시 지급했고, 잔금은 3월 14일에 소유권이전과 동시에 이행하기로 약속을 했습니다. 3월 14일에 카페 '에듀윌역'에서 만난 두 사람은 일단 맛있는 커피 한 잔을 마시며 이야기를 나눕니다. 동철 씨가 대운 씨에게 "내가 급히 오다보니 이전등기서류를 챙겨오지 못했다. 내일 줄 테니 먼저 잔금을 달라."고 합니다. 순진한 대운 씨는 그말을 믿고 잔금을 먼저 주었습니다. 여러분이 대운 씨와 같은 상황이라면 어떻게 하시겠어요?

A

동철 씨의 소유권이전의무와 대운 씨의 잔금 지급의무는 서로 동시이행관계에 있습니다. 따라서 동철 씨가 자신이 부담하고 있는 의무를 이행하지 않으면서 대운 씨에게 먼저 잔금 지급을 요청하는 경우 대운 씨가 먼저 이행을 해야 한다면 불공평합니다. 따라서 대운 씨는 같이 이행하자고 주장할 수 있습니다. 즉, 소유권을 이전해주지 않으면 나도 잔금을 지급하지 않겠다고 거절할 수 있습니다. 이것을 동시이행의 항변권이라고 합니다.

❗ 출제포인트의 중요 키워드는 본문에서 꼭 체크하세요 ▸ **견련성, 동시이행의 항변권, 이행거절권**

1 쌍무계약의 견련성

쌍무계약은 계약의 당사자 쌍방이 모두 서로에 대해서 대가적 의미를 가지는 채무를 부담하는 계약이므로 각 당사자의 채무는 서로 의존관계에 있는데 이를 채무의 견련성❗이라고 한다. 따라서 대가관계 있는 양 채무는 서로 법률적 운명을 함께해야 한다.

1. 성립상의 견련성

쌍무계약에서 발생할 당사자 일방의 채무가 처음부터 성립하지 않거나 또는 무효, 취소된 경우에는 그 채무와 대가적 의미를 가지는 상대방의 채무도 성립하지 않는다. 이것을 성립상의 견련성이라고 한다. 이것은 채무의 발생 내지 성립에 관한 견련성이다. 예컨대 甲 소유 별장에 대해서 乙과 매매계약을 체결했는데 계약체결 전에 이미 별장이 전부 불타버린 경우, 매매계약은 무효이므로 매도인 甲의 소유권이전의무(채무)는 성립하지 않았으므로 이와 대가관계에 있는 매수인 乙의 대금 지급의무(채무)도 성립하지 않는다.

2. 이행상의 견련성

(1) 쌍무계약에서 발생한 당사자 쌍방의 채무는 서로 견련성이 있으므로 당사자 일방의 채무가 이행될 때까지는 상대방의 채무를 이행하지 않아도 된다. 즉, 상환으로 이행되어야 하는데 이것을 이행상의 견련성이라고 한다.

(2) 왜냐하면 쌍무계약에서 당사자 쌍방의 채무는 서로 대가적 의미를 가지고 있는데 당사자 일방이 자기의 채무는 이행하지 않고 상대방에 대하여 채무의 이행을 요구하는 것은 공평의 원칙에 반하기 때문이다. 이행상의 견련성에 의해서 민법은 동시이행의 항변권을 인정하고 있다.

3. 존속상의 견련성

쌍무계약에서 당사자 일방의 채무가 자신의 책임 없는 사유로 이행불능이 되어 소멸한 경우, 상대방의 채무도 소멸하느냐 아니면 그대로 존속하느냐의 문제가 발생한다. 이것을 존속상의 견련성이라고 하며 존속상의 견련성으로부터 민법은 위험부담의 문제를 인정하고 있다.

2 의의 및 성질

1. 의의

쌍무계약에서 상대방이 자기 채무는 이행 또는 이행제공을 하지 않으면서 당사자 일방에게 채무이행을 청구하는 경우 당사자 일방은 그 채무의 이행을 거절할 수 있어야 공평하다. 즉, 상대방이 채무를 이행할 때까지는 당사자 일방은 자신의 채무이행을 거절할 수 있는 이행거절권이 있는데 이것을 동시이행의 항변권이라고 한다. 예컨대 주택소유자 甲이 乙과 매매계약을 체결하고 즉시 계약금을 지급했다. 소유권이전과 잔금 지급은 한 달 뒤에 함께 이행하기로 합의를 했고 한 달 뒤에 甲과 乙이 만났는데 매도인 甲이 자기가 부담하고 있는 소유권이전등기에 필요한 서류는 제공하지 않으면서 乙에게 먼저 잔금을 달라고 청구하는 경우, 매수인 乙은 이전등기에 필요한 서류를 받을 때까지는 잔금을 지급하지 못하겠다고 이행을 거절할 수 있다. 즉, 이전등기에 필요한 서류를 받으면서 그때 동시에 잔금을 지급하겠다고 주장할 수 있다.

2. 성질

(1) 임의규정이므로 특약으로 배제할 수 있다.

(2) 공평의 원칙에 의해서 인정되고 이행상의 견련성에서 인정된다.

(3) 채무이행을 거절하면 그만큼 이행기가 연기되므로 연기적 항변권이라고 한다.

3 성립요건

> **법령 체크**
>
> **제536조 【동시이행의 항변권】** ① 쌍무계약의 당사자 일방은 상대방이 그 채무이행을 제공할 때까지 자기의 채무이행을 거절할 수 있다. 그러나 상대방의 채무가 변제기에 있지 아니하는 때에는 그러하지 아니하다.
>
> ② 당사자 일방이 상대방에게 먼저 이행하여야 할 경우에 상대방의 이행이 곤란할 현저한 사유가 있는 때에는 전항 본문과 같다.

1. 동일한 쌍무계약으로부터 발생한 서로 대가적 의미 있는 채무가 존재해야 한다.

(1) 동일한 법률요건이 아닌 각각 별개의 요건에 의해서 발생한 채무나 다른 법률원인에 의해서 발생한 채무에 대해서는 동시이행의 항변권이 인정되지 않는다.

(2) 주의할 점은 동일한 쌍무계약에서 발생한 채무라도 대가관계가 없으면 동시이행의 항변권은 성립하지 않는다.

(3) 채권양도, 채무인수, 상속 등으로 당사자가 변경되더라도 채무가 동일성을 유지하는 한 동시이행의 항변권은 존속한다.

(4) 동시이행관계에 있는 쌍방 채무 중 일방의 채무가 이행불능이 됨으로 인하여 발생한 손해배상채무도 다른 채무와 동시이행관계에 있을까?

정답 | 처음부터 쌍방의 채무가 동시이행관계에 있었고 이행불능으로 발생한 손해배상채무도 기존의 채무와 동일성이 인정되므로 여전히 상대방의 채무와 동시이행관계에 있다.

2. 상대방의 채무가 변제기에 있어야 한다.

당사자 쌍방이 부담하고 있는 채무가 모두 변제기에 있을 때 동시에 이행하자고 주장할 수 있는 것이다. 따라서 상대방의 채무가 변제기에 있지 아니하는 경우, 즉 당사자의 약정 또는 법률의 규정에 의해 선이행의무가 있는 자는 원칙적으로 동시이행의 항변권을 행사할 수 없다. 다만, 다음과 같은 예외가 인정된다.

(1) 불안의 항변권

후이행의무자의 채무이행이 재산상태의 악화 등으로 현저히 곤란한 경우에는 비록 후이행의무자의 채무변제기가 도래하지 않았다 하더라도 선이행의무자는 동시이행의 항변권을 행사할 수 있다.

① 쌍무계약의 당사자 일방이 계약상 선이행의무를 부담하고 있는데 그와 대가관계에 있는 상대방의 채무가 아직 이행기에 이르지 아니하였지만 이행기의 이행이 현저히 불투명하게 된 경우에는 민법 제536조 제2항 및 신의칙에 의하여 그 당사자에게 반대급부의 이행이 확실해질 때까지 선이행의무의 이행을 거절할 수 있다(대판 1999.7.9, 98다13754 · 13761).

② 민법 제536조 제2항에서의 '상대방의 채무의 이행이 곤란할 현저한 사유'라 함은 계약 성립 후 상대방의 신용불안이나 재산상태의 악화 등 사정으로 반대급부를 이행받을 수 없게 될 지도 모를 사정변경이 생기고 이로 인하여 당초의 계약 내용에 따른 선이행의무를 이행하게 하는 것이 공평의 관념과 신의칙에 반하게 되는 경우를 말한다(대판 2002.9.4, 2001다1386).

(2) 선이행의무자가 채무를 이행하지 않고 있던 도중에 후이행의무자의 변제기가 도래한 경우에는 선이행의무자도 동시이행의 항변권을 주장할 수 있다. 즉, 선이행의무자가 이행을 지체하는 동안에 상대방의 채무의 변제기가 도래한 경우, 특별한 사정이 없는 한 쌍방의 의무는 동시이행관계가 된다.

① **판례:** 매수인이 선이행하여야 할 중도금 지급을 하지 아니한 채 잔대금 지급일을 경과한 경우에는 매수인의 중도금 및 이에 대한 지급일 다음 날부터 잔대금 지급일까지의 지연손해금과 잔대금의 지급채무는 매도인의 소유권이전등기의무와 특별한 사정이 없는 한 동시이행관계에 있다(대판 1991.3.27, 90다19930).

② **결론 및 해설:** 부동산 매수인이 선이행의무 있는 중도금을 지급하지 않고 있던 중에 잔대금 지급과 동시이행관계에 있는 매도인의 소유권이전등기서류의 교부가 되지 않은 상태에서 잔대금 지급기일이 도과되었다면, 매수인은 특별한 사정이 없는 한 그 도과된 때부터의 중도금 지급에 대한 이행지체책임은 지지 않는다. 왜냐하면 중도금 지급의무도 그때부터, 즉 잔금 지급일부터 매도인의 소유권이전의무와 동시이행관계에 있으므로 이행하지 않는 것이 정당하므로 지체책임을 지지 않는다. 주의할 점은 잔금 지급일부터 동시이행관계에 있으므로 중도금 지급일부터 잔금 지급일까지는 중도금을 지급하지 않은 것에 대한 지연배상책임(이행지체)을 져야 한다는 점이다.

3. 상대방이 자기 채무의 이행 또는 이행제공 없이 이행을 청구해야 한다.

(1) 상대방이 채무의 내용에 따른 이행을 하거나, 채무의 내용에 따른 이행의 제공을 하면서 당사자 일방에 대해서 채무이행을 청구하면 당사자 일방은 동시이행의 항변권을 주장하지 못한다.

(2) 쌍무계약의 당사자 일방이 한번 현실의 제공을 하여 상대방을 수령지체에 빠지게 하였으나 그 이행의 제공이 계속되지 않는 경우, 상대방이 동시이행의 항변권을 상실할까?

정답 | 과거에 한번 수령지체에 빠진 상대방도 그 후 당사자 일방이 자기 채무의 이행제공을 다시 하지 않고서 상대방에게 이행을 청구하는 경우, 동시이행의 항변권은 상실되지 않으므로 상대방은 동시이행의 항변권을 주장할 수 있다.

(3) 이행의 제공이 중지된 이후에 상대방의 이행지체를 이유로 손해배상청구를 할 수 있을까?

정답 | 쌍무계약의 당사자 일방이 동시이행관계에 있는 자신의 채무를 일시적으로 이행제공하였다가 이를 중지하였다면, 즉 이행제공이 계속되지 않았다면 이행제공이 계속되지 아니하는 기간 동안에는 상대방의 의무가 이행지체 상태에 빠졌다고 할 수 없으므로 손해배상을 청구할 수 없다.

4 효력

1. 이행거절권

상대방이 채무를 이행할 때까지는 당사자 일방은 자신의 채무이행을 거절할 수 있다. 즉, 이행거절권을 가진다.

2. 이행지체책임을 지지 않는다. → 당연효, 즉 주장하지 않더라도 당연히 지체책임을 지지 않는다.

동시이행의 항변권을 가지는 채무자는 비록 이행기에 이행을 하지 않더라도 정당한 것으로 평가를 받으므로 이행지체가 되지 않는다. 즉, 동시이행의 항변권의 존재만으로 이행지체는 성립하지 않으므로 주장하지 않더라도 당연히 지체책임을 면한다.

3. 소송법상의 효과

(1) 재판과정에서 항변권의 존재에 대해서 당사자가 주장하지 않으면 법원은 직권으로 조사하지 않는다(법원의 직권조사사항이 아니다). 즉, 당사자가 동시이행의 항변권의 존재에 대해서 주장해야 한다.

(2) 법원은 상환이행판결(원고일부승소판결)을 내린다.

4. 상계금지 암기코드 | 민법선생님은 자상하지 않고 수상하다.

동시이행의 항변권이 붙은 채권을 자동채권으로 하는 상계는 금지된다. 즉, 자동채권에 항변권이 존재하는 경우에는 상계가 허용되지 않는다. 왜냐하면 자동채권에 동시이행의 항변권이 존재하는 것은 상대방을 위한 것이다. 따라서 상계할 수 있다면 상대방의 동시이행의 항변권을 부당하게 박탈하여 상대방 이익을 해하기 때문이다. 다만, 수동채권에 항변권이 존재하는 경우에는 상계할 수 있다.

5 적중판례

(1) 쌍무계약이 무효(취소)로 되어 각 당사자가 서로 취득한 것을 반환하여야 할 경우, 어느 일방의 당사자에게만 먼저 그 반환의무의 이행이 강제된다면 공평과 신의칙에 위배되는 결과가 되므로 각 당사자의 반환의무는 동시이행의 관계에 있다(대판 1996.6.14, 95다

54693). 즉, 부당이득반환의무는 서로 동시이행관계가 인정된다. 또한 계약해제로 인한 당사자 쌍방의 원상회복의무도 동시이행관계에 있다.

(2) 부동산 매매계약에 있어 매수인이 부가가치세를 부담하기로 약정한 경우, 부가가치세를 매매대금과 별도로 지급하기로 했다는 등의 특별한 사정이 없는 한 부가가치세를 포함한 매매대금 전부와 부동산의 소유권이전등기의무가 동시이행의 관계에 있다(대판 2006.2.24, 2005다58656).

(3) 근저당권설정등기 있는 부동산의 매매계약에 있어서는 매도인의 소유권이전등기의무와 아울러 근저당권설정등기의 말소의무도 매수인의 대금 지급의무와 동시이행관계에 있다(대판 1979.11.13, 79다1562).

(4) 가압류등기 등이 있는 부동산의 매매계약에 있어서는 매도인의 소유권이전등기의무와 아울러 가압류등기의 말소의무도 매수인의 대금 지급의무와 동시이행관계에 있다고 할 것이다(대판 2000.11.28, 2000다8533).

(5) 구분소유적 공유관계가 해소되는 경우, 공유지분권자 상호간의 지분이전등기의무는 동시이행관계에 있다(대판 2008.6.26, 2004다32992).

(6) 토지임차인이 건물매수청구권을 행사한 경우, 토지임차인의 건물인도 및 소유권이전등기의무와 토지임대인의 건물대금 지급의무는 동시이행관계가 인정된다(대판 1998.5.8, 98다2389).

(7) 채권을 담보하기 위하여 (근)저당권설정등기를 경료한 경우, 채무자의 채무변제와 채권자의 (근)저당권설정등기의 말소는 동시이행관계에 있는 것이 아니라 채무자의 채무변제의무가 선이행의무이다.

(8) 근저당권 실행을 위한 경매가 무효인 경우, 낙찰자의 채무자에 대한 소유권이전등기 말소의무와 근저당권자의 낙찰자에 대한 배당금반환의무는 동시이행관계가 아니다(대판 2006.9.22, 2006다24049).

(9) 임대차 종료 후 임대인의 보증금반환의무와 임차인의 임차목적물반환의무는 동시이행관계에 있다. 그리고 전세권 소멸 후 전세권설정자의 전세금반환의무와 전세권자의 목적물반환의무 및 전세권등기 말소서류 교부의무는 동시이행관계에 있다. 그러나 임대인의 임대차보증금의 반환의무는 임차인의 「주택임대차보호법」 제3조의3 규정에 의한 임차권등기 말소의무보다 먼저 이행되어야 할 의무이다(대판 2005.6.9, 2005다4529). 즉, 임대인의 보증금반환의무가 선이행의무에 해당한다.

(10) 매도인의 토지거래허가 신청절차에 협력할 의무와 매수인의 매매대금 지급의무는 동시이행관계가 인정되지 않는다(대판 1993.8.27, 93다15366).

기출로 **포인트 정리**

출제예상 OX지문

❶ 임대차 종료 시 임차보증금반환의무와 임차물반환의무는 서로 동시이행의 관계에 있다. (O | X) 31회

❷ 피담보채권을 변제할 의무와 근저당권설정등기 말소의무는 서로 동시이행의 관계에 있다. (O | X) 31회

❸ 「주택임대차보호법」상 임차권등기명령에 따라 행해진 임차권등기의 말소의무와 임대차보증금 반환의무는 동시이행관계에 있다. (O | X) 33회

대표기출

동시이행의 항변권에 관한 설명으로 옳은 것은? (다툼이 있으면 판례에 따름) 26회

① 동시이행관계에 있는 쌍방의 채무 중 어느 한 채무가 이행불능이 되어 손해배상채무로 바뀌는 경우, 동시이행의 항변권은 소멸한다.

② 임대차 종료 후 보증금을 반환받지 못한 임차인이 동시이행의 항변권에 기하여 임차목적물을 점유하는 경우, 불법점유로 인한 손해배상책임을 진다.

③ 동시이행의 항변권은 당사자의 주장이 없어도 법원이 직권으로 고려할 사항이다.

④ 채권자의 이행청구소송에서 채무자가 주장한 동시이행의 항변이 받아들여진 경우, 채권자는 전부 패소판결을 받게 된다.

⑤ 선이행의무자가 이행을 지체하는 동안에 상대방의 채무의 변제기가 도래한 경우, 특별한 사정이 없는 한 쌍방의 의무는 동시이행관계가 된다.

출제예상 OX지문

❶ O 임대차 종료 시 임대인은 임차보증금반환의무가 있고 임차인은 임차물반환의무가 있는데 서로 동시에 이행하는 것이 공평하므로 동시이행의 관계에 있다.

❷ X 채무자가 채무를 변제해야 채권이 소멸하고 저당권이 소멸한다. 그리고 저당권등기가 무효등기가 되어 말소등기의무가 발생한다. 즉, 채무자의 채무변제의무가 선이행의무이다.

❸ X 임차권등기는 이미 임대차계약이 종료하였음에도 임대인이 그 보증금을 반환하지 않는 상태에서 경료되게 되므로, 이미 사실상 이행지체에 빠진 임대인의 임대차보증금의 반환의무와 그에 대응하는 임차인의 권리를 보전하기 위하여 새로이 경료하는 임차권등기에 대한 임차인의 말소의무를 동시이행관계에 있는 것으로 해석할 것은 아니고, 임대인의 임대차보증금의 반환의무가 임차인의 임차권등기 말소의무보다 먼저 이행되어야 할 의무이다(대판 2005.6.9, 2005다4529).

대표기출 정답 ⑤

⑤ 선이행의무자가 이행을 지체하는 동안에 상대방의 채무의 변제기가 도래한 경우, 특별한 사정이 없는 한 쌍방의 의무는 동시이행관계가 된다. 예컨대 매수인이 선이행의무관계에 있는 중도금을 지급하지 않고 있는 사이에 매도인의 소유권이전의무, 즉 후이행의무이행일이 도래한 경우, 그때부터 중도금도 잔금과 함께 동시이행관계에 있다(대판 2002.3.29, 2000다577).

① 동시이행관계에 있는 쌍방의 채무 중 어느 한 채무가 이행불능이 되어 손해배상채무로 바뀌는 경우, 애초의 채무가 동시이행관계에 있었으므로 그 채무가 손해배상채무로 변경된 경우에도 동일성이 있으므로 동시이행의 항변권은 소멸하지 않고 그대로 존재한다(대판 2000.2.25, 97다30066).

② 임대차 종료 후 보증금을 반환받지 못한 임차인이 동시이행의 항변권에 기하여 임차목적물을 점유하는 경우, 이는 정당하게 평가를 받으므로 불법점유가 아니다. 따라서 불법점유로 인한 손해배상책임을 지지 않는다.

③ 동시이행의 항변권은 법원의 직권조사사항이 아니다. 즉, 당사자가 주장을 해야 한다.

④ 채권자의 이행청구소송에서 채무자가 주장한 동시이행의 항변이 받아들여진 경우, 원고(채권자) 일부승소판결(상환이행판결)을 내리게 된다.

출제포인트

073 위험부담(제537조, 제538조)

[10개년 출제회차] 24, 27, 29, 30, 31회

시작이 쉬운 길잡이

Q 단독주택을 소유하고 있는 대운 씨. 부자 씨와 4월 7일에 매매계약을 체결하고 5월 7일에 소유권이전과 잔금을 지급하기로 합의했습니다. 그런데 4월 21일 이웃집에 화재가 발생하여 대운 씨 집까지 전소되고 말았습니다. 여러분, 이 경우 불쌍한 대운 씨는 부자 씨에게 매매대금을 청구할 수 있을까요?

A 매도인인 대운 씨의 소유권이전의무와 매수인인 부자 씨의 대금 지급의무는 서로 대가관계에 있습니다. 그리고 이웃집의 화재로 단독주택이 전소되어 의도하는 목적이 불가능하게 되었으므로, 즉 대운 씨의 귀책사유 없이 이행불능이 되었으므로 대운 씨가 부담하고 있었던 소유권이전의무는 소멸합니다. 이것과 대가관계에 있었던, 즉 상호의존하고 있는(연결되어 있는) 부자 씨의 대금 지급의무도 함께 소멸하기 때문에 아쉽지만 대운 씨는 매매대금을 청구하지 못합니다. 이것을 채무자위험부담이라고 합니다.

출제포인트의 중요 키워드는 본문에서 꼭 체크하세요 ▸ 위험부담, 채무자위험부담주의, 채권자위험부담주의

1 의의

위험부담이란 쌍무계약에서 당사자 일방의 채무(급부의무)가 채무자 자신의 책임 없는 사유로 후발적 불능이 되어 소멸하는 경우, 채권자가 부담하고 있는 채무(반대급부의무)가 함께 소멸하는지, 아니면 소멸하지 않고 존재하는지의 문제를 말한다. 즉, 채무자가 채권자에게 대가(반대급부)를 청구할 수 있는지의 문제이다.

2 기본 쟁점

(1) 위험부담의 문제는 쌍무계약에서 그리고 후발적 불능에서 발생한다.

(2) 후발적 불능이 채무자에게 책임 없는 사유로 발생한 경우이어야 한다.

(3) 위험부담에 관한 규정(제537조, 제538조)은 임의규정에 불과하므로 당사자 간에 특약이 있으면 특약이 우선하고 특약이 없는 경우에 한하여 적용된다. 즉, 계약당사자는 위험부담에 관하여 민법 규정과 달리 정할 수 있다.

3 채무자위험부담주의(원칙)

법령 체크

제537조【채무자위험부담주의】 쌍무계약의 당사자 일방의 채무가 당사자 쌍방의 책임 없는 사유로 이행할 수 없게 된 때에는 채무자는 상대방의 이행을 청구하지 못한다.

1. 의의

쌍무계약에서 당사자 일방의 채무가 당사자 쌍방의 책임 없는 사유로 후발적 이행불능이 된 경우, 채무자에게 귀책사유가 없으므로 채무자는 채무를 면하고 채무자의 채무와 상호 의존하고 있는, 즉 견련성이 있는 상대방(채권자)의 채무도 함께 소멸한다. 따라서 채무자는 채무를 면하지만 동시에 상대방에 대한 대가청구권도 상실하게 되므로 상대방에게 이행을 청구하지 못한다. 즉, 채무자는 채권자에게 대가를 청구하지 못한다. 이것을 채무자위험부담주의라고 한다.

2. 요건

(1) 후발적 불능일 것

(2) 쌍무계약일 것. 따라서 편무계약의 경우 원칙적으로 위험부담의 법리가 적용되지 않는다.

(3) 당사자 쌍방의 책임 없는 사유일 것

3. 효과

(1) 채무자의 채무는 소멸한다. 즉, 채무자는 불능에 대해서 자신에게 귀책사유가 없으므로 채무를 면한다.

(2) 채무자(매도인)가 채권자(매수인)에게 가지고 있던 대금지급청구권(대가청구권)도 소멸하므로 대금 지급을 청구할 수 없다. 따라서 이미 받아둔 계약금은 부당이득으로서 반환해야 한다.

(3) 판례는 대상청구권을 인정하고 있다.

① 후발적 불능은 유효이므로 채무자는 채무를 면하지만 계약관계는 그대로 존재하고 있다. 따라서 불능으로 인해서 채무자가 원래의 목적물에 갈음(대신)하는 이익(대상)을 취득한 경우에는 채권자는 자신이 부담하고 있었던 의무를 이행하고 대상을 청구할 수 있는 것이 공평하다. 이 권리를 대상청구권이라고 한다.

② 당사자 일방이 대상청구권을 행사하려면 상대방에 대하여 반대급부를 이행할 의무가 있으므로 의무를 이행해야 한다.

③ 예컨대, 甲 소유 토지에 대해서 乙은 매매계약을 체결하고 계약금을 즉시 지급했다. 이후 甲 소유 토지가 수용되어 불능이 되었고 甲이 토지에 대신해서 수용보상금청구권(대상)을 취득한 경우, 乙은 잔금을 지급하고 甲에게 수용보상금청구권의 양도를 청구할 수 있다. 즉, 매수인 乙이 대상청구권을 행사하면 매도인 甲은 매매대금 지급을 청구할 수 있다.

4 채권자위험부담주의(예외)

> **법령 체크**
>
> **제538조 【채권자 귀책사유로 인한 이행불능】** ① 쌍무계약의 당사자 일방의 채무가 채권자의 책임 있는 사유로 이행할 수 없게 된 때에는 채무자는 상대방의 이행을 청구할 수 있다. 채권자의 수령지체 중에 당사자 쌍방의 책임 없는 사유로 이행할 수 없게 된 때에도 같다.
>
> ② 전항의 경우에 채무자는 자기의 채무를 면함으로써 이익을 얻은 때에는 이를 채권자에게 상환하여야 한다.

1. 의의

쌍무계약의 당사자 일방, 즉 채무자가 부담하고 있는 채무가 채권자의 책임 있는 사유로 이행할 수 없게 된 때(이행불능)에는 채무자는 자신의 채무를 면하지만 채무자의 채무와 상호의존하고 있는, 즉 견련성이 있는 채권자의 채무는 소멸하지 않고 여전히 존속한다. 따라서 채무자는 채권자에게 이행을 청구할 수 있다. 그리고 쌍무계약의 당사자 일방, 즉 채무자가 부담하고 있는 채무가 채권자의 수령지체 중에 당사자 쌍방의 책임 없는 사유로 이행할 수 없게 된 때에도 채무자는 자신의 채무를 면하지만 채무자의 채무와 상호의존하고 있는, 즉 견련성이 있는 채권자의 채무는 소멸하지 않고 여전히 존속한다. 따라서 채무자는 채권자에게 이행을 청구할 수 있다. 이것을 채권자위험부담주의라고 한다.

2. 요건

(1) 후발적 불능일 것

(2) 쌍무계약일 것. 따라서 편무계약의 경우 원칙적으로 위험부담의 법리가 적용되지 않는다.

(3) 쌍무계약의 일방의 채무가 채권자의 책임 있는 사유로 이행할 수 없게 된 때 또는 채권자의 수령지체 중에 당사자 쌍방의 책임 없는 사유로 이행할 수 없게 된 때

3. 효과

(1) 채무자는 상대방에게 이행을 청구할 수 있다. 즉, 채무자는 채무를 면하지만 채권자에게 대가(대금)를 청구할 수 있다.

(2) 채무자는 자기의 채무를 면함으로써 이익을 얻은 때에는 이를 채권자에게 상환하여야 한다.

기출로 **포인트 정리**

출제예상 OX지문

❶ 계약당사자는 위험부담에 관하여 민법 규정과 달리 정할 수 있다. (O | X) 31회

❷ 채무자의 책임 있는 사유로 후발적 불능이 발생한 경우, 위험부담의 법리가 적용된다. (O | X) 31회

대표기출

甲은 자기소유의 주택을 乙에게 매도하는 계약을 체결하였는데, 그 주택의 점유와 등기가 乙에게 이전되기 전에 멸실되었다. 다음 중 틀린 것은? (다툼이 있으면 판례에 따름) 22회

① 주택이 태풍으로 멸실된 경우, 甲은 乙에게 대금 지급을 청구할 수 없다.
② 주택이 태풍으로 멸실된 경우, 甲은 이미 받은 계약금을 반환할 의무가 없다.
③ 甲의 과실로 주택이 전소된 경우, 乙은 계약을 해제할 수 있다.
④ 乙의 과실로 주택이 전소된 경우, 甲은 乙에게 대금 지급을 청구할 수 있다.
⑤ 甲이 이행기에 이전등기에 필요한 서류를 제공하면서 주택의 인수를 최고하였으나 乙이 이를 거절하던 중 태풍으로 멸실된 경우, 甲은 乙에게 대금 지급을 청구할 수 있다.

기출로 **포인트 정리**

쉬운 해설

출제예상 OX지문

❶ O 위험부담의 규정은 임의규정이므로 특약으로 다르게 정할 수 있다.

❷ X 채무자의 책임 없는 사유로 후발적 불능이 발생한 경우에는 위험부담의 문제이고, 채무자의 책임 있는 사유로 후발적 불능이 발생한 경우에는 채무불이행의 문제이다.

대표기출 정답 ②

계약체결 이후에 불가능이므로 후발적 불능의 문제이다. 이 경우 불능에 대해서 채무자에게 귀책사유가 있으면 채무불이행의 문제가 발생한다. 다만, 채무자에게 귀책사유가 없으면 채무불이행의 문제가 아니라 위험부담의 문제가 발생한다.

② 주택이 태풍으로 멸실된 경우, 채무자에게 귀책사유가 없으므로 채무자가 위험을 부담한다. 따라서 채무자 甲은 소유권이전의무를 면하고 채권자 乙에게 대금 지급을 청구할 수 없다(제537조). 즉, 채무자 甲은 대금지급청구권이 없으므로 이미 받은 계약금은 부당이득이다. 따라서 계약금을 乙에게 반환해야 할 의무가 있다.

① 주택이 태풍으로 멸실된 경우, 채무자에게 귀책사유가 없으므로 위험부담의 문제이다. 즉, 채무자가 위험을 부담한다. 따라서 채무자 甲은 소유권이전의무를 면하고 채권자 乙에게 대금 지급을 청구할 수 없다(제537조).

③ 채무자 甲의 과실로 주택이 전소된 경우, 채무자에게 귀책사유가 있으므로 채무불이행의 문제가 발생한다. 따라서 채권자 乙은 매매계약을 채무불이행을 이유로 해제할 수 있다.

④ 채권자 乙의 과실로 주택이 전소된 경우에는 채권자가 위험을 부담한다. 따라서 채무자 甲은 소유권이전의무를 면하지만 채권자 乙에게 매매대금을 청구할 수 있다(제538조).

⑤ 채무자 甲이 이행기에 이전등기에 필요한 서류를 제공하면서 주택의 인수를 최고하였으나 채권자 乙이 이를 거절하던 중 태풍으로 멸실된 경우에는 채권자가 위험을 부담한다. 따라서 채무자 甲은 소유권이전의무를 면하지만 채권자 乙에게 매매대금을 청구할 수 있다(제538조).

출제포인트

074 제3자를 위한 계약

[10개년 출제회차] 24, 25, 26, 27, 28, 29, 30, 31, 32, 33회

시작이 쉬운 길잡이

Q 산하 씨에게 빚을 지고 있는 대운 씨. 약속한 날에 빚을 갚기 위해서 전원주택을 부자 씨에게 팔기로 하고 매매계약을 체결했습니다. 어차피 부자 씨로부터 매매대금을 받으면 산하 씨에게 지급해야 하므로, 편의를 위해서 부자 씨와 매매계약을 체결하면서 매매대금은 부자 씨가 직접 산하 씨에게 지급하기로 특약을 했습니다. 여러분 이런 계약이 가능할까요?

A 개인들은 자신의 법률관계를 자유롭게 형성해 갈 수 있으므로 계약의 당사자가 아닌 제3자에게 계약에 따른 이익을 주기로 하는 약정도 허용되어야 합니다. 따라서 대운 씨와 부자 씨 사이에 이루어진 계약은 유효입니다. 이런 유형의 계약을 제3자를 위한 계약이라고 합니다.

❗ 출제포인트의 중요 키워드는 본문에서 꼭 체크하세요 ▸ **제3자를 위한 계약, 보상관계, 대가관계**

1 의의 및 용어정리, 유형

1. 의의

일반적으로 계약의 당사자가 계약에 따른 이익을 받는다. 그런데 계약당사자가 아닌 제3자로 하여금 직접 계약으로부터 생긴 권리를 취득하게 하는 것을 목적으로 하는 계약을 체결하는 것도 인정된다. 즉, 계약으로부터 생기는 급부청구권을 계약당사자가 아닌 제3자가 취득하도록 하는 계약을 제3자를 위한 계약❗이라고 한다. 예컨대 제3자 丙에게 채무를 부담하고 있는 甲이 채무를 변제하기 위해서 본인 소유 아파트 매매계약을 乙과 체결하고 그 매매대금은 乙이 직접 丙에게 지급하기로 하는 계약을 제3자를 위한 계약이라고 한다.

2. 기본용어

(1) 요약자(채권자)

요약자란 제3자를 위한 계약을 체결하자고 요청하는 사람이다. 그리고 상대방에게 계약에 따른 이익을 제3자에게 지급할 것을 청구할 수 있는 권리가 있으므로 채권자라고 한다.

(2) 낙약자(채무자)

낙약자는 요약자의 요청에 대해서 승낙을 하는 자이다. 그리고 제3자에게 계약에 따른 이익을 지급해야 할 의무가 있으므로 채무자라고 한다.

(3) 수익자(제3자)

수익자는 계약의 당사자는 아니지만 계약에 따른 이익을 받는 자이다. 당사자가 아니므로 제3자라고 한다.

(4) 제3자 수익약정(제3자 약관)

요약자와 낙약자가 제3자를 위한 계약을 체결하면서 계약에 따른 이익을 제3자에게 주기로 하는 약정, 약속을 제3자 수익약정이이라고 한다.

(5) 제3자의 수익의 의사표시

제3자는 수익의사를 표시한 그때 권리취득(소급 X)

제3자가 계약에 따른 이익을 받겠다고 낙약자에게 행하는 의사표시이다.

3. 유형

(1) 병존적 채무인수(중첩적 채무인수), 타인을 위한 보험, 타인을 위한 신탁, 변제를 위한 공탁은 제3자를 위한 계약에 해당되지만 면책적 채무인수, 계약인수, 이행인수는 제3자를 위한 계약이 아니다.

(2) 제3자를 위한 계약이 성립하기 위하여는 일반적으로 그 계약의 당사자가 아닌 제3자로 하여금 직접 권리를 취득하게 하는 조항이 있어야 할 것이지만, 계약의 당사자가 제3자에 대하여 가진 채권에 관하여 그 채무를 면제하는 계약도 제3자를 위한 계약에 준하는 것으로서 유효하다(대판 2004.9.3, 2002다37405).

2 기본 쟁점

1. 보상관계(기본관계)

(1) 낙약자가 수익자에게 급부를 함으로써 입게 되는 손실은 기본관계에 의하여 보상되므로 보상관계라고 한다.

(2) 보상관계는 요약자와 낙약자 사이의 관계로서 제3자를 위한 계약의 본질적 구성부분이다. 따라서 보상관계의 흠결이나 하자는 제3자를 위한 계약의 효력에 직접 영향을 미친다. 예컨대, 제3자 丙에게 채무를 부담하고 있는 甲이 채무를 변제하기 위해서 본인 소유 아파트 매매계약을 乙과 체결하고 그 매매대금은 乙이 직접 丙에게 지급하기로 하는 계약을 체결한 경우, 甲이 乙과 체결한 매매계약이 이에 해당한다. 따라서 매매계약이 무효가 되는 경우 제3자를 위한 계약도 무효가 되는 것이다.

2. 대가관계(원인관계)

(1) 대가관계는 요약자와 수익자 사이의 관계를 말하는데, 이는 둘 사이의 내부관계에 불과하고 제3자를 위한 계약의 내용이 아니므로 대가관계의 흠결이나 하자가 있을지라도 제3자를 위한 계약의 효력에는 아무런 영향을 미치지 않는다.

(2) **판례**

제3자를 위한 계약의 체결 원인이 된 요약자와 제3자(수익자) 사이의 법률관계(이른바 대가관계)의 효력은 제3자를 위한 계약 자체는 물론 그에 기한 요약자와 낙약자 사이의 법률관계(이른바 기본관계)의 성립이나 효력에 영향을 미치지 아니하므로, 낙약자는 요약자와 수익자 사이의 법률관계에 기한 항변으로 수익자에게 대항하지 못하고, 요약자도 대가관계의 부존재나 효력의 상실을 이유로 자신이 기본관계에 기하여 낙약자에게 부담하는 채무의 이행을 거부할 수 없다(대판 2003.12.11, 2003다49771).

3 제3자를 위한 계약의 성립 → 유효한 계약 + 제3자 수익약정

1. 계약의 당사자

(1) 채권자(요약자)와 채무자(낙약자)가 계약의 당사자이고 제3자(수익자)는 당사자가 아니다.

(2) 제3자를 위한 계약이 성립하기 위해서는 일단 채권자와 채무자, 즉 당사자 간에 유효한 계약이 성립해야 한다.

2. 제3자 수익약정

제3자를 위한 계약이 성립하기 위해서는 채권자와 채무자, 즉 당사자 간에 유효한 계약이 성립해야 하고 계약에 따른 이익을 제3자에게 지급하기로 하는 특약, 즉 제3자 수익약정이 있어야 한다. 따라서 만약 당사자 간에 유효한 계약이 있어도 제3자 수익약정이 없다면 제3자를 위한 계약은 성립할 수 없다.

4 지위

1. 요약자(채권자)의 지위

(1) 요약자는 채권자이므로 채무자(낙약자)에게 제3자에 대한 채무를 이행할 것을 청구할 수 있다.

(2) 제3자의 권리가 확정된 후라도, 즉 제3자가 수익의 의사를 표시한 이후에도 낙약자의 채무불이행이 있는 경우에는 제3자 동의 없이도 계약을 해제할 수 있고 원상회복청구권을 행사할 수 있다.

(3) 계약에 무효사유나 취소사유가 있는 경우에는 무효주장, 취소권을 행사할 수 있다.

(4) 제3자가 수익의 의사를 표시한 이후에도 해제권, 취소권, 무효를 주장함으로써 제3자의 권리를 변경·소멸시킬 수 있다. 다만, 제3자가 수익의 의사를 표시한 이후에는 요약자와 낙약자가 서로 합의에 의해서 제3자의 권리를 변경·소멸시킬 수 없다.

2. 낙약자의 지위

(1) 최고권

채권자(요약자)와 채무자(낙약자)가 제3자를 위한 계약을 체결했는데 제3자가 계약에 따른 이익을 받을지 아니면 거절할지가 궁금하다. 따라서 채무자(낙약자)는 제3자에게 계약에 따른 이익을 받을지에 대해서 상당한 기간을 정해서 최고(독촉)할 수 있다. 그리고 채무자가 그 기간 내에 아무런 확답을 받지 못한 때에는 수익을 거절한 것으로 본다.

(2) 항변권

제3자의 급부청구에 대해 채무자(낙약자)는 채권자(요약자)에 대한 항변, 즉 기본관계(보상관계)에 기한 항변으로 제3자(수익자)에게 대항할 수 있다.

3. 수익자(제3자)의 지위

(1) 제3자는 계약의 당사자가 아니므로 계약체결 당시 반드시 현존하거나 특정되지 않아도 된다. 따라서 태아 또는 설립 중인 법인을 위해서도 제3자를 위한 계약은 성립할 수 있다. 다만, 수익의 의사표시를 할 때에는 당연히 현존·특정되어야 한다.

(2) 제3자는 계약의 당사자가 아니므로 계약의 당사자에게 인정되는 취소권, 해제권, 해제를 원인으로 한 원상회복청구권은 없다. 따라서 수익자는 요약자의 제한행위능력을 이유로 계약을 취소하지 못한다.

(3) 낙약자의 채무불이행이 있으면 수익자가 낙약자를 상대로 손해배상을 청구할 수 있을까?

정답 | 낙약자가 채무를 이행하지 않더라도 수익자는 계약의 당사자가 아니므로 채무불이행을 원인으로 계약을 해제할 수는 없다. 그러나 낙약자의 채무불이행을 이유로 해제된 경우, 수익의 의사표시를 한 수익자는 낙약자의 채무불이행으로 인하여 입은 손해의 배상을 낙약자에 대하여 청구할 수 있다.

(4) 제3자가 하는 수익의 의사표시의 상대방은 낙약자이다

제3자는 수익의 의사를 표시함으로써 낙약자에게 직접 권리를 취득(낙약자에게 직접 이행을 청구할 수 있다)하는데, 제3자가 수익의 의사표시를 할 수 있는 지위는 이익을 받겠다는 일방적 의사표시만으로 곧 권리를 취득하므로 형성권이다. 그리고 상속, 채권자대위권의 목적이 될 수 있다.

(5) 제3자를 위한 계약은 요약자와 낙약자 간에 유효한 계약을 체결하고 제3자 수익약정을 하면 바로 성립한다. 따라서 제3자의 수익의 의사표시는 제3자를 위한 계약의 성립요건과 효력요건이 아니다. 즉, 제3자의 수익의 의사표시가 없을지라도 제3자를 위한 계약은 성립하고 효력을 발생한다. 다만, 수익의 의사표시는 제3자가 권리를 취득하기 위해서 필요한 권리취득의 요건이다.

(6) 제3자가 수익의 의사를 표시한 이후, 즉 권리를 취득한 이후에 요약자와 낙약자가 합의로 제3자의 권리를 변경 또는 소멸시킬 수 있을까?

정답 | 제3자가 수익의 의사를 표시함으로써 권리를 취득한 이후에는 제3자를 보호하기 위해서 계약의 당사자(요약자와 낙약자)는 서로 합의를 통해서 제3자의 권리를 변경 또는 소멸시키지 못하는 것이 원칙이다. 즉, 수익자에게 효력이 없다. 다만, 변경 또는 소멸시킬 수 있음을 미리 유보하거나 제3자의 동의가 있으면 변경 또는 소멸시킬 수 있다.

(7) 제3자, 즉 수익자는 단지 제3자를 위한 계약에서 발생하는 권리를 취득할 뿐 별도의 새로운 이해관계(계약관계)를 맺은 자가 아니므로 민법상 제3자 보호규정에 있어서 보호받는 제3자에 해당하지 않는다. 따라서 요약자와 낙약자 간의 계약이 요약자의 착오로 취소된 경우, 수익자는 착오취소로써 대항할 수 없는 제3자 범위에 포함되지 않는다. 그러나 제3자가 요약자 또는 낙약자를 사기·강박했다면 제3자의 사기·강박에 의한 의사표시에서 제3자에는 해당한다.

5 적중판례

(1) 계약관계가 해제 또는 무효가 된 경우 원상회복이나 부당이득반환의무의 당사자는 누구일까?

정답 | 계약관계의 청산은 당사자 사이에 이루어져야 하므로, 즉 원상회복이나 부당이득반환은 당사자인 요약자와 낙약자 사이에 발생한다. 따라서 계약이 해제 또는 무효가 된 경우, 제3자를 상대로 원상회복이나 부당이득반환을 청구할 수 없다.

판례 | 제3자를 위한 계약관계에서 낙약자와 요약자 사이의 법률관계(이른바 기본관계)를 이루는 계약이 무효이거나 해제된 경우, 그 계약관계의 청산은 계약의 당사자인 낙약자와 요약자 사이에 이루어져야 하므로, 특별한 사정이 없는 한 낙약자가 이미 제3자에게 급부한 것이 있더라도 낙약자는 계약해제 등에 기한 원상회복 또는 부당이득을 원인으로 제3자를 상대로 그 반환을 구할 수 없다(대판 2010.8.19, 2010다31860).

(2) 요약자와 낙약자 사이의 매매계약이 무효인 경우, 매수인인 낙약자는 수익자에게 지급한 매매대금이 부당이득이라는 이유로 수익자를 상대로 그 반환을 청구할 수 없다.

중요 쟁점 한눈에 파악하기

1. 甲 요약자 = 채권자
- 채무이행청구 O(낙약자를 상대)
- 낙약자의 채무불이행 : 해제 O(제3자 동의 필요 X)
- 무효, 취소사유 O : 무효주장 O, 취소권 행사 O
- 해제 O: 원상회복의무 O
  무효, 취소 O: 부당이득반환의무 O
- 해제나 무효, 취소된 경우
  - (1) 원상회복의무나 부당이득반환의무(요약자와 낙약자)
  - (2) 수익자를 상대로 원상회복이나 부당이득반환 청구 X

2. 乙 낙약자 = 채무자
- 최고권
  - 수익자에게 최고
  - 수익자의 확답 X : 수익 거절로 봄
- 항변권
  - 요약자와의 계약(기본관계, 보상관계)
  - 대가관계에 기한 항변권 인정 X
  - 수익자에게 대항 O
- 취소권
  - 취소 O : 무효, 수익자에게 이행거절 O
  - 취소 X : 유효, 수익자에게 이행거절 X

3. 丙 수익자 = 제3자
- 당사자 X
  - 계약체결 시 현존 X(태아, 설립 중인 법인 O)
  - 수익의사를 표시할 때에는 현존해야 함
  - 취소권 X, 해제권 X, 원상회복청구권 X
- 수익의사 표시
  - 권리취득요건 O / 성립요건 X
    : 수익의사를 표시한 때 권리취득(소급 X)
  - 상대방: 낙약자(낙약자에게 직접 이행청구 O) / 형성권 / 양도 · 상속 O
  - 수익자가 권리취득한 이후에는 요약자와 낙약자는 합의를 통해서 수익자의 권리를 변경 · 소멸 X(원칙) / 처음부터 유보, 제3자 동의 O(예외)
- 낙약자의 채무불이행 : 해제 X / 손해배상청구 O
- 제3자 보호규정의 제3자에 해당 X
- 제3자에 의한 사기 · 강박에서 제3자에 해당 O

기출로 포인트 정리

출제예상 OX지문

❶ 수익자는 계약의 해제권이나 해제를 원인으로 한 원상회복청구권이 없다. (O | X) 28회

❷ 낙약자는 요약자와의 계약에서 발생한 항변으로 제3자에게 대항할 수 있다. (O | X) 28회

❸ 제3자의 권리는 그 제3자가 채무자에 대해 수익의 의사표시를 하면 계약의 성립 시에 소급하여 발생한다. (O | X) 32회

❹ 제3자는 채무자의 채무불이행을 이유로 그 계약을 해제할 수 없다. (O | X) 32회

❺ 제3자를 위한 계약의 당사자는 요약자, 낙약자, 수익자이다. (O | X) 33회

대표기출

甲(요약자)과 乙(낙약자)은 丙을 수익자로 하는 제3자를 위한 계약을 체결하였다. 다음 설명 중 틀린 것은? (다툼이 있으면 판례에 따름) 30회

① 甲은 대가관계의 부존재를 이유로 자신이 기본관계에 기하여 乙에게 부담하는 채무의 이행을 거부할 수 없다.

② 甲과 乙 간의 계약이 해제된 경우, 乙은 丙에게 급부한 것이 있더라도 丙을 상대로 부당이득반환을 청구할 수 없다.

③ 丙이 수익의 의사표시를 한 후 甲이 乙의 채무불이행을 이유로 계약을 해제하면, 丙은 乙에게 그 채무불이행으로 자기가 입은 손해의 배상을 청구할 수 있다.

④ 甲과 乙 간의 계약이 甲의 착오로 취소된 경우, 丙은 착오취소로써 대항할 수 없는 제3자의 범위에 속한다.

⑤ 수익의 의사표시를 한 丙은 乙에게 직접 그 이행을 청구할 수 있다.

기출로 **포인트 정리**

출제예상 OX지문

❶ O 해제권과 원상회복청구권은 계약의 당사자가 행사할 수 있는 권리이다. 따라서 수익자는 당사자가 아니므로 해제권이나 해제를 원인으로 한 원상회복청구권이 없다.

❷ O 낙약자는 보상관계에서 발생하는 항변권을 가지고 수익자에게 대항할 수 있다. 따라서 낙약자는 요약자와의 계약에서 발생한 항변으로 제3자에게 대항할 수 있다(제542조).

❸ X 제3자는 채무자에게 수익의 의사를 표시한 그때에 권리를 취득한다. 즉, 소급하여 발생하는 것은 아니다.

❹ O 제3자는 계약의 당사자가 아니므로 해제권이 없다. 따라서 채무자의 채무불이행을 이유로 그 계약을 해제할 수 없다.

❺ X 제3자를 위한 계약의 당사자는 요약자와 낙약자이다. 수익자는 당사자에 해당하지 않는다.

대표기출 정답 ④

④ 수익자는 민법에서 보호받는 제3자에 해당하지 않는다. 따라서 甲과 乙 간의 계약이 甲의 착오로 취소된 경우, 丙은 착오취소로써 대항할 수 없는 제3자에 해당하지 않는다.

① 대가관계는 제3자를 위한 계약의 효력에 전혀 영향이 없기 때문에 甲은 대가관계의 부존재를 이유로 자신이 기본관계에 기하여 乙에게 부담하는 채무의 이행을 거부할 수 없다.

② 원상회복이나 부당이득반환은 당사자인 요약자와 낙약자가 부담하는 의무이다. 따라서 乙은 丙에게 급부한 것이 있더라도 丙을 상대로 부당이득반환을 청구할 수 없다.

③ 丙은 당사자가 아니므로 계약을 해제할 수는 없지만 乙에게 그 채무불이행으로 자기가 입은 손해의 배상을 청구할 수 있다.

⑤ 丙이 수익의 의사표시를 乙에게 한 때에 권리를 취득하므로 丙은 乙에게 직접 그 이행을 청구할 수 있다.

출제포인트

075 계약의 해제와 해지

[10개년 출제회차] 24, 25, 26, 27, 28, 29, 30, 31, 32, 33회

시작이 쉬운 길잡이

Q

전원주택을 소유하고 있는 대운 씨. 친구 동철 씨와 매매계약을 체결했습니다. 그런데 동철 씨가 중도금 지급일자에 중도금을 지급하지 않고 있습니다. 여러분, 대운 씨는 어떻게 해야 할까요?

A

대운 씨가 동철 씨와 매매계약을 체결한 목적은 소유권을 이전해 주고 돈을 취득하는 것입니다. 그런데 매수인인 동철 씨가 중도금을 지급하지 않으면 목적이 달성되지 않으므로 그 계약의 구속으로부터 벗어날 수 있는 권리가 있어야 합니다. 즉, 대운 씨에게 그 매매계약을 깨버릴 수 있는 권리가 인정되어야 합니다. 따라서 대운 씨는 먼저 동철 씨에게 상당한 기간을 정해서 중도금을 달라고 독촉하고, 그래도 이행이 없으면 매매계약을 깨버릴 수 있습니다. 이 권리를 해제권이라고 합니다.

❗ 출제포인트의 중요 키워드는 본문에서 꼭 체크하세요 ▸ **해제, 법정해제, 약정해제, 합의해제, 해지**

1 의의

(1) 계약의 해제란 일단 유효하게 성립한 계약의 효력을 일정한 요건하에서 당사자 일방의 의사표시에 의해서 소급적으로 소멸(단독행위, 형성권)시켜서 그 계약이 처음부터 성립하지 않은 것으로 만드는 것을 말한다. 즉, 계약의 효력을 일방적 의사표시에 의해서 소멸시키는 권리를 해제라고 한다.

(2) 계약이 성립하면 당사자는 그 계약에 구속되어(계약의 구속력) 자유롭게 계약을 해소하지는 못한다. 그러나 계약관계를 유지할 수 없는 사유가 있음에도 불구하고 그 계약에 구속되어 해소하지 못한다면 너무나 가혹한 일이고 정당하게 평가받지도 못할 것이다. 따라서 일정한 경우에는 당사자 한쪽의 일방적 의사표시만으로 계약을 해소하여 계약의 구속력으로부터 벗어날 수 있는 자유를 주는데 이 제도가 바로 해제이다.

(3) 예컨대 甲 소유 단독주택에 대해서 乙과 매매계약을 체결하고 즉시 계약금을 지급했고 중도금은 1개월 이후에, 잔금은 2개월 이후에 각각 지급하기로 약정했다. 그런데 매수인 乙이 중도금 지급일에 중도금을 지급하지 않고 있다. 중도금을 지급하지 않으면 매도인 甲이 의도한 목적을 달성하지 못할 것이다. 그럼에도 불구하고 그 매매계약에 구속되어 해소할 방법이 없다면 매도인 甲에게 가혹한 일이다. 따라서 甲은 乙에게 상당한 기간을 정해서 최고하고 그 기간 내에 중도금을 지급하지 않으면 매매계약을 없던 것으로 돌려버릴 수 있다. 즉, 해제할 수 있다.

(4) 채무(의무)를 이행하지 않는 乙은 보호가치가 없고 乙을 신뢰하고 계약을 체결한 甲은 아무런 잘못 없이 의도했던 목적을 달성하지 못하고 있으므로 甲을 보호할 필요가 있다. 따라서 그 계약의 구속으로부터 벗어날 수 있는 장치가 있어야 하는데 이 권리가 바로 해제권이다.

2 구별개념

1. (법정)해제

일반적으로 해제라고 하면 법정해제를 의미한다.

(1) 법적 성질

해제권자의 일방적 의사표시만으로 계약관계를 소급해서 소멸시키는 권리이므로 형성권이고 단독행위이다.

(2) 해제권은 채무불이행을 원인으로 발생하므로 채무불이행을 원인으로 손해배상을 청구할 수 있다.

(3) 계약을 해제하면 서로에 대해서 원상회복의무가 발생하는데, 만약 받은 것이 금전이라면 이자를 가산해야 한다.

(4) 계약을 해제하면 원상회복을 해야 하므로 받은 것이 금전이면 이자까지 가산해서 반환해야 하는데, 과연 이자를 가산하는 이유가 무엇일까?

정답 | 계약을 해제하면 서로에 대해서 원상회복의무가 발생하는데 만약 받은 것이 금전이라면 받은 날로부터 이자를 가산해야 한다. 자신의 금전이 아니라 타인에게 반환해줘야 할 금전이므로 만약 이자를 반환하지 않으면 타인이 취득할 이자를 부당하게 취득하는, 즉 부당이득이 되기 때문이다.

판례 | 민법 제548조 제2항은 계약해제로 인한 원상회복의무의 이행으로 반환하는 금전에는 그 받은 날로부터 이자를 가산하여야 한다고 하고 있는바, 위 이자의 반환은 원상회복의무의 범위에 속하는 것으로 일종의 부당이득반환의 성질을 가지는 것이지 반환의무의 이행지체로 인한 손해배상은 아니라고 할 것이다(대판 2003.7.22, 2001다76298).

2. 약정해제 → 해제권의 유보

(1) 법적 성질

약정해제는 계약을 체결하면서 특약으로 해제권이라는 단독행위를 유보한 경우이다. 따라서 특약으로 정한 해제사유가 발생하면 해제권자의 일방적 의사표시만으로 계약관계를 소급적으로 소멸시키는 권리이므로 형성권이고 단독행위이다.

(2) 채무불이행이 아니므로 채무불이행을 원인으로 손해배상을 청구하지 못한다.

(3) 계약을 해제하면 서로에 대해서 원상회복의무가 발생하는데, 만약 받은 것이 금전이라면 이자를 가산해야 한다.

(4) 특약으로 정한 해제사유가 발생하면 상대방에게 최고 없이 즉시 해제할 수 있다.

3. 합의해제(해제계약)

(1) 법적 성질

합의해제는 기존의 계약을 서로의 합의에 의해서 소급적으로 소멸시키는 새로운 계약이다. 따라서 합의해제, 즉 해제계약이 성립하기 위해서는 청약과 승낙의 합치가 있어야 한다.

(2) 계약이 합의해제된 경우에는 그 해제 시에 당사자 일방이 상대방에게 손해배상을 하기로 특약하거나 손해배상청구를 유보하는 의사표시를 하는 등 다른 사정이 없는 한 채무불이행으로 인한 손해배상을 청구할 수 없다(대판 1989.4.25, 86다카1147). 즉, 합의해제는 채무불이행이 아니므로 채무불이행을 원인으로 손해배상을 청구하지 못한다.

(3) 합의해제는 계약이므로 단독행위를 전제로 하는 해제에 관한 규정(제543조~제553조)은 적용되지 않는 것이 원칙이다. 다만, 예외적으로 제3자 보호규정은 적용된다. 따라서 합의해제의 경우에도 법정해제의 경우와 마찬가지로 제3자의 권리를 해하지 못한다.

(4) 계약의 합의해지에 대하여 제548조 제2항(받은 것이 금전이면 받은 날로부터 이자를 가산해야 한다)이 적용될까?

정답 | 합의해제나 합의해지는 채무불이행이 존재하지 않지만 서로의 합의를 통해서 기존의 계약을 해제하는 새로운 계약이며 그 내용은 합의를 통해서 결정하므로, 당사자 사이에 특약이 없는 이상 이자를 가산할 의무는 없다.

(5) 합의해제에 따른 매도인의 원상회복청구권이 소멸시효의 대상이 될까?

정답 | 매매계약이 합의해제된 경우에도 매수인에게 이전되었던 소유권은 당연히 매도인에게 복귀하는 것이므로 합의해제에 따른 매도인의 원상회복청구권은 소유권에 기한 물권적 청구권이라고 할 것이고 이는 소멸시효의 대상이 되지 아니한다(대판 1982.7.27, 80다2968).

(6) 매도인이 잔금기일 경과 후 해제를 주장하며 수령한 대금을 공탁하고 매수인이 이유 없이 수령한 경우 특별한 사정이 없는 한 합의해제된 것으로 본다(대판 1979.10.10, 79다1457).

3 해제와 취소의 구별

구분	해제	취소
공통점	하나의 의사표시만으로 성립하므로 법적 성질은 단독행위이다.	하나의 의사표시만으로 성립하므로 법적 성질은 단독행위이다.
	해제하겠다는 일방적 의사표시만으로 계약관계를 소멸시키므로 형성권이다.	취소하겠다는 일방적 의사표시만으로 법률관계를 소멸시키므로 형성권이다.
	계약체결 시로 소급해서 소멸하므로 소급효가 있다.	법률행위 시로 소급해서 소멸하므로 소급효가 있다.
	제3자 보호규정이 있다(제548조 제1항).	제3자 보호규정이 있다(제109조 제2항, 제110조 제3항).
차이점	모든 법률행위가 아니라 계약에서만 발생한다. 즉, 계약관계를 소멸시킬 때 해제라는 용어를 사용한다.	모든 법률행위에서 발생한다. 즉, 계약뿐만 아니라 단독행위에서도 취소라는 용어를 사용한다.
	법률의 규정이나 약정에 의해서 발생한다.	법률의 규정에 의해서만 발생한다.
	계약을 체결한 이후, 즉 후발적 사유에 의해서 해제권이 발생한다. 예컨대, 계약을 체결한 이후에 채무불이행이 있을 경우 해제권이 발생한다.	법률행위 당시, 즉 원시적 사유에 의해서 취소권이 발생한다. 예컨대, 계약체결 당시 제한능력자였던 경우, 착오에 빠진 경우, 사기 또는 강박을 당한 경우 발생한다.
	계약을 해제하면 서로에게 원상회복의무가 생긴다.	법률행위를 취소하면 서로에게 부당이득반환의무가 생긴다.
	10년간 행사하지 않으면 해제권은 소멸한다.	추인할 수 있는 날로부터 3년 또는 법률행위를 한 날로부터 10년간 행사하지 않으면 취소권은 소멸한다.

4 법정해제

1. 보통의 이행지체

법령 체크

제544조【이행지체와 해제】 당사자 일방이 그 채무를 이행하지 아니하는 때에는 상대방은 상당한 기간을 정하여 그 이행을 최고하고 그 기간 내에 이행하지 아니한 때에는 계약을 해제할 수 있다. 그러나 채무자가 미리 이행하지 아니할 의사를 표시한 경우에는 최고를 요하지 아니한다.

제545조【정기행위와 해제】 계약의 성질 또는 당사자의 의사표시에 의하여 일정한 시일 또는 일정한 기간 내에 이행하지 아니하면 계약의 목적을 달성할 수 없을 경우에 당사자 일방이 그 시기에 이행하지 아니한 때에는 상대방은 전조의 최고를 하지 아니하고 계약을 해제할 수 있다.

(1) 원칙

원칙적으로 상당한 기간을 정해서 채무이행을 최고해야 한다. 즉, 이행지체가 있으면 바로 해제권이 발생하는 것이 아니라 먼저 상당한 기간을 정해서 채무를 이행할 것을 최고해야 한다.

(2) 예외적으로 최고 없이 해제권이 발생하는 경우

① 최고는 채무자에게 채무를 이행할 수 있는 이행의 기회를 주는 것이다. 따라서 채무자에게 애초부터 채무를 이행할 의사가 없다면 최고는 의미가 없으므로 최고 없이 해제권이 발생한다. 가령, 채무자가 미리 이행하지 아니할 의사를 표시한 경우에는 이행의 기회를 주는 것이 의미가 없으므로 최고 없이 해제권이 발생한다.

② 부동산 매도인이 중도금의 수령을 거절하였을 뿐만 아니라 계약을 이행하지 아니할 의사를 명백히 표시한 경우 매수인은 신의성실의 원칙상 소유권이전등기의무 이행기일까지 기다릴 필요 없이 이를 이유로 매매계약을 해제할 수 있다(대판 1993.6.25, 93다11821). 즉, 최고 없이 해제권이 발생한다.

③ 쌍무계약에 있어서 계약당사자의 일방은 상대방이 채무를 이행하지 아니할 의사를 명백히 표시한 경우에는 최고나 자기 채무의 이행제공 없이 그 계약을 적법하게 해제할 수 있으나, 그 이행거절의 의사표시가 적법하게 철회된 경우 상대방으로서는 자기 채무의 이행을 제공하고 상당한 기간을 정하여 이행을 최고한 후가 아니면 채무불이행을 이유로 계약을 해제할 수 없다(대판 2003.2.26, 2000다40995). 즉, 이행거절 의사표시가 적법하게 철회되었다면 이행의사가 있는 것으로 보아 먼저 상당한 기간을 정해서 최고를 해야 한다.

2. 이행불능에 의한 해제권의 발생

(1) 이행불능이란 채무자의 책임 있는 사유로 채무를 이행하는 것이 불가능한 경우를 말한다. 최고를 하더라도 이행하는 것이 불가능하여 이행의 기회를 주는 것이 무의미하므로 최고 없이 즉시 해제권이 발생한다.

(2) 이행불능에 의한 해제권의 발생시기는 이행불능이 생긴 때이다. 따라서 이행기 전에 불가능으로 된 때에는 이행기를 기다릴 필요 없이 즉시 해제할 수 있다.

(3) 매도인의 매매계약상의 소유권이전등기의무가 이행불능이 되어 이를 이유로 매매계약을 해제함에 있어서는 상대방의 잔대금 지급의무가 매도인의 소유권이전등기의무와 동시이행관계에 있다고 하더라도 그 이행의 제공을 필요로 하는 것이 아니다(대판 2003.1.24, 2000다22850). 즉, 매도인의 소유권이전등기의무가 이행불능이 된 경우 매수인이 매매계약을 해제하기 위해서 소유권이전등기일까지 기다릴 필요도 없고 잔금 지급의무를 이행제공할 필요도 없이 즉시 해제할 수 있다.

(4) 매매목적물이 가압류된 사유만으로 이행불능을 이유로 매수인이 매매계약을 해제할 수 있을까?

정답 | 즉시 해제할 수 없다.

판례 | 매수인은 매매목적물에 대하여 가압류집행이 되었다고 하여 매매에 따른 소유권이전등기가 불가능한 것도 아니므로, 이러한 경우 매수인으로서는 신의칙 등에 의해 대금 지급채무의 이행을 거절할 수 있음은 별론으로 하고, 매매목적물이 가압류되었다는 사유만으로 매도인의 계약 위반을 이유로 매매계약을 해제할 수는 없다(대판 1999.6.11, 99다11045). 즉, 매매계약의 목적물이 가압류된 경우 이 자체만으로 이행불능으로 보지 않는다.

(5) 일부 이행불능의 경우, 계약목적을 달성할 수 없으면 계약 전부의 해제가 가능하다(대판 1996.2.9, 94다57817).

3. 사정변경과 해제권

사정변경의 원칙이란 계약이 성립된 후 계약체결의 기초가 되었던 사정이 현저하게 변경되어 처음의 계약내용대로 당사자를 구속하는 것이 신의칙과 공평에 반하는 경우에 그 계약내용을 변경하거나 소멸시킬 수 있다는 원칙을 말하는데, 사정변경을 이유로 과연 해제권이 발생할까?

정답 | 통설에 따르면, 계약체결의 기초가 되었던 사정이 이후에 현저하게 변경되었을 경우 처음의 계약의 내용대로 이행을 강제한다면 신의칙에 반하므로 해제권의 발생을 인정한다.

해설 | 원칙적으로는 해제권을 인정하지 않지만 예외적으로 다음의 요건이 충족되면 해제권이 발생한다고 한다. 첫째, 계약성립 당시 당사자가 예견할 수 없었던 현저한 사정의 변경이 발생해야 하고, 둘째, 그러한 사정의 변경이 해제권을 취득하는 당사자에게 책임 없는 사유로 생긴 것이어야 하고, 셋째, 그 계약내용대로의 구속력을 인정한다면 신의칙에 현저히 반하는 결과가 생기는 경우에 예외적으로 인정된다.

4. 사정변경과 해지권

(1) 통설과 판례에 따르면, 사정변경을 이유로 해지권을 인정하고 있다.

(2) 회사의 이사라는 지위에서 부득이 회사와 제3자 사이의 계속적 거래로 인한 회사의 채무에 대하여 보증인이 된 자가 그 후 퇴사하여 이사의 지위를 떠난 때에는 보증계약 성립 당시의 사정에 현저한 변경이 생긴 경우에 해당하므로 이를 이유로 보증계약을 해지할 수 있고, 보증계약상 보증한도액과 보증기간이 제한되어 있다고 하더라도 위와 같은 해지권의 발생에 영향이 없다(대판 1992.11.24, 92다10890). 즉, 계속적 보증에서 사정변경을 이유로 해지권을 인정한다.

5. 부수적 의무위반의 경우

부수의무 불이행이 있으면 해제권이 발생할 수 있을까?

정답 | 주된 채무가 아닌 부수의무 불이행에 의한 계약해제권은 발생하지 않는다. 즉, 계약의 본래의 목적은 달성되었고 부수적 채무의 이행만이 지체 중에 있는 경우에는 그 불이행으로 인하여 채권자가 계약의 목적을 달성할 수 없는 경우 또는 특별한 약정이 있는 경우를 제외하고는 원칙적으로 계약 전체의 해제는 인정되지 않는다.

6. 최고 없이 해제권이 발생하는 경우

약정해제, 정기행위, 이행거절의사표시를 명백히 한 경우, 이행불능, 불완전이행에서 완전이행이 불가능한 경우, 최고 배제특약이 있는 경우에는 최고를 요하지 않는다.

5 해제권의 행사

법령 체크

제543조【해지, 해제권】 ① 계약 또는 법률의 규정에 의하여 당사자의 일방이나 쌍방이 해지 또는 해제의 권리가 있는 때에는 그 해지 또는 해제는 상대방에 대한 의사표시로 한다.
② 전항의 의사표시는 철회하지 못한다.

제547조【해지, 해제권의 불가분성】 ① 당사자의 일방 또는 쌍방이 수인인 경우에는 계약의 해지나 해제는 그 전원으로부터 또는 전원에 대하여 하여야 한다.
② 전항의 경우에 해지나 해제의 권리가 당사자 1인에 대하여 소멸한 때에는 다른 당사자에 대하여도 소멸한다.

계약의 상대방이 여럿인 경우, 해제권자는 그 전원에 대하여 해제권을 행사하여야 한다. 따라서 계약상대방이 여럿인 경우, 특별한 사정이 없는 한 그중 1인에 대하여 한 계약의 해제는 효력이 없다. 다만, 판례에 따르면 복잡한 법률관계를 방지하려는 실제상의 편의를 위한 규정이므로, 당사자 전원의 특약으로 이를 배제할 수 있는 임의규정이다(대판 1994.11.18, 93다46209).

6 해제의 효과 → 소급효가 있다.

법령 체크

제548조【해제의 효과, 원상회복의무】 ① 당사자 일방이 계약을 해제한 때에는 각 당사자는 그 상대방에 대하여 원상회복의 의무가 있다. 그러나 제3자의 권리를 해하지 못한다.
② 전항의 경우에 반환할 금전에는 그 받은 날로부터 이자를 가하여야 한다.

제551조【해지, 해제와 손해배상】 계약의 해지 또는 해제는 손해배상의 청구에 영향을 미치지 아니한다.

1. 계약관계는 소급적으로 소멸하여 그 계약의 구속으로부터 벗어난다.

(1) 계약을 해제하면 계약은 처음부터 없었던 것으로 된다. 즉, 계약을 해제하면 계약상의 채권, 채무관계는 소급하여 소멸하므로 당사자는 더 이상 계약상 의무가 없다. 따라서 이행하기 전이면 이행할 필요가 없다.

(2) 이행되었던 물권은 당연히 복귀할까?

정답 | 계약해제로 인하여 이전되었던 물권은 당연히 복귀한다(대판 1977.5.24, 75다1394). 즉, 계약이 없었던 원상태로 복귀한다.

2. 제3자 보호의 문제

해제로 인하여 상대방에게 이전되었던 물권이 해제권자에게 당연히 복귀한다면 해제하기 전에 이해관계를 맺었던 제3자가 보호받을 수 있을까?

정답 | 제3자 보호규정에 의해서 보호받는다.

(1) 해제에서 보호받는 제3자의 요건

시간적으로 해제 전에 이해관계를 맺어야 하고 등기 또는 인도 등으로 완전한 권리를 취득한 자(이전등기, 가등기)로 제한하고 있다. 그리고 해제 전이므로 선의 · 악의의 대상이 없으므로 선의 · 악의를 불문하고 보호된다.

(2) 제3자에 해당하는 경우(적중판례)

① 해제된 계약에 의하여 채무자의 책임재산이 된 계약의 목적물을 가압류한 가압류채권자는 위 조항 단서에서 말하는 제3자에 포함된다(대판 2000.1.14, 99다40937).

② 해제된 매매계약에 의하여 채무자의 책임재산이 된 부동산을 가압류 집행한 가압류채권자도 원칙상 위 조항 단서에서 말하는 제3자에 포함된다(대판 2005.1.14, 2003다33004). 즉, 부동산을 가압류 집행한 가압류채권자도 포함된다.

③ 소유권을 취득하였다가 계약해제로 인하여 소유권을 상실하게 된 임대인으로부터 그 계약이 해제되기 전에 주택을 임차받아 주택의 인도와 주민등록을 마침으로써 「주택임대차보호법」 제3조 제1항에 의한 대항요건을 갖춘 임차인은 민법 제548조 제1항 단서의 규정에 따라 계약해제로 인하여 권리를 침해받지 않는 제3자에 해당하므로 임대인의 임대권원의 바탕이 되는 계약의 해제에도 불구하고 자신의 임차권을 새로운 소유자에게 대항할 수 있고, 이 경우 계약해제로 소유권을 회복한 제3자는 「주택임대차보호법」 제3조 제2항에 따라 임대인의 지위를 승계한다(대판 2003.8.22, 2003다12717). 따라서 주택에 대한 매매계약의 해제로 인하여 소유권을 상실하게 된 임대인으로부터 그 계약이 해제되기 전에 주택을 임차받아 「주택임대차보호법」상의 대항요건을 갖춘 임차인에 대하여 계약해제로 소유권을 회복한 제3자가 임대보증금반환채무를 부담한다.

(3) 제3자에 해당하지 않는 경우(적중판례)

① 계약상의 채권을 양수한 자는 여기서 말하는 제3자에 해당하지 않는다고 할 것인바, 계약이 해제된 경우 계약해제 이전에 해제로 인하여 소멸되는 채권을 양수한 자는 계약해제의 효과에 반하여 자신의 권리를 주장할 수 없음은 물론이고, 나아가 특단의 사정이 없는 한 채무자로부터 이행받은 급부를 원상회복하여야 할 의무가 있다(대판 2003.1.24, 2000다22850).

② 계약상의 채권을 양수한 자나 그 채권(소유권이전등기청구권) 자체를 압류 또는 전부한 채권자는 여기서 말하는 제3자에 해당하지 아니한다(대판 2000.4.11, 99다51685).

③ 임차인 보호는 매수인이 완전한 권리를 취득한 경우로 제한하므로 매수인 명의의 등기가 경료되지 않은 상태에서 매수인이 제3자에게 임대한 경우, 임차인은 제3자가 아니므로 보호받지 못한다(대판 1990.12.7, 90다카24939).

④ 토지매수인으로부터 그 토지 위에 신축된 건물을 매수한 자는 토지매매계약의 해제로 인하여 보호받는 제3자에 해당하지 않는다(대판 1991.5.28, 90다카16761).

(4) 보호받는 제3자 범위의 확장(적중판례)

① 해제에서 보호받는 제3자에 해당하기 위해서는 원칙적으로 해제 의사표시 전에 이해관계를 맺은 자이다. 그러나 판례에 따르면, 보호받는 제3자의 범위를 확장하고 있다. 계약당사자의 일방이 계약을 해제하였을 때에는 계약은 소급하여 소멸하고 각 당사자는 원상회복의 의무를 지게 되나, 이 경우 계약해제로 인한 원상회복등기 등이 이루어지기 전에 계약의 해제를 주장하는 자와 양립되지 아니하는 법률관계를 가지게 되었고 계약해제 사실을 몰랐던 제3자에 대하여는 계약해제를 주장할 수 없다(대판 2000.4.21, 2000다584).

② 주의할 점은 해제 의사표시 전에 이해관계를 맺은 제3자는 선의·악의를 불문하지만, 해제 의사표시 이후 말소등기 전에 이해관계를 맺은 제3자는 선의인 경우에만 보호를 받는다는 점이다.

3. 원상회복의무

→ 부당이득반환의무의 일종이다.

법령 체크

제548조【해제의 효과, 원상회복의무】 ① 당사자 일방이 계약을 해제한 때에는 각 당사자는 그 상대방에 대하여 원상회복의 의무가 있다. 그러나 제3자의 권리를 해하지 못한다.

② 전항의 경우에 반환할 금전에는 그 받은 날로부터 이자를 가하여야 한다.

(1) 의의

계약이 해제되면 각 당사자는 서로에게 계약이 체결되지 않았던 상태로 복귀시킬 의무를 부담하게 된다. 즉, 계약이 해제가 되면 당사자가 부담하고 있었던 채권 · 채무관계도 소급적으로 소멸되므로 각 당사자는 이미 받아둔 것이 있다면 서로에게 반환해야 할 의무가 있다. 이는 계약관계가 소멸했음에도 불구하고 이익을 받고 있으므로 부당이득에 해당하여 부당이득으로 반환해야 하는데 반환범위(제748조)에 대한 특별규정으로 해제한 경우에는 제548조가 적용되어 원상회복의무가 있는 것으로 이해한다.

(2) 범위

계약해제의 효과로서의 원상회복의무를 규정한 민법 제548조 제1항 본문은 부당이득에 관한 특별규정의 성격을 가진 것이라 할 것이어서, 그 이익 반환의 범위는 이익의 현존 여부나 선의 · 악의에 불문하고 특단의 사유가 없는 한 받은 이익의 전부라고 할 것이다(대판 1998.12.23, 98다43175). 즉, 이익의 현존 여부나 선의 · 악의를 불문하고 받은 이익 전부를 상대방에게 반환해야 한다.

(3) 원상회복으로 반환해야 할 목적물

① 원물반환: 원칙

계약이 해제된 경우 당사자가 서로 받은 것이 있으면 받은 물건을 그대로 서로에게 반환하면 된다. 이를 원물반환이라고 한다. 그리고 받은 것이 금전이라면 받은 날부터 이자를 가산해서 반환해야 한다.

② 가액반환: 예외

원물반환이 불가능한 경우에는 그 가액을 반환해야 한다.

(4) 동시이행관계

계약의 당사자가 모두 서로에게 원상회복의무를 부담하고 있는 경우, 서로 동시에 이행하는 것이 공평하므로 원상회복의무는 동시이행관계에 있다(제549조).

4. 손해배상

법령 체크

제551조【해지, 해제와 손해배상】 계약의 해지 또는 해제는 손해배상의 청구에 영향을 미치지 아니한다.

(1) 상대방(채무자)의 채무불이행으로 채권자가 계약을 해제하면 서로에게 원상회복의무가 있으므로 채권자도 이행한 것이 있으면 채무자로부터 반환을 받게 된다. 그런데 그것만으로 채무불이행으로 인한 손해가 보충(전보)되지 않는 경우도 있다. 따라서 해제와 손해배상을 함께 청구할 수 있다. 즉, 해제와 손해배상청구는 양립할 수 있다. 예컨대 甲 소유 전원

주택에 대해서 乙과 매매대금 5억원의 매매계약을 체결했고 이후 매수인 乙의 채무불이행으로 매매계약이 해제가 되었는데 그 사이 시가가 4억원으로 하락한 경우, 甲에게 최소한 1억원의 손해가 발생하게 되므로 甲은 乙에게 손해배상을 청구할 수 있게 된다.

(2) 손해배상의 범위

이행이익배상이 원칙이지만 예외적으로 신뢰이익의 배상을 청구할 수도 있다.

① 채무불이행을 원인으로 해서 청구하는 손해배상이므로 그 계약이 제대로 이행되었더라면 받았을 이익에 대한 손해배상의 청구, 즉 손해배상의 범위는 이행이익배상이 원칙이다.

② 채무불이행을 이유로 계약해제와 아울러 손해배상을 청구하는 경우에 그 계약이행으로 인하여 채권자가 얻을 이익, 즉 이행이익의 배상을 구하는 것이 원칙이지만, 그에 갈음하여 그 계약이 이행되리라고 믿고 채권자가 지출한 비용, 즉 신뢰이익의 배상을 구할 수도 있다(대판 2002.6.11, 2002다2539).

7 해제권의 소멸

1. 일반적 소멸사유

(1) 해제권이 발생했을지라도 해제권자(채권자)가 해제하기 전에 상대방이(채무자) 채무내용에 따른 채무를 이행 또는 이행제공을 한 경우에는 해제권은 소멸한다.

(2) 해제권은 권리이고, 권리자가 포기할 수 있으므로 해제권의 포기에 의해서 소멸한다.

(3) 당사자 간에 특약 또는 법률의 규정에 의해서 해제권 행사의 기간이 있으면 그 기간의 경과로 해제권은 소멸하고 행사기간의 정함이 없는 경우에는 10년의 제척기간에 걸리기 때문에 10년이 경과하면 소멸한다.

2. 해제권의 특유한 소멸사유

(1) 최고에 의한 소멸

해제권의 행사의 기간을 정하지 아니한 때에는 상대방은 상당한 기간을 정하여 해제권 행사 여부의 확답을 해제권자에게 최고할 수 있다. 그리고 그 기간 내에 상대방이 해제의 통지를 받지 못한 때에는 해제의사가 없는 것으로 보아서 해제권은 소멸한다(제552조).

(2) 목적물의 훼손 등에 의한 소멸

해제권자의 고의나 과실로 인하여 계약의 목적물이 현저히 훼손되거나 이를 반환할 수 없게 된 때 또는 가공이나 개조로 인하여 다른 종류의 물건으로 변경된 때 해제권을 행사할 수 있다면 신의칙에 반한다. 즉, 해제권자는 더 이상 보호가치가 없으므로 해제권은 소멸한다.

(3) 위에서 살펴본 불가분성에 의해서 해제권이 소멸될 수 있다.

8 계약의 해지

1. 의의

(1) 매매나 교환 등은 그 계약에서 발생한 채무(급부)를 일정한 시점에 이행하면 그것으로 끝나는데 이를 일시적 계약관계라고 한다. 그러나 임대차, 고용 등은 그 계약에서 발생한 채무(급부)가 일정 시점이 아니라 일정기간 동안 계속해서 행해지는 관계인데 이를 계속적 계약관계라고 한다.

(2) 예컨대 甲 소유 상가건물에 대해서 乙과 임대차계약을 체결한 경우(계약기간 2년), 임대인 甲은 2년 동안 계속해서 임차인이 상가건물을 사용하고 수익하게 해주어야 하며 임차인 乙도 2년 동안 계속해서 차임을 지급해야 한다. 이처럼 당사자가 부담하고 있는 의무(급부)가 일정기간 동안 계속해서 행해지는 관계를 계속적 계약관계라고 한다. 이 경우 만약 1년 후에 임대차계약이 해지가 되었다면 과연 임대차계약은 계약체결 시로 소급해서 소멸할 것인지, 아니면 해지 이후부터, 즉 장래를 향해서 소멸될 것인지가 쟁점인데 만약 소급해서 소멸한다면 그동안 이행을 한 부분에 대해서 서로 원상회복을 해야 하는, 즉 법률관계가 복잡해지므로 장래를 향해서 더 이상 효력이 없는 것으로 하는 것이 법률관계가 간편하게 정리될 수 있다. 요컨대, 해제는 일시적 계약관계를 소급해서 소멸시켜 서로 원상회복의 문제가 발생하지만, 해지는 계속적 계약관계를 장래를 향해서 소멸시켜 앞으로의 계약관계를 청산하는 문제가 남는다는 점에서 근본적인 차이점이 있다.

2. 해지권의 종류

해제와 마찬가지로 해지는 법률의 규정에 의해서 발생하고 당사자 간의 약정(특약)에 의해서도 발생한다.

(1) 법정해지권

법률의 규정에 의해서 발생하는 해지권이다. 이는 각종의 계약에서 개별적으로 해지권의 발생원을 규정하고 있다. 그리고 민법에 명문의 규정이 없더라도 채무불이행이 있으면 해지권이 발생할 수 있다.

(2) 약정해지권

당사자 간에 특약을 통해서 해지권을 유보할 수 있다.

3. 해지권의 행사

해지권의 행사는 해제와 마찬가지로 상대방 있는 단독행위이므로 상대방에 대한 의사표시로 한다.

4. 해지의 효과 —• 소급효가 없다.

법령 체크

제550조【해지의 효과】 당사자 일방이 계약을 해지한 때에는 계약은 장래에 대하여 그 효력을 잃는다.

제551조【해지, 해제와 손해배상】 계약의 해지 또는 해제는 손해배상의 청구에 영향을 미치지 아니한다.

(1) 계약이 해지가 되면 그 계약은 장래를 향해서 소멸한다. 즉, 효력을 잃는다.

(2) 해지는 손해배상청구에 영향이 없으므로 해지와 함께, 즉 별도로 손해배상을 청구할 수 있다.

(3) 해지하기 전에 이미 이행한 급부에 대해서는 유효하고 해지 이후 법률관계를 청산해야 할 의무가 있다. 예컨대 甲 소유 상가건물에 대해서 乙과 계약기간 2년의 임대차계약을 체결했고 임차인 乙이 1년간 차임을 지급했으나 그 이후 차임을 2번 연체해서 임대인 甲이 임차인의 채무불이행을 이유로 임대차계약을 해지한 경우, 임대인이 임차인에게 1년간 사용·수익하게 해주고 임차인이 임대인에게 차임을 지급한 것은 그대로 유효하고, 임차인은 임대인에게 목적물을 반환하고 연체차임을 청산할 의무를 부담하게 된다.

기출로 **포인트 정리**

출제예상 OX지문

❶ 계약의 해지는 손해배상청구에 영향을 미치지 않는다. (O | X) 31회

❷ 채무자가 불이행의사를 명백히 표시하더라도 이행기 도래 전에는 최고 없이 해제할 수 없다. (O | X) 31회

❸ 합의해제의 소급효는 법정해제의 경우와 같이 제3자의 권리를 해하지 못한다. (O | X) 32회

❹ 계약이 합의해제된 경우 다른 사정이 없는 한, 합의해제 시에 채무불이행으로 인한 손해배상을 청구할 수 있다. (O | X) 32회

대표기출

계약의 해제에 관한 설명으로 틀린 것은? (다툼이 있으면 판례에 따름) 26회

① 계약이 합의해제된 경우, 특약이 없는 한 반환할 금전에 그 받은 날로부터 이자를 붙여 지급할 의무가 없다.
② 계약의 상대방이 여럿인 경우, 해제권자는 그 전원에 대하여 해제권을 행사하여야 한다.
③ 매매계약의 해제로 인하여 양 당사자가 부담하는 원상회복의무는 동시이행의 관계에 있다.
④ 성질상 일정한 기간 내에 이행하지 않으면 그 목적을 달성할 수 없는 계약에서 당사자 일방이 그 시기에 이행하지 않으면 해제의 의사표시가 없더라도 해제의 효과가 발생한다.
⑤ 매매대금채권이 양도된 후 매매계약이 해제된 경우, 그 양수인은 해제로 권리를 침해당하지 않는 제3자에 해당하지 않는다.

쉬운 해설

출제예상 OX지문

❶ ○ 계약의 해지는 손해배상청구에 영향을 미치지 않는다(제551조). 즉, 해지하고 별도로 손해배상을 청구할 수 있다.

❷ × 채무자가 불이행의사를 명백히 표시했다면 이행할 의사가 없기 때문에 최고하는 것은 의미가 없다. 따라서 최고 없이 해제할 수 있다.

❸ ○ 해제에서의 제3자 보호규정은 합의해제에도 적용된다. 따라서 합의해제의 소급효는 제3자의 권리를 해하지 못한다(판례).

❹ × 합의해제는 채무불이행이 아니므로 다른 사정이 없는 한 채무불이행으로 인한 손해배상을 청구할 수 없다.

대표기출 정답 ④

④ 채무불이행(정기행위)이 있으면 해제의 의사표시가 없이도 계약이 해제되는 것이 아니라, 단지 해제권이 발생하고 해제권자가 해제권을 행사, 즉 상대방에 대해서 해제의 의사표시를 한 경우에 해제의 효과가 발생한다.

① 합의해제는 서로 합의를 통해서 해제하는 것이므로 채무불이행이 아니다. 따라서 특약이 없는 한 반환할 금전에 그 받은 날로부터 이자를 붙여 지급할 의무는 없다(판례).

② 당사자의 일방 또는 쌍방이 수인인 경우에는 계약의 해제는 그 전원으로부터 또는 전원에 대하여 하여야 한다(제547조 제1항).

③ 계약을 해제하면 서로 원상회복의무를 부담하는데 동시에 이행하는 것이 공평하므로 동시이행의 관계에 있다(제549조).

⑤ 해제에서 보호받는 제3자는 완전한 권리를 취득한 자로 한정되는데 단순히 채권을 양수받은 자는 완전한 권리를 취득한 자가 아니므로 제3자에 해당하지 않는다(대판 2003.1.24, 2000다22850).

출 제 포 인 트

076 매매의 기본 쟁점

[10개년 출제회차] 24, 25, 26, 28, 30, 33회

시작이 쉬운 길잡이

Q

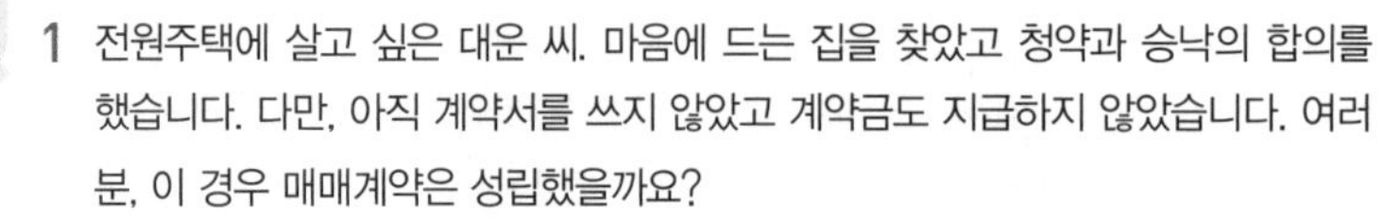

1 전원주택에 살고 싶은 대운 씨. 마음에 드는 집을 찾았고 청약과 승낙의 합의를 했습니다. 다만, 아직 계약서를 쓰지 않았고 계약금도 지급하지 않았습니다. 여러분, 이 경우 매매계약은 성립했을까요?

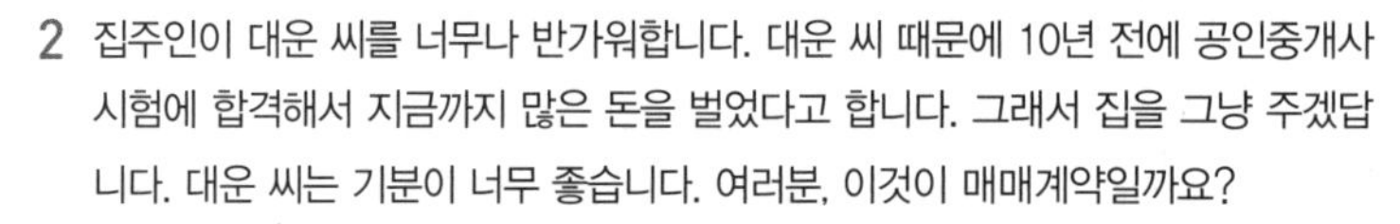

2 집주인이 대운 씨를 너무나 반가워합니다. 대운 씨 때문에 10년 전에 공인중개사 시험에 합격해서 지금까지 많은 돈을 벌었다고 합니다. 그래서 집을 그냥 주겠답니다. 대운 씨는 기분이 너무 좋습니다. 여러분, 이것이 매매계약일까요?

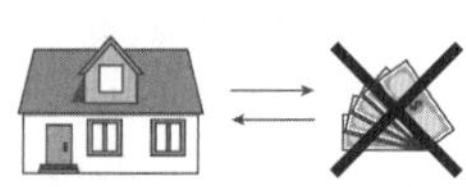

3 위 예시에서 대운 씨가 전원주택을 받는 대가로 타고 온 자동차를 주기로 했습니다. 여러분, 이것이 매매계약일까요?

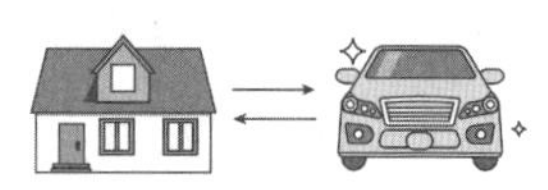

A

1 매매계약은 청약과 승낙의 합치만 있으면 성립하는 낙성계약입니다. 따라서 계약금을 지급하지 않거나 계약서를 쓰지 않아도 매매계약은 성립합니다.

2 매매계약은 대가를 받는 유상계약입니다. 반드시 대가가 있어야 합니다. 따라서 대가가 없으므로 매매가 아니라 증여에 해당합니다.

3 매매는 재산권 이전의 대가로 금전을 지급해야 합니다. 따라서 금전이 아니므로 이것은 매매가 아니라 교환에 해당합니다.

출제포인트의 중요 키워드는 본문에서 꼭 체크하세요 ▸ **매매, 예약, 예약완결권**

1 매매의 의의 및 법적 성질

법령 체크

제563조【매매의 의의】 매매는 당사자 일방이 재산권을 상대방에게 이전할 것을 약정하고 상대방이 그 대금을 지급할 것을 약정함으로써 그 효력이 생긴다.

1. 의의

(1) 매매는 당사자 일방(매도인)이 어떤 재산권을 상대방(매수인)에게 이전할 것을 약정하고 상대방은 그에 대한 대가로서 대금을 지급할 것을 약정함으로써 성립하는 계약이다. 즉, 매매는 재산권을 금전과 바꾸는 계약이라고 할 수 있다.

(2) 두 개의 의사표시가 합치됨으로써 매매계약은 성립하고, 이 경우 매매 목적물과 대금은 반드시 그 계약체결 당시에 구체적으로 확정하여야 하는 것은 아니고 이를 사후에라도 구

체적으로 확정할 수 있는 방법과 기준이 정하여져 있으면 족하다(대판 1996.4.26, 94다34432). 따라서 매매목적인 재산권과 대금에 관한 합의가 있다면 계약비용, 채무이행기, 이행장소에 관한 합의가 없더라도 특별한 사정이 없는 한 매매계약은 성립할 수 있다.

2. 매매의 법적 성질

(1) 매매는 낙성계약이다.

매매는 당사자 쌍방의 의사의 합치만으로 성립하므로 낙성계약이다. 재산권의 이전과 대금의 지급은 매매계약이 성립한 이후 매매계약의 이행에 불과하다. 그리고 계약과 동시에 목적물과 대금을 서로 교부하는 매매, 즉 현실매매도 매매이다.

(2) 매매는 쌍무계약이다.

매매는 매도인의 재산권이전의무와 매수인의 대금 지급의무가 서로 대가관계(상호의존관계)에 있으므로 쌍무계약이다.

(3) 매매는 유상계약이다.

① 매매는 당사자 쌍방이 서로 대가적 의미 있는 출연을 하므로 유상계약이다. 즉, 매도인이 재산권을 이전하면 매도인에게는 손실이지만 매수인에게는 이익이 되고(출연행위), 매수인이 대금을 지급하면 매수인에게는 손실이지만 매도인에게는 이익이 된다(출연행위). 이처럼 서로 대가적 의미 있는 출연행위가 있으므로 매매는 유상계약이다.

② 매매는 가장 전형적인 유상계약이므로 매매에 관한 규정은 다른 유상계약에 준용된다(제567조).

(4) 매매는 불요식계약이다.

매매의 성립에는 청약과 승낙의 합치만 있으면 충분하고 특별한 방식을 요하지 않으므로 불요식계약이다.

3. 매매의 목적과 목적물

(1) 매매의 목적

① 매매의 목적은 재산권의 이전과 대금 지급을 목적으로 한다. 예컨대 甲 소유 아파트에 대해서 乙과 매매계약을 체결한 경우 매도인 甲은 아파트의 소유권을 이전해주고 대금을 취득할 목적으로, 매수인 乙은 대금을 지급하고 아파트의 소유권을 취득할 목적으로 매매계약을 체결한 것이다.

② 매도인의 재산권이전에 대하여 매수인은 대가(반대급부)로서 대금을 지급하여야 하는데 대금은 반드시 금전이어야 한다. 따라서 대가(반대급부)로서 금전 이외의 다른 물건이나 권리의 이전을 약정하는 것은 매매가 아니라 교환(제596조)이다.

(2) 매매의 목적물

① 매매의 목적물인 재산권에는 제한이 없다. 물권, 채권, 지적재산권 외에 영업이나 기업도 일체로서 매매될 수 있다. 또한, 그 재산권은 현재 매도인에게 귀속하고 있을 필요는 없으므로 타인의 물건매매나 타인의 권리 매매도 유효하다(제569조).

② 그 재산권은 반드시 현재 존재해야 하는 것은 아니므로 장래에 성립하는 재산권(장차 지어질 주택 등)도 매매의 목적이 될 수 있다.

2 매매의 성립

매매는 낙성계약이므로 청약과 승낙의 합치(합의)만 있으면 유효하게 성립한다. 그리고 매매계약만으로 곧바로 재산권이 이전되는 것은 아니다. 즉, 처분행위가 아니고 단지 재산권을 이전해 주어야 하는 이행의 문제를 남기는 행위이므로 채권행위이다(의무부담행위). 따라서 매도인에게 처분권한이 없어도, 즉 타인권리매매도 유효이다.

3 매매계약의 비용의 부담

법령 체크

제566조【매매계약의 비용의 부담】 매매계약에 관한 비용은 당사자 쌍방이 균분하여 부담한다.

1. 임의규정

(1) 매매계약의 비용의 부담에 관한 규정은 임의규정에 불과하다. 따라서 특약이 있으면 특약에 의하고, 특약이 없으면 제566조에 의해서 당사자 쌍방이 균분하여 부담한다.

(2) 매매비용을 매수인이 전부 부담한다는 약정은 특별한 사정이 없는 한 유효하다.

2. 매매계약의 비용

매매계약에 관한 비용이란 계약을 체결함에 있어서 일반적으로 지출되는 비용을 말하는 것이고 계약의 이행 또는 이행의 수령에 필요한 비용은 여기에 포함되지 않는다. 가령 목적물의 측량비용, 감정평가비용, 계약서작성비용 등은 매매계약의 비용에 속하지만 부동산매매에 있어서의 소유권이전등기비용, 말소등기비용은 계약의 비용이 아니라 이행에 관한 비용에 속한다.

4 과실의 귀속

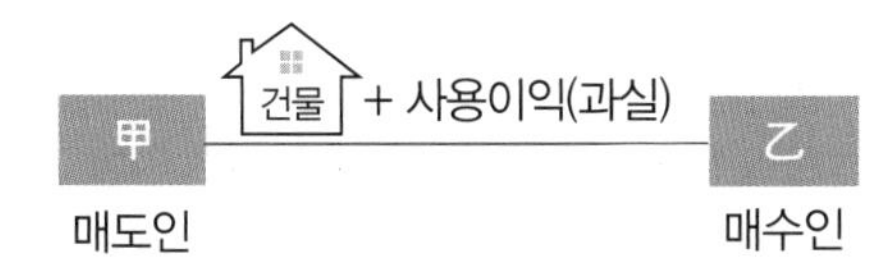

1. 목적물 인도 ×, 대금 완납 ×: 매도인이 과실 취득 ○
2. 목적물 인도 ×, 대금 완납 ○: 매수인이 과실 취득 ○
3. 목적물 인도 ○, 대금 완납 ×: 매수인이 과실 취득 ○(대금 지급 시 이자 가산 ○)

법령 체크

제587조【과실의 귀속, 대금의 이자】 매매계약 있은 후에도 인도하지 아니한 목적물로부터 생긴 과실은 매도인에게 속한다. 매수인은 목적물의 인도를 받은 날로부터 대금의 이자를 지급하여야 한다. 그러나 대금의 지급에 대하여 기한이 있는 때에는 그러하지 아니하다.

예컨대 甲 소유 건물에 대해서 乙과 매매계약을 체결한 경우, 건물에 대한 사용이익, 즉 과실을 누가 취득할 것인가?

정답 | ① 매매계약을 체결했지만 매도인 甲은 건물을 인도하지 않았고 매수인 乙도 매매대금을 지급하지 않은 경우, 즉 매매계약을 체결한 후 인도하지 않은 목적물로부터 과실이 생긴 경우에는 그 과실은 매도인이 취득한다.

② 매매계약을 체결하고 매수인 乙은 매매대금을 지급했지만 매도인 甲은 목적물을 인도하지 않은 경우, 매도인은 매매대금에서 발생하는 이자를 취득하므로 과실은 매수인이 취득한다.

③ 매매계약을 체결하고 매도인 甲은 목적물을 인도했는데 매수인 乙은 매매대금을 지급하지 않은 경우, 매수인이 건물을 인도받았으므로 매수인이 과실을 취득하고, 다만 매매대금을 지급할 때 이자를 가산해야 한다.

5 매수인의 대금 지급의무 등

1. 대금 지급시기 및 장소

법령 체크

제585조【동일기한의 추정】 매매의 당사자 일방에 대한 의무이행의 기한이 있는 때에는 상대방의 의무이행에 대하여도 동일한 기한이 있는 것으로 추정한다.

제586조【대금 지급장소】 매매의 목적물의 인도와 동시에 대금을 지급할 경우에는 그 인도장소에서 이를 지급하여야 한다.

2. 대금지급거절권

법령 체크

제588조 【권리주장자가 있는 경우와 대금지급거절권】 매매의 목적물에 대하여 권리를 주장하는 자가 있는 경우에 매수인이 매수한 권리의 전부나 일부를 잃을 염려가 있는 때에는 매수인은 그 위험의 한도에서 대금의 전부나 일부의 지급을 거절할 수 있다. 그러나 매도인이 상당한 담보를 제공한 때에는 그러하지 아니하다.

6 매매의 예약

1. 의의

(1) 예약은 본계약에 대응하는 개념으로 장차 본계약을 체결할 것을 미리 약속하는 별개의 계약을 말한다. 따라서 예약은 청약과 승낙의 합치에 의해서 성립하고 본계약의 내용이 확정되어 있거나 확정할 수 있어야 한다.

(2) 부동산에 대한 매매의 예약을 했고 이후 장차 본계약이 체결되면 그 부동산에 대한 소유권이전청구권이 발생하는데, 이와 같이 장래에 발생할 소유권이전청구권을 보전하기 위하여 매매예약을 등기원인으로 하여 가등기를 할 수 있다.

2. 종류

(1) 편무예약과 쌍무예약

당사자 중 어느 일방만이 본계약의 체결에 대한 승낙의무를 부담하고 있는 경우를 편무예약이라고 하고, 당사자 쌍방이 모두 본계약의 체결에 대한 승낙의무를 부담하고 있는 경우를 쌍무예약이라고 한다. 따라서 본계약이 성립하기 위해서는 상대방의 승낙이 있어야 한다. 만약 승낙의무를 이행하지 않으면, 즉 본계약체결에 대한 청약에 대해서 상대방이 승낙하지 않으면 소송을 제기해서 승낙에 갈음하는 판결을 받으면 된다.

(2) 일방예약과 쌍방예약

상대방의 승낙 없이 일방적 의사표시만으로 본계약을 체결시킬 수 있는 권리를 예약완결권이라고 하는데 당사자 중 어느 일방만이 예약완결권을 가지고 있는 경우를 일방예약이라고 하고, 당사자 쌍방 모두 예약완결권을 가지고 있는 경우를 쌍방예약이라고 한다.

3. 예약완결권

(1) 상대방의 승낙 없이 일방적 의사표시만으로 본계약을 체결시킬 수 있는 권리를 예약완결권이라고 한다. 이는 형성권이고 예약완결권을 행사하면, 즉 상대방에게 예약완결의 의사를 표시하면 상대방의 승낙 없이도 당연히 본계약이 성립한다. 따라서 매매의 일방예약은 상대방이 매매를 완결할 의사를 표시하는 때에 매매의 효력이 생긴다.

(2) 예약완결권을 행사(상대방에 대한 의사표시로 한다)하면 본계약이 성립하고 물권변동의 청구권이 발생하기 때문에 예약완결권을 가등기할 수 있다.

(3) 예약완결권이 가등기된 이후에 목적부동산이 양도된 경우 예약완결권은 예약의무자(부동산 양도인)에게 행사하고 가등기에 기해서 본등기를 경료하면 부동산 양수인 명의의 등기는 직권으로 말소가 된다(대결 1981.10.6, 81마140). 즉, 양수인이 아니라 양도인에게 예약완결권을 행사한다.

(4) 예약완결권도 양도할 수 있다. 즉, 양도성이 인정된다.

(5) 최고권

예약완결권의 행사기간을 정하지 아니한 때에는 예약상의 의무자는 예약완결권을 가지고 있는 자에게 상당한 기간을 정하여 매매완결 여부의 확답을 최고할 수 있고, 예약상의 의무자가 그 기간 내에 아무런 확답을 받지 못한 때에는 예약은 그 효력을 잃는다.

(6) 예약완결권은 당사자 사이에 행사기간을 정한 경우에는 그 기간 내에 행사하면 되고, 행사기간의 약정이 없으면 그 예약이 성립한 때로부터 10년 내에 행사하면 된다.

(7) 민법 제564조가 정하고 있는 매매의 일방예약에서 예약자의 상대방이 매매예약완결의 의사표시를 하여 매매의 효력을 생기게 하는 권리, 즉 매매예약의 완결권은 일종의 형성권으로서 당사자 사이에 행사기간을 약정한 때에는 그 기간 내에, 약정이 없는 때에는 예약이 성립한 때로부터 10년 내에 이를 행사하여야 하고, 그 기간을 지난 때에는 예약완결권은 제척기간의 경과로 인하여 소멸한다. 한편, 당사자 사이에 약정하는 예약완결권의 행사기간에 특별한 제한은 없다(대판 2017.1.25, 2016다42077). 따라서 제척기간이 도과했는지의 여부는 법원의 직권조사 사항에 해당한다.

기출로 **포인트 정리**

출제예상 OX지문

❶ 매매의 일방예약은 물권계약이다. (O | X) 28회

❷ 매매의 일방예약은 상대방이 매매를 완결할 의사를 표시하는 때에 매매의 효력이 생긴다. (O | X) 28회

대표기출

매매에 관한 설명으로 틀린 것은? (다툼이 있으면 판례에 따름) 26회

① 매매비용을 매수인이 전부 부담한다는 약정은 특별한 사정이 없는 한 유효하다.
② 지상권은 매매의 대상이 될 수 없다.
③ 매매목적물의 인도와 동시에 대금을 지급할 경우, 그 인도장소에서 대금을 지급하여야 한다.
④ 매매목적물이 인도되지 않고 대금도 완제되지 않은 경우, 목적물로부터 생긴 과실은 매도인에게 속한다.
⑤ 당사자 사이에 행사기간을 정하지 않은 매매의 예약완결권은 그 예약이 성립한 때로부터 10년 내에 행사하여야 한다.

쉬운 해설

출제예상 OX지문

❶ X 예약을 하면 장차 본계약을 체결할 이행의 문제를 부담하기 때문에 언제나 채권계약이다.
❷ O 일방예약은 일방이 예약완결권을 가지고 있고 이 권리는 형성권에 해당하기 때문에 매매를 완결할 의사를 표시하면, 즉 일방적 의사표시만 있으면 승낙이 없더라도 매매는 성립한다.

대표기출 정답 ②

② 매매의 대상은 물건과 권리이고 지상권 처분의 자유가 있으므로 지상권도 매매의 대상이 될 수 있다.
① 매매비용(계약비용)은 쌍방이 균분한다(제566조). 다만, 임의규정에 불과하기 때문에 매매비용을 매수인이 전부 부담한다는 약정은 특별한 사정이 없는 한 유효하다.
③ 제586조
④ 매매계약이 있은 후에도 인도하지 아니한 목적물로부터 생긴 과실은 매도인에게 속한다(제587조).
⑤ 당사자 사이에 행사기간을 약정하는 경우에는 제한이 없지만 행사기간을 정하지 않은 매매의 예약완결권은 그 예약이 성립한 때로부터 10년 내에 행사하여야 한다(대판 2003.1.10, 2000다26425).

출제포인트

077 계약금

[10개년 출제회차] 24, 25, 26, 27, 28, 29, 30, 31회

시작이 쉬운 길잡이

Q

아파트를 소유하고 있는 대운 씨. 급전이 필요해서 친구 동철 씨와 매매를 했고 계약금을 받았습니다. 그런데 계약을 하고 난 이후부터 집값이 계속 오릅니다. 여러분, 속이 상한 대운 씨가 매매를 없던 것으로 할 수 있는 방법이 있을까요?

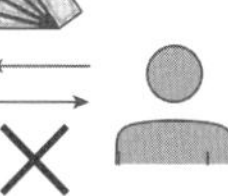
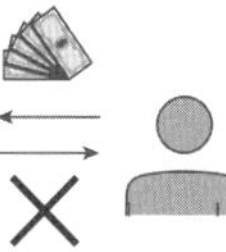

A

대운 씨는 중도금을 받기 전까지는 자기가 받은 계약금의 배액을 동철 씨에게 상환하고 일방적으로 매매를 소멸시킬 수 있는 권리가 있습니다. 이 권리를 계약금에 기한 해제라고 합니다.

❗ 출제포인트의 중요 키워드는 본문에서 꼭 체크하세요 ▸ **계약금계약**

1 계약금계약의 성질

계약금계약은 종된 계약이므로 매매계약이 무효나 취소되면 계약금계약의 효력도 소멸한다. 그리고 다른 유상계약에도 준용되므로 임대차에도 적용된다.

2 증약금 → 특약 필요 ×

매수인이 계약금을 지급한 경우, 특약이 없어도 그 계약금은 당연히 증약금의 성질을 가진다. 즉, 계약이 체결된 증거로서의 기능을 가진다.

3 해약금 → 특약 필요 ×

법령 체크

제565조【해약금】 ① 매매의 당사자 일방이 계약 당시에 금전 기타 물건을 계약금, 보증금 등의 명목으로 상대방에게 교부한 때에는 당사자 간에 다른 약정이 없는 한 당사자의 일방이 이행에 착수할 때까지 교부자는 이를 포기하고 수령자는 그 배액을 상환하여 매매계약을 해제할 수 있다.
② 제551조의 규정은 전항의 경우에 이를 적용하지 아니한다.

(1) 계약의 해제권을 유보하기 위하여 수수된 계약금에 대해 민법은 원칙적으로 계약금은 해약금으로 추정한다(제565조). 즉, 계약금은 별도의 약정이 없는 한 해약금의 성질을 가진다. 주의할 점은 민법 제565조의 해약권(해제권)은 당사자 간에 다른 약정이 없는 경우에 한하

여 인정되는 것이고, 만일 당사자가 위 조항의 해약권(해제권)을 배제하기로 하는 약정을 하였다면 더 이상 그 해제권을 행사할 수 없다(대판 2009.4.23, 2008다50615). 즉, 해약금에 관한 규정인 제565조는 임의규정에 불과하므로 배제약정은 유효이기 때문에 합의를 통해서 배제할 수 있다.

(2) 매매계약을 체결하면서 계약금을 지급하기로 약정을 하였으나 실제로 계약금을 전액 지급하지 않았거나 일부만 지급한 경우에는, 계약금계약은 성립하지 않았으므로 특별한 사정이 없는 한, 제565조의 규정(계약금에 기한 해제)에 의한 해제권은 발생하지 않는다. 즉, 계약금에 기한 해제가 인정되기 위해서는 계약금계약이 성립해야 한다.

(3) 당사자의 일방이 이행에 착수할 때까지(일부이행도 포함) 교부자는 이를 포기하고 수령자는 그 배액을 상환하여 매매계약을 해제할 수 있다. 그리고 특별한 사정이 없으면 이행기 전에도 착수할 수 있으며 중도금의 일부를 지급한 경우에도 이행의 착수에 해당한다(대판 1993.1.19, 92다31323).

(4) 매도인이 배액을 상환하고 해제하는 경우

① 계약금의 수령자(매도인)가 계약을 해제하기 위해서는 의사표시만으로 부족하고 수령한 금액의 배액을 현실로 제공해야 한다(일부 제공만으로 해제할 수 없다). 이때 수령하지 않는다고 해서 공탁까지 할 필요는 없다(대판 1981.10.27, 80다2784).

② 매도인이 "계약금 일부만 지급된 경우 지급받은 금원의 배액을 상환하고 매매계약을 해제할 수 있다."고 주장한 사안에서, 계약금 일부만 지급된 경우 수령자가 매매계약을 해제할 수 있다고 하더라도 해약금의 기준이 되는 금원은 '실제 교부받은 계약금'이 아니라 '약정 계약금'이라고 봄이 타당하므로, 매도인이 계약금의 일부로서 지급받은 금원의 배액을 상환하는 것으로는 매매계약을 해제할 수 없다(대판 2015.4.23, 2014다231378).

(5) 당사자 중 어느 일방이라도 이행에 착수하면 계약을 해제할 수 없다. 즉, 해약금에 의한 해제는 당사자 일방이 이행에 착수하기 전까지만 가능하다. 따라서 매수인이나 매도인 중 어느 일방이 이행의 착수를 하였다면 해약금에 의한 해제는 허용되지 않는다. 여기서 이행의 착수란 이행행위 자체에 착수하는 것(현금보관증 교부), 즉 채무이행행위의 일부를 행하거나 이행에 필요한 전제행위를 하는 것을 말하고 단순히 이행의 준비만으로는 부족하다.

(6) 상대방인 매도인이 매매계약의 이행에는 전혀 착수한 바가 없다 하더라도 매수인이 중도금을 지급하여 이미 이행에 착수한 이상 매수인은 민법 제565조에 의하여 계약금을 포기하고 매매계약을 해제할 수 없다(대판 2000.2.11, 99다62074). 그리고 매도인도 계약금의 배액을 상환하여 계약을 해제할 수 없다.

(7) 토지거래허가구역 내의 매매

계약금에 기한 해제가 가능하다. 토지거래허가구역 내의 토지매매계약이 체결된 후 계약금만 수수한 상태에서 허가를 받은 경우에도 그러한 사정만으로는 이행의 착수로 볼 수 없기 때문에 매도인은 계약금의 배액을 상환하고 해제할 수 있다(대판 2009.4.23, 2008다62427).

(8) 해약금에 의한 해제의 효과(소급효)

해제에 의하여 채권관계는 소급적으로 소멸하나 일방의 이행의 착수 전에 한하여 해제할 수 있으므로 원상회복의무는 발생하지 않는다. 그리고 채무불이행이 아니므로 손해배상을 청구할 수 없다.

4 위약금(특약이 있는 경우)

(1) 수수된 계약금을 위약금으로 한다는 특약이 있는 경우에 한해 계약금은 위약금으로서의 성질을 가지며, 이때 계약금은 손해배상액의 예정으로 추정된다. 그러나 계약금이 수수된 경우 이를 위약금으로 하기로 하는 특약이 없는 이상 계약이 당사자 일방의 귀책사유로 인하여 해제되었다 하더라도 상대방은 계약불이행으로 입은 실제 손해만을 배상받을 수 있을 뿐 계약금이 위약금으로서 상대방에게 당연히 귀속되는 것은 아니다(대판 2010.4.29, 2007다24930). 예컨대, 甲 소유 주택에 대해서 위약금특약이 없이 乙과 매매계약을 체결한 경우, 매수인 乙이 중도금 지급일자에 중도금을 지급하지 않은 경우, 즉 매수인이 위약한 경우 매도인 甲은 계약금을 위약금으로 몰수할 수 없다. 단지, 자기가 입은 손해액을 입증해서 손해배상을 청구할 수밖에 없다.

(2) 손해배상액의 예정으로서의 성질

당사자 간에 계약금을 위약금으로 하는 특약이 있으면 계약금은 손해배상액의 예정으로 추정되므로 별도로 손해배상을 청구할 수 없다. 그리고 그 금액이 부당하게 과다한 경우 법원은 직권으로 감액할 수 있다.

(3) 위약벌의 성질

계약금이 위약벌의 성질을 가지기 위해서는 별도의 특약이 있어야 한다. 특약이 있는 경우, 상대방이 계약을 위반하면 당사자 일방은 계약금을 위약벌금으로 몰수할 수 있다. 또한 계약금은 단지 위약벌금이지 손해배상액이 아니므로 별도로 채무불이행에 따른 손해배상을 청구할 수 있다. 그리고 그 금액이 과다한 경우에도 법원은 감액하지 못한다.

기출로 포인트 정리

출제예상 OX지문

❶ 계약금은 별도의 약정이 없는 한 해약금으로 추정된다. (O | X) 26회

❷ 매매해약금에 관한 민법 규정은 임대차에도 적용된다. (O | X) 26회

❸ 해약금에 기해 계약을 해제하는 경우에는 원상회복의 문제가 생기지 않는다. (O | X) 26회

대표기출

甲은 자신의 X토지를 乙에게 매도하는 계약을 체결하고 乙로부터 계약금을 수령하였다. 이에 관한 설명으로 틀린 것은? (다툼이 있으면 판례에 따름) 31회

① 乙이 지급한 계약금은 해약금으로 추정한다.
② 甲과 乙이 계약금을 위약금으로 약정한 경우, 손해배상액의 예정으로 추정한다.
③ 乙이 중도금 지급기일 전 중도금을 지급한 경우, 甲은 계약금 배액을 상환하고 해제할 수 없다.
④ 만약 乙이 甲에게 약정한 계약금의 일부만 지급한 경우, 甲은 수령한 금액의 배액을 상환하고 계약을 해제할 수 없다.
⑤ 만약 X토지가 토지거래허가구역 내에 있고 매매계약에 대하여 허가를 받은 경우, 甲은 계약금 배액을 상환하고 해제할 수 없다.

쉬운 해설

출제예상 OX지문

❶ O 특약이 없는 이상 계약금은 당연히 해약금으로 추정된다.

❷ O 매매계약에 관한 규정이 다른 유상계약에 준용되므로 해약금에 관한 민법 규정은 임대차에도 적용된다.

❸ O 해약금에 의한 계약해제는 이행에 착수하기 전에 인정되기 때문에 원상회복의 문제가 생기지 않는다.

대표기출 정답 ⑤

⑤ 허가를 받은 경우에는 유동적 무효가 확정적 유효가 된 것이고 허가를 받았다고 해서 이행에 착수한 것으로 보지 않는다. 따라서 매도인 甲은 계약금 배액을 상환하고 해제할 수 있다.

① 乙이 지급한 계약금은 해약금으로 추정한다(제565조).

② 계약금이 위약금의 성질을 가지기 위해서는 위약금특약이 있어야 하고 위약금특약이 있으면 그 계약금은 일단 손해배상액의 예정으로 추정된다.

③ 이행기 전에 이행에 착수할 수 있기 때문에 매수인 乙이 중도금 지급기일 전 중도금을 지급한 경우, 이행의 착수에 해당하므로 매도인 甲은 더 이상 계약금 배액을 상환하고 해제할 수 없다.

④ 계약금계약은 요물계약으로 계약금 전액을 지급해야 계약금계약이 성립한다. 따라서 매수인 乙이 약정한 계약금의 일부만 지급한 경우에는 계약금계약이 성립하지 않았으므로 계약금에 기한 해제는 인정되지 않는다. 따라서 매도인 甲은 수령한 금액의 배액을 상환하고 계약을 해제할 수 없다(대판 2015.4.23, 2014다231378).

출 제 포 인 트

078 매도인의 담보책임

[10개년 출제회차] 24, 25, 26, 28, 31, 32, 33회

시작이 쉬운 길잡이

Q 대운 씨가 친구 부자 씨로부터 전원주택을 매입했는데 실제 소유자가 부자 씨가 아니라 부자 씨의 동생이었습니다. 대운 씨가 소유권을 취득하지 못한 경우, 화가 난 대운 씨는 부자 씨에게 어떤 책임을 물을 수 있을까요?

A 대운 씨와 부자 씨의 전원주택 매매는 전원주택이 부자 씨의 소유가 아니었으므로 타인권리매매에 해당합니다. 우리 민법에 의하면 타인권리매매는 유효입니다. 단순히 의무부담행위에 불과하여 매도인에게 처분권한이 없어도 타인권리매매는 유효인 것입니다. 따라서 매도인인 부자 씨는 실제 소유자 동생으로부터 소유권을 취득해서 매수인인 대운 씨에게 소유권을 이전해 주어야 할 의무가 있습니다. 그런데 소유권을 이전해 주지 못했으므로 대운 씨는 부자 씨와 체결한 매매계약을 해제하고 손해배상을 청구할 수 있습니다. 즉, 매도인이 매수인에게 법적인 책임을 져야 하는데 이것을 매도인의 담보책임이라고 합니다.

출제포인트의 중요 키워드는 본문에서 꼭 체크하세요 ▸ **매도인의 담보책임**

1 총설

1. 의의

(1) 매도인의 담보책임이란 매매의 목적인 권리에 하자가 있거나 권리의 객체인 물건에 하자(흠, 결함)가 있는 경우, 매도인이 매수인에게 져야 하는 책임을 말한다. 왜냐하면 매도인은 매수인에게 아무런 제한이나 부담이 없는 완전한 재산권을 이전해 주어야 할 의무가 있기 때문이다.

(2) 예컨대 甲 소유 그랜저 자동차에 대해서 乙과 3천만원에 매매계약을 체결하였다. 그런데 자동차에 하자(흠, 결함)가 존재하는 경우에 어떤 법률문제가 발생하고 그 문제를 어떻게 해결하는 것이 공평할까?

정답 | 자동차의 가치가 3천만원으로 평가되었다는 것은 자동차와 3천만원의 금전이 가치가 동일하다는 의미이다. 즉, 등가성이 인정된다는 것이다. 그런데 자동차에 하자가 있으므로 등가성이 깨진 것이다. 이 경우 매도인과 매수인 사이에 균형을 맞춰주는 것(매도인이 매수인에게 일정한 책임을 지는 것)이 필요하고 그렇게 하는 것이 공평할 것이다. 이처럼 깨진 등가성을 회복시켜 주는 것이 담보책임이라고 생각하면 될 것이다.

(3) 예컨대 甲 소유 전원주택을 乙이 매수했다. 그런데 여름 장마철마다 누수가 심하고 겨울에는 곰팡이가 심해서 도저히 생활하기가 어렵다면 매매계약의 목적물에 하자가 있는 것이고 등가성이 깨졌기 때문에 매수인 乙은 매도인 甲에게 담보책임을 물어갈 수 있어야 공평할 것이다.

(4) 매매가 유상계약의 대표이므로 매도인의 담보책임에 관한 규정은 다른 유상계약에도 준용된다(제567조). 따라서 교환계약이나 임대차에서도 담보책임이 발생한다.

(5) 담보책임과 동시이행(제583조)

담보책임의 내용으로 해제권이 있으므로 계약을 해제하면 서로에게 원상회복의무를 부담하게 되고 이때 서로 동시에 이행하는 것이 공평하다.

(6) 담보책임면제특약(제584조)

매도인의 담보책임에 관한 규정은 유상계약에 따른 등가성을 유지하기 위한 것으로서 임의규정에 불과하므로 당사자 사이의 특약으로 민법이 정하는 매도인이 담보책임을 배제하거나 경감 또는 가중할 수 있다. 즉, 배제특약은 유효이다. 그러나 담보책임발생의 요건이 되는 사실을 매도인이 알면서 고지하지 않은 경우 또는 제3자에게 권리를 설정 또는 양도한 후에 담보책임면제의 특약을 맺는 등 신의칙에 반하는 경우에는 매도인은 담보책임을 면하지 못한다.

2. 담보책임과 채무불이행책임의 비교

(1) 판례에 따르면, 두 가지 책임의 경합을 인정한다. 즉, 매수인은 매도인에게 둘 중 하나를 선택해서 책임을 물어갈 수 있다.

① 타인의 권리를 매매의 목적으로 한 경우에 있어서 그 권리를 취득하여 매수인에게 이전하여야 할 매도인의 의무가 매도인의 귀책사유로 인하여 이행불능이 되었다면 매수인이 매도인의 담보책임에 관한 민법 제570조 단서의 규정(매수인이 타인권리매매임을 안 경우)에 의해 손해배상을 청구할 수 없다 하더라도 채무불이행 일반의 규정(민법 제546조, 제390조)에 좇아서 계약을 해제하고 손해배상을 청구할 수 있다(대판 1993.11.23, 93다37328).

② 매도인은 이른바 불완전이행으로서 채무불이행으로 인한 손해배상책임을 부담하고, 이는 하자 있는 토지의 매매로 인한 민법 제580조 소정의 하자담보책임과 경합적으로 인정된다(대판 2004.7.22, 2002다51586).

(2) 채무불이행책임은 채무자의 귀책사유(고의 또는 과실)를 요건으로 하는 과실책임이지만 담보책임은 매도인의 과실을 요건으로 하지 않는 일종의 무과실책임이다. 즉, 매도인에게 설령 과실이 없어도 담보책임을 져야 한다.

(3) 채무불이행책임에서는 매수인의 선의·악의는 문제되지 않지만 담보책임에서는 매수인이 선의일 때와 악의일 때가 구별된다. 즉, 권리의 하자에서는 선의일 때와 악의일 때의 담보책임의 내용이 다르며(제576조 담보책임은 선의·악의의 담보책임내용이 동일하므로 제외) 물건의 하자 담보책임에서는 매수인이 선의 그리고 무과실일 때 담보책임이 발생한다.

(4) 채무불이행책임에서는 그 내용으로 해제권, 손해배상청구권, 강제이행이 발생하지만 담보책임에서는 그 내용으로 대금감액청구권, 해제권, 손해배상청구권, 완전물급부청구권이 발생한다.

(5) 채무불이행이 있으면 해제권이 발생하는데 해제하기 위해서는 먼저 최고를 요한다. 그러나 담보책임에서는 최고를 요하지 않는다.

(6) 채무불이행에 의한 손해배상청구권은 일반의 소멸시효(제162조)에 걸리지만 담보책임에 의한 해제권, 손해배상청구권 등은 1년 또는 6월의 제척기간의 적용을 받는다.

2 권리의 하자담보책임(5가지)

1. 매매의 목적인 권리 전부가 타인에게 속한 경우

(1) 의의

자신의 재산권뿐만 아니라 타인의 재산권도 매매의 목적이 될 수 있다. 따라서 타인권리매매는 유효이므로 매도인은 그 권리를 취득하여 매수인에게 이전해 주어야 할 의무가 있으므로(제569조) 그 권리를 취득해서 매수인에게 이전해 주면 담보책임을 지지 않으나, 만약 매도인이 매매의 목적이 된 타인의 권리를 취득해서 매수인에게 이전해 주지 못하면 매도인은 매수인에게 담보책임을 지게 된다(제570조).

(2) 담보책임의 내용(효과)

① 매수인의 해제권: 매수인은 선의·악의를 불문하고 매매계약을 해제할 수 있다. 주의할 점은 악의의 매수인도 해제할 수 있다는 점인데, 악의의 매수인도 매매의 목적이 된 권리가 타인에게 속하고 있었을지라도 그 권리이전의 가능성을 기대하고 매수한 것이기 때문이다.

② 매수인의 손해배상청구권

㉠ 악의의 매수인은 권리를 취득하지 못할 수도 있음을 예상할 수 있으므로 손해배상을 청구하지는 못하며, 선의의 매수인만 손해배상을 청구할 수 있다. 따라서 선의의 매수인은 계약해제와 함께 손해배상을 청구할 수 있다.

㉡ 타인의 권리를 매매한 자가 권리이전을 할 수 없게 된 때에는 매도인은 선의의 매수인에 대하여 불능 당시의 시가를 표준으로 그 계약이 완전히 이행된 것과 동일한 경제적 이익(이행이익)을 배상할 의무가 있다(대판 전합체 1967.5.18, 66다2618).

ⓒ 타인의 권리를 매매의 목적으로 한 경우에 있어서 그 권리를 취득하여 매수인에게 이전하여야 할 매도인의 의무가 매도인의 귀책사유로 인하여 이행불능이 되었다면 악의의 매수인은 담보책임으로서 손해배상을 청구할 수 없다 하더라도 불능에 대해서 매도인(채무자)에게 귀책사유가 있으므로 채무불이행으로서 손해배상을 청구할 수 있다(대판 1993.11.23, 93다37328).

(3) 결론

① 선의의 매수인: 계약해제권, 손해배상청구권이 있다.

② 악의의 매수인: 계약해제권만 있다.

(4) 권리행사기간(제척기간)

제한이 없다.

(5) 선의의 매도인의 해제권

① 매수인이 선의인 경우: 매도인이 계약 당시에 매매의 목적이 된 권리가 자기에게 속하지 아니함을 알지 못한 경우, 즉 매도인이 타인권리매매임을 모른 경우 그 권리를 취득하여 매수인에게 이전할 수 없는 때에는 매도인은 선의의 매수인에게 손해를 배상하고 계약을 해제할 수 있다(제571조 제1항).

② 매수인이 악의인 경우: 매도인이 계약 당시에 매매의 목적이 된 권리가 자기에게 속하지 아니함을 알지 못한 경우, 즉 매도인이 타인권리매매임을 모른 경우 그 권리를 취득하여 매수인에게 이전할 수 없는 때에는 매도인은 악의의 매수인에게 손해를 배상할 필요 없이 권리를 이전할 수 없음을 통지하고 계약을 해제할 수 있다(제571조 제2항).

③ 민법 제571조 제1항은 선의의 매도인이 매매의 목적인 권리의 전부를 이전할 수 없는 경우에 적용될 뿐 매매의 목적인 권리의 일부를 이전할 수 없는 경우에는 적용될 수 없고, 마찬가지로 수개의 권리를 일괄하여 매매의 목적으로 정하였으나 그중 일부의 권리를 이전할 수 없는 경우에도 위 조항은 적용될 수 없다(대판 2004.12.9, 2002다33557).

2. 매매의 목적인 권리의 일부가 타인에게 속하는 경우

(1) 의의

매매의 목적이 된 권리의 일부가 타인에게 속하고 있는 경우, 즉 일부 타인 권리의 매매에서 매도인이 그 타인에게 속하고 있는 권리를 취득해서 매수인에게 이전해 주면 책임을 지지 않으나, 만약 그 타인에게 속하고 있는 권리를 취득해서 매수인에게 이전해 주지 못하면 매도인은 매수인에게 담보책임을 지게 된다(제572조).

(2) 책임의 내용(효과)

① 선의의 매수인

㉠ 대금감액청구권: 권리의 일부가 타인에게 속하고 있음을 몰랐던 선의의 매수인은 일부의 권리를 취득하지 못해서 부족부분이 생기므로 그 부족부분에 상당하는 대금감액을 청구할 수 있다. 즉, 권리의 일부가 타인에게 속하는 비율로 대금감액을 청구할 수 있다.

㉡ 계약해제권: 이행이 가능한 잔존부분만이라면 매수하지 않았을 것이라는 객관적 사정이 있을 경우에는 선의의 매수인은 매매계약 전부를 해제할 수 있다.

㉢ 손해배상청구권: 선의의 매수인에게 손해가 있다면 손해배상을 청구할 수 있다.

② 악의의 매수인: 악의의 매수인도 대금감액을 청구할 수 있다. 왜냐하면 악의의 매수인도 타인에게 속하고 있는 그 권리의 일부도 이전받을 수 있다는 가능성을 기대하고 매수했는데 취득하지 못하면 대금이 과다하게 지급된 것이므로 그 부족부분에 상당하는 대금감액을 청구할 수 있어야 한다. 그러나 타인에게 속하고 있는 권리의 일부분을 취득하지 못할 수도 있음을 예상할 수 있으므로 계약해제와 손해배상을 청구하지는 못한다.

(3) 권리행사기간(제척기간)

매수인이 선의인 경우에는 그 사실을 안 날로부터 1년 내에, 악의인 경우에는 계약한 날로부터 1년 내에 각각 행사하여야 한다(제573조).

3. 매매목적물의 수량부족 또는 일부멸실(제574조)

(1) 의의

① 수량을 지정한 매매에서 매매목적물의 수량이 부족한 경우이다. 예컨대, 甲 소유 토지 330m^{2}를 3.3m^{2}당 100만원으로 해서 1억원에 매수하였는데 실제 측량을 해보니 300m^2 밖에 되지 않는 경우이다.

② 매매목적물의 일부가 계약 당시 이미 멸실된 경우이다. 예컨대, 甲 소유 전원주택에 대해서 乙과 매매계약을 체결했는데 그 주택의 일부가 이미 멸실되었던 경우이다.

③ 수량을 지정한 매매란 당사자가 매매의 목적물이 일정한 수량을 가지고 있다는 데 중점을 두고 대금도 그 수량을 기준으로 정한 경우를 말한다.

(2) 책임의 내용(효과)

① 선의의 매수인

㉠ 대금감액청구권: 부족부분만큼 또는 멸실된 부분만큼 대금감액을 청구할 수 있다.

㉡ 계약해제권: 잔존부분만이면 매수하지 않았을 것이라고 인정된다면 계약 전부를 해제할 수 있다.

㉢ 손해배상청구권: 손해가 있다면 손해배상을 청구할 수 있다.

② 악의의 매수인: 매매계약체결 당시 수량이 부족한 사실 또는 일부분이 멸실된 사실을 이미 알고도 계약을 했다면 매수인은 이미 그 상태를 용인하고 매수한 것이므로 보호가치가 없어 담보책임을 전혀 물을 수 없다.

③ 적중판례: 부동산매매계약에 있어서 실제면적이 계약면적에 미달하는 경우에는 그 매매가 수량지정매매에 해당할 때에 한하여 민법 제574조, 제572조에 의한 대금감액청구권을 행사함은 별론으로 하고, 그 매매계약이 그 미달부분만큼 일부 무효임을 들어 이와 별도로 일반 부당이득반환청구를 하거나 그 부분의 원시적 불능을 이유로 민법 제535조가 규정하는 계약체결상의 과실에 따른 책임의 이행을 구할 수 없다(대판 2002.4.9, 99다47396).

(3) 권리행사기간(제척기간)

선의의 매수인은 수량부족 또는 일부멸실 사실을 안 날로부터 1년 이내에 행사해야 한다.

4. 매매의 목적인 권리 위에 제한물권의 제한이 있는 경우(제575조)

(1) 의의

매매의 목적물이 지상권, 지역권, 전세권, 질권, 유치권 또는 등기된 임차권이나 「주택임대차보호법」, 「상가건물 임대차보호법」에 의한 대항력을 갖춘 임차권 등에 의해서 제한되고 있는 경우이다.

(2) 책임의 내용(효과)

① 선의의 매수인

㉠ 계약해제권: 제한물권이 존재하고 있어 매수인이 계약의 목적을 달성하지 못하는 경우에는 계약 자체를 해제할 수 있다.

㉡ 손해배상청구권: 계약의 목적을 달성하지 못해서 매수인에게 손해가 발생했다면 손해배상을 청구할 수 있다.

㉢ 대금감액청구권: 금액을 산정할 수 없으므로 대금감액청구권은 행사할 수 없다고 한다.

③ 악의의 매수인: 매매계약체결 당시 제한물권에 의해서 제한받고 있다는 사실을 이미 알고도 계약을 했다면 매수인은 이미 그 상태를 용인하고 매수한 것이므로 보호가치가 없어 담보책임을 전혀 물을 수 없다.

(3) 권리행사기간(제척기간)

선의의 매수인은 그 사실, 즉 제한물권의 존재를 안 날로부터 1년 이내에 행사할 수 있다.

5. 저당권 또는 전세권 행사에 의해서 권리를 취득하지 못하거나 이미 취득한 권리의 상실(제576조)

(1) 의의

매매의 목적물인 부동산에 존재하고 있는 저당권이나 전세권의 행사(경매)에 의해서 매수인이 소유권을 취득하지 못하거나 이미 취득한 소유권을 상실한 경우 또는 매수인이 자기 출재로 그 소유권을 보전한 경우이다.

(2) 甲 소유 주택에 대해서 乙에게 먼저 저당권이 설정되어 있었고 이후 甲이 乙에게 부담하고 있는 피담보채무를 인수하지 않은 상태로 이 주택을 丙이 매수했는데 甲이 변제를 하지 않아 저당권자 乙이 경매를 청구하여 매수인 丙이 소유권을 상실한 경우, 매수인 丙은 매도인 甲을 상대로 담보책임을 물을 수 있다. 주의할 점은 만약 매수인이 매도인이 부담하고 있는 피담보채무를 인수했다면 담보책임을 물을 수 없다는 점이다.

(3) 책임의 내용(효과)

매수인이 저당권이나 전세권의 존재에 대해서 알고 있을지라도 매도인이 채무를 변제하거나 전세금을 상환해 버리면 문제될 것이 없으므로, 선의와 악의를 구별할 실익이 없으므로 선의와 악의일 때 담보책임의 내용은 동일하다.

① **계약해제권**: 저당권 또는 전세권의 실행으로 매수인이 소유권을 취득하지 못하거나 이미 취득한 소유권을 상실하므로 선의·악의를 불문하고 계약 자체를 해제할 수 있다.

② **손해배상청구권**: 매수인에게 손해가 발생했다면 선의·악의를 불문하고 손해배상을 청구할 수 있다.

③ **출재상환청구권**: 저당권자나 전세권자의 경매신청을 저지하기 위해서 매도인이 부담하고 있는 채무나 전세금에 대해서 매수인이 대신 채무를 변제하거나 전세금을 반환해 준 경우, 즉 출재해서 소유권을 보전한 경우 매도인에게 상환을 청구할 수 있고, 손해(예컨대, 채무를 변제한 경우 이자상당액)가 있다면 손해배상도 청구할 수 있다.

(4) 권리행사기간

권리행사기간(제척기간)의 제한은 없다.

(5) 적중판례

① 매수인이 가등기가 있는 부동산을 매수했고 그 뒤 가등기에 기한 본등기가 경료됨으로써 소유권을 상실하게 된 경우, 매수인이 물을 수 있는 담보책임은 무엇일까?

판례 | 가등기의 존재 자체만으로 가등기권자에게 소유권이 이전되는 것은 아니므로 그 상태에서의 매매는 타인권리매매가 아니므로 매수인은 민법 제570조 담보책임을 물을 수 없고 가등기권자가 본등기를 함으로써 매수인이 이미 취득했던 소유권을 상실하게 되므로 저당권, 전세권 행사에 의해서 소유권을 상실한 경우와 유사하므로 제576조 담보책임을 물을 수 있다. 따라서 매수인은 선

의·악의를 불문하고 매매계약을 해제하고 손해배상을 청구할 수 있다(대판 1992.10.27, 92다21784).

② 매수인이 가압류가 되어 있는 부동산을 매수했고 그 뒤 가압류에 기한 강제집행으로 부동산 소유권을 상실하게 된 경우, 매수인이 물을 수 있는 담보책임은 무엇일까?

판례 | 가압류의 존재 자체만으로 가압류권자에게 소유권이 이전되는 것은 아니므로 그 상태에서의 매매는 타인권리매매가 아니므로 매수인은 민법 제570조 담보책임을 물을 수 없고 가압류에 기한 강제집행으로 매수인이 이미 취득했던 소유권을 상실하게 되므로 저당권, 전세권 행사에 의해서 소유권을 상실한 경우와 유사하므로 제576조 담보책임을 물을 수 있다. 따라서 매수인은 선의·악의를 불문하고 매매계약을 해제하고 손해배상을 청구할 수 있다(대판 2011.5.13, 2011다1941).

3 담보책임규정은 임의규정에 해당한다.

담보책임규정은 임의규정에 해당하므로 특약을 통해서 면제할 수 있다. 다만, 담보책임을 면하는 특약을 한 경우에도 매도인이 알고 고지하지 아니한 사실 및 제3자에게 권리를 설정 또는 양도한 행위에 대하여는 책임을 면하지 못한다.

4 암기코드

(1) 감액청구권 인정 암기코드 | 일수감액해줘

일부타인, 수량부족

(2) 악의매수인도 담보책임을 물을 수 있는 경우 암기코드 | 전해일감저전손해

① 전부타인(제570조): 해제권

② 일부타인(제572조): 대금감액청구권

③ 저당권, 전세권 행사(제576조): 해제권, 손해배상청구권

(3) 악의매수인은 담보책임을 물을 수 없는 경우 암기코드 | 수제

① 수량부족, 일부멸실(제574조)

② 제한물권제한(제575조)

기출로 **포인트 정리**

출제예상 OX지문

❶ 매매의 목적인 권리의 일부가 타인에게 속하고 잔존한 부분만이면 매수하지 아니하였을 경우, 악의의 매수인은 그 사실을 안 날로부터 1년 내에 해제권을 행사할 수 있다.
(O | X) 24회

❷ 매도인이 매매목적물에 하자가 있다는 사실을 알면서 이를 매수인에게 고지하지 않고 담보책임 면제의 특약을 맺은 경우 그 책임을 면할 수 없다. (O | X) 28회

대표기출

매도인의 담보책임에 관한 설명으로 옳은 것은? (다툼이 있으면 판례에 따름) 26회

① 타인의 권리를 매도한 자가 그 전부를 취득하여 매수인에게 이전할 수 없는 경우, 악의의 매수인은 계약을 해제할 수 없다.
② 저당권이 설정된 부동산의 매수인이 저당권의 행사로 그 소유권을 취득할 수 없는 경우, 악의의 매수인은 특별한 사정이 없는 한 계약을 해제하고 손해배상을 청구할 수 있다.
③ 매매목적인 권리의 전부가 타인에게 속하여 권리의 전부를 이전할 수 없게 된 경우, 매도인은 선의의 매수인에게 신뢰이익을 배상하여야 한다.
④ 매매목적 부동산에 전세권이 설정된 경우, 계약의 목적달성 여부와 관계없이, 선의의 매수인은 계약을 해제할 수 있다.
⑤ 권리의 일부가 타인에게 속한 경우, 선의의 매수인이 갖는 손해배상청구권은 계약한 날로부터 1년 내에 행사되어야 한다.

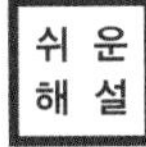

출제예상 OX지문

❶ X 일부타인권리매매의 담보책임에서 악의의 매수인은 대금감액청구권을 행사할 수 있지만, 해제권을 행사할 수는 없다.

❷ O 담보책임규정은 임의규정에 불과하기 때문에 특약으로 면제할 수 있다. 그러나 매도인이 매매목적물에 하자가 있다는 사실을 알면서 이를 매수인에게 고지하지 않고 담보책임 면제의 특약을 맺은 경우 그 책임을 면할 수 없다(제584조).

대표기출 정답 ②

② 저당권, 전세권 행사에 의한 담보책임에서 매수인은 선의·악의를 불문하고 담보책임을 물어갈 수 있으므로 저당권이 설정된 부동산의 매수인이 저당권의 행사로 그 소유권을 취득할 수 없는 경우, 악의의 매수인은 특별한 사정이 없는 한 계약을 해제하고 손해배상을 청구할 수 있다(제576조).

① 타인의 권리를 매도한 자가 그 전부를 취득하여 매수인에게 이전할 수 없는 경우, 악의의 매수인도 계약을 해제할 수 있다(제570조).

③ 매매목적인 권리의 전부가 타인에게 속하여 권리의 전부를 이전할 수 없게 된 경우, 매도인은 선의의 매수인에게 손해를 배상해야 하는데 계약이 이행되었더라면 받았을 이익에 대한 손해배상이므로 이행이익을 배상하여야 한다(제571조).

④ 매매목적 부동산에 전세권이 설정된 경우, 계약의 목적을 달성할 수 없는 경우에 해제할 수 있다(제575조).

⑤ 권리의 일부가 타인에게 속한 경우, 선의의 매수인이 갖는 손해배상청구권은 계약한 날이 아니라 사실을 안 날로부터 1년 내에 행사되어야 한다(제573조).

출 제 포 인 트

079 물건의 하자에 대한 담보책임

[10개년 출제회차] 28, 31회

시작이 쉬운 길잡이

Q 자동차가 필요한 대운 씨. 친구 산하 씨로부터 자동차를 매수했습니다. 그런데 한 달 후에 자동차 운행 중 자동차가 시동이 꺼져 더 이상 운행할 수 없게 되었습니다. 정비소에 갔는데 원인을 찾을 수 없어서 더 이상 수리도 불가능하다고 합니다. 황당한 대운 씨, 어떻게 해야 할까요?

A 매매계약의 목적물인 자동차 자체에 결함, 즉 하자가 있는 경우입니다. 이 경우 대운 씨는 산하 씨를 상대로 하자에 대한 책임을 물을 수 있어야 합니다. 이것이 바로 물건의 하자에 대한 담보책임입니다.

출제포인트의 중요 키워드는 본문에서 꼭 체크하세요 ▸ **물건의 하자에 대한 담보책임, 특정물매매, 불특정물매매**

1 의의 및 요건

(1) 물건의 하자에 대한 담보책임은 매매의 목적물에 하자(물질적인 결함, 흠)가 있는 경우 하자에 대한 선의 그리고 무과실의 매수인이 매도인에게 물을 수 있는 책임이다. 하자가 있는지 여부는 일반적으로 그 종류의 물건으로서 보통 갖고 있어야 할 품질, 성능을 표준으로 판단한다.

(2) 언제를 기준으로 하자의 존재 유무에 대해서 판단해야 할까?

정답 | 매매계약성립 시(계약체결 시)를 기준으로 판단한다(대판 2000.1.18, 98다18506).

(3) 매매목적물에 법률적 하자가 있다면 이는 물건의 하자일까? 아니면 권리의 하자일까?

정답 | 법률적 제한(법령제한)은 물건의 하자에 해당한다.

판례 | 매매의 목적물이 거래통념상 기대되는 객관적 성질·성능을 결여하거나, 당사자가 예정 또는 보증한 성질을 결여한 경우에 매도인은 매수인에 대하여 그 하자로 인한 담보책임을 부담한다 할 것이고, 한편 건축을 목적으로 매매된 토지에 대하여 건축허가를 받을 수 없어 건축이 불가능한 경우, 위와 같은 법률적 제한 내지 장애 역시 매매목적물의 하자에 해당한다 할 것이나, 다만 위와 같은 하자의 존부는 매매계약성립 시를 기준으로 판단하여야 할 것이다(대판 2000.1.18, 98다18506).

2 책임의 내용(효과)

매수인은 매매계약 당시 목적물에 하자가 있다는 사실을 몰랐고 모르는 데 과실이 없어야 한다. 즉, 매수인은 선의 그리고 무과실인 경우에만 담보책임을 물을 수 있다.

(1) 특정물매매의 경우

① 계약의 목적을 달성할 수 없는 경우: 매매목적물의 하자로 매매의 목적을 달성할 수 없는 때에는 선의 그리고 무과실의 매수인은 그 계약을 해제하고 아울러 손해의 배상을 청구할 수 있다.

② 계약의 목적을 달성할 수 있는 경우: 목적물의 하자가 계약의 목적을 달성할 수 없을 정도로 중대한 것이 아닌 때에는, 즉 목적을 달성할 수 있는 경우에는 선의 그리고 무과실의 매수인은 계약을 해제할 수는 없고, 다만 손해배상을 청구할 수 있을 뿐이다.

(2) 불특정물매매의 경우(종류물 매매)

① 불특정물매매에서는 특정이 있기 전에는 매도인은 하자 없는 완전한 물건을 인도할 의무를 부담하므로 담보책임 문제는 발생할 여지가 없으며, 다만 특정이 된 이후에 그 물건에 하자가 있다면 담보책임 문제가 발생한다.

② 담보책임으로 해제나 손해배상을 청구할 수 있고 또는 해제나 손해배상에 갈음(대신)해서 하자가 없는 완전물급부청구권을 행사할 수도 있다.

(3) 권리행사기간(제척기간)

매수인이 그 사실을 안 날로부터 6개월 내에 행사해야 한다(제582조). 이 기간은 출소기간은 아니므로 재판상뿐만 아니라 재판 외에서도 행사할 수 있다.

기출로 **포인트 정리**

출제예상 OX지문

❶ 건축의 목적으로 매수한 토지에 대해 법적 제한으로 건축허가를 받을 수 없어 건축이 불가능한 경우, 이는 매매목적물의 하자에 해당한다. (O | X) 28회

대표기출

불특정물의 하자로 인해 매도인의 담보책임이 성립한 경우, 매수인의 권리로 규정된 것을 모두 고른 것은? 31회

㉠ 계약해제권	㉡ 손해배상청구권
㉢ 대금감액청구권	㉣ 완전물급부청구권

① ㉢
② ㉠, ㉢
③ ㉡, ㉣
④ ㉠, ㉡, ㉣
⑤ ㉠, ㉡, ㉢, ㉣

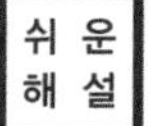

출제예상 OX지문

❶ O 법률상의 장애는 물건의 하자로 보고 있다(대판 2000.1.18, 98다18506). 따라서 토지에 대한 법령상의 제한으로 건축이 불가능하면 이는 매매목적물의 하자에 해당한다.

대표기출 정답 ④

④ 물건의 하자에 대한 담보책임의 효과로 ㉠ 계약해제권, ㉡ 손해배상청구권, ㉣ 완전물급부청구권이 발생할 수 있다. 그러나 ㉢ 대금감액청구권은 권리의 하자에서 발생하는 권리이지 물건의 하자에서는 발생하지 않는다.

출 제 포 인 트

080 경매에서 담보책임

[10개년 출제회차] 29회

시작이 쉬운 길잡이

Q

경매에 관심이 있는 대운 씨가 경매에 참가해서 아파트를 좋은 가격에 경락받았습니다. 그런데 경매절차가 무효임이 밝혀졌습니다. 여러분, 대운 씨는 소유권을 취득할 수 있을까요?

A

경매절차가 무효라면 매매가 무효인 것과 동일합니다. 따라서 대운 씨는 소유권을 취득할 수 없습니다. 이 경우 대운 씨는 경매채권자를 상대로 대금반환을 청구할 수 있으나, 담보책임을 물을 수는 없습니다.

출제포인트의 중요 키워드는 본문에서 꼭 체크하세요 ▸ 경매

법령 체크

제578조【경매와 매도인의 담보책임】 ① 경매의 경우에는 경락인은 전8조의 규정에 의하여 채무자에게 계약의 해제 또는 대금감액의 청구를 할 수 있다.

② 전항의 경우에 채무자가 자력이 없는 때에는 경락인은 대금의 배당을 받은 채권자에 대하여 그 대금 전부나 일부의 반환을 청구할 수 있다.

③ 전2항의 경우에 채무자가 물건 또는 권리의 흠결을 알고 고지하지 아니하거나 채권자가 이를 알고 경매를 청구한 때에는 경락인은 그 흠결을 안 채무자나 채권자에 대하여 손해배상을 청구할 수 있다.

1 의의 및 요건

(1) 경매의 목적물에 권리의 하자가 있는 경우에 경락인(매수인)은 담보책임을 물을 수 있다. 왜냐하면 매매의 일종인 경매에서 경매목적물의 권리의 하자로 인해서 경락인이 완전한 재산권을 취득하지 못하는 경우 경락인을 보호하기 위함이다.

(2) 여기서의 경매는 국가기관이 행하는 공경매만을 의미하므로 「민사집행법」에 의한 강제경매, 담보권 실행경매 및 「국세징수법」에 의한 공매가 이에 해당한다.

(3) 경매에서의 담보책임은 권리의 하자에 대해서만 인정되며 물건 자체의 하자에 대해서는 인정되지 않는다. 이처럼 경매에서 담보책임을 경감하는 것은 경매제도의 신용을 유지하기 위함이다. 즉, 경매의 결과를 확실하게 하기 위한 취지이다.

(4) 경매절차는 유효해야 하므로 만약 경매절차가 무효(무효인 집행권원에 의한 경매/부존재하거나 불성립한 저당권에 기한 경매)라면 담보책임은 성립하지 않고 부당이득반환을 청구할 수 있다.

2 담보책임의 내용 → 권리의 하자

(1) 경매된 권리의 전부 또는 일부가 타인에게 속하거나 그 권리가 부족하거나 또는 제한물권에 의해서 제한을 받고 있는 경우 경락인은 담보책임을 물을 수 있다.

(2) 경락인(매수인)은 먼저, 즉 1차적으로 채무자(매도인)를 상대로 해제 또는 대금감액을 청구할 수 있다. 만약 채무자에게 자력이 없다면 2차적으로 배당받은 채권자에 대해서 배당받은 대금의 전부나 일부에 대해서 반환을 청구할 수 있다.

(3) 경매는 채무자의 의사와 무관하므로 손해배상책임은 원칙적으로 발생하지 않는다. 그러나 예외적으로 채무자가 권리의 흠결을 알고 고지하지 아니하거나 채권자가 이를 알고 경매를 청구한 때에는 경락인은 그 흠결을 안 채무자나 채권자에 대하여 손해배상을 청구할 수 있다.

기출로 포인트 정리

출제예상 OX지문

❶ 경매절차가 무효인 경우, 경락인은 채무자에게 손해배상을 청구할 수 있다.

(O | X) 29회

대표기출

甲은 경매절차에서 저당목적물인 乙 소유의 X토지를 매각받고, 그 소유권이전등기가 경료되었다. 다음 중 틀린 것은? (다툼이 있으면 판례에 따름) 23회

① 甲은 X토지의 물건의 하자를 이유로 담보책임을 물을 수 없음이 원칙이다.

② 채무자 乙이 권리의 하자를 알고 고지하지 않았다면 甲은 乙에게 손해배상을 청구할 수 있다.

③ 경매절차가 무효인 경우, 甲은 담보책임을 물을 수 없다.

④ 담보책임이 인정되는 경우, 甲은 乙의 자력 유무를 고려함이 없이 곧바로 배당채권자에게 대금의 전부 또는 일부의 상환을 청구할 수 있다.

⑤ 만약 乙이 물상보증인인 경우, 담보책임으로 인해 매매계약이 해제되면 그 대금반환채무는 乙이 부담한다.

출제예상 OX지문

❶ X 경매절차가 무효인 경우에는 담보책임은 성립하지 않는다.

대표기출 정답 ④

④ 담보책임은 1차적으로 채무자, 채무자에게 자력이 없다면 2차적으로 배당받은 채권자에게 담보책임을 물을 수 있다.

① 경매에서의 담보책임은 권리의 하자에 대해서만 담보책임이 인정된다. 따라서 甲은 X토지의 물건의 하자를 이유로 담보책임을 물을 수 없음이 원칙이다.

② 경매에서는 손해배상청구권이 발생하지 않지만 예외적으로 채무자 乙이 권리의 하자를 알고 고지하지 않았다면 甲은 乙에게 손해배상을 청구할 수 있다.

③ 경매절차가 유효인 경우에 한하여 담보책임을 물을 수 있다. 따라서 경매절차가 무효인 경우, 甲은 담보책임을 물을 수 없다.

⑤ 만약 乙이 물상보증인인 경우, 담보책임으로 인해 매매계약이 해제되면 원상회복으로 대금을 반환해주어야 하는데 그 대금반환채무는 물상보증인 乙이 부담한다.

출 제 포 인 트

081 환매

[10개년 출제회차] 27, 30, 32, 33회

시작이 쉬운 길잡이

Q

급전이 필요한 대운 씨. 오랫동안 살아서 정이 든 전원주택을 친구 부자 씨에게 매도합니다. 하지만 대운 씨는 3년 후에 그 전원주택을 다시 찾아오고 싶습니다. 여러분, 가능한 방법이 있을까요?

A

대운 씨는 부자 씨와 매매를 하면서 동시에 다시 전원주택을 매수해 찾아올 수 있는 권리를 특약을 통해서 보유하면 됩니다. 이 권리를 환매권이라고 합니다.

출제포인트의 중요 키워드는 본문에서 꼭 체크하세요 ▸ **환매, 환매특약, 환매등기**

1 의의 및 기능

법령 체크

제590조【환매의 의의】 ① 매도인이 매매계약과 동시에 환매할 권리를 보류한 때에는 그 영수한 대금 및 매수인이 부담한 매매비용을 반환하고 그 목적물을 환매할 수 있다.
② 전항의 환매대금에 관하여 특별한 약정이 있으면 그 약정에 의한다.
③ 전2항의 경우에 목적물의 과실과 대금의 이자는 특별한 약정이 없으면 이를 상계한 것으로 본다.

(1) 의의

환매란 매도인이 매매계약과 동시에 매수인과의 특약으로 다시 매수할 수 있는 권리인 환매권을 보류한 경우에 일정한 기간 내에 그 환매권을 행사하여 매수인으로부터 그 목적물을 다시 찾아오는 것을 말한다(제590조).

(2) 기능

환매는 주로 채권담보의 수단으로 이용된다. 즉, 채무자가 채권담보의 목적으로 물건을 채권자에게 매도하고, 변제기에 채무변제하여 그 물건을 채권자로부터 다시 매수하는 비전형담보제도인 매도담보는 환매 형태로 행하여진다. 그런데 (준)소비대차와 결합한 부동산의 매도담보에 대해서는 일정한 요건하에서 「가등기담보 등에 관한 법률」이 적용된다. 예컨대 甲(채무자)이 乙(채권자)로부터 1억원을 빌리면서 채권담보의 목적으로 자기소유의 부동산에 대하여 매매를 원인으로 채권자 乙 앞으로 소유권이전등기를 하면서 동시에 환매특약의 등기를 하게 된다. 이후 채무자 甲은 변제기에 변제하고 다시 부동산을 찾아가는 것이다.

2 환매권의 법적 성질

(1) 환매권자는 환매기간 내에 환매대금을 상환하고 환매권을 행사함으로써, 즉 일방적 의사표시만으로써 환매의무자가 매매목적물의 소유권을 환매권자에게 이전해야 할 의무를 발생시키는 형성권이다.

(2) 환매권은 일신전속권이 아니므로 양도와 상속이 인정된다. 그런데 환매등기가 경료된 경우에는 환매권의 양도는 부기등기에 의하고 부기등기를 한 때 비로소 이전의 효력이 발생한다.

(3) 환매권은 일신전속권이 아니므로 채권자대위권의 대상이 될 수 있다. 그런데 이 경우 제593조에서 특별규정을 두고 있다.

3 환매의 요건

(1) 목적물

법령 체크

제592조【환매등기】 매매의 목적물이 부동산인 경우에 매매등기와 동시에 환매권의 보류를 등기한 때에는 제3자에 대하여 그 효력이 있다.

환매권의 대상은 부동산, 동산 그리고 지식재산권에 대해서도 가능하다. 그리고 매매의 목적물이 부동산인 경우에 매매등기와 동시에 환매권의 보류를 등기한 때에는 제3자에 대하여 그 효력이 있다. 환매특약의 등기는 권리취득을 위한 소유권이전등기에 대한 부기등기의 형식으로 이루어지고 등기관이 환매특약의 등기를 할 때에는 매수인이 지급한 대금, 매매비용, 환매기간(등기원인에 그 사항이 정하여져 있는 경우에만)을 기록하여야 한다(부동산등기법 제52조 제6호, 제53조).

(2) 환매의 특약

환매특약은 매매계약과 동시에 해야 한다. 따라서 매매계약 후에 하는 특약은 환매가 아니며, 다만 재매매의 예약으로 유효할 수는 있다. 그리고 환매의 특약은 매매계약에 종된 계약이므로, 매매계약이 실효되면 환매의 특약도 그 효력을 잃는다. 그리고 환매특약이 존재한다고 해서 처분이 금지되는 것은 아니다.

(3) 환매대금

① 환매대금에 대해서 당사자 사이에 특약이 있으면 특약에 의하고 특약이 없으면 최초의 매매대금과 매수인이 부담한 매매비용(감정비용이나 계약비용)을 합한 금액이므로 환매권자는 영수한 매매대금과 매수인이 부담한 매매비용을 반환하고 그 목적물을 환매할 수 있다(제590조 제1항).

② 한편, 목적물의 과실과 대금의 이자는 특별한 약정이 없으면 상계한 것으로 본다(제590조 제3항). 따라서 매도인은 환매할 때까지의 대금의 이자를 지급할 필요가 없고, 매수인은 환매가 있을 때까지 목적물로부터 얻은 과실을 반환할 필요가 없다.

(4) 환매기간

법령 체크

제591조 【환매기간】 ① 환매기간은 부동산은 5년, 동산은 3년을 넘지 못한다. 약정기간이 이를 넘는 때에는 부동산은 5년, 동산은 3년으로 단축한다.
② 환매기간을 정한 때에는 다시 이를 연장하지 못한다.
③ 환매기간을 정하지 아니한 때에는 그 기간은 부동산은 5년, 동산은 3년으로 한다.

(5) 환매등기 → 매수인 명의의 소유권이전등기에 대한 부기등기의 형식으로 한다.

① 매매등기와 동시에 환매권 보류를 등기한 때에는 제3자에 대하여 효력이 있다. 따라서 제3자에게 환매권을 행사할 수 있다.

② 환매권 보류가 등기된 부동산을 제3자에게 매도한 경우에도 매도인은 환매등기를 이유로 매수인의 소유권이전등기청구를 거절할 수 없다.

4 환매권의 행사(실행)

(1) 환매권의 행사방법

법령 체크

제594조 【환매의 실행】 ① 매도인은 기간 내에 대금과 매매비용을 매수인에게 제공하지 아니하면 환매할 권리를 잃는다.
② 매수인이나 전득자가 목적물에 대하여 비용을 지출한 때에는 매도인은 제203조의 규정에 의하여 이를 상환하여야 한다. 그러나 유익비에 대하여는 법원은 매도인의 청구에 의하여 상당한 상환기간을 허여할 수 있다.

① 환매권자(매도인)가 환매기간 내에 환매대금을 환매의무자(매수인)에게 제공하고 환매의 의사표시를 하면 된다. 즉, 환매의 의사표시만으로는 부족하고 환매대금을 현실로 제공하여야 한다. 그리고 환매의 의사표시는 매수인에 대해 하여야 하지만, 환매등기가 되어 있고 그 목적물을 제3자가 전득한 경우에는 전득자에 대해서만 행사할 수 있다. 그리고 매도인이 환매기간 내에 환매대금을 매수인에게 제공하지 않으면 그 환매권을 잃는다(제594조 제1항).

② 매수인이나 전득자가 목적물에 대하여 비용을 지출한 때에는 매도인은 제203조의 규정에 의하여 이를 상환하여야 한다. 즉, 매수인이나 전득자가 매도인에게 비용상환을 청구할 수 있다. 그러나 유익비에 대하여는 법원은 매도인의 청구에 의하여 상당한 상환기간을 허여할 수 있다.

(2) 환매권의 대위행사

법령 체크

제593조【환매권의 대위행사와 매수인의 권리】 매도인의 채권자가 매도인을 대위하여 환매하고자 하는 때에는 매수인은 법원이 선정한 감정인의 평가액에서 매도인이 반환할 금액을 공제한 잔액으로 매도인의 채무를 변제하고 잉여액이 있으면 이를 매도인에게 지급하여 환매권을 소멸시킬 수 있다.

환매권은 일신전속권이 아니므로 채권자대위권의 대상이 된다. 따라서 환매권자인 매도인의 채권자가 자신의 채권을 확보하기 위해서 환매권을 대위행사할 수 있다. 그런데 제593조는 매수인(환매의무자)을 보호하기 위해서 일정한 요건하에서 환매권을 소멸시킬 수 있다고 한다. 즉, 매도인의 채권자가 매도인을 대위하여 환매하고자 하는 때에는 매수인은 법원이 선정한 감정인의 평가액에서 매도인이 반환할 금액(환매대금)을 공제한 잔액으로 매도인의 채무를 변제하고 잉여액이 있으면 이를 매도인에게 지급하여 환매권을 소멸시킬 수 있다.

(3) 공유지분의 환매

공유자의 1인이 환매할 권리를 보류하고 그 지분을 매도한 후 그 목적물의 분할이나 경매가 있는 때에는 매도인은 매수인이 받은 또는 받을 부분이나 대금에 대하여 환매권을 행사할 수 있다. 그러나 매도인에게 통지하지 아니한 매수인은 그 분할이나 경매로써 매도인에게 대항하지 못한다(제595조).

5 적중판례

부동산매매계약에 있어서 당사자 사이의 환매특약에 따라 소유권이전등기와 함께 환매권등기가 마쳐진 경우, 매도인이 환매기간 내에 적법하게 환매권을 행사하면 환매등기 후에 마쳐진 제3자의 근저당권 등 제한물권은 소멸한다(대판 2002.9.27, 2000다27411).

기출로 **포인트 정리**

출제예상 OX지문

❶ 환매권은 일신전속적 권리이므로 양도할 수 없다. (O | X) 20회

❷ 매매계약의 무효는 환매특약의 효력에 영향을 미치지 않는다. (O | X) 20회

대표기출

환매에 관한 설명으로 틀린 것은? (다툼이 있으면 판례에 따름) 27회

① 부동산에 대한 매매등기와 동시에 환매권 보류를 등기하지 않더라도 제3자에게 대항할 수 있다.

② 환매특약은 매매계약과 동시에 하여야 한다.

③ 부동산에 대한 환매기간을 7년으로 정한 때에는 5년으로 단축된다.

④ 환매등기가 경료된 나대지에 건물이 신축된 후 환매권이 행사된 경우, 특별한 사정이 없는 한, 그 건물을 위한 관습상의 법정지상권은 발생하지 않는다.

⑤ 특별한 약정이 없는 한, 환매대금에는 매수인이 부담한 매매비용이 포함된다.

쉬운 해설

출제예상 OX지문

❶ X 환매권은 일신전속권이 아니므로 양도와 상속이 인정된다.

❷ X 환매특약은 매매계약에 따라오는 종된 계약이므로 매매계약의 무효는 환매특약의 효력에 영향을 미친다.

대표기출 정답 ①

① 매매의 목적물이 부동산인 경우에 매매등기와 동시에 환매권의 보류를 등기한 때에는 제3자에 대하여 그 효력이 있다(제592조).

② 환매특약은 매매계약과 동시에 하여야 한다(제590조 제1항).

③ 부동산에 대한 환매기간은 5년을 넘을 수 없기 때문에 환매기간을 7년으로 정한 때에는 5년으로 단축된다(제591조 제1항).

④ 환매등기가 경료된 나대지에 건물이 신축된 후 환매권이 행사된 경우에는 환매권 행사로 소유권을 상실할 수 있다는 것을 예상했기 때문에 건물을 신축한 사람은 보호가치가 없어서 그 건물을 위한 관습상의 법정지상권은 발생하지 않는다(대판 2010.11.25, 2010두16431).

⑤ 매도인이 매매계약과 동시에 환매할 권리를 보류한 때에는 그 영수한 대금 및 매수인이 부담한 매매비용을 반환하고 그 목적물을 환매할 수 있다(제590조 제1항).

출 제 포 인 트

082 교환

[10개년 출제회차] 24, 25, 27, 28, 32회

시작이 쉬운 길잡이

Q 아파트에 살고 있는 대운 씨. 항상 전원주택에 살고 싶다는 꿈이 있습니다. 그런데 마침 친구 동철 씨에게 정말 예쁜 전원주택이 있었습니다. 대운 씨가 동철 씨에게 아파트와 전원주택을 바꾸자고 했고 동철 씨도 승낙을 했습니다. 여러분, 이 경우 매매일까요? 아니면 교환일까요?

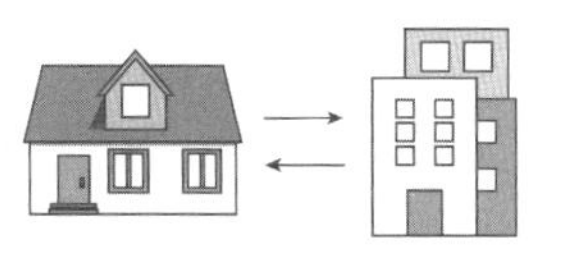

A 매매는 대가로 반드시 금전이 지급되어야 합니다. 그런데 아파트를 이전해 주는 대가로 금전이 아니라 전원주택을 받기로 했으므로 매매가 아니라 교환입니다.

❗ 출제포인트의 중요 키워드는 본문에서 꼭 체크하세요 ▸ **교환, 보충금**

법령 체크

제596조【교환의 의의】 교환은 당사자 쌍방이 금전 이외의 재산권을 상호 이전할 것을 약정함으로써 그 효력이 생긴다.

제597조【금전의 보충지급의 경우】 당사자 일방이 전조의 재산권 이전과 금전의 보충지급을 약정한 때에는 그 금전에 대하여는 매매대금에 관한 규정을 준용한다.

1 의의

(1) 교환이란 당사자 쌍방이 금전 이외의 재산권을 서로 이전할 것을 약정함으로써 성립하는 계약이다. 교환의 목적물은 금전 이외의 재산권으로 한정된다는 점에서 재산권 이전의 대가로 금전을 지급하는 매매와 구별된다.

(2) 교환은 금전 이외의 재산권을 서로 이전하는 것이므로 환금은 교환이 아니다. 예컨대, 5만원권 지폐를 1만원권 지폐 5장으로 바꾸는 것은 교환이 아니다.

(3) 당사자 쌍방이 금전 이외의 재산권을 상호 이전할 것을 약정하면서 교환하는 재산권의 가치가 균등하지 않아서 그 차액을 보충하기 위해서 지급하는 금전을 보충금이라고 하며, 당사자 일방이 재산권 이전과 금전의 보충지급을 약정한 때에는 그 금전에 대하여는 매매대금에 관한 규정을 준용한다(제597조). 주의할 점은 이 경우에도 매매가 아니라 교환이다.

2 법적 성질

서면, 구두 가능

(1) 교환은 낙성 · 쌍무 · 유상 · 불요식계약이다.

(2) 교환은 당사자 쌍방이 금전 이외의 재산권을 서로 이전할 것을 약정함으로써 성립하는, 즉 청약과 승낙의 합치만 있으면 성립하므로 요물계약이 아니라 낙성계약이다.

3 보충금

(1) 금전의 보충지급을 약정한 때에는 그 금전에 대해서 매매대금에 관한 규정이 준용된다.

(2) 보충금의 미지급은 교환계약의 해제사유에 해당한다.

(3) 상대방이 보충금 지급에 갈음해서 채무를 인수한 경우

상대방이 변제하지 않아서 대신 변제한 경우에는 교환계약을 해제할 수 있다.

4 효력

(1) 교환은 서로 대가적 의미 있는 출연행위가 있으므로 유상계약이다. 따라서 매매에 관한 규정이 교환계약에도 준용된다.

(2) 매매에 관한 규정이 교환계약에도 준용되기 때문에 교환계약의 양 당사자는 서로에 대해서 담보책임을 부담한다.

(3) 교환계약은 서로 대가적 의미 있는 채무를 부담하기 때문에 쌍무계약이다. 따라서 동시이행의 항변권과 위험부담에 관한 규정이 적용된다.

5 적중판례

교환계약의 당사자가 목적물의 시가를 묵비하거나 허위로 시가보다 높은 가액을 시가라고 고지하였다 하더라도 이는 상대방의 의사결정에 불법적 간섭을 한 것이라고 볼 수 없다(대판 2002.9.4, 2000다54406 · 54413). 즉, 위법한 기망행위에 해당하지 않는다.

기출로 **포인트 정리**

출제예상 OX지문

❶ 교환계약은 불요식계약이다. (O | X) 25회

❷ 교환계약이 해제된 경우, 원상회복의무는 동시이행관계에 있다. (O | X) 27회

❸ 다른 약정이 없는 한 각 당사자는 목적물의 하자에 대해 담보책임을 부담한다. (O | X) 32회

❹ 당사자가 자기소유 목적물의 시가를 묵비하여 상대방에게 고지하지 않은 경우, 특별한 사정이 없는 한 상대방의 의사결정에 불법적인 간섭을 한 것이다. (O | X) 32회

대표기출

甲은 자신의 X건물을 乙 소유 Y토지와 서로 교환하기로 합의하면서 가액 차이로 발생한 보충금의 지급에 갈음하여 Y토지에 설정된 저당권의 피담보채무를 이행인수하기로 약정하였다. 다음 설명 중 옳은 것은? (다툼이 있으면 판례에 따름) 28회

① 교환계약체결 후 甲의 귀책사유 없이 X건물이 멸실되더라도 위험부담의 법리는 적용되지 않는다.

② 甲이 보충금을 제외한 X건물의 소유권을 乙에게 이전하면 특별한 사정이 없는 한 계약상의 의무를 한 것이 된다.

③ 甲과 乙은 특약이 없는 한 목적물의 하자에 대하여 상대방에게 담보책임을 부담하지 않는다.

④ 甲이 피담보채무의 변제를 게을리하여 저당권이 실행될 염려가 있어 乙이 그 피담보채무를 변제하였더라도 乙은 교환계약을 해제할 수 없다.

⑤ 乙이 시가보다 조금 높게 Y토지의 가액을 고지해서 甲이 보충금을 지급하기로 약정했다면, 甲은 乙에게 불법행위에 기한 손해배상청구가 가능하다.

기출로 **포인트 정리**

쉬운 해설

출제예상 OX지문

❶ O 계약자유의 원칙에 의해서 교환계약은 불요식계약에 해당한다.

❷ O 교환계약은 쌍무계약이고 서로 대가적 의미 있는 채무를 부담하므로 교환계약이 해제된 경우, 원상회복의무는 동시이행관계에 있다.

❸ O 매매의 규정(담보책임)은 다른 유상계약에 적용된다. 따라서 교환계약은 유상계약에 해당하므로 다른 약정이 없는 한 각 당사자는 목적물의 하자에 대해 담보책임을 부담한다.

❹ X 부동산 교환계약에서 당사자는 자기소유 목적물의 시가를 상대방에게 고지할 의무가 없으므로 시가를 묵비하여 상대방에게 고지하지 않은 경우에도 특별한 사정이 없는 한 상대방의 의사결정에 불법적인 간섭을 한 것으로 볼 수는 없다(대판 2002.9.4, 2000다54406 · 54413). 즉, 위법한 기망행위에 해당하지 않는다.

대표기출 정답 ②

② 甲이 보충금을 제외한 X건물의 소유권을 乙에게 이전하면 특별한 사정이 없는 한 계약상의 의무를 이행한 것이 된다(대판 1998.7.24, 98다13877).

① 교환계약은 쌍무계약에 해당하므로 위험부담의 법리가 적용된다. 교환계약체결 후 甲의 귀책사유 없이 X건물이 멸실된 경우, 위험부담의 법리가 적용된다.

③ 교환계약은 유상계약에 해당하므로 담보책임규정이 교환계약에 적용되기 때문에 하자가 있다면 담보책임의 문제가 발생할 수 있다.

④ 피담보채무를 인수한 자가 변제를 게을리하여 저당권이 실행될 염려가 있어 상대방이 부득이 피담보채무를 변제한 경우 이를 이유로 교환계약을 해제할 수 있다(대판 1998.7.24, 98다13877).

⑤ 교환계약에서는 서로에 대해서 시가를 고지할 의무가 없다. 따라서 乙이 시가보다 조금 높게 Y토지의 가액을 고지해서 甲이 보충금을 지급하기로 약정했다 하더라도 사기에 해당하지 않기 때문에 甲은 乙에게 불법행위에 기한 손해배상을 청구할 수 없다.

출제포인트

083 임대차

[10개년 출제회차] 24, 25, 26, 27, 28, 29, 30, 31, 32, 33회

시작이 쉬운 길잡이

Q 아파트를 소유하고 있는 마음씨 좋은 대운 씨. 후배 동철 씨가 이번 달에 이사를 해야 한다고 하니까 들어와서 살라고 합니다. 그런데 너무 친한 후배라서 월세는 받지 않기로 했습니다. 여러분, 대운 씨와 동철 씨 사이의 계약을 무엇이라고 할까요?

A 임대차는 차임 지급이 성립요건입니다. 즉, 대가로써 차임을 받는 유상계약입니다. 따라서 차임을 받지 않는 무상계약은 임대차가 아니라 사용대차라고 합니다.

출제포인트의 중요 키워드는 본문에서 꼭 체크하세요 ▶ 임대차, 차임, 존속기간, 부속물매수청구권, 지상물매수청구권

1 총설

1. 의의

법령 체크

제618조 【임대차의 의의】 임대차는 당사자 일방이 상대방에게 목적물을 사용, 수익하게 할 것을 약정하고 상대방이 이에 대하여 차임을 지급할 것을 약정함으로써 그 효력이 생긴다.

(1) 임대차는 당사자 일방(임대인)이 상대방에게 목적물(임대물)을 사용·수익하게 할 것을 약정하고, 상대방(임차인)이 이에 대하여 차임을 지급할 것을 약정함으로써 성립하는 계약이다(제618조).

(2) 타인의 물건을 빌려서 사용·수익하는 계약에는 임대차, 사용대차, 소비대차계약이 있다. 임차인은 임대차가 종료하면 그가 사용·수익한 임차물 자체를 임대인에게 반환하여야 하므로 그 소유권을 취득하지 못한다는 점에서 임차물의 소유권을 취득하는 소비대차와 구별되고 사용·수익의 대가로서 차임을 지급하는 점에서 무상계약인 사용대차와 구별된다.

2. 법적 성질

(1) 임대차계약은 낙성·유상·쌍무·불요식·계속적 계약이다.

(2) 차임 지급이 임대차의 성립요소이므로, 즉 사용·수익에 대한 대가를 지급해야 하므로 임대차계약은 유상계약이다.

3. 임차권의 물권화 현상

(1) 임차권은 채권에 불과하여 특정인에 대해서만 사용·수익을 주장할 수 있고 제3자에 대해서는 주장, 즉 대항할 수 없다. 따라서 임대차 존속 중에 소유자가 변경된 경우 새로운 소유자에게 대항하지 못하므로 임차인의 사용·수익권이 보장되지 못하는 문제점이 발생하므로 임차인의 본질적인 권리인 사용·수익권을 보장하기 위해서 일정한 경우에는 임차권을 물권처럼 취급해 주는 경우가 있다. 이를 임차권의 물권화 현상이라고 한다.

(2) 구체적인 예

① 임차권을 등기한 경우

> **법령 체크**
>
> **제621조【임대차의 등기】** ① 부동산임차인은 당사자 간에 반대약정이 없으면 임대인에 대하여 그 임대차 등기절차에 협력할 것을 청구할 수 있다.
> ② 부동산임대차를 등기한 때에는 그때부터 제3자에 대하여 효력이 생긴다.

② 건물 소유 목적의 토지임대차에서 건물을 등기한 경우

> **법령 체크**
>
> **제622조【건물등기 있는 차지권의 대항력】** ① 건물의 소유를 목적으로 한 토지임대차는 이를 등기하지 아니한 경우에도 임차인이 그 지상건물을 등기한 때에는 제3자에 대하여 임대차의 효력이 생긴다.
> ② 건물이 임대차기간만료 전에 멸실 또는 후폐한 때에는 전항의 효력을 잃는다.

③ 주택임대차에서 주택인도와 주민등록을 마친 경우

④ 상가건물임대차에서 건물인도와 사업자등록을 신청한 경우

⑤ 임차권에 기한 물권적 청구권

㉠ 대항력 있는 임차권: 임차인이 대항력을 가지고 있는 경우 임차인은 임차권 자체에 의해서 물권적 청구권을 행사할 수 있다.

㉡ 대항력 없는 임차권: 임차인이 대항력은 없지만 점유하고 있다면 점유권이라는 물권에 기해서 물권적 청구권을 행사하면 된다. 다만, 대항력도 없고 점유를 하고 있지도 않은 경우에는 임대인이 가지고 있는 물권적 청구권을 대위행사할 수 있다.

2 임대차의 성립

1. 임대차계약

임대차계약은 낙성계약이므로 당사자 간에 합의, 즉 청약과 승낙의 합치에 의해서 성립한다.

2. 임대차계약의 목적물

임대차의 목적물은 물건이고 사용·수익으로 인하여 소멸하지 않는 유체물에 한한다. 따라서 소비를 목적으로 하는 대체물은 원칙적으로 소비대차의 목적물이 되고, 임대차의 목적물이 될 수 없다.

3. 차임

임대차계약은 유상계약이므로 차임 지급약정이 임대차계약의 성립요소이다. 그러나 보증금이나 권리금은 성립요소가 아니다.

4. 채권계약

(1) 임대차계약은 임차권이라는 채권의 발생을 목적으로 하는 채권계약이다. 주의할 점은 임대차를 통해서 목적물의 소유권이 이전되는 것은 아니고, 즉 처분행위가 아니고 단지 사용·수익하게 해줄 의무를 발생시키는 의무부담행위, 즉 채권행위이다. 따라서 임대인에게 처분권한이 없어도 임대차계약은 유효이다. 예컨대 타인소유물에 대한 임대차계약도 유효이다.

(2) 임대인은 적극적으로 임차인이 목적물을 사용·수익하게 할 의무를 부담한다.

3 보증금

1. 의의

(1) 보증금은 부동산임대차, 특히 건물임대차에 있어서 임차인의 채무(임차인의 차임채무, 손해배상채무)를 담보하기 위하여 임차인 또는 제3자가 임대인에게 교부하는 금전 기타의 유가물을 말한다.

(2) 보증금을 지급하기로 하는 보증금계약은 금전의 수수를 수반하는 요물계약으로서 임대차에 따라오는 종된 계약이다.

2. 효력

(1) 보증금의 담보적 효력

① 보증금은 임차인이 차임을 지급하지 않거나 임차인이 임차물을 멸실 또는 훼손시키는 등과 같이 임대차관계에서 발생하게 될 임차인의 모든 채무를 담보한다. 보증금의 효력은 이 담보기능에 있으며, 임대인은 보증금으로부터 다른 채권자에 우선하여 변제를 받을 수 있다.

② 판례에 따르면, 부동산임대차에 있어서 수수된 보증금은 임료채무, 목적물의 멸실·훼손 등으로 인한 손해배상채무 등 임대차관계에 따른 임차인의 모든 채무를 담보하는 것으로서 그 피담보채무 상당액은 임대차관계의 종료 후 목적물이 반환될 때에 특별한 사정이 없는 한 별도의 의사표시 없이 보증금에서 당연히 공제된다(대판 1999.12.7, 99다50729).

(2) 임대차 존속 중의 보증금 충당의 자유

① 임대차 존속 중에 보증금으로써 연체차임 등에 충당할지 여부에 대해서는 임대인의 자유이다. 따라서 임대인은 보증금으로 연체차임 등에 충당할 수도 있고, 또는 충당하지 않고 차임 지급을 임차인에게 청구할 수도 있다.

② 판례에 따르면, 임차인이 임대차계약을 체결할 당시 임대인에게 지급한 임대차보증금으로 연체차임 등 임대차관계에서 발생하는 임차인의 모든 채무가 담보된다 하여 임차인이 그 보증금의 존재를 이유로 차임의 지급을 거절하거나 그 연체에 따른 채무불이행 책임을 면할 수는 없다(대판 1994.9.9, 94다4417).

(3) 법정갱신과 보증금

임대차가 법정갱신이 된 경우, 임차인이 제공한 보증금은 그대로 존재하나 제3자가 제공한 보증금도 여전히 존재한다면 제3자에게 예상하지 못한 손해가 발생하므로 제3자가 제공한 보증금은 소멸하게 된다(제639조 제2항).

3. 임차목적물의 소유권이전과 보증금

임대차 존속 중에 임대목적물의 소유권자가 변경된 경우, 종전의 소유자가 보증금반환의무를 부담하는지 또는 새로운 소유자가 보증금반환의무를 부담하는지가 문제된다.

(1) 대항력 있는 임차권

임차인이 대항력이 있는 경우에는 새로운 소유자에게 대항할 수 있으므로 새로운 소유자, 즉 양수인이 임대인의 지위를 승계하게 된다. 따라서 임대차가 종료하면 양수인이 보증금 반환의무를 부담한다.

(2) 대항력 없는 임차권

임차인이 대항력이 없는 경우에는 새로운 소유자에게 대항할 수 없으므로 새로운 소유자, 즉 양수인이 임대인의 지위를 승계하지 않는다. 따라서 임대차가 종료하면 종전 소유자, 즉 양도인이 보증금반환의무를 부담한다.

4 임대차의 존속기간

1. 존속기간의 약정이 있는 경우 → 존속기간을 정한 경우

최장존속기간과 최단존속기간의 제한은 없으므로 합의를 통해서 자유롭게 정하면 된다.

2. 존속기간의 약정이 없는 경우 → 존속기간을 정하지 않은 경우

법령 체크

제635조【기간의 약정 없는 임대차의 해지통고】 ① 임대차기간의 약정이 없는 때에는 당사자는 언제든지 계약해지의 통고를 할 수 있다.

② 상대방이 전항의 통고를 받은 날로부터 다음 각 호의 기간이 경과하면 해지의 효력이 생긴다.

1. 토지, 건물 기타 공작물에 대하여는 임대인이 해지를 통고한 경우에는 6월, 임차인이 해지를 통고한 경우에는 1월
2. 동산에 대하여는 5일

(1) 임대차기간의 약정이 없는 때에는, 즉 당사자가 기간을 정하지 않은 경우에는 언제든지 해지할 의사가 있다고 추단되므로 각 당사자는, 즉 임대인과 임차인은 언제든지 임대차계약의 해지를 통고할 수 있다.

(2) 당사자가 임대차계약의 해지를 통고한 경우, 다음 기간이 경과하면 임대차계약은 해지된다.

① 임대차 목적물이 토지, 건물 기타 공작물인 경우(부동산): 임대인이 해지통고를 한 경우에는 6월, 임차인이 해지통고를 한 경우에는 1월이 경과하면 해지된다.

② 동산인 경우: 임대인이 해지통고를 한 경우와 임차인이 해지통고를 한 경우 동일하게 5일이 경과하면 해지된다.

3. 임대차의 갱신

(1) 약정갱신 → 합의에 의한 갱신

당사자는 임대차의 동일성을 유지하면서 합의를 통해서 존속기간을 갱신할 수 있다. → 갱신 횟수에 대한 제한은 없다.

(2) 묵시의 갱신 → 법정갱신, 강행규정

법령 체크

제639조【묵시의 갱신】 ① 임대차기간이 만료한 후 임차인이 임차물의 사용, 수익을 계속하는 경우에 임대인이 상당한 기간 내에 이의를 하지 아니한 때에는 전 임대차와 동일한 조건으로 다시 임대차한 것으로 본다. 그러나 당사자는 제635조의 규정에 의하여 해지의 통고를 할 수 있다.

② 전항의 경우에 전 임대차에 대하여 제3자가 제공한 담보는 기간의 만료로 인하여 소멸한다.

① 임대차기간이 만료한 후 임차인이 임차물의 사용·수익을 계속하는 경우에 임대인이 상당한 기간 내에 이의를 하지 아니한 때에는 전 임대차와 동일한 조건으로 다시 임대차한 것으로 본다.

② 존속기간에 대해서는 전 임대차와 동일한 기간이 아니라 정함이 없는 것으로 본다. 따라서 각 당사자(임대인, 임차인)는 언제든지 상대방에 대해서 해지통고를 할 수 있다.

5 임대인의 의무

1. 사용·수익하게 해줄 의무

법령 체크

제623조【임대인의 의무】 임대인은 목적물을 임차인에게 인도하고 계약존속 중 그 사용, 수익에 필요한 상태를 유지하게 할 의무를 부담한다.

임대인은 임차인에게 목적물을 사용·수익하게 해줄 의무가 있기 때문에 이 의무로부터 목적물 인도의무와 수선의무가 발생한다.

(1) 목적물 인도의무

임차인이 목적물을 사용·수익하기 위해서는 임대인이 목적물을 임차인에게 인도해 주어야 한다.

(2) 수선의무

① 임대인은 임차인이 임대차목적물을 사용·수익하는 데 적합한 상태로 유지할 적극적 의무를 부담하므로 만약 임대차목적물에 파손이 있다면 임대인은 수선해야 할 의무를 부담한다.

② 임대차계약에 있어서 임대인은 목적물을 계약 존속 중 그 사용·수익에 필요한 상태를 유지하게 할 의무를 부담하는 것이므로, 목적물에 파손 또는 장해가 생긴 경우 그것이 임차인이 별 비용을 들이지 아니하고도 손쉽게 고칠 수 있을 정도의 사소한 것이어서 임차인의 사용·수익을 방해할 정도의 것이 아니라면 임대인은 수선의무를 부담하지 않지만, 그것을 수선하지 아니하면 임차인이 계약에 의하여 정해진 목적에 따라 사용·수익할 수 없는 상태로 될 정도의 것이라면 임대인은 그 수선의무를 부담한다(대판 1994.12.9, 94다34692). 즉, 임차인의 사용·수익에 방해가 되는 파손에 대해서 임대인은 수선의무를 부담한다.

③ 임대인의 수선의무 면제특약은 가능할까?

정답 | 임대인의 수선의무 면제특약에 대해서 소규모 수선의무에 대해서는 특약으로 면제할 수 있지만 대규모의 수선의무에 대해서는 특약을 통해서도 면제할 수 없다.

판례 | 임대인의 수선의무는 특약에 의하여 이를 면제하거나 임차인의 부담으로 돌릴 수 있으나, 그러한 특약에서 수선의무의 범위를 명시하고 있는 등의 특별한 사정이 없는 한 그러한 특약에 의하여 임대인이 수선의무를 면하거나 임차인이 그 수선의무를 부담하게 되는 것은 통상 생길 수 있는 파손의 수선 등 소규모의 수선에 한한다 할 것이고, 대파손의 수리, 건물의 주요 구성부분에 대한 대수선, 기본적 설비부분의 교체 등과 같은 대규모의 수선은 이에 포함되지 아니하고 여전히 임대인이 그 수선의무를 부담한다고 해석함이 상당하다(대판 1994.12.9, 94다34692).

(3) 방해제거의무와 안전배려의무

① 방해제거의무: 제3자가 임차인의 사용·수익을 방해하는 행위를 하는 경우, 임대인은 사용·수익하게 해줄 의무가 있으므로 제3자를 상대로 그 방해를 제거할 의무를 부담한다.

② 임대인은 임차인의 안전을 배려할 의무가 있을까?

정답 | ㉠ 통상의 임대차: 통상의 임대차관계에 있어서 임대인의 임차인에 대한 의무는 특별한 사정이 없는 한 단순히 임차인에게 임대목적물을 제공하여 임차인으로 하여금 이를 사용·수익하게 함에 그치는 것이고, 더 나아가 임차인의 안전을 배려하여 주거나 도난을 방지하는 등의 보호의무까지 부담한다고 볼 수 없다(대판 1999.7.9, 99다10004).

㉡ 숙박계약: 숙박업자는 통상의 임대차와 같이 단순히 여관의 객실 및 관련 시설을 제공하여 고객으로 하여금 이를 사용·수익하게 할 의무를 부담하는 것에서 한 걸음 더 나아가 고객에게 위험이 없는 안전하고 편안한 객실 및 관련 시설을 제공함으로써 고객의 안전을 배려하여야 할 보호의무를 부담하며 이러한 의무는 숙박계약의 특수성을 고려하여 신의칙상 인정되는 부수적인 의무로서 숙박업자가 이를 위반하여 고객의 생명, 신체를 침해하여 손해를 입힌 경우 불완전이행으로 인한 채무불이행책임을 부담한다(대판 1994.1.28, 93다43590).

2. 비용상환의무

임차인이 임대차목적물에 필요비나 유익비를 지출한 경우 임대인은 임차인에게 비용을 상환할 의무를 부담한다.

3. 담보책임

임대차는 유상계약이므로 매매에 관한 규정이 준용된다(제567조). 따라서 임대인은 매도인과 같은 담보책임을 진다. 즉, 임차인이 목적물의 권리의 하자로 인해서 목적물을 사용·수익할 수 없게 되거나 임대목적물의 하자로 인해서 사용·수익을 못하는 경우에는 임대인은 임차인에 대하여 담보책임을 진다.

6 임차인의 권리

1. 임차권

(1) 임대차 목적물을 사용·수익할 수 있는 권리를 임차권이라고 한다. 임차권은 사용·수익을 임대인에 대해서 주장하는 권리이므로 채권에 불과하며, 대항력이 없는 것이 원칙이다.

즉, 임대차 존속 중에 목적물의 소유자가 변경된 경우, 새로운 소유자(양수인)에게 대항할 수 없다. 그러나 예외적으로 다음과 같은 경우에는 대항력이 인정된다.

(2) 임대차의 등기

법령 체크

제621조【임대차의 등기】 ① 부동산임차인은 당사자 간에 반대약정이 없으면 임대인에 대하여 그 임대차등기 절차에 협력할 것을 청구할 수 있다.
② 부동산임대차를 등기한 때에는 그때부터 제3자에 대하여 효력이 생긴다.

부동산임차인이 부동산임대차를 등기한 경우, 그때부터 대항력을 취득한다. 예컨대, 甲 소유 건물에 대해서 乙과 임대차계약을 체결하고 임대차등기를 한 이후에 甲이 건물을 제3자 丙에게 양도한 경우, 임차인 乙은 제3자 丙에게 대항할 수 있다. 즉, 사용·수익을 주장할 수 있다.

(3) 건물 소유 목적의 토지임대차에서 건물의 등기

법령 체크

제622조【건물등기 있는 차지권의 대항력】 ① 건물의 소유를 목적으로 한 토지임대차는 이를 등기하지 아니한 경우에도 임차인이 그 지상건물을 등기한 때에는 제3자에 대하여 임대차의 효력이 생긴다.
② 건물이 임대차기간 만료 전에 멸실 또는 후폐한 때에는 전항의 효력을 잃는다.

① 건물의 소유를 목적으로 한 토지임대차는 이를 등기하지 아니한 경우에도 임차인이 그 지상건물을 등기한 때에는 제3자에 대하여 임대차의 효력이 생긴다. 예컨대, 甲 소유 토지에 대해서 乙과 건물 소유 목적으로 임대차계약을 체결하고 임차인 乙이 건물을 축조하고 보존등기를 경료했다. 이후 甲이 토지를 제3자 丙에게 양도한 경우, 임차인 乙은 제3자 丙에게 대항할 수 있다. 즉, 사용·수익을 주장할 수 있다.

② 주의할 점은 만약 제3자 丙이 먼저 물권취득의 등기를 경료하고 이후에 乙이 보존등기를 경료했다면, 丙이 선순위이므로 丙에게 대항할 수 없다.

2. 비용상환청구권 — 임의규정

법령 체크

제626조【임차인의 상환청구권】 ① 임차인이 임차물의 보존에 관한 필요비를 지출한 때에는 임대인에 대하여 그 상환을 청구할 수 있다.
② 임차인이 유익비를 지출한 경우에는 임대인은 임대차 종료 시에 그 가액의 증가가 현존한 때에 한하여 임차인의 지출한 금액이나 그 증가액을 상환하여야 한다. 이 경우에 법원은 임대인의 청구에 의하여 상당한 상환기간을 허여할 수 있다.

임차인이 임대차 목적물에 비용을 지출한 경우, 그 비용은 원래 임대인이 지출해야 할 비용이므로 임차인은 임대인에게 비용상환을 청구할 수 있다.

(1) 필요비상환청구권

임차인이 임차물의 보존에 관한 필요비를 지출한 때에는 임대인에 대하여 그 상환을 청구할 수 있는데, 필요비상환청구는 임대차계약의 존속 중에도 청구할 수 있다. 즉, 지출 즉시 청구할 수 있다.

(2) 유익비상환청구권

① 임차인이 목적물의 개량을 위해 유익비를 지출한 경우, 임대차 종료 시에 그 가액의 증가가 현존한 때에 한하여 지출한 금액이나 또는 그 증가액을 임대인에게 청구할 수 있다.

② 상환기간을 허여할 수 있다.

(3) 독립성이 없어야 한다.

유익비로 인정되기 위해서는 목적물에 부합되어 독립성이 상실된 것이어야 한다. 만약 독립성이 있다면 유익비상환청구권이 아니라 부속물매수청구권의 문제가 된다.

(4) 원상복구특약이 없어야 한다.

임차인이 임대차목적물에 비용을 지출한 경우에도 만약 원상복구특약이 있다면 이는 비용상환청구권 포기특약으로 채권이 발생하지 않기 때문에 유치권은 성립하지 않는다.

(5) 유치권을 행사할 수 있을까?

정답 | 임차인이 목적물 자체에 비용을 지출했으므로 비용상환청구권(채권)은 목적물과 견련성이 인정되므로 유치권을 행사할 수 있다. 그러나 유익비에 대해서는 임대인의 청구에 의하여 법원은 상환기간을 상당한 기간 허여할 수 있으며, 이 경우 유익비상환청구권을 가지고 유치권을 행사할 수 없다.

(6) 일시사용을 위한 임대차

일시사용을 위한 임대차에서도 인정된다.

(7) 행사기간의 제한

임대인이 목적물을 반환받은 날로부터 6월 내에 행사해야 한다(제654조). 주의할 점은 임대차가 종료한 때로부터 6월이 아니라는 점이다.

(8) 임의규정인가?

정답 | 임차인의 비용상환청구권 규정은 임의규정으로 당사자의 특약으로서 배제할 수 있다. 그러나 부속물매수청구권과 지상물매수청구권 규정은 강행규정이므로 특약으로 배제할 수 없다.

3. 부속물매수청구권 → 강행규정

법령 체크

제646조 【임차인의 부속물매수청구권】 ① 건물 기타 공작물의 임차인이 그 사용의 편익을 위하여 임대인의 동의를 얻어 이에 부속한 물건이 있는 때에는 임대차의 종료 시에 임대인에 대하여 그 부속물의 매수를 청구할 수 있다.
② 임대인으로부터 매수한 부속물에 대하여도 전항과 같다.

(1) 발생요건

① 부속물일 것: 부속물이란 건물사용의 객관적 편익을 위해서 부속시킨 물건으로서 임차인 소유에 속하는 물건을 말한다. 따라서 임차인 자신의 특수목적을 위해 부속시킨 물건은 부속물에 해당하지 않는다.

② 독립성: 부속물에 해당하려면 임차인이 정당한 권원에 의해 부속하여야 하며 그 부속물은 독립성과 경제적 가치를 가지고 있어야 한다. 즉, 부합되지 않아야 한다(임차인 소유). 따라서 부속물이 임차물의 구성부분으로 일체가 된 경우 특별한 약정이 없는 한, 부속물매수청구의 대상이 될 수 없다. 이 경우 유익비상환청구권의 문제가 발생할 수 있다.

③ 건물 기타 공작물 임대차: 모든 임대차에서 부속물매수청구권이 발생하는 것이 아니라 건물 기타 공작물의 임대차에서 발생한다. 따라서 토지임대차에서는 지상물매수청구권은 발생할 수 있지만 부속물매수청구권은 발생하지 않는다.

④ 임대인의 동의 또는 임대인으로부터 매수해서 부속시킨 물건일 것: 모든 부속물이 아니라 임차인이 임대인의 동의를 얻어 부속시킨 물건 또는 임대인으로부터 매수한 부속물에 대해서만 청구할 수 있다.

⑤ 행사시기(임대차 종료 시): 임대차 존속 중에는 청구할 수 없고 임대차가 종료한 때 청구할 수 있다. 주의할 점은 임대차계약이 임차인의 채무불이행으로 인하여 해지된 경우에는 임차인은 민법 제646조에 의한 부속물매수청구권이 없다(대판 1990.1.23, 88다카7245·88다카7252).

⑥ 일시사용하기 위한 임대차임이 명백한 경우에는 인정되지 않는다.

⑦ 임대차계약이 임차인의 채무불이행으로 해지된 경우, 부속물매수청구권은 인정되지 않는다.

⑧ 적법전차인도 부속물매수청구권을 행사할 수 있다.

(2) 효과

① 위의 요건이 충족되면 임차인은 임대차 종료 시에 임대인을 상대로 부속물매수청구권을 행사할 수 있다. 그리고 이 권리는 형성권이므로 임차인의 일방적인 매수의사표시에 의해서 임대인의 승낙이 없이도 부속물 매매계약이 성립한다.

② 부속물 매매계약이 성립하면 임대인은 부속물 매매대금 지급의무가 발생하고 임차인은 부속물 인도의무가 발생한다. 그리고 이 의무는 서로 동시이행관계에 있으므로 임차인은 임대인으로부터 부속물매매대금을 받을 때까지 동시이행의 항변권에 의해서 부속물 인도를 거절할 수 있다.

③ 유치권을 행사할 수 있을까?

정답 | 부속물매매대금채권은 목적물과 견련성이 없으므로 유치권은 성립하지 않는다.

④ 강행규정이므로 이를 배제하는 약정으로 임차인에게 불리한 것은 그 효력이 없다.

(3) 임차인으로서의 지위를 승계하지 아니하고 임차인의 지위와는 분리하여 형성권인 부속물매수청구권만을 양수할 수 없다. 따라서 특별한 사정이 인정되지 않는 한, 종전 임차인의 지위를 승계한 현 임차인으로서는 임차기간의 만료로 임대차가 종료됨에 있어 임대인에 대하여 부속물매수청구권을 행사할 수 있다(대판 1995.6.30, 95다12927).

4. 지상물매수청구권 → 강행규정

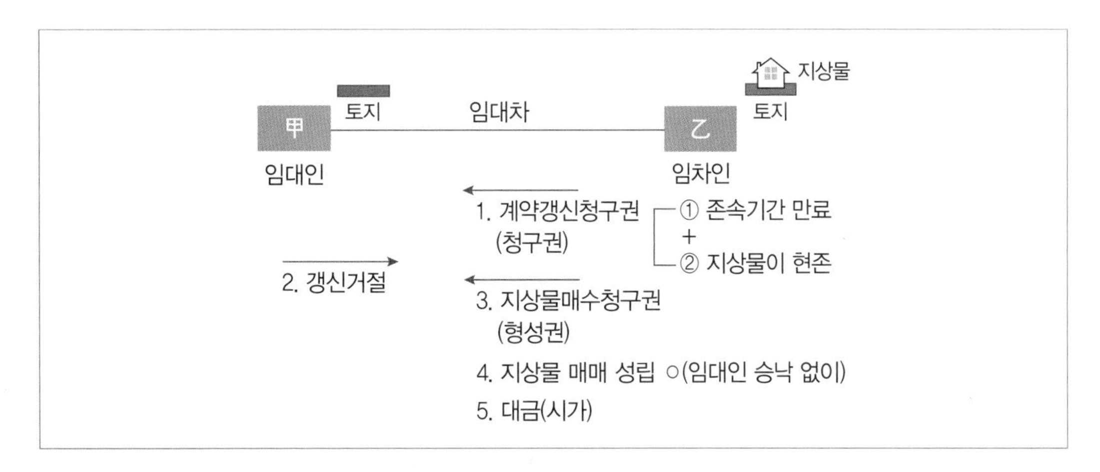

법령 체크

제643조【임차인의 갱신청구권, 매수청구권】 건물 기타 공작물의 소유 또는 식목, 채염, 목축을 목적으로 한 토지임대차의 기간이 만료한 경우에 건물, 수목 기타 지상시설이 현존한 때에는 제283조의 규정을 준용한다.

제283조【지상권자의 갱신청구권, 매수청구권】 ① 지상권이 소멸한 경우에 건물 기타 공작물이나 수목이 현존한 때에는 지상권자는 계약의 갱신을 청구할 수 있다.

② 지상권설정자가 계약의 갱신을 원하지 아니하는 때에는 지상권자는 상당한 가액으로 전항의 공작물이나 수목의 매수를 청구할 수 있다.

(1) 발생요건

① 지상물매수청구권은 모든 임대차에서 발생하는 것이 아니라 건물 기타 공작물의 소유 또는 식목, 채염, 목축을 목적으로 한 토지임대차에만 발생한다.

② 임대차가 존속기간의 만료로 인하여 소멸해야 한다.

㉠ 토지임대차에 있어서 토지임차인의 차임연체 등 채무불이행을 이유로 그 임대차계약이 해지되는 경우, 토지임차인으로서는 토지임대인에 대하여 그 지상건물의 매수를 청구할 수는 없다(대판 1996.2.27, 95다29345).

㉡ 토지임차인의 지상물매수청구권은 기간의 정함이 없는 임대차에 있어서 임대인에 의한 해지통고에 의하여 그 임차권이 소멸된 경우에도 마찬가지로 인정된다(대판 전합체 1995.7.11, 94다34265).

㉢ 건물 소유를 목적으로 한 기간약정 없는 토지임대차계약이 임대인의 해지로 종료한 경우, 임차인은 계약갱신청구의 유무에 불구하고 건물매수청구권을 행사할 수 있고, 이러한 임차인의 건물매수청구권이 인정된다면 임대인의 건물철거 및 대지인도청구는 그 대금 지급과 상환으로 구하지 않으면 기각될 수밖에 없다(대판 2009.11.26, 2009다70012).

③ 임차인은 계약갱신청구권을 행사하지 않고 바로 지상물매수청구권을 행사할 수 있을까?

정답 | ㉠ 원칙: 임차인은 먼저 임대인을 상대로 계약갱신청구권을 행사하고 임대인이 갱신거절하면 비로소 지상물매수청구권을 행사할 수 있다. 즉, 계약갱신청구권을 행사하지 않고 바로 지상물매수청구권을 행사할 수 없는 것이 원칙이다.

㉡ 예외: 건물의 소유를 목적으로 하는 토지임대차에 있어서, 토지임차인의 지상물매수청구권은 기간의 정함이 없는 임대차에 있어서 임대인에 의한 해지통고에 의하여 그 임차권이 소멸한 경우에도, 임차인의 계약갱신청구의 유무에 불구하고 인정된다(대판 1995.12.26, 95다42195). 즉, 임대인의 해지통고로 임차권이 소멸한 경우에는 임대인이 갱신할 의사가 없음을 미리 표시한 셈이므로 계약갱신청구권을 행사하지 않고 바로 지상물매수청구권을 행사할 수 있다.

④ 지상물의 범위

㉠ 임대인의 동의를 얻어서 신축한 것으로 제한되지 않는다. 즉, 임대인의 동의 없이 신축한 건물에 대해서도 지상물매수청구권을 행사할 수 있다.

㉡ 무허가, 미등기건물도 매수청구권의 대상이 된다. 즉, 무허가건물에 대해서도 지상물매수청구권이 인정된다.

㉢ 지상건물의 객관적인 경제적 가치나 임대인에 대한 효용 여부는 문제되지 않는다. 즉, 경제적 가치가 없거나 임대인에게 소용이 없을지라도 임차인은 지상물매수청구권을 행사할 수 있다.

⑤ 청구권자: 지상물의 소유자만이 매수청구권을 행사할 수 있다. 따라서 임대차기간이 만료되기 전에 그 지상물을 제3자에게 양도한 경우, 임차인은 더 이상 지상물매수청구권을 행사할 수 없다(대판 1993.7.27, 93다6386). 그리고 재판상 또는 재판 외에서 행사할 수 있다.

⑥ 상대방

㉠ 원칙: 임차인은 임차권 소멸 당시 임대인을 상대로 매수청구권을 행사하는 것이 원칙이다.

ⓛ 예외: 임차권 소멸 후에 그 토지가 제3자에게 양도된 경우, 그 임차권이 대항력이 있었던 경우에는 양수인, 즉 신소유자에 대해서도 행사할 수 있다(대판 1996.6.14, 96다14517).

⑦ 강행규정: 건물의 소유를 목적으로 한 토지의 임차인이 임대차가 종료하기 전에 임대인과 간에 건물 기타 지상 시설 일체를 포기하기로 약정을 하였다고 하더라도 임대차계약의 조건이나 계약이 체결된 경위 등 제반 사정을 종합적으로 고려하여 실질적으로 임차인에게 불리하다고 볼 수 없는 특별한 사정이 인정되지 아니하는 한 위와 같은 약정은 임차인에게 불리한 것으로서 민법 제652조에 의하여 효력이 없다(대판 2002.5.31, 2001다42080). 주의할 점은 만약 임차인에게 불리하다고 볼 수 없는 특별한 사정이 있다면 포기특약은 유효라는 점이다.

(2) 효과

① 임차인의 지상물매수청구권은 형성권이므로 임차인의 매수의사표시가 있으면 임대인의 승낙이 없어도 지상물 매매계약은 성립한다.

② 매매대금: 민법 제643조 소정의 지상물매수청구권이 행사되면 임대인과 임차인 사이에서는 임차지상의 건물에 대하여 매수청구권 행사 당시의 건물시가를 대금으로 하는 매매계약이 체결된 것과 같은 효과가 발생하는 것이지, 임대인이 기존 건물의 철거비용을 포함하여 임차인이 임차지상의 건물을 신축하기 위하여 지출한 모든 비용을 보상할 의무를 부담하게 되는 것은 아니다(대판 2002.11.13, 2002다46003).

③ 지상물 매매계약이 성립하면 임대인에게는 매매대금 지급의무가 발생하고 임차인에게는 지상물 인도 및 소유권이전등기의무가 발생하며 이 의무는 서로 동시이행관계에 있다. 다만, 임대인으로부터 대금을 지급받을 때까지는 임차인이 동시이행의 항변권에 의해서 지상물인도를 거절할 수 있다 하더라도 건물부지에 대한 임대료 상당액은 반환하여야 한다.

④ 건물에 근저당권이 설정되어 있는 경우에도 토지임차인의 건물매수청구권이 인정될까?

정답 | 매수청구권은 근저당권이 설정되어 있는 경우에도 인정된다.

판례 | 건물의 소유를 목적으로 한 토지임대차계약의 기간이 만료함에 따라 지상건물 소유자가 임대인에 대하여 행사하는 민법 제643조 소정의 매수청구권은 매수청구의 대상이 되는 건물에 근저당권이 설정되어 있는 경우에도 인정된다. 이 경우에 그 건물의 매수가격은 건물 자체의 가격 외에 건물의 위치, 주변 토지의 여러 사정 등을 종합적으로 고려하여 매수청구권 행사 당시 건물이 현존하는 대로의 상태에서 평가된 시가 상당액을 의미하고, 여기에서 근저당권의 채권최고액이나 피담보채무액을 공제한 금액을 매수가격으로 정할 것은 아니다. 다만, 매수청구권을 행사한 지상건물 소유자가 위와 같은 근저당권을 말소하지 않는 경우 토지소유자는 민법 제588조에 의하여 위 근저당권의 말소등기가 될 때까지 그 채권최고액에 상당한 대금의 지급을 거절할 수 있다(대판 2008.5.29, 2007다4356).

7 임차인의 의무

1. 차임 지급의무

(1) 일반론

① 임차인은 임차물을 사용·수익하는 대가로서 차임을 지급할 의무를 부담한다(제618조). 이는 임대차계약의 성립요소이며 임차인의 가장 중요한 의무이다.

② 차임의 내용과 금액: 차임은 반드시 금전이어야 하는 것은 아니므로 기타의 물건도 상관없다. 그리고 차임액에 관하여는 민법상 아무런 제한이 없으므로 당사자의 약정으로 자유로이 정할 수 있다.

③ 지급시기

> **법령 체크**
>
> **제633조【차임 지급의 시기】** 차임은 동산, 건물이나 대지에 대하여는 매월 말에, 기타 토지에 대하여는 매년 말에 지급하여야 한다. 그러나 수확기 있는 것에 대하여는 그 수확 후 지체 없이 지급하여야 한다.

차임 지급시기에 특약이 없으면 후급이 원칙이다.

(2) 차임의 증감청구권 → 강행규정

> **법령 체크**
>
> **제627조【일부멸실 등과 감액청구, 해지권】** → 강행규정
>
> ① 임차물의 일부가 임차인의 과실 없이 멸실 기타 사유로 인하여 사용, 수익할 수 없는 때에는 임차인은 그 부분의 비율에 의한 차임의 감액을 청구할 수 있다.
>
> ② 전항의 경우에 그 잔존부분으로 임차의 목적을 달성할 수 없는 때에는 임차인은 계약을 해지할 수 있다.
>
> **제628조【차임증감청구권】** → 강행규정
>
> 임대물에 대한 공과부담의 증감 기타 경제사정의 변동으로 인하여 약정한 차임이 상당하지 아니하게 된 때에는 당사자는 장래에 대한 차임의 증감을 청구할 수 있다.

차임은 당사자의 약정으로 금액이 정해지는데 그 차임액이 일단 정하여진 후에 특별한 사정이 있다면 차임의 증액 또는 감액을 청구할 수 있다.

① 임차물의 일부 멸실과 임차인의 차임감액청구권: 임차물의 일부가 임차인의 과실 없이 멸실 기타 사유로 인하여 사용·수익할 수 없는 때에는 임차인은 그 부분의 비율에 의한 차임의 감액을 청구할 수 있다. 주의할 점은 임차인의 귀책사유 없이 임차물의 일부가 멸실되어야 하고 차임이 당연히 감액되는 것이 아니라 임차인이 임대인에게 차임감액청구권(형성권)을 행사했을 때 비로소 감액된다는 점이다. 만약 그 잔존부분으로 임차의 목적을 달성할 수 없는 때에는 임차인은 계약을 해지할 수 있다.

② 사정변경과 당사자의 차임증감청구권: 임대물에 대한 공과부담의 증감 기타 경제사정의 변동으로 인하여 약정한 차임이 상당하지 아니하게 된 때에는 당사자는 장래에 대한 차

임의 증감을 청구할 수 있다. 물론 임대인은 증액을 청구할 것이고 임차인은 감액을 청구할 것이다. 그리고 일시사용을 위한 임대차에는 적용되지 않는다.

③ 차임부증액의 특약이 있는 경우에도 임대인은 차임증액을 청구할 수 있을까?

정답 | 임대차계약에 있어서 차임부증액의 특약이 있더라도 그 약정 후 그 특약을 그대로 유지시키는 것이 신의칙에 반한다고 인정될 정도의 사정변경이 있다고 보여지는 경우에는 형평의 원칙상 임대인에게 차임증액청구를 인정하여야 한다(대판 1996.11.12, 96다34061).

④ 차임증감청구권은 형성권이다. 따라서 일방적 의사표시만으로 차임이 감액 또는 증액된다.

⑤ 경제사정변동에 따른 임대인의 차임증액청구에 대해 법원이 차임증액을 결정한 경우 증액청구의 의사표시가 임차인에게 도달한 때부터 임차인은 증액된 차임을 지급할 의무가 있다.

⑥ 위 규정은 임차인을 보호하기 위한 편면적 강행규정이므로 임차인에게 불리한 것은 그 효력이 없다(제652조). 따라서 차임불감액의 특약은 임차인에게 불리하므로 무효이다. 그러나 차임부증액의 특약은 임차인에게 유리하므로 유효이다.

⑦ 일시사용을 위한 임대차에서는 인정되지 않는다.

(3) 차임연체와 해지 → 강행규정

법령 체크

제640조 【차임연체와 해지】 건물 기타 공작물의 임대차에는 임차인의 차임연체액이 2기의 차임액에 달하는 때에는 임대인은 계약을 해지할 수 있다.

① 임대차계약을 해지하기 위하여 2기 차임의 연체가 연속되어야 하는 것은 아니므로 통산, 즉 합산해서 2기분이면 충분하고 최고를 요하지도 않는다. 예컨대 매월 차임을 지급하기로 한 경우, 3월, 4월분 연속으로 연체한 경우뿐만 아니라 3월분 연체, 4월분 지급, 5월분 연체인 경우에도 해지할 수 있다.

② 제640조는 편면적 강행규정이므로 임차인에게 불리한 약정은 무효이다. 예컨대 임차인이 1기의 차임만 연체해도 임대인은 임대차계약을 해지할 수 있다는 약정은 임차인에게 불리하므로 무효이다.

③ 위 규정은 일시사용을 위한 임대차에는 적용되지 않는다.

2. 임차물의 보관의무, 통지의무 및 임차물반환의무

(1) 임차물의 보관의무

임차인은 임차목적물을 명도할 때까지는 선량한 관리자의 주의로 이를 보존할 의무가 있어, 이러한 주의의무를 위반하여 임대목적물이 멸실, 훼손된 경우에는 그에 대한 손해를 배상할 채무가 발생하며, 임대목적물이 멸실, 훼손된 경우 임차인이 그 책임을 면하려면 그 임차건물의 보존에 관하여 선량한 관리자의 주의의무를 다하였음을 입증하여야 할 것이다(대판 1991.10.25, 91다22605).

(2) 통지의무

임차물의 수리를 요하거나 임차물에 대하여 권리를 주장하는 자가 있는 때에는 임차인은 지체 없이 임대인에게 이를 통지하여야 한다. 그러나 임대인이 이미 이를 안 때에는 그러하지 아니하다(제634조).

(3) 임차물반환의무

① 임대차계약이 종료하면 더 이상 사용·수익할 수 없으므로 임차인은 임차목적물 자체를 임대인에게 반환하여야 한다. 이 의무는 임대차계약상의 의무이다. 따라서 임대인은 임대차계약이 종료하면 임차인을 상대로 계약상의 반환청구권으로서 임차목적물반환청구권을 행사할 수 있다. 그리고 임대인이 임차목적물의 소유권자일 경우에는 계약상의 반환청구권과 아울러 소유권에 기한 물권적 청구권으로서의 반환청구권도 행사할 수 있게 된다. 목적물을 반환할 시기는 법에 규정이 없으나 임대차가 종료한 때이다.

② 임대차목적물을 반환할 때에는 임차인은 이를 원상에 회복하여 반환하여야 하며, 또한 임차물에 부속시킨 물건은 철거할 수 있다(제654조, 제615조).

3. 임대물의 보존행위에 대한 인용의무

법령 체크

제624조【임대인의 보존행위, 인용의무】 임대인이 임대물의 보존에 필요한 행위를 하는 때에는 임차인은 이를 거절하지 못한다.

제625조【임차인의 의사에 반하는 보존행위와 해지권】 임대인이 임차인의 의사에 반하여 보존행위를 하는 경우에 임차인이 이로 인하여 임차의 목적을 달성할 수 없는 때에는 계약을 해지할 수 있다.

(1) 임대인이 임대물의 보존에 필요한 행위를 하는 때에는 임차인은 이를 거절하지 못한다.

(2) 임대인이 임차인의 의사에 반하여 보존행위를 하는 경우에 임차인이 이로 인하여 임차의 목적을 달성할 수 없는 때에는 계약을 해지할 수 있다.

8 임차권의 양도와 임차물의 전대에서 법률관계

1. 임차권의 양도와 임차물의 전대

(1) 임차권의 양도

① 임차권의 양도란 임차권이 그 동일성을 유지하면서 양도인(임차인)에게서 양수인에게 이전하는 계약이다.

② 임차권의 양도는 단순히 임차인이 가지고 있던 사용·수익권(임차권)만이 양도되는 것이 아니라 임대차계약에 따른 임차인의 모든 권리와 의무, 즉 임차인의 지위 자체가 양수인에게 이전되는 것이다. 따라서 양도인(임차인)은 임차인의 지위를 상실하고 양수인이 그 지위를 승계하여 임차인으로서의 권리와 의무를 취득하게 된다.

(2) 임차물의 전대

① 임차물의 전대란 임차인이 여전히 임차인 지위를 유지하면서 임차물을 제3자에게 다시 임대해 주는 것을 말한다. 즉, 임차인 자신이 임대인(전대인)이 되어서 임차물을 제3자(전차인)에게 사용·수익하게 하는 계약이다.

② 임차물의 전대에서는 임차인이 여전히 종전의 지위를 유지하면서 전차인과의 사이에 새로운 임대차관계가 성립하는 것이다. 이 점에서 종전 임차인의 지위를 상실하는 임차권의 양도와 본질적으로 구별된다.

(3) 임차인은 임대인의 동의 없이 자유롭게 임차권을 양도하거나 임차물을 전대할 수 있을까?

법령 체크

제629조【임차권의 양도, 전대의 제한】 ① 임차인은 임대인의 동의 없이 그 권리를 양도하거나 임차물을 전대하지 못한다.
② 임차인이 전항의 규정에 위반한 때에는 임대인은 계약을 해지할 수 있다.

정답 | ① 원칙적으로 임차권 양도나 임차물의 전대는 금지된다. 그러나 예외적으로 임대인의 동의가 있다면 허용된다.
② 주의할 점은 임대인의 동의가 없을지라도 임차권 양도나 임차물 전대 자체는, 즉 계약 자체는 단순히 채권행위에 불과하므로 그대로 유효이다. 왜냐하면 사후에 임차인이 임대인의 동의를 얻어주면 양수인이나 전차인이 목적물을 사용·수익하는 데 전혀 문제될 것이 없기 때문이다. 따라서 임대인의 동의는 대항요건에 불과하므로 임대인의 동의가 없는 경우에도 임차권 양도나 임차물 전대계약 자체는 유효하나 양수인이나 전차인은 임대인에게 대항하지 못한다.
③ 임차인이 임대인의 동의 없이 임차권을 양도하거나 임차물을 전대한 경우, 이는 임대인에 대한 관계에서 배신행위에 해당하므로 임대인은 임대차계약을 해지할 수 있다.
④ 위 규정은 임의규정에 불과하므로 특약을 통해서 배제할 수 있다. 즉, 특약을 통해서 임대인의 동의 없이 양도하거나 전대하는 것은 허용된다.

2. 임대인의 동의를 얻은 적법한 양도와 전대

(1) 임차권의 양도

임차인이 임대인의 동의를 얻어서 임차권을 양도한 경우, 양도인(임차인)은 임차인 지위를 상실하고 양수인이 임차인 지위를 그대로 승계한다. 따라서 임대차관계는 임대인과 양수인 사이에 동일성을 유지하면서 그대로 존재한다. 다만, 양도인이 종전에 부담하고 있었던 연체차임채무나 손해배상채무는 양수인에게 이전되지 않는다.

(2) 임차물의 전대

① 임대인과 임차인(전대인) 사이의 법률관계

㉠ 임차인은 여전히 임차인 지위를 유지하고 있으므로 임대인과 임차인 사이의 관계는 전대차에 불구하고 아무런 영향을 받지 않는다. 즉, 임대인은 임차인에 대해 임대차 계약에 따른 권리를 행사할 수 있으므로(제630조 제2항) 임대인은 임차인에게 차임을 청구할 수 있다.

㉡ 전차인의 과실로 목적물이 멸실 또는 훼손된 경우에 임차인(전대인)은 임대인에게 어떤 책임을 지게 될까?

정답 | 임차인은 전차인의 선임·감독상의 과실이 있는 때에 한해 책임을 진다. 따라서 선임·감독상의 과실이 없다면 임차인은 책임을 지지 않는다.

② 전대인(임차인)과 전차인 사이의 법률관계

㉠ 전대인(임차인)과 전차인 사이의 관계는 전대차계약의 내용에 의하여 결정된다. 따라서 전대가 유상이면 임대차가 되는 것이고 만약 무상이면 임대차가 아닌 사용대차가 된다. 주의할 점은 전차인은 전대인에 대한 차임의 지급으로써 임대인에게 대항하지 못한다(제630조). 즉, 전차인이 임대인에게 직접 차임을 지급한 경우, 그 한도 내에서 임차인에 대한 차임 지급의무를 면한다.

㉡임차인이 임차물을 전대하여 그 임대차기간 및 전대차기간이 모두 만료된 경우에는, 그 전대차가 임대인의 동의를 얻은 여부와 상관없이 임대인으로서는 전차인에 대하여 소유권에 기한 반환청구권에 터잡아 목적물을 자신에게 직접 반환해 줄 것을 요구할 수 있고, 전차인으로서도 목적물을 임대인에게 직접 명도함으로써 전대인(임차인)에 대한 목적물 명도의무를 면한다(대판 1995.12.12, 95다23996).

③ 임대인과 전차인 사이의 법률관계

법령 체크

제630조【전대의 효과】 ① 임차인이 임대인의 동의를 얻어 임차물을 전대한 때에는 전차인은 직접 임대인에 대하여 의무를 부담한다. 이 경우에 전차인은 전대인에 대한 차임의 지급으로써 임대인에게 대항하지 못한다.
② 전항의 규정은 임대인의 임차인에 대한 권리행사에 영향을 미치지 아니한다.

임대인의 동의가 있더라도 임대인과 전차인 사이에는 직접 임대차관계가 성립하는 것은 아니다. 다만, 민법은 임대인의 보호를 위해 전차인은 직접 임대인에 대하여 의무를 부담한다고 한다. 그리고 전차인은 전대인에 대한 차임의 지급으로써 임대인에게 대항하지 못한다(제630조 제1항 본문).

(3) 적법하게 전대한 경우, 전차인 보호규정

① 전차인의 권리의 확정: 임차인이 임대인의 동의를 얻어 임차물을 전대한 경우에는 임대인

과 임차인의 합의로 계약을 종료한 때에도 전차인의 권리는 소멸하지 않는다(제631조).

② **해지통고의 전차인에 대한 통지**: 임대차계약이 해지의 통고로 인하여 종료된 경우에 그 임대물이 적법하게 전대되었을 때에는 임대인은 전차인에 대하여 그 사유를 통지하지 아니하면 해지로써 전차인에게 대항하지 못한다(제638조).

③ **전차인의 임대청구권(계약갱신청구권), 지상물매수청구권**: 건물 기타 공작물의 소유 또는 식목, 채염, 목축을 목적으로 한 토지임차인이 적법하게 그 토지를 전대한 경우에 임대차 및 전대차의 기간이 동시에 만료되고 건물, 수목 기타 지상시설이 현존한 때에는 전차인은 임대인에 대하여 전전대차와 동일한 조건으로 임대할 것을 청구할 수 있다. 이 경우 임대인이 임대할 것을 원하지 아니하는 때에는 전차인은 임대인을 상대로 지상물매수청구권을 행사할 수 있다(제644조 제1항).

④ **전차인의 부속물매수청구권**: 건물 기타 공작물의 임차인이 적법하게 전대한 경우에 전차인이 그 사용의 편익을 위하여 임대인의 동의를 얻어 이에 부속한 물건이 있는 때에는 전대차의 종료 시에 임대인에 대하여 그 부속물의 매수를 청구할 수 있다. 그리고 임대인으로부터 매수하였거나 그 동의를 얻어 임차인으로부터 매수한 부속물에 대하여도 그 부속물의 매수를 청구할 수 있다(제647조).

3. 임대인의 동의가 없는 무단양도와 무단전대

(1) 임대인과 임차인(전대인) 사이의 법률관계

① 임차인이 임대인의 동의 없이 무단전대한 경우 임차인이 배신행위를 했으므로 임대인을 보호하기 위해서 임대인은 해지권을 취득한다. 해지권은 권리로서 권리행사의 자유가 있으므로 임대인은 임대차계약을 해지하지 않고 임차인을 상대로 차임 지급을 청구할 수 있다.

② 해지권을 취득한 임대인은 임차인과의 임대차계약을 해지할 수 있다.

③ 임차인에 대한 관계에서 배신행위라고 볼 수 없는 사정이 특별한 사정이 있는 경우라면 임대인은 임대차계약을 해지하지 못한다.

㉠ 판례에 따르면, 임차권의 양수인이 임차인과 부부로서 임차건물에 동거하면서 함께 가구점을 경영하고 있는 등의 사정은 임대인에 대한 배신적 행위라고 인정할 수 없는 특별한 사정에 해당한다. 즉, 임차인이 임대인으로부터 별도의 승낙을 얻은바 없이 제3자에게 임차물을 사용·수익하도록 한 경우에 있어서도 임차인의 당해 행위가 임대인에 대한 배신적 행위라고 인정할 수 없는 특별한 사정이 있는 경우에는 해지권은 발생하지 않는다(대판 1993.4.27, 92다45308).

㉡ 따라서 임대차를 더 이상 지속시키기 어려울 정도로 당사자 사이의 신뢰관계를 파괴하는 임대인에 대한 배신행위가 아니라고 인정되는 특별한 사정이 있는 때에는, 임

대인은 자신의 동의 없이 임차권이 이전되었다는 것만을 이유로 임대차계약을 해지할 수 없다.

(2) 임차인(전대인)과 전차인 사이의 법률관계

① 임대인의 동의가 없을지라도 전대차계약 자체는 유효하다. 따라서 임차인은 전차인에게 목적을 인도, 사용하게 해줄 의무를 부담한다.

② 전대차계약 자체는 유효이므로 임차인(전대인)은 임대인의 동의를 받아줄 의무를 전차인에게 부담하고 만약 임대인의 동의를 받아주지 못한 경우에는 전차인에게 하자담보책임(제575조, 해제권 또는 손해배상청구권)을 부담한다.

(3) 임대인과 전차인 사이의 법률문제

① 임대인의 동의가 없으므로 전차인은 임대인에게 대항할 수 없다. 따라서 전차인의 점유는 불법점유에 해당한다.

② 전차인의 점유는 불법점유에 해당하므로 임대인은 전차인을 상대로 물권적 청구권(소유권에 기한 반환청구권)을 행사할 수 있다. 이 경우 여전히 임대차계약이 존재하고 있으면, 즉 임대차계약을 해지하지 않으면 임대인은 자기 자신에게 반환할 것을 청구하지 못하고 임차인에게 반환해줄 것을 청구하는 것이 원칙이다.

③ 임대인은 전차인에게 불법점유를 이유로 손해배상이나 부당이득반환청구권을 행사할 수 있을까?

판례 | 임차인이 임대인의 동의를 받지 않고 제3자에게 임차권을 양도하거나 전대하는 등의 방법으로 임차물을 사용·수익하게 하더라도, 임대인이 이를 이유로 임대차계약을 해지하거나 그 밖의 다른 사유로 임대차계약이 적법하게 종료되지 않는 한 임대인은 임차인에 대하여 여전히 차임청구권을 가지므로, 임대차계약이 존속하는 한도 내에서는 제3자에게 불법점유를 이유로 한 차임 상당 손해배상청구나 부당이득반환청구를 할 수 없다(대판 2008.2.28, 2006다10323).

(4) 건물 소부분의 임대

건물의 임차인이 그 건물의 소부분을 타인에게 사용하게 하는 경우에는 임대인의 동의를 요하지 아니한다(제632조).

4. 적중판례

전차인은 전대차계약상의 차임 지급시기 전에 전대인에게 차임을 지급한 사정을 들어 임대인에게 대항하지 못하지만, 차임 지급시기 이후에 지급한 차임으로는 임대인에게 대항할 수 있고, 전대차계약상의 차임 지급시기 전에 전대인에게 지급한 차임이라도, 임대인의 차임청구 전에 차임 지급시기가 도래한 경우에는 그 지급으로 임대인에게 대항할 수 있다(대판 2018.7.11, 2018다200518).

기출로 포인트 정리

출제예상 OX지문

❶ 임차목적물의 구성부분은 부속물매수청구권의 객체가 될 수 없다. (O | X) 29회

❷ 임대차계약이 임차인의 채무불이행으로 해지된 경우, 부속물매수청구권은 인정되지 않는다. (O | X) 29회

대표기출

임차인 甲이 임대인 乙에게 지상물매수청구권을 행사하는 경우에 관한 설명으로 옳은 것은? (다툼이 있으면 판례에 따름) 30회

① 甲의 매수청구가 유효하려면 乙의 승낙을 요한다.

② 건축허가를 받은 건물이 아니라면 甲은 매수청구를 하지 못한다.

③ 甲 소유 건물이 乙이 임대한 토지와 제3자 소유의 토지 위에 걸쳐서 건립된 경우, 甲은 건물 전체에 대하여 매수청구를 할 수 있다.

④ 임대차가 甲의 채무불이행 때문에 기간 만료 전에 종료되었다면, 甲은 매수청구를 할 수 없다.

⑤ 甲은 매수청구권의 행사에 앞서 임대차계약의 갱신을 청구할 수 없다.

출제예상 OX지문

❶ O 부속물매수청구권이 인정되기 위해서는 독립성이 있어야 한다. 따라서 구성부분이라면 독립성이 없기 때문에 부속물매수청구권의 대상이 되지 않는다.

❷ O 임대차계약이 임차인의 채무불이행으로 해지된 경우에는 임차인은 보호가치가 없기 때문에 부속물매수청구권은 인정되지 않는다(대판 1990.1.23, 88다카7245, 88다카7252).

대표기출 정답 ④

④ 임대차가 임차인 甲의 채무불이행 때문에 기간 만료 전에 종료되었다면, 임차인 甲은 보호가치가 없기 때문에 매수청구권은 인정되지 않는다(대판 2003.4.22 · 2003다7685).

① 임차인 甲의 매수청구권은 형성권이므로 임대인 乙의 승낙은 요하지 않는다.

② 무허가, 미등기건물에 대해서도 지상물매수청구권은 인정된다.

③ 甲 소유 건물이 乙이 임대한 토지와 제3자 소유의 토지 위에 걸쳐서 건립된 경우, 임차인 甲은 건물 전체에 대하여 매수청구를 할 수는 없고 임대인 소유 토지 위에 있는 건물 중 구분소유의 객체가 되는 부분에 대해서만 지상물매수청구권을 행사할 수 있다.

⑤ 임차인이 지상물매수청구권을 행사하기 위해서는 먼저 계약갱신청구권을 행사해야 한다.

쉽지 않은 전문직 기출문제

001

변리사 ★★★

계약의 성립에 관한 설명으로 옳지 않은 것은? (다툼이 있으면 판례에 따름)

① 계약의 당사자가 누구인지는 계약에 관여한 당사자의 의사해석 문제로서, 당사자들의 의사가 일치하는 경우에는 그 의사에 따라 계약의 당사자를 확정해야 한다.

② 임대차계약에서 보증금의 지급약정이 있는 경우, 보증금의 수수는 임대차계약의 성립요건이 아니다.

③ 계약이 의사의 불합치로 성립하지 아니한 경우, 그로 인하여 손해를 입은 당사자는 상대방에 대하여 민법 제535조(계약체결상의 과실)를 유추적용하여 손해배상을 청구할 수 있다.

④ 매매계약체결 당시 목적물과 대금이 구체적으로 확정되지 않았더라도, 이행기 전까지 구체적으로 확정될 수 있는 방법과 기준이 정해져 있다면 계약의 성립을 인정할 수 있다.

⑤ 청약자의 의사표시나 관습에 의해 승낙의 통지가 필요하지 않은 경우, 계약은 승낙의 의사표시로 인정되는 사실이 있는 때에 성립한다.

해설

③ 계약체결상 과실책임은 계약이 성립한 이후에 발생하는 책임이다. 따라서 계약이 의사의 불합치로 성립하지 아니한 경우, 제535조(계약체결상의 과실)를 유추적용할 수는 없다. 다만, 불법행위에 근거해서 손해배상을 청구할 수 있는 가능성은 있다.

① 당사자들의 의사가 일치하는 경우에는 그 의사에 따라 계약의 당사자를 확정해야 한다.

② 임대차계약에서 차임 지급은 성립요소이지만, 보증금의 수수는 임대차계약의 성립요건이 아니다.

④ 당사자가 의도하는 목적은 계약체결 당시 구체적으로 확정될 필요는 없다. 따라서 매매계약체결 당시 목적물과 대금이 구체적으로 확정되지 않았더라도, 이행기 전까지 구체적으로 확정될 수 있는 방법과 기준이 정해져 있다면 계약의 성립을 인정할 수 있다.

⑤ 의사실현에 의한 계약성립이라고 한다(제532조).

시험명	변리사 2021년 제58회
출제포인트	071 계약의 성립
핵심 키워드	계약의 성립

002

변리사 ★★

동시이행의 항변권에 관한 설명으로 옳은 것은? (다툼이 있으면 판례에 따름)

① 근저당권 실행을 위한 경매가 무효로 된 경우, 매수인의 채무자에 대한 소유권이전등기 말소의무와 근저당권자의 매수인에 대한 배당금반환의무는 동시이행관계에 있다.

② 동시이행관계에 있는 쌍방의 채무 중 어느 한 채무가 이행불능이 됨으로 인하여 발생한 손해배상채무는 다른 채무와 동시이행관계에 있지 않다.

③ 가압류등기가 있는 부동산 매매계약의 경우, 특별한 사정이 없는 한 매도인의 가압류등기의 말소의무는 매수인의 대금 지급의무와 동시이행관계에 있지 않다.

④ 쌍방의 채무가 동시이행관계에 있는 경우, 상대방 채무의 이행제공이 없더라도 채무자가 이행기에 채무를 이행하지 않으면 이행지체의 책임을 진다.

⑤ 부동산 매매계약에서 매수인이 부가가치세를 부담하기로 약정한 경우, 특별한 사정이 없는 한 부가가치세를 포함한 매매대금 전부와 부동산 소유권이전등기의무가 동시이행관계에 있다.

해설

시험명	변리사 2019년 제56회
출제포인트	072 동시이행의 항변권
핵심 키워드	동시이행관계

⑤ 부동산 매매계약에서 매수인이 부가가치세를 부담하기로 약정한 경우, 부가가치세를 매매대금과 별도로 지급하기로 했다는 등의 특별한 사정이 없는 한 부가가치세를 포함한 매매대금 전부와 부동산 소유권이전등기의무가 동시이행관계에 있다.

① 근저당권 실행을 위한 경매가 무효로 된 경우, 매수인(경락인)은 채무자에게 소유권이전등기 말소의무가 있고 배당받은 근저당권자는 매수인(경락인)에게 배당금반환의무가 있는데 서로 대가관계가 인정되지 않기 때문에 동시이행관계가 아니다.

② 동시이행관계에 있는 쌍방의 채무 중 어느 한 채무가 이행불능이 됨으로 인하여 발생한 손해배상채무는 종전의 채무와 동일성이 인정되기 때문에 여전히 상대방의 채무와 동시이행관계에 있다.

③ 가압류등기가 있는 부동산 매매계약의 경우, 매도인은 완전한 소유권을 이전할 의무가 있으므로 특별한 사정이 없는 한 매도인의 가압류등기의 말소의무는 매수인의 대금 지급의무와 동시이행관계에 있다.

④ 쌍방의 채무가 동시이행관계에 있는 경우, 상대방 채무의 이행제공이 없다면 채무자는 동시이행의 항변권으로 거절할 수 있기 때문에 이행지체 책임을 지지 않는다.

정답 | 001 ③ 002 ⑤

003

변리사 ★★

甲은 자신 소유의 X노트북을 乙에게 매도하면서 그 대금은 乙이 甲의 채권자 丙에게 직접 지급하기로 하는 제3자를 위한 계약을 체결하였고, 丙은 乙에게 수익의 의사를 표시하였다. 이에 관한 설명으로 옳지 않은 것은? (다툼이 있으면 판례에 따름)

① 甲과 乙이 미리 매매계약에서 丙의 권리를 변경·소멸할 수 있음을 유보한 경우, 이러한 약정은 丙에 대해서도 효력이 있다.
② 甲은 丙의 동의가 없는 한 乙의 채무불이행을 이유로 계약을 해제할 수 없다.
③ 제3자를 위한 계약의 체결 원인이 된 甲과 丙 사이의 법률관계가 취소된 경우, 특별한 사정이 없는 한 乙은 丙에게 대금 지급을 거절할 수 없다.
④ 乙의 채무불이행을 이유로 甲이 계약을 해제한 경우, 丙은 乙에게 자기가 입은 손해에 대한 배상을 청구할 수 있다.
⑤ 甲과 乙의 매매계약이 취소된 경우, 乙이 丙에게 이미 매매대금을 지급하였다고 하더라도 특별한 사정이 없는 한 乙은 丙을 상대로 부당이득반환청구를 할 수 없다.

해설

② 채무불이행을 이유로 해제하기 위해서 수익자의 동의는 필요 없다. 따라서 甲은 丙의 동의가 없는 경우에도 乙의 채무불이행을 이유로 계약을 해제할 수 있다.
① 수익자가 수익의 의사를 표시해서 권리를 취득한 이후에는 요약자와 낙약자는 수익자의 권리를 변경·소멸시킬 수 없는 것이 원칙이다. 다만, 처음부터 유보한 경우나 수익자의 동의가 있다면 변경·소멸시킬 수 있다. 따라서 甲과 乙이 미리 매매계약에서 丙의 권리를 변경·소멸할 수 있음을 유보했기 때문에 丙에 대해서도 효력이 있다.
③ 대가관계의 흠결은 제3자를 위한 계약에 영향이 없다. 따라서 甲과 丙 사이의 법률관계가 취소된 경우에도 제3자를 위한 계약은 유효이기 때문에 특별한 사정이 없는 한 乙은 丙에게 대금 지급을 거절할 수 없다.
④ 乙의 채무불이행이 있으면 丙은 손해가 있기 때문에 乙에게 자기가 입은 손해에 대한 배상을 청구할 수 있다.
⑤ 부당이득반환은 계약의 당사자 간에 발생한다. 따라서 특별한 사정이 없는 한 乙은 丙(당사자가 아님)을 상대로 부당이득반환청구를 할 수 없다.

시험명	변리사 2021년 제58회
출제포인트	074 제3자를 위한 계약
핵심 키워드	제3자를 위한 계약

004

변리사 ★★★

계약의 합의해제 등에 관한 설명으로 옳지 않은 것은? (다툼이 있으면 판례에 따름)

① 계약이 합의해제된 경우, 특별한 사정이 없는 한 채무불이행으로 인한 손해배상청구는 할 수 없다.
② 매도인이 매수인에게 매매계약의 합의해제를 청약하였더라도 매수인이 그 청약에 대하여 조건을 붙여 승낙한 경우, 매도인의 청약은 실효된다.

③ 계약이 일부이행된 경우, 그 원상회복에 관하여 의사가 일치되지 않아도 계약의 묵시적 합의해제가 인정될 수 있다.

④ 매매계약을 합의해제한 후 그 합의해제를 무효화시키고, 해제된 매매계약을 부활시키는 약정은 적어도 당사자 사이에서는 가능하다.

⑤ 당사자 사이에 약정이 없는 이상 합의해지로 인하여 반환할 금전에 그 받은 날로부터 이자를 붙여서 반환할 의무는 없다.

해설

③ 계약이 일부이행된 경우, 묵시적 합의해제가 인정되기 위해서는 그 원상회복에 관하여 의사가 일치되어야 한다.

① 계약이 합의해제된 경우에는 채무불이행이 아니므로 특별한 사정이 없는 한 채무불이행으로 인한 손해배상청구는 할 수 없다.

② 청약에 대하여 조건을 붙여 승낙한 경우, 청약을 받아들일 의사가 없는 것으로 보아서 청약은 효력이 상실된다. 즉, 실효된다.

④ 사적자치의 원칙에 의해서 매매계약을 합의해제한 후 그 합의해제를 무효화시키고, 해제된 매매계약을 부활시키는 약정은 적어도 당사자 사이에서는 가능하다.

⑤ 채무불이행이 아닌 합의해지의 경우에는 당사자 사이에 약정이 없는 이상 반환할 금전에 그 받은 날로부터 이자를 붙여서 반환할 의무는 없다.

시험명	변리사 2019년 제56회
출제포인트	075 계약의 해제와 해지
핵심 키워드	합의해제

005

변리사 ★★

매매에 관한 설명으로 옳은 것은?

① 자전거 매매에 있어 자전거의 인도와 동시에 대금을 지급할 경우에는 자전거 인도장소에서 대금을 지급하여야 한다.

② 행사기간의 약정이 없는 매매예약완결권은, 권리자가 예약목적물인 부동산을 인도받은 경우에는 예약이 성립한 때로부터 10년이 경과하더라도 소멸하지 않는다.

③ 매수인이 매도인에게 지급한 계약금을 포기하고 적법하게 매매를 해제한 경우, 이로 인해 매도인에게 계약금 이상의 손해가 발생한 때에는 매도인은 매수인에 대해 손해배상청구를 할 수 있다.

④ 매매계약 후에도 인도하지 아니한 목적물로부터 생긴 과실은 매도인에 속하므로, 매수인이 매매대금을 완납한 후라도 매매목적물을 인도하기 전까지는 과실수취권은 매도인에게 귀속된다.

⑤ 매매의 목적인 재산권과 대금에 관한 합의가 있더라도, 계약비용 · 채무이행기 · 이행장소에 관한 합의가 없으면 특별한 사정이 없는 한 매매계약이 성립할 수 없다.

해설

① 인도와 동시에 대금을 지급할 경우에는 인도장소에서 지급해야 한다.

② 행사기간의 약정이 없는 매매예약완결권은 예약이 성립한 때로부터 10년이 경과하면 소멸한다.

시험명	변리사 2020년 제57회
출제포인트	076 매매의 기본 쟁점
핵심 키워드	대금 지급장소

정답 | 003 ② 004 ③ 005 ①

③ 계약금에 기한 해제는 채무불이행이 아니기 때문에 손해배상을 청구할 수 없다.
④ 매수인이 매매대금을 완납한 경우, 매도인은 이자를 취득하기 때문에 과실은 매수인이 취득한다.
⑤ 매매의 목적인 재산권과 대금에 관한 합의가 있다면 계약비용, 채무이행기, 이행장소에 관한 합의가 없더라도 특별한 사정이 없는 한 매매계약은 성립한다.

006

변리사 변형 ★★

해약금 규정(민법 제565조)에 의하여 계약을 해제하는 경우에 관한 설명으로 옳지 않은 것은? (다툼이 있으면 판례에 따름)

① 계약금의 일부만 지급된 경우, 수령자는 실제 지급된 계약금의 배액을 상환하고 계약을 해제할 수 없다.
② 계약당사자 일방이 채무의 이행기 전에 이미 채무의 이행에 착수하였다면 특별한 사정이 없는 한 계약당사자는 해제권을 행사할 수 없다.
③ 계약당사자가 계약금에 기한 해제권을 배제하기로 하는 약정을 하였다면, 각 당사자는 해제권을 행사할 수 없다.
④ 계약금을 수령한 매도인이 매수인에 대하여 해제권을 행사하기 위해서는 수령한 계약금의 배액의 이행제공을 하여야 하며 매수인이 수령을 거부하는 경우, 이를 공탁하여야 한다.
⑤ 토지거래허가구역 내의 토지에 관한 매매계약의 당사자가 토지거래허가신청절차의 협력의무를 이행하여 관할 관청으로부터 거래허가를 받았더라도, 그러한 사정만으로는 아직 이행의 착수가 있다고 볼 수 없다.

해설

④ 계약금을 수령한 매도인이 매수인에 대하여 해제권을 행사하기 위해서는 수령한 계약금의 배액의 이행제공을 하면 충분하다. 매수인이 수령을 거부하는 경우에도 공탁까지 요하지 않는다.
① 계약금의 일부만 지급된 경우에는 계약금계약은 성립하지 않으므로 계약금에 기한 해제는 인정되지 않는다.
② 계약금에 기한 해제는 이행에 착수하기 전까지 가능하다. 다만, 이행기 전에 이행에 착수할 수 있으므로 계약당사자 일방이 채무의 이행기 전에 이미 채무의 이행에 착수하였다면 특별한 사정이 없는 한 계약당사자는 해제권을 행사할 수 없다.
③ 해약금 규정(제565조)은 임의규정에 불과하므로 특약으로 배제할 수 있다.
⑤ 단지 관할 관청으로부터 허가를 받았더라도, 그러한 사정만으로는 이행의 착수로 볼 수 없다.

시험명	변리사 2019년 제56회
출제포인트	077 계약금
핵심 키워드	계약금에 기한 해제

007

변리사 ★★★

매도인의 담보책임에 관한 설명으로 옳지 않은 것은? (다툼이 있으면 판례에 따름)

① 수량지정매매에 해당하는 부동산매매계약에서 실제면적이 계약면적에 미달하는 경우, 매수인은 대금감액청구권의 행사와 별도로 부당이득반환청구도 할 수 있다.

② 타인의 권리를 매매한 자가 그 권리를 이전할 수 없게 된 경우, 매도인은 선의의 매수인에 대하여 불능 당시의 시가를 표준으로 이행이익을 배상할 의무가 있다.

③ 매매계약 내용의 중요부분에 착오가 있는 경우, 매수인은 매도인의 하자담보책임이 성립하는지와 상관없이 착오를 이유로 그 매매계약을 취소할 수 있다.

④ 매수인이 하자의 발생과 확대에 잘못이 있는 경우, 법원은 매도인의 손해배상액을 산정함에 있어 매수인의 과실을 직권으로 참작하여 그 범위를 정해야 한다.

⑤ 저당권이 설정된 부동산의 매수인이 저당권의 행사로 그 소유권을 취득할 수 없는 경우, 악의의 매수인이라도 특별한 사정이 없는 한 계약을 해제할 수 있다.

해설

시험명	변리사 2021년 제58회
출제포인트	078 매도인의 담보책임
핵심 키워드	담보책임에서 매수인의 권리

① 수량지정매매에 해당하는 부동산매매계약에서 실제면적이 계약면적에 미달하는 경우에는 담보책임이 성립한다. 따라서 매수인은 담보책임을 원인으로 대금감액청구권을 행사할 수 있다. 그러나 별도로 부당이득반환청구권을 행사할 수 없다.

② 불능 당시의 시가를 표준으로 손해배상금을 산정한다.

③ 착오와 담보책임은 별개의 제도이다. 따라서 매매계약 내용의 중요부분에 착오가 있는 경우, 매수인은 착오를 선택해서 착오를 이유로 그 매매계약을 취소할 수 있다.

④ 매수인이 그 하자를 발견하지 못한 잘못으로 손해를 확대시킨 과실이 인정된다면 법원은 손해배상의 범위를 정함에 있어서 이를 참작하여야 한다(대판 1995.6.30, 94다23920).

⑤ 저당권의 존재에 대해서 선의 · 악의를 구별할 실익이 없기 때문에 선의 · 악의를 불문하고 계약을 해제할 수 있다.

008

변리사 ★★

임차인에게 불리한 약정을 하여도 그 효력이 인정되는 것은?

① 토지임차인의 지상물매수청구권

② 임차인의 비용상환청구권

③ 임차인의 차임감액청구권

④ 임대차기간의 약정이 없는 임차인의 해지통고

⑤ 임차인의 차임연체로 인한 임대인의 해지권

정답 | 006 ④ 007 ① 008 ②

해설

② 임차인의 비용상환청구권(제626조) 규정은 임의규정에 해당하므로 특약으로 포기할 수 있다. 즉, 포기하여 임차인에게 불리한 경우에도 유효이다.
①③④⑤ 모두 강행규정으로 임차인에게 불리하면 무효이다.

시험명	변리사 2017년 제54회
출제포인트	083 임대차
핵심 키워드	강행규정, 임의규정

009

변리사 ★★★

甲은 물품보관창고를 필요로 하는 乙의 요청에 따라 그 소유의 X토지를 乙에게 임대함과 동시에 그 지상에 신축한 미등기 Y건물을 乙에게 매도하였고, 그 후 乙은 Y건물에 대한 보존등기를 마쳤다. 다음 설명 중 옳은 것은? (다툼이 있으면 판례에 따름)

① 乙의 차임채무불이행으로 임대차가 종료되어도 乙은 甲에게 Y건물의 매수를 청구할 수 있다.
② 乙이 적법하게 Y건물의 매수를 청구한 경우, 甲의 대금 지급의무는 乙의 Y건물명도 및 소유권이전의무보다 선이행되어야 한다.
③ 乙이 Y건물에 대한 보존등기를 마친 후 甲이 丙에게 X토지를 매도하고 소유권이전등기를 마쳐 준 경우, 乙의 임차권이 기간만료로 소멸하면 乙은 丙을 상대로 Y건물의 매수를 청구할 수 없다.
④ 만약 乙의 채권자 명의로 근저당권이 설정된 Y건물에 대하여 乙이 적법하게 매수청구권을 행사한 경우, 甲은 근저당권이 말소되지 않았음을 이유로 채권최고액에 상당한 대금의 지급을 거절할 수 없다.
⑤ 만약 Y건물이 미등기상태에 있더라도 임대차기간이 만료되어 乙이 적법하게 매수청구권을 행사한 경우, Y건물은 그 매수청구의 대상이 될 수 있다.

해설

⑤ 미등기건물에 대해서도 지상물매수청구권이 인정된다.
① 지상물매수청구권은 존속기간의 만료로 임대차가 종료한 경우에 인정된다. 따라서 乙의 차임채무불이행으로 임대차가 종료된 경우에는 乙은 甲에게 Y건물의 매수를 청구할 수 없다.
② 매매가 성립한 경우 매도인의 소유권이전의무와 매수인의 대금 지급의무는 동시이행관계에 있다.
③ 대항력이 있는 임차인은 토지양수인인 제3자에게 지상물매수청구권을 행사할 수 있다. 따라서 乙이 Y건물에 대한 보존등기를 마친 후 甲이 丙에게 X토지를 매도하고 소유권이전등기를 마쳐 준 경우, 乙은 丙을 상대로 Y건물의 매수를 청구할 수 있다.
④ 매도인의 소유권이전의무 및 근저당권 말소등기의무와 매수인의 대금 지급의무는 동시이행관계 있다. 따라서 甲은 근저당권이 말소되지 않았음을 이유로 채권최고액에 상당한 대금의 지급을 거절할 수 있다.

시험명	변리사 2017년 제54회
출제포인트	083 임대차
핵심 키워드	지상물매수청구권

010

변리사 ★★★

乙은 건물의 소유를 목적으로 甲 소유의 X토지를 임차한 후, 甲의 동의 없이 이를 丙에게 전대하였다. 이에 관한 설명으로 옳은 것은? (다툼이 있으면 판례에 따름)

① 甲은 丙에게 X토지의 반환을 청구할 수 없다.

② 甲은 乙에 대한 임대차계약상의 차임청구권을 상실한다.

③ 甲과 乙 사이의 임대차계약은 무단전대를 이유로 甲의 해지의 의사표시가 없더라도 해지의 효력이 발생한다.

④ 임대차 및 전대차기간 만료 시에 丙이 신축한 건물이 X토지에 현존하고 甲이 임대차계약의 갱신을 거절한 경우, 丙은 甲에게 건물매수를 청구할 수 없다.

⑤ 甲과 乙 사이의 임대차계약이 존속하더라도 甲은 X토지의 불법점유를 이유로 丙에게 차임 상당의 부당이득반환을 청구할 수 있다.

해설

④ 무단전대의 경우에는 전차인은 지상물매수청구권을 행사할 수 없다. 따라서 전차인 丙은 甲에게 건물매수를 청구할 수 없다.

① 전차인 丙의 점유는 무단점유이므로 소유자 甲은 丙에게 X토지의 반환을 청구할 수 있다.

② 임대차계약은 여전히 존재하고 있으므로 임대인 甲은 乙에게 차임 지급을 청구할 수 있다.

③ 해지는 상대방 있는 단독행위에 해당하고 해지권 행사는 상대방에 대한 의사표시에 의한다. 따라서 甲의 해지의 의사표시가 없다면 해지의 효력은 발생하지 않는다.

⑤ 甲과 乙 사이의 임대차계약이 존속하고 있는 경우에는 甲은 乙로부터 차임을 받고 있어 손해가 없기 때문에 甲은 丙에게 차임 상당의 부당이득반환을 청구할 수 없다.

시험명	변리사 2019년 제56회
출제포인트	083 임대차
핵심 키워드	무단전대

정답 | 009 ⑤ 010 ④

작은 성공부터 시작하라.

성공에 익숙해지면 무슨 목표든지 이룰 수 있다는
자신감이 생긴다.

– 데일 카네기(Dale Carnegie)

PART

04

민사특별법

10개년 출제비중

14.7%

만화로 보는 쉬운 민사특별법

민사특별법은 민법에 규정이 없는 특별한 사람 · 사항에 관한 것을 규정하는 PART입니다. 이에 따라 주택임대차보호법, 상가건물 임대차보호법, 가등기담보 등에 관한 법률, 집합건물의 소유 및 관리에 관한 법률, 부동산 실권리자명의 등기에 관한 법률을 공부하게 됩니다.

민사특별법 체계도

주택임대차보호법 개관

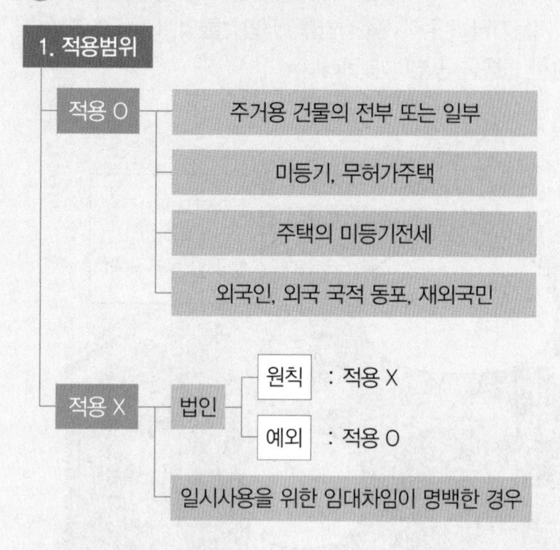

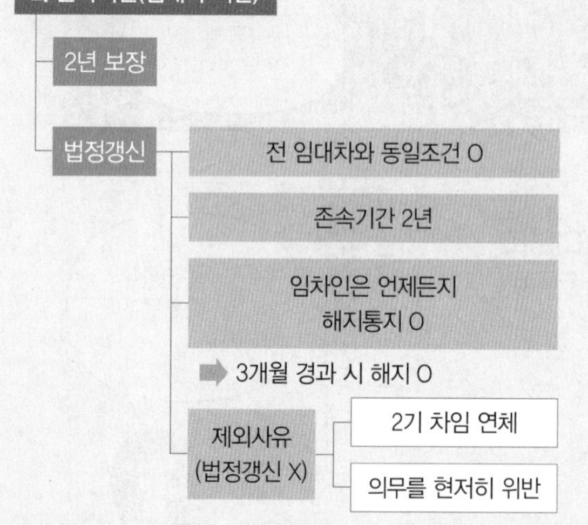

3. 대항력

- 요건 : 주택인도 및 주민등록
- 대항력 발생시기 : 주택인도 및 주민등록 다음 날 0시에 발생
- 후순위권리자에게 대항 O
- 선순위권리자 존재 : 임차인은 대항력 X

상가건물 임대차보호법 개관

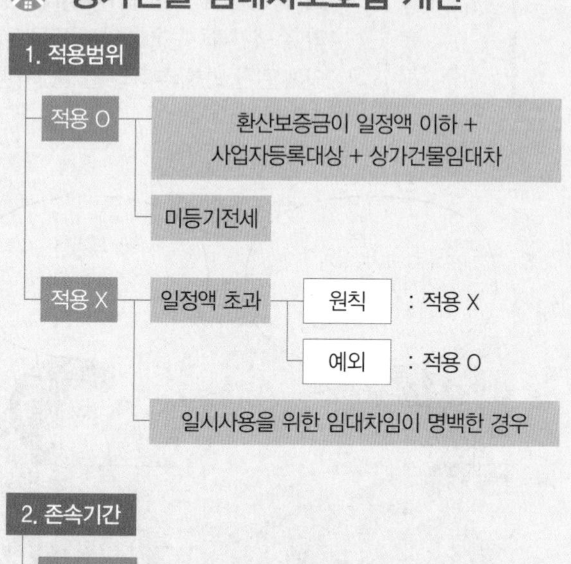

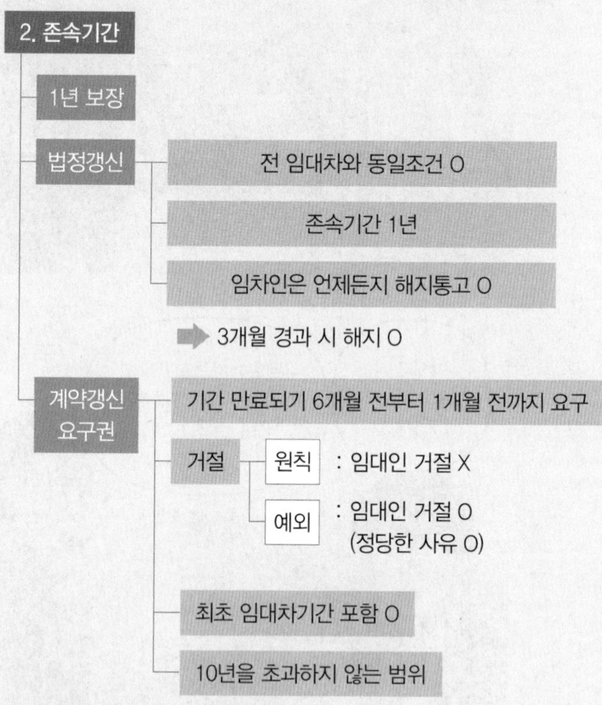

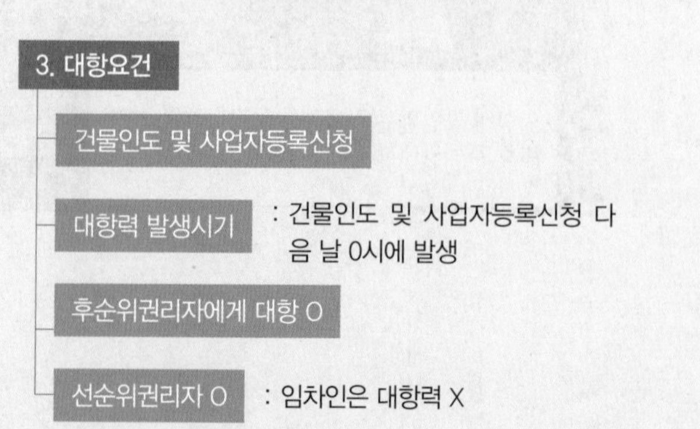

반드시 출제되는 출제포인트

CHAPTER

01

주택임대차 보호법

출 제 포 인 트

084 주택임대차보호법의 적용범위

[10개년 출제회차] 24, 25, 26, 27, 33회

시작이 쉬운 길잡이

Q 동철 씨가 소유하고 있는 전원주택을 대운 씨가 빌렸습니다. 그런데 그 주택이 미등기주택이라면 과연 「주택임대차보호법」이 적용될까요?

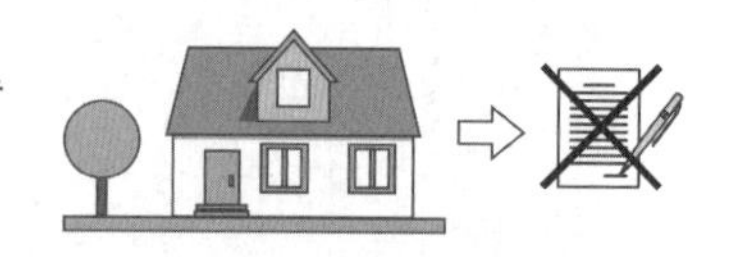

A 임차인을 보호하기 위해서 미등기주택에 대해서도 「주택임대차보호법」은 적용되고 있습니다.

출제포인트의 중요 키워드는 본문에서 꼭 체크하세요 ▸ **주택임대차**

1 주택임대차

(1) 「주택임대차보호법」은 임대차계약의 목적물이 주택인 경우, 즉 주택임대차에 대해서만 적용되며, 주택인지 여부는 공부상 기준으로 하는 것이 아니라 실제 용도를 기준으로 판단한다.

(2) 「주택임대차보호법」이 적용되기 위해서는 임대차계약의 목적물이 주택이면 충분하고 보증금액에 대해서는 제한이 없다. 이 점이 「상가건물 임대차보호법」과의 근본적인 차이점이다.

2 적용범위

(1) 주거용 건물에 대해서 적용된다.

① 주거용 건물의 전부에 대한 임대차뿐만 아니라 일부의 임대차에 대해서도 적용된다.

② 점포 및 사무실로 사용되던 건물에 근저당권이 설정된 후 그 건물이 주거용 건물로 용도변경되어 이를 임차한 소액임차인도 특별한 사정이 없는 한 「주택임대차보호법」 제8조에 의하여 보증금 중 일정액을 근저당권자보다 우선하여 변제받을 권리가 있다(대판 2009.8.20, 2009다26879). 즉, 주택 여부는 임대차계약체결 당시를 기준으로 판단하기 때문에 용도가 변경되어서 임대차계약을 체결할 당시에 주택이었다면 「주택임대차보호법」은 적용된다.

③ 주거용 건물이면 무허가, 미등기주택에 대해서도 「주택임대차보호법」은 적용될까?

정답 | 임대차계약의 목적물이 주택이면 충분하므로 미등기, 무허가주택도 「주택임대차보호법」은 적용된다.

판례 | 어느 건물이 국민의 주거생활의 용도로 사용되는 주택에 해당하는 이상 비록 그 건물에 관하여 아직 등기를 마치지 아니하였거나 등기가 이루어질 수 없는 사정이 있다고 하더라도 다른 특별한 규정이 없는 한 같은 법의 적용대상이 된다(대판 전합체 2007.6.21, 2004다26133).

(2) 겸용건물

임차주택의 일부를 비주거용으로 사용하는 경우에도 주된 용도가 주거용이면 「주택임대차보호법」은 적용된다. 그러나 임차한 비주거용 건물의 일부를 주거용으로 사용하는 경우 주된 용도가 주거용이 아니면 「주택임대차보호법」은 적용되지 않는다.

(3) 주택의 미등기전세에 대해서도 적용된다.

미등기전세에서 전세계약의 목적물이 주택인 경우에는 「주택임대차보호법」이 적용된다. 이 경우 전세금을 보증금으로 본다(제12조).

(4) 일시사용을 위한 임대차임이 명백한 경우

일시사용을 위한 임대차임이 명백한 경우에는 「주택임대차보호법」은 적용되지 않는다.

(5) 법인은 적용되지 않는다.

법인에 대해서는 적용되지 않는 것이 원칙이지만 예외적으로 일정한 법인(한국토지주택공사, 주택사업을 목적으로 설립된 지방공사, 중소기업기본법상의 중소기업에 해당하는 법인)에 대해서는 적용된다.

① 주택도시기금을 재원으로 하여 저소득층 무주택자에게 주거생활 안정을 목적으로 전세임대주택을 지원하는 법인이 주택을 임차한 후 지방자치단체의 장 또는 그 법인이 선정한 입주자가 그 주택을 인도받고 주민등록을 마쳤을 때에는 「주택임대차보호법」 제3조 제1항(다음 날부터 대항력을 취득)을 준용한다. 이 경우 대항력이 인정되는 법인은 대통령령으로 정한다(제3조 제2항).

② 「중소기업기본법」 제2조에 따른 중소기업에 해당하는 법인이 소속 직원의 주거용으로 주택을 임차한 후 그 법인이 선정한 직원이 해당 주택을 인도받고 주민등록을 마쳤을 때에는 「주택임대차보호법」 제3조 제1항을 준용한다. 임대차가 끝나기 전에 그 직원이 변경된 경우에는 그 법인이 선정한 새로운 직원이 주택을 인도받고 주민등록을 마친 다음 날부터 제3자에 대하여 효력이 생긴다(제3조 제3항). 여기서 주의할 점은 임대차가 끝나기 전에 그 직원이 변경된 경우, 그 법인이 선정한 새로운 직원이 주택을 인도받고 주민등록을 마친 경우, 종전의 대항력이 그대로 유지되는 것이 아니라 다음 날부터 대항력을 새롭게 취득한다는 점이다.

(6) 주택의 소유자는 아니지만 적법한 임대권한을 가진 사람과 임대차계약을 체결한 경우에 「주택임대차보호법」이 적용될 수 있을까?

정답 | 적용된다.

판례 | 「주택임대차보호법」이 적용되는 임대차로서는 반드시 임차인과 주택의 소유자인 임대인 사이에 임대차계약이 체결된 경우에 한정된다고 할 수는 없고, 주택의 소유자는 아니지만 주택에 관하여 적법하게 임대차계약을 체결할 수 있는 권한(적법한 임대권한)을 가진 임대인과 임대차계약이 체결된 경우도 포함된다(대판 2008.4.10, 2007다38908 · 38915).

(7) 외국인, 외국 국적 동포 또는 재외국민에 대해서도 「주택임대차보호법」이 적용될 수 있다(대판 2016.10.13, 2015다14136).

(8) 대지에 대해서도 「주택임대차보호법」이 적용되기 때문에 경매 시 임차인은 우선변제나 최우선변제가 인정될 수 있다(대판 1996.6.14, 96다7595).

기출로 **포인트 정리**

출제예상 OX지문

❶ 한국토지주택공사(A)가 주택을 임차한 후 A가 선정한 입주자가 주택을 인도받고 주민등록을 마친 경우, 법인인 A는 「주택임대차보호법」상의 대항력을 취득하지 못한다.

(O | X) 22회

대표기출

주택임대차보호법의 적용대상이 되는 경우를 모두 고른 것은? (다툼이 있으면 판례에 따름) 27회

ㄱ 임차주택이 미등기인 경우
ㄴ 임차주택이 일시사용을 위한 것임이 명백하게 밝혀진 경우
ㄷ 사무실로 사용되던 건물이 주거용 건물로 용도변경된 경우
ㄹ 적법한 임대권한을 가진 자로부터 임차하였으나 임대인이 주택소유자가 아닌 경우

① ㄱ, ㄷ
② ㄴ, ㄹ
③ ㄱ, ㄷ, ㄹ
④ ㄴ, ㄷ, ㄹ
⑤ ㄱ, ㄴ, ㄷ, ㄹ

쉬운 해설

출제예상 OX지문

❶ X 법인에 대해서는 「주택임대차보호법」이 적용되지 않는 것이 원칙이지만, 한국토지주택공사인 경우에는 적용된다. 따라서 한국토지주택공사(A)가 주택을 임차한 후 A가 선정한 입주자가 주택을 인도받고 주민등록을 마친 경우, 법인인 A는 「주택임대차보호법」상의 대항력을 취득한다.

대표기출 정답 ③

ㄱ 미등기주택에 대해서도 「주택임대차보호법」은 적용된다.
ㄷ 임대차계약체결 당시에 주택이면 충분하기 때문에 사무실로 사용되던 건물이 주거용 건물로 용도변경된 경우에도 「주택임대차보호법」은 적용된다.
ㄹ 임대차는 처분행위가 아니기 때문에 소유자가 아닌 사람도 임대차계약을 체결할 수 있다. 따라서 적법한 임대권한을 가진 자로부터 임차하였으나 임대인이 주택소유자가 아닌 경우에도 「주택임대차보호법」은 적용된다.
ㄴ 임차주택이 일시사용을 위한 것임이 명백한 경우에는 「주택임대차보호법」은 적용되지 않는다.

출제포인트

085 존속기간

[10개년 출제회차] 24, 25, 28, 29, 30, 32회

시작이 쉬운 길잡이

Q

대운 씨는 전원주택을 소유한 동철 씨와 임대차계약을 1년으로 체결했습니다. 전원생활이 너무 좋은 대운 씨. 과연 1년이 아니라 2년을 살겠다고 주장할 수 있을까요?

A

「주택임대차보호법」에 의하면 임차인의 주거생활을 보장하기 위해서 최소 2년을 보장하고 있기 때문에 대운 씨는 2년을 주장할 수 있습니다.

출제포인트의 중요 키워드는 본문에서 꼭 체크하세요 ▸ **존속기간, 묵시적 갱신**

1 존속기간의 보장

(1) 최단존속기간의 보장

기간을 정하지 아니하거나 2년 미만으로 정한 임대차는 그 기간을 2년으로 본다. 다만, 임차인은 2년 미만으로 정한 기간이 유효함을 주장할 수 있다. 따라서 존속기간을 1년으로 약정한 경우 임차인은 2년을 주장할 수 있고 또는 1년을 주장할 수도 있다.

(2) 임대차 존속의 의제

일반적으로 임대차기간이 끝나면 임대차관계도 종료한다. 그러나 보증금을 반환받지 못한 임차인을 보호하기 위해서 임대차기간이 끝난 경우에도 임차인이 보증금을 반환받을 때까지는 임대차관계가 존속되는 것으로 본다.

2 법정갱신 → 묵시적 갱신

(1) 요건

다음 사유 중 어느 하나에 해당하면 갱신된 것으로 본다.

① 임대인이 임대차기간이 끝나기 6개월 전부터 2개월 전까지의 기간에 임차인에게 갱신거절의 통지를 하지 아니하거나 계약조건을 변경하지 아니하면 갱신하지 아니한다는 뜻의 통지를 하지 아니한 경우

② 임차인이 임대차기간이 끝나기 2개월 전까지 통지하지 아니한 경우

(2) 효과

① 위의 요건 중 어느 하나에 해당하여 묵시적 갱신이 되면 전 임대차와 동일한 조건으로 다시 임대차한 것으로 본다. 그러나 존속기간은 전 임대차와 동일한 기간이 아니라 2년으로 본다.

② 그런데 언제나 임차인이 2년에 구속된다면 오히려 임차인에게 불리할 수 있으므로 묵시적 갱신이 된 경우에도 임차인은 언제든지 임대인에게 계약해지를 통지할 수 있다. 이 경우 임대인이 그 통지를 받은 날부터 3개월이 지나면 임대차는 해지된다. 그러나 임대인은 2년에 구속되므로 임대인이 임차인에게 계약해지를 통지할 수는 없다.

(3) 법정갱신 제외 사유

임차인이 2기의 차임을 연체하거나 또는 임차인으로서의 의무를 현저히 위반한 경우에는 위의 묵시적 갱신 요건 중 어느 하나에 해당하더라도 갱신되지 않는다.

3 임차인의 계약갱신요구권

법령 체크

임대차기간이 끝나기 6개월 전부터 2개월 전까지의 기간

제6조의3【계약갱신 요구 등】 ① 제6조에도 불구하고 임대인은 임차인이 제6조 제1항 전단의 기간 이내에 계약갱신을 요구할 경우 정당한 사유 없이 거절하지 못한다. 다만, 다음 각 호의 어느 하나에 해당하는 경우에는 그러하지 아니하다.

1. 임차인이 2기의 차임액에 해당하는 금액에 이르도록 차임을 연체한 사실이 있는 경우
2. 임차인이 거짓이나 그 밖의 부정한 방법으로 임차한 경우
3. 서로 합의하여 임대인이 임차인에게 상당한 보상을 제공한 경우
4. 임차인이 임대인의 동의 없이 목적 주택의 전부 또는 일부를 전대(轉貸)한 경우
5. 임차인이 임차한 주택의 전부 또는 일부를 고의나 중대한 과실로 파손한 경우
6. 임차한 주택의 전부 또는 일부가 멸실되어 임대차의 목적을 달성하지 못할 경우
7. 임대인이 다음 각 목의 어느 하나에 해당하는 사유로 목적 주택의 전부 또는 대부분을 철거하거나 재건축하기 위하여 목적 주택의 점유를 회복할 필요가 있는 경우
   가. 임대차계약체결 당시 공사시기 및 소요기간 등을 포함한 철거 또는 재건축계획을 임차인에게 구체적으로 고지하고 그 계획에 따르는 경우
   나. 건물이 노후 · 훼손 또는 일부 멸실되는 등 안전사고의 우려가 있는 경우
   다. 다른 법령에 따라 철거 또는 재건축이 이루어지는 경우
8. 임대인(임대인의 직계존속 · 직계비속을 포함한다)이 목적 주택에 실제 거주하려는 경우
9. 그 밖에 임차인이 임차인으로서의 의무를 현저히 위반하거나 임대차를 계속하기 어려운 중대한 사유가 있는 경우

② 임차인은 제1항에 따른 계약갱신요구권을 1회에 한하여 행사할 수 있다. 이 경우 갱신되는 임대차의 존속기간은 2년으로 본다.

③ 갱신되는 임대차는 전 임대차와 동일한 조건으로 다시 계약된 것으로 본다. 다만, 차임과 보증금은 제7조의 범위에서 증감할 수 있다. → 1년, 5%

→ 임차인은 언제든지 해지할 수 있다.

④ 제1항에 따라 갱신되는 임대차의 해지에 관하여는 제6조의2를 준용한다.

⑤ 임대인이 제1항 제8호의 사유로 갱신을 거절하였음에도 불구하고 갱신요구가 거절되지 아니하였더라면 갱신되었을 기간이 만료되기 전에 정당한 사유 없이 제3자에게 목적 주택을 임대한 경우 임대인은 갱신거절로 인하여 임차인이 입은 손해를 배상하여야 한다.

기출로 포인트 정리

출제예상 OX지문

❶ 임대차계약이 묵시적으로 갱신되면 그 임대차의 존속기간은 2년으로 본다.
(O | X) 24회

❷ 임차인의 계약갱신요구권은 임대차기간이 끝나기 6개월 전부터 2개월 전까지의 기간에 행사해야 한다. (O | X) 32회

❸ 임차인의 계약갱신요구권은 임대차의 조건이 동일한 경우 여러 번 행사할 수 있다.
(O | X) 32회

❹ 임차인이 임대인의 동의 없이 목적 주택을 전대한 경우 임대인은 계약갱신요구를 거절하지 못한다. (O | X) 32회

대표기출

甲이 그 소유의 X주택에 거주하려는 乙과 존속기간 1년의 임대차계약을 체결한 경우에 관한 설명으로 틀린 것은? 30회

① 乙은 2년의 임대차 존속기간을 주장할 수 있다.
② 乙은 1년의 존속기간이 유효함을 주장할 수 있다.
③ 乙이 2기의 차임액에 달하도록 차임을 연체한 경우, 묵시적 갱신이 인정되지 아니한다.
④ 임대차계약이 묵시적으로 갱신된 경우, 乙은 언제든지 甲에게 계약해지를 통지할 수 있다.
⑤ X주택의 경매로 인한 환가대금에서 乙이 보증금을 우선변제받기 위해서 X주택을 양수인에게 인도할 필요가 없다.

기출로 **포인트 정리**

쉬운 해설

출제예상 OX지문

❶ ○ 임대차계약이 묵시적으로 갱신되면 전 임대차와 동일한 조건으로 다시 임대차한 것으로 보며, 그 임대차의 존속기간은 2년으로 본다(제6조 제2항).

❷ ○ 임차인은 임대차기간이 끝나기 6개월 전부터 2개월 전까지의 기간 이내에 임대인에게 계약갱신을 요구할 수 있다(제6조 제1항).

❸ × 임차인은 1회에 한하여 계약갱신요구권을 행사할 수 있다(제6조의3 제2항).

❹ × 임차인이 임대인의 동의 없이 목적 주택의 전부 또는 일부를 전대한 경우 임대인은 임차인의 계약갱신요구를 거절할 수 있다(제6조의3 제1항 제4호).

대표기출 정답 ⑤

⑤ 임차인이 임차주택을 경매하기 위해서는 주택을 인도할 필요는 없지만 X주택의 경매로 인한 환가대금에서 乙이 보증금을 우선변제받기 위해서는 X주택을 양수인에게 인도해야 한다(제3조의2 제3항).

① 임차인에게 최소 2년이 보장되기 때문에 임차인 乙은 2년의 임대차 존속기간을 주장할 수 있다.

② 계약기간이 1년이므로 임차인 乙은 1년의 존속기간이 유효함을 주장할 수 있다.

③ 임차인이 2기 차임을 연체했다면 보호가치가 없기 때문에 묵시적 갱신이 인정되지 아니한다.

④ 임대차계약이 묵시적으로 갱신된 경우, 존속기간은 2년으로 본다. 다만, 임차인 乙은 언제든지 임대인 甲에게 계약해지를 통지할 수 있다.

출제포인트

086 대항력

[10개년 출제회차] 24, 25, 26, 28, 29, 31, 32, 33회

시작이 쉬운 길잡이

Q

동철 씨로부터 전원주택을 2년간 임차한 대운 씨는 전원생활에 만족하며 잘 살고 있습니다. 그런데 계약기간 중에 동철 씨가 부자 씨에게 전원주택을 팔았고, 부자 씨는 대운 씨에게 이사가라고 요구합니다. 여러분, 대운 씨는 이사가지 않고 남은 기간 동안 그 집에서 살 수 있을까요?

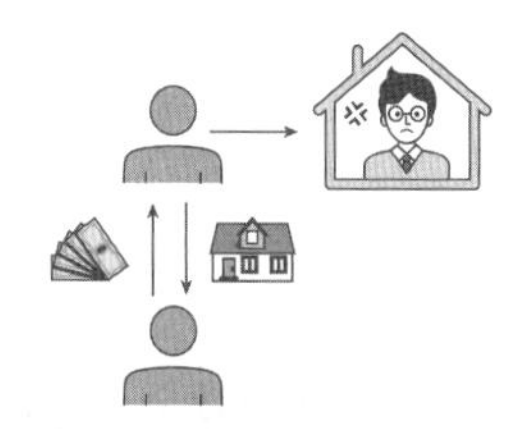

A

「주택임대차보호법」에 의하면 임차인이 주택인도와 주민등록을 마친 경우 다음 날부터 대항력을 취득한다고 합니다. 따라서 대운 씨가 주민등록을 하고 살고 있었다면 대운 씨는 남은 기간 동안 그 집에 살겠다고 부자 씨에게 주장할 수 있는 권리가 있는데, 이 힘을 대항력이라고 합니다.

❗ 출제포인트의 중요 키워드는 본문에서 꼭 체크하세요 ▸ 대항력

법령 체크

제3조【대항력 등】 ① 임대차는 그 등기가 없는 경우에도 임차인이 주택의 인도와 주민등록을 마친 때에는 그 다음 날부터 제3자에 대하여 효력이 생긴다. 이 경우 전입신고를 한 때에 주민등록이 된 것으로 본다.

④ 임차주택의 양수인(그 밖에 임대할 권리를 승계한 자를 포함한다)은 임대인의 지위를 승계한 것으로 본다.

1 의미

대항력❗이란 임대차 존속 중에 주택소유자가 변경된 경우, 임차인이 새로운 소유자에게 사용·수익을 주장할 수 있느냐의 문제를 말한다.

2 대항요건 → 주택인도와 주민등록

(1) 임차인이 대항력을 취득하기 위해서는 일단 임대인과 임차인 사이에 유효한 임대차계약이 성립해야 한다.

(2) 그리고 임차인이 대항요건을 갖추어야 하는데, 임차인이 주택의 인도와 주민등록을 마친 때에는 그 다음 날(0시)부터 대항력을 취득한다.

(3) 주의할 점은 임차인이 주택인도와 주민등록이라는 대항요건을 갖춘 경우, 언제나 대항력을 취득하는 것은 아니고 후순위권리자 및 기타 채권자에 대한 관계에서만 대항력을 취득한다는 점이다. 따라서 대항요건을 충족했을지라도 선순위권리자가 있다면 임차인에게 대항력은 인정되지 않는다.

(4) 경락으로 소멸되는 선순위저당권보다 뒤에 등기되었거나 대항요건을 갖춘 주택임차인이 경락인에게 대항할 수 있을까?

정답 | 선순위권리자가 있으므로 임차인은 대항력이 없다. 따라서 임차인은 경락인에게 대항할 수 없다.

3 대항력이 인정되는 경우의 법률관계

예컨대, 甲 소유 주택에 대해서 乙과 기간 2년의 임대차계약을 체결하고 임차인 乙이 대항요건인 주택인도 및 주민등록을 마쳤고, 이후 1년 뒤에 임대인 甲이 제3자 丙에게 주택을 처분한 경우이다.

(1) 임차인 乙은 대항요건을 충족했고 丙보다 선순위이므로 丙에게 대항력을 취득한다. 따라서 丙이 乙에게 주택인도를 요구하는 경우, 임차인 乙은 丙에게 대항할 수 있다. 즉, 남은 기간 동안 사용·수익을 주장할 수 있다.

(2) 임차인 乙이 주택의 양수인 丙(새로운 소유자)에게 대항할 수 있다는 것은 주택의 양수인 丙이 종전 소유자 甲이 가지고 있던 임대인 지위(보증금에 대한 권리·의무를 포함한다)를 승계한다는 것을 의미한다. 따라서 종전 임대인 甲은 더 이상 보증금반환의무를 부담하지 않고, 즉 보증금반환의무를 면하고 양수인 丙이 보증금반환의무를 부담한다.

(3) 임차주택의 양수인이 임대인의 지위를 승계하는 경우에는 임대차보증금반환채무도 부동산의 소유권과 결합하여 일체로서 이전하는 것이므로 양도인의 임대인으로서의 지위나 보증금반환채무는 소멸하는 것이지만, 임차인의 보호를 위한 임대차보호법의 입법 취지에 비추어 임차인이 임대인의 지위승계를 원하지 않는 경우에는 임차인이 임차주택의 양도사실을 안 때로부터 상당한 기간 내에 이의를 제기함으로써 승계되는 임대차관계의 구속으로부터 벗어날 수 있다고 봄이 상당하고, 그와 같은 경우에는 양도인의 임차인에 대한 보증금반환채무는 소멸하지 않는다(대판 2002.9.4, 2001다64615).

4 대항력 관련 적중판례

(1) 임차인의 주택인도(점유)

「주택임대차보호법」 제3조 제1항 소정의 대항력은 임차인이 당해 주택에 거주하면서 이를 직접 점유하는 경우뿐만 아니라 타인의 점유를 매개로 하여 이를 간접점유하는 경우에도 인정될 수 있을 것이다(대판 2001.1.19, 2000다55645). 즉, 임차인의 점유는 직접점유, 간접점유를 불문하므로 직접점유, 간접점유 모두 대항력이 인정된다.

(2) 주민등록의 효력발생시기와 대항력의 존속요건

① 주민등록의 신고는 행정청에 도달하기만 하면 신고로서의 효력이 발생하는 것이 아니라 행정청이 수리한 경우에 비로소 신고의 효력이 발생한다. 따라서 주민등록 신고서를 행정청에 제출하였다가 행정청이 이를 수리하기 전에 신고서의 내용을 수정하여 위와 같이 수정된 전입신고서가 수리되었다면 수정된 사항에 따라서 주민등록 신고가 이루어진 것으로 보는 것이 타당하다(대판 2009.1.30, 2006다17850).

② 주택인도 및 주민등록은 대항력의 취득요건일 뿐만 아니라 존속요건이다. 따라서 「주택임대차보호법」상 대항력을 행사하기 위해서는 주택의 인도 및 주민등록이 계속 존속하고 있어야 한다.

(3) 주민등록의 주체

주민등록은 일반적으로 임차인 본인의 주민등록을 의미하지만 배우자나 자녀, 즉 가족의 주민등록도 포함된다. 따라서 가족의 주민등록만 되어 있어도 임차인은 대항력을 취득한다.

① 「주택임대차보호법」 제3조 제1항에서 규정하고 있는 주민등록이라는 대항요건은 임차인 본인뿐만 아니라 그 배우자나 자녀 등 가족의 주민등록을 포함한다(대판 1996.1.26, 95다30338).

② 주택임차인이 그 가족과 함께 그 주택에 대한 점유를 계속하고 있으면서 그 가족의 주민등록을 그대로 둔 채 임차인만 주민등록을 일시 다른 곳으로 옮긴 경우라면, 전체적으로나 종국적으로 주민등록의 이탈이라고 볼 수 없는 만큼, 임대차의 제3자에 대한 대항력을 상실하지 아니한다(대판 1996.1.26, 95다30338).

③ 임차인이 임대인의 동의를 얻어서 적법하게 전대한 경우에 임차인이 대항력을 취득하기 위해서는 그 주택에 실제 거주하고 있는 직접점유자 명의로 주민등록이 되어야 한다. 따라서 임차주택을 간접점유하는 임차인이 주민등록을 마쳤다 하더라도 임차주택의 직접점유자가 주민등록을 마치지 않았다면, 임차인은 대항력을 취득할 수 없다.

(4) 처음부터 주민등록이 정확하지 않은 경우, 즉 잘못 기재가 된 경우

원시적 불일치

① 임차인이 전입신고를 올바르게 하였는데 담당공무원의 착오로 주민등록표상에 신거주지 지번이 다소 틀리게 기재된 경우, 임대차의 대항력이 발생할까?

정답 | 임차인에게 잘못이 없으므로 임차인을 보호하기 위해서 대항력이 인정된다.

② 다가구용 단독주택의 임차인은 전입신고 시 지번만 기재하면 충분하다. 따라서 동, 호수의 기재 없이 지번만 기재했을지라도 대항력을 취득한다.

③ 다세대주택의 임차인은 전입신고 시 지번뿐만 아니라 동, 호수까지 기재해야 대항력을 취득한다.

(5) 주민등록이 직권으로 말소가 된 경우 대항력이 상실될까?

정답 | 주민등록이라는 대항요건은 그 대항력 취득 시에만 구비하면 족한 것이 아니고 그 대항력을 유지하기 위하여서도 계속 존속하고 있어야 하는 존속요건이므로, 주민등록이 말소가 되어 존재하지 않고 있다면 일단 대항력은 소멸(상실)한다. 그러나 이후에 재등록이 되었다면 대항력을 취득하는데, 문제는 처음의 대항력이 그대로 유지되는 것인지 아니면 대항력을 새롭게 취득하는 것인지가 쟁점이다. 이 점에 대해서 판례는 다음과 같이 구별하여 이해한다.

판례 | ① 「주민등록법」 소정의 이의절차에 따라 재등록을 한 경우: 직권말소 후 「주민등록법」 소정의 이의절차에 따라 그 말소된 주민등록이 회복되거나 동법 시행령 제29조에 의하여 재등록이 이루어짐으로써 주택임차인에게 주민등록을 유지할 의사가 있었다는 것이 명백히 드러난 경우에는 소급하여 그 대항력이 인정된다. 즉, 처음의 대항력이 그대로 유지된다(대판 2002.10.11, 2002다20957).

② 「주민등록법」 소정의 이의절차에 따라서 재등록을 한 것이 아닌 경우: 직권말소가 「주민등록법」 소정의 이의절차에 의하여 회복된 것이 아닌 경우에는 직권말소 후 재등록이 이루어지기 이전에 주민등록이 없는 것으로 믿고 임차주택에 관하여 새로운 이해관계를 맺은 선의의 제3자에 대하여는 임차인은 대항력의 유지를 주장할 수 없다(대판 2002.10.11, 2002다20957). 즉, 대항력을 새롭게 취득한다.

(6) 기존의 채권으로 보증금 지급에 갈음해서 임대차계약을 체결한 경우에도 임차인은 대항력을 취득할 수 있을까?

정답 | ① 임대차계약이 통정허위표시로써 무효가 되는 경우: 「주택임대차보호법」이 적용되기 위해서는 일단 임대차계약은 유효해야 한다. 따라서 임대차계약 자체가 무효라면 임차인은 「주택임대차보호법」에 의해서 보호받을 수 없다. 따라서 대항력이나 우선변제권을 취득하지 못한다.

② 임대차계약이 무효가 아닌 경우: 「주택임대차보호법」이 적용되기 위해서는 일단 임대차계약은 유효해야 한다. 따라서 임대차계약 자체가 무효가 아니라면 임차인은 「주택임대차보호법」에 의해서 보호받을 수 있다. 따라서 대항력이나 우선변제권을 취득한다.

판례 | 임대차는 임차인으로 하여금 목적물을 사용·수익하게 하는 것이 계약의 기본 내용이므로, 채권자가 「주택임대차보호법」상의 대항력을 취득하는 방법으로 기존 채권을 우선변제받을 목적으로 주택임대차계약의 형식을 빌려 기존 채권을 임대차보증금으로 하기로 하고 주택의 인도와 주민등록을 마침으로써 주택임대차로서의 대항력을 취득한 것처럼 외관을 만들었을 뿐 실제 주택을 주거용으로 사용·수익할 목적을 갖지 아니한 계약은 주택임대차계약으로서는 통정허위표시에 해당되어 무효라고 할 것이므로 이에 「주택임대차보호법」이 정하고 있는 대항력을 부여할 수는 없다(대판 2002.3.12, 2000다24184·24191).

(7) 주택의 소유자가 매도 후에 임차인으로 바뀐 경우, 임차인으로서 언제 대항력을 취득할까?

정답 | 매수인 명의의 소유권이전등기일 익일부터 임차인으로서 대항력을 갖는다.

판례 | 甲이 주택에 관하여 소유권이전등기를 경료하고 주민등록 전입신고까지 마친 다음 처와 함께 거주하다가 乙에게 매도함과 동시에 그로부터 이를 다시 임차하여 계속 거주하기로 약정하고 임차인을 甲의 처로 하는 임대차계약을 체결한 후에야 乙 명의의 소유권이전등기가 경료된 경우, 「주택임대차보호법」 제3조 제1항에 의하여 유효한 공시방법을 갖춘 다음 날인 乙(매수인, 임대인) 명의의 소유권이전등기일 익일(다음 날)부터 임차인으로서 대항력을 갖는다(대판 2000.2.11, 99다59306).

(8) 처음에는 전차인으로 주택에 거주했는데 후에 임차인으로 바뀐 경우 언제 대항력을 취득할까?

정답 | 소유권이전등기가 경료되는 즉시 임차인은 대항력을 취득한다. 즉, 甲 소유 임대아파트에 대해서 乙과 임대차계약을 체결하고 다시 丙에게 전대를 하여 丙이 이 아파트에 거주하고 있고 이후에 임차인 乙이 甲으로부터 분양을 받아 소유권이전등기를 함으로써 소유권을 취득한 경우, 乙은 임차인에서 임대인으로 지위가 변경되었고 丙도 전차인에서 임차인으로 지위가 변경된 경우, 임차인 丙은 임대인 乙 명의로 소유권이전등기가 경료되는 즉시 대항력을 취득한다.

판례 | 甲이 丙 회사 소유 임대아파트의 임차인인 乙로부터 아파트를 임차하여 전입신고를 마치고 거주하던 중, 乙이 丙 회사로부터 위 아파트를 분양받아 자기명의로 소유권이전등기를 경료한 후 근저당권을 설정한 사안에서, 주민등록상 전입신고를 한 날로부터 소유자 아닌 甲이 거주하는 것으로 나타나 있어서 제3자들이 보기에 甲의 주민등록이 소유권 아닌 임차권을 매개로 하는 점유라는 것을 인식할 수 있었으므로 위 주민등록은 甲이 전입신고를 마친 날로부터 임대차를 공시하는 기능을 수행하고 있었다고 할 것이고, 따라서 甲은 乙 명의의 소유권이전등기가 경료되는 즉시 임차권의 대항력을 취득하였다(대판 2001.1.30, 2000다58026 · 58033).

(9) 주택임차인이 그 지위를 강화하고자 별도로 전세권설정등기를 마치더라도 「주택임대차보호법」상 주택임차인으로서의 우선변제를 받을 수 있는 권리와 전세권자로서 우선변제를 받을 수 있는 권리는 근거 규정 및 성립요건을 달리하는 별개이므로 주택임차인이 그 지위를 강화하고자 별도로 전세권설정등기를 마쳤더라도 주택임차인이 「주택임대차보호법」 제3조 제1항의 대항요건을 상실하면 이미 취득한 「주택임대차보호법」상의 대항력 및 우선변제권을 상실한다(대판 2007.6.28, 2004다69741).

기출로 **포인트 정리**

출제예상 OX지문

❶ 주민등록의 신고는 행정청이 수리한 때가 아니라, 행정청에 도달한 때 효력이 발생한다.
(O | X) 26회

❷ 임차인이 타인의 점유를 매개로 임차주택을 간접점유하는 경우에도 대항요건인 점유가 인정될 수 있다. (O | X) 32회

❸ 주민등록을 마치고 거주하던 자기명의의 주택을 매도한 자가 매도와 동시에 이를 다시 임차하기로 약정한 경우, 매수인 명의의 소유권이전등기 여부와 관계없이 대항력이 인정된다. (O | X) 32회

❹ 다가구용 단독주택 일부의 임차인이 대항력을 취득하였다면, 후에 건축물 대장상으로 다가구용 단독주택이 다세대주택으로 변경되었다는 사정만으로는 이미 취득한 대항력을 상실하지 않는다. (O | X) 33회

대표기출

甲은 乙의 저당권이 설정되어 있는 丙 소유의 X주택을 丙으로부터 보증금 2억원에 임차하여 즉시 대항요건을 갖추고 확정일자를 받아 거주하고 있다. 그 후 丁이 X주택에 저당권을 취득한 다음 저당권 실행을 위한 경매에서 戊가 X주택의 소유권을 취득하였다. 다음 설명 중 옳은 것은? (다툼이 있으면 판례에 따름) 28회

① 乙의 저당권은 소멸한다.
② 戊가 임대인 丙의 지위를 승계한다.
③ 甲이 적법한 배당요구를 하면 乙보다 보증금 2억원에 대해 우선변제를 받는다.
④ 甲은 戊로부터 보증금을 전부 받을 때까지 임대차관계의 존속을 주장할 수 있다.
⑤ 丁이 甲보다 매각대금으로부터 우선변제를 받는다.

쉬운 해설

출제예상 OX지문

❶ X 주민등록의 신고는 행정청에 도달한 때가 아니라 행정청이 수리한 때 효력이 발생한다(대판 2009.1.30, 2006다17850).

❷ O 주택임차인이 임차주택을 직접 점유하여 거주하지 않고, 간접점유하여 자신의 주민등록을 이전하지 아니한 경우라 하더라도 임대인의 승낙을 받아 임차주택을 전대하고 그 전차인이 주택을 인도받아 자신의 주민등록을 마친 때에는 그 때로부터 임차인은 제3자에 대하여 대항력을 취득한다(대판 1994.6.24, 94다3155).

❸ X 자기명의의 주택을 매도하면서 동시에 그 주택을 임차하는 경우 매도인은 매수인 명의의 소유권이전등기일 익일부터 임차인으로서 대항력을 갖는다(대판 2000.2.11, 99다59306).

❹ O 다가구용 단독주택 일부의 임차인이 대항력을 취득하였다면, 후에 건축물 대장상으로 다가구용 단독주택이 다세대주택으로 변경되었다는 사정만으로는 이미 취득한 대항력을 상실하지 않는다(대판 2007.2.8, 2006다70516).

대표기출 정답 ①

① 경매 시 모든 저당권은 소멸한다. 따라서 乙의 저당권은 소멸한다.

② 임차인보다 선순위저당권자가 있었기 때문에 임차인은 경락인에게 대항할 수 없다. 따라서 경락인 戊가 임대인 丙의 지위를 승계하지 않는다.

③ 임차인 甲이 저당권자 乙보다 후순위이기 때문에 저당권자 乙보다 우선변제를 받을 수 없다.

④ 임차인 甲보다 선순위저당권자가 있었기 때문에 임차인 甲은 戊로부터 보증금을 전부 받을 때까지 임대차관계의 존속을 주장할 수 없다.

⑤ 丁은 임차인 甲보다 후순위권리자이므로 매각대금으로부터 우선변제를 받을 수 없다.

출제포인트

087 보증금의 회수 등

[10개년 출제회차] 24, 25, 26, 28, 29, 30회

시작이 쉬운 길잡이

Q 대운 씨는 친구 부자 씨 소유의 전원주택을 계약기간 2년, 차임 200만원에 합의하여 살고 있습니다. 그런데 1년 후에 부자 씨가 차임을 300만원으로 올려달라고 요구하였습니다. 여러분, 대운 씨는 300만원으로 올려줘야 할까요?

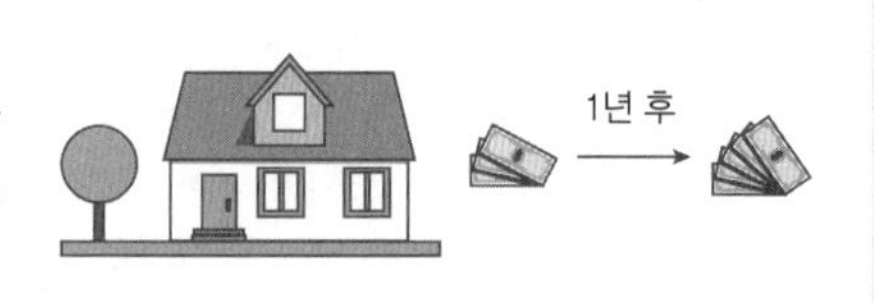

A 「주택임대차보호법」에 의하면 차임을 증액하는 경우에는 임차인을 보호하기 위해서 계약한 날로부터 1년 이내에는 증액을 하지 못하고 5% 이상 증액을 할 수 없다고 합니다. 따라서 대운 씨는 200만원에 대한 5% 범위(10만원)에서 차임을 인상해주면 됩니다.

출제포인트의 중요 키워드는 본문에서 꼭 체크하세요 ▸ **증감청구권, 우선변제권, 최우선변제권**

1 차임, 보증금의 증감청구 및 보증금의 월차임 전환 시 제한

1. 차임, 보증금의 증감청구권

(1) 만약 임대인이 아무런 제한 없이 임대차 존속 중에 차임이나 보증금액의 증액을 청구할 수 있다면 임차인의 주거생활이 보장되지 않으므로 임차인을 보호하기 위해서 일정한 제한을 두고 있다. 단, 감액은 임차인에게 유리하므로 제한이 없다.

(2) 증액의 제한

① 차임이나 보증금(이하 '차임 등'이라고 한다)의 증액청구는 약정한 차임 등의 20분의 1의 금액을 초과하지 못한다. 즉, 연 5%의 제한을 받는다. 다만, 특별시 · 광역시 · 특별자치시 · 도 및 특별자치도는 관할 구역 내의 지역별 임대차시장 여건 등을 고려하여 본문의 범위에서 증액청구의 상한을 조례로 달리 정할 수 있다.

② 차임 등의 증액청구는 임대차계약 또는 약정한 차임 등의 증액이 있은 후 1년 이내에는 하지 못한다.

③ 「주택임대차보호법」 제7조의 규정(증액의 제한)은 임대차계약의 존속 중 당사자 일방이 약정한 차임 등의 증액을 청구한 때에 한하여 적용되고, 임대차계약이 종료된 후 재계약을 하거나 또는 임대차계약 종료 전이라도 당사자의 합의로 차임 등이 증액된 경우에는 적용되지 않는다(대판 1993.12.7, 93다30532).

2. 보증금의 월차임 전환 시 산정률의 제한

법령 체크

제7조의2【월차임 전환 시 산정률의 제한】 보증금의 전부 또는 일부를 월 단위의 차임으로 전환하는 경우에는 그 전환되는 금액에 다음 각 호 중 낮은 비율을 곱한 월차임(月借賃)의 범위를 초과할 수 없다.

1. 「은행법」에 따른 은행에서 적용하는 대출금리와 해당 지역의 경제 여건 등을 고려하여 대통령령으로 정하는 비율 (→ 연 1할)
2. 한국은행에서 공시한 기준금리에 대통령령으로 정하는 이율을 더한 비율 (→ 연 2%)

예컨대, 보증금 1억원을 월차임으로 전환하는 경우에는 '1억원 × 일정비율'인데, 일정비율은 1할(10%)과 '기준금리(3%) + 2% = 5%' 중 낮은 비율에 의하므로 5%이다.

따라서 1억원 × 5%(0.05) = 500만원이므로, 이를 12개월로 나누면 41만6,666원이 된다. 즉, 1억원을 월차임으로 전환하는 경우 월 41만6,666원을 초과할 수 없다. 따라서 만약 임차인이 월 41만6,666원을 초과해서 지급했다면 초과부분만큼 임대인에게 부당이득반환을 청구할 수 있다(제10조의2).

2 보증금의 회수

1. 우선변제권

(1) 의의

① 우선변제권이란 임차주택의 경매 시 임차인이 배당에 참가해서 임차주택(대지를 포함한다)의 환가대금에서 후순위권리자 기타 채권자보다 우선해서 보증금을 회수할 수 있는 권리를 말한다.

② 임차인(제3조 제2항 및 제3항의 법인을 포함한다)이 임차주택에 대하여 보증금반환청구소송의 확정판결이나 그 밖에 이에 준하는 집행권원에 따라서 경매를 신청하는 경우에는 집행개시요건에 관한 「민사집행법」 제41조에도 불구하고 반대의무의 이행이나 이행의 제공을 집행개시의 요건으로 하지 아니한다(제3조의2 제1항). 즉, 임차인은 주택을 명도하지 않고 경매를 신청할 수 있다.

③ 그러나 임차인은 임차주택을 양수인에게 인도하지 아니하면 제3조의2 제2항(우선변제권)에 따른 보증금을 받을 수 없다(제3조의2 제3항). 즉, 임차인은 주택을 인도해 주면서 동시에 우선변제권이 있는 보증금을 수령하면 된다.

(2) 우선변제요건 (→ 대항요건과 확정일자)

① 임차인이 우선변제권을 취득하기 위해서는 최소한 우선변제요건을 갖춰야 하는데, 임차인이 주택의 인도와 주민등록 그리고 임대차계약서상에 확정일자를 갖추어야 한다.

② 여기서 주의할 점은 우선변제요건을 충족했다고 해서 언제나 우선변제권을 취득하는 것은 아니다. 즉, 누구에 대해서나 우선변제권을 취득하는 것은 아니고 후순위권리자 기타 채권자에 대해서 우선해서 변제받는다는 것이다. 따라서 임차인이 우선변제요건을 충족했을지라도 선순위권리자가 있다면 선순위권리자에 대해서는 우선하지 못한다. 요컨대, 우선변제권이란 순위에 따라 배당을 받는 것을 말한다. 즉, 선순위보다는 우선하지 못하고 후순위보다는 우선한다.

③ 주택임대차에 있어서 주택의 인도와 주민등록이라는 우선변제의 요건은 그 우선변제권 취득 시에만 구비하면 족한 것이 아니고, 「민사집행법」상 배당요구의 종기까지 계속 존속하고 있어야 한다(대판 2007.6.14, 2007다17475).

(3) 우선변제권의 취득시기

① 우선변제권은 언제 취득할까?

정답 | ㉠ 주택인도 및 주민등록을 한 이후(다음 날 또는 한참 이후)에 확정일자를 받은 경우: 임차인은 확정일자를 받은 날 우선변제권을 취득한다.

㉡ 주택인도 및 주민등록을 한 그날 확정일자를 받거나 그 전에 이미 확정일자를 받은 경우: 임차인은 확정일자를 받은 날 우선변제권을 취득하는 것이 아니라 대항력을 취득하는 날인 주택인도 및 주민등록을 마친 다음 날 우선변제권을 취득한다.

② 우선변제권이 인정되기 위해서는 그 전제요건으로서 최소한 주택인도 및 주민등록이라는 요건이 충족되어 있어야 하고 그 계약서상에 확정일자를 받아야 한다. 그리고 우선변제권은 임차주택의 경매 시에 발생하는 것이므로 경매가 아닌 임차주택의 매매, 교환 등으로 소유자가 변경된 경우에는 대항력의 문제만 발생하고 우선변제권은 발생하지 않는다. 따라서 임차주택 매매 시에 그 매매대금으로부터 임차인이 우선변제권을 행사할 수는 없다.

(4) 임차인의 우선변제권은 배당요구채권일까? 즉, 배당요구를 하지 않으면 경락대금으로부터 배당받을 수 없을까?

정답 | 임차인의 우선변제권과 소액임차인의 최우선변제권은 배당요구가 필요한 배당요구채권에 해당한다. 따라서 배당요구를 하지 않으면 배당받을 수 없으므로 후순위권리자가 자기보다 먼저 배당을 받았을지라도 부당이득반환을 청구할 수 없다. 다만, 보증금반환청구권소송의 확정판결 등 집행권원을 얻어서 경매를 신청하는 경우에는 배당요구채권이 아니다.

(5) 주택매각대금뿐만 아니라 대지매각대금에 대해서도 우선변제권이 인정될까?

정답 | 「주택임대차보호법」은 주택뿐만이 아니라 대지에 대해서도 적용되므로 임차인은 주택경매대금뿐만이 아니라 대지경매대금으로부터 우선변제받을 수 있다.

판례 | 대항요건 및 확정일자를 갖춘 임차인과 소액임차인은 임차주택과 대지가 함께 경매될 경우뿐만 아니라 임차주택과 별도로 대지만이 경매될 경우에도 대지의 환가대금에 대하여 우선변제권을 행사할 수 있다. 이와 같은 우선변제권은 이른바 법정담보물권의 성격을 갖는 것으로서 임대차 성립 시의 임차목적물인 임차주택 및 대지의 가액을 기초로 임차인을 보호하고자 인정되는 것이므로, 임대차 성립 당

시 임대인의 소유였던 대지가 타인에게 양도되어 임차주택과 대지의 소유자가 서로 달라진 경우에도 임차인은 대지의 경매대금에 대하여 우선변제권을 행사할 수 있다(대판 2012.7.26, 2012다45689).

(6) 임차인이 대항력과 확정일자를 갖춘 후에 임대차계약이 갱신된 경우 종전 임대차 내용에 따른 우선변제권을 행사할 수 있을까?

정답 | 임대차가 갱신되더라도 임차인을 보호하기 위해서 임차인은 종전의 대항력과 확정일자를 기준으로 해서 우선변제권을 행사할 수 있다.

(7) 우선변제권의 승계

① **원칙**: 금융기관 등이 제3조의2 제2항(주택인도 및 주민등록 그리고 확정일자를 갖춘 경우), 제3조의3 제5항(임차권등기명령에 의한 등기를 한 경우), 제3조의4 제1항(민법 제621조에 의한 임차권의 등기를 한 경우)에 따른 우선변제권을 취득한 임차인의 보증금반환채권을 계약으로 양수한 경우에는 양수한 금액의 범위에서 우선변제권을 승계한다(제3조의2 제7항).

② **예외**: 위 ①에 따라 우선변제권을 승계한 금융기관 등은 다음의 어느 하나에 해당하는 경우에는 우선변제권을 행사할 수 없다(제3조의2 제8항).

㉠ 임차인이 제3조 제1항(임차인) · 제2항(한국토지주택공사, 각 지방의 주택사업을 목적으로 설립된 지방공사가 임차인인 경우) 또는 제3항(중소기업이 임차인인 경우)의 대항요건을 상실한 경우

㉡ 제3조의3 제5항에 따른 임차권등기가 말소된 경우

㉢ 민법 제621조에 따른 임대차등기가 말소된 경우

(8) 임차인을 보호하기 위해서 금융기관 등은 우선변제권을 행사하기 위하여 임차인을 대리하거나 대위하여 임대차를 해지할 수 없다(제3조의2 제9항).

2. 보증금 중 일정액의 보호(최우선변제권)(제8조)

소액임차인이 보증금 중 일정액에 대해서 최우선변제를 받기 위해서는 보증금액이 일정액 이하이어야 하고 그리고 경매신청등기(경매개시결정기입등기) 전까지는 최소한 주택인도 및 주민등록을 마쳐야 한다. 즉, 대항요건을 갖추어야 한다.

(1) 의미

보증금액이 일정액 이하인 소액임차인을 보호하기 위해서 일정한 요건을 갖춘 소액임차인은 보증금 중 일정액을 다른 담보물권자보다 우선해서 변제받을 권리를 인정해 주고 있는데, 이 권리를 보증금 중 일정액의 보호 또는 최우선변제권이라고 한다. 그리고 우선변제권과 동일하게 경매 시에 발생하고 매매나 교환에서는 인정되지 않는다.

(2) 요건

① 보증금액이 다음 금액 이하이어야 한다.

㉠ 서울특별시: 1억 5천만원

㉡ 「수도권정비계획법」에 따른 과밀억제권역(서울특별시는 제외한다), 세종특별자치시, 용인시, 화성시 및 김포시: 1억 3천만원

㉢ 광역시(수도권정비계획법에 따른 과밀억제권역에 포함된 지역과 군지역은 제외한다), 안산시, 광주시, 파주시, 이천시 및 평택시: 7천만원

㉣ 그 밖의 지역: 6천만원

② 위의 금액 중에서 다음 금액 이하에 대해서 최우선적으로 배당을 받는다.

㉠ 서울특별시: 5천만원

㉡ 「수도권정비계획법」에 따른 과밀억제권역(서울특별시는 제외한다), 세종특별자치시, 용인시, 화성시 및 김포시: 4천300만원

㉢ 광역시(수도권정비계획법에 따른 과밀억제권역에 포함된 지역과 군지역은 제외한다), 안산시, 광주시, 파주시, 이천시 및 평택시: 2천300만원

㉣ 그 밖의 지역: 2천만원

③ 위의 금액을 표로 정리하면 다음과 같다.

지역	보증금	보증금 중 일정액
서울특별시	1억 5천만원	5천만원
과밀억제권역	1억 3천만원	4천300만원
광역시, 안산, 광주, 파주, 이천, 평택시	7천만원	2천300만원
그 밖의 지역	6천만원	2천만원

④ 보증금 중 일정액의 범위와 기준은 주택가액(대지의 가액을 포함한다)의 2분의 1을 넘지 못한다.

3. 적중판례

「주택임대차보호법」은 임차인에게 우선변제권이 인정되기 위하여 대항요건과 임대차계약증서상의 확정일자를 갖추는 것 외에 계약 당시 임차보증금이 전액 지급되어 있을 것을 요구하지는 않는다. 따라서 임차인이 임대인에게 임차보증금의 일부만을 지급하고 「주택임대차보호법」 제3조 제1항에서 정한 대항요건과 임대차계약증서상의 확정일자를 갖춘 다음 나머지 보증금을 나중에 지급하였다고 하더라도 특별한 사정이 없는 한 대항요건과 확정일자를 갖춘 때를 기준으로 임차보증금 전액에 대해서 후순위권리자나 그 밖의 채권자보다 우선하여 변제를 받을 권리를 갖는다고 보아야 한다(대판 2017.8.29, 2017다212194).

3 임차권의 승계

1. 총설

법령 체크

제9조 【주택 임차권의 승계】 ① 임차인이 상속인 없이 사망한 경우에는 그 주택에서 가정공동생활을 하던 사실상의 혼인관계에 있는 자가 임차인의 권리와 의무를 승계한다.

② 임차인이 사망한 때에 사망 당시 상속인이 그 주택에서 가정공동생활을 하고 있지 아니한 경우에는 그 주택에서 가정공동생활을 하던 사실상의 혼인관계에 있는 자와 2촌 이내의 친족이 공동으로 임차인의 권리와 의무를 승계한다.

③ 제1항과 제2항의 경우에 임차인이 사망한 후 1개월 이내에 임대인에게 제1항과 제2항에 따른 승계 대상자가 반대의사를 표시한 경우에는 그러하지 아니하다.

④ 제1항과 제2항의 경우에 임대차 관계에서 생긴 채권 · 채무는 임차인의 권리의무를 승계한 자에게 귀속된다.

법률상의 배우자가 아닌 사실상의 배우자는 민법상의 상속권이 인정되지 않는다. 따라서 임차인인 배우자가 사망하더라도 사실상의 배우자는 상속권이 없어 임차권을 승계받을 수 없으므로 사실상 배우자는 주거생활을 보장받지 못하는 문제점이 있었다. 이런 문제점을 조금이나마 보완하기 위해서 민법의 특별법인 「주택임대차보호법」에서는 임차인과 가정공동생활을 함께했던 사실상의 배우자를 보호하기 위한 특례를 두어 일정한 경우에는 사실상의 배우자가 임차권을 승계하도록 하고 있다.

2. 사망한 임차인에게 상속권자가 없는 경우

임차인이 상속권자 없이 사망한 경우에는 보호해 줄 상속권자가 없으므로 그 주택에서 가정공동생활을 함께했던 사실상의 혼인관계에 있는 자가 단독으로 임차인의 권리와 의무를 승계한다(제9조 제1항).

3. 사망한 임차인에게 상속권자가 있는 경우

(1) 임차인의 사망 당시 상속권자가 그 주택에서 가정공동생활을 함께 하지 않았던 경우에는 그 주택에서 가정공동생활을 하던 사실상의 혼인관계에 있는 자와 2촌 이내의 친족이 공동으로 사망한 임차인의 권리와 의무를 승계한다(제9조 제2항).

(2) 임차인의 사망 당시 상속권자가 그 주택에서 가정공동생활을 함께하고 있었던 경우에는 사실상의 혼인관계에 있는 자, 즉 사실상의 배우자는 임차권을 승계하지 못하고 상속권자가 단독으로 사망한 임차인의 권리와 의무를 승계한다.

기출로 포인트 정리

출제예상 OX지문

❶ 임차인의 우선변제권은 대지의 환가대금에도 미친다. (O | X) 28회

대표기출

주택임대차보호법의 내용에 관한 설명으로 옳은 것은? (다툼이 있으면 판례에 따름)

23회

① 최선순위전세권자로서의 지위와 대항력을 갖춘 주택임차인으로서의 지위를 함께 가진 자가 전세권자의 지위에서 경매를 신청한 경우에는 임차권의 대항력을 주장할 수 없다.
② 주택임차인과 전세권자의 지위를 함께 가지는 자가 임차인의 지위에서 경매법원에 배당요구를 하였다면 전세권에 관해서도 함께 배당요구를 한 것으로 보아야 한다.
③ 대항력 있는 주택임차권과 분리하여 보증금반환채권만을 양수한 자도, 임차주택에 대한 경매절차에서 임차보증금 우선변제권자의 지위에서 배당요구를 할 수 있다.
④ 대항요건 및 확정일자를 갖춘 주택임차권자는 임대차 성립 당시 임대인 소유였던 대지가 타인에게 양도되어 임차주택과 대지 소유자가 달라지더라도, 대지의 환가대금에 대해 우선변제권을 행사할 수 있다.
⑤ 주택임차인이 사망한 경우, 그 주택에서 가정공동생활을 하던 사실혼배우자는 항상 상속권자에 우선하여 사망한 임차인의 권리 · 의무를 승계한다.

쉬운 해설

출제예상 OX지문

❶ O 「주택임대차보호법」은 주택뿐만이 아니라 대지에 대해서도 적용되기 때문에 임차인은 대지의 매각대금에 대해서도 최우선변제권과 우선변제권이 인정된다.

대표기출 정답 ④

④ 「주택임대차보호법」은 주택뿐만 아니라 대지에 대해서도 적용되므로 대항요건 및 확정일자를 갖춘 주택임차권자는 임대차 성립 당시 임대인 소유였던 대지가 타인에게 양도되어 임차주택과 대지 소유자가 달라지더라도, 대지의 환가대금에 대해 우선변제권을 행사할 수 있다(대판 2012.7.26, 2012다45689).

① 임차권과 전세권은 별개이므로 최선순위전세권자로서의 지위와 대항력을 갖춘 주택임차인으로서의 지위를 함께 가진 자가 전세권자의 지위에서 경매를 신청한 경우에도 임차권의 대항력을 주장할 수 있다(판례).

② 임차권과 전세권은 별개이므로 주택임차인과 전세권자의 지위를 함께 가지는 자가 임차인의 지위에서 경매법원에 배당요구를 했더라도 전세권에 관해서도 함께 배당요구를 한 것으로 볼 수는 없다.

③ 대항력 있는 주택임차권과 분리하여 보증금반환채권만을 양수한 자는 단지 채권만을 승계했기 때문에 임차주택에 대한 경매절차에서 임차보증금 우선변제권자의 지위에서 배당요구를 할 수 없다. 즉, 우선변제권은 인정되지 않는다.

⑤ 상속권자가 가정공동생활을 함께한 경우에는 상속권자가 단독 승계한다.

출제포인트

088 임차권등기명령

[10개년 출제회차] 25, 26, 29, 31, 32회

시작이 쉬운 길잡이

Q 동철 씨로부터 아파트를 2년간 임차해서 살고 있던 대운 씨는 자녀교육을 위해서 강남의 아파트를 매수해서 이사를 가려고 합니다. 그런데 문제가 생겼습니다. 동철 씨와의 임대차계약이 만료되었지만 동철 씨가 돈이 없어서 보증금을 반환해줄 수 없다고 하는 것입니다. 아무런 조치를 취하지 않고 이사를 가면 불안하기 때문에, 대운 씨는 안전장치를 해 두고 이사를 가려 합니다. 이럴 때 대운 씨는 어떻게 해야 할까요?

A 대운 씨가 아무런 조치를 취하지 않고 이사를 가면 대항력과 우선변제권을 상실하게 됩니다. 따라서 대운 씨는 이사를 가기 전에 법원에 가서 등기를 해야 하는데, 이 제도를 임차권등기명령제도라고 합니다. 이렇게 등기를 하면 대운 씨는 대항력과 우선변제권을 그대로 유지하게 됩니다.

출제포인트의 중요 키워드는 본문에서 꼭 체크하세요 ▸ **임차권등기명령**

1 신청절차

(1) 신청권자

① 임대차가 종료된 후 보증금을 반환받지 못한 임차인은 임차주택의 소재지를 관할하는 지방법원 · 지방법원지원 또는 시 · 군 법원에 임차권등기명령을 신청할 수 있다(제3조의3 제1항). 따라서 임차인은 임대차가 끝나기 전에 주택의 소재지를 관할하는 법원에 임차권등기명령을 신청할 수 없다.

② 금융기관 등은 임차인을 대위하여 임차권등기명령을 신청할 수 있다(제3조의3 제9항).

(2) 상대방

임차인은 임대인 주소지가 아니라 임차주택의 소재지를 관할하는 지방법원 · 지방법원지원 또는 시 · 군 법원에 신청한다(제3조의3 제1항).

(3) 임차인은 임차권등기명령의 신청 및 그에 따른 임차권등기와 관련하여 소요된 비용을 임대인에게 청구할 수 있다(제3조의3 제8항).

(4) 임차권등기명령의 신청을 기각(棄却)하는 결정에 대하여 임차인은 항고(抗告)할 수 있다(제3조의3 제4항).

2 효력

(1) 임차권등기가 경료되면 임차인은 대항력 및 우선변제권을 취득한다. 임차인이 임차권등기 이전에 이미 대항력 또는 우선변제권을 취득한 경우에는 그 대항력과 우선변제권이 그대로 유지되며, 임차권등기 이후에는 대항요건을 상실하더라도 이미 취득한 대항력이나 우선변제권을 상실하지 아니한다(제3조의3 제5항).

→ 이사간 경우

(2) 임차권등기명령의 집행에 따른 임차권등기가 끝난 주택(임대차의 목적이 주택의 일부분인 경우에는 해당 부분으로 한정한다)을 그 이후에 임차한 임차인이 제8조의 소액임차인인 경우에도 제8조에 따른 우선변제를 받을 권리가 없다(제3조의3 제6항).

→ 최우선변제권

(3) 민법 제621조에 따른 주택임대차등기의 효력에 관하여는 제3조의3 제5항 및 제6항을 준용한다(제3조의4). 따라서 주택임대차에 대해서 민법 제621조에 의한 임차권의 등기를 한 경우, 「주택임대차보호법」상의 임차권등기명령에 의한 등기를 한 것과 동일한 효력을 인정하므로 임차인은 대항력과 우선변제권을 취득한다. 그리고 이후에 임차한 임차인은 제8조(소액임차인의 최우선변제권)에 따른 우선변제를 받을 권리가 없다.

(4) 배당요구채권이 아니다. 즉, 임차인이 배당요구하지 않아도 후순위권리자보다 우선변제받을 수 있다.

기출로 포인트 정리

출제예상 OX지문

❶ 임차인은 임대차가 끝나기 전에 주택의 소재지를 관할하는 법원에 임차권등기명령을 신청할 수 있다. (O | X) 29회

대표기출

甲은 乙 소유의 X주택에 관하여 乙과 보증금 3억원으로 하는 임대차계약을 체결하고 2018.3.5. 대항요건과 확정일자를 갖추었다. 丙은 2018.5.6. X주택에 관하여 저당권을 취득하였고, 甲은 2020.3.9. X주택에 임차권등기명령의 집행에 따른 임차권등기를 마쳤다. 이에 관한 설명으로 옳은 것은? (다툼이 있으면 판례에 따름) 31회

① 甲은 임차권등기의 비용을 乙에게 청구할 수 있다.

② 甲이 2020.3.10. 다른 곳으로 이사한 경우, 대항력을 잃는다.

③ 乙의 임차보증금반환의무와 甲의 임차권등기말소의무는 동시이행의 관계에 있다.

④ 경매가 2020.6.9. 개시되어 X주택이 매각된 경우, 甲이 배당요구를 하지 않으면 丙보다 우선변제를 받을 수 없다.

⑤ 만약 2020.4.5. 丁이 X주택을 보증금 2억원에 임차하여 대항요건을 갖춘 다음 X주택이 경매된 경우, 丁은 매각대금에서 丙보다 우선변제를 받을 수 있다.

출제예상 OX지문

❶ X 임대차가 종료한 후에만 임차권등기명령을 신청할 수 있다(제3조의3 제1항).

대표기출 정답 ①

① 임대차종료 후에도 임대인이 보증금을 반환해주지 않아서 임차인이 등기를 한 것이기 때문에 임차인 甲은 임차권등기의 비용을 임대인 乙에게 청구할 수 있다.

② 임차권등기명령에 의해서 등기를 하고 이사를 가면 기존의 대항력은 그대로 유지된다. 따라서 甲이 2020.3.10. 다른 곳으로 이사한 경우에도 대항력은 유지된다.

③ 임대인이 보증금을 반환해주지 않아서 임차인이 등기를 한 것이기 때문에 임차인을 보호하기 위해서 동시이행관계가 아니라 임대인 乙의 임차보증금반환의무가 선이행의무이다.

④ 임차권등기명령에 의해서 등기가 된 경우에는 배당요구채권이 아니기 때문에 임차인 甲이 배당요구를 하지 않더라도 우선변제를 받을 수 있다.

⑤ 소액임차인의 보증금 중 일정액보호, 즉 최우선변제권은 서울특별시는 보증금이 1억 5천만원 이하인 경우에 인정된다. 따라서 보증금 2억원이면 최우선변제권이 인정되지 않는다. 설사, 보증금이 1억 5천만원인 경우에도 임차권등기명령에 의한 등기 이후에 임차했기 때문에 최우선변제권은 인정되지 않는다.

CHAPTER

02

상가건물 임대차보호법

출 제 포 인 트

089 상가건물 임대차보호법의 적용범위

[10개년 출제회차] 27, 28, 32, 33회

시작이 쉬운 길잡이

Q

카페를 운영하고 싶었던 대운 씨는 서울 소재에 있는 산하 씨 소유의 상가를 보증금 5억원, 차임 500만원에 계약했습니다. 과연 대운 씨는 「상가건물 임대차보호법」에 의해서 보호받을 수 있을까요?

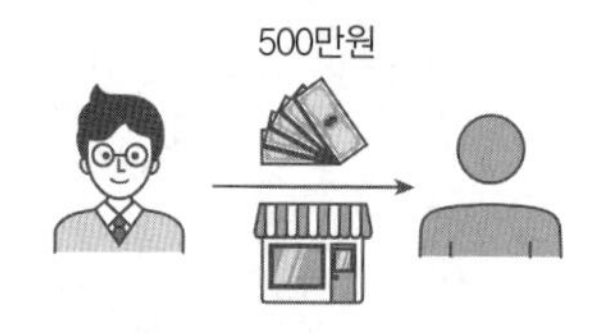

A

「상가건물 임대차보호법」이 적용되기 위해서는 환산보증금액이 일정액 이하여야 합니다. 서울특별시는 9억원 이하인 경우에 적용되는데 환산보증금이 10억원[보증금 5억원 + (차임 500만원×100)]이기 때문에 대운 씨는 「상가건물 임대차보호법」에 의해서 보호받지 못합니다.

출제포인트의 중요 키워드는 본문에서 꼭 체크하세요 ▸ **환산보증금액**

법령 체크

제2조 【적용범위】 ① 이 법은 상가건물(제3조 제1항에 따른 사업자등록의 대상이 되는 건물을 말한다)의 임대차(임대차 목적물의 주된 부분을 영업용으로 사용하는 경우를 포함한다)에 대하여 적용한다. 다만, 대통령령으로 정하는 보증금액을 초과하는 임대차에 대하여는 그러하지 아니하다.

「상가건물 임대차보호법」은 모든 상가건물 임대차에 대해서 적용되는 것은 아니고 환산보증금액이 일정액 이하인 사업자등록 대상이 되는 상가건물의 임대차에 대해서만 적용된다. 따라서 사업자등록의 대상이 되지 않는 건물에 대해서는 이 법이 적용되지 않는다. 여기서 환산보증금이란 월차임이 있으면 보증금으로 환산을 해야 한다는 의미이다. 예컨대, 보증금 1억원, 월차임 100만원인 경우에 환산보증금액은 '1억원 + 100만원 × 100 = 2억원'이 된다.

1. 보증금액이 일정액 이하이어야 한다.

(1) 보증금

환산보증금액이 일정액 이하인 경우에 적용된다. 그 금액은 다음과 같다.

① 서울특별시: 9억원

② 「수도권정비계획법」에 따른 과밀억제권역(서울특별시는 제외한다) 및 부산광역시: 6억 9천만원

③ 광역시(수도권정비계획법에 따른 과밀억제권역에 포함된 지역과 군지역, 부산광역시는 제외한다), 세종특별자치시, 파주시, 화성시, 안산시, 용인시, 김포시 및 광주시: 5억 4천만원

④ 그 밖의 지역: 3억 7천만원

(2) 초과 시에도 적용되는 예외 암기코드 | 차인표가 대계가게를 권리금 3천에 인수했다.

다만, 제3조(대항력), 제10조 제1항(계약갱신요구권), 제2항(최초임대차기간을 포함해서 10년), 제3항 본문(갱신의 효과는 전 임대차와 동일한 조건), 제10조의2(보증금, 차임증감청구권), 제10조의3~제10조의7(권리금보호), 제10조의8(3기 차임연체 시 해지), 제11조의2(집합 제한 또는 금지 3월), 제10조의6(표준권리금계약서) 및 제19조(표준계약서의 작성) 규정은 환산보증금액을 초과하는 임대차에 대하여도 적용된다.

법령 체크

제10조의2【계약갱신의 특례】 제2조 제1항 단서에 따른 보증금액을 초과하는 임대차의 계약갱신의 경우에는 당사자는 상가건물에 관한 조세, 공과금, 주변 상가건물의 차임 및 보증금, 그 밖의 부담이나 경제사정의 변동 등을 고려하여 차임과 보증금의 증감을 청구할 수 있다.

제11조의2【폐업으로 인한 임차인의 해지권】 ① 임차인은 「감염병의 예방 및 관리에 관한 법률」 제49조 제1항 제2호에 따른 집합 제한 또는 금지 조치(같은 항 제2호의2에 따라 운영시간을 제한한 조치를 포함한다)를 총 3개월 이상 받음으로써 발생한 경제사정의 중대한 변동으로 폐업한 경우에는 임대차계약을 해지할 수 있다.
② 제1항에 따른 해지는 임대인이 계약해지의 통고를 받은 날부터 3개월이 지나면 효력이 발생한다.

(3) 초과 시에 계약갱신요구권이 인정되지 않는 경우

환산보증금이 일정액을 초과하고 기간의 정함이 없는 임대차에서는 임차인에게 계약갱신요구권은 인정되지 않는다(대판 2021.12.30, 2021다233730).

2. 상가건물이어야 한다.

「상가건물 임대차보호법」이 적용되는 상가건물 임대차는 사업자등록 대상이 되는 건물로서 임대차 목적물인 건물을 영리를 목적으로 하는 영업용으로 사용하는 임대차를 가리킨다. 그리고 「상가건물 임대차보호법」이 적용되는 상가건물에 해당하는지는 공부상 표시가 아닌 건물의 현황·용도 등에 비추어 영업용으로 사용하느냐에 따라 실질적으로 판단하여야 하고, 단순히 상품의 보관·제조·가공 등 사실행위만이 이루어지는 공장·창고 등은 영업용으로 사용하는 경우라고 할 수 없으나 그곳에서 그러한 사실행위와 더불어 영리를 목적으로 하는 활동이 함께 이루어진다면 「상가건물 임대차보호법」 적용대상인 상가건물에 해당한다(대판 2011.7.28, 2009다40967).

3. 일시사용을 위한 임대차

일시사용을 위한 임대차임이 명백한 경우에는 적용하지 아니한다(제16조).

4. 미등기전세에 대해서는 적용된다.

목적 건물을 등기하지 아니한 전세계약에 관하여 이 법을 준용한다. 이 경우 '전세금'은 '임대차의 보증금'으로 본다(제17조).

기출로 포인트 정리

대표기출

甲이 2020.2.10. 乙 소유의 X상가건물을 乙로부터 보증금 10억원에 임차하여 상가건물 임대차보호법상의 대항요건을 갖추고 영업하고 있다. 다음 설명 중 틀린 것은?

28회 변형

① 甲의 계약갱신요구권은 최초의 임대차기간을 포함한 전체 임대차기간이 10년을 초과하지 아니하는 범위에서만 행사할 수 있다.

② 甲과 乙 사이에 임대차기간을 6개월로 정한 경우, 乙은 그 기간이 유효함을 주장할 수 있다.

③ 甲의 계약갱신요구권에 따라 갱신되는 임대차는 전 임대차와 동일한 조건으로 다시 계약된 것으로 본다.

④ 임대차 종료 후 보증금이 반환되지 않은 경우, 甲은 X건물의 소재지 관할 법원에 임차권등기명령을 신청할 수 없다.

⑤ X건물이 경매로 매각된 경우, 甲은 특별한 사정이 없는 한 보증금에 대해 일반채권자보다 우선하여 변제받을 수 있다.

쉬운 해설

대표기출 정답 ⑤

⑤ 환산보증금액이 일정액 이하인 경우 「상가건물 임대차보호법」이 적용되는데 보증금 10억원이면 일정액을 초과했으므로 「상가건물 임대차보호법」은 적용되지 않고 보증금반환청구권은 채권에 불과하므로 우선변제권이 인정되지 않는다. 따라서 X건물이 경매로 매각된 경우, 임차인 甲은 특별한 사정이 없는 한 보증금에 대해 일반채권자보다 우선하여 변제받을 수 없다.

① 환산보증금이 일정액을 초과한 경우에도 계약갱신요구권은 인정된다.

② 「상가건물 임대차보호법」은 적용되지 않기 때문에 임차인만 6개월을 주장하는 것이 아니라 임대인 乙도 그 기간이 유효함을 주장할 수 있다.

③ 환산보증금이 일정액을 초과한 경우에도 계약갱신요구권은 인정되고 임차인 甲의 계약갱신요구권에 따라 갱신되는 임대차는 전 임대차와 동일한 조건으로 다시 계약된 것으로 본다.

④ 환산보증금이 일정액을 초과한 경우에는 임차권등기명령제도가 적용되지 않는다. 따라서 임차인 甲은 X건물의 소재지 관할 법원에 임차권등기명령을 신청할 수 없다.

출 제 포 인 트

090 존속기간

[10개년 출제회차] 25, 27, 30, 32회

시작이 쉬운 길잡이

Q 대운 씨는 상가건물을 소유한 동철 씨와 임대차계약을 2년으로 체결했습니다. 가게가 생각보다 더 잘 되자, 대운 씨는 계약기간을 갱신하고 싶어하지만 동철 씨는 갱신할 마음이 없습니다. 여러분, 대운 씨가 일방적으로 계약을 갱신할 수 있는 방법이 있을까요?

A 「상가건물 임대차보호법」에 의하면 임차인의 경제생활을 보장하기 위해서 일정한 요건하에서 계약갱신요구권을 인정하고 있습니다. 따라서 대운 씨는 계약갱신요구권을 행사하면 됩니다.

❗ 출제포인트의 중요 키워드는 본문에서 꼭 체크하세요 ▸ 존속기간, 계약갱신요구권

1 존속기간의 보장

법령 체크

제9조 【임대차기간 등】 ① 기간을 정하지 아니하거나 기간을 1년 미만으로 정한 임대차는 그 기간을 1년으로 본다. 다만, 임차인은 1년 미만으로 정한 기간이 유효함을 주장할 수 있다.
② 임대차가 종료한 경우에도 임차인이 보증금을 돌려받을 때까지는 임대차관계는 존속하는 것으로 본다.

1. 최단존속기간의 보장

기간을 정하지 아니하거나 1년 미만으로 정한 임대차는 그 기간을 1년으로 본다. 다만, 임차인은 1년 미만으로 정한 기간이 유효함을 주장할 수 있다. 예컨대, 甲 소유 상가건물에 대해서 乙과 임대차계약을 체결한 경우, 존속기간을 정하지 않았다면 그 기간은 1년으로 본다. 그리고 만약 존속기간을 6월로 약정했다면 임차인은 1년을 주장할 수 있고 또는 6월을 주장할 수도 있다. 주의할 점은 임대인은 6월을 주장하지는 못하고 1년에 구속된다는 점이다.

2. 임대차 존속의 의제

일반적으로 임대차기간이 끝나면 임대차관계도 종료한다. 그러나 보증금을 반환받지 못한 임차인을 보호하기 위해서 임대차기간이 끝난 경우에도 임차인이 보증금을 반환받을 때까지는 임대차관계가 존속되는 것으로 본다.

2 계약갱신요구권

법령 체크

제10조【계약갱신 요구 등】 ① 임대인은 임차인이 임대차기간이 만료되기 6개월 전부터 1개월 전까지 사이에 계약갱신을 요구할 경우 정당한 사유 없이 거절하지 못한다. 다만, 다음 각 호의 어느 하나의 경우에는 그러하지 아니하다.

1. 임차인이 3기의 차임액에 해당하는 금액에 이르도록 차임을 연체한 사실이 있는 경우
2. 임차인이 거짓이나 그 밖의 부정한 방법으로 임차한 경우
3. 서로 합의하여 임대인이 임차인에게 상당한 보상을 제공한 경우
4. 임차인이 임대인의 동의 없이 목적 건물의 전부 또는 일부를 전대(轉貸)한 경우
5. 임차인이 임차한 건물의 전부 또는 일부를 고의나 중대한 과실로 파손한 경우
6. 임차한 건물의 전부 또는 일부가 멸실되어 임대차의 목적을 달성하지 못할 경우
7. 임대인이 다음 각 목의 어느 하나에 해당하는 사유로 목적 건물의 전부 또는 대부분을 철거하거나 재건축하기 위하여 목적 건물의 점유를 회복할 필요가 있는 경우
   가. 임대차계약체결 당시 공사시기 및 소요기간 등을 포함한 철거 또는 재건축계획을 임차인에게 구체적으로 고지하고 그 계획에 따르는 경우
   나. 건물이 노후 · 훼손 또는 일부 멸실되는 등 안전사고의 우려가 있는 경우
   다. 다른 법령에 따라 철거 또는 재건축이 이루어지는 경우
8. 그 밖에 임차인이 임차인으로서의 의무를 현저히 위반하거나 임대차를 계속하기 어려운 중대한 사유가 있는 경우

② 임차인의 계약갱신요구권은 최초의 임대차기간을 포함한 전체 임대차기간이 10년을 초과하지 아니하는 범위에서만 행사할 수 있다.

③ 갱신되는 임대차는 전 임대차와 동일한 조건으로 다시 계약된 것으로 본다. 다만, 차임과 보증금은 제11조에 따른 범위에서 증감할 수 있다.

(1) 상가건물임차인의 경제생활을 보호하기 위해서 일정한 요건하에서 임차인은 임대인에게 계약갱신을 청구할 수 있고 임대인은 정당한 이유가 없으면 거절하지 못한다. 따라서 정당한 이유가 있으면 임대인은 임차인의 갱신요구에 대해서 거절할 수 있다.

(2) 임차인이 임대차기간이 만료되기 6개월 전부터 1개월 전까지 사이에 계약갱신을 요구해야 한다. 따라서 이 기간이 지나면 더 이상 갱신요구를 하지 못한다.

(3) 임차인이 3기의 차임을 연체한 경우에는 보호가치가 없으므로 임대인은 임차인의 갱신요구에 대해서 거절할 수 있다. → 임대차기간 중 어느 때라도 차임이 3기분에 달하도록 연체된 사실이 있는 경우 포함

(4) 임차인이 임대인의 동의 없이 목적 건물의 전부 또는 일부를 전대(轉貸)했다면 임대인에 대한 관계에서 임차인이 배신행위를 한 것이므로 더 이상 보호가치가 없다. 따라서 임대인은 임차인의 갱신요구에 대해서 거절할 수 있다.

(5) 임차인이 임차한 건물의 전부 또는 일부를 고의나 중대한 과실로 파손한 경우에는 더 이상 보호가치가 없으므로 임대인은 임차인의 갱신요구에 대해서 거절할 수 있다. 주의할 점은

임차인에게 고의 또는 중대한 과실이 있어야 하므로 만약 임차인에게 경과실만 있다면 임대인은 거절하지 못한다.

(6) 아무런 제한 없이 임차인의 계약갱신요구권이 인정된다면 임대인의 재산권 행사에 대한 과도한 제한이 되어 임대인에게 너무나 가혹하므로 최초의 임대차기간을 포함한 전체 임대차기간이 10년을 초과하지 아니하는 범위에서만 행사할 수 있다.

(7) 임차인의 계약갱신요구권에 의해서 갱신되는 임대차는 전 임대차와 동일한 조건으로 다시 계약된 것으로 본다. 다만, 차임과 보증금은 증감을 청구할 수 있는데 증액을 청구하는 경우에는 다음과 같은 제한을 받는다.

① 차임이나 보증금(이하 차임 등이라고 한다)의 증액청구는 약정한 차임 등의 100분의 5의 금액을 초과하지 못한다. 즉, 연 5%의 제한을 받는다.

② 차임 등의 증액청구는 임대차계약 또는 약정한 차임 등의 증액이 있은 후 1년 이내에는 하지 못한다.

(8) 임차인의 계약갱신요구권과 법정갱신은 그 취지와 내용을 달리하는 것이므로 임차인의 갱신요구권에 관하여 전체 임대차기간을 10년으로 제한하는 제10조 제2항의 규정은 같은 조 제4항에서 정하는 법정갱신에 대하여는 적용되지 아니한다(대판 2010.6.10, 2009다64307).

(9) 전차인의 계약갱신요구권

법령 체크

제13조【전대차관계에 대한 적용 등】 ① 제10조, 제10조의2, 제10조의8, 제10조의9(제10조 및 제10조의8에 관한 부분으로 한정한다), 제11조 및 제12조는 전대인(轉貸人)과 전차인(轉借人)의 전대차관계에 적용한다.
② 임대인의 동의를 받고 전대차계약을 체결한 전차인은 임차인의 계약갱신요구권 행사기간 이내에 임차인을 대위하여 임대인에게 계약갱신요구권을 행사할 수 있다.

① 상가건물은 다시 전대하는 경우가 빈번하게 발생하므로 전차인을 보호하기 위해서 계약갱신요구권, 차임 등 증감청구권, 차임연체와 해지, 보증금의 월차임 전환 시의 산정률의 제한규정은 전차인에게도 적용된다.

② 임대인의 동의를 받고 전대차계약을 체결한 전차인은 임차인의 계약갱신요구권 행사기간 이내에 임차인을 대위하여 임대인에게 계약갱신요구권을 행사할 수 있다. 주의할 점은 임차인이 행사할 수 있는 기간범위 내에서만 가능하다. 따라서 임차인이 요구할 수 있는 기간이 3년이라면 전차인도 3년의 범위 내에서만 행사할 수 있다.

(10) 계약갱신요구권의 10년 규정은 시행 후(2018.10.16. 이후) 최초로 체결되거나 갱신되는 임대차부터 적용한다.

3 법정갱신 → 묵시적 갱신

1. 요건

임대인이 임대차기간이 만료되기 6개월 전부터 1개월 전까지 사이에 임차인에게 갱신 거절의 통지 또는 조건 변경의 통지를 하지 아니한 경우이다.

2. 효과

전 임대차와 동일한 조건으로 다시 임대차한 것으로 보되, 존속기간은 전 임대차와 동일한 기간이 아니라 1년으로 본다. 다만, 언제나 임차인이 1년에 구속된다면 오히려 임차인에게 불리할 수 있으므로 묵시적 갱신된 경우에도 임차인은 언제든지 임대인에게 계약해지를 통지할 수 있다. 이 경우 임대인이 그 통지를 받은 날부터 3개월이 지나면 임대차는 해지된다. 그러나 임대인은 1년에 구속되므로 임대인이 임차인에게 계약해지를 통지할 수는 없다.

기출로 **포인트 정리**

출제예상 OX지문

❶ 임차인은 임대인에게 계약갱신을 요구할 수 있으나 전체 임대차기간이 7년을 초과해서는 안 된다. (O | X) 30회

대표기출

상가건물 임대차보호법의 내용으로 옳은 것은? 27회

① 임차인이 대항력을 갖추기 위해서는 임대차계약서상의 확정일자를 받아야 한다.
② 사업자등록의 대상이 되지 않는 건물에 대해서는 위 법이 적용되지 않는다.
③ 기간을 정하지 아니하거나 기간을 2년 미만으로 정한 임대차는 그 기간을 2년으로 본다.
④ 전차인의 차임연체액이 2기의 차임액에 달하는 경우, 전대인은 전대차계약을 해지할 수 있다.
⑤ 권리금회수의 방해로 인한 임차인의 임대인에 대한 손해배상청구권은 그 방해가 있은 날로부터 3년 이내에 행사하지 않으면 시효의 완성으로 소멸한다.

쉬운 해설

출제예상 OX지문

❶ X 임차인의 계약갱신요구권은 최초 임대차기간을 포함해서 10년을 초과할 수 없다(제10조 제2항).

대표기출 정답 ②

② 「상가건물 임대차보호법」은 환산보증금액이 일정액 이하인 사업자등록 대상이 되는 상가건물에 대해서만 적용된다. 따라서 사업자등록의 대상이 되지 않는 건물에 대해서는 「상가건물 임대차보호법」이 적용되지 않는다.
① 확정일자는 우선변제를 받기 위한 요건이지 대항요건은 아니다.
③ 「상가건물 임대차보호법」에 의하면 기간을 정하지 아니하거나 기간을 1년 미만으로 정한 임대차는 그 기간을 1년으로 본다.
④ 전차인의 차임연체액이 3기의 차임액에 달하는 경우, 전대인은 전대차계약을 해지할 수 있다.
⑤ 권리금회수의 방해로 인한 임차인의 임대인에 대한 손해배상청구권은 그 방해가 있은 날로부터가 아니라 임대차가 종료한 날로부터 3년 이내에 행사하지 않으면 시효의 완성으로 소멸한다.

출제포인트

091 대항력

[10개년 출제회차] 25, 27, 31, 32, 33회

시작이 쉬운 길잡이

Q

부자 씨로부터 상가건물을 2년간 임차한 대운 씨는 열심히 가게를 운영하고 있습니다. 그런데 계약기간 중에 부자 씨가 동철 씨에게 상가건물을 팔았고, 동철 씨가 대운 씨에게 가게를 비워달라고 요구하고 있습니다. 여러분, 대운 씨는 이사를 가지 않고 남은 기간 동안 가게에서 영업을 할 수 있을까요?

A

「상가건물 임대차보호법」에 의하면, 임차인이 건물인도와 사업자등록을 신청하면 다음 날부터 대항력을 취득한다고 합니다. 따라서 대운 씨가 위의 요건을 갖추고 영업을 하고 있었다면 대운 씨는 남은 기간 동안 그 가게에서 영업을 하겠다고 동철 씨에게 주장할 수 있는 권리가 있는데, 이 힘을 대항력이라고 합니다.

! 출제포인트의 중요 키워드는 본문에서 꼭 체크하세요 ▸ **대항력, 사업자등록**

법령 체크

제3조【대항력 등】 ① 임대차는 그 등기가 없는 경우에도 임차인이 건물의 인도와 「부가가치세법」 제8조, 「소득세법」 제168조 또는 「법인세법」 제111조에 따른 사업자등록을 신청하면 그 다음 날부터 제3자에 대하여 효력이 생긴다.

② 임차건물의 양수인(그 밖에 임대할 권리를 승계한 자를 포함한다)은 임대인의 지위를 승계한 것으로 본다.

1 대항요건 ── 건물인도와 사업자등록 신청

(1) 임차인이 대항력을 취득하기 위해서는 일단 임대인과 임차인 사이에 유효한 임대차계약이 성립해야 한다.

(2) 임차인이 대항요건을 갖추어야 하는데 임차인이 건물인도와 사업자등록을 신청하면 그 다음 날(0시)부터 대항력을 취득한다. 여기서 주의할 점은 사업자등록증을 교부받은 다음 날이 아니라 사업자등록을 신청한 다음 날이라는 점이다.

(3) 임차인이 건물인도와 사업자등록 신청이라는 대항요건을 갖춘 경우, 언제나 대항력을 취득하는 것은 아니고 후순위권리자 및 기타 채권자에 대한 관계에서만 대항력을 취득한다. 따라서 대항요건을 충족했더라도 선순위권리자가 있다면 임차인에게 대항력은 인정되지 않는다.

(4) 사업자등록

① 상가건물의 임차인이 임대차보증금 반환채권에 대하여 「상가건물 임대차보호법」 제3조 제1항 소정의 대항력 또는 같은 법 제5조 제2항 소정의 우선변제권을 가지려면 임대차의 목적인 상가건물의 인도 및 「부가가치세법」 등에 의한 사업자등록을 구비하고, 관할 세무서장으로부터 확정일자를 받아야 하며, 그중 사업자등록은 대항력 또는 우선변제권의 취득요건일 뿐만 아니라 존속요건이기도 하므로, 배당요구의 종기까지 존속하고 있어야 한다(대판 2006.1.13, 2005다64002).

② 「부가가치세법」 제5조 제4항 · 제5항의 규정 취지에 비추어 보면, 상가건물을 임차하고 사업자등록을 마친 사업자가 임차 건물의 전대차 등으로 당해 사업을 개시하지 않거나 사실상 폐업한 경우에는 그 사업자등록은 「부가가치세법」 및 「상가건물 임대차보호법」이 상가임대차의 공시방법으로 요구하는 적법한 사업자등록이라고 볼 수 없고, 이 경우 임차인이 「상가건물 임대차보호법」상의 대항력 및 우선변제권을 유지하기 위해서는 건물을 직접 점유하면서 사업을 운영하는 전차인이 그 명의로 사업자등록을 하여야 한다(대판 2006.1.13, 2005다64002). 즉, 「주택임대차보호법」에서 점유매개관계에 의해서 임차인이 간접점유하는 경우에는 직접점유자 명의로 주민등록이 되어야 임차인이 대항력을 취득하는 것처럼 「상가건물 임대차보호법」에서도 동일하게 직접점유자 명의로 사업자등록을 해야 임차인이 대항력을 취득한다.

2 적중판례

(1) 상가건물의 임차인이 제3자에 대한 대항력을 취득한 다음 임차건물의 양도 등으로 소유자가 변동된 경우에는 양수인 등 새로운 소유자(이하 '양수인'이라 한다)가 임대인의 지위를 당연히 승계한다는 의미이다. 소유권 변동의 원인이 매매 등 법률행위든 상속 · 경매 등 법률의 규정이든 상관없이 이 규정이 적용된다. 따라서 임대를 한 상가건물을 여러 사람이 공유하고 있다가 이를 분할하기 위한 경매절차에서 건물의 소유자가 바뀐 경우에도 양수인이 임대인의 지위를 승계한다(대판 2017.3.22, 2016다218874).

(2) 임차건물의 양수인이 임대인의 지위를 승계하면, 양수인은 임차인에게 보증금반환의무를 부담하고 임차인은 양수인에게 차임지급의무를 부담한다. 그러나 임차건물의 소유권이 이전되기 전에 이미 발생한 연체차임이나 관리비 등은 별도의 채권양도절차가 없는 한 원칙적으로 양수인에게 이전되지 않는다(대판 2017.3.22, 2016다218874).

기출로 **포인트 정리**

출제예상 OX지문

❶ 임차인이 상가건물을 인도받고 「부가가치세법」 등에 의한 사업자등록을 신청하면 사업자등록이 교부된 다음 날부터 제3자에 대한 대항력이 생긴다. (O | X) 21회

대표기출

乙은 甲 소유의 X상가건물을 甲으로부터 임차하고 인도 및 사업자등록을 마쳤다. 乙의 임대차가 제3자에 대하여 효력이 있는 경우를 모두 고른 것은? (다툼이 있으면 판례에 따름) 31회

> ㉠ 乙이 폐업한 경우
> ㉡ 乙이 폐업신고를 한 후에 다시 같은 상호 및 등록번호로 사업자등록을 한 경우
> ㉢ 丙이 乙로부터 X건물을 적법하게 전차하여 직접 점유하면서 丙 명의로 사업자등록을 하고 사업을 운영하는 경우

① ㉠
② ㉢
③ ㉠, ㉡
④ ㉡, ㉢
⑤ ㉠, ㉡, ㉢

출제예상 OX지문

❶ X 임차인이 상가건물을 인도받고 「부가가치세법」 등에 의한 사업자등록을 신청하면 다음 날부터 제3자에 대한 대항력이 생긴다. 즉, 사업자등록이 교부될 필요는 없다.

대표기출 정답 ②, ④(복수정답)

㉡ 乙이 폐업신고를 한 경우에는 대항력이 없지만 후에 다시 같은 상호 및 등록번호로 사업자등록을 한 경우에는 새로운 대항력을 취득한다.

⇨ 본 지문은 이의신청을 통해 사업자등록을 한 때로부터 제3자에 대하여 새로운 대항력이 생길 수 있다는 점을 고려하여 복수정답으로 처리되었다.

㉢ 전대를 한 경우에는 전차인 명의로 사업자등록을 한 경우에 임차인이 대항력을 취득한다.

㉠ 사업자등록은 대항력의 취득요건일 뿐만 아니라 존속요건이다. 따라서 임차인 乙이 폐업한 경우에는 사업자등록이 존재하지 않기 때문에 대항력이 인정되지 않는다.

출제포인트

092 보증금의 회수 등

[10개년 출제회차] 25, 33회

시작이 쉬운 길잡이

Q 대운 씨는 동철 씨 소유의 상가건물을 계약기간 2년, 차임 200만원에 합의하여 영업을 하고 있습니다. 그런데 1년 후에 동철 씨가 차임을 300만원으로 올려달라고 요구하였습니다. 여러분, 대운 씨는 300만원으로 올려줘야 할까요?

A 「상가건물 임대차보호법」에 의하면 차임을 증액하는 경우에는 임차인을 보호하기 위해서 계약한 날로부터 1년 이내에는 증액을 하지 못하고, 5% 이상 증액을 할 수 없다고 합니다. 따라서 대운 씨는 200만원에 대한 5%(10만원) 범위에서 차임을 인상해주면 됩니다.

출제포인트의 중요 키워드는 본문에서 꼭 체크하세요 ▸ 차임 등의 증액청구, 우선변제권, 최우선변제권

1 차임, 보증금의 증감청구 및 보증금의 월차임 전환 시 제한

1. 차임, 보증금의 증감청구권

(1) 만약 임대인이 아무런 제한 없이 임대차 존속 중에 차임이나 보증금액의 증액을 청구할 수 있다면 임차인의 경제생활이 보장되지 않으므로, 임차인을 보호하기 위해서 일정한 제한을 두고 있다. 단, 감액은 임차인에게 유리하므로 제한이 없다.

(2) 증액의 제한

① 차임 등의 증액청구는 약정한 차임 등의 100분의 5의 금액을 초과하지 못한다. 즉, 연 5%의 제한을 받는다.

② 차임 등의 증액청구는 임대차계약 또는 약정한 차임 등의 증액이 있은 후 1년 이내에는 하지 못한다.

2. 보증금의 월차임 전환 시 산정률의 제한

법령 체크

제12조 【월차임 전환 시 산정률의 제한】 보증금의 전부 또는 일부를 월 단위의 차임으로 전환하는 경우에는 그 전환되는 금액에 다음 각 호 중 낮은 비율을 곱한 월차임의 범위를 초과할 수 없다.

1. 「은행법」에 따른 은행의 대출금리 및 해당 지역의 경제 여건 등을 고려하여 대통령령으로 정하는 비율 (→ 1할 2푼)
2. 한국은행에서 공시한 기준금리에 대통령령으로 정하는 배수를 곱한 비율 (→ 4.5배)

(1) 예컨대, 보증금 1억원을 월차임으로 전환하는 경우에는 '1억원×일정비율'인데 일정비율은 1할 2푼(12%)과 '기준금리(3%)×4.5배 = 13.5%' 중 낮은 비율에 의하므로 12%이다. 따라서 1억원×12%(0.12) = 12,000,000원이므로, 이를 12개월로 나누면 월 1,000,000원이 된다. 즉, 1억원을 월차임으로 전환하는 경우 월 1,000,000원을 초과할 수 없다.

(2) 「주택임대차보호법」에는 제한을 초과해서 지급한 경우에는 초과부분에 대해서 부당이득반환청구권을 행사할 수 있다는 규정이 있는데 「상가건물 임대차보호법」에는 규정이 없다. 다만, 판례에 의해서 부당이득반환청구권이 인정되고 있다(대판 2014.4.30, 2013다35115).

2 보증금의 회수

1. 우선변제권

(1) 우선변제요건 → 대항요건과 확정일자

① 임차인이 우선변제권을 취득하기 위해서는 최소한 우선변제요건을 갖추어야 하는데 임차인이 건물의 인도와 사업자등록신청, 임대차계약서상에 확정일자를 갖추어야 한다. 이 요건을 갖추면 임차인은 우선변제권을 취득한다.

② 여기서 주의할 점은 우선변제요건을 충족했다고 해서 언제나 우선변제권을 취득하는 것은 아니다. 즉, 누구에 대해서나 우선변제권을 취득하는 것은 아니고 후순위권리자 기타 채권자에 대해서 우선해서 변제받는다는 것이다. 따라서 임차인이 우선변제요건을 충족했을지라도 선순위권리자가 있다면 선순위권리자에 대해서는 우선하지 못한다.

(2) 우선변제권은 언제 취득할까?

정답 | ① 건물의 인도와 사업자등록신청이라는 대항요건을 갖추고 이후에 그 계약서상에 확정일자를 받은 경우에는 확정일자를 받은 날 우선변제권을 취득한다.

② 우선변제권이 인정되기 위해서는 그 전제요건으로서 최소한 건물의 인도와 사업자등록신청이라는 요건이 충족되어야 하고 그 계약서상에 확정일자를 받아야 한다. 그리고 우선변제권은 임차주택의 경매 시에 발생하는 것이다. 따라서 경매가 아닌 상가건물의 매매, 교환 등으로 소유자가 변경된 경우에는 대항력의 문제만 발생하고 우선변제권은 발생하지 않는다. 즉, 임차한 상가건물 매매 시에 그 매매대금으로부터 임차인이 우선변제권을 행사할 수는 없다.

(3) 임차한 상가건물경매대금뿐만 아니라 대지경매대금에 대해서도 우선변제권이 인정된다(제5조 제2항).

2. 보증금 중 일정액의 보호(최우선변제권)(제14조)

소액임차인이 보증금 중 일정액에 대해서 최우선변제를 받기 위해서는 보증금액이 일정액 이하이어야 하고 경매신청등기(경매개시결정기입등기) 전까지는 최소한 건물인도와 사업자등록을 마쳐야 한다. 즉, 대항요건은 충족해야 한다.

(1) 의미

환산보증금액이 일정액 이하인 소액임차인을 보호하기 위해서 일정한 요건을 갖춘 소액임차인은 보증금 중 일정액을 다른 담보물권자보다 우선해서 변제받을 권리를 인정해 주고 있는데, 이 권리를 보증금 중 일정액의 보호 또는 최우선변제권이라고 한다. 최우선변제권은 우선변제권과 동일하게 경매 시에 발생하고 매매나 교환에서는 인정되지 않는다.

(2) 요건

① 환산보증금액이 다음 금액 이하이어야 한다.

㉠ 서울특별시: 6천5백만원

㉡ 「수도권정비계획법」에 따른 과밀억제권역(서울특별시는 제외한다): 5천5백만원

㉢ 광역시(수도권정비계획법에 따른 과밀억제권역에 포함된 지역과 군지역은 제외한다), 안산시, 용인시, 김포시 및 광주시: 3천8백만원

㉣ 그 밖의 지역: 3천만원

② 위의 금액 중에서 다음 금액 이하에 대해서 최우선적으로 배당을 받는다.

㉠ 서울특별시: 2천2백만원

㉡ 「수도권정비계획법」에 따른 과밀억제권역(서울특별시는 제외한다): 1천9백만원

㉢ 광역시(수도권정비계획법에 따른 과밀억제권역에 포함된 지역과 군지역은 제외한다), 안산시, 용인시, 김포시 및 광주시: 1천3백만원

㉣ 그 밖의 지역: 1천만원

③ 위의 금액을 표로 정리하면 다음과 같다.

지역	보증금	보증금 중 일정액
서울특별시	6천5백만원	2천2백만원
과밀억제권역	5천5백만원	1천9백만원
광역시, 안산시, 용인시, 김포시, 광주시	3천8백만원	1천3백만원
그 밖의 지역	3천만원	1천만원

④ 소액임차인은 경매신청등기(경매개시결정기입등기) 전까지는 최소한 건물인도와 사업자등록 신청을 마쳐야 한다. 즉, 대항요건을 충족해야 한다. 그리고 확정일자는 요건이 아니지만 보증금 중 일정액에 대해서 최우선변제를 받고 나머지 보증금액에 대해서는 순위에 따라 배당을 받으므로 확정일자를 받아두는 것이 임차인에게 유리하다.

⑤ 임차인의 보증금 중 일정액이 상가건물의 가액의 2분의 1을 초과하는 경우에는 상가건물의 가액의 2분의 1에 해당하는 금액에 한하여 우선변제권이 있다(영 제7조 제2항).

기출로 **포인트 정리**

출제예상 OX지문

❶ 임차인이 상가건물의 환가대금에서 보증금을 우선변제받기 위해서는 대항요건이 배당요구 종기까지 존속하여야 한다. (O | X) 25회

대표기출

주택임대차보호법(A)과 상가건물 임대차보호법(B) 계약존속 중에 하는 차임증액 청구의 한도를 순서대로 옳게 배열한 것은? 21회

① A: 3%, B: 5%
② A: 3%, B: 8%
③ A: 5%, B: 8%
④ A: 5%, B: 5%
⑤ A: 5%, B: 10%

쉬운 해설

출제예상 OX지문

❶ O 임차인이 상가건물의 환가대금에서 보증금을 우선변제받기 위해서는 대항요건과 확정일자가 필요하고 대항요건이 배당요구 종기까지 존속하여야 한다.

대표기출 정답 ④

④ 차임 등의 증액청구는 「주택임대차보호법」과 「상가건물 임대차보호법」 모두 약정한 차임 등의 20분의 1(5%)의 금액을 초과하지 못한다.

출제포인트

093 권리금 보호규정

[10개년 출제회차] 25, 26, 27, 29, 30회

시작이 쉬운 길잡이

Q

대운 씨는 산하 씨 소유 상가건물을 계약기간 5년, 차임은 200만원에 합의하고 영업을 하고 있습니다. 대운 씨가 유명 프로그램에 출연하면서 가게는 전국적으로 유명한 맛집이 되었고 가게의 권리금도 상당합니다. 계약기간이 만료하면 은퇴를 하고 전원생활을 하고 싶었던 대운 씨는 어느 날 동철 씨로부터 권리금 5억원을 주겠다는 제안을 받았습니다. 그런데 평소에 사이가 좋지 않았던 산하 씨가 정당한 사유 없이 권리금을 회수하는 것을 방해하여 대운 씨는 권리금을 회수하지 못하는 손해가 발생했습니다. 여러분, 대운 씨는 산하 씨를 상대로 손해배상을 청구할 수 있을까요?

A

「상가건물 임대차보호법」에 의하면, 임차인에게 권리금의 회수기회를 보호하고 있고 만약 임대인이 정당한 사유 없이 권리금 회수를 방해했다면 임차인은 임대인에게 손해배상을 청구할 수 있다고 합니다.

출제포인트의 중요 키워드는 본문에서 꼭 체크하세요 ▸ 권리금, 권리금계약

법령 체크

제10조의3【권리금의 정의 등】 ① 권리금이란 임대차 목적물인 상가건물에서 영업을 하는 자 또는 영업을 하려는 자가 영업시설·비품, 거래처, 신용, 영업상의 노하우, 상가건물의 위치에 따른 영업상의 이점 등 유형·무형의 재산적 가치의 양도 또는 이용대가로서 임대인, 임차인에게 보증금과 차임 이외에 지급하는 금전 등의 대가를 말한다.

② 권리금계약이란 신규임차인이 되려는 자가 임차인에게 권리금을 지급하기로 하는 계약을 말한다.

제10조의4【권리금 회수기회 보호 등】 ① 임대인은 임대차기간이 끝나기 6개월 전부터 임대차 종료 시까지 다음 각 호의 어느 하나에 해당하는 행위를 함으로써 권리금계약에 따라 임차인이 주선한 신규임차인이 되려는 자로부터 권리금을 지급받는 것을 방해하여서는 아니 된다. 다만, 제10조 제1항 각 호의 어느 하나에 해당하는 사유가 있는 경우에는 그러하지 아니하다.

1. 임차인이 주선한 신규임차인이 되려는 자에게 권리금을 요구하거나 임차인이 주선한 신규임차인이 되려는 자로부터 권리금을 수수하는 행위
2. 임차인이 주선한 신규임차인이 되려는 자로 하여금 임차인에게 권리금을 지급하지 못하게 하는 행위
3. 임차인이 주선한 신규임차인이 되려는 자에게 상가건물에 관한 조세, 공과금, 주변 상가건물의 차임 및 보증금, 그 밖의 부담에 따른 금액에 비추어 현저히 고액의 차임과 보증금을 요구하는 행위
4. 그 밖에 정당한 사유 없이 임대인이 임차인이 주선한 신규임차인이 되려는 자와 임대차계약의 체결을 거절하는 행위

② 다음 각 호의 어느 하나에 해당하는 경우에는 제1항 제4호의 정당한 사유가 있는 것으로 본다.

1. 임차인이 주선한 신규임차인이 되려는 자가 보증금 또는 차임을 지급할 자력이 없는 경우
2. 임차인이 주선한 신규임차인이 되려는 자가 임차인으로서의 의무를 위반할 우려가 있거나 그 밖에 임대차를 유지하기 어려운 상당한 사유가 있는 경우
3. 임대차 목적물인 상가건물을 1년 6개월 이상 영리목적으로 사용하지 아니한 경우
4. 임대인이 선택한 신규임차인이 임차인과 권리금계약을 체결하고 그 권리금을 지급한 경우

③ 임대인이 제1항을 위반하여 임차인에게 손해를 발생하게 한 때에는 그 손해를 배상할 책임이 있다. 이 경우 그 손해배상액은 신규임차인이 임차인에게 지급하기로 한 권리금과 임대차 종료 당시의 권리금 중 낮은 금액을 넘지 못한다.

④ 제3항에 따라 임대인에게 손해배상을 청구할 권리는 임대차가 종료한 날부터 3년 이내에 행사하지 아니하면 시효의 완성으로 소멸한다.

⑤ 임차인은 임대인에게 임차인이 주선한 신규임차인이 되려는 자의 보증금 및 차임을 지급할 자력 또는 그 밖에 임차인으로서의 의무를 이행할 의사 및 능력에 관하여 자신이 알고 있는 정보를 제공하여야 한다.

제10조의5【권리금 적용 제외】 제10조의4는 다음 각 호의 어느 하나에 해당하는 상가건물 임대차의 경우에는 적용하지 아니한다.

1. 임대차 목적물인 상가건물이 「유통산업발전법」 제2조에 따른 대규모점포 또는 준대규모점포의 일부인 경우(다만, 전통시장 및 상점가 육성을 위한 특별법 제2조 제1호에 따른 전통시장은 제외한다)
2. 임대차 목적물인 상가건물이 「국유재산법」에 따른 국유재산 또는 「공유재산 및 물품 관리법」에 따른 공유재산인 경우

제10조의6【표준권리금계약서의 작성 등】 국토교통부장관은 법무부장관과 협의를 거쳐 임차인과 신규임차인이 되려는 자의 권리금계약 체결을 위한 표준권리금계약서를 정하여 그 사용을 권장할 수 있다.

제10조의7【권리금 평가기준의 고시】 국토교통부장관은 권리금에 대한 감정평가의 절차와 방법 등에 관한 기준을 고시할 수 있다.

제10조의8【차임연체와 해지】 임차인의 차임연체액이 3기의 차임액에 달하는 때에는 임대인은 계약을 해지할 수 있다.

기출로 포인트 정리

출제예상 OX지문

❶ 임차인이 임차한 건물을 중대한 과실로 전부 파손한 경우, 임대인은 권리금 회수의 기회를 보장할 필요가 없다. (O | X) 30회

대표기출

상가건물 임대차보호법상 임차인이 그가 주선한 신규임차인이 되려는 자로부터 권리금을 지급받는 것을 방해한 임대인에게 손해배상을 청구할 권리는 "임대차가 종료한 날부터 (   ) 이내에 행사하지 않으면 시효의 완성으로 소멸한다." 빈칸에 들어갈 기간은? 26회

① 6개월
② 1년
③ 2년
④ 3년
⑤ 5년

쉬운 해설

출제예상 OX지문

❶ O 임차인에게 권리금 회수 기회를 보장하고 있지만 임차인이 임차한 건물의 전부 또는 일부를 고의 또는 중대한 과실로 파손했다면 권리금 회수를 보장해주지 않아도 된다(제10조의4 제1항).

대표기출 정답 ④

④ 임대인에게 손해배상을 청구할 권리는 임대차가 종료한 날부터 '3년' 이내에 행사하지 아니하면 시효의 완성으로 소멸한다(제10조의4 제4항).

CHAPTER

03

가등기담보 등에 관한 법률

출제포인트

094 가등기담보 등에 관한 법률의 적용범위

[10개년 출제회차] 25, 26, 32, 33회

시작이 쉬운 길잡이

Q

동철 씨는 대운 씨로부터 2억원을 빌리면서 시가 5억원 상당의 아파트에 대해 대물변제의 예약을 하고 담보 목적으로 가등기를 경료했습니다. 만약 동철 씨가 돈을 갚지 못하는 경우, 대운 씨는 법에 따라 약속대로 아파트를 가져갈 수 있는 방법이 있을까요?

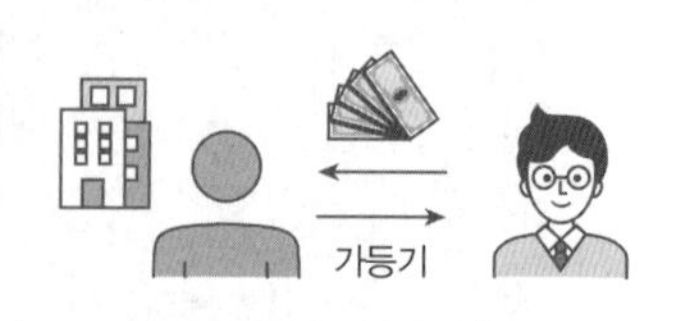

A

차용금채무를 담보하기 위해서 담보목적으로 가등기를 했고 채무자가 변제하지 못하는 경우에는 일정한 절차를 통해서 채권자가 부동산을 가져갈 수 있는 방법이 있는데, 이때 적용하는 법을 「가등기담보 등에 관한 법률」이라고 합니다.

❗ 출제포인트의 중요 키워드는 본문에서 꼭 체크하세요 ▸ **차용금채무**

1 적용조건

(1) (준)소비대차에 의해서 차용금채무(대여금채무)가 발생해야 한다.

① 「가등기담보 등에 관한 법률」은 (준)소비대차에 의해서 차용금채무❗가 발생하고 그 채무를 담보하기 위해서 가등기나 이전등기가 경료된 경우에 적용된다. 따라서 차용금채무가 아닌 매매대금채권이나 공사대금채권, 물품반환채권을 담보할 목적으로 가등기나 이전등기가 경료된 경우에는 이 법이 적용되지 않는다.

② 적중판례

㉠ 「가등기담보 등에 관한 법률」은 금전소비대차나 준소비대차에 기한 차용금반환채무 이외의 채무를 담보하기 위하여 경료된 가등기나 양도담보에는 위 법이 적용되지 아니하나, 금전소비대차나 준소비대차에 기한 차용금반환채무와 그 외의 원인으로 발생한 채무를 동시에 담보할 목적으로 경료된 가등기나 소유권이전등기라도 그 후 후자의 채무가 변제 기타의 사유로 소멸하고 금전소비대차나 준소비대차에 기한 차용금반환채무의 전부 또는 일부만이 남게 된 경우에는 그 가등기담보나 양도담보에 「가등기담보 등에 관한 법률」이 적용된다(대판 2004.4.27, 2003다29968). 즉, 가등기가 금전소비대차나 준소비대차에 기한 차용금반환채무와 그 외의 원인으로 발생한 채무를 동시에 담보할 목적으로 경료되었으나, 그 후 금전소비대차나 준소비대차에 기한 차용금반환채무만이 남게 된 경우, 그 가등기담보에 대해서도 「가등기담보 등에 관한 법률」이 적용된다.

㉡ 가등기의 주된 목적이 매매대금채권의 확보에 있고, 대여금채권의 확보는 부수적 목적인 경우 「가등기담보 등에 관한 법률」이 적용되지 않는다(대판 2002.12.24, 2002다50484).

(2) 대물반환(변제)예약이 있어야 하고 그 당시 목적물의 가액이 차용액 및 이에 붙인 이자의 합산액을 초과해야 한다.

따라서 미달된 경우에는 「가등기담보 등에 관한 법률」 자체가 처음부터 적용될 여지가 없다. 판례에 따르면, 「가등기담보 등에 관한 법률」은 재산권 이전의 예약에 의한 가등기담보에 있어서 그 재산의 예약 당시의 가액이 차용액 및 이에 붙인 이자의 합산액을 초과하는 경우에 한하여 그 적용이 있다(대판 1993.10.26, 93다27611).

① 대물반환(변제)예약 당시 목적물의 가액(가령 3억원)이 차용액 및 이에 붙인 이자의 합산액(가령 1억원)을 초과한 경우, 채권자가 차용금채무에 대신해서 목적물의 소유권을 취득하면 폭리행위에 해당하기 때문에 「가등기담보 등에 관한 법률」이 적용된다.

② 만약 대물반환(변제)예약 당시 목적물의 가액(가령 1억원)이 차용액 및 이에 붙인 이자의 합산액(가령 1억 5천만원)에 미달된 경우에는 채권자가 폭리행위를 취하는 것이 아니므로 처음부터 「가등기담보 등에 관한 법률」 자체가 적용될 여지가 없다. 따라서 가등기담보부동산에 대한 예약 당시의 시가가 그 피담보채무액에 미치지 못하는 경우(폭리행위가 아니다)에 있어서는 같은 법 제3조, 제4조가 정하는 청산금평가액의 통지 및 청산금 지급 등의 절차를 이행할 여지가 없다(대판 1993.10.26, 93다27611). 즉, 채권자가 차용금채무에 갈음해서 목적물의 소유권을 취득하더라도 폭리행위가 아니라면 처음부터 「가등기담보 등에 관한 법률」 자체가 적용되지 않으므로 채권자가 목적물의 소유권을 취득하기 위해서 청산절차를 거쳐야 할 필요가 없다.

③ 「가등기담보 등에 관한 법률」은 재산권 이전의 예약에 의한 가등기담보에 있어서 재산의 예약 당시의 가액이 차용액 및 이에 붙인 이자의 합산액을 초과하는 경우에 적용되는바, 재산권 이전의 예약 당시 재산에 대하여 선순위근저당권이 설정되어 있는 경우에는 재산의 가액에서 피담보채무액을 공제한 나머지 가액이 차용액 및 이에 붙인 이자의 합산액을 초과하는 경우에만 적용된다(대판 2006.8.24, 2005다61140).

(3) 담보목적으로 가등기(등록)나 이전등기가 경료되어야 한다.

① 가등기(등록)나 이전등기를 할 수 없는 경우에는 「가등기담보 등에 관한 법률」은 적용되지 않는다.

② 가등기가 담보가등기인지 여부는 그 등기부상 표시나 등기 시에 주고받은 서류의 종류에 의하여 형식적으로 결정될 것이 아니고 거래의 실질과 당사자의 의사해석에 따라 결정될 문제라고 할 것이다(대판 1992.2.11, 91다36932).

2 「가등기담보 등에 관한 법률」 적용의 제외

(1) (준)소비대차 이외의 사유로 인하여 생긴 채권, 즉 차용금채무가 아닌 채권담보목적인 경우는 「가등기담보 등에 관한 법률」이 적용되지 않는다. 예컨대, 매매대금채권, 공사대금채권, 물품대금채권 등은 적용되지 않는다.

(2) (준)소비대차에 의해서 차용금채무가 발생하더라도 대물변제예약의 약정이 없다면 「가등기담보 등에 관한 법률」은 적용되지 않는다.

(3) 대물변제예약의 약정이 있더라도 재산권 이전의 예약 당시의 그 재산가액이 차용액 및 이에 붙인 이자의 합산액에 미달하는 경우에는 「가등기담보 등에 관한 법률」은 적용되지 않는다.

(4) 대물변제예약의 약정이 있더라도 채권담보의 목적으로 가등기 또는 소유권이전등기가 경료되지 않은 경우에는 「가등기담보 등에 관한 법률」은 적용되지 않는다. 그리고 처음부터 가등기 또는 소유권이전등기를 할 수 없는 경우, 즉 목적물이 동산인 경우에는 적용되지 않는다.

3 담보물의 사용 · 수익권

담보물의 사용 · 수익권은 누구에게 있을까?

정답 | 가등기담보가 설정된 경우에도 여전히 설정자가 소유권자이므로 담보물의 사용 · 수익권은 가등기담보설정자에게 있다. 그러나 담보목적물에 대한 과실수취권 등을 포함한 사용 · 수익권은 청산절차의 종료와 함께 채권자에게 귀속된다.

4 적중판례

담보가등기의 피담보채권은 가등기 원인증서인 매매예약서상의 매매대금을 한도로 제한되는 것은 아니며 당사자의 약정 내용에 따라 결정된다(대판 1996.12.23, 96다39387 · 39394).

기출로 포인트 정리

출제예상 OX지문

❶ 공사대금채무를 담보하기 위한 가등기에도 「가등기담보 등에 관한 법률」이 적용된다.

(O | X) 26회

❷ 가등기가 담보가등기인지 여부는 거래의 실질과 당사자의 의사해석에 따라 결정된다.

(O | X) 32회

❸ 공사대금채권을 담보하기 위하여 담보가등기를 한 경우, 「가등기담보 등에 관한 법률」이 적용된다. (O | X) 33회

대표기출

다음 중 가등기담보 등에 관한 법률이 적용되는 경우는? (다툼이 있으면 판례에 따름)

21회

① 1억원을 차용하면서 시가 2억원 상당의 부동산에 대해 대물변제의 예약을 하고 가등기한 경우
② 1억원의 토지매매대금의 지급담보와 그 불이행의 경우의 제재를 위해 2억원 상당의 부동산에 가등기한 경우
③ 1천만원을 차용하면서 2천만원 상당의 고려청자를 양도담보로 제공한 경우
④ 1억원을 차용하면서 3천만원 상당의 부동산을 양도담보로 제공한 경우
⑤ 3억원을 차용하면서 이미 2억원의 채무에 대한 저당권이 설정된 4억원 상당의 부동산에 가등기한 경우

기출로 포인트 정리

쉬운 해설

출제예상 OX지문

❶ X 「가등기담보 등에 관한 법률」은 차용금채무의 담보목적으로 가등기나 이전등기를 한 경우에만 적용되므로 공사대금채무를 담보하기 위한 가등기에는 적용되지 않는다(대판 1996.11.15, 96다31116).

❷ O 가등기가 담보가등기인지 여부는 그 등기부상 표시나 등기 시에 주고 받은 서류의 종류에 의하여 형식적으로 결정될 것이 아니고 거래의 실질과 당사자의 의사해석에 따라 결정될 문제라고 할 것이다(대판 1992.2.11, 91다36932).

❸ X 「가등기담보 등에 관한 법률」은 차용금채무를 담보하기 위한 경우에 적용된다. 따라서 공사대금채권을 담보하기 위하여 담보가등기를 한 경우에는 「가등기담보 등에 관한 법률」이 적용되지 않는다(판례).

대표기출 정답 ①

① 「가등기담보 등에 관한 법률」은 차용금채무를 담보하고 폭리행위인 경우에 부동산에 대해서 적용된다. 따라서 1억원을 차용하면서 시가 2억원 상당의 부동산에 대해 대물변제의 예약을 하고 가등기한 경우에는 폭리행위에 해당하기 때문에 「가등기담보 등에 관한 법률」이 적용된다.

② 매매대금채권에 대해서는 적용되지 않는다.

③ 동산에 대해서는 적용되지 않는다.

④ 1억원을 차용하면서 3천만원 상당의 부동산을 양도담보로 제공한 경우에는 폭리행위가 아니므로 「가등기담보 등에 관한 법률」이 적용되지 않는다.

⑤ 3억원을 차용하면서 이미 2억원의 채무에 대한 저당권이 설정된 4억원 상당의 부동산에 가등기한 경우에는 결국 폭리행위가 아니기 때문에 「가등기담보 등에 관한 법률」이 적용되지 않는다.

출제포인트

095 가등기담보권의 실행

[10개년 출제회차] 24, 25, 26, 27, 28, 29, 30, 31, 32, 33회

시작이 쉬운 길잡이

Q

부자 씨는 대운 씨로부터 3억원을 빌리면서 5억원 상당의 아파트에 대해서 담보가등기를 설정해 주었습니다. 그런데 부자 씨가 변제기에 변제를 하지 못하고 있습니다. 여러분, 대운 씨가 3억원에 대신해서 아파트의 소유권을 취득할 수 있는 방법이 있을까요?

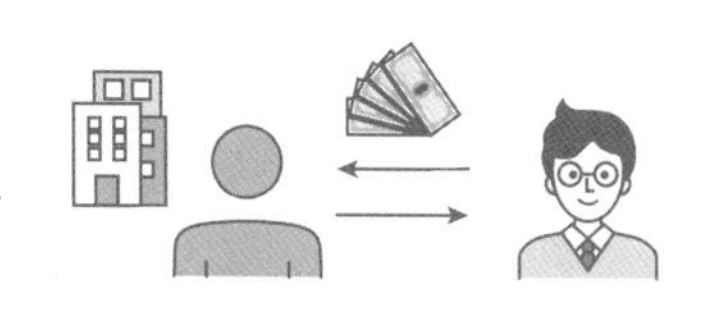

A

「가등기담보 등에 관한 법률」에 의하면 채권자는 담보권 실행을 통해서 일정한 절차를 거쳐서 채권에 대신해서 부동산의 소유권을 취득할 수 있다고 합니다. 이처럼 채권자가 일정한 절차를 통해서 부동산의 소유권을 취득하는 담보권 실행을 귀속청산이라고 합니다.

출제포인트의 중요 키워드는 본문에서 꼭 체크하세요 ▸ **담보권의 실행, 귀속청산, 경매**

1 가등기담보의 성립

1. 가등기담보설정계약

(1) 계약의 당사자

① 가등기담보설정자: 가등기담보설정자는 채무자 또는 제3자라도 상관없다. 즉, 채무자에 한하지 않으므로 채무자뿐만 아니라 제3자(물상보증인)도 가등기담보설정자가 될 수 있다.

② 가등기담보권자: 부종성과 수반성에 의해서 담보물권과 채권을 분리할 수 없으므로 가등기담보권자는 채권자가 되는 것이 원칙이지만 예외적으로 제3자가 가등기담보권자가 될 수 있다. 판례에 따르면, 채권담보를 목적으로 가등기를 하는 경우에는 원칙적으로 채권자와 가등기명의자가 동일인이 되어야 하지만, 채권자 아닌 제3자의 명의로 가등기를 하는 데 대하여 채권자와 채무자 및 제3자 사이에 합의가 있었고, 나아가 제3자에게 그 채권이 실질적으로 귀속되었다고 볼 수 있는 특별한 사정이 있거나, 거래경위에 비추어 제3자의 가등기가 한낱 명목에 그치는 것이 아니라 그 제3자도 채무자로부터 유효하게 채권을 변제받을 수 있고 채무자도 채권자나 가등기명의자인 제3자 중 누구에게든 채무를 유효하게 변제할 수 있는 관계, 즉 채권자와 제3자가 불가분적 채권자의 관계에 있다고 볼 수 있는 경우에는, 그 제3자 명의의 가등기도 유효하다(대판 2002.12.24, 2002다50484).

(2) 피담보채권

① 피담보채권은 금전채권인 것이 보통이나 금전채권이 아닌 채권이라도 실행 시에 금전채권으로 전환될 수 있으면 된다.

② 가등기담보에 의해서 담보되는 채권은 차용금채무(채권)이어야 한다.

2. 가등기(등록)

담보목적으로 가등기 또는 가등록이 되어야 한다.

2 담보권의 실행

(1) 채무자가 변제기에 변제하지 않으면 채권자는 담보권을 실행할 수 있는데 그 실행의 방법은 두 가지가 있다. 하나는 가등기담보권자, 즉 채권자가 「가등기담보 등에 관한 법률」에서 규정하고 있는 일정한 절차, 즉 청산절차에 따라서 담보물의 소유권을 취득하는 방법이 있는데 이를 귀속청산이라고 한다. 다른 하나는 담보물을 경매해서 경락대금으로부터 후순위권리자 기타 채권자보다 우선해서 자신의 채권을 회수하는 경매에 의한 담보권의 실행이다.

(2) 채권자는 위 두 가지 방법 중에서 어느 하나를 자유롭게 선택할 수 있다.

3 경매

(1) 채무자가 변제기에 변제하지 않으면 채권자는 담보권 실행으로 목적물에 대해서 경매할 수 있다.

(2) 경매에 관하여는 담보가등기권리를 저당권으로 본다.

(3) 담보가등기를 마친 때에 그 저당권의 설정등기가 행하여진 것으로 본다.

(4) 담보가등기를 마친 부동산에 대하여 강제경매 등이 개시된 경우에 담보가등기권리자는 다른 채권자보다 자기 채권을 우선변제받을 권리가 있다. 즉, 우선변제권이 있다.

(5) 담보가등기를 마친 부동산에 대하여 강제경매 등이 행하여진 경우에는 담보가등기는 그 부동산의 매각에 의하여 소멸한다.

4 귀속청산 → 권리취득에 의한 실행

1. 청산금의 평가

(1) 채권자는 먼저 청산금을 평가해야 한다.

(2) 청산금은 통지 당시 목적물의 시가에서 피담보채권(선순위권리자가 있는 경우에는 선순위권리자의 채권도 포함한다)을 공제한 차액이다. 주의할 점은 후순위권리자의 채권은 포함하지 않는다는 점이다. 후순위권리자는 청산금채권에 대해서 권리를 행사하면 충분하다.

2. 통지

(1) 평가된 청산금이 있든 없든 통지를 해야 한다. 즉, 청산금이 없다고 인정되는 경우에도 그 뜻을 통지해야 한다.

(2) 통지의 상대방

① 채권자는 청산금을 평가했으면 채무자 등에게 통지를 해야 한다. 여기서 채무자 등이란 채무자, 물상보증인, 담보가등기 이후에 소유권을 취득한 제3자를 의미한다.

② 「가등기담보 등에 관한 법률」에 의하면, 가등기담보권자가 담보권 실행을 위하여 담보목적 부동산의 소유권을 취득하기 위하여는 그 채권의 변제기 후에 소정의 청산금 평가액 또는 청산금이 없다고 하는 뜻을 채무자 등에게 통지하여야 하고(제3조 제1항), 이때의 채무자 등에는 채무자와 물상보증인뿐만 아니라 담보가등기 후 소유권을 취득한 제3취득자가 포함되는 것이므로(제2조 제2호), 위 통지는 이들 모두에게 하여야 하는 것으로서 채무자 등의 전부 또는 일부에 대하여 위 통지를 하지 않으면 청산기간이 진행할 수 없게 되고, 따라서 가등기담보권자는 그 후 적절한 청산금을 지급하거나 실제 지급할 청산금이 없다고 하더라도 가등기에 기한 본등기를 청구할 수 없으며, 설령 편법으로 본등기를 마쳤다고 하더라도 그 소유권을 취득할 수 없다(대판 2002.4.23, 2001다81856). 따라서 실행통지의 상대방이 채무자 등 여러 명인 경우, 그 모두에 대하여 실행통지를 하여야 통지로서의 효력이 발생한다.

(3) 채무자 등 외의 권리자에 대한 통지

① 채권자는 통지가 채무자 등에게 도달하면 지체 없이 후순위권리자(담보가등기 후에 등기된 저당권자, 전세권자 및 담보가등기권리자)에게 그 통지의 사실과 내용 및 도달일을 통지하여야 한다(제6조 제1항).

② 통지가 채무자 등에게 도달한 때에는 담보가등기 후에 등기한 제3자(위 ①에 따라 통지를 받을 자를 제외하고, 대항력 있는 임차권자를 포함한다)가 있으면 채권자는 지체 없이 그 제3자에게 제3조 제1항에 따른 통지를 한 사실과 그 채권액을 통지하여야 한다(제6조 제2항).

(4) 채권자가 주관적으로 평가해서 통지한 청산금액이 객관적인 평가금액에 미달하더라도 통지로서 유효이다. 즉, 채권자가 담보권을 실행하기 위하여 담보부동산의 객관적 가액에 미치지 못하는 청산금의 평가액을 채무자 등에게 통지한 경우에도 담보권 실행의 통지로서 효력이 있다.

(5) 통지한 청산금액에 대해서는 채권자는 더 이상 다툴 수가 없다.

(6) 채무자는 청산금에 대해서 다툴 수 있다.

채권자가 주관적으로 평가한 청산금의 액수가 정당하게 평가된 청산금의 액수에 미치지 못한다고 하더라도 담보권 실행의 통지로서의 효력이나 청산기간의 진행에는 아무런 영향이 없고 청산기간이 경과한 후에는 그 가등기에 기한 본등기를 청구할 수 있다. 이 경우에, 채무자 등은 채권자가 통지한 청산금액을 다투고 정당하게 평가된 청산금을 지급받을 때까지 목적부동산의 소유권이전등기 및 인도채무의 이행을 거절하거나 피담보채무 전액을 채권자에게 지급하고 채권담보의 목적으로 마쳐진 가등기의 말소를 구할 수 있을 뿐 아니라, 채권자에게 정당하게 평가된 청산금을 청구할 수도 있다. 한편, 채무자는 채권자가 통지한 청산금액에 동의함으로써 청산금을 확정시킬 수 있으며, 그 경우 동의는 명시적뿐만 아니라 묵시적으로도 가능하다고 할 것이다(대판 2008.4.11, 2005다36618).

(7) 후순위권리자의 권리행사방법

① 청산금에 대해서 이의가 있는 후순위권리자도 청산금에 대해서는 더 이상 다툴 수가 없고, 단지 경매권을 인정해 주고 있다. 즉, 후순위권리자는 청산기간에 한정하여 그 피담보채권의 변제기 도래 전이라도 담보목적 부동산의 경매를 청구할 수 있다. 다만, 후순위권리자는 청산기간이 지나면 경매를 청구할 수 없다. 그리고 경매신청이 있으면 채권자는 더 이상 귀속청산 절차를 진행하지 못하며 배당에 참가해서 순위에 따라서 배당을 받을 수 있을 뿐이다.

② 후순위권리자는 그 순위에 따라 채무자 등이 지급받을 청산금에 대하여 통지된 평가액의 범위에서 청산금이 지급될 때까지 그 권리를 행사할 수 있고, 채권자는 후순위권리자의 요구가 있는 경우에는 청산금을 지급하여야 한다(제5조 제1항).

3. 청산기간

청산기간은 통지가 채무자 등에 도달한 날부터 2개월이다(제3조 제1항). 이 기간이 지나야 채권자는 청산금을 지급하고 본등기를 경료함으로써 소유권을 취득할 수 있는 것이다. 따라서 그 기간 안에는 채무자는 채무를 변제하고 가등기나 이전등기에 대해서 말소등기를 청구할 수 있다.

4. 청산금의 지급

(1) 채권자가 차용물에 갈음해서 목적물의 소유권을 취득하기 위해서는 통지 당시 목적물의 가액에서 피담보채권을 공제한 차액, 즉 청산금을 채무자 등에게 지급해야 한다(제4조 제1항).

(2) 채권자의 청산금 지급의무와 채무자 등의 소유권이전의무 및 목적물 인도의무는 동시이행관계에 있다(제4조 제3항). 따라서 가등기담보권의 사적 실행에 있어서 채권자가 청산금의 지급 이전에 본등기와 담보목적물의 인도를 받을 수 있다거나 청산기간이나 동시이행관계를 인정하지 아니하는 '처분정산'형의 담보권 실행은 「가등기담보 등에 관한 법률」상 허용되지 아니한다(대판 2002.4.23, 2001다81856). 즉, 강행규정에 위반하므로 무효이다.

(3) 담보가등기 후에 대항력 있는 임차권을 취득한 자에게는 청산금의 범위에서 동시이행의 항변권에 관한 민법 제536조를 준용한다. 주의할 점은 보증금 전액이 아니라 청산금 범위 내의 보증액에 대해서 동시이행의 항변권을 주장할 수 있다는 점이다.

(4) 채권자가 채무자 등에게 청산금 지급의무를 부담하고 있다는 것은 채무자 등이 채권자에게 청산금채권을 가지고 있다는 것이다. 그런데 채무자 등이 가지고 있는 청산금채권이 제3자에 의해서 압류 또는 가압류된 경우에는 채권자는 채무자 등에게 청산금을 지급할 수 없으므로 청산기간이 지난 후에 법원에 공탁하여 청산금 지급의무를 면할 수 있다(제8조 제1항).

(5) 채무자 등의 말소등기청구권

채무자 등은 청산금채권을 현실적으로 지급받기 전까지는 채무를 변제하고 담보목적으로 마친 가등기나 소유권이전등기의 말소를 청구할 수 있다. 다만, 변제기가 지난 때부터 10년이 지나거나 또는 선의의 제3자가 소유권을 취득한 경우에는 말소등기를 청구하지 못한다(제11조). 이 경우 채권자는 채무자에게 불법행위 책임을 져야 한다. 그리고 선의의 제3자는 이미 소유권을 취득했으므로 선의의 제3자를 상대로 말소등기를 청구할 수 없다.

5. 본등기

(1) 가등기가 경료된 경우

채권자는 청산절차를 경료한 이후에 청산금을 지급하고 가등기에 기해서 본등기를 경료하면 소유권을 취득한다. 만약 청산금이 없는 경우 청산기간 경과 후 본등기를 하면 즉시 소유권을 취득한다. 따라서 채권자가 청산기간이 지나기 전에 가등기에 의한 본등기를 마치면 그 본등기는 무효이다.

(2) 이전등기가 경료된 경우

채권자 앞으로 이미 이전등기가 경료되어 있는 경우에는 청산기간 경과 후에 청산금을 지급하면 즉시 소유권을 취득한다. 만약 청산금이 없는 경우 청산절차가 종료되면 즉시 소유권을 취득한다.

(3) 강제경매 등의 경우의 담보가등기

담보가등기를 마친 부동산에 대하여 강제경매 등의 개시 결정이 있는 경우에 그 경매의 신청이 청산금을 지급하기 전에 행하여진 경우(청산금이 없는 경우에는 청산기간이 지나기 전)에는 담보가등기권리자는 그 가등기에 따른 본등기를 청구할 수 없다(제14조).

(4) 만약 채권자가 청산절차를 경료하지 않고 본등기를 경료했다면 그 등기는 무효등기이므로 소유권을 취득하지 못한다. 그러나 이후에 청산절차를 경료했다면 실체관계에 부합하는 유효등기가 될 수 있다.

5 적중판례

1. 채권의 확정 및 본등기

(1) 가등기담보권자가 담보권 실행을 통하여 우선변제받게 되는 이자나 지연배상금 등 피담보채권의 범위는 통지 당시를 기준으로 확정된다. 채권자는 주관적으로 평가한 청산금의 평가액을 통지하면 족하고, 채권자가 주관적으로 평가한 청산금의 액수가 정당하게 평가된 청산금의 액수에 미치지 못하더라도 담보권 실행의 통지로서의 효력에는 아무런 영향이 없다(대판 2016.6.23, 2015다13171).

(2) 「가등기담보 등에 관한 법률」 제3조, 제4조를 위반하여 담보가등기에 기한 본등기가 이루어진 경우에는 본등기는 무효이고, 설령 본등기가 가등기권리자와 채무자 사이에 이루어진 특약에 따라 이루어졌더라도 만일 특약이 채무자에게 불리한 것으로 무효라면 본등기는 여전히 무효일 뿐이다(대판 2016.6.23, 2015다13171).

(3) 담보가등기의 피담보채권은 가등기 원인증서인 매매예약서상의 매매대금을 한도로 제한되는 것은 아니며 당사자의 약정 내용에 따라 결정된다(대판 1996.12.23, 96다39387·39394).

2. 채무자 등의 말소등기청구권

채무자 등이 「가등기담보 등에 관한 법률」 제11조 본문에 따라 채권담보의 목적으로 마친 소유권이전등기의 말소를 구하기 위해서는 그때까지의 이자와 손해금을 포함한 피담보채무액을 전부 지급함으로써 그 요건을 갖추어야 한다. 그리고 「가등기담보 등에 관한 법률」 제11조 단서에 정한 10년의 기간은 제척기간이고, 제척기간은 그 기간의 경과 자체만으로 권리 소멸의 효과가 발생하므로, 「가등기담보 등에 관한 법률」 제11조 본문에 정한 채무자 등의 말소청구권은 위 제척기간의 경과로 확정적으로 소멸한다(대판 2018.6.15, 2018다215947).

3. 양도담보권자가 점유자에게 목적부동산의 인도를 청구할 수 있는지의 여부

채권담보를 위하여 소유권이전등기를 경료한 양도담보권자는 채무자가 변제기를 도과하여 피담보채무의 이행지체에 빠졌을 때에는 담보계약에 의하여 취득한 목적부동산의 처분권을 행사하기 위한 환가절차의 일환으로서, 즉 담보권의 실행으로서 채무자에 대하여 그 목적 부동산의 인도를 구할 수 있고 제3자가 채무자로부터 적법하게 목적부동산의 점유를 이전받은 경우 역시 그 목적부동산의 인도청구를 할 수 있다고 할 것이나, 직접 소유권에 기하여 그 인도를 구할 수는 없다(대판 2007.5.11, 2006다6836). 즉, 담보권 실행으로 인도를 청구할 수는 있지만 직접 소유권에 기하여 그 인도를 구할 수는 없다.

기출로 포인트 정리

출제예상 OX지문

❶ 채권자가 청산기간이 지나기 전에 가등기에 의한 본등기를 마치면 그 본등기는 무효이다.
(O | X) 28회

❷ 후순위권리자는 청산기간이 지나면 그의 피담보채권 변제기가 도래하기 전이라도 X토지의 경매를 청구할 수 있다. (O | X) 28회

대표기출

가등기담보 등에 관한 법률에 관한 설명으로 틀린 것은? (다툼이 있으면 판례에 따름)

32회

① 담보가등기를 마친 부동산에 대하여 강제경매가 된 경우 담보가등기권리는 그 부동산의 매각에 의해 소멸한다.
② 가등기의 피담보채권은 당사자의 약정과 관계없이 가등기의 원인증서인 매매예약서상의 매매대금의 한도로 제한된다.
③ 채무자가 청산기간이 지나기 전에 한 청산금에 관한 권리의 양도는 이로써 후순위권리자에게 대항하지 못한다.
④ 가등기가 담보가등기인지 여부는 거래의 실질과 당사자의 의사해석에 따라 결정된다.
⑤ 가등기담보부동산의 예약 당시 시가가 그 피담보채무액에 미달하는 경우에는 청산금평가액의 통지를 할 필요가 없다.

쉬운 해설

출제예상 OX지문

❶ O 청산기간이 지나야 가등기에 따른 본등기를 청구할 수 있다. 따라서 청산기간이 지나기 전에 본등기를 한 경우에는 강행규정 위반으로 무효이다(대판 2017.5.17, 2017다202296).

❷ X 후순위권리자는 청산기간 내에서 경매를 청구할 수 있기 때문에 청산기간이 지나면 X토지의 경매를 청구할 수 없다(제12조 제2항).

대표기출 정답 ②

② 담보가등기의 피담보채권은 가등기 원인증서인 매매예약서상의 매매대금을 한도로 제한되는 것은 아니며 당사자의 약정 내용에 따라 결정된다(대판 1996.12.23, 96다39387 · 39394).
④ 가등기가 담보가등기인지 여부는 그 등기부상 표시나 등기 시에 주고받은 서류의 종류에 의하여 형식적으로 결정될 것이 아니고 거래의 실질과 당사자의 의사해석에 따라 결정될 문제라고 할 것이다(대판 1992.2.11, 91다36932).

CHAPTER

04

집합건물의 소유 및 관리에 관한 법률

출 제 포 인 트

096 집합건물의 소유 및 관리에 관한 법률

[10개년 출제회차] 24, 25, 26, 27, 28, 29, 30, 31, 32, 33회

시작이 쉬운 길잡이

Q

강남 소재 아파트를 소유하고 있는 부자 씨가 은행에서 대출을 받으면서 저당권을 설정해주었습니다. 그런데 대출금을 상환하지 못해서 경매가 들어왔고, 대운 씨가 아파트를 경락받았습니다. 여러분, 대운 씨는 복도, 계단, 엘리베이터, 주차장 등 공용부분에 대한 지분도 취득할 수 있을까요?

A

아파트의 현관문을 열고 들어가서 구분소유자가 독점해서 사 용하는 부분을 전유부분이라고 합니다. 이 전유부분이 구분소유권의 대상이 되며, 은행에 저당권이 설정된 부분이 바로 전유부분입니다. 그리고 전유부분을 위해서 공용부분이 존재하기 때문에 전유부분에 설정된 저당권의 효력은 공용부분에도 미칩니다. 따라서 경락인인 대운 씨는 공용부분의 지분을 취득하게 됩니다.

❗ 출제포인트의 중요 키워드는 본문에서 꼭 체크하세요 ▸ **구분소유권, 전유부분, 공용부분, 대지사용권, 관리단, 관리인**

1 구분소유권

1. 의의

구분소유권이란 1동의 건물 중에서 구조상·이용상 독립성이 있는 구분된 부분, 즉 전유부분을 목적으로 하는 소유권을 말한다. 가령, 甲이 경기도 고양시 일산 동구 소재 A아파트 201동 101호에 소유권자로서 거주하고 있는 경우 甲의 소유권을 구분소유권이라고 한다.

2. 전유부분

전유부분이란 1동의 건물 중 구조상·이용상 독립성이 있어서 구분소유권의 대상이 되는 건물부분을 말한다.

3. 구분소유권의 성립 → 구조상·이용상 독립성과 구분행위

(1) 객관적으로 구조상·이용상 독립성이 있어야 한다.

구조상 독립성이란 벽, 천장, 바닥, 문, 창 등에 의하여 구조상으로 구분되어 있는 것을 말하고, 이용상 독립성이란 독립된 출입구에 의하여 독립된 건물로 사용할 수 있는 것을 말한다.

(2) 주관적으로 구분소유의사가 있어야 한다. 즉, 구분행위가 있어야 한다.

(3) 구분등기를 해야 구분소유권이 성립할까?

정답 | 구분등기 없이도 구분소유권은 성립한다.

판례 | ① 종전 판례에 따르면, 구분소유권이 성립하기 위해서는 구분등기를 요한다고 했지만 판례의 견해가 변경되었으므로 주의를 요한다. 즉, 객관적으로 구조상·이용상 독립성이 있고 주관적으로 구분행위, 즉 구분건물로 하겠다는 구분의사가 객관적으로 표시가 되어 있다면 구분등기가 되어 있지 않아도 구분소유권이 성립한다는 것이다.

② 1동의 건물에 대하여 구분소유가 성립하기 위해서는 객관적·물리적인 측면에서 1동의 건물이 존재하고, 구분된 건물부분이 구조상·이용상 독립성을 갖추어야 할 뿐 아니라, 1동의 건물 중 물리적으로 구획된 건물부분을 각각 구분소유권의 객체로 하려는 구분행위가 있어야 한다. 여기서 구분행위는 건물의 물리적 형질에 변경을 가함이 없이 법률관념상 건물의 특정 부분을 구분하여 별개의 소유권의 객체로 하려는 일종의 법률행위로서, 그 시기나 방식에 특별한 제한이 있는 것은 아니고 처분권자의 구분의사가 객관적으로 외부에 표시되면 인정된다. 따라서 구분건물이 물리적으로 완성되기 전에도 건축허가신청이나 분양계약 등을 통하여 장래 신축되는 건물을 구분건물로 하겠다는 구분의사가 객관적으로 표시되면 구분행위의 존재를 인정할 수 있고, 이후 1동의 건물 및 그 구분행위에 상응하는 구분건물이 객관적·물리적으로 완성되면 아직 그 건물이 집합건축물대장에 등록되거나 구분건물로서 등기부에 등기되지 않았더라도 그 시점에서 구분소유가 성립한다(대판 전합체 2013.1.17, 2010다71578).

2 공용부분(共用部分)

1. 종류

(1) 법정공용부분(구조상 공용부분)

① 등기를 요하지 않는다. 그리고 구조상의 공용부분에 관한 물권의 득실변경은 등기 없이도 효력이 생긴다.

② 전유부분 이외의 건물부분, 즉 건물의 기본적 구조부분(외벽, 지붕, 옥상) 및 구조상 공용에 제공되는 부분(복도, 계단, 현관홀), 건물의 부속물로 전유부분이 아닌 것을 말한다. 가령 경비실, 전기, 수도, 가스 등의 배관, 엘리베이터 등이 있다.

(2) 규약상 공용부분

① 규약상 공용부분이란 구조상 독립한 건물로서 전유부분에 해당하지만 규약에 의하여 공용부분으로 된 것을 말한다. 가령 관리사무소, 노인정, 어린이집, 커뮤니티센터 등이 있다.

② 규약상 공용부분은 그 취지를 등기해야 한다.

2. 공용부분의 귀속 등

(1) 공용부분의 귀속

공용부분은 구분소유자 전원의 공유에 속한다. 다만, 일부의 구분소유자만이 공용하도록 제공되는 것임이 명백한 공용부분(일부공용부분)은 그들 구분소유자의 공유에 속한다(제10조).

(2) 공유자의 지분권

각 공유자의 지분은 균등한 것이 아니라 구분소유자가 가지는 전유부분의 면적비율에 따른다(제12조 제1항). 이 점에서 지분은 균등한 것으로 추정되는 민법상의 공유와 구별된다. 또한, 공용부분에 대한 분할청구는 허용되지 않는다는 점에서 자유롭게 분할을 청구할 수 있는 민법상의 공유와 구별된다.

(3) 전유부분과 공용부분에 대한 지분의 일체성(절대적 일체성)

① 공용부분에 대한 공유자의 지분은 그가 가지는 전유부분의 처분에 따른다(제13조 제1항). 전유부분을 사용하기 위해서 공용부분은 반드시 존재해야 하므로 전유부분이 제3자에게 처분된 경우에는 공용부분도 제3자에게 이전한다.

② 전유부분을 사용하기 위해서 공용부분은 반드시 존재해야 하므로 전유부분이 주이고 공용부분은 종이다. 이들은 운명을 함께해야 하므로 공유자는 그가 가지는 전유부분과 분리하여 공용부분에 대한 지분을 처분할 수 없다(제13조 제2항). 이 점에서 지분처분의 자유가 인정되는 민법상의 공유와 구별된다.

③ 공용부분은 전유부분에 따라서 당연히 이전하므로 공용부분에 관한 물권의 득실변경(得失變更)은 별도로 등기가 필요하지 아니하다(제13조 제3항).

3. 공용부분의 사용 및 관리

(1) 공유자의 공용부분의 사용권

각 공유자는 공용부분을 지분의 비율이 아닌 그 용도에 따라 사용한다(제11조). 이 점이 공유물을 지분비율에 따라 사용하는 민법상의 공유와 구별된다.

(2) 공용부분의 관리

① 보존행위: 보존행위는 다른 공유자에게도 이익이 되는 행위이므로 각 공유자가 단독으로 할 수 있다(제16조 제1항 단서).

② 관리행위: 공용부분의 관리에 관한 사항은 공용부분의 변경에 관한 사항을 제외하고는 이 법 또는 규약에 특별한 규정이 없으면 구분소유자의 과반수 및 의결권의 과반수로써 의결한다(제16조 제1항 본문).

4. 공용부분의 변경

(1) 공용부분의 변경에 관한 사항은 관리단집회에서 구분소유자의 3분의 2 이상 및 의결권의 3분의 2 이상의 결의로써 결정한다(제15조 제1항 본문).

(2) 권리변동 있는 공용부분의 변경

건물의 노후화 억제 또는 기능 향상 등을 위한 것으로 구분소유권 및 대지사용권의 범위나 내용에 변동을 일으키는 공용부분의 변경에 관한 사항은 관리단집회에서 구분소유자의 5분의 4 이상 및 의결권의 5분의 4 이상의 결의로써 결정한다(제15조의2 제1항).

5. 공용부분에 관하여 발생한 채권의 효력

(1) 공유자가 공용부분에 관하여 다른 공유자에 대하여 가지는 채권은 그 특별승계인에 대하여도 행사할 수 있다(제18조).

(2) 아파트의 특별승계인이 전 입주자가 체납한 관리비를 승계할까?

정답 | 체납관리비 중 공용부분의 체납관리비는 승계하지만 전유부분의 체납관리비는 특별승계인이 승계하지 않는다. 그리고 특별승계인이 그 구분소유권을 다시 제3자에게 이전한 경우에도 관리규약에 달리 정함이 없는 한 각 특별승계인들은 자신의 전 구분소유자의 공용부분에 대한 체납관리비를 지급할 책임이 있다.

(3) 전(前) 구분소유자의 특별승계인이 연체료까지 승계할까?

정답 | 연체료는 특별승계인이 승계하지 않는다.

판례 | 전(前) 구분소유자의 특별승계인이 체납된 공용부분 관리비를 승계한다고 하여 전 구분소유자가 관리비 납부를 연체함으로 인해 이미 발생하게 된 법률효과까지 그대로 승계하는 것은 아니라 할 것이어서, 공용부분 관리비에 대한 연체료는 특별승계인에게 승계되는 공용부분 관리비에 포함되지 않는다(대판 2006.6.29, 2004다3598 · 3604). 즉, 연체료는 특별승계인이 승계하지 않는다.

3 대지사용권

1. 의의

대지사용권이란 건물의 구분소유자가 전유부분을 소유하기 위하여 건물의 대지에 대하여 가지는 권리를 말한다. 「부동산등기법」에서는 대지사용권을 구분건물의 등기용지에 등기하여 전유부분과 분리하여 처분할 수 없도록 한 경우 이를 대지권이라고 한다. 대지권은 구분건물과 분리해서 처분하지 못한다.

2. 대지의 종류

(1) 법정대지

법정대지란 전유부분이 속하는 1동의 건물이 소재하는 토지를 말한다. 즉, 건물이 차지하고 있는 토지를 말한다.

(2) 규약대지

규약대지란 건물의 대지와 일체로 관리 또는 사용되는 토지로서 규약 또는 공정증서에 의하여 건물의 규약대지로 된 토지를 말한다. 가령 아파트단지 내의 도로, 주차장, 정원, 부속건물의 대지 등을 말한다.

3. 전유부분과 대지사용권의 일체성 → 상대적 일체성

(1) 대지사용권은 구분소유자가 전유부분을 소유하기 위해서 필요한 권리이므로 구분소유자의 대지사용권은 그가 가지는 전유부분의 처분에 따른다(제20조 제1항).

(2) 전유부분과 대지사용권은 주와 종의 관계이므로 구분소유자는 그가 가지는 전유부분과 분리하여 대지사용권을 처분할 수 없는 것이 원칙이다. 다만, 예외적으로 규약으로써 분리처분하는 것을 정할 수 있는데 이 경우 대지사용권을 전유부분과 분리해서 처분할 수 있다(제20조 제2항). 따라서 구분소유자는 규약 또는 공정증서로써 달리 정하지 않는 한 그가 가지는 전유부분과 분리하여 대지사용권을 처분할 수 없다.

(3) 분리처분금지는 그 취지를 등기하지 아니하면 선의(善意)로 물권을 취득한 제3자에게 대항하지 못한다(제20조 제3항).

(4) 집합건물의 대지의 분·합필 및 환지절차의 지연, 각 세대당 지분비율 결정의 지연 등으로 인하여 구분건물의 전유부분에 대한 소유권이전등기만 경료되고 대지지분에 대한 소유권이전등기가 경료되기 전에 전유부분만에 관하여 설정된 저당권의 효력은, 대지사용권의 분리처분이 가능하도록 규약으로 정하였다는 등의 특별한 사정이 없는 한, 그 전유부분의 소유자가 나중에 대지지분에 관한 등기를 마침으로써 전유부분과 대지권이 동일 소유자에게 귀속하게 되었다면 당연히 종물 내지 종된 권리인 그 대지사용권에까지 미친다(대판 2001.9.4, 2001다22604).

4 분양자의 담보책임 및 분양자의 관리의무

1. 분양자의 담보책임

(1) 건물을 건축하여 분양한 자(이하 '분양자'라 한다)와 분양자와의 계약에 따라 건물을 건축한 자로서 대통령령으로 정하는 자(이하 '시공자'라 한다)는 구분소유자에 대하여 담보책임을 진다. 이 경우 그 담보책임에 관하여는 민법 제667조(수급인의 담보책임) 및 제668조(도급인의 해제권)를 준용한다(제9조 제1항).

(2) 시공자가 분양자에게 부담하는 담보책임에 관하여 다른 법률에 특별한 규정이 있으면 시공자는 그 법률에서 정하는 담보책임의 범위에서 구분소유자에게 위 **(1)**의 담보책임을 진다(제9조 제2항).

(3) 시공자의 담보책임 중 민법 제667조 제2항에 따른 손해배상책임은 분양자에게 회생절차개시 신청, 파산 신청, 해산, 무자력(無資力) 또는 그 밖에 이에 준하는 사유가 있는 경우에만 보충적으로 지며, 즉 시공자는 원칙적으로 손해배상책임을 지지 않는다. 그리고 시공자가 이미 분양자에게 손해배상을 한 경우에는 그 범위에서 구분소유자에 대한 책임을 면(免)한다(제9조 제3항).

(4) 분양자와 시공자의 담보책임에 관하여 이 법과 민법에 규정된 것보다 매수인에게 불리한 특약은 효력이 없다(제9조 제4항). 즉, 강행규정이다.

(5) 분양자는 원칙적으로 전유부분을 양수한 구분소유자에 대하여 담보책임을 진다(대판 2003. 2.11, 2001다47733).

(6) 담보책임의 존속기간

① 담보책임에 관한 구분소유자의 권리는 다음 기간 내에 행사하여야 한다(제9조의2).

㉠ 「건축법」에 따른 건물의 주요구조부 및 지반공사의 하자: 10년

㉡ 그 이외의 하자: 하자의 중대성, 내구연한, 교체가능성 등을 고려하여 5년의 범위에서 대통령령으로 정하는 기간

② 기산점: 위의 권리행사기간은 아래의 날부터 기산한다.

㉠ 전유부분: 구분소유자에게 인도한 날

㉡ 공용부분: 「주택법」 제49조에 따른 사용검사일(집합건물 전부에 대하여 임시 사용승인을 받은 경우에는 그 임시 사용승인일을 말하고, 주택법 제49조 제1항 단서에 따라 분할 사용검사나 동별 사용검사를 받은 경우에는 분할 사용검사일 또는 동별 사용검사일을 말한다) 또는 「건축법」 제22조에 따른 사용승인일

③ 「건축법」에 따른 건물의 주요구조부 및 지반공사의 하자, 그 이외의 하자로 인하여 건물이 멸실되거나 훼손된 경우에는 위 ①의 행사기간(10년, 5년의 범위)은 적용되지 않고 그 멸실되거나 훼손된 날부터 1년 이내에 권리를 행사하여야 한다.

2. 분양자의 관리의무 등(제9조의3)

(1) 분양자는 관리단이 관리를 개시할 때까지 선량한 관리자의 주의로 건물과 대지 및 부속시설을 관리하여야 한다.

(2) 분양자는 표준규약을 참고하여 공정증서로써 규약에 상응하는 것을 정하여 분양계약을 체결하기 전에 분양을 받을 자에게 주어야 한다.

(3) 분양자는 예정된 매수인의 2분의 1 이상이 이전등기를 한 날부터 3개월 이내에 구분소유자가 규약 설정 및 관리인 선임을 하기 위한 관리단집회를 소집하지 아니하는 경우에는 지체 없이 이를 위한 관리단집회를 소집하여야 한다.

5 관리단 및 관리단의 기관

1. 관리단

(1) 관리단의 당연 설립(제23조)

① 건물에 대하여 구분소유 관계가 성립되면 구분소유자 전원을 구성원으로 하여 건물과 그 대지 및 부속시설의 관리에 관한 사업의 시행을 목적으로 하는 관리단이 설립된다. 즉, 당연히 성립한다.

② 일부공용부분이 있는 경우 그 일부의 구분소유자는 제28조 제2항의 규약에 따라 그 공용부분의 관리에 관한 사업의 시행을 목적으로 하는 관리단을 구성할 수 있다. 즉, 당연히 성립하는 것이 아니라 임의사항이다.

(2) 적중판례

관리단은 어떠한 조직행위를 거쳐야 비로소 성립되는 단체가 아니라 구분소유관계가 성립하는 건물이 있는 경우 당연히 그 구분소유자 전원을 구성원으로 하여 성립되고, 그 의결권도 구분소유자 전원이 행사한다고 할 것이며, 여기서 구분소유자라 함은 일반적으로 구분소유권을 취득한 자(등기부상 구분소유권자로 등기되어 있는 자)를 지칭하는 것이나, 다만 수분양자로서 분양대금을 완납하였음에도 분양자 측의 사정으로 소유권이전등기를 경료받지 못한 경우와 같은 특별한 사정이 있는 경우에는 이러한 수분양자도 구분소유자에 준하는 것으로 보아 관리단의 구성원이 되어 의결권을 행사할 수 있다(대결 2005.12.16, 2004마515).

2. 관리인

관리인이란 대내적으로는 당해 건물의 관리를 총괄하고, 대외적으로는 관리단을 대표하는 지위를 갖는 자를 말한다.

(1) 관리인의 선임 및 해임(제24조)

① 관리인을 반드시 선임해야 하는 것은 아니지만, 즉 필수사항은 아니지만 만약 구분소유자가 10인 이상일 때에는 관리단을 대표하고 관리단의 사무를 집행할 관리인을 선임하여야 한다.

② 관리인은 구분소유자일 필요가 없으며, 그 임기는 2년의 범위에서 규약으로 정한다.

③ 관리인은 원칙적으로 관리단집회의 결의로 선임되거나 해임된다. 다만, 예외적으로 규약으로 관리위원회의 결의로 선임되거나 해임되도록 정한 경우에는 그에 따른다.

④ 관리인에게 부정한 행위나 그 밖에 그 직무를 수행하기에 적합하지 아니한 사정이 있을 때에는 각 구분소유자는 관리인의 해임을 법원에 청구할 수 있다. 주의할 점은 관리단집회 결의에 의해서 지정된 구분소유자가 아니라는 점이다.

(2) 관리인의 권한과 의무

법령 체크

제25조【관리인의 권한과 의무】 ① 관리인은 다음 각 호의 행위를 할 권한과 의무를 가진다.

1. 공용부분의 보존행위

1의2. 공용부분의 관리 및 변경에 관한 관리단집회 결의를 집행하는 행위

2. 공용부분의 관리비용 등 관리단의 사무 집행을 위한 비용과 분담금을 각 구분소유자에게 청구·수령하는 행위 및 그 금원을 관리하는 행위

3. 관리단의 사업 시행과 관련하여 관리단을 대표하여 하는 재판상 또는 재판 외의 행위

3의2. 소음·진동·악취 등을 유발하여 공동생활의 평온을 해치는 행위의 중지 요청 또는 분쟁 조정절차 권고 등 필요한 조치를 하는 행위

4. 그 밖에 규약에 정하여진 행위

② 관리인의 대표권은 제한할 수 있다. 다만, 이로써 선의의 제3자에게 대항할 수 없다.

제26조【관리인의 보고의무 등】 ① 관리인은 대통령령으로 정하는 바에 따라 매년 1회 이상 구분소유자에게 그 사무에 관한 보고를 하여야 한다. → 의무사항

② 이해관계인은 관리인에게 제1항에 따른 보고 자료의 열람을 청구하거나 자기 비용으로 등본의 교부를 청구할 수 있다.

③ 이 법 또는 규약에서 규정하지 아니한 관리인의 권리의무에 관하여는 「민법」의 위임에 관한 규정을 준용한다.

3. 관리위원회

법령 체크

제26조의3【관리위원회의 설치 및 기능】 ① 관리단에는 규약으로 정하는 바에 따라 관리위원회를 둘 수 있다.
→ 필수기관이 아니다.

② 관리위원회는 이 법 또는 규약으로 정한 관리인의 사무 집행을 감독한다.

③ 제1항에 따라 관리위원회를 둔 경우 관리인은 제25조 제1항 각 호의 행위를 하려면 관리위원회의 결의를 거쳐야 한다. 다만, 규약으로 달리 정한 사항은 그러하지 아니하다.

제26조의4【관리위원회의 구성 및 운영】 ① 관리위원회의 위원은 구분소유자 중에서 관리단집회의 결의에 의하여 선출한다. 다만, 규약으로 관리단집회의 결의에 관하여 달리 정한 경우에는 그에 따른다.

② 관리인은 규약에 달리 정한 바가 없으면 관리위원회의 위원이 될 수 없다.

③ 관리위원회 위원의 임기는 2년의 범위에서 규약으로 정한다.

④ 제1항부터 제3항까지에서 규정한 사항 외에 관리위원회의 구성 및 운영에 필요한 사항은 대통령령으로 정한다.

⑤ 구분소유자의 승낙을 받아 전유부분을 점유하는 자는 제1항 본문에 따른 관리단집회에 참석하여 그 구분소유자의 의결권을 행사할 수 있다. 다만, 구분소유자와 점유자가 달리 정하여 관리단에 통지하거나 구분소유자가 집회 이전에 직접 의결권을 행사할 것을 관리단에 통지한 경우에는 그러하지 아니하다.

6 규약 및 집회

1. 규약

(1) 의의

규약이란 집합건물을 관리하기 위하여 각 구분소유자들이 합의에 의해서 만든 약관을 말한다. 그리고 건물과 대지 또는 부속시설의 관리 또는 사용에 관한 구분소유자들 사이의 사항 중 「집합건물의 소유 및 관리에 관한 법률」에서 규정하지 아니한 사항은 규약으로써 정할 수 있다(제28조 제1항).

(2) 규약의 설정 · 변경 · 폐지

규약의 설정 · 변경 및 폐지는 관리단집회에서 구분소유자의 4분의 3 이상 및 의결권의 4분의 3 이상의 찬성을 얻어서 한다. 이 경우 규약의 설정 · 변경 및 폐지가 일부 구분소유자의 권리에 특별한 영향을 미칠 때에는 그 구분소유자의 승낙을 받아야 한다(제29조 제1항).

2. 집회

(1) 집회의 권한

관리단의 사무는 이 법 또는 규약으로 관리인에게 위임한 사항 외에는 관리단집회의 결의에 따라 수행한다(제31조).

(2) 집회의 종류

법령 체크

의무사항, 필수사항이다.

제32조【정기 관리단집회】 관리인은 매년 회계연도 종료 후 3개월 이내에 정기 관리단집회를 소집하여야 한다.

제33조【임시 관리단집회】 ① 관리인은 필요하다고 인정할 때에는 관리단집회를 소집할 수 있다.

의무사항이 아닌 임의사항이다.

② 구분소유자의 5분의 1 이상이 회의의 목적사항을 구체적으로 밝혀 관리단집회의 소집을 청구하면 관리인은 관리단집회를 소집하여야 한다. 이 정수(定數)는 규약으로 감경할 수 있다.

③ 제2항의 청구가 있은 후 1주일 내에 관리인이 청구일부터 2주일 이내의 날을 관리단집회일로 하는 소집통지절차를 밟지 아니하면 소집을 청구한 구분소유자는 법원의 허가를 받아 관리단집회를 소집할 수 있다.

④ 관리인이 없는 경우에는 구분소유자의 5분의 1 이상은 관리단집회를 소집할 수 있다. 이 정수는 규약으로 감경할 수 있다.

(3) 집회의 소집통지

법령 체크

제34조【집회소집통지】 ① 관리단집회를 소집하려면 관리단집회일 1주일 전에 회의의 목적사항을 구체적으로 밝혀 각 구분소유자에게 통지하여야 한다. 다만, 이 기간은 규약으로 달리 정할 수 있다.

② 전유부분을 여럿이 공유하는 경우에 제1항의 통지는 제37조 제2항에 따라 정하여진 의결권을 행사할 자(그가 없을 때에는 공유자 중 1인)에게 통지하여야 한다.

제35조【소집절차의 생략】 관리단집회는 구분소유자 전원이 동의하면 소집절차를 거치지 아니하고 소집할 수 있다.

(4) 결의사항 및 의결권

법령 체크

통지하지 않은 사항에 대해서는 결의할 수 없다.

제36조【결의사항】 ① 관리단집회는 제34조에 따라 통지한 사항에 관하여만 결의할 수 있다.

② 제1항의 규정은 이 법에 관리단집회의 결의에 관하여 특별한 정수가 규정된 사항을 제외하고는 규약으로 달리 정할 수 있다.

③ 제1항과 제2항은 제35조에 따른 관리단집회에 관하여는 적용하지 아니한다.

전유부분의 면적비율

제37조【의결권】 ① 각 구분소유자의 의결권은 규약에 특별한 규정이 없으면 제12조에 규정된 지분비율에 따른다.

넓은 집에 사는 사람이 좁은 집에 사는 사람보다 의결권을 많이 가진다.

② 전유부분을 여럿이 공유하는 경우에는 공유자는 관리단집회에서 의결권을 행사할 1인을 정한다.

③ 구분소유자의 승낙을 받아 동일한 전유부분을 점유하는 자가 여럿인 경우에는 제16조 제2항, 제24조 제4항, 제26조의2 제2항 또는 제26조의4 제5항에 따라 해당 구분소유자의 의결권을 행사할 1인을 정하여야 한다.

(5) 의결방법

법령 체크

제38조【의결방법】 ① 관리단집회의 의사는 이 법 또는 규약에 특별한 규정이 없으면 구분소유자의 과반수 및 의결권의 과반수로써 의결한다.

② 의결권은 서면이나 전자적 방법(전자정보처리조직을 사용하거나 그 밖에 정보통신기술을 이용하는 방법으로서 대통령령으로 정하는 방법을 말한다. 이하 같다)으로 또는 대리인을 통하여 행사할 수 있다.

③ 제34조에 따른 관리단집회의 소집통지나 소집통지를 갈음하는 게시를 할 때에는 제2항에 따라 의결권을 행사할 수 있다는 내용과 구체적인 의결권 행사방법을 명확히 밝혀야 한다.

제41조【서면 또는 전자적 방법에 의한 결의 등】 ① 이 법 또는 규약에 따라 관리단집회에서 결의할 것으로 정한 사항에 관하여 구분소유자의 5분의 4 이상 및 의결권의 5분의 4 이상이 서면이나 전자적 방법 또는 서면과 전자적 방법으로 합의하면 관리단집회에서 결의한 것으로 본다. 다만, 제15조 제1항 제2호의 경우에는 구분소유자의 과반수 및 의결권의 과반수가 서면이나 전자적 방법 또는 서면과 전자적 방법으로 합의하면 관리단집회에서 결의한 것으로 본다.

② 구분소유자들은 미리 그들 중 1인을 대리인으로 정하여 관리단에 신고한 경우에는 그 대리인은 그 구분소유자들을 대리하여 관리단집회에 참석하거나 서면 또는 전자적 방법으로 의결권을 행사할 수 있다.

제42조【규약 및 집회의 결의의 효력】 ① 규약 및 관리단집회의 결의는 구분소유자의 특별승계인에 대하여도 효력이 있다.

7 의무위반자에 대한 조치

1. 구분소유자의 권리 · 의무 등

(1) 건물보존에 해로운 행위를 하지 않아야 할 의무

구분소유자는 건물의 보존에 해로운 행위나 그 밖에 건물의 관리 및 사용에 관하여 구분소유자 공동의 이익에 어긋나는 행위를 하여서는 아니 된다(제5조 제1항).

(2) 주거 이외의 용도로 사용, 증 · 개축 행위를 하지 않아야 할 의무

전유부분이 주거의 용도로 분양된 것인 경우에는 구분소유자는 정당한 사유 없이 그 부분을 주거 외의 용도로 사용하거나 그 내부 벽을 철거하거나 파손하여 증축 · 개축하는 행위를 하여서는 아니 된다(제5조 제2항).

(3) 구분소유자는 그 전유부분이나 공용부분을 보존하거나 개량하기 위하여 필요한 범위에서 다른 구분소유자의 전유부분 또는 자기의 공유(共有)에 속하지 아니하는 공용부분의 사용을 청구할 수 있다. 이 경우 다른 구분소유자가 손해를 입었을 때에는 보상하여야 한다(제5조 제3항).

2. 공동의 이익에 어긋나는 행위의 정지청구 등

법령 체크

제43조【공동의 이익에 어긋나는 행위의 정지청구 등】 ① 구분소유자가 제5조 제1항의 행위를 한 경우 또는 그 행위를 할 우려가 있는 경우에는 관리인 또는 관리단집회의 결의로 지정된 구분소유자는 구분소유자 공동의 이익을 위하여 그 행위를 정지하거나 그 행위의 결과를 제거하거나 그 행위의 예방에 필요한 조치를 할 것을 청구할 수 있다. → 주의할 점은 각 구분소유자가 아니다.
② 제1항에 따른 소송의 제기는 관리단집회의 결의가 있어야 한다.

3. 사용금지청구

법령 체크

제44조【사용금지의 청구】 ① 제43조 제1항의 경우에 제5조 제1항에 규정된 행위로 구분소유자의 공동생활상의 장해가 현저하여 제43조 제1항에 규정된 청구로는 그 장해를 제거하여 공용부분의 이용 확보나 구분소유자의 공동생활 유지를 도모함이 매우 곤란할 때에는 관리인 또는 관리단집회의 결의로 지정된 구분소유자는 소(訴)로써 적당한 기간 동안 해당 구분소유자의 전유부분 사용금지를 청구할 수 있다. → 사용금지 청구는 반드시 소송을 통해서 가능
② 제1항의 청구는 구분소유자의 4분의 3 이상 및 의결권의 4분의 3 이상의 관리단집회 결의가 있어야 한다.
③ 제1항의 결의를 할 때에는 미리 해당 구분소유자에게 변명할 기회를 주어야 한다.

4. 구분소유권의 경매

법령 체크

제45조【구분소유권의 경매】 ① 구분소유자가 제5조 제1항 및 제2항을 위반하거나 규약에서 정한 의무를 현저히 위반한 결과 공동생활을 유지하기 매우 곤란하게 된 경우에는 관리인 또는 관리단집회의 결의로 지정된 구분소유자는 해당 구분소유자의 전유부분 및 대지사용권의 경매를 명할 것을 법원에 청구할 수 있다.
② 제1항의 청구는 구분소유자의 4분의 3 이상 및 의결권의 4분의 3 이상의 관리단집회 결의가 있어야 한다.
③ 제2항의 결의를 할 때에는 미리 해당 구분소유자에게 변명할 기회를 주어야 한다.
④ 제1항의 청구에 따라 경매를 명한 재판이 확정되었을 때에는 그 청구를 한 자는 경매를 신청할 수 있다. 다만, 그 재판확정일부터 6개월이 지나면 그러하지 아니하다.
⑤ 제1항의 해당 구분소유자는 제4항 본문의 신청에 의한 경매에서 경락인이 되지 못한다.

5. 전유부분의 점유자에 대한 인도청구

법령 체크

제46조【전유부분의 점유자에 대한 인도청구】 ① 점유자가 제45조 제1항에 따른 의무위반을 한 결과 공동생활을 유지하기 매우 곤란하게 된 경우에는 관리인 또는 관리단집회의 결의로 지정된 구분소유자는 그 전유부분을 목적으로 하는 계약의 해제 및 그 전유부분의 인도를 청구할 수 있다. 임대차계약, 전세권설정계약
② 제1항의 경우에는 제44조 제2항 및 제3항을 준용한다.
③ 제1항에 따라 전유부분을 인도받은 자는 지체 없이 그 전유부분을 점유할 권원(權原)이 있는 자에게 인도하여야 한다.

• 따라서 구분소유자의 4분의 3 이상 및 의결권의 4분의 3 이상으로 결정하고 결의를 할 때에는 미리 해당 구분소유자에게 변명할 기회를 주어야 한다.

8 재건축

1. 재건축 결의

법령 체크

제47조【재건축 결의】 ① 건물 건축 후 상당한 기간이 지나 건물이 훼손되거나 일부 멸실되거나 그 밖의 사정으로 건물 가격에 비하여 지나치게 많은 수리비·복구비나 관리비용이 드는 경우 또는 부근 토지의 이용 상황의 변화나 그 밖의 사정으로 건물을 재건축하면 재건축에 드는 비용에 비하여 현저하게 효용이 증가하게 되는 경우에 관리단집회는 그 건물을 철거하여 그 대지를 구분소유권의 목적이 될 새 건물의 대지로 이용할 것을 결의할 수 있다. 다만, 재건축의 내용이 단지 내 다른 건물의 구분소유자에게 특별한 영향을 미칠 때에는 그 구분소유자의 승낙을 받아야 한다.
② 제1항의 결의는 구분소유자의 5분의 4 이상 및 의결권의 5분의 4 이상의 결의에 따른다.
③ 재건축을 결의할 때에는 다음 각 호의 사항을 정하여야 한다.
1. 새 건물의 설계 개요
2. 건물의 철거 및 새 건물의 건축에 드는 비용을 개략적으로 산정한 금액
3. 제2호에 규정된 비용의 분담에 관한 사항
4. 새 건물의 구분소유권 귀속에 관한 사항

④ 제3항 제3호 및 제4호의 사항은 각 구분소유자 사이에 형평이 유지되도록 정하여야 한다.
⑤ 제1항의 결의를 위한 관리단집회의 의사록에는 결의에 대한 각 구분소유자의 찬반 의사를 적어야 한다.

2. 재건축절차

법령 체크

제48조 【구분소유권 등의 매도청구 등】 ① 재건축의 결의가 있으면 집회를 소집한 자는 지체 없이 그 결의에 찬성하지 아니한 구분소유자(그의 승계인을 포함한다)에 대하여 그 결의 내용에 따른 재건축에 참가할 것인지 여부를 회답할 것을 서면으로 촉구하여야 한다. → 서면 또는 구두로 촉구하는 것이 아니라 반드시 서면으로 촉구해야 한다.
② 제1항의 촉구를 받은 구분소유자는 촉구를 받은 날부터 2개월 이내에 회답하여야 한다.
③ 제2항의 기간 내에 회답하지 아니한 경우 그 구분소유자는 재건축에 참가하지 아니하겠다는 뜻을 회답한 것으로 본다. → 회답이 없다는 것은 참가할 의사가 없는 것으로 보아 재건축 참가 거절로 본다.
④ 제2항의 기간이 지나면 재건축 결의에 찬성한 각 구분소유자, 재건축 결의 내용에 따른 재건축에 참가할 뜻을 회답한 각 구분소유자(그의 승계인을 포함한다) 또는 이들 전원의 합의에 따라 구분소유권과 대지사용권을 매수하도록 지정된 자(이하 '매수지정자'라 한다)는 제2항의 기간 만료일부터 2개월 이내에 재건축에 참가하지 아니하겠다는 뜻을 회답한 구분소유자(그의 승계인을 포함한다)에게 구분소유권과 대지사용권을 시가로 매도할 것을 청구할 수 있다. 재건축 결의가 있은 후에 이 구분소유자로부터 대지사용권만을 취득한 자의 대지사용권에 대하여도 또한 같다.
⑤ 제4항에 따른 청구가 있는 경우에 재건축에 참가하지 아니하겠다는 뜻을 회답한 구분소유자가 건물을 명도(明渡)하면 생활에 현저한 어려움을 겪을 우려가 있고 재건축의 수행에 큰 영향이 없을 때에는 법원은 그 구분소유자의 청구에 의하여 대금 지급일 또는 제공일부터 1년을 초과하지 아니하는 범위에서 건물 명도에 대하여 적당한 기간을 허락할 수 있다.
⑥ 재건축 결의일부터 2년 이내에 건물 철거공사가 착수되지 아니한 경우에는 제4항에 따라 구분소유권이나 대지사용권을 매도한 자는 이 기간이 만료된 날부터 6개월 이내에 매수인이 지급한 대금에 상당하는 금액을 그 구분소유권이나 대지사용권을 가지고 있는 자에게 제공하고 이들의 권리를 매도할 것을 청구할 수 있다. 다만, 건물 철거공사가 착수되지 아니한 타당한 이유가 있을 경우에는 그러하지 아니하다.

→ 재건축 결의가 있어서 참가할 의사가 없으므로 주택을 매도하고 나왔는데 결의일로부터 2년 이내에 철거공사가 착수되지 않았다면, 2년이 만료하고 6개월 이내에 대금을 지급하고 다시 매수할 수 있다는 것이다.

→ 재건축에 참가하지 않는 구분소유자에게 구분소유권을 시가로 매도하라고 요구할 수 있다. 즉, 재건축에 참가하지 않을 거면 주택을 팔고 나가라는 것이다.

기출로 **포인트 정리**

출제예상 OX지문

❶ 관리단에는 규약으로 정하는 바에 따라 관리위원회를 둘 수 있다. (O | X) 24회

❷ 관리인은 구분소유자일 필요가 없으며, 그 임기는 2년의 범위에서 규약으로 정한다. (O | X) 24회

대표기출

집합건물의 소유 및 관리에 관한 법률에 관한 설명으로 옳은 것을 모두 고른 것은?

31회

ㄱ 각 공유자는 공용부분을 그 용도에 따라 사용할 수 있다.
ㄴ 전유부분에 관한 담보책임의 존속기간은 사용검사일부터 기산한다.
ㄷ 구조상 공용부분에 관한 물권의 득실변경은 그 등기를 해야 효력이 발생한다.
ㄹ 분양자는 원칙적으로 전유부분을 양수한 구분소유자에 대하여 담보책임을 지지 않는다.

① ㄱ
② ㄷ
③ ㄱ, ㄴ
④ ㄱ, ㄹ
⑤ ㄴ, ㄷ, ㄹ

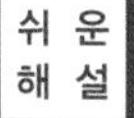

출제예상 OX지문

❶ O 관리단에는 규약으로 정하는 바에 따라 관리위원회를 둘 수 있다(제26조의3 제1항).

❷ O 관리인은 구분소유자일 필요가 없으며, 그 임기는 2년의 범위에서 규약으로 정한다(제24조 제2항).

대표기출 정답 ①

ㄱ 각 공유자는 공용부분을 그 용도에 따라 사용할 수 있다(제11조).
ㄴ 전유부분에 관한 담보책임의 존속기간은 구분소유자에게 인도한 날부터 기산한다(제9조의2 제2항 제1호).
ㄷ 공용부분은 전유부분을 위해서 존재하기 때문에 공용부분에 대한 지분은 전유부분의 처분에 따른다. 따라서 공용부분에 관한 물권의 득실변경은 별도로 등기를 요하지 않는다(제13조 제3항).
ㄹ 분양자는 담보책임을 부담하며 최초의 수분양자가 아닌 전유부분을 양수한 구분소유자, 즉 현재의 구분소유자에게 담보책임을 진다(대판 2003.2.11, 2001다47733).

CHAPTER

05

부동산 실권리자명의 등기에 관한 법률

출 제 포 인 트

097 부동산 실권리자명의 등기에 관한 법률

[10개년 출제회차] 24, 25, 26, 27, 28, 29, 30, 31, 32, 33회

시작이 쉬운 길잡이

Q

아파트만 3채를 소유하고 있는 돈 많은 대운 씨. 이번에 투자목적으로 토지를 매입했는데 매도인에게 부탁을 해서 자신의 명의로 하지 않고 아내 앞으로 등기하기로 약속하고 등기를 했습니다. 여러분, 이것을 무엇이라고 할까요?

A

대운 씨는 부동산의 등기명의를 자신의 아내에게 대신 맡겨두기로 약정하고 이전등기를 해둔 겁니다. 여기서 부동산의 등기명의를 대신 맡겨두기로 하는 약정을 명의신탁약정이라고 합니다.

출제포인트의 중요 키워드는 본문에서 꼭 체크하세요 ▶ **구분소유적 공유관계, 명의신탁약정**

1 적용제외

1. 양도담보와 가등기담보

채무의 변제를 담보하기 위하여 채권자가 부동산에 관한 물권을 이전받거나 가등기하는 경우, 즉 양도담보나 가등기담보에 대해서는 「부동산 실권리자명의 등기에 관한 법률」(이하 '부동산실명법'이라 한다) 자체가 적용되지 않는다. 이 경우 일정한 요건하에서 「가등기담보 등에 관한 법률」이 적용될 수 있다.

2. 상호명의신탁 ⟶ 구분소유적 공유관계

부동산의 위치와 면적을 특정하여 2인 이상이 구분소유하기로 하는 약정을 하고 그 구분소유자의 공유로 등기하는 경우, 즉 구분소유적 공유관계에 대해서는 부동산실명법 자체가 적용되지 않는다.

(1) 의의

① 예컨대, 甲 소유 1필의 토지를 乙과 丙이 특정하여 매수하면서 분필등기를 하지 않고 그 토지 전체에 대해서 공유지분이전등기를 하는 경우와 같이 등기상으로는 토지 전체에 대해서 공유등기가 경료되어 있으나 내부적으로는 乙과 丙이 그 토지를 구분하여 특정부분만 배타적으로 사용·수익하는 관계를 구분소유적 공유관계라고 한다.

② 구분소유관계가 성립하기 위해서는 어떤 토지에 대해서 그 위치와 면적을 특정해서 2인 이상이 구분소유하기로 하는 약정이 있어야 한다(대판 2005.4.29, 2004다71409).

(2) 법적 성질

토지 중 일부를 특정하여 매수하고 다만 그 소유권이전등기만을 편의상 토지 전체에 관하여 공유지분이전등기로 한 경우 그 특정부분 이외의 부분에 관한 등기는 상호명의신탁관계에 있다(대판 1989.4.25, 88다카7184).

(3) 대내관계

대내적으로는 각 구분소유적 공유자는 특정부분에 대해서만 소유권을 취득한다.

① 구분소유적 공유자가 자신의 권리를 제3자에게 처분하는 경우

㉠ 각 공유지분권자는 특정부분에 대해서 소유권을 취득하므로 다른 공유자의 동의 없이 단독으로 그 특정부분에 대한 소유권을 제3자에게 처분할 수 있다. 따라서 특정부분에 대한 표상으로서 지분이전등기를 경료해 준 경우에는 제3자에게 구분소유적 공유관계가 승계된다.

㉡ 다만, 등기부의 기재대로 1필지 전체에 대한 진정한 공유지분으로 처분하는 경우에는 제3자는 그 부동산 전체에 대한 공유지분을 취득하고 구분소유적 공유관계는 소멸한다. 그리고 이것은 경매에서도 동일하다.

② 사용·수익권: 각 공유지분권자는 특정부분에 대해서 소유권을 취득하므로 그 특정부분에 대해서는 배타적으로 사용·수익할 수 있다.

③ 다른 구분소유자의 방해 행위가 있는 경우: 소유권에 기해서 방해배제를 청구할 수 있다.

④ 구분소유적 공유관계의 해소: 이미 내부적으로 분할되어 있으므로 공유물 분할이 아니라 상호명의신탁의 해지에 의한다.

(4) 대외관계

대외적으로는 1필의 토지 전부에 대해서 공유관계가 성립하므로 공유자로서의 권리만 주장할 수 있다. 따라서 제3자의 방해 행위가 있으면 각 구분소유자는 자신의 구분소유 부분뿐만이 아니라 토지 전부에 대해서 공유물의 보존행위로서 제3자에 대해서 방해제거를 청구할 수 있다(대판 1994.2.8, 93다42986).

3. 「신탁법」상의 신탁

「신탁법」 또는 「자본시장과 금융투자업에 관한 법률」에 따른 신탁재산인 사실을 등기한 경우에 대해서는 부동산실명법 자체가 적용되지 않는다.

2 종중, 배우자 및 종교단체에 대한 특례

법령 체크

제8조【종중, 배우자 및 종교단체에 대한 특례】 다음 각 호의 어느 하나에 해당하는 경우로서 조세 포탈, 강제집행의 면탈(免脫) 또는 법령상 제한의 회피를 목적으로 하지 아니하는 경우에는 제4조부터 제7조까지 및 제12조 제1항부터 제3항까지를 적용하지 아니한다.

1. 종중(宗中)이 보유한 부동산에 관한 물권을 종중(종중과 그 대표자를 같이 표시하여 등기한 경우를 포함한다) 외의 자의 명의로 등기한 경우
2. 배우자 명의로 부동산에 관한 물권을 등기한 경우
3. 종교단체의 명의로 그 산하조직이 보유한 부동산에 관한 물권을 등기한 경우

부칙 제2조【종교단체에 대한 특례 규정의 적용례】 제8조 제3호의 개정규정은 이 법 시행 전에 종교단체의 명의로 그 산하 조직이 보유한 부동산에 관한 물권을 등기한 경우로서 조세 포탈, 강제집행의 면탈 또는 법령상 제한의 회피를 목적으로 하지 아니하는 경우에는 법률 제4944호 「부동산 실권리자명의 등기에 관한 법률」의 시행일로 소급하여 적용한다.

1. 원칙 → 종중, 배우자, 종교단체의 명의신탁에 대해서도 부동산실명법은 적용된다.

종중이 보유한 부동산에 관한 물권을 종중(종중과 그 대표자를 같이 표시하여 등기한 경우를 포함한다) 외의 자의 명의로 등기한 경우, 배우자 명의로 부동산에 관한 물권을 등기한 경우, 종교단체의 명의로 그 산하조직이 보유한 부동산에 관한 물권을 등기한 경우에도 부동산실명법은 적용된다. 따라서 명의신탁약정은 무효이다.

2. 예외

(1) 종중, 배우자(법률상의 배우자), 종교단체의 명의신탁이 조세 포탈, 강제집행의 면탈(免脫) 또는 법령상 제한의 회피를 목적으로 하지 아니하는 경우에 한하여 예외적으로 부동산실명법이 적용되지 않는다. 즉, 적용에서 제외된다. 따라서 명의신탁약정은 유효이다.

(2) 특히, 최근에 개정된 내용에 의하면 부동산실명법 시행 전에 종교단체의 명의로 그 산하조직이 보유한 부동산에 관한 물권을 등기한 경우로서 조세 포탈, 강제집행의 면탈 또는 법령상 제한의 회피를 목적으로 하지 아니하는 경우에는 법률 제4944호 부동산실명법의 시행일로 소급하여 적용한다.

3 유효인 명의신탁에서의 법률관계(판례)

명의신탁약정이 유효인 경우에는 대내관계와 대외관계로 구별해서 이해한다.

1. 대내관계

신탁자와 수탁자 사이에서는 여전히 신탁자가 소유권자로서 지위를 가진다. 따라서 신탁자는 언제라도 명의신탁약정을 해지하고 수탁자를 상대로 이전등기나 말소등기를 청구할 수 있다. 그리고 이 권리는 소유권에 기한 방해제거청구권에 해당하므로 소멸시효에 걸리지 않는다.

2. 대외관계

(1) 대외적으로, 즉 제3자에 대한 관계에서는 등기명의자인 수탁자가 소유권자로 취급되므로 수탁자가 대외적으로 소유권을 행사하게 된다. 따라서 수탁자가 제3자에게 처분하면 제3자는 소유권자의 지위를 승계하므로 제3자 보호규정이 없어도 당연히 선의·악의를 불문하고 소유권을 취득한다.

(2) 물권적 청구권은 누가 행사할까?

① 명의신탁이 유효인 경우, 신탁자가 수탁자를 대위함이 없이 제3자에 대하여 직접 신탁재산에 대한 침해의 배제를 청구할 수 있을까?

정답 | 대외적으로 명의수탁자가 소유권자이므로 물권적 청구권을 행사하고 명의신탁자는 직접 행사하지 못하고 명의수탁자의 물권적 청구권을 대위한다.

판례 | 재산을 타인에게 신탁한 경우 대외적인 관계에 있어서는 수탁자만이 소유권자로서 그 재산에 대한 제3자의 침해에 대하여 배제를 구할 수 있으며, 신탁자는 수탁자를 대위하여 수탁자의 권리를 행사할 수 있을 뿐 직접 제3자에게 신탁재산에 대한 침해의 배제를 구할 수 없다(대판 전합체 1979.9.25, 77다1079).

② 부동산실명법에 의한 유예기간 내에 실명등기를 하지 아니한 경우, 즉 명의신탁약정이 무효인 경우, 명의수탁자가 소유권에 기한 물권적 청구권을 행사할 수 있을까?

정답 | 명의신탁이 무효인 경우에는 대내·대외적으로 신탁자가 소유권자이므로 수탁자는 물권적 청구권을 행사하지 못한다.

4 부동산실명법의 적용을 받는 명의신탁의 유형 및 법률관계

1. 양자 간 명의신탁에서의 쟁점

법령 체크

제4조【명의신탁약정의 효력】 ① 명의신탁약정은 무효로 한다.

② 명의신탁약정에 따른 등기로 이루어진 부동산에 관한 물권변동은 무효로 한다. 다만, 부동산에 관한 물권을 취득하기 위한 계약에서 명의수탁자가 어느 한쪽 당사자가 되고 상대방 당사자는 명의신탁약정이 있다는 사실을 알지 못한 경우에는 그러하지 아니하다.

③ 제1항 및 제2항의 무효는 제3자에게 대항하지 못한다.

(1) 명의신탁약정이 무효인 경우에는 물권변동 자체가 무효이므로 대내관계와 대외관계로 구별하지 않고 언제나 신탁자가 소유권자이다.

(2) 신탁자와 수탁자 사이의 명의신탁약정은 부동산실명법 위반으로 무효이므로 수탁자명의의 등기도 무효이다. 따라서 여전히 신탁자가 소유권자이므로 신탁자는 수탁자를 상대로 소유권에 기한 방해제거로서 말소등기청구권 또는 이전등기청구권을 행사할 수 있다.

명의신탁약정이 무효인 경우 명의수탁자의 등기는 무효등기이므로 명의신탁자가 명의수탁자를 상대로 원인무효를 이유로 위 등기의 말소를 구하거나 진정명의회복을 원인으로 한 이전등기를 구할 수 있다(대판 2002.9.6, 2002다35157).

(3) 명의신탁약정이 무효인 경우 명의신탁자는 명의신탁 해지를 원인으로 하는 소유권이전등기를 청구할 수 있을까?

정답 | 청구할 수 없다.

판례 | 유예기간이 경과한 날 이후부터 명의신탁약정과 그에 따라 행하여진 등기에 의한 부동산에 관한 물권변동이 무효가 되므로, 명의신탁자는 더 이상 명의신탁 해지를 원인으로 하는 소유권이전등기를 청구할 수 없다(대판 2007.6.14, 2005다5140).

(4) 명의수탁자와 거래한 제3자는 보호받을까?

정답 | ① 명의수탁자와 거래한 제3자는 선의·악의를 불문하고 보호를 받는다(제4조 제3항). 즉, 선의·악의를 불문하고 소유권을 취득한다.

② 명의수탁자의 등기는 무효등기이므로 수탁자는 무권리자이다. 따라서 수탁자와 거래한 제3자는 보호받지 못할 것이다. 그러나 제3자 보호규정이 있으므로 제3자는 선의·악의를 불문하고 보호받게 된다.

(5) 양자 간 등기명의신탁에서 명의수탁자가 신탁부동산을 처분하여 제3취득자가 유효하게 소유권을 취득하고 이로써 명의신탁자가 신탁부동산에 대한 소유권을 상실하였다면, 명의신탁자의 소유권에 기한 물권적 청구권, 즉 말소등기청구권이나 진정명의회복을 원인으로 한 이전등기청구권도 더 이상 그 존재 자체가 인정되지 않는다. 그 후 명의수탁자가 우연히 신탁부동산의 소유권을 다시 취득하였다고 하더라도 명의신탁자가 신탁부동산의 소유권을 상실한 사실에는 변함이 없으므로, 여전히 물권적 청구권은 그 존재 자체가 인정되지 않는다(대판 2013.2.28, 2010다89814).

2. 등기명의신탁 ⟶ 중간생략형 명의신탁

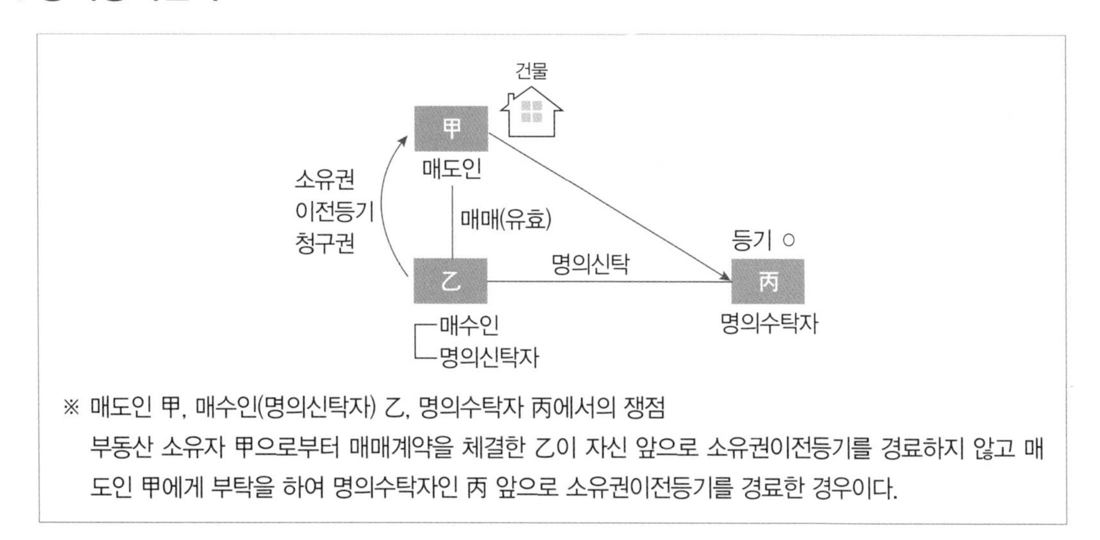

※ 매도인 甲, 매수인(명의신탁자) 乙, 명의수탁자 丙에서의 쟁점
부동산 소유자 甲으로부터 매매계약을 체결한 乙이 자신 앞으로 소유권이전등기를 경료하지 않고 매도인 甲에게 부탁을 하여 명의수탁자인 丙 앞으로 소유권이전등기를 경료한 경우이다.

(1) 명의신탁자 乙과 명의수탁자 丙 사이의 명의신탁약정은 부동산실명법 위반으로 무효이다.

(2) 명의신탁약정이 무효이므로 명의수탁자 丙 명의 등기도 원인무효등기이다.

(3) 따라서 소유자는 여전히 매도인 甲이다.

(4) 매도인 甲과 매수인 乙 사이의 매매계약은 아무런 영향이 없으므로 유효이다.

(5) 매매계약이 유효이므로 매수인 乙은 매도인 甲에게 소유권이전등기청구권을 가지고 있다. 그리고 매수인 乙이 소유권을 취득하기 위해서는 등기를 경료해야 하는데, 매수인 乙은 단순히 채권자(소유권이전등기청구권)에 불과하므로 명의수탁자 丙 명의의 무효등기에 대해서 직접 말소를 청구하지 못한다.

(6) 따라서 매수인 乙은 매도인 甲이 丙에게 가지고 있는 말소등기청구권을 대위행사하고 등기명의가 甲에게 복귀하면 순차적으로 매도인 甲에게 소유권이전등기청구권을 행사해서 이전등기를 경료하면 매수인 乙은 소유권을 취득한다.

(7) 만약 丙이 乙에게 직접 이전등기를 경료해 주었다면 乙 명의의 등기는 실체관계에 부합하므로 유효등기이다.

(8) 명의신탁자 乙은 명의수탁자 丙을 상대로 부당이득반환을 원인으로 소유권이전등기를 청구할 수 없다.

(9) 명의수탁자 丙 명의의 무효등기를 기초로 이해관계를 맺은 제3자(A)는 제3자 보호규정에 의해서 선의·악의를 불문하고 보호받는다.

3. 계약명의신탁

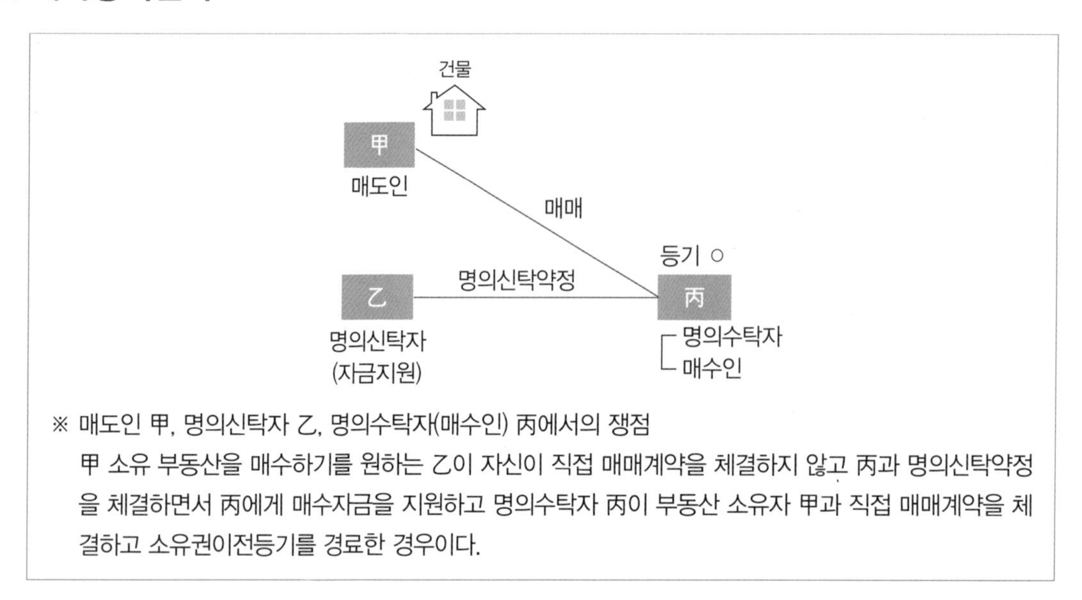

※ 매도인 甲, 명의신탁자 乙, 명의수탁자(매수인) 丙에서의 쟁점
甲 소유 부동산을 매수하기를 원하는 乙이 자신이 직접 매매계약을 체결하지 않고 丙과 명의신탁약정을 체결하면서 丙에게 매수자금을 지원하고 명의수탁자 丙이 부동산 소유자 甲과 직접 매매계약을 체결하고 소유권이전등기를 경료한 경우이다.

(1) 명의신탁자 乙과 명의수탁자 丙 사이의 명의신탁약정은 부동산실명법 위반으로 무효이다.

(2) 乙과 丙 사이에 명의신탁약정이 있다는 것을 매도인 甲이 몰랐다(선의)면 甲과 丙 사이의 매매계약은 유효이므로 명의수탁자 丙 명의의 등기는 유효등기이다. 따라서 명의수탁자 丙은 소유권을 취득한다.

(3) 만약 乙과 丙 사이에 명의신탁약정이 있다는 것을 매도인 甲이 알았다(악의)면 甲과 丙 사이의 매매계약은 무효이고 丙 명의의 등기는 무효등기이므로 여전히 소유자는 甲이다. 따라서 甲은 丙을 상대로 말소등기를 청구할 수 있다.

(4) 명의신탁자 乙이 명의수탁자 丙에게 부당이득반환청구권을 행사할 수 있는지 여부

乙과 丙 사이에 명의신탁약정이 있다는 것을 매도인 甲이 몰랐다(선의)면 甲과 丙 사이의 매매계약은 유효이므로 명의수탁자 丙 명의의 등기는 유효등기이다. 따라서 명의수탁자 丙은 소유권을 취득한다. 이 경우 명의신탁자 乙과 명의수탁자 丙 사이의 명의신탁약정은 부동산실명법 위반으로 무효이고 명의신탁약정은 불법원인급여가 아니므로 乙은 丙에게 부당이득반환청구권을 행사할 수 있다. 그런데 무엇이 부당이득일까?

① 부동산실명법 시행 전

㉠ 명의수탁자 丙(매수인) 앞으로 소유권이전등기가 경료된 경우: 명의수탁자는 명의신탁자에게 자신이 취득한 당해 부동산을 부당이득으로 반환할 의무가 있다(대판 2002.12.26, 2000다21123). 즉, 신탁자는 수탁자를 상대로 부동산 자체를 부당이득으로 반환청구할 수 있다.

ⓛ 명의수탁자 丙(매수인) 앞으로 소유권이전등기가 경료되지 않은 경우

ⓐ 매수자금이 부당이득이다.

ⓑ **판례**: 당해 부동산의 소유권이전등기를 명의수탁자 명의로 마치지 못한 상태에서 부동산실명법 제11조에서 정한 유예기간이 경과하였다면, 명의신탁약정의 무효에도 불구하고 명의수탁자와 소유자의 매매계약 자체는 유효한 것으로 취급되는데, 이 경우 명의수탁자는 명의신탁약정에 따라 명의신탁자가 제공한 비용으로 소유자에게 매매대금을 지급하고 당해 부동산을 매수한 매수인의 지위를 취득한 것에 불과하지 당해 부동산에 관한 소유권을 취득하는 것은 아니므로, 유예기간 경과에 따른 명의신탁약정의 무효로 인하여 명의신탁자가 입게 되는 손해는 당해 부동산 자체가 아니라 명의수탁자에게 제공한 매수자금이고, 그 후 명의수탁자가 당해 부동산에 관한 소유권을 취득하게 되었다고 하더라도 이로 인하여 부당이득 반환 대상이 달라진다고 할 수는 없다(대판 2011.5.26, 2010다21214).

② 부동산실명법 시행 후

㉠ 계약명의신탁약정이 부동산실명법 시행 후인 경우에는 명의신탁자는 애초부터 당해 부동산의 소유권을 취득할 수 없었으므로 위 명의신탁약정의 무효로 인하여 명의신탁자가 입은 손해는 당해 부동산 자체가 아니라 명의수탁자에게 제공한 매수자금이라 할 것이고, 따라서 명의수탁자는 당해 부동산 자체가 아니라 명의신탁자로부터 제공받은 매수자금을 부당이득하였다고 할 것이다(대판 2005.1.28, 2002다66922).

㉡ 이른바 계약명의신탁에 있어 명의신탁자가 명의수탁자에 대하여 가지는 매매대금 상당의 부당이득반환청구권은 소유권 등에 기한 부동산의 반환청구권과 동일한 법률관계나 사실관계로부터 발생한 채권이라고 볼 수 없으므로 민법 제320조 제1항에서 정한 유치권 성립요건으로서의 목적물과 채권 사이의 견련관계를 인정할 수 없다(대판 2009.3.26, 2008다34828). 즉, 부당이득반환청구권과 목적물 사이에 견련성이 인정되지 않으므로 유치권은 성립하지 않는다.

4. 적중판례

(1) 매도인의 선의 · 악의 판단시기

「부동산 실권리자명의 등기에 관한 법률」 제4조 제2항 단서는 부동산 거래의 상대방을 보호하기 위한 것으로 상대방이 명의신탁약정이 있다는 사실을 알지 못한 채 물권을 취득하기 위한 계약을 체결한 경우 그 계약과 그에 따른 등기를 유효라고 한 것이다. 명의신탁자와 명의수탁자가 계약명의신탁약정을 맺고 명의수탁자가 당사자가 되어 매도인과 부동산에 관한 매매계약을 체결하는 경우 그 계약과 등기의 효력은 매매계약을 체결할 당시 매도인의 인식을 기준으로 판단해야 하고, 매도인이 계약체결 이후에 명의신탁약정 사실을 알

게 되었다고 하더라도 위 계약과 등기의 효력에는 영향이 없다(대판 2018.4.10, 2017다257715).

(2) 당사자

어떤 사람이 타인을 통하여 부동산을 매수하면서 매수인 명의 및 소유권이전등기 명의를 타인명의로 하기로 한 경우에, 매수인 및 등기 명의의 신탁관계는 그들 사이의 내부적인 관계에 불과하므로, 상대방이 명의신탁자를 매매당사자로 이해하였다는 등의 특별한 사정이 없는 한 대외적으로는 계약명의자인 타인을 매매당사자로 보아야 하며, 설령 상대방이 명의신탁관계를 알고 있었더라도 상대방이 계약명의자인 타인이 아니라 명의신탁자에게 계약에 따른 법률효과를 직접 귀속시킬 의도로 계약을 체결하였다는 등의 특별한 사정이 인정되지 아니하는 한 마찬가지이다(대판 2016.7.22, 2016다207928).

(3) 신탁자와 수탁자가 명의신탁약정을 맺고, 그에 따라 수탁자가 당사자가 되어 명의신탁약정의 존재 사실을 알지 못하는 소유자와 부동산에 관한 매매계약을 체결한 계약명의신탁에서 신탁자와 수탁자 간의 명의신탁약정이 「부동산 실권리자명의 등기에 관한 법률」이 정한 유예기간의 경과로 무효가 되었다면, 특별한 사정이 없는 한 신탁자와 수탁자 간에 명의신탁약정과 함께 이루어진 부동산 매입의 위임 약정 역시 무효로 되고, 이 경우 신탁자와 수탁자 사이에 신탁자의 요구에 따라 부동산의 소유 명의를 이전하기로 한 약정도 명의신탁약정이 유효함을 전제로 명의신탁 부동산 자체의 반환을 구하는 범주에 속하는 것에 해당하여 역시 무효로 된다(대판 2015.9.10, 2013다55300).

(4) 계약명의신탁의 당사자들이 명의신탁약정이 유효한 것, 즉 명의신탁자가 이른바 내부적 소유권을 가지는 것을 전제로 하여 장차 명의신탁자 앞으로 목적부동산에 관한 소유권등기를 이전하거나 부동산의 처분대가를 명의신탁자에게 지급하는 것 등을 내용으로 하는 약정을 하였다면 이는 명의신탁약정을 무효라고 정하는 「부동산 실권리자명의 등기에 관한 법률」 제4조 제1항에 좇아 무효이다. 그러나 명의수탁자가 앞서 본 바와 같이 명의수탁자의 완전한 소유권 취득을 전제로 하여 사후적으로 명의신탁자와의 사이에 위에서 본 매수자금반환의무의 이행에 갈음하여 명의신탁된 부동산 자체를 양도하기로 합의하고 그에 기하여 명의신탁자 앞으로 소유권이전등기를 마쳐준 경우에는 그 소유권이전등기는 새로운 소유권 이전의 원인인 대물급부의 약정에 기한 것이므로 약정이 무효인 명의신탁약정을 명의신탁자를 위하여 사후에 보완하는 방책에 불과한 등의 다른 특별한 사정이 없는 한 유효이다(대판 2014.8.20, 2014다30483).

기출로 포인트 정리

출제예상 OX지문

❶ 양자 간 등기명의신탁의 경우 신탁자는 수탁자에게 명의신탁약정의 해지를 원인으로 소유권이전등기를 청구할 수 없다. (O | X) 26회

❷ 3자 간 등기명의신탁의 경우 수탁자가 자진하여 신탁자에게 소유권이전등기를 해주더라도, 그 등기는 무효이다. (O | X) 26회

❸ 명의신탁약정의 무효는 악의의 제3자에게 대항할 수 있다. (O | X) 26회

대표기출

2013.10.26. 甲은 친구 乙과 명의신탁약정을 하였다. 그 후 甲은 丙 소유의 X토지를 매수하면서 丙에게 부탁하여 乙 명의로 소유권이전등기를 하였고, X토지는 현재 甲이 점유하고 있다. 다음 설명 중 옳은 것은? (다툼이 있으면 판례에 따름) 25회

① 乙은 甲에게 X토지의 반환을 청구할 수 없다.
② 甲은 丙에게 X토지의 소유권이전을 청구할 수 없다.
③ 丙은 乙에게 X토지의 소유권이전등기말소를 청구할 수 없다.
④ 甲은 乙에게 부당이득반환을 원인으로 소유권이전등기를 청구할 수 있다.
⑤ 甲은 乙에게 부당이득반환청구권을 피담보채권으로 하여 유치권을 주장할 수 있다.

기출로 **포인트 정리**

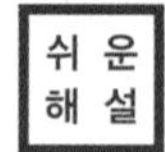

출제예상 OX지문

❶ O 해지는 계약이 유효인 경우에 인정되는 권리이고, 양자 간의 등기명의신탁은 무효이므로 신탁자는 수탁자에게 명의신탁약정의 해지를 원인으로 소유권이전등기를 청구할 수 없다.

❷ X 3자 간 등기명의신탁의 경우 수탁자가 자진하여 신탁자에게 소유권이전등기를 해준 경우, 이는 실체권리관계에 부합하므로 유효이다.

❸ X 명의신탁약정의 무효는 제3자에게 대항하지 못한다. 이때 제3자의 선의·악의는 불문한다(제4조 제3항).

대표기출 정답 ①

① 甲과 丙 사이의 매매계약은 유효이지만 甲과 乙 사이의 명의신탁약정은 무효이므로 乙 명의의 등기는 무효등기이다. 따라서 여전히 매도인 丙이 소유권자이고 명의수탁자 乙은 소유자가 아니므로 甲에게 X토지의 반환을 청구할 수 없다.

② 甲과 丙 사이의 매매계약은 유효이므로 매수인 甲은 매도인 丙에게 X토지의 소유권이전을 청구할 수 있다.

③ 여전히 소유권자는 丙이므로 丙은 명의수탁자 乙에게 X토지의 소유권이전등기말소를 청구할 수 있다.

④ 부동산의 소유권자는 여전히 丙이므로 명의신탁자 甲은 명의수탁자 乙에게 부당이득반환을 원인으로 소유권이전등기를 청구할 수 없다.

⑤ 부당이득반환청구권은 목적물과 견련성이 없으므로 유치권은 성립하지 않는다(판례).

쉽지 않은 전문직 기출문제

001

변리사 ★★★

甲은 乙에 대한 1억원의 대여금채권을 담보하기 위해 乙 소유의 부동산(가액 3억원)에 가등기를 마쳤고, 그 후 丙이 그 부동산에 저당권설정등기를 마쳤다. 이에 관한 설명으로 옳은 것은? (다툼이 있으면 판례에 따름)

① 甲이 담보권 실행을 통지할 때에 청산금이 없더라도 2개월의 청산기간이 지나기 전에는 가등기에 기한 본등기를 청구할 수 없다.

② 甲이 담보권 실행을 통하여 우선변제받게 되는 이자나 지연배상금 등 피담보채권의 범위는 청산금 지급 당시를 기준으로 확정된다.

③ 甲이 담보권 실행을 통지하고 2개월의 청산기간이 지난 경우, 청산금의 지급이 없더라도 乙은 대여금을 변제하고 가등기말소를 청구할 수는 없다.

④ 甲이 주관적으로 평가한 청산금의 액수가 정당하게 평가된 청산금의 액수에 미치지 못하면 담보권 실행 통지는 효력이 없다.

⑤ 甲이 담보권 실행을 위해 통지하여야 할 청산금의 평가액은 통지 당시의 목적부동산 가액에서 그 당시의 목적부동산에 존재하는 모든 피담보채권액을 공제한 차액이다.

해설

시험명	변리사 2019년 제56회
출제포인트	095 가등기담보권의 실행
핵심 키워드	담보권 실행

① 청산금이 없는 경우에도 청산기간이 경과해야 본등기를 할 수 있다. 따라서 甲이 담보권 실행을 통지할 때에 청산금이 없더라도 2개월의 청산기간이 지나기 전에는 가등기에 기한 본등기를 청구할 수 없다.

② 甲이 담보권 실행을 통하여 우선변제받게 되는 이자나 지연배상금 등 피담보채권의 범위는 통지 당시를 기준으로 확정된다.

③ 채무자 등은 채권자로부터 청산금을 받기 전까지는 채무를 변제하고 말소등기를 청구할 수 있다. 따라서 甲이 담보권 실행을 통지하고 2개월의 청산기간이 지난 경우에도 청산금의 지급이 없다면 乙은 대여금을 변제하고 가등기말소를 청구할 수 있다.

④ 甲이 주관적으로 평가한 청산금의 액수가 정당하게 평가된 청산금의 액수에 미치지 못하는 경우에도 담보권 실행 통지는 효력이 있다.

⑤ 청산금은 통지 당시 목적부동산의 가액에서 피담보채권(선순위권리자가 있는 경우에는 그 채권을 포함한다)을 공제한 차액을 말한다. 후순위권리자의 채권은 포함하지 않는다.

정답 | 001 ①

002

감정평가사 변형 ★★★

부동산 실권리자명의 등기에 관한 법률상 명의신탁에 관한 설명으로 옳은 것은? (다툼이 있으면 판례에 따름)

① 투기 · 탈세 등의 방지라는 법의 목적상 명의신탁은 그 자체로 선량한 풍속 기타 사회질서에 위반한다.
② 명의신탁이 무효인 경우, 신탁자와 수탁자가 혼인하면 명의신탁약정이 체결된 때로부터 위 명의신탁은 유효하게 된다.
③ 부동산 명의신탁약정의 무효는 수탁자로부터 그 부동산을 취득한 악의의 제3자에게 대항할 수 있다.
④ 「농지법」에 따른 제한을 피하기 위하여 명의신탁을 한 경우에도 그에 따른 수탁자 명의의 소유권이전등기가 불법원인급여라고 할 수 없다.
⑤ 구분소유적 공유관계의 해소는 상호명의신탁의 해지가 아닌 공유물의 분할에 의한다.

해설

④ 명의신탁은 반사회적 법률행위에 해당하지 않는다. 따라서 「농지법」에 따른 제한을 피하기 위하여 명의신탁을 한 경우에도 그에 따른 수탁자 명의의 소유권이전등기가 불법원인급여라고 할 수 없다.
① 명의신탁은 반사회적 법률행위에 해당하지 않는다.
② 신탁자와 수탁자가 혼인하면 혼인한 때로부터 위 명의신탁은 유효하게 된다.
③ 부동산실명법에는 제3자 보호규정이 있다. 따라서 부동산 명의신탁약정의 무효는 수탁자로부터 그 부동산을 취득한 악의의 제3자에게 대항할 수 없다.
⑤ 구분소유적 공유관계의 해소는 이미 구분되어 있기 때문에 공유물분할이 아니라 상호명의신탁의 해지에 의한다.

시험명	감정평가사 2021년 제32회
출제포인트	097 부동산 실권리자명의 등기에 관한 법률
핵심 키워드	명의신탁약정

003

감정평가사 ★★★

2020년 5월 신탁자 甲과 그의 친구인 수탁자 乙이 X부동산에 대하여 명의신탁약정을 한 후, 乙이 직접 계약당사자가 되어 丙으로부터 X를 매수하고 소유권이전등기를 마쳤다. 다음 설명으로 옳지 않은 것은? (다툼이 있으면 판례에 따름)

① 甲 과 乙 사이의 명의신탁약정은 무효이다.

② 丙이 甲 · 乙 사이의 명의신탁약정 사실을 몰랐다면 乙은 X의 소유권을 취득한다.

③ 丙이 甲 · 乙 사이의 명의신탁약정 사실을 알았는지 여부는 소유권이전등기가 마쳐진 때를 기준으로 판단하여야 한다.

④ 乙이 X의 소유자가 된 경우 甲으로부터 제공받은 매수자금 상당액을 甲에게 부당이득으로 반환하여야 한다.

⑤ 丙이 甲 · 乙 사이의 명의신탁약정을 사실을 안 경우에도 乙이 그 사정을 모르는 丁에게 X를 매도하여 소유권이전등기를 마쳤다면 丁은 X의 소유권을 취득한다.

해설

③ 丙이 甲 · 乙 사이의 명의신탁약정 사실을 알았는지 여부는 계약체결 시를 기준으로 판단한다.

① 甲 과 乙 사이의 명의신탁약정은 부동산실명법 위반으로 무효이다.

② 丙이 甲 · 乙 사이의 명의신탁약정을 사실을 몰랐다면 매매는 유효이므로 乙은 X의 소유권을 취득한다.

④ 명의신탁은 무효이므로 수탁자는 신탁자에게 부당이득반환의무가 있고, 부당이득은 신탁자로부터 제공받은 매수자금이다.

⑤ 제3자 보호규정에 의해서 수탁자로부터 매수한 제3자는 소유권을 취득한다. 따라서 丙이 甲 · 乙 사이의 명의신탁약정을 사실을 안 경우에도 乙이 그 사정을 모르는 丁에게 X를 매도하여 소유권이전등기를 마쳤다면 丁은 X의 소유권을 취득한다.

시험명	감정평가사 2021년 제32회
출제포인트	097 부동산 실권리자명의 등기에 관한 법률
핵심 키워드	계약명의신탁

정답 | 002 ④ 003 ③

에듀윌이
너를
지지할게

ENERGY

삶의 순간순간이
아름다운 마무리이며
새로운 시작이어야 한다.

– 법정 스님

2023 에듀윌 공인중개사 쉬운민법

발 행 일 2022년 11월 17일 초판
편 저 자 신대운
펴 낸 이 권대호, 김재환
펴 낸 곳 (주)에듀윌
등록번호 제25100-2002-000052호
주 소 08378 서울특별시 구로구 디지털로34길 55
코오롱싸이언스밸리 2차 3층

www.eduwill.net
대표전화 1600-6700

여러분의 작은 소리
에듀윌은 크게 듣겠습니다.

본 교재에 대한 여러분의 목소리를 들려주세요.
공부하시면서 어려웠던 점, 궁금한 점,
칭찬하고 싶은 점, 개선할 점, 어떤 것이라도 좋습니다.

에듀윌은 여러분께서 나누어 주신 의견을
통해 끊임없이 발전하고 있습니다.

에듀윌 도서몰 book.eduwill.net

- 부가학습자료 및 정오표: 에듀윌 도서몰 → 도서자료실
- 교재 문의: 에듀윌 도서몰 → 문의하기 → 교재(내용, 출간) / 주문 및 배송

2023

에듀윌 공인중개사

쉬운민법

시험에 약 85% 출제되는 판례문제,
조문을 알아야 판례가 보인다!

민법 및 민사특별법 조문집

2023

에듀윌 공인중개사

쉬운민법

ENERGY

시작하라.

그 자체가 천재성이고,
힘이며, 마력이다.

– 요한 볼프강 폰 괴테(Johann Wolfgang von Goethe)

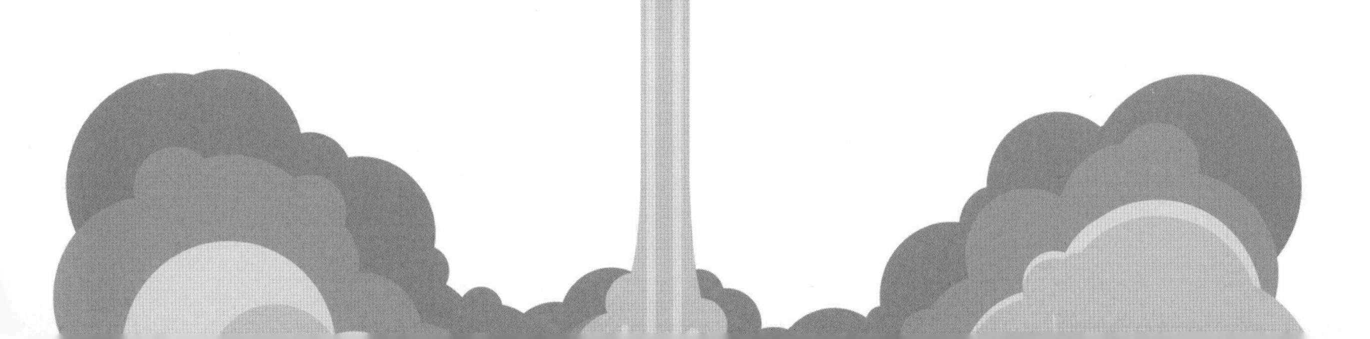

2023

에듀윌 공인중개사

쉬운민법

시험에 약 85% 출제되는 판례문제,
조문을 알아야 판례가 보인다!

민법 및 민사특별법 조문집

민법 및 민사특별법 관련 법령

※ 중요한 조문은 진한 글씨로 표시하였습니다. 학습에 유의하세요.

민 법

[시행 2021.1.26.]
[법률 제17905호, 2021.1.26, 일부개정]

제1편 총 칙

제1장 통 칙

제1조【법원】 민사에 관하여 법률에 규정이 없으면 관습법에 의하고 관습법이 없으면 조리에 의한다.

제2조【신의성실】 ① 권리의 행사와 의무의 이행은 신의에 좇아 성실히 하여야 한다.
② 권리는 남용하지 못한다.

제2장 인

제1절 능 력

제3조【권리능력의 존속기간】 사람은 생존한 동안 권리와 의무의 주체가 된다.

제4조【성년】 사람은 19세로 성년에 이르게 된다.

제5조【미성년자의 능력】 ① 미성년자가 법률행위를 함에는 법정대리인의 동의를 얻어야 한다. 그러나 권리만을 얻거나 의무만을 면하는 행위는 그러하지 아니하다.
② 전항의 규정에 위반한 행위는 취소할 수 있다.

제6조【처분을 허락한 재산】 법정대리인이 범위를 정하여 처분을 허락한 재산은 미성년자가 임의로 처분할 수 있다.

제7조【동의와 허락의 취소】 법정대리인은 미성년자가 아직 법률행위를 하기 전에는 전2조의 동의와 허락을 취소할 수 있다.

제8조【영업의 허락】 ① 미성년자가 법정대리인으로부터 허락을 얻은 특정한 영업에 관하여는 성년자와 동일한 행위능력이 있다.
② 법정대리인은 전항의 허락을 취소 또는 제한할 수 있다. 그러나 선의의 제3자에게 대항하지 못한다.

제9조【성년후견개시의 심판】 ① 가정법원은 질병, 장애, 노령, 그 밖의 사유로 인한 정신적 제약으로 사무를 처리할 능력이 지속적으로 결여된 사람에 대하여 본인, 배우자, 4촌 이내의 친족, 미성년후견인, 미성년후견감독인, 한정후견인, 한정후견감독인, 특정후견인, 특정후견감독인, 검사 또는 지방자치단체의 장의 청구에 의하여 성년후견개시의 심판을 한다.
② 가정법원은 성년후견개시의 심판을 할 때 본인의 의사를 고려하여야 한다.

제10조【피성년후견인의 행위와 취소】 ① 피성년후견인의 법률행위는 취소할 수 있다.
② 제1항에도 불구하고 가정법원은 취소할 수 없는 피성년후견인의 법률행위의 범위를 정할 수 있다.
③ 가정법원은 본인, 배우자, 4촌 이내의 친족, 성년후견인, 성년후견감독인, 검사 또는 지방자치단체의 장의 청구에 의하여 제2항의 범위를 변경할 수 있다.
④ 제1항에도 불구하고 일용품의 구입 등 일상생활에 필요하고 그 대가가 과도하지 아니한 법률행위는 성년후견인이 취소할 수 없다.

제11조【성년후견종료의 심판】 성년후견개시의 원인이 소멸된 경우에는 가정법원은 본인, 배우자, 4촌 이내의 친족, 성년후견인, 성년후견감독인, 검사 또는 지방자치단체의 장의 청구에 의하여 성년후견종료의 심판을 한다.

제12조【한정후견개시의 심판】 ① 가정법원은 질병, 장애, 노령, 그 밖의 사유로 인한 정신적 제약으로 사무를 처리할 능력이 부족한 사람에 대하여 본인, 배우자, 4촌 이내의 친족, 미성년후견인, 미성년후견감독인, 성년후견인, 성년후견감독인, 특정후견인, 특정후견감독인, 검사 또는 지방자치단체의 장의 청구에 의하여 한정후견개시의 심판을 한다.
② 한정후견개시의 경우에 제9조 제2항을 준용한다.

제13조【피한정후견인의 행위와 동의】 ① 가정법원은 피한정후견인이 한정후견인의 동의를 받아야 하는 행위의 범위를 정할 수 있다.

② 가정법원은 본인, 배우자, 4촌 이내의 친족, 한정후견인, 한정후견감독인, 검사 또는 지방자치단체의 장의 청구에 의하여 제1항에 따른 한정후견인의 동의를 받아야만 할 수 있는 행위의 범위를 변경할 수 있다.

③ 한정후견인의 동의를 필요로 하는 행위에 대하여 한정후견인이 피한정후견인의 이익이 침해될 염려가 있음에도 그 동의를 하지 아니하는 때에는 가정법원은 피한정후견인의 청구에 의하여 한정후견인의 동의를 갈음하는 허가를 할 수 있다.

④ 한정후견인의 동의가 필요한 법률행위를 피한정후견인이 한정후견인의 동의 없이 하였을 때에는 그 법률행위를 취소할 수 있다. 다만, 일용품의 구입 등 일상생활에 필요하고 그 대가가 과도하지 아니한 법률행위에 대하여는 그러하지 아니하다.

제14조【한정후견종료의 심판】 한정후견개시의 원인이 소멸된 경우에는 가정법원은 본인, 배우자, 4촌 이내의 친족, 한정후견인, 한정후견감독인, 검사 또는 지방자치단체의 장의 청구에 의하여 한정후견종료의 심판을 한다.

제14조의2【특정후견의 심판】 ① 가정법원은 질병, 장애, 노령, 그 밖의 사유로 인한 정신적 제약으로 일시적 후원 또는 특정한 사무에 관한 후원이 필요한 사람에 대하여 본인, 배우자, 4촌 이내의 친족, 미성년후견인, 미성년후견감독인, 검사 또는 지방자치단체의 장의 청구에 의하여 특정후견의 심판을 한다.

② 특정후견은 본인의 의사에 반하여 할 수 없다.

③ 특정후견의 심판을 하는 경우에는 특정후견의 기간 또는 사무의 범위를 정하여야 한다.

제14조의3【심판 사이의 관계】 ① 가정법원이 피한정후견인 또는 피특정후견인에 대하여 성년후견개시의 심판을 할 때에는 종전의 한정후견 또는 특정후견의 종료 심판을 한다.

② 가정법원이 피성년후견인 또는 피특정후견인에 대하여 한정후견개시의 심판을 할 때에는 종전의 성년후견 또는 특정후견의 종료 심판을 한다.

제15조【제한능력자의 상대방의 확답을 촉구할 권리】 ① 제한능력자의 상대방은 제한능력자가 능력자가 된 후에 그에게 1개월 이상의 기간을 정하여 그 취소할 수 있는 행위를 추인할 것인지 여부의 확답을 촉구할 수 있다. 능력자로 된 사람이 그 기간 내에 확답을 발송하지 아니하면 그 행위를 추인한 것으로 본다.

② 제한능력자가 아직 능력자가 되지 못한 경우에는 그의 법정대리인에게 제1항의 촉구를 할 수 있고, 법정대리인이 그 정하여진 기간 내에 확답을 발송하지 아니한 경우에는 그 행위를 추인한 것으로 본다.

③ 특별한 절차가 필요한 행위는 그 정하여진 기간 내에 그 절차를 밟은 확답을 발송하지 아니하면 취소한 것으로 본다.

제16조【제한능력자의 상대방의 철회권과 거절권】 ① 제한능력자가 맺은 계약은 추인이 있을 때까지 상대방이 그 의사표시를 철회할 수 있다. 다만, 상대방이 계약 당시에 제한능력자임을 알았을 경우에는 그러하지 아니하다.

② 제한능력자의 단독행위는 추인이 있을 때까지 상대방이 거절할 수 있다.

③ 제1항의 철회나 제2항의 거절의 의사표시는 제한능력자에게도 할 수 있다.

제17조【제한능력자의 속임수】 ① 제한능력자가 속임수로써 자기를 능력자로 믿게 한 경우에는 그 행위를 취소할 수 없다.

② 미성년자나 피한정후견인이 속임수로써 법정대리인의 동의가 있는 것으로 믿게 한 경우에도 제1항과 같다.

제2절 주 소

제18조【주소】 ① 생활의 근거되는 곳을 주소로 한다.

② 주소는 동시에 두 곳 이상 있을 수 있다.

제19조【거소】 주소를 알 수 없으면 거소를 주소로 본다.

제20조【거소】 국내에 주소 없는 자에 대하여는 국내에 있는 거소를 주소로 본다.

제21조【가주소】 어느 행위에 있어서 가주소를 정한 때에는 그 행위에 관하여는 이를 주소로 본다.

제3절 부재와 실종

제22조【부재자의 재산의 관리】 ① 종래의 주소나 거소를 떠난 자가 재산관리인을 정하지 아니한 때에는 법원은 이해관계인이나 검사의 청구에 의하여 재산관리에 관하여 필요한 처분을 명하여야 한다. 본인의 부재 중 재산관리인의 권한이 소멸한 때에도 같다.

② 본인이 그 후에 재산관리인을 정한 때에는 법원은 본인, 재산관리인, 이해관계인 또는 검사의 청구에 의하여 전항의 명령을 취소하여야 한다.

제23조【관리인의 개임】부재자가 재산관리인을 정한 경우에 부재자의 생사가 분명하지 아니한 때에는 법원은 재산관리인, 이해관계인 또는 검사의 청구에 의하여 재산관리인을 개임할 수 있다.

제24조【관리인의 직무】① 법원이 선임한 재산관리인은 관리할 재산목록을 작성하여야 한다.

② 법원은 그 선임한 재산관리인에 대하여 부재자의 재산을 보존하기 위하여 필요한 처분을 명할 수 있다.

③ 부재자의 생사가 분명하지 아니한 경우에 이해관계인이나 검사의 청구가 있는 때에는 법원은 부재자가 정한 재산관리인에게 전2항의 처분을 명할 수 있다.

④ 전3항의 경우에 그 비용은 부재자의 재산으로써 지급한다.

제25조【관리인의 권한】법원이 선임한 재산관리인이 제118조에 규정한 권한을 넘는 행위를 함에는 법원의 허가를 얻어야 한다. 부재자의 생사가 분명하지 아니한 경우에 부재자가 정한 재산관리인이 권한을 넘는 행위를 할 때에도 같다.

제26조【관리인의 담보제공, 보수】① 법원은 그 선임한 재산관리인으로 하여금 재산의 관리 및 반환에 관하여 상당한 담보를 제공하게 할 수 있다.

② 법원은 그 선임한 재산관리인에 대하여 부재자의 재산으로 상당한 보수를 지급할 수 있다.

③ 전2항의 규정은 부재자의 생사가 분명하지 아니한 경우에 부재자가 정한 재산관리인에 준용한다.

제27조【실종의 선고】① 부재자의 생사가 5년간 분명하지 아니한 때에는 법원은 이해관계인이나 검사의 청구에 의하여 실종선고를 하여야 한다.

② 전지에 임한 자, 침몰한 선박 중에 있던 자, 추락한 항공기 중에 있던 자 기타 사망의 원인이 될 위난을 당한 자의 생사가 전쟁종지 후 또는 선박의 침몰, 항공기의 추락 기타 위난이 종료한 후 1년간 분명하지 아니한 때에도 제1항과 같다.

제28조【실종선고의 효과】실종선고를 받은 자는 전조의 기간이 만료한 때에 사망한 것으로 본다.

제29조【실종선고의 취소】① 실종자의 생존한 사실 또는 전조의 규정과 상이한 때에 사망한 사실의 증명이 있으면 법원은 본인, 이해관계인 또는 검사의 청구에 의하여 실종선고를 취소하여야 한다. 그러나 실종선고 후 그 취소 전에 선의로 한 행위의 효력에 영향을 미치지 아니한다.

② 실종선고의 취소가 있을 때에 실종의 선고를 직접원인으로 하여 재산을 취득한 자가 선의인 경우에는 그 받은 이익이 현존하는 한도에서 반환할 의무가 있고 악의인 경우에는 그 받은 이익에 이자를 붙여서 반환하고 손해가 있으면 이를 배상하여야 한다.

제30조【동시사망】2인 이상이 동일한 위난으로 사망한 경우에는 동시에 사망한 것으로 추정한다.

제3장 법 인

제1절 총 칙

제31조【법인성립의 준칙】법인은 법률의 규정에 의함이 아니면 성립하지 못한다.

제32조【비영리법인의 설립과 허가】학술, 종교, 자선, 기예, 사교 기타 영리아닌 사업을 목적으로 하는 사단 또는 재단은 주무관청의 허가를 얻어 이를 법인으로 할 수 있다.

제33조【법인설립의 등기】법인은 그 주된 사무소의 소재지에서 설립등기를 함으로써 성립한다.

제34조【법인의 권리능력】법인은 법률의 규정에 좇아 정관으로 정한 목적의 범위 내에서 권리와 의무의 주체가 된다.

제35조【법인의 불법행위능력】① 법인은 이사 기타 대표자가 그 직무에 관하여 타인에게 가한 손해를 배상할 책임이 있다. 이사 기타 대표자는 이로 인하여 자기의 손해배상책임을 면하지 못한다.

② 법인의 목적범위 외의 행위로 인하여 타인에게 손해를 가한 때에는 그 사항의 의결에 찬성하거나 그 의결을 집행한 사원, 이사 및 기타 대표자가 연대하여 배상하여야 한다.

제36조【법인의 주소】법인의 주소는 그 주된 사무소의 소재지에 있는 것으로 한다.

제37조【법인의 사무의 검사, 감독】법인의 사무는 주무관청이 검사, 감독한다.

제38조【법인의 설립허가의 취소】법인이 목적 이외의 사업을 하거나 설립허가의 조건에 위반하거나 기타 공익을 해하는 행위를 한 때에는 주무관청은 그 허가를 취소할 수 있다.

제39조【영리법인】① 영리를 목적으로 하는 사단은 상사회사설립의 조건에 좇아 이를 법인으로 할 수 있다.
② 전항의 사단법인에는 모두 상사회사에 관한 규정을 준용한다.

제2절 설 립

제40조【사단법인의 정관】사단법인의 설립자는 다음 각 호의 사항을 기재한 정관을 작성하여 기명날인하여야 한다.
1. 목적
2. 명칭
3. 사무소의 소재지
4. 자산에 관한 규정
5. 이사의 임면에 관한 규정
6. 사원자격의 득실에 관한 규정
7. 존립시기나 해산사유를 정하는 때에는 그 시기 또는 사유

제41조【이사의 대표권에 대한 제한】이사의 대표권에 대한 제한은 이를 정관에 기재하지 아니하면 그 효력이 없다.

제42조【사단법인의 정관의 변경】① 사단법인의 정관은 총사원 3분의 2 이상의 동의가 있는 때에 한하여 이를 변경할 수 있다. 그러나 정수에 관하여 정관에 다른 규정이 있는 때에는 그 규정에 의한다.
② 정관의 변경은 주무관청의 허가를 얻지 아니하면 그 효력이 없다.

제43조【재단법인의 정관】재단법인의 설립자는 일정한 재산을 출연하고 제40조 제1호 내지 제5호의 사항을 기재한 정관을 작성하여 기명날인하여야 한다.

제44조【재단법인의 정관의 보충】재단법인의 설립자가 그 명칭, 사무소 소재지 또는 이사임면의 방법을 정하지 아니하고 사망한 때에는 이해관계인 또는 검사의 청구에 의하여 법원이 이를 정한다.

제45조【재단법인의 정관변경】① 재단법인의 정관은 그 변경방법을 정관에 정한 때에 한하여 변경할 수 있다.
② 재단법인의 목적달성 또는 그 재산의 보전을 위하여 적당한 때에는 전항의 규정에 불구하고 명칭 또는 사무소의 소재지를 변경할 수 있다.
③ 제42조 제2항의 규정은 전2항의 경우에 준용한다.

제46조【재단법인의 목적 기타의 변경】재단법인의 목적을 달성할 수 없는 때에는 설립자나 이사는 주무관청의 허가를 얻어 설립의 취지를 참작하여 그 목적 기타 정관의 규정을 변경할 수 있다.

제47조【증여, 유증에 관한 규정의 준용】① 생전처분으로 재단법인을 설립하는 때에는 증여에 관한 규정을 준용한다.
② 유언으로 재단법인을 설립하는 때에는 유증에 관한 규정을 준용한다.

제48조【출연재산의 귀속시기】① 생전처분으로 재단법인을 설립하는 때에는 출연재산은 법인이 성립된 때로부터 법인의 재산이 된다.
② 유언으로 재단법인을 설립하는 때에는 출연재산은 유언의 효력이 발생한 때로부터 법인에 귀속한 것으로 본다.

제49조【법인의 등기사항】① 법인설립의 허가가 있는 때에는 3주간 내에 주된 사무소 소재지에서 설립등기를 하여야 한다.
② 전항의 등기사항은 다음과 같다.
1. 목적
2. 명칭
3. 사무소
4. 설립허가의 연월일
5. 존립시기나 해산이유를 정한 때에는 그 시기 또는 사유
6. 자산의 총액
7. 출자의 방법을 정한 때에는 그 방법
8. 이사의 성명, 주소
9. 이사의 대표권을 제한한 때에는 그 제한

제50조【분사무소설치의 등기】① 법인이 분사무소를 설치한 때에는 주사무소 소재지에서는 3주간 내에 분사무소를 설치한 것을 등기하고 그 분사무소 소재지에서는 동기간 내에 전조 제2항의 사항을 등기하고 다른 분사무소 소재지에서는 동기간 내에 그 분사무소를 설치한 것을 등기하여야 한다.
② 주사무소 또는 분사무소의 소재지를 관할하는 등기소의 관할구역 내에 분사무소를 설치한 때에는 전항의 기간 내에 그 사무소를 설치한 것을 등기하면 된다.

제51조【사무소이전의 등기】① 법인이 그 사무소를 이전하는 때에는 구소재지에서는 3주간 내에 이전등기를 하고 신소재지에서는 동기간 내에 제49조 제2항에 게기한 사항을 등기하여야 한다.

② 동일한 등기소의 관할구역 내에서 사무소를 이전한 때에는 그 이전한 것을 등기하면 된다.

제52조【변경등기】제49조 제2항의 사항 중에 변경이 있는 때에는 3주간 내에 변경등기를 하여야 한다.

제52조의2【직무집행정지 등 가처분의 등기】이사의 직무집행을 정지하거나 직무대행자를 선임하는 가처분을 하거나 그 가처분을 변경·취소하는 경우에는 주사무소와 분사무소가 있는 곳의 등기소에서 이를 등기하여야 한다.

제53조【등기기간의 기산】전3조의 규정에 의하여 등기할 사항으로 관청의 허가를 요하는 것은 그 허가서가 도착한 날로부터 등기의 기간을 기산한다.

제54조【설립등기 이외의 등기의 효력과 등기사항의 공고】① 설립등기 이외의 본절의 등기사항은 그 등기 후가 아니면 제3자에게 대항하지 못한다.

② 등기한 사항은 법원이 지체 없이 공고하여야 한다.

제55조【재산목록과 사원명부】① 법인은 성립한 때 및 매년 3월 내에 재산목록을 작성하여 사무소에 비치하여야 한다. 사업연도를 정한 법인은 성립한 때 및 그 연도말에 이를 작성하여야 한다.

② 사단법인은 사원명부를 비치하고 사원의 변경이 있는 때에는 이를 기재하여야 한다.

제56조【사원권의 양도, 상속금지】사단법인의 사원의 지위는 양도 또는 상속할 수 없다.

제3절 기 관

제57조【이사】법인은 이사를 두어야 한다.

제58조【이사의 사무집행】① 이사는 법인의 사무를 집행한다.

② 이사가 수인인 경우에는 정관에 다른 규정이 없으면 법인의 사무집행은 이사의 과반수로써 결정한다.

제59조【이사의 대표권】① 이사는 법인의 사무에 관하여 각자 법인을 대표한다. 그러나 정관에 규정한 취지에 위반할 수 없고 특히 사단법인은 총회의 의결에 의하여야 한다.

② 법인의 대표에 관하여는 대리에 관한 규정을 준용한다.

제60조【이사의 대표권에 대한 제한의 대항요건】이사의 대표권에 대한 제한은 등기하지 아니하면 제3자에게 대항하지 못한다.

제60조의2【직무대행자의 권한】① 제52조의2의 직무대행자는 가처분명령에 다른 정함이 있는 경우 외에는 법인의 통상사무에 속하지 아니한 행위를 하지 못한다. 다만, 법원의 허가를 얻은 경우에는 그러하지 아니하다.

② 직무대행자가 제1항의 규정에 위반한 행위를 한 경우에도 법인은 선의의 제3자에 대하여 책임을 진다.

제61조【이사의 주의의무】이사는 선량한 관리자의 주의로 그 직무를 행하여야 한다.

제62조【이사의 대리인 선임】이사는 정관 또는 총회의 결의로 금지하지 아니한 사항에 한하여 타인으로 하여금 특정한 행위를 대리하게 할 수 있다.

제63조【임시이사의 선임】이사가 없거나 결원이 있는 경우에 이로 인하여 손해가 생길 염려 있는 때에는 법원은 이해관계인이나 검사의 청구에 의하여 임시이사를 선임하여야 한다.

제64조【특별대리인의 선임】법인과 이사의 이익이 상반하는 사항에 관하여는 이사는 대표권이 없다. 이 경우에는 전조의 규정에 의하여 특별대리인을 선임하여야 한다.

제65조【이사의 임무해태】이사가 그 임무를 해태한 때에는 그 이사는 법인에 대하여 연대하여 손해배상의 책임이 있다.

제66조【감사】법인은 정관 또는 총회의 결의로 감사를 둘 수 있다.

제67조【감사의 직무】감사의 직무는 다음과 같다.

1. 법인의 재산상황을 감사하는 일
2. 이사의 업무집행의 상황을 감사하는 일
3. 재산상황 또는 업무집행에 관하여 부정, 불비한 것이 있음을 발견한 때에는 이를 총회 또는 주무관청에 보고하는 일
4. 전호의 보고를 하기 위하여 필요있는 때에는 총회를 소집하는 일

제68조【총회의 권한】사단법인의 사무는 정관으로 이사 또는 기타 임원에게 위임한 사항 외에는 총회의 결의에 의하여야 한다.

第69조【통상총회】 사단법인의 이사는 매년 1회 이상 통상총회를 소집하여야 한다.

第70조【임시총회】 ① 사단법인의 이사는 필요하다고 인정한 때에는 임시총회를 소집할 수 있다.

② 총사원의 5분의 1 이상으로부터 회의의 목적사항을 제시하여 청구한 때에는 이사는 임시총회를 소집하여야 한다. 이 정수는 정관으로 증감할 수 있다.

③ 전항의 청구있는 후 2주간 내에 이사가 총회소집의 절차를 밟지 아니한 때에는 청구한 사원은 법원의 허가를 얻어 이를 소집할 수 있다.

第71조【총회의 소집】 총회의 소집은 1주간 전에 그 회의의 목적사항을 기재한 통지를 발하고 기타 정관에 정한 방법에 의하여야 한다.

第72조【총회의 결의사항】 총회는 전조의 규정에 의하여 통지한 사항에 관하여서만 결의할 수 있다. 그러나 정관에 다른 규정이 있는 때에는 그 규정에 의한다.

第73조【사원의 결의권】 ① 각 사원의 결의권은 평등으로 한다.

② 사원은 서면이나 대리인으로 결의권을 행사할 수 있다.

③ 전2항의 규정은 정관에 다른 규정이 있는 때에는 적용하지 아니한다.

第74조【사원이 결의권 없는 경우】 사단법인과 어느 사원과의 관계사항을 의결하는 경우에는 그 사원은 결의권이 없다.

第75조【총회의 결의방법】 ① 총회의 결의는 본법 또는 정관에 다른 규정이 없으면 사원 과반수의 출석과 출석사원의 결의권의 과반수로써 한다.

② 제73조 제2항의 경우에는 당해사원은 출석한 것으로 한다.

第76조【총회의 의사록】 ① 총회의 의사에 관하여는 의사록을 작성하여야 한다.

② 의사록에는 의사의 경과, 요령 및 결과를 기재하고 의장 및 출석한 이사가 기명날인하여야 한다.

③ 이사는 의사록을 주된 사무소에 비치하여야 한다.

제4절 해 산

第77조【해산사유】 ① 법인은 존립기간의 만료, 법인의 목적의 달성 또는 달성의 불능 기타 정관에 정한 해산사유의 발생, 파산 또는 설립허가의 취소로 해산한다.

② 사단법인은 사원이 없게 되거나 총회의 결의로도 해산한다.

第78조【사단법인의 해산결의】 사단법인은 총사원 4분의 3 이상의 동의가 없으면 해산을 결의하지 못한다. 그러나 정관에 다른 규정이 있는 때에는 그 규정에 의한다.

第79조【파산신청】 법인이 채무를 완제하지 못하게 된 때에는 이사는 지체 없이 파산신청을 하여야 한다.

第80조【잔여재산의 귀속】 ① 해산한 법인의 재산은 정관으로 지정한 자에게 귀속한다.

② 정관으로 귀속권리자를 지정하지 아니하거나 이를 지정하는 방법을 정하지 아니한 때에는 이사 또는 청산인은 주무관청의 허가를 얻어 그 법인의 목적에 유사한 목적을 위하여 그 재산을 처분할 수 있다. 그러나 사단법인에 있어서는 총회의 결의가 있어야 한다.

③ 전2항의 규정에 의하여 처분되지 아니한 재산은 국고에 귀속한다.

第81조【청산법인】 해산한 법인은 청산의 목적범위 내에서만 권리가 있고 의무를 부담한다.

第82조【청산인】 법인이 해산한 때에는 파산의 경우를 제하고는 이사가 청산인이 된다. 그러나 정관 또는 총회의 결의로 달리 정한 바가 있으면 그에 의한다.

第83조【법원에 의한 청산인의 선임】 전조의 규정에 의하여 청산인이 될 자가 없거나 청산인의 결원으로 인하여 손해가 생길 염려가 있는 때에는 법원은 직권 또는 이해관계인이나 검사의 청구에 의하여 청산인을 선임할 수 있다.

第84조【법원에 의한 청산인의 해임】 중요한 사유가 있는 때에는 법원은 직권 또는 이해관계인이나 검사의 청구에 의하여 청산인을 해임할 수 있다.

第85조【해산등기】 ① 청산인은 파산의 경우를 제하고는 그 취임 후 3주간 내에 해산의 사유 및 연월일, 청산인의 성명 및 주소와 청산인의 대표권을 제한한 때에는 그 제한을 주된 사무소 및 분사무소 소재지에서 등기하여야 한다.

② 제52조의 규정은 전항의 등기에 준용한다.

第86조【해산신고】 ① 청산인은 파산의 경우를 제하고는 그 취임 후 3주간 내에 전조 제1항의 사항을 주무관청에 신고하여야 한다.

② 청산 중에 취임한 청산인은 그 성명 및 주소를 신고하면 된다.

제87조【청산인의 직무】 ① 청산인의 직무는 다음과 같다.
1. 현존사무의 종결
2. 채권의 추심 및 채무의 변제
3. 잔여재산의 인도

② 청산인은 전항의 직무를 행하기 위하여 필요한 모든 행위를 할 수 있다.

제88조【채권신고의 공고】 ① 청산인은 취임한 날로부터 2월 내에 3회 이상의 공고로 채권자에 대하여 일정한 기간 내에 그 채권을 신고할 것을 최고하여야 한다. 그 기간은 2월 이상이어야 한다.

② 전항의 공고에는 채권자가 기간 내에 신고하지 아니하면 청산으로부터 제외될 것을 표시하여야 한다.

③ 제1항의 공고는 법원의 등기사항의 공고와 동일한 방법으로 하여야 한다.

제89조【채권신고의 최고】 청산인은 알고 있는 채권자에게 대하여는 각각 그 채권신고를 최고하여야 한다. 알고 있는 채권자는 청산으로부터 제외하지 못한다.

제90조【채권신고기간 내의 변제금지】 청산인은 제88조 제1항의 채권신고기간 내에는 채권자에 대하여 변제하지 못한다. 그러나 법인은 채권자에 대한 지연손해배상의 의무를 면하지 못한다.

제91조【채권변제의 특례】 ① 청산 중의 법인은 변제기에 이르지 아니한 채권에 대하여도 변제할 수 있다.

② 전항의 경우에는 조건 있는 채권, 존속기간의 불확정한 채권 기타 가액의 불확정한 채권에 관하여는 법원이 선임한 감정인의 평가에 의하여 변제하여야 한다.

제92조【청산으로부터 제외된 채권】 청산으로부터 제외된 채권자는 법인의 채무를 완제한 후 귀속권리자에게 인도하지 아니한 재산에 대하여서만 변제를 청구할 수 있다.

제93조【청산 중의 파산】 ① 청산 중 법인의 재산이 그 채무를 완제하기에 부족한 것이 분명하게 된 때에는 청산인은 지체 없이 파산선고를 신청하고 이를 공고하여야 한다.

② 청산인은 파산관재인에게 그 사무를 인계함으로써 그 임무가 종료한다.

③ 제88조 제3항의 규정은 제1항의 공고에 준용한다.

제94조【청산종결의 등기와 신고】 청산이 종결한 때에는 청산인은 3주간 내에 이를 등기하고 주무관청에 신고하여야 한다.

제95조【해산, 청산의 검사, 감독】 법인의 해산 및 청산은 법원이 검사, 감독한다.

제96조【준용규정】 제58조 제2항, 제59조 내지 제62조, 제64조, 제65조 및 제70조의 규정은 청산인에 이를 준용한다.

제5절 벌 칙

제97조【벌칙】 법인의 이사, 감사 또는 청산인은 다음 각 호의 경우에는 500만원 이하의 과태료에 처한다.
1. 본장에 규정한 등기를 해태한 때
2. 제55조의 규정에 위반하거나 재산목록 또는 사원명부에 부정기재를 한 때
3. 제37조, 제95조에 규정한 검사, 감독을 방해한 때
4. 주무관청 또는 총회에 대하여 사실아닌 신고를 하거나 사실을 은폐한 때
5. 제76조와 제90조의 규정에 위반한 때
6. 제79조, 제93조의 규정에 위반하여 파산선고의 신청을 해태한 때
7. 제88조, 제93조에 정한 공고를 해태하거나 부정한 공고를 한 때

제4장 물 건

제98조【물건의 정의】 본법에서 물건이라 함은 유체물 및 전기 기타 관리할 수 있는 자연력을 말한다.

제99조【부동산, 동산】 ① 토지 및 그 정착물은 부동산이다.

② 부동산 이외의 물건은 동산이다.

제100조【주물, 종물】 ① 물건의 소유자가 그 물건의 상용에 공하기 위하여 자기소유인 다른 물건을 이에 부속하게 한 때에는 그 부속물은 종물이다.

② 종물은 주물의 처분에 따른다.

제101조【천연과실, 법정과실】 ① 물건의 용법에 의하여 수취하는 산출물은 천연과실이다.

② 물건의 사용대가로 받는 금전 기타의 물건은 법정과실로 한다.

제102조【과실의 취득】① 천연과실은 그 원물로부터 분리하는 때에 이를 수취할 권리자에게 속한다.
② 법정과실은 수취할 권리의 존속기간일수의 비율로 취득한다.

제5장 법률행위

제1절 총 칙

제103조【반사회질서의 법률행위】선량한 풍속 기타 사회질서에 위반한 사항을 내용으로 하는 법률행위는 **무효**로 한다.

제104조【불공정한 법률행위】당사자의 궁박, 경솔 또는 무경험으로 인하여 현저하게 공정을 잃은 법률행위는 **무효**로 한다.

제105조【임의규정】법률행위의 당사자가 법령 중의 선량한 풍속 기타 사회질서에 관계없는 규정과 다른 의사를 표시한 때에는 그 의사에 의한다.

제106조【사실인 관습】법령 중의 선량한 풍속 기타 사회질서에 관계없는 규정과 다른 관습이 있는 경우에 당사자의 의사가 명확하지 아니한 때에는 그 관습에 의한다.

제2절 의사표시

제107조【진의 아닌 의사표시】① 의사표시는 표의자가 진의 아님을 알고 한 것이라도 그 **효력이 있다**. 그러나 상대방이 표의자의 진의 아님을 **알았거나 이를 알 수 있었을 경우에는 무효**로 한다.
② 전항의 의사표시의 무효는 **선의의 제3자에게 대항하지 못한다.**

제108조【통정한 허위의 의사표시】① 상대방과 통정한 허위의 의사표시는 **무효**로 한다.
② 전항의 의사표시의 무효는 **선의의 제3자에게 대항하지 못한다.**

제109조【착오로 인한 의사표시】① 의사표시는 법률행위의 내용의 **중요부분에 착오**가 있는 때에는 **취소할** 수 있다. 그러나 그 착오가 표의자의 **중대한 과실로 인한 때에는 취소하지 못한다.**
② 전항의 의사표시의 취소는 **선의의 제3자에게 대항하지 못한다.**

제110조【사기, 강박에 의한 의사표시】① 사기나 강박에 의한 의사표시는 **취소**할 수 있다.
② 상대방 있는 의사표시에 관하여 **제3자가 사기나 강박을 행한 경우에는 상대방이 그 사실을 알았거나 알 수 있었을 경우에 한하여 그 의사표시를 취소할 수 있다.**
③ 전2항의 의사표시의 취소는 **선의의 제3자에게 대항하지 못한다.**

제111조【의사표시의 효력발생시기】① 상대방이 있는 의사표시는 상대방에게 **도달한 때**에 그 효력이 생긴다.
② 의사표시자가 그 통지를 **발송한 후 사망하거나 제한능력자가 되어도 의사표시의 효력에 영향을 미치지 아니한다.**

제112조【제한능력자에 대한 의사표시의 효력】의사표시의 상대방이 의사표시를 받은 때에 제한능력자인 경우에는 의사표시자는 그 의사표시로써 대항할 수 없다. 다만, 그 상대방의 법정대리인이 의사표시가 도달한 사실을 안 후에는 그러하지 아니하다.

제113조【의사표시의 공시송달】표의자가 과실 없이 상대방을 알지 못하거나 상대방의 소재를 알지 못하는 경우에는 의사표시는 「민사소송법」 공시송달의 규정에 의하여 송달할 수 있다.

제3절 대 리

제114조【대리행위의 효력】① 대리인이 그 권한 내에서 **본인을 위한 것임을 표시**한 의사표시는 직접 **본인에게 대하여 효력이 생긴다.**
② 전항의 규정은 대리인에게 대한 제3자의 의사표시에 준용한다.

제115조【본인을 위한 것임을 표시하지 아니한 행위】대리인이 **본인을 위한 것임을 표시하지 아니한 때**에는 그 의사표시는 **자기**를 위한 것으로 본다. 그러나 상대방이 대리인으로서 한 것임을 알았거나 알 수 있었을 때에는 전조 제1항의 규정을 준용한다.

제116조【대리행위의 하자】① 의사표시의 효력이 의사의 흠결, 사기, 강박 또는 어느 사정을 알았거나 과실로 알지 못한 것으로 인하여 영향을 받을 경우에 그 사실의 유무는 **대리인을 표준하여 결정한다.**
② 특정한 법률행위를 위임한 경우에 대리인이 본인의 지시에 좇아 그 행위를 한 때에는 본인은 자기가 안 사정 또는 과실로 인하여 알지 못한 사정에 관하여 대리인의 부지를 주장하지 못한다.

제117조【대리인의 행위능력】 대리인은 행위능력자임을 요하지 아니한다.

제118조【대리권의 범위】 권한을 정하지 아니한 대리인은 다음 각 호의 행위만을 할 수 있다.

1. 보존행위
2. 대리의 목적인 물건이나 권리의 성질을 변하지 아니하는 범위에서 그 이용 또는 개량하는 행위

제119조【각자대리】 대리인이 수인인 때에는 각자가 본인을 대리한다. 그러나 법률 또는 수권행위에 다른 정한 바가 있는 때에는 그러하지 아니하다.

제120조【임의대리인의 복임권】 대리권이 법률행위에 의하여 부여된 경우에는 대리인은 본인의 승낙이 있거나 부득이한 사유 있는 때가 아니면 복대리인을 선임하지 못한다.

제121조【임의대리인의 복대리인선임의 책임】 ① 전조의 규정에 의하여 대리인이 복대리인을 선임한 때에는 본인에게 대하여 그 선임감독에 관한 책임이 있다.

② 대리인이 본인의 지명에 의하여 복대리인을 선임한 경우에는 그 부적임 또는 불성실함을 알고 본인에게 대한 통지나 그 해임을 태만한 때가 아니면 책임이 없다.

제122조【법정대리인의 복임권과 그 책임】 법정대리인은 그 책임으로 복대리인을 선임할 수 있다. 그러나 부득이한 사유로 인한 때에는 전조 제1항에 정한 책임만이 있다.

제123조【복대리인의 권한】 ① 복대리인은 그 권한 내에서 본인을 대리한다.

② 복대리인은 본인이나 제3자에 대하여 대리인과 동일한 권리·의무가 있다.

제124조【자기계약, 쌍방대리】 대리인은 본인의 허락이 없으면 본인을 위하여 자기와 법률행위를 하거나 동일한 법률행위에 관하여 당사자 쌍방을 대리하지 못한다. 그러나 채무의 이행은 할 수 있다.

제125조【대리권수여의 표시에 의한 표현대리】 제3자에 대하여 타인에게 대리권을 수여함을 표시한 자는 그 대리권의 범위 내에서 행한 그 타인과 그 제3자 간의 법률행위에 대하여 책임이 있다. 그러나 제3자가 대리권 없음을 알았거나 알 수 있었을 때에는 그러하지 아니하다.

제126조【권한을 넘은 표현대리】 대리인이 그 권한 외의 법률행위를 한 경우에 제3자가 그 권한이 있다고 믿을 만한 정당한 이유가 있는 때에는 본인은 그 행위에 대하여 책임이 있다.

제127조【대리권의 소멸사유】 대리권은 다음 각 호의 어느 하나에 해당하는 사유가 있으면 소멸된다.

1. 본인의 사망
2. 대리인의 사망, 성년후견의 개시 또는 파산

제128조【임의대리의 종료】 법률행위에 의하여 수여된 대리권은 전조의 경우 외에 그 원인된 법률관계의 종료에 의하여 소멸한다. 법률관계의 종료 전에 본인이 수권행위를 철회한 경우에도 같다.

제129조【대리권소멸 후의 표현대리】 대리권의 소멸은 선의의 제3자에게 대항하지 못한다. 그러나 제3자가 과실로 인하여 그 사실을 알지 못한 때에는 그러하지 아니하다.

제130조【무권대리】 대리권 없는 자가 타인의 대리인으로 한 계약은 본인이 이를 추인하지 아니하면 본인에 대하여 효력이 없다.

제131조【상대방의 최고권】 대리권 없는 자가 타인의 대리인으로 계약을 한 경우에 상대방은 상당한 기간을 정하여 본인에게 그 추인 여부의 확답을 최고할 수 있다. 본인이 그 기간 내에 확답을 발하지 아니한 때에는 추인을 거절한 것으로 본다.

제132조【추인, 거절의 상대방】 추인 또는 거절의 의사표시는 상대방에 대하여 하지 아니하면 그 상대방에 대항하지 못한다. 그러나 상대방이 그 사실을 안 때에는 그러하지 아니하다.

제133조【추인의 효력】 추인은 다른 의사표시가 없는 때에는 계약 시에 소급하여 그 효력이 생긴다. 그러나 제3자의 권리를 해하지 못한다.

제134조【상대방의 철회권】 대리권 없는 자가 한 계약은 본인의 추인이 있을 때까지 상대방은 본인이나 그 대리인에 대하여 이를 철회할 수 있다. 그러나 계약 당시에 상대방이 대리권 없음을 안 때에는 그러하지 아니하다.

제135조【상대방에 대한 무권대리인의 책임】 ① 다른 자의 대리인으로서 계약을 맺은 자가 그 대리권을 증명하지 못하고 또 본인의 추인을 받지 못한 경우에는 그는 상대방의 선택에 따라 계약을 이행할 책임 또는 손해를 배상할 책임이 있다.

② 대리인으로서 계약을 맺은 자에게 대리권이 없다는 사실을 상대방이 알았거나 알 수 있었을 때 또는 대리인으로서 계약을 맺은 사람이 제한능력자일 때에는 제1항을 적용하지 아니한다.

제136조【단독행위와 무권대리】단독행위에는 그 행위 당시에 상대방이 대리인이라 칭하는 자의 대리권 없는 행위에 동의하거나 그 대리권을 다투지 아니한 때에 한하여 전6조의 규정을 준용한다. 대리권 없는 자에 대하여 그 동의를 얻어 단독행위를 한 때에도 같다.

제4절 무효와 취소

제137조【법률행위의 일부무효】법률행위의 일부분이 무효인 때에는 그 전부를 무효로 한다. 그러나 그 무효부분이 없더라도 법률행위를 하였을 것이라고 인정될 때에는 나머지 부분은 무효가 되지 아니한다.

제138조【무효행위의 전환】무효인 법률행위가 다른 법률행위의 요건을 구비하고 당사자가 그 무효를 알았더라면 다른 법률행위를 하는 것을 의욕하였으리라고 인정될 때에는 다른 법률행위로서 효력을 가진다.

제139조【무효행위의 추인】무효인 법률행위는 추인하여도 그 효력이 생기지 아니한다. 그러나 당사자가 그 무효임을 알고 추인한 때에는 새로운 법률행위로 본다.

제140조【법률행위의 취소권자】취소할 수 있는 법률행위는 제한능력자, 착오로 인하거나 사기·강박에 의하여 의사표시를 한 자, 그의 대리인 또는 승계인만이 취소할 수 있다.

제141조【취소의 효과】취소된 법률행위는 처음부터 무효인 것으로 본다. 다만, 제한능력자는 그 행위로 인하여 받은 이익이 현존하는 한도에서 상환(償還)할 책임이 있다.

제142조【취소의 상대방】취소할 수 있는 법률행위의 상대방이 확정한 경우에는 그 취소는 그 상대방에 대한 의사표시로 하여야 한다.

제143조【추인의 방법, 효과】① 취소할 수 있는 법률행위는 제140조에 규정한 자가 추인할 수 있고 추인 후에는 취소하지 못한다.

② 전조의 규정은 전항의 경우에 준용한다.

제144조【추인의 요건】① 추인은 취소의 원인이 소멸된 후에 하여야만 효력이 있다.

② 제1항은 법정대리인 또는 후견인이 추인하는 경우에는 적용하지 아니한다.

제145조【법정추인】취소할 수 있는 법률행위에 관하여 전조의 규정에 의하여 추인할 수 있는 후에 다음 각 호의 사유가 있으면 추인한 것으로 본다. 그러나 이의를 보류한 때에는 그러하지 아니하다.

1. 전부나 일부의 이행
2. 이행의 청구
3. 경개
4. 담보의 제공
5. 취소할 수 있는 행위로 취득한 권리의 전부나 일부의 양도
6. 강제집행

제146조【취소권의 소멸】취소권은 추인할 수 있는 날로부터 3년 내에 법률행위를 한 날로부터 10년 내에 행사하여야 한다.

제5절 조건과 기한

제147조【조건성취의 효과】① 정지조건 있는 법률행위는 조건이 성취한 때로부터 그 효력이 생긴다.

② 해제조건 있는 법률행위는 조건이 성취한 때로부터 그 효력을 잃는다.

③ 당사자가 조건성취의 효력을 그 성취 전에 소급하게 할 의사를 표시한 때에는 그 의사에 의한다.

제148조【조건부권리의 침해금지】조건 있는 법률행위의 당사자는 조건의 성부가 미정한 동안에 조건의 성취로 인하여 생길 상대방의 이익을 해하지 못한다.

제149조【조건부권리의 처분 등】조건의 성취가 미정한 권리의무는 일반규정에 의하여 처분, 상속, 보존 또는 담보로 할 수 있다.

제150조【조건성취, 불성취에 대한 반신의행위】① 조건의 성취로 인하여 불이익을 받을 당사자가 신의성실에 반하여 조건의 성취를 방해한 때에는 상대방은 그 조건이 성취한 것으로 주장할 수 있다.

② 조건의 성취로 인하여 이익을 받을 당사자가 신의성실에 반하여 조건을 성취시킨 때에는 상대방은 그 조건이 성취하지 아니한 것으로 주장할 수 있다.

제151조【불법조건, 기성조건】① 조건이 선량한 풍속 기타 사회질서에 위반한 것인 때에는 그 법률행위는 무효로 한다.

② 조건이 법률행위의 당시 **이미 성취**한 것인 경우에는 그 조건이 **정지조건이면 조건 없는 법률행위**로 하고 **해제조건이면 그 법률행위는 무효**로 한다.

③ 조건이 법률행위의 당시에 **이미 성취할 수 없는** 것인 경우에는 그 조건이 **해제조건이면 조건 없는 법률행위**로 하고 **정지조건이면 그 법률행위는 무효**로 한다.

제152조【기한도래의 효과】① 시기 있는 법률행위는 기한이 **도래한 때로부터** 그 효력이 **생긴다**.

② **종기** 있는 법률행위는 기한이 **도래한 때로부터** 그 효력을 **잃는다**.

제153조【기한의 이익과 그 포기】① 기한은 **채무자**의 이익을 위한 것으로 **추정**한다.

② 기한의 이익은 이를 **포기할 수 있다**. 그러나 상대방의 이익을 해하지 못한다.

제154조【기한부권리와 준용규정】제148조와 제149조의 규정은 기한 있는 법률행위에 준용한다.

제6장 기 간

제155조【본장의 적용범위】기간의 계산은 법령, 재판상의 처분 또는 법률행위에 다른 정한 바가 없으면 본장의 규정에 의한다.

제156조【기간의 기산점】기간을 시, 분, 초로 정한 때에는 즉시로부터 기산한다.

제157조【기간의 기산점】기간을 일, 주, 월 또는 연으로 정한 때에는 기간의 초일은 산입하지 아니한다. 그러나 그 기간이 오전 영시로부터 시작하는 때에는 그러하지 아니하다.

제158조【연령의 기산점】연령계산에는 출생일을 산입한다.

제159조【기간의 만료점】기간을 일, 주, 월 또는 연으로 정한 때에는 기간말일의 종료로 기간이 만료한다.

제160조【역에 의한 계산】① 기간을 주, 월 또는 연으로 정한 때에는 역에 의하여 계산한다.

② 주, 월 또는 연의 처음으로부터 기간을 기산하지 아니하는 때에는 최후의 주, 월 또는 연에서 그 기산일에 해당한 날의 전일로 기간이 만료한다.

③ 월 또는 연으로 정한 경우에 최종의 월에 해당일이 없는 때에는 그 월의 말일로 기간이 만료한다.

제161조【공휴일 등과 기간의 만료점】기간의 말일이 토요일 또는 공휴일에 해당한 때에는 기간은 그 익일로 만료한다.

제7장 소멸시효

제162조【채권, 재산권의 소멸시효】① 채권은 10년간 행사하지 아니하면 소멸시효가 완성한다.

② 채권 및 소유권 이외의 재산권은 20년간 행사하지 아니하면 소멸시효가 완성한다.

제163조【3년의 단기소멸시효】다음 각 호의 채권은 3년간 행사하지 아니하면 소멸시효가 완성한다.

1. 이자, 부양료, 급료, 사용료 기타 1년 이내의 기간으로 정한 금전 또는 물건의 지급을 목적으로 한 채권
2. 의사, 조산사, 간호사 및 약사의 치료, 근로 및 조제에 관한 채권
3. 도급받은 자, 기사 기타 공사의 설계 또는 감독에 종사하는 자의 공사에 관한 채권
4. 변호사, 변리사, 공증인, 공인회계사 및 법무사에 대한 직무상 보관한 서류의 반환을 청구하는 채권
5. 변호사, 변리사, 공증인, 공인회계사 및 법무사의 직무에 관한 채권
6. 생산자 및 상인이 판매한 생산물 및 상품의 대가
7. 수공업자 및 제조자의 업무에 관한 채권

제164조【1년의 단기소멸시효】다음 각 호의 채권은 1년간 행사하지 아니하면 소멸시효가 완성한다.

1. 여관, 음식점, 대석, 오락장의 숙박료, 음식료, 대석료, 입장료, 소비물의 대가 및 체당금의 채권
2. 의복, 침구, 장구 기타 동산의 사용료의 채권
3. 노역인, 연예인의 임금 및 그에 공급한 물건의 대금채권
4. 학생 및 수업자의 교육, 의식 및 유숙에 관한 교주, 숙주, 교사의 채권

제165조【판결 등에 의하여 확정된 채권의 소멸시효】① 판결에 의하여 확정된 채권은 단기의 소멸시효에 해당한 것이라도 그 소멸시효는 10년으로 한다.

② 파산절차에 의하여 확정된 채권 및 재판상의 화해, 조정 기타 판결과 동일한 효력이 있는 것에 의하여 확정된 채권도 전항과 같다.

③ 전2항의 규정은 판결확정 당시에 변제기가 도래하지 아니한 채권에 적용하지 아니한다.

제166조 【소멸시효의 기산점】 ① 소멸시효는 권리를 행사할 수 있는 때로부터 진행한다.

② 부작위를 목적으로 하는 채권의 소멸시효는 위반행위를 한 때로부터 진행한다.

제167조 【소멸시효의 소급효】 소멸시효는 그 기산일에 소급하여 효력이 생긴다.

제168조 【소멸시효의 중단사유】 소멸시효는 다음 각 호의 사유로 인하여 중단된다.

1. 청구
2. 압류 또는 가압류, 가처분
3. 승인

제169조 【시효중단의 효력】 시효의 중단은 당사자 및 그 승계인 간에만 효력이 있다.

제170조 【재판상의 청구와 시효중단】 ① 재판상의 청구는 소송의 각하, 기각 또는 취하의 경우에는 시효중단의 효력이 없다.

② 전항의 경우에 6월 내에 재판상의 청구, 파산절차참가, 압류 또는 가압류, 가처분을 한 때에는 시효는 최초의 재판상 청구로 인하여 중단된 것으로 본다.

제171조 【파산절차참가와 시효중단】 파산절차참가는 채권자가 이를 취소하거나 그 청구가 각하된 때에는 시효중단의 효력이 없다.

제172조 【지급명령과 시효중단】 지급명령은 채권자가 법정기간 내에 가집행신청을 하지 아니함으로 인하여 그 효력을 잃은 때에는 시효중단의 효력이 없다.

제173조 【화해를 위한 소환, 임의출석과 시효중단】 화해를 위한 소환은 상대방이 출석하지 아니하거나 화해가 성립되지 아니한 때에는 1월 내에 소를 제기하지 아니하면 시효중단의 효력이 없다. 임의출석의 경우에 화해가 성립되지 아니한 때에도 그러하다.

제174조 【최고와 시효중단】 최고는 6월 내에 재판상의 청구, 파산절차참가, 화해를 위한 소환, 임의출석, 압류 또는 가압류, 가처분을 하지 아니하면 시효중단의 효력이 없다.

제175조 【압류, 가압류, 가처분과 시효중단】 압류, 가압류 및 가처분은 권리자의 청구에 의하여 또는 법률의 규정에 따르지 아니함으로 인하여 취소된 때에는 시효중단의 효력이 없다.

제176조 【압류, 가압류, 가처분과 시효중단】 압류, 가압류 및 가처분은 시효의 이익을 받은 자에 대하여 하지 아니한 때에는 이를 그에게 통지한 후가 아니면 시효중단의 효력이 없다.

제177조 【승인과 시효중단】 시효중단의 효력 있는 승인에는 상대방의 권리에 관한 처분의 능력이나 권한 있음을 요하지 아니한다.

제178조 【중단 후에 시효진행】 ① 시효가 중단된 때에는 중단까지에 경과한 시효기간은 이를 산입하지 아니하고 중단사유가 종료한 때로부터 새로이 진행한다.

② 재판상의 청구로 인하여 중단한 시효는 전항의 규정에 의하여 재판이 확정된 때로부터 새로이 진행한다.

제179조 【제한능력자의 시효정지】 소멸시효의 기간만료 전 6개월 내에 제한능력자에게 법정대리인이 없는 경우에는 그가 능력자가 되거나 법정대리인이 취임한 때부터 6개월 내에는 시효가 완성되지 아니한다.

제180조 【재산관리자에 대한 제한능력자의 권리, 부부 사이의 권리와 시효정지】 ① 재산을 관리하는 아버지, 어머니 또는 후견인에 대한 제한능력자의 권리는 그가 능력자가 되거나 후임 법정대리인이 취임한 때부터 6개월 내에는 소멸시효가 완성되지 아니한다.

② 부부 중 한쪽이 다른 쪽에 대하여 가지는 권리는 혼인관계가 종료된 때부터 6개월 내에는 소멸시효가 완성되지 아니한다.

제181조 【상속재산에 관한 권리와 시효정지】 상속재산에 속한 권리나 상속재산에 대한 권리는 상속인의 확정, 관리인의 선임 또는 파산선고가 있는 때로부터 6월 내에는 소멸시효가 완성하지 아니한다.

제182조 【천재 기타 사변과 시효정지】 천재 기타 사변으로 인하여 소멸시효를 중단할 수 없을 때에는 그 사유가 종료한 때로부터 1월 내에는 시효가 완성하지 아니한다.

제183조 【종속된 권리에 대한 소멸시효의 효력】 주된 권리의 소멸시효가 완성한 때에는 종속된 권리에 그 효력이 미친다.

제184조 【시효의 이익의 포기 기타】 ① 소멸시효의 이익은 미리 포기하지 못한다.

② 소멸시효는 법률행위에 의하여 이를 배제, 연장 또는 가중할 수 없으나 이를 단축 또는 경감할 수 있다.

제2편 물 권

제1장 총 칙

제185조【물권의 종류】물권은 법률 또는 관습법에 의하는 외에는 임의로 창설하지 못한다.

제186조【부동산물권변동의 효력】부동산에 관한 법률행위로 인한 물권의 득실변경은 등기하여야 그 효력이 생긴다.

제187조【등기를 요하지 아니하는 부동산물권취득】상속, 공용징수, 판결, 경매 기타 법률의 규정에 의한 부동산에 관한 물권의 취득은 등기를 요하지 아니한다. 그러나 등기를 하지 아니하면 이를 처분하지 못한다.

제188조【동산물권양도의 효력, 간이인도】① 동산에 관한 물권의 양도는 그 동산을 인도하여야 효력이 생긴다.

② 양수인이 이미 그 동산을 점유한 때에는 당사자의 의사표시만으로 그 효력이 생긴다.

제189조【점유개정】동산에 관한 물권을 양도하는 경우에 당사자의 계약으로 양도인이 그 동산의 점유를 계속하는 때에는 양수인이 인도받은 것으로 본다.

제190조【목적물반환청구권의 양도】제3자가 점유하고 있는 동산에 관한 물권을 양도하는 경우에는 양도인이 그 제3자에 대한 반환청구권을 양수인에게 양도함으로써 동산을 인도한 것으로 본다.

제191조【혼동으로 인한 물권의 소멸】① 동일한 물건에 대한 소유권과 다른 물권이 동일한 사람에게 귀속한 때에는 다른 물권은 소멸한다. 그러나 그 물권이 제3자의 권리의 목적이 된 때에는 소멸하지 아니한다.

② 전항의 규정은 소유권 이외의 물권과 그를 목적으로 하는 다른 권리가 동일한 사람에게 귀속한 경우에 준용한다.

③ 점유권에 관하여는 전2항의 규정을 적용하지 아니한다.

제2장 점유권

제192조【점유권의 취득과 소멸】① 물건을 사실상 지배하는 자는 점유권이 있다.

② 점유자가 물건에 대한 사실상의 지배를 상실한 때에는 점유권이 소멸한다. 그러나 제204조의 규정에 의하여 점유를 회수한 때에는 그러하지 아니하다.

제193조【상속으로 인한 점유권의 이전】점유권은 상속인에 이전한다.

제194조【간접점유】지상권, 전세권, 질권, 사용대차, 임대차, 임치 기타의 관계로 타인으로 하여금 물건을 점유하게 한 자는 간접으로 점유권이 있다.

제195조【점유보조자】가사상, 영업상 기타 유사한 관계에 의하여 타인의 지시를 받아 물건에 대한 사실상의 지배를 하는 때에는 그 타인만을 점유자로 한다.

제196조【점유권의 양도】① 점유권의 양도는 점유물의 인도로 그 효력이 생긴다.

② 전항의 점유권의 양도에는 제188조 제2항, 제189조, 제190조의 규정을 준용한다.

제197조【점유의 태양】① 점유자는 소유의 의사로 선의, 평온 및 공연하게 점유한 것으로 추정한다.

② 선의의 점유자라도 본권에 관한 소에 패소한 때에는 그 소가 제기된 때로부터 악의의 점유자로 본다.

제198조【점유계속의 추정】전후양시에 점유한 사실이 있는 때에는 그 점유는 계속한 것으로 추정한다.

제199조【점유의 승계의 주장과 그 효과】① 점유자의 승계인은 자기의 점유만을 주장하거나 자기의 점유와 전점유자의 점유를 아울러 주장할 수 있다.

② 전점유자의 점유를 아울러 주장하는 경우에는 그 하자도 계승한다.

제200조【권리의 적법의 추정】점유자가 점유물에 대하여 행사하는 권리는 적법하게 보유한 것으로 추정한다.

제201조【점유자와 과실】① 선의의 점유자는 점유물의 과실을 취득한다.

② 악의의 점유자는 수취한 과실을 반환하여야 하며 소비하였거나 과실로 인하여 훼손 또는 수취하지 못한 경우에는 그 과실의 대가를 보상하여야 한다.

③ 전항의 규정은 폭력 또는 은비에 의한 점유자에 준용한다.

제202조【점유자의 회복자에 대한 책임】점유물이 점유자의 책임 있는 사유로 인하여 멸실 또는 훼손한 때에는 악의의 점유자는 그 손해의 전부를 배상하여야 하며 선의의 점유자는 이익이 현존하는 한도에서 배상하여야 한다. 소유의 의사가 없는 점유자는 선의인 경우에도 손해의 전부를 배상하여야 한다.

제203조【점유자의 상환청구권】① 점유자가 점유물을 반환할 때에는 회복자에 대하여 점유물을 보존하기 위하여 지출한 금액 기타 필요비의 상환을 청구할 수 있다. 그러나 점유자가 과실을 취득한 경우에는 통상의 필요비는 청구하지 못한다.
② 점유자가 점유물을 개량하기 위하여 지출한 금액 기타 유익비에 관하여는 그 가액의 증가가 현존한 경우에 한하여 회복자의 선택에 좇아 그 지출금액이나 증가액의 상환을 청구할 수 있다.
③ 전항의 경우에 법원은 회복자의 청구에 의하여 상당한 상환기간을 허여할 수 있다.

제204조【점유의 회수】① 점유자가 점유의 침탈을 당한 때에는 그 물건의 반환 및 손해의 배상을 청구할 수 있다.
② 전항의 청구권은 침탈자의 특별승계인에 대하여는 행사하지 못한다. 그러나 승계인이 악의인 때에는 그러하지 아니하다.
③ 제1항의 청구권은 침탈을 당한 날로부터 1년 내에 행사하여야 한다.

제205조【점유의 보유】① 점유자가 점유의 방해를 받은 때에는 그 방해의 제거 및 손해의 배상을 청구할 수 있다.
② 전항의 청구권은 방해가 종료한 날로부터 1년 내에 행사하여야 한다.
③ 공사로 인하여 점유의 방해를 받은 경우에는 공사착수 후 1년을 경과하거나 그 공사가 완성한 때에는 방해의 제거를 청구하지 못한다.

제206조【점유의 보전】① 점유자가 점유의 방해를 받을 염려가 있는 때에는 그 방해의 예방 또는 손해배상의 담보를 청구할 수 있다.
② 공사로 인하여 점유의 방해를 받을 염려가 있는 경우에는 전조 제3항의 규정을 준용한다.

제207조【간접점유의 보호】① 전3조의 청구권은 제194조의 규정에 의한 간접점유자도 이를 행사할 수 있다.
② 점유자가 점유의 침탈을 당한 경우에 간접점유자는 그 물건을 점유자에게 반환할 것을 청구할 수 있고 점유자가 그 물건의 반환을 받을 수 없거나 이를 원하지 아니하는 때에는 자기에게 반환할 것을 청구할 수 있다.

제208조【점유의 소와 본권의 소와의 관계】① 점유권에 기인한 소와 본권에 기인한 소는 서로 영향을 미치지 아니한다.
② 점유권에 기인한 소는 본권에 관한 이유로 재판하지 못한다.

제209조【자력구제】① 점유자는 그 점유를 부정히 침탈 또는 방해하는 행위에 대하여 자력으로써 이를 방위할 수 있다.
② 점유물이 침탈되었을 경우에 부동산일 때에는 점유자는 침탈 후 직시 가해자를 배제하여 이를 탈환할 수 있고 동산일 때에는 점유자는 현장에서 또는 추적하여 가해자로부터 이를 탈환할 수 있다.

제210조【준점유】본장의 규정은 재산권을 사실상 행사하는 경우에 준용한다.

제3장 소유권

제1절 소유권의 한계

제211조【소유권의 내용】소유자는 법률의 범위 내에서 그 소유물을 사용, 수익, 처분할 권리가 있다.

제212조【토지소유권의 범위】토지의 소유권은 정당한 이익 있는 범위 내에서 토지의 상하에 미친다.

제213조【소유물반환청구권】소유자는 그 소유에 속한 물건을 점유한 자에 대하여 반환을 청구할 수 있다. 그러나 점유자가 그 물건을 점유할 권리가 있는 때에는 반환을 거부할 수 있다.

제214조【소유물방해제거, 방해예방청구권】소유자는 소유권을 방해하는 자에 대하여 방해의 제거를 청구할 수 있고 소유권을 방해할 염려 있는 행위를 하는 자에 대하여 그 예방이나 손해배상의 담보를 청구할 수 있다.

제215조【건물의 구분소유】① 수인이 한 채의 건물을 구분하여 각각 그 일부분을 소유한 때에는 건물과 그 부속물 중 공용하는 부분은 그의 공유로 추정한다.
② 공용부분의 보존에 관한 비용 기타의 부담은 각자의 소유부분의 가액에 비례하여 분담한다.

제216조【인지사용청구권】① 토지소유자는 경계나 그 근방에서 담 또는 건물을 축조하거나 수선하기 위하여 필요한 범위 내에서 이웃 토지의 사용을 청구할 수 있다. 그러나 이웃 사람의 승낙이 없으면 그 주거에 들어가지 못한다.
② 전항의 경우에 이웃 사람이 손해를 받은 때에는 보상을 청구할 수 있다.

제217조【매연 등에 의한 인지에 대한 방해금지】 ① 토지소유자는 매연, 열기체, 액체, 음향, 진동 기타 이에 유사한 것으로 이웃 토지의 사용을 방해하거나 이웃 거주자의 생활에 고통을 주지 아니하도록 적당한 조처를 할 의무가 있다.

② 이웃 거주자는 전항의 사태가 이웃 토지의 통상의 용도에 적당한 것인 때에는 이를 인용할 의무가 있다.

제218조【수도 등 시설권】 ① 토지소유자는 타인의 토지를 통과하지 아니하면 필요한 수도, 소수관, 가스관, 전선 등을 시설할 수 없거나 과다한 비용을 요하는 경우에는 타인의 토지를 통과하여 이를 시설할 수 있다. 그러나 이로 인한 손해가 가장 적은 장소와 방법을 선택하여 이를 시설할 것이며 타토지의 소유자의 요청에 의하여 손해를 보상하여야 한다.

② 전항에 의한 시설을 한 후 사정의 변경이 있는 때에는 타토지의 소유자는 그 시설의 변경을 청구할 수 있다. 시설변경의 비용은 토지소유자가 부담한다.

제219조【주위토지통행권】 ① 어느 토지와 공로 사이에 그 토지의 용도에 필요한 통로가 없는 경우에 그 토지소유자는 주위의 토지를 통행 또는 통로로 하지 아니하면 공로에 출입할 수 없거나 과다한 비용을 요하는 때에는 그 주위의 토지를 통행할 수 있고 필요한 경우에는 통로를 개설할 수 있다. 그러나 이로 인한 손해가 가장 적은 장소와 방법을 선택하여야 한다.

② 전항의 통행권자는 통행지소유자의 손해를 보상하여야 한다.

제220조【분할, 일부양도와 주위통행권】 ① 분할로 인하여 공로에 통하지 못하는 토지가 있는 때에는 그 토지소유자는 공로에 출입하기 위하여 다른 분할자의 토지를 통행할 수 있다. 이 경우에는 보상의 의무가 없다.

② 전항의 규정은 토지소유자가 그 토지의 일부를 양도한 경우에 준용한다.

제221조【자연유수의 승수의무와 권리】 ① 토지소유자는 이웃 토지로부터 자연히 흘러오는 물을 막지 못한다.

② 고지소유자는 이웃 저지에 자연히 흘러 내리는 이웃 저지에서 필요한 물을 자기의 정당한 사용범위를 넘어서 이를 막지 못한다.

제222조【소통공사권】 흐르는 물이 저지에서 폐색된 때에는 고지소유자는 자비로 소통에 필요한 공사를 할 수 있다.

제223조【저수, 배수, 인수를 위한 공작물에 대한 공사청구권】 토지소유자가 저수, 배수 또는 인수하기 위하여 공작물을 설치한 경우에 공작물의 파손 또는 폐색으로 타인의 토지에 손해를 가하거나 가할 염려가 있는 때에는 타인은 그 공작물의 보수, 폐색의 소통 또는 예방에 필요한 청구를 할 수 있다.

제224조【관습에 의한 비용부담】 전2조의 경우에 비용부담에 관한 관습이 있으면 그 관습에 의한다.

제225조【처마물에 대한 시설의무】 토지소유자는 처마물이 이웃에 직접 낙하하지 아니하도록 적당한 시설을 하여야 한다.

제226조【여수소통권】 ① 고지소유자는 침수지를 건조하기 위하여 또는 가용이나 농, 공업용의 여수를 소통하기 위하여 공로, 공류 또는 하수도에 달하기까지 저지에 물을 통과하게 할 수 있다.

② 전항의 경우에는 저지의 손해가 가장 적은 장소와 방법을 선택하여야 하며 손해를 보상하여야 한다.

제227조【유수용공작물의 사용권】 ① 토지소유자는 그 소유지의 물을 소통하기 위하여 이웃 토지소유자의 시설한 공작물을 사용할 수 있다.

② 전항의 공작물을 사용하는 자는 그 이익을 받는 비율로 공작물의 설치와 보존의 비용을 분담하여야 한다.

제228조【여수급여청구권】 토지소유자는 과다한 비용이나 노력을 요하지 아니하고는 가용이나 토지이용에 필요한 물을 얻기 곤란한 때에는 이웃 토지소유자에게 보상하고 여수의 급여를 청구할 수 있다.

제229조【수류의 변경】 ① 구거 기타 수류지의 소유자는 대안의 토지가 타인의 소유인 때에는 그 수로나 수류의 폭을 변경하지 못한다.

② 양안의 토지가 수류지소유자의 소유인 때에는 소유자는 수로와 수류의 폭을 변경할 수 있다. 그러나 하류는 자연의 수로와 일치하도록 하여야 한다.

③ 전2항의 규정은 다른 관습이 있으면 그 관습에 의한다.

제230조【언의 설치, 이용권】 ① 수류지의 소유자가 언을 설치할 필요가 있는 때에는 그 언을 대안에 접촉하게 할 수 있다. 그러나 이로 인한 손해를 보상하여야 한다.

② 대안의 소유자는 수류지의 일부가 자기소유인 때에는 그 언을 사용할 수 있다. 그러나 그 이익을 받는 비율로 언의 설치, 보존의 비용을 분담하여야 한다.

제231조【공유하천용수권】① 공유하천의 연안에서 농, 공업을 경영하는 자는 이에 이용하기 위하여 타인의 용수를 방해하지 아니하는 범위 내에서 필요한 인수를 할 수 있다.
② 전항의 인수를 하기 위하여 필요한 공작물을 설치할 수 있다.

제232조【하류연안의 용수권 보호】전조의 인수나 공작물로 인하여 하류연안의 용수권을 방해하는 때에는 그 용수권자는 방해의 제거 및 손해의 배상을 청구할 수 있다.

제233조【용수권의 승계】농, 공업의 경영에 이용하는 수로 기타 공작물의 소유자나 몽리자의 특별승계인은 그 용수에 관한 전소유자나 몽리자의 권리·의무를 승계한다.

제234조【용수권에 관한 다른 관습】전3조의 규정은 다른 관습이 있으면 그 관습에 의한다.

제235조【공용수의 용수권】상린자는 그 공용에 속하는 원천이나 수도를 각 수요의 정도에 응하여 타인의 용수를 방해하지 아니하는 범위 내에서 각각 용수할 권리가 있다.

제236조【용수장해의 공사와 손해배상, 원상회복】① 필요한 용도나 수익이 있는 원천이나 수도가 타인의 건축 기타 공사로 인하여 단수, 감수 기타 용도에 장해가 생긴 때에는 용수권자는 손해배상을 청구할 수 있다.
② 전항의 공사로 인하여 음료수 기타 생활상 필요한 용수에 장해가 있을 때에는 원상회복을 청구할 수 있다.

제237조【경계표, 담의 설치권】① 인접하여 토지를 소유한 자는 **공동비용**으로 통상의 경계표나 담을 설치할 수 있다.
② 전항의 **비용은 쌍방이 절반하여 부담**한다. 그러나 **측량비용은 토지의 면적에 비례**하여 부담한다.
③ 전2항의 규정은 다른 관습이 있으면 그 관습에 의한다.

제238조【담의 특수시설권】인지소유자는 자기의 비용으로 담의 재료를 통상보다 양호한 것으로 할 수 있으며 그 높이를 통상보다 높게 할 수 있고 또는 방화벽 기타 특수시설을 할 수 있다.

제239조【경계표 등의 공유추정】경계에 설치된 경계표, 담, 구거 등은 **상린자의 공유**로 추정한다. 그러나 경계표, 담, 구거 등이 상린자 일방의 단독비용으로 설치되었거나 담이 건물의 일부인 경우에는 그러하지 아니하다.

제240조【수지, 목근의 제거권】① 인접지의 수목가지가 경계를 넘은 때에는 그 소유자에 대하여 가지의 제거를 청구할 수 있다.
② 전항의 청구에 응하지 아니한 때에는 청구자가 그 가지를 제거할 수 있다.
③ 인접지의 수목뿌리가 경계를 넘은 때에는 임의로 제거할 수 있다.

제241조【토지의 심굴금지】토지소유자는 인접지의 지반이 붕괴할 정도로 자기의 토지를 심굴하지 못한다. 그러나 충분한 방어공사를 한 때에는 그러하지 아니하다.

제242조【경계선부근의 건축】① 건물을 축조함에는 특별한 관습이 없으면 **경계로부터 반미터 이상의 거리**를 두어야 한다.
② 인접지소유자는 전항의 규정에 위반한 자에 대하여 건물의 변경이나 철거를 청구할 수 있다. 그러나 건축에 착수한 후 1년을 경과하거나 건물이 완성된 후에는 손해배상만을 청구할 수 있다.

제243조【차면시설의무】경계로부터 2미터 이내의 거리에서 이웃 주택의 내부를 관망할 수 있는 창이나 마루를 설치하는 경우에는 적당한 차면시설을 하여야 한다.

제244조【지하시설 등에 대한 제한】① 우물을 파거나 용수, 하수 또는 오물 등을 저치할 지하시설을 하는 때에는 경계로부터 2미터 이상의 거리를 두어야 하며 저수지, 구거 또는 지하실공사에는 경계로부터 그 깊이의 반 이상의 거리를 두어야 한다.
② 전항의 공사를 함에는 토사가 붕괴하거나 하수 또는 오액이 이웃에 흐르지 아니하도록 적당한 조처를 하여야 한다.

제2절 소유권의 취득

제245조【점유로 인한 부동산소유권의 취득기간】① 20년간 소유의 의사로 평온, 공연하게 부동산을 점유하는 자는 등기함으로써 그 소유권을 취득한다.
② 부동산의 소유자로 등기한 자가 10년간 소유의 의사로 평온, 공연하게 선의이며 과실 없이 그 부동산을 점유한 때에는 소유권을 취득한다.

제246조【점유로 인한 동산소유권의 취득기간】① 10년간 소유의 의사로 평온, 공연하게 동산을 점유한 자는 그 소유권을 취득한다.

② 전항의 점유가 선의이며 과실 없이 개시된 경우에는 5년을 경과함으로써 그 소유권을 취득한다.

제247조【소유권취득의 소급효, 중단사유】① 전2조의 규정에 의한 소유권취득의 효력은 점유를 개시한 때에 소급한다.

② 소멸시효의 중단에 관한 규정은 전2조의 소유권취득기간에 준용한다.

제248조【소유권 이외의 재산권의 취득시효】전3조의 규정은 소유권 이외의 재산권의 취득에 준용한다.

제249조【선의취득】평온, 공연하게 동산을 양수한 자가 선의이며 과실 없이 그 동산을 점유한 경우에는 양도인이 정당한 소유자가 아닌 때에도 즉시 그 동산의 소유권을 취득한다.

제250조【도품, 유실물에 대한 특례】전조의 경우에 그 동산이 도품이나 유실물인 때에는 피해자 또는 유실자는 도난 또는 유실한 날로부터 2년 내에 그 물건의 반환을 청구할 수 있다. 그러나 도품이나 유실물이 금전인 때에는 그러하지 아니하다.

제251조【도품, 유실물에 대한 특례】양수인이 도품 또는 유실물을 경매나 공개시장에서 또는 동종류의 물건을 판매하는 상인에게서 선의로 매수한 때에는 피해자 또는 유실자는 양수인이 지급한 대가를 변상하고 그 물건의 반환을 청구할 수 있다.

제252조【무주물의 귀속】① 무주의 동산을 소유의 의사로 점유한 자는 그 소유권을 취득한다.

② 무주의 부동산은 국유로 한다.

③ 야생하는 동물은 무주물로 하고 사양하는 야생동물도 다시 야생상태로 돌아가면 무주물로 한다.

제253조【유실물의 소유권취득】유실물은 법률에 정한 바에 의하여 공고한 후 6개월 내에 그 소유자가 권리를 주장하지 아니하면 습득자가 그 소유권을 취득한다.

제254조【매장물의 소유권취득】매장물은 법률에 정한 바에 의하여 공고한 후 1년 내에 그 소유자가 권리를 주장하지 아니하면 발견자가 그 소유권을 취득한다. 그러나 타인의 토지 기타 물건으로부터 발견한 매장물은 그 토지 기타 물건의 소유자와 발견자가 절반하여 취득한다.

제255조【문화재의 국유】① 학술, 기예 또는 고고의 중요한 재료가 되는 물건에 대하여는 제252조 제1항 및 전2조의 규정에 의하지 아니하고 국유로 한다.

② 전항의 경우에 습득자, 발견자 및 매장물이 발견된 토지 기타 물건의 소유자는 국가에 대하여 적당한 보상을 청구할 수 있다.

제256조【부동산에의 부합】부동산의 소유자는 그 부동산에 부합한 물건의 소유권을 취득한다. 그러나 타인의 권원에 의하여 부속된 것은 그러하지 아니하다.

제257조【동산 간의 부합】동산과 동산이 부합하여 훼손하지 아니하면 분리할 수 없거나 그 분리에 과다한 비용을 요할 경우에는 그 합성물의 소유권은 주된 동산의 소유자에게 속한다. 부합한 동산의 주종을 구별할 수 없는 때에는 동산의 소유자는 부합 당시의 가액의 비율로 합성물을 공유한다.

제258조【혼화】전조의 규정은 동산과 동산이 혼화하여 식별할 수 없는 경우에 준용한다.

제259조【가공】① 타인의 동산에 가공한 때에는 그 물건의 소유권은 원재료의 소유자에게 속한다. 그러나 가공으로 인한 가액의 증가가 원재료의 가액보다 현저히 다액인 때에는 가공자의 소유로 한다.

② 가공자가 재료의 일부를 제공하였을 때에는 그 가액은 전항의 증가액에 가산한다.

제260조【첨부의 효과】① 전4조의 규정에 의하여 동산의 소유권이 소멸한 때에는 그 동산을 목적으로 한 다른 권리도 소멸한다.

② 동산의 소유자가 합성물, 혼화물 또는 가공물의 단독소유자가 된 때에는 전항의 권리는 합성물, 혼화물 또는 가공물에 존속하고 그 공유자가 된 때에는 그 지분에 존속한다.

제261조【첨부로 인한 구상권】전5조의 경우에 손해를 받은 자는 부당이득에 관한 규정에 의하여 보상을 청구할 수 있다.

제3절 공동소유

제262조【물건의 공유】① 물건이 지분에 의하여 수인의 소유로 된 때에는 공유로 한다.

② 공유자의 지분은 균등한 것으로 추정한다.

제263조【공유지분의 처분과 공유물의 사용, 수익】공유자는 그 지분을 처분할 수 있고 공유물 전부를 지분의 비율로 사용, 수익할 수 있다.

제264조【공유물의 처분, 변경】공유자는 다른 공유자의 동의 없이 공유물을 처분하거나 변경하지 못한다.

제265조【공유물의 관리, 보존】공유물의 관리에 관한 사항은 공유자의 지분의 과반수로써 결정한다. 그러나 보존행위는 각자가 할 수 있다.

제266조【공유물의 부담】① 공유자는 그 지분의 비율로 공유물의 관리비용 기타 의무를 부담한다.

② 공유자가 1년 이상 전항의 의무이행을 지체한 때에는 다른 공유자는 상당한 가액으로 지분을 매수할 수 있다.

제267조【지분포기 등의 경우의 귀속】공유자가 그 지분을 포기하거나 상속인 없이 사망한 때에는 그 지분은 다른 공유자에게 각 지분의 비율로 귀속한다.

제268조【공유물의 분할청구】① 공유자는 공유물의 분할을 청구할 수 있다. 그러나 5년 내의 기간으로 분할하지 아니할 것을 약정할 수 있다.

② 전항의 계약을 갱신한 때에는 그 기간은 갱신한 날로부터 5년을 넘지 못한다.

③ 전2항의 규정은 제215조, 제239조의 공유물에는 적용하지 아니한다.

제269조【분할의 방법】① 분할의 방법에 관하여 협의가 성립되지 아니한 때에는 공유자는 법원에 그 분할을 청구할 수 있다.

② 현물로 분할할 수 없거나 분할로 인하여 현저히 그 가액이 감손될 염려가 있는 때에는 법원은 물건의 경매를 명할 수 있다.

제270조【분할로 인한 담보책임】공유자는 다른 공유자가 분할로 인하여 취득한 물건에 대하여 그 지분의 비율로 매도인과 동일한 담보책임이 있다.

제271조【물건의 합유】① 법률의 규정 또는 계약에 의하여 수인이 조합체로서 물건을 소유하는 때에는 합유로 한다. 합유자의 권리는 합유물 전부에 미친다.

② 합유에 관하여는 전항의 규정 또는 계약에 의하는 외에 다음 3조의 규정에 의한다.

제272조【합유물의 처분, 변경과 보존】합유물을 처분 또는 변경함에는 합유자 전원의 동의가 있어야 한다. 그러나 보존행위는 각자가 할 수 있다.

제273조【합유지분의 처분과 합유물의 분할금지】① 합유자는 전원의 동의 없이 합유물에 대한 지분을 처분하지 못한다.

② 합유자는 합유물의 분할을 청구하지 못한다.

제274조【합유의 종료】① 합유는 조합체의 해산 또는 합유물의 양도로 인하여 종료한다.

② 전항의 경우에 합유물의 분할에 관하여는 공유물의 분할에 관한 규정을 준용한다.

제275조【물건의 총유】① 법인이 아닌 사단의 사원이 집합체로서 물건을 소유할 때에는 총유로 한다.

② 총유에 관하여는 사단의 정관 기타 계약에 의하는 외에 다음 2조의 규정에 의한다.

제276조【총유물의 관리, 처분과 사용, 수익】① 총유물의 관리 및 처분은 사원총회의 결의에 의한다.

② 각 사원은 정관 기타의 규약에 좇아 총유물을 사용, 수익할 수 있다.

제277조【총유물에 관한 권리·의무의 득상】총유물에 관한 사원의 권리·의무는 사원의 지위를 취득상실함으로써 취득상실된다.

제278조【준공동소유】본절의 규정은 소유권 이외의 재산권에 준용한다. 그러나 다른 법률에 특별한 규정이 있으면 그에 의한다.

제4장 지상권

제279조【지상권의 내용】지상권자는 타인의 토지에 건물 기타 공작물이나 수목을 소유하기 위하여 그 토지를 사용하는 권리가 있다.

제280조【존속기간을 약정한 지상권】① 계약으로 지상권의 존속기간을 정하는 경우에는 그 기간은 다음 연한보다 단축하지 못한다.

1. 석조, 석회조, 연와조 또는 이와 유사한 견고한 건물이나 수목의 소유를 목적으로 하는 때에는 30년
2. 전호 이외의 건물의 소유를 목적으로 하는 때에는 15년
3. 건물 이외의 공작물의 소유를 목적으로 하는 때에는 5년

② 전항의 기간보다 단축한 기간을 정한 때에는 전항의 기간까지 연장한다.

제281조【존속기간을 약정하지 아니한 지상권】① 계약으로 지상권의 존속기간을 정하지 아니한 때에는 그 기간은 전조의 최단존속기간으로 한다.

② 지상권설정 당시에 공작물의 종류와 구조를 정하지 아니한 때에는 지상권은 전조 제2호의 건물의 소유를 목적으로 한 것으로 본다.

제282조【지상권의 양도, 임대】지상권자는 타인에게 그 권리를 양도하거나 그 권리의 존속기간 내에서 그 토지를 임대할 수 있다.

제283조【지상권자의 갱신청구권, 매수청구권】① 지상권이 소멸한 경우에 건물 기타 공작물이나 수목이 현존한 때에는 지상권자는 계약의 갱신을 청구할 수 있다.

② 지상권설정자가 계약의 갱신을 원하지 아니하는 때에는 지상권자는 상당한 가액으로 전항의 공작물이나 수목의 매수를 청구할 수 있다.

제284조【갱신과 존속기간】당사자가 계약을 갱신하는 경우에는 지상권의 존속기간은 갱신한 날로부터 제280조의 최단존속기간보다 단축하지 못한다. 그러나 당사자는 이보다 장기의 기간을 정할 수 있다.

제285조【수거의무, 매수청구권】① 지상권이 소멸한 때에는 지상권자는 건물 기타 공작물이나 수목을 수거하여 토지를 원상에 회복하여야 한다.

② 전항의 경우에 지상권설정자가 상당한 가액을 제공하여 그 공작물이나 수목의 매수를 청구한 때에는 지상권자는 정당한 이유 없이 이를 거절하지 못한다.

제286조【지료증감청구권】지료가 토지에 관한 조세 기타 부담의 증감이나 지가의 변동으로 인하여 상당하지 아니하게 된 때에는 당사자는 그 증감을 청구할 수 있다.

제287조【지상권소멸청구권】지상권자가 2년 이상의 지료를 지급하지 아니한 때에는 지상권설정자는 지상권의 소멸을 청구할 수 있다.

제288조【지상권소멸청구와 저당권자에 대한 통지】지상권이 저당권의 목적인 때 또는 그 토지에 있는 건물, 수목이 저당권의 목적이 된 때에는 전조의 청구는 저당권자에게 통지한 후 상당한 기간이 경과함으로써 그 효력이 생긴다.

제289조【강행규정】제280조 내지 제287조의 규정에 위반되는 계약으로 지상권자에게 불리한 것은 그 효력이 없다.

제289조의2【구분지상권】① 지하 또는 지상의 공간은 상하의 범위를 정하여 건물 기타 공작물을 소유하기 위한 지상권의 목적으로 할 수 있다. 이 경우 설정행위로써 지상권의 행사를 위하여 토지의 사용을 제한할 수 있다.

② 제1항의 규정에 의한 구분지상권은 제3자가 토지를 사용·수익할 권리를 가진 때에도 그 권리자 및 그 권리를 목적으로 하는 권리를 가진 자 전원의 승낙이 있으면 이를 설정할 수 있다. 이 경우 토지를 사용·수익할 권리를 가진 제3자는 그 지상권의 행사를 방해하여서는 아니된다.

제290조【준용규정】① 제213조, 제214조, 제216조 내지 제244조의 규정은 지상권자 간 또는 지상권자와 인지소유자 간에 이를 준용한다.

② 제280조 내지 제289조 및 제1항의 규정은 제289조의2의 규정에 의한 구분지상권에 관하여 이를 준용한다.

제5장 지역권

제291조【지역권의 내용】지역권자는 일정한 목적을 위하여 타인의 토지를 자기토지의 편익에 이용하는 권리가 있다.

제292조【부종성】① 지역권은 요역지소유권에 부종하여 이전하며 또는 요역지에 대한 소유권 이외의 권리의 목적이 된다. 그러나 다른 약정이 있는 때에는 그 약정에 의한다.

② 지역권은 요역지와 분리하여 양도하거나 다른 권리의 목적으로 하지 못한다.

제293조【공유관계, 일부양도와 불가분성】① 토지공유자의 1인은 지분에 관하여 그 토지를 위한 지역권 또는 그 토지가 부담한 지역권을 소멸하게 하지 못한다.

② 토지의 분할이나 토지의 일부양도의 경우에는 지역권은 요역지의 각 부분을 위하여 또는 그 승역지의 각 부분에 존속한다. 그러나 지역권이 토지의 일부분에만 관한 것인 때에는 다른 부분에 대하여는 그러하지 아니하다.

제294조【지역권취득기간】지역권은 계속되고 표현된 것에 한하여 제245조의 규정을 준용한다.

제295조【취득과 불가분성】① 공유자의 1인이 지역권을 취득한 때에는 다른 공유자도 이를 취득한다.

② 점유로 인한 지역권취득기간의 중단은 지역권을 행사하는 모든 공유자에 대한 사유가 아니면 그 효력이 없다.

제296조【소멸시효의 중단, 정지와 불가분성】요역지가 수인의 공유인 경우에 그 1인에 의한 지역권소멸시효의 중단 또는 정지는 다른 공유자를 위하여 효력이 있다.

제297조【용수지역권】① 용수승역지의 수량이 요역지 및 승역지의 수요에 부족한 때에는 그 수요정도에 의하여 먼저 가용에 공급하고 다른 용도에 공급하여야 한다. 그러나 설정행위에 다른 약정이 있는 때에는 그 약정에 의한다.

② 승역지에 수개의 용수지역권이 설정된 때에는 후순위의 지역권자는 선순위의 지역권자의 용수를 방해하지 못한다.

제298조【승역지소유자의 의무와 승계】계약에 의하여 승역지소유자가 자기의 비용으로 지역권의 행사를 위하여 공작물의 설치 또는 수선의 의무를 부담한 때에는 승역지소유자의 특별승계인도 그 의무를 부담한다.

제299조【위기에 의한 부담면제】승역지의 소유자는 지역권에 필요한 부분의 토지소유권을 지역권자에게 위기하여 전조의 부담을 면할 수 있다.

제300조【공작물의 공동사용】① 승역지의 소유자는 지역권의 행사를 방해하지 아니하는 범위 내에서 지역권자가 지역권의 행사를 위하여 승역지에 설치한 공작물을 사용할 수 있다.

② 전항의 경우에 승역지의 소유자는 수익정도의 비율로 공작물의 설치, 보존의 비용을 분담하여야 한다.

제301조【준용규정】제214조의 규정은 지역권에 준용한다.

제302조【특수지역권】어느 지역의 주민이 집합체의 관계로 각자가 타인의 토지에서 초목, 야생물 및 토사의 채취, 방목 기타의 수익을 하는 권리가 있는 경우에는 관습에 의하는 외에 본장의 규정을 준용한다.

제6장 전세권

제303조【전세권의 내용】① 전세권자는 전세금을 지급하고 타인의 부동산을 점유하여 그 부동산의 용도에 좇아 사용·수익하며, 그 부동산 전부에 대하여 후순위권리자 기타 채권자보다 전세금의 우선변제를 받을 권리가 있다.

② 농경지는 전세권의 목적으로 하지 못한다.

제304조【건물의 전세권, 지상권, 임차권에 대한 효력】

① 타인의 토지에 있는 건물에 전세권을 설정한 때에는 전세권의 효력은 그 건물의 소유를 목적으로 한 지상권 또는 임차권에 미친다.

② 전항의 경우에 전세권설정자는 전세권자의 동의 없이 지상권 또는 임차권을 소멸하게 하는 행위를 하지 못한다.

제305조【건물의 전세권과 법정지상권】① 대지와 건물이 동일한 소유자에 속한 경우에 건물에 전세권을 설정한 때에는 그 대지소유권의 특별승계인은 전세권설정자에 대하여 지상권을 설정한 것으로 본다. 그러나 지료는 당사자의 청구에 의하여 법원이 이를 정한다.

② 전항의 경우에 대지소유자는 타인에게 그 대지를 임대하거나 이를 목적으로 한 지상권 또는 전세권을 설정하지 못한다.

제306조【전세권의 양도, 임대 등】전세권자는 전세권을 타인에게 양도 또는 담보로 제공할 수 있고 그 존속기간 내에서 그 목적물을 타인에게 전전세 또는 임대할 수 있다. 그러나 설정행위로 이를 금지한 때에는 그러하지 아니하다.

제307조【전세권양도의 효력】전세권양수인은 전세권설정자에 대하여 전세권양도인과 동일한 권리·의무가 있다.

제308조【전전세 등의 경우의 책임】전세권의 목적물을 전전세 또는 임대한 경우에는 전세권자는 전전세 또는 임대하지 아니하였으면 면할 수 있는 불가항력으로 인한 손해에 대하여 그 책임을 부담한다.

제309조【전세권자의 유지, 수선의무】전세권자는 목적물의 현상을 유지하고 그 통상의 관리에 속한 수선을 하여야 한다.

제310조【전세권자의 상환청구권】① 전세권자가 목적물을 개량하기 위하여 지출한 금액 기타 유익비에 관하여는 그 가액의 증가가 현존한 경우에 한하여 소유자의 선택에 좇아 그 지출액이나 증가액의 상환을 청구할 수 있다.

② 전항의 경우에 법원은 소유자의 청구에 의하여 상당한 상환기간을 허여할 수 있다.

제311조【전세권의 소멸청구】① 전세권자가 전세권설정계약 또는 그 목적물의 성질에 의하여 정하여진 용법으로 이를 사용, 수익하지 아니한 경우에는 전세권설정자는 전세권의 소멸을 청구할 수 있다.

② 전항의 경우에는 전세권설정자는 전세권자에 대하여 원상회복 또는 손해배상을 청구할 수 있다.

제312조 【전세권의 존속기간】 ① 전세권의 존속기간은 10년을 넘지 못한다. 당사자의 약정기간이 10년을 넘는 때에는 이를 10년으로 단축한다.
② 건물에 대한 전세권의 존속기간을 1년 미만으로 정한 때에는 이를 1년으로 한다.
③ 전세권의 설정은 이를 갱신할 수 있다. 그 기간은 갱신한 날로부터 10년을 넘지 못한다.
④ 건물의 전세권설정자가 전세권의 존속기간 만료 전 6월부터 1월까지 사이에 전세권자에 대하여 갱신거절의 통지 또는 조건을 변경하지 아니하면 갱신하지 아니한다는 뜻의 통지를 하지 아니한 경우에는 그 기간이 만료된 때에 전전세권과 동일한 조건으로 다시 전세권을 설정한 것으로 본다. 이 경우 전세권의 존속기간은 그 정함이 없는 것으로 본다.

제312조의2 【전세금 증감청구권】 전세금이 목적 부동산에 관한 조세·공과금 기타 부담의 증감이나 경제사정의 변동으로 인하여 상당하지 아니하게 된 때에는 당사자는 장래에 대하여 그 증감을 청구할 수 있다. 그러나 증액의 경우에는 대통령령이 정하는 기준에 따른 비율을 초과하지 못한다.

제313조 【전세권의 소멸통고】 전세권의 존속기간을 약정하지 아니한 때에는 각 당사자는 언제든지 상대방에 대하여 전세권의 소멸을 통고할 수 있고 상대방이 이 통고를 받은 날로부터 6월이 경과하면 전세권은 소멸한다.

제314조 【불가항력으로 인한 멸실】 ① 전세권의 목적물의 전부 또는 일부가 불가항력으로 인하여 멸실된 때에는 그 멸실된 부분의 전세권은 소멸한다.
② 전항의 일부멸실의 경우에 전세권자가 그 잔존부분으로 전세권의 목적을 달성할 수 없는 때에는 전세권설정자에 대하여 전세권 전부의 소멸을 통고하고 전세금의 반환을 청구할 수 있다.

제315조 【전세권자의 손해배상책임】 ① 전세권의 목적물의 전부 또는 일부가 전세권자에 책임 있는 사유로 인하여 멸실된 때에는 전세권자는 손해를 배상할 책임이 있다.
② 전항의 경우에 전세권설정자는 전세권이 소멸된 후 전세금으로써 손해의 배상에 충당하고 잉여가 있으면 반환하여야 하며 부족이 있으면 다시 청구할 수 있다.

제316조 【원상회복의무, 매수청구권】 ① 전세권이 그 존속기간의 만료로 인하여 소멸한 때에는 전세권자는 그 목적물을 원상에 회복하여야 하며 그 목적물에 부속시킨 물건은 수거할 수 있다. 그러나 전세권설정자가 그 부속물건의 매수를 청구한 때에는 전세권자는 정당한 이유 없이 거절하지 못한다.
② 전항의 경우에 그 부속물건이 전세권설정자의 동의를 얻어 부속시킨 것인 때에는 전세권자는 전세권설정자에 대하여 그 부속물건의 매수를 청구할 수 있다. 그 부속물건이 전세권설정자로부터 매수한 것인 때에도 같다.

제317조 【전세권의 소멸과 동시이행】 전세권이 소멸한 때에는 전세권설정자는 전세권자로부터 그 목적물의 인도 및 전세권설정등기의 말소등기에 필요한 서류의 교부를 받는 동시에 전세금을 반환하여야 한다.

제318조 【전세권자의 경매청구권】 전세권설정자가 전세금의 반환을 지체한 때에는 전세권자는 「민사집행법」의 정한 바에 의하여 전세권의 목적물의 경매를 청구할 수 있다.

제319조 【준용규정】 제213조, 제214조, 제216조 내지 제244조의 규정은 전세권자 간 또는 전세권자와 인지소유자 및 지상권자 간에 이를 준용한다.

제7장 유치권

제320조 【유치권의 내용】 ① 타인의 물건 또는 유가증권을 점유한 자는 그 물건이나 유가증권에 관하여 생긴 채권이 변제기에 있는 경우에는 변제를 받을 때까지 그 물건 또는 유가증권을 유치할 권리가 있다.
② 전항의 규정은 그 점유가 불법행위로 인한 경우에 적용하지 아니한다.

제321조 【유치권의 불가분성】 유치권자는 채권 전부의 변제를 받을 때까지 유치물 전부에 대하여 그 권리를 행사할 수 있다.

제322조 【경매, 간이변제충당】 ① 유치권자는 채권의 변제를 받기 위하여 유치물을 경매할 수 있다.
② 정당한 이유 있는 때에는 유치권자는 감정인의 평가에 의하여 유치물로 직접 변제에 충당할 것을 법원에 청구할 수 있다. 이 경우에는 유치권자는 미리 채무자에게 통지하여야 한다.

第323條【과실수취권】① 유치권자는 유치물의 과실을 수취하여 다른 채권보다 먼저 그 채권의 변제에 충당할 수 있다. 그러나 과실이 금전이 아닌 때에는 경매하여야 한다.
② 과실은 먼저 채권의 이자에 충당하고 그 잉여가 있으면 원본에 충당한다.

第324條【유치권자의 선관의무】① 유치권자는 선량한 관리자의 주의로 유치물을 점유하여야 한다.
② 유치권자는 채무자의 승낙 없이 유치물의 사용, 대여 또는 담보제공을 하지 못한다. 그러나 유치물의 보존에 필요한 사용은 그러하지 아니하다.
③ 유치권자가 전2항의 규정에 위반한 때에는 채무자는 유치권의 소멸을 청구할 수 있다.

第325條【유치권자의 상환청구권】① 유치권자가 유치물에 관하여 필요비를 지출한 때에는 소유자에게 그 상환을 청구할 수 있다.
② 유치권자가 유치물에 관하여 유익비를 지출한 때에는 그 가액의 증가가 현존한 경우에 한하여 소유자의 선택에 좇아 그 지출한 금액이나 증가액의 상환을 청구할 수 있다. 그러나 법원은 소유자의 청구에 의하여 상당한 상환기간을 허여할 수 있다.

第326條【피담보채권의 소멸시효】유치권의 행사는 채권의 소멸시효의 진행에 영향을 미치지 아니한다.

第327條【타담보제공과 유치권소멸】채무자는 상당한 담보를 제공하고 유치권의 소멸을 청구할 수 있다.

第328條【점유상실과 유치권소멸】유치권은 점유의 상실로 인하여 소멸한다.

제8장 질 권

제1절 동산질권

第329條【동산질권의 내용】동산질권자는 채권의 담보로 채무자 또는 제3자가 제공한 동산을 점유하고 그 동산에 대하여 다른 채권자보다 자기채권의 우선변제를 받을 권리가 있다.

第330條【설정계약의 요물성】질권의 설정은 질권자에게 목적물을 인도함으로써 그 효력이 생긴다.

第331條【질권의 목적물】질권은 양도할 수 없는 물건을 목적으로 하지 못한다.

第332條【설정자에 의한 대리점유의 금지】질권자는 설정자로 하여금 질물의 점유를 하게 하지 못한다.

第333條【동산질권의 순위】수개의 채권을 담보하기 위하여 동일한 동산에 수개의 질권을 설정한 때에는 그 순위는 설정의 선후에 의한다.

第334條【피담보채권의 범위】질권은 원본, 이자, 위약금, 질권실행의 비용, 질물보존의 비용 및 채무불이행 또는 질물의 하자로 인한 손해배상의 채권을 담보한다. 그러나 다른 약정이 있는 때에는 그 약정에 의한다.

第335條【유치적효력】질권자는 전조의 채권의 변제를 받을 때까지 질물을 유치할 수 있다. 그러나 자기보다 우선권이 있는 채권자에게 대항하지 못한다.

第336條【전질권】질권자는 그 권리의 범위 내에서 자기의 책임으로 질물을 전질할 수 있다. 이 경우에는 전질을 하지 아니하였으면 면할 수 있는 불가항력으로 인한 손해에 대하여도 책임을 부담한다.

第337條【전질의 대항요건】① 전조의 경우에 질권자가 채무자에게 전질의 사실을 통지하거나 채무자가 이를 승낙함이 아니면 전질로써 채무자, 보증인, 질권설정자 및 그 승계인에게 대항하지 못한다.
② 채무자가 전항의 통지를 받거나 승낙을 한 때에는 전질권자의 동의 없이 질권자에게 채무를 변제하여도 이로써 전질권자에게 대항하지 못한다.

第338條【경매, 간이변제충당】① 질권자는 채권의 변제를 받기 위하여 질물을 경매할 수 있다.
② 정당한 이유 있는 때에는 질권자는 감정인의 평가에 의하여 질물로 직접 변제에 충당할 것을 법원에 청구할 수 있다. 이 경우에는 질권자는 미리 채무자 및 질권설정자에게 통지하여야 한다.

第339條【유질계약의 금지】질권설정자는 채무변제기 전의 계약으로 질권자에게 변제에 갈음하여 질물의 소유권을 취득하게 하거나 법률에 정한 방법에 의하지 아니하고 질물을 처분할 것을 약정하지 못한다.

第340條【질물 이외의 재산으로부터의 변제】① 질권자는 질물에 의하여 변제를 받지 못한 부분의 채권에 한하여 채무자의 다른 재산으로부터 변제를 받을 수 있다.
② 전항의 규정은 질물보다 먼저 다른 재산에 관한 배당을 실시하는 경우에는 적용하지 아니한다. 그러나 다른 채권자는 질권자에게 그 배당금액의 공탁을 청구할 수 있다.

제341조【물상보증인의 구상권】 타인의 채무를 담보하기 위한 질권설정자가 그 채무를 변제하거나 질권의 실행으로 인하여 질물의 소유권을 잃은 때에는 보증채무에 관한 규정에 의하여 채무자에 대한 구상권이 있다.

제342조【물상대위】 질권은 질물의 멸실, 훼손 또는 공용징수로 인하여 질권설정자가 받을 금전 기타 물건에 대하여도 이를 행사할 수 있다. 이 경우에는 그 지급 또는 인도 전에 압류하여야 한다.

제343조【준용규정】 제249조 내지 제251조, 제321조 내지 제325조의 규정은 동산질권에 준용한다.

제344조【타법률에 의한 질권】 본절의 규정은 다른 법률의 규정에 의하여 설정된 질권에 준용한다.

제2절 권리질권

제345조【권리질권의 목적】 질권은 재산권을 그 목적으로 할 수 있다. 그러나 부동산의 사용, 수익을 목적으로 하는 권리는 그러하지 아니하다.

제346조【권리질권의 설정방법】 권리질권의 설정은 법률에 다른 규정이 없으면 그 권리의 양도에 관한 방법에 의하여야 한다.

제347조【설정계약의 요물성】 채권을 질권의 목적으로 하는 경우에 채권증서가 있는 때에는 질권의 설정은 그 증서를 질권자에게 교부함으로써 그 효력이 생긴다.

제348조【저당채권에 대한 질권과 부기등기】 저당권으로 담보한 채권을 질권의 목적으로 한 때에는 그 저당권등기에 질권의 부기등기를 하여야 그 효력이 저당권에 미친다.

제349조【지명채권에 대한 질권의 대항요건】 ① 지명채권을 목적으로 한 질권의 설정은 설정자가 제450조의 규정에 의하여 제3채무자에게 질권설정의 사실을 통지하거나 제3채무자가 이를 승낙함이 아니면 이로써 제3채무자 기타 제3자에게 대항하지 못한다.

② 제451조의 규정은 전항의 경우에 준용한다.

제350조【지시채권에 대한 질권의 설정방법】 지시채권을 질권의 목적으로 한 질권의 설정은 증서에 배서하여 질권자에게 교부함으로써 그 효력이 생긴다.

제351조【무기명채권에 대한 질권의 설정방법】 무기명채권을 목적으로 한 질권의 설정은 증서를 질권자에게 교부함으로써 그 효력이 생긴다.

제352조【질권설정자의 권리처분제한】 질권설정자는 질권자의 동의 없이 질권의 목적된 권리를 소멸하게 하거나 질권자의 이익을 해하는 변경을 할 수 없다.

제353조【질권의 목적이 된 채권의 실행방법】 ① 질권자는 질권의 목적이 된 채권을 직접 청구할 수 있다.

② 채권의 목적물이 금전인 때에는 질권자는 자기채권의 한도에서 직접 청구할 수 있다.

③ 전항의 채권의 변제기가 질권자의 채권의 변제기보다 먼저 도래한 때에는 질권자는 제3채무자에 대하여 그 변제금액의 공탁을 청구할 수 있다. 이 경우에 질권은 그 공탁금에 존재한다.

④ 채권의 목적물이 금전 이외의 물건인 때에는 질권자는 그 변제를 받은 물건에 대하여 질권을 행사할 수 있다.

제354조【동전】 질권자는 전조의 규정에 의하는 외에 「민사집행법」에 정한 집행방법에 의하여 질권을 실행할 수 있다.

제355조【준용규정】 권리질권에는 본절의 규정 외에 동산질권에 관한 규정을 준용한다.

제9장 저당권

제356조【저당권의 내용】 저당권자는 채무자 또는 제3자가 점유를 이전하지 아니하고 채무의 담보로 제공한 부동산에 대하여 다른 채권자보다 자기채권의 우선변제를 받을 권리가 있다.

제357조【근저당】 ① 저당권은 그 담보할 채무의 최고액만을 정하고 채무의 확정을 장래에 보류하여 이를 설정할 수 있다. 이 경우에는 그 확정될 때까지의 채무의 소멸 또는 이전은 저당권에 영향을 미치지 아니한다.

② 전항의 경우에는 채무의 이자는 최고액 중에 산입한 것으로 본다.

제358조【저당권의 효력의 범위】 저당권의 효력은 저당부동산에 부합된 물건과 종물에 미친다. 그러나 법률에 특별한 규정 또는 설정행위에 다른 약정이 있으면 그러하지 아니하다.

제359조【과실에 대한 효력】 저당권의 효력은 저당부동산에 대한 압류가 있은 후에 저당권설정자가 그 부동산으로부터 수취한 과실 또는 수취할 수 있는 과실에 미친다. 그러나 저당권자가 그 부동산에 대한 소유권, 지상권 또는 전세권을 취득한 제3자에 대하여는 압류한 사실을 통지한 후가 아니면 이로써 대항하지 못한다.

제360조【피담보채권의 범위】 저당권은 원본, 이자, 위약금, 채무불이행으로 인한 손해배상 및 저당권의 실행비용을 담보한다. 그러나 지연배상에 대하여는 원본의 이행기일을 경과한 후의 1년분에 한하여 저당권을 행사할 수 있다.

제361조【저당권의 처분제한】 저당권은 그 담보한 채권과 분리하여 타인에게 양도하거나 다른 채권의 담보로 하지 못한다.

제362조【저당물의 보충】 저당권설정자의 책임 있는 사유로 인하여 저당물의 가액이 현저히 감소된 때에는 저당권자는 저당권설정자에 대하여 그 원상회복 또는 상당한 담보제공을 청구할 수 있다.

제363조【저당권자의 경매청구권, 경매인】 ① 저당권자는 그 채권의 변제를 받기 위하여 저당물의 경매를 청구할 수 있다.

② 저당물의 소유권을 취득한 제3자도 경매인이 될 수 있다.

제364조【제3취득자의 변제】 저당부동산에 대하여 소유권, 지상권 또는 전세권을 취득한 제3자는 저당권자에게 그 부동산으로 담보된 채권을 변제하고 저당권의 소멸을 청구할 수 있다.

제365조【저당지상의 건물에 대한 경매청구권】 토지를 목적으로 저당권을 설정한 후 그 설정자가 그 토지에 건물을 축조한 때에는 저당권자는 토지와 함께 그 건물에 대하여도 경매를 청구할 수 있다. 그러나 그 건물의 경매대가에 대하여는 우선변제를 받을 권리가 없다.

제366조【법정지상권】 저당물의 경매로 인하여 토지와 그 지상건물이 다른 소유자에 속한 경우에는 토지소유자는 건물소유자에 대하여 지상권을 설정한 것으로 본다. 그러나 지료는 당사자의 청구에 의하여 법원이 이를 정한다.

제367조【제3취득자의 비용상환청구권】 저당물의 제3취득자가 그 부동산의 보존, 개량을 위하여 필요비 또는 유익비를 지출한 때에는 제203조 제1항, 제2항의 규정에 의하여 저당물의 경매대가에서 우선상환을 받을 수 있다.

제368조【공동저당과 대가의 배당, 차순위자의 대위】 ① 동일한 채권의 담보로 수개의 부동산에 저당권을 설정한 경우에 그 부동산의 경매대가를 동시에 배당하는 때에는 각 부동산의 경매대가에 비례하여 그 채권의 분담을 정한다.

② 전항의 저당부동산 중 일부의 경매대가를 먼저 배당하는 경우에는 그 대가에서 그 채권 전부의 변제를 받을 수 있다. 이 경우에 그 경매한 부동산의 차순위저당권자는 선순위저당권자가 전항의 규정에 의하여 다른 부동산의 경매대가에서 변제를 받을 수 있는 금액의 한도에서 선순위자를 대위하여 저당권을 행사할 수 있다.

제369조【부종성】 저당권으로 담보한 채권이 시효의 완성 기타 사유로 인하여 소멸한 때에는 저당권도 소멸한다.

제370조【준용규정】 제214조, 제321조, 제333조, 제340조, 제341조 및 제342조의 규정은 저당권에 준용한다.

제371조【지상권, 전세권을 목적으로 하는 저당권】 ① 본장의 규정은 지상권 또는 전세권을 저당권의 목적으로 한 경우에 준용한다.

② 지상권 또는 전세권을 목적으로 저당권을 설정한 자는 저당권자의 동의 없이 지상권 또는 전세권을 소멸하게 하는 행위를 하지 못한다.

제372조【타법률에 의한 저당권】 본장의 규정은 다른 법률에 의하여 설정된 저당권에 준용한다.

제3편 채 권

제1장 총 칙

제1절 채권의 목적

제373조【채권의 목적】금전으로 가액을 산정할 수 없는 것이라도 채권의 목적으로 할 수 있다.

제374조【특정물인도채무자의 선관의무】특정물의 인도가 채권의 목적인 때에는 채무자는 그 물건을 인도하기까지 선량한 관리자의 주의로 보존하여야 한다.

제375조【종류채권】① 채권의 목적을 종류로만 지정한 경우에 법률행위의 성질이나 당사자의 의사에 의하여 품질을 정할 수 없는 때에는 채무자는 중등품질의 물건으로 이행하여야 한다.

② 전항의 경우에 채무자가 이행에 필요한 행위를 완료하거나 채권자의 동의를 얻어 이행할 물건을 지정한 때에는 그때로부터 그 물건을 채권의 목적물로 한다.

제376조【금전채권】채권의 목적이 어느 종류의 통화로 지급할 것인 경우에 그 통화가 변제기에 강제통용력을 잃은 때에는 채무자는 다른 통화로 변제하여야 한다.

제377조【외화채권】① 채권의 목적이 다른 나라 통화로 지급할 것인 경우에는 채무자는 자기가 선택한 그 나라의 각 종류의 통화로 변제할 수 있다.

② 채권의 목적이 어느 종류의 다른 나라 통화로 지급할 것인 경우에 그 통화가 변제기에 강제통용력을 잃은 때에는 그 나라의 다른 통화로 변제하여야 한다.

제378조【동전】채권액이 다른 나라 통화로 지정된 때에는 채무자는 지급할 때에 있어서의 이행지의 환금시가에 의하여 우리나라 통화로 변제할 수 있다.

제379조【법정이율】이자 있는 채권의 이율은 다른 법률의 규정이나 당사자의 약정이 없으면 연 5분으로 한다.

제380조【선택채권】채권의 목적이 수개의 행위 중에서 선택에 좇아 확정될 경우에 다른 법률의 규정이나 당사자의 약정이 없으면 선택권은 채무자에게 있다.

제381조【선택권의 이전】① 선택권행사의 기간이 있는 경우에 선택권자가 그 기간 내에 선택권을 행사하지 아니하는 때에는 상대방은 상당한 기간을 정하여 그 선택을 최고할 수 있고 선택권자가 그 기간 내에 선택하지 아니하면 선택권은 상대방에게 있다.

② 선택권행사의 기간이 없는 경우에 채권의 기한이 도래한 후 상대방이 상당한 기간을 정하여 그 선택을 최고하여도 선택권자가 그 기간 내에 선택하지 아니할 때에도 전항과 같다.

제382조【당사자의 선택권의 행사】① 채권자나 채무자가 선택하는 경우에는 그 선택은 상대방에 대한 의사표시로 한다.

② 전항의 의사표시는 상대방의 동의가 없으면 철회하지 못한다.

제383조【제3자의 선택권의 행사】① 제3자가 선택하는 경우에는 그 선택은 채무자 및 채권자에 대한 의사표시로 한다.

② 전항의 의사표시는 채권자 및 채무자의 동의가 없으면 철회하지 못한다.

제384조【제3자의 선택권의 이전】① 선택할 제3자가 선택할 수 없는 경우에는 선택권은 채무자에게 있다.

② 제3자가 선택하지 아니하는 경우에는 채권자나 채무자는 상당한 기간을 정하여 그 선택을 최고할 수 있고 제3자가 그 기간 내에 선택하지 아니하면 선택권은 채무자에게 있다.

제385조【불능으로 인한 선택채권의 특정】① 채권의 목적으로 선택할 수개의 행위 중에 처음부터 불능한 것이나 또는 후에 이행불능하게 된 것이 있으면 채권의 목적은 잔존한 것에 존재한다.

② 선택권 없는 당사자의 과실로 인하여 이행불능이 된 때에는 전항의 규정을 적용하지 아니한다.

제386조【선택의 소급효】선택의 효력은 그 채권이 발생한 때에 소급한다. 그러나 제3자의 권리를 해하지 못한다.

제2절 채권의 효력

제387조【이행기와 이행지체】① 채무이행의 확정한 기한이 있는 경우에는 채무자는 기한이 도래한 때로부터 지체책임이 있다. 채무이행의 불확정한 기한이 있는 경우에는 채무자는 기한이 도래함을 안 때로부터 지체책임이 있다.

② 채무이행의 기한이 없는 경우에는 채무자는 이행청구를 받은 때로부터 지체책임이 있다.

제388조【기한의 이익의 상실】채무자는 다음 각 호의 경우에는 기한의 이익을 주장하지 못한다.

1. 채무자가 담보를 손상, 감소 또는 멸실하게 한 때
2. 채무자가 담보제공의 의무를 이행하지 아니한 때

제389조【강제이행】① 채무자가 임의로 채무를 이행하지 아니한 때에는 채권자는 그 강제이행을 법원에 청구할 수 있다. 그러나 채무의 성질이 강제이행을 하지 못할 것인 때에는 그러하지 아니하다.
② 전항의 채무가 법률행위를 목적으로 한 때에는 채무자의 의사표시에 갈음할 재판을 청구할 수 있고 채무자의 일신에 전속하지 아니한 작위를 목적으로 한 때에는 채무자의 비용으로 제3자에게 이를 하게 할 것을 법원에 청구할 수 있다.
③ 그 채무가 부작위를 목적으로 한 경우에 채무자가 이에 위반한 때에는 채무자의 비용으로써 그 위반한 것을 제각하고 장래에 대한 적당한 처분을 법원에 청구할 수 있다.
④ 전3항의 규정은 손해배상의 청구에 영향을 미치지 아니한다.

제390조【채무불이행과 손해배상】채무자가 채무의 내용에 좇은 이행을 하지 아니한 때에는 채권자는 손해배상을 청구할 수 있다. 그러나 채무자의 고의나 과실 없이 이행할 수 없게 된 때에는 그러하지 아니하다.

제391조【이행보조자의 고의, 과실】채무자의 법정대리인이 채무자를 위하여 이행하거나 채무자가 타인을 사용하여 이행하는 경우에는 법정대리인 또는 피용자의 고의나 과실은 채무자의 고의나 과실로 본다.

제392조【이행지체 중의 손해배상】채무자는 자기에게 과실이 없는 경우에도 그 이행지체 중에 생긴 손해를 배상하여야 한다. 그러나 채무자가 이행기에 이행하여도 손해를 면할 수 없는 경우에는 그러하지 아니하다.

제393조【손해배상의 범위】① 채무불이행으로 인한 손해배상은 통상의 손해를 그 한도로 한다.
② 특별한 사정으로 인한 손해는 채무자가 그 사정을 알았거나 알 수 있었을 때에 한하여 배상의 책임이 있다.

제394조【손해배상의 방법】다른 의사표시가 없으면 손해는 금전으로 배상한다.

제395조【이행지체와 전보배상】채무자가 채무의 이행을 지체한 경우에 채권자가 상당한 기간을 정하여 이행을 최고하여도 그 기간 내에 이행하지 아니하거나 지체 후의 이행이 채권자에게 이익이 없는 때에는 채권자는 수령을 거절하고 이행에 갈음한 손해배상을 청구할 수 있다.

제396조【과실상계】채무불이행에 관하여 채권자에게 과실이 있는 때에는 법원은 손해배상의 책임 및 그 금액을 정함에 이를 참작하여야 한다.

제397조【금전채무불이행에 대한 특칙】① 금전채무불이행의 손해배상액은 법정이율에 의한다. 그러나 법령의 제한에 위반하지 아니한 약정이율이 있으면 그 이율에 의한다.
② 전항의 손해배상에 관하여는 채권자는 손해의 증명을 요하지 아니하고 채무자는 과실 없음을 항변하지 못한다.

제398조【배상액의 예정】① 당사자는 채무불이행에 관한 손해배상액을 예정할 수 있다.
② 손해배상의 예정액이 부당히 과다한 경우에는 법원은 적당히 감액할 수 있다.
③ 손해배상액의 예정은 이행의 청구나 계약의 해제에 영향을 미치지 아니한다.
④ 위약금의 약정은 손해배상액의 예정으로 추정한다.
⑤ 당사자가 금전이 아닌 것으로써 손해의 배상에 충당할 것을 예정한 경우에도 전4항의 규정을 준용한다.

제399조【손해배상자의 대위】채권자가 그 채권의 목적인 물건 또는 권리의 가액 전부를 손해배상으로 받은 때에는 채무자는 그 물건 또는 권리에 관하여 당연히 채권자를 대위한다.

제400조【채권자지체】채권자가 이행을 받을 수 없거나 받지 아니한 때에는 이행의 제공 있는 때로부터 지체책임이 있다.

제401조【채권자지체와 채무자의 책임】채권자지체 중에는 채무자는 고의 또는 중대한 과실이 없으면 불이행으로 인한 모든 책임이 없다.

제402조【동전】채권자지체 중에는 이자 있는 채권이라도 채무자는 이자를 지급할 의무가 없다.

제403조【채권자지체와 채권자의 책임】채권자지체로 인하여 그 목적물의 보관 또는 변제의 비용이 증가된 때에는 그 증가액은 채권자의 부담으로 한다.

제404조【채권자대위권】① 채권자는 자기의 채권을 보전하기 위하여 채무자의 권리를 행사할 수 있다. 그러나 일신에 전속한 권리는 그러하지 아니하다.
② 채권자는 그 채권의 기한이 도래하기 전에는 법원의 허가 없이 전항의 권리를 행사하지 못한다. 그러나 보전행위는 그러하지 아니하다.

제405조【채권자대위권행사의 통지】① 채권자가 전조 제1항의 규정에 의하여 보전행위 이외의 권리를 행사한 때에는 채무자에게 통지하여야 한다.
② 채무자가 전항의 통지를 받은 후에는 그 권리를 처분하여도 이로써 채권자에게 대항하지 못한다.

제406조【채권자취소권】① 채무자가 채권자를 해함을 알고 재산권을 목적으로 한 법률행위를 한 때에는 채권자는 그 취소 및 원상회복을 법원에 청구할 수 있다. 그러나 그 행위로 인하여 이익을 받은 자나 전득한 자가 그 행위 또는 전득 당시에 채권자를 해함을 알지 못한 경우에는 그러하지 아니하다.
② 전항의 소는 채권자가 취소원인을 안 날로부터 1년, 법률행위 있은 날로부터 5년 내에 제기하여야 한다.

제407조【채권자취소의 효력】전조의 규정에 의한 취소와 원상회복은 모든 채권자의 이익을 위하여 그 효력이 있다.

제3절 수인의 채권자 및 채무자

제1관 총 칙

제408조【분할채권관계】채권자나 채무자가 수인인 경우에 특별한 의사표시가 없으면 각 채권자 또는 각 채무자는 균등한 비율로 권리가 있고 의무를 부담한다.

제2관 불가분채권과 불가분채무

제409조【불가분채권】채권의 목적이 그 성질 또는 당사자의 의사표시에 의하여 불가분인 경우에 채권자가 수인인 때에는 각 채권자는 모든 채권자를 위하여 이행을 청구할 수 있고 채무자는 모든 채권자를 위하여 각 채권자에게 이행할 수 있다.

제410조【1인의 채권자에 생긴 사항의 효력】① 전조의 규정에 의하여 모든 채권자에게 효력이 있는 사항을 제외하고는 불가분채권자 중 1인의 행위나 1인에 관한 사항은 다른 채권자에게 효력이 없다.
② 불가분채권자 중의 1인과 채무자 간에 경개나 면제 있는 경우에 채무 전부의 이행을 받은 다른 채권자는 그 1인이 권리를 잃지 아니하였으면 그에게 분급할 이익을 채무자에게 상환하여야 한다.

제411조【불가분채무와 준용규정】수인이 불가분채무를 부담한 경우에는 제413조 내지 제415조, 제422조, 제424조 내지 제427조 및 전조의 규정을 준용한다.

제412조【가분채권, 가분채무에의 변경】불가분채권이나 불가분채무가 가분채권 또는 가분채무로 변경된 때에는 각 채권자는 자기부분만의 이행을 청구할 권리가 있고 각 채무자는 자기부담부분만을 이행할 의무가 있다.

제3관 연대채무

제413조【연대채무의 내용】수인의 채무자가 채무 전부를 각자 이행할 의무가 있고 채무자 1인의 이행으로 다른 채무자도 그 의무를 면하게 되는 때에는 그 채무는 연대채무로 한다.

제414조【각 연대채무자에 대한 이행청구】채권자는 어느 연대채무자에 대하여 또는 동시나 순차로 모든 연대채무자에 대하여 채무의 전부나 일부의 이행을 청구할 수 있다.

제415조【채무자에 생긴 무효, 취소】어느 연대채무자에 대한 법률행위의 무효나 취소의 원인은 다른 연대채무자의 채무에 영향을 미치지 아니한다.

제416조【이행청구의 절대적 효력】어느 연대채무자에 대한 이행청구는 다른 연대채무자에게도 효력이 있다.

제417조【경개의 절대적 효력】어느 연대채무자와 채권자 간에 채무의 경개가 있는 때에는 채권은 모든 연대채무자의 이익을 위하여 소멸한다.

제418조【상계의 절대적 효력】① 어느 연대채무자가 채권자에 대하여 채권이 있는 경우에 그 채무자가 상계한 때에는 채권은 모든 연대채무자의 이익을 위하여 소멸한다.
② 상계할 채권이 있는 연대채무자가 상계하지 아니한 때에는 그 채무자의 부담부분에 한하여 다른 연대채무자가 상계할 수 있다.

제419조【면제의 절대적 효력】어느 연대채무자에 대한 채무면제는 그 채무자의 부담부분에 한하여 다른 연대채무자의 이익을 위하여 효력이 있다.

제420조【혼동의 절대적 효력】어느 연대채무자와 채권자 간에 혼동이 있는 때에는 그 채무자의 부담부분에 한하여 다른 연대채무자도 의무를 면한다.

제421조 【소멸시효의 절대적 효력】 어느 연대채무자에 대하여 소멸시효가 완성한 때에는 그 부담부분에 한하여 다른 연대채무자도 의무를 면한다.

제422조 【채권자지체의 절대적 효력】 어느 연대채무자에 대한 채권자의 지체는 다른 연대채무자에게도 효력이 있다.

제423조 【효력의 상대성의 원칙】 전7조의 사항 외에는 어느 연대채무자에 관한 사항은 다른 연대채무자에게 효력이 없다.

제424조 【부담부분의 균등】 연대채무자의 부담부분은 균등한 것으로 추정한다.

제425조 【출재채무자의 구상권】 ① 어느 연대채무자가 변제 기타 자기의 출재로 공동면책이 된 때에는 다른 연대채무자의 부담부분에 대하여 구상권을 행사할 수 있다.

② 전항의 구상권은 면책된 날 이후의 법정이자 및 피할 수 없는 비용 기타 손해배상을 포함한다.

제426조 【구상요건으로서의 통지】 ① 어느 연대채무자가 다른 연대채무자에게 통지하지 아니하고 변제 기타 자기의 출재로 공동면책이 된 경우에 다른 연대채무자가 채권자에게 대항할 수 있는 사유가 있었을 때에는 그 부담부분에 한하여 이 사유로 면책행위를 한 연대채무자에게 대항할 수 있고 그 대항사유가 상계인 때에는 상계로 소멸할 채권은 그 연대채무자에게 이전된다.

② 어느 연대채무자가 변제 기타 자기의 출재로 공동면책되었음을 다른 연대채무자에게 통지하지 아니한 경우에 다른 연대채무자가 선의로 채권자에게 변제 기타 유상의 면책행위를 한 때에는 그 연대채무자는 자기의 면책행위의 유효를 주장할 수 있다.

제427조 【상환무자력자의 부담부분】 ① 연대채무자 중에 상환할 자력이 없는 자가 있는 때에는 그 채무자의 부담부분은 구상권자 및 다른 자력이 있는 채무자가 그 부담부분에 비례하여 분담한다. 그러나 구상권자에게 과실이 있는 때에는 다른 연대채무자에 대하여 분담을 청구하지 못한다.

② 전항의 경우에 상환할 자력이 없는 채무자의 부담부분을 분담할 다른 채무자가 채권자로부터 연대의 면제를 받은 때에는 그 채무자의 분담할 부분은 채권자의 부담으로 한다.

제4관 보증채무

제428조 【보증채무의 내용】 ① 보증인은 주채무자가 이행하지 아니하는 채무를 이행할 의무가 있다.

② 보증은 장래의 채무에 대하여도 할 수 있다.

제428조의2 【보증의 방식】 ① 보증은 그 의사가 보증인의 기명날인 또는 서명이 있는 서면으로 표시되어야 효력이 발생한다. 다만, 보증의 의사가 전자적 형태로 표시된 경우에는 효력이 없다.

② 보증채무를 보증인에게 불리하게 변경하는 경우에도 제1항과 같다.

③ 보증인이 보증채무를 이행한 경우에는 그 한도에서 제1항과 제2항에 따른 방식의 하자를 이유로 보증의 무효를 주장할 수 없다.

제428조의3 【근보증】 ① 보증은 불확정한 다수의 채무에 대해서도 할 수 있다. 이 경우 보증하는 채무의 최고액을 서면으로 특정하여야 한다.

② 제1항의 경우 채무의 최고액을 제428조의2 제1항에 따른 서면으로 특정하지 아니한 보증계약은 효력이 없다.

제429조 【보증채무의 범위】 ① 보증채무는 주채무의 이자, 위약금, 손해배상 기타 주채무에 종속한 채무를 포함한다.

② 보증인은 그 보증채무에 관한 위약금 기타 손해배상액을 예정할 수 있다.

제430조 【목적, 형태상의 부종성】 보증인의 부담이 주채무의 목적이나 형태보다 중한 때에는 주채무의 한도로 감축한다.

제431조 【보증인의 조건】 ① 채무자가 보증인을 세울 의무가 있는 경우에는 그 보증인은 행위능력 및 변제자력이 있는 자로 하여야 한다.

② 보증인이 변제자력이 없게 된 때에는 채권자는 보증인의 변경을 청구할 수 있다.

③ 채권자가 보증인을 지명한 경우에는 전2항의 규정을 적용하지 아니한다.

제432조 【타담보의 제공】 채무자는 다른 상당한 담보를 제공함으로써 보증인을 세울 의무를 면할 수 있다.

제433조 【보증인과 주채무자항변권】 ① 보증인은 주채무자의 항변으로 채권자에게 대항할 수 있다.

② 주채무자의 항변포기는 보증인에게 효력이 없다.

제434조【보증인과 주채무자상계권】보증인은 주채무자의 채권에 의한 상계로 채권자에게 대항할 수 있다.

제435조【보증인과 주채무자의 취소권 등】주채무자가 채권자에 대하여 취소권 또는 해제권이나 해지권이 있는 동안은 보증인은 채권자에 대하여 채무의 이행을 거절할 수 있다.

제436조 삭제 〈2015.2.3.〉

제436조의2【채권자의 정보제공의무와 통지의무 등】

① 채권자는 보증계약을 체결할 때 보증계약의 체결 여부 또는 그 내용에 영향을 미칠 수 있는 주채무자의 채무 관련 신용정보를 보유하고 있거나 알고 있는 경우에는 보증인에게 그 정보를 알려야 한다. 보증계약을 갱신할 때에도 또한 같다.

② 채권자는 보증계약을 체결한 후에 다음 각 호의 어느 하나에 해당하는 사유가 있는 경우에는 지체 없이 보증인에게 그 사실을 알려야 한다.

1. 주채무자가 원본, 이자, 위약금, 손해배상 또는 그 밖에 주채무에 종속한 채무를 3개월 이상 이행하지 아니하는 경우
2. 주채무자가 이행기에 이행할 수 없음을 미리 안 경우
3. 주채무자의 채무 관련 신용정보에 중대한 변화가 생겼음을 알게 된 경우

③ 채권자는 보증인의 청구가 있으면 주채무의 내용 및 그 이행 여부를 알려야 한다.

④ 채권자가 제1항부터 제3항까지의 규정에 따른 의무를 위반하여 보증인에게 손해를 입힌 경우에는 법원은 그 내용과 정도 등을 고려하여 보증채무를 감경하거나 면제할 수 있다.

제437조【보증인의 최고, 검색의 항변】채권자가 보증인에게 채무의 이행을 청구한 때에는 보증인은 주채무자의 변제자력이 있는 사실 및 그 집행이 용이할 것을 증명하여 먼저 주채무자에게 청구할 것과 그 재산에 대하여 집행할 것을 항변할 수 있다. 그러나 보증인이 주채무자와 연대하여 채무를 부담한 때에는 그러하지 아니하다.

제438조【최고, 검색의 해태의 효과】전조의 규정에 의한 보증인의 항변에 불구하고 채권자의 해태로 인하여 채무자로부터 전부나 일부의 변제를 받지 못한 경우에는 채권자가 해태하지 아니하였으면 변제받았을 한도에서 보증인은 그 의무를 면한다.

제439조【공동보증의 분별의 이익】수인의 보증인이 각자의 행위로 보증채무를 부담한 경우에도 제408조의 규정을 적용한다.

제440조【시효중단의 보증인에 대한 효력】주채무자에 대한 시효의 중단은 보증인에 대하여 그 효력이 있다.

제441조【수탁보증인의 구상권】① 주채무자의 부탁으로 보증인이 된 자가 과실 없이 변제 기타의 출재로 주채무를 소멸하게 한 때에는 주채무자에 대하여 구상권이 있다.

② 제425조 제2항의 규정은 전항의 경우에 준용한다.

제442조【수탁보증인의 사전구상권】① 주채무자의 부탁으로 보증인이 된 자는 다음 각 호의 경우에 주채무자에 대하여 미리 구상권을 행사할 수 있다.

1. 보증인이 과실 없이 채권자에게 변제할 재판을 받은 때
2. 주채무자가 파산선고를 받은 경우에 채권자가 파산재단에 가입하지 아니한 때
3. 채무의 이행기가 확정되지 아니하고 그 최장기도 확정할 수 없는 경우에 보증계약 후 5년을 경과한 때
4. 채무의 이행기가 도래한 때

② 전항 제4호의 경우에는 보증계약 후에 채권자가 주채무자에게 허여한 기한으로 보증인에게 대항하지 못한다.

제443조【주채무자의 면책청구】전조의 규정에 의하여 주채무자가 보증인에게 배상하는 경우에 주채무자는 자기를 면책하게 하거나 자기에게 담보를 제공할 것을 보증인에게 청구할 수 있고 또는 배상할 금액을 공탁하거나 담보를 제공하거나 보증인을 면책하게 함으로써 그 배상의무를 면할 수 있다.

제444조【부탁 없는 보증인의 구상권】① 주채무자의 부탁 없이 보증인이 된 자가 변제 기타 자기의 출재로 주채무를 소멸하게 한 때에는 주채무자는 그 당시에 이익을 받은 한도에서 배상하여야 한다.

② 주채무자의 의사에 반하여 보증인이 된 자가 변제 기타 자기의 출재로 주채무를 소멸하게 한 때에는 주채무자는 현존이익의 한도에서 배상하여야 한다.

③ 전항의 경우에 주채무자가 구상한 날 이전에 상계원인이 있음을 주장한 때에는 그 상계로 소멸할 채권은 보증인에게 이전된다.

제445조【구상요건으로서의 통지】① 보증인이 주채무자에게 통지하지 아니하고 변제 기타 자기의 출재로 주채무를 소멸하게 한 경우에 주채무자가 채권자에게 대항할 수 있는 사유가 있었을 때에는 이 사유로 보증인에게 대항할 수 있고 그 대항사유가 상계인 때에는 상계로 소멸할 채권은 보증인에게 이전된다.
② 보증인이 변제 기타 자기의 출재로 면책되었음을 주채무자에게 통지하지 아니한 경우에 주채무자가 선의로 채권자에게 변제 기타 유상의 면책행위를 한 때에는 주채무자는 자기의 면책행위의 유효를 주장할 수 있다.

제446조【주채무자의 보증인에 대한 면책통지의무】주채무자가 자기의 행위로 면책하였음을 그 부탁으로 보증인이 된 자에게 통지하지 아니한 경우에 보증인이 선의로 채권자에게 변제 기타 유상의 면책행위를 한 때에는 보증인은 자기의 면책행위의 유효를 주장할 수 있다.

제447조【연대, 불가분채무의 보증인의 구상권】어느 연대채무자나 어느 불가분채무자를 위하여 보증인이 된 자는 다른 연대채무자나 다른 불가분채무자에 대하여 그 부담부분에 한하여 구상권이 있다.

제448조【공동보증인 간의 구상권】① 수인의 보증인이 있는 경우에 어느 보증인이 자기의 부담부분을 넘은 변제를 한 때에는 제444조의 규정을 준용한다.
② 주채무가 불가분이거나 각 보증인이 상호 연대로 또는 주채무자와 연대로 채무를 부담한 경우에 어느 보증인이 자기의 부담부분을 넘은 변제를 한 때에는 제425조 내지 제427조의 규정을 준용한다.

제4절 채권의 양도

제449조【채권의 양도성】① 채권은 양도할 수 있다. 그러나 채권의 성질이 양도를 허용하지 아니하는 때에는 그러하지 아니하다.
② 채권은 당사자가 반대의 의사를 표시한 경우에는 양도하지 못한다. 그러나 그 의사표시로써 선의의 제3자에게 대항하지 못한다.

제450조【지명채권양도의 대항요건】① 지명채권의 양도는 양도인이 채무자에게 통지하거나 채무자가 승낙하지 아니하면 채무자 기타 제3자에게 대항하지 못한다.
② 전항의 통지나 승낙은 확정일자 있는 증서에 의하지 아니하면 채무자 이외의 제3자에게 대항하지 못한다.

제451조【승낙, 통지의 효과】① 채무자가 이의를 보류하지 아니하고 전조의 승낙을 한 때에는 양도인에게 대항할 수 있는 사유로써 양수인에게 대항하지 못한다. 그러나 채무자가 채무를 소멸하게 하기 위하여 양도인에게 급여한 것이 있으면 이를 회수할 수 있고 양도인에 대하여 부담한 채무가 있으면 그 성립되지 아니함을 주장할 수 있다.
② 양도인이 양도통지만을 한 때에는 채무자는 그 통지를 받은 때까지 양도인에 대하여 생긴 사유로써 양수인에게 대항할 수 있다.

제452조【양도통지와 금반언】① 양도인이 채무자에게 채권양도를 통지한 때에는 아직 양도하지 아니하였거나 그 양도가 무효인 경우에도 선의인 채무자는 양수인에게 대항할 수 있는 사유로 양도인에게 대항할 수 있다.
② 전항의 통지는 양수인의 동의가 없으면 철회하지 못한다.

제5절 채무의 인수

제453조【채권자와의 계약에 의한 채무인수】① 제3자는 채권자와의 계약으로 채무를 인수하여 채무자의 채무를 면하게 할 수 있다. 그러나 채무의 성질이 인수를 허용하지 아니하는 때에는 그러하지 아니하다.
② 이해관계없는 제3자는 채무자의 의사에 반하여 채무를 인수하지 못한다.

제454조【채무자와의 계약에 의한 채무인수】① 제3자가 채무자와의 계약으로 채무를 인수한 경우에는 채권자의 승낙에 의하여 그 효력이 생긴다.
② 채권자의 승낙 또는 거절의 상대방은 채무자나 제3자이다.

제455조【승낙 여부의 최고】① 전조의 경우에 제3자나 채무자는 상당한 기간을 정하여 승낙 여부의 확답을 채권자에게 최고할 수 있다.
② 채권자가 그 기간 내에 확답을 발송하지 아니한 때에는 거절한 것으로 본다.

제456조【채무인수의 철회, 변경】제3자와 채무자 간의 계약에 의한 채무인수는 채권자의 승낙이 있을 때까지 당사자는 이를 철회하거나 변경할 수 있다.

제457조【채무인수의 소급효】채권자의 채무인수에 대한 승낙은 다른 의사표시가 없으면 채무를 인수한 때에 소급하여 그 효력이 생긴다. 그러나 제3자의 권리를 침해하지 못한다.

제458조【전채무자의 항변사유】 인수인은 전채무자의 항변할 수 있는 사유로 채권자에게 대항할 수 있다.

제459조【채무인수와 보증, 담보의 소멸】 전채무자의 채무에 대한 보증이나 제3자가 제공한 담보는 채무인수로 인하여 소멸한다. 그러나 보증인이나 제3자가 채무인수에 동의한 경우에는 그러하지 아니하다.

제6절 채권의 소멸

제1관 변 제

제460조【변제제공의 방법】 변제는 채무내용에 좇은 현실제공으로 이를 하여야 한다. 그러나 채권자가 미리 변제받기를 거절하거나 채무의 이행에 채권자의 행위를 요하는 경우에는 변제준비의 완료를 통지하고 그 수령을 최고하면 된다.

제461조【변제제공의 효과】 변제의 제공은 그때로부터 채무불이행의 책임을 면하게 한다.

제462조【특정물의 현상인도】 특정물의 인도가 채권의 목적인 때에는 채무자는 이행기의 현상대로 그 물건을 인도하여야 한다.

제463조【변제로서의 타인의 물건의 인도】 채무의 변제로 타인의 물건을 인도한 채무자는 다시 유효한 변제를 하지 아니하면 그 물건의 반환을 청구하지 못한다.

제464조【양도능력 없는 소유자의 물건인도】 양도할 능력 없는 소유자가 채무의 변제로 물건을 인도한 경우에는 그 변제가 취소된 때에도 다시 유효한 변제를 하지 아니하면 그 물건의 반환을 청구하지 못한다.

제465조【채권자의 선의소비, 양도와 구상권】 ① 전2조의 경우에 채권자가 변제로 받은 물건을 선의로 소비하거나 타인에게 양도한 때에는 그 변제는 효력이 있다.

② 전항의 경우에 채권자가 제3자로부터 배상의 청구를 받은 때에는 채무자에 대하여 구상권을 행사할 수 있다.

제466조【대물변제】 채무자가 채권자의 승낙을 얻어 본래의 채무이행에 갈음하여 다른 급여를 한 때에는 변제와 같은 효력이 있다.

제467조【변제의 장소】 ① 채무의 성질 또는 당사자의 의사표시로 변제장소를 정하지 아니한 때에는 특정물의 인도는 채권성립 당시에 그 물건이 있던 장소에서 하여야 한다.

② 전항의 경우에 특정물인도 이외의 채무변제는 채권자의 현주소에서 하여야 한다. 그러나 영업에 관한 채무의 변제는 채권자의 현영업소에서 하여야 한다.

제468조【변제기 전의 변제】 당사자의 특별한 의사표시가 없으면 변제기 전이라도 채무자는 변제할 수 있다. 그러나 상대방의 손해는 배상하여야 한다.

제469조【제3자의 변제】 ① 채무의 변제는 제3자도 할 수 있다. 그러나 채무의 성질 또는 당사자의 의사표시로 제3자의 변제를 허용하지 아니하는 때에는 그러하지 아니하다.

② 이해관계 없는 제3자는 채무자의 의사에 반하여 변제하지 못한다.

제470조【채권의 준점유자에 대한 변제】 채권의 준점유자에 대한 변제는 변제자가 선의이며 과실 없는 때에 한하여 효력이 있다.

제471조【영수증소지자에 대한 변제】 영수증을 소지한 자에 대한 변제는 그 소지자가 변제를 받을 권한이 없는 경우에도 효력이 있다. 그러나 변제자가 그 권한 없음을 알았거나 알 수 있었을 경우에는 그러하지 아니하다.

제472조【권한 없는 자에 대한 변제】 전2조의 경우 외에 변제받을 권한 없는 자에 대한 변제는 채권자가 이익을 받은 한도에서 효력이 있다.

제473조【변제비용의 부담】 변제비용은 다른 의사표시가 없으면 채무자의 부담으로 한다. 그러나 채권자의 주소이전 기타의 행위로 인하여 변제비용이 증가된 때에는 그 증가액은 채권자의 부담으로 한다.

제474조【영수증청구권】 변제자는 변제를 받는 자에게 영수증을 청구할 수 있다.

제475조【채권증서반환청구권】 채권증서가 있는 경우에 변제자가 채무 전부를 변제한 때에는 채권증서의 반환을 청구할 수 있다. 채권이 변제 이외의 사유로 전부 소멸한 때에도 같다.

제476조【지정변제충당】 ① 채무자가 동일한 채권자에 대하여 같은 종류를 목적으로 한 수개의 채무를 부담한 경우에 변제의 제공이 그 채무 전부를 소멸하게 하지 못하는 때에는 변제자는 그 당시 어느 채무를 지정하여 그 변제에 충당할 수 있다.

② 변제자가 전항의 지정을 하지 아니할 때에는 변제받는 자는 그 당시 어느 채무를 지정하여 변제에 충당할 수 있다. 그러나 변제자가 그 충당에 대하여 즉시 이의를 한 때에는 그러하지 아니하다.

③ 전2항의 변제충당은 상대방에 대한 의사표시로써 한다.

제477조【법정변제충당】 당사자가 변제에 충당할 채무를 지정하지 아니한 때에는 다음 각 호의 규정에 의한다.

1. 채무 중에 이행기가 도래한 것과 도래하지 아니한 것이 있으면 이행기가 도래한 채무의 변제에 충당한다.
2. 채무 전부의 이행기가 도래하였거나 도래하지 아니한 때에는 채무자에게 변제이익이 많은 채무의 변제에 충당한다.
3. 채무자에게 변제이익이 같으면 이행기가 먼저 도래한 채무나 먼저 도래할 채무의 변제에 충당한다.
4. 전2호의 사항이 같은 때에는 그 채무액에 비례하여 각 채무의 변제에 충당한다.

제478조【부족변제의 충당】 1개의 채무에 수개의 급여를 요할 경우에 변제자가 그 채무 전부를 소멸하게 하지 못한 급여를 한 때에는 전2조의 규정을 준용한다.

제479조【비용, 이자, 원본에 대한 변제충당의 순서】
① 채무자가 1개 또는 수개의 채무의 비용 및 이자를 지급할 경우에 변제자가 그 전부를 소멸하게 하지 못한 급여를 한 때에는 비용, 이자, 원본의 순서로 변제에 충당하여야 한다.

② 전항의 경우에 제477조의 규정을 준용한다.

제480조【변제자의 임의대위】 ① 채무자를 위하여 변제한 자는 변제와 동시에 채권자의 승낙을 얻어 채권자를 대위할 수 있다.

② 전항의 경우에 제450조 내지 제452조의 규정을 준용한다.

제481조【변제자의 법정대위】 변제할 정당한 이익이 있는 자는 변제로 당연히 채권자를 대위한다.

제482조【변제자대위의 효과, 대위자 간의 관계】 ① 전2조의 규정에 의하여 채권자를 대위한 자는 자기의 권리에 의하여 구상할 수 있는 범위에서 채권 및 그 담보에 관한 권리를 행사할 수 있다.

② 전항의 권리행사는 다음 각 호의 규정에 의하여야 한다.

1. 보증인은 미리 전세권이나 저당권의 등기에 그 대위를 부기하지 아니하면 전세물이나 저당물에 권리를 취득한 제3자에 대하여 채권자를 대위하지 못한다.
2. 제3취득자는 보증인에 대하여 채권자를 대위하지 못한다.
3. 제3취득자 중의 1인은 각 부동산의 가액에 비례하여 다른 제3취득자에 대하여 채권자를 대위한다.
4. 자기의 재산을 타인의 채무의 담보로 제공한 자가 수인인 경우에는 전호의 규정을 준용한다.
5. 자기의 재산을 타인의 채무의 담보로 제공한 자와 보증인 간에는 그 인원수에 비례하여 채권자를 대위한다. 그러나 자기의 재산을 타인의 채무의 담보로 제공한 자가 수인인 때에는 보증인의 부담부분을 제외하고 그 잔액에 대하여 각 재산의 가액에 비례하여 대위한다. 이 경우에 그 재산이 부동산인 때에는 제1호의 규정을 준용한다.

제483조【일부의 대위】 ① 채권의 일부에 대하여 대위변제가 있는 때에는 대위자는 그 변제한 가액에 비례하여 채권자와 함께 그 권리를 행사한다.

② 전항의 경우에 채무불이행을 원인으로 하는 계약의 해지 또는 해제는 채권자만이 할 수 있고 채권자는 대위자에게 그 변제한 가액과 이자를 상환하여야 한다.

제484조【대위변제와 채권증서, 담보물】 ① 채권 전부의 대위변제를 받은 채권자는 그 채권에 관한 증서 및 점유한 담보물을 대위자에게 교부하여야 한다.

② 채권의 일부에 대한 대위변제가 있는 때에는 채권자는 채권증서에 그 대위를 기입하고 자기가 점유한 담보물의 보존에 관하여 대위자의 감독을 받아야 한다.

제485조【채권자의 담보상실, 감소행위와 법정대위자의 면책】 제481조의 규정에 의하여 대위할 자가 있는 경우에 채권자의 고의나 과실로 담보가 상실되거나 감소된 때에는 대위할 자는 그 상실 또는 감소로 인하여 상환을 받을 수 없는 한도에서 그 책임을 면한다.

제486조【변제 이외의 방법에 의한 채무소멸과 대위】
제3자가 공탁 기타 자기의 출재로 채무자의 채무를 면하게 한 경우에도 전6조의 규정을 준용한다.

제2관 공 탁

제487조【변제공탁의 요건, 효과】채권자가 변제를 받지 아니하거나 받을 수 없는 때에는 변제자는 채권자를 위하여 변제의 목적물을 공탁하여 그 채무를 면할 수 있다. 변제자가 과실 없이 채권자를 알 수 없는 경우에도 같다.

제488조【공탁의 방법】① 공탁은 채무이행지의 공탁소에 하여야 한다.

② 공탁소에 관하여 법률에 특별한 규정이 없으면 법원은 변제자의 청구에 의하여 공탁소를 지정하고 공탁물보관자를 선임하여야 한다.

③ 공탁자는 지체 없이 채권자에게 공탁통지를 하여야 한다.

제489조【공탁물의 회수】① 채권자가 공탁을 승인하거나 공탁소에 대하여 공탁물을 받기를 통고하거나 공탁유효의 판결이 확정되기까지는 변제자는 공탁물을 회수할 수 있다. 이 경우에는 공탁하지 아니한 것으로 본다.

② 전항의 규정은 질권 또는 저당권이 공탁으로 인하여 소멸한 때에는 적용하지 아니한다.

제490조【자조매각금의 공탁】변제의 목적물이 공탁에 적당하지 아니하거나 멸실 또는 훼손될 염려가 있거나 공탁에 과다한 비용을 요하는 경우에는 변제자는 법원의 허가를 얻어 그 물건을 경매하거나 시가로 방매하여 대금을 공탁할 수 있다.

제491조【공탁물수령과 상대의무이행】채무자가 채권자의 상대의무이행과 동시에 변제할 경우에는 채권자는 그 의무이행을 하지 아니하면 공탁물을 수령하지 못한다.

제3관 상 계

제492조【상계의 요건】① 쌍방이 서로 같은 종류를 목적으로 한 채무를 부담한 경우에 그 쌍방의 채무의 이행기가 도래한 때에는 각 채무자는 대등액에 관하여 상계할 수 있다. 그러나 채무의 성질이 상계를 허용하지 아니할 때에는 그러하지 아니하다.

② 전항의 규정은 당사자가 다른 의사를 표시한 경우에는 적용하지 아니한다. 그러나 그 의사표시로써 선의의 제3자에게 대항하지 못한다.

제493조【상계의 방법, 효과】① 상계는 상대방에 대한 의사표시로 한다. 이 의사표시에는 조건 또는 기한을 붙이지 못한다.

② 상계의 의사표시는 각 채무가 상계할 수 있는 때에 대등액에 관하여 소멸한 것으로 본다.

제494조【이행지를 달리하는 채무의 상계】각 채무의 이행지가 다른 경우에도 상계할 수 있다. 그러나 상계하는 당사자는 상대방에게 상계로 인한 손해를 배상하여야 한다.

제495조【소멸시효완성된 채권에 의한 상계】소멸시효가 완성된 채권이 그 완성 전에 상계할 수 있었던 것이면 그 채권자는 상계할 수 있다.

제496조【불법행위채권을 수동채권으로 하는 상계의 금지】채무가 고의의 불법행위로 인한 것인 때에는 그 채무자는 상계로 채권자에게 대항하지 못한다.

제497조【압류금지채권을 수동채권으로 하는 상계의 금지】채권이 압류하지 못할 것인 때에는 그 채무자는 상계로 채권자에게 대항하지 못한다.

제498조【지급금지채권을 수동채권으로 하는 상계의 금지】지급을 금지하는 명령을 받은 제3채무자는 그 후에 취득한 채권에 의한 상계로 그 명령을 신청한 채권자에게 대항하지 못한다.

제499조【준용규정】제476조 내지 제479조의 규정은 상계에 준용한다.

제4관 경 개

제500조【경개의 요건, 효과】당사자가 채무의 중요한 부분을 변경하는 계약을 한 때에는 구채무는 경개로 인하여 소멸한다.

제501조【채무자변경으로 인한 경개】채무자의 변경으로 인한 경개는 채권자와 신채무자 간의 계약으로 이를 할 수 있다. 그러나 구채무자의 의사에 반하여 이를 하지 못한다.

제502조【채권자변경으로 인한 경개】채권자의 변경으로 인한 경개는 확정일자 있는 증서로 하지 아니하면 이로써 제3자에게 대항하지 못한다.

제503조【채권자변경의 경개와 채무자승낙의 효과】제451조 제1항의 규정은 채권자의 변경으로 인한 경개에 준용한다.

제504조【구채무불소멸의 경우】경개로 인한 신채무가 원인의 불법 또는 당사자가 알지 못한 사유로 인하여 성립되지 아니하거나 취소된 때에는 구채무는 소멸되지 아니한다.

제505조【신채무에의 담보이전】경개의 당사자는 구채무의 담보를 그 목적의 한도에서 신채무의 담보로 할 수 있다. 그러나 제3자가 제공한 담보는 그 승낙을 얻어야 한다.

제5관 면 제

제506조【면제의 요건, 효과】채권자가 채무자에게 채무를 면제하는 의사를 표시한 때에는 채권은 소멸한다. 그러나 면제로써 정당한 이익을 가진 제3자에게 대항하지 못한다.

제6관 혼 동

제507조【혼동의 요건, 효과】채권과 채무가 동일한 주체에 귀속한 때에는 채권은 소멸한다. 그러나 그 채권이 제3자의 권리의 목적인 때에는 그러하지 아니하다.

제7절 지시채권

제508조【지시채권의 양도방식】지시채권은 그 증서에 배서하여 양수인에게 교부하는 방식으로 양도할 수 있다.

제509조【환배서】① 지시채권은 그 채무자에 대하여도 배서하여 양도할 수 있다.

② 배서로 지시채권을 양수한 채무자는 다시 배서하여 이를 양도할 수 있다.

제510조【배서의 방식】① 배서는 증서 또는 그 보충지에 그 뜻을 기재하고 배서인이 서명 또는 기명날인함으로써 이를 한다.

② 배서는 피배서인을 지정하지 아니하고 할 수 있으며 또 배서인의 서명 또는 기명날인만으로 할 수 있다.

제511조【약식배서의 처리방식】배서가 전조 제2항의 약식에 의한 때에는 소지인은 다음 각 호의 방식으로 처리할 수 있다.

1. 자기나 타인의 명칭을 피배서인으로 기재할 수 있다.
2. 약식으로 또는 타인을 피배서인으로 표시하여 다시 증서에 배서할 수 있다.
3. 피배서인을 기재하지 아니하고 배서 없이 증서를 제3자에게 교부하여 양도할 수 있다.

제512조【소지인출급배서의 효력】소지인출급의 배서는 약식배서와 같은 효력이 있다.

제513조【배서의 자격수여력】① 증서의 점유자가 배서의 연속으로 그 권리를 증명하는 때에는 적법한 소지인으로 본다. 최후의 배서가 약식인 경우에도 같다.

② 약식배서 다음에 다른 배서가 있으면 그 배서인은 약식배서로 증서를 취득한 것으로 본다.

③ 말소된 배서는 배서의 연속에 관하여 그 기재가 없는 것으로 본다.

제514조【동전-선의취득】누구든지 증서의 적법한 소지인에 대하여 그 반환을 청구하지 못한다. 그러나 소지인이 취득한 때에 양도인이 권리 없음을 알았거나 중대한 과실로 알지 못한 때에는 그러하지 아니하다.

제515조【이전배서와 인적 항변】지시채권의 채무자는 소지인의 전자에 대한 인적 관계의 항변으로 소지인에게 대항하지 못한다. 그러나 소지인이 그 채무자를 해함을 알고 지시채권을 취득한 때에는 그러하지 아니하다.

제516조【변제의 장소】증서에 변제장소를 정하지 아니한 때에는 채무자의 현영업소를 변제장소로 한다. 영업소가 없는 때에는 현주소를 변제장소로 한다.

제517조【증서의 제시와 이행지체】증서에 변제기한이 있는 경우에도 그 기한이 도래한 후에 소지인이 증서를 제시하여 이행을 청구한 때로부터 채무자는 지체책임이 있다.

제518조【채무자의 조사권리·의무】채무자는 배서의 연속 여부를 조사할 의무가 있으며 배서인의 서명 또는 날인의 진위나 소지인의 진위를 조사할 권리는 있으나 의무는 없다. 그러나 채무자가 변제하는 때에 소지인이 권리자 아님을 알았거나 중대한 과실로 알지 못한 때에는 그 변제는 무효로 한다.

제519조【변제와 증서교부】채무자는 증서와 교환하여서만 변제할 의무가 있다.

제520조【영수의 기입청구권】① 채무자는 변제하는 때에 소지인에 대하여 증서에 영수를 증명하는 기재를 할 것을 청구할 수 있다.

② 일부변제의 경우에 채무자의 청구가 있으면 채권자는 증서에 그 뜻을 기재하여야 한다.

제521조【공시최고절차에 의한 증서의 실효】멸실한 증서나 소지인의 점유를 이탈한 증서는 공시최고의 절차에 의하여 무효로 할 수 있다.

제522조【공시최고절차에 의한 공탁, 변제】 공시최고의 신청이 있는 때에는 채무자로 하여금 채무의 목적물을 공탁하게 할 수 있고 소지인이 상당한 담보를 제공하면 변제하게 할 수 있다.

제8절 무기명채권

제523조【무기명채권의 양도방식】 무기명채권은 양수인에게 그 증서를 교부함으로써 양도의 효력이 있다.

제524조【준용규정】 제514조 내지 제522조의 규정은 무기명채권에 준용한다.

제525조【지명소지인출급채권】 채권자를 지정하고 소지인에게도 변제할 것을 부기한 증서는 무기명채권과 같은 효력이 있다.

제526조【면책증서】 제516조, 제517조 및 제520조의 규정은 채무자가 증서소지인에게 변제하여 그 책임을 면할 목적으로 발행한 증서에 준용한다.

제2장 계 약

제1절 총 칙

제1관 계약의 성립

제527조【계약의 청약의 구속력】 계약의 청약은 이를 철회하지 못한다.

제528조【승낙기간을 정한 계약의 청약】 ① 승낙의 기간을 정한 계약의 청약은 청약자가 그 기간 내에 승낙의 통지를 받지 못한 때에는 그 효력을 잃는다.

② 승낙의 통지가 전항의 기간 후에 도달한 경우에 보통 그 기간 내에 도달할 수 있는 발송인 때에는 청약자는 지체 없이 상대방에게 그 연착의 통지를 하여야 한다. 그러나 그 도달 전에 지연의 통지를 발송한 때에는 그러하지 아니하다.

③ 청약자가 전항의 통지를 하지 아니한 때에는 승낙의 통지는 연착되지 아니한 것으로 본다.

제529조【승낙기간을 정하지 아니한 계약의 청약】 승낙의 기간을 정하지 아니한 계약의 청약은 청약자가 상당한 기간 내에 승낙의 통지를 받지 못한 때에는 그 효력을 잃는다.

제530조【연착된 승낙의 효력】 전2조의 경우에 연착된 승낙은 청약자가 이를 새 청약으로 볼 수 있다.

제531조【격지자 간의 계약성립 시기】 격지자 간의 계약은 승낙의 통지를 발송한 때에 성립한다.

제532조【의사실현에 의한 계약성립】 청약자의 의사표시나 관습에 의하여 승낙의 통지가 필요하지 아니한 경우에는 계약은 승낙의 의사표시로 인정되는 사실이 있는 때에 성립한다.

제533조【교차청약】 당사자 간에 동일한 내용의 청약이 상호 교차된 경우에는 양청약이 상대방에게 도달한 때에 계약이 성립한다.

제534조【변경을 가한 승낙】 승낙자가 청약에 대하여 조건을 붙이거나 변경을 가하여 승낙한 때에는 그 청약의 거절과 동시에 새로 청약한 것으로 본다.

제535조【계약체결상의 과실】 ① 목적이 불능한 계약을 체결할 때에 그 불능을 알았거나 알 수 있었을 자는 상대방이 그 계약의 유효를 믿었음으로 인하여 받은 손해를 배상하여야 한다. 그러나 그 배상액은 계약이 유효함으로 인하여 생길 이익액을 넘지 못한다.

② 전항의 규정은 상대방이 그 불능을 알았거나 알 수 있었을 경우에는 적용하지 아니한다.

제2관 계약의 효력

제536조【동시이행의 항변권】① 쌍무계약의 당사자 일방은 상대방이 그 채무이행을 제공할 때까지 자기의 채무이행을 거절할 수 있다. 그러나 상대방의 채무가 변제기에 있지 아니하는 때에는 그러하지 아니하다.
② 당사자 일방이 상대방에게 먼저 이행하여야 할 경우에 상대방의 이행이 곤란할 현저한 사유가 있는 때에는 전항 본문과 같다.

제537조【채무자위험부담주의】쌍무계약의 당사자 일방의 채무가 당사자 쌍방의 책임 없는 사유로 이행할 수 없게 된 때에는 채무자는 상대방의 이행을 청구하지 못한다.

제538조【채권자귀책사유로 인한 이행불능】① 쌍무계약의 당사자 일방의 채무가 채권자의 책임 있는 사유로 이행할 수 없게 된 때에는 채무자는 상대방의 이행을 청구할 수 있다. 채권자의 수령지체 중에 당사자 쌍방의 책임 없는 사유로 이행할 수 없게 된 때에도 같다.
② 전항의 경우에 채무자는 자기의 채무를 면함으로써 이익을 얻은 때에는 이를 채권자에게 상환하여야 한다.

제539조【제3자를 위한 계약】① 계약에 의하여 당사자 일방이 제3자에게 이행할 것을 약정한 때에는 그 제3자는 채무자에게 직접 그 이행을 청구할 수 있다.
② 전항의 경우에 제3자의 권리는 그 제3자가 채무자에 대하여 계약의 이익을 받을 의사를 표시한 때에 생긴다.

제540조【채무자의 제3자에 대한 최고권】전조의 경우에 채무자는 상당한 기간을 정하여 계약의 이익의 향수 여부의 확답을 제3자에게 최고할 수 있다. 채무자가 그 기간 내에 확답을 받지 못한 때에는 제3자가 계약의 이익을 받을 것을 거절한 것으로 본다.

제541조【제3자의 권리의 확정】제539조의 규정에 의하여 제3자의 권리가 생긴 후에는 당사자는 이를 변경 또는 소멸시키지 못한다.

제542조【채무자의 항변권】채무자는 제539조의 계약에 기한 항변으로 그 계약의 이익을 받을 제3자에게 대항할 수 있다.

제3관 계약의 해지, 해제

제543조【해지, 해제권】① 계약 또는 법률의 규정에 의하여 당사자의 일방이나 쌍방이 해지 또는 해제의 권리가 있는 때에는 그 해지 또는 해제는 상대방에 대한 의사표시로 한다.
② 전항의 의사표시는 철회하지 못한다.

제544조【이행지체와 해제】당사자 일방이 그 채무를 이행하지 아니하는 때에는 상대방은 상당한 기간을 정하여 그 이행을 최고하고 그 기간 내에 이행하지 아니한 때에는 계약을 해제할 수 있다. 그러나 채무자가 미리 이행하지 아니할 의사를 표시한 경우에는 최고를 요하지 아니한다.

제545조【정기행위와 해제】계약의 성질 또는 당사자의 의사표시에 의하여 일정한 시일 또는 일정한 기간 내에 이행하지 아니하면 계약의 목적을 달성할 수 없을 경우에 당사자 일방이 그 시기에 이행하지 아니한 때에는 상대방은 전조의 최고를 하지 아니하고 계약을 해제할 수 있다.

제546조【이행불능과 해제】채무자의 책임 있는 사유로 이행이 불능하게 된 때에는 채권자는 계약을 해제할 수 있다.

제547조【해지, 해제권의 불가분성】① 당사자의 일방 또는 쌍방이 수인인 경우에는 계약의 해지나 해제는 그 전원으로부터 또는 전원에 대하여 하여야 한다.
② 전항의 경우에 해지나 해제의 권리가 당사자 1인에 대하여 소멸한 때에는 다른 당사자에 대하여도 소멸한다.

제548조【해제의 효과, 원상회복의무】① 당사자 일방이 계약을 해제한 때에는 각 당사자는 그 상대방에 대하여 원상회복의 의무가 있다. 그러나 제3자의 권리를 해하지 못한다.
② 전항의 경우에 반환할 금전에는 그 받은 날로부터 이자를 가하여야 한다.

제549조【원상회복의무와 동시이행】제536조의 규정은 전조의 경우에 준용한다.

제550조【해지의 효과】당사자 일방이 계약을 해지한 때에는 계약은 장래에 대하여 그 효력을 잃는다.

제551조【해지, 해제와 손해배상】계약의 해지 또는 해제는 손해배상의 청구에 영향을 미치지 아니한다.

제552조【해제권행사 여부의 최고권】① 해제권의 행사의 기간을 정하지 아니한 때에는 상대방은 상당한 기간을 정하여 해제권행사 여부의 확답을 해제권자에게 최고할 수 있다.

② 전항의 기간 내에 해제의 통지를 받지 못한 때에는 해제권은 소멸한다.

제553조【훼손 등으로 인한 해제권의 소멸】해제권자의 고의나 과실로 인하여 계약의 목적물이 현저히 훼손되거나 이를 반환할 수 없게 된 때 또는 가공이나 개조로 인하여 다른 종류의 물건으로 변경된 때에는 해제권은 소멸한다.

제2절 증 여

제554조【증여의 의의】증여는 당사자 일방이 무상으로 재산을 상대방에 수여하는 의사를 표시하고 상대방이 이를 승낙함으로써 그 효력이 생긴다.

제555조【서면에 의하지 아니한 증여와 해제】증여의 의사가 서면으로 표시되지 아니한 경우에는 각 당사자는 이를 해제할 수 있다.

제556조【수증자의 행위와 증여의 해제】① 수증자가 증여자에 대하여 다음 각 호의 사유가 있는 때에는 증여자는 그 증여를 해제할 수 있다.

1. 증여자 또는 그 배우자나 직계혈족에 대한 범죄행위가 있는 때
2. 증여자에 대하여 부양의무 있는 경우에 이를 이행하지 아니하는 때

② 전항의 해제권은 해제원인 있음을 안 날로부터 6월을 경과하거나 증여자가 수증자에 대하여 용서의 의사를 표시한 때에는 소멸한다.

제557조【증여자의 재산상태변경과 증여의 해제】증여계약 후에 증여자의 재산상태가 현저히 변경되고 그 이행으로 인하여 생계에 중대한 영향을 미칠 경우에는 증여자는 증여를 해제할 수 있다.

제558조【해제와 이행완료부분】전3조의 규정에 의한 계약의 해제는 이미 이행한 부분에 대하여는 영향을 미치지 아니한다.

제559조【증여자의 담보책임】① 증여자는 증여의 목적인 물건 또는 권리의 하자나 흠결에 대하여 책임을 지지 아니한다. 그러나 증여자가 그 하자나 흠결을 알고 수증자에게 고지하지 아니한 때에는 그러하지 아니하다.

② 상대부담 있는 증여에 대하여는 증여자는 그 부담의 한도에서 매도인과 같은 담보의 책임이 있다.

제560조【정기증여와 사망으로 인한 실효】정기의 급여를 목적으로 한 증여는 증여자 또는 수증자의 사망으로 인하여 그 효력을 잃는다.

제561조【부담부증여】상대부담 있는 증여에 대하여는 본절의 규정 외에 쌍무계약에 관한 규정을 적용한다.

제562조【사인증여】증여자의 사망으로 인하여 효력이 생길 증여에는 유증에 관한 규정을 준용한다.

제3절 매 매

제1관 총 칙

제563조【매매의 의의】매매는 당사자 일방이 재산권을 상대방에게 이전할 것을 약정하고 상대방이 그 대금을 지급할 것을 약정함으로써 그 효력이 생긴다.

제564조【매매의 일방예약】① 매매의 일방예약은 상대방이 매매를 완결할 의사를 표시하는 때에 매매의 효력이 생긴다.

② 전항의 의사표시의 기간을 정하지 아니한 때에는 예약자는 상당한 기간을 정하여 매매완결 여부의 확답을 상대방에게 최고할 수 있다.

③ 예약자가 전항의 기간 내에 확답을 받지 못한 때에는 예약은 그 효력을 잃는다.

제565조【해약금】① 매매의 당사자 일방이 계약 당시에 금전 기타 물건을 계약금, 보증금 등의 명목으로 상대방에게 교부한 때에는 당사자 간에 다른 약정이 없는 한 당사자의 일방이 이행에 착수할 때까지 교부자는 이를 포기하고 수령자는 그 배액을 상환하여 매매계약을 해제할 수 있다.

② 제551조의 규정은 전항의 경우에 이를 적용하지 아니한다.

제566조【매매계약의 비용의 부담】매매계약에 관한 비용은 당사자 쌍방이 균분하여 부담한다.

제567조【유상계약에의 준용】본절의 규정은 매매 이외의 유상계약에 준용한다. 그러나 그 계약의 성질이 이를 허용하지 아니하는 때에는 그러하지 아니하다.

제2관 매매의 효력

제568조【매매의 효력】① 매도인은 매수인에 대하여 매매의 목적이 된 권리를 이전하여야 하며 매수인은 매도인에게 그 대금을 지급하여야 한다.

② 전항의 쌍방의무는 특별한 약정이나 관습이 없으면 동시에 이행하여야 한다.

제569조【타인의 권리의 매매】 매매의 목적이 된 권리가 타인에게 속한 경우에는 매도인은 그 권리를 취득하여 매수인에게 이전하여야 한다.

제570조【동전-매도인의 담보책임】 전조의 경우에 매도인이 그 권리를 취득하여 매수인에게 이전할 수 없는 때에는 매수인은 계약을 해제할 수 있다. 그러나 매수인이 계약 당시 그 권리가 매도인에게 속하지 아니함을 안 때에는 손해배상을 청구하지 못한다.

제571조【동전-선의의 매도인의 담보책임】 ① 매도인이 계약 당시에 매매의 목적이 된 권리가 자기에게 속하지 아니함을 알지 못한 경우에 그 권리를 취득하여 매수인에게 이전할 수 없는 때에는 매도인은 손해를 배상하고 계약을 해제할 수 있다.

② 전항의 경우에 매수인이 계약 당시 그 권리가 매도인에게 속하지 아니함을 안 때에는 매도인은 매수인에 대하여 그 권리를 이전할 수 없음을 통지하고 계약을 해제할 수 있다.

제572조【권리의 일부가 타인에게 속한 경우와 매도인의 담보책임】 ① 매매의 목적이 된 권리의 일부가 타인에게 속함으로 인하여 매도인이 그 권리를 취득하여 매수인에게 이전할 수 없는 때에는 매수인은 그 부분의 비율로 대금의 감액을 청구할 수 있다.

② 전항의 경우에 잔존한 부분만이면 매수인이 이를 매수하지 아니하였을 때에는 선의의 매수인은 계약 전부를 해제할 수 있다.

③ 선의의 매수인은 감액청구 또는 계약해제 외에 손해배상을 청구할 수 있다.

제573조【전조의 권리행사의 기간】 전조의 권리는 매수인이 선의인 경우에는 사실을 안 날로부터, 악의인 경우에는 계약한 날로부터 1년 내에 행사하여야 한다.

제574조【수량부족, 일부멸실의 경우와 매도인의 담보책임】 전2조의 규정은 수량을 지정한 매매의 목적물이 부족되는 경우와 매매목적물의 일부가 계약 당시에 이미 멸실된 경우에 매수인이 그 부족 또는 멸실을 알지 못한 때에 준용한다.

제575조【제한물권 있는 경우와 매도인의 담보책임】

① 매매의 목적물이 지상권, 지역권, 전세권, 질권 또는 유치권의 목적이 된 경우에 매수인이 이를 알지 못한 때에는 이로 인하여 계약의 목적을 달성할 수 없는 경우에 한하여 매수인은 계약을 해제할 수 있다. 기타의 경우에는 손해배상만을 청구할 수 있다.

② 전항의 규정은 매매의 목적이 된 부동산을 위하여 존재할 지역권이 없거나 그 부동산에 등기된 임대차계약이 있는 경우에 준용한다.

③ 전2항의 권리는 매수인이 그 사실을 안 날로부터 1년 내에 행사하여야 한다.

제576조【저당권, 전세권의 행사와 매도인의 담보책임】

① 매매의 목적이 된 부동산에 설정된 저당권 또는 전세권의 행사로 인하여 매수인이 그 소유권을 취득할 수 없거나 취득한 소유권을 잃은 때에는 매수인은 계약을 해제할 수 있다.

② 전항의 경우에 매수인의 출재로 그 소유권을 보존한 때에는 매도인에 대하여 그 상환을 청구할 수 있다.

③ 전2항의 경우에 매수인이 손해를 받은 때에는 그 배상을 청구할 수 있다.

제577조【저당권의 목적이 된 지상권, 전세권의 매매와 매도인의 담보책임】 전조의 규정은 저당권의 목적이 된 지상권 또는 전세권이 매매의 목적이 된 경우에 준용한다.

제578조【경매와 매도인의 담보책임】 ① 경매의 경우에는 경락인은 전8조의 규정에 의하여 채무자에게 계약의 해제 또는 대금감액의 청구를 할 수 있다.

② 전항의 경우에 채무자가 자력이 없는 때에는 경락인은 대금의 배당을 받은 채권자에 대하여 그 대금 전부나 일부의 반환을 청구할 수 있다.

③ 전2항의 경우에 채무자가 물건 또는 권리의 흠결을 알고 고지하지 아니하거나 채권자가 이를 알고 경매를 청구한 때에는 경락인은 그 흠결을 안 채무자나 채권자에 대하여 손해배상을 청구할 수 있다.

제579조【채권매매와 매도인의 담보책임】 ① 채권의 매도인이 채무자의 자력을 담보한 때에는 매매계약 당시의 자력을 담보한 것으로 추정한다.

② 변제기에 도달하지 아니한 채권의 매도인이 채무자의 자력을 담보한 때에는 변제기의 자력을 담보한 것으로 추정한다.

제580조【매도인의 하자담보책임】 ① 매매의 목적물에 하자가 있는 때에는 제575조 제1항의 규정을 준용한다. 그러나 매수인이 하자 있는 것을 알았거나 과실로 인하여 이를 알지 못한 때에는 그러하지 아니하다.

② 전항의 규정은 경매의 경우에 적용하지 아니한다.

제581조【종류매매와 매도인의 담보책임】① 매매의 목적물을 종류로 지정한 경우에도 그 후 특정된 목적물에 하자가 있는 때에는 전조의 규정을 준용한다.
② 전항의 경우에 매수인은 계약의 해제 또는 손해배상의 청구를 하지 아니하고 하자 없는 물건을 청구할 수 있다.
제582조【전2조의 권리행사기간】전2조에 의한 권리는 매수인이 그 사실을 안 날로부터 6월 내에 행사하여야 한다.
제583조【담보책임과 동시이행】제536조의 규정은 제572조 내지 제575조, 제580조 및 제581조의 경우에 준용한다.
제584조【담보책임면제의 특약】매도인은 전15조에 의한 담보책임을 면하는 특약을 한 경우에도 매도인이 알고 고지하지 아니한 사실 및 제3자에게 권리를 설정 또는 양도한 행위에 대하여는 책임을 면하지 못한다.
제585조【동일기한의 추정】매매의 당사자 일방에 대한 의무이행의 기한이 있는 때에는 상대방의 의무이행에 대하여도 동일한 기한이 있는 것으로 추정한다.
제586조【대금지급장소】매매의 목적물의 인도와 동시에 대금을 지급할 경우에는 그 인도장소에서 이를 지급하여야 한다.
제587조【과실의 귀속, 대금의 이자】매매계약 있은 후에도 인도하지 아니한 목적물로부터 생긴 과실은 매도인에게 속한다. 매수인은 목적물의 인도를 받은 날로부터 대금의 이자를 지급하여야 한다. 그러나 대금의 지급에 대하여 기한이 있는 때에는 그러하지 아니하다.
제588조【권리주장자가 있는 경우와 대금지급거절권】매매의 목적물에 대하여 권리를 주장하는 자가 있는 경우에 매수인이 매수한 권리의 전부나 일부를 잃을 염려가 있는 때에는 매수인은 그 위험의 한도에서 대금의 전부나 일부의 지급을 거절할 수 있다. 그러나 매도인이 상당한 담보를 제공한 때에는 그러하지 아니하다.
제589조【대금공탁청구권】전조의 경우에 매도인은 매수인에 대하여 대금의 공탁을 청구할 수 있다.

제3관 환 매

제590조【환매의 의의】① 매도인이 매매계약과 동시에 환매할 권리를 보류한 때에는 그 영수한 대금 및 매수인이 부담한 매매비용을 반환하고 그 목적물을 환매할 수 있다.
② 전항의 환매대금에 관하여 특별한 약정이 있으면 그 약정에 의한다.
③ 전2항의 경우에 목적물의 과실과 대금의 이자는 특별한 약정이 없으면 이를 상계한 것으로 본다.
제591조【환매기간】① 환매기간은 부동산은 5년, 동산은 3년을 넘지 못한다. 약정기간이 이를 넘는 때에는 부동산은 5년, 동산은 3년으로 단축한다.
② 환매기간을 정한 때에는 다시 이를 연장하지 못한다.
③ 환매기간을 정하지 아니한 때에는 그 기간은 부동산은 5년, 동산은 3년으로 한다.
제592조【환매등기】매매의 목적물이 부동산인 경우에 매매등기와 동시에 환매권의 보류를 등기한 때에는 제3자에 대하여 그 효력이 있다.
제593조【환매권의 대위행사와 매수인의 권리】매도인의 채권자가 매도인을 대위하여 환매하고자 하는 때에는 매수인은 법원이 선정한 감정인의 평가액에서 매도인이 반환할 금액을 공제한 잔액으로 매도인의 채무를 변제하고 잉여액이 있으면 이를 매도인에게 지급하여 환매권을 소멸시킬 수 있다.
제594조【환매의 실행】① 매도인은 기간 내에 대금과 매매비용을 매수인에게 제공하지 아니하면 환매할 권리를 잃는다.
② 매수인이나 전득자가 목적물에 대하여 비용을 지출한 때에는 매도인은 제203조의 규정에 의하여 이를 상환하여야 한다. 그러나 유익비에 대하여는 법원은 매도인의 청구에 의하여 상당한 상환기간을 허여할 수 있다.
제595조【공유지분의 환매】공유자의 1인이 환매할 권리를 보류하고 그 지분을 매도한 후 그 목적물의 분할이나 경매가 있는 때에는 매도인은 매수인이 받은 또는 받을 부분이나 대금에 대하여 환매권을 행사할 수 있다. 그러나 매도인에게 통지하지 아니한 매수인은 그 분할이나 경매로써 매도인에게 대항하지 못한다.

제4절 교 환

제596조【교환의 의의】교환은 당사자 쌍방이 금전 이외의 재산권을 상호 이전할 것을 약정함으로써 그 효력이 생긴다.
제597조【금전의 보충지급의 경우】당사자 일방이 전조의 재산권이전과 금전의 보충지급을 약정한 때에는 그 금전에 대하여는 매매대금에 관한 규정을 준용한다.

제5절 소비대차

제598조【소비대차의 의의】소비대차는 당사자 일방이 금전 기타 대체물의 소유권을 상대방에게 이전할 것을 약정하고 상대방은 그와 같은 종류, 품질 및 수량으로 반환할 것을 약정함으로써 그 효력이 생긴다.

제599조【파산과 소비대차의 실효】대주가 목적물을 차주에게 인도하기 전에 당사자 일방이 파산선고를 받은 때에는 소비대차는 그 효력을 잃는다.

제600조【이자계산의 시기】이자있는 소비대차는 차주가 목적물의 인도를 받은 때로부터 이자를 계산하여야 하며 차주가 그 책임 있는 사유로 수령을 지체할 때에는 대주가 이행을 제공한 때로부터 이자를 계산하여야 한다.

제601조【무이자소비대차와 해제권】이자 없는 소비대차의 당사자는 목적물의 인도 전에는 언제든지 계약을 해제할 수 있다. 그러나 상대방에게 생긴 손해가 있는 때에는 이를 배상하여야 한다.

제602조【대주의 담보책임】① 이자 있는 소비대차의 목적물에 하자가 있는 경우에는 제580조 내지 제582조의 규정을 준용한다.

② 이자 없는 소비대차의 경우에는 차주는 하자 있는 물건의 가액으로 반환할 수 있다. 그러나 대주가 그 하자를 알고 차주에게 고지하지 아니한 때에는 전항과 같다.

제603조【반환시기】① 차주는 약정시기에 차용물과 같은 종류, 품질 및 수량의 물건을 반환하여야 한다.

② 반환시기의 약정이 없는 때에는 대주는 상당한 기간을 정하여 반환을 최고하여야 한다. 그러나 차주는 언제든지 반환할 수 있다.

제604조【반환불능으로 인한 시가상환】차주가 차용물과 같은 종류, 품질 및 수량의 물건을 반환할 수 없는 때에는 그때의 시가로 상환하여야 한다. 그러나 제376조 및 제377조 제2항의 경우에는 그러하지 아니하다.

제605조【준소비대차】당사자 쌍방이 소비대차에 의하지 아니하고 금전 기타의 대체물을 지급할 의무가 있는 경우에 당사자가 그 목적물을 소비대차의 목적으로 할 것을 약정한 때에는 소비대차의 효력이 생긴다.

제606조【대물대차】금전대차의 경우에 차주가 금전에 갈음하여 유가증권 기타 물건의 인도를 받은 때에는 그 인도 시의 가액으로써 차용액으로 한다.

제607조【대물반환의 예약】차용물의 반환에 관하여 차주가 차용물에 갈음하여 다른 재산권을 이전할 것을 예약한 경우에는 그 재산의 예약 당시의 가액이 차용액 및 이에 붙인 이자의 합산액을 넘지 못한다.

제608조【차주에 불이익한 약정의 금지】전2조의 규정에 위반한 당사자의 약정으로서 차주에 불리한 것은 환매 기타 여하한 명목이라도 그 효력이 없다.

제6절 사용대차

제609조【사용대차의 의의】사용대차는 당사자 일방이 상대방에게 무상으로 사용, 수익하게 하기 위하여 목적물을 인도할 것을 약정하고 상대방은 이를 사용, 수익한 후 그 물건을 반환할 것을 약정함으로써 그 효력이 생긴다.

제610조【차주의 사용, 수익권】① 차주는 계약 또는 그 목적물의 성질에 의하여 정하여진 용법으로 이를 사용, 수익하여야 한다.

② 차주는 대주의 승낙이 없으면 제3자에게 차용물을 사용, 수익하게 하지 못한다.

③ 차주가 전2항의 규정에 위반한 때에는 대주는 계약을 해지할 수 있다.

제611조【비용의 부담】① 차주는 차용물의 통상의 필요비를 부담한다.

② 기타의 비용에 대하여는 제594조 제2항의 규정을 준용한다.

제612조【준용규정】제559조, 제601조의 규정은 사용대차에 준용한다.

제613조【차용물의 반환시기】① 차주는 약정시기에 차용물을 반환하여야 한다.

② 시기의 약정이 없는 경우에는 차주는 계약 또는 목적물의 성질에 의한 사용, 수익이 종료한 때에 반환하여야 한다. 그러나 사용, 수익에 족한 기간이 경과한 때에는 대주는 언제든지 계약을 해지할 수 있다.

제614조【차주의 사망, 파산과 해지】차주가 사망하거나 파산선고를 받은 때에는 대주는 계약을 해지할 수 있다.

제615조【차주의 원상회복의무와 철거권】차주가 차용물을 반환하는 때에는 이를 원상에 회복하여야 한다. 이에 부속시킨 물건은 철거할 수 있다.

제616조【공동차주의 연대의무】수인이 공동하여 물건을 차용한 때에는 연대하여 그 의무를 부담한다.

제617조【손해배상, 비용상환청구의 기간】 계약 또는 목적물의 성질에 위반한 사용, 수익으로 인하여 생긴 손해배상의 청구와 차주가 지출한 비용의 상환청구는 대주가 물건의 반환을 받은 날로부터 6월 내에 하여야 한다.

제7절 임대차

제618조【임대차의 의의】 임대차는 당사자 일방이 상대방에게 목적물을 사용, 수익하게 할 것을 약정하고 상대방이 이에 대하여 차임을 지급할 것을 약정함으로써 그 효력이 생긴다.

제619조【처분능력, 권한 없는 자의 할 수 있는 단기임대차】 처분의 능력 또는 권한 없는 자가 임대차를 하는 경우에는 그 임대차는 다음 각 호의 기간을 넘지 못한다.

1. 식목, 채염 또는 석조, 석회조, 연와조 및 이와 유사한 건축을 목적으로 한 토지의 임대차는 10년
2. 기타 토지의 임대차는 5년
3. 건물 기타 공작물의 임대차는 3년
4. 동산의 임대차는 6월

제620조【단기임대차의 갱신】 전조의 기간은 갱신할 수 있다. 그러나 그 기간만료 전 토지에 대하여는 1년, 건물 기타 공작물에 대하여는 3월, 동산에 대하여는 1월 내에 갱신하여야 한다.

제621조【임대차의 등기】 ① 부동산임차인은 당사자 간에 반대약정이 없으면 임대인에 대하여 그 임대차등기절차에 협력할 것을 청구할 수 있다.

② 부동산임대차를 등기한 때에는 그때부터 제3자에 대하여 효력이 생긴다.

제622조【건물등기 있는 차지권의 대항력】 ① 건물의 소유를 목적으로 한 토지임대차는 이를 등기하지 아니한 경우에도 임차인이 그 지상건물을 등기한 때에는 제3자에 대하여 임대차의 효력이 생긴다.

② 건물이 임대차기간만료 전에 멸실 또는 후폐한 때에는 전항의 효력을 잃는다.

제623조【임대인의 의무】 임대인은 목적물을 임차인에게 인도하고 계약존속 중 그 사용, 수익에 필요한 상태를 유지하게 할 의무를 부담한다.

제624조【임대인의 보존행위, 인용의무】 임대인이 임대물의 보존에 필요한 행위를 하는 때에는 임차인은 이를 거절하지 못한다.

제625조【임차인의 의사에 반하는 보존행위와 해지권】 임대인이 임차인의 의사에 반하여 보존행위를 하는 경우에 임차인이 이로 인하여 임차의 목적을 달성할 수 없는 때에는 계약을 해지할 수 있다.

제626조【임차인의 상환청구권】 ① 임차인이 임차물의 보존에 관한 필요비를 지출한 때에는 임대인에 대하여 그 상환을 청구할 수 있다.

② 임차인이 유익비를 지출한 경우에는 임대인은 임대차 종료 시에 그 가액의 증가가 현존한 때에 한하여 임차인의 지출한 금액이나 그 증가액을 상환하여야 한다. 이 경우에 법원은 임대인의 청구에 의하여 상당한 상환기간을 허여할 수 있다.

제627조【일부멸실 등과 감액청구, 해지권】 ① 임차물의 일부가 임차인의 과실 없이 멸실 기타 사유로 인하여 사용, 수익할 수 없는 때에는 임차인은 그 부분의 비율에 의한 차임의 감액을 청구할 수 있다.

② 전항의 경우에 그 잔존부분으로 임차의 목적을 달성할 수 없는 때에는 임차인은 계약을 해지할 수 있다.

제628조【차임증감청구권】 임대물에 대한 공과부담의 증감 기타 경제사정의 변동으로 인하여 약정한 차임이 상당하지 아니하게 된 때에는 당사자는 장래에 대한 차임의 증감을 청구할 수 있다.

제629조【임차권의 양도, 전대의 제한】 ① 임차인은 임대인의 동의 없이 그 권리를 양도하거나 임차물을 전대하지 못한다.

② 임차인이 전항의 규정에 위반한 때에는 임대인은 계약을 해지할 수 있다.

제630조【전대의 효과】 ① 임차인이 임대인의 동의를 얻어 임차물을 전대한 때에는 전차인은 직접 임대인에 대하여 의무를 부담한다. 이 경우에 전차인은 전대인에 대한 차임의 지급으로써 임대인에게 대항하지 못한다.

② 전항의 규정은 임대인의 임차인에 대한 권리행사에 영향을 미치지 아니한다.

제631조【전차인의 권리의 확정】 임차인이 임대인의 동의를 얻어 임차물을 전대한 경우에는 임대인과 임차인의 합의로 계약을 종료한 때에도 전차인의 권리는 소멸하지 아니한다.

제632조【임차건물의 소부분을 타인에게 사용케 하는 경우】 전3조의 규정은 건물의 임차인이 그 건물의 소부분을 타인에게 사용하게 하는 경우에 적용하지 아니한다.

제633조【차임지급의 시기】 차임은 동산, 건물이나 대지에 대하여는 매월말에, 기타 토지에 대하여는 매년말에 지급하여야 한다. 그러나 수확기 있는 것에 대하여는 그 수확 후 지체 없이 지급하여야 한다.

제634조【임차인의 통지의무】 임차물의 수리를 요하거나 임차물에 대하여 권리를 주장하는 자가 있는 때에는 임차인은 지체 없이 임대인에게 이를 통지하여야 한다. 그러나 임대인이 이미 이를 안 때에는 그러하지 아니하다.

제635조【기간의 약정 없는 임대차의 해지통고】 ① 임대차기간의 약정이 없는 때에는 당사자는 언제든지 계약해지의 통고를 할 수 있다.

② 상대방이 전항의 통고를 받은 날로부터 다음 각 호의 기간이 경과하면 해지의 효력이 생긴다.

1. 토지, 건물 기타 공작물에 대하여는 임대인이 해지를 통고한 경우에는 6월, 임차인이 해지를 통고한 경우에는 1월
2. 동산에 대하여는 5일

제636조【기간의 약정 있는 임대차의 해지통고】 임대차기간의 약정이 있는 경우에도 당사자 일방 또는 쌍방이 그 기간 내에 해지할 권리를 보류한 때에는 전조의 규정을 준용한다.

제637조【임차인의 파산과 해지통고】 ① 임차인이 파산선고를 받은 경우에는 임대차기간의 약정이 있는 때에도 임대인 또는 파산관재인은 제635조의 규정에 의하여 계약해지의 통고를 할 수 있다.

② 전항의 경우에 각 당사자는 상대방에 대하여 계약해지로 인하여 생긴 손해의 배상을 청구하지 못한다.

제638조【해지통고의 전차인에 대한 통지】 ① 임대차계약이 해지의 통고로 인하여 종료된 경우에 그 임대물이 적법하게 전대되었을 때에는 임대인은 전차인에 대하여 그 사유를 통지하지 아니하면 해지로써 전차인에게 대항하지 못한다.

② 전차인이 전항의 통지를 받은 때에는 제635조 제2항의 규정을 준용한다.

제639조【묵시의 갱신】 ① 임대차기간이 만료한 후 임차인이 임차물의 사용, 수익을 계속하는 경우에 임대인이 상당한 기간 내에 이의를 하지 아니한 때에는 전임대차와 동일한 조건으로 다시 임대차한 것으로 본다. 그러나 당사자는 제635조의 규정에 의하여 해지의 통고를 할 수 있다.

② 전항의 경우에 전임대차에 대하여 제3자가 제공한 담보는 기간의 만료로 인하여 소멸한다.

제640조【차임연체와 해지】 건물 기타 공작물의 임대차에는 임차인의 차임연체액이 2기의 차임액에 달하는 때에는 임대인은 계약을 해지할 수 있다.

제641조【동전】 건물 기타 공작물의 소유 또는 식목, 채염, 목축을 목적으로 한 토지임대차의 경우에도 전조의 규정을 준용한다.

제642조【토지임대차의 해지와 지상건물 등에 대한 담보물권자에의 통지】 전조의 경우에 그 지상에 있는 건물 기타 공작물이 담보물권의 목적이 된 때에는 제288조의 규정을 준용한다.

제643조【임차인의 갱신청구권, 매수청구권】 건물 기타 공작물의 소유 또는 식목, 채염, 목축을 목적으로 한 토지임대차의 기간이 만료한 경우에 건물, 수목 기타 지상시설이 현존한 때에는 제283조의 규정을 준용한다.

제644조【전차인의 임대청구권, 매수청구권】 ① 건물 기타 공작물의 소유 또는 식목, 채염, 목축을 목적으로 한 토지임차인이 적법하게 그 토지를 전대한 경우에 임대차 및 전대차의 기간이 동시에 만료되고 건물, 수목 기타 지상시설이 현존한 때에는 전차인은 임대인에 대하여 전전대차와 동일한 조건으로 임대할 것을 청구할 수 있다.

② 전항의 경우에 임대인이 임대할 것을 원하지 아니하는 때에는 제283조 제2항의 규정을 준용한다.

제645조【지상권목적토지의 임차인의 임대청구권, 매수청구권】 전조의 규정은 지상권자가 그 토지를 임대한 경우에 준용한다.

제646조【임차인의 부속물매수청구권】 ① 건물 기타 공작물의 임차인이 그 사용의 편익을 위하여 임대인의 동의를 얻어 이에 부속한 물건이 있는 때에는 임대차의 종료 시에 임대인에 대하여 그 부속물의 매수를 청구할 수 있다.

② 임대인으로부터 매수한 부속물에 대하여도 전항과 같다.

제647조【전차인의 부속물매수청구권】 ① 건물 기타 공작물의 임차인이 적법하게 전대한 경우에 전차인이 그 사용의 편익을 위하여 임대인의 동의를 얻어 이에 부속한 물건이 있는 때에는 전대차의 종료 시에 임대인에 대하여 그 부속물의 매수를 청구할 수 있다.

② 임대인으로부터 매수하였거나 그 동의를 얻어 임차인으로부터 매수한 부속물에 대하여도 전항과 같다.

제648조【임차지의 부속물, 과실 등에 대한 법정질권】 토지임대인이 임대차에 관한 채권에 의하여 임차지에 부속 또는 그 사용의 편익에 공용한 임차인의 소유동산 및 그 토지의 과실을 압류한 때에는 질권과 동일한 효력이 있다.

제649조【임차지상의 건물에 대한 법정저당권】 토지임대인이 변제기를 경과한 최후 2년의 차임채권에 의하여 그 지상에 있는 임차인소유의 건물을 압류한 때에는 저당권과 동일한 효력이 있다.

제650조【임차건물 등의 부속물에 대한 법정질권】 건물 기타 공작물의 임대인이 임대차에 관한 채권에 의하여 그 건물 기타 공작물에 부속한 임차인소유의 동산을 압류한 때에는 질권과 동일한 효력이 있다.

제651조 삭제 〈2016.1.6.〉

제652조【강행규정】 제627조, 제628조, 제631조, 제635조, 제638조, 제640조, 제641조, 제643조 내지 제647조의 규정에 위반하는 약정으로 임차인이나 전차인에게 불리한 것은 그 효력이 없다.

제653조【일시사용을 위한 임대차의 특례】 제628조, 제638조, 제640조, 제646조 내지 제648조, 제650조 및 전조의 규정은 일시사용하기 위한 임대차 또는 전대차인 것이 명백한 경우에는 적용하지 아니한다.

제654조【준용규정】 제610조 제1항, 제615조 내지 제617조의 규정은 임대차에 이를 준용한다.

제8절 고 용

제655조【고용의 의의】 고용은 당사자 일방이 상대방에 대하여 노무를 제공할 것을 약정하고 상대방이 이에 대하여 보수를 지급할 것을 약정함으로써 그 효력이 생긴다.

제656조【보수액과 그 지급시기】 ① 보수 또는 보수액의 약정이 없는 때에는 관습에 의하여 지급하여야 한다.

② 보수는 약정한 시기에 지급하여야 하며 시기의 약정이 없으면 관습에 의하고 관습이 없으면 약정한 노무를 종료한 후 지체 없이 지급하여야 한다.

제657조【권리·의무의 전속성】 ① 사용자는 노무자의 동의 없이 그 권리를 제3자에게 양도하지 못한다.

② 노무자는 사용자의 동의 없이 제3자로 하여금 자기에 갈음하여 노무를 제공하게 하지 못한다.

③ 당사자 일방이 전2항의 규정에 위반한 때에는 상대방은 계약을 해지할 수 있다.

제658조【노무의 내용과 해지권】 ① 사용자가 노무자에 대하여 약정하지 아니한 노무의 제공을 요구한 때에는 노무자는 계약을 해지할 수 있다.

② 약정한 노무가 특수한 기능을 요하는 경우에 노무자가 그 기능이 없는 때에는 사용자는 계약을 해지할 수 있다.

제659조【3년 이상의 경과와 해지통고권】 ① 고용의 약정기간이 3년을 넘거나 당사자의 일방 또는 제3자의 종신까지로 된 때에는 각 당사자는 3년을 경과한 후 언제든지 계약해지의 통고를 할 수 있다.

② 전항의 경우에는 상대방이 해지의 통고를 받은 날로부터 3월이 경과하면 해지의 효력이 생긴다.

제660조【기간의 약정이 없는 고용의 해지통고】 ① 고용기간의 약정이 없는 때에는 당사자는 언제든지 계약해지의 통고를 할 수 있다.

② 전항의 경우에는 상대방이 해지의 통고를 받은 날로부터 1월이 경과하면 해지의 효력이 생긴다.

③ 기간으로 보수를 정한 때에는 상대방이 해지의 통고를 받은 당기 후의 일기를 경과함으로써 해지의 효력이 생긴다.

제661조【부득이한 사유와 해지권】 고용기간의 약정이 있는 경우에도 부득이한 사유 있는 때에는 각 당사자는 계약을 해지할 수 있다. 그러나 그 사유가 당사자 일방의 과실로 인하여 생긴 때에는 상대방에 대하여 손해를 배상하여야 한다.

제662조【묵시의 갱신】 ① 고용기간이 만료한 후 노무자가 계속하여 그 노무를 제공하는 경우에 사용자가 상당한 기간 내에 이의를 하지 아니한 때에는 전고용과 동일한 조건으로 다시 고용한 것으로 본다. 그러나 당사자는 제660조의 규정에 의하여 해지의 통고를 할 수 있다.

② 전항의 경우에는 전고용에 대하여 제3자가 제공한 담보는 기간의 만료로 인하여 소멸한다.

제663조【사용자파산과 해지통고】 ① 사용자가 파산선고를 받은 경우에는 고용기간의 약정이 있는 때에도 노무자 또는 파산관재인은 계약을 해지할 수 있다.

② 전항의 경우에는 각 당사자는 계약해지로 인한 손해의 배상을 청구하지 못한다.

제9절 도 급

제664조【도급의 의의】 도급은 당사자 일방이 어느 일을 완성할 것을 약정하고 상대방이 그 일의 결과에 대하여 보수를 지급할 것을 약정함으로써 그 효력이 생긴다.

제665조【보수의 지급시기】 ① 보수는 그 완성된 목적물의 인도와 동시에 지급하여야 한다. 그러나 목적물의 인도를 요하지 아니하는 경우에는 그 일을 완성한 후 지체없이 지급하여야 한다.

② 전항의 보수에 관하여는 제656조 제2항의 규정을 준용한다.

제666조【수급인의 목적부동산에 대한 저당권설정청구권】 부동산공사의 수급인은 전조의 보수에 관한 채권을 담보하기 위하여 그 부동산을 목적으로 한 저당권의 설정을 청구할 수 있다.

제667조【수급인의 담보책임】 ① 완성된 목적물 또는 완성 전의 성취된 부분에 하자가 있는 때에는 도급인은 수급인에 대하여 상당한 기간을 정하여 그 하자의 보수를 청구할 수 있다. 그러나 하자가 중요하지 아니한 경우에 그 보수에 과다한 비용을 요할 때에는 그러하지 아니하다.

② 도급인은 하자의 보수에 갈음하여 또는 보수와 함께 손해배상을 청구할 수 있다.

③ 전항의 경우에는 제536조의 규정을 준용한다.

제668조【동전-도급인의 해제권】 도급인이 완성된 목적물의 하자로 인하여 계약의 목적을 달성할 수 없는 때에는 계약을 해제할 수 있다. 그러나 건물 기타 토지의 공작물에 대하여는 그러하지 아니하다.

제669조【동전-하자가 도급인의 제공한 재료 또는 지시에 기인한 경우의 면책】 전2조의 규정은 목적물의 하자가 도급인이 제공한 재료의 성질 또는 도급인의 지시에 기인한 때에는 적용하지 아니한다. 그러나 수급인이 그 재료 또는 지시의 부적당함을 알고 도급인에게 고지하지 아니한 때에는 그러하지 아니하다.

제670조【담보책임의 존속기간】 ① 전3조의 규정에 의한 하자의 보수, 손해배상의 청구 및 계약의 해제는 목적물의 인도를 받은 날로부터 1년 내에 하여야 한다.

② 목적물의 인도를 요하지 아니하는 경우에는 전항의 기간은 일의 종료한 날로부터 기산한다.

제671조【수급인의 담보책임-토지, 건물 등에 대한 특칙】 ① 토지, 건물 기타 공작물의 수급인은 목적물 또는 지반공사의 하자에 대하여 인도 후 5년간 담보의 책임이 있다. 그러나 목적물이 석조, 석회조, 연와조, 금속 기타 이와 유사한 재료로 조성된 것인 때에는 그 기간을 10년으로 한다.

② 전항의 하자로 인하여 목적물이 멸실 또는 훼손된 때에는 도급인은 그 멸실 또는 훼손된 날로부터 1년 내에 제667조의 권리를 행사하여야 한다.

제672조【담보책임면제의 특약】 수급인은 제667조, 제668조의 담보책임이 없음을 약정한 경우에도 알고 고지하지 아니한 사실에 대하여는 그 책임을 면하지 못한다.

제673조【완성전의 도급인의 해제권】 수급인이 일을 완성하기 전에는 도급인은 손해를 배상하고 계약을 해제할 수 있다.

제674조【도급인의 파산과 해제권】 ① 도급인이 파산선고를 받은 때에는 수급인 또는 파산관재인은 계약을 해제할 수 있다. 이 경우에는 수급인은 일의 완성된 부분에 대한 보수 및 보수에 포함되지 아니한 비용에 대하여 파산재단의 배당에 가입할 수 있다.

② 전항의 경우에는 각 당사자는 상대방에 대하여 계약해제로 인한 손해의 배상을 청구하지 못한다.

제9절의2 여행계약

제674조의2【여행계약의 의의】 여행계약은 당사자 한쪽이 상대방에게 운송, 숙박, 관광 또는 그 밖의 여행 관련 용역을 결합하여 제공하기로 약정하고 상대방이 그 대금을 지급하기로 약정함으로써 효력이 생긴다.

제674조의3【여행 개시 전의 계약 해제】 여행자는 여행을 시작하기 전에는 언제든지 계약을 해제할 수 있다. 다만, 여행자는 상대방에게 발생한 손해를 배상하여야 한다.

제674조의4【부득이한 사유로 인한 계약 해지】 ① 부득이한 사유가 있는 경우에는 각 당사자는 계약을 해지할 수 있다. 다만, 그 사유가 당사자 한쪽의 과실로 인하여 생긴 경우에는 상대방에게 손해를 배상하여야 한다.

② 제1항에 따라 계약이 해지된 경우에도 계약상 귀환운송(歸還運送) 의무가 있는 여행주최자는 여행자를 귀환운송할 의무가 있다.

③ 제1항의 해지로 인하여 발생하는 추가 비용은 그 해지 사유가 어느 당사자의 사정에 속하는 경우에는 그 당사자가 부담하고, 누구의 사정에도 속하지 아니하는 경우에는 각 당사자가 절반씩 부담한다.

제674조의5【대금의 지급시기】 여행자는 약정한 시기에 대금을 지급하여야 하며, 그 시기의 약정이 없으면 관습에 따르고, 관습이 없으면 여행의 종료 후 지체 없이 지급하여야 한다.

제674조의6【여행주최자의 담보책임】 ① 여행에 하자가 있는 경우에는 여행자는 여행주최자에게 하자의 시정 또는 대금의 감액을 청구할 수 있다. 다만, 그 시정에 지나치게 많은 비용이 들거나 그 밖에 시정을 합리적으로 기대할 수 없는 경우에는 시정을 청구할 수 없다.

② 제1항의 시정 청구는 상당한 기간을 정하여 하여야 한다. 다만, 즉시 시정할 필요가 있는 경우에는 그러하지 아니하다.

③ 여행자는 시정 청구, 감액 청구를 갈음하여 손해배상을 청구하거나 시정 청구, 감액 청구와 함께 손해배상을 청구할 수 있다.

제674조의7【여행주최자의 담보책임과 여행자의 해지권】 ① 여행자는 여행에 중대한 하자가 있는 경우에 그 시정이 이루어지지 아니하거나 계약의 내용에 따른 이행을 기대할 수 없는 경우에는 계약을 해지할 수 있다.

② 계약이 해지된 경우에는 여행주최자는 대금청구권을 상실한다. 다만, 여행자가 실행된 여행으로 이익을 얻은 경우에는 그 이익을 여행주최자에게 상환하여야 한다.

③ 여행주최자는 계약의 해지로 인하여 필요하게 된 조치를 할 의무를 지며, 계약상 귀환운송 의무가 있으면 여행자를 귀환운송하여야 한다. 이 경우 상당한 이유가 있는 때에는 여행주최자는 여행자에게 그 비용의 일부를 청구할 수 있다.

제674조의8【담보책임의 존속기간】 제674조의6과 제674조의7에 따른 권리는 여행 기간 중에도 행사할 수 있으며, 계약에서 정한 여행 종료일부터 6개월 내에 행사하여야 한다.

제674조의9【강행규정】 제674조의3, 제674조의4 또는 제674조의6부터 제674조의8까지의 규정을 위반하는 약정으로서 여행자에게 불리한 것은 효력이 없다.

제10절 현상광고

제675조【현상광고의 의의】 현상광고는 광고자가 어느 행위를 한 자에게 일정한 보수를 지급할 의사를 표시하고 이에 응한 자가 그 광고에 정한 행위를 완료함으로써 그 효력이 생긴다.

제676조【보수수령권자】 ① 광고에 정한 행위를 완료한 자가 수인인 경우에는 먼저 그 행위를 완료한 자가 보수를 받을 권리가 있다.

② 수인이 동시에 완료한 경우에는 각각 균등한 비율로 보수를 받을 권리가 있다. 그러나 보수가 그 성질상 분할할 수 없거나 광고에 1인만이 보수를 받을 것으로 정한 때에는 추첨에 의하여 결정한다.

제677조【광고부지의 행위】 전조의 규정은 광고 있음을 알지 못하고 광고에 정한 행위를 완료한 경우에 준용한다.

제678조【우수현상광고】 ① 광고에 정한 행위를 완료한 자가 수인인 경우에 그 우수한 자에 한하여 보수를 지급할 것을 정하는 때에는 그 광고에 응모기간을 정한 때에 한하여 그 효력이 생긴다.

② 전항의 경우에 우수의 판정은 광고 중에 정한 자가 한다. 광고 중에 판정자를 정하지 아니한 때에는 광고자가 판정한다.

③ 우수한 자 없다는 판정은 이를 할 수 없다. 그러나 광고 중에 다른 의사표시가 있거나 광고의 성질상 판정의 표준이 정하여져 있는 때에는 그러하지 아니하다.

④ 응모자는 전2항의 판정에 대하여 이의를 하지 못한다.

⑤ 수인의 행위가 동등으로 판정된 때에는 제676조 제2항의 규정을 준용한다.

제679조【현상광고의 철회】 ① 광고에 그 지정한 행위의 완료기간을 정한 때에는 그 기간만료 전에 광고를 철회하지 못한다.

② 광고에 행위의 완료기간을 정하지 아니한 때에는 그 행위를 완료한 자 있기 전에는 그 광고와 동일한 방법으로 광고를 철회할 수 있다.

③ 전광고와 동일한 방법으로 철회할 수 없는 때에는 그와 유사한 방법으로 철회할 수 있다. 이 철회는 철회한 것을 안 자에 대하여만 그 효력이 있다.

제11절 위 임

제680조 【위임의 의의】 위임은 당사자 일방이 상대방에 대하여 사무의 처리를 위탁하고 상대방이 이를 승낙함으로써 그 효력이 생긴다.

제681조 【수임인의 선관의무】 수임인은 위임의 본지에 따라 선량한 관리자의 주의로써 위임사무를 처리하여야 한다.

제682조 【복임권의 제한】 ① 수임인은 위임인의 승낙이나 부득이한 사유 없이 제3자로 하여금 자기에 갈음하여 위임사무를 처리하게 하지 못한다.

② 수임인이 전항의 규정에 의하여 제3자에게 위임사무를 처리하게 한 경우에는 제121조, 제123조의 규정을 준용한다.

제683조 【수임인의 보고의무】 수임인은 위임인의 청구가 있는 때에는 위임사무의 처리상황을 보고하고 위임이 종료한 때에는 지체없이 그 전말을 보고하여야 한다.

제684조 【수임인의 취득물 등의 인도, 이전의무】 ① 수임인은 위임사무의 처리로 인하여 받은 금전 기타의 물건 및 그 수취한 과실을 위임인에게 인도하여야 한다.

② 수임인이 위임인을 위하여 자기의 명의로 취득한 권리는 위임인에게 이전하여야 한다.

제685조 【수임인의 금전소비의 책임】 수임인이 위임인에게 인도할 금전 또는 위임인의 이익을 위하여 사용할 금전을 자기를 위하여 소비한 때에는 소비한 날 이후의 이자를 지급하여야 하며 그 외의 손해가 있으면 배상하여야 한다.

제686조 【수임인의 보수청구권】 ① 수임인은 특별한 약정이 없으면 위임인에 대하여 보수를 청구하지 못한다.

② 수임인이 보수를 받을 경우에는 위임사무를 완료한 후가 아니면 이를 청구하지 못한다. 그러나 기간으로 보수를 정한 때에는 그 기간이 경과한 후에 이를 청구할 수 있다.

③ 수임인이 위임사무를 처리하는 중에 수임인의 책임 없는 사유로 인하여 위임이 종료된 때에는 수임인은 이미 처리한 사무의 비율에 따른 보수를 청구할 수 있다.

제687조 【수임인의 비용선급청구권】 위임사무의 처리에 비용을 요하는 때에는 위임인은 수임인의 청구에 의하여 이를 선급하여야 한다.

제688조 【수임인의 비용상환청구권 등】 ① 수임인이 위임사무의 처리에 관하여 필요비를 지출한 때에는 위임인에 대하여 지출한 날 이후의 이자를 청구할 수 있다.

② 수임인이 위임사무의 처리에 필요한 채무를 부담한 때에는 위임인에게 자기에 갈음하여 이를 변제하게 할 수 있고 그 채무가 변제기에 있지 아니한 때에는 상당한 담보를 제공하게 할 수 있다.

③ 수임인이 위임사무의 처리를 위하여 과실 없이 손해를 받은 때에는 위임인에 대하여 그 배상을 청구할 수 있다.

제689조 【위임의 상호 해지의 자유】 ① 위임계약은 각 당사자가 언제든지 해지할 수 있다.

② 당사자 일방이 부득이한 사유 없이 상대방의 불리한 시기에 계약을 해지한 때에는 그 손해를 배상하여야 한다.

제690조 【사망·파산 등과 위임의 종료】 위임은 당사자 한쪽의 사망이나 파산으로 종료된다. 수임인이 성년후견개시의 심판을 받은 경우에도 이와 같다.

제691조 【위임종료 시의 긴급처리】 위임종료의 경우에 급박한 사정이 있는 때에는 수임인, 그 상속인이나 법정대리인은 위임인, 그 상속인이나 법정대리인이 위임사무를 처리할 수 있을 때까지 그 사무의 처리를 계속하여야 한다. 이 경우에는 위임의 존속과 동일한 효력이 있다.

제692조 【위임종료의 대항요건】 위임종료의 사유는 이를 상대방에게 통지하거나 상대방이 이를 안 때가 아니면 이로써 상대방에게 대항하지 못한다.

제12절 임 치

제693조 【임치의 의의】 임치는 당사자 일방이 상대방에 대하여 금전이나 유가증권 기타 물건의 보관을 위탁하고 상대방이 이를 승낙함으로써 효력이 생긴다.

제694조 【수치인의 임치물사용금지】 수치인은 임치인의 동의 없이 임치물을 사용하지 못한다.

제695조 【무상수치인의 주의의무】 보수 없이 임치를 받은 자는 임치물을 자기재산과 동일한 주의로 보관하여야 한다.

제696조 【수치인의 통지의무】 임치물에 대한 권리를 주장하는 제3자가 수치인에 대하여 소를 제기하거나 압류한 때에는 수치인은 지체 없이 임치인에게 이를 통지하여야 한다.

제697조【임치물의 성질, 하자로 인한 임치인의 손해배상의무】 임치인은 임치물의 성질 또는 하자로 인하여 생긴 손해를 수치인에게 배상하여야 한다. 그러나 수치인이 그 성질 또는 하자를 안 때에는 그러하지 아니하다.

제698조【기간의 약정 있는 임치의 해지】 임치기간의 약정이 있는 때에는 수치인은 부득이한 사유 없이 그 기간 만료 전에 계약을 해지하지 못한다. 그러나 임치인은 언제든지 계약을 해지할 수 있다.

제699조【기간의 약정 없는 임치의 해지】 임치기간의 약정이 없는 때에는 각 당사자는 언제든지 계약을 해지할 수 있다.

제700조【임치물의 반환장소】 임치물은 그 보관한 장소에서 반환하여야 한다. 그러나 수치인이 정당한 사유로 인하여 그 물건을 전치한 때에는 현존하는 장소에서 반환할 수 있다.

제701조【준용규정】 제682조, 제684조 내지 제687조 및 제688조 제1항, 제2항의 규정은 임치에 준용한다.

제702조【소비임치】 수치인이 계약에 의하여 임치물을 소비할 수 있는 경우에는 소비대차에 관한 규정을 준용한다. 그러나 반환시기의 약정이 없는 때에는 임치인은 언제든지 그 반환을 청구할 수 있다.

제13절 조 합

제703조【조합의 의의】 ① 조합은 2인 이상이 상호 출자하여 공동사업을 경영할 것을 약정함으로써 그 효력이 생긴다.

② 전항의 출자는 금전 기타 재산 또는 노무로 할 수 있다.

제704조【조합재산의 합유】 조합원의 출자 기타 조합재산은 조합원의 합유로 한다.

제705조【금전출자지체의 책임】 금전을 출자의 목적으로 한 조합원이 출자시기를 지체한 때에는 연체이자를 지급하는 외에 손해를 배상하여야 한다.

제706조【사무집행의 방법】 ① 조합계약으로 업무집행자를 정하지 아니한 경우에는 조합원의 3분의 2 이상의 찬성으로써 이를 선임한다.

② 조합의 업무집행은 조합원의 과반수로써 결정한다. 업무집행자 수인인 때에는 그 과반수로써 결정한다.

③ 조합의 통상사무는 전항의 규정에 불구하고 각 조합원 또는 각 업무집행자가 전행할 수 있다. 그러나 그 사무의 완료 전에 다른 조합원 또는 다른 업무집행자의 이의가 있는 때에는 즉시 중지하여야 한다.

제707조【준용규정】 조합업무를 집행하는 조합원에는 제681조 내지 제688조의 규정을 준용한다.

제708조【업무집행자의 사임, 해임】 업무집행자인 조합원은 정당한 사유 없이 사임하지 못하며 다른 조합원의 일치가 아니면 해임하지 못한다.

제709조【업무집행자의 대리권추정】 조합의 업무를 집행하는 조합원은 그 업무집행의 대리권 있는 것으로 추정한다.

제710조【조합원의 업무, 재산상태검사권】 각 조합원은 언제든지 조합의 업무 및 재산상태를 검사할 수 있다.

제711조【손익분배의 비율】 ① 당사자가 손익분배의 비율을 정하지 아니한 때에는 각 조합원의 출자가액에 비례하여 이를 정한다.

② 이익 또는 손실에 대하여 분배의 비율을 정한 때에는 그 비율은 이익과 손실에 공통된 것으로 추정한다.

제712조【조합원에 대한 채권자의 권리행사】 조합채권자는 그 채권발생 당시에 조합원의 손실부담의 비율을 알지 못한 때에는 각 조합원에게 균분하여 그 권리를 행사할 수 있다.

제713조【무자력조합원의 채무와 타조합원의 변제책임】 조합원 중에 변제할 자력 없는 자가 있는 때에는 그 변제할 수 없는 부분은 다른 조합원이 균분하여 변제할 책임이 있다.

제714조【지분에 대한 압류의 효력】 조합원의 지분에 대한 압류는 그 조합원의 장래의 이익배당 및 지분의 반환을 받을 권리에 대하여 효력이 있다.

제715조【조합채무자의 상계의 금지】 조합의 채무자는 그 채무와 조합원에 대한 채권으로 상계하지 못한다.

제716조【임의탈퇴】 ① 조합계약으로 조합의 존속기간을 정하지 아니하거나 조합원의 종신까지 존속할 것을 정한 때에는 각 조합원은 언제든지 탈퇴할 수 있다. 그러나 부득이한 사유 없이 조합의 불리한 시기에 탈퇴하지 못한다.

② 조합의 존속기간을 정한 때에도 조합원은 부득이한 사유가 있으면 탈퇴할 수 있다.

제717조【비임의 탈퇴】 제716조의 경우 외에 조합원은 다음 각 호의 어느 하나에 해당하는 사유가 있으면 탈퇴된다.

1. 사망
2. 파산

3. 성년후견의 개시
4. 제명(除名)

제718조【제명】 ① 조합원의 제명은 정당한 사유 있는 때에 한하여 다른 조합원의 일치로써 이를 결정한다.
② 전항의 제명결정은 제명된 조합원에게 통지하지 아니하면 그 조합원에게 대항하지 못한다.

제719조【탈퇴조합원의 지분의 계산】 ① 탈퇴한 조합원과 다른 조합원 간의 계산은 탈퇴 당시의 조합재산상태에 의하여 한다.
② 탈퇴한 조합원의 지분은 그 출자의 종류 여하에 불구하고 금전으로 반환할 수 있다.
③ 탈퇴 당시에 완결되지 아니한 사항에 대하여는 완결 후에 계산할 수 있다.

제720조【부득이한 사유로 인한 해산청구】 부득이한 사유가 있는 때에는 각 조합원은 조합의 해산을 청구할 수 있다.

제721조【청산인】 ① 조합이 해산한 때에는 청산은 총조합원 공동으로 또는 그들이 선임한 자가 그 사무를 집행한다.
② 전항의 청산인의 선임은 조합원의 과반수로써 결정한다.

제722조【청산인의 업무집행방법】 청산인이 수인인 때에는 제706조 제2항 후단의 규정을 준용한다.

제723조【조합원인 청산인의 사임, 해임】 조합원 중에서 청산인을 정한 때에는 제708조의 규정을 준용한다.

제724조【청산인의 직무, 권한과 잔여재산의 분배】 ① 청산인의 직무 및 권한에 관하여는 제87조의 규정을 준용한다.
② 잔여재산은 각 조합원의 출자가액에 비례하여 이를 분배한다.

제14절 종신정기금

제725조【종신정기금계약의 의의】 종신정기금계약은 당사자 일방이 자기, 상대방 또는 제3자의 종신까지 정기로 금전 기타의 물건을 상대방 또는 제3자에게 지급할 것을 약정함으로써 그 효력이 생긴다.

제726조【종신정기금의 계산】 종신정기금은 일수로 계산한다.

제727조【종신정기금계약의 해제】 ① 정기금채무자가 정기금채무의 원본을 받은 경우에 그 정기금채무의 지급을 해태하거나 기타 의무를 이행하지 아니한 때에는 정기금채권자는 원본의 반환을 청구할 수 있다. 그러나 이미 지급을 받은 채무액에서 그 원본의 이자를 공제한 잔액을 정기금채무자에게 반환하여야 한다.
② 전항의 규정은 손해배상의 청구에 영향을 미치지 아니한다.

제728조【해제와 동시이행】 제536조의 규정은 전조의 경우에 준용한다.

제729조【채무자귀책사유로 인한 사망과 채권존속선고】 ① 사망이 정기금채무자의 책임 있는 사유로 인한 때에는 법원은 정기금채권자 또는 그 상속인의 청구에 의하여 상당한 기간 채권의 존속을 선고할 수 있다.
② 전항의 경우에도 제727조의 권리를 행사할 수 있다.

제730조【유증에 의한 종신정기금】 본절의 규정은 유증에 의한 종신정기금채권에 준용한다.

제15절 화 해

제731조【화해의 의의】 화해는 당사자가 상호 양보하여 당사자 간의 분쟁을 종지할 것을 약정함으로써 그 효력이 생긴다.

제732조【화해의 창설적 효력】 화해계약은 당사자 일방이 양보한 권리가 소멸되고 상대방이 화해로 인하여 그 권리를 취득하는 효력이 있다.

제733조【화해의 효력과 착오】 화해계약은 착오를 이유로 하여 취소하지 못한다. 그러나 화해당사자의 자격 또는 화해의 목적인 분쟁 이외의 사항에 착오가 있는 때에는 그러하지 아니하다.

제3장 사무관리

제734조【사무관리의 내용】 ① 의무 없이 타인을 위하여 사무를 관리하는 자는 그 사무의 성질에 좇아 가장 본인에게 이익되는 방법으로 이를 관리하여야 한다.
② 관리자가 본인의 의사를 알거나 알 수 있는 때에는 그 의사에 적합하도록 관리하여야 한다.

③ 관리자가 전2항의 규정에 위반하여 사무를 관리한 경우에는 과실 없는 때에도 이로 인한 손해를 배상할 책임이 있다. 그러나 그 관리행위가 공공의 이익에 적합한 때에는 중대한 과실이 없으면 배상할 책임이 없다.

제735조【긴급사무관리】 관리자가 타인의 생명, 신체, 명예 또는 재산에 대한 급박한 위해를 면하게 하기 위하여 그 사무를 관리한 때에는 고의나 중대한 과실이 없으면 이로 인한 손해를 배상할 책임이 없다.

제736조【관리자의 통지의무】 관리자가 관리를 개시한 때에는 지체 없이 본인에게 통지하여야 한다. 그러나 본인이 이미 이를 안 때에는 그러하지 아니하다.

제737조【관리자의 관리계속의무】 관리자는 본인, 그 상속인이나 법정대리인이 그 사무를 관리하는 때까지 관리를 계속하여야 한다. 그러나 관리의 계속이 본인의 의사에 반하거나 본인에게 불리함이 명백한 때에는 그러하지 아니하다.

제738조【준용규정】 제683조 내지 제685조의 규정은 사무관리에 준용한다.

제739조【관리자의 비용상환청구권】 ① 관리자가 본인을 위하여 필요비 또는 유익비를 지출한 때에는 본인에 대하여 그 상환을 청구할 수 있다.
② 관리자가 본인을 위하여 필요 또는 유익한 채무를 부담한 때에는 제688조 제2항의 규정을 준용한다.
③ 관리자가 본인의 의사에 반하여 관리한 때에는 본인의 현존이익의 한도에서 전2항의 규정을 준용한다.

제740조【관리자의 무과실손해보상청구권】 관리자가 사무관리를 함에 있어서 과실 없이 손해를 받은 때에는 본인의 현존이익의 한도에서 그 손해의 보상을 청구할 수 있다.

제4장 부당이득

제741조【부당이득의 내용】 법률상 원인 없이 타인의 재산 또는 노무로 인하여 이익을 얻고 이로 인하여 타인에게 손해를 가한 자는 그 이익을 반환하여야 한다.

제742조【비채변제】 채무 없음을 알고 이를 변제한 때에는 그 반환을 청구하지 못한다.

제743조【기한 전의 변제】 변제기에 있지 아니한 채무를 변제한 때에는 그 반환을 청구하지 못한다. 그러나 채무자가 착오로 인하여 변제한 때에는 채권자는 이로 인하여 얻은 이익을 반환하여야 한다.

제744조【도의관념에 적합한 비채변제】 채무 없는 자가 착오로 인하여 변제한 경우에 그 변제가 도의관념에 적합한 때에는 그 반환을 청구하지 못한다.

제745조【타인의 채무의 변제】 ① 채무자 아닌 자가 착오로 인하여 타인의 채무를 변제한 경우에 채권자가 선의로 증서를 훼멸하거나 담보를 포기하거나 시효로 인하여 그 채권을 잃은 때에는 변제자는 그 반환을 청구하지 못한다.
② 전항의 경우에 변제자는 채무자에 대하여 구상권을 행사할 수 있다.

제746조【불법원인급여】 불법의 원인으로 인하여 재산을 급여하거나 노무를 제공한 때에는 그 이익의 반환을 청구하지 못한다. 그러나 그 불법원인이 수익자에게만 있는 때에는 그러하지 아니하다.

제747조【원물반환불능한 경우와 가액반환, 전득자의 책임】 ① 수익자가 그 받은 목적물을 반환할 수 없는 때에는 그 가액을 반환하여야 한다.
② 수익자가 그 이익을 반환할 수 없는 경우에는 수익자로부터 무상으로 그 이익의 목적물을 양수한 악의의 제3자는 전항의 규정에 의하여 반환할 책임이 있다.

제748조【수익자의 반환범위】 ① 선의의 수익자는 그 받은 이익이 현존한 한도에서 전조의 책임이 있다.
② 악의의 수익자는 그 받은 이익에 이자를 붙여 반환하고 손해가 있으면 이를 배상하여야 한다.

제749조【수익자의 악의인정】 ① 수익자가 이익을 받은 후 법률상 원인 없음을 안 때에는 그때부터 악의의 수익자로서 이익반환의 책임이 있다.
② 선의의 수익자가 패소한 때에는 그 소를 제기한 때부터 악의의 수익자로 본다.

제5장 불법행위

제750조【불법행위의 내용】 고의 또는 과실로 인한 위법행위로 타인에게 손해를 가한 자는 그 손해를 배상할 책임이 있다.

제751조 【재산 이외의 손해의 배상】 ① 타인의 신체, 자유 또는 명예를 해하거나 기타 정신상 고통을 가한 자는 재산 이외의 손해에 대하여도 배상할 책임이 있다.
② 법원은 전항의 손해배상을 정기금채무로 지급할 것을 명할 수 있고 그 이행을 확보하기 위하여 상당한 담보의 제공을 명할 수 있다.

제752조 【생명침해로 인한 위자료】 타인의 생명을 해한 자는 피해자의 직계존속, 직계비속 및 배우자에 대하여는 재산상의 손해 없는 경우에도 손해배상의 책임이 있다.

제753조 【미성년자의 책임능력】 미성년자가 타인에게 손해를 가한 경우에 그 행위의 책임을 변식할 지능이 없는 때에는 배상의 책임이 없다.

제754조 【심신상실자의 책임능력】 심신상실 중에 타인에게 손해를 가한 자는 배상의 책임이 없다. 그러나 고의 또는 과실로 인하여 심신상실을 초래한 때에는 그러하지 아니하다.

제755조 【감독자의 책임】 ① 다른 자에게 손해를 가한 사람이 제753조 또는 제754조에 따라 책임이 없는 경우에는 그를 감독할 법정의무가 있는 자가 그 손해를 배상할 책임이 있다. 다만, 감독의무를 게을리하지 아니한 경우에는 그러하지 아니하다.
② 감독의무자를 갈음하여 제753조 또는 제754조에 따라 책임이 없는 사람을 감독하는 자도 제1항의 책임이 있다.

제756조 【사용자의 배상책임】 ① 타인을 사용하여 어느 사무에 종사하게 한 자는 피용자가 그 사무집행에 관하여 제3자에게 가한 손해를 배상할 책임이 있다. 그러나 사용자가 피용자의 선임 및 그 사무감독에 상당한 주의를 한 때 또는 상당한 주의를 하여도 손해가 있을 경우에는 그러하지 아니하다.
② 사용자에 갈음하여 그 사무를 감독하는 자도 전항의 책임이 있다.
③ 전2항의 경우에 사용자 또는 감독자는 피용자에 대하여 구상권을 행사할 수 있다.

제757조 【도급인의 책임】 도급인은 수급인이 그 일에 관하여 제3자에게 가한 손해를 배상할 책임이 없다. 그러나 도급 또는 지시에 관하여 도급인에게 중대한 과실이 있는 때에는 그러하지 아니하다.

제758조 【공작물 등의 점유자, 소유자의 책임】 ① 공작물의 설치 또는 보존의 하자로 인하여 타인에게 손해를 가한 때에는 공작물점유자가 손해를 배상할 책임이 있다. 그러나 점유자가 손해의 방지에 필요한 주의를 해태하지 아니한 때에는 그 소유자가 손해를 배상할 책임이 있다.
② 전항의 규정은 수목의 재식 또는 보존에 하자 있는 경우에 준용한다.
③ 전2항의 경우에 점유자 또는 소유자는 그 손해의 원인에 대한 책임 있는 자에 대하여 구상권을 행사할 수 있다.

제759조 【동물의 점유자의 책임】 ① 동물의 점유자는 그 동물이 타인에게 가한 손해를 배상할 책임이 있다. 그러나 동물의 종류와 성질에 따라 그 보관에 상당한 주의를 해태하지 아니한 때에는 그러하지 아니하다.
② 점유자에 갈음하여 동물을 보관한 자도 전항의 책임이 있다.

제760조 【공동불법행위자의 책임】 ① 수인이 공동의 불법행위로 타인에게 손해를 가한 때에는 연대하여 그 손해를 배상할 책임이 있다.
② 공동 아닌 수인의 행위 중 어느 자의 행위가 그 손해를 가한 것인지를 알 수 없는 때에도 전항과 같다.
③ 교사자나 방조자는 공동행위자로 본다.

제761조 【정당방위, 긴급피난】 ① 타인의 불법행위에 대하여 자기 또는 제3자의 이익을 방위하기 위하여 부득이 타인에게 손해를 가한 자는 배상할 책임이 없다. 그러나 피해자는 불법행위에 대하여 손해의 배상을 청구할 수 있다.
② 전항의 규정은 급박한 위난을 피하기 위하여 부득이 타인에게 손해를 가한 경우에 준용한다.

제762조 【손해배상청구권에 있어서의 태아의 지위】 태아는 손해배상의 청구권에 관하여는 이미 출생한 것으로 본다.

제763조 【준용규정】 제393조, 제394조, 제396조, 제399조의 규정은 불법행위로 인한 손해배상에 준용한다.

제764조 【명예훼손의 경우의 특칙】 타인의 명예를 훼손한 자에 대하여는 법원은 피해자의 청구에 의하여 손해배상에 갈음하거나 손해배상과 함께 명예회복에 적당한 처분을 명할 수 있다.

제765조【배상액의 경감청구】① 본장의 규정에 의한 배상의무자는 그 손해가 고의 또는 중대한 과실에 의한 것이 아니고 그 배상으로 인하여 배상자의 생계에 중대한 영향을 미치게 될 경우에는 법원에 그 배상액의 경감을 청구할 수 있다.

② 법원은 전항의 청구가 있는 때에는 채권자 및 채무자의 경제상태와 손해의 원인 등을 참작하여 배상액을 경감할 수 있다.

제766조【손해배상청구권의 소멸시효】① 불법행위로 인한 손해배상의 청구권은 피해자나 그 법정대리인이 그 손해 및 가해자를 안 날로부터 3년간 이를 행사하지 아니하면 시효로 인하여 소멸한다.

② 불법행위를 한 날로부터 10년을 경과한 때에도 전항과 같다.

③ 미성년자가 성폭력, 성추행, 성희롱, 그 밖의 성적(性的) 침해를 당한 경우에 이로 인한 손해배상청구권의 소멸시효는 그가 성년이 될 때까지는 진행되지 아니한다.

인생에 뜻을 세우는 데 늦은 때라곤 없다.

– 제임스 볼드윈 (James Baldwin)

주택임대차보호법

[시행 2020.12.10.]
[법률 제17363호, 2020.6.9, 일부개정]

제1조【목적】이 법은 주거용 건물의 임대차(賃貸借)에 관하여 「민법」에 대한 특례를 규정함으로써 국민 주거생활의 안정을 보장함을 목적으로 한다.

제2조【적용 범위】이 법은 주거용 건물(이하 '주택'이라 한다)의 전부 또는 일부의 임대차에 관하여 적용한다. 그 임차주택(賃借住宅)의 일부가 주거 외의 목적으로 사용되는 경우에도 또한 같다.

제3조【대항력 등】① 임대차는 그 등기(登記)가 없는 경우에도 임차인(賃借人)이 주택의 인도(引渡)와 주민등록을 마친 때에는 그 다음 날부터 제3자에 대하여 효력이 생긴다. 이 경우 전입신고를 한 때에 주민등록이 된 것으로 본다.

② 주택도시기금을 재원으로 하여 저소득층 무주택자에게 주거생활 안정을 목적으로 전세임대주택을 지원하는 법인이 주택을 임차한 후 지방자치단체의 장 또는 그 법인이 선정한 입주자가 그 주택을 인도받고 주민등록을 마쳤을 때에는 제1항을 준용한다. 이 경우 대항력이 인정되는 법인은 대통령령으로 정한다.

③ 「중소기업기본법」 제2조에 따른 중소기업에 해당하는 법인이 소속 직원의 주거용으로 주택을 임차한 후 그 법인이 선정한 직원이 해당 주택을 인도받고 주민등록을 마쳤을 때에는 제1항을 준용한다. 임대차가 끝나기 전에 그 직원이 변경된 경우에는 그 법인이 선정한 새로운 직원이 주택을 인도받고 주민등록을 마친 다음 날부터 제3자에 대하여 효력이 생긴다.

④ 임차주택의 양수인(讓受人)(그 밖에 임대할 권리를 승계한 자를 포함한다)은 임대인(賃貸人)의 지위를 승계한 것으로 본다.

⑤ 이 법에 따라 임대차의 목적이 된 주택이 매매나 경매의 목적물이 된 경우에는 「민법」 제575조 제1항·제3항 및 같은 법 제578조를 준용한다.

⑥ 제5항의 경우에는 동시이행의 항변권(抗辯權)에 관한 「민법」 제536조를 준용한다.

제3조의2【보증금의 회수】① 임차인(제3조 제2항 및 제3항의 법인을 포함한다. 이하 같다)이 임차주택에 대하여 보증금반환청구소송의 확정판결이나 그 밖에 이에 준하는 집행권원(執行權原)에 따라서 경매를 신청하는 경우에는 집행개시(執行開始)요건에 관한 「민사집행법」 제41조에도 불구하고 반대의무(反對義務)의 이행이나 이행의 제공을 집행개시의 요건으로 하지 아니한다.

② 제3조 제1항·제2항 또는 제3항의 대항요건(對抗要件)과 임대차계약증서(제3조 제2항 및 제3항의 경우에는 법인과 임대인 사이의 임대차계약증서를 말한다)상의 확정일자(確定日字)를 갖춘 임차인은 「민사집행법」에 따른 경매 또는 「국세징수법」에 따른 공매(公賣)를 할 때에 임차주택(대지를 포함한다)의 환가대금(換價代金)에서 후순위권리자(後順位權利者)나 그 밖의 채권자보다 우선하여 보증금을 변제(辨濟)받을 권리가 있다.

③ 임차인은 임차주택을 양수인에게 인도하지 아니하면 제2항에 따른 보증금을 받을 수 없다.

④ 제2항 또는 제7항에 따른 우선변제의 순위와 보증금에 대하여 이의가 있는 이해관계인은 경매법원이나 체납처분청에 이의를 신청할 수 있다.

⑤ 제4항에 따라 경매법원에 이의를 신청하는 경우에는 「민사집행법」 제152조부터 제161조까지의 규정을 준용한다.

⑥ 제4항에 따라 이의신청을 받은 체납처분청은 이해관계인이 이의신청일부터 7일 이내에 임차인 또는 제7항에 따라 우선변제권을 승계한 금융기관 등을 상대로 소(訴)를 제기한 것을 증명하면 해당 소송이 끝날 때까지 이의가 신청된 범위에서 임차인 또는 제7항에 따라 우선변제권을 승계한 금융기관 등에 대한 보증금의 변제를 유보(留保)하고 남은 금액을 배분하여야 한다. 이 경우 유보된 보증금은 소송의 결과에 따라 배분한다.

⑦ 다음 각 호의 금융기관 등이 제2항, 제3조의3 제5항, 제3조의4 제1항에 따른 우선변제권을 취득한 임차인의 보증금반환채권을 계약으로 양수한 경우에는 양수한 금액의 범위에서 우선변제권을 승계한다.

1. 「은행법」에 따른 은행
2. 「중소기업은행법」에 따른 중소기업은행
3. 「한국산업은행법」에 따른 한국산업은행
4. 「농업협동조합법」에 따른 농협은행
5. 「수산업협동조합법」에 따른 수협은행

6. 「우체국예금·보험에 관한 법률」에 따른 체신관서
7. 「한국주택금융공사법」에 따른 한국주택금융공사
8. 「보험업법」 제4조 제1항 제2호 라목의 보증보험을 보험종목으로 허가받은 보험회사
9. 「주택도시기금법」에 따른 주택도시보증공사
10. 그 밖에 제1호부터 제9호까지에 준하는 것으로서 대통령령으로 정하는 기관

⑧ 제7항에 따라 우선변제권을 승계한 금융기관 등(이하 '금융기관등'이라 한다)은 다음 각 호의 어느 하나에 해당하는 경우에는 우선변제권을 행사할 수 없다.

1. 임차인이 제3조 제1항·제2항 또는 제3항의 대항요건을 상실한 경우
2. 제3조의3 제5항에 따른 임차권등기가 말소된 경우
3. 「민법」 제621조에 따른 임대차등기가 말소된 경우

⑨ 금융기관등은 우선변제권을 행사하기 위하여 임차인을 대리하거나 대위하여 임대차를 해지할 수 없다.

제3조의3【임차권등기명령】 ① 임대차가 끝난 후 보증금이 반환되지 아니한 경우 임차인은 임차주택의 소재지를 관할하는 지방법원·지방법원지원 또는 시·군 법원에 임차권등기명령을 신청할 수 있다.

② 임차권등기명령의 신청서에는 다음 각 호의 사항을 적어야 하며, 신청의 이유와 임차권등기의 원인이 된 사실을 소명(疎明)하여야 한다.

1. 신청의 취지 및 이유
2. 임대차의 목적인 주택(임대차의 목적이 주택의 일부분인 경우에는 해당 부분의 도면을 첨부한다)
3. 임차권등기의 원인이 된 사실(임차인이 제3조 제1항·제2항 또는 제3항에 따른 대항력을 취득하였거나 제3조의2 제2항에 따른 우선변제권을 취득한 경우에는 그 사실)
4. 그 밖에 대법원규칙으로 정하는 사항

③ 다음 각 호의 사항 등에 관하여는 「민사집행법」 제280조 제1항, 제281조, 제283조, 제285조, 제286조, 제288조 제1항·제2항 본문, 제289조, 제290조 제2항 중 제288조 제1항에 대한 부분, 제291조 및 제293조를 준용한다. 이 경우 '가압류'는 '임차권등기'로, '채권자'는 '임차인'으로, '채무자'는 '임대인'으로 본다.

1. 임차권등기명령의 신청에 대한 재판
2. 임차권등기명령의 결정에 대한 임대인의 이의신청 및 그에 대한 재판
3. 임차권등기명령의 취소신청 및 그에 대한 재판
4. 임차권등기명령의 집행

④ 임차권등기명령의 신청을 기각(棄却)하는 결정에 대하여 임차인은 항고(抗告)할 수 있다.

⑤ 임차인은 임차권등기명령의 집행에 따른 임차권등기를 마치면 제3조 제1항·제2항 또는 제3항에 따른 대항력과 제3조의2 제2항에 따른 우선변제권을 취득한다. 다만, 임차인이 임차권등기 이전에 이미 대항력이나 우선변제권을 취득한 경우에는 그 대항력이나 우선변제권은 그대로 유지되며, 임차권등기 이후에는 제3조 제1항·제2항 또는 제3항의 대항요건을 상실하더라도 이미 취득한 대항력이나 우선변제권을 상실하지 아니한다.

⑥ 임차권등기명령의 집행에 따른 임차권등기가 끝난 주택(임대차의 목적이 주택의 일부분인 경우에는 해당 부분으로 한정한다)을 그 이후에 임차한 임차인은 제8조에 따른 우선변제를 받을 권리가 없다.

⑦ 임차권등기의 촉탁(囑託), 등기관의 임차권등기 기입(記入) 등 임차권등기명령을 시행하는 데에 필요한 사항은 대법원규칙으로 정한다.

⑧ 임차인은 제1항에 따른 임차권등기명령의 신청과 그에 따른 임차권등기와 관련하여 든 비용을 임대인에게 청구할 수 있다.

⑨ 금융기관등은 임차인을 대위하여 제1항의 임차권등기명령을 신청할 수 있다. 이 경우 제3항·제4항 및 제8항의 '임차인'은 '금융기관등'으로 본다.

제3조의4【「민법」에 따른 주택임대차등기의 효력 등】 ① 「민법」 제621조에 따른 주택임대차등기의 효력에 관하여는 제3조의3 제5항 및 제6항을 준용한다.

② 임차인이 대항력이나 우선변제권을 갖추고 「민법」 제621조 제1항에 따라 임대인의 협력을 얻어 임대차등기를 신청하는 경우에는 신청서에 「부동산등기법」 제74조 제1호부터 제6호까지의 사항 외에 다음 각 호의 사항을 적어야 하며, 이를 증명할 수 있는 서면(임대차의 목적이 주택의 일부분인 경우에는 해당 부분의 도면을 포함한다)을 첨부하여야 한다.

1. 주민등록을 마친 날
2. 임차주택을 점유(占有)한 날
3. 임대차계약증서상의 확정일자를 받은 날

제3조의5【경매에 의한 임차권의 소멸】 임차권은 임차주택에 대하여 「민사집행법」에 따른 경매가 행하여진 경우에는 그 임차주택의 경락(競落)에 따라 소멸한다. 다만, 보증금이 모두 변제되지 아니한, 대항력이 있는 임차권은 그러하지 아니하다.

제3조의6【확정일자 부여 및 임대차 정보제공 등】 ① 제3조의2 제2항의 확정일자는 주택 소재지의 읍·면사무소, 동 주민센터 또는 시(특별시·광역시·특별자치시는 제외하고, 특별자치도는 포함한다)·군·구(자치구를 말한다)의 출장소, 지방법원 및 그 지원과 등기소 또는 「공증인법」에 따른 공증인(이하 이 조에서 '확정일자부여기관'이라 한다)이 부여한다.

② 확정일자부여기관은 해당 주택의 소재지, 확정일자 부여일, 차임 및 보증금 등을 기재한 확정일자부를 작성하여야 한다. 이 경우 전산처리정보조직을 이용할 수 있다.

③ 주택의 임대차에 이해관계가 있는 자는 확정일자부여기관에 해당 주택의 확정일자 부여일, 차임 및 보증금 등 정보의 제공을 요청할 수 있다. 이 경우 요청을 받은 확정일자부여기관은 정당한 사유 없이 이를 거부할 수 없다.

④ 임대차계약을 체결하려는 자는 임대인의 동의를 받아 확정일자부여기관에 제3항에 따른 정보제공을 요청할 수 있다.

⑤ 제1항·제3항 또는 제4항에 따라 확정일자를 부여받거나 정보를 제공받으려는 자는 수수료를 내야 한다.

⑥ 확정일자부에 기재하여야 할 사항, 주택의 임대차에 이해관계가 있는 자의 범위, 확정일자부여기관에 요청할 수 있는 정보의 범위 및 수수료, 그 밖에 확정일자부여사무와 정보제공 등에 필요한 사항은 대통령령 또는 대법원 규칙으로 정한다.

제4조【임대차기간 등】 ① 기간을 정하지 아니하거나 2년 미만으로 정한 임대차는 그 기간을 2년으로 본다. 다만, 임차인은 2년 미만으로 정한 기간이 유효함을 주장할 수 있다.

② 임대차기간이 끝난 경우에도 임차인이 보증금을 반환받을 때까지는 임대차관계가 존속되는 것으로 본다.

제5조 삭제 〈1989.12.30.〉

제6조【계약의 갱신】 ① 임대인이 임대차기간이 끝나기 6개월 전부터 2개월 전까지의 기간에 임차인에게 갱신거절(更新拒絕)의 통지를 하지 아니하거나 계약조건을 변경하지 아니하면 갱신하지 아니한다는 뜻의 통지를 하지 아니한 경우에는 그 기간이 끝난 때에 전 임대차와 동일한 조건으로 다시 임대차한 것으로 본다. 임차인이 임대차기간이 끝나기 2개월 전까지 통지하지 아니한 경우에도 또한 같다.

② 제1항의 경우 임대차의 존속기간은 2년으로 본다.

③ 2기(期)의 차임액(借賃額)에 달하도록 연체하거나 그 밖에 임차인으로서의 의무를 현저히 위반한 임차인에 대하여는 제1항을 적용하지 아니한다.

제6조의2【묵시적 갱신의 경우 계약의 해지】 ① 제6조 제1항에 따라 계약이 갱신된 경우 같은 조 제2항에도 불구하고 임차인은 언제든지 임대인에게 계약해지(契約解止)를 통지할 수 있다.

② 제1항에 따른 해지는 임대인이 그 통지를 받은 날부터 3개월이 지나면 그 효력이 발생한다.

제6조의3【계약갱신 요구 등】 ① 제6조에도 불구하고 임대인은 임차인이 제6조 제1항 전단의 기간 이내에 계약갱신을 요구할 경우 정당한 사유 없이 거절하지 못한다. 다만, 다음 각 호의 어느 하나에 해당하는 경우에는 그러하지 아니하다.

1. 임차인이 2기의 차임액에 해당하는 금액에 이르도록 차임을 연체한 사실이 있는 경우
2. 임차인이 거짓이나 그 밖의 부정한 방법으로 임차한 경우
3. 서로 합의하여 임대인이 임차인에게 상당한 보상을 제공한 경우
4. 임차인이 임대인의 동의 없이 목적 주택의 전부 또는 일부를 전대(轉貸)한 경우
5. 임차인이 임차한 주택의 전부 또는 일부를 고의나 중대한 과실로 파손한 경우
6. 임차한 주택의 전부 또는 일부가 멸실되어 임대차의 목적을 달성하지 못할 경우
7. 임대인이 다음 각 목의 어느 하나에 해당하는 사유로 목적 주택의 전부 또는 대부분을 철거하거나 재건축하기 위하여 목적 주택의 점유를 회복할 필요가 있는 경우
   가. 임대차계약 체결 당시 공사시기 및 소요기간 등을 포함한 철거 또는 재건축 계획을 임차인에게 구체적으로 고지하고 그 계획에 따르는 경우

나. 건물이 노후·훼손 또는 일부 멸실되는 등 안전사고의 우려가 있는 경우
다. 다른 법령에 따라 철거 또는 재건축이 이루어지는 경우
8. 임대인(임대인의 직계존속·직계비속을 포함한다)이 목적 주택에 실제 거주하려는 경우
9. 그 밖에 임차인이 임차인으로서의 의무를 현저히 위반하거나 임대차를 계속하기 어려운 중대한 사유가 있는 경우

② 임차인은 제1항에 따른 계약갱신요구권을 1회에 한하여 행사할 수 있다. 이 경우 갱신되는 임대차의 존속기간은 2년으로 본다.

③ 갱신되는 임대차는 전 임대차와 동일한 조건으로 다시 계약된 것으로 본다. 다만, 차임과 보증금은 제7조의 범위에서 증감할 수 있다.

④ 제1항에 따라 갱신되는 임대차의 해지에 관하여는 제6조의2를 준용한다.

⑤ 임대인이 제1항 제8호의 사유로 갱신을 거절하였음에도 불구하고 갱신요구가 거절되지 아니하였더라면 갱신되었을 기간이 만료되기 전에 정당한 사유 없이 제3자에게 목적 주택을 임대한 경우 임대인은 갱신거절로 인하여 임차인이 입은 손해를 배상하여야 한다.

⑥ 제5항에 따른 손해배상액은 거절 당시 당사자 간에 손해배상액의 예정에 관한 합의가 이루어지지 않는 한 다음 각 호의 금액 중 큰 금액으로 한다.

1. 갱신거절 당시 월차임(차임 외에 보증금이 있는 경우에는 그 보증금을 제7조의2 각 호 중 낮은 비율에 따라 월 단위의 차임으로 전환한 금액을 포함한다. 이하 '환산월차임'이라 한다)의 3개월분에 해당하는 금액
2. 임대인이 제3자에게 임대하여 얻은 환산월차임과 갱신거절 당시 환산월차임 간 차액의 2년분에 해당하는 금액
3. 제1항 제8호의 사유로 인한 갱신거절로 인하여 임차인이 입은 손해액

제7조【차임 등의 증감청구권】① 당사자는 약정한 차임이나 보증금이 임차주택에 관한 조세, 공과금, 그 밖의 부담의 증감이나 경제사정의 변동으로 인하여 적절하지 아니하게 된 때에는 장래에 대하여 그 증감을 청구할 수 있다. 이 경우 증액청구는 임대차계약 또는 약정한 차임이나 보증금의 증액이 있은 후 1년 이내에는 하지 못한다.

② 제1항에 따른 증액청구는 약정한 차임이나 보증금의 20분의 1의 금액을 초과하지 못한다. 다만, 특별시·광역시·특별자치시·도 및 특별자치도는 관할 구역 내의 지역별 임대차 시장 여건 등을 고려하여 본문의 범위에서 증액청구의 상한을 조례로 달리 정할 수 있다.

제7조의2【월차임 전환 시 산정률의 제한】보증금의 전부 또는 일부를 월 단위의 차임으로 전환하는 경우에는 그 전환되는 금액에 다음 각 호 중 낮은 비율을 곱한 월차임(月借賃)의 범위를 초과할 수 없다.

1. 「은행법」에 따른 은행에서 적용하는 대출금리와 해당 지역의 경제 여건 등을 고려하여 대통령령으로 정하는 비율
2. 한국은행에서 공시한 기준금리에 대통령령으로 정하는 이율을 더한 비율

제8조【보증금 중 일정액의 보호】① 임차인은 보증금 중 일정액을 다른 담보물권자(擔保物權者)보다 우선하여 변제받을 권리가 있다. 이 경우 임차인은 주택에 대한 경매신청의 등기 전에 제3조 제1항의 요건을 갖추어야 한다.

② 제1항의 경우에는 제3조의2 제4항부터 제6항까지의 규정을 준용한다.

③ 제1항에 따라 우선변제를 받을 임차인 및 보증금 중 일정액의 범위와 기준은 제8조의2에 따른 주택임대차위원회의 심의를 거쳐 대통령령으로 정한다. 다만, 보증금 중 일정액의 범위와 기준은 주택가액(대지의 가액을 포함한다)의 2분의 1을 넘지 못한다.

제8조의2【주택임대차위원회】① 제8조에 따라 우선변제를 받을 임차인 및 보증금 중 일정액의 범위와 기준을 심의하기 위하여 법무부에 주택임대차위원회(이하 '위원회'라 한다)를 둔다.

② 위원회는 위원장 1명을 포함한 9명 이상 15명 이하의 위원으로 성별을 고려하여 구성한다.

③ 위원회의 위원장은 법무부차관이 된다.

④ 위원회의 위원은 다음 각 호의 어느 하나에 해당하는 사람 중에서 위원장이 임명하거나 위촉하되, 제1호부터 제5호까지에 해당하는 위원을 각각 1명 이상 임명하거나 위촉하여야 하고, 위원 중 2분의 1 이상은 제1호·제2호 또는 제6호에 해당하는 사람을 위촉하여야 한다.

1. 법학·경제학 또는 부동산학 등을 전공하고 주택임대차 관련 전문지식을 갖춘 사람으로서 공인된 연구기관에서 조교수 이상 또는 이에 상당하는 직에 5년 이상 재직한 사람
2. 변호사·감정평가사·공인회계사·세무사 또는 공인중개사로서 5년 이상 해당 분야에서 종사하고 주택임대차 관련 업무경험이 풍부한 사람
3. 기획재정부에서 물가 관련 업무를 담당하는 고위공무원단에 속하는 공무원
4. 법무부에서 주택임대차 관련 업무를 담당하는 고위공무원단에 속하는 공무원(이에 상당하는 특정직 공무원을 포함한다)
5. 국토교통부에서 주택사업 또는 주거복지 관련 업무를 담당하는 고위공무원단에 속하는 공무원
6. 그 밖에 주택임대차 관련 학식과 경험이 풍부한 사람으로서 대통령령으로 정하는 사람

⑤ 그 밖에 위원회의 구성 및 운영 등에 필요한 사항은 대통령령으로 정한다.

제9조【주택 임차권의 승계】 ① 임차인이 상속인 없이 사망한 경우에는 그 주택에서 가정공동생활을 하던 사실상의 혼인 관계에 있는 자가 임차인의 권리와 의무를 승계한다.

② 임차인이 사망한 때에 사망 당시 상속인이 그 주택에서 가정공동생활을 하고 있지 아니한 경우에는 그 주택에서 가정공동생활을 하던 사실상의 혼인 관계에 있는 자와 2촌 이내의 친족이 공동으로 임차인의 권리와 의무를 승계한다.

③ 제1항과 제2항의 경우에 임차인이 사망한 후 1개월 이내에 임대인에게 제1항과 제2항에 따른 승계 대상자가 반대의사를 표시한 경우에는 그러하지 아니하다.

④ 제1항과 제2항의 경우에 임대차 관계에서 생긴 채권·채무는 임차인의 권리의무를 승계한 자에게 귀속된다.

제10조【강행규정】 이 법에 위반된 약정(約定)으로서 임차인에게 불리한 것은 그 효력이 없다.

제10조의2【초과 차임 등의 반환청구】 임차인이 제7조에 따른 증액비율을 초과하여 차임 또는 보증금을 지급하거나 제7조의2에 따른 월차임 산정률을 초과하여 차임을 지급한 경우에는 초과 지급된 차임 또는 보증금 상당금액의 반환을 청구할 수 있다.

제11조【일시사용을 위한 임대차】 이 법은 일시사용하기 위한 임대차임이 명백한 경우에는 적용하지 아니한다.

제12조【미등기 전세에의 준용】 주택의 등기를 하지 아니한 전세계약에 관하여는 이 법을 준용한다. 이 경우 '전세금'은 '임대차의 보증금'으로 본다.

제13조【「소액사건심판법」의 준용】 임차인이 임대인에 대하여 제기하는 보증금반환청구소송에 관하여는 「소액사건심판법」 제6조, 제7조, 제10조 및 제11조의2를 준용한다.

제14조【주택임대차분쟁조정위원회】 ① 이 법의 적용을 받는 주택임대차와 관련된 분쟁을 심의·조정하기 위하여 대통령령으로 정하는 바에 따라 「법률구조법」 제8조에 따른 대한법률구조공단(이하 '공단'이라 한다)의 지부, 「한국토지주택공사법」에 따른 한국토지주택공사(이하 '공사'라 한다)의 지사 또는 사무소 및 「한국감정원법」에 따른 한국감정원(이하 '감정원'이라 한다)의 지사 또는 사무소에 주택임대차분쟁조정위원회(이하 '조정위원회'라 한다)를 둔다. 특별시·광역시·특별자치시·도 및 특별자치도(이하 '시·도'라 한다)는 그 지방자치단체의 실정을 고려하여 조정위원회를 둘 수 있다.

② 조정위원회는 다음 각 호의 사항을 심의·조정한다.

1. 차임 또는 보증금의 증감에 관한 분쟁
2. 임대차 기간에 관한 분쟁
3. 보증금 또는 임차주택의 반환에 관한 분쟁
4. 임차주택의 유지·수선 의무에 관한 분쟁
5. 그 밖에 대통령령으로 정하는 주택임대차에 관한 분쟁

③ 조정위원회의 사무를 처리하기 위하여 조정위원회에 사무국을 두고, 사무국의 조직 및 인력 등에 필요한 사항은 대통령령으로 정한다.

④ 사무국의 조정위원회 업무담당자는 「상가건물 임대차보호법」 제20조에 따른 상가건물임대차분쟁조정위원회 사무국의 업무를 제외하고 다른 직위의 업무를 겸직하여서는 아니 된다.

제15조【예산의 지원】 국가는 조정위원회의 설치·운영에 필요한 예산을 지원할 수 있다.

제16조【조정위원회의 구성 및 운영】 ① 조정위원회는 위원장 1명을 포함하여 5명 이상 30명 이하의 위원으로 성별을 고려하여 구성한다.

② 조정위원회의 위원은 조정위원회를 두는 기관에 따라 공단 이사장, 공사 사장, 감정원 원장 또는 조정위원회를 둔 지방자치단체의 장이 각각 임명하거나 위촉한다.

③ 조정위원회의 위원은 주택임대차에 관한 학식과 경험이 풍부한 사람으로서 다음 각 호의 어느 하나에 해당하는 사람으로 한다. 이 경우 제1호부터 제4호까지에 해당하는 위원을 각 1명 이상 위촉하여야 하고, 위원 중 5분의 2 이상은 제2호에 해당하는 사람이어야 한다.

1. 법학·경제학 또는 부동산학 등을 전공하고 대학이나 공인된 연구기관에서 부교수 이상 또는 이에 상당하는 직에 재직한 사람
2. 판사·검사 또는 변호사로 6년 이상 재직한 사람
3. 감정평가사·공인회계사·법무사 또는 공인중개사로서 주택임대차 관계 업무에 6년 이상 종사한 사람
4. 「사회복지사업법」에 따른 사회복지법인과 그 밖의 비영리법인에서 주택임대차분쟁에 관한 상담에 6년 이상 종사한 경력이 있는 사람
5. 해당 지방자치단체에서 주택임대차 관련 업무를 담당하는 4급 이상의 공무원
6. 그 밖에 주택임대차 관련 학식과 경험이 풍부한 사람으로서 대통령령으로 정하는 사람

④ 조정위원회의 위원장은 제3항 제2호에 해당하는 위원 중에서 위원들이 호선한다.

⑤ 조정위원회위원장은 조정위원회를 대표하여 그 직무를 총괄한다.

⑥ 조정위원회위원장이 부득이한 사유로 직무를 수행할 수 없는 경우에는 조정위원회위원장이 미리 지명한 조정위원이 그 직무를 대행한다.

⑦ 조정위원의 임기는 3년으로 하되 연임할 수 있으며, 보궐위원의 임기는 전임자의 남은 임기로 한다.

⑧ 조정위원회는 조정위원회위원장 또는 제3항 제2호에 해당하는 조정위원 1명 이상을 포함한 재적위원 과반수의 출석과 출석위원 과반수의 찬성으로 의결한다.

⑨ 그 밖에 조정위원회의 설치, 구성 및 운영 등에 필요한 사항은 대통령령으로 정한다.

제17조 【조정부의 구성 및 운영】 ① 조정위원회는 분쟁의 효율적 해결을 위하여 3명의 조정위원으로 구성된 조정부를 둘 수 있다.

② 조정부에는 제16조 제3항 제2호에 해당하는 사람이 1명 이상 포함되어야 하며, 그 중에서 조정위원회위원장이 조정부의 장을 지명한다.

③ 조정부는 다음 각 호의 사항을 심의·조정한다.

1. 제14조 제2항에 따른 주택임대차분쟁 중 대통령령으로 정하는 금액 이하의 분쟁
2. 조정위원회가 사건을 특정하여 조정부에 심의·조정을 위임한 분쟁

④ 조정부는 조정부의 장을 포함한 재적위원 과반수의 출석과 출석위원 과반수의 찬성으로 의결한다.

⑤ 제4항에 따라 조정부가 내린 결정은 조정위원회가 결정한 것으로 본다.

⑥ 그 밖에 조정부의 설치, 구성 및 운영 등에 필요한 사항은 대통령령으로 정한다.

제18조 【조정위원의 결격사유】 「국가공무원법」 제33조 각 호의 어느 하나에 해당하는 사람은 조정위원이 될 수 없다.

제19조 【조정위원의 신분보장】 ① 조정위원은 자신의 직무를 독립적으로 수행하고 주택임대차분쟁의 심리 및 판단에 관하여 어떠한 지시에도 구속되지 아니한다.

② 조정위원은 다음 각 호의 어느 하나에 해당하는 경우를 제외하고는 그 의사에 반하여 해임 또는 해촉되지 아니한다.

1. 제18조에 해당하는 경우
2. 신체상 또는 정신상의 장애로 직무를 수행할 수 없게 된 경우

제20조 【조정위원의 제척 등】 ① 조정위원이 다음 각 호의 어느 하나에 해당하는 경우 그 직무의 집행에서 제척된다.

1. 조정위원 또는 그 배우자나 배우자이었던 사람이 해당 분쟁사건의 당사자가 되는 경우
2. 조정위원이 해당 분쟁사건의 당사자와 친족관계에 있거나 있었던 경우
3. 조정위원이 해당 분쟁사건에 관하여 진술, 감정 또는 법률자문을 한 경우
4. 조정위원이 해당 분쟁사건에 관하여 당사자의 대리인으로서 관여하거나 관여하였던 경우

② 사건을 담당한 조정위원에게 제척의 원인이 있는 경우에는 조정위원회는 직권 또는 당사자의 신청에 따라 제척의 결정을 한다.

③ 당사자는 사건을 담당한 조정위원에게 공정한 직무집행을 기대하기 어려운 사정이 있는 경우 조정위원회에 기피신청을 할 수 있다.

④ 기피신청에 관한 결정은 조정위원회가 하고, 해당 조정위원 및 당사자 쌍방은 그 결정에 불복하지 못한다.
⑤ 제3항에 따른 기피신청이 있는 때에는 조정위원회는 그 신청에 대한 결정이 있을 때까지 조정절차를 정지하여야 한다.
⑥ 조정위원은 제1항 또는 제3항에 해당하는 경우 조정위원회의 허가를 받지 아니하고 해당 분쟁사건의 직무집행에서 회피할 수 있다.

제21조【조정의 신청 등】① 제14조 제2항 각 호의 어느 하나에 해당하는 주택임대차분쟁의 당사자는 해당 주택이 소재하는 지역을 관할하는 조정위원회에 분쟁의 조정을 신청할 수 있다.
② 조정위원회는 신청인이 조정을 신청할 때 조정 절차 및 조정의 효력 등 분쟁조정에 관하여 대통령령으로 정하는 사항을 안내하여야 한다.
③ 조정위원회의 위원장은 다음 각 호의 어느 하나에 해당하는 경우 신청을 각하한다. 이 경우 그 사유를 신청인에게 통지하여야 한다.

1. 이미 해당 분쟁조정사항에 대하여 법원에 소가 제기되거나 조정 신청이 있은 후 소가 제기된 경우
2. 이미 해당 분쟁조정사항에 대하여 「민사조정법」에 따른 조정이 신청된 경우나 조정신청이 있은 후 같은 법에 따른 조정이 신청된 경우
3. 이미 해당 분쟁조정사항에 대하여 이 법에 따른 조정위원회에 조정이 신청된 경우나 조정신청이 있은 후 조정이 성립된 경우
4. 조정신청 자체로 주택임대차에 관한 분쟁이 아님이 명백한 경우
5. 피신청인이 조정절차에 응하지 아니한다는 의사를 통지한 경우
6. 신청인이 정당한 사유 없이 조사에 응하지 아니하거나 2회 이상 출석요구에 응하지 아니한 경우

제22조【조정절차】① 조정위원회의 위원장은 신청인으로부터 조정신청을 접수한 때에는 지체 없이 조정절차를 개시하여야 한다.
② 조정위원회의 위원장은 제1항에 따라 조정신청을 접수하면 피신청인에게 조정신청서를 송달하여야 한다. 이 경우 제21조 제2항을 준용한다.
③ 조정서류의 송달 등 조정절차에 관하여 필요한 사항은 대통령령으로 정한다.

제23조【처리기간】① 조정위원회는 분쟁의 조정신청을 받은 날부터 60일 이내에 그 분쟁조정을 마쳐야 한다. 다만, 부득이한 사정이 있는 경우에는 조정위원회의 의결을 거쳐 30일의 범위에서 그 기간을 연장할 수 있다.
② 조정위원회는 제1항 단서에 따라 기간을 연장한 경우에는 기간 연장의 사유와 그 밖에 기간 연장에 관한 사항을 당사자에게 통보하여야 한다.

제24조【조사 등】① 조정위원회는 조정을 위하여 필요하다고 인정하는 경우 신청인, 피신청인, 분쟁 관련 이해관계인 또는 참고인에게 출석하여 진술하게 하거나 조정에 필요한 자료나 물건 등을 제출하도록 요구할 수 있다.
② 조정위원회는 조정을 위하여 필요하다고 인정하는 경우 조정위원 또는 사무국의 직원으로 하여금 조정 대상물 및 관련 자료에 대하여 조사하게 하거나 자료를 수집하게 할 수 있다. 이 경우 조정위원이나 사무국의 직원은 그 권한을 표시하는 증표를 지니고 이를 관계인에게 내보여야 한다.
③ 조정위원회위원장은 특별시장, 광역시장, 특별자치시장, 도지사 및 특별자치도지사(이하 '시·도지사'라 한다)에게 해당 조정업무에 참고하기 위하여 인근지역의 확정일자 자료, 보증금의 월차임 전환율 등 적정 수준의 임대료 산정을 위한 자료를 요청할 수 있다. 이 경우 시·도지사는 정당한 사유가 없으면 조정위원회위원장의 요청에 따라야 한다.

제25조【조정을 하지 아니하는 결정】① 조정위원회는 해당 분쟁이 그 성질상 조정을 하기에 적당하지 아니하다고 인정하거나 당사자가 부당한 목적으로 조정을 신청한 것으로 인정할 때에는 조정을 하지 아니할 수 있다.
② 조정위원회는 제1항에 따라 조정을 하지 아니하기로 결정하였을 때에는 그 사실을 당사자에게 통지하여야 한다.

제26조【조정의 성립】① 조정위원회가 조정안을 작성한 경우에는 그 조정안을 지체 없이 각 당사자에게 통지하여야 한다.
② 제1항에 따라 조정안을 통지받은 당사자가 통지받은 날부터 14일 이내에 수락의 의사를 서면으로 표시하지 아니한 경우에는 조정을 거부한 것으로 본다.
③ 제2항에 따라 각 당사자가 조정안을 수락한 경우에는 조정안과 동일한 내용의 합의가 성립된 것으로 본다.

④ 제3항에 따른 합의가 성립한 경우 조정위원회위원장은 조정안의 내용을 조정서로 작성한다. 조정위원회위원장은 각 당사자 간에 금전, 그 밖의 대체물의 지급 또는 부동산의 인도에 관하여 강제집행을 승낙하는 취지의 합의가 있는 경우에는 그 내용을 조정서에 기재하여야 한다.

제27조【집행력의 부여】제26조 제4항 후단에 따라 강제집행을 승낙하는 취지의 내용이 기재된 조정서의 정본은 「민사집행법」 제56조에도 불구하고 집행력 있는 집행권원과 같은 효력을 가진다. 다만, 청구에 관한 이의의 주장에 대하여는 같은 법 제44조 제2항을 적용하지 아니한다.

제28조【비밀유지의무】조정위원, 사무국의 직원 또는 그 직에 있었던 자는 다른 법률에 특별한 규정이 있는 경우를 제외하고는 직무상 알게 된 정보를 타인에게 누설하거나 직무상 목적 외에 사용하여서는 아니 된다.

제29조【다른 법률의 준용】조정위원회의 운영 및 조정절차에 관하여 이 법에서 규정하지 아니한 사항에 대하여는 「민사조정법」을 준용한다.

제30조【주택임대차표준계약서 사용】주택임대차계약을 서면으로 체결할 때에는 법무부장관이 국토교통부장관과 협의하여 정하는 주택임대차표준계약서를 우선적으로 사용한다. 다만, 당사자가 다른 서식을 사용하기로 합의한 경우에는 그러하지 아니하다.

제31조【벌칙 적용에서 공무원 의제】공무원이 아닌 주택임대차위원회의 위원 및 주택임대차분쟁조정위원회의 위원은 「형법」 제127조, 제129조부터 제132조까지의 규정을 적용할 때에는 공무원으로 본다.

부 칙

〈제17470호, 2020.7.31.〉

제1조【시행일】이 법은 공포한 날부터 시행한다. 다만, 제8조의2 제2항·제4항, 제14조 제1항, 제16조 제1항·제2항, 제21조 제1항 및 제30조의 개정규정은 공포 후 3개월이 경과한 날부터 시행한다.

제2조【계약갱신 요구 등에 관한 적용례】① 제6조의3 및 제7조의 개정규정은 이 법 시행 당시 존속 중인 임대차에 대하여도 적용한다.

② 제1항에도 불구하고 이 법 시행 전에 임대인이 갱신을 거절하고 제3자와 임대차계약을 체결한 경우에는 이를 적용하지 아니한다.

주택임대차보호법 시행령

[시행 2021.5.11.]
[대통령령 제31673호, 2021.5.11, 일부개정]

제1조【목적】 이 영은 「주택임대차보호법」에서 위임된 사항과 그 시행에 관하여 필요한 사항을 정함을 목적으로 한다.

제2조【대항력이 인정되는 법인】 「주택임대차보호법」(이하 '법'이라 한다) 제3조 제2항 후단에서 '대항력이 인정되는 법인'이란 다음 각 호의 법인을 말한다.
1. 「한국토지주택공사법」에 따른 한국토지주택공사(이하 '공사'라 한다)
2. 「지방공기업법」 제49조에 따라 주택사업을 목적으로 설립된 지방공사

제3조【고유식별정보의 처리】 다음 각 호의 어느 하나에 해당하는 자는 법 제3조의6에 따른 확정일자 부여 및 임대차 정보제공 등에 관한 사무를 수행하기 위하여 불가피한 경우 「개인정보 보호법 시행령」 제19조 제1호 및 제4호에 따른 주민등록번호 및 외국인등록번호를 처리할 수 있다.
1. 시장(「제주특별자치도 설치 및 국제자유도시 조성을 위한 특별법」 제11조에 따른 행정시장을 포함하며, 특별시장·광역시장·특별자치시장은 제외한다), 군수 또는 구청장(자치구의 구청장을 말한다)
2. 읍·면·동의 장
3. 「공증인법」에 따른 공증인

제4조【확정일자부 기재사항 등】 ① 법 제3조의6 제1항에 따른 확정일자부여기관(지방법원 및 그 지원과 등기소는 제외하며, 이하 '확정일자부여기관'이라 한다)이 같은 조 제2항에 따라 작성하는 확정일자부에 기재하여야 할 사항은 다음 각 호와 같다.
1. 확정일자번호
2. 확정일자 부여일
3. 임대인·임차인의 인적사항
   가. 자연인인 경우
      성명, 주소, 주민등록번호(외국인은 외국인등록번호)
   나. 법인이거나 법인 아닌 단체인 경우
      법인명·단체명, 법인등록번호·부동산등기용등록번호, 본점·주사무소 소재지
4. 주택 소재지
5. 임대차 목적물
6. 임대차 기간
7. 차임·보증금
8. 신청인의 성명과 주민등록번호 앞 6자리(외국인은 외국인등록번호 앞 6자리)

② 확정일자는 확정일자번호, 확정일자 부여일 및 확정일자부여기관을 주택임대차계약증서에 표시하는 방법으로 부여한다.

③ 제1항 및 제2항에서 규정한 사항 외에 확정일자부 작성방법 및 확정일자 부여 시 확인사항 등 확정일자 부여사무에 관하여 필요한 사항은 법무부령으로 정한다.

제5조【주택의 임대차에 이해관계가 있는 자의 범위】 법 제3조의6 제3항에 따라 정보제공을 요청할 수 있는 주택의 임대차에 이해관계가 있는 자(이하 '이해관계인'이라 한다)는 다음 각 호의 어느 하나에 해당하는 자로 한다.
1. 해당 주택의 임대인·임차인
2. 해당 주택의 소유자
3. 해당 주택 또는 그 대지의 등기기록에 기록된 권리자 중 법무부령으로 정하는 자
4. 법 제3조의2 제7항에 따라 우선변제권을 승계한 금융기관
5. 법 제6조의3 제1항 제8호의 사유로 계약의 갱신이 거절된 임대차계약의 임차인이었던 자
6. 제1호부터 제5호까지의 규정에 준하는 지위 또는 권리를 가지는 자로서 법무부령으로 정하는 자

제6조【요청할 수 있는 정보의 범위 및 제공방법】 ① 제5조 제1호 또는 제5호에 해당하는 자는 법 제3조의6 제3항에 따라 확정일자부여기관에 해당 임대차계약(제5조 제5호에 해당하는 자의 경우에는 갱신요구가 거절되지 않았더라면 갱신되었을 기간 중에 존속하는 임대차계약을 말한다)에 관한 다음 각 호의 사항의 열람 또는 그 내용을 기록한 서면의 교부를 요청할 수 있다.
1. 임대차목적물
2. 임대인·임차인의 인적사항(제5조 제5호에 해당하는 자는 임대인·임차인의 성명, 법인명 또는 단체명으로 한정한다)

3. 확정일자 부여일
4. 차임·보증금
5. 임대차기간
② 제5조 제2호부터 제4호까지 또는 제6호의 어느 하나에 해당하는 자이거나 임대차계약을 체결하려는 자는 법 제3조의6 제3항 또는 제4항에 따라 확정일자부여기관에 다음 각 호의 사항의 열람 또는 그 내용을 기록한 서면의 교부를 요청할 수 있다.
1. 임대차목적물
2. 확정일자 부여일
3. 차임·보증금
4. 임대차기간
③ 제1항 및 제2항에서 규정한 사항 외에 정보제공 요청에 필요한 사항은 법무부령으로 정한다.

제7조 【수수료】 ① 법 제3조의6 제5항에 따라 확정일자부여기관에 내야 하는 수수료는 확정일자 부여에 관한 수수료와 정보제공에 관한 수수료로 구분하며, 그 구체적인 금액은 법무부령으로 정한다.
② 「국민기초생활 보장법」에 따른 수급자 등 법무부령으로 정하는 사람에 대해서는 제1항에 따른 수수료를 면제할 수 있다.

제8조 【차임 등 증액청구의 기준 등】 ① 법 제7조에 따른 차임이나 보증금(이하 '차임등'이라 한다)의 증액청구는 약정한 차임등의 20분의 1의 금액을 초과하지 못한다.
② 제1항에 따른 증액청구는 임대차계약 또는 약정한 차임등의 증액이 있은 후 1년 이내에는 하지 못한다.

제9조 【월차임 전환 시 산정률】 ① 법 제7조의2 제1호에서 '대통령령으로 정하는 비율'이란 연 1할을 말한다.
② 법 제7조의2 제2호에서 '대통령령으로 정하는 이율'이란 연 2퍼센트를 말한다.

제10조 【보증금 중 일정액의 범위 등】 ① 법 제8조에 따라 우선변제를 받을 보증금 중 일정액의 범위는 다음 각 호의 구분에 의한 금액 이하로 한다.
1. **서울특별시 : 5천만원**
2. **「수도권정비계획법」에 따른 과밀억제권역(서울특별시는 제외한다), 세종특별자치시, 용인시, 화성시 및 김포시 : 4천300만원**
3. **광역시(「수도권정비계획법」에 따른 과밀억제권역에 포함된 지역과 군지역은 제외한다), 안산시, 광주시, 파주시, 이천시 및 평택시 : 2천300만원**
4. **그 밖의 지역 : 2천만원**
② 임차인의 보증금 중 일정액이 주택가액의 2분의 1을 초과하는 경우에는 주택가액의 2분의 1에 해당하는 금액까지만 우선변제권이 있다.
③ 하나의 주택에 임차인이 2명 이상이고, 그 각 보증금 중 일정액을 모두 합한 금액이 주택가액의 2분의 1을 초과하는 경우에는 그 각 보증금 중 일정액을 모두 합한 금액에 대한 각 임차인의 보증금 중 일정액의 비율로 그 주택가액의 2분의 1에 해당하는 금액을 분할한 금액을 각 임차인의 보증금 중 일정액으로 본다.
④ **하나의 주택에 임차인이 2명 이상이고 이들이 그 주택에서 가정공동생활을 하는 경우에는 이들을 1명의 임차인으로 보아 이들의 각 보증금을 합산한다.**

제11조 【우선변제를 받을 임차인의 범위】 법 제8조에 따라 우선변제를 받을 임차인은 보증금이 다음 각 호의 구분에 의한 금액 이하인 임차인으로 한다.
1. **서울특별시 : 1억5천만원**
2. **「수도권정비계획법」에 따른 과밀억제권역(서울특별시는 제외한다), 세종특별자치시, 용인시, 화성시 및 김포시 : 1억3천만원**
3. **광역시(「수도권정비계획법」에 따른 과밀억제권역에 포함된 지역과 군지역은 제외한다), 안산시, 광주시, 파주시, 이천시 및 평택시 : 7천만원**
4. **그 밖의 지역 : 6천만원**

제12조 【주택임대차위원회의 구성】 법 제8조의2 제4항 제6호에서 '대통령령으로 정하는 사람'이란 다음 각 호의 어느 하나에 해당하는 사람을 말한다.
1. 특별시·광역시·특별자치시·도 및 특별자치도(이하 '시·도'라 한다)에서 주택정책 또는 부동산 관련 업무를 담당하는 주무부서의 실·국장
2. 법무사로서 5년 이상 해당 분야에서 종사하고 주택임대차 관련 업무 경험이 풍부한 사람

제13조 【위원의 임기 등】 ① 법 제8조의2에 따른 주택임대차위원회(이하 '위원회'라 한다)의 위원의 임기는 2년으로 하되, 한 차례만 연임할 수 있다. 다만, 공무원인 위원의 임기는 그 직위에 재직하는 기간으로 한다.
② 위원장은 위촉된 위원이 다음 각 호의 어느 하나에 해당하는 경우에는 해당 위원을 해촉할 수 있다.
1. 심신장애로 인하여 직무를 수행할 수 없게 된 경우

2. 직무와 관련한 형사사건으로 기소된 경우
3. 직무태만, 품위손상, 그 밖의 사유로 인하여 위원으로 적합하지 아니하다고 인정되는 경우
4. 위원 스스로 직무를 수행하는 것이 곤란하다고 의사를 밝히는 경우

제14조【위원장의 직무】 ① 위원장은 위원회를 대표하고, 위원회의 업무를 총괄한다.
② 위원장이 부득이한 사유로 인하여 직무를 수행할 수 없을 때에는 위원장이 미리 지명한 위원이 그 직무를 대행한다.

제15조【간사】 ① 위원회에 간사 1명을 두되, 간사는 주택임대차 관련 업무에 종사하는 법무부 소속의 고위공무원단에 속하는 일반직 공무원(이에 상당하는 특정직·별정직 공무원을 포함한다) 중에서 위원회의 위원장이 지명한다.
② 간사는 위원회의 운영을 지원하고, 위원회의 회의에 관한 기록과 그 밖에 서류의 작성과 보관에 관한 사무를 처리한다.
③ 간사는 위원회에 참석하여 심의사항을 설명하거나 그 밖에 필요한 발언을 할 수 있다.

제16조【위원회의 회의】 ① 위원회의 회의는 매년 1회 개최되는 정기회의와 위원장이 필요하다고 인정하거나 위원 3분의 1 이상이 요구할 경우에 개최되는 임시회의로 구분하여 운영한다.
② 위원장은 위원회의 회의를 소집하고, 그 의장이 된다.
③ 위원회의 회의는 재적위원 과반수의 출석으로 개의하고, 출석위원 과반수의 찬성으로 의결한다.
④ 위원회의 회의는 비공개로 한다.
⑤ 위원장은 위원이 아닌 자를 회의에 참석하게 하여 의견을 듣거나 관계 기관·단체 등에게 필요한 자료, 의견제출 등 협조를 요청할 수 있다.

제17조【실무위원회】 ① 위원회에서 심의할 안건의 협의를 효율적으로 지원하기 위하여 위원회에 실무위원회를 둔다.
② 실무위원회는 다음 각 호의 사항을 협의·조정한다.
1. 심의안건 및 이와 관련하여 위원회가 위임한 사항
2. 그 밖에 위원장 및 위원이 실무협의를 요구하는 사항

③ 실무위원회의 위원장은 위원회의 간사가 되고, 실무위원회의 위원은 다음 각 호의 사람 중에서 그 소속기관의 장이 지명하는 사람으로 한다.
1. 기획재정부에서 물가 관련 업무를 담당하는 5급 이상의 국가공무원
2. 법무부에서 주택임대차 관련 업무를 담당하는 5급 이상의 국가공무원
3. 국토교통부에서 주택사업 또는 주거복지 관련 업무를 담당하는 5급 이상의 국가공무원
4. 시·도에서 주택정책 또는 부동산 관련 업무를 담당하는 5급 이상의 지방공무원

제18조【전문위원】 ① 위원회의 심의사항에 관한 전문적인 조사·연구업무를 수행하기 위하여 5명 이내의 전문위원을 둘 수 있다.
② 전문위원은 법학, 경제학 또는 부동산학 등에 학식과 경험을 갖춘 사람 중에서 법무부장관이 위촉하고, 임기는 2년으로 한다.

제19조【수당】 위원회 또는 실무위원회 위원에 대해서는 예산의 범위에서 수당을 지급할 수 있다. 다만, 공무원인 위원이 그 소관 업무와 직접적으로 관련되어 위원회에 출석하는 경우에는 그러하지 아니하다.

제20조【운영세칙】 이 영에서 규정한 사항 외에 위원회의 운영에 필요한 사항은 법무부장관이 정한다.

제21조【주택임대차분쟁조정위원회의 설치】 법 제14조 제1항에 따른 주택임대차분쟁조정위원회(이하 '조정위원회'라 한다)를 두는 「법률구조법」 제8조에 따른 대한법률구조공단(이하 '공단'이라 한다), 공사 및 「한국부동산원법」에 따른 한국부동산원(이하 '부동산원'이라 한다)의 지부, 지사 또는 사무소와 그 관할구역은 별표 1과 같다.

제22조【조정위원회의 심의·조정 사항】 법 제14조 제2항 제5호에서 '대통령령으로 정하는 주택임대차에 관한 분쟁'이란 다음 각 호의 분쟁을 말한다.
1. 임대차계약의 이행 및 임대차계약 내용의 해석에 관한 분쟁
2. 임대차계약 갱신 및 종료에 관한 분쟁
3. 임대차계약의 불이행 등에 따른 손해배상청구에 관한 분쟁
4. 공인중개사 보수 등 비용부담에 관한 분쟁
5. 주택임대차표준계약서 사용에 관한 분쟁
6. 그 밖에 제1호부터 제5호까지의 규정에 준하는 분쟁으로서 조정위원회의 위원장(이하 '위원장'이라 한다)이 조정이 필요하다고 인정하는 분쟁

제23조【공단의 지부 등에 두는 조정위원회 사무국】 ① 법 제14조 제3항에 따라 공단, 공사 및 부동산원의 지부, 지사 또는 사무소에 두는 조정위원회 사무국(이하 '사무국'이라 한다)에는 사무국장 1명을 두며, 사무국장 밑에 심사관 및 조사관을 둔다.

② 사무국장은 공단 이사장, 공사 사장 및 부동산원 원장이 각각 임명하며, 조정위원회의 위원(이하 '조정위원'이라 한다)을 겸직할 수 있다.

③ 심사관 및 조사관은 공단 이사장, 공사 사장 및 부동산원 원장이 각각 임명한다.

④ 사무국장은 사무국의 업무를 총괄하고, 소속 직원을 지휘·감독한다.

⑤ 심사관은 다음 각 호의 업무를 담당한다.

1. 분쟁조정신청 사건에 대한 쟁점정리 및 법률적 검토
2. 조사관이 담당하는 업무에 대한 지휘·감독
3. 그 밖에 위원장이 조정위원회의 사무 처리를 위하여 필요하다고 인정하는 업무

⑥ 조사관은 다음 각 호의 업무를 담당한다.

1. 조정신청의 접수
2. 분쟁조정 신청에 관한 민원의 안내
3. 조정당사자에 대한 송달 및 통지
4. 분쟁의 조정에 필요한 사실조사
5. 그 밖에 위원장이 조정위원회의 사무 처리를 위하여 필요하다고 인정하는 업무

⑦ 사무국장 및 심사관은 변호사의 자격이 있는 사람으로 한다.

제24조【시·도의 조정위원회 사무국】 시·도가 법 제14조 제1항 후단에 따라 조정위원회를 두는 경우 사무국의 조직 및 운영 등에 관한 사항은 그 지방자치단체의 실정을 고려하여 해당 시·도 조례로 정한다.

제25조【조정위원회 구성】 법 제16조 제3항 제6호에서 '대통령령으로 정하는 사람'이란 세무사·주택관리사·건축사로서 주택임대차 관계 업무에 6년 이상 종사한 사람을 말한다.

제26조【조정위원회 운영】 ① 조정위원회는 효율적인 운영을 위하여 필요한 경우에는 분쟁조정사건을 분리하거나 병합하여 심의·조정할 수 있다. 이 경우 당사자에게 지체 없이 그 사실을 통보하여야 한다.

② 조정위원회 회의는 공개하지 아니한다. 다만, 필요하다고 인정되는 경우에는 조정위원회의 의결로 당사자 또는 이해관계인에게 방청을 허가할 수 있다.

③ 조정위원회에 간사를 두며, 사무국의 직원 중에서 위원장이 지명한다.

④ 조정위원회는 회의록을 작성하고, 참여한 조정위원으로 하여금 서명 또는 기명날인하게 하여야 한다.

제27조【조정위원에 대한 수당 등】 조정위원회 또는 조정부에 출석한 조정위원에 대해서는 예산의 범위에서 수당, 여비 및 그 밖에 필요한 경비를 지급할 수 있다.

제28조【조정부에서 심의·조정할 사항】 법 제17조 제3항 제1호에서 '대통령령으로 정하는 금액 이하의 분쟁'이란 다음 각 호의 어느 하나에 해당하는 분쟁을 말한다.

1. 임대차계약의 보증금이 다음 각 목에서 정하는 금액 이하의 분쟁
   가. 「수도권정비계획법」 제2조 제1호에 따른 수도권 지역 : 5억원
   나. 가목에 따른 지역 외의 지역 : 3억원
2. 조정으로 주장하는 이익의 값(이하 '조정목적의 값'이라 한다)이 2억원 이하인 분쟁. 이 경우 조정목적의 값 산정은 「민사소송 등 인지법」에 따른 소송목적의 값에 관한 산정 방식을 준용한다.

제29조【조정부의 구성 및 운영】 ① 조정부의 위원은 조정위원 중에서 위원장이 지명한다.

② 둘 이상의 조정부를 두는 경우에는 위원장이 분쟁조정 신청사건을 담당할 조정부를 지정할 수 있다.

③ 조정부의 운영에 관하여는 제26조를 준용한다. 이 경우 '조정위원회'는 '조정부'로, '위원장'은 '조정부의 장'으로 본다.

제30조【조정의 신청】 ① 조정의 신청은 서면(「전자문서 및 전자거래 기본법」 제2조 제1호에 따른 전자문서를 포함한다. 이하 같다) 또는 구두로 할 수 있다.

② 구두로 조정을 신청하는 경우 조정신청인은 심사관 또는 조사관에게 진술하여야 한다. 이 경우 조정신청을 받은 심사관 또는 조사관은 조정신청조서를 작성하고 신청인으로 하여금 서명 또는 기명날인하도록 하여야 한다.

③ 조정신청서 또는 조정신청조서에는 당사자, 대리인, 신청의 취지와 분쟁의 내용 등을 기재하여야 한다. 이 경우 증거서류 또는 증거물이 있는 경우에는 이를 첨부하거나 제출하여야 한다.

제31조【조정신청인에게 안내하여야 할 사항】 ① 법 제21조 제2항에서 '대통령령으로 정하는 사항'이란 다음 각 호의 사항을 말한다.

1. 법 제21조 제3항 각 호에 따른 조정 신청의 각하 사유
2. 법 제22조 제2항에 따른 조정절차의 개시 요건
3. 법 제23조의 처리기간
4. 법 제24조에 따라 필요한 경우 신청인, 피신청인, 분쟁 관련 이해관계인 또는 참고인에게 출석하여 진술하게 하거나 필요한 자료나 물건 등의 제출을 요구할 수 있다는 사실
5. 조정성립의 요건 및 효력
6. 당사자가 부담하는 비용

② 제1항에 따른 안내는 안내할 사항이 기재된 서면을 교부 또는 송달하는 방법으로 할 수 있다.

제32조【조정서류의 송달 등】 ① 위원장은 조정신청을 접수하면 지체 없이 조정신청서 또는 조정신청조서 부본(이하 이 조에서 '조정신청서등'이라 한다)을 피신청인에게 송달하여야 한다.

② 피신청인은 조정에 응할 의사가 있는 경우에는 조정신청서등을 송달받은 날부터 7일 이내에 그 의사를 조정위원회에 통지하여야 한다.

③ 위원장은 제2항에 따른 통지를 받은 경우 피신청인에게 기간을 정하여 신청내용에 대한 답변서를 제출할 것을 요구할 수 있다.

제33조【수수료】 ① 법 제21조 제1항에 따라 조정을 신청하는 자는 별표 2에서 정하는 수수료를 내야 한다.

② 신청인이 다음 각 호의 어느 하나에 해당하는 경우에는 제1항에 따른 수수료를 면제할 수 있다.

1. 법 제8조에 따라 우선변제를 받을 수 있는 임차인
2. 「국민기초생활 보장법」 제2조 제2호에 따른 수급자
3. 「독립유공자예우에 관한 법률」 제6조에 따라 등록된 독립유공자 또는 그 유족(선순위자 1명만 해당된다. 이하 이 조에서 같다)
4. 「국가유공자 등 예우 및 지원에 관한 법률」 제6조에 따라 등록된 국가유공자 또는 그 유족
5. 「고엽제후유의증 등 환자지원 및 단체설립에 관한 법률」 제4조에 따라 등록된 고엽제후유증환자, 고엽제후유의증환자 또는 고엽제후유증 2세환자
6. 「참전유공자 예우 및 단체설립에 관한 법률」 제5조에 따라 등록된 참전유공자
7. 「5·18민주유공자예우 및 단체설립에 관한 법률」 제7조에 따라 등록 결정된 5·18민주유공자 또는 그 유족
8. 「특수임무유공자 예우 및 단체설립에 관한 법률」 제6조에 따라 등록된 특수임무유공자 또는 그 유족
9. 「의사상자 등 예우 및 지원에 관한 법률」 제5조에 따라 인정된 의상자 또는 의사자유족
10. 「한부모가족지원법」 제5조에 따른 지원대상자
11. 그 밖에 제1호부터 제10호까지의 규정에 준하는 사람으로서 법무부장관과 국토교통부장관이 공동으로 정하여 고시하는 사람 또는 시·도 조례로 정하는 사람

③ 신청인은 다음 각 호의 어느 하나에 해당하는 경우에는 수수료의 환급을 청구할 수 있다.

1. 법 제21조 제3항 제1호 및 제2호에 따라 조정신청이 각하된 경우. 다만, 조정신청 있은 후 신청인이 법원에 소를 제기하거나 「민사조정법」에 따른 조정을 신청한 경우는 제외한다.
2. 법 제21조 제3항 제3호 및 제5호에 따라 조정신청이 각하된 경우
3. 신청인이 조정위원회 또는 조정부의 회의가 소집되기 전에 조정신청을 취하한 경우. 이 경우 환급 금액은 납부한 수수료의 2분의 1에 해당하는 금액으로 한다.

④ 제1항에 따른 수수료의 납부방법 및 제3항에 따른 수수료의 환급절차 등에 관하여 필요한 사항은 법무부장관과 국토교통부장관이 공동으로 정하여 고시하거나 시·도의 조례로 정한다.

제34조【조정서의 작성】 법 제26조 제4항에 따른 조정서에는 다음 각 호의 사항을 기재하고, 위원장 및 조정에 참여한 조정위원이 서명 또는 기명날인하여야 한다.

1. 사건번호 및 사건명
2. 당사자의 성명, 생년월일 및 주소(법인의 경우 명칭, 법인등록번호 및 본점의 소재지를 말한다)
3. 임차주택 소재지
4. 신청의 취지 및 이유
5. 조정내용(법 제26조 제4항에 따라 강제집행을 승낙하는 취지의 합의를 포함한다)
6. 작성일

제35조 【조정결과의 통지】 ① 조정위원회는 조정절차가 종료되면 그 결과를 당사자에게 통지하여야 한다.

② 조정위원회는 법 제26조 제4항에 따른 조정서가 작성된 경우 조정서 정본을 지체 없이 당사자에게 교부 또는 송달하여야 한다.

부 칙

〈제31673호, 2021.5.11.〉

제1조 【시행일】 이 영은 공포한 날부터 시행한다.

제2조 【소액보증금 보호에 관한 적용례 등】 제10조 제1항 및 제11조의 개정규정은 이 영 시행 당시 존속 중인 임대차계약에 대해서도 적용하되, 이 영 시행 전에 임차주택에 대하여 담보물권을 취득한 자에 대해서는 종전의 규정에 따른다.

상가건물 임대차보호법

[시행 2022.1.4.]

[법률 제18675호, 2022.1.4, 일부개정]

제1조【목적】이 법은 상가건물 임대차에 관하여 「민법」에 대한 특례를 규정하여 국민 경제생활의 안정을 보장함을 목적으로 한다.

제2조【적용범위】① 이 법은 상가건물(제3조 제1항에 따른 사업자등록의 대상이 되는 건물을 말한다)의 임대차(임대차 목적물의 주된 부분을 영업용으로 사용하는 경우를 포함한다)에 대하여 적용한다. 다만, 제14조의2에 따른 상가건물임대차위원회의 심의를 거쳐 대통령령으로 정하는 보증금액을 초과하는 임대차에 대하여는 그러하지 아니하다.

② 제1항 단서에 따른 보증금액을 정할 때에는 해당 지역의 경제 여건 및 임대차 목적물의 규모 등을 고려하여 지역별로 구분하여 규정하되, 보증금 외에 차임이 있는 경우에는 그 차임액에 「은행법」에 따른 은행의 대출금리 등을 고려하여 대통령령으로 정하는 비율을 곱하여 환산한 금액을 포함하여야 한다.

③ 제1항 단서에도 불구하고 제3조, 제10조 제1항, 제2항, 제3항 본문, 제10조의2부터 제10조의9까지의 규정, 제11조의2 및 제19조는 제1항 단서에 따른 보증금액을 초과하는 임대차에 대하여도 적용한다.

제3조【대항력 등】① 임대차는 그 등기가 없는 경우에도 임차인이 건물의 인도와 「부가가치세법」 제8조, 「소득세법」 제168조 또는 「법인세법」 제111조에 따른 사업자등록을 신청하면 그 다음 날부터 제3자에 대하여 효력이 생긴다.

② 임차건물의 양수인(그 밖에 임대할 권리를 승계한 자를 포함한다)은 임대인의 지위를 승계한 것으로 본다.

③ 이 법에 따라 임대차의 목적이 된 건물이 매매 또는 경매의 목적물이 된 경우에는 「민법」 제575조 제1항·제3항 및 제578조를 준용한다.

④ 제3항의 경우에는 「민법」 제536조를 준용한다.

제4조【확정일자 부여 및 임대차정보의 제공 등】① 제5조 제2항의 확정일자는 상가건물의 소재지 관할 세무서장이 부여한다.

② 관할 세무서장은 해당 상가건물의 소재지, 확정일자 부여일, 차임 및 보증금 등을 기재한 확정일자부를 작성하여야 한다. 이 경우 전산정보처리조직을 이용할 수 있다.

③ 상가건물의 임대차에 이해관계가 있는 자는 관할 세무서장에게 해당 상가건물의 확정일자 부여일, 차임 및 보증금 등 정보의 제공을 요청할 수 있다. 이 경우 요청을 받은 관할 세무서장은 정당한 사유 없이 이를 거부할 수 없다.

④ 임대차계약을 체결하려는 자는 임대인의 동의를 받아 관할 세무서장에게 제3항에 따른 정보제공을 요청할 수 있다.

⑤ 확정일자부에 기재하여야 할 사항, 상가건물의 임대차에 이해관계가 있는 자의 범위, 관할 세무서장에게 요청할 수 있는 정보의 범위 및 그 밖에 확정일자 부여사무와 정보제공 등에 필요한 사항은 대통령령으로 정한다.

제5조【보증금의 회수】① **임차인이 임차건물에 대하여 보증금반환청구소송의 확정판결, 그 밖에 이에 준하는 집행권원에 의하여 경매를 신청하는 경우에는 「민사집행법」 제41조에도 불구하고 반대의무의 이행이나 이행의 제공을 집행개시의 요건으로 하지 아니한다.**

② 제3조 제1항의 **대항요건을 갖추고 관할 세무서장으로부터 임대차계약서상의 확정일자를 받은 임차인은** 「민사집행법」에 따른 경매 또는 「국세징수법」에 따른 공매 시 임차건물(임대인 소유의 대지를 포함한다)의 환가대금에서 **후순위권리자나 그 밖의 채권자보다 우선하여 보증금을 변제받을 권리가 있다.**

③ 임차인은 **임차건물을 양수인에게 인도하지 아니하면 제2항에 따른 보증금을 받을 수 없다.**

④ 제2항 또는 제7항에 따른 우선변제의 순위와 보증금에 대하여 이의가 있는 이해관계인은 경매법원 또는 체납처분청에 이의를 신청할 수 있다.

⑤ 제4항에 따라 경매법원에 이의를 신청하는 경우에는 「민사집행법」 제152조부터 제161조까지의 규정을 준용한다.

⑥ 제4항에 따라 이의신청을 받은 체납처분청은 이해관계인이 이의신청일부터 7일 이내에 임차인 또는 제7항에 따라 우선변제권을 승계한 금융기관 등을 상대로 소(訴)를 제기한 것을 증명한 때에는 그 소송이 종결될 때까지 이의가 신청된 범위에서 임차인 또는 제7항에 따라 우선

변제권을 승계한 금융기관 등에 대한 보증금의 변제를 유보(留保)하고 남은 금액을 배분하여야 한다. 이 경우 유보된 보증금은 소송 결과에 따라 배분한다.

⑦ 다음 각 호의 금융기관 등이 제2항, 제6조 제5항 또는 제7조 제1항에 따른 우선변제권을 취득한 임차인의 보증금반환채권을 계약으로 양수한 경우에는 양수한 금액의 범위에서 우선변제권을 승계한다.

1. 「은행법」에 따른 은행
2. 「중소기업은행법」에 따른 중소기업은행
3. 「한국산업은행법」에 따른 한국산업은행
4. 「농업협동조합법」에 따른 농협은행
5. 「수산업협동조합법」에 따른 수협은행
6. 「우체국예금·보험에 관한 법률」에 따른 체신관서
7. 「보험업법」 제4조 제1항 제2호 라목의 보증보험을 보험종목으로 허가받은 보험회사
8. 그 밖에 제1호부터 제7호까지에 준하는 것으로서 대통령령으로 정하는 기관

⑧ 제7항에 따라 우선변제권을 승계한 금융기관 등(이하 '금융기관등'이라 한다)은 다음 각 호의 어느 하나에 해당하는 경우에는 우선변제권을 행사할 수 없다.

1. 임차인이 제3조 제1항의 대항요건을 상실한 경우
2. 제6조 제5항에 따른 임차권등기가 말소된 경우
3. 「민법」 제621조에 따른 임대차등기가 말소된 경우

⑨ 금융기관등은 우선변제권을 행사하기 위하여 임차인을 대리하거나 대위하여 임대차를 해지할 수 없다.

제6조【임차권등기명령】 ① 임대차가 종료된 후 보증금이 반환되지 아니한 경우 임차인은 임차건물의 소재지를 관할하는 지방법원, 지방법원지원 또는 시·군법원에 임차권등기명령을 신청할 수 있다.

② 임차권등기명령을 신청할 때에는 다음 각 호의 사항을 기재하여야 하며, 신청 이유 및 임차권등기의 원인이 된 사실을 소명하여야 한다.

1. 신청 취지 및 이유
2. 임대차의 목적인 건물(임대차의 목적이 건물의 일부분인 경우에는 그 부분의 도면을 첨부한다)
3. 임차권등기의 원인이 된 사실(임차인이 제3조 제1항에 따른 대항력을 취득하였거나 제5조 제2항에 따른 우선변제권을 취득한 경우에는 그 사실)
4. 그 밖에 대법원규칙으로 정하는 사항

③ 임차권등기명령의 신청에 대한 재판, 임차권등기명령의 결정에 대한 임대인의 이의신청 및 그에 대한 재판, 임차권등기명령의 취소신청 및 그에 대한 재판 또는 임차권등기명령의 집행 등에 관하여는 「민사집행법」 제280조 제1항, 제281조, 제283조, 제285조, 제286조, 제288조 제1항·제2항 본문, 제289조, 제290조 제2항 중 제288조 제1항에 대한 부분, 제291조, 제293조를 준용한다. 이 경우 '가압류'는 '임차권등기'로, '채권자'는 '임차인'으로, '채무자'는 '임대인'으로 본다.

④ 임차권등기명령신청을 기각하는 결정에 대하여 임차인은 항고할 수 있다.

⑤ 임차권등기명령의 집행에 따른 임차권등기를 마치면 임차인은 제3조 제1항에 따른 대항력과 제5조 제2항에 따른 우선변제권을 취득한다. 다만, 임차인이 임차권등기 이전에 이미 대항력 또는 우선변제권을 취득한 경우에는 그 대항력 또는 우선변제권이 그대로 유지되며, 임차권등기 이후에는 제3조 제1항의 대항요건을 상실하더라도 이미 취득한 대항력 또는 우선변제권을 상실하지 아니한다.

⑥ 임차권등기명령의 집행에 따른 임차권등기를 마친 건물(임대차의 목적이 건물의 일부분인 경우에는 그 부분으로 한정한다)을 그 이후에 임차한 임차인은 제14조에 따른 우선변제를 받을 권리가 없다.

⑦ 임차권등기의 촉탁, 등기관의 임차권등기 기입 등 임차권등기명령의 시행에 관하여 필요한 사항은 대법원규칙으로 정한다.

⑧ 임차인은 제1항에 따른 임차권등기명령의 신청 및 그에 따른 임차권등기와 관련하여 든 비용을 임대인에게 청구할 수 있다.

⑨ 금융기관등은 임차인을 대위하여 제1항의 임차권등기명령을 신청할 수 있다. 이 경우 제3항·제4항 및 제8항의 '임차인'은 '금융기관등'으로 본다.

제7조【「민법」에 따른 임대차등기의 효력 등】 ① 「민법」 제621조에 따른 건물임대차등기의 효력에 관하여는 제6조 제5항 및 제6항을 준용한다.

② 임차인이 대항력 또는 우선변제권을 갖추고 「민법」 제621조 제1항에 따라 임대인의 협력을 얻어 임대차등기를 신청하는 경우에는 신청서에 「부동산등기법」 제74조 제1호부터 제6호까지의 사항 외에 다음 각 호의 사항을 기

재하여야 하며, 이를 증명할 수 있는 서면(임대차의 목적이 건물의 일부분인 경우에는 그 부분의 도면을 포함한다)을 첨부하여야 한다.
1. 사업자등록을 신청한 날
2. 임차건물을 점유한 날
3. 임대차계약서상의 확정일자를 받은 날

제8조【경매에 의한 임차권의 소멸】 임차권은 임차건물에 대하여 「민사집행법」에 따른 경매가 실시된 경우에는 그 임차건물이 매각되면 소멸한다. 다만, 보증금이 전액 변제되지 아니한 대항력이 있는 임차권은 그러하지 아니하다.

제9조【임대차기간 등】 ① 기간을 정하지 아니하거나 기간을 1년 미만으로 정한 임대차는 그 기간을 1년으로 본다. 다만, 임차인은 1년 미만으로 정한 기간이 유효함을 주장할 수 있다.
② 임대차가 종료한 경우에도 임차인이 보증금을 돌려받을 때까지는 임대차 관계는 존속하는 것으로 본다.

제10조【계약갱신 요구 등】 ① 임대인은 임차인이 임대차기간이 만료되기 6개월 전부터 1개월 전까지 사이에 계약갱신을 요구할 경우 정당한 사유 없이 거절하지 못한다. 다만, 다음 각 호의 어느 하나의 경우에는 그러하지 아니하다.
1. 임차인이 3기의 차임액에 해당하는 금액에 이르도록 차임을 연체한 사실이 있는 경우
2. 임차인이 거짓이나 그 밖의 부정한 방법으로 임차한 경우
3. 서로 합의하여 임대인이 임차인에게 상당한 보상을 제공한 경우
4. 임차인이 임대인의 동의 없이 목적 건물의 전부 또는 일부를 전대(轉貸)한 경우
5. 임차인이 임차한 건물의 전부 또는 일부를 고의나 중대한 과실로 파손한 경우
6. 임차한 건물의 전부 또는 일부가 멸실되어 임대차의 목적을 달성하지 못할 경우
7. 임대인이 다음 각 목의 어느 하나에 해당하는 사유로 목적 건물의 전부 또는 대부분을 철거하거나 재건축하기 위하여 목적 건물의 점유를 회복할 필요가 있는 경우
   가. 임대차계약 체결 당시 공사시기 및 소요기간 등을 포함한 철거 또는 재건축 계획을 임차인에게 구체적으로 고지하고 그 계획에 따르는 경우
   나. 건물이 노후·훼손 또는 일부 멸실되는 등 안전사고의 우려가 있는 경우
   다. 다른 법령에 따라 철거 또는 재건축이 이루어지는 경우
8. 그 밖에 임차인이 임차인으로서의 의무를 현저히 위반하거나 임대차를 계속하기 어려운 중대한 사유가 있는 경우

② 임차인의 계약갱신요구권은 최초의 임대차기간을 포함한 전체 임대차기간이 10년을 초과하지 아니하는 범위에서만 행사할 수 있다.
③ 갱신되는 임대차는 전 임대차와 동일한 조건으로 다시 계약된 것으로 본다. 다만, 차임과 보증금은 제11조에 따른 범위에서 증감할 수 있다.
④ 임대인이 제1항의 기간 이내에 임차인에게 갱신 거절의 통지 또는 조건 변경의 통지를 하지 아니한 경우에는 그 기간이 만료된 때에 전 임대차와 동일한 조건으로 다시 임대차한 것으로 본다. 이 경우에 임대차의 존속기간은 1년으로 본다.
⑤ 제4항의 경우 임차인은 언제든지 임대인에게 계약해지의 통고를 할 수 있고, 임대인이 통고를 받은 날부터 3개월이 지나면 효력이 발생한다.

제10조의2【계약갱신의 특례】 제2조 제1항 단서에 따른 보증금액을 초과하는 임대차의 계약갱신의 경우에는 당사자는 상가건물에 관한 조세, 공과금, 주변 상가건물의 차임 및 보증금, 그 밖의 부담이나 경제사정의 변동 등을 고려하여 차임과 보증금의 증감을 청구할 수 있다.

제10조의3【권리금의 정의 등】 ① 권리금이란 임대차 목적물인 상가건물에서 영업을 하는 자 또는 영업을 하려는 자가 영업시설·비품, 거래처, 신용, 영업상의 노하우, 상가건물의 위치에 따른 영업상의 이점 등 유형·무형의 재산적 가치의 양도 또는 이용대가로서 임대인, 임차인에게 보증금과 차임 이외에 지급하는 금전 등의 대가를 말한다.
② 권리금 계약이란 신규임차인이 되려는 자가 임차인에게 권리금을 지급하기로 하는 계약을 말한다.

제10조의4【권리금 회수기회 보호 등】 ① 임대인은 임대차기간이 끝나기 6개월 전부터 임대차 종료 시까지 다음 각 호의 어느 하나에 해당하는 행위를 함으로써 권리금 계약에 따라 임차인이 주선한 신규임차인이 되려는 자로부터 권리금을 지급받는 것을 방해하여서는 아니 된다. 다만, 제10조 제1항 각 호의 어느 하나에 해당하는 사유가 있는 경우에는 그러하지 아니하다.

1. 임차인이 주선한 신규임차인이 되려는 자에게 권리금을 요구하거나 임차인이 주선한 신규임차인이 되려는 자로부터 권리금을 수수하는 행위
2. 임차인이 주선한 신규임차인이 되려는 자로 하여금 임차인에게 권리금을 지급하지 못하게 하는 행위
3. 임차인이 주선한 신규임차인이 되려는 자에게 상가건물에 관한 조세, 공과금, 주변 상가건물의 차임 및 보증금, 그 밖의 부담에 따른 금액에 비추어 현저히 고액의 차임과 보증금을 요구하는 행위
4. 그 밖에 정당한 사유 없이 임대인이 임차인이 주선한 신규임차인이 되려는 자와 임대차계약의 체결을 거절하는 행위

② 다음 각 호의 어느 하나에 해당하는 경우에는 제1항 제4호의 정당한 사유가 있는 것으로 본다.

1. 임차인이 주선한 신규임차인이 되려는 자가 보증금 또는 차임을 지급할 자력이 없는 경우
2. 임차인이 주선한 신규임차인이 되려는 자가 임차인으로서의 의무를 위반할 우려가 있거나 그 밖에 임대차를 유지하기 어려운 상당한 사유가 있는 경우
3. 임대차 목적물인 상가건물을 1년 6개월 이상 영리목적으로 사용하지 아니한 경우
4. 임대인이 선택한 신규임차인이 임차인과 권리금 계약을 체결하고 그 권리금을 지급한 경우

③ 임대인이 제1항을 위반하여 임차인에게 손해를 발생하게 한 때에는 그 손해를 배상할 책임이 있다. 이 경우 그 손해배상액은 신규임차인이 임차인에게 지급하기로 한 권리금과 임대차 종료 당시의 권리금 중 낮은 금액을 넘지 못한다.

④ 제3항에 따라 임대인에게 손해배상을 청구할 권리는 임대차가 종료한 날부터 3년 이내에 행사하지 아니하면 시효의 완성으로 소멸한다.

⑤ 임차인은 임대인에게 임차인이 주선한 신규임차인이 되려는 자의 보증금 및 차임을 지급할 자력 또는 그 밖에 임차인으로서의 의무를 이행할 의사 및 능력에 관하여 자신이 알고 있는 정보를 제공하여야 한다.

제10조의5【권리금 적용 제외】 제10조의4는 다음 각 호의 어느 하나에 해당하는 상가건물 임대차의 경우에는 적용하지 아니한다.

1. 임대차 목적물인 상가건물이 「유통산업발전법」 제2조에 따른 대규모점포 또는 준대규모점포의 일부인 경우(다만, 「전통시장 및 상점가 육성을 위한 특별법」 제2조 제1호에 따른 전통시장은 제외한다)
2. 임대차 목적물인 상가건물이 「국유재산법」에 따른 국유재산 또는 「공유재산 및 물품 관리법」에 따른 공유재산인 경우

제10조의6【표준권리금계약서의 작성 등】 국토교통부장관은 법무부장관과 협의를 거쳐 임차인과 신규임차인이 되려는 자의 권리금 계약 체결을 위한 표준권리금계약서를 정하여 그 사용을 권장할 수 있다.

제10조의7【권리금 평가기준의 고시】 국토교통부장관은 권리금에 대한 감정평가의 절차와 방법 등에 관한 기준을 고시할 수 있다.

제10조의8【차임연체와 해지】 임차인의 차임연체액이 3기의 차임액에 달하는 때에는 임대인은 계약을 해지할 수 있다.

제10조의9【계약 갱신요구 등에 관한 임시 특례】 임차인이 이 법(법률 제17490호 상가건물 임대차보호법 일부개정법률을 말한다) 시행일부터 6개월까지의 기간 동안 연체한 차임액은 제10조 제1항 제1호, 제10조의4 제1항 단서 및 제10조의8의 적용에 있어서는 차임연체액으로 보지 아니한다. 이 경우 연체한 차임액에 대한 임대인의 그 밖의 권리는 영향을 받지 아니한다.

제11조【차임 등의 증감청구권】 ① 차임 또는 보증금이 임차건물에 관한 조세, 공과금, 그 밖의 부담의 증감이나 「감염병의 예방 및 관리에 관한 법률」 제2조 제2호에 따른 제1급감염병 등에 의한 경제사정의 변동으로 인하여 상당하지 아니하게 된 경우에는 당사자는 장래의 차임 또는 보증금에 대하여 증감을 청구할 수 있다. 그러나 증액의 경우에는 대통령령으로 정하는 기준에 따른 비율을 초과하지 못한다.

② 제1항에 따른 증액 청구는 임대차계약 또는 약정한 차임 등의 증액이 있은 후 1년 이내에는 하지 못한다.

③「감염병의 예방 및 관리에 관한 법률」 제2조 제2호에 따른 제1급감염병에 의한 경제사정의 변동으로 차임 등이 감액된 후 임대인이 제1항에 따라 증액을 청구하는 경우에는 증액된 차임 등이 감액 전 차임 등의 금액에 달할 때까지는 같은 항 단서를 적용하지 아니한다.

제11조의2【폐업으로 인한 임차인의 해지권】① 임차인은「감염병의 예방 및 관리에 관한 법률」 제49조 제1항 제2호에 따른 집합 제한 또는 금지 조치(같은 항 제2호의2에 따라 운영시간을 제한한 조치를 포함한다)를 총 3개월 이상 받음으로써 발생한 경제사정으로 중대한 변동으로 폐업한 경우에는 임대차계약을 해지할 수 있다.

② 제1항에 따른 해지는 임대인이 계약해지의 통고를 받은 날부터 3개월이 지나면 효력이 발생한다.

제12조【월 차임 전환 시 산정률의 제한】보증금의 전부 또는 일부를 월 단위의 차임으로 전환하는 경우에는 그 전환되는 금액에 다음 각 호 중 낮은 비율을 곱한 월 차임의 범위를 초과할 수 없다.

1. 「은행법」에 따른 은행의 대출금리 및 해당 지역의 경제 여건 등을 고려하여 대통령령으로 정하는 비율
2. 한국은행에서 공시한 기준금리에 대통령령으로 정하는 배수를 곱한 비율

제13조【전대차관계에 대한 적용 등】① 제10조, 제10조의2, 제10조의8, 제10조의9(제10조 및 제10조의8에 관한 부분으로 한정한다), 제11조 및 제12조는 전대인(轉貸人)과 전차인(轉借人)의 전대차관계에 적용한다.

② 임대인의 동의를 받고 전대차계약을 체결한 전차인은 임차인의 계약갱신요구권 행사기간 이내에 임차인을 대위(代位)하여 임대인에게 계약갱신요구권을 행사할 수 있다.

제14조【보증금 중 일정액의 보호】① 임차인은 보증금 중 일정액을 다른 담보물권자보다 우선하여 변제받을 권리가 있다. 이 경우 임차인은 건물에 대한 경매신청의 등기 전에 제3조 제1항의 요건을 갖추어야 한다.

② 제1항의 경우에 제5조 제4항부터 제6항까지의 규정을 준용한다.

③ 제1항에 따라 우선변제를 받을 임차인 및 보증금 중 일정액의 범위와 기준은 임대건물가액(임대인 소유의 대지가액을 포함한다)의 2분의 1 범위에서 해당 지역의 경제 여건, 보증금 및 차임 등을 고려하여 제14조의2에 따른 상가건물임대차위원회의 심의를 거쳐 대통령령으로 정한다.

제14조의2【상가건물임대차위원회】① 상가건물 임대차에 관한 다음 각 호의 사항을 심의하기 위하여 법무부에 상가건물임대차위원회(이하 '위원회'라 한다)를 둔다.

1. 제2조 제1항 단서에 따른 보증금액
2. 제14조에 따라 우선변제를 받을 임차인 및 보증금 중 일정액의 범위와 기준

② 위원회는 위원장 1명을 포함한 10명 이상 15명 이하의 위원으로 성별을 고려하여 구성한다.

③ 위원회의 위원장은 법무부차관이 된다.

④ 위원회의 위원은 다음 각 호의 어느 하나에 해당하는 사람 중에서 위원장이 임명하거나 위촉하되, 제1호부터 제6호까지에 해당하는 위원을 각각 1명 이상 임명하거나 위촉하여야 하고, 위원 중 2분의 1 이상은 제1호·제2호 또는 제7호에 해당하는 사람을 위촉하여야 한다.

1. 법학·경제학 또는 부동산학 등을 전공하고 상가건물 임대차 관련 전문지식을 갖춘 사람으로서 공인된 연구기관에서 조교수 이상 또는 이에 상당하는 직에 5년 이상 재직한 사람
2. 변호사·감정평가사·공인회계사·세무사 또는 공인중개사로서 5년 이상 해당 분야에서 종사하고 상가건물 임대차 관련 업무경험이 풍부한 사람
3. 기획재정부에서 물가 관련 업무를 담당하는 고위공무원단에 속하는 공무원
4. 법무부에서 상가건물 임대차 관련 업무를 담당하는 고위공무원단에 속하는 공무원(이에 상당하는 특정직공무원을 포함한다)
5. 국토교통부에서 상가건물 임대차 관련 업무를 담당하는 고위공무원단에 속하는 공무원
6. 중소벤처기업부에서 소상공인 관련 업무를 담당하는 고위공무원단에 속하는 공무원
7. 그 밖에 상가건물 임대차 관련 학식과 경험이 풍부한 사람으로서 대통령령으로 정하는 사람

⑤ 그 밖에 위원회의 구성 및 운영 등에 필요한 사항은 대통령령으로 정한다.

제15조【강행규정】이 법의 규정에 위반된 약정으로서 임차인에게 불리한 것은 효력이 없다.

제16조【일시사용을 위한 임대차】 이 법은 일시사용을 위한 임대차임이 명백한 경우에는 적용하지 아니한다.

제17조【미등기전세에의 준용】 목적건물을 등기하지 아니한 전세계약에 관하여 이 법을 준용한다. 이 경우 '전세금'은 '임대차의 보증금'으로 본다.

제18조【「소액사건심판법」의 준용】 임차인이 임대인에게 제기하는 보증금반환청구소송에 관하여는 「소액사건심판법」 제6조·제7조·제10조 및 제11조의2를 준용한다.

제19조【표준계약서의 작성 등】 법무부장관은 국토교통부장관과 협의를 거쳐 보증금, 차임액, 임대차기간, 수선비 분담 등의 내용이 기재된 상가건물임대차표준계약서를 정하여 그 사용을 권장할 수 있다.

제20조【상가건물임대차분쟁조정위원회】 ① 이 법의 적용을 받는 상가건물 임대차와 관련된 분쟁을 심의·조정하기 위하여 대통령령으로 정하는 바에 따라 「법률구조법」 제8조에 따른 대한법률구조공단의 지부, 「한국토지주택공사법」에 따른 한국토지주택공사의 지사 또는 사무소 및 「한국감정원법」에 따른 한국감정원의 지사 또는 사무소에 상가건물임대차분쟁조정위원회(이하 '조정위원회'라 한다)를 둔다. 특별시·광역시·특별자치시·도 및 특별자치도는 그 지방자치단체의 실정을 고려하여 조정위원회를 둘 수 있다.

② 조정위원회는 다음 각 호의 사항을 심의·조정한다.

1. 차임 또는 보증금의 증감에 관한 분쟁
2. 임대차 기간에 관한 분쟁
3. 보증금 또는 임차상가건물의 반환에 관한 분쟁
4. 임차상가건물의 유지·수선 의무에 관한 분쟁
5. 권리금에 관한 분쟁
6. 그 밖에 대통령령으로 정하는 상가건물 임대차에 관한 분쟁

③ 조정위원회의 사무를 처리하기 위하여 조정위원회에 사무국을 두고, 사무국의 조직 및 인력 등에 필요한 사항은 대통령령으로 정한다.

④ 사무국의 조정위원회 업무담당자는 「주택임대차보호법」 제14조에 따른 주택임대차분쟁조정위원회 사무국의 업무를 제외하고 다른 직위의 업무를 겸직하여서는 아니 된다.

제21조【주택임대차분쟁조정위원회 준용】 조정위원회에 대하여는 이 법에 규정한 사항 외에는 주택임대차분쟁조정위원회에 관한 「주택임대차보호법」 제14조부터 제29조까지의 규정을 준용한다. 이 경우 '주택임대차분쟁조정위원회'는 '상가건물임대차분쟁조정위원회'로 본다.

제22조【벌칙 적용에서 공무원 의제】 공무원이 아닌 상가건물임대차위원회의 위원 및 상가건물임대차분쟁조정위원회의 위원은 「형법」 제127조, 제129조부터 제132조까지의 규정을 적용할 때에는 공무원으로 본다.

부 칙

〈제18675호, 2022.1.4.〉

제1조【시행일】 이 법은 공포한 날부터 시행한다.

제2조【임차인의 해지권에 관한 적용례】 제11조의2의 개정규정은 이 법 시행 당시 존속 중인 임대차에 대해서도 적용된다.

상가건물 임대차보호법 시행령

[시행 2020.12.10.]

[대통령령 제31243호, 2020.12.8, 타법개정]

제1조 【목적】 이 영은 「상가건물 임대차보호법」에서 위임된 사항과 그 시행에 관하여 필요한 사항을 정하는 것을 목적으로 한다.

제2조 【적용범위】 ① 「상가건물 임대차보호법」(이하 '법'이라 한다) 제2조 제1항 단서에서 '대통령령으로 정하는 보증금액'이란 다음 각 호의 구분에 의한 금액을 말한다.

1. 서울특별시 : 9억원
2. 「수도권정비계획법」에 따른 과밀억제권역(서울특별시는 제외한다) 및 부산광역시 : 6억9천만원
3. 광역시(「수도권정비계획법」에 따른 과밀억제권역에 포함된 지역과 군지역, 부산광역시는 제외한다), 세종특별자치시, 파주시, 화성시, 안산시, 용인시, 김포시 및 광주시 : 5억4천만원
4. 그 밖의 지역 : 3억7천만원

② 법 제2조 제2항의 규정에 의하여 보증금외에 차임이 있는 경우의 차임액은 월 단위의 차임액으로 한다.

③ 법 제2조 제2항에서 '대통령령으로 정하는 비율'이라 함은 1분의 100을 말한다.

제3조 【확정일자부 기재사항 등】 ① 상가건물 임대차 계약증서 원본을 소지한 임차인은 법 제4조 제1항에 따라 상가건물의 소재지 관할 세무서장에게 확정일자 부여를 신청할 수 있다. 다만, 「부가가치세법」 제8조 제3항에 따라 사업자 단위 과세가 적용되는 사업자의 경우 해당 사업자의 본점 또는 주사무소 관할 세무서장에게 확정일자 부여를 신청할 수 있다.

② 확정일자는 제1항에 따라 확정일자 부여의 신청을 받은 세무서장(이하 '관할 세무서장'이라 한다)이 확정일자 번호, 확정일자 부여일 및 관할 세무서장을 상가건물 임대차 계약증서 원본에 표시하고 관인을 찍는 방법으로 부여한다.

③ 관할 세무서장은 임대차계약이 변경되거나 갱신된 경우 임차인의 신청에 따라 새로운 확정일자를 부여한다.

④ 관할 세무서장이 법 제4조 제2항에 따라 작성하는 확정일자부에 기재하여야 할 사항은 다음 각 호와 같다.

1. 확정일자 번호
2. 확정일자 부여일
3. 임대인·임차인의 인적사항
   가. 자연인인 경우 : 성명, 주민등록번호(외국인은 외국인등록번호)
   나. 법인인 경우 : 법인명, 대표자 성명, 법인등록번호
   다. 법인 아닌 단체인 경우 : 단체명, 대표자 성명, 사업자등록번호·고유번호
4. 임차인의 상호 및 법 제3조 제1항에 따른 사업자등록번호
5. 상가건물의 소재지, 임대차 목적물 및 면적
6. 임대차기간
7. 보증금·차임

⑤ 제1항부터 제4항까지에서 규정한 사항 외에 확정일자 부여 사무에 관하여 필요한 사항은 법무부령으로 정한다.

제3조의2 【이해관계인의 범위】 법 제4조 제3항에 따라 정보의 제공을 요청할 수 있는 상가건물의 임대차에 이해관계가 있는 자(이하 '이해관계인'이라 한다)는 다음 각 호의 어느 하나에 해당하는 자로 한다.

1. 해당 상가건물 임대차계약의 임대인·임차인
2. 해당 상가건물의 소유자
3. 해당 상가건물 또는 그 대지의 등기부에 기록된 권리자 중 법무부령으로 정하는 자
4. 법 제5조 제7항에 따라 우선변제권을 승계한 금융기관 등
5. 제1호부터 제4호까지에서 규정한 자에 준하는 지위 또는 권리를 가지는 자로서 임대차 정보의 제공에 관하여 법원의 판결을 받은 자

제3조의3 【이해관계인 등이 요청할 수 있는 정보의 범위】 ① 제3조의2 제1호에 따른 임대차계약의 당사자는 관할 세무서장에게 다음 각 호의 사항이 기재된 서면의 열람 또는 교부를 요청할 수 있다.

1. 임대인·임차인의 인적사항(제3조 제4항 제3호에 따른 정보를 말한다. 다만, 주민등록번호 및 외국인등록번호의 경우에는 앞 6자리에 한정한다)
2. 상가건물의 소재지, 임대차 목적물 및 면적
3. 사업자등록 신청일

4. 보증금·차임 및 임대차기간
5. 확정일자 부여일
6. 임대차계약이 변경되거나 갱신된 경우에는 변경·갱신된 날짜, 새로운 확정일자 부여일, 변경된 보증금·차임 및 임대차기간
7. 그 밖에 법무부령으로 정하는 사항

② 임대차계약의 당사자가 아닌 이해관계인 또는 임대차계약을 체결하려는 자는 관할 세무서장에게 다음 각 호의 사항이 기재된 서면의 열람 또는 교부를 요청할 수 있다.

1. 상가건물의 소재지, 임대차 목적물 및 면적
2. 사업자등록 신청일
3. 보증금 및 차임, 임대차기간
4. 확정일자 부여일
5. 임대차계약이 변경되거나 갱신된 경우에는 변경·갱신된 날짜, 새로운 확정일자 부여일, 변경된 보증금·차임 및 임대차기간
6. 그 밖에 법무부령으로 정하는 사항

③ 제1항 및 제2항에서 규정한 사항 외에 임대차 정보의 제공 등에 필요한 사항은 법무부령으로 정한다.

제4조 【차임 등 증액청구의 기준】 법 제11조 제1항의 규정에 의한 차임 또는 보증금의 증액청구는 청구당시의 차임 또는 보증금의 100분의 5의 금액을 초과하지 못한다.

제5조 【월차임 전환 시 산정률】 ① 법 제12조 제1호에서 '대통령령으로 정하는 비율'이란 연 1할2푼을 말한다.

② 법 제12조 제2호에서 '대통령령으로 정하는 배수'란 4.5배를 말한다.

제6조 【우선변제를 받을 임차인의 범위】 법 제14조의 규정에 의하여 우선변제를 받을 임차인은 보증금과 차임이 있는 경우 법 제2조 제2항의 규정에 의하여 환산한 금액의 합계가 다음 각 호의 구분에 의한 금액 이하인 임차인으로 한다.

1. 서울특별시 : 6천500만원
2. 「수도권정비계획법」에 따른 과밀억제권역(서울특별시는 제외한다) : 5천500만원
3. 광역시(「수도권정비계획법」에 따른 과밀억제권역에 포함된 지역과 군지역은 제외한다), 안산시, 용인시, 김포시 및 광주시 : 3천8백만원
4. 그 밖의 지역 : 3천만원

제7조 【우선변제를 받을 보증금의 범위 등】 ① 법 제14조의 규정에 의하여 우선변제를 받을 보증금 중 일정액의 범위는 다음 각 호의 구분에 의한 금액 이하로 한다.

1. 서울특별시 : 2천200만원
2. 「수도권정비계획법」에 따른 과밀억제권역(서울특별시는 제외한다) : 1천900만원
3. 광역시(「수도권정비계획법」에 따른 과밀억제권역에 포함된 지역과 군지역은 제외한다), 안산시, 용인시, 김포시 및 광주시 : 1천300만원
4. 그 밖의 지역 : 1천만원

② 임차인의 보증금 중 일정액이 상가건물의 가액의 2분의 1을 초과하는 경우에는 상가건물의 가액의 2분의 1에 해당하는 금액에 한하여 우선변제권이 있다.

③ 하나의 상가건물에 임차인이 2인 이상이고, 그 각 보증금 중 일정액의 합산액이 상가건물의 가액의 2분의 1을 초과하는 경우에는 그 각 보증금 중 일정액의 합산액에 대한 각 임차인의 보증금 중 일정액의 비율로 그 상가건물의 가액의 2분의 1에 해당하는 금액을 분할한 금액을 각 임차인의 보증금 중 일정액으로 본다.

제7조의2 【상가건물임대차위원회의 구성】 법 제14조의2 제4항 제7호에서 '대통령령으로 정하는 사람'이란 다음 각 호의 어느 하나에 해당하는 사람을 말한다.

1. 특별시·광역시·특별자치시·도 및 특별자치도(이하 '시·도'라 한다)에서 상가건물 정책 또는 부동산 관련 업무를 담당하는 주무부서의 실·국장
2. 법무사로서 5년 이상 해당 분야에서 종사하고 상가건물 임대차 관련 업무 경험이 풍부한 사람

제7조의3 【위원의 임기 등】 ① 법 제14조의2에 따른 상가건물임대차위원회(이하 '위원회'라 한다)의 위원의 임기는 2년으로 하되, 한 차례만 연임할 수 있다. 다만, 공무원인 위원의 임기는 그 직위에 재직하는 기간으로 한다.

② 위원회의 위원장(이하 '위원장'이라 한다)은 위촉된 위원이 다음 각 호의 어느 하나에 해당하는 경우에는 해당 위원을 해촉할 수 있다.

1. 심신장애로 직무를 수행할 수 없게 된 경우
2. 직무와 관련한 형사사건으로 기소된 경우
3. 직무태만, 품위손상, 그 밖의 사유로 위원으로 적합하지 않다고 인정되는 경우
4. 위원 스스로 직무를 수행하는 것이 곤란하다고 의사를 밝히는 경우

제7조의4【위원장의 직무】① 위원장은 위원회를 대표하고, 위원회의 업무를 총괄한다.
② 위원장이 부득이한 사유로 직무를 수행할 수 없을 때에는 위원장이 미리 지명한 위원이 그 직무를 대행한다.

제7조의5【간사】① 위원회에 간사 1명을 두되, 간사는 상가건물 임대차 관련 업무에 종사하는 법무부 소속의 고위공무원단에 속하는 일반직 공무원(이에 상당하는 특정직·별정직 공무원을 포함한다) 중에서 위원장이 지명한다.
② 간사는 위원회의 운영을 지원하고, 위원회의 회의에 관한 기록과 그 밖에 서류의 작성·보관에 관한 사무를 처리한다.
③ 간사는 위원회에 참석하여 심의사항을 설명하거나 그 밖에 필요한 발언을 할 수 있다.

제7조의6【위원회의 회의】① 위원회의 회의는 매년 1회 개최되는 정기회의와 위원장이 필요하다고 인정하거나 위원 3분의 1 이상이 요구하는 경우에 개최되는 임시회의로 구분하여 운영한다.
② 위원장은 위원회의 회의를 소집하고, 그 의장이 된다.
③ 위원회의 회의는 재적위원 과반수의 출석으로 개의하고, 출석위원 과반수의 찬성으로 의결한다.
④ 위원회의 회의는 비공개로 한다.
⑤ 위원장은 위원이 아닌 사람을 회의에 참석하게 하여 의견을 듣거나 관계 기관·단체 등에 필요한 자료, 의견 제출 등 협조를 요청할 수 있다.

제7조의7【실무위원회】① 위원회에서 심의할 안건의 협의를 효율적으로 지원하기 위하여 위원회에 실무위원회를 둔다.
② 실무위원회는 다음 각 호의 사항을 협의·조정한다.
1. 심의안건 및 이와 관련하여 위원회가 위임한 사항
2. 그 밖에 위원장 및 위원이 실무협의를 요구하는 사항

③ 실무위원회의 위원장은 위원회의 간사가 되고, 실무위원회의 위원은 다음 각 호의 사람 중에서 그 소속기관의 장이 지명하는 사람으로 한다.
1. 기획재정부에서 물가 관련 업무를 담당하는 5급 이상의 국가공무원
2. 법무부에서 상가건물 임대차 관련 업무를 담당하는 5급 이상의 국가공무원
3. 국토교통부에서 상가건물 임대차 관련 업무를 담당하는 5급 이상의 국가공무원
4. 중소벤처기업부에서 소상공인 관련 업무를 담당하는 5급 이상의 국가공무원
5. 시·도에서 소상공인 또는 민생경제 관련 업무를 담당하는 5급 이상의 지방공무원

제7조의8【전문위원】① 위원회의 심의사항에 관한 전문적인 조사·연구업무를 수행하기 위하여 5명 이내의 전문위원을 둘 수 있다.
② 전문위원은 법학, 경제학 또는 부동산학 등에 학식과 경험을 갖춘 사람 중에서 법무부장관이 위촉하고, 임기는 2년으로 한다.

제7조의9【수당】위원회 또는 실무위원회 위원에게는 예산의 범위에서 수당을 지급할 수 있다. 다만, 공무원인 위원이 그 소관 업무와 직접적으로 관련되어 위원회에 출석하는 경우는 제외한다.

제7조의10【운영세칙】이 영에서 규정한 사항 외에 위원회의 운영에 필요한 사항은 법무부장관이 정한다.

제8조【상가건물임대차분쟁조정위원회의 설치】법 제20조 제1항에 따른 상가건물임대차분쟁조정위원회(이하 '조정위원회'라 한다)를 두는 「법률구조법」 제8조에 따른 대한법률구조공단(이하 '공단'이라 한다), 「한국토지주택공사법」에 따른 한국토지주택공사(이하 '공사'라 한다) 및 「한국부동산원법」에 따른 한국부동산원(이하 '부동산원'이라 한다)의 지부, 지사 또는 사무소와 그 관할구역은 별표와 같다.

제9조【조정위원회의 심의·조정 사항】법 제20조 제2항 제6호에서 '대통령령으로 정하는 상가건물 임대차에 관한 분쟁'이란 다음 각 호의 분쟁을 말한다.
1. 임대차계약의 이행 및 임대차계약 내용의 해석에 관한 분쟁
2. 임대차계약 갱신 및 종료에 관한 분쟁
3. 임대차계약의 불이행 등에 따른 손해배상청구에 관한 분쟁
4. 공인중개사 보수 등 비용부담에 관한 분쟁
5. 법 제19조에 따른 상가건물임대차표준계약서의 사용에 관한 분쟁
6. 그 밖에 제1호부터 제5호까지의 규정에 준하는 분쟁으로서 조정위원회의 위원장이 조정이 필요하다고 인정하는 분쟁

제10조【공단의 지부 등에 두는 조정위원회의 사무국】 ① 법 제20조 제3항에 따라 공단, 공사 또는 부동산원의 지부, 지사 또는 사무소에 두는 조정위원회의 사무국(이하 '사무국'이라 한다)에는 사무국장 1명을 각각 두며, 사무국장 밑에 심사관 및 조사관을 각각 둔다.

② 사무국장은 공단 이사장, 공사 사장 및 부동산원 원장이 각각 임명하며, 조정위원회의 위원을 겸직할 수 있다.

③ 심사관 및 조사관은 공단 이사장, 공사 사장 및 부동산원 원장이 각각 임명한다.

④ 사무국장은 사무국의 업무를 총괄하고, 소속 직원을 지휘·감독한다.

⑤ 심사관은 다음 각 호의 업무를 담당한다.

1. 분쟁조정 신청 사건에 대한 쟁점정리 및 법률적 검토
2. 조사관이 담당하는 업무에 대한 지휘·감독
3. 그 밖에 조정위원회의 위원장이 조정위원회의 사무처리를 위하여 필요하다고 인정하는 업무

⑥ 조사관은 다음 각 호의 업무를 담당한다.

1. 분쟁조정 신청의 접수
2. 분쟁조정 신청에 관한 민원의 안내
3. 조정당사자에 대한 송달 및 통지
4. 분쟁의 조정에 필요한 사실조사
5. 그 밖에 조정위원회의 위원장이 조정위원회의 사무처리를 위하여 필요하다고 인정하는 업무

⑦ 사무국장 및 심사관은 변호사의 자격이 있는 사람으로 한다.

제11조【시·도의 조정위원회 사무국】 시·도가 법 제20조 제1항 후단에 따라 조정위원회를 두는 경우 사무국의 조직 및 운영 등에 관한 사항은 그 지방자치단체의 실정을 고려하여 해당 지방자치단체의 조례로 정한다.

제12조【고유식별정보의 처리】 관할 세무서장은 법 제4조에 따른 확정일자 부여에 관한 사무를 수행하기 위하여 불가피한 경우 「개인정보 보호법 시행령」 제19조 제1호 및 제4호에 따른 주민등록번호 및 외국인등록번호가 포함된 자료를 처리할 수 있다.

부 칙

〈제31243호, 2020.12.8.〉
(한국부동산원법 시행령)

제1조【시행일】 이 영은 2020년 12월 10일부터 시행한다.

제2조【다른 법령의 개정】 ①부터 ⑲까지 생략

⑳ 상가건물 임대차보호법 시행령 일부를 다음과 같이 개정한다.

제8조 중 '「한국감정원법」에 따른 한국감정원(이하 '감정원'이라 한다)'을 '「한국부동산원법」에 따른 한국부동산원(이하 '부동산원'이라 한다)'으로 한다.

제10조 제1항부터 제3항까지 중 '감정원'을 각각 '부동산원'으로 한다.

별표의 기관란 중 '감정원'을 '부동산원'으로 한다.

㉑부터 ㉝까지 생략

부동산 실권리자명의 등기에 관한 법률

[시행 2020.3.24.]
[법률 제17091호, 2020.3.24, 타법개정]

제1조【목적】 이 법은 부동산에 관한 소유권과 그 밖의 물권을 실체적 권리관계와 일치하도록 실권리자 명의(名義)로 등기하게 함으로써 부동산등기제도를 악용한 투기·탈세·탈법행위 등 반사회적 행위를 방지하고 부동산 거래의 정상화와 부동산 가격의 안정을 도모하여 국민경제의 건전한 발전에 이바지함을 목적으로 한다.

제2조【정의】 이 법에서 사용하는 용어의 뜻은 다음과 같다.

1. '명의신탁약정'(名義信託約定)이란 부동산에 관한 소유권이나 그 밖의 물권(이하 '부동산에 관한 물권'이라 한다)을 보유한 자 또는 사실상 취득하거나 취득하려고 하는 자[이하 '실권리자'(實權利者)라 한다]가 타인과의 사이에서 대내적으로는 실권리자가 부동산에 관한 물권을 보유하거나 보유하기로 하고 그에 관한 등기(가등기를 포함한다. 이하 같다)는 그 타인의 명의로 하기로 하는 약정[위임·위탁매매의 형식에 의하거나 추인(追認)에 의한 경우를 포함한다]을 말한다. 다만, 다음 각 목의 경우는 제외한다.
   가. 채무의 변제를 담보하기 위하여 채권자가 부동산에 관한 물권을 이전(移轉)받거나 가등기하는 경우
   나. 부동산의 위치와 면적을 특정하여 2인 이상이 구분소유하기로 하는 약정을 하고 그 구분소유자의 공유로 등기하는 경우
   다. 「신탁법」 또는 「자본시장과 금융투자업에 관한 법률」에 따른 신탁재산인 사실을 등기한 경우
2. '명의신탁자'(名義信託者)란 명의신탁약정에 따라 자신의 부동산에 관한 물권을 타인의 명의로 등기하게 하는 실권리자를 말한다.
3. '명의수탁자'(名義受託者)란 명의신탁약정에 따라 실권리자의 부동산에 관한 물권을 자신의 명의로 등기하는 자를 말한다.
4. '실명등기'(實名登記)란 법률 제4944호 부동산 실권리자명의 등기에 관한 법률 시행 전에 명의신탁약정에 따라 명의수탁자의 명의로 등기된 부동산에 관한 물권을 법률 제4944호 부동산 실권리자명의 등기에 관한 법률 시행일 이후 명의신탁자의 명의로 등기하는 것을 말한다.

제3조【실권리자명의 등기의무 등】 ① 누구든지 부동산에 관한 물권을 명의신탁약정에 따라 명의수탁자의 명의로 등기하여서는 아니 된다.

② 채무의 변제를 담보하기 위하여 채권자가 부동산에 관한 물권을 이전받는 경우에는 채무자, 채권금액 및 채무변제를 위한 담보라는 뜻이 적힌 서면을 등기신청서와 함께 등기관에게 제출하여야 한다.

제4조【명의신탁약정의 효력】 ① **명의신탁약정은 무효로 한다.**

② 명의신탁약정에 따른 등기로 이루어진 부동산에 관한 **물권변동은 무효**로 한다. 다만, 부동산에 관한 물권을 취득하기 위한 계약에서 명의수탁자가 어느 한쪽 당사자가 되고 상대방 당사자는 명의신탁약정이 있다는 사실을 알지 못한 경우에는 그러하지 아니하다.

③ 제1항 및 제2항의 **무효는 제3자에게 대항하지 못한다.**

제5조【과징금】 ① 다음 각 호의 어느 하나에 해당하는 자에게는 해당 부동산 가액(價額)의 100분의 30에 해당하는 금액의 범위에서 과징금을 부과한다.

1. 제3조 제1항을 위반한 명의신탁자
2. 제3조 제2항을 위반한 채권자 및 같은 항에 따른 서면에 채무자를 거짓으로 적어 제출하게 한 실채무자(實債務者)

② 제1항의 부동산 가액은 과징금을 부과하는 날 현재의 다음 각 호의 가액에 따른다. 다만, 제3조 제1항 또는 제11조 제1항을 위반한 자가 과징금을 부과받은 날 이미 명의신탁관계를 종료하였거나 실명등기를 하였을 때에는 명의신탁관계 종료 시점 또는 실명등기 시점의 부동산 가액으로 한다.

1. 소유권의 경우에는 「소득세법」 제99조에 따른 기준시가
2. 소유권 외의 물권의 경우에는 「상속세 및 증여세법」 제61조 제5항 및 제66조에 따라 대통령령으로 정하는 방법으로 평가한 금액

③ 제1항에 따른 과징금의 부과기준은 제2항에 따른 부동산 가액(이하 '부동산평가액'이라 한다), 제3조를 위반한 기간, 조세를 포탈하거나 법령에 따른 제한을 회피할 목적으로 위반하였는지 여부 등을 고려하여 대통령령으로 정한다.

④ 제1항에 따른 과징금이 대통령령으로 정하는 금액을 초과하는 경우에는 그 초과하는 부분은 대통령령으로 정하는 바에 따라 물납(物納)할 수 있다.

⑤ 제1항에 따른 과징금은 해당 부동산의 소재지를 관할하는 특별자치도지사·특별자치시장·시장·군수 또는 구청장이 부과·징수한다. 이 경우 과징금은 위반사실이 확인된 후 지체 없이 부과하여야 한다.

⑥ 제1항에 따른 과징금을 납부기한까지 내지 아니하면 「지방행정제재·부과금의 징수 등에 관한 법률」에 따라 징수한다.

⑦ 제1항에 따른 과징금의 부과 및 징수 등에 필요한 사항은 대통령령으로 정한다.

제5조의2【과징금 납부기한의 연장 및 분할 납부】 ① 특별자치도지사·특별자치시장·시장·군수 또는 구청장은 제5조 제1항에 따른 과징금을 부과받은 자(이하 이 조에서 '과징금 납부의무자'라 한다)가 과징금의 금액이 대통령령으로 정하는 기준을 초과하는 경우로서 다음 각 호의 어느 하나에 해당하여 과징금의 전액을 일시에 납부하기가 어렵다고 인정할 때에는 그 납부기한을 연장하거나 분할 납부하게 할 수 있다. 이 경우 필요하다고 인정할 때에는 대통령령으로 정하는 바에 따라 담보를 제공하게 할 수 있다.

1. 재해 또는 도난 등으로 재산에 현저한 손실을 입은 경우
2. 사업 여건의 악화로 사업이 중대한 위기에 처한 경우
3. 과징금을 일시에 내면 자금사정에 현저한 어려움이 예상되는 경우
4. 과징금 납부의무자 또는 동거 가족이 질병이나 중상해(重傷害)로 장기 치료가 필요한 경우
5. 그 밖에 제1호부터 제4호까지의 규정에 준하는 사유가 있는 경우

② 과징금 납부의무자가 제1항에 따른 과징금 납부기한의 연장 또는 분할 납부를 신청하려는 경우에는 과징금 납부를 통지받은 날부터 30일 이내에 특별자치도지사·특별자치시장·시장·군수 또는 구청장에게 신청하여야 한다.

③ 특별자치도지사·특별자치시장·시장·군수 또는 구청장은 제1항에 따라 납부기한이 연장되거나 분할 납부가 허용된 과징금 납부의무자가 다음 각 호의 어느 하나에 해당하게 된 때에는 그 납부기한의 연장 또는 분할 납부 결정을 취소하고 일시에 징수할 수 있다.

1. 납부기한의 연장 또는 분할 납부 결정된 과징금을 그 납부기한 내에 납부하지 아니한 때
2. 담보의 변경, 그 밖에 담보 보전에 필요한 특별자치도지사·특별자치시장·시장·군수 또는 구청장의 요구를 이행하지 아니한 때
3. 강제집행, 경매의 개시, 파산선고, 법인의 해산, 국세 또는 지방세의 체납처분을 받은 때 등 과징금의 전부 또는 잔여분을 징수할 수 없다고 인정되는 때

④ 제1항부터 제3항까지의 규정에 따른 과징금 납부기한의 연장, 분할 납부 또는 담보의 제공 등에 필요한 사항은 대통령령으로 정한다.

제6조【이행강제금】 ① 제5조 제1항 제1호에 따른 과징금을 부과받은 자는 지체 없이 해당 부동산에 관한 물권을 자신의 명의로 등기하여야 한다. 다만, 제4조 제2항 단서에 해당하는 경우에는 그러하지 아니하며, 자신의 명의로 등기할 수 없는 정당한 사유가 있는 경우에는 그 사유가 소멸된 후 지체 없이 자신의 명의로 등기하여야 한다.

② 제1항을 위반한 자에 대하여는 과징금 부과일(제1항 단서 후단의 경우에는 등기할 수 없는 사유가 소멸한 때를 말한다)부터 1년이 지난 때에 부동산평가액의 100분의 10에 해당하는 금액을, 다시 1년이 지난 때에 부동산평가액의 100분의 20에 해당하는 금액을 각각 이행강제금으로 부과한다.

③ 이행강제금에 관하여는 제5조 제4항부터 제7항까지의 규정을 준용한다.

제7조【벌칙】 ① 다음 각 호의 어느 하나에 해당하는 자는 5년 이하의 징역 또는 2억원 이하의 벌금에 처한다.

1. 제3조 제1항을 위반한 명의신탁자
2. 제3조 제2항을 위반한 채권자 및 같은 항에 따른 서면에 채무자를 거짓으로 적어 제출하게 한 실채무자

② 제3조 제1항을 위반한 명의수탁자는 3년 이하의 징역 또는 1억원 이하의 벌금에 처한다.

제8조【종중, 배우자 및 종교단체에 대한 특례】 다음 각 호의 어느 하나에 해당하는 경우로서 조세 포탈, 강제집행의 면탈(免脫) 또는 법령상 제한의 회피를 목적으로 하지 아니하는 경우에는 제4조부터 제7조까지 및 제12조 제1항부터 제3항까지를 적용하지 아니한다.

1. 종중(宗中)이 보유한 부동산에 관한 물권을 종중(종중과 그 대표자를 같이 표시하여 등기한 경우를 포함한다) 외의 자의 명의로 등기한 경우
2. 배우자 명의로 부동산에 관한 물권을 등기한 경우
3. 종교단체의 명의로 그 산하 조직이 보유한 부동산에 관한 물권을 등기한 경우

제9조【조사 등】 ① 특별자치도지사·특별자치시장·시장·군수 또는 구청장은 필요하다고 인정하는 경우에는 제3조, 제10조부터 제12조까지 및 제14조를 위반하였는지를 확인하기 위한 조사를 할 수 있다.

② 국세청장은 탈세 혐의가 있다고 인정하는 경우에는 제3조, 제10조부터 제12조까지 및 제14조를 위반하였는지를 확인하기 위한 조사를 할 수 있다.

③ 공무원이 그 직무를 수행할 때에 제3조, 제10조부터 제12조까지 및 제14조를 위반한 사실을 알게 된 경우에는 국세청장과 해당 부동산의 소재지를 관할하는 특별자치도지사·특별자치시장·시장·군수 또는 구청장에게 그 사실을 통보하여야 한다.

제10조【장기미등기자에 대한 벌칙 등】 ① 「부동산등기 특별조치법」 제2조 제1항, 제11조 및 법률 제4244호 「부동산등기 특별조치법」 부칙 제2조를 적용받는 자로서 다음 각 호의 어느 하나에 해당하는 날부터 3년 이내에 소유권이전등기를 신청하지 아니한 등기권리자(이하 '장기미등기자'라 한다)에게는 부동산평가액의 100분의 30의 범위에서 과징금(「부동산등기 특별조치법」 제11조에 따른 과태료가 이미 부과된 경우에는 그 과태료에 상응하는 금액을 뺀 금액을 말한다)을 부과한다. 다만, 제4조 제2항 본문 및 제12조 제1항에 따라 등기의 효력이 발생하지 아니하여 새로 등기를 신청하여야 할 사유가 발생한 경우와 등기를 신청하지 못할 정당한 사유가 있는 경우에는 그러하지 아니하다.

1. 계약당사자가 서로 대가적(代價的)인 채무를 부담하는 경우에는 반대급부의 이행이 사실상 완료된 날
2. 계약당사자의 어느 한쪽만이 채무를 부담하는 경우에는 그 계약의 효력이 발생한 날

② 제1항에 따른 과징금의 부과기준은 부동산평가액, 소유권이전등기를 신청하지 아니한 기간, 조세를 포탈하거나 법령에 따른 제한을 회피할 목적으로 하였는지 여부, 「부동산등기 특별조치법」 제11조에 따른 과태료가 부과되었는지 여부 등을 고려하여 대통령령으로 정한다.

③ 제1항의 과징금에 관하여는 제5조 제4항부터 제7항까지 및 제5조의2를 준용한다.

④ 장기미등기자가 제1항에 따라 과징금을 부과받고도 소유권이전등기를 신청하지 아니하면 제6조 제2항 및 제3항을 준용하여 이행강제금을 부과한다.

⑤ 장기미등기자(제1항 단서에 해당하는 자는 제외한다)는 5년 이하의 징역 또는 2억원 이하의 벌금에 처한다.

제11조【기존 명의신탁약정에 따른 등기의 실명등기 등】 ① 법률 제4944호 「부동산 실권리자명의 등기에 관한 법률」 시행 전에 명의신탁약정에 따라 부동산에 관한 물권을 명의수탁자의 명의로 등기하거나 등기하도록 한 명의신탁자(이하 '기존 명의신탁자'라 한다)는 법률 제4944호 「부동산 실권리자명의 등기에 관한 법률」 시행일부터 1년의 기간(이하 '유예기간'이라 한다) 이내에 실명등기하여야 한다. 다만, 공용징수, 판결, 경매 또는 그 밖에 법률에 따라 명의수탁자로부터 제3자에게 부동산에 관한 물권이 이전된 경우(상속에 의한 이전은 제외한다)와 종교단체, 향교 등이 조세 포탈, 강제집행의 면탈을 목적으로 하지 아니하고 명의신탁한 부동산으로서 대통령령으로 정하는 경우는 그러하지 아니하다.

② 다음 각 호의 어느 하나에 해당하는 경우에는 제1항에 따라 실명등기를 한 것으로 본다.

1. 기존 명의신탁자가 해당 부동산에 관한 물권에 대하여 매매나 그 밖의 처분행위를 하고 유예기간 이내에 그 처분행위로 인한 취득자에게 직접 등기를 이전한 경우
2. 기존 명의신탁자가 유예기간 이내에 다른 법률에 따라 해당 부동산의 소재지를 관할하는 특별자치도지사·특별자치시장·시장·군수 또는 구청장에게 매각을 위탁하거나 대통령령으로 정하는 바에 따라 「한국자산관리공사 설립 등에 관한 법률」에 따라 설립된 한국자산관리공사에 매각을 의뢰한 경우. 다만, 매각위탁 또는 매각의뢰를 철회한 경우에는 그러하지 아니하다.

③ 실권리자의 귀책사유 없이 다른 법률에 따라 제1항 및 제2항에 따른 실명등기 또는 매각처분 등을 할 수 없는 경우에는 그 사유가 소멸한 때부터 1년 이내에 실명등기 또는 매각처분 등을 하여야 한다.

④ 법률 제4944호 「부동산 실권리자명의 등기에 관한 법률」 시행 전 또는 유예기간 중에 부동산물권에 관한 쟁송이 법원에 제기된 경우에는 그 쟁송에 관한 확정판결(이와 동일한 효력이 있는 경우를 포함한다)이 있은 날부터 1년 이내에 제1항 및 제2항에 따른 실명등기 또는 매각처분 등을 하여야 한다.

제12조【실명등기의무 위반의 효력 등】① 제11조에 규정된 기간 이내에 실명등기 또는 매각처분 등을 하지 아니한 경우 그 기간이 지난 날 이후의 명의신탁약정 등의 효력에 관하여는 제4조를 적용한다.

② 제11조를 위반한 자에 대하여는 제3조 제1항을 위반한 자에 준하여 제5조, 제5조의2 및 제6조를 적용한다.

③ 법률 제4944호 「부동산 실권리자명의 등기에 관한 법률」 시행 전에 명의신탁약정에 따른 등기를 한 사실이 없는 자가 제11조에 따른 실명등기를 가장하여 등기한 경우에는 5년 이하의 징역 또는 2억원 이하의 벌금에 처한다.

제12조의2【양벌규정】 법인 또는 단체의 대표자나 법인·단체 또는 개인의 대리인·사용인 및 그 밖의 종업원이 그 법인·단체 또는 개인의 업무에 관하여 제7조, 제10조 제5항 또는 제12조 제3항의 위반행위를 하면 그 행위자를 벌하는 외에 그 법인·단체 또는 개인에게도 해당 조문의 벌금형을 과한다. 다만, 법인·단체 또는 개인이 그 위반행위를 방지하기 위하여 해당 업무에 관하여 상당한 주의와 감독을 게을리하지 아니한 경우에는 그러하지 아니하다.

제13조【실명등기에 대한 조세부과의 특례】① 제11조에 따라 실명등기를 한 부동산이 1건이고 그 가액이 5천만원 이하인 경우로서 다음 각 호의 어느 하나에 해당하는 경우에는 이미 면제되거나 적게 부과된 조세 또는 부과되지 아니한 조세는 추징(追徵)하지 아니한다. 이 경우 실명등기를 한 부동산의 범위 및 가액의 계산에 대하여는 대통령령으로 정한다.

1. 종전의 「소득세법」(법률 제4803호로 개정되기 전의 법률을 말한다) 제5조 제6호에 따라 명의신탁자 및 그와 생계를 같이 하는 1세대(世帶)가 법률 제4944호 「부동산 실권리자명의 등기에 관한 법률」 시행 전에 1세대 1주택 양도에 따른 비과세를 받은 경우로서 실명등기로 인하여 해당 주택을 양도한 날에 비과세에 해당하지 아니하게 되는 경우
2. 종전의 「상속세법」(법률 제5193호로 개정되기 전의 법률을 말한다) 제32조의2에 따라 명의자에게 법률 제4944호 「부동산 실권리자명의 등기에 관한 법률」 시행 전에 납세의무가 성립된 증여세를 부과하는 경우

② 실명등기를 한 부동산이 비업무용 부동산에 해당하는 경우로서 유예기간(제11조 제3항 및 제4항의 경우에는 그 사유가 소멸한 때부터 1년의 기간을 말한다) 종료 시까지 해당 법인의 고유업무에 직접 사용할 때에는 법률 제6312호 지방세법중개정법률 부칙 제10조에도 불구하고 종전의 「지방세법」(법률 제6312호로 개정되기 전의 법률을 말한다) 제112조 제2항의 세율을 적용하지 아니한다.

제14조【기존 양도담보권자의 서면 제출 의무 등】① 법률 제4944호 「부동산 실권리자명의 등기에 관한 법률」 시행 전에 채무의 변제를 담보하기 위하여 채권자가 부동산에 관한 물권을 이전받은 경우에는 법률 제4944호 「부동산 실권리자명의 등기에 관한 법률」 시행일부터 1년 이내에 채무자, 채권금액 및 채무변제를 위한 담보라는 뜻이 적힌 서면을 등기관에게 제출하여야 한다.

② 제1항을 위반한 채권자 및 제1항에 따른 서면에 채무자를 거짓으로 적어 제출하게 한 실채무자에 대하여는 해당 부동산평가액의 100분의 30의 범위에서 과징금을 부과한다.

③ 제2항에 따른 과징금의 부과기준은 부동산평가액, 제1항을 위반한 기간, 조세를 포탈하거나 법령에 따른 제한을 회피할 목적으로 위반하였는지 여부 등을 고려하여 대통령령으로 정한다.

④ 제2항에 따른 과징금에 관하여는 제5조 제4항부터 제7항까지 및 제5조의2를 준용한다.

제15조 삭제 〈1997.12.13.〉

부 칙

〈제17091호, 2020.3.24.〉
(지방행정제재·부과금의 징수 등에 관한 법률)

제1조【시행일】이 법은 공포한 날부터 시행한다. 〈단서 생략〉

제2조 및 제3조 생략

제4조【다른 법률의 개정】①부터 ㊳까지 생략

㊴「부동산 실권리자명의 등기에 관한 법률」 일부를 다음과 같이 개정한다.

제5조 제6항 중 '「지방세외수입금의 징수 등에 관한 법률」'을 '「지방행정제재·부과금의 징수 등에 관한 법률」'로 한다.

㊵부터 ⑽까지 생략

제5조 생략

집합건물의 소유 및 관리에 관한 법률

[시행 2021.2.5.]
[법률 제16919호, 2020.2.4, 일부개정]

제1장 건물의 구분소유

제1절 총 칙

제1조【건물의 구분소유】1동의 건물 중 구조상 구분된 여러 개의 부분이 독립한 건물로서 사용될 수 있을 때에는 그 각 부분은 이 법에서 정하는 바에 따라 각각 소유권의 목적으로 할 수 있다.

제1조의2【상가건물의 구분소유】① 1동의 건물이 다음 각 호에 해당하는 방식으로 여러 개의 건물부분으로 이용상 구분된 경우에 그 건물부분(이하 '구분점포'라 한다)은 이 법에서 정하는 바에 따라 각각 소유권의 목적으로 할 수 있다.

1. 구분점포의 용도가 「건축법」 제2조 제2항 제7호의 판매시설 및 같은 항 제8호의 운수시설일 것
2. 삭제 〈2020.2.4.〉
3. 경계를 명확하게 알아볼 수 있는 표지를 바닥에 견고하게 설치할 것
4. 구분점포별로 부여된 건물번호표지를 견고하게 붙일 것

② 제1항에 따른 경계표지 및 건물번호표지에 관하여 필요한 사항은 대통령령으로 정한다.

제2조【정의】이 법에서 사용하는 용어의 뜻은 다음과 같다.

1. '구분소유권'이란 제1조 또는 제1조의2에 규정된 건물부분[제3조 제2항 및 제3항에 따라 공용부분(共用部分)으로 된 것은 제외한다]을 목적으로 하는 소유권을 말한다.
2. '구분소유자'란 구분소유권을 가지는 자를 말한다.
3. '전유부분'(專有部分)이란 구분소유권의 목적인 건물부분을 말한다.
4. **'공용부분'이란 전유부분 외의 건물부분, 전유부분에 속하지 아니하는 건물의 부속물 및 제3조 제2항 및 제3항에 따라 공용부분으로 된 부속의 건물을 말한다.**
5. '건물의 대지'란 전유부분이 속하는 1동의 건물이 있는 토지 및 제4조에 따라 건물의 대지로 된 토지를 말한다.

6. '대지사용권'이란 구분소유자가 전유부분을 소유하기 위하여 건물의 대지에 대하여 가지는 권리를 말한다.

제2조의2【다른 법률과의 관계】 집합주택의 관리 방법과 기준, 하자담보책임에 관한 「주택법」 및 「공동주택관리법」의 특별한 규정은 이 법에 저촉되어 구분소유자의 기본적인 권리를 해치지 아니하는 범위에서 효력이 있다.

제3조【공용부분】 ① 여러 개의 전유부분으로 통하는 복도, 계단, 그 밖에 구조상 구분소유자 전원 또는 일부의 공용(共用)에 제공되는 건물부분은 구분소유권의 목적으로 할 수 없다.

② 제1조 또는 제1조의2에 규정된 건물부분과 부속의 건물은 규약으로써 공용부분으로 정할 수 있다.

③ 제1조 또는 제1조의2에 규정된 건물부분의 전부 또는 부속건물을 소유하는 자는 공정증서(公正證書)로써 제2항의 규약에 상응하는 것을 정할 수 있다.

④ **제2항과 제3항의 경우에는 공용부분이라는 취지를 등기하여야 한다.**

제4조【규약에 따른 건물의 대지】 ① 통로, 주차장, 정원, 부속건물의 대지, 그 밖에 전유부분이 속하는 1동의 건물 및 그 건물이 있는 토지와 하나로 관리되거나 사용되는 토지는 규약으로써 건물의 대지로 할 수 있다.

② 제1항의 경우에는 제3조 제3항을 준용한다.

③ 건물이 있는 토지가 건물이 일부 멸실함에 따라 건물이 있는 토지가 아닌 토지로 된 경우에는 그 토지는 제1항에 따라 규약으로써 건물의 대지로 정한 것으로 본다. 건물이 있는 토지의 일부가 분할로 인하여 건물이 있는 토지가 아닌 토지로 된 경우에도 같다.

제5조【구분소유자의 권리·의무 등】 ① 구분소유자는 건물의 보존에 해로운 행위나 그 밖에 건물의 관리 및 사용에 관하여 구분소유자 공동의 이익에 어긋나는 행위를 하여서는 아니 된다.

② **전유부분이 주거의 용도로 분양된 것인 경우에는 구분소유자는 정당한 사유 없이 그 부분을 주거 외의 용도로 사용하거나 그 내부 벽을 철거하거나 파손하여 증축·개축하는 행위를 하여서는 아니 된다.**

③ 구분소유자는 그 전유부분이나 공용부분을 보존하거나 개량하기 위하여 필요한 범위에서 다른 구분소유자의 전유부분 또는 자기의 공유(共有)에 속하지 아니하는 공용부분의 사용을 청구할 수 있다. 이 경우 다른 구분소유자가 손해를 입었을 때에는 보상하여야 한다.

④ 전유부분을 점유하는 자로서 구분소유자가 아닌 자(이하 '점유자'라 한다)에 대하여는 제1항부터 제3항까지의 규정을 준용한다.

제6조【건물의 설치·보존상의 흠 추정】 전유부분이 속하는 1동의 건물의 설치 또는 보존의 흠으로 인하여 다른 자에게 손해를 입힌 경우에는 그 흠은 **공용부분에 존재하는 것으로 추정한다.**

제7조【구분소유권 매도청구권】 대지사용권을 가지지 아니한 구분소유자가 있을 때에는 그 전유부분의 철거를 청구할 권리를 가진 자는 그 구분소유자에 대하여 구분소유권을 시가(時價)로 매도할 것을 청구할 수 있다.

제8조【대지공유자의 분할청구 금지】 대지 위에 구분소유권의 목적인 건물이 속하는 1동의 건물이 있을 때에는 그 대지의 공유자는 그 건물 사용에 필요한 범위의 대지에 대하여는 **분할을 청구하지 못한다.**

제9조【담보책임】 ① 제1조 또는 제1조의2의 건물을 건축하여 **분양한 자(이하 '분양자'라 한다)와 분양자와의 계약에 따라 건물을 건축한 자로서 대통령령으로 정하는 자(이하 '시공자'라 한다)는 구분소유자에 대하여 담보책임을 진다.** 이 경우 그 담보책임에 관하여는 「민법」 제667조 및 제668조를 준용한다.

② 제1항에도 불구하고 시공자가 분양자에게 부담하는 담보책임에 관하여 다른 법률에 특별한 규정이 있으면 시공자는 그 법률에서 정하는 담보책임의 범위에서 구분소유자에게 제1항의 담보책임을 진다.

③ 제1항 및 제2항에 따른 시공자의 담보책임 중 「민법」 제667조 제2항에 따른 손해배상책임은 분양자에게 회생절차개시 신청, 파산 신청, 해산, 무자력(無資力) 또는 그 밖에 이에 준하는 사유가 있는 경우에만 지며, 시공자가 이미 분양자에게 손해배상을 한 경우에는 그 범위에서 구분소유자에 대한 책임을 면(免)한다.

④ **분양자와 시공자의 담보책임에 관하여 이 법과 「민법」에 규정된 것보다 매수인에게 불리한 특약은 효력이 없다.**

제9조의2【담보책임의 존속기간】 ① 제9조에 따른 담보책임에 관한 구분소유자의 권리는 다음 각 호의 기간 내에 행사하여야 한다.

1. 「건축법」 제2조 제1항 제7호에 따른 건물의 주요구조부 및 지반공사의 하자 : 10년

2. 제1호에 규정된 하자 외의 하자 : 하자의 중대성, 내구연한, 교체가능성 등을 고려하여 5년의 범위에서 대통령령으로 정하는 기간

② 제1항의 기간은 다음 각 호의 날부터 기산한다.

1. 전유부분 : 구분소유자에게 인도한 날
2. 공용부분 : 「주택법」 제49조에 따른 사용검사일(집합건물 전부에 대하여 임시 사용승인을 받은 경우에는 그 임시 사용승인일을 말하고, 「주택법」 제49조 제1항 단서에 따라 분할 사용검사나 동별 사용검사를 받은 경우에는 분할 사용검사일 또는 동별 사용검사일을 말한다) 또는 「건축법」 제22조에 따른 사용승인일

③ 제1항 및 제2항에도 불구하고 제1항 각 호의 하자로 인하여 건물이 멸실되거나 훼손된 경우에는 그 멸실되거나 훼손된 날부터 1년 이내에 권리를 행사하여야 한다.

제9조의3【분양자의 관리의무 등】① 분양자는 제24조 제3항에 따라 선임(選任)된 관리인이 사무를 개시(開始)할 때까지 선량한 관리자의 주의로 건물과 대지 및 부속시설을 관리하여야 한다.

② 분양자는 제28조 제4항에 따른 표준규약을 참고하여 공정증서로써 규약에 상응하는 것을 정하여 분양계약을 체결하기 전에 분양을 받을 자에게 주어야 한다.

③ 분양자는 예정된 매수인의 2분의 1 이상이 이전등기를 한 때에는 규약 설정 및 관리인 선임을 위한 관리단집회(제23조에 따른 관리단의 집회를 말한다. 이하 같다)를 소집할 것을 대통령령으로 정하는 바에 따라 구분소유자에게 통지하여야 한다. 이 경우 통지받은 날부터 3개월 이내에 관리단집회를 소집할 것을 명시하여야 한다.

④ 분양자는 구분소유자가 제3항의 통지를 받은 날부터 3개월 이내에 관리단집회를 소집하지 아니하는 경우에는 지체 없이 관리단집회를 소집하여야 한다.

제2절 공용부분

제10조【공용부분의 귀속 등】① 공용부분은 구분소유자 전원의 공유에 속한다. 다만, 일부의 구분소유자만이 공용하도록 제공되는 것임이 명백한 공용부분(이하 '일부공용부분'이라 한다)은 그들 구분소유자의 공유에 속한다.

② 제1항의 공유에 관하여는 제11조부터 제18조까지의 규정에 따른다. 다만, 제12조, 제17조에 규정한 사항에 관하여는 규약으로써 달리 정할 수 있다.

제11조【공유자의 사용권】각 공유자는 공용부분을 그 용도에 따라 사용할 수 있다.

제12조【공유자의 지분권】① 각 공유자의 지분은 그가 가지는 전유부분의 면적 비율에 따른다.

② 제1항의 경우 일부공용부분으로서 면적이 있는 것은 그 공용부분을 공용하는 구분소유자의 전유부분의 면적 비율에 따라 배분하여 그 면적을 각 구분소유자의 전유부분 면적에 포함한다.

제13조【전유부분과 공용부분에 대한 지분의 일체성】① 공용부분에 대한 공유자의 지분은 그가 가지는 전유부분의 처분에 따른다.

② 공유자는 그가 가지는 전유부분과 분리하여 공용부분에 대한 지분을 처분할 수 없다.

③ 공용부분에 관한 물권의 득실변경(得失變更)은 등기가 필요하지 아니하다.

제14조【일부공용부분의 관리】일부공용부분의 관리에 관한 사항 중 구분소유자 전원에게 이해관계가 있는 사항과 제29조 제2항의 규약으로써 정한 사항은 구분소유자 전원의 집회결의로써 결정하고, 그 밖의 사항은 그것을 공용하는 구분소유자만의 집회결의로써 결정한다.

제15조【공용부분의 변경】① 공용부분의 변경에 관한 사항은 관리단집회에서 구분소유자의 3분의 2 이상 및 의결권의 3분의 2 이상의 결의로써 결정한다. 다만, 다음 각 호의 어느 하나에 해당하는 경우에는 제38조 제1항에 따른 통상의 집회결의로써 결정할 수 있다.

1. 공용부분의 개량을 위한 것으로서 지나치게 많은 비용이 드는 것이 아닐 경우
2. 「관광진흥법」 제3조 제1항 제2호 나목에 따른 휴양 콘도미니엄업의 운영을 위한 휴양 콘도미니엄의 공용부분 변경에 관한 사항인 경우

② 제1항의 경우에 공용부분의 변경이 다른 구분소유자의 권리에 특별한 영향을 미칠 때에는 그 구분소유자의 승낙을 받아야 한다.

제15조의2【권리변동 있는 공용부분의 변경】① 제15조에도 불구하고 건물의 노후화 억제 또는 기능 향상 등을 위한 것으로 구분소유권 및 대지사용권의 범위나 내용에 변동을 일으키는 공용부분의 변경에 관한 사항은 관리단집회에서 구분소유자의 5분의 4 이상 및 의결권의 5분의 4 이상의 결의로써 결정한다.

② 제1항의 결의에서는 다음 각 호의 사항을 정하여야 한다. 이 경우 제3호부터 제7호까지의 사항은 각 구분소유자 사이에 형평이 유지되도록 정하여야 한다.

1. 설계의 개요
2. 예상 공사 기간 및 예상 비용(특별한 손실에 대한 전보 비용을 포함한다)
3. 제2호에 따른 비용의 분담 방법
4. 변경된 부분의 용도
5. 전유부분 수의 증감이 발생하는 경우에는 변경된 부분의 귀속에 관한 사항
6. 전유부분이나 공용부분의 면적에 증감이 발생하는 경우에는 변경된 부분의 귀속에 관한 사항
7. 대지사용권의 변경에 관한 사항
8. 그 밖에 규약으로 정한 사항

③ 제1항의 결의를 위한 관리단집회의 의사록에는 결의에 대한 각 구분소유자의 찬반 의사를 적어야 한다.

④ 제1항의 결의가 있는 경우에는 제48조 및 제49조를 준용한다.

제16조【공용부분의 관리】 ① 공용부분의 관리에 관한 사항은 제15조 제1항 본문 및 제15조의2의 경우를 제외하고는 제38조 제1항에 따른 통상의 집회결의로써 결정한다. 다만, 보존행위는 각 공유자가 할 수 있다.

② 구분소유자의 승낙을 받아 전유부분을 점유하는 자는 제1항 본문에 따른 집회에 참석하여 그 구분소유자의 의결권을 행사할 수 있다. 다만, 구분소유자와 점유자가 달리 정하여 관리단에 통지한 경우에는 그러하지 아니하며, 구분소유자의 권리·의무에 특별한 영향을 미치는 사항을 결정하기 위한 집회인 경우에는 점유자는 사전에 구분소유자에게 의결권 행사에 대한 동의를 받아야 한다.

③ 제1항 및 제2항에 규정된 사항은 규약으로써 달리 정할 수 있다.

④ 제1항 본문의 경우에는 제15조 제2항을 준용한다.

제17조【공용부분의 부담·수익】 각 공유자는 규약에 달리 정한 바가 없으면 그 지분의 비율에 따라 공용부분의 관리비용과 그 밖의 의무를 부담하며 공용부분에서 생기는 이익을 취득한다.

제17조의2【수선적립금】 ① 제23조에 따른 관리단(이하 '관리단'이라 한다)은 규약에 달리 정한 바가 없으면 관리단집회 결의에 따라 건물이나 대지 또는 부속시설의 교체 및 보수에 관한 수선계획을 수립할 수 있다.

② 관리단은 규약에 달리 정한 바가 없으면 관리단집회의 결의에 따라 수선적립금을 징수하여 적립할 수 있다. 다만, 다른 법률에 따라 장기수선을 위한 계획이 수립되어 충당금 또는 적립금이 징수·적립된 경우에는 그러하지 아니하다.

③ 제2항에 따른 수선적립금(이하 이 조에서 '수선적립금'이라 한다)은 구분소유자로부터 징수하며 관리단에 귀속된다.

④ 관리단은 규약에 달리 정한 바가 없으면 수선적립금을 다음 각 호의 용도로 사용하여야 한다.

1. 제1항의 수선계획에 따른 공사
2. 자연재해 등 예상하지 못한 사유로 인한 수선공사
3. 제1호 및 제2호의 용도로 사용한 금원의 변제

⑤ 제1항에 따른 수선계획의 수립 및 수선적립금의 징수·적립에 필요한 사항은 대통령령으로 정한다.

제18조【공용부분에 관하여 발생한 채권의 효력】 공유자가 공용부분에 관하여 다른 공유자에 대하여 가지는 채권은 그 특별승계인에 대하여도 행사할 수 있다.

제19조【공용부분에 관한 규정의 준용】 건물의 대지 또는 공용부분 외의 부속시설(이들에 대한 권리를 포함한다)을 구분소유자가 공유하는 경우에는 그 대지 및 부속시설에 관하여 제15조, 제15조의2, 제16조 및 제17조를 준용한다.

제3절 대지사용권

제20조【전유부분과 대지사용권의 일체성】 ① 구분소유자의 대지사용권은 그가 가지는 전유부분의 처분에 따른다.

② 구분소유자는 그가 가지는 전유부분과 분리하여 대지사용권을 처분할 수 없다. 다만, 규약으로써 달리 정한 경우에는 그러하지 아니하다.

③ 제2항 본문의 분리처분금지는 그 취지를 등기하지 아니하면 선의(善意)로 물권을 취득한 제3자에게 대항하지 못한다.

④ 제2항 단서의 경우에는 제3조 제3항을 준용한다.

제21조【전유부분의 처분에 따르는 대지사용권의 비율】 ① 구분소유자가 둘 이상의 전유부분을 소유한 경우에는 각 전유부분의 처분에 따르는 대지사용권은 제12조에 규정된 비율에 따른다. 다만, 규약으로써 달리 정할 수 있다.

② 제1항 단서의 경우에는 제3조 제3항을 준용한다.

제22조【「민법」 제267조의 적용 배제】 제20조 제2항 본문의 경우 대지사용권에 대하여는 「민법」 제267조(같은 법 제278조에서 준용하는 경우를 포함한다)를 적용하지 아니한다.

제4절 관리단 및 관리단의 기관

제23조【관리단의 당연 설립 등】 ① 건물에 대하여 구분소유 관계가 성립되면 구분소유자 전원을 구성원으로 하여 건물과 그 대지 및 부속시설의 관리에 관한 사업의 시행을 목적으로 하는 관리단이 설립된다.

② 일부공용부분이 있는 경우 그 일부의 구분소유자는 제28조 제2항의 규약에 따라 그 공용부분의 관리에 관한 사업의 시행을 목적으로 하는 관리단을 구성할 수 있다.

제23조의2【관리단의 의무】 관리단은 건물의 관리 및 사용에 관한 공동이익을 위하여 필요한 구분소유자의 권리와 의무를 선량한 관리자의 주의로 행사하거나 이행하여야 한다.

제24조【관리인의 선임 등】 ① 구분소유자가 10인 이상일 때에는 관리단을 대표하고 관리단의 사무를 집행할 관리인을 선임하여야 한다.

② 관리인은 구분소유자일 필요가 없으며, 그 임기는 2년의 범위에서 규약으로 정한다.

③ 관리인은 관리단집회의 결의로 선임되거나 해임된다. 다만, 규약으로 제26조의3에 따른 관리위원회의 결의로 선임되거나 해임되도록 정한 경우에는 그에 따른다.

④ 구분소유자의 승낙을 받아 전유부분을 점유하는 자는 제3항 본문에 따른 관리단집회에 참석하여 그 구분소유자의 의결권을 행사할 수 있다. 다만, 구분소유자와 점유자가 달리 정하여 관리단에 통지하거나 구분소유자가 집회 이전에 직접 의결권을 행사할 것을 관리단에 통지한 경우에는 그러하지 아니하다.

⑤ 관리인에게 부정한 행위나 그 밖에 그 직무를 수행하기에 적합하지 아니한 사정이 있을 때에는 각 구분소유자는 관리인의 해임을 법원에 청구할 수 있다.

⑥ 전유부분이 50개 이상인 건물(「공동주택관리법」에 따른 의무관리대상 공동주택 및 임대주택과 「유통산업발전법」에 따라 신고한 대규모점포등관리자가 있는 대규모점포 및 준대규모점포는 제외한다)의 관리인으로 선임된 자는 대통령령으로 정하는 바에 따라 선임된 사실을 특별자치시장, 특별자치도지사, 시장, 군수 또는 자치구의 구청장(이하 '소관청'이라 한다)에게 신고하여야 한다.

제24조의2【임시관리인의 선임 등】 ① 구분소유자, 그의 승낙을 받아 전유부분을 점유하는 자, 분양자 등 이해관계인은 제24조 제3항에 따라 선임된 관리인이 없는 경우에는 법원에 임시관리인의 선임을 청구할 수 있다.

② 임시관리인은 선임된 날부터 6개월 이내에 제24조 제3항에 따른 관리인 선임을 위하여 관리단집회 또는 관리위원회를 소집하여야 한다.

③ 임시관리인의 임기는 선임된 날부터 제24조 제3항에 따라 관리인이 선임될 때까지로 하되, 같은 조 제2항에 따라 규약으로 정한 임기를 초과할 수 없다.

제25조【관리인의 권한과 의무】 ① 관리인은 다음 각 호의 행위를 할 권한과 의무를 가진다.

1. 공용부분의 보존행위

1의2. 공용부분의 관리 및 변경에 관한 관리단집회 결의를 집행하는 행위

2. 공용부분의 관리비용 등 관리단의 사무 집행을 위한 비용과 분담금을 각 구분소유자에게 청구·수령하는 행위 및 그 금원을 관리하는 행위

3. 관리단의 사업 시행과 관련하여 관리단을 대표하여 하는 재판상 또는 재판 외의 행위

3의2. 소음·진동·악취 등을 유발하여 공동생활의 평온을 해치는 행위의 중지 요청 또는 분쟁 조정절차 권고 등 필요한 조치를 하는 행위

4. 그 밖에 규약에 정하여진 행위

② 관리인의 대표권은 제한할 수 있다. 다만, 이로써 선의의 제3자에게 대항할 수 없다.

제26조【관리인의 보고의무 등】 ① 관리인은 대통령령으로 정하는 바에 따라 매년 1회 이상 구분소유자에게 그 사무에 관한 보고를 하여야 한다.

② 이해관계인은 관리인에게 제1항에 따른 보고 자료의 열람을 청구하거나 자기 비용으로 등본의 교부를 청구할 수 있다.

③ 이 법 또는 규약에서 규정하지 아니한 관리인의 권리의무에 관하여는 「민법」의 위임에 관한 규정을 준용한다.

제26조의2 【회계감사】 ① 전유부분이 150개 이상으로서 대통령령으로 정하는 건물의 관리인은 「주식회사 등의 외부감사에 관한 법률」 제2조 제7호에 따른 감사인(이하 이 조에서 '감사인'이라 한다)의 회계감사를 매년 1회 이상 받아야 한다. 다만, 관리단집회에서 구분소유자의 3분의 2 이상 및 의결권의 3분의 2 이상이 회계감사를 받지 아니하기로 결의한 연도에는 그러하지 아니하다.

② 구분소유자의 승낙을 받아 전유부분을 점유하는 자는 제1항 단서에 따른 관리단집회에 참석하여 그 구분소유자의 의결권을 행사할 수 있다. 다만, 구분소유자와 점유자가 달리 정하여 관리단에 통지하거나 구분소유자가 집회 이전에 직접 의결권을 행사할 것을 관리단에 통지한 경우에는 그러하지 아니하다.

③ 전유부분이 50개 이상 150개 미만으로서 대통령령으로 정하는 건물의 관리인은 구분소유자의 5분의 1 이상이 연서(連署)하여 요구하는 경우에는 감사인의 회계감사를 받아야 한다. 이 경우 구분소유자의 승낙을 받아 전유부분을 점유하는 자가 구분소유자를 대신하여 연서할 수 있다.

④ 관리인은 제1항 또는 제3항에 따라 회계감사를 받은 경우에는 대통령령으로 정하는 바에 따라 감사보고서 등 회계감사의 결과를 구분소유자 및 그의 승낙을 받아 전유부분을 점유하는 자에게 보고하여야 한다.

⑤ 제1항 또는 제3항에 따른 회계감사의 기준·방법 및 감사인의 선정방법 등에 관하여 필요한 사항은 대통령령으로 정한다.

⑥ 제1항 또는 제3항에 따라 회계감사를 받는 관리인은 다음 각 호의 어느 하나에 해당하는 행위를 하여서는 아니 된다.

1. 정당한 사유 없이 감사인의 자료열람·등사·제출 요구 또는 조사를 거부·방해·기피하는 행위
2. 감사인에게 거짓 자료를 제출하는 등 부정한 방법으로 회계감사를 방해하는 행위

⑦ 「공동주택관리법」에 따른 의무관리대상 공동주택 및 임대주택과 「유통산업발전법」에 따라 신고한 대규모점포등관리자가 있는 대규모점포 및 준대규모점포에는 제1항부터 제6항까지의 규정을 적용하지 아니한다.

제26조의3 【관리위원회의 설치 및 기능】 ① 관리단에는 규약으로 정하는 바에 따라 관리위원회를 둘 수 있다.

② 관리위원회는 이 법 또는 규약으로 정한 관리인의 사무 집행을 감독한다.

③ 제1항에 따라 관리위원회를 둔 경우 관리인은 제25조 제1항 각 호의 행위를 하려면 관리위원회의 결의를 거쳐야 한다. 다만, 규약으로 달리 정한 사항은 그러하지 아니하다.

제26조의4 【관리위원회의 구성 및 운영】 ① 관리위원회의 위원은 구분소유자 중에서 관리단집회의 결의에 의하여 선출한다. 다만, 규약으로 관리단집회의 결의에 관하여 달리 정한 경우에는 그에 따른다.

② 관리인은 규약에 달리 정한 바가 없으면 관리위원회의 위원이 될 수 없다.

③ 관리위원회 위원의 임기는 2년의 범위에서 규약으로 정한다.

④ 제1항부터 제3항까지에서 규정한 사항 외에 관리위원회의 구성 및 운영에 필요한 사항은 대통령령으로 정한다.

⑤ 구분소유자의 승낙을 받아 전유부분을 점유하는 자는 제1항 본문에 따른 관리단집회에 참석하여 그 구분소유자의 의결권을 행사할 수 있다. 다만, 구분소유자와 점유자가 달리 정하여 관리단에 통지하거나 구분소유자가 집회 이전에 직접 의결권을 행사할 것을 관리단에 통지한 경우에는 그러하지 아니하다.

제27조 【관리단의 채무에 대한 구분소유자의 책임】 ① 관리단이 그의 재산으로 채무를 전부 변제할 수 없는 경우에는 구분소유자는 제12조의 지분비율에 따라 관리단의 채무를 변제할 책임을 진다. 다만, 규약으로써 그 부담비율을 달리 정할 수 있다.

② 구분소유자의 특별승계인은 승계 전에 발생한 관리단의 채무에 관하여도 책임을 진다.

제5절 규약 및 집회

제28조 【규약】 ① 건물과 대지 또는 부속시설의 관리 또는 사용에 관한 구분소유자들 사이의 사항 중 이 법에서 규정하지 아니한 사항은 규약으로써 정할 수 있다.

② 일부공용부분에 관한 사항으로써 구분소유자 전원에게 이해관계가 있지 아니한 사항은 구분소유자 전원의 규약에 따로 정하지 아니하면 일부공용부분을 공용하는 구분소유자의 규약으로써 정할 수 있다.

③ 제1항과 제2항의 경우에 구분소유자 외의 자의 권리를 침해하지 못한다.

④ 특별시장·광역시장·특별자치시장·도지사 및 특별자치도지사(이하 '시·도지사'라 한다)는 이 법을 적용받는 건물과 대지 및 부속시설의 효율적이고 공정한 관리를 위하여 대통령령으로 정하는 바에 따라 표준규약을 마련하여 보급하여야 한다.

제29조 【규약의 설정·변경·폐지】 ① 규약의 설정·변경 및 폐지는 관리단집회에서 구분소유자의 4분의 3 이상 및 의결권의 4분의 3 이상의 찬성을 얻어서 한다. 이 경우 규약의 설정·변경 및 폐지가 일부 구분소유자의 권리에 특별한 영향을 미칠 때에는 그 구분소유자의 승낙을 받아야 한다.

② 제28조 제2항에 규정한 사항에 관한 구분소유자 전원의 규약의 설정·변경 또는 폐지는 그 일부공용부분을 공용하는 구분소유자의 4분의 1을 초과하는 자 또는 의결권의 4분의 1을 초과하는 의결권을 가진 자가 반대할 때에는 할 수 없다.

제30조 【규약의 보관 및 열람】 ① 규약은 관리인 또는 구분소유자나 그 대리인으로서 건물을 사용하고 있는 자 중 1인이 보관하여야 한다.

② 제1항에 따라 규약을 보관할 구분소유자나 그 대리인은 규약에 다른 규정이 없으면 관리단집회의 결의로써 정한다.

③ 이해관계인은 제1항에 따라 규약을 보관하는 자에게 규약의 열람을 청구하거나 자기 비용으로 등본의 발급을 청구할 수 있다.

제31조 【집회의 권한】 관리단의 사무는 이 법 또는 규약으로 관리인에게 위임한 사항 외에는 관리단집회의 결의에 따라 수행한다.

제32조 【정기 관리단집회】 관리인은 매년 회계연도 종료 후 3개월 이내에 정기 관리단집회를 소집하여야 한다.

제33조 【임시 관리단집회】 ① 관리인은 필요하다고 인정할 때에는 관리단집회를 소집할 수 있다.

② 구분소유자의 5분의 1 이상이 회의의 목적 사항을 구체적으로 밝혀 관리단집회의 소집을 청구하면 관리인은 관리단집회를 소집하여야 한다. 이 정수(定數)는 규약으로 감경할 수 있다.

③ 제2항의 청구가 있은 후 1주일 내에 관리인이 청구일부터 2주일 이내의 날을 관리단집회일로 하는 소집통지 절차를 밟지 아니하면 소집을 청구한 구분소유자는 법원의 허가를 받아 관리단집회를 소집할 수 있다.

④ 관리인이 없는 경우에는 구분소유자의 5분의 1 이상은 관리단집회를 소집할 수 있다. 이 정수는 규약으로 감경할 수 있다.

제34조 【집회소집통지】 ① 관리단집회를 소집하려면 관리단집회일 1주일 전에 회의의 목적사항을 구체적으로 밝혀 각 구분소유자에게 통지하여야 한다. 다만, 이 기간은 규약으로 달리 정할 수 있다.

② 전유부분을 여럿이 공유하는 경우에 제1항의 통지는 제37조 제2항에 따라 정하여진 의결권을 행사할 자(그가 없을 때에는 공유자 중 1인)에게 통지하여야 한다.

③ 제1항의 통지는 구분소유자가 관리인에게 따로 통지장소를 제출하였으면 그 장소로 발송하고, 제출하지 아니하였으면 구분소유자가 소유하는 전유부분이 있는 장소로 발송한다. 이 경우 제1항의 통지는 통상적으로 도달할 시기에 도달한 것으로 본다.

④ 건물 내에 주소를 가지는 구분소유자 또는 제3항의 통지장소를 제출하지 아니한 구분소유자에 대한 제1항의 통지는 건물 내의 적당한 장소에 게시함으로써 소집통지를 갈음할 수 있음을 규약으로 정할 수 있다. 이 경우 제1항의 통지는 게시한 때에 도달한 것으로 본다.

⑤ 회의의 목적사항이 제15조 제1항, 제29조 제1항, 제47조 제1항 및 제50조 제4항인 경우에는 그 통지에 그 의안 및 계획의 내용을 적어야 한다.

제35조 【소집절차의 생략】 관리단집회는 구분소유자 전원이 동의하면 소집절차를 거치지 아니하고 소집할 수 있다.

제36조 【결의사항】 ① 관리단집회는 제34조에 따라 통지한 사항에 관하여만 결의할 수 있다.

② 제1항의 규정은 이 법에 관리단집회의 결의에 관하여 특별한 정수가 규정된 사항을 제외하고는 규약으로 달리 정할 수 있다.

③ 제1항과 제2항은 제35조에 따른 관리단집회에 관하여는 적용하지 아니한다.

제37조 【의결권】 ① 각 구분소유자의 의결권은 규약에 특별한 규정이 없으면 제12조에 규정된 지분비율에 따른다.

② 전유부분을 여럿이 공유하는 경우에는 공유자는 관리단집회에서 의결권을 행사할 1인을 정한다.

③ 구분소유자의 승낙을 받아 동일한 전유부분을 점유하는 자가 여럿인 경우에는 제16조 제2항, 제24조 제4항, 제26조의2 제2항 또는 제26조의4 제5항에 따라 해당 구분소유자의 의결권을 행사할 1인을 정하여야 한다.

제38조【의결 방법】① 관리단집회의 의사는 이 법 또는 규약에 특별한 규정이 없으면 구분소유자의 과반수 및 의결권의 과반수로써 의결한다.

② 의결권은 **서면이나 전자적 방법**(전자정보처리조직을 사용하거나 그 밖에 정보통신기술을 이용하는 방법으로서 대통령령으로 정하는 방법을 말한다. 이하 같다)으로 또는 **대리인을 통하여 행사할 수 있다.**

③ 제34조에 따른 관리단집회의 소집통지나 소집통지를 갈음하는 게시를 할 때에는 제2항에 따라 의결권을 행사할 수 있다는 내용과 구체적인 의결권 행사 방법을 명확히 밝혀야 한다.

④ 제1항부터 제3항까지에서 규정한 사항 외에 의결권 행사를 위하여 필요한 사항은 대통령령으로 정한다.

제39조【집회의 의장과 의사록】① 관리단집회의 의장은 관리인 또는 집회를 소집한 구분소유자 중 연장자가 된다. 다만, 규약에 특별한 규정이 있거나 관리단집회에서 다른 결의를 한 경우에는 그러하지 아니하다.

② 관리단집회의 의사에 관하여는 의사록을 작성하여야 한다.

③ 의사록에는 의사의 경과와 그 결과를 적고 의장과 구분소유자 2인 이상이 서명날인하여야 한다.

④ 의사록에 관하여는 제30조를 준용한다.

제40조【점유자의 의견진술권】① 구분소유자의 승낙을 받아 전유부분을 점유하는 자는 집회의 목적사항에 관하여 이해관계가 있는 경우에는 집회에 출석하여 의견을 진술할 수 있다.

② 제1항의 경우 집회를 소집하는 자는 제34조에 따라 소집통지를 한 후 지체 없이 집회의 일시, 장소 및 목적사항을 건물 내의 적당한 장소에 게시하여야 한다.

제41조【서면 또는 전자적 방법에 의한 결의 등】① 이 법 또는 규약에 따라 관리단집회에서 결의할 것으로 정한 사항에 관하여 구분소유자의 5분의 4 이상 및 의결권의 5분의 4 이상이 서면이나 전자적 방법 또는 서면과 전자적 방법으로 합의하면 관리단집회에서 결의한 것으로 본다. 다만, 제15조 제1항 제2호의 경우에는 구분소유자의 과반수 및 의결권의 과반수가 서면이나 전자적 방법 또는 서면과 전자적 방법으로 합의하면 관리단집회에서 결의한 것으로 본다.

② 구분소유자들은 미리 그들 중 1인을 대리인으로 정하여 관리단에 신고한 경우에는 그 대리인은 그 구분소유자들을 대리하여 관리단집회에 참석하거나 서면 또는 전자적 방법으로 의결권을 행사할 수 있다.

③ 제1항의 서면 또는 전자적 방법으로 기록된 정보에 관하여는 제30조를 준용한다.

제42조【규약 및 집회의 결의의 효력】① 규약 및 관리단집회의 결의는 **구분소유자의 특별승계인에 대하여도 효력이 있다.**

② 점유자는 구분소유자가 건물이나 대지 또는 부속시설의 사용과 관련하여 규약 또는 관리단집회의 결의에 따라 부담하는 의무와 동일한 의무를 진다.

제42조의2【결의취소의 소】구분소유자는 다음 각 호의 어느 하나에 해당하는 경우에는 집회 결의 사실을 안 날부터 6개월 이내에, 결의한 날부터 1년 이내에 결의취소의 소를 제기할 수 있다.

1. 집회의 소집 절차나 결의 방법이 법령 또는 규약에 위반되거나 현저하게 불공정한 경우
2. 결의 내용이 법령 또는 규약에 위배되는 경우

제6절 의무위반자에 대한 조치

제43조【공동의 이익에 어긋나는 행위의 정지청구 등】① 구분소유자가 제5조 제1항의 행위를 한 경우 또는 그 행위를 할 우려가 있는 경우에는 관리인 또는 관리단집회의 결의로 지정된 구분소유자는 구분소유자 공동의 이익을 위하여 그 행위를 정지하거나 그 행위의 결과를 제거하거나 그 행위의 예방에 필요한 조치를 할 것을 청구할 수 있다.

② 제1항에 따른 소송의 제기는 관리단집회의 결의가 있어야 한다.

③ 점유자가 제5조 제4항에서 준용하는 같은 조 제1항에 규정된 행위를 한 경우 또는 그 행위를 할 우려가 있는 경우에도 제1항과 제2항을 준용한다.

제44조【사용금지의 청구】① 제43조 제1항의 경우에 제5조 제1항에 규정된 행위로 구분소유자의 공동생활상의 장해가 현저하여 제43조 제1항에 규정된 청구로는 그 장

해를 제거하여 공용부분의 이용 확보나 구분소유자의 공동생활 유지를 도모함이 매우 곤란할 때에는 관리인 또는 관리단집회의 결의로 지정된 구분소유자는 소(訴)로써 적당한 기간 동안 해당 구분소유자의 전유부분 사용금지를 청구할 수 있다.
② 제1항의 청구는 구분소유자의 4분의 3 이상 및 의결권의 4분의 3 이상의 관리단집회 결의가 있어야 한다.
③ 제1항의 결의를 할 때에는 미리 해당 구분소유자에게 변명할 기회를 주어야 한다.

제45조【구분소유권의 경매】① 구분소유자가 제5조 제1항 및 제2항을 위반하거나 규약에서 정한 의무를 현저히 위반한 결과 공동생활을 유지하기 매우 곤란하게 된 경우에는 관리인 또는 관리단집회의 결의로 지정된 구분소유자는 해당 구분소유자의 전유부분 및 대지사용권의 경매를 명할 것을 법원에 청구할 수 있다.
② 제1항의 청구는 구분소유자의 4분의 3 이상 및 의결권의 4분의 3 이상의 관리단집회 결의가 있어야 한다.
③ 제2항의 결의를 할 때에는 미리 해당 구분소유자에게 변명할 기회를 주어야 한다.
④ 제1항의 청구에 따라 경매를 명한 재판이 확정되었을 때에는 그 청구를 한 자는 경매를 신청할 수 있다. 다만, 그 재판확정일부터 6개월이 지나면 그러하지 아니하다.
⑤ 제1항의 해당 구분소유자는 제4항 본문의 신청에 의한 경매에서 경락인이 되지 못한다.

제46조【전유부분의 점유자에 대한 인도청구】① 점유자가 제45조 제1항에 따른 의무위반을 한 결과 공동생활을 유지하기 매우 곤란하게 된 경우에는 관리인 또는 관리단집회의 결의로 지정된 구분소유자는 그 전유부분을 목적으로 하는 계약의 해제 및 그 전유부분의 인도를 청구할 수 있다.
② 제1항의 경우에는 제44조 제2항 및 제3항을 준용한다.
③ 제1항에 따라 전유부분을 인도받은 자는 지체 없이 그 전유부분을 점유할 권원(權原)이 있는 자에게 인도하여야 한다.

제7절 재건축 및 복구

제47조【재건축 결의】① 건물 건축 후 상당한 기간이 지나 건물이 훼손되거나 일부 멸실되거나 그 밖의 사정으로 건물 가격에 비하여 지나치게 많은 수리비·복구비나 관리비용이 드는 경우 또는 부근 토지의 이용 상황의 변화나 그 밖의 사정으로 건물을 재건축하면 재건축에 드는 비용에 비하여 현저하게 효용이 증가하게 되는 경우에 관리단집회는 그 건물을 철거하여 그 대지를 구분소유권의 목적이 될 새 건물의 대지로 이용할 것을 결의할 수 있다. 다만, 재건축의 내용이 단지 내 다른 건물의 구분소유자에게 특별한 영향을 미칠 때에는 그 구분소유자의 승낙을 받아야 한다.
② 제1항의 결의는 구분소유자의 5분의 4 이상 및 의결권의 5분의 4 이상의 결의에 따른다.
③ 재건축을 결의할 때에는 다음 각 호의 사항을 정하여야 한다.
1. 새 건물의 설계 개요
2. 건물의 철거 및 새 건물의 건축에 드는 비용을 개략적으로 산정한 금액
3. 제2호에 규정된 비용의 분담에 관한 사항
4. 새 건물의 구분소유권 귀속에 관한 사항

④ 제3항 제3호 및 제4호의 사항은 각 구분소유자 사이에 형평이 유지되도록 정하여야 한다.
⑤ 제1항의 결의를 위한 관리단집회의 의사록에는 결의에 대한 각 구분소유자의 찬반 의사를 적어야 한다.

제48조【구분소유권 등의 매도청구 등】① 재건축의 결의가 있으면 집회를 소집한 자는 지체 없이 그 결의에 찬성하지 아니한 구분소유자(그의 승계인을 포함한다)에 대하여 그 결의 내용에 따른 재건축에 참가할 것인지 여부를 회답할 것을 서면으로 촉구하여야 한다.
② 제1항의 촉구를 받은 구분소유자는 촉구를 받은 날부터 2개월 이내에 회답하여야 한다.
③ 제2항의 기간 내에 회답하지 아니한 경우 그 구분소유자는 재건축에 참가하지 아니하겠다는 뜻을 회답한 것으로 본다.
④ 제2항의 기간이 지나면 재건축 결의에 찬성한 각 구분소유자, 재건축 결의 내용에 따른 재건축에 참가할 뜻을 회답한 각 구분소유자(그의 승계인을 포함한다) 또는 이들 전원의 합의에 따라 구분소유권과 대지사용권을 매수하도록 지정된 자(이하 '매수지정자'라 한다)는 제2항의 기간 만료일부터 2개월 이내에 재건축에 참가하지 아니하겠다는 뜻을 회답한 구분소유자(그의 승계인을 포함한

다)에게 구분소유권과 대지사용권을 시가로 매도할 것을 청구할 수 있다. 재건축 결의가 있은 후에 이 구분소유자로부터 대지사용권만을 취득한 자의 대지사용권에 대하여도 또한 같다.
⑤ 제4항에 따른 청구가 있는 경우에 재건축에 참가하지 아니하겠다는 뜻을 회답한 구분소유자가 건물을 명도(明渡)하면 생활에 현저한 어려움을 겪을 우려가 있고 재건축의 수행에 큰 영향이 없을 때에는 법원은 그 구분소유자의 청구에 의하여 대금 지급일 또는 제공일부터 1년을 초과하지 아니하는 범위에서 건물 명도에 대하여 적당한 기간을 허락할 수 있다.
⑥ 재건축 결의일부터 2년 이내에 건물 철거공사가 착수되지 아니한 경우에는 제4항에 따라 구분소유권이나 대지사용권을 매도한 자는 이 기간이 만료된 날부터 6개월 이내에 매수인이 지급한 대금에 상당하는 금액을 그 구분소유권이나 대지사용권을 가지고 있는 자에게 제공하고 이들의 권리를 매도할 것을 청구할 수 있다. 다만, 건물 철거공사가 착수되지 아니한 타당한 이유가 있을 경우에는 그러하지 아니하다.
⑦ 제6항 단서에 따른 건물 철거공사가 착수되지 아니한 타당한 이유가 없어진 날부터 6개월 이내에 공사에 착수하지 아니하는 경우에는 제6항 본문을 준용한다. 이 경우 같은 항 본문 중 '이 기간이 만료된 날부터 6개월 이내에'는 '건물 철거공사가 착수되지 아니한 타당한 이유가 없어진 것을 안 날부터 6개월 또는 그 이유가 없어진 날부터 2년 중 빠른 날까지'로 본다.

제49조【재건축에 관한 합의】 재건축 결의에 찬성한 각 구분소유자, 재건축 결의 내용에 따른 재건축에 참가할 뜻을 회답한 각 구분소유자 및 구분소유권 또는 대지사용권을 매수한 각 매수지정자(이들의 승계인을 포함한다)는 재건축 결의 내용에 따른 재건축에 합의한 것으로 본다.

제50조【건물이 일부 멸실된 경우의 복구】 ① 건물가격의 2분의 1 이하에 상당하는 건물 부분이 멸실되었을 때에는 각 구분소유자는 멸실한 공용부분과 자기의 전유부분을 복구할 수 있다. 다만, 공용부분의 복구에 착수하기 전에 제47조 제1항의 결의나 공용부분의 복구에 대한 결의가 있는 경우에는 그러하지 아니하다.
② 제1항에 따라 공용부분을 복구한 자는 다른 구분소유자에게 제12조의 지분비율에 따라 복구에 든 비용의 상환을 청구할 수 있다.
③ 제1항 및 제2항의 규정은 규약으로 달리 정할 수 있다.
④ 건물이 일부 멸실된 경우로서 제1항 본문의 경우를 제외한 경우에 관리단집회는 구분소유자의 5분의 4 이상 및 의결권의 5분의 4 이상으로 멸실한 공용부분을 복구할 것을 결의할 수 있다.
⑤ 제4항의 결의가 있는 경우에는 제47조 제5항을 준용한다.
⑥ 제4항의 결의가 있을 때에는 그 결의에 찬성한 구분소유자(그의 승계인을 포함한다) 외의 구분소유자는 결의에 찬성한 구분소유자(그의 승계인을 포함한다)에게 건물 및 그 대지에 관한 권리를 시가로 매수할 것을 청구할 수 있다.
⑦ 제4항의 경우에 건물 일부가 멸실한 날부터 6개월 이내에 같은 항 또는 제47조 제1항의 결의가 없을 때에는 각 구분소유자는 다른 구분소유자에게 건물 및 그 대지에 관한 권리를 시가로 매수할 것을 청구할 수 있다.
⑧ 법원은 제2항, 제6항 및 제7항의 경우에 상환 또는 매수청구를 받은 구분소유자의 청구에 의하여 상환금 또는 대금의 지급에 관하여 적당한 기간을 허락할 수 있다.

제2장 단 지

제51조【단지관리단】 ① 한 단지에 여러 동의 건물이 있고 그 단지 내의 토지 또는 부속시설(이들에 관한 권리를 포함한다)이 그 건물 소유자(전유부분이 있는 건물에서는 구분소유자를 말한다)의 공동소유에 속하는 경우에는 이들 소유자는 그 단지 내의 토지 또는 부속시설을 관리하기 위한 단체를 구성하여 이 법에서 정하는 바에 따라 집회를 개최하고 규약을 정하며 관리인을 둘 수 있다.
② 한 단지에 여러 동의 건물이 있고 단지 내의 토지 또는 부속시설(이들에 관한 권리를 포함한다)이 그 건물 소유자(전유부분이 있는 건물에서는 구분소유자를 말한다) 중 일부의 공동소유에 속하는 경우에는 이들 소유자는 그 단지 내의 토지 또는 부속시설을 관리하기 위한 단체를 구성하여 이 법에서 정하는 바에 따라 집회를 개최하고 규약을 정하며 관리인을 둘 수 있다.

③ 제1항의 단지관리단은 단지관리단의 구성원이 속하는 각 관리단의 사업의 전부 또는 일부를 그 사업 목적으로 할 수 있다. 이 경우 각 관리단의 구성원의 4분의 3 이상 및 의결권의 4분의 3 이상에 의한 관리단집회의 결의가 있어야 한다.

제52조【단지에 대한 준용】 제51조의 경우에는 제3조, 제23조의2, 제24조, 제24조의2, 제25조, 제26조, 제26조의2부터 제26조의4까지, 제27조부터 제42조까지 및 제42조의2를 준용한다. 이 경우 전유부분이 없는 건물은 해당 건물의 수를 전유부분의 수로 한다.

제2장의2 집합건물분쟁조정위원회

제52조의2【집합건물분쟁조정위원회】 ① 이 법을 적용받는 건물과 관련된 분쟁을 심의·조정하기 위하여 특별시·광역시·특별자치시·도 또는 특별자치도(이하 '시·도'라 한다)에 집합건물분쟁조정위원회(이하 '조정위원회'라 한다)를 둔다.

② 조정위원회는 분쟁 당사자의 신청에 따라 다음 각 호의 분쟁(이하 '집합건물분쟁'이라 한다)을 심의·조정한다.

1. 이 법을 적용받는 건물의 하자에 관한 분쟁. 다만, 「공동주택관리법」 제36조 및 제37조에 따른 공동주택의 담보책임 및 하자보수 등과 관련된 분쟁은 제외한다.
2. 관리인·관리위원의 선임·해임 또는 관리단·관리위원회의 구성·운영에 관한 분쟁
3. 공용부분의 보존·관리 또는 변경에 관한 분쟁
4. 관리비의 징수·관리 및 사용에 관한 분쟁
5. 규약의 제정·개정에 관한 분쟁
6. 재건축과 관련된 철거, 비용분담 및 구분소유권 귀속에 관한 분쟁

6의2. 소음·진동·악취 등 공동생활과 관련된 분쟁

7. 그 밖에 이 법을 적용받는 건물과 관련된 분쟁으로서 대통령령으로 정한 분쟁

제52조의3【조정위원회의 구성과 운영】 ① 조정위원회는 위원장 1명과 부위원장 1명을 포함한 10명 이내의 위원으로 구성한다.

② 조정위원회의 위원은 집합건물분쟁에 관한 법률지식과 경험이 풍부한 사람으로서 다음 각 호의 어느 하나에 해당하는 사람 중에서 시·도지사가 임명하거나 위촉한다. 이 경우 제1호 및 제2호에 해당하는 사람이 각각 2명 이상 포함되어야 한다.

1. 법학 또는 조정·중재 등의 분쟁조정 관련 학문을 전공한 사람으로서 대학에서 조교수 이상으로 3년 이상 재직한 사람
2. 변호사 자격이 있는 사람으로서 3년 이상 법률에 관한 사무에 종사한 사람
3. 건설공사, 하자감정 또는 공동주택관리에 관한 전문적 지식을 갖춘 사람으로서 해당 업무에 3년 이상 종사한 사람
4. 해당 시·도 소속 5급 이상 공무원으로서 관련 업무에 3년 이상 종사한 사람

③ 조정위원회의 위원장은 해당 시·도지사가 위원 중에서 임명하거나 위촉한다.

④ 조정위원회에는 분쟁을 효율적으로 심의·조정하기 위하여 3명 이내의 위원으로 구성되는 소위원회를 둘 수 있다. 이 경우 소위원회에는 제2항 제1호 및 제2호에 해당하는 사람이 각각 1명 이상 포함되어야 한다.

⑤ 조정위원회는 재적위원 과반수의 출석과 출석위원 과반수의 찬성으로 의결하며, 소위원회는 재적위원 전원 출석과 출석위원 과반수의 찬성으로 의결한다.

⑥ 제1항부터 제5항까지에서 규정한 사항 외에 조정위원회와 소위원회의 구성 및 운영에 필요한 사항과 조정 절차에 관한 사항은 대통령령으로 정한다.

제52조의4【위원의 제척 등】 ① 조정위원회의 위원이 다음 각 호의 어느 하나에 해당하는 경우에는 그 사건의 심의·조정에서 제척(除斥)된다.

1. 위원 또는 그 배우자나 배우자이었던 사람이 해당 집합건물분쟁의 당사자가 되거나 그 집합건물분쟁에 관하여 당사자와 공동권리자 또는 공동의무자의 관계에 있는 경우
2. 위원이 해당 집합건물분쟁의 당사자와 친족이거나 친족이었던 경우
3. 위원이 해당 집합건물분쟁에 관하여 진술이나 감정을 한 경우
4. 위원이 해당 집합건물분쟁에 당사자의 대리인으로서 관여한 경우
5. 위원이 해당 집합건물분쟁의 원인이 된 처분이나 부작위에 관여한 경우

② 조정위원회는 위원에게 제1항의 제척 원인이 있는 경우에는 직권이나 당사자의 신청에 따라 제척의 결정을 한다.

③ 당사자는 위원에게 공정한 직무집행을 기대하기 어려운 사정이 있으면 조정위원회에 해당 위원에 대한 기피신청을 할 수 있다.

④ 위원은 제1항 또는 제3항의 사유에 해당하면 스스로 그 집합건물분쟁의 심의·조정을 회피할 수 있다.

제52조의5【분쟁조정신청과 통지 등】① 조정위원회는 당사자 일방으로부터 분쟁의 조정신청을 받은 경우에는 지체 없이 그 신청내용을 상대방에게 통지하여야 한다.

② 제1항에 따라 통지를 받은 상대방은 그 통지를 받은 날부터 7일 이내에 조정에 응할 것인지에 관한 의사를 조정위원회에 통지하여야 한다.

③ 제1항에 따라 분쟁의 조정신청을 받은 조정위원회는 분쟁의 성질 등 조정에 적합하지 아니한 사유가 있다고 인정하는 경우에는 해당 조정의 불개시(不開始) 결정을 할 수 있다. 이 경우 조정의 불개시 결정 사실과 그 사유를 당사자에게 통보하여야 한다.

제52조의6【조정의 절차】① 조정위원회는 제52조의5 제1항에 따른 조정신청을 받으면 같은 조 제2항에 따른 조정 불응 또는 같은 조 제3항에 따른 조정의 불개시 결정이 있는 경우를 제외하고는 지체 없이 조정 절차를 개시하여야 하며, 신청을 받은 날부터 60일 이내에 그 절차를 마쳐야 한다.

② 조정위원회는 제1항의 기간 내에 조정을 마칠 수 없는 경우에는 조정위원회의 의결로 그 기간을 30일의 범위에서 한 차례만 연장할 수 있다. 이 경우 그 사유와 기한을 분명히 밝혀 당사자에게 서면으로 통지하여야 한다.

③ 조정위원회는 제1항에 따른 조정의 절차를 개시하기 전에 이해관계인 등의 의견을 들을 수 있다.

④ 조정위원회는 제1항에 따른 절차를 마쳤을 때에는 조정안을 작성하여 지체 없이 각 당사자에게 제시하여야 한다.

⑤ 제4항에 따른 조정안을 제시받은 당사자는 제시받은 날부터 14일 이내에 조정안의 수락 여부를 조정위원회에 통보하여야 한다. 이 경우 당사자가 그 기간 내에 조정안에 대한 수락 여부를 통보하지 아니한 경우에는 조정안을 수락한 것으로 본다.

제52조의7【출석 및 자료제출 요구】① 조정위원회는 조정을 위하여 필요하다고 인정하는 경우 분쟁당사자, 분쟁 관련 이해관계인 또는 참고인에게 출석하여 진술하게 하거나 조정에 필요한 자료나 물건 등을 제출하도록 요구할 수 있다.

② 조정위원회는 해당 조정업무에 참고하기 위하여 시·도지사 및 관련기관에 해당 분쟁과 관련된 자료를 요청할 수 있다.

제52조의8【조정의 중지 등】① 조정위원회는 당사자가 제52조의5 제2항에 따라 조정에 응하지 아니할 의사를 통지하거나 제52조의6 제5항에 따라 조정안을 거부한 경우에는 조정을 중지하고 그 사실을 상대방에게 서면으로 통보하여야 한다.

② 조정위원회는 당사자 중 일방이 소를 제기한 경우에는 조정을 중지하고 그 사실을 상대방에게 통보하여야 한다.

③ 조정위원회는 법원에 소송계속 중인 당사자 중 일방이 조정을 신청한 때에는 해당 조정 신청을 결정으로 각하하여야 한다.

제52조의9【조정의 효력】① 당사자가 제52조의6 제5항에 따라 조정안을 수락하면 조정위원회는 지체 없이 조정서 3부를 작성하여 위원장 및 각 당사자로 하여금 조정서에 서명날인하게 하여야 한다.

② 제1항의 경우 당사자 간에 조정서와 같은 내용의 합의가 성립된 것으로 본다.

제52조의10【하자 등의 감정】① 조정위원회는 당사자의 신청으로 또는 당사자와 협의하여 대통령령으로 정하는 안전진단기관, 하자감정전문기관 등에 하자진단 또는 하자감정 등을 요청할 수 있다.

② 조정위원회는 당사자의 신청으로 또는 당사자와 협의하여 「공동주택관리법」 제39조에 따른 하자심사·분쟁조정위원회에 하자판정을 요청할 수 있다.

③ 제1항 및 제2항에 따른 비용은 대통령령으로 정하는 바에 따라 당사자가 부담한다.

제3장 구분건물의 건축물대장

제53조【건축물대장의 편성】① 소관청은 이 법을 적용받는 건물에 대하여는 이 법에서 정하는 건축물대장과 건물의 도면 및 각 층의 평면도를 갖추어 두어야 한다.

② 대장은 1동의 건물을 표시할 용지와 그 1동의 건물에 속하는 전유부분의 건물을 표시할 용지로 편성한다.

③ 1동의 건물에 대하여는 각 1용지를 사용하고 전유부분의 건물에 대하여는 구분한 건물마다 1용지를 사용한다.

④ 1동의 건물에 속하는 구분한 건물의 대장은 1책에 편철하고 1동의 건물을 표시할 용지 다음에 구분한 건물을 표시할 용지를 편철한다.

⑤ 제4항의 경우에 편철한 용지가 너무 많을 때에는 여러 책으로 나누어 편철할 수 있다.

제54조 【건축물대장의 등록사항】 ① 1동의 건물을 표시할 용지에는 다음 각 호의 사항을 등록하여야 한다.

1. 1동의 건물의 소재지와 지번(地番)
2. 1동의 건물에 번호가 있을 때에는 그 번호
3. 1동의 건물의 구조와 면적
4. 1동의 건물에 속하는 전유부분의 번호
5. 그 밖에 국토교통부령으로 정하는 사항

② 전유부분을 표시할 용지에는 다음 각 호의 사항을 등록하여야 한다.

1. 전유부분의 번호
2. 전유부분이 속하는 1동의 건물의 번호
3. 전유부분의 종류, 구조와 면적
4. 부속건물이 있을 때에는 부속건물의 종류, 구조, 면적
5. 소유자의 성명 또는 명칭과 주소 또는 사무소. 이 경우 소유자가 둘 이상일 때에는 그 지분
6. 그 밖에 국토교통부령으로 정하는 사항

③ 제2항 제4호의 경우에 부속건물이 그 전유부분과 다른 별채의 건물이거나 별채인 1동의 건물을 구분한 것일 때에는 그 1동의 건물의 소재지, 지번, 번호, 종류, 구조 및 면적을 등록하여야 한다.

④ 제3항의 경우에 건물의 표시 및 소유자의 표시에 관한 사항을 등록할 때에는 원인 및 그 연월일과 등록연월일을 적어야 한다.

⑤ 제3조 제2항 및 제3항에 따른 공용부분의 등록에 관하여는 제2항과 제4항을 준용한다. 이 경우 그 건물의 표시란에 공용부분이라는 취지를 등록한다.

⑥ 구분점포의 경우에는 전유부분 용지의 구조란에 경계벽이 없다는 뜻을 적어야 한다.

제55조 【건축물대장의 등록절차】 건축물대장의 등록은 소유자 등의 신청이나 소관청의 조사결정에 의한다.

제56조 【건축물대장의 신규 등록신청】 ① 이 법을 적용받는 건물을 신축한 자는 1개월 이내에 1동의 건물에 속하는 전유부분 전부에 대하여 동시에 건축물대장 등록신청을 하여야 한다.

② 제1항의 신청서에는 제54조에 규정된 사항을 적고 건물의 도면, 각 층의 평면도(구분점포의 경우에는 「건축사법」 제23조에 따라 신고한 건축사 또는 「공간정보의 구축 및 관리 등에 관한 법률」 제39조 제2항에서 정한 측량기술자가 구분점포의 경계표지에 관한 측량성과를 적어 작성한 평면도를 말한다)와 신청인의 소유임을 증명하는 서면을 첨부하여야 하며, 신청서에 적은 사항 중 규약이나 규약에 상당하는 공정증서로써 정한 것이 있는 경우에는 그 규약이나 공정증서를 첨부하여야 한다.

③ 이 법을 적용받지 아니하던 건물이 구분, 신축 등으로 인하여 이 법을 적용받게 된 경우에는 제1항과 제2항을 준용한다.

④ 제3항의 경우에 건물 소유자는 다른 건물의 소유자를 대위(代位)하여 제1항의 신청을 할 수 있다.

제57조 【건축물대장의 변경등록신청】 ① 건축물대장에 등록한 사항이 변경된 경우에는 소유자는 1개월 이내에 변경등록신청을 하여야 한다.

② 1동의 건물을 표시할 사항과 공용부분의 표시에 관한 사항의 변경등록은 전유부분 소유자 중 1인 또는 여럿이 제1항의 기간까지 신청할 수 있다.

③ 제1항 및 제2항의 신청서에는 변경된 사항과 1동의 건물을 표시하기에 충분한 사항을 적고 그 변경을 증명하는 서면을 첨부하여야 하며 건물의 소재지, 구조, 면적이 변경되거나 부속건물을 신축한 경우에는 건물도면 또는 각 층의 평면도도 첨부하여야 한다.

④ 구분점포는 제1조의2 제1항 제1호의 용도 외의 다른 용도로 변경할 수 없다.

제58조 【신청의무의 승계】 소유자가 변경된 경우에는 전 소유자가 하여야 할 제56조와 제57조 제1항의 등록신청은 소유자가 변경된 날부터 1개월 이내에 새로운 소유자가 하여야 한다.

제59조 【소관청의 직권조사】 ① 소관청은 제56조 또는 제57조의 신청을 받아 또는 직권으로 건축물대장에 등록할 때에는 소속 공무원에게 건물의 표시에 관한 사항을 조사하게 할 수 있다.

② 소관청은 구분점포에 관하여 제56조 또는 제57조의 신청을 받으면 신청 내용이 제1조의2 제1항 각 호의 요건을 충족하는지와 건축물의 실제 현황과 일치하는지를 조사하여야 한다.

③ 제1항 및 제2항의 조사를 하는 경우 해당 공무원은 일출 후 일몰 전까지 그 건물에 출입할 수 있으며, 점유자나 그 밖의 이해관계인에게 질문하거나 문서의 제시를 요구할 수 있다. 이 경우 관계인에게 그 신분을 증명하는 증표를 보여주어야 한다.

제60조【조사 후 처리】 ① 제56조의 경우에 소관청은 관계 공무원의 조사 결과 그 신고 내용이 부당하다고 인정할 때에는 그 취지를 적어 정정할 것을 명하고, 그 신고 내용을 정정하여도 그 건물의 상황이 제1조 또는 제1조의2의 규정에 맞지 아니하다고 인정할 때에는 그 등록을 거부하고 그 건물 전체를 하나의 건물로 하여 일반건축물대장에 등록하여야 한다.

② 제1항의 경우에는 일반건축물대장에 등록한 날부터 7일 이내에 신고인에게 그 등록거부 사유를 서면으로 통지하여야 한다.

제61조 삭제 〈2011.4.12.〉

제62조 삭제 〈2011.4.12.〉

제63조 삭제 〈2011.4.12.〉

제64조 삭제 〈2011.4.12.〉

제4장 벌 칙

제65조【벌금】 ① 제1조의2 제1항에서 정한 경계표지 또는 건물번호표지를 파손, 이동 또는 제거하거나 그 밖의 방법으로 경계를 알아볼 수 없게 한 사람은 3년 이하의 징역 또는 1천만원 이하의 벌금에 처한다.

② 건축사 또는 측량기술자가 제56조 제2항에서 정한 평면도에 측량성과를 사실과 다르게 적었을 때에는 2년 이하의 징역 또는 500만원 이하의 벌금에 처한다.

제66조【과태료】 ① 다음 각 호의 어느 하나에 해당하는 자에게는 500만원 이하의 과태료를 부과한다.

1. 제26조의2 제1항 또는 제3항(제52조에서 준용하는 경우를 포함한다)에 따른 회계감사를 받지 아니하거나 부정한 방법으로 받은 자
2. 제26조의2 제6항(제52조에서 준용하는 경우를 포함한다)을 위반하여 회계감사를 방해하는 등 같은 항 각 호의 어느 하나에 해당하는 행위를 한 자

② 다음 각 호의 어느 하나에 해당하는 자에게는 300만원 이하의 과태료를 부과한다.

1. 제26조의2 제4항(제52조에서 준용하는 경우를 포함한다)을 위반하여 회계감사 결과를 보고하지 아니하거나 거짓으로 보고한 자
2. 제59조 제1항에 따른 조사를 거부·방해 또는 기피한 자
3. 제59조 제3항에 따른 질문 및 문서 제시 요구에 응하지 아니하거나 거짓으로 응한 자

③ 다음 각 호의 어느 하나에 해당하는 자에게는 200만원 이하의 과태료를 부과한다.

1. 제9조의3 제3항을 위반하여 통지를 하지 아니한 자
2. 제9조의3 제4항을 위반하여 관리단집회를 소집하지 아니한 자
3. 제24조 제6항(제52조에서 준용하는 경우를 포함한다)에 따른 신고를 하지 아니한 자
4. 제26조 제1항(제52조에서 준용하는 경우를 포함한다)을 위반하여 보고를 하지 아니하거나 거짓으로 보고한 자
5. 제30조 제1항, 제39조 제4항, 제41조 제3항(이들 규정을 제52조에서 준용하는 경우를 포함한다)을 위반하여 규약, 의사록 또는 서면(전자적 방법으로 기록된 정보를 포함한다)을 보관하지 아니한 자
6. 제30조 제3항, 제39조 제4항, 제41조 제3항(이들 규정을 제52조에서 준용하는 경우를 포함한다)을 위반하여 정당한 사유 없이 규약, 의사록 또는 서면(전자적 방법으로 기록된 정보를 포함한다)의 열람이나 등본의 발급청구를 거부한 자
7. 제39조 제2항 및 제3항(이들 규정을 제52조에서 준용하는 경우를 포함한다)을 위반하여 의사록을 작성하지 아니하거나 의사록에 적어야 할 사항을 적지 아니하거나 거짓으로 적은 자
8. 제56조 제1항, 제57조 제1항, 제58조에 따른 등록신청을 게을리한 자

④ 제1항부터 제3항까지의 규정에 따른 과태료는 대통령령으로 정하는 바에 따라 소관청이 부과·징수한다.

부 칙

〈제16919호, 2020.2.4.〉

제1조【시행일】이 법은 공포 후 1년이 경과한 날부터 시행한다.

제2조【분양자의 통지의무 등에 관한 적용례】제9조의3의 개정규정은 이 법 시행 이후 분양하는 경우부터 적용한다.

제3조【관리인 선임 등 신고에 관한 적용례】제24조 제6항의 개정규정(제52조의 개정규정에서 준용하는 경우를 포함한다)은 이 법 시행 이후 관리인을 선임하는 경우부터 적용한다.

제4조【관리인의 회계감사에 관한 적용례】제26조의2의 개정규정(제52조의 개정규정에서 준용하는 경우를 포함한다)은 이 법 시행 이후 개시되는 회계연도부터 적용한다.

제5조【관리위원회 구성에 관한 경과조치】이 법 시행 당시 재직 중인 관리위원회 위원에 대해서는 잔여임기 동안 제26조의4 제2항의 개정규정(제52조의 개정규정에서 준용하는 경우를 포함한다)에도 불구하고 종전의 규정에 따른다.

가등기담보 등에 관한 법률

[시행 2017.3.28.]

[법률 제14474호, 2016.12.27, 타법개정]

제1조【목적】이 법은 차용물(借用物)의 반환에 관하여 차주(借主)가 차용물을 갈음하여 다른 재산권을 이전할 것을 예약할 때 그 재산의 예약 당시 가액(價額)이 차용액(借用額)과 이에 붙인 이자를 합산한 액수를 초과하는 경우에 이에 따른 담보계약(擔保契約)과 그 담보의 목적으로 마친 가등기(假登記) 또는 소유권이전등기(所有權移轉登記)의 효력을 정함을 목적으로 한다.

제2조【정의】이 법에서 사용하는 용어의 뜻은 다음과 같다.

1. '담보계약'이란 「민법」 제608조에 따라 그 효력이 상실되는 대물반환(代物返還)의 예약[환매(還買), 양도담보(讓渡擔保) 등 명목(名目)이 어떠하든 그 모두를 포함한다]에 포함되거나 병존(竝存)하는 채권담보(債權擔保) 계약을 말한다.
2. '채무자등'이란 다음 각 목의 자를 말한다.
   가. 채무자
   나. 담보가등기목적 부동산의 물상보증인(物上保證人)
   다. 담보가등기 후 소유권을 취득한 제3자
3. '담보가등기(擔保假登記)'란 채권담보의 목적으로 마친 가등기를 말한다.
4. '강제경매등'이란 강제경매(强制競賣)와 담보권의 실행 등을 위한 경매를 말한다.
5. '후순위권리자(後順位權利者)'란 담보가등기 후에 등기된 저당권자·전세권자 및 담보가등기권리자를 말한다.

제3조【담보권 실행의 통지와 청산기간】① 채권자가 담보계약에 따른 담보권을 실행하여 그 담보목적부동산의 소유권을 취득하기 위하여는 그 채권(債權)의 변제기(辨濟期) 후에 제4조의 청산금(淸算金)의 평가액을 채무자등에게 통지하고, 그 통지가 채무자등에게 도달한 날부터 2개월(이하 '청산기간'이라 한다)이 지나야 한다. 이 경우 청산금이 없다고 인정되는 경우에는 그 뜻을 통지하여야 한다.

② 제1항에 따른 통지에는 통지 당시의 담보목적부동산의 평가액과 「민법」 제360조에 규정된 채권액을 밝혀야 한다. 이 경우 부동산이 둘 이상인 경우에는 각 부동산의 소유권이전에 의하여 소멸시키려는 채권과 그 비용을 밝혀야 한다.

제4조【청산금의 지급과 소유권의 취득】 ① 채권자는 제3조 제1항에 따른 통지 당시의 담보목적부동산의 가액에서 그 채권액을 뺀 금액(이하 '청산금'이라 한다)을 채무자등에게 지급하여야 한다. 이 경우 담보목적부동산에 선순위담보권(先順位擔保權) 등의 권리가 있을 때에는 그 채권액을 계산할 때에 선순위담보 등에 의하여 담보된 채권액을 포함한다.

② 채권자는 담보목적부동산에 관하여 이미 소유권이전등기를 마친 경우에는 청산기간이 지난 후 청산금을 채무자등에게 지급한 때에 담보목적부동산의 소유권을 취득하며, 담보가등기를 마친 경우에는 청산기간이 지나야 그 가등기에 따른 본등기(本登記)를 청구할 수 있다.

③ 청산금의 지급채무와 부동산의 소유권이전등기 및 인도채무(引渡債務)의 이행에 관하여는 동시이행의 항변권(抗辯權)에 관한 「민법」 제536조를 준용한다.

④ 제1항부터 제3항까지의 규정에 어긋나는 특약(特約)으로서 채무자등에게 불리한 것은 그 효력이 없다. 다만, 청산기간이 지난 후에 행하여진 특약으로서 제3자의 권리를 침해하지 아니하는 것은 그러하지 아니하다.

제5조【후순위권리자의 권리행사】 ① 후순위권리자는 그 순위에 따라 채무자등이 지급받을 청산금에 대하여 제3조 제1항에 따라 통지된 평가액의 범위에서 청산금이 지급될 때까지 그 권리를 행사할 수 있고, 채권자는 후순위권리자의 요구가 있는 경우에는 청산금을 지급하여야 한다.

② 후순위권리자는 제1항의 권리를 행사할 때에는 그 피담보채권(被擔保債權)의 범위에서 그 채권의 명세와 증서를 채권자에게 교부하여야 한다.

③ 채권자가 제2항의 명세와 증서를 받고 후순위권리자에게 청산금을 지급한 때에는 그 범위에서 청산금채무는 소멸한다.

④ 제1항의 권리행사를 막으려는 자는 청산금을 압류(押留)하거나 가압류(假押留)하여야 한다.

⑤ 담보가등기 후에 대항력(對抗力) 있는 임차권(賃借權)을 취득한 자에게는 청산금의 범위에서 동시이행의 항변권에 관한 「민법」 제536조를 준용한다.

제6조【채무자등 외의 권리자에 대한 통지】 ① 채권자는 제3조 제1항에 따른 통지가 채무자등에게 도달하면 지체 없이 후순위권리자에게 그 통지의 사실과 내용 및 도달일을 통지하여야 한다.

② 제3조 제1항에 따른 통지가 채무자등에게 도달한 때에는 담보가등기 후에 등기한 제3자(제1항에 따라 통지를 받을 자를 제외하고, 대항력 있는 임차권자를 포함한다)가 있으면 채권자는 지체 없이 그 제3자에게 제3조 제1항에 따른 통지를 한 사실과 그 채권액을 통지하여야 한다.

③ 제1항과 제2항에 따른 통지는 통지를 받을 자의 등기부상의 주소로 발송함으로써 그 효력이 있다. 그러나 대항력 있는 임차권자에게는 그 담보목적부동산의 소재지로 발송하여야 한다.

제7조【청산금에 대한 처분 제한】 ① 채무자가 청산기간이 지나기 전에 한 청산금에 관한 권리의 양도나 그 밖의 처분은 이로써 후순위권리자에게 대항하지 못한다.

② 채권자가 청산기간이 지나기 전에 청산금을 지급한 경우 또는 제6조 제1항에 따른 통지를 하지 아니하고 청산금을 지급한 경우에도 제1항과 같다.

제8조【청산금의 공탁】 ① 청산금채권이 압류되거나 가압류된 경우에 채권자는 청산기간이 지난 후 이에 해당하는 청산금을 채무이행지(債務履行地)를 관할하는 지방법원이나 지원(支院)에 공탁(供託)하여 그 범위에서 채무를 면(免)할 수 있다.

② 제1항에 따라 공탁이 있는 경우에는 채무자등의 공탁금출급청구권(供託金出給請求權)이 압류되거나 가압류된 것으로 본다.

③ 채권자는 제14조에 따른 경우 외에는 공탁금의 회수(回收)를 청구할 수 없다.

④ 채권자는 제1항에 따라 공탁을 한 경우에는 채무자등과 압류채권자 또는 가압류채권자에게 지체 없이 공탁의 통지를 하여야 한다.

제9조【통지의 구속력】 채권자는 제3조 제1항에 따라 그가 통지한 청산금의 금액에 관하여 다툴 수 없다.

제10조 【법정지상권】 토지와 그 위의 건물이 동일한 소유자에게 속하는 경우 그 토지나 건물에 대하여 제4조 제2항에 따른 소유권을 취득하거나 담보가등기에 따른 본등기가 행하여진 경우에는 그 건물의 소유를 목적으로 그 토지 위에 지상권(地上權)이 설정된 것으로 본다. 이 경우 그 존속기간과 지료(地料)는 당사자의 청구에 의하여 법원이 정한다.

제11조 【채무자등의 말소청구권】 채무자등은 청산금채권을 변제받을 때까지 그 채무액(반환할 때까지의 이자와 손해금을 포함한다)을 채권자에게 지급하고 그 채권담보의 목적으로 마친 소유권이전등기의 말소를 청구할 수 있다. 다만, 그 채무의 변제기가 지난 때부터 10년이 지나거나 선의의 제3자가 소유권을 취득한 경우에는 그러하지 아니하다.

제12조 【경매의 청구】 ① 담보가등기권리자는 그 선택에 따라 제3조에 따른 담보권을 실행하거나 담보목적부동산의 경매를 청구할 수 있다. 이 경우 경매에 관하여는 담보가등기권리를 저당권으로 본다.

② 후순위권리자는 청산기간에 한정하여 그 피담보채권의 변제기 도래 전이라도 담보목적부동산의 경매를 청구할 수 있다.

제13조 【우선변제청구권】 담보가등기를 마친 부동산에 대하여 강제경매등이 개시된 경우에 담보가등기권리자는 다른 채권자보다 자기채권을 우선변제 받을 권리가 있다. 이 경우 그 순위에 관하여는 그 담보가등기권리를 저당권으로 보고, 그 담보가등기를 마친 때에 그 저당권의 설정등기(設定登記)가 행하여진 것으로 본다.

제14조 【강제경매등의 경우의 담보가등기】 담보가등기를 마친 부동산에 대하여 강제경매등의 개시 결정이 있는 경우에 그 경매의 신청이 청산금을 지급하기 전에 행하여진 경우(청산금이 없는 경우에는 청산기간이 지나기 전)에는 담보가등기권리자는 그 가등기에 따른 본등기를 청구할 수 없다.

제15조 【담보가등기권리의 소멸】 담보가등기를 마친 부동산에 대하여 강제경매등이 행하여진 경우에는 담보가등기권리는 그 부동산의 매각에 의하여 소멸한다.

제16조 【강제경매등에 관한 특칙】 ① 법원은 소유권의 이전에 관한 가등기가 되어 있는 부동산에 대한 강제경매등의 개시결정(開始決定)이 있는 경우에는 가등기권리자에게 다음 각 호의 구분에 따른 사항을 법원에 신고하도록 적당한 기간을 정하여 최고(催告)하여야 한다.

1. 해당 가등기가 담보가등기인 경우 : 그 내용과 채권[이자나 그 밖의 부수채권(附隨債權)을 포함한다]의 존부(存否)·원인 및 금액
2. 해당 가등기가 담보가등기가 아닌 경우 : 해당 내용

② 압류등기 전에 이루어진 담보가등기권리가 매각에 의하여 소멸되면 제1항의 채권신고를 한 경우에만 그 채권자는 매각대금을 배당받거나 변제금을 받을 수 있다. 이 경우 그 담보가등기의 말소에 관하여는 매수인이 인수하지 아니한 부동산의 부담에 관한 기입을 말소하는 등기의 촉탁에 관한 「민사집행법」 제144조 제1항 제2호를 준용한다.

③ 소유권의 이전에 관한 가등기권리자는 강제경매등 절차의 이해관계인으로 본다.

제17조 【파산 등 경우의 담보가등기】 ① 파산재단(破産財團)에 속하는 부동산에 설정한 담보가등기권리에 대하여는 「채무자 회생 및 파산에 관한 법률」 중 저당권에 관한 규정을 적용한다.

② 파산재단에 속하지 아니하는 파산자의 부동산에 대하여 설정되어 있는 담보가등기권리자에 관하여는 준별제권자(準別除權者)에 관한 「채무자 회생 및 파산에 관한 법률」 제414조를 준용한다.

③ 담보가등기권리는 「국세기본법」, 「국세징수법」, 「지방세기본법」, 「지방세징수법」, 「채무자 회생 및 파산에 관한 법률」을 적용할 때에는 저당권으로 본다.

제18조 【다른 권리를 목적으로 하는 계약에의 준용】 등기 또는 등록할 수 있는 부동산소유권 외의 권리[질권(質權)·저당권 및 전세권은 제외한다]의 취득을 목적으로 하는 담보계약에 관하여는 제3조부터 제17조까지의 규정을 준용한다. 다만, 「동산·채권 등의 담보에 관한 법률」에 따라 담보등기를 마친 경우에는 그러하지 아니하다.

부 칙

〈제14474호, 2016.12.27.〉
(지방세기본법)

제1조【시행일】 이 법은 공포 후 3개월이 경과한 날부터 시행한다.

제2조부터 제12조까지 생략

제13조【다른 법률의 개정】 ①「가등기담보 등에 관한 법률」 일부를 다음과 같이 개정한다.
제17조 제3항 중 '「지방세기본법」'을 '「지방세기본법」, 「지방세징수법」'으로 한다.
②부터 ⑮까지 생략

제14조 생략

약관의 규제에 관한 법률

[시행 2021.12.30.]
[법률 제17799호, 2020.12.29, 타법개정]

제1장 총 칙

제1조【목적】 이 법은 사업자가 그 거래상의 지위를 남용하여 불공정한 내용의 약관(約款)을 작성하여 거래에 사용하는 것을 방지하고 불공정한 내용의 약관을 규제함으로써 건전한 거래질서를 확립하고, 이를 통하여 소비자를 보호하고 국민생활을 균형 있게 향상시키는 것을 목적으로 한다.

제2조【정의】 이 법에서 사용하는 용어의 정의는 다음과 같다.

1. '약관'이란 그 명칭이나 형태 또는 범위에 상관없이 계약의 한쪽 당사자가 여러 명의 상대방과 계약을 체결하기 위하여 일정한 형식으로 미리 마련한 계약의 내용을 말한다.
2. '사업자'란 계약의 한쪽 당사자로서 상대 당사자에게 약관을 계약의 내용으로 할 것을 제안하는 자를 말한다.
3. '고객'이란 계약의 한쪽 당사자로서 사업자로부터 약관을 계약의 내용으로 할 것을 제안받은 자를 말한다.

제3조【약관의 작성 및 설명의무 등】 ① 사업자는 고객이 약관의 내용을 쉽게 알 수 있도록 한글로 작성하고, 표준화·체계화된 용어를 사용하며, 약관의 중요한 내용을 부호, 색채, 굵고 큰 문자 등으로 명확하게 표시하여 알아보기 쉽게 약관을 작성하여야 한다.

② 사업자는 계약을 체결할 때에는 고객에게 약관의 내용을 계약의 종류에 따라 일반적으로 예상되는 방법으로 분명하게 밝히고, 고객이 요구할 경우 그 약관의 사본을 고객에게 내주어 고객이 약관의 내용을 알 수 있게 하여야 한다. 다만, 다음 각 호의 어느 하나에 해당하는 업종의 약관에 대하여는 그러하지 아니하다.

1. 여객운송업
2. 전기·가스 및 수도사업
3. 우편업
4. 공중전화 서비스 제공 통신업

③ 사업자는 약관에 정하여져 있는 중요한 내용을 고객이 이해할 수 있도록 설명하여야 한다. 다만, 계약의 성질상 설명하는 것이 현저하게 곤란한 경우에는 그러하지 아니하다.

④ 사업자가 제2항 및 제3항을 위반하여 계약을 체결한 경우에는 해당 약관을 계약의 내용으로 주장할 수 없다.

제4조 【개별 약정의 우선】 약관에서 정하고 있는 사항에 관하여 사업자와 고객이 약관의 내용과 다르게 합의한 사항이 있을 때에는 그 합의 사항은 약관보다 우선한다.

제5조 【약관의 해석】 ① 약관은 신의성실의 원칙에 따라 공정하게 해석되어야 하며 고객에 따라 다르게 해석되어서는 아니 된다.

② 약관의 뜻이 명백하지 아니한 경우에는 고객에게 유리하게 해석되어야 한다.

제2장 불공정약관조항

제6조 【일반원칙】 ① 신의성실의 원칙을 위반하여 공정성을 잃은 약관 조항은 무효이다.

② 약관의 내용 중 다음 각 호의 어느 하나에 해당하는 내용을 정하고 있는 조항은 공정성을 잃은 것으로 추정된다.

1. 고객에게 부당하게 불리한 조항
2. 고객이 계약의 거래형태 등 관련된 모든 사정에 비추어 예상하기 어려운 조항
3. 계약의 목적을 달성할 수 없을 정도로 계약에 따르는 본질적 권리를 제한하는 조항

제7조 【면책조항의 금지】 계약 당사자의 책임에 관하여 정하고 있는 약관의 내용 중 다음 각 호의 어느 하나에 해당하는 내용을 정하고 있는 조항은 무효로 한다.

1. 사업자, 이행 보조자 또는 피고용자의 고의 또는 중대한 과실로 인한 법률상의 책임을 배제하는 조항
2. 상당한 이유 없이 사업자의 손해배상 범위를 제한하거나 사업자가 부담하여야 할 위험을 고객에게 떠넘기는 조항
3. 상당한 이유 없이 사업자의 담보책임을 배제 또는 제한하거나 그 담보책임에 따르는 고객의 권리행사의 요건을 가중하는 조항
4. 상당한 이유 없이 계약목적물에 관하여 견본이 제시되거나 품질·성능 등에 관한 표시가 있는 경우 그 보장된 내용에 대한 책임을 배제 또는 제한하는 조항

제8조 【손해배상액의 예정】 고객에게 부당하게 과중한 지연 손해금 등의 손해배상 의무를 부담시키는 약관 조항은 무효로 한다.

제9조 【계약의 해제·해지】 계약의 해제·해지에 관하여 정하고 있는 약관의 내용 중 다음 각 호의 어느 하나에 해당되는 내용을 정하고 있는 조항은 무효로 한다.

1. 법률에 따른 고객의 해제권 또는 해지권을 배제하거나 그 행사를 제한하는 조항
2. 사업자에게 법률에서 규정하고 있지 아니하는 해제권 또는 해지권을 부여하여 고객에게 부당하게 불이익을 줄 우려가 있는 조항
3. 법률에 따른 사업자의 해제권 또는 해지권의 행사 요건을 완화하여 고객에게 부당하게 불이익을 줄 우려가 있는 조항
4. 계약의 해제 또는 해지로 인한 원상회복의무를 상당한 이유 없이 고객에게 과중하게 부담시키거나 고객의 원상회복 청구권을 부당하게 포기하도록 하는 조항
5. 계약의 해제 또는 해지로 인한 사업자의 원상회복의무나 손해배상의무를 부당하게 경감하는 조항
6. 계속적인 채권관계의 발생을 목적으로 하는 계약에서 그 존속기간을 부당하게 단기 또는 장기로 하거나 묵시적인 기간의 연장 또는 갱신이 가능하도록 정하여 고객에게 부당하게 불이익을 줄 우려가 있는 조항

제10조 【채무의 이행】 채무의 이행에 관하여 정하고 있는 약관의 내용 중 다음 각 호의 어느 하나에 해당하는 내용을 정하고 있는 조항은 무효로 한다.

1. 상당한 이유 없이 급부(給付)의 내용을 사업자가 일방적으로 결정하거나 변경할 수 있도록 권한을 부여하는 조항
2. 상당한 이유 없이 사업자가 이행하여야 할 급부를 일방적으로 중지할 수 있게 하거나 제3자에게 대행할 수 있게 하는 조항

제11조 【고객의 권익 보호】 고객의 권익에 관하여 정하고 있는 약관의 내용 중 다음 각 호의 어느 하나에 해당하는 내용을 정하고 있는 조항은 무효로 한다.

1. 법률에 따른 고객의 항변권(抗辯權), 상계권(相計權) 등의 권리를 상당한 이유 없이 배제하거나 제한하는 조항
2. 고객에게 주어진 기한의 이익을 상당한 이유 없이 박탈하는 조항
3. 고객이 제3자와 계약을 체결하는 것을 부당하게 제한하는 조항
4. 사업자가 업무상 알게 된 고객의 비밀을 정당한 이유 없이 누설하는 것을 허용하는 조항

제12조 【의사표시의 의제】 의사표시에 관하여 정하고 있는 약관의 내용 중 다음 각 호의 어느 하나에 해당하는 내용을 정하고 있는 조항은 무효로 한다.

1. 일정한 작위(作爲) 또는 부작위(不作爲)가 있을 경우 고객의 의사표시가 표명되거나 표명되지 아니한 것으로 보는 조항. 다만, 고객에게 상당한 기한 내에 의사표시를 하지 아니하면 의사표시가 표명되거나 표명되지 아니한 것으로 본다는 뜻을 명확하게 따로 고지한 경우이거나 부득이한 사유로 그러한 고지를 할 수 없는 경우에는 그러하지 아니하다.
2. 고객의 의사표시의 형식이나 요건에 대하여 부당하게 엄격한 제한을 두는 조항
3. 고객의 이익에 중대한 영향을 미치는 사업자의 의사표시가 상당한 이유 없이 고객에게 도달된 것으로 보는 조항
4. 고객의 이익에 중대한 영향을 미치는 사업자의 의사표시 기한을 부당하게 길게 정하거나 불확정하게 정하는 조항

제13조 【대리인의 책임 가중】 고객의 대리인에 의하여 계약이 체결된 경우 고객이 그 의무를 이행하지 아니하는 경우에는 대리인에게 그 의무의 전부 또는 일부를 이행할 책임을 지우는 내용의 약관 조항은 무효로 한다.

제14조 【소송 제기의 금지 등】 소송 제기 등과 관련된 약관의 내용 중 다음 각 호의 어느 하나에 해당하는 조항은 무효로 한다.

1. 고객에게 부당하게 불리한 소송 제기 금지 조항 또는 재판관할의 합의 조항
2. 상당한 이유 없이 고객에게 입증책임을 부담시키는 약관 조항

제15조 【적용의 제한】 국제적으로 통용되는 약관이나 그 밖에 특별한 사정이 있는 약관으로서 대통령령으로 정하는 경우에는 제7조부터 제14조까지의 규정을 적용하는 것을 조항별·업종별로 제한할 수 있다.

제16조 【일부 무효의 특칙】 약관의 전부 또는 일부의 조항이 제3조 제4항에 따라 계약의 내용이 되지 못하는 경우나 제6조부터 제14조까지의 규정에 따라 무효인 경우 계약은 나머지 부분만으로 유효하게 존속한다. 다만, 유효한 부분만으로는 계약의 목적 달성이 불가능하거나 그 유효한 부분이 한쪽 당사자에게 부당하게 불리한 경우에는 그 계약은 무효로 한다.

제3장 약관의 규제

제17조 【불공정약관조항의 사용금지】 사업자는 제6조부터 제14조까지의 규정에 해당하는 불공정한 약관 조항(이하 '불공정약관조항'이라 한다)을 계약의 내용으로 하여서는 아니 된다.

제17조의2 【시정 조치】 ① 공정거래위원회는 사업자가 제17조를 위반한 경우에는 사업자에게 해당 불공정약관조항의 삭제·수정 등 시정에 필요한 조치를 권고할 수 있다.

② 공정거래위원회는 제17조를 위반한 사업자가 다음 각 호의 어느 하나에 해당하는 경우에는 사업자에게 해당 불공정약관조항의 삭제·수정, 시정명령을 받은 사실의 공표, 그 밖에 약관을 시정하기 위하여 필요한 조치를 명할 수 있다.

1. 사업자가 「독점규제 및 공정거래에 관한 법률」 제2조 제3호의 시장지배적사업자인 경우
2. 사업자가 자기의 거래상의 지위를 부당하게 이용하여 계약을 체결하는 경우
3. 사업자가 일반 공중에게 물품·용역을 공급하는 계약으로서 계약 체결의 긴급성·신속성으로 인하여 고객이 계약을 체결할 때에 약관 조항의 내용을 변경하기 곤란한 경우
4. 사업자의 계약 당사자로서의 지위가 현저하게 우월하거나 고객이 다른 사업자를 선택할 범위가 제한되어 있어 약관을 계약의 내용으로 하는 것이 사실상 강제되는 경우

5. 계약의 성질상 또는 목적상 계약의 취소·해제 또는 해지가 불가능하거나 계약을 취소·해제 또는 해지하면 고객에게 현저한 재산상의 손해가 발생하는 경우
6. 사업자가 제1항에 따른 권고를 정당한 사유 없이 따르지 아니하여 여러 고객에게 피해가 발생하거나 발생할 우려가 현저한 경우

③ 공정거래위원회는 제1항 및 제2항에 따른 시정권고 또는 시정명령을 할 때 필요하면 해당 사업자와 같은 종류의 사업을 하는 다른 사업자에게 같은 내용의 불공정약관조항을 사용하지 말 것을 권고할 수 있다.

제18조【관청 인가 약관 등】 ① 공정거래위원회는 행정관청이 작성한 약관이나 다른 법률에 따라 행정관청의 인가를 받은 약관이 제6조부터 제14조까지의 규정에 해당된다고 인정할 때에는 해당 행정관청에 그 사실을 통보하고 이를 시정하기 위하여 필요한 조치를 하도록 요청할 수 있다.

② 공정거래위원회는 「은행법」에 따른 은행의 약관이 제6조부터 제14조까지의 규정에 해당된다고 인정할 때에는 「금융위원회의 설치 등에 관한 법률」에 따라 설립된 금융감독원에 그 사실을 통보하고 이를 시정하기 위하여 필요한 조치를 권고할 수 있다.

③ 제1항에 따라 행정관청에 시정을 요청한 경우 공정거래위원회는 제17조의2 제1항 및 제2항에 따른 시정권고 또는 시정명령은 하지 아니한다.

제19조【약관의 심사청구】 ① 다음 각 호의 자는 약관 조항이 이 법에 위반되는지 여부에 관한 심사를 공정거래위원회에 청구할 수 있다.

1. 약관의 조항과 관련하여 법률상의 이익이 있는 자
2. 「소비자기본법」 제29조에 따라 등록된 소비자단체
3. 「소비자기본법」 제33조에 따라 설립된 한국소비자원
4. 사업자단체

② 제1항에 따른 약관의 심사청구는 공정거래위원회에 서면이나 전자문서로 제출하여야 한다.

제19조의2【약관변경으로 인한 심사대상의 변경】 공정거래위원회는 심사대상인 약관 조항이 변경된 때에는 직권으로 또는 심사청구인의 신청에 의하여 심사대상을 변경할 수 있다.

제19조의3【표준약관】 ① 사업자 및 사업자단체는 건전한 거래질서를 확립하고 불공정한 내용의 약관이 통용되는 것을 방지하기 위하여 일정한 거래 분야에서 표준이 될 약관의 제정·개정안을 마련하여 그 내용이 이 법에 위반되는지 여부에 관하여 공정거래위원회에 심사를 청구할 수 있다.

② 「소비자기본법」 제29조에 따라 등록된 소비자단체 또는 같은 법 제33조에 따라 설립된 한국소비자원(이하 '소비자단체등'이라 한다)은 소비자 피해가 자주 일어나는 거래 분야에서 표준이 될 약관을 제정 또는 개정할 것을 공정거래위원회에 요청할 수 있다.

③ 공정거래위원회는 다음 각 호의 어느 하나에 해당하는 경우에 사업자 및 사업자단체에 대하여 표준이 될 약관의 제정·개정안을 마련하여 심사 청구할 것을 권고할 수 있다.

1. 소비자단체등의 요청이 있는 경우
2. 일정한 거래 분야에서 여러 고객에게 피해가 발생하거나 발생할 우려가 있는 경우에 관련 상황을 조사하여 약관이 없거나 불공정약관조항이 있는 경우
3. 법률의 제정·개정·폐지 등으로 약관을 정비할 필요가 발생한 경우

④ 공정거래위원회는 사업자 및 사업자단체가 제3항의 권고를 받은 날부터 4개월 이내에 필요한 조치를 하지 아니하면 관련 분야의 거래 당사자 및 소비자단체등의 의견을 듣고 관계 부처의 협의를 거쳐 표준이 될 약관을 제정 또는 개정할 수 있다.

⑤ 공정거래위원회는 제1항 또는 제4항에 따라 심사하거나 제정·개정한 약관(이하 '표준약관'이라 한다)을 공시(公示)하고 사업자 및 사업자단체에 표준약관을 사용할 것을 권장할 수 있다.

⑥ 공정거래위원회로부터 표준약관의 사용을 권장받은 사업자 및 사업자단체는 표준약관과 다른 약관을 사용하는 경우 표준약관과 다르게 정한 주요 내용을 고객이 알기 쉽게 표시하여야 한다.

⑦ 공정거래위원회는 표준약관의 사용을 활성화하기 위하여 표준약관 표지(標識)를 정할 수 있고, 사업자 및 사업자단체는 표준약관을 사용하는 경우 공정거래위원회가 고시하는 바에 따라 표준약관 표지를 사용할 수 있다.

⑧ 사업자 및 사업자단체는 표준약관과 다른 내용을 약관으로 사용하는 경우 표준약관 표지를 사용하여서는 아니 된다.

⑨ 사업자 및 사업자단체가 제8항을 위반하여 표준약관 표지를 사용하는 경우 표준약관의 내용보다 고객에게 더 불리한 약관의 내용은 무효로 한다.

제20조 【조사】 ① 공정거래위원회는 다음 각 호의 어느 하나의 경우 약관이 이 법에 위반된 사실이 있는지 여부를 확인하기 위하여 필요한 조사를 할 수 있다.

1. 제17조의2 제1항 또는 제2항에 따른 시정권고 또는 시정명령을 하기 위하여 필요하다고 인정되는 경우
2. 제19조에 따라 약관의 심사청구를 받은 경우

② 제1항에 따라 조사를 하는 공무원은 그 권한을 표시하는 증표를 지니고 이를 관계인에게 내보여야 한다.

제21조 삭제 〈2010.3.22.〉

제22조 【의견 진술】 ① 공정거래위원회는 약관의 내용이 이 법에 위반되는지 여부에 대하여 심의하기 전에 그 약관에 따라 거래를 한 사업자 또는 이해관계인에게 그 약관이 심사 대상이 되었다는 사실을 알려야 한다.

② 제1항에 따라 통지를 받은 당사자 또는 이해관계인은 공정거래위원회의 회의에 출석하여 의견을 진술하거나 필요한 자료를 제출할 수 있다.

③ 공정거래위원회는 심사 대상이 된 약관이 다른 법률에 따라 행정관청의 인가를 받았거나 받아야 할 것인 경우에는 심의에 앞서 그 행정관청에 의견을 제출하도록 요구할 수 있다.

제23조 【불공정약관조항의 공개】 공정거래위원회는 이 법에 위반된다고 심의·의결한 약관 조항의 목록을 인터넷 홈페이지에 공개하여야 한다.

제4장 분쟁의 조정 등

제24조 【약관 분쟁조정협의회의 설치 및 구성】 ① 제17조를 위반한 약관 또는 이와 비슷한 유형의 약관으로서 대통령령으로 정하는 약관과 관련된 분쟁을 조정하기 위하여 「독점규제 및 공정거래에 관한 법률」 제72조 제1항에 따른 한국공정거래조정원(이하 '조정원'이라 한다)에 약관 분쟁조정협의회(이하 '협의회'라 한다)를 둔다.

② 협의회는 위원장 1명을 포함한 9명의 위원으로 구성한다.

③ 협의회 위원장은 조정원의 장의 제청으로 공정거래위원회 위원장이 위촉한다.

④ 협의회 위원장이 사고로 직무를 수행할 수 없을 때에는 협의회의 위원장이 지명하는 협의회 위원이 그 직무를 대행한다.

⑤ 협의회 위원은 약관규제·소비자 분야에 경험 또는 전문지식이 있는 사람으로서 다음 각 호의 어느 하나에 해당하는 사람 중에서 조정원의 장의 제청으로 공정거래위원회 위원장이 위촉한다.

1. 공정거래 및 소비자보호 업무에 관한 경험이 있는 4급 이상 공무원(고위공무원단에 속하는 일반직공무원을 포함한다)의 직에 있거나 있었던 사람
2. 판사·검사 직에 있거나 있었던 사람 또는 변호사의 자격이 있는 사람
3. 대학에서 법률학·경제학·경영학 또는 소비자 관련 분야 학문을 전공한 사람으로서 「고등교육법」 제2조 제1호·제2호·제4호 또는 제5호에 따른 학교나 공인된 연구기관에서 부교수 이상의 직 또는 이에 상당하는 직에 있거나 있었던 사람
4. 그 밖에 기업경영 및 소비자권익과 관련된 업무에 관한 학식과 경험이 풍부한 사람

⑥ 협의회 위원의 임기는 3년으로 하되, 연임할 수 있다.

⑦ 협의회 위원 중 결원이 생긴 때에는 제5항에 따라 보궐위원을 위촉하여야 하며, 그 보궐위원의 임기는 전임자의 남은 임기로 한다.

⑧ 협의회의 회의 등 업무지원을 위하여 별도 사무지원 조직을 조정원 내에 둔다.

제25조 【협의회의 회의】 ① 협의회의 회의는 위원 전원으로 구성되는 회의(이하 '전체회의'라 한다)와 위원장이 지명하는 3명의 위원으로 구성되는 회의(이하 '분과회의'라 한다)로 구분된다.

② 분과회의는 전체회의로부터 위임받은 사항에 관하여 심의·의결한다.

③ 전체회의는 위원장이 주재하며, 재적위원 과반수의 출석으로 개의하고, 출석위원 과반수의 찬성으로 의결한다.

④ 분과회의는 위원장이 지명하는 위원이 주재하며, 구성위원 전원의 출석과 출석위원 전원의 찬성으로 의결한다. 이 경우 분과회의의 의결은 협의회의 의결로 보되, 회의의 결과를 전체회의에 보고하여야 한다.
⑤ 조정의 대상이 된 분쟁의 당사자인 고객(소비자기본법 제2조 제1호에 따른 소비자는 제외한다. 이하 이 장에서 같다)과 사업자(이하 '분쟁당사자'라 한다)는 협의회의 회의에 출석하여 의견을 진술하거나 관계 자료를 제출할 수 있다.

제26조【협의회 위원의 제척 · 기피 · 회피】 ① 협의회 위원은 다음 각 호의 어느 하나에 해당하는 경우에는 해당 분쟁조정사항의 조정에서 제척된다.

1. 협의회 위원 또는 그 배우자나 배우자였던 사람이 해당 분쟁조정사항의 분쟁당사자가 되거나 공동권리자 또는 의무자의 관계에 있는 경우
2. 협의회 위원이 해당 분쟁조정사항의 분쟁당사자와 친족관계에 있거나 있었던 경우
3. 협의회 위원 또는 협의회 위원이 속한 법인이 분쟁당사자의 법률 · 경영 등에 대하여 자문이나 고문의 역할을 하고 있는 경우
4. 협의회 위원 또는 협의회 위원이 속한 법인이 해당 분쟁조정사항에 대하여 분쟁당사자의 대리인으로 관여하거나 관여하였던 경우 및 증언 또는 감정을 한 경우

② 분쟁당사자는 협의회 위원에게 협의회의 조정에 공정을 기하기 어려운 사정이 있는 때에 협의회에 해당 협의회 위원에 대한 기피신청을 할 수 있다.
③ 협의회 위원이 제1항 또는 제2항의 사유에 해당하는 경우에는 스스로 해당 분쟁조정사항의 조정에서 회피할 수 있다.

제27조【분쟁조정의 신청 등】 ① 제17조를 위반한 약관 또는 이와 비슷한 유형의 약관으로서 대통령령으로 정하는 약관으로 인하여 피해를 입은 고객은 대통령령으로 정하는 사항을 기재한 서면(이하 '분쟁조정 신청서'라 한다)을 협의회에 제출함으로써 분쟁조정을 신청할 수 있다. 다만, 다음 각 호의 어느 하나에 해당하는 경우에는 그러하지 아니하다.

1. 분쟁조정 신청이 있기 이전에 공정거래위원회가 조사 중인 사건
2. 분쟁조정 신청의 내용이 약관의 해석이나 그 이행을 요구하는 사건
3. 약관의 무효판정을 요구하는 사건
4. 해당 분쟁조정사항에 대하여 법원에 소를 제기한 사건
5. 그 밖에 분쟁조정에 적합하지 아니한 것으로 대통령령으로 정하는 사건

② 공정거래위원회는 제1항에 따른 분쟁조정을 협의회에 의뢰할 수 있다.
③ 협의회는 제1항에 따라 분쟁조정 신청서를 접수하거나 제2항에 따라 분쟁조정을 의뢰받은 경우에는 즉시 분쟁당사자에게 통지하여야 한다.

제27조의2【조정 등】 ① 협의회는 분쟁당사자에게 분쟁조정사항을 스스로 조정하도록 권고하거나 조정안을 작성하여 이를 제시할 수 있다.
② 협의회는 해당 분쟁조정사항에 관한 사실을 확인하기 위하여 필요한 경우 조사를 하거나 분쟁당사자에게 관련 자료의 제출이나 출석을 요구할 수 있다.
③ 협의회는 제27조 제1항 각 호의 어느 하나에 해당하는 사건에 대하여는 조정신청을 각하하여야 한다.
④ 협의회는 다음 각 호의 어느 하나에 해당하는 경우에는 조정절차를 종료하여야 한다.

1. 분쟁당사자가 협의회의 권고 또는 조정안을 수락하거나 스스로 조정하는 등 조정이 성립된 경우
2. 조정을 신청 또는 의뢰받은 날부터 60일(분쟁당사자 쌍방이 기간연장에 동의한 경우에는 90일로 한다)이 경과하여도 조정이 성립되지 아니한 경우
3. 분쟁당사자의 일방이 조정을 거부하거나 해당 분쟁조정사항에 대하여 법원에 소를 제기하는 등 조정절차를 진행할 실익이 없는 경우

⑤ 협의회는 제3항에 따라 조정신청을 각하하거나 제4항에 따라 조정절차를 종료한 경우에는 대통령령으로 정하는 바에 따라 공정거래위원회에 조정신청 각하 또는 조정절차 종료의 사유 등과 관계 서류를 서면으로 지체 없이 보고하여야 하고 분쟁당사자에게 그 사실을 통보하여야 한다.

제28조【조정조서의 작성과 그 효력】 ① 협의회는 분쟁조정사항의 조정이 성립된 경우 조정에 참가한 위원과 분쟁당사자가 기명날인하거나 서명한 조정조서를 작성한다. 이 경우 분쟁당사자 간에 조정조서와 동일한 내용의 합의가 성립된 것으로 본다.

② 협의회는 조정절차를 개시하기 전에 분쟁당사자가 분쟁조정사항을 스스로 조정하고 조정조서의 작성을 요청하는 경우에는 그 조정조서를 작성한다.

제28조의2【분쟁조정의 특례】① 제27조 제1항에도 불구하고 공정거래위원회, 고객 또는 사업자는 제28조에 따라 조정이 성립된 사항과 같거나 비슷한 유형의 피해가 다수 고객에게 발생할 가능성이 크다고 판단한 경우로서 대통령령으로 정하는 사건에 대하여는 협의회에 일괄적인 분쟁조정(이하 '집단분쟁조정'이라 한다)을 의뢰하거나 신청할 수 있다.

② 제1항에 따라 집단분쟁조정을 의뢰받거나 신청받은 협의회는 협의회의 의결로서 제3항부터 제7항까지의 규정에 따른 집단분쟁조정의 절차를 개시할 수 있다. 이 경우 협의회는 분쟁조정된 사안 중 집단분쟁조정신청에 필요한 사항에 대하여 대통령령으로 정하는 방법에 따라 공표하고, 대통령령으로 정하는 기간 동안 그 절차의 개시를 공고하여야 한다.

③ 협의회는 집단분쟁조정의 당사자가 아닌 고객으로부터 그 분쟁조정의 당사자에 추가로 포함될 수 있도록 하는 신청을 받을 수 있다.

④ 협의회는 협의회의 의결로써 제1항 및 제3항에 따른 집단분쟁조정의 당사자 중에서 공동의 이익을 대표하기에 가장 적합한 1인 또는 수인을 대표당사자로 선임할 수 있다.

⑤ 협의회는 사업자가 협의회의 집단분쟁조정의 내용을 수락한 경우에는 집단분쟁조정의 당사자가 아닌 자로서 피해를 입은 고객에 대한 보상계획서를 작성하여 협의회에 제출하도록 권고할 수 있다.

⑥ 협의회는 집단분쟁조정의 당사자인 다수의 고객 중 일부의 고객이 법원에 소를 제기한 경우에는 그 절차를 중지하지 아니하고 소를 제기한 일부의 고객은 그 절차에서 제외한다.

⑦ 집단분쟁조정의 기간은 제2항에 따른 공고가 종료된 날의 다음 날부터 기산한다.

⑧ 집단분쟁조정의 절차 등에 관하여 필요한 사항은 대통령령으로 정한다.

⑨ 조정원은 집단분쟁조정 대상 발굴, 조정에 의한 피해구제 사례 연구 등 집단분쟁조정 활성화에 필요한 연구를 하며, 연구결과를 인터넷 홈페이지에 공개한다.

제29조【협의회의 조직·운영 등】제24조부터 제27조까지, 제27조의2, 제28조 및 제28조의2 외에 협의회의 조직·운영·조정절차 등에 필요한 사항은 대통령령으로 정한다.

제29조의2【협의회의 재원】정부는 협의회의 운영, 업무 및 관련 연구에 필요한 경비를 조정원에 출연한다.

제5장 보 칙

제30조【적용 범위】① 약관이 「상법」 제3편 , 「근로기준법」 또는 그 밖에 대통령령으로 정하는 비영리사업의 분야에 속하는 계약에 관한 것일 경우에는 이 법을 적용하지 아니한다.

② 특정한 거래 분야의 약관에 대하여 다른 법률에 특별한 규정이 있는 경우를 제외하고는 이 법에 따른다.

제30조의2【「독점규제 및 공정거래에 관한 법률」의 준용】① 이 법에 따른 공정거래위원회의 심의·의결에 관하여는 「독점규제 및 공정거래에 관한 법률」 제64조부터 제68조까지의 규정을 준용한다.

② 이 법에 따른 공정거래위원회의 처분에 대한 이의신청, 소송 제기 및 불복 소송의 전속관할(專屬管轄)에 대하여는 「독점규제 및 공정거래에 관한 법률」 제96조부터 제101조까지의 규정을 준용한다.

제31조【인가·심사의 기준】행정관청이 다른 법률에 따라 약관을 인가하거나 다른 법률에 따라 특정한 거래 분야에 대하여 설치된 심사기구에서 약관을 심사하는 경우에는 제6조부터 제14조까지의 규정을 그 인가·심사의 기준으로 하여야 한다.

제31조의2【자문위원】① 공정거래위원회는 이 법에 따른 약관 심사 업무를 수행하기 위하여 필요하다고 인정하면 자문위원을 위촉할 수 있다.

② 제1항에 따른 자문위원의 위촉과 그 밖에 필요한 사항은 대통령령으로 정한다.

제6장 벌 칙

제32조【벌칙】 제17조의2 제2항에 따른 명령을 이행하지 아니한 자는 2년 이하의 징역 또는 1억원 이하의 벌금에 처한다.

제33조【양벌규정】 법인의 대표자나 법인 또는 개인의 대리인, 사용인, 그 밖의 종업원이 그 법인 또는 개인의 업무에 관하여 제32조의 위반행위를 하면 그 행위자를 벌하는 외에 그 법인 또는 개인에게도 해당 조문의 벌금형을 과(科)한다. 다만, 법인 또는 개인이 그 위반행위를 방지하기 위하여 해당 업무에 관하여 상당한 주의와 감독을 게을리하지 아니한 경우에는 그러하지 아니하다.

제34조【과태료】 ① 다음 각 호의 어느 하나에 해당하는 자에게는 5천만원 이하의 과태료를 부과한다.

1. 제19조의3 제8항을 위반하여 표준약관과 다른 내용을 약관으로 사용하면서 표준약관 표지를 사용한 자
2. 제20조 제1항에 따른 조사를 거부·방해 또는 기피한 사업자 또는 사업자단체

② 사업자 또는 사업자단체의 임원 또는 종업원, 그 밖의 이해관계인이 제20조 제1항에 따른 조사를 거부·방해 또는 기피한 경우에는 1천만원 이하의 과태료를 부과한다.

1. 제3조 제2항을 위반하여 고객에게 약관의 내용을 밝히지 아니하거나 그 약관의 사본을 내주지 아니한 자
2. 제3조 제3항을 위반하여 고객에게 약관의 중요한 내용을 설명하지 아니한 자
3. 제19조의3 제6항을 위반하여 표준약관과 다르게 정한 주요 내용을 고객이 알기 쉽게 표시하지 아니한 자

③ 다음 각 호의 어느 하나에 해당하는 자에게는 500만원 이하의 과태료를 부과한다.

1. 제3조 제2항을 위반하여 고객에게 약관의 내용을 밝히지 아니하거나 그 약관의 사본을 내주지 아니한 자
2. 제3조 제3항을 위반하여 고객에게 약관의 중요한 내용을 설명하지 아니한 자
3. 제19조의3 제6항을 위반하여 표준약관과 다르게 정한 주요 내용을 고객이 알기 쉽게 표시하지 아니한 자

④ 제30조의2 제1항에 따라 준용되는 「독점규제 및 공정거래에 관한 법률」 제66조를 위반하여 질서유지의 명령을 따르지 아니한 자에게는 100만원 이하의 과태료를 부과한다.

⑤ 제1항부터 제4항까지의 규정에 따른 과태료는 대통령령으로 정하는 바에 따라 공정거래위원회가 부과·징수한다.

부 칙

〈제17799호, 2020.12.29.〉
(독점규제 및 공정거래에 관한 법률)

제1조【시행일】 이 법은 공포 후 1년이 경과한 날부터 시행한다. 〈단서 생략〉

제2조부터 제24조까지 생략

제25조【다른 법률의 개정】 ①부터 ㊹까지 생략

㊺ 약관의 규제에 관한 법률 일부를 다음과 같이 개정한다.

제17조의2 제2항 제1호 중 '「독점규제 및 공정거래에 관한 법률」 제2조 제7호'를 '「독점규제 및 공정거래에 관한 법률」 제2조 제3호'로 한다.

제24조 제1항 중 '「독점규제 및 공정거래에 관한 법률」 제48조의2 제1항'을 '「독점규제 및 공정거래에 관한 법률」 제72조 제1항'으로 한다.

제30조의2 제1항 중 '「독점규제 및 공정거래에 관한 법률」 제42조, 제43조, 제43조의2, 제44조 및 제45조를'을 '「독점규제 및 공정거래에 관한 법률」 제64조부터 제68조까지의 규정을'로 하고, 같은 조 제2항 중 '「독점규제 및 공정거래에 관한 법률」 제53조, 제53조의2, 제53조의3, 제54조, 제55조 및 제55조의2를'을 '「독점규제 및 공정거래에 관한 법률」 제96조부터 제101조까지의 규정을'로 한다.

제34조 제4항 중 '「독점규제 및 공정거래에 관한 법률」 제43조의2'를 '「독점규제 및 공정거래에 관한 법률」 제66조'로 한다.

㊻부터 ㊽까지 생략

제26조 생략

삶의 순간순간이
아름다운 마무리이며
새로운 시작이어야 한다.

– 법정 스님

memo

2023 에듀윌 공인중개사 쉬운민법

발 행 일 2022년 11월 17일 초판
편 저 자 신대운
펴 낸 이 권대호, 김재환
펴 낸 곳 (주)에듀윌
등록번호 제25100-2002-000052호
주 소 08378 서울특별시 구로구 디지털로34길 55
코오롱싸이언스밸리 2차 3층

www.eduwill.net
대표전화 1600-6700

여러분의 작은 소리
에듀윌은 크게 듣겠습니다.

본 교재에 대한 여러분의 목소리를 들려주세요.
공부하시면서 어려웠던 점, 궁금한 점,
칭찬하고 싶은 점, 개선할 점, 어떤 것이라도 좋습니다.

에듀윌은 여러분께서 나누어 주신 의견을
통해 끊임없이 발전하고 있습니다.

에듀윌 도서몰 book.eduwill.net

- 부가학습자료 및 정오표: 에듀윌 도서몰 → 도서자료실
- 교재 문의: 에듀윌 도서몰 → 문의하기 → 교재(내용, 출간) / 주문 및 배송

민법 및 민사특별법 조문집

2023

에듀윌 공인중개사

쉬운민법

고객의 꿈, 직원의 꿈, 지역사회의 꿈을 실현한다

펴낸곳 (주)에듀윌 **펴낸이** 권대호, 김재환 **출판총괄** 김형석
개발책임 윤대권, 양은숙 **개발** 변영은, 임여경
주소 서울시 구로구 디지털로34길 55 코오롱싸이언스밸리 2차 3층
대표번호 1600-6700 **등록번호** 제25100-2002-000052호

에듀윌 도서몰 book.eduwill.net
• 부가학습자료 및 정오표: 에듀윌 도서몰 → 도서자료실
• 교재 문의: 에듀윌 도서몰 → 문의하기 → 교재(내용, 출간) / 주문 및 배송